# 유엔회의 가이드북

## - 실제와 모의 -

박 재 영 저

法 文 社

# 머 리 말

오래전인 2001년에 「유엔회의의 이해」라는 제하의 책을 낸 적이 있다. 저자는 이 책을 통해 실제의 유엔회의가 어떠한 절차와 과정을 통해 전개되며 의사결정이 어떠한 방식으로 이루어지는가에 대한 지식과 경험을 독자들과 나누고자 했다. 유엔의 여러 기관 가운데 총회에 집중하여 살펴보았는데 그 이유는 총회의 의사규칙과 회의의 과정 및 절차가 다른 대부분의 국제기구들에게 중요한 표준이 되고 있기 때문이다.

이 책을 저술할 때 저자는 유엔을 비롯한 국제기구의 회의를 연구하는 연구자나 국제회의에 실질적으로 참가하는 실무자를 주된 독자로 생각했다. 냉전종식 후 곧 이어 1991년에 한국이 오랫동안 갈구했던 유엔의 회원국이 되었고 중요한 글로벌 이슈들이 다자회의를 통해 활발하게 논의되고 있었기 때문에 다자회의에서 우리의 국익을 증진하기 위해서는 국제기구에서의 동태적인 의사결정 과정을 잘 이해하는 것이 무엇보다 중요하다고 생각했기 때문이다.

한국의 유엔가입으로 촉발된 학생들의 모의유엔회의에 대한 관심과 참여가 2007년에 한국인이 유엔 사무총장으로 취임하면서 최고조에 이르러 전국 여러 곳에서 모의유엔회의가 유행처럼 개최되었다. 그러나 유감스럽게도 한국에서 개최되고 있는 대부분의 모의유엔회의가 실제의 유엔회의로부터 너무나 많이 이탈하고 있어 명칭의 일부로서 「유엔회의」라는 말을 붙이는 것이 너무나 부끄러울 정도였다. 이 때문에 2008년에 「모의유엔회의 핸드북」이라는 제목의 책을 출간했다. 이 책을 통해 제대로 된 모의유엔회의란 어떤 모습을 갖추어야 하는가를 보여주고자 했다. 필자에게 있어서 제대로 된 모의유엔회의란 불가피한 경우를 제외하고는 실제의 유엔회의와 다르지 않은 회의를 의미한다.

당시의 모의유엔회의에 대한 필자의 비판적인 시각은 유엔에 의해서도 공유되었다. 유엔은 2012년 8월에 세계의 여러 국가에서 모의유엔회의를 지도하고 있는 사람들을 대상으로 하는 워크숍을 개최했고 필자도 여기에 참가했다. 워크숍의 개최 취지는 상호 연관성을 가지는 두 가지였다. 그 중 하나는 냉전종식 후 세계 도처에서 개최되는 모의유엔회의 대부분이 실제 유엔회의와는 너무나 상이한 방식으로 운영되고 있어 이를 바로 잡아야 한다는 것이었다. 또 다른 하나는 개개 모의유엔회

의들이 적용하고 있는 절차와 규칙이 제각각이어서 표준화를 통해 세계 어느 모의 유엔회의에 가더라도 새로운 절차와 규칙을 익힐 필요가 없게 하는 것이었다.

유엔은 모의유엔회의가 실제의 유엔회의로부터 크게 벗어나는 근본적인 이유를 유엔회의에 대한 전문성이 없거나 부족한 사람들에 의해 대부분의 모의유엔회의가 조직되고 운영되는 데에 있다고 진단하고 이를 해결하기 위한 처방을 모의유엔을 이끌고 있는 지도자들에 대한 교육에서 찾고자 했다. 필자는 이러한 진단과 처방이 한국에도 유효하다고 판단했고 이를 실천하고자 필자가 관계하고 있는 한국유엔협 회를 통해 워크숍을 가진 바 있고 계속 가질 계획이다.

이번에 새롭게 선보일 이 책은 실제의 유엔회의에 참가하거나 관심을 가지고 있 는 사람뿐만 아니라 모의유엔회의를 보다 전문적으로 접근하고자 하는 사람들 모두 를 염두에 두고 저술했다. 책은 크게 실제의 유엔회의를 다루는 1부와 모의유엔회 의를 다루는 2부와 더불어 실제의 문건 등을 체계적으로 정리한 3부로 구성되었다. 그러나 모의유엔회의의 경우라도 불가피한 경우를 제외하고는 실제 유엔회의와 달 라서는 안 된다는 생각을 가지고 쓴 책이기 때문에 모의유엔회의에 관심을 가지고 있는 독자들 역시 실제의 유엔회의 부분을 기본적으로 읽어보아야 할 것이다. 이 책은 여러 가지 특징을 지니고 있으나 이전에 출간한 필자의 책과 구별되는 부분을 중점적으로 소개하면 다음과 같다.

첫째, 이 책은 최근에 언론을 통해 크게 관심을 끌었던 유엔총회에서의 북한인권 결의안의 채택과 안전보장이사회에서의 공식의제로의 채택 과정을 세밀하게 추적하 는 것으로부터 시작된다. 이렇게 책을 시작한 이유는 우리와 밀접한 관련이 있어 보다 친숙한 북한인권이라는 의제항목이 논의되는 과정 전체를 한번 살펴봄으로써 유엔회의를 체계적으로 이해하기 위해 필요한 것이 무엇인가를 독자 스스로 깨닫게 하는 것이 필요하다고 생각했기 때문이다.

둘째, 이 책에서는 유엔에서 의사결정의 대부분이 합의를 통해 이루어진다는 점 에 주목하고 합의에 도달하기 위해 어떠한 기술적인 요소들이 사용되고 있는가를 소상하게 설명하고자 했다. 이러한 기술적인 요소의 일환으로서 쟁점의 배제, 쟁점 의 병행, 쟁점의 절충 등과 같은 방식을 소개함과 동시에 협상을 촉진하여 합의에 이르도록 돕는 기제(mechanism)로서 협상그룹, 의장친구그룹, 편집문건(compilation text) 등을 세세하게 소개하고 있다.

셋째, 의사규칙을 설명함에 있어서 이해를 돕기 위해 실제 유엔회의에서 구체적 으로 사용된 의사규칙의 예를 풍부하게 들었다. 또한 명시적인 의사규칙의 규정과 는 다르게 적용되고 있는 관행이라든가 의사규칙에는 언급되어 있지 않으나 관행으

로서 적용되고 준수되는 의사규칙들을 찾아내서 소개하고자 했다. 특히 의사규칙 중 가장 논란이 많이 되고 있는 「의사규칙 위반지적(point of order)」이 규정과 관행상 어떻게 사용되고 있는가에 대해 깊이 있고 포괄적인 설명을 제시했다.

넷째, 유엔회의 구성원과 역할이라는 장을 별도로 두어 회원국 이외의 회의참가 주체, 의장단의 구성과 역할, 운영위원회(General Committee)의 구성과 역할, 사무국 소속의 본회의와 위원회 간사의 역할, 의장에 의해 임명된 사회자의 역할 등을 소개하고 있다. 이 부분은 유엔회의 구성원들의 역할에 대한 실제 유엔회의 참가자들의 이해를 돕기 위한 것일 뿐 아니라 모의유엔회의에서 이러한 역할을 맡은 참여자에게 수행하여야 할 구체적인 역할이 무엇인가를 알려주기 위한 것이다.

다섯째, 회의에서 사용하여야 할 호칭과 더불어 발언예의와 발언요령을 설명하는 장을 별도로 두었을 뿐 아니라 회의 시설과 도구의 사용이라는 장을 두어 좌석의 위치, 명패(placard)의 구조와 사용법, 의사봉(gavel)의 사용법, 유엔저널(Journal of the United Nations)에 대한 자세한 설명을 제공하고 있다.

여섯째, 회의의 기본적인 과정으로서 2가지를 소개하고 있다. 그 중 하나는 결의안의 상정 전에 본격적인 비공식협의가 진행되어 상정 이후의 절차인 채택절차가 일사분란하게 짧은 시간 내에 끝나는 과정이다. 또 다른 과정은 결의안 상정 후에 본격적인 비공식협의가 진행되는 방식으로서 결의안 상정 이전의 비공식협의 과정이 없거나 미약하게 일어나는 경우이다. 이 두 과정을 이해함으로써 뒤이어 소개되는 유엔총회 본회의와 위원회의 회의를 잘 이해할 수 있도록 했다. 본회의와 위원회 회의를 처음부터 끝날 때까지 어떠한 과정을 밟는가를 소상하게 소개하면서 회의 과정마다 필요한 문건들을 소개했다.

일곱째, 회의에서 필요한 다양한 문건들의 작성요령을 아주 자세하게 소개함으로써 실제 유엔회의 참가자뿐만 아니라 모의유엔회의 참가자들의 유엔의 공식문서에 대한 이해를 높이고 발언문의 작성능력의 향상을 돕고자 했다. 이와 더불어 영국식 영어의 사용법 등 문건작성 시 주의하여야 할 사항을 별도의 장을 두어 자세히 설명하고자 했다.

여덟째, 유엔문건의 번호에 대한 설명과 더불어 유엔문건을 어떻게 검색할 것인가에 대한 설명을 제공하고 있다. 구체적으로 유엔의 공식문건의 검색을 위한 3가지 방법을 중점적으로 설명함과 더불어 문건번호를 알고 있을 경우 간단하게 문건에 접근하는 법과 공식문건의 목록에 접근하는 법 등을 상세히 소개하여 유엔의 각종 공식문건을 효율적으로 검색하는 것이 가능하도록 했다.

아홉째, 유엔회의의 시청방법과 유엔방송의 청취에 대한 설명을 위한 별도의 장

을 두었다. 유엔회의를 이해하는 지름길은 실제의 유엔회의에 참가하는 것이나 이러한 기회를 갖는다는 것은 쉬운 일이 아니다. 그러나 인터넷의 발전으로 이제 인터넷을 통해 모든 공개적인 유엔회의의 일거수일투족을 시청할 수 있게 되었고 유엔의 방송을 청취할 수 있게 되었다. 따라서 이들 방송에 접근하는 법을 소개함으로써 독자들을 마우스 클릭 하나로 뉴욕의 유엔회의로 안내하는 역할을 할 것이다.

열째, 협상(negotiation)에 대한 부분에 많은 페이지를 할애했으며 필자가 혼신을 다하여 저술한 부분 중 하나이다. 이 부분에서 구체적으로 협상이란 무엇인가로부터 시작하여 협상의 두 가지 방식을 살펴보고 협상력의 원천으로서 협상력에 영향을 미치는 요인에는 어떤 것들이 있는가를 소개하고자 했다. 이와 더불어 다양한 협상의 전략과 협상에서 고려해야 할 사항 등을 체계적으로 살펴보고자 했다.

열한째, 유엔회의의 다양한 구성원들이 어떠한 상황에서 어떠한 발언을 해야 하는가를 상황별로 세분하여 다양한 용례들을 소개하고 있다. 이어 더불어 결의안의 상정과정과 같은 회의의 특정 과정을 설정하여 일련의 회의가 진행되면서 어떠한 발언이 행해지는가를 보여주고 있다. 유엔회의에서 쓰는 용어들은 상황별로 거의 한정되어 있다고 해도 과언이 아니다. 이들 발언 모두를 영어로 소개하고 있어 실제회의에서뿐 아니라 모의회의에서도 많은 활용이 있을 것이라고 기대된다.

열둘째, 모의유엔회의를 다루는 2부에서는 모의유엔회의의 정의와 목적, 모의유엔회의의 단계별 과정, 의제와 국가입장의 이해, 유엔의 조직과 권한에 대한 이해, 과정과 의사규칙의 이해, 심사기준과 심사위원 유의사항, 참가자들의 유의사항, 모의유엔회의의 필수 절차와 준비 문건 등을 별도의 장을 두어 소상하게 모의유엔회의를 소개하고자 했다. 특히 모의유엔회의 과정과 의사규칙의 이해를 다루는 장에서는 모의유엔회의가 실제의 유엔회의와 불가피한 경우를 제외하고 동일해야 한다는 원칙하에 다를 수밖에 없는 경우들을 그 이유와 함께 설명하고 있다.

열셋째, 3부 부록편에서는 유엔의 공식문건과 대표단이 작성한 발언문 등 다양한 실제문건들을 소개하고 있다. 실제문건 가운데는 필자가 유엔회의에서 타국 대표단으로부터 얻어온 귀한 문건들도 있다. 앞서 문서작성 요령 등에서 설명한 것을 확인하는 차원에서 실제문건을 잘 살펴볼 것을 권한다. 이와 더불어 공식국명과 대표부 연락처를 게재했다. 공식국명의 경우 모의유엔회의의 조직과 운영을 맡은 사람들이 명패상의 국명이나 결의안의 공동제안국의 국명을 적을 때 좋은 참고가 되리라고 본다. 대표부 연락처의 경우 구체적으로 유엔회원국 유엔대표부의 주소, 전화번호, 팩스번호, 이메일 주소, 홈페이지 주소 등을 소개하고 있어 자료를 요청하기 위해 연락을 취하거나 할 때 유용할 것이라고 생각된다.

앞서 언급했듯이 필자가 2012년에 유엔에서 모의유엔회의에 관한 워크숍에 참가했을 때 약 20여명의 유엔 전문직 직원들이 나와서 아주 유익한 프레젠테이션을 했다. 그 중에서 가장 훌륭한 프레젠테이션을 한 한국인 강사가 있어 프레젠테이션이 끝나자마자 쫓아가 감사의 말과 더불어 몇 가지 질문을 하고자 했다. 필자의 명함을 주면서 프레젠테이션이 많이 도움이 되었다고 하니 금방 필자를 알아보고 필자가 출간한 바 있는 「모의유엔회의 핸드북」을 구입하여 읽으면서 유엔에서 회의 관련 일을 하는 데 도움이 되었다는 말을 했다. 이 말을 듣고 반갑기도 했지만 또 다른 한편 전문서적을 쓸 때 제대로 쓰지 않으면 안 된다는 중압감을 느꼈다. 이 책은 이러한 책임감을 갖고 수년간에 걸쳐 하나하나 실증적인 자료에 바탕을 두고 최선을 다해 작성되었다. 독자 여러분들에게 이 책이 유엔을 잘 이해하는 사람, 유엔을 잘 활용하는 사람, 유엔을 전문 직장으로 살아가는 사람이 되는 데 조그마한 일조를 한다면 필자로서 더할 나위 없는 기쁨이 될 것이다.

이 책을 만드는 과정에서 도움을 주신 분들이 많지만 헌신적으로 노력을 해준 법문사 편집부의 김용석 과장님께 특별한 감사의 말씀을 드리고 싶다. 문법적인 오류를 지적하는 것에 그치지 않고 내용상의 문제까지 지적하는 편집인으로서의 치밀함과 전문성에 마음으로부터의 존경을 표하고 싶다.

2014년 12월 31일
저자  박 재 영

# 차     례

## 제 2 부   모의유엔회의

## 제 3 부  부  록

# 제1부

# 실제 유엔회의

# 제 1 장
# 유엔회의의 개관

2014년 3월 28일에 인권이사회는 북한 내 심각한 인권침해에 관여한 인사들을 「적절한 국제 형사사법기제appropriate international criminal justice mechanism」에 회부하여 제재하는 방안을 권고하는 북한인권 결의안을 채택했다. 이어서 11월 18일에 유엔총회 제3위원회는 북한의 인권상황을 국제형사재판소에 회부하고 최고 책임자들에게 제재를 가해야 한다는 강력한 내용의 개정된 결의안revised draft resolution을 압도적인 표차이로 채택했고 한 달 뒤인 12월 18일에 유엔총회 본회의는 동일한 내용의 결의문resolution을 채택하였다. 나아가 12월 22일에 안전보장이사회가 북한의 인권문제를 포함한 북한상황을 정식 의제항목으로 채택했다. 여기에서는 유엔회의에 밀접한 관련이 있는 다양한 사항들을 하나하나 살펴보기 전에 북한인권 문제가 논의된 이러한 일련의 과정을 아주 면밀하게 추적하여 살펴보고자 한다. 이러한 예를 통해 유엔회의를 체계적으로 이해하기 위해서는 어떠한 지식을 갖추어야 하는가를 스스로 생각해 보는 기회를 갖고자 한다.

## 1. 북한인권 문제의 유엔에서의 논의 과정

북한인권 문제의 구체적인 논의과정에 앞서 인권관련 유엔기구 상호간의 관계를 살펴볼 필요가 있다. 북한의 인권문제는 다루는 주요 국제기구는 유엔과 유럽연합EU인데 여기에서는 유엔을 중점적으로 살펴보고자 한다. 유엔은 인권문제를 전문적으로 다루는 주요 기관으로서 사무국의 일부인 인권최고대표사무소Office of the High Commissioner for Human Rights, OHCHR와 더불어 정부간기관intergovernmental organs인 인권이사회Human Rights Council, HRC와 총회General Assembly를 두고 있다. 여기에서는 정부대표들이 인권문제를 논하는 기관인 인권이사회와 총회를 중심으로 살펴보고자 한다. 총회의 경우 6개의 위원회committee 중에서 인권문제를 다루

는 제3위원회와 함께 본회의plenary를 살펴보고자 한다. 이들 인권이사회, 유엔총회의 제3위원회, 유엔총회의 본회의가 각각 북한인권 문제를 어떻게 다루는가를 살펴보기 전에 이들 사이의 관계부터 살펴볼 필요가 있다.

인권이사회는 총회 본회의의 산하기구로서 총회 본회의에 의해 선출된 47개 이사국으로 구성된다. 유엔총회 제3위원회는 모든 유엔 회원국으로 구성된 기관으로서 본회의의 하부기관이다. 유엔총회 본회의 역시 모든 유엔 회원국으로 구성된 기관으로서 이들 인권이사회와 제3위원회의 상위기관이다. 이들 간의 관계가 명확하게 규정되어 있지 않아 활동의 중첩과 중복 등 의 문제가 발생하고 있다.

이들 사이의 관계와 관련하여 현재 인권이사회의 보고서report가 유엔총회 제3위원회에 보고되어 논의되고 있는 것이 타당한가에 대한 논쟁이 존재한다. 이에 대해 일부에서는 인권이사회와 제3위원회가 모두 총회 본회의의 하부기관이기 때문에 인권이사회의 보고서가 제3위원회가 아닌 본회의에 보고되어 논의가 되어야 한다는 주장이 지속적으로 있어 왔다. 이에 대해 총회의 운영위원회General Committee가 인권이사회의 보고사항 가운데 권고적 사항은 제3위원회에서 토의하고 보고서 전반에 관해서는 본회의에서 토의한다는 타협안을 결정한 바 있다.

이들 간의 관계에 있어서 보다 중요한 문제는 유엔총회의 산하기관인 인권이사회의 자율성 및 독립성과 관련된 것으로서 인권이사회를 총회의 종속적인subordinate 기관으로 보아서는 안 되고 보조적인subsidiary 기관으로 보아야 한다는 주장이다. 인권이사회는 국가인권 상황을 심의하고 이행을 검토하는 것에 주도적인 역할을 하며 총회는 이러한 역할을 하는 이사회의 상위기관으로서 이사회로부터 연례보고를 받으며 새로운 기준을 설정하는 결정이나 모든 이슈에 있어서 예산의 함의를 가지고 있는 결정을 승인하는 권한을 보유하고 있다. 그럼에도 불구하고 인권이사회는 총회와 독립하여 자신의 의제를 자유롭게 설정할 수 있어야 하고, 인권이사회의 결정은 독립적인 권위를 가져야 하며, 운영상의 자율권도 가져서 기술지원을 포함하여 권고를 관련 국가, 유엔체제에 속하는 조직들에게 제시할 수 있어야 한다. 또한 인권이사회는 총회에 채택을 위해 권고를 할 수 있어야 한다.

이렇게 인권이사회의 독립성이 존중되어야 하지만 그렇다고 해서 총회가 이사회의 의제를 논의하는 것을 막아서는 안 된다. 여기에서 다루고자 하는 북한인권 문제와 관련하여 북한인권 결의안이 매년 3월경에 인권이사회에서 채택될 뿐 아니라, 11월경에 유엔총회 제3위원회에서 별도의 결의안draft resolution이 채택되며 이

어서 12월에 유엔총회 본회의에서 결의문resolution이 채택되곤 한다. 인권이사회에서 채택된 결의안이 총회에서 다시 논의되고 채택되는 것을 두고 활동의 중첩이라고 이야기할 수도 있으나 인권이사회의 경우 47개 이사국의 결정인 관계로 유엔의 모든 회원국을 포함하고 있어 보편성을 가지고 있는 총회(제3위원회와 본회의)가 이를 다시 논의하고 채택하는 것을 필요로 한다.

## (1) 인권이사회와 북한인권 문제

인권이사회는 유엔 경제사회이사회ECOSOC의 산하기구였던 인권위원회Commission on Human Rights, CHR를 계승하여 2006년에 총회의 산하기구로 설립된 기구이다. 인권이사회의 전신인 인권위원회는 2003년을 시작으로 2005년까지 3년 연속 북한인권 결의안을 채택한 바 있다. 인권이사회의 경우 2008년부터 2014년까지 매년 북한인권 결의안을 채택해 오고 있다. 이 두 기관에서 북한인권 결의안이 채택될 당시의 표결현황은 다음과 같다.

| 연도 | 찬성표 | 반대표 | 기권표 | 한국입장 |
|------|--------|--------|--------|----------|
| 2003 | 28 | 10 | 14 | 불참 |
| 2004 | 29 | 8 | 16 | 기권 |
| 2005 | 30 | 9 | 14 | 기권 |
| 2008 | 22 | 7 | 18 | 찬성 |
| 2009 | 26 | 6 | 15 | 공동제안 |
| 2010 | 28 | 5 | 13 | 공동제안 |
| 2011 | 30 | 3 | 11 | 공동제안 |
| 2012 | 합의 | | | 공동제안 |
| 2013 | 합의 | | | 공동제안 |
| 2014 | 30 | 6 | 11 | 공동제안 |

## 1) 북한인권 특별보고관의 임명

인권위원회는 인권보호를 위한 특별절차special procedures의 하나로서 주제별 특별보고관Thematic Special Rapporteur과 국별 특별보고관Country Special Rapporteur 제

도를 가지고 있었다. 이러한 제도(특히 국별 특별보고관 제도)는 인권이 열악한 국가들의 반대에도 불구하고 인권이사회에 계승되었다.[1]

인권위원회는 2004년에 결의안을 통해 태국인 문타폰Vitit Muntarbhorn을 북한인권 특별보고관Special Rapporteur on the human rights situation in the DPRK으로 임명하여 북한인권 상황을 조사하여 그 결과와 더불어 이를 바탕으로 한 권고사항을 인권이사회와 총회에 보고하도록 했다. 그의 임기는 인권이사회로까지 연장되어 2010년 6월까지 북한인권 특별보고관으로서의 역할을 수행했으며 인도네시아 인 다루스만Marzuki Darusman이 그의 뒤를 이어 현재에 이르고 있다. 이들은 북한 내 현지조사를 위해 지속적으로 방북을 요청해 왔지만 북한의 거부로 한국을 비롯한 주변국을 방문하거나 탈북자들과 면담을 가지고 그 결과를 바탕으로 매년 두 차례 북한인권 상황에 대한 보고서를 작성하여 인권이사회와 유엔총회에 제출해오고 있다.[2]

## 2) 북한인권조사위원회의 최종보고서 발표

2013년 3월 21일에 인권이사회는 결의문A/HRC/RES/22/13을 통해 「북한인권조사위원회Commission of Inquiry on Human Rights in the DPRK」를 설치하여 커비 Michael Kirby를 위원장으로 하고 세르비아의 인권활동가인 비세르코Sonja Biserko와 북한인권 특별보고관인 다루스만을 위원으로 임명했다.

북한인권조사위원회는 그 동안의 활동을 바탕으로 2014년 2월 17일에 북한의 인권문제를 다루는 데 있어서 일대 전환점이 되는 최종보고서A/HRC/25/63를 발표했다.[3] 최종보고서는 다음을 핵심적인 내용으로 한다: ⅰ) 북한의 최고위층이 수립한 정책에 따라 북한 내에서 반인도범죄crimes against humanity에 해당하는 인권침해가 광범위하게 자행되고 있다(실행단락 75). ⅱ) 북한당국이 자국 주민을 보호하는 데에 명백하게 실패한 만큼, 국제사회는 반인도범죄로부터 북한의 주민들을 보호할 책임이 있음을 인정해야 한다(실행단락 86). ⅲ) 유엔이 북한에서 반인도범죄를 저지른 주요 가해자들에게 책임을 엄중히 묻기 위해 유엔 안전보장이사회로

---

1) 주제별 특별보고관의 임기는 3년이며 3년이 연장될 수 있다. 국별 보고관의 임기는 1년이고 매년 임기가 연장되어 최대 6년까지만 가능하도록 되어 있다.
2) 북한인권 특별보고관 이외에 유엔 사무총장도 매년 북한인권 상황에 대한 보고서를 유엔총회에 제출해오고 있다.
3) "Report of the commission of inquiry on human rights in the Democratic People's Republic of Korea", UN Doc. A/HRC/25/63 (7 February 2014).

하여금 북한의 상황을 국제형사재판소ICC에 회부하는 방안과 유엔이 특별재판소 ad-hoc tribunal를 설립하는 방안 등이 있다(실행단락 87).4) 이러한 내용과 더불어 보고서는 북한인권 피해자 등과의 지속적인 만남과 자료의 축적을 위해 「현장기반조 직field-based structure, FBS」의 설치를 권고했다.5)

이 보고서에서 주목해야 할 부분은 북한의 인권문제를 다루는 데 있어서 예전 과는 달리 국제형사재판소로의 회부나 유엔총회의 특별재판소의 설치와 같은 사법 적인 조치를 권고하면서 이의 근거로서 북한의 주민들에 대한 국제사회의 보호책 임Responsibility to Protect, R2P을 언급하고 있다는 점이다. 여기서 보호책임이란 1999 년에 미국이 주도한 나토군이 「인도적 개입humanitarian intervention」의 이름하에 발 칸반도를 공습하면서 그 적법성과 효율성 등이 크게 논란을 불러일으키자 이러한 논란을 피하기 위해 2005년 뉴욕에서 개최된 세계정상회의World Summit에서 정상 들이 합의한 새로운 개념으로서 현재 확립되어 가고 있다고 볼 수 있는 국제규범 이다. 세계정상회의의 결과문건outcome document의 단락 138과 139에 언급되어 있 는 보호책임에 대한 개념은 다음과 같다: 국가는 집단학살genocide, 전쟁범죄war crimes, 인종청소ethnic cleansing, 반인도범죄crimes against humanity와 같은 범죄로부터 자국의 주민을 보호할 일차적인 책임을 지지만 국제사회 역시 국가들이 그렇게 할 수 있는 역량에 도달할 수 있도록 도와야 할 책임을 지닌다. 만약에 국가가 이러한 책임을 지는 데 명백히 실패할 경우, 국제사회는 방관하지 말고 이러한 실패의 결 과에 의해 영향을 받는 사람들을 보호할 책임을 가진다.6)

---

4) 유엔 안전보장이사회의 결의문을 통해 국제형사재판소에 제소하는 것이 중국과 러시아의 거부권 행 사로 어려울 경우에 대비하여 유엔총회에 의한 유엔 내 특별재판소 설치를 권고하고 있다. 이것마 저 어려울 경우에 대비하여 북한인권조사위원회 활동을 지속해나갈 기관을 유엔 인권이사회 산하 에 설립하는 안도 제시하고 있다. 보고서는 책임자에 대한 제재를 언급했지만 김정은 조선노동당 제1비서의 실명은 거론하지 않았다. 그러나 반인도범죄에 대한 주요 조사결과를 알리는 서한을 북 한의 최고지도자인 김정은에게 보낸다고 하면서 보고서의 부록에 서한의 내용을 포함시킴으로써 김정은 조선노동당 제1비서를 사실상의 제재의 대상에 포함시키고 있다.

5) 현장기반조직(field-based structure, FBS)을 「북한인권현장사무소」라고 부를 수 있다.

6) 안전보장이사회는 2006년 이후로 25개의 결의문과 6개의 의장성명에서 보호책임을 언급함으로써 세계정상회의 결과문건에 언급된 보호책임의 원칙을 재확인하여 오고 있다. 일부를 예로 들자면 안 전보장이사회는 2006년에 무력갈등 하에서의 민간인의 보호에 관한 결의문 1674(S/RES/1674)를 만장일치로 통과시키면서 이 결의문에서 처음으로 보호책임을 공식적으로 언급한 바 있고 좀 더 최 근인 2014년 4월과 8월에는 각각 결의문 2150(S/RES/2150)과 결의문 2171(S/RES/2171)을 통과 시키면서 보호책임을 수용하고 있다. 또한 안전보장이사회는 보호책임의 한 맥락에서 상임이사국이 집단학살, 전쟁범죄, 인종청소, 반인도범죄와 같은 반인륜적 범죄 상황의 경우 거부권 행사를 자제 할 책임이 있는가의 여부를 둘러싼 논쟁의 해오고 있다. 보호책임의 원칙은 국제사회의 관여가 주 권을 침해하는 「개입(intervention)」이 아니라 인권을 지키는 본분으로서의 「책임(responsibility)」

이러한 북한인권조사위원회의 보고서 발표가 있자 제네바 주재 북한 유엔대표부는 성명을 통해 북한인권조사위원회가 제시한 증거들을 부인하고 북한인권 실태조사는 인권보호라는 명목 하에 북한체제를 전복하려는 전략의 일환이라고 강력하게 반발했다. 아프리카의 보츠와나와 같은 국가는 보고서 내용을 이유로 북한과의 단교를 선언했다.

### 3) 인권이사회에서의 북한인권 결의안 채택

북한인권조사위원회의 보고서 내용을 바탕으로 하여 보고서 내용을 구체화하기 위해 유럽연합과 일본이 주도하고 한국과 미국 등 45개 국가가 공동제안국으로 참여하여 결의안을 작성하여 공개했다.[7] 결의안은 주된 내용으로서 북한 내 인권침해에 관여한 인사들을 「적절한 국제형사사법기제appropriate international criminal justice mechanism」에 회부하는 방안과 이들 인사들에 대한 제재방안 등을 권고했다. 이 결의안A/HRC/25/L.17은 2014년 3월 28일에 상정되어 찬성 30, 반대 6, 기권 11으로 채택되었다.

결의안 채택 이전의 토론과정에서 국별 인권결의안의 채택 필요성을 둘러싸고 논쟁이 지속되었다. 구체적으로 일부 강경한 비동맹그룹 국가들은 모든 회원국들이 매 4년마다 인권심사를 받는 보편적정례인권검토UPR 제도를 시행하고 있기 때문에 특정 국가의 인권문제와 관련하여 국별 인권결의안을 채택하는 것은 정치적 의도가 있는 것이라고 강하게 비난하면서 폐지를 요구했다. 다른 한편 서방측은 보편적정례인권검토의 경우 매 4년마다 하는 것이므로 특정 국가에서 심각한 인권침해가 발생할 경우 다음 보편적정례인권검토가 있을 때까지 기다려야 하기 때문에 국별 인권결의안의 채택이 필요하다고 주장하면서 보편적정례인권검토와 국별 인권결의안의 채택은 상호 보완적임을 강조했다. 강경한 비동맹 그룹 국가들의 반대에도 불구하고 북한 인권결의안이 찬성 30, 반대 6, 기권 11이라는 큰 표 차이로

---

임을 강조함으로써 전통적 국가주권 개념에 더욱 강한 도전을 가하고 있다고 볼 수 있다. 이러한 보호책임의 원칙은 유엔헌장 제6장과 8장에 근거하여 경제제재를 비롯한 평화적 수단에 의해 구체화될 수 있고 이것이 실패할 경우 유엔헌장 제7장에 의거하여 무력제재를 포함한 강제적인 수단에 의해서도 구체화될 수 있다. 이 원칙은 안전보장이사회의 결의문 1970(S/RES/1970)과 결의문 1973(A/RES/1973)을 통해 2011년 리비아 사태 당시 카다피의 학살로부터 리비아 국민을 보호하기 위해 처음으로 적용된 바 있다.

7) 47개 인권이사회 이사국 가운데 한국을 비롯한 32개 이사국과 더불어 알바니아를 비롯한 13개의 비이사국이 공동제안국으로 참여했다. 이것에서 알 수 있듯이 인권이사회의 결의안의 경우 비이사국도 공동제안국에의 참여가 허용된다. 물론 비이사국이 결의안의 채택절차에는 참여할 수 없다.

통과된 것은 적지 않은 수의 비동맹그룹 국가들이 찬성이나 기권을 한 결과이며 이는 비동맹그룹 국가들 사이에서도 인권문제를 둘러싸고 입장차이가 있음을 보여주는 것이다.

통과된 결의안은 핵심 내용으로서 북한에서 최고 지도부의 정책에 의해 반인도범죄가 자행되고 있어 총회가 북한인권조사위원회의 보고서를 안전보장이사회에 제출하고, 안전보장이사회가 이에 대응하여 북한의 인권상황을 국제형사재판기제에 회부하여 반인도범죄에 대한 책임이 있는 자들에게 제재조치를 취하는 등의 적절한 조치를 취할 것을 권고하고 있다. 앞서 북한인권조사위원회의 최종보고서는 안전보장이사회가 북한인권 문제를 국제형사재판소ICC에 회부하거나 유엔총회가 특별재판소를 설치하는 방안을 권고했으나 인권이사회의 결의안은 이들을 구체적으로 명시하지 않은 채 북한인권 상황을 「적절한 국제형사재판기제appropriate international criminal justice mechanism」에 회부할 것을 권고하고 있다.[8]

결의안은 이러한 내용에 더하여 북한인권 특별보고관의 임기를 1년 연장했고 북한인권조사위원회 후속조치를 담당하고 북한인권 상황에 대한 감시와 기록을 강화하기 위해 현장기반조직FBS을 유엔의 인권최고대표사무소OHCHR의 산하에 설치할 것을 요청했다. 또한 북한인권 특별보고관에게 북한인권조사위원회의 후속조치에 대한 내용도 보고서에 포함시킬 것을 요청했다.

---

8) 결의안의 가장 핵심적인 내용인 실행단락(operative paragraph) 5와 7을 살펴보면 다음과 같다 (실행단락 5: *Acknowledges and is deeply troubled* by the commission's finding that the body of testimony gathered and the information received provided reasonable grounds to believe that crimes against humanity have been committed in the Democratic People's Republic of Korea, pursuant to policies established at the highest level of the State for decades; these crimes against humanity entail extermination, murder, enslavement, torture, imprisonment, rape, forced abortions and other sexual violence, persecution on political, religious, racial and gender grounds, the forcible transfer of populations, the enforced disappearance of persons and the inhumane act of knowingly causing prolonged starvation); 실행단락 7: *Recommends* that the General Assembly submit the report of the commission of inquiry to the Security Council for its consideration and appropriate action in order that those responsible for human rights violations, including those that may amount to crimes against humanity, are held to account, including through consideration of referral of the situation in the Democratic People's Republic of Korea to the appropriate international criminal justice mechanism, and consideration of the scope for effective targeted sanctions against those who appear to be most responsible for crimes against humanity, taking into account the relevant conclusions and recommendations of the commission of inquiry).

### 4) 안전보장이사회의 아리아공식 회의의 개최

유엔 인권이사회의가 북한의 인권침해를 비난하고 지도자의 책임추궁과 제재 검토를 유엔 안전보장이사회에 요청하는 결의안을 채택하자 호주, 미국, 프랑스가 4월 17일에 이에 대한 대응방안을 논의하기 위해 소위 「아리아공식 회의Arria-formula meeting」라고 불리는 비공식회의를 공동으로 개최했다.9) 비록 비공식 회의이고 중국과 러시아가 참가하지 않았지만 북한인권 문제를 논의하기 위해 유엔 안전보장이사회가 소집된 것은 역사상 처음이었다는 점에서 적지 않은 의미를 가진다.

이 회의에 초청된 북한인권조사위원회의 위원장과 위원들은 안전보장이사회 이사국들에게 브리핑을 하고 북한의 인권 침해에서 가장 책임이 있는 이들을 국제형사재판소에 회부하여 이들에 대한 제재를 취할 것을 요청했다.10) 회의에 참가한 13개 안전보장이사회 이사국들 가운데 발언을 한 11개 이사국들은 모두 북한의 인권상황이 공식적으로 안전보장이사회의 의제가 되어야 할 것임을 제안했다. 몇몇 이사국들은 유엔인권최고대표와 북한인권 특별보고관이 북한의 인권상황에 대해 정기적으로 이사회에 브리핑을 할 것을 요청했다. 발언을 한 11개 이사국들 가운데 6개 이사국들은 북한인권조사위원회가 권고한 바대로 재판소의 관할권에 따라 행동을 취하기 위해 북한의 상황을 국제형사재판소에 회부할 것을 요청했다. 다른 5개 이사국들은 북한인권 문제를 심의하고 국제형사재판소에 회부하는 것이 안전보장이사회의 의무라고 지적했다. 북한인권조사위원회의 보고서가 안전보장이사회

---

9) 아리아공식 회의란 유엔 안전보장이사회의 이사국들이 심각한 의견대립이 예상되는 문제에 대해 유연한 회의절차와 더불어 솔직하게 의견을 나누기 위해 활용되는 회의록도 작성하지 않는 비공식적이고 비공개적인 회의이다. 이 회의는 1992-1993년에 유엔 안전보장이사회 이사국이었던 베네수엘라의 대표였던 아리아(Diego Arria) 대사의 이름에서 유래된 것으로서 그가 안전보장이사회 의장일 때 소집한 회의의 방식을 의미한다. 이러한 회의는 안전보장이사회에서 개최되는 안전보장이사회 전체의 비공식협의회의와 다음과 같은 점에서 구별된다: ⅰ) 이 회의는 이사회의 활동을 구성하지 않고 하나의 이사국 혹은 복수의 이사국에 의해 소집된다. 참여는 개개 이사국의 결정에 달려 있다. ⅱ) 이 회의는 전체 비공식협의가 안전보장이사회 협의실(Security Council Consultation Room)에서 열리는 것과는 달리 회의실(Conference Room)에서 개최된다. ⅲ) 회의 소집국은 다른 이사국들에게 장소, 일시, 시간 등을 알려주는 서면의 초청장을 만드는데 이 때 이 초청장은 유엔 사무국으로부터의 통보가 아니라 소집국의 팩스로 보내진다. ⅳ) 유엔저널(Journal of the United Nations)에 공시되지 않는다. ⅴ) 사무국의 직원은 통역자와 회의담당관(Conference Officer)을 제외하고 초청을 받지 않으면 참여하지 않는다.

10) Voice of Canada, "COI 위원장 "北인권 침해 책임 지도자 ICC에 회부해야"" (http://www.hrnkcanada.org/bbs/board.php?bo_table=headline&wr_id=332), 접속일(2014년 11월 25일).

문건S/2014/276으로서 회람되었다. 호주, 미국, 프랑스는 4월 17일에 있었던 아리아 공식 회의 결과를 담은 비공식 문건을 첨부한 서한을 안전보장이사회 의장에게 보내 북한의 인권침해 상황을 유엔 안전보장이사회가 공식의제로 채택해 다뤄야 한다고 촉구하는 동시에 안전보장이사회의 적절한 조치를 요구했다.

### 5) 북한인권 특별보고관의 보고서 발표

2014년 6월 18일에 다루스만 북한인권 특별보고관이 「Report of the Special Rapporteur on the situation of human rights in the Democratic People's Republic of Korea, Marzuki Darusman」이라는 제하의 북한인권에 대한 보고서 A/HRC/26/43를 발표했다. 이 보고서에서 특별보고관은 북한인권조사위원회의 조사결과와 권고에 기초하여 그의 임무를 수행함에 있어서 취하고자 하는 방향에 대한 생각을 밝히고 있다. 특별보고관은 북한인권조사위원회의 조사결과의 국제법적인 함의와 국제공동체의 보호책임R2P을 강조했다.

### (2) 유엔총회 제3위원회와 북한인권 문제

유엔의 인권이사회뿐만 아니라 총회에서도 북한인권 문제는 토의대상이 되어 왔고 그 결과 북한을 대상으로 하는 국별 인권결의안이 2005년부터 연례적으로 상정하여 채택되어 왔다. 이러한 결의안들은 합의로 채택된 바 있는 2012년과 2013년을 제외하고는 모두 압도적인 표차이로 표결에 의해 채택되었다. 좀 더 구체적으로 2005년부터 매년 유럽연합과 일본의 주도로 작성된 결의안이 채택될 당시의 제3위원회와 본회의의 표결현황은 다음과 같다.

| 연도 | 제3위원회 | | | | 본회의 | | | |
|---|---|---|---|---|---|---|---|---|
| | 찬성 | 반대 | 기권 | 한국 | 찬성 | 반대 | 기권 | 한국 |
| 2005 | 88 | 22 | 62 | 기권 | 88 | 21 | 60 | 기권 |
| 2006 | 91 | 21 | 60 | 찬성 | 99 | 21 | 56 | 찬성 |
| 2007 | 97 | 23 | 60 | 기권 | 101 | 22 | 59 | 기권 |
| 2008 | 95 | 24 | 62 | 공동제안 | 94 | 22 | 63 | 공동제안 |
| 2009 | 97 | 19 | 65 | 공동제안 | 99 | 20 | 63 | 공동제안 |
| 2010 | 103 | 18 | 60 | 공동제안 | 106 | 20 | 57 | 공동제안 |

| 연도 | 제3위원회 | | | | 본회의 | | | |
|------|------|------|------|------|------|------|------|------|
| | 찬성 | 반대 | 기권 | 한국 | 찬성 | 반대 | 기권 | 한국 |
| 2011 | 112 | 16 | 55 | 공동제안 | 123 | 16 | 51 | 공동제안 |
| 2012 | 합의 | | | 공동제안 | 합의 | | | 공동제안 |
| 2013 | 합의 | | | 공동제안 | 합의 | | | 공동제안 |
| 2014 | 111 | 19 | 55 | 공동제안 | 미정 | | | 공동제안 |

북한인권 결의안이 사상 처음 유엔총회 본회의에 제출된 2005년의 경우 찬성 88, 반대 21, 기권 60표로 찬성이 반대보다 4배 이상으로 많았다. 이후 북한인권 결의안에 대한 찬성 국가는 2008년 한 차례를 제외하고는 꾸준한 증가세를 보였고, 마지막으로 표결이 실시된 2011년에는 123개 국가로 늘었다. 2012년과 2013년에는 별도의 표결 없이 합의로 결의안이 통과됐다. 반면 결의안에 반대하는 국가는 2005년 21개 국가로부터 2011년 16개 국가로 줄었다. 또한 기권 국가 수도 2005년 60개에서 2011년에는 51개로 줄었다.

2012년의 경우 북한과 북한을 지지하는 골수 국가들인 중국, 쿠바, 이란, 니카라과, 러시아, 시리아, 베네수엘라가 특정 국가를 겨냥해 결의안을 채택하는 방식에는 찬성하지 않는다는 기존 입장을 재확인하면서 제3위원회와 본회의에 불참하여 북한인권 결의안이 합의로 통과되었다. 2013년의 경우는 벨라루스, 중국, 북한, 이란, 러시아, 시리아, 베네수엘라가 제3위원회와 본회의에 같은 이유로 불참하면서 합의로 통과되었다. 불참이 강력한 반대의사 표시의 하나로 행사될 수 있음을 고려할 때 두 해에 걸친 결의안의 합의통과의 의미를 과대평가할 일은 아니다. 그러나 이러한 변화를 과소평가할 일도 아니다. 이들이 표결에 참여하여 반대표를 던지지 않아 결의안이 합의로 채택될 경우 결의안은 세계여론으로서의 성격이 강화되기 때문이다. 북한인권 결의안들이 압도적인 표차이로 통과되어 왔고 통과가 예상되는 마당에 마냥 반대표를 던지는 것의 의미를 다시 생각한 조치일 수도 있다는 것을 고려하면 이는 중국을 비롯한 이들 국가들이 북한의 인권문제를 대하는 태도에 있어서의 미묘한 변화라고 볼 수 있다.

2005년에 유엔총회 제3위원회와 본회의에 북한인권 결의안이 처음으로 상정됐을 때 당시 한국의 노무현 정부는 기권을 선택했다. 2006년의 경우 노무현 정부는

같은 해 10월에 북한이 처음으로 핵실험을 한 것을 이유로 북한인권 결의안에 찬성을 택했다. 2007년 10월에 남북정상회담이 열리고 곧 이어 개최된 유엔총회 제3위원회와 본회의에서 한국은 북한인권 결의안에 기권을 했다. 그러나 2008년에 이명박 정부가 들어서면서 앞서 살펴보았듯이 인권이사회에서는 공동제안국으로의 참가 없이 찬성표를 던졌지만 유엔총회 제3위원회와 본회의에서는 공동제안국으로 참가했다. 한국이 북한인권 결의안에 대해 처음으로 공동제안국으로 참여하자 북한은 이것을 반민족적이고 반통일적인 행위로서 6.15선언과 10.4선언의 전면적 부정이라고 강하게 비난한 바 있다. 한국은 2008년 유엔총회 제3위원회와 본회의에서 공동제안국으로 참여한 이래로 인권이사회와 유엔총회(제3위원회와 본회의)에서 일관되게 공동제안국으로 참여해 오고 있다.

## 1) 유럽연합과 일본이 주도한 북한인권 결의안의 제출과 상정

국제사회가 지속적으로 북한인권 결의안을 채택하면서 북한에 대해 압력을 행사했음에도 불구하고 북한의 인권상황은 오히려 더욱 악화되어 왔다. 이 때문에 앞서 살펴보았듯이 인권이사회는 2014년 3월에 안전보장이사회가 북한인권 문제를 국제형사재판기제에 회부할 것을 권고하는 결의안을 채택하기까지에 이르렀던 것이다. 이러한 북한인권 문제에 대한 국제사회의 단호함은 2014년 제69차 유엔총회에도 이어졌다.

2014년 10월 8일에 유럽연합과 일본은 북한인권조사위원회의 보고서를 기초로 하여 안전보장이사회가 북한 지도부가 행한 반인도범죄를 국제형사재판소ICC에 회부할 것을 권고하는 결의안의 초안을 작성하여 비공개로 회람했다. 이러한 초안은 우호적인 회원국들의 비공식협의를 통한 문안수정 작업을 거쳐 세부내용이 확정된 후 10월 22일에 41개 공동제안국의 이름하에 결의안A/C.3/69/L.28으로서 제출되고 11월 6일에 총회 제3위원회에 상정되었다.[11]

이 결의안은 2005년부터 유엔총회 제3위원회와 본회의에서 연례적으로 채택되어 온 역대 대북한 인권결의안 9개와는 비교가 되지 않는 강력한 수준의 것이

---

11) 공동제안국의 명단은 다음과 같다: Albania, Andorra, Australia, Austria, Belgium, Bulgaria, Canada, Croatia, Cyprus, Czech Republic, Denmark, Estonia, Finland, France, Germany, Greece, Hungary, Iceland, Ireland, Israel, Italy, Japan, Latvia, Liechtenstein, Lithuania, Luxembourg, Malta, Netherlands, Norway, Poland, Portugal, Republic of Korea, Romania, Slovakia, Slovenia, Spain, Sweden, Switzerland, Turkey, United Kingdom of Great Britain and Northern Ireland and United States of America.

었는데 이러한 강력한 내용은 실행단락 7과 8에 극명하게 드러나 있다. 구체적으로 실행단락 7은 북한의 최고위층에서 수립된 정책에 따라 반인도범죄crime against humanity가 자행되어 왔다는 북한인권 조사위원회COI의 조사결과를 인정한다고 언급하고 있다.[12] 이를 바탕으로 실행단락 8은 구체적으로 유엔 안전보장이사회가 북한상황을 국제형사재판소ICC에 회부하는 것을 검토할 것과 반인도범죄에 가장 책임이 있는 사람들을 목표로 한 제재문제를 검토할 것을 포함하여 안전보장이사회가 적절한 조치를 취할 것을 요청하고 있다.[13] 실행단락 7과 8은 북한 최고지도자가 광범위한 북한 내 인권침해에 사실상 직접적 책임이 있다는 것으로서 누구라고 특정하지는 않았지만 김정은 조선노동당 제1비서를 겨냥한 것임에 틀림없다.

결의안은 이러한 내용 이외에 북한인권조사위원회COI가 보고서에서 북한인권 피해자 등과의 지속적인 만남과 자료축적을 위해 설치를 권고한 것에 따라 유엔의 인권최고대표사무소OHCHR가 현장기반조직FBS을 한국 내에 설치하기로 한 조치를 환영하는 내용을 포함하고 있다. 북한인권조사위원회가 설치를 권고한 이후 한국, 일본, 태국이 유치경합에 나섰는데 한국으로의 유치가 확정되었다.[14]

중국은 북한인권 결의안이 제출된 다음 날인 10월 23일에 외교부 대변인을 통해 인권문제를 국제형사재판소에 회부하는 것은 한 국가의 인권상황 개선과 관련하여 아무런 도움이 되지 않는다고 유럽연합과 일본이 주도한 결의안에 반대 입장

---

12) *Acknowledges* the commission's finding that the body of testimony gathered and the information received provide reasonable grounds to believe that crimes against humanity have been committed in the Democratic People's Republic of Korea, pursuant to policies established at the highest level of the State for decades.

13) *Decides* to submit the report of the commission of inquiry to the Security Council, and encourages the Council to consider the relevant conclusions and recommendations of the commission and take appropriate action to ensure accountability, including through consideration of referral of the situation in the Democratic People's Republic of Korea to the International Criminal Court and consideration of the scope for effective targeted sanctions against those who appear to be most responsible for acts that the commission has said may constitute crimes against humanity.

14) 현장기반조직(FBS)이 2015년 3월에 한국의 서울에 개설될 예정이다. 이 기구가 한국에 설치되면 북한의 강한 반발이 예상되나 이 사무소가 유엔기관의 하나로서 유엔의 예산으로 설치되고 유엔에 의해 운영됨으로써 한국정부와는 독립적인 지위를 가지는 조직이기 때문에 이 조직의 활동과 관련하여 한국만을 특정하여 지속적으로 비난하는 것은 어려울 것이다. 유엔이 이 조직의 한국 내 설치를 타진해 왔을 때 한국정부가 관련국들의 동의와 요청을 받는 나름의 과정을 거친 것으로 알려졌고 이러한 과정에서 중국과 러시아가 사무소 설치에 분명한 반대의사를 표시하지 않았다고 한다: 자유아시아방송, "유엔 북한인권사무소의 한국 설치," (http://www.rfa.org/korean/weekly_program/hr_rights_first/fe-mj-06102014105013.html) 접속일(2014년 11월 27일).

을 명확히 했다.

## 2) 북한인권 특별보고관의 제3위원회의 보고

10월 28일에는 다루스만 북한인권 특별보고관이 제3위원회에서 북한의 인권상황에 대한 조사결과를 보고했다. 이 보고에서 그는 북한인권조사위원회COI가 북한 인권상황의 국제형사재판소ICC 회부와 책임자들에 대한 제재를 권고하고 있다면서 이를 이행하는 것이 국제사회가 결의를 보여주는 유일하고 가장 중요한 길이라고 밝혔다.

## 3) 북한의 적극적인 유화적 대응

인권이사회와 유엔총회에서 이러한 일련의 흐름이 있자 예전과는 달리 북한은 2014년 유럽연합과 일본이 주도하고 있는 북한인권 결의안의 채택을 저지하기 위해 총력적인 공세를 펴기 시작했다. 구체적으로 북한은 9월 13일 「조선인권연구협회」라는 기구의 명의로 북한이 인권보호에 문제가 없다는 내용의 인권백서를 발간하여 대외에 선전했다. 북한은 9월 중순에 강석주 노동당 국제담당 비서를 독일, 벨기에, 스위스, 이탈리아 4개국과 더불어 벨기에 소재의 유럽연합EU에 파견했고, 김영남 최고인민회의 상임위원장을 아프리카에 급파했으며, 이수용 외무상을 15년 만에 유엔총회에 파견했다.15)

9월 23일에 유엔총회 기간 중에 사상 처음으로 유럽연합EU과 일본이 초안을 작성 중인 북한인권 결의안에 대한 국제사회의 지지를 확보하기 위해 북한인권 고위급회의High-Level Meeting on North Korean Human Rights가 유엔인권최고대표UNHCHR, 한국의 외교부 장관, 미국 국무부 장관, 일본 외무상, 유럽 주요국 장관들이 참석한 가운데 개최되었다. 북한은 자신의 입장을 적극적으로 개진하여 옹호하기 위해 이 회의를 주도하고 있는 미국에게 참석을 요청했으나 거부당했다.

다루스만 북한인권 특별보고관이 제3위원회에서 북한인권 실태를 보고하기 하루 전인 10월 27일에 북한은 북한의 인권상황을 국제형사재판소ICC에 회부하고 책임자를 제재하도록 하자는 권고 내용의 삭제를 조건으로 북한인권 특별보고관과

---

15) 북한 외교의 실세인 강석주 노동당 국제담당 비서가 유럽연합을 방문하여 결의안에 담긴 북한의 인권문제를 국제형사재판소에 회부하는 조항을 삭제하기 위해 2003년 중단된 유럽연합과 북한 사이의 인권대화를 재개할 것과 유럽연합 인권특별대표(EU Special Representative for Human Rights)를 북한에 초청하는 안을 제시했다.

유엔인권최고대표의 방북을 허용하는 제안을 하는 등 환심공세charm offensive를 적극적으로 전개했다. 이러한 제안은 유엔에 북한인권 특별보고관이 설치된 2004년 이래 처음 있는 일이었다. 10월 30일에는 유럽연합EU 인권특별대표의 방북을 허용하는 제안을 하기도 했다. 11월 7일에는 북한은 유엔본부에서 사상 처음으로 북한인권에 관한 설명회를 개최했다. 또한 북한 외무성 국제기구국장을 다루스만 북한인권 특별보고관의 전담대사로 임명했다. 북한은 11월 8일에는 미국과의 막후협상을 통해 억류 중이던 미국인 2명을 전격 석방했다. 북한은 이처럼 일련의 유화적인 행동을 취하는 한편 국제형사재판소 회부를 포함하는 결의안의 채택을 강행한다면 예측할 수 없는 결과가 초래될 것이라고 국제사회에 위협을 가하는 이중적인 태도를 보였다.

### 4) 쿠바의 수정안 제출

이러한 가운데 북한과 우호관계가 돈독한 쿠바가 유럽연합과 일본이 주도한 결의안의 골자인 실행단락 7과 8을 삭제하고 북한인권 문제를 검토하기 위한 새로운 협력적인 접근법을 촉구하는 내용의 새로운 실행단락을 삽입할 것을 제안하는 수정안A/C.3/69/L.63을 공동제안국 없이 단독으로 작성하여 일부 유엔 회원국들에게 배포했고 11월 13일에 사무국에 제출했다.

여기서 새로운 협력적 접근법이란 북한과 다른 국가들 간의 인권대화, 북한과 유엔인권최고대표사무소 간의 기술협력, 유엔 북한인권 특별보고관의 북한방문을 의미한다.16) 이러한 수정안이 제출된 것은 이제까지 인권이사회와 총회(제3위원회

---

16) 새로운 실행단락의 내용은 다음과 같다: *Decides* to adopt a new cooperative approach to the consideration of human rights in the Democratic People's Republic of Korea that will enable: (a) the establishment of dialogues by representatives of the Democratic People's Republic of Korea with States and groups of States interested in the issue; (b) the development of technical cooperation between the Office of the United Nations High Commissioner for Human Rights and the Democratic People's Republic of Korea; and (c) the visit of the Special Rapporteur on the situation of human rights in the Democratic People's Republic of Korea to the country. 여기서 인권문제에 대한 기술협력이란 유엔인권최고대표사무소의 역할 가운데 하나로서 인권개선을 위한 방법을 제공하는 것을 의미하는데 특정 국가가 인권문제의 개선에 관심을 두고 있어도 인권문제가 복잡한 문제이기 때문에 어디서부터 손을 대야하는 것인가를 모르는 경우가 태반이기 때문이다. 기술협력이란 구체적으로 인권문제 개선을 위한 공무원 연수나 인권제도의 개선을 위한 자문과 같은 방식으로 이루어진다. 북한은 이러한 기술협력을 거부해 왔다. 인권대화란 인권개선을 유도해 내기 위한 방편으로 장기적인 관점에서 대화를 하는 것을 의미한다. 구체적으로 관계개선이나 원조 등을 지렛대로 하여 인권개념에 대한 서로의 시각을 교환하고 사법제도 등을 상호 비교하는 등의 방법을 통해 인권개선을 시도하는 것을 의미한

와 본회의)를 불문하고 북한인권 결의안을 채택하는 과정에서 처음 있는 이례적인 일로서 북한 최고 지도부의 국제형사재판소로의 회부를 의도한 결의안의 채택을 막으려는 북한의 의중을 대변한 것이다.

### 5) 유럽연합과 일본에 의한 개정된 결의안의 제출

쿠바가 수정안을 제출하자 유럽연합과 일본은 원결의안의 41개 공동제안국보다 17개 국가가 늘어난 58개 국가를 공동제안국으로 하여 원결의안A/C.3/69/L.28을 개정한 결의안A/C.3/69/L.28/Rev.1을 11월 14일에 제출했다.[17] 이 개정된 결의안revised draft resolution은 2개의 실행단락을 첨가했다. 그 중 하나는 유엔인권최고대표사무소의 현장기반조직FBS이 독립적으로 운영되고, 충분한 자원을 가질 수 있으며, 비난과 위협의 대상이 되지 않도록 회원국들에게 요청하는 것이다.[18] 또 다른 실행단락은 원결의안이 상정된 이후 북한이 보여준 일련의 유화적인 조치를 감안한 조항으로서 북한이 대화, 공식적인 국가방문, 대민접촉 등과 같은 방식을 통해 인권에 있어서의 구체적인 개선을 촉진하기 위해 국제적인 협상의 상대들과 건설적으로 계속하여 관계를 맺을 것을 요청했다.[19] 그러나 이러한 2개 실행단락을

---

다. 2000년대 초에 북한은 미국의 대북 강경론에 맞서 유럽연합 국가들과의 관계개선을 시도하면서 수교를 원했다. 이때 유럽연합은 관계개선을 지렛대로 하여, 인권상황에 대한 비난과 더불어 제기되는 인권개선에 대한 압력을 부당한 내정간섭으로 간주하는 북한의 인권개선을 위한 방식으로 인권대화 방식을 택했다. 그리하여 2001년부터 북한과 유럽연합 사이에 인권대화가 있었다. 그러나 이러한 시도에도 불구하고 북한이 인권개선에 전혀 의지를 보이지 않자 전통적으로 인권을 존중히 여기는 유럽연합이 2003년부터 국제사회의 다자외교의 장에서 북한인권 결의안을 주도적으로 제안하기 시작했고 그 결과 이러한 인권대화는 중단되었다. 여하튼 국제사회에서 북한의 인권개선의 문제에 가장 주도적인 역할을 하는 주체가 유럽연합인데 이는 미국과 한국이 북한과의 관계상 북한의 인권문제를 거론하는 것이 쉽지 않다는 판단에 의한 것이다. 이로써 대북 문제에 있어서 미국은 북한의 핵문제를 포함하여 대학살상무기 문제에 중점을 두고 유럽연합은 북한의 인권문제를 집중적으로 다루는 역할부담이 자연스럽게 행해지고 있다.

17) 새롭게 공동제안국으로 합류한 17개 국가들은 Bosnia and Herzegovina, Botswana, Chile, Kiribati, Micronesia(Federal States of), Monaco, Montenegro, Palau, Panama, Republic of Moldova, San Marino, Seychelles, the Former Yugoslav Republic of Macedonia, Tuvalu, Ukraine, Uruguay, Vanuatu이다. 대부분의 언론들은 개정된 결의안과 새로운 결의안의 차이를 모른 채 새로운 결의안이 제출되고 상정된 것으로 보도한 바 있다.

18) 실행단락 10: *Calls upon* Member States to undertake to ensure that the field-based structure of the Office of the United Nations High Commissioner for Human Rights can function with independence, that it has sufficient resources and that it is not subjected to any reprisals or threats.

19) 실행단락 15: *Calls upon* the Democratic People's Republic of Korea to continue engaging constructively with international interlocutors with a view to promoting concrete improvements in the human rights situation on the ground, including through dialogues, official visits to the country and more people-to-people contact.

추가했지만 원결의안의 핵심내용인 북한 고위층의 정책에 따른 반인도범죄 행위를 인정하는 것과 북한의 인권상황을 안전보장이사회를 통해 국제형사재판소로 회부할 것을 권고하는 조항은 그대로 유지했다.

쿠바가 북한의 입장을 대변하여 유화적인 조치를 포함한 수정안을 제출하자 적지 않은 국가들이 쿠바의 수정안에 입장을 같이 하여 수정안이 통과될지 모른다는 우려가 있었다. 왜냐 하면 자국 지도자들 역시도 국제형사재판소에 회부될 수 있다는 개연성을 우려해야 하는 인권 후진국들이 유럽연합측 결의안에 강한 거부감을 느끼는 가운데 유화적인 입장을 취하고 있는 쿠바의 수정안을 찬성하는 쪽으로 기울 가능성이 높았기 때문이다. 그럼에도 불구하고 유럽연합측이 원래의 입장을 고수한 것은 수정안의 유화적인 내용을 단순한 위기 모면용으로 간주했기 때문이다.

## 6) 양진영의 치열한 외교전

11월 13일에 쿠바의 수정안이 제출되고 이어서 11월 14일에 유럽연합측의 개정된 결의안이 제출되면서 양진영의 막바지 외교전이 치열하게 전개되었다. 미국 국무부의 킹Robert King 북한인권특사는 북한측을 옹호하고 있는 국가로서 벨라루스, 이란, 쿠바, 베네수엘라 등을 거론하며 강하게 비난을 했다.[20] 다루스만 북한인권 특별보고관도 서울에서 기자회견을 열고 북한 지도부의 책임을 묻는 조항이 모두 삭제된 쿠바의 수정안은 유엔인권이사회가 채택한 북한인권 조사위원회 보고서를 역행하는 것이라면서 쿠바의 수정안을 강하게 비판했다.

다른 한편 북한은 김정은 조선노동당 제1비서의 최측근인 최룡해 조선노동당 비서를 17일부터 1주일 동안 러시아에 파견했는데 이러한 급작스런 방문은 북한인권 결의안의 처리와 관련하여 러시아의 협력을 얻기 위한 노력의 일환으로 볼 수 있다. 중국 외교부 대변인은 11월 14일 정례브리핑에서 유럽연합측 결의안과 관련하여 인권문제를 정치화 하여 다른 국가를 압박하는 데 반대하며 인권에 대한 이견은 대화나 협력을 통해 처리해야 한다는 점을 강조했다.

## 7) 쿠바의 수정안 부결과 유럽연합측 개정된 결의안의 채택

유럽연합과 일본이 주축이 된 개정된 결의안revised draft resolution과 쿠바의 수

---

20) 로버트 킹 미 국무부 대북인권특사는 2009년 11월 상원 인준을 통해 북한 인권문제를 전담하는 대북인권특사로 임명되었다.

정안이 11월 18일에 상정이 되고 채택절차에 들어갔다. 수정안이 결의안에 앞서 채택의 대상이 된다는 의사규칙에 따라 쿠바의 수정안이 표결에 부쳐졌다. 기록투표recorded vote 발의가 있었으며 투표 결과는 찬성 40, 반대 77, 기권 50으로 부결되었다. 쿠바를 비롯해 러시아, 중국, 남아공 등은 이 결의안이 부당하게 한 국가를 목표로 하고 있다면서 그것은 나쁜 선례가 될 수 있다고 비난해 왔으나 표결에서 수정안을 통과시키는 데 실패했다.

이어서 유럽연합과 일본이 주도한 개정된 결의안이 채택절차에 들어가기 전 4시간 정도에 걸쳐 토론이 진행되었다. 북한의 외무성 부국장은 결의안이 북한에 대해 근거 없는 비방으로 가득 차 있고 미국의 적대적인 대북정책이 뒤에 놓여 있음을 강조하고 결의안이 만약 통과된다면 예상하지 못한 심각한 결과가 초래될 것이라는 위협을 가하면서 반대표를 던질 것을 호소했다.

토론과정에서 북한과 전통적인 우호관계를 가지고 있는 국가들 역시 결의안에 대한 강력한 반대의사를 표명했다. 이란은 개별 국가를 특정해 인권 결의안을 채택하는 것은 유엔헌장이 요구하는 보편성, 비선별성, 객관성의 원칙을 위배하는 것이라고 주장했다. 중국 내에 공개처형제도와 같은 인권의 문제와 더불어 소수민족에 대한 탄압과 같은 문제를 가지고 있으면서 전통적으로 서구의 관점에서 인권문제를 바라보는 것을 거부해온 중국은 인권문제를 다루는 데 있어 대화와 협력, 상호존중이 중요하다고 강조했다. 북한의 인권문제를 국제형사재판소에 회부하는 조항을 삭제하자는 수정안을 냈다가 부결당한 쿠바는 국제형사재판소 회부가 특정 국가의 개도국 압박수단으로 활용되는 선례가 만들어져서는 안 된다고 주장하면서 비동맹국가들이 단합하여 결의안에 반대해 줄 것을 촉구했다. 에콰도르는 제3위원회에서 특정 국가를 겨냥하거나 특정 국가에 대한 결의안을 채택하는 것이 해당 국가의 인권을 개선하는 데 아무런 도움이 되지 않는다고 주장하면서 유엔 인권이사회에서 진행되는 보편적정례검토Universal Periodic Review, UPR가 전 세계 각국의 인권상황을 검토하는 유일한 방안이라는 입장을 재확인했다. 인도네시아는 국제사회가 대화와 협력이 가능한 환경을 조성하기 위해 노력할 것을 촉구하면서 동시에 북한도 인권대화를 재개하고 유엔의 북한인권 특별보고관을 초청하겠다는 약속을 지킬 것을 강조했다.[21]

---

21) 미국의 소리, "유엔 북한인권 결의안 반대·기권한 나라들," (http://m.voakorea.com/a/ 2528048. html) (접속일 2014년 11월 27일).

상정된 유럽연합측의 결의안에 대한 토론이 끝난 후 개정된 결의안의 채택절차에 들어가면서 기록투표recorded vote의 요청에 따라 기록투표가 행해졌다. 그 결과 찬성 111, 반대 19, 기권 55라는 압도적인 표 차이로 통과되었다.[22] 이러한 결과는 북한의 인권상황을 국제형사재판소에 회부하여 최고 책임자들에게 제재를 가해야 한다는 강력한 내용의 결의안을 저지하고자 수개월 동안 유엔의 안과 밖에서 총력 외교전을 전개한 북한에게는 예상치 못한 충격적인 것이었다.

이렇게 채택된 결의안의 의의는 2011년에 북한인권 결의안이 채택될 당시의 사정과 비교해 보면 좀 더 잘 알 수 있다.[23] 2011년 경우 제3위원회의 표결결과는 찬성 112, 반대 16, 기권 55이었다.[24] 찬성 111, 반대 19, 기권 55라는 2014년의 표결결과를 고려할 때 북한이 총력전을 폈고 쿠바를 대리인으로 하여 반대진영의 요구를 일부 수용하는 과감성을 보인 수정안을 제시했음에도 불구하고 찬성표를 1개 줄이고 반대표를 3개 늘리는 데 그쳤음을 알 수 있다.

우리가 가장 주목할 점은 쿠바가 제시한 수정안을 찬성한 국가 수가 40개였는데 유럽연합측의 개정된 결의안에 대한 반대표는 19표에 불과했다는 점이다. 이는 쿠바의 수정안에 찬성했던 국가들 가운데 반 이상이 개정된 결의안에 반대표를 던지지 않고 기권으로 돌아섰다는 것을 의미한다. 왜 이런 현상이 일어났을까를 추론해 볼 필요가 있다. 아마도 이는 쿠바의 수정안에 찬성표를 던졌으나 채택에 실패한 국가들이 개정된 결의안에 반대표를 던지더라도 통과를 저지하는 것이 불가능하다는 판단 하에 반대표를 던져 굳이 북한의 심각한 인권문제를 옹호하는 인권후진국이라는 불명예를 떠안을 필요가 없다고 판단했기 때문이라고 생각할 수 있다. 이러한 일련의 상황은 어느 국가가 어떤 식의 표를 던졌는가를 기록에 남기는 기록투표 방식이 요청된 결과라는 측면도 갖는다.

개정안에 대한 표결행태voting behavior를 비동맹그룹NAM과 연관을 지어 살펴보는 것도 의미가 있다. 북한이 회원국으로 되어 있는 비동맹그룹의 국가들은 통상적으로 인권문제 등을 포함하여 내정간섭에 강하게 반발을 해 왔다. 이 때문에 이들

---

22) 결의안에 반대표를 던진 19개 국가들은 북한 이외에 Belarus, Bolivia, China, Cuba, Ecuador, Egypt, Iran, Laos, Myanmar, Oman, Russia, Sri Lanka, Sudan, Syria, Uzbekistan, Venezuela, Vietnam, Zimbabwe이다.

23) 앞서 언급했듯이 2012년과 2013년이 경우 중국의 비롯한 일부 국가가 참여하지 않은 가운데 합의로 통과되었기 때문에 비교가 불가능하다.

24) 2011년 유엔총회 본회의의 표결결과는 찬성 123, 반대 16, 기권 51이었다.

이 일국의 최고지도자를 국제형사재판소에 회부할 것을 의도하는 미증유의 강력한 결의안에 집단적으로 반발할 것이라는 것을 예상하는 것은 그리 어렵지 않은 일이었다. 이러한 맥락에서 북한은 표결을 앞두고 특정 국가 하나를 목표로 하는 결의안은 위험한 선례를 구축하여 다른 개도국들도 이러한 대상이 될 것이라는 논리를 동원하여 비동맹그룹 국가들을 대상으로 설득하는 등 치열한 로비를 전개했다. 그럼에도 불구하고 쿠바의 수정안에 36개 비동맹그룹 국가들만이 찬성표를 던졌고, 개정된 결의안의 채택과정에는 108개 비동맹그룹 국가가 참여해 17개 국가만이 반대표를 던지고 나머지 91개 국가는 찬성을 하거나 기권을 하여 북한의 입장에 등을 돌렸다는 사실은 예상하기 어려운 일이었다. 특히 비동맹그룹의 맹주격인 인도와 인도네시아가 개정된 결의안 표결에 기권을 했다는 것은 비동맹그룹 국가들의 전반적인 분위기와 입장을 잘 대변해주는 것으로 볼 수 있다.[25]

이러한 예상하기 힘들었던 결과는 본질적으로 북한인권에 대한 국제사회의 인식의 변화에 기인한다고 볼 수 있다. 이에 더하여 유럽연합측의 전략적인 대응이 이러한 결과를 가져오는 데 일조를 했다고 볼 수 있다. 구체적으로 유럽연합측은 원결의안과 개정된 결의안 모두에서 의도적으로 「김정은Kim Jung-un」이라는 직접적인 표현을 사용해 대상을 특정화하는 대신에 「북한인권조사위원회가 반인도범죄를 구성할 수 있다고 말한 바 있는 행위에 가장 책임이 있는 것으로 보이는 사람들Those who appear to be most responsible for acts that the Commission has said may constitute crimes against humanity」이라는 우회적인 표현을 사용하여 반발을 완화하고자 했다. 유럽연합측은 또한 북한과 쿠바의 유화적인 제안에 대응하여 이들의 제안을 긍정적인 것으로 언급하는 부분을 추가하여 개정한 결의안을 제시한 것도 이러한 결과를 가져오는 데 부차적인 역할을 했다고 볼 수 있다.

이러한 강력한 내용을 포함하고 있는 북한인권 결의안의 채택의 가장 중요한 시발점은 2014년 2월에 발표된 북한인권조사위원회COI 보고서의 권고내용이었다. 이전에 늘 반복되어 온 전통적인 방식으로는 북한의 인권문제를 개선하기 어렵다는 북한인권조사위원회 위원들의 인식의 변화가 북한인권 문제에 대한 접근방식을 크게 바꾸어 놓았다. 이들의 변화된 접근방식은 북한이 최고지도자에 대해 민감하다는 사실을 바탕에 둔 치밀한 계산하에 고안된 것이라고 볼 수 있을 것이다. 이러

---

25) 중앙일보, "북한 "누가 뭐라든 우리 길 가겠다" 반발" http://joongang.joins.com/article/467/16472467.html) 접속일(2014년 11월 25일).

한 전략이 북한인권의 실질적인 개선으로 이어질 것인가는 아직 불투명한 것이 사실이지만 이제까지 국제사회의 인권개선 요구에 미동도 하지 않던 북한이 이번에 다양한 유화적인 태도를 적극적으로 보인 것은 이러한 전략이 의미 있는 변화를 가져올 수도 있다는 가능성의 일부를 제시한 것으로 볼 수 있다. 이번이 북한의 진정한 아킬레스건이 무엇인지 알게 된 중요한 계기가 되어 앞으로 인권대화를 비롯하여 북한인권 개선을 위한 압박수단에 있어서 중대한 변화가 있을 것으로 보인다.

### 8) 북한의 반발외교와 유럽연합측의 외교

북한은 다양한 유화적인 제안을 했음에도 불구하고 최고지도자의 국제형사재판소로의 회부를 권고하는 결의안이 압도적으로 통과되자 투표결과를 강하게 비난하면서 핵실험의 가능성을 언급하는 등 강력히 반발했다. 북한은 11월 24일에 유엔총회 제3위원회의 결의안을 거부하는 공식서한S/2014/849을 안전보장이사회에 보내기까지 했다. 이 서한에서 북한은 미국의 적대정책이 북한으로 하여금 새로운 핵실험을 자제하지 못하도록 했다고 언급했다.

총회 제3위원회에서 북한인권 결의안이 통과된 후 한국, 미국, 영국, 프랑스, 호주 등을 비롯한 안전보장이사회 10개 이사국들이 12월 5일 북한상황을 의제로 공식적으로 채택할 것을 요청하는 공식서한S/2014/872을 안전보장이사회 의장에게 제출했다. 북한인권 문제가 원래의 안전보장이사회의 12월 의제항목에 없었기 때문에 추가의제항목additional agenda item이 되어야 하며 안전보장이사회에서 특정 의제항목을 추가의제로 포함하기 위해서는 이사국이 통상적으로 서한을 통해 의장에게 요청을 하고 15개 이사국의 의견을 묻게 된다.[26] 반대 의견이 있을 경우에는 표결을 하게 된다.

아직 본회의에서의 북한인권 결의안 채택절차를 남겨놓고 있음에도 불구하고 이들 국가들이 북한인권 문제의 안전보장이사회 의제화를 서두르는 이유는 무엇일까? 이는 2014년 12월 31일자로 임기가 종료되는 5개 비상임이사국의 자리를 대신할 새로운 비상임이사국이 북한인권 문제의 안전보장이사회 의제화에 보일 태도와 밀접한 관계가 있는데, 이들 신규 비상임이사국들이 유엔총회 제3위원회에서 유럽연합측 결의안에 대해 취한 표결행태voting behavior로 판단해 볼 때 의제의 채택이 불투명해지기 때문이다.

---

26) 북한인권 문제가 원래의 안전보장이사회의 12월 의제항목에 없었기 때문에 추가의제가 된 것이다.

안전보장이사회는 2년 임기의 10개 비상임이사국으로 구성되어 있는데 이들 10개국의 임기가 모두 같은 해에 종료되는 것이 아니라 매년 5개국씩 교체되도록 되어 있다. 2014년 11월 현재 비상임이사국인 10개 국가 가운데 한국을 비롯한 아르헨티나, 호주, 룩셈부르크, 르완다 5개국의 임기가 2014년 12월 31일자로 끝나고 차드, 칠레, 요르단, 리투아니아, 나이지리아 5개국의 임기는 2015년 12월 31일에 끝나게 된다. 12월 31일자로 임기가 종료되는 비상임이사국은 스페인, 뉴질랜드, 베네수엘라, 말레이시아, 앙골라에 의해 교체되게 된다.

11월 18일 당시 10개 비상임이사국들과 5개 상임이사국(미국, 영국, 프랑스, 중국, 러시아)이 제3위원회에서 유럽연합측 결의안에 던진 표의 향방을 볼 때 중국과 러시아가 반대표를 던졌고 나이지리아가 기권을 했으며 나머지 12개 이사국들은 찬성을 했다. 따라서 5개 비상임이사국이 교체되기 전의 안전보장이사회 이사국 구성대로라면 의제항목의 채택에 필요한 9개국 이상의 찬성이 확실할 뿐 아니라 이미 10개 이사국이 의제항목 채택을 요청하는 서한을 의장에게 보냈기 때문에 안전보장이사회에서의 의제항목 채택에는 문제가 없을 것이다. 비상임이사국의 투표 행태에 국한하여 살펴볼 때, 2014년 12월 말일까지 비상임이사국 지위를 가지는 5개 비상임이사국 모두 결의안에 찬성표를 던졌는데 반해 신규 비상임이사국이 될 국가 가운데 스페인과 뉴질랜드만이 찬성표를 던졌고 베네수엘라는 반대를 했으며 말레이시아와 앙골라는 기권을 했다. 이 때문에 2015년 1월이 되면 제3위원회 표결에 반대하거나 기권한 안전보장이사회의 이사국이 6개국으로 늘어나 의제항목으로의 채택을 장담할 수 없게 된다.[27]

안전보장이사회 의장에게 북한인권 문제를 의제항목으로 채택해 달라는 서한에 대응하여 북한도 12월 15일에 특히 미국을 비난하는 내용의 공식서한S/2014/896을 안전보장이사회에 보냈다. 한편 북한은 북한인권 결의안의 유엔총회 본회의 채택이 12월 18일로 유력시되고 있고 북한인권 문제의 안전보장이사회 상정이 이르면 12월 22일로 임박하자 백인 경찰에 의한 일련의 흑인 피살을 중대한 인종차별문제로 부각시키면서 미국을 비난하는 동시에 최근 불거진 미국의 중앙정보국 CIA의 고문문제도 중대한 인권침해로서 국제평화와 안보에 위협이 되기 때문에 안전보장이사회 의제로 긴급히 다루어야 한다고 하면서 맞불 외교에 나섰다.

---

27) 미국의 소리, "유엔 북한인권 결의, 18-19일 본회의 채택 전망," http://www.voakorea.com/content/article/2543902.html (접속일: 2014년 12월 24일).

북한의 태도와 관련하여 주목할 부분은 북한인권 문제의 유엔 안전보장이사회 상정 추진을 미국의 군사적 침략의 명분을 만들기 위한 것이라고 인식하고 있다는 점이다. 이는 2011년 초에 리비아에 심각한 인권침해에 대해 유엔 안전보장이사회가 취한 일련의 조치를 염두에 둔 것으로 보인다. 그 당시 리비아 내전에서 카다피 군대가 민간인 시위자들에게 공습을 감행하자 유엔 안전보장이사회는 리비아 주민의 보호를 위해 보호책임(R2P) 원칙에 근거하여 경제제재와 리비아 지도자인 카다피를 반인도범죄로 국제형사재판소에 회부하는 결의문S/RES/1970을 채택했다.[28) 이러한 조치에도 불구하고 카다피 정부가 근본적인 변화를 보이지 않자 리비아 주민의 보호를 위해 유엔헌장 제7장에 규정되어 있는 군사적 조치를 허용하는 결의문S/RES/1973을 채택했다.[29) 결국 카다피는 2011년 10월 20일에 반군에 의해 사살되었다.

리비아 사태와 관련하여 유엔이 취한 조치의 핵심은 보호책임R2P을 국제적인 개입의 근거로 하여 안전보장이사회가 리비아의 최고 지도자를 반인도범죄로 국제형사재판소에 회부하고 비군사적 제재조치와 군사적 제재조치를 결정했다는 점이다. 북한인권에 대한 유엔의 대응과 리비아 사태에 대한 유엔의 대응을 비교해 볼 때 북한인권 문제의 경우 총회가 안전보장이사회에 조치를 권고하고 있음에 반해 리비아 사태의 경우 유엔총회의 권고 없이 안전보장이사회가 직접 조치를 결정했다는 점에서 차이가 있다. 북한의 경우는 안전보장이사회가 유엔총회의 권고를 수용하여 북한에 대한 이러한 조치를 취할지 모른다는 두려움을 가지고 있는 것처럼 보인다.

북한의 태도와 관련하여 주목할 또다른 부분은 북한이 북한인권 결의안을 주도한 유럽연합과 일본에 대한 비난은 거의 하지 않고 미국과 한국(특히 미국)에 대한 비난에 집중하고 있다는 점이다. 국제사회에서 북한과 관련하여 유럽연합은 인권문제에 집중하고 미국은 핵문제에 집중하는 일종의 역할분담을 오래전부터 해오고 있다. 한국과 미국은 유엔총회에서 북한의 인권문제를 제기하는 데에 주도적인 역할을 할 경우 남북관계와 북미관계가 파탄에 이르러 북핵문제의 해결을 어렵게 할

---

28) 실행단락 4는 다음과 같다: *Decides* to refer the situation in the Libyan Arab Jamahiriya since 15 February 2011 to the Prosecutor of the International Criminal Court.

29) 안전보장이사회의 결의문 제1973호는 회원국들에 의한 군사적 조치를 허용하기는 했으나 리비아 영토에 어떠한 형태의 외국군도 주둔할 수 없다는 내용을 포함시켰다. 이 결의문은 안전보장이사회 상임이사국인 중국과 러시아가 거부권을 행사하지 않고 기권을 함으로써 채택될 수 있었다.

것이라는 우려가 있어 북핵문제의 해결을 위한 하나의 압박수단으로서 북한의 인권문제를 활용하면서도 북한의 인권문제를 논하는 과정에서 로우키low-key 전략을 의도적으로 사용해 오고 있다.30) 이러한 전략의 일환으로서 한국은 북한인권 결의안의 작성 과정에서 공동제안국으로 참여는 하지만 대북관계를 고려하여 문안협상 등에 적극적으로 참여하여 발언하는 등의 자세를 지양하는 가운데 다른 공동제안국들과 긴밀한 협조를 해오고 있다. 이러한 점들을 고려할 때 북한이 유럽연합에 대한 비난을 삼가는 것은 설명을 필요로 한다.

북한은 북한의 인권문제에 대해 비판적 입장을 취해 온 유럽연합 회원국들과 2001년에 정식 외교관계를 수립하면서 인권대화를 수용하는 태도를 보인 바 있다. 그러나 북한 주민의 기본권 훼손 등에 대한 유럽연합의 지적에 대해 북한당국이 부인으로 일관하자 유럽연합이 인권위원회와 같은 국제기구에서 북한인권 결의안을 주도하면서 인권대화가 중단되기는 했지만 북한은 유럽연합이 일국의 인권개선을 위해 정치적인 의도를 상당히 배제한 가운데 지속적이고 일관된 인권정책을 펴 온 것을 잘 알고 있다. 따라서 이러한 유럽연합을 비난하여 28개 회원국 모두를 적으로 돌리기보다 핵문제의 연결선 상에서 북한인권 문제에 접근하고 있다고 볼 수 있는 미국과 한국(특히 미국)을 주요한 비난의 대상으로 삼고자 한다고 볼 수 있다.

북한이 총회 제3위원회에서의 결의안 통과와 관련하여 미국과 한국을 강력하게 비난함에 따라 남북한관계뿐만 아니라 북미관계도 적지 않은 기간 동안 냉각상태를 유지할 수밖에 없을 것이다. 그러나 이번 결의안의 통과가 단지 몇 국가만의 노력에 의해 이루어진 것이 아니라 전통적으로 북한에 우호적인 국가들을 포함하여 국제사회 구성원 대부분이 찬성하거나 반대하지 않은 결과라는 냉엄한 사실을 인식하게 됨으로써 결의안 통과와 관련하여 한국과 미국만을 특정화해서 지속적으로 비난하는 것은 명분을 가지기 어렵다.31)

---

30) 로우키 전략이란 자신을 과도하게 드러내기보다는 조용하게 기반을 다지는 전략으로서 통상적으로 일단 반대 입장은 분명히 하면서도 불필요한 갈등을 피하기 위해 구사된다.

31) 북한인권 결의안의 채택과 더불어 한국이 어떤 역할을 향후 해야 하는가를 둘러싸고 북한과의 인권대화를 가져야 한다는 등의 다양한 의견들이 제시되고 있다. 그러나 이번 결의안의 통과에서 보여 주듯이 주도적인 역할을 유럽연합 등에 맡겨두고 한국은 한걸음 뒤에 머물러 유럽연합, 인권이사회, 유엔총회 제3위원회와 본회의 등에 정확한 정보를 제공하고 한국의 입장을 전달하는 등의 방식을 통해 이들 기관에 영향을 미치는 것을 주요한 역할로 해야 한다고 생각한다. 특히 인권이사회 소속의 북한인권 특별보고관이나 북한인권조사위원회 위원과의 긴밀한 관계가 중요하다고 본다. 이와 더불어 이번 결의안의 통과가 한국정부뿐만 아니라 북한인권 문제의 국제화를 위한 비정부기구(NGO)의 각고의 노력의 결과라는 점을 인식하여 북한인권 개선에 있어서의 비정부기구의 역할에

이렇게 유엔총회 제3위원회에서 통과된 결의안draft resolution은 12월 중에 총회 본회의에서 다시 채택절차를 밟아 정식 결의문resolution이 되게 된다. 제3위원회의 표결이 유엔회원국 193개 국가 가운데 8개국을 뺀 185개 국가가 표결에 참가한 결과이기 때문에 본회의에서 제3위원회의 표결결과가 뒤집힐 가능성은 전혀 없다. 지금까지 제3위원회에서 채택된 결의안이 본회의에서 부결된 전례 역시 전혀 없다.

이렇게 제3위원회에서 통과된 결의안이나 본회의를 통과한 결의문은 법적 구속력을 가지지 않는 권고에 불과하다. 따라서 이러한 결의나 결의문의 권고를 수용할지의 여부는 전적으로 안전보장이사회에 달려 있는 것이다. 안전보장이사회가 이러한 권고를 수행하기 위해서는 우선 결의안이 본회의를 통과한 후 북한인권 문제가 안전보장이사회의 의제항목agenda item이 되어야만 한다. 안전보장이사회에서 의제항목의 채택여부는 실질적인 사항이 아닌 절차적인 사항이어서 상임이사국의 거부권이 작용하지 않는다. 따라서 의제항목으로서의 채택여부는 전체 15개 이사국 가운데 9개국 이상의 찬성만 있으면 된다. 그 당시 9개국 이상이 북한인권 문제의 의제화에 찬성하고 있어 의제화에는 문제가 없을 것으로 예상되었다. 그러나 실질적인 조치를 수반한 결의문의 통과에는 거부권이 적용되게 되어 있어 중국과 러시아의 거부권 행사로 북한의 인권문제를 국제형사재판소에 회부하는 것은 불가능할 것이 확실하다.

### (3) 유엔총회 본회의와 북한인권 문제

유엔총회 본회의는 12월 18일에 유럽연합EU과 일본 등 60개국이 제출한, 안전보장이사회에 북한인권조사위원회COI의 보고서를 넘겨 안전보장이사회가 COI의 권고대로 열악한 북한의 인권상황을 국제형사재판소에 회부하고 인권유린에 가장 책임 있는 사람들을 제재하도록 권고하는 내용이 포함된 북한인권 결의안을 표결에 부쳐 찬성 116표, 반대 20표, 기권 53표의 압도적인 차이로 가결했다. 이렇게 제3위원회에서 채택된 바 있는 결의안이 본회의를 통과하면서 결의문A/RES/68/183으로 지위가 바뀌었다.

지난 11월 18일 제3위원회를 통과할 당시 찬성 111표, 반대 19표, 기권 55표였던 것과 비교하면 찬성이 5표, 반대가 1표 각각 늘어났다. 북한이 전통적으로 우호

---

많은 관심을 두어야 할 것이다.

적인 국가들의 표 단속을 상당히 했을 터인데 찬성표가 5표나 늘어났다는 점과 북한인권 결의안이 처음 유엔총회 제3위원회에 제출되었을 때 공동제안국이 41개 국가였던 것이 개정된 결의안이 제출될 때 58개 국가로 늘어났고 본회의의 경우에는 60개 국가로 증가하였다는 점은 북한인권에 대한 국제사회의 문제의식이 한층 강화되고 있음을 명백히 보여준다고 할 수 있다.

표결에 앞서 북한 대표단은 미국의 적대적인 대북 정책에 따라 결의안이 추진되고 있다면서 북한인권 개선에는 도움이 되지 않고 북한 체제 붕괴에 초점을 맞춘 결의안을 거부한다고 밝혔다. 북한인권 결의안이 본회의마저 통과함에 따라 12월 22일에 예정된 안전보장이사회의 회의에 관심이 고조되었다.

본회의에서 결의안이 통과되자 북한은 결의안을 전면 배격하며 북한의 핵 포기를 골자로 하는 6자회담의 9.19 공동성명을 비롯한 모든 합의의 무산을 주장했다. 구체적으로 9.19 공동성명은 2005년 6자회담에서 나온 합의로서 북한이 모든 핵무기와 핵 프로그램을 포기하는 대신에 체제보장과 경제지원을 획득한다는 것을 주요 내용으로 하는 합의였으나 북한은 이후 2006년, 2009년, 2013년 3차례 핵실험으로 함으로써 이를 이미 무력화했다. 북한은 나아가 인권을 구실로 북한을 군사적으로 침공하려는 미국의 적대시 정책이 명백해진 만큼 한반도 비핵화라는 말 자체가 더는 성립할 수 없게 됐다고 하면서 핵무기를 포함한 자위적 국방력을 강화해 나가기 위한 노력에 박차를 가할 것이라고 강조했다.

### (4) 안전보장이사회와 북한인권 문제

유엔 안전보장이사회는 12월 22일에 「북한상황Situation in the DPRK」을 찬성 11, 반대 2, 기권 2로 정식 의제항목으로 채택했다. 안전보장이사회 총 15개 이사국 중에서 11개 이사국(한국, 미국, 영국, 프랑스, 호주, 르완다, 요르단, 칠레, 아르헨티나, 리투아니아, 룩셈부르크)이 찬성했고, 중국과 러시아가 반대했으며 의장국인 차드와 나이지리아가 기권했다.

유엔헌장의 규정에 따르면 안전보장이사회는 안전보장이사회의 토의로 인해 영향을 받는 비이사국들을 안전보장이사회의 회의에 투표권 없이 초청할 수 있도록 되어 있다. 이에 따라 북한은 안전보장이사회 회의에 참석해 입장을 개진할 수 있었지만 안전보장이사회가 인권을 논의하는 것은 안전보장이사회의 권한을 넘어

선 것으로서 안전보장이사회가 북한상황을 의제항목으로 상정한 것을 거부한다면서 참석하지 않았다.

특정 국가의 인권문제가 안전보장이사회의 의제항목으로 채택된 경우로서 북한이 최초는 아니다. 이에 앞서 2005년의 짐바브웨가 처음이었고 뒤를 이어 2006년에 미얀마 등이 있었다. 그러나 이 두 사례는 안전보장이사회가 총회의 권고가 없는 가운데 이사국의 요청에 의해 의제항목으로 채택한 경우들인데 반해 북한의 인권문제는 안전보장이사회가 총회의 권고를 수용하여 의제항목으로 채택하였다는 점에서 차이를 가진다. 이로서 안전보장이사회가 총회 결의안의 권고를 받아들여 인권문제를 의제항목으로 채택한 것은 북한의 경우가 최초이다.

안전보장이사회의 의사규칙ROP에 따르면 결의안의 채택과 같은 실질사항에 대해서는 상임이사국의 거부권이 작용하고 회의의 개최시기에 대한 결정 등과 같은 절차사항에 대해서는 상임이사국의 거부권이 적용되지 않아 15개 이사국 중에서 9개국 이상의 찬성이 있으면 된다. 의사규칙은 특정 의제항목이 실질사항인가 절차사항인가에 대한 논란이 있을 경우 이에 대한 결정은 실질사항으로서 상임이사국의 거부권이 작용되도록 규정하고 있다. 따라서 상임이사국 중에서 자신이 반대하는 의제항목이 있을 경우 절차사항임에도 불구하고 실질사항임을 주장하여 거부권을 행사함으로써 논의를 막는 경우들이 있다. 상임이사국들이 특정 의제항목을 둘러싸고 절차사항인가 실질사항인가를 두고 일차적으로 거부권을 행사할 수 있고 나아가 채택된 의제항목의 논의에서 거부권을 행사할 수 있다고 해서 상임이사국들은 「이중거부권double veto」을 가지고 있다고 한다.[32] 의제항목에 대한 실질적인 논의에 앞서 채택할 것인가의 여부는 절차사항임에도 불구하고 중국이나 러시아가 실질사항이라고 시비를 걸 경우 의제로의 채택이 불가능했지만 이러한 이의 제기가 없었다.

인권문제를 안전보장이사회에서 논의하는 것에 대한 반발을 완화시키고자 의제항목의 명칭을 「북한인권」이라고 하는 대신 「북한상황」이라고 했다. 안전보장이사회의 경우 안보문제를 다루는 기구이기 때문에 인권문제를 다룬다고 해도 이러한 인권문제가 안보에의 함의를 가지고 있어야 한다. 따라서 특정 국가의 인권문제가 안보적 함의를 가지고 있느냐를 둘러싸고 논쟁이 있을 수밖에 없다. 따라서 이

---

32) 안전보장이사회에서 서방측의 안에 대해 중국과 러시아가 빈번하게 동시에 거부권을 행사하기 때문에 이를 두고 이들 2개 상임이사국이 「이중거부권」을 행사했다고도 한다.

를 피하기 위해 「북한인권」이라는 명칭보다 「북한상황」이라고 보다 포괄적인 명칭을 부여했다고 볼 수 있다. 그러나 이러한 의제항목 명칭에도 불구하고 안전보장이사회는 실질적으로는 북한의 인권문제를 중점적으로 논의의 대상으로 하게 된다. 의제항목 명칭이 어떠하든 북한의 인권문제가 안전보장이사회의 의제항목으로 채택된 것은 처음이다. 안전보장이사회의 관례에 따르면 일단 의제항목으로 채택이 되면 3년 동안 언제든지 재차 논의가 가능하도록 되어 있다. 나아가 이 기간 동안에 이사국이 문제를 제기하여 1회라도 논의가 될 경우 그 시점에서 3년이 다시 연장되도록 되어 있다. 구체적으로 북한의 인권침해 상황이 심각하다고 생각하는 이사국은 안전보장이사회의 회의를 요청할 수 있게 된다. 이러한 과정을 통해 북한 인권 문제를 안전보장이사회의 영구적인 의제로 만들 수도 있다.

평소 개별 국가의 인권문제를 안전보장이사회가 논의하는 것을 반대한다는 입장을 견지해 온 중국과 러시아가 북한의 인권문제를 의제항목으로 채택하는 단계에서 반대했기 때문에 실질적인 논의 단계에서 법적 구속력을 가지는 결의문이 채택되기는 불가능하다.[33] 앞서 언급한 바 있는 짐바브웨와 미얀마의 인권문제가 안전보장이사회의 의제항목으로 채택은 되었지만 상임이사국인 중국과 러시아가 거부권을 행사하여 결의문이 채택되지 못했고 시리아 내전과 관련해 인권탄압의 책임자를 국제형사재판소에 회부하자는 결의문이 추진되었으나 이 역시 중국과 러시아가 반대하여 부결된 바가 이러한 어려움을 보여준다.

그럼에도 불구하고 북한의 인권문제가 하나의 의제항목으로 채택되어 수시로 논의가 가능해지고 이러한 것이 북한을 지속적으로 압박할 것이라는 점에서 큰 의의가 있다고 볼 수 있다. 또한 핵문제에 이어서 인권문제마저 안전보장이사회의 정식 의제항목으로 채택됨에 따라 북한은 국제사회로부터의 더욱 큰 압박을 피할 수 없을 것으로 보인다. 의제채택이 안전보장이사회의 단독 결정에 의한 짐바브웨나 미얀마와는 달리 유엔총회가 북한 인권결의안을 채택한 후에 안전보장이사회의 의제항목으로 채택되었기 때문에 세계여론으로서의 영향력을 더 가질 것으로 보인다. 이러한 일련의 과정을 통해 북한인권 문제를 안전보장이사회의 정식 의제항목으로까지 채택하도록 할 수 있었던 요인에는 우호적인 국가들의 지원도 있었지만

---

33) 북한상황이 정식 의제항목으로 안전보장이사회에서 채택된 이후 통상적인 절차에 따라 이사국들이 입장을 발표했다. 이때 중국은 인권문제를 정치화하고 인권을 구실로 타국에게 압박을 가하는 것과 안전보장이사회에서 북한인권 문제를 다루는데 반대한다는 입장을 표명했고 러시아는 인권문제는 유엔 인권이사회에서 다뤄야 한다고 주장했다.

보다 중요한 요인은 북한문제에 대해 치밀하고 체계적인 접근으로 성숙됨을 보여준 한국의 다자외교라고 생각된다. 한국이 비록 2014년 12월에 비상임이사국의 임기가 끝나지만 비상임이사국으로서의 지위를 한껏 잘 활용한 사례로 기억될 것이다.

## 2. 유엔회의의 이해를 위해 요구되는 지식

위에서 북한인권 문제라는 하나의 의제항목이 유엔에서 어떻게 논의되는가의 전 과정을 일별해 보았다. 여러 곳에서 이해를 돕기 위해 각주 등을 통해 상세하게 설명을 가한 것에서도 알 수 있듯이 유엔회의 전모를 제대로 이해하기 위해서는 많은 사전지식을 필요로 한다. 여기서는 구체적으로 어떤 종류의 지식이 필요한가를 간단하게 살펴보고자 한다.

우선 유엔회의를 제대로 이해하기 위해서는 유엔이라는 국제기구가 다루는 이슈에 대한 이해가 필요하다. 이슈와 관련해서 여러 사항 가운데 우선 이슈의 해결을 위한 국제사회의 접근approach을 이해하는 것이 필요하다. 국제사회의 접근이란 구체적으로 이슈의 원인에 대한 진단과 이에 바탕을 둔 처방을 의미하는데, 통상적으로 이를 둘러싸고 국가나 국가군들 사이의 갈등이 존재하기 마련이다. 따라서 국가나 국가군들이 어떤 쟁점을 둘러싸고 어떻게 그룹이 지어져서 어떤 입장의 차이를 보이고 있는가를 면밀히 살펴보는 것이 필요하다. 이때 물론 쟁점을 둘러싼 입장의 차이가 어디에서 유래되는가를 알기 위해 관련 국가 혹은 국가군의 정치·경제·사회·문화 등을 추적해야 한다. 나아가 이러한 문제해결을 둘러싼 갈등에도 불구하고 접근에 있어서의 변화를 파악하는 것이 필요하다. 위에서 이미 살펴보았듯이 인권과 관련하여 자국 내의 인권에 대한 주권국가의 배타적인 관할로부터 인도주의적 개입humanitarian intervention의 등장과 더불어 최근의 보호책임R2P의 등장이 이러한 변화에 해당된다.

이슈와 더불어 이러한 이슈들이 논의되는 틀로서의 조직에 대한 이해가 요구된다. 이와 관련하여 우선적으로 관련 이슈와 밀접한 연관이 있는 조직들을 파악해야 한다. 그런 다음에 이들 조직의 구조와 더불어 관련 이슈를 다룰 수 있는 조직의 권한의 범위와 한계를 살펴야 한다. 예컨대 2년 임기로 선출되는 안전보장이사회

비상임이사국의 수가 10개국인데 이들 가운데 매년 5개국씩 교체가 된다는 사실을 알아야만 왜 서방 국가들이 2014년 12월 31일 이전에 북한인권 문제를 서둘러 안전보장이사회의 의제항목으로 채택하려고 했는가를 제대로 이해할 수 있다. 이러한 개개 조직의 특성과 더불어 인권이사회와 유엔총회와의 관계뿐 아니라 유엔총회 제3위원회와 본회의와의 관계에서 살펴보았듯이 국제기구간의 상호관계를 이해하는 것도 중요하다.

이러한 이슈와 조직에 관한 이해와 더불어 의사결정의 과정과 규칙을 숙지하는 것이 필요하다. 의사결정 규칙과 관련하여서는 규정이 물론 중요하지만 규정 밖에서 수립되어온 관례가 무엇인가를 이해하는 것도 필요하다. 예컨대 북한인권 논의과정에서 이미 살펴보았듯이 안전보장이사회에서 정식 의제항목으로 일단 채택이 되면 3년간 논의가 가능하다는 관례도 아는 것이 필요하다. 북한인권 결의안의 채택과정에서 기록투표recorded vote가 요청되었는데 이러한 기록투표의 의미와 더불어 이러한 기록투표에 대한 요청이 있으면 규정과는 달리 의장이 이를 수용한다는 관례를 알 필요가 있다. 한국의 경우 초기에 북한인권 결의안에 대해 기권을 하다가 찬성으로 돌아섰고 현재 공동제안국으로 참여해 오고 있는데, 찬성하는 것과 공동제안국으로 참여하는 것의 차이도 중요한 이해의 대상이다. 이 밖에 합의consensus, 결의안draft resolution과 결의문resolution, 절차문제와 실질문제, 의제agenda와 의제항목agenda item 등 세부적인 의사규칙과 관련된 사항들을 파악하고 있어야 한다.

이제까지 북한인권 이슈가 유엔을 중심으로 어떠한 논의의 과정을 거쳤는가를 살펴보면서 유엔에서 전개되는 정치현상을 동태적으로 이해하기 위해서는 극히 일부를 언급했을 뿐이지만 예시적으로 무엇이 필요한가를 살펴보았다. 이제 이러한 밑그림을 바탕으로 하여 유엔의 정치를 회의를 중심으로 살펴보기 위해 필요한 세부사항을 하나하나 세밀하게 살펴보고자 한다.

# 제 2 장

# 유엔의 조직과 권한

의제가 논의되고 있는 조직의 구조와 권한은 일종의 하드웨어로서 유엔에 부탁되는 의제라는 소프트웨어가 어떠한 환경 속에서 어떠한 방식으로 다루어질 것인가에 지대한 영향을 미친다. 동일한 소프트웨어가 어떠한 하드웨어를 통과하는가에 따라 상이한 결과물이 만들어지기 때문이다. 따라서 유엔회의를 온전히 이해하기 위해서는 유엔이라는 조직의 구조와 권한에 대한 이해가 선행되어야 한다.

## 1. 유엔조직의 개관

유엔은 헌장에 기초하여 설립된 6개의 주요기관들major organs과 결의문resolution 을 통해 설립된 다수의 보조기관들subsidiary organs로 구성되는데, 이들 기관을 총괄 하여 통상적으로 「유엔United Nations」이라고 부른다. 그러나 유엔이라는 용어는 추상적인 개념이기에 유엔이 구체적인 여러 요소들로 구성되어 있는 조직이라는 것을 강조하기 위해 「유엔기구United Nations Organizations: UNOs」라고 부른다. 유엔을 구성하고 있는 여러 조직들을 일컬어 영어로 「United Nations Organs」, 「United Nations Entities」 혹은 「United Nations Bodies」라고 부른다.

유엔은 주요기관으로서 총회General Assembly, GA, 안전보장이사회Security Council, SC, 경제사회이사회Economic and Social Council, ECOSOC, 신탁통치이사회Trusteeship Council, TC, 국제사법재판소International Court of Justice, ICJ, 그리고 사무국Secretariat 을 두고 있다.

유엔은 이러한 주요기관과 더불어 이들 산하에 다수의 보조기관을 두고 있다. 보조기관이란 「국제기구의 설립헌장에 의해 직접적으로 창설된 헌장기관constitutional organs이 그 기능을 원활하게 수행하기 위해 헌장규정에 근거하여 창설하는

기관」을 일컫는다. 유엔헌장 제7조 2항은 필요하다면 헌장에 따라 보조기관을 창설할 수 있다고 규정함으로써 보조기관을 창설할 수 있는 포괄적인 근거를 제공하고 있다.

헌장 제22조와 제29조는 각각 총회와 안전보장이사회가 보조기관을 설치할 수 있다고 규정하여 이들 주요기관이 보조기관을 창설할 수 있는 좀 더 구체적인 근거를 제공하고 있다. 이러한 규정들에 근거하여 총회는 결의문을 통해 산하에 예컨대 유엔개발계획UNDP이나 유엔난민최고대표사무실UNHCHR과 같은 보조기관들을 두고 있다. 안전보장이사회는 보조기관으로서 가입심사위원회Committee on Admission New Members와 군사참모위원회Military Staff Committee 등을 두고 있다.

경제사회이사회의 경우 헌장이 경제사회이사회의 보조기관 설치권한을 구체적으로 규정하고 있지 않다. 하지만 헌장 제7조 2항의 포괄적인 규정에 근거하여 결의문을 통해 산하에 여성지위위원회Commission on the Status of Women, CSW나 아시아·태평양경제사회위원회Economic and Social Commission for Asia and the Pacific, ESCAP와 같은 보조기관들을 두고 있다.

이러한 보조기관들은 유엔에 있어서 실질적인 수족의 역할을 하고 있는데 이는 유엔이 취급하는 이슈가 매년 증가하여 총회나 이사회(안전보장이사회, 경제사회이사회, 신탁통치이사회)와 같은 주요기관만으로는 처리할 수 없는 일이 생기거나 전문성을 필요로 하는 일들이 많이 발생하기 때문이다.

이러한 보조기관은 여러 기준에 의해 분류될 수 있다. 상설성의 여부에 따라 분류할 경우 국제법위원회ILC와 같은 상설적인 보조기관이 있는가 하면 평화유지군PKF처럼 수시로 설치되는 보조기관도 있다. 형태를 기준으로 분류할 경우 유엔총회 산하의 6개 주요위원회Main Committee와 같이 위원회 형태를 지닌 보조기관이 있는가 하면 유엔개발계획UNDP과 같이 국제기구의 형태를 지닌 보조기관도 있다.

지금까지 주요기관과 보조기관을 포함하는 「유엔기구UN Organizations」에 대해 살펴보았는데 이러한 용어와 더불어 우리는 종종 「유엔체제UN System」라든가 「유엔가족UN Family」이라는 말을 접하게 된다. 이 두 용어는 간단히 말해 유엔기구와 전문기구Specialized Agencies를 모두 포함하여 일컫는 말이다.

전문기구란 말 그대로 백화점식으로 모든 이슈들을 다루는 유엔과는 달리 특정의 제한된 이슈를 전문적으로 다루는 국제기구를 일컫는다. 이러한 전문기구에는

국제노동기구ILO, 식량농업기구FAO, 유엔교육과학문화기구UNESCO, 세계보건기구 WHO, 세계은행IBRD, 국제개발협회IDA, 국제금융공사IFC, 국제통화기금IMF, 국제 민간항공기구ICAO, 국제해사기구IMO, 국제전기통신연합ITU, 만국우편연합UPU, 세계기상기구WMO, 세계지적재산권기구WIPO, 국제농업개발기금IFAD, 유엔공업개 발기구UNIDO, 유엔세계여행기구UNWTO를 포함한 17개의 정부간기구가 있다.[1]

유엔과 더불어 전문기구를 이처럼 유엔체제나 유엔가족이라고 부르는 이유가 무엇일까? 한 마디로 이들 간의 관계가 긴밀한 협력관계에 있기 때문이다. 이러한 협력관계의 연원은 유엔이 창설될 당시로 거슬러 올라간다. 그 당시 유엔과 전문기 구는 상호 간에 협력이 필요하다는 인식을 공유했다. 구체적으로 유엔은 전문기구 의 기술지원technical assistance을 비롯한 전문성이 필요했고 전문기구는 유엔의 재정 적 자원을 필요로 했다. 이러한 이유로 유엔헌장은 제57조와 제63조에 전문기구와 특별협정을 체결하여 협력관계를 구축할 수 있는 근거조항을 두기에 이르렀다.[2]

유엔은 또한 전문기구처럼 유엔헌장 제57조와 제63조에 근거하여 특별협정을 체결한 관계는 아니지만 일단의 국제기구들과 전문기구보다는 좀 더 느슨한 형태 의 특별한 협력관계를 형성하고 있다. 이러한 국제기구들을 유엔의 입장에서「관 련기구Related Organizations」라고 부른다.[3] 이러한 국제기구에는 세계무역기구WTO 와 국제원자력기구IAEA가 속해 있다.[4] 이들 기구는 위에서 언급한 종류의 전문기

---

1) 2004년에 3월에 세계여행기구(WTO)가 유엔과 관계협정(relationship agreement)에 서명을 함으 로써 전문기구의 하나가 되었다. 같은 약칭을 쓰는 세계무역기구(WTO)와의 혼동을 피하기 위해 2005년 12월 1일에 유엔을 의미하는「UN」이라는 말을 앞에 붙여「UNWTO(United Nations World Tourism Organization)」이라는 약칭을 쓰기로 결정했다.

2) 구체적으로 특별협정은 유엔의 경제사회이사회와 각 전문기구 사이에 체결되며 유엔총회의 승인을 받는다. 유엔헌장 제64조에 따라 전문기구는 매년 경제사회이사회에 보고서를 제출하며 경제사회이 사회의 조정기구를 통해 유엔이나 개개 전문기구와 협력한다. 유엔과 17개의 전문기구가 체결한 특 별협정의 내용이 여러 면에서 유사한 점이 있기는 하나 일률적인 것은 아니다.

3) 한국의 외교부는 홈페이지에서 이들 기구들을「유엔 독립기구」라고 부르고 그 밖의 다른 국제기구 들을「기타 국제기구」라고 부르고 있다. 그러나「유엔 독립기구」를「유엔 관련기구」라고 부르는 것 이 적절하다고 본다. 왜냐 하면 유엔 독립기구라고 할 경우「기타 국제기구」라고 불리는 또 다른 그룹의 국제기구 역시 유엔과 독립적인 지위에 있는 국제기구이기 때문에 차이점을 찾을 수 없기 때문이다.

4) IAEA와 유엔간의 관계협정(relationship agreement)은 1957년 11월에 유엔총회의 결의 1145 (XII)에 포함되어 있다. 엄격한 법률적인 면에서 IAEA는 전문기구가 아니지만, 사실상에 있어서 IAEA는 전문기구의 하나처럼 활동한다. IAEA가 전문기구와 다른 독특한 점이 있다면, IAEA가 총회에 보고를 하고, 적절할 경우 안전보장이사회와 경제사회이사회에 보고한다는 점이다. 전문기 구들은 유엔 경제사회이사회에 보고하도록 되어 있다(IAEA규정은 여러 곳에서 유엔과의 관계를 언급하고 있는데 가장 대표적인 규정이 제3조 B의 제4조와 제5조이다. 제4조에 따르면 IAEA는 유 엔총회에 IAEA의 활동에 관한 연례보고서를 제출하며, 적절한 경우 안전보장이사회에 대해서도

구는 아니지만 무역문제와 원자력문제를 전문적으로 다룬다는 의미에 있어서 또 다른 종류의 전문기구임에는 이론의 여지가 없다.

## 2. 주요기관의 조직과 권한

유엔은 여타의 국제기구처럼 국제기구의 3대 요소라고 하는 총회, 이사회, 사무국을 두고 있고 여기에 더하여 국제사법재판소라는 분쟁해결기구까지 두고 있다. 이사회에는 안전보장이사회, 경제사회이사회, 신탁통치이사회라는 3개의 이사회가 있다. 이들 기구들을 유엔의「주요기관mail organs」이라고 부르는데, 이들을 지위와 구성이라는 한 측면과 임무와 권한이라는 또 다른 측면에 초점을 두고 하나하나 살펴보고자 한다. 더불어 이들 조직에 대한 개혁논의도 살펴보고자 한다.

### (1) 총 회

### 1) 지위와 구성

유엔은 대부분의 국제기구와 마찬가지로 최고의 의사결정 기관으로서 총회General Assembly, GA를 두고 있다. 앞서 언급했듯이 유엔총회는 산하에 다수의 보조기관subsidiary organ을 두어 실질적인 일을 하는 손과 발이 되도록 하고 있다.

유엔총회의 산하에 과거 경제사회이사회ECOSOC의 산하기구로 있었던 인권위원회Commission on Human Rights가 폐지되고 인권이사회Human rights Council로 개편되어 놓이게 되었다. 과거 인권위원회 산하에 있었던 인권소위원회는 인권위원회와 더불어 폐지되고 인권이사회 산하의 자문위원회Human Rights Council Advisory Committee로 다시 태어났다.

---

보고서를 제출하도록 되어 있다. 제5조는 IAEA가 유엔 경제사회이사회와 기타 유엔 기관에 이들 기관의 권능에 속하는 문제에 관해서 보고서를 제출할 것 역시 규정하고 있다). WTO의 지위는 IAEA에 비해 좀 더 복잡하다. WTO의 전신인 GATT나 WTO 모두 유엔과 공식적인 협정을 가진 바 없다. 이들 기구의 유엔과의 관계는 GATT의 초대 사무총장과 트리그브 리 유엔 사무총장서한을 교환한 1952년으로 거슬러 올라간다. 이 서한은 유엔 사무국과 GATT의 임시위원회 사무국(Secretariat of Interim Commission) 사이에 존재하는 비공개적인 사실상의 실무협정(close de-facto working arrangements)에 주목한다. 1995년에 WTO가 창설되면서, WTO 사무총장과 유엔 사무총장 사이에 이 기구의 관계의 협력적 성격을 강조하는 서한의 교환이 있었다. IAEA의 사무총장과 WTO의 사무총장 모두는 전문기구의 사무총장과 마찬가지로 유엔체제의 고위조정이사회(UN System's Chief Executives Board For Coordination, CEB)의 회의에 초청된다.

　　인권이사회 이외에 유엔총회는 산하에 6개의 주요위원회Main Committee라는 위원회 형태의 보조기관을 두고 총회에 맡겨진 의제들의 상당 부분을 내용에 따라 이들에게 배분하여 심의하도록 하고 있다. 실질적인 의제의 심의가 이루어지는 6개의 주요위원회란 군축과 군비관리를 포함한 정치와 국제안보이슈를 취급하는 제1위원회, 경제·개발·금융이슈를 다루는 제2위원회, 인권·사회·문화이슈를 취급하는 제3위원회, 평화유지활동PKO과 같은 특별정치·탈식민이슈를 다루는 제4위원회,5) 행정·예산이슈를 취급하는 제5위원회,6) 법률이슈를 취급하는 제6위원회를 일컫는다. 각 위원회는 모든 회원국이 참여하는 전체위원회committee of the whole가 된다.7)

---

5) 과거에 제1위원회부터 제6위원회까지 6개의 위원회 이외에 특별정치위원회(Special Political Committee)가 있었다. 특별정치위원회는 다른 위원회와는 달리 번호가 부여되지 않고 제1위원회의 뒤, 제2위원회의 앞에 두었다. 그 이유는 제1위원회가 다루지 않는 정치문제를 다루기 때문이었다. 그러다가 1993년에 유엔총회는 특별정치위원회를 제4위원회와 통합시키는 결정을 했다. 특별정치위원회가 통합되기 전에 제4위원회는 신탁통치와 탈식민문제만을 다루는 위원회였으나 통합으로 인해 특별정치와 탈식민문제를 다루는 위원회가 되었다. 지구상에 신탁통치를 받는 지역이 없어지면서 신탁통치문제는 다루지 않게 되었다. 이러한 전통으로 인해 유엔의 문건에서 이들 위원회를 열거할 때 종종 제1위원회 뒤에 제4위원회를 두어 제1위원회, 제4위원회, 제2회원, 제3회원, 제5위원회, 제6위원회 순서를 취한다. 제4위원회는 제1위원회가 다루지 않는 정치를 다루기 때문에 위원회가 개최될 때 제1위원회와 제4위원회는 동시에 열리지 못하도록 되어 있다. 구체적으로 제4위원회가 다루는 특별정치 문제는 구체적으로 다음과 같은 13가지 문제이다: 1) Effects of atomic radiation; 2) International cooperation in the peaceful uses of outer space; 3) United Nations Relief and Works Agency for Palestine Refugees in the Near East; 4) Report of the Special Committee to Investigate Israeli Practices Affecting the Human Rights of the Palestinian People and Other Arabs of the Occupied Territories; 5) Comprehensive review of the whole question of peacekeeping operations in all their aspects; 6) Questions relating to information; 7) Information from Non-Self-Governing Territories transmitted under Article 73(e) of the Charter of the United Nations; 8) Economic and other activities which affect the interests of the peoples of the Non-Self-Governing Territories; 9) Implementation of the Declaration on the Granting of Independence to Colonial Countries and Peoples by the specialized agencies and the international institutions associated with the United Nations; 10) Offers by Member States of study and training facilities for inhabitants of Non-Self-Governing Territories; 11) Implementation of the Declaration on the Granting of Independence to Colonial Countries and Peoples; 12) Assistance in mine action; and 13) University for Peace. 이를 바탕으로 2013년 제68차 유엔총회 제4위원회에서 실질적으로 논의된 의제항목을 살펴보면 다음과 같다: 방사능의 영향, 외기권의 평화적 이용관련 국제협력, 유엔팔레스타인난민구호활동기구(UNRWA), 팔레스타인 주민의 인권에 영향을 미치는 이스라엘측 행위조사 특위, 평화유지활동에 관한 포괄적 검토, 특정정치임무단에 대한 포괄적 검토, 공보문제, 비자치지역으로부터의 정보, 비자치지역의 주민의 이해관계에 영향을 미치는 경제 및 기타 활동, 유엔관련 기관에 의한 식민지 주민에 대한 독립부여 선언의 이행, 비자치지역 주민들에 대한 연구 및 훈련시설의 제공 등, 식민지 및 식민지 주민에 대한 독립부여 선언의 이행.

6) 유엔의 재정분담 문제는 제5위원회가 담당하고 있다.

7) 일반적으로 위원회라고 하는 조직은 전체 회원국으로 구성되지 않고 일부 선출된 회원국만으로 구

중요의제의 경우 산하의 위원회에 부탁하지 않고 상급기관인 총회가 직접 다룬다. 또한 위원회에서 결의안draft resolution이 채택되었다고 해도 결의문resolution으로서 최종적으로 채택되기 위해서는 총회에서 채택이 되어야만 한다. 2006년 11월 17일 대북인권결의안이 유엔총회 제3위원회에서 통과된 후, 약 한 달 후인 12월 20일에 총회에서 최종 채택이 된 것도 이러한 이유에서이다.

유엔총회는 이러한 6개의 주요위원회 이외에 두 종류의 위원회를 별도로 두고 있다. 구체적으로 신임장위원회Credentials Committee와 운영위원회General Committee라는 2개의 「절차위원회procedural committees」와 분담금위원회Committee on Contribution와 행정·예산문제자문위원회ACABQ와 같은 「상설위원회standing committee」가 이들에 속한다.8)

유엔총회는 이러한 위원회 형태의 보조기관 이외에 국제기구 형태의 보조기관도 산하에 두고 있다. 이들은 총회의 결의문을 통해 설립되는 기관으로서 유엔개발계획UNDP, 유엔난민최고대표사무소UNHCR, 유엔환경계획UNEP, 유엔대학UNU, 세계식량이사회WFC, 유엔인구기금UNFPA, 유엔인간거주정착센터UNCHS, 유엔훈련조사연구소UNITAR, 세계식량계획WFP, 국제여성연구훈련원INSTRAW, 유엔인권고등판무관실UNHCHR, 유엔마약통제계획UNDCP, 유엔아동기금UNICEF, 유엔여성개발기금UNIFEM, 유엔무역개발회의UNCTAD 등이 있다.

유엔의 경우 정기총회regular session of the General Assembly는 1년에 1회 9월 셋째 주 화요일에 개회되어 통상적으로 12월 셋째 주까지 회합을 가진 후 정지된다.9) 그리고 필요할 경우 다음 해에 재소집이 되며 새 회기가 시작되기 전날에 회기가 끝난다. 회기가 시작된 후 크리스마스 휴가 전까지의 기간을 「주요회기main part of session」이라고 부르고 1월부터 새 회기가 시작되기 전까지의 기간을 「속개회기resumed part of session」이라고 한다. 총회의장President of the General Assembly은

---

성된다. 그러나 유엔총회의 6개 주요위원회는 예외적으로 회원국 전체로 구성된다.

8) 총회는 회기가 시작되면, 신임장위원회와 운영위원회를 구성한다. 총회의장(President)의 제청에 따라 총회가 임명하는 9개국 대표로 이루어지는 신임장위원회는 각 회원국의 신임장을 심사해서 총회 본회의에 보고한다. 운영위원회는 회의를 주재하는 총회의장과 21명의 부의장(Vice-President), 6명의 주요위원회 의장(Chairperson)을 합해 총 28명으로 구성된다. 운영위원회는 총회 본회의의 의사일정을 작성하고 안건들의 우선순위를 결정하며 의장을 도와 총회의 모든 위원회의 진행을 조정한다. 또한 각 회기를 통해 주기적으로 모여 총회와 주요위원회의 진행상황을 점검한다.

9) 세 번째 주 화요일을 계산할 때 첫 번째 주가 단 하루라도 평일이 포함될 경우 이를 첫 번째 주로 간주한다. 통상적으로 12월 셋째 주까지 정기회기의 주요 부분의 회합을 가지나 구체적인 날짜는 운영위원회의 권고를 따른다.

2001년까지는 회기가 시작된 후 개최되는 처음 회의에서 선출하였으나 2002년에 총회의 의사규칙이 개정되어 새 회기가 시작되기 최소한 3개월 전에 선출하기로 새롭게 규정했다.

유엔총회는 정기총회 이외에 필요에 따라 특별한 안건이 있을 경우에 특별총회 special session를 개최한다. 특별총회는 안전보장이사회의 요청이나 유엔 회원국 과반수의 요청이 있을 때 사무총장이 개최요청을 접수한 날로부터 15일 이내에 특별총

**유엔총회 본회의장**General Assembly Hall

회를 개최하여야 한다. 특별총회의 예로서는 2001년 6월에 개최된 에이즈특별총회 The United Nations General Assembly Special Session on HIV/AIDS, 2002년 5월에 개최된 아동특별총회The United Nations Special Session on Children, 2005년 1월에 개최된 나치 강제수용소 해방 60주년기념총회Special Session commemorating the 60th anniversary of the liberation of the Nazi concentration camps를 들 수 있다.

유엔총회는 또한 필요할 경우 긴급특별총회emergency special session를 개최한다. 긴급특별총회는 안전보장이사회의 9개 이사국(거부권은 적용되지 않음) 또는 유엔 회원국 과반수의 요청이 있는 경우 사무총장이 24시간 내에 회의를 소집하도록 되어 있다. 긴급특별총회의 예로는 예루살렘을 포함한 팔레스타인 자치지역 전역에서 이스라엘이 추진하고 있는 유태인 정착촌 건설문제를 다루기 위해 아랍연맹 회원국들의 요구에 의해 1997년 4월에 소집된 긴급특별총회를 들 수 있다. 당 긴급특별총회의 속개회의가 수차례 지속되는 가운데 2009년 1월에 가자지구에 있어서의 위기상황을 논의하기 위해 다시 소집된 바 있다.

각 회원국은 총회에서 1개의 투표권을 행사한다. 표결은 중요문제important questions에 대해서는 출석하여 투표한 국가의 2/3의 다수결로 결정한다. 어떤 문제가 중요문제인지 헌장이 열거하고 있는데 구체적으로 평화와 안전의 유지에 관한 권고, 안전보장이사회의 비상임이사국의 선출, 새로운 가입국의 승인, 가입국의 특권 정지나 제명, 신탁통치제도의 운용, 예산문제, 그리고 총회의 과반수에 의해 중요

사항으로 지정된 문제가 포함되어 있다.10) 중요문제 이외의 문제에 대해서는 출석하여 투표한 국가의 과반수로 의결하도록 되어 있으나 실제에 있어서는 많은 의제들이 이와 같은 표결에 의하지 않고 합의로by consensus 결정된다.

현재 유엔 회원국의 수는 193개국이다.11) 각 회원국은 5명 이내의 대표representative, 5인 이내의 교체대표alternate representative, 필요한 수의 고문과 전문가advisors, technical advisors, experts로서 대표단을 구성할 수 있다. 총회는 각 회기마다 의장 1명과 21명의 부의장을 선출한다. 2001년 제56차 유엔총회에서는 한국인 한승수 전 외교통상부 장관이 의장직을 수행한 바 있다. 6개 주요위원회의 경우, 1명의 의장, 2명의 부의장, 1명의 보고관이 의장단bureau을 구성한다. 총회의 의장 1인과 부의장 21인 그리고 6개 주요위원회의 의장 6인은 운영위원회General Committee를 구성하여 총회와 위원회의 회의의 전반적인 운영과 관련하여 중요한 역할을 수행한다.

## 2) 임무와 권한

유엔총회의 임무와 권한에 관한 사항은 유엔헌장(제10-17조)에 명시되어 있다. 총체적으로 총회는 유엔의 최고의 의사결정 기관으로서 헌장의 범위 내에 있거나 헌장에 규정된 기관의 권한과 임무에 관한 어떠한 문제나 사항에 관해 토의discussion와 권고를 할 수 있다. 단 안전보장이사회가 분쟁이나 사태와 관련하여 헌장이 부여하고 있는 임무를 수행하고 있는 동안은 안전보장이사회의 요청이 없이는 권고가 불가능하다. 총회의 임무와 권한을 세부적으로 살펴보면 다음과 같다.

총회가 국제평화와 안전의 유지를 위해 할 수 있는 토의와 권고는 구체적으로 다음과 같다. 우선 총회는 군비축소와 군비규제를 규율하는 원칙을 포함하여 국제평화와 안전의 유지를 위한 협력의 일반원칙을 토의하고 회원국과 안전보장이사회에 권고할 수 있다. 또한 총회에 회부된 구체적인 국제평화와 안전의 유지에 관한 문제에 대해 토의와 권고가 가능한데 앞서 언급했듯이 안전보장이사회가 분쟁이나 사태와 관련하여 헌장이 부여하고 있는 임무를 수행하고 있지 않는 경우로 제한된

---

10) 중요문제에 대한 추가 지정을 포함하여 여타 문제에 대한 결정은 출석하고 투표한 국가의 단순 과반수로 결정한다.

11) 2011년 7월 9일 독립국가로서 남수단이 탄생했고 곧 이어 7월 13일에 유엔 안전보장이사회 결의안 1999가 남수단의 유엔가입을 유엔총회에 권고했으며 다음 날 총회에서 가입이 승인되어 193번째 회원국이 되었다. 유엔총회는 2006년 5월에 국민투표를 통해 세르비아-몬테네그로 연방에서 독립한 몬테네그로의 유엔 가입 결의안을 한 달 후인 6월에 통과시켜 유엔의 192번째 회원국이 되도록 했다. 191번째 회원국은 2002년 9월에 가입한 동티모르였다.

다. 이런 점에서 총회의 역할은 안전보장이사회에 비해 부차적인 역할을 한다고 볼 수 있다. 그러나 1950년에 한국전쟁이 발발했을 때 총회가 「평화를 위한 단합 Uniting for Peace」 결의를 채택함으로써 안전보장이사회가 강대국의 거부권 행사로 말미암아 마비되어 평화유지에 필요한 조치를 취할 수 없을 때 총회가 무력행사를 포함한 조치를 권고할 수 있게 되었다.12)

총회는 다른 주요기관major organs의 보고를 받고 토의하고 권고할 수 있다. 예컨대 안전보장이사회로부터 연례보고annual report나 특별보고special report를 받아 이를 토의하고 권고할 수 있다. 더불어 총회 자체의 여러 보조기관subsidiary organs 으로부터의 보고서도 토의하고 권고할 수 있다.

총회는 유엔의 예산을 심의하고 승인하며 각 회원국의 예산 분담률을 결정한다. 총회는 자체의 임원뿐 아니라 다른 주요기관의 구성요소(안전보장이사회의 비상임이사국, 경제사회이사회와 신탁통치이사회 이사국, 안전보장이사회와 합동으로 국제사법재판소의 재판관)와 총회 산하의 일부 보조기관의 구성요소를 선출하거나 임명한다.

총회는 정치분야를 비롯한 여러 분야에서 연구를 제안하고 권고할 수 있다. 구체적으로 정치분야에서 국제협력을 촉진하고 국제법의 점진적 발전과 법전화를 장려한다. 또한 경제·사회·문화·교육·보건 분야에서 국제협력을 촉진하고 인종·성·언어·종교에 대한 차별 없이 모든 사람의 인권과 기본적 자유의 실현을 돕기 위해 연구를 제안하고 권고할 수 있다.

총회는 일반적 복지나 국가 간의 우호를 해칠 우려가 있다고 인정되는 사태에 대해 평화적 조정peaceful adjustment을 위한 조처를 권고할 수 있다. 총회의 대외적 권한으로는 국제기구를 일방의 당사자로 하는 협력협정 등을 체결하는 경우 이 기구를 최종적으로 대표하는 권한이 있다 그 밖에 회원국 가입을 심의하고 유엔헌장 개정을 제의할 수 있다

이처럼 총회는 안전보장이사회가 고려하고 있는 평화와 안전에 관한 문제를 제외하고 포괄적으로 유엔의 영역 안에 속하는 어떠한 문제에 대해서도 토의를 하고 권고를 할 수 있다. 그러나 각국의 분담금 비율의 채택을 포함한 예산문제의 승인을 제외하고 총회의 결의문resolution은 구속력이 없는 권고에 그친다. 그러나 법적 구속력이 없는 경우에도 총회의 결의가 국제여론에 주는 영향이 크기 때문에 각

---

12) 이후에 이에 따른 구체적인 조치를 취한 예로는 1956년의 수에즈운하 위기와 헝가리사태, 1958년의 레바논문제, 1960년의 콩고사태, 1967년의 제3차 중동전 등이 있다.

회원국에 대한 영향력을 무시할 수는 없다.

### 3) 개혁논의

코피 아난 제7대 유엔 사무총장은 2005년 3월 「보다 큰 자유: 모든 사람을 위한 개발, 안보 그리고 인권을 향하여In Larger Freedom: Towards Development, Security and Human Rights for All」라는 보고서A/59/565를 발간하여 유엔개혁의 지침을 밝혔다. 이 보고서는 총회의 문제점으로 다음 사항을 지적하고 있다.

우선 총회에서 다수의 결의안이 채택되는 방식인 합의consensus의 문제점을 지적하고 있다. 합의란 공식적인 반대가 제기되지 않은 가운데 표결에 의하지 않고 통과시키는 의사결정 방식이다. 이러한 합의를 도출하기 위해서는 광범위하게 상이한 견해들의 최소한의 공통분모만을 포함하게 되고 그 결과 힘이 없는 미약한 결의안으로 귀결될 수밖에 없다는 것이다. 동 보고서는 이러한 이유를 들어 지나치게 합의에만 집착해서는 안 된다는 것을 지적하고 있다. 더불어 보고서는 총회가 결의안의 집행에 좀 더 많은 주의를 경주하여야 할 것임을 지적하고 있다. 왜냐 하면 많은 결의안들이 통과되어도 준수되지 않고 사문화되고 있기 때문이다.

보고서는 또한 총회가 문제를 다루는 데 있어서 본질적이고 실질적인 이슈를 다루기보다는 지나치게 광범위한 의제들을 다루는 경향이 있음을 지적하면서 총회의 의제를 간소화하고 집중할 것을 권고하고 있다. 즉 의제에 있어서 선택과 집중이 필요하다는 것을 주문하고 있다.

이 밖에 보고서는 총회의장의 역할과 권한을 강화하고 위원회 구조와 절차를 간소화하는 등의 조치를 통해 위원회 체제의 효율성을 제고할 것을 권고하고 있다. 총회의 업무와 관련하여 시민사회의 역할을 향상시킬 것 역시 권고하고 있다. 또한 재정적 지원이 수반되지 않는 임무unfunded mandates를 최소화하기 위해 위원회의 결정을 심의하기 위한 기제mechanism를 수립할 것도 권고한 바 있다.

유엔총회는 동 보고서와는 별도로 2005년 9월에 결의문A/59/313을 통과시켜 「총회의 재활성화를 위한 임시실무그룹Ad-hoc Working Group on the Revitalization of the General Assembly」을 구성했다. 여러 차례의 회의를 가진 후 임시실무그룹은 2006년에 총회 활성화revitalization of the General Assembly를 위한 보고서A/61/483를 내놓았다. 이 보고서는 3부분으로 구성되어 있는데 실무그룹이 권고하고 있는 내용을 살펴보면 다음과 같다.

우선 보고서는 가장 중요한 이슈로서 총회의 역할 및 권한과 관련하여 다음과 같이 권고하고 있다. 주요한 권고를 선별하여 소개하면 다음과 같다. ① 국제평화와 안보문제에 있어서 안전보장이사회가 일차적인 책임을 가지는 것은 인정하나 배타적인 것은 아니며 이러한 문제에 있어서 총회의 역할을 재확인한다. ② 안전보장이사회가 총회에 제출하는 연례보고서가 좀 더 실질적이고 분석적일 수 있도록 질이 개선되어야 한다. ③ 경제사회이사회가 총회에 제출하는 보고서는 좀 더 간결하여야 하며 행동 지향적이어야 한다. 보고서가 행동 지향적이기 위해서는 총회가 행동을 취할 필요가 있는 중요한 분야를 강조하고 구체적인 권고를 하여야 한다. ④ 총회, 안전보장이사회, 경제사회이사회 사이의 일의 중복을 피하고 협력, 조정, 보완성을 향상시키기 위해 이들 기관 사이의 정기적인 회의를 지속시켜야 하며 주제별 쌍방향 토론thematic interactive debate을 조정할 필요가 있다. ⑤ 총회의장의 역할과 직책을 강화하기 위해 의장실Office of the President of the General Assembly에 4개의 전문적인 직책을 추가하고 적절한 회의시설을 확보한다. ⑥ 총회의장은 후임자를 위해 최적사례best practice와 교훈에 관한 보고서를 임기 말에 만들어 제출한다. ⑦ 사무국으로 하여금 총회 결의안 내용의 이행현황을 보여주는 연례도표를 준비할 것을 요청한다. ⑧ 유엔이 개최한 정상회의와 글로벌 회의에서 채택한 결정의 이행현황을 검토하기 위해 경제사회이사회로 하여금 총회를 지원하도록 촉구한다. ⑨ 총회의 결의안은 좀 더 간결하고 초점이 있어야 하며 행동 지향적이어야 한다. 그리고 결의안의 전문단락preambular paragraph이 최소화되어야 한다. ⑩ 총회는 사적영역private sector과 비정부기구NGO를 포함한 시민사회(특히 개도국의 이러한 행위자들)와의 상호작용을 향상시켜야 한다. 단 유엔의 간정부적인 성격intergovernmental nature을 고려하고 총회의 의사규칙을 따라야 한다.

보고서의 둘째 부분은 사무총장의 선출에 관한 것으로서 주요 내용은 다음과 같다. ① 유엔헌장 제97조에 따라 사무총장은 안전보장이사회의 추천에 따라 총회가 임명한다는 점을 상기한다. ② 사무총장의 선출절차는 좀 더 투명해야 한다. ③ 가장 우수한 사무총장 후보를 선별하고 임명하는 과정에서 지역순환제와 성평등gender equality에 적절한 주의를 기울인다. ④ 사무총장 입후보자는 임기가 개시되기 최소한 6개월 전에 입후보하고 지역그룹이나 다른 그룹과의 비공식회의를 허용할 것을 촉구한다. ⑤ 후보자의 자질로서 유엔헌장의 원칙에 충실하고 폭넓은 지도력과 외교적인 경험의 중요성을 강조한다.

보고서의 마지막 부분은 총회의 업무방식을 다루고 있는데, 주요한 권고는 다음과 같다. ① 특정 의제항목을 2년 혹은 3년 주기로 논의하고 유사한 의제항목을 묶어서 논의하며 의제항목을 제거하는 것과 같은 방식으로 총회의 의제를 줄인다.13) ② 총회의 의사규칙을 6개 공식언어official languages 모두로 발간한다. ③ 더욱 더 6개의 주요위원회가 유사한 의제를 묶어서 논의하거나 의제항목을 통합하도록 하고 특정 의제에 할당된 시간을 재고할 것을 요청한다. ④ 제2위원회와 제3위원회가 상호 연관이 있는 의제항목에 대해 공동의 비공식 논의를 지속적으로 고려할 것을 요청한다. ⑤ 운영위원회General Committee는 회기 동안 주요위원회의 의장단과 정기적으로 모여 총회와 위원회의 업무 진척의 정도를 점검하고 업무진척을 촉진시키며 업무중첩을 최소화하기 위해 권고한다는 것을 내용으로 하는 총회 의사규칙 제42조의 효과적인 집행의 요청을 반복한다. ⑥ 사무총장으로 하여금 좀더 간결하고 분석적인 보고서를 제출할 것을 촉구하며 유엔이 우선적으로 관심을 두고 있는 분야에 있어서 핵심정책보고서를 매 2년마다 제출할 것을 고려하는 것을 환영한다.

총회는 이후에도 매년 결의안을 통해 임시실무그룹의 설립과 이들에 의한 보고서 제출을 결정해오고 있다. 예컨대 2007년의 경우 8월에 결의문 A/61/292을 통과시켰으며 이에 따라 동년 9월에 모든 회원국에게 개방되는 임시실무그룹을 설립했다. 이 실무그룹에게는 관련 결의의 이행상태를 평가하고 총회의 역할, 권한, 효과성과 효율성을 제고할 수 있는 방법을 찾아 총회에 보고서를 제출하는 역할이 부여되었다. 이에 따라 임시실무그룹은 2008년 9월에 권고사항을 담고 있는 「Report of the Ad Hoc Working Group on the Revitalization of the General Assembly」라는 제하의 보고서A/62/952를 제출했다. 2010년의 경우 보고서 A/63/959, 2011년의 경우에는 보고서 A/64/903를 제출한 바 있다.

임시실무그룹은 최근에 4개의 주제이슈thematic issues 즉 총회를 재활성화하기 위한 방법의 하나로서의 결의의 집행, 경제사회이사회와 안전보장이사회를 포함한 다른 유엔기관들과 총회의 업무관계의 개선, 사무총장 선출에 있어서의 총회의 역할과 책임, 총회의장의 제도적 메모리institutional memory의 강화에 집중하여 논의하고 이러한 논의를 기초로 권고를 하고 있다. 이러한 권고는 총회의 운영을 비롯한

---

13) 유엔총회의 본회의와 위원회 모두에 있어서 다수의 동일한 의제항목이 매년 논의되며 매년 신규로 논의되는 의제항목은 소수에 그친다.

총회의 전반에 걸쳐 중대한 영향을 미치고 있어 주목을 요한다.

### (2) 안전보장이사회

#### 1) 지위와 구성

안전보장이사회Security Council, SC는 미국, 영국, 프랑스, 중국, 러시아 5개 상임이사국과 총회에서 선출하는 10개 비상임이사국으로 구성된다. 상임이사국은 원래는 제2차 세계대전에서 승리한 강대국인 미국, 영국, 프랑스, 중국, 소련으로 구성되었다. 상임이사국 중에서 중국을 대표하는 정부는 원래 중화민국 정부였으나, 1971년 10월의 제26차 총회에서 중화인민공화국을 대표로 인정한다는 결의가 성립됨으로써 중화인민공화국 정부가 중화민국 정부를 대체했다.[14] 그리고 소련 Soviet Union이 붕괴된 후 1991년에 러시아Russian Federation에 의해 대체되었다.

1960년대 초에 국제사회에 대거 등장한 개도국들의 압력에 의해 1965년에 헌장이 개정되어 안전보장이사회 비상임이사국의 수가 원래의 6개에서 10개로 증가했다. 이들 10개 비상임이사국은 총회에서 선출되는데 선출 시 국제평화와 안전의 유지 및 유엔의 기타 목적에 대한 공헌과 공평한 지리적 안배가 고려된다. 지리적 안배에 따라 아프리카지역에서 3개국, 아시아지역에서 2개국, 중남미카리브지역에서 2개국, 동유럽지역에서 1개국, 그리고 서유럽 및 기타지역에서 2개국이 선출된다. 이들 10개 비상임이사국 중에서 하나의 비상임이사국은 아랍국가로서 아시아지역과 아프리카지역에서 번갈아가며 나온다. 비상임이사국의 임기는 2년이고 임기시작은 1월 1일이다. 임기만료 직후에는 재선될 수 없으며 매년 5개 이사국이 바뀐다.

한국은 유엔에 가입한 1991년 이후 처음으로 1996-1997년에 비상임이사국으로 활약한 바 있으며 2007-2008년 비상임 이사국에 입후보할 계획이었으나 유엔 사무총장으로의 진출에 집중하기 위해 비상임이사국 진출을 뒤로 미룬 바 있다. 한국은 15년 만인 2012년에 다시 비상임이사국에 선출되어 2013년부터 2014년 12월 말일까지 2년 동안 안전보장이사회의 이사국으로 활동하였다.

안전보장이사회의 의장국은 매달 바뀌며 이사국 중에서 국가명의 영문 알파벳

---

14) 중화민국은 영문으로 「Republic of China, ROC」로 표기하고, 중국인민공화국은 영문으로 「People's Republic of China, PRC」로 표기한다. 중화민국은 현재 「타이완」이라고 흔히 불리고, 중화인민공화국은 「중국」을 지칭한다.

순에 의해 순환한다.15) 의장은 의제를 설정하고, 회의를 주재하며 모든 위기를 감시하는 역할을 한다. 유엔헌장 제28조 1항에 따라 안전보장이사회의 이사국은 어느 때고 만나 임무를 수행할 수 있도록 대표들을 유엔본부가 있는 뉴욕에 상주시켜야 한다.16) 이러한 조항이 유엔헌장의 일부가 된 것은 위기에 신속하게 대처할 수 없었던 국제연맹의 경험으로부터 유래된 것이다.

안전보장이사회 이사국은 1개의 투표권을 지닌다. 회의 개최의 시기·장소·방법, 의사규칙의 채택, 의장의 선임방법, 회의의 공개·비공개여부, 보조기관의 설치, 이해관계국의 참가와 분쟁당사국의 참가의 권유 등에 대한 결정과 같은 절차문제procedural matter는 15개 이사국(5개 상임이사국과 10개 비상임이사국) 중에서 9개 이사국의 찬성으로 결정된다. 이와는 달리 실질문제substantive matter의 경우는 5개 상임이사국을 포함한 9개 이사국의 찬성으로 의결된다. 즉 실질문제가 통과되기 위해서는 5개 상임이사국 모두의 찬성과 더불어 최소한 4개 비상임이사국의 찬성을 확보하여야 한다. 이러한 강대국 만장일치의 원칙을 「거부권veto power」이라고 부른다. 따라서 실질문제 결정에서 상임이사국의 반대투표는 거부권 행사가 된다. 이처럼 실질문제에 대한 결정은 5개 상임이사국 모두의 찬성표를 필요로 한다고 하나 기권을 거부권의 행사로 인식하지 않는 것이 안전보장이사회의 오랜 관행으로서 확립되었으며 상임이사국의 결석 역시도 거부권의 행사로 보지 않는 관행이 형성되어 있다.17)

유엔 안전보장이사회에 있어서 어떤 사항이 절차문제인가 아니면 실질문제인가를 결정하는 것 역시 실질문제로 간주되어 상임이사국 5개국을 포함한 9개 이사국의 찬성을 필요로 한다. 즉 상임이사국의 거부권의 대상이 되어 이를 두고 「이중거부권double veto」이라고 부른다. 위에서 언급했듯이, 유엔총회의 경우 중요문제의 경우 출석하여 투표하는 국가의 2/3 이상의 찬성을 필요로 한다. 그러나 무엇이 중

---

15) 여러 가지 이유로 매 1개월마다 안전보장이사회의 이사국들이 돌아가면서 의장직으로 맡는다. 한 국가가 오랜 기간 동안 의장직으로 단독으로 수임할 경우, 만약 이 국가가 안보리가 다루어야 의제들과 관련하여 일관된 편파성을 가진다면 논의의 결과에 중대한 영향을 미치지 않을 수 없기 때문에 이를 피하기 위한 것도 하나의 중요한 이유가 된다.

16) 유엔헌장 제28조 1항은 「안전보장이사회는 계속적으로 임무를 수행할 수 있도록 조직된다. 이를 위하여 안전보장이사회의 각 이사국은 기구의 소재지에 항상 대표를 둔다」라고 규정하고 있다.

17) 중국의 대표권 문제를 둘러싸고 불만을 표시하기 위해 1950년 1월부터 소련이 안전보장이사회를 떠났으며 이 사이에 한국전쟁과 관련한 중대한 결의가 통과되었다. 이러한 결의의 통과에 소련이 반발함으로써 상임이사국의 결석이 거부권의 행사냐 아니냐의 논란이 발생했으나 이를 계기로 상임이사국 중 어느 한 국가의 결석 시에도 결의가 성립되는 관행이 시작되었다.

요한 문제인가를 결정하는 것은 1/2이상의 찬성 즉 단순 다수결로 결정한다. 총회의 경우는 중요문제와 그렇지 않은 문제, 안전보장이사회의 경우는 절차문제와 실질문제로 문제를 구별하여 가결필요표수를 달리하나 경제사회이사회는 문제의 구별 없이 출석하여 투표하는 국가의 과반수를 가결필요표수로 한다.

유엔 회원국이 아니거나 안전보장이사회의 이사국이 아닌 국가의 경우 그 국가의 이해관계가 특별하게 영향을 받는다고 이사회가 동의할 경우 이사회의 토의에 참가할 수 있다. 최근에는 이러한 규정

**유엔 안전보장이사회 회의실**Security Council Chamber

을 느슨하게 해석하여 많은 국가들로 하여금 토의에 참가하도록 하고 있다, 유엔 회원국이 아닌 국가의 경우 분쟁의 당사국이라고 이사회가 고려할 경우 통상적으로 참가할 것을 요청받는다.

안전보장이사회 역시 보조기관을 두고 있는데, 이러한 보조기관에는 유엔에의 가입을 희망하는 국가에 대한 심사를 하는 가입심사위원회Committee on Admission New Members, 안전보장이사회가 사용할 수 있는 병력확보를 위해 개별국가와 특별협정을 체결하는 권한을 가진 군사참모위원회Military Staff Committee 등이 있다.

### 2) 임무와 권한

안전보장이사회는 헌장 제24조에 의해 국제평화와 안전의 유지에 관한 1차적 책임을 진다. 헌장은 안전보장이사회로 하여금 이러한 책임을 다하도록 하기 위해 제6장, 제7장, 제8장, 제12장에서 특정의 권한으로서 조사권이나 권고의 권한 등을 규정하고 있다. 안전보장이사회는 유엔의 다른 이사회와는 달리 헌장 제25조에 따라 회원국에 대해 법적 구속력을 지닌 결정을 내릴 수 있는 권한을 보유하고 있다.

헌장 제6장은 분쟁의 평화적 해결을 위한 안전보장이사회의 권한을 규정하고 있다. 이에 따르면 안전보장이사회는 어떠한 분쟁, 또는 국제적인 마찰로 이어지거나 분쟁을 발생하게 할 우려가 있는 사태에 대해 조사할 수 있고 이러한 분쟁과

사태가 국제평화와 안전을 위태롭게 할 우려가 있다고 결정하면 적절한 조정의 절차나 방법을 권고할 수 있다. 그러나 이러한 권고는 회원국에 대해 법적 구속력을 가지지 않는다.

헌장 제7장은 분쟁의 강제적 해결을 위한 안전보장이사회의 권한을 규정하고 있다. 이에 따르면 안전보장이사회는 평화에 대한 위협, 평화의 파괴 또는 침략행위의 존재를 결정하고 국제평화와 안전을 유지하고 회복하기 위해 권고를 하거나 강제조치를 결정할 수 있다. 여기서 강제조치란 비군사적 조치와 군사적 조치를 의미한다. 이처럼 안정보장이사회는 헌장 제7장에 근거하여 권고를 하거나 강제조치를 결정할 수 있는데 이 중에서 강제조치의 결정은 법적 구속력을 지닌다.

비군사적 조치는 헌장 제41조에 언급되어 있는데 경제관계와 철도·항해·항공·우편·전신·무선통신과 기타 교통통신 수단의 전부나 일부의 중단과 외교관계의 단절을 포함한다. 군사적 조치는 헌장 제42조에 근거한 조치로서 안전보장이사회가 이미 취한 비군사적 조치가 불충분할 것으로 인정하거나 불충분한 것으로 판명되었다고 인정하는 경우에 한해 취해지는 국제평화와 안전의 유지 혹은 회복에 필요한 공군, 해군 또는 육군에 의한 조치를 의미한다. 구체적으로 유엔 회원국의 공군·해군·육군에 의한 시위, 봉쇄 그리고 다른 작전을 포함한다.

군사적 조치의 예로는 1950년 한국전쟁이 발발했을 때 유엔이 취한 군사조치와 1991년 이라크와 쿠웨이트 사이의 전쟁 시 연합군에 의한 군사조치를 들 수 있다. 비군사적인 조치의 예로는 북한의 핵실험과 관련하여 취해진 일련의 대북 경제제재economic sanction를 들 수 있다.

이처럼 안전보장이사회는 국제평화와 안전유지에 대하여 일차적인 책임을 지고 분쟁 혹은 국제적인 마찰로 이어지거나 분쟁을 발생하게 할 우려가 있는 사태를 평화적으로 처리하고 평화에 대한 위협·평화의 파괴·침략행위 등에 대해 권고를 하거나 강제조치를 결정한다.

이 밖에 안전보장이사회는 군비규제계획의 작성(제26조), 국제사법재판소의 판결사항의 집행(제94조), 지역적 분쟁에 대한 지역적 처리의 장려(제52조), 지역적 강제행동의 허가(제53조) 등을 한다. 이와 더불어 회원국의 가입, 회원국의 권리와 특권의 정지, 회원국의 제명을 총회에 권고한다(제4조-제6조). 사무총장의 임명을 위해 총회에 권고를 하고(제97조), 국제사법재판소의 판사를 선출한다(국제사법재판소 규정 제8조).

안전보장이사회는 평화유지활동PKO과 관련하여서도 권한을 갖는다. 헌장 제6장에 의한 분쟁의 평화적 해결방식은 구속력이 미흡하고 제7장의 분쟁의 강제적 해결은 안전보장이사회 상임이사국의 거부권 행사로 많은 제약을 받는다. 따라서 유엔은 이러한 한계를 타개하기 위한 방편으로 필요한 경우 제한적 범위 내에서 자위적인 무력사용 등을 허용하는「평화유지활동」이라는 현실적인 대안을 창안하게 되었다. 이러한 평화유지활동은 안전보장이사회의 승인 아래 사무국 내의 평화유지활동국Department of Peacekeeping Operation, DPKO의 세부적인 계획으로 이루어진다.

안전보장이사회는 결의안에 대해 합의에 이르지 못하거나 표결로 통과시키지 못할 경우 결의안 대신에 법적 구속력이 없는「의장성명Presidential Statement」을 채택할 수 있다. 이러한 의장성명은 종종 막후교섭의 산물로서 표결이 아닌 합의에 의해 채택된다. 이러한 의장성명은 안전보장이사회가 주의를 기울이고 있고 향후 강제조치가 뒤따를 수 있다는 경고성의 정치적 압력을 가할 의도로 채택된다.18) 또 다른 조치로서 의장성명이 아닌「언론발표문Press Statement」을 채택할 수도 있다.19) 이러한 언론발표문 역시 결의안과는 달리 법적 구속력을 가지지 못한다. 언론발표문은 통상 안전보장이사회가 중요한 회의를 가진 후 회의에서 논의된 내용을 포함한다.

이처럼 안전보장이사회의 토의의 결과는 결의, 의장성명, 언론발표문의 채택과 같은 세 가지 형태를 취한다. 사안에 따라 어떤 형식을 취할 것인가를 두고 안전보장이사회 이사국들 사이에 긴 협상이 진행되곤 한다. 이 중에서 언론발표문이 가장 강도가 낮고, 이러한 언론발표문보다 강도가 높은 것이 의장성명이며, 가장 강도가 높은 것이 결의이다. 의장성명은 안전보장이사회의 기록으로 남는다는 점에서 언론발표문보다 더 강력한 형식으로 간주된다. 언론발표문과 의장성명의 경우 15개 안전보장이사회 이사국의 합의consensus가 필요하고, 결의의 경우는 5개 상임이사

---

18) 안전보장이사회는 2006년 10월 6일 북한이 핵실험 위협을 한 지 4일 만에 북한에 대해 핵실험계획을 포기할 것을 촉구하는 의장성명을 발표한 바 있다. 이 의장성명에 미국 등이 요구한 유엔헌장 7장에 따른 제재 부분이 빠지면서 핵실험 시 어떤 제재 조치를 취할 것인가에 대해 구체적으로 명기하지는 않았지만, 핵실험을 강행하면 유엔헌장이 규정한 의무와 책임에 따라 안전보장이사회가 대북제재에 나설 수 있다는 것을 경고하고 있다. 이러한 의장성명은 앞으로 상황 변화에 따라 구속력을 갖는 제재 결의안을 채택하는 밑거름으로 작용할 것으로 보았는데, 북한이 핵실험을 강행하자 이를 바탕으로 구속력을 갖는 강제적인 경제제재 조치가 실질적으로 취해졌다.

19)「언론발표문」이라는 말 대신에「언론성명」이라는 표현을 쓰기도 한다.

국을 포함한 9개 이사국 이상의 찬성을 필요로 한다.

### 3) 개혁논의

안전보장이사회의 개혁논의의 배경에는 우선 대표성의 결여가 있다. 유엔이 회원국 51개국으로 출발할 당시 안전보장이사회의 이사국 수는 상임이사국 5개국과 비상임이사국 6개국을 합쳐 11개국이었다. 신생독립국들이 유엔 가입으로 회원국의 수가 크게 늘면서 1965년에 헌장개정이 이루어져, 상임이사국의 수는 그대로 둔 채 비상임이사국의 수만 6개국에서 10개국으로 늘어났다. 그 결과 이사국의 수는 11개국에서 15개국(상임이사국 5개국과 비상임이사국 10개국)이 되었다.

2014년 5월 현재 유엔 회원국의 수가 193개국임에도 불구하고 이사국의 수는 여전히 15개국에 머물러 있으며 개도국들이 유엔 회원국의 2/3 이상을 점유하고 있음에도 불구하고 안전보장이사회의 상임이사국의 자리에 진출해 있지 않다.[20] 이 때문에 개도국들은 안전보장이사회의 대표성을 제고시키기 위한 개혁을 강조해 왔다.

다른 측면에서의 대표성의 문제가 일본과 독일에 의해 제기되고 있다. 유엔에서 미국에 이어 두 번째와 세 번째로 많은 예산을 분담하고 있는 일본과 독일이 재정적인 기여에 상응하는 지위로서 상임이사국으로의 진입을 요구하고 있다. 구체적으로 이들은 「대표 없는 곳에 과세 없다」는 입장을 개진하고 있다.

개혁논의의 또 다른 배경은 국제평화와 안전의 유지를 위한 안전보장이사회의 실효성에 대한 문제제기이다. 냉전시대에 동서 양진영 사이의 이념적인 대립으로 안전보장이사회가 거의 마비상태에 빠져 있었다. 냉전이 종식된 이후 냉전시대처럼 이념적인 대립이 원인이 된 것은 아니지만 지역분쟁, 국제 테러리즘, 핵확산 등으로 인해 국제사회의 평화와 안전이 크게 위협받고 있음에도 불구하고, 안전보장이사회는 상임이사국들의 자국의 이익에 따른 거부권의 행사로 제 역할을 제대로 수행하지 못하고 있다.

이러한 요구에 직면하여 유엔은 탈냉전기에 접어든 1993년 제48차 유엔총회에서 「안전보장이사회 개혁논의를 위한 실무그룹OEWG」을 조직하여 안전보장이사회의 개혁을 논의해 왔다. 이들 실무그룹의 논의의 핵심은 크게 두 가지로 구분될 수 있다. 하나는 안전보장이사회의 이사국의 구성과 규모를 어떻게 할 것인가와 같

---

20) 중국을 전형적인 개도국의 하나로 볼 것인가 말 것인가에 대해서는 이론이 있을 수 있다.

은 조직개편 문제이고, 또 다른 하나는 거부권의 사용범위를 포함하여 운영개선을 어떻게 할 것인가의 문제이다.[21] 그러나 실제에 있어서 거의 모든 논의는 조직개편 문제에 집중되어 오고 있다.[22]

안전보장이사회의 개혁논의는 이해관계를 같이 하는 국가들 사이의 그룹을 통해 전개되었다. 안전보장이사회의 상임이사국 그룹, 비동맹 그룹, 일본·독일·브라질·인도와 같은 상임이사국 진출 희망국 그룹Aspirant Group,[23] 한국을 포함한 중견국가 그룹Middle Power Group이 존재한다.[24] 그러나 이들 사이의 이해관계의 첨예한 대립으로 인해 아무런 진전을 거두지 못하고 있다. 이들에 의해 제기된 여러 제안들을 분류하여 소개하면 다음과 같다.

우선 상임이사국과 비상임이사국을 동시에 확대하여야 한다는 안이 있다. 이 안은 1996년 제51차 유엔총회 의장인 라잘리Razali Ismail가 제안한 것이라고 해서 흔히 「라잘리 안」이라고 불린다. 상임이사국 5개국(선진국 2개국＋개도국 3개국)과 비상임이사국 4개국을 증설한다는 것이 주요 내용이다.

두 번째 안은 소위 「Quick Fix 안」으로 불리는 것으로서 말 그대로 신속하게 확정한다는 안이다. 즉, 안전보장이사회의 확대개편에 전반적인 합의가 도출되려면 장시간을 요하기 때문에 잠정적이기는 하지만 우선적으로 2개 상임이사국(일본과 독일)과 3개 비상임이사국 자리를 증설하자는 안이다.

세 번째 안은 비상임이사국만을 확대한다는 안이다. 상임이사국의 확대개편까지 논의에 포함시킬 경우 합의에 이르기가 쉽지 않기 때문에 우선적으로 현재의 2년 임기에 선거를 통해 선출되는 비상임이사국의 수를 늘리자는 안이다. 이 안은 한국을 비롯한 중견국가가 지지하는 안이다.

네 번째 안은 기존의 이사국과는 다른 새로운 형태의 이사국을 두자는 안이다. 이러한 제안은 구체적으로 3가지 다른 제안으로 분화된다. 우선 「지역순환 상임이사국안」이 있다. 지역별로 상임이사국 자리를 배정한 다음 지역 내 국가들이 일정

---

21) 간혹 「인도주의적 위기가 발생할 경우는 거부권을 사용할 수 없게 하여야 한다」는 것과 같은 논의가 진행되기도 한다.

22) 이러한 문제들 이외에 총회와 안전보장이사회의 관계를 어떻게 가져갈 것인가 역시 안전보장이사회 개혁 이슈 중의 하나이다.

23) 이들 4개국 그룹을 간단히 「G-4」라고 부른다.

24) 안전보장이사회 개혁을 둘러싸고 견해를 같이 하는 중견국들의 그룹을 「Coffee Club」이라고도 부른다. 또한 안전보장이사회의 개혁은 표결이 아닌 합의에 의해 이루어져야 함을 강조한다고 하여 「합의연합(Uniting for Consensus, UfC)」이라고도 불린다.

한 주기를 두고 돌아가면서 상임이사국의 역할을 하자는 안이다. 주기를 아주 길게 한다고 해도 어느 때인가는 순환하여야 한다는 의미에서 기존의 항구적인 상임이 사국과는 다르다. 또 다른 안은 「순환 이사국안」으로 30개 후보 국가군을 선출한 다음 이 중 10개국씩 돌아가며 이사국의 역할을 맡는다는 안이다. 마지막으로 「준 상임이사국안」이 있다. 4-5년을 임기로 하되 연임을 가능하게 하자는 안이다.[25]

이러한 논의가 위에서 언급한 1993년에 구성된 실무그룹을 중심으로 10여년 지속되었음에도 불구하고 별다른 성과를 보이지 않자, 아난 사무총장은 2003년 9 월에 16명의 위원으로 구성된 「고위급패널High-Level Panel」을 구성하여 안전보장이 사회 개혁을 위시한 유엔개혁을 위한 보고서를 작성하도록 했다.[26] 이에 따라 2004년 12월에 「보다 안전한 세계: 우리들의 공유된 책임A More Secure World: Our Shared Responsibility」이라는 제하의 보고서가 탄생했다. 아난 사무총장은 이 보고서 를 토대로 「보다 큰 자유: 모든 사람을 위한 개발, 안보 그리고 인권을 향하여In larger Freedom: Towards Development, Security and Human Rights for All」라는 제하의 사 무총장 보고서를 제출하여 안전보장이사회 개혁을 비롯한 유엔개혁에 대한 권고안 을 제시했다.

사무총장 보고서의 안전보장이사회 개혁안은 2개의 안으로 구성되어 있다. 첫 번째 안은 거부권 없는 상임이사국 6개석을 신설하고, 기존 2년 임기의 비상임이 사국 3개석을 신설하여 총 24개 이사국을 갖는 소위 「A안」이다. 여기에서 거부권 이 없는 상임이사국 6개석은 아시아지역에 2개석, 아프리카지역에 2개석, 미주지역 에 1개석, 유럽지역에 1개석이 배정되도록 되어 있다.

또 다른 안은 「B안」이라고 불리는 것으로서, 상임이사국의 수는 그대로 유지하 고 대신에 4년 임기에 재선이 가능한 소위 「준상임이사국」이라고 불리는 새로운 개념의 이사국을 8개석 신설하고 기존의 2년 임기의 비상임이사국 1개석을 신설하 는 안이다. 8개의 준상임이사국은 4개 지역(아시아, 아프리카, 유럽, 미주지역)에서 각기 2개국씩 선출되며 임기가 연장될 수 있다는 특징을 지닌다.

이 두 개의 안은 큰 차이를 가짐에도 불구하고 모두 거부권을 가진 상임이사국 의 증설을 포함하고 있지 않고, 이사국의 수를 현재의 15개국에서 24개국으로 늘린 다는 점에서 동일하다. 코피 아난 사무총장은 이러한 안과 더불어 2005년 9월 제60

---

25) 현재 비상임이사국은 2년 임기에 연임이 불가능하고 2년을 기다린 후에야 재선될 수 있다.
26) 패널의 공식 이름은 「High-Level Panel on Threats, Challenges and Change」이다.

차 유엔에서 개최되는 정상회의 전까지 안전보장이사회 개혁 논의를 끝내고자 했다.

그러나 실제의 회원국들의 논의 과정에서 개편 논의는 내용 면에서 이 두 가지 안이 중심이 되지 않았으며 성과 면에서는 아무런 결과 없이 일단 막이 내렸다. 상임이사국 진출을 강력하게 희망하는 G-4 국가들, 이들이 상임이사국이 될 경우 국제사회에서 상대적 열세와 박탈감을 느끼게 될 한국을 위시한 중견국가들Middle Powers, 이들 G-4 국가들이 상임이사국에 진출할 경우 자신들의 영향력 감소를 감수하여야만 하는 기존 상임이사국들(P-5), 개도국을 위한 상임이사국 자리가 증설될 경우 누가 이 자리를 차지할 것인가를 두고 뜻을 달리하는 개도국들의 입장이 어긋났기 때문이다.

안전보장이사회 개편 논의가 1993년에 안전보장이사회 개편을 위한 실무그룹이 설치된 이래 유엔총회 내에서 주요 이슈로서 논의되어 왔지만 회원국들 간의 이견으로 교착상태가 지속되자 이러한 실무그룹과는 별도로 안전보장이사회 개혁을 위한 정부간 교섭inter-governmental negotiation이 2009년부터 시작되었으나 각국의 주장이 열거된 문건을 작성하는 단계에 멈춰서 있다. G4 국가는 상임이사국과 비상임이사국 모두를 확대하는 안을 중심으로 한 개혁을 위한 결의안의 초안작성을 추진했지만 중국, 한국, 이탈리아 등의 반발로 실패했다.

2012년에 안전보장이사회의 개혁에 관한 정부간교섭이 유엔본부에서 개최되었다. 여기에서 이탈리아와 한국 등 합의연합Uniting for Consensus, UfC은 임기 2년의 비상임이사국만을 확대해야 한다는 이제까지의 입장으로부터 최장 6년 임기의 준상임이사국을 신설하는 입장으로 전환했음을 강조하고 상임이사국의 확대를 일관되게 요구하는 일본을 비롯한 G4도 양보해야 한다고 강조했다(합의연합은 준상임이사국의 신설하는 안을 제시하면서 20년 후에 재심의할 것을 의무화하여 G4가 요구하는 상임이사국 확대와 상임이사국 가입 논의의 문을 열어놓고자 했다).

일본은 상임이사국 진입을 목표로 상임이사국과 비상임이사국의 동시 확대를 일관되게 주장해온 이제까지의 입장이 벽에 부딪히자 방향을 전환하여 현행 비상임이사국보다 임기가 길고 일정기간이 경과한 뒤에는 상임이사국으로의 승격이 가능한 준상임이사국의 창설에 대해서도 논의할 의향이 있다는 새로운 입장을 처음으로 표명했다. 일본은 20년 가까이 유엔 안전보장이사회 상임이사국 진출을 타진해왔지만 사실상 불가능하다고 판단해 최근 준상임이사국을 거쳐 상임이사국으로 우회 진출하는 쪽으로 전략을 수정한 것으로 보인다.

종합적으로 보아 안전보장이사회 이사국을 증설한다는 원칙에는 공감하고 있지만 상임이사국의 증설 여부와 거부권 문제 등 구체적인 쟁점을 둘러싸고는 적지 않은 입장차를 보이고 있다. 구체적인 쟁점별 논의 동향을 요약하여 살펴보면 다음과 같다.

우선 이사국의 구성 문제를 살펴보면 G-4 그룹과 아프리카 국가들은 상임이사국과 비상임이사국의 동시 증설을 주장하고 한국을 비롯한 합의연합UfC은 비상임이사국만의 증설을 주장하는 차이를 보인다. 이러한 견해 차이를 봉합하기 위해 타협안으로서 장기 임기(현재의 비상임이사국의 임기인 2년보다 긴 임기)에다가 연임까지 가능한 제3의 안이 논의되고 있다.

이사국의 규모와 관련하여 현재의 15석에서 21석으로 증설하여야 한다는 안부터 27석으로까지 증설하여야 한다는 안이 거론되고 있으나 25석 정도가 적절하다는 것이 대체적 의견이다. 미국의 경우 21석 이상으로 확대하는 것은 수용할 수 없다는 입장을 견지하고 있다. 이처럼 여러 의견이 대두되고 있지만 대표성의 제고를 위해 이사국 수의 확대는 필요하나 효율성을 해칠 정도로 과도하게 확대되어서는 안 된다는 것이 일반적인 논의의 원칙으로 거론되고 있다.

거부권 문제와 관련하여서는 기존 상임이사국의 거부권을 어떻게 할 것인가의 문제와 상임이사국이 증설될 경우 신규 상임이사국의 거부권을 어떻게 할 것인가의 문제로 구분하여 살펴볼 필요가 있다. 우선 기존 상임이사국의 거부권과 관련하여 아프리카 국가들은 거부권의 폐지를 주장하나 기존 상임이사국들은 거부권 수정에 대해 강하게 거부하고 있다. 단 상임이사국 중 프랑스의 경우 대량범죄mass crime의 경우 거부권 사용의 제한을 제안한 바 있다. 기존의 상임이사국이 반대하는 한 현실적으로 거부권을 폐지할 가능성이 희박하다는 점에서 거부권의 행사범위를 제한하는 방안이 현실적 대안으로 논의되고 있다.

상임이사국이 증설될 경우 이들의 거부권과 관련하여 G4는 거부권을 부여하여야 하나 15년 후 검토회의 시까지 자발적으로 거부권 행사를 자제할 수 있다는 입장을 보이고 있다. 아프리카 그룹은 원칙적으로 거부권은 폐지되어야 하지만 폐지되지 않을 경우 신규 상임이사국에게도 동등하게 부여되어야 한다는 입장을 보이고 있다.

쟁점에 대한 입장을 그룹별로 구분하여 살펴보면 다음과 같다. 우선 G4는 상임이사국과 비상임이사국의 동시 증설을 지지하며 신규 상임이사국에게도 거부권을

부여하되 재검토(15년 후)까지 거부권을 행사하지 않겠다는 입장이다. G4 내에서도 이견이 존재하는데 인도와 브라질은 강경한 입장을 유지하는 반면, 독일과 일본은 장기 임기 의석 신설 후 재검토를 거쳐 상임 의석으로 전환할 수 있다는 안을 제시하는 등 상대적으로 유연한 입장을 보이고 있다.

한국, 이탈리아, 파키스탄, 아르헨티나, 스페인, 캐나다, 코스타리카, 콜롬비아, 멕시코, 터키, 몰타, 산마리노 등 12개국으로 구성된 합의그룹UfC은 안전보장이사회의 대표성, 책임성, 민주성 제고 원칙에 부합하도록 정기적 선거를 통해 선출되는 비상임이사국만의 증설을 지지한다. 합의그룹이라는 이름에서 보듯이 안전보장이사회의 개혁이 표결이 아닌 합의consensus에 의해 이루어져야 한다는 것을 강조한다. 안전보장이사회의 개혁 핵심이슈인 안전보장이사회의 구성과 규모 그리고 거부권과 작업방식 등에 대하여 일괄적으로 타결할 것을 주장한다. 안전보장이사회의 개혁 달성을 위한 유연성 발휘 차원에서 타협안으로 장기 임기의 연임이 가능한 새로운 형태의 이사국 신설을 검토할 수 있다는 유연한 입장을 제시한 바 있다.

아프리카 그룹(AU 54개국)이 보이고 있는 아프리카 공동입장Ezulwini Consensus을 보이고 있는데 이들은 상임이사국에 아프리카 국가가 단 1개국도 포함되어 있지 않다는 역사적 불공정성에 강한 반감을 가지고, 아프리카 그룹에 거부권 보유 상임이사국 2석 및 비상임이사국 5석(2석 증설) 배정을 요구하고 있다. 거부권은 폐지되어야 하나, 폐지되지 않을 경우 신규 상임 이사국에게도 동등하게 부여되어야 한다는 입장을 보이고 있다. 구체적으로 어느 국가가 상임이사국이 될 것인가는 아프리카 그룹이 자체적으로 결정하겠다는 입장이다. 아프리카 그룹은 중도적인 타협안으로 제시되고 있는 장기 임기의 의석 신설 방안에는 반대하고 있다.

기존 상임이사국은 기본적으로 현상유지를 선호하나, 안전보장이사회의 개혁 필요성에 대한 전반적 공감대를 감안하여 적극적 개입을 자제하면서 원칙적 입장만을 표명하고 있다. 이들은 기존 상임이사국의 거부권의 수정에 불가하다는 입장을 공통적으로 견지하고 있으나 상임이사국의 증설여부에 대해서는 이견을 보인다.

미국, 영국, 프랑스는 상임이사국 증설을 지지한다. 구체적으로 미국은 소규모 증설(21석 이상 확대 불가)에 찬성하고 특정 국가를 명시하지 않은 상임이사국 증설(예: 그룹 자체 결정, 지역 순환 등)에는 반대한다. 오바마 대통령은 인도와 일본의 상임이사국 진출은 지지한다는 입장을 가지고 있다. 영국과 프랑스는 G4와 아프리카

의 상임이사국 진출 지지하며 프랑스는 아랍 국가의 상임 진출도 지지하고 있다.

이에 비해 중국과 러시아는 신중한 접근을 강조하고 있다. 구체적으로 중국은 합의연합UfC과 협력관계를 유지한 가운데 안전보장이사회 내의 개도국 대표성의 제고와 합의의 중요성을 강조한다. 실질적으로 안전보장이사회의 개혁논의의 진전 자체를 원하지 않으며, 상임이사국 증설 방안에 적극적으로 반대하는 입장이다. 러시아는 기존 상임이사국의 기존 권한의 제한에 반대하며 이사국 수에 있어서 21개석 정도에 이르는 소규모 증설이 바람직하다는 입장을 보이고 중도방안인 제3의 이사국 형태에 대해 검토가 가능하다는 입장이다.

아프리카, 중남미, 아주 지역 개도국을 중심으로 한 L.69그룹은 상임이사국과 비상임이사국의 동시 증설과 개도국의 대표성 증진이 필요하다는 입장이다. 상임이사국의 거부권 보유 문제에 대해서는 L.69 내부적으로 이견이 존재한다.[27]

### (3) 경제사회이사회

### 1) 지위와 구성

경제사회이사회Economic and Social Council, ECOSOC는 총회에서 선출되는 임기 3년의 54개 이사국으로 구성되고 매년 18개국씩 바꾸며 재선도 가능하다. 이들 이사국들은 지리적인 배분을 고려하여 아프리카지역 14개국, 아시아지역 11개국, 중남미카리브지역 10개국, 동유럽지역 6개국, 서유럽 및 기타지역 13개국으로 구성된다. 설립 당시 이사국의 수가 18개였으나 수적으로 증가한 개도국의 요구에 의해 1965년에 헌장의 개정이 이루어져 27개 국가로 늘어났고, 1973년에 또 다시 헌장이 개정되어 현재의 54개 국가로 늘어났다.

어떤 유엔 회원국이든 이사국이 될 수 있는 자격을 가지나 경제력을 가지고 있는 선진국들이 좀 더 선출에 유리하다고 할 수 있다. 안전보장이사회처럼 상임이사국이 존재하는 것은 아니지만 현실적인 필요에 의해 중국을 제외한 강대국들이 사실상 계속해서 선출되고 있다.[28]

---

27) 총 25개 국가로 구성되어 있다. 구체적으로 아프리카 지역의 남아공, 베냉, 부룬디, 카포베르데, 라이베리아, 모리셔스, 나이지리아, 르완다, 세이셸, 중남미 지역의 자메이카, 브라질, 바베이도스, 그레나다, 가이아나, 아이티, 세인트빈센트그레나딘, 아주 지역의 인도, 부탄, 피지, 나우루, 팔라우, 파푸아뉴기니, 솔로몬제도, 투발루, 바누아투이다.

28) 한국은 유엔에 1991년에 가입한 후 1993년-1995년 사이에 처음으로 경제사회이사회 이사국으로 선출되었다. 그 후 1998년-2000년, 2001년-2003년, 2004년-2006년, 2008년-2010년에 이사국으로

경제사회이사회의 의장President은 1년의 임기로 선출되며 중소국가에서 나온다.[29] 경제사회이사회 의장단은 1인의 의장과 4인의 부의장으로 구성되며 이들은 1년간 이사회 회의의 조직과 운영을 관장하게 된다.[30] 경제사회이사회는 1년에 한 번 7월에 4주의 회기로 회의를 갖는다. 이렇게 개최되는 회의를 「경제사회이사회의 실질회의Substantive Session of the Economic and Social Council」라고 부르는데 전통적으로 뉴욕과 제네바를 번갈아 가면서 개최되었다. 1998년 이래로 경제사회이사회는 매년 4월에 세계은행IBRD 및 국제통화기금IMF과 회의를 가져오고 있다. 경제사회이사회에서 이사국은 1인의 대표를 가지며 1개의 투표권을 행사한다. 모든 결정은 출석하여 투표하는 이사국의 과반수에 의해 성립한다.

경제사회이사회는 산하에 많은 보조기관을 두고 있다. 주요 보조기관으로서 세계의 여러 지역의 경제(사회)문제를 다루는 지역위원회regional commission와 사회발전과 인권 등 기능적인 사항을 다루는 기능위원회functional commission가 경제사회이사회를 지원하고 있다.

구체적으로 기능위원회는 연구와 권고를 통해 경제사회이사회의 업무수행을 보조하며 결의안과 협정안을 채택함으로써 경제사회이사회와 총회에 활동지표를 제공한다. 이러한 기능위원회에는 사회개발위원회Commission for Social Development, 마약위원회Commission on Narcotic Drugs, 범죄예방형사사법위원회Commission on Crime Prevention and Criminal Justice, 개발과학기술위원회Commission on Science and Technology for Development, 지속가능발전위원회Commission on Sustainable Development, 여성지위위원회Commission on the Status of Women, 통계위원회Statistical Commission, 인구개발위원회Commission on Population and Development가 있다.

지역위원회로는 지역이 안고 있는 경제(사회)문제를 해결할 목적으로 설립되어 자문과 실제 활동을 통해 경제사회이사회를 지원해오고 있다. 이러한 지역위원회에는 아프리카경제위원회Economic Commission for Africa, ECA, 아시아·태평양경제사회위원회Economic and Social Commission for Asia and the Pacific, ESCAP, 유럽경제위원회Economic Commission for Europe, ECE, 중남미경제위원회Economic Commission for Latin America and the Caribbean, ECLAC, 서아시아경제사회위원회Economic and

---

활동했으며 2010년 10월에 다시 선출되어 2011년부터 2013년까지 이사국으로 활동하였다.

29) 2013년도의 경우 콜롬비아 주유엔대사인 오소리오(Néstor Osorio)가 경제사회이사회 의장직을 수행하고 있다.

30) 김현종 유엔 주재 한국대사가 2008년 1월에 경제사회이사회의 부의장에 선출된 바 있다.

Social Commission for Western Asia, ESCWA가 있다.

이러한 보조기관 이외에 상설위원회와 전문가기구를 두고 있다. 이러한 종류의 보조기관에는 사업조정위원회Committee for Program and Coordination, 인간정주위원회Commission on Human Settlement, 공공행정위원회Committee on Public Administration, 에너지·천연자원위원회Committee on Energy and Natural Resources, 정부간기구협상위원회Committee on Negotiations with Intergovernmental Agencies, 비정부기구위원회Committee on Non-Governmental Organizations 등이 있다.

### 2) 임무와 권한

경제사회이사회가 수행하는 임무는 유엔의 경제적·사회적·문화적·인도적 활동을 지휘하고 관리하는 일이다. 구체적인 임무와 권한은 유엔헌장 제62조-제66조에 규정되어 있다.

우선 경제사회이사회는 경제·사회·문화·교육·보건 및 관련사항에 관해 연구하고 보고를 하거나 제안할 수 있고 이에 관해 총회·회원국·관련 전문기구에 권고를 할 수 있다. 인권과 기본적 자유를 존중하고 준수할 것을 촉진하기 위해 권고할 수 있으며, 그 권한에 속하는 사항에 관하여 국제회의를 소집하고 총회에 제출하기 위한 협약안을 작성할 수 있다. 경제사회이사회는 회원국이나 전문기구의 요청에 따라 총회의 승인을 얻어 서비스를 제공할 수도 있다.

경제사회이사회는 유엔헌장 제71조에 따라 그 권한 내에 속하는 사항과 관련이 있는 비정부기구NGO와의 협의consultation를 위해 적절한 약정을 체결할 수 있다. 이러한 권한을 통해 NGO에게 협의지위consultative status를 부여함으로써 시민사회와의 연계와 협력의 구심점이 되고 있다.

경제사회이사회는 또한 헌장 제57조와 제63조에 근거하여 전문기구와 제휴관계를 가지며 이러한 제휴관계의 내용은 이들과의 협정의 체결을 통해 구체화된다. 경제사회이사회는 전문기구와의 제휴협정에

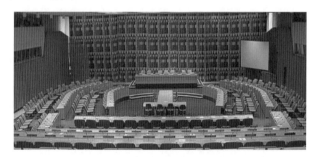

**유엔 경제사회이사회 회의실**
Economic and Social Council Chamber

근거하여 전문기구와 협의를 하고 전문기구에 권고를 함으로써 전문기구의 활동을 조정할 수 있다. 경제사회이사회는 전문기구로부터 정규적인 보고를 받기 위한 적절한 조치를 취할 수 있다.

경제사회이사회는 경제와 사회 분야 등에서 활동하는 보조기관의 업무를 총괄하고 조정하며 유엔개발계획UNDP, 세계식량계획WFP, 유엔아동기금UNICEF 등의 이사국을 선출하는 권한을 보유하고 있다. 이 밖에 총회가 위임하는 사항을 수행한다.

### 3) 경제사회이사회 개혁논의

유엔은 국가간의 사회적·경제적 협력을 유엔의 핵심적인 과업의 하나로서 설정하고 경제사회이사회를 주요기관의 하나로서 설립했다. 그러나 유엔헌장 제60조는 「이 장에서 규정된 기구의 임무를 수행할 책임은 총회와 총회의 권위 하에 경제사회이사회에 부과된다」고 규정함으로써 안전보장이사회와는 달리 경제사회이사회를 총회의 권위 아래에 두었다. 이러한 헌장의 규정에 따라 경제사회이사회는 2등급 조직이 되었고, 권고를 할 수 있는 권한만 주어지고 구속력 있는 의사결정력은 부여되지 않았다.[31] 그 동안 유엔의 개혁의 일환으로서 이러한 경제사회이사회를 둘러싸고 다양한 의견이 제시되어 왔다. 그 한 축은 기존의 경제사회이사회를 개혁하여야 한다는 입장이다. 또 다른 축은 법적 구속력을 갖는 의사결정을 할 수 있는 전적으로 새로운 기구를 만들어야 한다는 입장이다.

후자의 경우는 다양한 이름의 기구들이 제시되었지만 공통적인 것은 안전보장이사회나 선진8개국 정상회의G8보다는 좀 더 대표성이 있고 개방적이면서 지금의 경제사회이사회보다는 좀 더 능력을 가지고 있고 좀 더 권한을 갖는 글로벌 의사결정 기구여야 한다는 것이다.[32] 이런 대안이 실현되기 위해서는 헌장의 개정을 전제로 하며, 이를 위해서는 안전보장이사회 상임이사국 모두의 찬성을 포함하여 총회 재적 국가의 2/3 이상의 찬성을 필요로 한다. 따라서 별로 실현 가능성이 높

---

31) Jeans Martens, "The Never-ending Story of ECOSOC Reform: L27 as emerging alternative to G-8?" (http://www.globalpolicy.org/eu/en/publ/reform_ecosoc_en.pdf) (접속일: 2014년 11월 27일).

32) 다양한 이름 가운데 몇 개를 예로 들면, 경제안전이사회(Economic Security Council), 경제사회안전이사회(Economic and Social Security Council), 세계경제이사회(World Economic Council), 지속가능발전이사회(Council for Sustainable Development), 글로벌 경제이사회(Global Economic Council) 등이 있다.

아 보이지 않는 것이 사실이다.

전자의 경우는 헌장의 개정이 반드시 필요한 것은 아니나, 회원국들의 정치적 의지의 변화가 필요하다. 2005년에 유엔에서 개최된 세계정상회의World Summit에서 채택한 결과문건에서 이러한 아이디어가 받아들여졌는데, 그 구체적인 내용을 살펴보면 다음과 같다: ① 경제사회이사회의 정치적인 중요성을 강화하기 위해 1년에 1회 장관급 회의인 연례각료검토회의Annual Ministerial Review, AMR를 갖는다. ② 경제사회이사회의 과업은 다른 것에 앞서 새천년개발목표MDGs를 포함하여 국제적으로 합의된 개발목표를 감시하고 집행하는 일이다. 2년에 1회 고위「개발협력포럼Development Cooperation Forum, DCF」을 개최하여 국제개발정책에 있어서의 경향을 분석하고 개발목표와 다른 부문에 있어서의 정책간의 일관성을 촉진한다.

그러나 세계정상회의 이후 이에 대한 구체적인 합의에 이르지 못하고 있다가 세계정상회의에서 채택한 위의 내용을 바탕으로 2007년에 유엔총회가 경제사회이사회의 강화Strengthening of the Economic and Social Council에 대한 결의문 A/RES/ 61/16을 채택했다. 이 결의문은 경제사회이사회 강화 차원에서 연례각료검토회의와 매 2년마다 개발협력포럼의 개최 등 회원국과 기타 다양한 이해관계자 참여 제고를 위한 개혁조치를 도입하고 있다. 이 결의안이 채택된 이후에도 경제사회이사회 강화와 효율성을 제고하기 위한 논의가 지속되다가 2013년 제68차 총회에서 9개월 동안의 협의 끝에 타결되어「Review of the implementation of General Assembly resolution 61/16 on the strengthening of the Economic and Social Council」이라는 제하의 결의문 A/RES/68/1이 채택되었다.

당 결의안의 주요 내용은 다음과 같다. 우선 경제사회이사회의 역할이 정책대화와 권고를 위한 지도적인 포럼, 새롭게 부상하는 도전을 다루는 지도적인 조직, 지속가능한 발전의 균형적인 통합을 위한 장forum, 보편적인 약속·감시·모든 수준에 있어서의 진전에 대한 보고를 위한 책임 있는 토론장platform으로서 강화되었다. 이러한 역할 강화를 위해 다음과 같은 새로운 기능과 작업방식working methods의 요소들이 도입되었다. 구체적으로 새로운 고위급정치포럼High-level Political Forum, 연례주제annual theme, 새로운 통합부문integration segment 회의, 새로운 보고과정, 좀 더 광범위한 외부활동을 통한 가시성visibility과 영향의 확대, 좀 더 효과적인 감시, 변화하는 개발협력의 환경에 대한 고려, 책임성에 대한 좀 더 많은 집중, 비국가적 행위자들에 대한 좀 더 민감한 대응, 경제사회이사회의 작업일정의 조정 등이다.

조정된 작업일정을 구체적으로 살펴보면 다음과 같다: ① 그동안 7월 한 달 동안 집중적으로 개최되어 왔던 경제사회이사회 실질회의Substantive Session를 연간 분산하여 개최한다. 구체적으로 개발을 위한 운용활동 부문operational activities for development segment의 회의는 2월, 인도적인 일 부문humanitarian affairs segment의 회의는 6월, 연례각료검토회의AMR와 개발협력포럼DCF 등을 포함한 고위급 부문High-level segment, HLS의 회의는 7월에 개최한다. 새롭게 신설된 회의인 통합부문integration segment 회의는 회원국, 보조기관, 유엔체제, 기타 관련된 이해당사자들의 의견을 통합하여 정리하는 회의로서 지속가능한 개발의 3요소의 균형 있는 통합을 촉진하게 된다. 기존의 조정부문coordination segment 회의와 일반부문general segment 회의는 조정 및 관리회의Coordination and Management Meeting, CMM로 대체되어 감시기능을 수행하기 위해 정기적으로 개최한다. ② 뉴욕과 제네바에서 번갈아 개최되던 실질회의를 뉴욕에서 개최하는데 인도적인 일 부문 회의만은 제네바와 뉴욕에서 번갈아 개최한다. ③ 경제사회이사회의 작업주기Work Programme Cycle를 1월에 시작하여 12월에 종료하는 것으로부터 7월에 시작하여 7월에 끝나는 주기July-to July Cycle로 바꾼다. 이러한 작업주기의 변경에 따라 의장단 선출을 12월에서 7월로 변경하며 산하 위원회 등의 작업주기도 조정한다.

## (4) 신탁통치이사회

### 1) 지위와 구성

신탁통치이사회Trusteeship Council, TC는 국제연맹LN으로부터 물려받은 위임통치 지역, 2차세계대전 후 패전국으로부터 분리된 전 식민지 지역, 자발적으로 유엔의 신탁통치 지역으로 들어온 11개 신탁통치 지역의 점진적인 독립을 성취할 목적으로 설립된 유엔의 주요기관이다.

신탁통치이사회는 유엔헌장 제86조에 따라 3그룹의 국가들로 구성되었다. 첫째 그룹은 신탁통치 지역을 위임받아 통치하는 국가들, 둘째 그룹은 안전보장이사회 상임이사국으로서 첫째 그룹에 속하지 않는 국가들, 그리고 셋째 그룹은 총회에서 선출되는 임기 3년의 연임 가능한 비신탁통치국이다.

첫째 그룹은 신탁통치의 시정국administering state이고, 둘째와 셋째 그룹에 속하는 국가들은 비시정국non-administering state이다. 시정국과 비시정국의 수에 있어서

의 균형을 위해 셋째 그룹에 속하는 국가의 수는 첫째 그룹에 속하는 국가 수에서 두 번째 그룹에 속하는 국가 수를 뺀 나머지가 된다.

1960년까지 신탁통치이사회는 7개의 시정국, 이러한 7개의 시정국에 속하지 않은 안전보장이사회의 2개 상임이사국, 그리고 총회에서 선출된 5개의 비시정국으로

**유엔 신탁통치이사회 회의실**Trusteeship Council Chamber

구성되어 있었다. 그 후 신탁통치 지역이 점차적으로 독립을 달성함에 따라 1968년 이래 헌장의 규정에 따른 구성이 불가능해졌으며, 현재는 5개 안전보장이사회 상임이사국만으로 구성되어 있다.

최후의 신탁통치 지역이었던 팔라우Palau가 1994년 10월 1일에 독립하여 185번째 유엔 회원국이 되면서, 신탁통치이사회는 역사적 사명을 완수했으며 현재는 개점휴업상태에 있다. 이 때문에 신탁통치이사회는 1994년 5월 25일 의사규칙rules of procedure, ROP을 개정하여 연례모임을 가져야 하는 의무를 없애고 필요할 경우에 회의를 개최하는 것으로 개정했다.

### 2) 임무와 권한

신탁통치이사회는 신탁통치제도 하에 있는 신탁통치지역의 행정을 감독하여 지역주민의 복지를 증진시키고, 자치나 독립을 향해 점진적 발전을 하도록 돕기 위해 설립되었다.

신탁통치이사회는 신탁통치지역 주민의 정치·경제·사회·교육발전에 대한 시정권자의 보고서를 심의하고, 신탁통치지역 주민의 청원을 수리하여 심사하며, 신탁통치지역을 정기적으로 방문하는 등의 헌장상의 권한을 갖는다.

### 3) 신탁통치이사회의 미래

2005년 3월 코피 아난 제7대 사무총장은 유엔 개혁의 일환으로 신탁통치이사회의 폐지를 제안한 바 있다. 신탁통치이사회를 공식적으로 폐지하려면 헌장의 개

정이 필요하다.

신탁통치이사회의 장래에 관해 「글로벌거버넌스위원회The Commission on Global Governance」는 「우리들의 지구촌 이웃Our Global Neighborhood」이라는 1996년 보고서를 통해, 신탁통치이사회에게 해양·대기·외기·남극대륙으로 구성되는 인류공동의 지구환경에 대한 권한을 주기 위해 유엔헌장 제12장(신탁통지제도)과 제13장(신탁통치이사회)을 개정할 것을 권고한 바 있다. 이는 지금까지의 신탁통치 개념을 지구환경에 대한 인류공동의 신탁통치 개념으로 발전시키자는 의미이다.

### (5) 사무국

### 1) 지위와 구성

사무국Secretariat은 유엔의 주요기관 가운데 하나로서 사무총장과 필요한 직원들로 구성된다. 사무총장은 안전보장이사회의 추천을 받아 총회에서 선출되며 임기는 5년이고 중임할 수 있다. 한국 국적의 반기문 외교통상부 장관이 2006년 말에 제8대 사무총장에 당선되어 2007년부터 업무를 시작하여 2011년 말에 1차 임기를 마쳤고 2012년 1월 1일부터 2016년 말까지 5년간 연임하게 되었다.

사무국 직원들은 사무총장에 의해 임명되며 유엔에 대해서만 책임을 지는 국제공무원International Civil Servant으로서 독립성과 중립성을 유지해야 한다. 정부의 대표로 구성되는 총회나 이사회와 달리, 사무국이 이러한 국제공무원으로 구성된 이유는 회원국의 영향력으로부터 독립하여 자율성을 확보하고자 한 것이다. 구체적으로 유엔헌장 제100조는 「사무국 직원인 사무총장과 직원은 그 임무의 수행에 있어 어떠한 정부나 유엔 외의 어떠한 당국으로부터도 지시를 받거나 구하여서는 안되며, 회원국들은 이들 업무의 국제적인 성격을 존중해서 영향을 주지 않도록 해야한다」고 규정하고 있다.

사무총장을 수반으로 하는 유엔의 사무국은 대문자를 사용하여 「Secretariat」라고 표기한다. 유엔 내의 총회와 유엔이 개최하는 글로벌 회의 등도 사무국을 가지게 되는데 유엔 자체의 사무국과는 달리 소문자로서 「secretary」라고 표기된다. 여기서 유엔총회의 사무국은 구체적으로 「총회회의운영국Department for General Assembly and Conference Management, DGACM」을 지칭한다.[33]

---

33) The Permanent Mission of Switzerland to the United Nations, *The PGA Handbook: A*

### 2) 임무와 권한

유엔 사무국의 임무는 유엔이 다루고 있는 문제만큼이나 다양하다. 구체적으로 사무국은 평화유지활동PKO을 관리하고, 국제분쟁을 중재하며, 경제적·사회적 추세에 대해 조사하고, 인권과 지속가능한 발전과 같은 주제에 대해 연구물을 준비하기도 한다. 이 밖에 세계의 미디어에 유엔의 활동을 알리고, 세계적으로 관심이 되고 있는 이슈를 주제로 한 회의를 조직하며, 발언과 문건을 유엔의 공식언어official language로 통역하고 번역하는 일을 한다.34)

유엔 사무총징은 수석행정관으로서 사무국의 업무를 지휘·감독하고, 국제사법재판소ICJ를 제외한 유엔의 모든 기관의 회의에 참가하여 사무총장의 자격으로서 행동하며, 이들 기관들로부터 위임을 받아 이들 기관의 결정사항을 집행하는 임무를 수행한다. 사무총장은 유엔의 업무를 평가하고 방향을 제시하며 해결을 요하는 당면문제를 제시하는 내용을 포함하는 연례보고서Annual Report를 총회에 제출한다.

국제기구의 사무국은 아주 드문 경우이기는 하나 행정업무를 넘어서 정치적인 업무에도 관여하기도 한다. 이러한 전형적인 예가 바로 유엔의 사무국, 보다 구체적으로는 유엔의 사무총장이다. 사무총장은 국제평화와 안전의 유지를 위협한다고 인정되는 사항에 대하여 정치적 재량권을 가지고 안전보장이사회의 주의를 환기시킬 수 있다. 사무총장은 회원국 간에 분쟁이 발생하는 경우 분쟁해결을 위한 조정의 역할을 맡는 등 다양한 정치적 역할을 수행하기도 한다.

**유엔 사무국**UN Headquarters

---

*Practical Guide to the United Nations General Assembly* (New York, 2011), p. 22.

34) United Nations, *Basic Facts about the United Nations* (New York: UN DPI, 2004), pp. 14-15.

### 3) 사무국의 개혁

안전보장이사회의 개혁과 더불어 유엔의 개혁과제의 핵심을 이루고 있는 것이 사무국의 개혁이다. 사무국의 개혁도 선진국과 개도국 사이의 견해 차이가 존재하며, 사안에 따라서는 사무국 직원의 저항까지 가세하여 결코 쉬운 일이 아니다. 따라서 사무국의 개혁은 개혁과제의 난이도에 따라 비교적 합의가 쉬운 단기과제와 그렇지 않은 중기과제로 나누어 논의해오고 있다.

이라크 석유와 식량 교환 프로그램Oil-for-Food Program의 부실관리, 평화유지군의 성적학대, 사무국의 부패 의혹 등이 불거지면서 윤리국Ethics Office의 신설, 감사제도에 대한 외부평가의 실시, 독립감사자문위원회Independent Audit Advisory Committee, IAAC의 신설문제 등은 단기과제로서 이미 합의가 이루어졌다. 중기과제로서 아직 국가 간에 합의를 이끌어내지 못한 문제는 유엔 사업의 재심의 문제와 사무총장의 사무국 운영 재량권의 문제인데 이 문제를 둘러싸고 개도국과 선진국 간에 갈등이 심하다.

선진국은 효율적인 자원의 사용을 위해, 총회와 기타 기관의 결의로 채택된 후 5년 이상 지속되고 있는 사업을 일괄적으로 심의하여 사업의 지속 여부를 결정하여야 한다는 주장을 제기하고 있으나, 개도국들은 효율성만을 내세워 개도국들이 관심을 가지고 있는 사업이 폐지되거나 축소되는 것을 우려하고 강력하게 반대하고 있다. 팔레스타인에 대한 지원사업처럼 정치적인 고려가 필요함을 강조한다.

선진국들은 사무국의 업무 효율성을 제고하고 자원의 효율적인 활용을 위해 예산·인사·조직관련 정책, 규정, 규칙의 개정 등 사무국 운영에 필요한 사무총장의 재량권을 확대하고자 한다. 이에 대해 개도국들은 예산·인사 등에 관한 현재의 규정과 규칙을 유지하면서도 사무국의 운영개선이 가능하다고 보고, 재량권 사용은 총회의 결정사항임을 강력하게 주장하고 있다. 이 문제를 둘러싼 선진국과 개도국의 대립이 극에 이르고 있는데 그 이유는 사무총장의 재량권 확대는 개도국이 수적인 우위를 점하고 있는 총회의 권한축소로 이어진다는 우려 때문이다.

개도국들은 그렇지 않아도 유엔 내부의 권력이 총회를 떠나고 있는 상황에서 총회가 가지고 있는 마지막 권한인 예산에 대한 권한을 사무총장에게 넘기는 것에 크게 반발하고 있는 것이다. 사무총장은 안전보장이사회가 추천한 인사를 총회가 추인하여 선출하며 안전보장이사회의 추천과정에서 상임이사국의 거부권이 작용한

다. 이 때문에 사무총장은 구조적으로 상임이사국의 영향력 하에 놓이게 되며 사무총장의 권한의 강화는 이들 상임이사국의 영향력의 강화로 이어지는 것을 우려한다.

이러한 입장의 충돌 속에서 개도국들은 수적 우위를 기반으로 2006년 5월에 선진국의 입장에 반대하는 결의안을 총회에서 통과시켰다. 이에 대한 강력한 대응으로 미국을 중심으로 한 선진국들은 예산의 일부만을 승인함으로써 재정적인 기여를 지렛대로 사용하고 있는 형국을 전개시키고 있다.

### (6) 국제사법재판소

### 1) 지위와 구성

국제사법재판소International Court of Justice, ICJ는 국제연맹 때 설치된 상설국제사법재판소PCIJ를 이어받은 후신으로서 유엔의 주요기관 중 하나이다. 국제사법재판소는 총회와 안전보장이사회에서 선출된 9년 임기에 중임이 가능한 15명의 재판관으로 구성되며 3년마다 5명씩 선출된다. 임기가 종료된 경우에도 후임자가 충원될 때까지 계속 직무를 수행하여야 하며 충원 후에도 착수한 사건은 완결을 지어야 한다. 임기가 종료되지 않은 재판관의 후임으로 선출된 재판관은 전임자의 잔여 임기 동안만 재직한다. 재판소는 임기 3년의 소장President과 부소장Vice-President을 선출하며 이들은 재선될 수 있다. 재판관은 이들의 국적이 아닌 개인적 자질에 기초하여 선출되며 세계의 주요한 법체계가 국제사법재판소에서 대표되도록 유념하여야 한다. 2인 이상의 재판관이 동일한 국가 출신이어서는 안 되며 재판관은 임기 중에 다른 직업에 종사하여서도 안 된다.

재판부는 통상적으로 전원출석으로 개정되나 분쟁 당사국의 요청이 있는 경우 소재판부Chamber를 설치할 수 있다. 소재판부의 결정은 전원재판부에 의해 내려진 것으로 간주된다. 소재판부에는 업무의 신속한 처리를 위하여 당사자의 요청이 있는 경우에 5인의 재판관으로 구성되는 간이절차소재판부Chamber of Summary Procedure, 노동이나 통신과 같은 특정의 사건을 처리하기 위해 최소한 3인의 재판관으로 구성되는 소재판부, 특정의 사건을 처리하기 위해 재판소가 재판관의 수에 관해 당자사와 협의한 후에 설치하는 소재판부라는 3종류가 있다.

**국제사법재판소**International Court of Justice

이 재판소는 유엔헌장과 불가분의 일체를 이루는 국제사법재판소 규정Statute of the ICJ에 따라 그 임무를 수행하도록 되어 있다. 모든 유엔 회원국이 당사국이 되지만 회원국이 아니더라도 안전보장이사회의 권고와 총회가 규정하는 조건에 따라서 국제사법재판소의 규정의 당사국이 될 수 있다.

### 2) 임무와 권한

국제사법재판소의 주된 기능은 국가들에 의해 맡겨진 법적인 분쟁을 해결하는 것이다. 재판의 준칙은 조약, 국제관습, 법의 일반원칙, 법규결정의 보조수단으로서의 판결과 학설이며 당사자 사이에 합의가 이루어질 경우 형평과 선*ex aequo et bono*을 준칙으로 적용할 수도 있다.

강제적 관할권은 없으며, 일정한 예외를 제외하고는 한쪽 당사자의 청구만으로는 재판의 의무가 생기지 않는다. 그러나 판결은 구속력을 가지며 당사국이 이를 이행하지 않을 때에는 안전보장이사회가 적당한 조치를 취하게 된다.

국제사법재판소는 본래의 재판 이외에 총회, 안전보장이사회, 기타 전문기구의 요청에 따라 권고적 의견advisory opinion을 제시할 수 있다. 구체적으로 총회와 안전보장이사회는 어떠한 법적 문제에 대해서도 국제사법재판소에 권고적 의견을 요청할 수 있으며, 여타의 유엔 보조기관과 전문기구도 총회의 승인을 받을 경우 각자의 활동범위 내에서 발생하는 법적 문제에 대해 권고적 의견을 요청할 수 있다.

# 제 3 장

# 유엔의 재정

유엔은 여타의 다른 국제기구들과 마찬가지로 재정적인 어려움을 겪어오고 있어 재정이 유엔 활동에 중대한 제약요인으로서 작용하고 있다. 이러한 맥락에서 회원국이 유엔총회나 주요위원회에서 제안을 할 경우 이러한 제안이 유엔의 재정을 필요로 하는지 그리고 만일 필요로 한다면 유엔이 감당할 수 있는 것인지 「사업예산함의Programme Budget Implication, PBL」를 반드시 사전에 사무국과의 협의를 통해 고려하여야 한다. 회원국은 정규예산regular budget, 평화유지활동 경비, 국제사법재판소ICJ를 위시한 국제재판소international tribunals의 경비를 분담한다. 또한 회원국은 자발적인 의사에 따라 자발적 기여금voluntary fund도 제공한다. 여기에서는 재정적 부담의 상당한 부분을 점하는 정규예산과 평화유지활동 경비에 더하여 자발적 경비를 중심으로 살펴보고자 한다.

## 1. 정규예산

### (1) 정규예산 편성과정

유엔의 정규예산은 2년 단위로 짜이는데 예산과 관련한 여러 가지 사항 중에서 가장 먼저 이러한 예산이 어떤 과정을 통해 결정되는가를 살펴보는 것이 필요하다.

우선 행정과 예산문제를 다루는 유엔총회 제5위원회가 향후 2년간 유엔이 추진할 목표를 설정하는 등의 기본적인 전략계획인 「전략적인 틀Strategic Framework」을 수립한다. 그 다음 단계로 잠정예산 규모와 우선적으로 추진할 사업을 설정하며 사무국의 예산편성을 위한 지침을 제공하는 「사업예산 개요Programme Budget Outline」를 수립한다. 세 번째 단계로 유엔 사무국이 매년 4월말을 기한으로 두 번째 단계에서 수립된 사업예산 개요를 중심으로 사업별과 부서별 사업예산안Proposed Programme Budget을 작성하여 사무총장이 제출한다. 여기까지가 예산의 편성과정이고

곧이어 심의과정이 시작된다.

심의과정은 행정예산문제자문위원회ACABQ와 사업조정위원회CPC의 심의로부터 시작된다. 즉 사무국이 제출한 예산안은 국가로부터 임명되고 개인적인 자격으로 총회에서 선출된 16명의 전문가로 구성된 행정예산문제자문위원회ACABQ가 심의한다. 예산의 사업적 측면programmatic aspects은 개개 국가를 대표하여 총회에 의해 선출된 34명의 전문가로 구성된 사업조정위원회CPC의 심의를 거친다. 이들은 예산안에 대한 심의의 결과를 담은 보고서를 총회에 제출한다.

두 번째 심의단계는 제출받은 심의 보고서에 기초하여 총회가 심의를 하여 예산안을 최종적으로 승인하는 과정이다. 이 과정에서 예산안에 대한 결정은 2/3 다수결에 의해 결정하기로 되어 있음에도 불구하고 유엔 정규예산의 대부분을 부담하고 있는 미국을 비롯한 소수 국가들이 재정적인 문제에 있어서 적절한 영향력의 행사를 요구함으로써 유엔총회에서 합의를 거쳐 1986년 이래로 다수결제가 아닌 합의consensus로 예산안을 채택해오고 있었다. 그러나 2007년에 12월에 미국의 반대에도 불구하고 2008-2009년도 예산이 1986년 이래 처음으로 합의에 의해 채택되지 않은 바 있다.

### (2) 유엔예산 현황과 분담률

2010-2011년 정규예산은 51억 6,000만 달러였고 2012-2013년의 경우 51억 5,200만 달러가 승인되었다. 2014-2015년의 경우는 55억 3,000만 달러가 승인되었다. 이러한 정규예산은 유엔총회 제5위원회의 권고에 의해 총회에 의해 개인적인 자격으로 선출된 18명의 전문가로 구성된 분담금위원회Committee on Contributions의 권고에 따라 총회가 승인한 분담률에 따른 분담금에 의해 충당된다.

이러한 분담률은 회원국의 지불능력capacity to pay에 기초하여 산정되는데 이러한 지불능력은 개개 회원국이 세계 국민총소득Gross National Income, GNI에서 차지하는 비중을 기초로 하여 여러 가지 요소를 적용하여 산정된다.[1] 구체적으로 지불능력을 산정하는 데 적용되는 요소는 다음과 같다.[2]

첫째, 회원국별 GNI의 규모 – 분담률 협상이 있는 해로부터 2년 전의 해를 기

---

1) 국민총소득(GNI)이란 한 국가의 국민이 국내외의 생산 활동에 참여하여 한 해 동안 벌어들인 총소득을 의미한다.
2) 외교부, 『유엔개황』 (서울: 외교부 국제기구국, 2013), p. 183.

준연도로 하여 이전 6년 동안의 GNI 평균과 이전 3년 동안의 GNI 평균의 산술평균을 산출한다. 둘째, 외채부담의 조정Debt-burden Adjustment, DBA - 외채가 많은 국가에 대해서는 외채 부담을 감안하여 분담률 산정의 기준이 되는 연간 GNI를 8년 분할상환을 전제로 한 외채 상환액만큼을 축소 조정하며 세계은행 자료를 기준으로 하여 1인당 GNI가 $12,276 이하인 국가에게 적용한다. 셋째, 저소득계수Low Per Capita Income Adjustment, LPCIA - 일인당 국민소득이 세계 평균보다 낮은 경우에 GNI 액수를 축소하여 조정하는데 구체적으로 DBA를 반영한 GNI에서 세계 평균과의 간격(비율)의 80%(gradient)를 추가로 차감한다. 넷째, 분담률의 상한 ceiling과 하한floor - 어떤 국가의 분남률도 22%를 넘지 않으며 0.001%보다 낮아서는 안 된다. 다섯째, 최빈국least developed countries, LDC의 분담률 상한 - 0.01%를 넘지 않는다.[3)]

분담금위원회는 이러한 요소들을 고려하여 매3년마다 회원국의 분담률을 심의하여 정한다. 2013년-2015년의 정규예산에서 한국보다 높은 분담률을 부담하는 국가는 다음과 같다: 미국 22%, 일본 10.83%, 독일 7.14%, 프랑스 5.59%, 영국 5.18%, 중국 5.15%, 이탈리아 4.49%, 캐나다 2.98%, 스페인 2.97%, 브라질 2.93%, 러시아 2.44%, 오스트레일리아 2.07%. 오스트레일리아에 이어 한국의 분담률은 1.99%로서 193개 국가 중에서 13위에 해당하는 높은 분담률이다. 참고로 북한의 분담률은 0.006%이다.[4)] 회원국 중 상위 15개 국가가 유엔 정규예산의 약

---

3) 유엔은 매 3년마다 경제사회이사회의(ECOSOC)의 개발정책위원회(Committee for Development Policy, CDP)의 보고를 통해 소득, 인간지수, 경제지수를 고려하여 최빈국을 지정한다. 이러한 기준에 의거하여 유엔에 의해 2014년도 최빈국으로 지정된 국가는 다음과 같다. 괄호 안의 숫자는 최빈국 리스트에 처음으로 등재된 연도를 가리킨다: Afghanistan(1971), Angola(1994), Bangladesh (1975), Benin(1971), Bhutan(1971), Burkina Faso(1971), Burundi(1971), Cambodia(1991), Central African Republic(1975), Chad(1971), Comoros(1977), Dem. Rep of the Congo(1991), Djibouti(1982), Equatorial Guinea(1982), Eritrea(1994), Ethiopia(1971), Gambia(1975), Guinea(1971), Guinea-Bissau(1981), Haiti(1971), Kiribati(1986), Lao People's Dem. Republic(1971), Lesotho(1971), Liberia(1990), Madagascar(1991), Malawi(1971), Mali(1971), Mauritania(1986), Mozambique(1988), Myanmar(1987), Nepal(1971), Niger(1971), Rwanda (1971), Sao Tome and Principe(1982), Senegal(2000), Sierra Leone(1982), Solomon Islands (1991), Somalia(1971), South Sudan(2012), Sudan(1971), Timor-Leste(2003), Togo(1982), Tuvalu(1986), Uganda(1971), United Rep. of Tanzania(1971), Vanuatu1(1985), Yemen (1971), Zambia(1991). United Nations, "Least Developed Countries," http://www.un.org/en/ development/desa/policy/cdp/ldc/ldc_list.pdf (검색일: 2014년 5월 8일).

4) United Nations Secretariat, ST/ADM/SER.B/866, Assessment of Member States' contributions to the United Nations regular budget for the year 2013 and of new Member States' advances to the Working Capital Fund for the biennium 2010-2011 and

85%를  차지한다.

2010-2012년의  경우  한국은  2.26%라는  세계 11위의  분담률을  부담했으며  액수로  따져  약 6,300만  달러(약 720억  원)이다.  한국의  분담률이 2.26%에서 1.99%로  떨어진  것은 2012년도  높은  경제성장률을  기록한  중국,  브라질,  인도  등  신흥국가들의  분담률이  높아졌기  때문이다.  유엔의  정규예산  분담률이 1%  이상인  국들을  일컬어 「핵심  분담국」이라고  칭하는데 2013년을  시점으로  할  때  한국을  포함해 17개  국가가  이에  속한다.

### (3) 분담금 연체에 대한 제재

유엔의  경우  헌장  제19조는 「이  기구에  대한  분담금의  지불을  연체하고  있는  유엔  회원국은  연체금의  금액이  그  당시까지의  만 2년  동안에  그  국가가  지불하여야  할  분담금의  금액과  같은  액수이거나  또는  이를  초과할  때  총회에서  투표권을  가지지  못한다.  단  총회는  지불의  불이행이  이러한  회원국에  있어서  불가피한  사정에  의한  것이라고  인정할  때에는  그  회원국을  투표하게  할  수  있다」고  규정하고  있다.  이처럼  유엔은  체납  국가에  대한  제재로서  총회에서의  투표권  박탈을  규정하고  있다.

## 2. 평화유지활동 예산

### (1) 예산현황

유엔  회원국들은  정규예산뿐만  아니라  평화유지활동PKO  경비도  분담하게  되는데,  평화유지활동  경비는  정규예산  밖의  특별계정special account으로  운영된다.  평화유지활동  경비는  매년 7월 1일을  시작으로  다음  해 6월 30일까지 1년을  단위로  총회에  의해  승인된다. 2011년-2012년  회계연도의  평화유지활동  경비는 79억 3,000만  달러로서 1년  동안  소요되는  정규예산의 3배가  넘는  것을  알  수  있다. 2012년-2013년  회계연도의  경우 15개의  평화유지활동  임무PKO mission가  진행  중에  있으며  이를  위해 73억 3,000만  달러의  예산이  승인되었다.  구체적으로 2013년 4월 30일  현재  병력 77,702명,  경찰 12,533명,  군사감시단 1,844명,  민간인 16,831명,

---

contributions to the United Nations regular budget for 2011 and 2012 (24 December 2012).

유엔자원봉사단UNV 2,088명 등 총 111,018명이 평화유지활동에 관여했다.5) 가장 최근인 2013-2014년도 평화유지활동 경비는 78억 3,000만 달러가 승인되었다.6)

### (2) 분담률

평화유지활동 경비의 분담률을 산정하는 데 있어서 정규예산과 전혀 별개의 분담률을 산정하지 않고 정규예산의 분담률과 연계지어 할당하고 있으며 전체 회원국의 1인당 국민총소득Per Capita GNI을 의미하는 세계평균소득World Average Income, WAI이 기초가 된다.

구체적으로 회원국은 Level A부터 Level J까지 10개 그룹으로 분리되어 개개 국가별 분담률이 산정된다.7) Level A 그룹은 안전보장이사회 5개 상임이사국으로 구성된 그룹으로서 정규예산 분담률에 추가로 보충 분담률을 더 부담한다. Level B 그룹은 한국 등 어느 그룹에도 속하지 않은 국가들로 구성된 그룹으로서 정규예산 분담률과 동일한 분담률을 부담한다. Level C 그룹은 브루나이, 쿠웨이트, 싱가포르, 카타르, 아랍에미리트 연방UAE이 속해 있는 그룹으로서 정규예산 분담률에서 7.5%의 할인을 받아 정규예산 분담률의 92.5%를 부담한다.8) Level D 그룹은 전체 회원국의 1인당 국민총소득Per Capita GNI을 의미하는 세계평균소득World Average Income, WAI의 2배 이하가 되는 국가들이 소속된 그룹으로서 정규예산 분담률에서 20%의 할인을 받아 정규예산 분담률의 80%를 부담한다. Level E 그룹은 WAI의 1.8배 이하인 국가들의 그룹으로서 정규예산 분담률에서 40%의 할인을 받아 정규예산 분담률의 60%를 부담한다. Level F 그룹은 WAI의 1.6배 이하인 국가들의 그룹으로서 정규예산 분담률에서 60%의 할인을 받아 정규예산 분담률의 40%를 부담한다. Level G 그룹은 WAI의 1.4배 이하인 국가들의 그룹으로서 정규예산 분담률에서 70%의 할인을 받아 정규예산 분담률의 30%를 부담한다. Level H 그룹은 WAI의 1.2배 이하인 국가들의 그룹으로서 정규예산 분담률에서 80%(혹은 자발적으로 70%)의 할인을 받아 정규예산 분담률의 20%(또는 자발적으로

---

5) United Nations, "Peacekeeping Fact Sheet," http://www.un.org/en/peacekeeping/resources/ statistics/factsheet.shtml (검색일: 2013년 6월 1일).

6) A/C.5/68/21, United Nations General Assembly, Approved resources for peacekeeping operations for the period from 1 July 2013 to 30 June 2014.

7) 2000년 12월에 채택된 유엔총회 결의문 A/RES/55/235를 근거로 회원국들은 10개 그룹(Level A 에서 J까지)으로 구분이 되기 시작했다. 그 이전에는 4개 그룹으로만 구분이 되었다.

8) Level C에 속하는 국가들은 유엔총회 결의문 A/RES/55/235에 의해 정해진 국가들이다.

30%)를 부담한다. Level I 그룹은 WAI 이하인 국가들의 그룹으로서 정규예산 분담률에서 80%의 할인을 받아 정규예산 분담률의 20%를 부담한다. Level J 그룹은 최빈국 그룹으로서 정규예산 분담률에서 90%의 할인을 받아 정규예산 분담률의 10%를 부담한다.[9]

Level A 그룹 국가들은 안전보장이사회 상임이사국 5개 국가로 고정되어 있고, Level C 그룹 국가들의 경우 결의안에 의해 정해진 국가들이며, Level J 그룹 국가들은 매 3년마다 유엔경제사회이사회의의 개발정책위원회Committee for Development Policy, CDP의 보고를 통해 소득, 인간지수, 경제지수를 고려하여 유엔총회에서 지정된다. 따라서 이들 Level A, C, J에 속하는 국가들은 다른 그룹에 속할 수가 없다. Level C부터 Level J에 속하는 국가들이 정규예산 분담률에서 할인을 받기 때문에 이러한 부족분을 Level A 국가들이 추가적으로 떠맡는다.

2013년부터 2015년까지 Level B에 속해 있는 한국은 정규예산 분담률(1.99%)과 동일한 분담률인 1.99%를 부담한다. 최빈국 바로 위의 단계인 Level I에 속해 있는 북한의 경우는 정규예산 분담률(0.006%)에서 80%가 할인된 0.0012%를 평화유지활동 경비 분담률로서 부담한다.[10] 2013년부터 2015년까지 적용될 평화유지활동 경비 분담률이 높은 상위 10개국은 미국(28.38%), 일본(10.83%), 프랑스(7.22%), 독일(7.14%), 영국(6.68%), 중국(6.64%), 이탈리아(4.45%), 러시아(3.15%), 캐나다(2.98%), 스페인(2.97%)이다.[11] 한국은 Level B 국가로서 정규예산 분담률과 동일한 1.99%를 부담한다.

## 3. 자발적 기여금

유엔은 분담금에 의해 충당되는 정규예산regular budget 이외에 자발적 기여금voluntary contributions에 의해 재정적으로 지원된다.[12] 자발적 기여금이란 말 그대로

---

9) General Assembly resolution 67/239, Resolution adopted by the General Assembly on 24 December 2012, A/RES/67/239 (11 February 2013), available from undocs.org/A/RES/67/239.

10) United Nations, General Assembly, Implementation of General Assembly resolutions 55/235 and 55/236: report of the Secretary-General, A/67/224/Add.1 (27 December 2012), available from undocs.org/A/67/224/Add.1.

11) UN, "Financing peacekeeping," http://www.un.org/en/peacekeeping/operations/financing.shtml) (검색일: 2013년 1월7일).

제공여부가 개개 국가의 자발적인 의사에 달린 기여금으로서 유엔의 「프로그램 Programme」과 「펀드Fund」라고 불리는 보조기관에게 있어서 재정의 주요한 원천으로서의 역할을 한다. 이러한 기여금은 유엔의 인도주의적 지원과 개발을 담당하는 기구들 대부분에 재정을 제공한다.

유엔의 보조기관 중에서는 자체 내에 정규예산 분담금이 없을 뿐 아니라 유엔 정규예산으로부터의 예산지원이 없이 전적으로 이러한 자발적 기여금에 의해 운영되는 기관이 있다. 대표적으로 유엔훈련조사연구소UNITAR, 유엔여성개발기금 UNIFEM, 세계식량계획WFP, 유엔인구기금UNFPA, 유엔아동기금UNICEF, 유엔개발계획UNDP, 유엔민주기금UNDEF 등이 이러한 예에 속한다.

이와는 달리 일단의 보조기관들은 유엔의 정규예산의 일부와 자체적으로 조달한 자발적 기여금에 의거하여 운영된다. 이러한 보조기관에는 유엔환경계획UNEP, 유엔난민고등판무관실UNHCR, 유엔무역개발회의UNCTAD, 유엔마약범죄기구UNODC, 유엔팔레스타인난민구호사업기구UNRWA 등이 있다.

이러한 자발적 기여금의 장단점을 살펴보면 다음과 같다. 우선 정규예산 분담금은 강제적인 것이기 때문에 개개 회원국은 자신의 분담금이 원하지 않는 프로그램에 사용되는 것을 통제하는 것이 어렵지만 자발적 기여금은 자신이 원하는 프로그램에만 제공할 수 있어 자발적인 참여의 확보가 용이하다는 장점을 가진다. 그러나 자발적 기여금제는 회원국의 자발적인 의사에 의존하기 때문에 어느 정도의 기금이 확보될 수 있는가에 대한 예측이 어려워 구체적인 프로그램을 짜서 확정짓기 어렵고, 자발적 기여금을 제공하는 선진국에 의해 프로그램이 좌지우지될 수도 있으며, 반대하는 회원국이 배제된 가운데 프로그램이 운영되어 국제기구 전체의 활동이 아닌 일부의 회원국에만 의한 소위 기구 내 기구의 활동이 되기 쉽다는 문제점을 가진다.

참고로 2011년에 주요 프로그램과 펀드의 자발적 기여금의 지출액을 살펴보면 다음과 같다: UNDP(55억 1600만 달러), UNEP(2억 5100만 달러), UNFPA(8억 2500만 달러), UNHCR(21억 8100만 달러), UNICEF(37억 9400만 달러), UNRWA(6억 1700만 달러), WFP(41억 8100만 달러).[13]

---

12) 한국의 외교부는 이러한 자발적 기여금을 「사업예산 분담금」이라고 부른다.

13) Klaus Hufner, "Total Expenditure of Selected UN Programmes and Funds, 1971–2011," http://www.globalpolicy.org/images/pdfs/Total_Expenditure_of_selected_UN_Programmes_and_Funds.pdf (검색일: 2013년 6월 1일).

## 4. 사업예산함의<sub>PBI</sub><sup>14)</sup>

유엔총회 의사규칙 제153조는 위원회는 사무총장이 작성한 경비산정서를 수반하지 않는 한 경비를 포함하고 있는 결의안을 총회의 승인을 위해 권고할 수 없으며 그 소요경비를 사무총장이 산정해 준 결의안은 행정과 예산문제를 다루는 제5위원회가 그 제안이 유엔 예산산정에 미치는 영향에 대해 기술할 기회를 갖기 전에는 총회에 의해 투표되지 않는다고 규정한다. 이러한 규정과 관련하여 사업예산함의가 어떻게 다루어지는지 절차와 과정을 간단하게 살펴보면 다음과 같다.

우선 유엔총회 주요위원회가 경비를 수반하는 결의안draft resolution involving expenditures을 채택하고자 할 때 유엔총회 의사규칙 제153조에 따라 사무총장은 사업예산함의서a statement of programme budget implication를 제출해야만 한다. 주요위원회가 결의안을 채택한 후에 사무총장에 의해 작성된 이러한 사업예산함의서는 행정예산자문위원회Advisory Committee On Administrative and Budgetary Questions, ACABQ를 통해 예산과 행정문제를 다루는 주요위원회의 하나인 제5위원회에 제출된다.15) 제5위원회가 사업예산함의PBI에 대해 의사결정을 한 연후에 유엔총회 본회의가 제5위원회의 권고를 고려하여 위원회가 제출한 결의안에 대해 행동을 취하게 된다.

어떤 경우에 있어서 주요위원회의 결의안이 「가용한 자원의 범위 내에서within available resources」라는 말을 사용하는데 이러한 말이 유엔예산의 사용에 미치는 잠정적인 영향에 대해 행정예산자문위원회는 우려를 가지고 있다. 이에 따라 행정예산자문위원회는 사무국이 유엔총회 본회의와 주요 위원회에게 결의안이 포함하고 있는 새로운 활동을 집행하는 데 있어서 충분한 자원이 가용한지에 대해 정확하게 통보해야만 한다는 점을 강조하고 있다.16)

사업예산함의를 영어로 「PBIprogramme budget implications」라고 하고 사업예산함의서를 「a statement of PBI」라고 하는데 PBI는 사업예산함의서라는 의미로 종종 사용된다. 어떤 용어를 사용하든 사업예산함의서는 결의안의 채택이 가져올

---

14) 이에 대한 내용은 유엔총회 의사규칙 부분에서 다시 설명될 것이다.
15) 행정예산자문위원회(ACABQ)는 결의안이 유엔예산 산정에 미치는 영향을 유엔총회 본회의에 통보할 의무를 지닌다.
16) ACABQ Report (A/54/7).

행정적, 재정적 그리고 사업적 변화를 자세히 담고 있는 진술서이다. 이 진술서가 사무국에 의해 만들어지면 행정예산자문위원회가 제5위원회가 고려하도록 자신들이 검토한 내용을 제공하게 된다. 예산함의budgetary implication를 가지는 결의안에 대한 행동이 취해지기 전에 최소한 48시간이 요구되는데 이는 사무총장이 사업예산함의서를 준비하고 행정예산자문위원회가 이를 심의하기 위해 필요하기 때문이다. 이 때문에 재정적인 함의를 가지는 결의안은 늦어도 12월 1일까지 제5위원회에 제출되어야 한다.[17]

## 5. 대체재원의 논의[18]

유엔이 불안정한 재정적 자원의 조달에 덜 의존하게 되고 재정적으로 기여도가 큰 국가들로부터 독립적으로 운용되기 위해 오래 전부터 강제성이 있는 분담금이나 자발적 기여금이 아닌 독립적인 재원을 확보하기 위한 제안들이 있어 왔다.

냉전의 종식으로 글로벌 차원에서 재정적 자원을 동원하여 해결해야 할 문제들이 대거 등장하면서 독자적인 기금을 조달하기 위한 대안에 대한 논의가 1995년에 개최된 사회개발정상회의WSSD를 전후하여 활발하게 전개되었다

이러한 대안들은 세계적인 차원에서의 세금taxes과 수수료fees 등의 징수에 기초를 두고 있다. 예컨대 외환거래에 대한 과세, 무기거래에 대한 과세, 국제적인 항공과 선박 여행에 대한 과세, 쓰레기와 폐기물의 해양투기와 그 밖의 다른 환경오염에 대한 벌금, 국제기구의 서비스 제공에 대한 수수료 징수 등이 흔히 논의되어 온 대안들이다. 이러한 대안들은 외환거래에 대해 세금을 부과하자는 제안처럼 유엔에 필요한 재원을 조달하는 동시에 통화투기의 감소와 같은 다른 중요한 목표의 달성에 도움을 준다는 면에서 의의를 가진다.

이러한 대안에 대해 스웨덴, 호주, 오스트리아, 캐나다, 네덜란드와 같은 국가들은 국제기구의 고유한 독자적인 재정 조달책을 지지하고 있다. 그리고 국제기구 중에서 자발적 기여금에 의해 운영되는 유엔개발계획UNDP이 이러한 대안의 마련에 가장 적극적이었다. 이와는 달리 글로벌 과세가 국가주권의 훼손을 가져올 수 있다

---

17) General Assembly of the United Nations: Administrative and Budgetary-Fifth Committee, "Frequently Asked Questions," (검색일: 2014년 5월 10일).
18) 박재영 (2007), pp. 519-23.

는 우려를 가지고 반대하는 국가들도 존재하며 국제통화기금IMF를 위시한 국제금융기구들도 이러한 대안의 수립에 반대하고 있다. 특히 재정적인 기여를 중요한 영향력의 원천으로 생각하는 미국이 대안적인 재원으로 인해 정치적인 지렛대를 상실할 것을 우려하여 적극적으로 반대함으로써 대안적 재정에 관한 논의는 1990년대 후반 이후로 잠잠해졌다.

지금까지 제시되어 온 대안적 재정에 관한 제안들은 대개의 경우 아직 현실성 면에서 취약하다. 왜냐 하면 대안적인 재정에 관한 안을 수용한다고 해도 누가 이러한 세금이나 수수료 등을 징수하는 주체가 되고 누가 궁극적인 지불의 주체가 될 것인가 등이 쉽지 않은 문제이기 때문이다. 향후 유엔에 큰 재정적인 위기가 도래하면 이러한 대안적인 재정에 관한 논의는 언제든 다시 활발하게 전개될 것으로 보이나 이러한 대안에 반대하는 국가들이나 국제기구들의 태도가 바뀌지 않는 한 대안적 재정이 현실화되기는 쉽지 않을 것으로 보인다.

# 제 4 장
## 유엔의 의사결정

유엔은 정치·경제·사회·문화적 배경을 달리 하는 다양한 국가들이 모여 국제적인 의제를 논하는 곳으로서 나름의 독특한 의사결정 패턴들을 발전시켜 왔다. 여기에서는 이러한 패턴의 일부로서 의사결정 과정에 있어서의 협의체와 비공식회의의 역할, 의사결정 과정에 있어서의 힘과 영향력의 출처, 의사결정의 구체적인 방식, 이러한 과정을 통해 만들어진 의사결정의 효력 등을 살펴보고자 한다.


## 1. 의사결정과 협의체

유엔총회의 본회의와 위원회에서 대표단들이 일반토론general debate 발언과 의제항목별 토론individual debate 발언을 하고 결의안 상정 후 결의안에 대한 찬반토론 발언을 한다.[1] 그러나 이러한 일련의 공식회의에서 실질적인 토론이 이루어지는 일은 거의 없다. 의제항목을 둘러싼 실질적인 토론은 공식회의에서가 아닌 비공식회의informal meeting에서 비공식협의informal consultation를 통해 이루어진다. 이러한 비공식협의는 유엔본부 내의 회의실conference rooms로부터 본회의나 위원회의 의장국 혹은 핵심적인 국가의 대사관저에 이르기까지 다양한 곳에서 이루어진다.

이러한 비공식협의는 통상적으로 개개 국가들 사이에 전개되는 것이 아니라 이

---

[1] 여기에서 「일반토론(general debate)」이란 회의에서 다룰 의제항목(agenda item)이 복수로 존재할 경우 이들 하나하나에 대한 입장을 표시하기에 앞서 회의 초반에 의제항목들 전체를 두고 국가의 총괄적인 입장을 내어넣고 토론하는 것을 의미한다. 그러나 실제에 있어서는 일방적으로 입장을 제시하는 것으로 그치지 대표단 사이에 토론이 전개되는 것은 아니다. 이 책에서는 「토론(debate)」과 「토의(discussion)」를 엄격하게 구분하고자 하기 때문에 「general debate」라는 용어를 「일반토론」이라고 부르고자 하는데, 한국의 외교부 등에서는 이를 두고 「일반토의」라고 번역하여 사용하며 흔히 「기조연설」이라는 칭한다. 의제항목별 토론(individual debate)이란 일반토론과는 달리 의제항목 하나하나에 대해 대표단이 자국의 입장을 제시하는 것을 의미한다.

해관계에 따라 형성된 그룹들 사이에 개최되는데, 이러한 그룹을 「협의체caucusing group」라고 부른다. 국가들은 정치, 역사, 문화, 지리적인 위치 등에 기초하여 이러한 협의체를 구성하여 공동의 이익을 추구함으로써 개개 국가 단위로 행동했을 때의 제한적인 힘과 영향력의 한계를 극복하고자 한다.

유엔에서 이러한 협의체는 결의문resolution의 통과를 통해 구성된 것이 아니라 자생적으로 발생하여 1957년에 4개의 지역그룹regional group인 중남미 그룹, 아시아·아프리카 그룹, 동유럽 그룹, 서유럽과 기타 그룹이 유엔총회의 승인을 얻으면서 시작되었다. 나중에 아시아·아프리카 지역그룹이 둘로 분리되면서 2014년 1월 현재 193개 회원국들은 다음의 5개 지역그룹에 속해 있다: 54개 국가로 구성된 아프리카 그룹African Group, 53개 국가로 구성된 아시아·태평양 그룹Asia-Pacific Group,2) 33개 국가로 구성된 중남미카리브 그룹Latin America and the Caribbean: GRULAC, 23개 국가로 구성된 동유럽 그룹Eastern European Group: EEG, 29개 국가로 구성된 서유럽 및 기타 그룹Western European and Others Group: WEOG.

이러한 지역그룹은 아직은 실질문제에 대한 협의보다는 유엔총회의 조직과 운영 등 절차문제와 각종 선거관련 입후보 조정 및 후보국 추천 업무를 주로 처리하고 있다.3) 예컨대 유엔의 주요기관과 보조기관의 이사국이나 위원국 등의 선출을 위한 의견의 조정과 후보국의 추천 등이 이러한 지역그룹의 비공식협의를 거쳐 이루어진다. 예컨대 안전보장이사회의 비상임이사국과 경제사회이사회의 이사국 그리고 총회의 의장 등이 지역그룹의 형평성에 기초하여 선출되는데 이때 지역그룹 내의 비공식협의의 결과로서 추천이 이루어지고 선출로 이어진다.4)

---

2) 2011년까지 아시아·태평양 그룹(Asia-Pacific Group)은 「아시아 그룹(Asian Group)」이라고 불렸다. 그러나 이 그룹의 약 1/5을 차지하는 비아시아 도서국들의 요구로 명칭이 바뀌어 유엔의 공식문건에 사용되고 있다. 이 그룹의 공식명칭은 「Group of Asia and the Pacific Small Island Developing States」이다.

3) 미국은 어떤 지역 그룹에도 속하지 않고 서유럽 및 기타 그룹에 옵서버 자격으로 참석하며 선거 시에는 서유럽 및 기타 그룹으로 분류된다. 키리바시(Kiribati)는 지리적으로 아시아에 속하나 2013년 12월 현재 어떠한 지역그룹에도 속하지 않고 있다. 터키는 아시아 그룹과 서유럽 및 기타 그룹에 동시에 참여하나 선거 시에는 서유럽 및 기타 그룹으로 분류된다. 이스라엘은 서유럽 및 기타 그룹에 속하나 제한적인 능력(limited competency)을 가진다.

4) (1) 54개 국가로 구성된 아프리카 그룹(African Group). 안전보장이사회 비상임이사국 3개석, 경제사회이사회 이사국 14개석, 인권이사회 이사국 13개석이 배정되어 있고 4와 9로 끝나는 해에 총회 본회의 의장이 이 지역그룹에서 나온다. (2) 53개 국가로 구성된 아시아·태평양 그룹(Asia-Pacific Group). 러시아와 중앙아시아 국가들은 동유럽 그룹에 속해 있으며 호주, 뉴질랜드, 터키와 이스라엘은 서유럽 및 기타 그룹에 속해 있다. 안전보장이사회 비상임이사국 2개석, 경제사회이사회 이사국 11개석, 인권이사회 이사국 13개석이 배정되어 있고 1과 6으로 끝나는 해에 총회 본회의

이러한 5개 지역그룹 이외에 지역적 연관성이나 글로벌 의제에 대한 공통의 비전 혹은 공통의 이해관계를 가진 국가들이 유엔을 비롯한 국제무대에서 공동의 입장을 정립하고 공동으로 대처하여 국제사회에서 영향력을 확대하려고 유사한 입장을 가지고 있는 국가들이 그룹을 형성하고 있다. 이러한 그룹에는 상시협의체와 이슈별로 유사한 생각을 하는 그룹, 즉 유사입장 국가그룹Group of Like-Minded Countries, GLMC이 존재한다. 이들을 하나하나 살펴보면 다음과 같다.[5]

상시협의체에는 유럽지역의 28개 국가로 구성된 유럽연합EU,[6] 동남아지역 10개 국가로 구성된 동남아국가연합ASEAN, 아랍지역 22개 국가로 구성된 아랍국가연맹League of Arab States, LAS, 카리브지역 15개 국가로 구성된 카리브공동체 Caribbean Community, CARICOM, 걸프지역 6개 국가로 구성된 걸프협력회의Gulf Cooperation Council, GCC,[7] 오세아니아의 16개 도서국가로 구성된 태평양제도포럼 Pacific Islands Forum, PIF, 57개 이슬람 국가로 구성된 이슬람협력기구Organisation of Islamic Cooperation, OIC,[8] 132개 개도국으로 구성된 경제문제 그룹인 77그룹G-77 and China, 118개 국가로 구성된 정치문제 그룹인 비동맹그룹NAM, 캐나다·호주·뉴질랜드 3개국으로 구성된 칸즈CANZ, 남아프리카지역의 15개 국가로 구성된 남아프리카개발공동체Southern African Development Community, SADC 등이 있다.

이슈별로 유사한 생각을 가지고 있는 유사입장 국가그룹의 예를 들면 다음과 같다. 안전보장이사회 개혁이라는 이슈를 둘러싸고 아프리카 국가들로 구성된 아프리카 그룹African Group, 상임이사국 진출을 열망하는 브라질·독일·인도·일본으로 구성된 Group of 4G-4, 한국이 포함된 합의연합Uniting for Consensus, UfC 그

---

의장이 이 지역그룹에서 나온다. (3) 33개 국가로 구성된 중남미카리브 그룹(Latin America and the Caribbean: GRULAC). 안전보장이사회 비상임이사국 2개석, 경제사회이사회 이사국 10개석, 인권이사회 이사국 8개석이 배정되어 있고 3과 8로 끝나는 해에 총회 본회의 의장이 이 지역그룹에서 나온다. (4) 23개 국가로 구성된 동유럽 그룹(Eastern European Group: EEG). 안전보장이사회 비상임이사국 1개석, 경제사회이사회 이사국 6개석, 인권이사회 이사국 6개석이 배정되어 있고 2와 7로 끝나는 해에 총회 본회의 의장이 이 지역그룹에서 나온다. (5) 29개 국가로 구성된 서유럽 및 기타 그룹(Western European and Others Group: WEOG). 안전보장이사회 비상임이사국 2개석, 경제사회이사회 이사국 13개석, 인권이사회 이사국 7개석이 배정되어 있고 0과 5로 끝나는 해에 총회 본회의 의장이 이 지역그룹에서 나온다.

5) 외교부, 유엔개황 (서울: 외교부 국제기구국, 2013), pp. 14-19.
6) 2013년 7월 1일에 크로아티아가 가입하면서 회원국 수가 28개가 되었다.
7) 정식 명칭은 「페르시아만아랍국협력회의(Cooperation Council for the Arab States of the Persian Gulf, CCASG)」이다
8) 이슬람회의기구가 2011년에 「이슬람협력기구」로 명칭이 변경되었다.

룹, 아프리카·중남미카리브·아시아태평양의 41개 개도국으로 구성된 L69 그룹,9) 스위스·코스타리카·요르단·리히텐슈타인·싱가포르로 구성된 Small Five Group, S5이 존재한다.

핵군축 이슈의 경우 유럽연합EU, 아랍그룹Arab Group, 메르코수르MERCOSUR,10) 비동맹그룹NAM, 중앙아시아 그룹Central Asia Group,11) 신의제연합New Agenda Coalition, NAC12) 등의 그룹이 존재한다.

경제·개발·금융 이슈를 둘러싸고는 유럽연합, 77그룹, 저스칸즈13)와 같은 그룹이 존재한다. 인권 이슈를 둘러싸고는 저스칸즈, 유럽연합, 비동맹그룹, 이슬람협력기구OIC, 아프리카 그룹African Group, 중남미카리브 그룹GRULAC이 존재한다.

기후변화 이슈를 둘러싸고는 유럽연합, 미국·일본·캐나다·호주·뉴질랜드·노르웨이·아이슬란드·러시아·우크라이나 등으로 구성된 우산그룹Umbrella Group, UG, 개도국들로 구성된 77그룹, 기후변화로 인한 해수면 상승에 취약한 43개 군소 도서국가로 구성된 도서국가연합Alliance of Small Island States, AOSIS, 한국·스위스·멕시코·모나코·리히텐슈타인을 구성요소로 하는 환경협력그룹Environmental Integrity Group, EIG이 존재한다.14)

유엔의 예산과 관련한 이슈를 둘러싸고는 정규예산 분담률을 1%이상 부담하고

---

9) L69 그룹은 G-4와 유사한 안전보장이사회 개혁을 추구한다. 상임이사국에 6개국(G-4와 아프리카 2개국)을 추가하고 몇 개의 비상임이사국을 추가하여 이사국의 수를 20개 중반(mid-twenties)까지 늘릴 것을 제안했다. 더불어 비상임이사국에 작은 개도국(small developing countries)이 포함되어야 함을 강조한다.

10) 메르코수르(MERCOSUR)는 정회원국(브라질, 아르헨티나, 우루과이, 파라과이, 베네수엘라), 준회원국(볼리비아, 칠레, 페루, 콜롬비아, 에콰도르), 옵서버(멕시코)로서 구성되어 있다.

11) 키르기스스탄, 카자흐스탄, 타지키스탄, 투르크메니스탄, 우즈베키스탄을 구성국으로 한다.

12) 스웨덴, 아일랜드, 뉴질랜드, 남아프리카공화국, 이집트, 멕시코, 브라질로서 구성된 그룹이다.

13) 저스칸즈(JUSCANZ)는 일본(Japan), 미국(the United States), 캐나다(Canada), 호주(Australia), 뉴질랜드(New Zealand)를 구성국으로 한다. 여기에서 보듯이 서방국가 그룹(Western Group)은 일반적으로 유럽 국가들로 구성된 유럽연합(EU)과 나머지 국가들로 구성된 저스칸즈(JUSCANZ)라는 2개의 소그룹으로 분리되어 협의하는 경향을 보이고 있다.

14) 애초에 OECD국 중 EU에 속하지 않은 선진국들 사이의 정보교류와 토의를 위한 그룹으로서 저스칸즈(JUSSCANNZ) 그룹이 존재했고 미국·일본·캐나다·호주·뉴질랜드·노르웨이·아이슬란드·한국·스위스·멕시코 등이 이 그룹에 속했다. 그러나 이 그룹은 협상그룹이라기보다는 의견교환을 위한 협의체의 성격을 보유하고 있었다. 따라서 기후변화 협상과정에서 협상력을 제고하기 위해 입장을 같이 하는 한국·스위스·멕시코가 이 그룹에서 빠져나와 환경협상 그룹인 환경협력그룹(Environmental Integrity Group)을 결성하여 기후변화 협상에서 주요 그룹들 사이의 이해관계 상충으로 진전이 없는 사안들에 대해 조정자의 역할을 도모하고 있다. 저스칸즈를 구성하고 있는 나머지 국가들에 러시아와 우크라이나가 추가되어 우산그룹(Umbrella Group)이라는 협상그룹을 구성했다. 이로써 저스칸즈는 기후변화 협상과 관련하여 더 이상 존재하지 않는 그룹이 되었다.

있는 국가인 미국·일본·독일·영국·프랑스·이탈리아·캐나다·스페인·한국·네덜란드·호주·스위스·러시아·벨기에·스웨덴으로 구성된 제네바 그룹 Geneva Group,[15] 77그룹, 유럽연합, 저스칸즈 그룹이 존재한다.

유엔 내의 5개 지역그룹 이외에 존재하는 이러한 그룹들은 5개 지역그룹과는 달리 유엔에 의해 협의체caucusing group로서 공식적인 위상official standing을 부여받고 있지는 않다. 이들은 다만 상황에 따라 다양한 이슈에 있어서 합의에 이르기 위해 회의를 갖는 그룹인 것이다.

이러한 협의체는 의장국 등의 형태로 대표를 선출하여 자신들의 공동이익을 공식적으로 대변하고자 한다. 본회의나 위원회에서 발언할 때 이들 의장국들은 그룹을 대표하기 때문에 개개 국가의 발언에 앞서 우선적으로 발언할 수 있도록 배려를 받는다. 그러나 총회의 효율성을 제고하기 위한 노력의 일환으로서 그룹 의장국의 발언에 이은 소속 국가의 발언은 의장국의 발언을 반복하는 것이 되어서는 안 된다고 권고하고 있다.

그룹의 의장국이 그룹의 의견을 대변한다고 해도 이러한 협의체 내에 의견을 달리하는 국가들이 존재하지 않는 것은 아니다. 따라서 국가들은 협의체 내에서 이들 간에 합의를 이끌어내기 위해 최대한의 노력을 경주한다. 이는 이러한 합의가 존재할 때 외부적으로 보다 많은 영향력을 효율적으로 행사할 수 있기 때문이다.

협의체에 속하는 국가들은 이처럼 공동의 이익을 위해 합의를 도출하고자 하지만, 모든 이슈에 걸쳐 완전한 합의에 도달하는 것은 아니다. 종종 일부 국가들은 국익을 위한 우선순위에 있어서의 차이로 인해 표결에서 협의체와 의견을 달리하여 입장을 피력하기도 한다. 이러한 이유로 인해 이들을 「투표블록voting bloc」이라고 부르지 않고 단순히 「협의블록caucusing bloc」이라고 부른다.

각국 대표단은 자국이 소속되어 있는 협의체와 입장을 반드시 같이하여야 하는 것은 아니며, 적절한 경우에 한해 입장을 같이한다는 것을 염두에 두어야 한다. 유엔에는 이러한 협의체의 경계를 넘어 논의되는 이슈들이 많으며 유엔 전체 차원에서 합의를 도출하기 위해 특정 국가나 국가들이 다른 협의체에 「관여국involved nations」이라는 지위를 가지고 참여하게 되는 경우도 많다.

탈냉전의 도래와 더불어 유엔총회의 의사결정에 있어서 동서간의 분열은 쇠퇴하

---

15) 정규예산 분담률 1% 이상을 부담하는 국가들 가운데 중국과 멕시코가 속해 있지 않다.

고 있으며 남북 간의 분열은 여전히 지속되며 냉전기의 동서간의 분열만큼 두드러지고 있다. 냉전이 종식되고 나서 투표연합voting alignments이 개발노선developmental lines에 따른 국가들마다의 선호하는 바에 의해 형성되는 경향을 보이고 있다.16)

그러나 남반구의 국가들의 일체성은 1970년 한창 때와 비교하여 훨씬 덜하다. 이들 국가들 사이에 있어 증대되고 있는 사회·경제적 차이, 지역적인 필요에 대한 인식의 차이, 그리고 이들을 결속시킬 카리스마적 지도자의 부재가 공동의 정책 입장을 취하는 것을 어렵게 만들고 있다. 이슈마다의 변이는 있으나 일반적으로 유럽연합EU의 회원국들이 단일한 투표 블록으로 표결에 임하는 경향을 보이고 있다.17)

## 2. 의사결정과 비공식회의·비공식협의

유엔을 비롯한 각종 국제기구에서 의사결정을 하는 데 있어서 협의체의 역할이 크다. 다자외교의 장에서 한두 국가의 노력만으로 국익을 추구하는 것이 어렵기 때문이다. 이 때문에 약소국은 물론 심지어 강대국들도 협의체를 통한 영향력의 확대를 추구하지 않을 수 없다.

이러한 협의체의 역할과 더불어 국제기구의 의사결정에 있어서 비공식회의 informal meeting에서 전개되는 비공식협의informal consultation의 역할이 매우 중요하다.18) 대체적으로 의사결정의 95%가 비공식회의에서 이루어지고 5%만이 공식회의에서 이루어진다.

이처럼 비공식회의가 실질적인 토의의 장이 될 수밖에 없는 이유는 간단하다. 공식 회의장에서 물밑 협상을 전개하기 어렵고 다른 국가들과 실질적인 대화를 가지기 어렵기 때문이다. 공식회의는 미디어 등을 통해 자신의 국가의 국민과 외부에 공개될 수 있기 때문에 국가 대표단들은 국익을 일관되게 추구하는 모습을 보일 수밖에 없다. 이 때문에 실질적인 협상은 누가 구체적으로 어떤 양보를 했는가를

---

16) Soo Yeon Kim and Bruce Russett, "The new politics of voting alignments in the United Nations General Assembly," *International Organizations*, vol. 50, no. 4 (Autumn 1996), pp. 629-52.

17) Karen A. Mingst and Margaret P. Karns, *The United Nations in the Post-Cold War Era: Dilemmas in World Politics* (Boulder, Colorado: Westview Press, 1995), p. 55.

18) 비공식회의를 영어로 「informal meeting」이라고 쓰기도 하지만 때때로 「informal」이라는 단어가 명사가 되어 비공식회의를 지칭하기도 한다.

알기 어려운 비공식회의에서 이루어진다. 비공식회의는 회의 내용을 기록으로 남기지 않는다는 점에서 공식회의와 다르며, 이러한 점 때문에 국가들이 공식회의 때보다 좀 더 유연하게 토의에 임할 수 있다.

유엔이 설립된 1940년대에 있어서 유엔은 문제의 해결을 위한 장이 아니라 미소 양진영간의 이념의 선전장과 대결장으로서의 역할을 주로 하면서 대부분의 의제들은 비공식회의장이 아닌 공식회의장에서 논의가 되곤 했다. 그러나 이러한 경향은 앞서 살펴본 바와 같이 유엔에 있어서 지역그룹을 위시한 협의체가 뿌리를 내리는 것과 더불어 변모하기 시작했다. 구체적으로 지역그룹 간에 절차적인 문제를 둘러싼 협의가 일반화되고 많은 문제들이 소위원회subcommittee와 실무작업반working group을 통해 해결되기 시작하면서 비공식협의가 빈번해졌다.

1960년대 신생 독립국들의 유엔으로의 대거 등장은 새로운 협의체의 탄생을 가져왔고 이들 협의체의 탄생은 협의체 내에서의 비공식협의뿐 아니라 협의체 사이의 비공식협의의 필요성을 가져왔던 것이다.19) 이와 더불어 합의consensus에 의해 많은 의사결정이 이루어지면서 비공식협의의 필요성은 더욱 증대되었다.

이러한 비공식회의는 공식회의와 공식회의 사이에 갖는 것이 일반적이지만 지극히 이례적이기는 하지만 공식회의를 하던 도중에 갖기도 한다. 공식회의의 도중일 경우 「회의의 잠정중지suspension of the meeting」라는 절차발의를 통해 비공식회의를 갖는다. 「회의의 연기adjournment of the meeting」라는 절차발의를 통해 진행되던 회의를 마치고 비공식회의를 갖기도 한다. 이러한 비공식회의는 협의체별로 개최되기도 하고 대표단 전체가 모여 갖기도 한다.

## (1) 비공식회의 · 비공식협의의 종류

### 1) 협의체별 비공식회의 · 비공식협의

앞서 언급했듯이 국제회의에 있어 주요한 결정은 비공식회의informal meeting에서 비공식협의informal consultation를 통해 주로 이루어지며, 이러한 비공식회의는 비슷한 견해를 가지고 있는 국가들이 그룹별로 모여 하는 것이 일반적이다.

의제항목이 어떤 것인가에 따라 이러한 비공식회의가 여러 차례 열릴 수도 있

---

19) M. J. Peterson, *The General Assembly in World Politics* (Allen & Unwin: Boston, 1986): pp. 92-3.

고, 경우에 따라 한 번의 비공식회의가 24시간 이상 지속되는 경우도 있다. 특정의 의제항목에 대하여 협의체가 공동의 안을 내놓기 위해 실질적인 토의를 이러한 비공식회의에서 갖기 때문에 이러한 비공식회의에 참여하지 않고서는 의제항목의 논의에 영향을 미칠 수가 없다.

회원국 전체가 참여하는 공식회의 도중에 그룹에 속하는 국가들 간에 논의가 필요하다고 생각하면 의장에게 비공식회의의 개최를 위해 공식회의를 줄여 달라고 요청하기도 한다. 이때 비공식회의를 주도하는 대표단은 어느 장소에서 비공식회의가 있을 것이라는 것을 그룹에 속하는 국가들에게 안내한다.

유엔의 경우 안전보장이사회 회의의 경우는 예외이나 총회의 본회의와 위원회의 공식회의장에서 회원국들은 모두 상대방의 등을 보고 앉는다.[20] 그러나 그룹별 비공식회의는 회원국들이 서로 마주보고 토의를 가질 수 있도록 공식회의장보다 작은 장소로 옮겨 우호적인 분위기에서 하는 것이 일반적이다. 그룹별 비공식회의의 경우에도 원활한 의사진행과 비공식협의를 촉진하기 위해 사회자를 필요로 하는데, 이때 논의되고 있는 의제에 정통한 대표단의 일원이 사회를 보는 것이 일반적이다.

이러한 그룹별 비공식회의의 결과물로서 유럽연합EU안 혹은 77그룹G-77 and China안과 같은 그룹별 결의안이 제안된다. 이러한 그룹별 비공식회의에 그룹의 구성국들만 배타적으로 참여하는 것은 물론 아니다. 예컨대 유럽연합EU에 속하지 않는 국가라고 해도 이들과 견해를 같이할 경우 이들 그룹의 비공식회의에 참여할 수 있다.

이러한 그룹별 비공식협의에서 그룹의 이익을 총체적으로 대변하는 결의안이 제안되기 때문에, 자국의 입장을 결의안에 반영시키기 위해서는 이러한 그룹별 비공식회의에 적극적으로 참가하는 것이 필수적이다. 그러나 이러한 그룹별 비공식회의도 소수의 핵심적인 국가들이 이끌어나가기 때문에 의사결정의 핵심에 들어가기 위해서는 이러한 그룹 내에서 중추적인 역할을 하는 국가의 그룹에 참여하여 「비공식-비공식협의informal-informal consultation」와 같은 회의의 과정에 참여해야 한다.

---

20) 안전보장이사회의 경우는 말발굽의 모양새로 좌석들이 배치되어 있어서 대표단들이 서로의 얼굴을 바라볼 수 있다.

## 2) 위원회 전체의 비공식회의 · 비공식협의

비공식회의는 위에서 살펴본 것처럼 비슷한 견해를 가지고 있는 국가들이 그룹별로 모여서 개최하기도 하나, 모든 구성국들에게 개방되는 비공식회의도 개최된다. 이러한 비공식회의를 「공식적 비공식회의formal informal meeting」라고도 칭한다. 이러한 비공식회의를 통해 가지게 되는 협의를 영어로 「informal consultation of the whole」이라고 부른다.

유엔문건을 살펴보면 결의안이 상정되기 이전 단계에서 의제항목에 대한 협의를 목적으로 가지는 비공식협의를 영어로 「informal consultation of an agenda item」이라고 칭하고, 결의안이 상정된 후 결의안에 대한 행동이 취해지기 전 단계에서 가지는 비공식협의를 「informal consultation on a draft resolution」이라고 칭한다. 이들은 유엔총회 본회의나 위원회 전체의 비공식협의를 지칭하는 것으로서, 유엔에서 개최되는 각종 회의에 대한 정보를 제공하기 위해 유엔이 매일 발간하는 「유엔저널Journal of the United Nations」에 일정과 장소가 안내된다.

전체 비공식회의의 경우 공식회의의 의장이 주로 사회를 본다. 그러나 의장은 필요에 따라 간혹 대표단의 일원을 「facilitator」 또는 「coordinator」로 불리는 사회자로 임명하여 이들로 하여금 사회를 보도록 한다. 이때 논의되고 있는 의제항목에 정통한 대표단의 일원이 이러한 사회자의 역할을 맡는 것이 보통이다. 공식회의에서 사전에 발언자명부를 작성하여 이에 따라 발언하는 것과는 달리 비공식회의에서는 그때그때 대표단들이 거수를 하여 발언을 한다. 전체 비공식회의는 협의체들이 자체적으로 비공식회의를 가진 후 의견이 어느 정도 조율된 상태에서 개최되기 때문에 그룹을 대표하는 국가들의 발언이 주를 이룬다.

### (2) 공식회의와의 차이

이러한 비공식회의는 공식회의와 다음과 같은 차이를 가진다.[21] 첫째, 참가자의 수에 있어서 차이가 존재한다. 공식회의라고 해서 모든 국가의 대표단이 참가하는 것이 아닌 것처럼 전체 비공식회의에도 모든 국가가 참가하는 것은 아니다. 그

---

21) 내용의 일부를 다음 책을 참고하였음: The Permanent Mission of Switzerland to the United Nations, *The PGA Handbook: A Practical Guide to the United Nations General Assembly* (New York, 2011), p. 104.

렇지만 공식회의와 비교하여 비공식회의의 경우 참가하는 국가의 수가 훨씬 적다. 이는 비공식회의에는 결의안에 관심을 많이 가지고 있는 국가의 대표들만이 주로 참석하기 때문이다.

둘째, 사회자에 있어서 차이가 존재한다. 공식회의의 경우 본회의의 의장 President이나 위원회의 의장Chair이 사회자가 된다. 그러나 전체 비공식회의의 경우는 앞서 살펴보았듯이 이들이 직접 사회를 보지만 간혹 「facilitator」 혹은 「coordinator」라고 불리는 사회자를 임명하여 이들로 하여금 사회를 보게 하기도 한다.[22]

셋째, 회의의 장소와 사무국의 회의서비스 제공 면에서 구별된다. 공식회의의 경우 본회의는 총회장General Assembly Hall에서 열리고 위원회는 지정된 회의실 conference room에서 개최된다. 이러한 공식회의의 경우 사무국의 모든 회의서비스가 제공된다. 이와는 달리 비공식회의는 대표단들이 서로 마주 보고 앉을 수 있는, 공식회의의 장소보다 상대적으로 작은 회의실에서 개최되며 전체 비공식회의에 한해 통역 서비스가 제공된다.[23] 통상적으로 위원회 전체의 비공식회의가 공식회의가 열리고 있는 회의장과는 다른 회의장에서 열리지만 동일한 공식회의장에서 동일한 참가자들에 의해 공식회의에 이어 열리기도 한다. 이러한 경우 회의의 위상status이 공식회의에서 비공식회의로 전환되는 것이다. 똑같은 회의장에서 시간을 달리하여 오전에는 공식회의가 열리고 오후에는 비공식회의가 열리는 경우도 있다.

넷째, 대표단의 발언 장소에 있어서도 공식회의와 비공식회의 간에 차이가 존재한다. 비공식회의의 경우 본회의든 위원회든 관계없이 자신의 좌석에서 앉은 채로 발언한다. 공식회의의 경우 본회의와 위원회 간에 차이가 있는데, 우선 본회의의 경우 대표단은 실질적인 문제에 대한 발언을 연단에 나와 선 채로 하고 절차적인 문제에 대한 발언은 자신의 자리에서 앉은 채로 한다. 이와는 달리 위원회의 경우 대표단은 실질적 문제와 절차적 문제에 구별 없이 항상 자신의 자리에서 앉은 채로 발언을 한다.

---

22) 전체 비공식회의가 개최될 때 사무국 소속으로서 해당 위원회를 담당하는 위원회 간사(Secretary of the Committee)도 의장단석 옆 자리에 앉는다.

23) 2012년 제67차 유엔총회 제1위원회의 경우를 예로 들자면 공식회의는 「제1회의실(Conference Room 1)」에서 개최되었고, 비공식회의는 「A 회의실(Conference Room A)」에서 개최되었다. 「A 회의실(Conference Room A)」 같은 회의실은 먼저 요청한 위원회에 우선적으로 배정된다.

다섯째, 발언권을 얻는 방식에 있어서 차이가 있다. 공식회의의 경우 공식적인 발언자명부에 기재된 순서에 따라 발언을 하지만 비공식회의의 경우는 그때그때 손을 들어 발언권을 얻어 발언한다. 이때 여러 대표단이 동시에 발언권을 신청할 수 있는데 이러한 경우 이들 모두에게 발언의 기회를 주기 위해 편의상 의장이 임의로 발언자명부를 작성하여 이에 따라 발언권을 부여한다. 비공식회의는 공식회의에 비해 덜 공식적인 것은 사실이지만 발언권을 주면 의장에게 감사의 말을 하고 자신이 하고자 하는 발언을 한다. 발언의 끝 부분에서는 자신의 발언한 내용이 결의안에 반영되기를 바란다는 말을 하는 것이 일반적이다.

여섯째, 의사규칙ROP의 적용여부에 차이가 있다. 공식회의의 경우 유엔총회의 의사규칙이 적용된다. 비공식회의의 경우는 공식적인 의사규칙이 적용되지는 않지만 종종 공식회의의 방식을 적용할 것이 고무된다.

일곱째, 회의의 기록 면에서 차이가 있다. 공식회의의 경우 회의가 공식적으로 기록이 된다. 본회의의 경우 구술기록verbatim record이 작성되고 위원회의 경우는 요약기록summary record이 작성된다. 그러나 6개 주요위원회 중에서 제1위원회만큼은 예외적으로 본회의처럼 구술기록이 작성된다. 비공식회의의 경우 공식적인 기록을 작성하지 않는다. 그러나 본회의의 비공식회의인 「주제별 토론thematic debate」의 경우에서처럼 의장은 비공식적인 요약기록을 작성할 수도 있다.

여덟째, 대표단의 좌석배정에 있어서 구별된다. 공식회의의 경우 사무총장의 추첨에 의해 정해진 자리가 회기가 끝날 때까지 지속된다. 비공식회의의 경우는 자리가 배정될 수도 있고 배정 없이 아무 곳에나 앉을 수도 있다.

아홉째, 발언권이 부여되는 대상에 있어서 차이가 있다. 공식회의의 경우 회원국 대표단 이외에 사무총장과 옵서버들만이 발언을 할 수 있다. 이들 이외의 행위자가 발언을 하려면 본회의의 경우는 결의문resolution이나 결정decision이 있어야 하고 위원회의 경우는 발언요청이 있어야 한다. 비공식회의의 경우는 유엔단체UN entities나 시민사회 대표에게 발언권을 주는 것은 의장의 재량이다.

열째, 회의일정의 공지 면에서 구별된다. 유엔총회의 모든 공식회의의 일정은 총회의 「업무계획programme of work」에 게재가 된다. 그러나 여러 사정으로 이러한 업무계획상의 일정이 지켜지지 않는 경우가 적지 않다. 따라서 사정의 변화를 반영한 새로운 일정이 필요한데 이러한 업데이트된 일정이 매일 발간되는 「유엔저널 Journal of the United Nations」에 실려 공지된다. 전체 비공식회의의 경우 「유엔저널」

을 통해 공지되거나 의장(본회의·위원회)의 통지note에 의해 공지된다. 협의체별 비공식회의는 「유엔저널」이나 의장에 의해 공지되지 않는다.

열한째, 결정의 효력에 있어서 차이가 있다. 공식회의의 결정은 그 자체가 공식적인 결정이다. 그러나 비공식회의의 결정은 여전히 비공식적인 것이기 때문에 공식회의에서 승인이 되어야 공식화가 된다. 위원회 전체의 비공식회의에서 이견이 심할 경우 비공식-비공식협의informal-informal consultation가 개최되는데 이곳에서 결정된 것은 다시 전체 비공식회의에서 승인이 되어야 비공식회의의 결정이 된다. 물론 이러한 결정은 공식회의에서 승인되어야 최종적이고 공식적인 의사결정이 된다.

### (3) 비공식회의·비공식협의의 실례[24]

결의안이 상정되기 전이나 후에 이에 대해 강한 반대나 상이한 견해가 제기되었을 경우 합의점을 찾기 위해 비공식회의가 개최되는데, 이러한 비공식회의는 다음 4개 수준으로 구분이 가능하다: 1단계) 공식-비공식회의formal-informal meeting, 2단계) 비공식-비공식회의informal-informal meeting, 3단계) 비공식-비공식-비공식회의informal-informal-informal meeting, 4단계) 정치적 회의political meeting이다. 이들을 수준별로 하나씩 살펴보면 다음과 같다.

### 1) 1단계 비공식회의: 공식-비공식회의

공식회의에서 이견이 좁혀지지 않을 경우 1단계 비공식회의인 「공식-비공식회의」가 개최된다. 이 회의는 「전체 비공식회의informal meeting of the whole」와 동일한 의미의 회의이다. 앞서 언급했듯이 이 회의는 비공식회의지만 공식적인 회의기 때문에 「유엔저널」에 언급이 된다. 그러나 이것은 공식회의formal meeting는 아니다.

공식회의가 교착상태에 빠지면 의장은 공식심의formal consideration를 접고 전체 비공식회의에서 논의를 이어갈 것을 요청한다. 이때 이러한 전체 비공식회의는 의장이 사회를 보지만 의장은 필요에 따라 「facilitator」 혹은 「coordinator」로 불리는 사회자를 대표단 중에서 임명하여 그를 대신하도록 하기도 한다. 대표단들은 이러한 사회자가 남성일 경우 「Mr. Chairman」 혹은 「Mr. Coordinator」 혹은

---

24) 다음 설명은 제5위원회의 경우를 설명하고 있는 UN Chronicle, No. 1 (2002), pp. 59-63에 바탕을 둔 것이지만 다른 위원회로의 적용을 위해 일부분에 수정을 가했다.

「Mr. Facilitator」라고 호칭하고 여성일 경우 「Madam Chairperson」 혹은 「Madam Coordinator」 혹은 「Madam Facilitator」라고 칭한다. 이러한 사회자는 대표단들을 공식회의 때와 마찬가지로 「Distinguished Representative of a Member State」라고 호칭한다.

유엔본부에는 여러 개의 회의실이 있는데 크기에 따라 40-830명까지 수용이 가능하다. 예컨대 제3회의실Conference Room 3은 큰 회의실의 하나로서 공식회의가 열린다. 제5회의실Conference Room 5은 작은 방 가운데 하나인데 이러한 방에서 비공식회의가 열린다.

공식-비공식회의가 열리는 이러한 방에는 대표단들이 서로 마주보고 앉을 수 있도록 테이블이 배치되어 있고 테이블 위에 명패가 놓여 있으며 통역서비스가 제공된다. 공식회의의 경우는 유엔의 공보국DPI 직원이 보도자료Press Release를 취재하기 위해 참가하지만 비공식회의 경우는 참가하지 않는다.

공식-비공식회의가 협의를 위해 처음 활용될 즈음에는 그렇게 공식화되지 않았다. 그러나 그 후 시간이 지나면서 거의 공식회의와 크게 다르지 않게 되었다. 차이가 있다면 위원회의 공식회의의 경우 요약기록summary record이 작성되나 비공식회의에는 이러한 기록이 작성되지 않는다.

이러한 공식-비공식회의에 위원회의 의장이 항상 사회를 보는 것은 아니다. 예외가 없는 것은 아니지만 일반적으로 의장은 고위 외교관으로서 나이가 있고 여러 가지 할 일이 많은 관계로 늦은 오후, 저녁, 늦은 밤, 이른 아침에 열리는 이러한 회의에 참가하여 그들보다 젊은 외교관들과 무슨 문안을 넣자 빼자 하는 등의 작업을 하는 것이 쉽지 않기 때문이다.

이러한 것을 고려하여 의장은 필요하다고 판단하면 국가 대표 가운데 1인을 사회자facilitator or coordinator로 임명하여 이러한 공식-비공식회의에서 그를 대신하도록 하기도 한다. 여기에서는 설명의 편의상 의장이 임명한 사회자가 사회를 보는 것으로 가정하고 설명을 이어가고자 한다. 이러한 비공식회의에서 합의도출의 여부는 상당한 정도 사회자에 달려 있다. 이때 사회자는 다루고 있는 의제항목과 관련하여 우선 질의와 응답 시간을 갖는 것으로부터 회의를 시작한다. 이어서 참가한 대표단들에게 제안을 하라고 한다. 이때 이에 대해 이견이 제기되면 이때부터 사회자의 진정한 역할이 시작된다.

이러한 사회자의 역할은 합의를 도출하여 돌파구를 제시하는 일인데 쉬운 일이

아니다. 이를 위해 사회자는 유능하고 준비가 잘 되어 있어야 할 뿐 아니라 협상력, 조정력, 불편부당성을 지녀야 한다. 특히 자신의 국적을 떠나 중립성과 공정성을 잘 유지하여야 한다. 따라서 어느 때는 어느 한쪽 편에 설 수밖에 없을 경우라도 다른 이슈에서는 다른 편의 손을 들어주는 균형감을 가져야 한다.

사회자의 역할 중 하나는 비공식협의의 결과를 위원회의 의장에게 보고하는 일이다. 이러한 공식적 비공식회의가 항상 성공적으로 매듭지어지는 것은 아니다. 이는 주로 외교관들이 다른 대표단들에게 솔직하게 입장을 드러내는 것을 여전히 꺼리기 때문이다.

### 2) 2단계 비공식회의: 비공식-비공식회의

두 번째 수준의 비공식회의는 「비공식-비공식회의informal-informal meeting」이다. 이러한 회의는 결의안의 주제안국에 의해 소집되기도 하고 사회자에 의해 소집되기도 한다. 이러한 회의는 소수의 문안작성그룹small drafting group이 공식-비공식회의가 열리고 있는 회의장의 한 구석이나 회의장 밖에서 열린다.

이들은 모두 결의안에 대해 깊은 이해관계를 가지고 있는 국가의 대표단들이다. 1단계 비공식회의 때와는 달리 대표단들은 상호 간에 호칭을 할 때 이름first name을 부를 정도로 공식성이 약화된다. 이때 의장에 의해 임명된 공식-비공식회의의 사회자는 여전히 회의장의 중앙에 있다. 회의장 구석으로 옮겨가면 물론 통역 서비스를 받을 수 없다. 만약 이들이 합의에 도달하면 사회자에게 보고를 하고 회의는 공식-비공식회의로 되돌아간다. 이러한 비공식-비공식회의가 항상 성공하는 것은 아니다. 만일 실패할 경우 갖게 되는 비공식회의가 다음에서 살펴볼 3단계 비공식회의이다.

### 3) 3단계 비공식회의: 비공식-비공식-비공식회의

세 번째 수준의 비공식회의는 흔히 「비공식-비공식-비공식회의informal-informal-informal meeting」라고 불리는데 비공식회의 중에서 가장 비공식성이 크다는 의미에서 「최소한의 공식회의least formal meeting」라고도 불린다.

이러한 회의는 유엔건물 내의 회의장 부근에 있는 커피와 간단한 식음료를 할 수 있는 카페Vienna Cafe와 같은 곳이나 사무국 직원의 사무실에서 열린다. 사회자에 따라서는 이러한 장소에서 회의를 가지는 것을 꺼려 여전히 공식-비공식회의가

열리고 있는 회의실에 머물기를 원하기도 한다. 왜냐 하면 자신들이 내린 결정이 「Vienna Cafe decision」이라는 인상을 주거나 투명하지 못하다는 비판을 꺼리기 때문이다.

이러한 비공식회의는 사회자가 대표단 중에서 의제항목의 논의에 관심을 가지고 있는 대표단을 불러 모아 열리기도 하고 대표단이 스스로 주도적으로 열어 사회자의 참석을 요청하기도 한다. 이러한 비공식회의는 가장 논쟁적인 문제가 해결되는 곳으로서 협상이 교착상태에 빠져있어 사회자가 합의를 용이하게 만들기 위한 타협을 간절히 요청하여야 할 경우 매우 유용하다.

### 4) 4단계 비공식회의: 정치적 회의

네 번째 수준의 비공식회의는 「정치적 회의political meeting」이다. 이러한 비공식회의는 세 번째 수준의 비공식회의에서 외교관들diplomats이 합의 도출에 실패했을 때 마지막으로 시도하는 비공식회의로서 각국의 대사들ambassadors 스스로가 만나 타협을 시도하는 방식이다. 이 경우 협상은 채찍과 당근 전략을 포함하게 마련이다. 국가와 국가 사이에 좋은 관계를 유지하려면 양보가 필요하다는 식으로 힘이 강한 국가들의 미묘한 압력subtle pressure과 우호적인 압박friendly push이 있게 된다. 이때 서로의 관심사항을 두고 주고받기 같은 것이 진행된다.

## 3. 의사결정 방식: 표결에 의한 방식

국제기구의 의사결정 방식은 크게 표결voting에 의한 방식과 표결에 의하지 않는 방식인 합의제consensus로 구분된다. 여기에서는 표결에 의한 의사결정을 살펴보고자 한다. 표결에 의한 방식에는 만장일치제와 다수결제가 있다.

### (1) 만장일치제

전통적으로 의사결정이 이루어지기 위해 모든 국가의 찬성을 필요로 하는 만장일치제가 국제회의라든가 국제기구의 주요한 의사결정 방식이었다. 이는 자신이 반대하는 결정에는 구속되지 않는다는 국가주권의 지고성이 강하게 반영되는 제도로서 모든 국가에게 거부권veto power을 부여한다는 점에서 국가의 주권보호에 가

장 유용한 의사결정 방식이다. 한 국가의 반대만으로도 결의가 성립하지 않기 때문에 약소국에도 매력적인 의사결정 방식이다. 만장일치제는 회원국의 수가 한정되어 있는 북대서양조약기구NATO 이사회를 비롯한 소수의 국제기구에서 여전히 사용되고 있으며 유엔의 경우도 안전보장이사회가 절차문제가 아닌 실질문제에 대한 의사결정을 내릴 때 상임이사국에 한해 거부권제도라는 만장일치제를 적용하고 있다. 그러나 만장일치제는 국제연맹LN의 사례에서 보듯이 실제에 있어 국제기구가 목적을 추구하는 데 있어 치명적인 장애로 작용하기도 했다. 따라서 이러한 문제를 해결하기 위한 방편의 하나로서 다수결제도가 도입되었다.

### (2) 다수결제

다수결제는 19세기 후반에 비정치적인 국제기구인 행정적·기술적 문제를 다루는 국제기구에 먼저 도입되긴 했지만 유엔을 비롯한 정치적인 성격을 지닌 많은 국제기구들에 채택되는 데는 그로부터 많은 시간이 경과되어야만 했다. 다수결제는 다양한 견해를 통합하는 기술로서 만장일치제와는 달리 반대하는 국가가 있어도 의사결정이 이루어질 수 있고 자신이 반대한 결정도 존중할 의무를 져야 하기 때문에 국가 주권의 지고성이 약화된 것이다.

이러한 다수결제에는 모든 국가에게 평등하게 하나의 표만을 부여한다는 일국일표제one-nation one-vote system에 기반을 둔 다수결제와 특정의 기준에 따라 국가마다 다른 표수를 인정하는 가중표제weighted voting system에 기반을 둔 다수결제가 있다. 또한 단순 다수결제, 특별 다수결제(일명 조건부 다수결제), 특정 다수결제, 이중 다수결제와 같은 여러 종류의 다수결제가 존재한다.

① 단순 다수결제simple majority system란 투표의 과반수 찬성에 의해 결의가 성립되는 다수결제를 의미하는데 오늘날 대개의 국제기구는 중요사항을 결정할 때를 제외하고는 단순 다수결제를 사용한다. 유엔의 총회, 경제사회이사회, 신탁통치이사회, 국제사법재판소 등이 이러한 단순 다수결을 채택하고 있다. ② 과반보다 많은 수 이상의 찬성을 요하는 다수결제를 특별 다수결제qualified majority system, QMS라고 한다. 예컨대 유엔총회는 신회원국의 가입의 승인을 비롯한 「중요사항important questions」의 경우 출석하여 투표한 국가의 2/3 다수로서 결정하며 헌장개정의 경우 총회 구성국 2/3 이상의 찬성을 필요로 한다. ③ 다수결의 요건을 「몇 분의 몇 이

상」이라는 식으로 설정하지 않고, 「찬성하는 회원국의 수가 몇 이상」 또는 「찬성
표가 몇 표 이상」 또는 「특정 국가의 동의가 있거나 특정 국가의 반대가 없을 것」
과 같은 식으로 정하는 경우를 특정 다수결제라고 한다. 유엔 안전보장이사회의 경
우 결의의 성립을 위해 실질문제의 경우 15개 이사국 중에서 5개 상임이사국을 포
함한 9개국 이상의 찬성을 필요로 하는데 9개 이사국 가운데 5개 상임이사국 모두
가 반드시 포함되어야 한다는 점에서 특정 다수결제에 속한다. ④ 다수결제 중에
서 충족시켜야 할 조건으로서 두 가지를 가지고 있는 경우가 있는데 이러한 다수
결제를 이중 다수결제double majority system라고 부른다. 회원국수의 55%와 회원국
전체 인구의 65%의 찬성으로 의사를 결정하는 유럽연합의 경우가 이러한 예에 속
한다.

다수결제는 만장일치제와는 달리 자신의 반대에도 불구하고 의사결정이 이루
어질 수 있기 때문에 국가들은 자신의 의사에 반하는 결정이 일어날 수 있는 가능
성을 최소화할 필요를 갖게 된다. 이러한 필요는 특히 국가에게 중대한 영향을 미
칠 결정의 경우 배가된다. 이러한 위험부담을 줄이기 위해 다음과 같은 여러 가지
제도적 안전장치들이 운용되고 있다. ① 국제금융기구들에서 보듯이 일국일표제가
아닌 가중표제에 기반을 둔 다수결제가 운용된다. ② 단순 다수결제보다 요건이
강화된 특별 다수결제, 특정 다수결제, 이중 다수결제가 운용된다. ③ 유엔총회의
의사결정에서 보듯이 다수결로 통과된 의사결정에 법적 강제력을 부여하지 않고
단순히 권고의 효력만을 가지게 한다.


## 4. 의사결정 방식: 표결에 의하지 않은 방식(합의제)

의사결정 방식으로서 위에서 살펴본 표결에 의한 방식에 이어 표결에 의하지
않는 방식인 합의라는 방식을 살펴보고자 한다. 유엔의 일부 기관은 표결에 의해
의사결정을 하도록 한 헌장의 규정을 개정하지 않은 채 의사결정 방식으로서 헌장
에 규정되어 있지 않는 합의라는 방식을 빈번하게 사용하고 있는데 그 대표적인
경우가 바로 유엔총회이다.

### (1) 합의제의 의미

합의라는 말은 통상적으로 「일반적인 의견의 일치가 존재하는 상태」를 지칭하나, 국제기구의 의사결정과 관련하여 사용될 경우는 제한적으로 「표결에 의하지 않는 채택절차」를 의미한다. 국제기구 내에서 표결에 의하지 않는 선택이란 관련 행위자들 사이에 의견의 완전한 일치가 있을 경우 가능하기도 하나, 일반적으로 의견의 완전한 일치가 현실적으로 용이하지 않기 때문에 완전한 의견의 일치가 없는 가운데에서도 이루어진다.

### 1) 엄격한 의미의 합의

합의라는 용어는 여러 의미로 사용되는데 가장 엄격한 의미의 합의란 「의사결정에 참여하는 국가들 중 하나의 이탈도 없이 모든 국가들이 찬성을 하는 상태」를 의미한다. 이를 「진정한 합의genuine consensus」 혹은 「완전한 합의full consensus」라고 칭한다. 이 경우 합의란 표결과정을 거쳐 모든 국가들이 찬성을 할 때 의사결정이 이루어지는 만장일치제와 표결과정이 없다는 점에서만 차이가 존재한다. 그러나 국제기구에서 이러한 의미로 합의제를 사용하는 경우는 거의 없다. 왜냐하면 이러한 합의는 모든 국가들에게 거부권을 부여하여 한 국가만의 반대만으로도 의사결정이 일어나지 않기 때문이다. 이러한 합의제에 융통성flexibility을 부여하기 위해 다양한 형태의 변형된 합의제modified consensus가 사용된다. 이러한 변형된 합의제의 경우를 살펴보면 다음과 같다.

### 2) 변형된 합의

첫째, 비켜서기stand aside/step aside가 허용되는 합의이다. 여기서 비켜서기란 하나 이상의 국가들이 의사결정의 내용에 불만이 있어 찬성대열에 합류는 하지 않지만 적극적인(명시적인) 반대의사를 표명하는 것을 자제함으로써 합의의 성립을 방해하지 않으려고 자리를 비켜주는 것을 의미한다. 이러한 경우 비록 합의로 의사결정이 이루어지기는 했지만 반대나 불만을 가진 국가들이 포함되어 있어 이러한 합의를 보통 「일반적 합의general consensus」 혹은 「유사 합의pseudo consensus」라고 칭한다. 이 경우 합의란 공식적인 반대의 부재absence of any formal objection를 의미하고 합의로 통과되기 위해서는 모두가 지지를 표하거나 최소한 반대하거나 불만을

가지고 있는 국가가 침묵을 지켜야 한다. 적극적인 반대의사를 가지고 있는 국가가 있을 경우 이러한 합의란 성립되지 않으며, 이 경우 의사결정은 표결을 통해 이루어지지 않을 수 없다.

이런 경우 반대하거나 불만을 가진 국가가 명시적인 반대의사의 표시를 하지 않아 합의의 성립을 막지는 않지만 이들의 반대의사나 불만 혹은 유보reservation를 기록으로 남기는 것을 원한다. 이를 위해 유엔을 비롯한 많은 국제기구들이 이러한 불만의 표시를 공식적으로 하여 기록에 남길 수 있는 제도를 운영하고 있는데 이것이 바로 「투표설명explanation of votes, EOV」이라는 것이다.[25]

둘째, 일정한 수의 국가들의 명시적인 반대가 있어도 합의로의 의사결정을 결정하는 경우이다. 이러한 예로는 「consensus-minus-one」 혹은 「consensus-minus-two」 등이 있다. 「consensus-minus-one」이라는 원칙은 한 국가만의 반대가 있을지라도 결의안 등과 같은 제안이 합의로 채택되게 되는 원칙으로서 따라서 의사결정이 이루어지지 않기 위해서는 2개 이상의 국가의 반대가 있어야 함을 의미한다. 통상적으로 하나의 대표단이 결의안 등 제안에 강하게 반대를 할 경우, 반대하는 대표단이 나머지 대표단들이 합의로 통과시키는 것을 괜찮다고 생각할 때까지 계속해서 토의를 한다. 이렇게 하여 자국 대표단이 동의를 하지는 않지만 전혀 지지를 받지 않는다는 생각이 들지 않도록 한다.

합의제를 운용하면서 「consensus-minus-one」이라는 원칙을 적용하여 융통성을 두고 있는 국제기구의 예로서 경제협력개발기구OECD를 들 수 있다.[26]

---

25) 비켜서기가 허용되는 합의제의 경우, 국가들은 결의안 등에 명시적인 반대의사를 표시하여 합의에 의한 의사결정을 막거나, 진정으로 찬성을 하기 때문이든 아니면 불만은 있지만 반대의사를 표명하여 합의로의 의사결정을 방해할 의사가 없기 때문이든 여하튼 적극적인(명시적인) 반대의사를 표명하지 않아 합의로의 통과를 가능하게 하든지의 선택을 하게 된다.

26) OECD는 오랜 동안 합의제를 유일한 의사결정 방식으로 규정하고 적용해 왔다. 그러나 회원국의 수가 대폭적으로 늘어나면서 의사결정 방식에 변화를 가할 필요성이 대두되었다. 구체적으로 회원국 수의 증가는 회원국 간의 이질성의 확대를 가져와 합의를 통한 의사결정이 어려워지게 되었다. 또한 긴급한 대응을 필요로 하는 사안이 많아지면서 신속하게 의사결정을 할 필요가 증대되었으나 합의구축에 많은 시간이 소요되어 적절한 대응이 어려워졌다. 이에 따라 기존의 의사결정 방식의 효율화를 꾀하기 위한 노력이 경주되었다. 그 결과 제한적인 의제의 의사결정에 조건부다수결제(Qualified Majority Voting)를 도입했다. 이에 따라 회원국의 60% 이상이 찬성하고, 예산 분담률이 25%를 넘는 3개국 이상의 반대가 없을 경우 의사결정이 일어나도록 했다. 구체적으로 OECD는 각 위원회의 존폐문제나 예산한도 내 사업계획 및 예산배분 등의 의제에서 이러한 의사결정 방식을 도입하였으며 시험적인 적용 후에 도입 대상 의제의 확대문제를 검토하기로 한 바 있다. OECD의 의사결정 방식과 관련하여 consensus-minus-one 원칙과 조건부다수결제가 합의제의 긍정적인 측면이 간과되지 않는 가운데 중요한 의제대상에 확대되어야 한다는 주장이 제기되어 오고 있다.

OECD에서 이 원칙은 부패방지협약의 실무그룹 회의와 조세투명성 관련 글로벌 포럼 회의에서 관행적으로 채택되어 온 원칙으로서 동료검토peer review를 받는 당사국이 결과물 채택에 반대해도 채택이 되게 된다. 이 원칙은 종래의 엄격한 합의제 의사결정 방식에 수정을 가해 융통성을 둔 것으로서 이제까지는 제한적으로 적용되어 오고 있으나 효용성에 대한 긍정적 평가가 늘고 있는 추세이며 OECD의 다른 위원회의 동료검토에 확대하여 적용하는 여부가 관심이 되고 있다.27)

셋째, 부분적 탈퇴를 허용하는 방식이다. 동남아국가연합ASEAN이 이러한 방식을 통해 의사결정을 하고 있다. 구체적으로 ASEAN은 명문 규정에 의한 것이 아닌 관행으로서 합의제라는 의사결정 방식을 채택하고 있는데, 다른 종류의 합의제와는 다른 특징을 보인다. 이 합의제의 특징은 ASEAN 국가들이 전 회원국의 의견의 일치가 이루어지지 않으면, 가부 결정을 하지 않고 의견이 일치될 때까지 결정을 연기하며 대화와 타협을 계속한다는 점이다. 이러한 특성으로 인해 ASEAN의 합의제 방식은 결정에 이르기까지 많은 시간을 소모하게 되며, 합의된 결정의 내용은 합의에 가장 소극적인 국가까지도 포함할 수 있는 것이어야 함으로써 최저 공통분모의 타협적인 산물에 불과하고, 토의의 대상이 되는 문제들은 종국적으로는 모든 회원국이 동의할 수 있는 성격의 문제여야 함으로써 결속을 해칠 문제들은 아예 논의 자체가 유보된다. 결국 이러한 특징으로 인해 긴급을 요하는 의사결정의 경우 문제가 심각하며 여러 가지 비효율성을 지닌다.

이러한 단점으로 인해 반대하는 국가도 구속되는 다수결로 결정방식을 바꾸어야 한다는 일부 국가의 주장도 있었지만, 그럼에도 불구하고 이러한 성격의 합의제는 각 국가의 주권과 소수의 의견을 존중하여 ASEAN의 결속을 유지하고 확대하는 데 크게 공헌해왔다. 그러나 한편 이러한 합의제의 단점을 보완하기 위해 다음과 같은 두 가지 보완이 이루어졌다. 그 중 하나는 국가들 사이에 타협이 극도로 곤란할 경우, 종래의 합의방식에서 크게 벗어나는 것이지만 역내 경제협력이라는 이슈에 한해 예외적으로 타협이 곤란한 국가를 빠뜨리고 합의에 이르도록 한 점이다. 이는 특정한 이슈에 있어서의 부분적 탈퇴를 인정함으로써 전원일치적 합의라는 결정방식을 유지하고자 하는 데에 그 의의가 있다. 즉, 반대하는 국가를 구속하

---

27) 주OECD대표부, "OECD의 거버넌스 개혁 논의동향," http://www.mofat.go.kr/webmodule/htsboard/
template/read/hbdlegationread.jsp?typeID=15&boardid=11315&seqno=1019656&c=TITLE&t
=&pagenum=1&tableName=TYPE_LEGATION&pc=undefined&dc=&wc=&lu=&vu=&iu=&
du= (접속일: 2013년 9월 24일).

지 않고 찬성하는 국가만으로 협력을 추진하겠다는 것이다. 또 하나의 보완책은 역외 국가 또는 역외 국가군과의 협력문제에 있어 이러한 협력을 통해 특정 회원국이 이익을 얻게 되고 나머지 회원국들이 불이익을 받지 않을 경우, 나머지 회원국들이 특정 회원국의 입장을 지원하는 결정을 내린다는 점이다. 이는 ASEAN으로서 통일된 행동을 보임으로써 역외의 교섭상대에게 협상력을 크게 증대시키기 위한 것으로서 특정 회원국의 이익을 위해 ASEAN이라는 틀을 활용하고 있다는 것을 보여준다.[28]

### 3) 「by consensus」와 「without a vote」의 차이

우리가 합의로 의사결정을 한다고 할 경우 「합의로」는 영어로 「by consensus」라고 하는데 이와 유사하면서도 미묘한 차이를 가지는 「표결 없이」를 의미하는 「without a vote」라는 용어가 종종 사용된다.[29] 전자는 대표단들이 정도의 차이는 있으나 모두 참여하여 의제에 대해 긍정적으로 자신들을 일체화시킨 협상에 기초를 둔 경우에 사용되며, 후자는 반대는 하지 않았지만 몇몇 대표단들이 협상에 적극적으로 참여하지 않고 의제에 깊은 관심을 보이지 않은 경우에 사용된다. 일부 국가들이 공식적인 반대의사를 표시하지 않더라도 합의에 소극적이었음을 표현하기 위해 의사결정 방식으로서 「표결 없는 채택adoption without a vote」을 주문하기도 한다. 이들 이외에 「박수에 의한 채택adoption by acclamation」도 비슷한 의미로 쓰이는데, 의장단의 선출과 같은 선거가 있을 때 많이 사용된다.

### (2) 합의제의 역사와 배경

이러한 합의제가 유엔에서 처음 사용된 것은 1962년 외기권의 평화적 이용을 위한 위원회Committee on Peaceful Use of Outer Space, COPUOS에서였다. 두 번째로 사용된 것은 1964년이었다. 이 당시 소련과 프랑스가 주도적으로 유엔의 평화유지 활동비 지불을 거절하자 2년치에 해당하는 분담금 체납 시 총회에서의 투표권을

---

28) ASEAN은 2007년 창설 40주년을 맞아 공동체의 헌법 역할을 하게 될 「아세안헌장」과 「아세안경제공동체」 설립을 위한 청사진에 서명했고 2008년 12월에 아세안헌장이 발효되었다. 아세안헌장 제20조에 따르면 기본 원칙으로서 ASEAN 내에서의 의사결정은 협의와 합의(consultation and consensus)에 기초하도록 되어 있다. 그러나 합의에 도달하지 못하면 ASEAN 정상회의가 구체적인 의사결정 방식을 결정할 수 있도록 규정하고 있다.

29) 「without a vote」와 더불어 「without objection」라는 표현이 동일한 의미로 사용되는 경우가 있다.

정지한다는 유엔헌장 제19조의 적용을 둘러싸고 논란이 전개되었다. 이러한 사태를 수습하기 위해 사무총장이 주축이 되어 긴밀한 협의가 진행되었으며 결국 총회는 표결을 거치지 않고 동 조항을 적용하지 않기로 결의했으며 이로써 합의제가 정착하기 시작했다.

이러한 합의제가 1960년대에 이르러 유엔에서 의사결정 방식으로 활발하게 사용하게 된 배경을 살펴보자. 우선 지역그룹과 기타 협의체의 등장과 이들의 활발한 역할이 교섭negotiation과 협의consultation에 있어서 주도적인 역할을 하면서 광범위한 비공식협의를 가능하게 했다.

둘째, 1960년대에 회원국의 수가 증가하고 의제의 수가 증가하면서 정해진 시간 내에 문제를 해결하기 위해 회원국들은 비공식협의informal consultation를 수용하지 않을 수 없게 되었으며, 나아가 결의안을 공식적으로 제안하기에 앞서 미리 제출하여 협의를 하지 않을 수 없게 되었던 것이다.

셋째, 1960년대 이래 다수의 신생국가들이 국제기구에 가입하게 됨으로써 어떠한 지역그룹 또는 이해그룹도 결정이 성립하는 데 필요한 다수를 확보하기 어렵게 되자 표결에 따른 대결을 피하기 위한 정치적인 편의제도로서 등장했다.

넷째, 이러한 합의제가 활발하게 사용되게 된 보다 직접적인 요인은 총회에서 수적 우위를 바탕으로 한 후진국들 표의 우위와 선진국들의 힘power의 간극을 메우는 데 유용했기 때문이다. 즉 1960년대 말까지 개도국들은 수적인 우위를 바탕으로 소수의 선진국들이 반대하는 결의안들을 다수결을 통해 통과시켰다. 그러나 개도국들은 이러한 결의안을 집행하는 데 필요한 자원을 보유하고 있는 선진국들을 강제할 수 있는 힘과 수단을 결하고 있어 다수결 표결이 별 의미가 없다는 것을 깨닫게 되었다. 그 결과 합의가 중요한 의사결정 방식으로 등장하였는데 이는 바로 수적 우위를 점하고 있는 개도국과 이들이 통과시킨 결의안의 집행에 요구되는 자원을 보유한 선진국의 타협물인 것이다.

이러한 이유들로 인해 합의를 통한 의사결정이 1960년대에 중요한 의사결정 방식이 되었다. 냉전이 종식되면서 유엔이 이제 더 이상 동서간의 이념적인 대결에 얽매이지 않게 되면서 공식회의에서의 표의 대결에서 벗어나 활발한 비공식협의를 통한 합의제가 더욱 더 사용빈도가 높아졌다. 또한 국제사회의 지구화globalization가 가속화되면서 초국적인 이슈들이 점차적으로 증가하고 이의 해결이 긴요해지자 국가들 사이에 표의 대결이 아닌 협력이 필요하게 된 것 역시 합의제가 냉전종식

후 좀 더 활발하게 사용되는 이유다.

### (3) 합의도출에 유리한 조건

이러한 역사적인 사실 등을 기반으로 하여 의사결정 방식으로 합의가 도출될 수 있는 일반적인 조건을 살펴보면 다음과 같다. ① 어떤 문제를 둘러싸고 국가들 간에 시초부터 심각한 의견의 차이가 없어 표결에 의하지 않고 결의가 채택될 수 있는 상황의 존재이다. 이 경우의 합의는 절차적으로도 실질적으로도 만장일치에 가깝다. ② 이와는 대조적으로 다루어야 할 문제가 상당히 논쟁적이어서 표결로 결정할 경우 회원국 사이에 갈등과 대립이 심화될 것이 우려되어 대립하는 세력 간에 수용할 수 있는 타협점을 찾아 사전에 긴밀한 협의와 교섭을 행하여 표 대결 이라는 최종 국면을 피할 필요가 존재할 때 합의가 도출되기 쉽다. ③ 합의의 필요 성은 협상과 의사결정에 있어 동등한 크기의 그룹들이 존재하여 어떠한 그룹도 의 사결정을 지배할 수 없을 때 도출되기 쉽다. ④ 합의의 도출 필요성은 또한 안정된 다수와 소수를 대표하는 그룹들이 존재하며, 이러한 그룹의 국가들이 정당한 결정 legitimate decision을 하는 데에 없어서는 안 될 지지자라고 인식될 경우 전형적으로 등장한다. 어떨 경우 이러한 그룹이 없어서는 안 될 행위자로 인식되는가는 일률적 으로 말하기 힘드나, 가장 전형적인 경우가 바로 결정을 시행하는 데 있어서 이들 로부터의 인적 혹은 물적 자원의 기여가 없어서는 안 될 경우이다.

### (4) 합의제 규정방식과 실제의 사용방식

국제기구가 합의제 방식으로 의사결정을 한다고 할 경우, 다음과 같은 여러 경 우가 존재하기 때문에 구별이 필요하다.

### 1) 유일한 의사결정 방식으로 다수결제를 규정하고 있으나 실제에 있어서 다수결에 앞서 합의에 의한 의사결정을 시도하고 합의가 불가능할 경우 다수결을 적용하는 경우

이는 의사규칙에 합의제가 아닌 표결에 의한 의사결정만이 규정되어 있음에도 불구하고 규정된 의사결정에 앞서 우선적으로 합의로 의사결정을 시도하고 합의에 의해 의사결정이 이루어지지 않을 경우에 의사규칙에 언급되어 있는 표결로 의사

결정을 하는 방식이다. 대부분의 국제기구들이 이러한 방식으로 합의제를 사용하고 있다.

대표적인 예로서 유엔 총회와 안전보장이사회를 들 수 있는데 이들 기관은 의사결정 방식으로서 표결제만을 규정하고 있음에도 불구하고 이러한 규정을 공식적으로 개정하지 않은 채 의사결정 방식으로서 규정에 없는 합의제를 사용하고 있다. 유엔총회의 경우, 헌장에 언급되어 있는 표결방법보다 오히려 헌장에 언급되어 있지 않은 합의가 의사결정 방식으로 더 많이 이용되고 있다. 안전보장이사회에서도 의사결정 방식으로서 이러한 합의가 종종 이용된다.

경제협력개발기구OECD 역시 이러한 국제기구의 예에 속하는데 이 기구는 오랜 기간 동안 전통적으로 만장일치unanimity와 구분하여 적극적인 반대가 없을 경우 의사의 합치가 있다고 보는 합의를 통해 의사결정을 내려왔다. 그리고 앞서 언급했듯이 제한된 경우에 한해 consensus-minus-one 원칙을 적용해 왔다.

### 2) 유일한 의사결정 방식으로 합의제를 규정하고 실제도 합의만을 적용하는 경우

첫 번째 경우와는 달리 합의제를 유일한 의사결정 방식으로 하여 합의 이외의 의사결정 방식을 사용하지 않는 경우이다. 이러한 방식으로 합의제를 사용하는 국제기구에는 유엔총회의 결의에 의해 설치된 유엔의 보조기관의 하나인 외기권의 평화적 이용위원회Committee on the Peaceful Uses of Outer Space, COPUOS와 동 법률소위원회Legal Subcommittee, 국제해저기구International Seabed Authority, ISA의 이사회, 평화유지활동특별위원회Special Committee on Peacekeeping Operations, SCOPKO 등이 있다.

### 3) 다수결에 의한 의사결정이 규정되어 있지만 규정의 개정 없는 가운데 실제의 의사결정에 합의만이 적용되는 경우

의사규칙 상에는 다수결로 의사결정을 하도록 규정하고 있으나, 실제로는 합의로 의사결정을 하도록 하여 합의가 이루어지지 않을 경우에도 다수결을 시도하지 않도록 하는 경우도 존재한다. 이 경우 다수결로 결정될 일을 합의를 구하도록 함으로써 다수결을 부인하게 된다. 1986년 이래 유엔의 예산편성에 있어 적어도 총회에 이르기 전 단계에서 합의에 의해 채택하는 관행이 유지되어 오고 있는 것이

이러한 경우에 속한다.

이러한 관행은 제3세계에 의해 유엔이 지배되는 것에 반발한 분담금을 많이 내고 있는 국가의 발언권을 증대시키기 위한 미국의 요구에 의해 시작된 것으로서, 이러한 합의 방식이 유지되는 한 미국을 비롯한 선진국이 강력하게 반대하는 예산안은 위원회 등과 같은 총회 이전의 단계를 통과할 수 없게 된다. 이러한 방식은 나름의 장점이 없는 것은 아니나, 규정상 다수결로 결정될 일이 실제에 있어서는 소수결로 바뀌게 되어 법적인 문제를 발생시킨다. 1986년 이래로 지켜져 오던 이러한 관행이 미국의 반대에도 불구하고 2007년에 깨져, 유엔의 예산안이 합의가 아닌 다수결로 통과되었다.

무역 및 관세에 관한 일반협정GATT은 제25조에서 다수결에 의한 의사결정을 명시적으로 규정했음에도 불구하고 합의로 의사결정을 하는 관행을 이어왔다. 이에 따라 어느 국가라도 명시적으로 반대의사를 표명하면 의사결정이 이루어지지 않았다.

### 4) 합의제와 다수결제가 의사결정 방식으로 동시에 규정되어 있고 합의 실패 시 다수결로 의사결정을 하도록 되어 있으나 실제의 의사결정에 합의만이 적용되는 경우

앞서 언급했듯이 GATT는 다수결에 의한 의사결정을 명시적으로 규정했음에도 불구하고 합의로 의사결정을 하는 관행을 이어왔다. GATT의 후신인 세계무역기구WTO는 이러한 GATT의 합의제 관행을 명문화하고 여기에 다수결제도를 결합하여 의사결정 시 일차적으로 합의를 시도하고 실패할 경우 표결을 통해 다수결로 의사결정을 하도록 했다. 구체적으로 WTO의 설립협정 제9조 1항은 WTO가 GATT에서 지켜졌던 합의에 의한 의사결정의 관행을 계속 유지하여 달리 규정하지 않는 한 합의에 의해 결정을 시도하고, 합의가 이루어지지 않는 경우 문제가 된 사안을 표결에 의해 결정하게 되는데 이때 당 협정 또는 다자간무역협정에 달리 규정되어 있지 않는 한 각료회의와 일반이사회의 결정은 단순 다수결simple majority에 의한다고 규정하고 있다.

이러한 대원칙 하에 의사결정을 하되 다음과 같은 예외적인 부분을 두었다. 우선 분쟁해결을 위한 패널의 설치, 패널과 항소기구의 보고서 채택, 보복권한의 부여에 대한 결정은 역합의 혹은 부정적 합의reverse consensus or negative consensus에

따라 의사결정을 하도록 했다. 역합의 또는 부정적 합의란 사안에 대해 합의로서 부정적인 결정을 하기로 하지 않는 한 긍정적인 결정을 내리는 것을 의미한다. 예컨대 WTO의 분쟁해결절차DSU 제6조 1항은 제소하는 국가가 패널의 설치를 요청하는 경우에 합의로서 패널을 설치하지 않기로 결정하지 아니하는 한 요청된 패널이 자동적으로 설치된다고 규정하고 있다.[30]

둘째로 합의도출에 실패할 경우 표결로 의사결정을 한다는 일반적인 원칙에서 벗어나 특정 사안의 경우 반드시 합의로만 의사결정을 하도록 규정짓고 있다. 이를 강제적 합의mandated consensus라고 부른다. 이러한 사안에는 과도기간이나 단계별 이행기간을 조건으로 하는 약속의 이행으로서 의무면제, 분쟁해결절차의 개정, 복수국가 사이의 무역협정의 추가와 관련된 사안이다.

셋째로 합의에 도달하지 못할 경우 표결을 하게 되고 이때 일반적으로 단순 다수결을 따르도록 되어 있으나 예외적으로 특별 다수결qualified majority을 규정한 경우가 존재한다. 예컨대 협정해석의 채택과 회원국의 의무면제에 대한 결정은 회원국 3/4 다수결로 결정하도록 되어 있으며 협정의 개정과 신규 회원국의 가입의 경우는 2/3 다수결을 규정하고 있다.

이렇게 반드시 합의로만 의사결정을 하도록 한 경우를 제외하고 합의 부재 시에 단순 다수결이든 특별 다수결이든 다수결에 의한 의사결정을 규정하고 있음에도 불구하고 이제까지 다수결로 의사결정이 이루어진 적이 거의 없이 관행으로서 합의에 의한 의사결정을 해오고 있다. 1995년에 일반이사회가 에콰도르의 가입을 2/3 다수결로 승인한 것이 유일한 예외를 구성하고 있다.

### (5) 합의제의 사용빈도

유엔총회의 경우 헌장에 언급되어 있는 표결에 의한 의사결정보다 오히려 헌장에 언급되어 있지 않은 이러한 합의에 의한 의사결정이 훨씬 더 많으며 전체 의사결정 중에서 합의로 채택된 결의안draft resolution과 결정decision의 비율이 약 75-80%에 이르고 있다. 위원회별로 합의로 채택되는 결의안/결정안의 비율을 2013년 제68차 유엔총회의 경우를 예로 들어 살펴보면 다음과 같다.

① 제1위원회의 경우, 총 48개의 결의안과 5개의 결정안이 채택되었는데 이 중

---

30) 이러한 역합의 또는 부정적 합의는 제소를 당한 국가가 분쟁해결 절차를 방해하는 것을 막기 위해 WTO가 도입한 의사결정 방식으로서 GATT와 구별되는 것 가운데 하나이다.

에서 32개가 합의로 채택되어 합의 채택비율이 60%, ② 제2위원회의 경우, 총 41개의 결의안이 채택되었는데 이중 37개가 합의로 채택되어 합의 채택비율이 90%, ③ 제3위원회의 경우, 총 72개 결의안 중 58개가 합의로 채택되어 합의 채택비율이 81%, ④ 제4위원회의 경우, 총 25개 결의안 중 11개가 합의로 채택되어 합의 채택비율이 44%, ⑤ 제5위원회의 경우, 모든 결의안이 합의로 채택되어 합의 채택비율이 100%, ⑥ 제6위원회의 경우, 21개 결의안과 5개의 결정안이 채택되었는데 이들 모두가 합의로 채택되어 합의 채택비율이 100%.[31]

이는 비록 특정 한 해 있어서의 비율이기는 하지만 다른 해에 있어서도 크게 다르지 않다. 이들 6개 위원회의 평균 합의 채택률은 79%이다. 안전보장이사회에서도 거부권 행사에 의한 이사국들 간의 갈등을 해소하기 위한 방편으로 비공식협의과정을 통한 이러한 합의가 종종 이용되고 있다.

### (6) 합의제의 장점과 단점

합의에 의한 의사결정의 장점을 살펴보면 다음과 같다. 우선 국제기구가 결의를 합의에 의해 채택한 경우, 적극적인 반대국가가 없다는 점 때문에 다수결에 의한 채택보다 중요한 의미를 갖는다. 이렇게 하여 채택된 결의는 세계여론world opinion으로서의 위상을 강화할 수 있어 이러한 결의를 위반하거나 훼손하는 것이 쉽지 않다.

둘째, 합의는 회원국 사이의 심각한 대결을 회피하게 한다는 점에서 큰 이점을 가진다. 다수결에 의해 의사결정이 이루어질 경우, 찬성한 국가와 반대한 국가 사이에 지속적인 대립과 갈등이 있을 수 있는데, 합의는 이러한 것을 방지할 수 있다.

합의에 의한 의사결정은 이러한 장점만을 가지고 있는 것은 아니다. 합의제는 구체적으로 다음과 같은 문제점을 가지고 있다. 우선 합의는 국가들 사이에 합의할 수 있는 공통분모를 찾아내야 하므로 결의에 이르기까지 비교적 많은 시간을 필요로 하게 된다. 이는 어떠한 하나의 국가라도 반대의사를 공식적으로 표시할 경우 합의를 무산시켜 표결을 통한 의사결정을 불러올 수 있어 이들 모두의 의견을 수렴해야 하기 때문이다.

둘째, 합의에 이르기 위해 타협을 하게 됨으로써 결의의 내용이 애매모호하게

---

31) 외교통상부, 제68차 유엔총회 결과보고서 (서울: 외교부, 2014), pp. 56, 73, 79, 92, 100, 102.

된다는 단점을 가진다. 이 때문에 후일 합의한 내용의 해석을 둘러싸고 이견을 보이면서 국가 간에 갈등을 야기하고 그 결과 결의의 내용이 준수되지 않을 가능성을 높일 수 있다. 또한 애매함으로 인해 사무국이 이러한 결의안의 내용을 정확하게 집행하는 것이 쉽지 않다.

셋째, 합의를 통한 결의안의 채택이 항상 국제사회의 문제해결을 위한 최상의 선택은 아니라는 점이다. 회원국들은 모든 회원국으로부터 지지를 받지 않더라도 강력한 결의안을 채택하는 것이 문제해결에 도움이 될 것인지 아니면 모든 회원국들이 합의할 수 있도록 상대적으로 약화된 결의안을 채택하는 것이 문제해결에 더 도움이 되는지를 판단하여야 한다.[32]

넷째, 합의제는 양날의 칼을 가지고 있다고 볼 수 있다. 한편으로는 모든 사람들에게 수용될 수 있는 결정을 찾는 데 적극적인 노력을 하지 않는 소수의 국가들이 다른 국가들로 하여금 그들과 같이 가게 만들려고 함으로써 토의를 지배할 수 있다. 다른 한편 합의를 추구하는 다수의 국가들이 이를 수용하고자 하지 않은 소수의 국가들로 하여금 그들의 의견을 수용하도록 압박을 가할 수도 있다.

### (7) 합의제와 투표설명

결의안의 일부에 불만을 가지고 있는 국가가 반대의사를 공식적으로 표시하지 않음으로써 합의를 가능하게 하는 데는 이들에게 주어지는 투표설명explanation of vote, EOV의 기회가 있기 때문이다. 국가 대표단들은 투표설명을 통해 불만을 표시하는 것은 물론 여기에서 더 나아가 중요한 조항에 대해 유보reservation를 기록에 남길 수 있기 때문이다. 즉 합의에 완전히는 찬성하지 않는 국가는 투표설명을 통해 이러한 요소들에 대해 발표하고 기록을 남길 수 있기 때문이다.

## 5. 합의를 구축하기 위한 방식

실제의 유엔회의에서 쟁점을 둘러싸고 국가들 사이에 논란이 적지 않아 협상이 교착상태에 빠지는 경우가 종종 있다. 그러나 이러한 상황에도 불구하고 종국적으

---

32) 다음 글을 참고하였음: Dr. Michael McBride and Aaron Holtz, "*Model United Nations of the Far West: Tips for Drafting More Effective Resolutions*," http://www.munfw.org/images/MUNFW%20Effective%20Resolutions.pdf (접속일: 2014년 12월 20일).

로 합의에 이르는 경우가 적지 않다. 이와 관련하여 과연 상충하는 다양한 견해들이 어떻게 합의에 도달할 수 있는가의 질문이 제기된다. 따라서 여기에서는 합의에 도달하기 위해 동원되는 다양한 기술들을 여러 가지 범주로 분류하여 하나하나 살펴보고자 한다.

### (1) 쟁점사항 배제 방식

쟁점이 되는 내용을 결의안에서 배제하는 방식이다. 국가들 간에 특정 쟁점을 둘러싸고 합의에 도달하는 것이 완전히 불가능하다고 판단되는 경우, 결의안의 내용에서 아예 언급하지 않는 경우이다. 특정 의제항목과 관련하여 가장 중요한 사항은 쓰레기통을 뒤지면 나온다는 것이 이러한 점을 상징적으로 보여주는 말이다.

2013년 11월에 폴란드의 바르샤바에서 제19차 유엔기후변화협약 당사국총회가 개최되어 온실가스 배출 삭감 노력을 의무화한 교토의정서의 대상을 선진국에서 모든 회원국으로 확대하자는 요구가 선진국들에 의해 제기되었으나 온실가스 최대 배출국인 중국과 인도의 반대로 무산된 경우도 이러한 예에 속한다.

### (2) 쟁점사항 병행 방식

상이한 견해나 상반되는 견해가 충돌하여 어느 한 견해가 수용되기 어려울 경우 위에서 언급한 것처럼 결의안으로부터 모두 배제하는 방식을 따르기도 하지만 때때로 이러한 견해들 모두를 균형 있게 반영하기도 한다.

유엔총회 제2위원회에서 개도국의 빈곤과 저발전을 해소하기 위한 조치의 일환으로서 선진국은 개도국의 제도개혁과 선정good governance을 강조했다. 이와는 달리 개도국들은 금융체제의 의사결정과정에 개도국의 참여확대, 선진국의 대개도국 공적개발원조ODA 증액, 정보통신 기술의 이전, 외채경감, 선진국 시장에의 접근 등을 요구한 바 있다. 결국 대부분 조항들이 균형 있게 언급되는 선에서 문안의 합의가 이루어진 바 있다.

유엔회의에서 선진국과 개도국 사이에 빈부격차가 심화되고 있는 현상에 직면하여 외채문제를 통한 접근이 종종 중요한 조치의 일환으로 논의되곤 한다. 개도국들은 선진국들이 외채를 전반적으로 탕감할 것을 요구하고 선진국들은 개도국들이 선정good governance 등 외채의 탕감이 빈곤퇴치에 기여할 수 있는 환경을 조성할

것을 강조하고 있어 입장에 있어서의 큰 차이를 보여 왔다. 이러한 입장차이로 합의에 이르지 못하자 개도국과 선진국 즉 채무국과 채권국의 입장이 균형 있게 반영된 문구에 합의함으로써 결의안이 합의로 통과된 바 있다.

### (3) 쟁점사항 절충 방식

이는 제기된 쟁점사항들의 절충점을 찾아내어 결의안에 포함시키는 방식이다. 쟁점을 봉합하기 위한 절충점을 찾을 때 흔히 사용되는 방식으로는 용어의 강도 조정, 구체적인 대상·실천목표·이행시기에 대한 언급을 의도적으로 생략한 채 원칙과 방향만을 제시하거나 단순히 유념한다(주목한다)는 문안을 두는 방식, 과거에 언급했던 사항을 확인만 하는 문안을 두는 방식 등이 있다.

### 1) 용어의 강도 조정

2013년 11월에 폴란드의 바르샤바에서 개최된 기후변화협약 제19차 당사국총회COP19에서 미국을 포함한 선진국들은 중국을 포함한 개도국들의 온실가스 누적배출량이 2020년경에는 선진국들의 누적배출량을 초과하게 될 것이라면서 교토의정서를 대체하여 2020년부터 출발할 신기후변화체제에서 개도국을 포함한 모든 국가들이 감축의무를 져야 하며 이러한 감축협상은 2015년까지 종료되어야 한다고 주장했다. 이와는 달리 개도국들은 1992년 기후변화협약과 1997년 교토의정서의 기본 원칙으로 자리 잡은 선진국과 개도국의 명확한 구분이 향후 협상에서도 유지되어야 한다며 선진국들의 역사적 책임을 강조했다. 이에 대해 선진국들은 온실가스 감축에서 선진국과 개도국을 구분하고자 하는 것은 2011년 이미 합의한 더반플랫폼Durban Platform을 무력화시키려는 시도하고 반발했다. 그 결과 애초 합의문 초안에는 교토의정서를 대체하여 2020년부터 적용될 신기후변화체제를 2015년까지 마련하는 것을 회원국들이 「공약한다commit」는 내용이 담길 예정이었는데 주요 온실가스 배출국인 중국과 인도의 반대로 「공약한다」보다는 의미가 떨어지고 구속력이 약한 「기여한다contribute」라는 단어가 대신 합의문에 포함되었다. 이렇게 제19차 당사국총회에서 「공약한다」가 「기여한다」는 표현으로 대체된 것은 구속력 있는 「공약한다commit」는 말이 「약속하고 검토한다pledge and review」는 말로 대체된 제16차 당사국총회의 결과와 크게 다르지 않다.

## 2) 애매모호한 표현

기후변화협약 제17차 당사국총회COP17에서 각국 대표단은 새로운 기후규제를 위한 협상을 2015년까지 완료하고 2020년부터 각국에서 효력을 발휘토록 합의했다. 그러나 이러한 신기후체제의 법적 지위를 어떻게 할 것인가를 둘러싸고 논쟁이 지속되었다. 유럽연합EU은 신기후변화체제의 법적 구속력을 확실히 해두고자 구속력을 가지는「법적 문건legal instrument」이라는 문안을 주장했으나 구속력이 없는「법적 결과물legal outcome」이라는 표현을 고집하는 인도의 강력한 반발에 직면했다. 새벽까지 논쟁이 지속되자 당사국총회 의장인 남아프리카공화국 외무부장관이 의장의 직권으로 10분 내로 유럽연합의 대표와 인도의 대표가 담판의 결과물을 가져올 것을 요청했다. 그러나 주어진 시간이 초과되었음에도 합의에 이르지 못하자 브라질 대표가「법적 효력을 가지는 합의 결과물agreed outcome with legal force」로 하자는 타협안을 제시했고 양측이 이를 수용함으로써 협상이 일단락되었다. 그러나 이 용어가 어느 정도의 법적 구속력을 지니는 것인가의 법적 의미가 확실하지 않다. 이미 중국을 비롯한 일부 국가는 구속성을 가지지 않는다는 의미로 해석하는 등 이 용어를 둘러싸고 해석을 달리하고 있어 향후 신기후변화체제를 둘러싼 협상과정에서 다시 논쟁거리로 부상할 가능성이 크다. 법적 효력을 가지는 합의 결과물은 일방적인 선언unilateral declaration, 국내 비준을 요하지 않는 국제협정international agreement not subject to domestic ratification, 국제법 하에서 일반적으로 법적 구속력을 가지지 않는 당사국총회의 결정COP Decisions that are generally not legally binding under international law 등을 다양하게 의미한다고 해석된다.

## 3) 조치의 대상 · 실천목표 · 이행시기의 명료화 회피

냉전이 종식된 후 개최되는 다수의 국제회의에서 일단의 국가들은 회의의 성과를 높이기 위한 방도로서 취할 조치의 대상뿐 아니라 실천목표와 이행시기를 명료하게 하고자 한다.[33] 그러나 이러한 조치의 구체적 시행과 관련하여 물적 혹은 인적 자원을 부담하게 될 국가들은 이러한 시도에 반대한다. 이 경우 합의에 도달하기 위해 조치의 대상, 실천목표, 이행시기를 명확히 하는 것을 회피하는 선에서 타

---

33) 이와 더불어 이전 회의에서 결정된 사항의 이행여부를 점검하고 필요한 새로운 조치를 추가하는 것을 주요 기능으로 하는 후속조치검토회의(review conference)를 주기적으로 개최하는 것 역시 특징 가운데 하나이다.

협이 이루어지곤 한다. 이러한 경우에 속하는 예들을 살펴보면 다음과 같다.

대상을 불명료하게 한 예로서 대체에너지를 둘러싼 논쟁을 들 수 있다. 유럽연합EU이 대체에너지에 풍력과 수력만을 포함할 것을 주장하자 미국은 이에 반발하여 이산화탄소$CO_2$의 발생을 줄인 화석연료도 포함할 것을 주장했다. 이처럼 어떤 것을 대체에너지로 보아야 할 것인가를 둘러싸고 의견이 대립하자 절충점으로서 구체적인 대체에너지를 언급하지 않고 「다양한 대체에너지」를 개발한다는 제안이 채택되었다.

실천목표를 불명료하게 한 예를 살펴보면 다음과 같다. 제13차 기후변화협약 당사국총회COP13가 인도네시아의 발리에서 개최되었다. 여기에서 유럽연합EU 국가들이 중심이 되어 선진국들은 2020년까지 온실가스의 배출을 1990년 수준인 20-45%를 감축해야 한다는 조항을 발리 로드맵에 포함시켜야 한다고 주장했다. 미국이 이에 대해 강력하게 반발하자 미국을 끌어들이기 위한 절충안으로서 구체적인 온실가스 배출 감축량을 생략한 채 막연하게 온실가스를 「상당히 감축한다」는 문안을 두는 것으로 타협한 바 있다. 제19차 기후변화협약 당사국총회에서도 이와 비슷한 유형의 타협이 이루어졌다. 이전 당사국총회에서 2020년까지 1,000억 달러를 조성해 개도국을 지원하기로 합의를 한 바 있는데 제19차 당사국총회는 여기에서 한 걸음 더 나아갈 것이라는 기대와는 달리 이를 위한 구체적인 실천목표를 생략한 채 선진국들은 개도국들의 기후관련 원조를 위해 2020년까지 공적기금을 「증가하는 수준increasing levels」에서 제공한다는 추상적인 내용만을 담는 데 그쳤다. 한국이 유치한 바 있는 녹색기후기금Green Climate Fund, GCF의 초기재원 조달을 어떻게 할 것인가와 관련하여서도 구체적인 실천목표에 대한 언급이 없이 「매우 유의할 만한 규모로at a very significant scale」 초기재원을 조달한다고 애매모호하게 합의한 바 있다.

대상과 실천목표를 불명료하게 한 예로는 생물다양성 분야에서 보호대상이 될 종의 명칭을 구체적으로 언급하고 구체적인 보호목표를 설정하자는 주장과 이에 반대하는 주장이 맞서자 절충안으로서 종의 구체적 명칭과 보호목표가 생략된 채 「생물종의 손실을 현저히 줄여나갈 것을 각국 정부에 촉구한다」는 선에서 타결된 것을 들 수 있다.

이행시기를 명료하게 할 것을 회피한 사례로서 2002년 남아프리카공화국에서 개최된 지속가능한 발전을 위한 세계정상회의WSSD에서 2015년까지 세계의 빈곤

인구를 절반으로 줄이기 위해 세계연대기금WSF을 설립하기로 한 합의를 들 수 있다. 자금을 갹출하여야 하는 선진국들은 수혜국인 개도국과는 반대로 세계연대기금WSF의 설립에 대해 소극적인 자세를 취했다. 그 결과 설립시한을 못 박지 않는 조건으로 선진국들은 설립 제안을 수용하였다.

실천목표와 이행시기를 명료하게 하지 않는 선에서 절충을 한 예를 들면 다음과 같다. 유럽연합EU이 2010년까지 전체 에너지 사용량의 15%를 청정에너지로 대체할 것을 요구했으나 미국과 산유국들이 이에 강력히 반대했다. 그 결과 절충점으로 구체적인 시한과 몇 %를 대체할 것인가에 대한 언급을 생략한 채 막연하게 「청정에너지의 사용비율을 늘려간다」는 선에서 합의가 되었다.

### (4) 쟁점사항 연계 방식

하나의 이슈에 대한 쟁점을 타결하기 위해 쟁점이 되고 있는 또 다른 이슈를 불러들이는 방식으로서 이슈연계issue linkage 방식이라고도 부를 수 있다. 2015년까지 식수 제공을 못 받는 세계 인구를 절반으로 줄이고 전 세계 어린이에게 초등교육을 보장하자는 제안에 대해 미국이 반대를 했으나 결국 유럽연합EU으로부터 에너지 분야에서의 양보를 얻어내면서 입장을 변경하여 원래의 제안이 채택되었다.

### (5) 구체적인 논의를 뒤로 미루는 방식

구체적인 논의를 뒤로 미루는 방식에는 여러 가지가 존재한다. 향후 논의의 출발점이 될 수 있도록 타당한 조치를 포함한 보고서를 제출하도록 하여 일단 구체적인 쟁점사항에 대한 논의를 뒤로 미루는 방식, 조치의 필요성만을 언급하는 방식, 쟁점사항에 대해 심의한다는 언급을 하는 방식, 문제해결을 위한 구체적인 추진절차만을 언급하는 방식 등이 존재한다. 이들을 하나하나 살펴보면 다음과 같다.

### 1) 보고서 요청 문구

결의안에 쟁점이 되는 조치를 언급하지 않고, 어떤 조치가 타당한가에 대한 제안을 담고 있는 보고서를 일정한 기간 내에 제출할 것을 요청하는 문구를 둔다. 나중에 해당 보고서가 제출되면 대표단들이 이 보고서가 제안하고 있는 조치를 출발점으로 하여 구체적인 조치에 대해 논의를 하게 된다.

과거 유엔총회 제2위원회에서 빈곤퇴치를 위한 재원조달 방식이 논의되었는데 이와 관련하여 개도국들은 방식의 일부로서 「세계연대기금World Solidarity Fund」의 설치를 주장했다. 미국, 유럽연합EU 국가들, 캐나다, 일본 등 선진국들은 회원국 및 유엔 사무국과 사전에 협의가 없었다는 이유와 기금운영 및 자금조달방식 등에 대한 합의도 없이 기금설치를 결의하는 것은 본말이 전도된 것이라고 이유를 들어 반대 입장을 표명한 바 있다. 이에 대해 선진국들과 개도국들은 「사무총장이 회원국 및 여타 이해당사자stakeholder와 필요한 협의를 거쳐 다음 회기에 동 기금설치에 관한 보고서를 제출하도록 한다」는 문구를 두어 합의에 이른 바 있다.

또는 단순히 다음 기회에 어떤 조치가 취해져야 하는가를 제시한다는 문안을 두기도 한다. 2012년 카타르 도하에서 개최된 기후변화협약 당사국총회COP에서 개도국의 기후변화에 대한 대응을 돕기 위한 선진국들의 재정지원의 문제가 큰 쟁점이 되었다. 선진국들은 2010년 멕시코 칸쿤Cancun에서 개최된 당사국총회COP에서 매년 지원금을 늘려 2020년부터 한해에 1,000억 달러를 모으기로 약속을 했으나 얼마만큼씩 분담하여 어떤 방식으로 조달할 것인가에 대한 논의를 미루어오고 있었다. 도서국가연합AOSIS을 위시한 일부 강경한 개도국들은 2015년까지 600억 달러를 지원하겠다는 약속을 문건으로 남길 것을 요구했다. 이러한 두 입장이 충돌하는 가운데 「자금조성에 관한 전략을 다음 해 당사국총회 때 제시한다」는 수준에서 절충안이 마련되어 협상이 마무리되었다.

### 2) 조치 취할 필요성 언급 문구

결의안에 쟁점이 되는 조치를 언급하지 않고, 조치를 취하여야 할 필요성만을 강조하는 문구를 둔다. 과거 유엔총회 제2위원회에서 개도국들은 전문기구의 하나인 유엔공업개발기구UNIDO에 대한 충분한 재정지원을 선진국들에게 촉구하는 문안을 포함시키고자 했다.

이에 대해 미국과 유럽연합EU 국가들은 추가 재정부담 부담 가능성 등을 이유로 반대 입장을 표명하여 문안에 대한 합의를 이룰 수가 없었다. 결국 유엔공업개발기구에 대한 재정지원의 필요성만을 강조하는 문구로 합의가 이루어진 바 있다.

### 3) 쟁점사항 검토의 문구

결의안에 쟁점이 되는 조치를 언급하지 않고, 쟁점이 되고 있는 사항에 대해 검

토한다는 문구를 둔다. 제55차 유엔총회 제4위원회에서 외기권의 평화적 이용에 관한 위원회COPUOS의 회원국수 확대문제가 큰 쟁점이 되었다.

회원국 확대에 반대하는 국가와 찬성하는 국가간의 이견으로 합의도출이 어려웠다. 이때 의장의 중재로 비공식협의를 거쳐 회원국수 확대문제를 검토한다는 조항을 추가함으로써 결의문이 합의로 통과된 적이 있다. 이것은 물론 확대를 한다거나 안 한다는 내용이 아닌 중립적인 표현인 것이다.

### 4) 문제해결 위한 절차만 언급

결의인에 쟁점이 되는 조치를 언급히지 않고, 문제해결을 위한 추진절차만을 합의하는 경우도 있다. 폴란드 바르샤바에서 2013년에 개최된 기후변화협약 제19차 당사국총회에서 2020년부터 모든 국가들에게 적용될 새로운 기후체제를 수립하기 위해 국가들이 얼마만큼의 온실가스를 감축할 것인가 등을 둘러싸고 이견이 심화되자 개개 국가의 감축목표를 2015년까지 제출하고 2015년까지 협상을 종료한다는 로드맵을 합의하는 데 그쳤다. 즉 협상의 타결이 아닌 협상의 타결을 위한 로드맵 마련이라는 절차적인 합의에 그쳤다.

또 다른 예를 들면 2012년 브라질의 리우데자네이루에서 개최된 RIO+20에서, 2015년에 끝나는 새천년개발목표MDGs를 보완하는 지속가능개발목표SDGs를 개발하는 것에는 합의를 했으나 구체적인 목표를 둘러싸고 국가들 사이에 특히 개도국과 선진국 사이에 의견이 갈리자 향후 추진절차에 대해서만 합의를 하는 데 그쳤다. 구체적으로 유엔의 5개 지역을 대표하는 30개 국가를 임명하여 지속가능한 개발목표SDGs의 개발을 위한 「유엔총회의 공개실무작업반Open Working Group of the General Assembly」을 설립하여 제68차 유엔총회 회기(2013년 9월 – 2014년 8월) 중에 유엔총회의 심의를 위해 지속가능한 개발목표SDGs에 대한 제안서를 준비하도록 했다.

### (6) 유념한다(주목한다)는 문구를 두는 방식

결의안에 쟁점이 되는 조치를 언급하지 않고 단순히 「유념한다(주목한다)」는 문안을 둔다. 이러한 의미의 영어표현으로서 흔히 「Takes note of」 혹은 그냥 「Notes」라는 문구가 사용된다. 어떤 주장에 제기되고 이에 대한 반대가 심하여 합의가 어려울 경우 상반된 주장 가운데 어느 한쪽 주장을 수용하는 것이 쉽지 않다.

이 경우 이러한 주장 중 어느 일방의 주장에 대해 유념한다(주목한다)는 문안을 둔다. 이때 먼저 제기된 주장에 대해 유념한다(주목한다)는 문구를 두는 것이 보통이다. 유념한다(주목한다)는 말은 어떤 주장을 승인한 것도 승인을 안 한 것도 아닌 중립적인 표현으로서 어떤 주장을 유념할 뿐 수용한다는 의미는 결코 아니다.

### (7) 과거에 합의가 된 사항을 재확인하는 방식

쟁점사항을 둘러싸고 이견이 좁혀지지 않을 경우 쟁점과 관련하여 이전에 합의가 되었던 사항이나 과거에 언급한 바 있는 사항을 재확인하는 선에서 합의하는 방식이다. 동일한 문제를 둘러싸고 새로운 합의가 어려울 경우 과거에 합의된 사항을 재확인하는 선에서 끝나는 경우가 많은데 이러한 것을 「동의가 이루어진 언어 agreed language」 혹은 「협상이 이루어진 언어negotiated language」라고 한다.

예컨대 새로운 결의안을 만드는 과정에서 특정의 문구를 둘러싸고 대표단 사이의 이견으로 어떠한 합의에도 이르지 못할 경우 대안적인 입장fallback position으로서 종종 과거에 협상의 결과로서 채택된 결의나 결정의 일부분인 단락, 문장 혹은 표현을 수용하면서 협상을 마무리한다. 동의가 이루어진 언어 혹은 협상이 이루어진 언어란 과거이기는 하지만 동일한 사항을 두고 이미 합의가 있었던 것이기에 또 다른 논란이 되지 않기 때문이다. 이러한 문안으로서 흔히 사용되는 것으로는 「Reaffirms」, 「Recognizes」, 「Acknowledges」, 「Recalls」 등이 있다. 이러한 표현들은 구체적인 일련의 새로운 약속이나 행동a set of concrete new commitments and actions이 결여된 것을 보여준다.

## 6. 합의촉진 기제

합의의 구축을 촉진하기 위해서는 훌륭한 사회자facilitator가 필요하다. 이 밖에 협상그룹, 의장친구그룹, 편집문건, 침묵절차 등의 기제가 합의를 촉진하는 데 중요한 역할을 한다. 이들을 하나씩 살펴보면 다음과 같다.

### (1) 훌륭한 사회자

합의에 이르기 위해서는 훌륭한 사회자facilitator를 필요로 한다. 사회자는 모든

대표단의 입장이 표명될 수 있도록 해야 하고, 이러한 입장이 합리적인 것일 경우 모두 통합될 수 있도록 해야 하며, 최종 결정이 모두에 의해 수용될 수 있도록 해야 한다. 의사결정에 참여하는 대표단들의 지도자가 아닌 섬기는 사람으로서 사회자는 자신의 입장을 강제하기 위해 그의 입장을 사용해서는 안 되고 대표단들이 가지고 있는 생각 가운데 가장 좋은 생각을 끌어내어 집중하도록 하는 것이 그의 주된 일이다. 이를 위해 사회자는 특정 생각이나 특정 대표단을 향해 조바심 impatience이나 편파적임을 보여서는 안 되며 토론과정에서 최대한 중립적이기 위해 노력해야 한다. 사회자는 또한 정기적으로 지금까지 논의가 되어 합의된 것이 무엇이고, 지금 현재 논의되고 있는 것이 무엇이며, 앞으로 논의하여 결정할 것이 무엇인가를 대표단들에게 알려주어 대표단들이 의제항목의 논의와 관련하여 진전 상황을 알도록 하며 남아 있는 일이 무엇인가를 알고 이것에 집중하도록 하여야 한다.

### (2) 협상그룹

「협상그룹negotiation group」은 「접촉그룹contact group」이라고 흔히 불린다. 이들의 역할을 빗대어 때때로 「조정자bridge builder」라든가 「소방대fire brigade」라고도 불린다. 이 그룹은 이러한 명칭들이 시사하고 있듯이 각기 다른 협의체들 사이에 존재하는 현저한 이견을 집중적인 협상을 통해 좁혀 회원국들에게 광범위하게 수용될 수 있는 결과를 만드는 것을 추구하는 일단의 국가들로 구성된 그룹을 의미한다.

이러한 협상그룹은 정책개발에 있어서 중요한 이해관계를 가지고 있는 영향력 있는 국가들의 비공식적인 그룹으로서 국제적인 정책의 이니셔티브를 조정하는 역할을 담당한다. 이들의 공식적인 견해는 협상그룹 내에서의 고통스런 협상의 결과물이다. 따라서 이러한 견해는 국제공동체의 정책과 의도에 있어서의 중대한 견해로 간주된다.

이러한 협상그룹은 77그룹G-77 and China이나 비동맹그룹NAM과 같은 협의체 caucusing group에 의한 그룹정치group politics가 대결과 교착으로 귀결되곤 하던 것을 등장배경으로 한다. 이러한 대결과 교착은 이러한 협의체의 견해가 주요 재정적인 자원을 보유한 국가들로부터 지지되지 않으면서 발생하곤 했다. 따라서 이러한

협의체 내에서 구성국들 사이에 의견의 일치를 보았다 해도 회원국 전체의 합의에 이르기 위해서는 비공식적으로 작동하는 협의를 통해 다른 협의체들까지 포용할 수 있는 합의가 필요했던 것이다. 냉전이 종식된 후에 초국적인 문제들transnational issues이 국제사회에 대거 등장하고 이념대립이 사라지면서 합의가 점차적으로 대립과 대결을 대체하면서 협상그룹의 사용의 빈도가 증가되었다.

협상그룹은 보통 몇몇 국가들의 이니셔티브에 의해 만들어지는 것이 일반적이다. 그러나 유엔총회 본회의의 의장이나 위원회 의장의 주도력에 의해 구성되기도 한다. 후자의 경우 의장은 자신뿐 아니라 회원국도 신임하는 국가를 선택함으로써 구성원의 구성이 안정적이다. 또한 의장 스스로 혹은 의장에 의해 선출된 국가의 대표가 리더십을 행사하여 정기적인 모임 등을 가짐으로써 일정한 정도 공적인 성격을 가지기가 쉽다.

이러한 협상그룹이 효율적으로 작동하기 위해서는 다음과 같은 특징을 소지한 구성요소들이 포함되어야 한다. 특정 이슈에 적극적인 협의체들의 대표들, 개개 협의체의 이해관계를 잘 대변할 수 있는 국가의 대표, 특정 의제항목과 관련하여 공유된 역사, 과거의 관련성, 지역적인 지위, 가용한 자원, 강력한 명성 등을 통해 이슈를 다루는 데 있어서 특별한 능력special competence을 보유한 국가가 포함되어야 한다.

협상그룹은 협상과정 전반에 걸쳐 작동할 수도 있고 하나의 핵심적인 이슈를 다루기 위해 일시적으로만 존재할 수도 있다. 개개 협의체는 협상그룹에 참여하는 국가의 대표에게 타협을 위한 재량권을 부여하기도 하지만 이들 협상그룹 참여자들은 협상의 중요 단계마다 개개 협의체의 승인이나 묵인을 얻기 위해 다른 국가들에게 보고하여야만 하는 것이 일반적이다. 협상그룹이 합의에 이르기 어려울 경우 구성원들이 교체될 수도 있다.

의장은 구성원의 규모를 되도록 작게 만들려는 경향을 띠게 된다. 왜냐하면 규모가 작아야 이들 사이에 합의가 보다 용이하기 때문이다. 그러나 규모를 작게 만들 경우 특정의 이해관계를 반영하지 못할 수 있어 나중에 더 큰 어려움에 직면할 수도 있다.

협의체가 협상그룹에서 자신들을 대표할 국가를 선택할 때 온건한 목소리를 내는 국가의 대표를 협의체를 대표하는 국가로 보낼 수도 있고 극단적인 견해를 가진 국가의 대표를 보낼 수도 있는데, 이 두 경우 모두 일장일단이 있다.

### (3) 의장친구그룹

의장친구그룹Group of Friends of the Chair, GFC이란 특정 이슈에 대한 합의를 도출하기 위해 의장에 의해 참여를 의뢰받은 몇 명의 뛰어난 협상가들의 비공식적인 그룹을 일컫는다. 이 그룹은 의장에게 보고를 하고 의장은 이들의 제안이나 다른 결과물을 회의에 보고한다.

의장은 이러한 그룹에 참여했으면 좋겠다고 생각하는 국가를 정하는데 어떻게 그룹을 구성할 것인가는 의장의 의도에 달려 있다. 그러나 대개 지역그룹과 특정한 이해집단의 대표로서 구성된다. 옵서버는 일반적으로 참여를 의뢰받지 않지만 필연적으로 배제되는 것은 아니다. 이러한 의장친구그룹은 비공식적인 그룹이기 때문에 통상적으로 이들의 논의에 공식적인 의사규칙이 적용되지 않는다.

의장친구그룹은 의장이 자신을 돕도록 몇 안 되는 저명한 협상가들의 참여를 요청하여 구성한다. 앞서 살펴본 협상그룹negotiation group의 경우 모든 국가들에게 참가가 개방되어 있고 일반적으로 일부 국가들의 이니셔티브에 의해 구성된다는 점에서 의장친구그룹과 구별이 된다. 그러나 앞서 언급했듯이 협상그룹은 국가들의 상이한 관점들을 논의에 골고루 반영시키기 위해 의장이 개별적으로 참여를 요청한 대표단으로 구성되기도 한다. 이렇게 의장에 의해 구성된 협상그룹은 의장친구그룹과 차이가 없어 때때로 「의장친구그룹」이라고도 불린다.

### (4) 편집문건

비공식회의에서 비공식협의가 진행되는 과정에서 대표단 사이의 협상을 보다 용이하게 만들기 위해 「편집문건」 혹은 「모음문건」이라고 번역되는 「compilation text」가 작성된다.

이 문건은 통상적으로 비공식협의에서 사회자facilitator나 결의안 초안의 제안자에 의해 배포되는 것으로서 협상의 결과가 단계적으로 어떻게 진행되어 오는가를 보여준다. 구체적으로 결의안 초안의 어떤 부분은 합의가 되어 더 이상 논의할 필요가 없고 어느 부분은 합의가 되지 않은 부분으로서 어떠한 국가들이 어떠한 의견들을 내놓고 있는가와 같은 것을 일목요연하게 보여주어 협의를 효율적으로 이끄는 것을 돕는다. 이러한 문건은 여러 차례의 독회reading of the text를 거치면서 이

견을 좁혀나가는 중요한 수단이 된다. 즉 편집문건은 기존의 결의안 초안에 가해진 변경사항과 추가적인 제안 등을 담고 있는 비공식적인 문건으로서 지속적인 협상을 위한 중요한 기초가 된다.34)

이러한 문건이 작성되는 과정과 방법을 이해한다는 것이 중요하기 때문에 비교적 상세히 언급하고자 한다. 이러한 문건은 애초에 회람되어 논의되던 여러 개의 경합적인 결의안 초안 가운데 하나를 선택하여 이를 중심으로 다른 결의안 초안들의 내용을 일단 통합한 후 독회를 통해 최종적인 내용을 확정짓자는 합의가 있을

---

DRAFT – COMPILATION TEXT

January 2009

**Draft Resolution on Agenda Item 116 "Follow-up to the outcome of the Millennium Summit"**

[Strengthening the environmental activities in the United Nations system –G77: TO BRACKET]

*The General Assembly,*

**PP1**    *Recalling* the 2005 World Summit Outcome[1],

**PP2**    *Taking into account* Agenda 21[2], the Rio Declaration on Environment and Development[3], [the Nairobi Declaration on the role and mandate of the United Nations Environment Programme[4], - EU: DELETE] and the Plan of Implementation of the World Summit on Sustainable Development ("Johannesburg Plan of Implementation")[5],

**G77: NEW pp2bis:** Reaffirming that eradicating poverty is the greatest global challenge facing the world today and indispensable requirement for sustainable development, in particular for developing countries;

**PP3**    *Reaffirming* the need for more efficient environmental activities in the United Nations system, with enhanced coordination, improved policy advice and guidance, strengthened scientific knowledge, assessment and cooperation, better treaty compliance, while respecting the legal autonomy of the treaties, and better integration of environmental activities in the broader sustainable development framework at the operational level, including through capacity-building, [and technology transfer, and in this context recalling its decision to explore the possibility of a more coherent institutional framework to address this need, including a more integrated structure, building on existing institutions and internationally agreed instruments, as well as the treaty bodies and the specialized agencies; - G77 ADD]

**편집문건의 예**

(http://www.un.org/ga/president/63/PDFs/IEGdraftresolution100209.pdf)

---

34) 여기서 「결의안 초안」이란 결의안(draft resolution)의 전 단계의 문건을 의미한다.

때 작성된다. 이와는 달리 경합하는 기존의 결의안 초안의 내용들을 수렴하기 위해 기존의 결의안 초안 가운데 하나를 중심적인 것으로 택하는 것이 아니라 아예 새로운 결의안 초안을 작성한 후 독회를 통해 최종적으로 내용을 확정하자는 합의가 있을 경우에 작성된다. 마지막으로 처음부터 하나의 결의안 초안만이 대두된 상태에서 이에 대한 독회를 통해 최종적인 결의안을 도출하기로 한 합의가 있을 경우 작성된다. 이렇게 대표단들의 합의로 논의의 대상이 된 결의안 초안은 여러 번의 독회reading of the text를 거치면서 이견이 좁혀지고 내용이 확정되게 된다.

이러한 독회의 구체적인 과정을 살펴보면 우선 비공식협의를 이끌고 있는 의장 chair이나 사회자facilitator가 이러한 결의안 초안을 어떠한 방식으로 논의하여 나갈 것인가를 대표단들에게 의견을 물어 정하는데, 통상적으로 단락paragraph별로 하나하나 의견을 물어 확정지어간다. 단락별로 논의하기로 확정이 되면 의장이나 사회자는 우선 첫째 단락부터 시작하여 단락을 읽어 주고 수정의 의견이 없을 경우 잠정적으로 합의된 것으로 간주한다. 그런 다음 동일 단락의 다음 부분 혹은 다음 단락으로 이동하는데, 이때 수정안이 제안되면 토론을 한다. 토론의 결과 합의가 있으면 기존 내용이 수정이 되면서 잠정적으로 합의된 부분이 된다. 만약 일정한 시간 내에도 수정안에 대하여 합의에 이르지 못할 경우 나머지 부분에 대한 논의를 위해 마냥 시간을 보낼 수만은 없는 일이다. 따라서 이러한 경우 쟁점이 되고 있는 부분을 우리말로 「대괄호」라고 불리고 영어로 「square bracket」라고 칭하는 「[ ]」 속에 일단 집어넣어 합의에 이루지 못한 부분임을 표시하고 동일한 단락의 다음 부분이나 다음 단락으로 이동한다.35)

이러한 방식으로 마지막 단락까지 논의를 거쳐 일회의 독회를 마친 후 이러한 논의를 바탕으로 편집문건compilation text이 작성되고 이 문건은 최초의 버전1st version이 된다. 이 문건은 잠정적으로 합의된 부분과 잠정적으로 합의가 되지 않아 대괄호 안에 포함된 부분으로 구성되게 된다. 이러한 대괄호 안에는 하나의 단어가 있을 수도 있고 여러 개의 단어들이 있을 수도 있다. 또한 대체하고자 하는 단어나 구절들도 포함될 수 있다. 하나의 대괄호 안에 우리말로 「사선」이라고 하고 영어로 단순히 「slash」 혹은 좀 더 세밀하게 「forward slash」라고 칭하는 「/」을 두는 경우가 있는데, 이는 구별하여야 할 복수의 견해가 있음을 표시한다.36)

---

35) 「대괄호」는 때때로 「각괄호」 혹은 「꺾쇠괄호」라고도 부른다.
36) Ronald A. Walker, *Manual for UN Delegates: Conference Process, Procedure and*

1차 독회를 마친 후에 작성된 편집문건을 좀 더 자세히 살펴보면 다음과 같다.[37] 첫 페이지의 상단에 「Compilation Text as of 20 March 2013(Rev 1)」과 같은 제목을 가지는데, 이는 첫 번째 버전으로서 2013년 3월 20일에 작성된 것임을 표시한다. 협상이 진행되면서 업데이트가 되면서 버전이 바뀌게 된다. 결의안의 전문단락들preambular paragraphs 앞에 단락번호가 「PP1」 또는 「PP2」처럼 붙는다. 실행단락operative paragraph의 경우는 「OP1」 또는 「OP2」와 같은 번호가 붙는다. 어떤 단락 뒤에 「(agreed)」라고 되어 있으면 이 단락은 합의가 되었다는 표시이고 「(agreed and ref)」라고 되어 있는 경우 이는 「agreed and referendum」을 뜻하는 것으로서 해당 단락이 원칙적으로 합의가 되었으나 대표단으로부터 최종적인 수용의 의사를 기다리고 있다는 표현이다. 단락의 중간이나 끝에 「[Add: Australia]」처럼 표기되어 있는 경우는 호주가 추가하자는 제안을 했다는 표시이다. 「[Add: EU, G-77]」은 유럽연합EU과 77그룹G-77 and China이 추가를 제안한 것임을 표시한다. 「[Delete: Australia]」라는 표시는 호주가 삭제를 제안한 것임을 나타낸다. 「[Replace: Australia]」는 호주가 대체하자는 제안을 한 것임을 표시한다. 단락의 처음에 「PP2 (alt)」라고 표기되어 있고 단락의 끝에 「[Proposed: Australia]」라고 되어 있는 경우는 호주가 기존의 「2번째 전문단락(PP2)」을 이것으로 대체하자는 제안을 한 것이라는 의미이다. 여기에서 「alt」란 「alterative text」를 의미하는 용어로서 이 용어가 있을 경우 기존의 단락을 대체하자는 제안임을 알 수 있다. 단락의 처음에 「OP2 (bis)」라고 되어 있고 단락의 끝에 「[Proposed: EU/supported: Australia]」라고 표기되어 있는 경우는 기존의 「2번째 실행단락(OP2)」에 이 단락을 추가하자는 제안을 유럽연합EU이 하고 호주가 지지한다는 의미이다. 여기에서 「bis」란 「two/second」을 의미하는 용어로서 「OP2 (bis)」란 용어는 구체적으로 2번째 실행단락(OP2) 뒤에 해당 단락을 추가하여 OP1 뒤와 OP3 사이에 실행단락이 두 개가 있음을 표시한다. 「OP2 (bis)」라는 용어 뒤에 「OP2 (ter)」라는 말이 올 경우 「ter」란 「three/third」를 의미하는 용어로서 한 단락이 더 추가되어 OP1 뒤와 OP3 앞에 실행단락이 3개가 있음을 표시한다.[38]

---

*Negotiation* (United Nations Institute for Training and Research(UNITAR), 2011), p. 105-106을 참조했음.

37) The Permanent Mission of Switzerland to the United Nations, *The PGA Handbook: A Practical Guide to the United Nations General Assembly* (New York, 2011), p. 57.

38) 여기에서 「bis」는 two/second, 「ter」는 three/third, 「quat」는 four/fourth, 「quin」은 five/fifth,

결의안 초안에 대한 1차 독회의 결과를 반영하여 첫 번째 버전의 편집문건이 만들어지면 이를 놓고 2차 독회에 들어가게 된다. 이때 1차 독회가 끝난 후 곧 이어 들어갈 수도 있고 먼저의 독회에서 합의하지 못한 사항에 대해 비공식협의체 등으로 하여금 협의를 가져 입장을 정리할 시간을 주기 위해 일정한 시간이 경과한 후에 가질 수도 있다. 2차 독회가 시작되면 1차 독회에서 잠정적으로 합의된 사항은 건너뛰고 대괄호에 들어 있는 부분들 하나하나에 대한 논의로 들어간다.

잠정적으로 합의되지 않은 부분을 논하는 데 있어서 가장 중요한 것은 이전의 독회에서 원안대로의 잠정적인 합의에 반대를 했던 국가들이 어떤 태도로 임하는가 하는 것이다. 물론 원안을 제안한 대표단이 이러한 반대의 의견을 수용하면 합의는 쉽게 일어날 수 있지만 원안의 제안자가 애초의 입장을 견지할 경우 반대자의 입장이 중요한 변수가 된다. 원안에 대한 반대자들은 1차 독회 후에 입장을 바꾸어 반대를 철회할 수도 있고 반대를 견지할 수도 있다. 반대의 입장을 버리지 않을 경우 합의에 도달하기 위해서는 의장이나 사회자facilitator는 대표단들과 더불어 대안이 될 수 있는 새로운 안을 찾기 위한 노력을 해야 한다. 그 결과 합의가 이루어질 경우 그 부분은 잠정적으로 합의가 된 부분으로서 다음에 작성될 편집문건의 대괄호의 부분에서 빠지게 된다. 합의가 이루어지지 않을 경우 그 부분은 여전히 대괄호 안에 미결의 사항으로 남게 된다. 이러한 방식으로 2차 독회가 끝나고 나서도 미결된 사항이 여전히 남아 있을 경우에는 두 번째 버전의 편집문건이 작성되어 3차 독회가 시작된다. 이렇게 하여 합의가 되지 않아 대괄호에 묶어 있던 부분들이 다 없어질 때까지 독회는 계속된다.

독회를 통해 합의에 도달한 것을 두고 여전히 잠정적으로 합의에 도달하였다고 하는 이유는 그 부분에 있어서는 합의가 되었다고 해도 결의안 초안 전체의 관점에서 받아질 수 있을 것인가를 최종적으로 점검할 수 있는 기회를 가져야 할 필요가 있기 때문이다. 일반적으로 잠정적으로 합의된 부분을 나중에 다시 논의하자고 하는 것은 관행에 크게 벗어나는 것이다. 그럼에도 불구하고 대표단들이 다시 논의할 충분한 이유가 있다고 할 경우는 어쩔 수 없이 이미 잠정적으로 합의된 것을 다시 논의할 수밖에 없다. 왜냐 하면 공식회의에 상정되어 최종적으로 합의로 통과시키기 위해서는 어느 국가로부터도 공식적인 반대의사가 있어서는 안 되기 때문

---

「sext」는 six/sixth를 지칭한다.

이다.[39]

이제까지 결의안이 상정되기 전 비공식협의를 위해 작성되는 편집문건에 대해 살펴보았는데 이뿐만 아니라 결의안이 상정된 이후에 진행되는 비공식회의에서도 작성되어 활용된다.

### (5) 침묵절차

침묵절차Silence Procedure란 간단히 말해 「침묵은 동의assent나 최소한 묵인acquies-cence을 의미한다」는 내용을 바탕으로 한 절차이다. 결의안에 대한 비공식협의의 마지막 단계에서 대표단들 사이에 동의가 이루어졌다고 해도 이는 잠정적 동의 provisional agreement에 불과한 경우가 많다. 왜냐 하면 이러한 동의에 대해 본국으로부터의 최종적인 승인이 필요한 경우들이 있기 때문이다.

이러한 경우 회의를 이끌고 있는 의장이나 사회자가 대표단들을 대상으로 일일이 본국정부로부터의 승인이 있었는가를 점검하고 최종적으로 동의를 하는가를 알아보기 위해 별도의 회의를 개최한다는 것은 적지 않은 시간과 노력을 필요로 한다. 따라서 이러한 경우에 일정한 시한을 설정한 후 이 기간 내에 침묵을 깨지 않을 경우(즉 반대의사를 표시하지 않을 경우) 자동적으로 최종적인 합의consensus에 동의한 것으로 간주할 필요가 있다. 바로 이러한 절차를 두고 「침묵절차」라고 한다.

잠정적으로 합의된 결의안이 대표단들에게 배포되면 대표단들은 수정amendment이나 개정revision을 할 마지막 기회를 가지게 된다. 이때 침묵절차의 기한 전에 어느 대표단으로부터도 수정안이나 개정안이 제안되지 않을 경우 이러한 결의안은 최종적으로 모든 대표단들에 의해 채택된 것으로 간주된다. 이러한 면에서 침묵절차란 결의안 등을 공식적으로 채택하는 마지막 절차라고 볼 수 있다.

이러한 절차는 의사규칙에 별도의 언급이 없는 가운데 사용되어 오고 있는 것이 일반적이다. 그러나 때때로 이러한 절차가 의사규칙에 명시적으로 언급되어 있는 가운데 광범위하게 사용되는 국제기구들도 적지 않다. 유럽안보협력기구OSCE, 북대서양조약기구NATO, 유럽연합EU, 흑해경제협력체BSEC 등이 이러한 국제기구의 대표적인 예이다. NATO의 경우 이러한 침묵절차를 합의consensus를 필요로 하

---

39) Ronald A. Walker, *Manual for UN Delegates: Conference Process, Procedure and Negotiation* (United Nations Institute for Training and Research(UNITAR), 2011), pp. 106-107을 참조했음.

는 모든 의사결정에 적용할 수 있도록 하고 있다. NATO의 사무총장은 결의안 등과 관련하여 반대하는 국가들이 서신letter을 통해 반대의사를 표시할 수 있는 시한을 정하여 통보한 후 이러한 기한 내에 서신이 접수되지 않을 경우 합의로 통과되었음을 선언할 수 있다. 대표단의 입장에서 보면 정해진 시한 내에 서신을 제출하지 않음으로써 특정 의제에 대한 명백한 반대의사를 표시하는 것을 회피할 수 있고 이는 결과적으로 토론에 있어서의 대결을 피할 수 있게 한다. 침묵절차는 대표단들로 하여금 특정 의제와 관련하여 공공연하게 입장을 표명하지 않는 것을 허용함으로써 국내적인 비판으로부터도 벗어나는 것을 돕는다.

## 7. 의사결정의 법적 효력

유엔에 있어 헌장 제22조와 제68조에 의거한 새로운 국제기구의 설치결정, 제17조에 의거한 예산을 승인하고 경비를 할당하는 결정 그리고 제101조에 의한 직원들을 임명할 규칙의 제정 등 인사·기관·예산 등 국제기구의 내부사항에 관한 결정은 법적 구속력을 가진다.

그러나 유엔총회 본회의와 위원회의 결의를 비롯하여 국제기구의 결정은 원칙적으로 국가를 법적으로 구속하지 않는 권고의 효능만 지닌다. 이는 유엔의 또 다른 기관인 경제사회이사회와 신탁통치이사회에 있어서도 마찬가지이다.

유엔에서 예외적으로 안전보장이사회의 결정은 법적 구속력을 가진다. 유엔헌장 제7장은 예외적으로 안전보장이사회에게 평화에 대한 위협, 평화의 파괴, 침략행위와 관련하여 군사적, 경제적 그리고 외교적 제재에 관한 구속력 있는 결정을 내릴 수 있는 권한을 부여하고 있다.

그러나 안전보장이사회의 구속력 있는 군사적 제재결정은 이를 뒷받침할 규정의 미비 즉 헌장 43조의 사문화로 인하여 무의미하게 되었다.[40] 강제적 구속력이 있는 비군사적 제재조치 즉 경제적, 외교적 제재조치는 정족수의 미비로 인하여 극히 예외적인 경우에나 취해지며 대부분의 경우에 있어서는 유엔총회의 경우와 마찬가지로 권고 성격의 조치가 취해진다.[41]

---

40) 헌장 43조에 따라 회원국들은 안전보장이사회가 필요할 경우 사용할 수 있는 병력과 시설을 제공하기 위해 안전보장이사회와 특별협정을 체결해야 하는데 실제에 있어 협정이 체결되지 않음으로써 구속력 있는 군사적 제재를 할 수 없다.

일반적으로 국제기구의 결정이 이처럼 법적 구속력을 결하고 있다고 해도 이를 경시해서는 안 된다. 우선 원래 법적 구속력이 없는 결정이라도 시간이 흐름에 따라 법적 구속력을 갖게 되는 경우가 있기 때문이다.

또한 결의문이 채택되면 이러한 결의문이 법적 구속력을 결하여도 국제적 문제 또는 이러한 국제적 문제의 처리방법에 대한 집단적 정당화collective legitimization의 역할을 하여 무엇이 옳고 무엇이 그릇된 것인가에 대한 판단의 기준을 제공하기 때문이다.

유엔총회에서 통과된 결의문은 이처럼 법적 구속력이 없는 권고에 불과하다. 이러한 결의문이 만장일치나 압도적 다수로 채택될 경우 이러한 결의문 법적 구속력을 인정해야 한다는 주장이 제기되기도 하나 유엔총회가 국제사회의 입법기관으로 예정되어 있지 않으며 만장일치로 채택되었다 해도 여전히 법적으로는 명령command이 아닌 권고recommendation에 불과하다.

총회의 결의 자체가 구속력 있는 법을 만드는 것은 아니나 법이 창조되는 중요한 전 단계로 보아 총회의 결의를 「연성법soft law」이라고 부르는 경우도 있다. 이는 이미 법적 구속력을 지니고 있는 조약이나 관습을 「경성법hard law」이라고 부르는 것과 대조를 이룬다.


## 8. 의사결정에 있어서의 권력과 영향력 행사의 방식

국제기구 내에서 권력power과 영향력influence은 어디에서 나오는가? 이러한 문제는 제한된 자원과 국력을 가지고 있는 국가에게 있어서 대단히 중요한 문제이다. 유엔을 비롯한 국제기구에 있어서 영향력이 행사될 수 있는 방식을 네 가지로 나누어 살펴보면 다음과 같다.42)

---

41) 처음의 강제적 제재조치는 1966년과 1968년 로데시아(Rhodesia)에 부과된 경제 제재조치이며 1977년 남아프리카공화국에 무기금수가 시행된 바 있다.

42) Robert W. Cox and Harold K. Jacobson, "The Framework for Inquiry," in Robert W. Cox, Harold K. Jacobson and etc., eds., *The Anatomy of Influence: Decision Making in International Organization* (New Heaven and London: Yale University Press, 1974), pp. 12-14 참조.

### (1) 제안자

우선 제안자initiator일 경우 권력이나 영향력을 갖기 쉽다. 이 경우는 일국의 대표단이 중요한 제안을 주도적으로 제기하는 경우로서 여기서 중요한 제안이란 이로부터 일어날 의사결정으로부터 각국이 큰 영향을 받을 제안을 의미한다. 중요한 제안에는 타국이 제기한 제안에 대한 중요한 대안 역시 포함된다. 이 경우 영향력의 정도는 그 제안이 갖는 중요성에 달려있기 마련이다.

이러한 제안자의 역할에는 중요한 결의안draft resolution의 초안을 마련하는 데 있어서 주도적인 역할을 하는 것도 포함된다. 이러한 제안자가 국제기구에서 권력과 영향력을 발휘할 수 있는 것은 의사결정의 초기부터 중요한 결정과정에 지속적으로 관여하게 되고, 이로 인해 결과물에 대해 적지 않은 영향을 미칠 수 있기 때문이다.

### (2) 거부권자

거부권자vetoer일 경우 권력과 영향력을 갖기 쉽다. 이는 국가가 의사소통communication의 선상에서 차지하는 전략적인 위상 때문이거나 소지하고 있는 광범위한 정치적 자원으로 인해 다른 국가(들)의 주도권을 억제하고 거부할 수 있는 행위자가 됨으로써 권력이나 영향력을 행사할 수 있음을 의미한다.

제안자로서의 권력이나 영향력이 긍정적인 영향력positive influence이라 한다면, 거부권자의 권력이나 영향력은 부정적인 영향력negative influence이라고 말할 수 있다. 이것은 법에 의해 주어지는 거부권이라는 공식적인 것에만 국한되는 것이 아니고, 무슨 수단에 의하든 의사결정을 방지할 수 있는 기능적 의미까지를 포함한다.

국제기구에서 명시적으로 법에 의해 주어지는 거부권은 만장일치에 미달하는 결정을 배제하고, 모든 회원국들의 명시적 동의 없이 행동할 수도 있는 국제기구의 사무국이나 이사회의 결정을 효율적으로 배제함으로써 회원국들이 원하지 않는 결정을 제지할 수 있는 권한을 제공한다. 유엔헌장에 의해 안전보장이사회의 5개 상임이사국은 이러한 거부권을 보유하고 있다.

거부권이 명시적으로 법에 의해 주어지지 않은 경우라도 실제에 있어서 묵시적인 거부권을 보유한 것으로 볼 수 있는 경우들이 존재한다. 다수 국가의 목적을 실

현시키기 위하여 일국이나 일단의 국가들의 협력이 필수적일 경우, 이들 소수 국가들이 협력을 하지 않겠다고 위협함으로써 원하지 않는 결정을 저지할 수 있으며, 이러한 능력에 거부권이 내재해 있다고 볼 수 있다. 예컨대 개도국들이 수적인 우위를 가지고 결의안을 통과시키려 하나 만약 그 결의안이 포함하고 있는 조치를 실행하는 데 적지 않은 재정적인 자원이 필요하다면, 이러한 재정적인 자원을 부담하게 될 국가의 반대로 이러한 결의안은 상정조차 되지 않는 경우가 있다. 타국 대표단이 중요한 제안을 할 때 미국 대표단이 「Do you know its financial implication?」이라는 질문으로 응수하곤 하는데, 이로 인해 제안이 철회될 경우 영향력이 행사된 것을 알 수 있다.

### (3) 중개자

중개자broker일 경우 권력이나 영향력을 갖기 쉽다. 이는 회의의 구성원들 사이에서 중개인go-between이나 합의 구축자consensus-builder와 같은 역할을 함으로써 권력이나 영향력을 발휘할 수 있는 경우를 의미한다.

중개란 단순히 다른 국가들의 권력이나 영향력을 조절하고 타협을 짓는 것에 불과하기 때문에 권력이나 영향력이 될 수 없다고 생각할지 모른다. 그러나 권력이나 영향력이라고 하는 것이 한 국가의 행위에 의한 타국가의 행위의 변경을 의미한다면, 중개자는 특정 이슈에 관련된 모든 행위자들의 행동에 있어서 변경을 가져옴으로써 권력이나 영향력을 행사할 수 있는 것이다.

국제기구에서 제안이 구체화되기 전에 보통 비공식적인 타협과 설득을 주로 하는 협상이 선행된다. 타협안을 모색하는 이러한 과정에서 정직한 중개자honest broker의 역할을 할 수 있는 국가는 상당한 영향력을 행사할 수 있으며 이것이 바로 스칸디나비안 국가들이 영향력을 발휘하는 방식이기도 하다.

성공적인 중개자는 경쟁자들이 의도한 부분이 아니면서 모두가 동의할 수 있는 분쟁의 해결에 무엇인가를 보태는 역할을 한다. 중개자는 이러한 역할을 성공적으로 이행함으로써 장기적으로 명성과 신뢰를 쌓을 수 있으며, 이러한 명성과 신뢰로 인해 정치적인 의사소통의 연계망communication network에 있어서 전략적인 위치를 차지할 수 있다. 즉, 다른 국가(들)에 의해 점차적으로 상의의 대상이 되고 지속적으로 정보가 제공되는데, 이러한 것들이 중요한 정치적 자원이 되는 것이다. 물론

이러한 자원은 명성을 계속 유지하는 것에 달려있다.

개도국의 경우 다양한 개도국의 대표들을 하나의 블록으로서 동원할 수 있는 능력을 가질 경우 이를 통해 국제기구에서 권력이나 영향력을 발휘할 수 있다. 강대국은 아닌 국가로서 국제기구에서 영향력을 가질 수 있는 경우는 그들이 갖고 있는 전문지식을 통하거나 협상가 또는 중개자로서의 역할을 통해서이다.

냉전시대에 있어서 국가들은 동·서간의 분열과 더불어 남·북간의 분열과 같은 다원적인 분열로 인해 국제기구 내에서 중개자의 역할을 수행하기가 힘들었다. 그러나 탈냉전 시대에 접어들어 국제기구나 국제회의에서 국가들은 주로 남·북으로 이원적으로 분열되어 있는 이슈가 많아 중개자로서의 역할이 상대적으로 쉬워졌다.

### (4) 통제자

통제자controller가 될 경우 권력이나 영향력을 갖기 쉽다. 특정 국가가 자원의 통제나 공식적인 권위 혹은 또 다른 이유로 의사결정에 있어서 그들의 견해가 고려되어야만 하는 경우가 있다. 이때 특정 국가는 이로 인해 통제자로서의 권력이나 영향력을 갖는다.

앞서 언급한 제안자, 거부자, 중개자로서의 권력이나 영향력이란 어떤 특정 이슈와 관련하여 구체적인 활동을 통해 가지게 되는 것이다. 이와는 달리 통제자로서의 권력이나 영향력이란 이러한 구체적인 활동이 없는 가운데 생기는 것으로서 타행위자의 인식에 의해 주어지는 것이다. 즉 잠재해 있는 권력이나 영향력에 대한 평가에 의해 발생하는 권력이나 영향력인 것을 특징으로 한다.

이러한 권력이나 영향력은 영향력 있는 제안자, 거부권자 혹은 중개자로서의 과거의 역할로부터 유래될 수 있고 이러한 명성으로 인해 타행위자들이 의사결정에 앞서 상의해오는 경우 등이 이에 해당한다. 어떤 국가가 국제기구에서 제안을 하려다가 그만둘 수 있는데, 이는 이러한 제안을 내놓을 경우 특정 국가의 강력한 반대에 의해 성공할 수 없을 것이라는 인식 때문이다. 이처럼 국제기구에서는 어떤 중요한 제안을 내어놓거나 거부하지도 않으면서 영향력을 행사하는 경우가 있는데, 이것이 바로 통제자로서의 영향력인 것이다.

# 제 5 장
# 유엔총회 본회의와 위원회 의사규칙

의사규칙이란 국가들 간에 협력을 하고 갈등을 해결해 나가기 위한 절차적인 약속이다. 다른 규칙의 경우도 비슷하지만 이러한 규칙이 현실세계를 제대로 반영하고 있지 못하든가 추상성이 강할 경우 구체적인 관례라는 것이 형성되어 이들의 일부를 실질적으로 대체하기도 하고 보완하기도 한다. 여기에서는 총회의 의사규칙과 더불어 이러한 의사규칙을 둘러싸고 형성되어 있는 관례까지도 두루 살펴보고자 한다.

## 1. 의사규칙의 개관

유엔총회의 의사규칙Rules of Procedure, ROP은 국내조직의 회의를 위한 의사규칙과는 많은 부분에 있어서 차이가 존재한다. 이러한 차이는 여러 이유에 기인하나 중앙정부가 부재한 분권화된 국제사회에서 정치·경제·사회·문화적인 이질성을 가지고 있는 다수의 국가들이 국제적인 문제에 대한 나름의 해결책을 찾아가야만 한다는 필요에 기인한다.

여기에서 살펴보고자 하는 유엔총회의 의사규칙은 유엔총회에 적용되는 데 그치지 않고 다른 많은 국제회의 의사규칙의 표준이 되고 있다. 따라서 이들을 잘 이해한다는 것은 다른 국제회의의 의사규칙 역시 잘 이해할 수 있는 지름길이 된다. 예컨대 아시아·태평양경제사회위원회ESCAP와 같은 경제사회이사회ECOSOC 산하에 있는 기능위원회들functional commission은 별도의 의사규칙을 가지고 있지만, 유엔총회의 의사규칙과 크게 다르지 않다.

여기에서는 총회 의사규칙의 모든 조항을 하나하나 살펴보지 않고 중요하다고 판단되는 조항들을 발췌하여 설명을 가하고자 한다. 조항 모두를 살펴보려면 부록에 있는 총회의 의사규칙을 참고하기 바란다.

총회의 의사규칙은 총 163개조로 구성되어 있다. 제1조에서부터 제62조까지는 회기, 의제, 대표단, 신임장, 의장과 부의장, 운영위원회, 사무국, 언어, 기록, 총회·위원회·소위원회의 공개·비공개회의, 묵념 혹은 묵상 등 총회의 전반적인 것에 관한 것이다. 제63조에서 제95조까지는 총회에 관한 조항들이고, 제96조부터 제133조까지는 총회의 위원회에 적용되는 조항들이다. 나머지 조항들은 신입 회원

A/520/Rev.17

# RULES OF PROCEDURE

## OF THE

# GENERAL ASSEMBLY

*(embodying amendments and additions
adopted by the General Assembly
up to September 2007)*

## UNITED NATIONS

New York, 2008

유엔총회 의사규칙(A/520/Rev.17)

국의 가입, 주요기관에 대한 선거, 행정과 예산문제, 총회 보조기관, 해석과 수정을 다루고 있다.

총회에 관한 조항들과 위원회에 관한 조항들 중 상당히 많은 조항들이 동일한 내용을 담고 있으며, 단지 조항의 주어로서 「총회General Assembly」와 「위원회Committee」라는 말만을 달리 한다. 여기에서 총회란 엄격히 말해 본회의plenary를 지칭하나 총회라는 용어가 때때로 본회의와 위원회 모두를 통칭하는 용어로도 사용된다. 따라서 이러한 혼란을 피하기 위해 유엔총회라는 말 대신에 「유엔총회 본회의」 혹은 단순히 「본회의」라는 말을 사용하고자 한다.

앞서 언급했듯이 유엔총회 의사규칙은 총 163개 조항으로 구성되어 있다. 이러한 조항들 중 일부는 나름의 관례를 형성하여 오고 있어 조항의 이면에 존재해 오는 이러한 관례에 관심을 두어야 한다. 이러한 관례 이외에 특별위원회Special Committee on Methods and Procedures of the General Assembly approved by the Assembly의 권고나 총회의 결의안 등의 방식으로 총회에 의해 채택된 수정사항과 추가사항들이 있다. 가장 최근의 수정사항과 추가사항까지 부속사항annex으로 포함된 유엔총회 의사규칙이 문건A/520/Rev.17으로서 존재한다. 따라서 이곳에서는 이 문건을 기반으로 의사규칙을 살펴보고자 한다. 유엔총회 의사규칙에 관심이 있는 사람은 이 문건을 반드시 읽어보아야 한다.

이 문건과 더불어 유엔의 의사규칙의 이해와 실제에의 적용에 큰 도움을 주는 서적들이 있다. 우선 주유엔 스위스대표부가 발간하는 「PGA Handbook」이라는 제하의 책이 있다. 여기에서 「PGA」란 「The President of the UN General Assembly」의 약어로서 유엔총회 본회의 의장을 일컫는다. 따라서 「PGA Handbook」은 제목만으로는 본회의 의장으로 선임된 사람을 위한 지침서의 역할을 할 것을 의도한 책이라고 할 수 있다. 그러나 실제로 본회의 의장은 본회의는 물론 6개 위원회와도 일정한 관계를 가지는 지위에 있기 때문에 이 책은 본회의에 관한 내용이 주를 이루지만 상당 부분 위원회에 관한 내용 역시 포함하고 있다. 다시 말해 이 책은 회원국과 유엔총회 의장을 위해 유엔총회에 대한 실질적인 지침을 제공한다. 이 책은 유엔총회에서 토의되고 심의되는 것의 실질적인 내용에 관한 것이 아니라 의사규칙과 절차, 스케줄과 외교의례(의전), 관행과 선례를 다루고 있다. 이 책은 유엔총회의 의사규칙의 관련된 규정, 총회의 여러 결의문과 결정에 의거한 과업mandates, 이전의 총회 의장직의 수행으로부터 학습된 교훈 등에 관한 자

료들을 모아 엮은 책이다. 이 책자는 인터넷 상에서 PDF 파일의 형태로 무료로 제공되기 때문에 필요한 사람은 다운로드하여 프린트하면 된다.

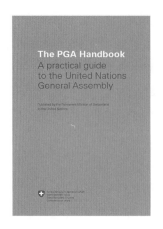

유엔총회의 의사규칙과 절차 등과 관련하여 또 다른 중요한 지침서는 유엔훈련 연구원United Nations Institute for Training and Research, UNITAR에 의해 발간된 「Manual for UN Delegates – Conference Process, Procedure and Negotiation」이라는 제하의 책이다. 이 책은 전직 호주 외교관이면서 유엔훈련연구원에 자문관의 역할을 하고 있는 워커Ronald A. Walker에 의해 쓰였다. 이 책은 회의외교 conference diplomacy에의 처음 발을 디디는 사람뿐 아니라 경험자로서 국제기구, 국제회의, 국제직인 협성에서 자국을 대표하도록 새롭게 직책이 주어진 회의대표 conference delegates를 주요한 대상으로 하여 이들을 다자회의와 다자외교의 세계로 안내하는 것을 목적으로 한다. 구체적으로 신참이 다자외교와 다자회의에서 직면하게 될 여러 장애를 극복하고 좀 더 빠르게 효율적인 참여자가 되는 것을 돕고자 한다. 그리고 좀 더 경험을 보유한 회의대표들에게는 참고서가 될 것을 목표로 한다. 이 책은 이러한 목표를 통해 궁극적으로 이들 모두에게 회의의 규칙과 동학 dynamics에 대한 이해를 심화시키고자 한다. 구체적으로 이 책은 다음을 주요한 내용으로 한다: ① 적절한 예시와 함께 다자회의에 있어서의 가장 중요한 과정과 절차에 대한 설명, ② 대표단이 자신들의 업무를 어떻게 편성하고 목표를 진전시킬 것인가를 기술, ③ 대표단들의 목표를 진전시키는 데 있어서 효과적인 것으로 증명된 전략과 전술에 대한 비결.

또 다른 안내서로서 사벨Robbie Sabel을 저자로 하는 「Procedure at International Conferences: A Study of the Rules of Procedure at the UN and at Inter-governmental Conferences」이라는 책이 있다. 이 책은 국제회의의 의사규칙에 관한 책으로서 의사규칙의 법적 기반과 제2차 세계대전 종식 후의 이러한 의사규칙의 발전의 역사를 다루고 있다. 이 책의 가장 핵심적인 특징은 이러한 의사규칙을 국제회의에 실질적으로 적용하는 문제를 다루고 있다는 점이다. 또한 국제회의에서의 이러한 규칙의 적용을 유엔총회뿐 아니라 세계보건기구WHO나 국제노동기구ILO와 같은 국제기구의 총회의 유관한 관행과 비교하고 있다는 점이다. 특정의 규칙과 적용이 국제관습법의 지위를 획득했다고 충분히 볼 수 있는가의 여부를 살펴보기도 한다.

## 2. 의사규칙의 기본사항

유엔회의에 참가한 적이 전혀 없는 경우 유엔총회 본회의와 위원회의 의사규칙을 제대로 이해하는 것이 쉬운 일이 아니다. 그러나 이러한 의사규칙의 전제가 되고 있는 몇 개의 주요 개념을 알게 되면, 그리 어려운 일만은 아니다. 여기에서는 이러한 개념 몇 개를 소개하고자 한다.

### (1) 발의와 제안

의사규칙을 제대로 이해하기 위해서는 우선 「motion」이라는 말이 무엇을 의미하는가를 이해하는 것이 필요하다. 왜냐하면 의사규칙의 많은 부분이 이러한 용어와 관련되어 있기 때문이다. 우선 이 말은 어떤 의미를 가지며 우리말로 어떻게 번역하여 사용할 것인가의 문제부터 살펴보아야 한다. 흔히 이 말은 「무슨 의안을 내어 놓는다」는 의미로서 우리말로 흔히 「동의」라는 말로 번역되어 사용되며 한자로는 「動議」라고 쓴다. 그러나 이 말은 「뜻을 같이 한다」는 의미의 우리말인 「동의」와 혼동의 여지가 많다. 후자의 경우는 「同意」라고 쓰기 때문에 한자 상으로는 전

자와 구분이 되나 말로 할 경우는 발음이 똑 같아 구분이 되지 않는다. 따라서 이러한 혼동의 여지를 방지하기 위해「동의(動議)」라는 말 대신에「발의(發議)」라는 말을 쓰는 것이 적절하다. 회의용어로서 이러한 발의motion라는 말은 엄격히 말해 절차적 문제procedural matter에 관해 안을 내놓는 경우에 사용된다. 이러한 발의motion라는 명사의 동사형인「발의하다move」는 말이 사용된 예로서「30분 동안 정회할 것을 발의합니다I move that this meeting be suspended for 30 minutes」를 들 수 있다.

이러한 발의라는 용어와 더불어 회의에서 빈번하게 사용되는 용어로서「proposal」이라는 용어가 있다. 이 용어는 일반적으로「제안(提案)」이라고 번역되어 사용된다. 회의용어로서 이 용어는 엄격히 말해 발의motion와는 달리 절차문제가 아닌 실질문제substantial matter에 대한 안을 내놓는 경우에 사용된다. 이러한 제안이라는 명사의 동사형인 제안하다propose는 말이 사용된 예로서「우리는 사무총장이 그의 숭고한 의도와 일치하여 인신매매와의 투쟁을 위한 유엔의 계획을 만들어낸다는 생각을 실질적인 행동으로서 지원할 것을 제안합니다We propose that the Secretary-General, in accordance with his noble intentions, support with practical actions the idea of producing a United Nations plan of action to combat human trafficking」를 들 수 있다.

그러나 이러한 구분은 실제에 있어서 엄격하게 지켜지지 않고 있다.「제안proposal」이라는 용어가 절차적인 문제에 관하여 안을 낼 때도 사용된다. 이러한 맥락에서「실질제안substantive proposal」이라는 말과 더불어 절차제안을 의미하는「비실질제안non-substantive proposal」이라는 용어가 사용되고 제안하다propose는 용어기「I propose that this meeting be suspended for 30 minutes」라는 예에서 보듯이 절차문제를 발의하는 경우에도 사용된다. 거꾸로「발의motion」라는 용어가 실질적인 문제에 관하여 안을 내놓을 때 사용되기도 한다. 이러한 맥락에서「절차발의procedural motion」라는 용어와「실질발의substantive motion」라는 용어가 모두 사용된다.

여기에서 실질발의란 실질적인 문제에 대하여 안을 내놓는 것을 의미하며, 구체적으로 결의안이나 수정안의 내용에 대하여 안을 내놓는 것을 일컫는다. 따라서 실질발의란 엄격한 회의용어로서는「제안proposal」에 해당하는 것이다. 절차발의는 이러한 실질발의를 제외한 발의로서 절차와 관련하여 안을 내놓는 것을 의미한다.

이 책에서는 이러한 혼란을 피하기 위해 제안proposal과 발의motion를 엄격하게 구분하지 않은 채, 절차발의와 실질발의라는 말을 제안이라는 말과 더불어 사용하

고자 한다.

## (2) 제안과 수정

위에서 제안이라는 용어와 발의라는 용어의 관계를 살펴보았다. 이와 더불어 「제안proposal」이라는 용어와 「수정amendment」이라는 용어와의 관계를 살펴보아야 한다. 왜냐 하면 유엔총회의 의사규칙에는 제안이라는 용어를 수정이라는 용어와 대비하여 사용하고 있기 때문이다.

제안이란 넓은 의미에서 수정안을 내놓는 행위까지를 포함하는 것인데, 총회의 의사규칙의 경우 제안은 수정이 가해지기 전의 안을 의미하는 협의로 사용하고 있다.

## (3) 수정 · 개정 · 정정

상정된 원결의안이 있는 그대로 채택되기도 하지만 많은 경우 변경이 가해진 후에 채택된다. 이렇게 채택되는 결의안에는 수정된 결의안amended draft resolution, 개정된 결의안revised draft resolution, 정정된 결의안corrected draft resolution이라는 세 종류가 존재한다.

정정correction이란 잘못된 것error을 바로잡는 것을 의미하는 용어로서 무엇을 의미하는지 확실하다. 그런데 수정과 개정이 과연 무슨 차이가 있는지 명료하지 않다. 이러한 두 용어의 차이를 두 가지 차원에서 살펴볼 수 있다.

우선 변경의 범위를 가지고 구분할 수 있다. 이에 따르면 수정amendment이란 원결의안의 본질적인 내용을 유지하는 가운데 결의안의 일부에 첨가, 삭제, 대체가 가해지는 것을 의미한다. 이와는 달리 개정revision이란 수정의 범위를 넘어서 결의안의 내용 자체를 크게 바꾸는 경우를 일컫는다. 즉 수정과 개정은 모두 변경을 의미한다는 공통점이 있으나 수정의 경우는 제한적인 범위의 변경인데 반해 개정은 총체적인 범위의 변경을 의미한다.

두 번째는 변경의 주체가 누구인가에 따른 구분이다. 통상적으로 수정은 원결의안을 제안한 제안국(들)이 아닌 대표단에 의한 변경을 의미한다. 이와는 달리 개정은 원결의안의 제안국(들)이 변경을 가하는 것을 의미한다. 유엔회의와 관련하여 개정이란 통상적으로 원결의안 제안자들에 의한 원결의안의 수정을 의미한다.

## (4) 발의에 대한 재청

유엔총회의 의사규칙이 아닌 일단의 다른 국제기구의 의사규칙에는 발의motion
가 정식으로 수용되기 위한 조건으로서 재청second이 있어야 함을 규정하고 있다.
여기에서 재청이란 누가 내놓은 안에 대해 동의를 표시하는 행위를 의미한다. 이처
럼 발의가 정식으로 접수되기 위해 발의에 대한 재청을 필요로 하는 이유는 발의
의 남발을 막아보자는 의도에서이다.

유엔총회의 의사규칙에는 발의가 정식으로 수용되기 위해서는 이에 대한 재청
이 있어야 한다든지 재청을 필요로 하지 않는다든지 하는 재청에 대한 언급이 전
혀 없다. 그러나 실제의 관행상 재청을 필요로 하고 있지 않다.

## (5) 토론을 허용하는 절차발의와 불허하는 절차발의

절차발의procedural motion란 대표단이 회의 구성원에게 절차적인 이슈issues of
procedure에 대해 결정을 내려달라는 요청을 의미한다. 이러한 절차적인 이슈는 몇
개로 딱 한정되어 있지 않다. 이러한 절차발의의 예에는 회의의 잠정중지, 회의의
연기, 토론의 연기, 토론의 종료, 제안의 재심의, 분리투표, 불처리, 제안에 대한 표
결순서의 결정, 동일한 의제를 다루고 있는 복수의 제안이 있는 경우 하나의 제안
에 대해 표결을 한 후 다음 제안을 표결에 회부할 것인가의 여부에 대한 결정, 의
사규칙 위반지적에 관한 의장의 평결에 대한 재심의의 요청, 의장이나 사무총장 등
에게 의견의 제시 요청, 의사규칙의 잠정 중지 등이다.[1]

이러한 절차발의에 따라서는 토론과정을 거치지 않고 즉각적으로 표결에 회부
되는 발의가 있는가 하면, 토론을 통해 논쟁을 벌인 후에라야 채택여부를 결정짓는
발의가 있다. 전자를 「토론이 허용되지 않는 절차발의a procedural motion that is not
subject to debate」라 하며, 다음에 살펴볼 「회의의 잠정중지suspension of meeting」나
「회의의 연기adjournment of meeting」와 같은 절차발의가 이러한 예에 속한다. 후자
를 「토론이 허용되는 절차발의a procedural motion that is subject to debate」라고 하며,

---

[1] Robbie Sabel, *Procedure at International Conferences: A Study of the Rules of Procedure
at the UN and at Inter-governmental Conferences*, 2nd Edition (Cambridge: Cambridge
University Press, 2006), p. 247.

대표적인 예로서「토론의 연기adjournment of debate」나「토론의 종료closure of debate」와 같은 절차발의를 들 수 있다.

토론이 허용되는 발의의 경우 제기된 발의가 채택될 경우 회의의 결과에 미치는 영향이 큰 경우이다. 이 때문에 이러한 발의에 대해 찬성과 반대토론을 허용하여 채택여부를 좀 더 신중하게 하자는 의도를 가지고 있다.

토론이 허용되는 절차발의가 제기된 경우 의장은 우선 이 발의에 대한 반대가 있는가의 여부를 다른 대표단들에게 묻고, 반대가 있을 경우 토론을 갖도록 한 후 채택여부를 결정하기 위해 표결에 들어가도록 한다. 절차발의가 표결에 회부되는 경우 실질발의가 표결에 회부될 때와 마찬가지로, 찬성이나 반대뿐 아니라 기권 역시 가능하다. 그리고 이때 기록투표recorded vote가 요청될 수 있으며, 이러한 기록투표가 요청될 경우 찬성한 국가, 반대한 국가, 기권한 국가의 수뿐만 아니라 국명이 기록된다.

절차발의가 토론을 허용한다고 해서 대표단들이 제한 없이 토론에 참가할 수 있는 것이 아니다. 토론에 참가하는 대표단의 수가 일정하게 제한된다. 토론을 허용할 경우 찬성측과 반대측 모두를 항상 같이 참여시키는 것이 아니라 때때로 반대측만 토론에 참여시키는 경우도 있다. 또한 토론을 허용하는 절차발의를 제안한 사람을 찬성측 토론자에 포함시키는 경우와 포함시키지 않는 경우가 있다.

예컨대「토론종료 발의」와「제안의 재심의 발의」는 토론을 허용하는 절차발의로서, 토론에의 참여는 발의에 반대하는 대표 2명에게만 주어진다.「토론연기 발의」와「분리투표 발의」는 토론을 허용하는 절차발의로서 토론에 찬성측 2명과 반대측 2명의 참가를 허용한다. 그러나「분리투표 발의」의 경우 분리투표 발의를 제안한 사람이 찬성측 2명 가운데 1명으로 간주되나,「토론연기 발의」는 토론연기 발의 제안자가 찬성측 2명에 포함되지 않아 제안자가 아닌 찬성측 발언자 2명이 추가된다.

유엔총회 본회의와 위원회의 의사규칙에서 특별히 토론을 허용한다는 말이 없을 경우 토론을 허용하지 않는 발의라고 이해하면 된다. 토론이 허용되는 절차발의로서 찬성측과 반대측에 발언의 기회를 줄 때 어느 측에 먼저 그리고 나서 어떤 순서로 발언의 기회를 주어야 하는가에 대해 정해진 규칙이나 관례는 전혀 없다. 따라서 어떤 순서로 발언의 기회를 주더라도 상관이 없다. 따라서 예컨대 찬성측, 반대측, 반대측, 찬성측의 순서로 발언의 기회를 주어도 무방하다. 찬성측이나 반

대측 토론에 참여하는 국가는 발언을 할 때, 어떤 국가들을 대표하여 발언한다고
하기도 한다.

### (6) 토의 · 토론 · 심의

유엔총회의 의사규칙은 「debate」, 「discuss」, 「consider」이라는 용어를 별개
의 용어로서 사용하고 있다. 우선 이러한 용어들의 의미를 알아보아야 하는데 그
이전에 이들 용어들을 우리말로 어떻게 번역하여야 할 것인가를 생각해 보아야 한
다. 이들 용어 가운데 「discuss」를 「토의하다」로 번역하고 「debate」를 「토론하
다」로 번역하여 사용하는 것에는 별 이견이 없다. 「consider」이라는 용어는 이들
용어에 비해 논의의 여지가 있지만 여러 우리말 후보 가운데 「심의하다」는 말이
가장 적합하다고 생각하여 이 말을 번역어로 사용하고자 한다.

용어의 문제와 더불어 이러한 용어가 무엇을 의미하는가의 문제가 생긴다. 「토
의하다discuss」는 광의로 쓰이는 경우와 협의로 쓰이는 두 경우가 있다. 우선 협의
로 사용되는 경우를 「토론하다debate」의 의미와 구분지어 살펴보면 다음과 같은 차
이가 존재한다. 「토론debate」이란 용어가 어떤 문제에 대해 찬반의 의견이 분명한
상태에서 상대방을 설득하여 자신의 견해를 수용하도록 하려는 시도의 의미로 쓰
이는데 반해 「토의discussion」란 용어는 공동의 관심사를 둘러싸고 상호간의 의논과
협의를 통해 의견의 차이를 좁혀 합일점을 찾아내려는 시도를 의미할 때 쓰인다.
「토의discussion」란 용어는 광의로도 쓰이는데 이 경우 「어떤 문제에 대하여 함께
검토하고 의논하다」는 의미로 쓰이면서 협의의 토의와 토론이라는 두 의미 모두를
아우른다.

유엔총회에서 이 용어들이 이러한 의미로 사용되는지를 의사규칙과 실제회의
운영을 통해 살펴보고자 한다. 우선 「discuss」라는 용어의 쓰임새를 예를 들어 살
펴보도록 하자. 유엔총회 의사규칙 제74조와 116조의 경우 「During the discussion
of any matter, a representative may move the adjournment of the debate
on the item under discussion」이라는 규정을 포함하고 있다. 여기에서 우리는
어떤 문제matter나 의제항목item을 대상으로 우리가 위에서 구분한 토의의 의미도
토론의 의미도 아닌 이 두 의미를 포괄하는 의미로서 「discuss」라는 용어를 사용
하고 있다는 점이다. 유엔총회 의사규칙 제78조와 120조는 「As a general rule,

no proposal shall be discussed or put to the vote at any meeting of the General Assembly unless copies of it have been circulated to all delegations not later than the day preceding the meeting」이라는 규정을 두고 있는데 이를 통해 제안proposal을 대상으로 해서도 협의의 토의와 토론 모두를 아우르는 의미로서 「discuss」라는 용어를 사용하고 있다는 것을 알 수 있다. 이들 예 모두를 종합해 볼 때 「토의discussion」라는 용어는 실제의 유엔회의에서 협의의 토의와 토론을 모두 포괄하는 광의의 의미로 사용되고 있다고 볼 수 있다.

다른 한편 유엔의 의사규칙과 실제의 운영을 면밀히 살펴보면 결의안이나 수정안이 상정된 이후 이들에 대한 논의에 대해 위에서 살펴본 것과는 달리 광의의 토의discussion라는 용어를 사용하지 않고 찬반논쟁을 의미하는 토론debate이라는 용어를 사용하는 경우가 종종 발견된다. 따라서 이러한 경우가 존재한다는 점을 염두에 두어야 할 것이다.

다음으로 「debate」라는 용어의 용례를 살펴보자. 유엔총회 의사규칙 제76조와 118조가 「During the discussion of any matter, a representative may move the suspension or the adjournment of the meeting. Such motions shall not be debated but shall be immediately put to the vote」라고 규정하고 있는데 이는 회의의 잠정중지(정회)나 회의의 연기라는 절차발의가 상대적으로 중요한 절차발의에 속하지 않기 때문에 이의 수용여부 결정은 찬성측과 반대측의 논쟁 없이 곧바로 투표에 부쳐진다는 내용이다. 이와는 달리 중요한 절차발의가 제기될 때 이의 수용여부를 신중하게 결정하도록 찬성과 반대의 논쟁을 허용하기 때문에 이와 관련하여 찬반토론을 의미하는 「debate」라는 용어를 사용하고 있는 것이다.

유엔총회 의사규칙 중 「adjournment of debate」와 「closure of debate」와 같은 절차발의가 있는데 「discussion」이라는 말 대신 「debate」라는 말을 여기에서 사용하고 있는 이유는 연기하자거나 종료하자는 발의가 통상적으로 의제항목을 둘러싸고 찬성과 반대의 토론이 진행되는 와중에 제기될 것이라는 기대가 있기 때문이라고 생각된다. 이 밖에 회의의 실제 운영과정에서 실질적인 찬반 논쟁이 오가지 않고 일방적인 발언에 그치고 있음에도 불구하고 「일반토론general debate」이라는 말과 「의제항목별 토론individual debate」이라는 말에서 「debate」라는 용어를 사용하고 있는 것은 실제에 관계없이 원래 의도한 바가 토론이었다고 볼 수 있다.

이와는 달리 찬반 논쟁의 존재를 전제하기 어려움에도 불구하고 「debate」라는

용어를 사용하는 경우도 유엔총회 의사규칙에서 발견된다. 예컨대 제73조와 115조는 「During the course of a debate, the President(Chairman) may announce the list of speakers and, with the consent of the General Assembly (Committee), declare the list closed」라고 규정하여 토론이 진행되는 동안 의장이 발언자명부를 공표할 수 있고 총회나 위원회의 동의와 더불어 발언자명부가 닫혔음을 선언할 수 있다고 하고 있다. 「The President may declare a meeting open and permit the debate to proceed when at least one third of the members of the General Assembly are present」라고 규정하고 있는 의사규칙 제67조와 108조의 경우도 역시 이러한 예에 속한다고 볼 수 있다. 이러한 예들을 종합해 볼 때 일관성이 완전한 것은 아니지만 대체적으로 「debate」라는 용어는 찬반논쟁이 존재하는 경우에 사용된다고 볼 수 있다.

토의와 토론에 이어 「심의consideration」라는 용어의 의미를 살펴보고자 한다. 이 용어의 사전적인 의미는 제출된 안건을 상세히 검토하고 그 가부를 논의하는 것을 뜻한다. 좀 더 구체적으로 말해 위에서 살펴본 광의의 「토의discussion」가 어떠한 결과의 산물이 없는 상태에서 그 결과를 만들어내기 위해 논의하는 것인데 반해 「심의consideration」란 토의의 결과물을 놓고 어떤 결정을 내리거나 행동을 취하기 위해 심사숙고하여 판단하는 과정을 의미한다고 볼 수 있다.

이처럼 심의가 토의를 바탕으로 하기 때문에 「Topics of discussion and consideration(토의와 심의의 주제)」이라는 일상용어에서 보듯이 토의라는 용어와 심의라는 용어가 동시에 연이어 쓰이는 경우가 드물지 않다. 이러한 것은 유엔총회 의사규칙도 예외가 아니다. 의사규칙 제78조와 120조는 「The President may, however, permit the discussion and consideration of amendments, or of motions as to procedure, even though such amendments and motions have not been circulated or have only been circulated the same day」라고 규정하고 있다.

유엔총회의 의사규칙과 실제의 회의운영에 관한 관행을 종합하여 살펴볼 경우 심의라는 용어는 엄밀하게 말해 상정된 결의안이나 수정안에 대한 토의(여기에서의 토의는 협의의 토의와 토론을 포괄하는 광의의 의미의 토의를 지칭한다) 이후 결의안에 대한 행동을 취하기 이전까지의 과정을 의미한다고 볼 수 있다.

### (7) 회의와 회기

의사규칙을 잘 이해하기 위해서는 「회의meeting」라는 말과 「회기session」라는 말을 잘 구분하여야 한다. 회의란 어떤 주제를 놓고 여럿이 모여 의논하는 모임을 의미한다. 회기란 통상적으로 두 가지 의미 즉 「일련의 회의들series of meetings」과 「일련의 회의들이 지속되는 기간」이라는 두 가지를 의미한다. 회기란 여러 차례의 회의들 그 자체를 의미하기도 하고 여러 차례의 회의가 열리는 기간을 의미하기도 한다.

유엔총회의 경우 「정기회기regularly scheduled session」라고 할 때 9월 세 번째 주 화요일에 시작하여 다음 회기가 시작되기 전까지 지속되는 회의의 전체 기간을 의미하는데, 이 기간 동안 많은 횟수의 회의meeting가 열림으로써 회기는 많은 회의로 구성된다.

이러한 「session」을 「meeting」을 의미하는 용어로 잘못 사용하는 경우가 빈번하다. 예컨대 유엔총회에서 오후 3시부터 시작하여 6시에 끝나는 회의를 「General Assembly afternoon session」이라고 표현하는 경우가 많은데 이는 잘못된 것으로서 「General Assembly afternoon meeting」으로 표현하여야 한다.[2]

위원회에 따라 다르기는 하나 한 회기에 대체적으로 40-50회의 회의가 열린다. 회기 내에 의제를 모두 처리하지 못할 경우 회기가 끝난 후에도 회의가 지속되는 경우도 있는데, 이러한 회의를 「속개회의resumed meeting」라고 하고 이러한 회기를 「속개회기resumed session」라고 부른다.

좀 더 정확히 말해 9월 세 번째 주 화요일부터 크리스마스 휴가 전까지의 기간을 「주요회기main part of session」이라고 하고 1월부터 새 회기가 시작되기 전까지의 기간을 「속개회기resumed part of session」이라고 한다.[3]

### (8) 의제와 의제항목

의제agenda란 회의에서 의논할 일련의 문제들을 집합적으로 가리키는 말이다.

---

2) The Permanent Mission of Switzerland to the United Nations, *The PGA Handbook: A Practical Guide to the United Nations General Assembly* (New York, 2011), p. 14.
3) The Permanent Mission of Switzerland to the United Nations, *The PGA Handbook: A Practical Guide to the United Nations General Assembly* (New York, 2011), p. 14.

의제항목agenda item이란 이러한 의제에 포함되어 있는 논의대상 하나하나를 가리킨다. 의제는 통상 다수의 항목들items로 구성되어 있다.

의제항목이란 말 대신에 「안건」이라는 말을 사용하기도 하나 여기서는 의제항목이라고 칭하고자 한다. 의제항목을 지칭하는 영어로 「agenda item」이라는 말 대신에 「agenda topic」이라는 말을 사용하기도 한다.

우리가 의제항목과 관련하여 흔히 잘못 알고 있는 것이 있다. 의제항목이라고 하면 「아동의 권리의 촉진과 보호Promotion and protection of the rights of children」와 같이 실질적인 내용을 둘러싸고 논의의 대상이 되는 이슈만을 의제항목으로 생각하는 경향이 있다. 그러나 「개회의 선언」과 같은 것에서부터 「의제의 채택」과 같은 절차적인 것들도 유엔회의의 중요한 의제항목이라는 것을 잊어서는 안 된다.

### (9) 업무편성과 업무계획

유엔총회 본회의든 위원회이든 상관없이 회의가 시작되기 전에 업무편성organization of work과 업무계획programme of work이 작성된다. 이 두 용어는 혼동과 혼용의 여지가 적지 않기 때문에 차이가 무엇인가를 알아둘 필요가 있다.

우선 업무계획이란 활동종료 목표일, 의제항목 심의에 필요한 일수, 각 의제항목에 배정될 회의의 수 등 주어진 의제항목들을 다루어 나갈 시간계획을 의미한다. 이와는 달리 업무편성이란 용어는 협의로 사용되느냐 아니면 광의로 사용되느냐에 따라서 의미를 달리한다.

우선 협의의 업무편성은 회의의 운영지침으로서 주중에는 오전 10시부터 오후 6시까지만 사무국으로부터 회의서비스가 제공된다는 것과 같은 정보와 일반토론·투표설명·반박발언권 행사에 부여되는 발언시간 등에 관한 권고로서 구성되며 시간계획 같은 것이 제외되어 있다. 업무편성이란 용어가 광의로 사용되면 협의의 업무편성이란 개념에 업무계획이 포함된 것을 의미한다.

유엔총회 본회의 경우는 업무계획과 업무편성이 하나의 문건으로 작성되지 않고 복수의 문건으로 작성된다. 이와는 대조적으로 위원회의 경우는 업무편성이라는 문건 속에 업무계획이 포함되어 있어 업무편성이라는 용어를 광의로 사용하고 있음을 알 수 있다.

## 3. 의사규칙

다음에서 살펴볼 유엔총회 의사규칙 가운데 제30조에서 제37조까지는 총회 본회의의 의장과 부의장 선출에 관한 조항들이며 제63조부터 제95조까지는 본회의 일반에 관한 조항들이다. 제96조부터 제133조까지는 주요위원회에만 적용되는 의사규칙이다. 이들 이외의 조항들은 유엔총회 전반에 적용되는 의사규칙이다.

### (1) 언어Language

**제51조**
아랍어, 중국어, 영어, 불어, 러시아어, 스페인어가 총회, 위원회 및 소위원회의 공식 및 실무언어가 된다.

**제52조**
총회의 6개 언어 중 하나로 이루어진 연설은 여타 5개 언어로 통역된다.

**제53조**
어느 대표든 총회의 공식언어 이외의 언어로 연설할 수 있다. 이 경우, 그는 총회 또는 해당 위원회의 언어 중 하나로 통역을 제공해야 한다. 이때 사무국 통역인에 의해 총회 또는 관련 위원회의 여타 공식언어로 통역은 첫 번째 공식언어로 주어지는 통역에 근거해서 이루어진다.

**제54조**
구술기록 또는 요약기록은 총회의 모든 공식언어로 가능한 조속히 작성된다.

**제55조**
총회 회기 동안 유엔저널(Journal of the United Nations)은 총회의 모든 공식언어로 간행된다.

**제56조**
모든 결의문과 여타 문건은 총회의 모든 공식언어로 발간된다.

**제57조**
총회, 위원회 및 소위원회 문건은 총회가 그렇게 하기로 결정하는 한 총회 또는 관련 위원회의 공식언어 이외의 언어로 발간될 수 있다.

**해 설**

총회는 영어, 불어, 중국어, 러시아어, 스페인어, 아랍어를 공식언어로 하며 본회의, 위원회, 소위원회에서 연설, 구술기록(verbatim record), 요약기록(summary record), 유엔저널(Journal of the United Nations), 결의문(resolution) 등에 사용한다.

총회의 6개 공식언어 가운데 어느 한 언어로 한 일반토론 발언(기조연설)이나 기타 발언은 다른 5개의 공식언어로 통역이 된다. 이러한 공식언어가 아닌 다른 언어로 일반토론 발언(기조연설)을 하거나 발언하고자 하는 대표단은 자신들이 대동하고 온 통역인으로 하여금 공식언어 가운데 하나로 통역을 하도록 하거나 공식언어 가운데 하나로 된 일반토론 발언문(기조연설문)이나 기타 발언문을 제공하여야 한다. 이 경우 유엔사무국은 사무국의 통역인으로 하여금 다른 공식언어들로 통역을 하도록 한다.

공식언어가 아닌 언어로 일반토론 발언(기조연설)을 하거나 의제항목별 발언을 하는 대표단이 통역인을 대동하지 않고 공식언어 중 하나로 번역된 일반토론 발언문(기조연설문)이나 의제항목별 발언문을 제공할 경우 유엔사무국의 통역인은 연설이나 발언의 어느 부분이 이러한 발언문의 어느 부분에 해당하는지를 알기 어렵다. 따라서 이때 해당 대표단은 발언에 사용하고자 하는 비공식언어와 발언문 작성에 사용된 공식언어 모두를 알고 있는 사람을 유엔사무국의 통역인에게 보내서 이 통역인을 잘 인도하여 동시통역이 원활하도록 도와야 한다.

## (2) 의장단 선출 Election of the Bureau

**본회의 관련 조항**

**제30조**

총회가 달리 결정하지 않는 한 총회는 1명의 의장과 21명의 부의장을 그들이 주재할 회기가 개시하기 최소한 3개월 전에 선출하여야 한다. 이렇게 선출된 의장과 부의장들은 자신들의 회기가 시작되면서야 그들의 기능을 수임하고 그 회기의 폐회 시까지 재직한다. 부의장은 운영위원회의 대표성을 확보하기 위해 제98조에 언급된 6개의 주요위원회의 의장을 선출한 후에 선출한다.

**제31조**

의사규칙 제30조에 따라 그 회기의 의장이 만일 총회의 회기가 개시할 때 아직 선출되지 않았다면, 이전 회기의 의장 혹은 그의 대표단의 장이 새로운 의장을 뽑을 때까지 회의를 주재한다.

## 위원회 관련 조항

**제99조**

(a) 모든 주요위원회는 회기가 개시되기 최소한 3개월 전에 의장을 선출한다. 의사규칙 제103조에 규정된 다른 임원(officer)의 선거는 늦어도 회기 첫 주말까지 실시되어야 한다.

(b) 각 주요위원회는 운영위원회의 권고로 총회가 정한 폐회일을 유념하면서 자신의 우선순위를 결정하며, 자신에게 회부된 의제항목들의 심의를 모두 마치기에 필요한 만큼 회의를 갖는다. 주요위원회는 회기 벽두에 자신의 활동종료 목표일, 의제항목 심의에 필요한 일수, 각 의제항목에 배정될 회의의 수 등 업무계획을 채택할 수 있다.

**제103조**

각 주요위원회는 1명의 의장, 3명의 부의장 그리고 1명의 보고관을 선출한다. 여타 위원회의 경우, 각 위원회는 1명의 의장, 1명 또는 그 이상의 부의장 그리고 1명의 보고관을 선출한다. 이러한 임원들(officers)은 공평한 지리적 배분, 경험, 개인적인 능력을 고려하여 선출한다. 오직 1명만이 입후보한 선거도 위원회가 달리 결정하지 않는 한 비밀투표에 의해 실시된다. 각 후보의 지명은 1명의 발언자에 한정되며, 그후 위원회는 즉시 선거에 들어간다.

### 해 설

의장단(bureau)은 통상적으로 의장, 부의장, 보고관(rapporteur)으로 구성된다. 유엔 총회 본회의는 의장 1명과 부의장을 21명을 두는데 구체적으로 아시아지역 5명, 아프리카지역 5명, 동유럽지역 1명, 중남미카리브지역 3명, 서유럽 및 기타지역 2명, 안전보장이사회 상임이사국 5명으로 구성된다. 본회의는 보고관을 두지 않는다. 총회의 6개 주요위원회는 각각 의장 1명, 부의장 3명, 보고관 1명을 두고 있다.

과거에는 본회의 의장이 회기가 개시되고 나서 공식적으로 선출되었다. 따라서 현 회기의 의장이 선출되기 전까지 전 회기 의장국의 대표단장이 회의를 주재했다. 따라서 회기의 개회선언도 전 회기 의장국의 대표단장에 의해 행해졌다. 본회의 처음 회의(meeting)에서 의장이 선출된 다음에 이어서 6개 주요위원회 의장이 선출되었고, 이어서 본회의의 부의장이 선출되었다. 위원회에서는 위원회의 3명의 부의장과 1명의 보고관이 회기의 첫 주에 선출되었다.

의장단의 선출과 관련한 이러한 총회의 의사규칙이 2002년 7월 8일에 유엔총회 본회의에서 채택된 결의문(A/RES/56/509)에 의해 대폭 바뀌었다. 이에 따르면 총회 본회의의 의장과 부의장은 새로운 회기가 시작되기 최소한 3개월 전에 선출되어야 한다. 만약에 회기가 개시된 때 의장이 선출되어 있지 않을 경우에 한해 이전 회기의 의장이나 그

의 소속 국가 대표단장이 새로운 의장 선출 시까지 회의를 주재한다.

본회의 의장과 부의장처럼 모든 주요위원회의 의장 역시 회기가 개시되기 최소한 3개월 전에 선출되어야 한다고 규정하고 있다. 단 본회의 부의장 선출에 앞서서 위원회 의장이 선출되어야 한다는 규정이 있다. 위원회의 의장단 중 의장은 본회의에서 회기 개시 최소한 3개월 전까지 선출하도록 한 것과는 달리 부의장과 보고관은 늦어도 회기 시작 첫 주말까지 선출되어야 한다고 규정하고 있다.

이렇게 의장단 선출을 앞당긴 것은 총회의 효율성을 증진하여 총회의 활성화 (Revitalization of the General Assembly)를 꾀하고자 하는 조치의 일환이다. 즉 총회 본회의와 위원회의 의장을 회기가 개시되기 3개월 전에 선출함으로써 의장직의 순조로운 원만한 이양을 가져오고 그 결과 총회의 효율성을 제고한다는 의도의 결과이다.

이러한 의사규칙의 개정에 따라 첫 시행 해인 2002년만을 예외로 7월 중순에 본회의 의장단(의장과 부의장)과 위원회 의장단(의장, 부의장, 보고관)의 선출이 있었고 그 이후에는 매년 6월 초순경에 이들의 선출이 있었다. 2008년 제63차 유엔총회의 경우 9월 16일에 총회가 개회되었는데, 3달 이전인 6월 4일에 총회 본회의 의장, 위원회 의장, 본회의 부의장, 위원회 부의장과 보고관이 선출된 바 있다.

유엔총회 본회의는 2003년 12월 19일에 또다른 결의문(A/RES/58/126)을 통해 이전 결의안에서의 개정 내용에 다시 변경을 가했다. 과거 결의안은 위원회의 부의장과 보고관의 경우 늦어도 회기 시작 첫 주말까지 선출되어야 한다고 규정함으로써 위원회 의장과는 달리 회기가 개시되고 나서 선출되어도 될 수 있는 여지를 남겼다. 새로운 결의안은 위원회 역시 미리 제대로 된 계획과 준비를 위해 부의장과 보고관도 회기 개시 3개월 전에 선출되어야 한다는 내용을 담고 있다.

## (3) 의장대리와 의장의 교체

**본회의 관련 조항**

제32조

만일 의장이 한 회의의 전체 기간 동안 또는 그 일부 기간 동안 자리를 떠야 될 사정이 있으면 그는 부의장 중 한사람을 지명하여 의장직을 대행케 할 수 있다.

제33조

의장을 대리하여 부의장은 의장과 똑같은 권한과 의무를 가진다.

제34조

만일 의장이 그의 기능을 수행할 수 없으면 그의 잔여 임기기간 동안 새로운 의장이 선출된다.

## 위원회 관련 사항

**제105조**

만일 의장이 회의의 전체 기간 동안 또는 회의의 일부기간 동안 자리를 떠야 할 사정이 있을 때, 그는 부의장 중 1명을 지명하여 그의 직무를 대행하게 할 수 있다. 의장을 대리하는 부의장은 의장과 동일한 권한과 의무를 가진다. 만일 위원회의 한 임원이 그의 직무를 수행할 수 없으면, 잔여 임기 동안 새로운 임원이 선출된다.

**해 설**

부의장은 의장이 회의를 주재할 수 없는 상황이 발생할 경우(즉 자리를 비우거나 회의 자체에 불참할 경우), 의장을 대신하여 회의를 주재하는 역할을 하며 이때 의장과 동일한 권한을 보유하고 책임을 진다. 이때 본회의 의장을 대신하는 부의장은 영어로 「Acting President of the General Assembly」라고 표기한다.

의장과 보고관(위원회의 경우만 존재)이 회의장 전면의 의장단 자리에 앉아 있는 것과는 달리 부의장은 의장이 사회를 볼 때 자신의 국가 대표단석에 앉아 있게 된다. 이때 그가 앉아 있는 대표단 석에는 「부의장(Vice-Chairman)」이라는 쓰여 있는 명패가 놓인다.

## (4) 의장의 표결 불참

### 본회의 관련 조항

**제37조**

의장 또는 의장을 대리하는 부의장은 투표를 행하지 않으나, 자기 대표단의 일원을 지명하여 그를 대신하여 투표를 하게 할 수 있다.

### 위원회 관련 조항

**제104조**

주요위원회 의장은 투표하지 아니한다. 그러나 대표단의 다른 단원이 그의 대신 투표할 수 있다.

**해 설**

　본회의 의장이나 위원회의 의장은 투표에 참가하지 않는다. 그러나 투표권이란 개인이 아닌 국가 대표단에게 주어지는 것이기 때문에 의장이 직접 투표권을 행사할 수는 없어도 의장이 소속되어 있는 국가의 대표단 중 어느 대표도 투표권을 행사할 수 있다.

## (5) 사무총장과 사무국의 의무와 권한

**제45조**

사무총장은 총회, 위원회, 소위원회의 모든 회의에 참석하며 사무총장 자격으로 행동한다. 그는 사무국 직원의 한사람을 지명하여 상기 회의에서 그를 대신하여 행동할 수 있도록 할 수 있다.

**제46조**

사무총장은 총회, 위원회, 총회가 설립한 산하기구에 의해 요청되는 사무인력을 제공하고 그들을 지휘하고 감독한다.

**제47조**

사무국은 총회, 위원회, 산하기구의 문건·보고서·결의문을 접수·번역·인쇄하여 회람한다. 각 회의에서 행한 연설을 통역하고 회기의 기록들을 준비, 인쇄하여 회람한다. 총회의 문건을 문건 보존실에 보관 및 보존한다. 총회의 모든 문건을 유엔 회원국에 배포하며 총회가 필요로 하는 여타 업무를 전반적으로 집행한다.

### 본회의 관련 조항

**제70조**

사무총장 또는 사무총장이 그의 대리인으로 지명한 사무국 직원은 총회가 심의하고 있는 문제에 대해 언제든지 구두 또는 문건으로 발언할 수 있다.

### 위원회 관련 조항

**제112조**

사무총장 또는 사무총장이 그의 대리인으로 지명한 사무국 직원은 위원회 또는 소위원회가 심의하고 있는 문제에 대해 언제든지 구두 또는 문건으로 위원회 또는 소위원회에서 발언할 수 있다.

## 해 설

　사무총장은 유엔헌장 제98조에 따라 총회, 안전보장이사회, 경제사회이사회, 신탁통치
이사회의 모든 회의에 사무총장의 자격으로 활동한다. 이러한 회의에서 사무총장은 일반
토론 발언(기조연설)을 하거나 의제에 대해 제안을 하고 질의응답을 하기도 한다. 이를
통해 사무총장은 유엔 내의 정부대표들로 구성된 기관에서 자신의 견해를 알릴 수 있다.

　유엔총회 의사규칙 제45조는 사무총장이 총회, 위원회, 소위원회의 모든 회의에 참석
하며 사무총장 자격으로 행동할 수 있고 그에 의해 지명된 사무국 직원은 이들 대표단들
이 참가하는 회의에서 그를 대신하여 행동할 수 있는 권한을 부여하고 있다. 유엔총회
의사규칙 제70조와 제112조는 사무총장 또는 사무총장이 그의 대리인으로 지명한 사무
국 직원은 총회, 위원회, 소위원회가 심의하고 있는 문제에 대해 언제든지 구두 또는 문
건으로 진술할 수 있다고 규정하고 있다.

　사무국 직원은 회의장에 직접 참가하여 회의의 진행과 관련하여 의장단을 보좌하는
역할을 하기도 하지만 이와는 별도로 사무국 자체 내에서도 회의와 관련하여 많은 일을
한다. 총회 6개 주요위원회의 경우 각 위원회별로 사무국이 존재하며 책임자급으로 일반
적으로 간사(Secretary), 부간사(Deputy Secretary), 간사보(Assistant Secretary)가
존재한다.[4] 이들을 통칭하여 영어로 「Committee Secretary」 혹은 「Secretary of the
Committee」라고 부른다. 본회의 간사는 「Secretary of the Plenary」, 유엔총회 본회의
의 경우 「Secretary of the Plenary」 혹은 「GA Affairs Officer」라고 부른다.

## (6) 의장의 기능과 권한

### 본회의 관련 조항

**제35조**

의장은 본 규정의 다른 곳에서 그에게 부여된 권한을 행사하는 것 외에도 회기의 본
회의 개회와 폐회를 선언하고, 본회의에서 토의(discussion)를 이끌어가며, 본 규정
의 준수를 확실히 하고, 발언권을 부여하며, 안건을 투표에 회부하고, 그 결과를 공
표한다. 의장은 의사규칙 위반지적에 대해 평결하고, 본 규정에 따라 어떠한 회의에
있어서도 진행과 질서유지에 대해 완전한 통제력을 가진다. 의장은 특정 의제항목에

---

4) 영어로 「Secretary」를 우리말로 어떻게 번역하여 사용하여야 하나의 문제가 있다. 통상적으로 「비
　서」나 「서기」와 같은 표현을 쓰곤 하나 이들이 하는 일과 관련하여 적절하지 않다. 이 책에서는 여
　전히 어색하지만 「간사(幹事)」라는 표현을 쓰고자 한다. 「간사」의 사전적인 의미가 「단체나 기관
　의 사무를 담당하여 처리하는 사람」이기 때문이다. 유엔에서는 이들을 「Secretary」라는 말 이외에
　「representative of the Secretariat」라고도 자주 부른다.

대해 토의하는 과정에서 발언자에게 허용될 발언시간에 대한 제한, 각 대표의 발언 횟수의 제한, 발언자명부의 닫기 혹은 토론의 종료를 총회에 제의할 수 있다. 의장은 또한 회의의 잠정중지 또는 연기 혹은 토의 중에 있는 의제항목에 대한 토론의 연기를 제의할 수 있다.

## 위원회 관련 조항

### 제106조

의장은 위원회의 매 회의의 개회와 폐회를 선언하고, 토의를 이끌어가며, 본 규정의 준수를 확실히 하고, 발언권을 부여하며, 안건을 투표에 회부하고, 그 결과를 공표한 다. 의장은 의사규칙 위반지적에 대해 평결하고, 본 규정에 따라 어떠한 회의에 있어서도 진행과 질서유지에 대해 완전한 통제력을 가진다. 의장은 특정 의제항목에 대해 토의하는 과정에서 발언자에게 허용될 발언시간에 대한 제한, 각 대표의 발언횟수의 제한, 발언자명부의 닫기 또는 토론의 종료를 위원회에 제의할 수 있다. 의장은 또한 회의의 잠정중지 또는 연기 혹은 토의 중에 있는 의제항목에 대한 토론의 연기를 제의할 수 있다.

### 해 설

의장은 개회정족수가 채워졌는가를 확인하고 개회를 선언하며, 회의에서 처리할 일을 공표하고, 폐회를 선언할 수 있다. 의장은 의사규칙을 해석하고 의사규칙이 지켜지도록 해야 한다. 또한 대표단에게 발언권을 주는 등 회의에서 토의를 이끌어 나간다. 대표단의 발언이 논의되고 있는 문제와 관련이 있는 적절한 것인가를 판단하며 문제를 표결에 회부하고 표결에 의해 결정된 것을 발표한다. 의사규칙 위반지적에 대한 평결(ruling)을 하는 등 의장은 회의절차를 통제하고 질서를 유지하며 의사규칙 위반을 목격하면 즉시 이의 시정을 요구할 수 있다.

의장은 또한 의제항목(agenda item)을 토의하는 과정에서 발언자에게 할당되는 발언 시간의 제한, 발언할 수 있는 횟수의 제한, 발언자명부의 마감, 토론의 연기(adjourn-ment of debate), 토론의 종료(closure of debate), 회의의 잠정중지(suspension of the meeting), 회의의 연기(adjournment of the meeting)를 제안할 수 있다.

의장은 대표단의 발의에 자유재량의 권한을 갖는다. 구체적으로 대표단의 발의가 있는 경우 이를 규칙에 맞는 것으로 수용하기도 하고 경우에 따라서는 발의의 철회나 발의의 규칙위반을 지적할 수 있다. 의제항목과 관련이 없는 발언 등을 중지시킬 수 있다.

의장은 국내 회의에서와 마찬가지로 국제회의에 있어서도 성공적인 회의 여부를 결정 짓는 데 중요한 역할을 한다. 의장은 성공적인 회의를 위해 무엇보다도 회의를 공정하고

민주적으로 이끌어가기 위해 최대한 노력하여야 하며, 동시에 정해진 회기 내에 회의가 소기의 목표를 달성하도록 엄격함도 어느 정도 지녀야 한다. 의장의 궁극적인 역할은 회의가 잘 진행될 수 있도록 돕는 것이며, 의장은 소속 국가의 입장을 떠나 어느 대표단에 대해서도 공정하지 않아서는 안 된다.

의장의 주된 역할은 의사규칙에 따라 회의를 잘 이끌어 가는 것인데, 의장의 역할은 이것에 국한되지 않고 대표단들 사이에 이견이 존재하여 의견의 합일이 곤란할 경우 의장안을 내어 합일점을 이끌어 내는 등의 보다 적극적인 역할도 한다. 따라서 의사규칙을 잘 알아야 하는 것은 물론이고, 논의되고 있는 의제에 대해서도 많은 지식과 정보를 가지고 있어야 성공적인 회의를 위한 리더십을 발휘할 수 있다. 이를 위해 의장은 사무국 소속의 회의전문가로부터 회의운영과 관련하여 자문을 받을 수 있다.

## (7) 정족수Quorum

**본회의 관련 조항**

**제67조**

의장은 적어도 회원국이 1/3이 참석했을 때 회의의 개회를 선언하고 토론 진행을 허용할 수 있다. 어떤 결정이 채택되기 위해서는 회원국의 과반수 출석이 요청된다.

**위원회 관련 조항**

**제108조**

의장은 적어도 위원회 회원국의 1/4이 참석했을 때 회의의 개회를 선언하고 토론진행을 허용할 수 있다. 어떤 결정이 채택되기 위해서는 회원국의 과반수 출석이 요청된다.

**해 설**

정족수(quorum)란 「의사결정 단위의 이름으로 개회나 의사결정과 같은 업무를 수행하기 위해 회의에 참석하여야만 하는 구성원의 최소한의 수」를 의미한다. 개회를 하거나 의사결정을 시작하기 위해 회의에 참석하여야만 하는 최소한의 대표단의 수를 의미하는 이러한 정족수를 결정 자체가 유효하게 성립하기 위해 몇 표가 필요한가를 의미하는 「가결필요표수」와 혼동하는 경우가 많아 주의를 요한다.

이러한 정족수에는 「개회정족수(quorum for opening)」와 「의결정족수(quorum for decision)」라는 두 가지가 있다. 우선 의사결정이 유효하게 이루어지기 위해서는 의사진행에 필요한 최소한의 출석수가 충족되어야 한다. 이렇게 회의를 개시하기 위해 충족시

켜야 하는 출석수를 「개회정족수」라고 한다. 유엔총회의 경우, 회의를 열어 토의를 시작하기 위해서는 본회의의 경우 회원국의 1/3, 위원회의 경우 회원국의 1/4 이상의 출석이 필요하다.

개회정족수를 채워 일단 회의가 유효하게 개시된다고 해도 유효한 의사결정을 하려면 또 다른 별도의 좀 더 많은 수의 출석수를 요구하는 경우가 있다. 이러한 출석수를 「의결정족수」라고 부른다. 따라서 개회정족수를 채워 개회가 되기는 했으나 의결정족수를 채우지 못할 경우 토의는 가능하지만 의사결정을 할 수 없는 것이다. 유엔총회의 경우는 본회의나 위원회를 불문하고 동일하게 의결정족수로서 구성국의 1/2 이상의 출석을 요구한다.

이처럼 본회의의 경우 회원국의 1/3, 위원회의 경우 회원국의 1/4이 참가해야 개회를 하고 토의를 할 수 있다고 총회 의사규칙은 규정하고 있으나 제대로 지켜지지 않고 있다. 즉 제시간에 개회 정족수에 이르는 국가들이 참여하지 않아 마냥 개회와 토의를 늦추어야 하는 상황이 빈번하게 발생하곤 했다. 따라서 총회의 본회의나 위원회가 개회되어 업무편성(organization of work)을 확정지을 때, 관례에 따라 이러한 규정을 유보한다고 명시적으로 밝히고 있다.[5] 그러나 이러한 유보에도 불구하고 회원국의 1/2 이상이 참가해야 의사결정을 한다는 의결정족수 규정은 엄격하게 적용된다.[6]

## (8) 의제의 채택Adoption of the Agenda

**제12조**
정기회기의 의제는 사무총장이 작성하여 적어도 회기 개최 60일 이전에 회원국에게 동시한다.

**제13조**
정기회기의 잠정의제는 다음 사항을 포함한다.
(a) 유엔업무에 관한 사무총장의 보고
(b) 안전보장이사회, 경제사회이사회, 신탁통치이사회, 국제사법재판소, 총회 산하기

---

5) 유엔총회의 위원회는 회기 개시 후 보통 첫 위원회 문건으로서 「업무 편성(Organization of Work)」을 발간하여 배포하는데 여기에 유엔총회의 결정에 따라 개회정족수 요건을 적용하지 않는다는 구절이 포함되어 있다.

6) 유엔 안전보장이사회의 경우 총회와는 달리 정족수에 대한 특별한 규정을 두고 있지 않으나 표결방식에 관한 규정으로부터 의사결정을 하기 위해서는 당연히 9개 이사국의 출석이 필요하다는 것을 미루어 짐작할 수 있다. 구체적으로 안전보장이사회에 있어서 절차상의 문제에 대한 결의는 단순히 9개 이사국의 찬성을 필요로 한다. 절차문제가 아닌 실질문제에 대한 결의에는 5개 상임이사국을 포함한 9개 이사국의 찬성투표가 필요하다고 규정하고 있다. 따라서 별도의 규정은 없지만 의결정족수로서 최소한 9개 이사국의 출석이 필요하다는 것을 알 수 있다.

구, 전문기구(협정으로 보고서가 요구된 경우)의 보고

(c) 이전 총회에서 그 포함이 명령된 모든 의제항목

(d) 유엔 주요기관에 의해 제의된 모든 의제항목

(e) 유엔 회원국이 제의한 모든 의제항목

(f) 차 회계연도 예산에 관한 모든 의제항목과 전 회계연도 회계에 관한 보고서

(g) 사무총장이 총회에 상정하는 것이 필요하다고 보는 모든 의제항목

(h) 유엔헌장 제35조 2항에 의해 유엔 회원국이 아닌 국가에 의해 제의된 모든 의제항목

### 제14조

유엔 회원국, 유엔 주요기관, 또는 유엔 사무총장은 정기회기 개회로 확정된 일자보다 적어도 30일 전에 의제에 보충 의제항목(supplementary items)의 포함을 요구할 수 있다. 그런 항목은 보충 리스트(supplementary list)에 기록되며, 이는 적어도 회기 개회 20일 전에 회원국에 통지된다.

### 제15조

정기회기 개회 30일 전 또는 정기회기 기간 동안 의제에 포함시킬 것으로 제안된 중요하고 위급한 성격의 추가 의제항목(additional items)은 총회가 참석하고 투표한 회원국의 과반수 찬성으로 그 포함을 결정하면 의제에 포함된다. 총회가 참석하고 투표한 회원국의 2/3 찬성으로 달리 결정하지 않는 한, 그 의제항목이 의제에 포함된 후 7일이 경과하고 관련 위원회가 해당문제에 대해 보고할 때까지는 어떠한 추가 의제항목도 심의되지 않는다.

### 제20조

의제에 포함시킬 것으로 제의된 의제항목에는 설명각서(explanatory memorandum)와 가능하면 기본문건(basic document) 또는 결의안(draft resolution)이 첨부된다.

### 제21조

매 회기 시 잠정의제와 보충 리스트는 그에 대한 운영위원회의 보고서와 함께 회기 개회 후 가능한 조속히 그 채택을 위해 총회에 제출된다.

### 제22조

의제상의 항목은 참석하고 투표한 회원국의 과반수 찬성 시 총회에 의해 수정 또는 삭제될 수 있다.

### 제23조

어느 한 의제항목을 의제에 포함시킬 것인가 여부에 대한 토론은 그 의제항목의 포함이 운영위원회에 의해 권고되었을 경우 그 의제항목의 포함을 찬성하는 사람 3명,

반대하는 사람 3명에게만 한정된다. 의장은 본 규정 하에서의 발언자에게 허용될 시간을 제한할 수도 있다.

**제40조**

운영위원회는 매 회기 벽두에 보충 리스트(supplementary list)와 더불어 잠정의제를 심의하고, 제안된 각 의제항목에 대해 의제에 포함할 것인지 혹은 포함요구를 거절할 것인지 또는 장래 회기 잠정의제에 그 항목을 포함할 것인지에 대해 총회에 권고할 수 있다. 똑같은 방법으로 운영위원회는 잠정의제에 추가 의제항목(additional item)의 포함요구를 심의하며 그에 대해 총회에 권고할 수 있다. 총회 의제에 관련된 문제를 심의함에 있어, 운영위원회는 그 항목의 실질내용에 대해서는 토의해서는 안 된다. 다만 포함할 것인지 또는 의제항목 포함 요구에 대해 거절할 것인지 또는 장래 회기의 잠정의제에 포함할 것인지 또한 포함이 권고된 의제항목에 대해 어떤 우선순위가 주어져야 할 것인지 등을 권고하는 데 영향을 미칠 때는 그렇지 아니한다.

**제43조**

운영위원회에 대표를 가지고 있지 않으나 의제에 항목의 포함을 요청한 총회 회원국은 자신의 요구가 토의되는 운영위원회의 회의에 참석할 수 있으며, 투표권 없이 그 항목의 토의에 참가할 수 있다.

---

**해 설**

유엔 사무총장은 매년 2월 15일까지 「잠정의제에 포함될 예비 의제항목 목록(pre-liminary list of items to be included in the provisional agenda)」을 작성하여 회원국과 유엔의 주요기관에 배포하여야 한다. 이러한 예비 의제항목 목록을 포함한 문건은 유엔의 공식문건으로서 「A/회기/50」이라는 문건번호(document symbol)가 붙는다.

이어서 사무총장은 매년 6월 15일까지 「주석이 붙은 예비 의제항목 목록(annotated preliminary list of items to be included in the provisional agenda)」을 작성하여 배포한다. 문건번호는 「A/회기/100」이 된다. 주석이 붙은 예비 의제항목 목록에는 해당 의제항목의 역사, 이전 회기에 있어서 해당 의제항목과 관련이 있는 문건의 인용, 해당 의제항목 하에 제출될 것으로 예상되는 문건들이 언급되어 있다.

다음 단계로 사무총장은 7월 초에 잠정의제(provisional agenda)를 작성하여 배포한다. 이러한 잠정의제는 「A/회기/150」이라는 문건번호를 가진다.[7] 총회 의사규칙에 따라 사무총장은 잠정의제를 작성하여 회기가 개시되기 적어도 60일 전에 회원국들에게 통보

---

7) 「잠정의제(provisional agenda)」란 본회의의 개최 이전에 사무국과 회원국의 사전 협의를 거쳐 제안된 것으로서 본회의 확정이 필요하기 때문에 잠정의제라고 부른다.

하여야 한다.

뒤를 이어 사무총장은 「A/BUR/회기/1」이라는 문건번호를 갖는 메모(memorandum)를 작성하여 유엔총회의 운영위원회에 제출한다. 이 문건에는 잠정의제에 관한 정보뿐만 아니라 회기의 편성과 의제의 배분에 관한 제안 역시 포함된다.

그 다음에 이러한 사무총장의 메모에 기초하여 작성되어 「A/회기/250」이라는 문건번호를 가지는 운영위원회의 보고서가 배포된다. 이 문건은 잠정의제의 정식의제로의 채택에 관한 권고사항뿐 아니라 업무편성과 의제배분에 관한 정보와 권고가 포함되고 있다. 이러한 운영위원회의 보고서에 포함된 잠정의제가 본회의의 두 번째 회의에서 채택이 되면 비로소 회기 내에 다루어질 정식의제가 된다. 이렇게 정식의제로 확정된 다음 이러한 정식의제를 포함한 문건이 별도로 발간되는데, 이 문건은 「A/회기/251」이라는 문건번호를 가진다.

다음으로 운영위원회의 보고서에 포함된 의제의 배분에 관한 권고가 본회의 두 번째 회의에서 채택이 되면 의제의 배분에 관한 별도의 문건이 발간되며 「A/회기/252」라는 문건번호를 가지게 된다. 이와 같은 과정들을 통해 「예비의제」가 「잠정의제」가 되고 잠정의제가 「정식의제」로 확정되는데, 이 과정에서 대표단과 유엔의 주요기관에게 의제와 관련하여 견해를 반영할 수 있는 기회가 제공된다. 구체적으로 사무총장은 정기회기 개회 일자보다 적어도 30일 전에 잠정의제에 더해지기를 원하는 「보충 의제항목(supplementary items)」을 회원국과 유엔의 주요기관에게 묻는다.[8] 이때 기존의 잠정의제에 의제항목을 보충하고자 하는 회원국이나 유엔의 주요기관은 유엔의 문건을 통해 이러한 요청을 하게 된다. 이러한 요청들이 반영된 「보충 리스트(supplementary list)」가 작성되어 적어도 회기 개시 20일 전에 회원국에 통보된다.

이러한 보충 의제항목과 더불어 「추가 의제항목(additional items)」이 제안될 수도 있다. 추가 의제항목은 보충 의제항목과 비슷한 것 같지만 중요하고 긴급한 성격의 추가를 요하는 의제항목으로서 정기회기 개회 30일 전 또는 정기회기 기간 동안 제안될 수 있는 의제항목으로서 구별이 된다. 이러한 추가 의제항목은 참석하고 투표한 회원국 과반수의 찬성으로 의제에 포함될 수 있으며 참석하여 투표한 회원국 2/3의 찬성으로 별도의 결정을 하지 않는 한 7일이 지난 후에 토의를 시작한다.

사무총장은 이렇게 잠정의제, 보충 의제항목, 추가 의제항목으로 구성된 의제안(draft agenda), 의제의 배분안, 업무편성에 관하여 많은 권고를 포함하고 있는 메모(memorandum)를 운영위원회(General Committee)에 보낸다. 운영위원회는 총회 본회의 의장과 21인의 부의장 그리고 6개 주요위원회 의장으로 구성되어 의제의 채택, 의제항목의 배분, 총회 업무의 편성에 대해 총회에 권고를 할 목적으로 구성된 위원회이다. 운영위원회는 통상 회기 개시 후 이틀째 되는 날에 만나 사무총장으로부터 건네받은 이러한 의제

---

8) 사무총장도 보충 의제항목을 제출할 수 있다.

안, 의제 배분안, 업무편성안을 심의한다. 의제안과 관련하여 말하자면, 운영위원회는 잠정의제를 심의하고 더불어 보충 의제항목과 추가 의제항목을 의제에 포함시킬 것인지를 심의하고 이에 대해 총회에 권고를 한다.

이러한 운영위원회의 권고는 총회 본회의에 의장에 의해 상정되어 출석하여 투표한 과반수에 의해 총회에서 채택된다. 총회 의사규칙 제23조에 따르면 운영위원회에 의해 포함할 것을 권고한 의제항목에 대해 이의가 존재할 경우 토론을 허용하여야 하며 이때 토론은 포함에 찬성하는 측 3인과 반대하는 측 3인에게 한정된다.

이러한 잠정의제가 의장에 의해 본회의에 상정되면, 이미 협의를 거쳐서 제안된 것이기 때문에 별 수정 없이 통과되는 것이 일반적이다. 그러나 때때로 새로운 의제항목의 추가나 기존 의제항목의 삭제나 대체 제의가 있을 때도 있다.[9] 이럴 경우 토론과 표결 등의 절차를 거쳐 제안의 수용여부를 결정짓는다. 이러한 과정을 통해 실제로 추가되거나 삭제되는 의제들이 없지 않다. 의장은 이러한 과정을 거쳐 최종적으로 의제의 채택을 선언하게 된다.

## (9) 의사규칙 위반지적Point of Order

### 본회의 관련 조항 (제71조)
### 위원회 관련 조항 (제113조)

어떠한 문제가 토의 중에 있든 간에 회원국 대표는 의사규칙 위반지적을 제기할 수 있으며, 그 의사규칙 위반지적은 본 의사규칙에 따라 의장에 의해 즉시 평결되어야 한다. 회원국 대표는 의장의 평결에 재결을 요구할 수 있다. 그 재결요청은 즉시 투표에 회부되며, 의장의 평결은 참석하고 투표한 회원국의 과반수 찬성에 의해 번복되지 않는 한 유효이다. 의사규칙 위반을 지적한 대표는 토의 중에 있는 문제의 실질내용에 대해서는 발언할 수 없다.

### 해 설

유엔총회의 의사규칙 가운데 가장 논란이 많은 부분이다. 왜냐하면 「point of order」를 통상적으로 「의사규칙 위반지적」이라고 우리말로 번역하고 있지만 이러한 번역 자체가 논란의 대상이 되고 있기 때문이다. 「의사규칙 위반지적」이라는 번역어는 자칫 「point of order」가 의사규칙의 위반지적에만 사용될 수 있다는 선입견을 주는 관계로 「point

---

9) 2006년 제61차 유엔총회 본회의 2차 회의에서 타이완의 유엔가입 문제를 의제항목으로 포함할 것인가의 여부를 둘러싸고 토론이 진행된 적이 있다.

of order」라는 용어를 우리말로「의사진행 발언」으로 번역하여 의사규칙 위반지적을 넘어 의사진행과 관련한 발언을 할 수 있는 좀 더 포괄적인 의미로 쓰고자 하는 경우도 존재한다. 잠시 논란을 접어놓고 우선「point of order」이라는 용어가 대부분의 경우「의사규칙 위반지적」이라고 번역이 되는 이유부터 살펴보자.

영영사전들을 찾아보면「point of order」은 다음과 같이 정의되고 있다. 예컨대 Collins English Dictionary는「a question raised in a meeting or deliberative assembly by a member as to whether the rules governing procedures are being breached」라고 규정하고 있다. American Heritage Dictionary 역시 유사하게「A question as to whether the present proceedings are in order or allowed by the rules of parliamentary procedure」라고 정의를 내리고 있다. 이들 이외에도「point of order」를 공통적으로 의사규칙의 위반 여부에 대해서 제기되는 질의라고 정의하고 있기 때문에「point of order」를「의사규칙 위반지적」이라고 흔히 번역을 한다.

「point of order」에 대한 이러한 사전적 정의는 있지만 이를 실제적으로 규정하고 있는 유엔총회의 의사규칙 제71조와 제113조는 이에 대해 어떠한 정의도 내리고 있지 않다. 예컨대 위에서 이미 이 두 조항들을 우리말로 번역한 문장을 제시했지만 좀 더 확실히 하기 위해 원문을 그대로 소개하고자 한다. 제71조의 원문은 다음과 같이 규정하고 있다.

> During the discussion of any matter, a representative may rise to a point of order, and the point of order shall be immediately decided by the President in accordance with the rules of procedure. A representative may appeal against the ruling of the President. The appeal shall be immediately put to the vote, and the President's ruling shall stand unless overruled by a majority of the members present and voting. A representative rising to a point of order may not speak on the substance of the matter under discussion.

이처럼 유엔총회 의사규칙 자체가 어떠한 정의도 내려놓고 있지 않아 의사규칙 위반지적 이외에 어떤 추가적인 용도로 사용될 수 있는가를 둘러싸고 이견이 존재하는 관계로「유엔총회의 절차와 조직의 합리화 특별위원회(Special Committee on the Rationalization of the Procedures and Organization of the General Assembly)」가 1971년에 보고서를 통해「point of order」에 대해 구체적인 언급을 했다.[10] 보고서는「point of order」는 의장에게 의장직책에 본질적으로 내재해 있거나 의사규칙에 의해 특정하게 주어진 권한을 사용할 것을 요청하는 것으로서 토론이 행해지는 방식, 질서의 유지, 의사

---

10) United Nations, *Rules of Procedure of the General Assembly* (embodying amendments and additions adopted by the General Assembly up to September 2007), A/520/Rev.17 (New York: United Nations, 2008), pp. 72-73.

규칙의 준수 혹은 의장이 의사규칙에 의해 주어진 권한을 행사하는 방식과 관련하여 제기될 수 있다고 하면서 의사규칙 위반지적 이외의 용도들을 언급했다.[11] 그럼에도 불구하고 이 보고서가 언급하고 있는 용도들은 유엔에서 「point of order」라는 의사규칙을 둘러싸고 축적되어 오고 있는 다양한 관행들을 모두 포괄하고 있지 않다.[12]

「point of order」의 다양한 용도를 관행에 기초하여 하나씩 살펴보기 전에 어떤 특징을 지니고 있는가를 우선 살펴보고자 한다. 우선 유엔총회 의사규칙 제71조 하에서의 「point of order」는 제기한 대표단이 수용하지 않을 경우 재결요청(appeal)의 대상이 되기는 하지만 의장의 평결(ruling)에 의해 결정이 된다. 따라서 의장의 평결이 아닌 표결에 의해서만 결정이 되고 동시에 하나 이상의 발의가 결정의 대상이 될 수 있는 다른 절차발의들과는 구별이 된다. 둘째, 「point of order」는 정보(information)나 해명(clarification)의 요청뿐 아니라 문건·번역·통역시스템·좌석·실내온도 등과 같은 회의와 관련한 물적 서비스상의 문제제기를 위한 발언과도 구별이 된다. 왜냐 하면 이러한 문제들은 의장에 의해 다루어져야만 하지만 「point of order」처럼 그의 평결을 요하지 않기 때문이다.

이처럼 「point of order」는 절차발의, 정보나 해명의 요청, 회의 관련 물적 서비스상의 문제제기 등과 구별이 되지만 유엔의 확립된 관행으로서 이러한 것들을 제기하기 위한 발언권 획득의 수단으로서도 이용되어 오고 있다. 따라서 논란의 여지가 전혀 없는 용도인 의사규칙 위반지적을 시작으로 관행에 기초한 다양한 용도들을 추가적으로 살펴보고자 한다.[13] 「point of order」가 의사규칙 위반지적에만 사용되는 것이 아니기 때문에 「의사규칙 위반지적」이라는 번역어를 다른 용도의 의미까지 포함하는 용어로 대체할 필요가 있다. 그러나 현 시점에서 적절한 용어를 찾기 힘들어 「point of order」라는 말 자체를 쓰고자 한다.

### 1) 의사규칙 위반지적을 포함하여 의장에 의한 평결의 요청

이는 통상적인 「point of order」의 용도로서 대표단이 의장에게 관련 의사규칙에 따

---

11) 유네스코(UNESCO)의 의사규칙에 대한 해설도 이와 유사하게 「point of order」의 용도들을 언급하고 있다. 이에 따르면 「point of order」는 토의가 행해지는 방식, 질서의 유지, 의사규칙의 준수, 발언의 제한(the limit of the speeches), 의장이 의사규칙에서 부여받은 권한을 행사하는 방식과 관련하여 제기될 수 있다: Executive Board of the UNESCO, "Working Method," http://www.nesco.org/new/en/ executive-board/sessions/working-methods/ (검색일: 2014년 1월 26일).
12) 이 조항 이외에도 유엔총회의 의사규칙의 해석에 있어서 축적된 관례가 조항을 해석하는 데 있어서 중요한 역할을 하는 조항들이 여러 개 더 있다.
13) 여기에서의 논의는 사벨(Robbie Sabel)의 논의에 기초하고 있지만 크게 다른 점이 있다면 그가 「point of order」의 용도를 5개로 분류하고 있지만 여기에 논의 중인 결의안에 대한 수정안의 발의를 위한 발언권을 획득하기 위한 용도를 추가하였고 유엔회의에서 실제 있었던 여러 가지 실질적인 예를 다수 추가하였다. 사벨의 논의는 다음 책을 참고하면 된다(Robbie Sabel, *Procedure at International Conferences: A Study of the Rules of Procedure at the UN and at Intergovernmental Conferences*, 2nd. Edition (Cambridge: Cambridge University Press, 2006), pp. 250-253).

라 의장의 권능에 속하는 평결을 하도록 요청하는 경우이다. 구체적으로 의사규칙의 적용 요청, 특정 조치나 진술의 의사규칙에의 적합성 여부에 대한 평결 요청, 반박발언권의 행사 요청이 이러한 경우에 속한다. 이 중에서 반박발언권의 요청에 대한 수용 여부는 비록 재결요청의 대상이지만 의장의 결정사항으로서 의장에게 주어진 특권이다. 그러나 실제에 있어서 대표단이 반박발언권을 요청하면 의장은 이에 대한 평결 없이 거의 언제나 이를 수용하여 반론의 기회를 부여하는 것이 관행으로 되어 있다. 따라서 여기에서는 이를 제외하고 「point of order」를 통해 특정 의사규칙의 적용을 요청하거나 의장이 특정 의사규칙을 적용한 것에 대해 의문을 제기하여 의장으로 하여금 평결을 하도록 하는 경우에 집중하여 살펴보고자 한다. 이들 의사규칙의 적용 요청이나 잘못된 적용에 대한 지적은 모두 의사규칙 위반에 대한 지적을 구성한다. 이들이 구체적으로 어떻게 사용되는가에 대해 자세히 살펴보고자 한다.

대표단은 의장이나 다른 회원국 대표가 의사규칙을 위반하고 있는 경우에 어떤 문제가 논의되고 있든지 관계없이 또한 발언자의 발언이 끝나기를 기다릴 필요 없이 발언 중 어느 때라도 의사규칙 위반을 지적할 수 있다. 이러한 의사규칙 위반지적은 다른 발의에 앞서 처리되는 우선권을 보유한다. 그러나 의사규칙 위반을 지적하는 대표는 논의되고 있는 문제의 실질적인 내용(substance)에 대해 발언해서는 안 된다.[14]

의사규칙 위반지적을 하고자 하는 대표단은 명패 케이스에서 국명이 적힌 부분(nameplate)을 꺼내 수평으로 높이 들어올린다(raise a nameplate high and horizontally). 그러면 팔과 국명이 적힌 부분이 합쳐져서 「T」자 모양을 하게 된다. 의장이 시선을 딴 곳에 두고 있을 때 시선을 끌기 위해 수평으로 높이 치켜든 국명이 적힌 부분을 흔든다. 이래도 의장이 알아채지 못할 경우 「point of order!」라고 소리칠 수 있다. 이때 의장은 「I call on the representative of the Republic of Korea on a point of order」 혹은 「I call on the representative of the United States, who wishes to raise a point of order」라는 발언을 통해 「point of order」를 제기한 대표에게 발언권을 부여한다. 경우에 따라서는 「Egypt has asked for a point of order. I now give the floor to the representative of Egypt」와 같은 방식으로 발언을 하기도 한다.

의사규칙의 위반을 지적하는 예로서 「Chairperson has not asked if delegations want to explain their vote before the vote (의장이 표결 전에 투표설명을 원하는

---

14) 예컨대 북한이 발언 도중에 한국의 보안법 등을 거론하면서 한국정부를 부당하게 비난하는 발언을 하는 경우 한국의 대표단은 「의사규칙 위반지적(point of order)」을 제기하여 「북한의 발언은 부당한 것으로서 한국은 인권보호에 만전을 기하고 있다」는 식의 발언을 하고 싶어도 할 수 없다. 왜냐하면 이는 실질적인 내용에 관한 것이 되기 때문이다. 이러한 북한의 부당한 비난발언은 흔히 있는 일로서 이러한 경우 북한의 발언에 이의를 제기하는 방법은 다음에서 살펴볼 「반박발언권(Right of Reply)」을 행사하는 방법밖에 없다. 만일 북한이 제한된 발언시간을 초과하여 한국을 비난하는 발언을 계속할 경우 「의사규칙 위반지적(point of order)」을 제기하여 발언시간 초과를 지적함으로써 발언을 멈추게 할 수 있다.

국가가 있는지의 여부를 묻지 않았다)」와 같은 발언을 들 수 있다. 의장이나 대표단이 국명을 호칭할 때 공식적 국명을 사용하지 않을 경우 해당 국가 대표단은 의사규칙 위반지적을 통해 이를 바로 잡을 수 있다. 일본 대표단이 북한을 지칭할 때 공식명칭인 「Democratic People's Republic of Korea」를 사용하지 않고 「North Korea」라고 지속적으로 호칭하자 「point of order」를 통해 이의 시정을 요구한 바 있다.

「point of order」를 제기하여 논의 중인 의제항목과 관련한 내용(substance)에 대해서 발언을 해서는 안 됨에도 불구하고 이를 통해 의제항목의 내용에 대해 발언하고자 하는 국가들이 간혹 있다. 특히 「point of order」가 발언자명부상에 올라가 있지 않은 국가에게 발언기회를 준다는 것을 악용하여 발언자명부상에 올라 있지 않은 국가가 이를 통해 발언의 기회를 잡고 절차적인 문제가 아닌 의제항목의 내용과 관련한 발언을 하고자 하는 경우이다. 이러한 경우 다른 국가가 「point of order」를 제기하여 의사규칙 위반을 지적할 수 있다. 이에 해당하는 예를 하나들면 다음과 같다. 터키 대표단이 이스라엘에게 호의적인 발언을 하자 이스라엘 대표가 「point of order」을 제기하여 자국에 우호적인 입장을 보인 터키 대표단에게 「감사하다」는 요지의 발언을 하자 옵서버 지위를 가지고 있는 팔레스타인이 「point of order」를 통해 「The statement just made by the representative of Israel was, in our opinion, not a point of order. It was thus a violation of the rules of procedure」라는 발언을 한 바 있다.

회의의 연기, 회의의 잠정중지, 토론의 연기, 토론의 종료와 같은 절차발의(procedural motion)의 경우 발의가 제기되고 대표단들 사이에 의견의 일치가 없을 경우 발의의 채택여부를 회원국들의 표결로서 결정하게 되어 있다. 그러나 앞서 언급했듯이 의사규칙 위반지적 발의의 경우는 의장이 단독으로 결정한다는 점에서 통상적인 절차발의와 다르다. 의장은 의사규칙 위반지적이 제기되면 즉각 이에 대해 평결(ruling)을 해야 한다. 이러한 평결의 예를 살펴보고자 한다.

유엔총회 본회의에서 결의안이 통과된 후에 의장이 투표설명의 기회를 부여했다. 이에 쿠바 대표가 발언에 나섰는데 투표설명보다 미국을 비난하는 발언에 많은 부분을 할애했다. 이에 미국 대표는 의사규칙 위반지적을 통해 「Cuba's statement should be an explanation of its vote, not an attack against the United States (쿠바의 발언이 투표설명이어야만 하고 미국에 대한 공격이어서는 안 된다)」라고 발언을 했다. 이러한 지적에 대해 의장은 「We take note of that remark (그 발언에 유념하겠다)」라고 평결을 한 바 있다.

의장이 평결을 하는 과정에서 의사규칙 위반 여부를 판단하기 어려운 경우에 의장은 일차적으로 회의 전문가와 협의할 수 있다. 의장은 평결의 과정에서 회의 전문가로서 의장단 자리에 나와 앉아 있는 사무국 간사의 도움을 요청하는 것을 흔히 볼 수 있다. 유엔은 사무국 내에 법무실(Office of Legal Affairs)을 두고 있는데 의장이나 회원국 모두 유엔총회 의사규칙과 관련하여 제기된 의문에 대해 명백히 해 줄 것을 이곳에 요청할 수도 있다. 그러나 이 기관의 역할이란 단지 조언을 제공하는 것이지 평결을 하는 것은 아

니다. 경우에 따라서는 유관한 경험을 가지고 있는 회원국 대표단의 조언을 요청할 수도 있다. 그래도 어떠한 평결을 내려야 할지 확신이 서지 않는 경우 전체회의에 회부하여 전체 회원국의 판단에 따른다. 전체회의에 회부된 경우 의사규칙 위반지적은 토론의 대상이 되며 이때 참석하고 투표한 회원국의 과반수 찬성에 의해 결정이 이루어진다.

회원국 대표는 의장의 의사규칙 위반지적에 대한 평결에 대해 재결요청(appeal)을 할 수 있다. 이러한 경우 영어로 「I appeal from the decision of the chair」라고 발언을 하든가 「appeal!」이라고 소리를 친다. 이러한 재결요청은 토론의 대상이 되지 않고 즉시 투표에 회부된다. 의장의 평결은 참석하고 투표한 회원국의 1/2 찬성에 의해 번복되지 않는 한 유효하다. 즉 의장의 평결에 대해 표결을 한 결과 찬성이 과반이 되지 않으면 의장의 평결은 무효가 된다. 이와 관련하여 특히 주의할 점은 이러한 표결이 「point of order」에 대한 표결이 아니라 의장의 평결에 대한 표결이라는 점이다. 의장이 평결이 거부된 실제의 예를 들어보면 다음과 같다.

2009년 9월 제64차 유엔총회의 8번째 본회의에서 일반토론 발언(기조연설)이 진행되고 있었다. 의장이 일반토론의 발언자로서 마다가스카르의 과도정부(High Transitional Authority of the Republic of Madagascar)의 대통령에게 일반토론을 위한 발언권을 준다고 발언하자마자 콩고 외무장관이 남아프리카개발공동체(SADC)를 대표하여 의사규칙 위반을 지적하고자 「point of order」를 제기하였다. 발언 내용의 핵심은 불법 쿠데타에 의해 집권하여 SADC로부터 정부승인을 받지 못한 단체의 대표에게 일반토론을 위한 발언권을 주는 것은 의사규칙 위반이라는 것이다. 이에 대해 의장은 마다가스카르의 과도정부 대통령에게 일반토론을 위한 발언권을 준 자신의 결정은 사무국 소속의 법률고문의 대표(representative of the Legal Counsel)의 자문에 의한 것으로서 발언권을 주는 것을 잠시 연기할 수는 있지만 발언권을 완전히 금할 수는 없다고 주장했다. 이에 대해 재차 발언권을 요청한 콩고 대표에게 의장이 발언권을 부여하자 콩고 대표는 마다가스카르 대표를 일반토론에 참여시키지 말아야 한다는 주장을 반복하면서 의사규칙 위반에 대해 규정하고 있는 총회 의사규칙 제71조에 따라 표결에 회부할 것을 요청했다. 이때 기니비사우(Guinea-Bissau) 대표가 「point of order」를 제기하여 의사규칙 제71조에 따르면 「문제(matter)」에 대한 토의를 하는 동안에 「point of order」를 제기할 수 있는데(During the discussion of any matter, a representative may rise to a point of order), 마다가스카르의 대표권에 관한 문제가 이러한 「문제(matter)」에 속하는지 명백히 해야 한다고 주장했다. 의장은 다시 자신의 결정이 사무국 법률고문의 견해에 따른 것으로서 신임장위원회의 권고가 있기 전까지는 발언권을 주어야 한다는 평결을 견지하면서 의사규칙에 따라 표결에 들어간다고 하고 사무국 간사인 총회회의운영국(Department for General Assembly and Conference Management, DGACM)의 수장인 사무차장에게 표결을 진행하라고 발언권을 부여했다. 이에 사무국 간사가 마다가스카르 대표에게 발언권을 준다는 의장의 평결(ruling)에 대해 표결을 하겠다고 발언하자마자 자메이카 대표가 「point of order」를 제기하여 지금 하고자 하는 것이 무엇인가에 대해 사무국 간

사로부터의 설명이 필요하다고 발언을 했다. 이에 의장은 사무국 간사가 언급했듯이 마다가스카르에게 발언권을 부여한 본인의 평결에 이의를 제기하여 이에 대한 표결을 하고자 하는 것이라고 설명을 했다. 표결에 들어가기 직전에 기록투표의 요청이 있어 기록투표가 행해졌고, 그 결과 의장의 평결에 대해 찬성 4개 국가, 반대 23개 국가, 기권 6개 국가(나머지 국가들은 표결에 불참)로 의장이 평결이 부결되어 마다가스카르 대표에게 일반토론을 위한 발언권을 주지 않기로 결정을 했다.

## 2) 절차발의를 위한 발언권의 획득

총회의 의사규칙이 「point of order」와 절차발의를 구분하고 있는 것에서 알 수 있듯이 절차발의 자체는 「point of order」가 아니다. 하지만 대표단이 발언자명부에 따라 발언하기로 되어 있지 않는 한 절차발의를 위해서는 별도의 발언권이 필요한데, 유엔의 관행상 이러한 발언권의 획득은 「point of order」을 통해 이루어진다. 이러한 경우에 속하는 예를 몇 개 들어보면 다음과 같다.

우선 「point of order」가 결의안이나 수정안이 제기되어 있는 상황에서 이에 대한 행동이 취해지는 것을 막을 목적으로 「불처리 발의(no-action motion)」를 제기하기 위한 발언권을 얻기 위해 사용되는 경우이다. 이란 대표가 「point of order」을 제기하자 의장이 「I call on the representative of the Islamic Republic of Iran on a point of order」라는 발언을 통해 발언권을 부여한다. 발언권을 얻은 이란 대표가 「My delegation would like to invoke rule 74 of the rules of procedure of the General Assembly to move a no-action motion on the draft resolution under consideration」이라고 발언한 바 있다.

또다른 예로서 회의의 잠정중지(정회)를 요청하기 위한 발언권을 얻기 위해 사용되는 경우를 살펴보자. 미국 대표가 「point of order」을 제기하여 발언권을 얻은 후 「My delegation would like to request a suspension of the meeting under rule 118 of the rules of procedure so that consultations can take place, given the delicate nature of the decision the Committee is being asked to take」라고 발언한 것이 이러한 경우에 속한다.

## 3) 의장의 평결 요청도 절차발의를 위한 발언권 요청도 아닌 요청을 위한 발언권의 획득

의사규칙 위반지적처럼 의장에게 평결을 요청하는 것도 아니고 대표단 사이에 이견이 존재할 시 표결을 통해 대표단들이 결정을 하게 되는 절차발의를 위한 발언권 요청도 아닌 요청의 경우에도 발언권의 획득을 위해 「point of order」가 사용된다.

여기에 해당되는 예에는 호명투표(roll-call vote)나 기록투표(recorded vote)의 요청,15) 수정되지 않은 원결의안의 철회 요청, 결의안 채택 이전에 공동제안국 지위의 철회

---

15) 유엔총회 의사규칙에는 대표단이 호명투표(기록투표)를 요구할 경우 반대가 있으면 표결을 통해 호

요청, 결의안 채택 이전에 공동제안국 지위의 획득 요청, 잘못된 문안이나 번역 등의 오류 정정 요청 등이 있다. 이러한 종류의 요청을 하기 위한 발언권 획득에 「point of order」가 사용된다. 이러한 요청에 대해 의장은 자유 재량권을 가지고 있지 않기 때문에 회의에 회부하지 않고 따라야 한다.

예컨대 공동제안국 지위를 철회하고자 하는 대표단은 「point of order」의 제기를 통해 발언권을 얻은 다음 「I wish to have it noted in the record of the meeting that Austria withdraws its sponsorship of A/63/C.3/L.19」과 같이 발언을 하며 의장은 이에 대해 유념하겠다는 의미의 「It will be so noted」라는 말로 대응을 한다. 새롭게 공동제안국이 되고자 하는 대표단은 「point of order」을 통해 발언권을 부여받은 후 「I would like it to be noted that my delegation wishes to join the sponsors of resolution /A/63/C.3/L.19 on traditional or customary practices affecting the health of women and girls」라는 방식으로 발언하며 의장은 위의 경우와 동일하게 대응한다.

결의안이나 수정안 등을 채택하는 과정에서 잘못된 문안이 발견될 경우 이의 정정을 위한 발언권의 획득에도 「point of order」가 사용된다. 예를 들면 일본 대표가 「point of order」를 제기하자 의장이 「I call on the representative of Japan on a point of order」라고 발언하면서 발언권을 부여한다. 이에 일본대표는 「I just wish to draw the attention of the Assembly to a small correction in document A/54/592. In paragraph 10 of that draft resolution, the phrase "needs of the people with efficient" should read as "needs of the people based on efficient"」라고 발언한 바 있다.

결의안이 6개 언어로 번역되는 과정에서 번역이 제대로 안 된 경우도 「point of order」을 통해 발언권을 얻은 후 정정을 요구한다. 이때 발언은 「I want to point out a substantive discrepancy between the English and Spanish versions of the draft resolution on which we are about to take a decision, in the second sentence of paragraph 2 of annex B」라는 식으로 하게 된다.

이러한 정정의 요청에 대해 이의가 없을 경우 의장은 「The remarks made by the representative of Japan are duly noted」 혹은 「The remarks of the representative of Japan has been noted」와 같은 방식으로 대응한다.

결의안의 공동제안국의 명단이 잘못 되었을 경우 이의 정정을 위한 발언권 획득을 위해서도 「point of order」가 사용된다. 구체적으로 「point of order」을 제기하고 발언권을 획득한 국가 대표는 「There are 58 sponsors of resolution 63/210; however, the text lists only 27. I would request that, in accordance with the list of sponsors that was issued, the Secretariat of the Second Committee include all the

---

명투표(기록투표)의 여부를 결정하도록 되어 있다. 그러나 수립된 관행에 따르면 요구가 있을 경우 이러한 절차를 거치지 않고 그대로 수용한다.

sponsoring countries in the final version of the resolution」과 같은 방식으로 발언을 한다. 이에 대해 의장은 「I give the floor to the representative of the Secretariat to give a response」 혹은 간단하게 「I call on the representative of the Secretariat」라는 발언을 통해 사무국 간사에게 발언권을 주고 발언권을 부여받은 사무국 간사가 「The Secretariat has taken note of the comments by the representative of Turkmenistan and will take the necessary action」과 같이 발언을 한다.

### 4) 정보와 해명의 요청을 위한 발언권의 획득

대표단이 의장에게 정보를 요구하거나 질문 등을 통해 해명을 요청할 경우에도 「point of order」가 사용된다. 또한 정보의 제공과 해명을 요구 받은 의장은 이에 대해 반드시 평결을 하도록 요청되는 것은 아니다. 이와 관련한 다양한 예들을 소개하면 다음과 같다.

우선 표결과정에서 대표단이 어떤 결의안이나 수정안이 표결의 대상이 되고 있는가에 대해 잘 모르고 있는 경우 의장에게 이를 명백히 해줄 것을 요청할 수 있다. 과거 「point of order」를 제기하고 이에 대해 발언권을 얻은 알제리 대표가 「Is it the President's suggestion that the General Assembly adopt every recommendation made yesterday by the General Committee? If that is the case, then I have an objection, especially as regards item 42 of the provisional agenda」와 같은 발언을 한 바 있는데 이 역시 이러한 예에 속한다.

의장이 의결정족수 미달로 의사결정을 할 수 없지만 개회정족수는 되기 때문에 토론은 가능하기 때문에 발언할 국가가 있으면 발언을 하라는 내용의 발언(According to rule 67, since there is no quorum for a decision, but there is a quorum for the discussion of the agenda item before us, if there are any representatives who wish to make statements, we will continue with the 104th plenary meeting)을 하자 이집트 대표가 「point of order」을 제기하여 「I should simply like to ask for a clarification. May I know what your proposal is?」라는 발언을 통해 의장의 제안이 무엇인가를 알려줄 것을 요청한 바 있다.

결의안이 채택되기 직전에 미국 대표가 「point of order」를 제기하고 이에 대해 발언권을 얻은 후에 「Throughout the discussions on this draft resolution, it was my delegation's understanding that there would be no additional costs and no programme budget implications attached to this draft resolution」라는 발언을 통해 지금 막 채택하고자 하는 결의안이 추가적인 비용과 사업예산을 수반하지 않는 것으로 이해한다고 발언은 한 바 있다. 그러자 의장은 「I give the floor to the representative of the Secretariat」라고 발언하면서 사무국 간사에게 이에 대한 해명을 하도록 발언권을 부여한 바가 있다.

정보의 요청이나 해명의 요구는 의장을 통해 사무국 간사를 직접적인 대상으로 요청되기도 한다. 예컨대 유엔총회 본회의에서 의제항목을 논하는 초반에 유엔 사무국 간사

로부터 의제항목에 대한 소개발언이 있었다. 그러자 알제리 대표가 「point of order」를 제기하고 이에 대해 발언권을 얻어 의장에게 「Through you, I wish to ask the Secretariat for a clarification」라는 식으로 발언하여 사무국 간사에게 해명을 요구하는 발언을 한 바 있다. 유사한 예로서 미국 대표가 「point of order」를 제기하여 발언권을 얻은 후에 「Through you, I request clarification from the Secretariat as to the programme budget implications of draft resolution」이라고 발언하면서 채택하려는 결의안이 사업예산을 필요로 하는 것인가를 밝혀줄 것을 요청한 바 있다. 이러한 두 경우 의장은 「I give the floor to the representative of the Secretariat to give a response」 혹은 간단하게 「I call on the representative of the Secretariat」와 같은 발언을 통해 사무국 간사에게 발언권을 주어 대표단에게 해명을 하도록 한다. 때때로 국가 대표가 자신이 한 발언 등에 대해 해명을 하고자 할 때도 「point of order」를 제기한다.

「point of order」는 토론의 절차에 관한 정보의 요청이나 토론의 절차에 대한 명료화의 요청(request for information or clarification about the procedures of debate)에 언제나 사용되며 해석상의 문제의 확인(identifying a problem with the interpretation)에도 사용될 수 있다.[16] 그러나 「point of order」라는 절차가 정보나 의사절차에 관한 질의를 할 때 사용되는 것은 잘못된 것이라는 견해도 일부 존재한다.

### 5) 회의 서비스상의 문제제기를 위한 발언권의 획득

「point of order」는 회의와 관련하여 사무국이 제공하는 서비스에 관하여 불만을 제기할 때도 사용된다. 이러한 서비스란 구체적으로 통역, 좌석과 회의실 준비, 문건의 배포, 회의시간 등과 관련한 기술적인 문제와 관련이 있는 것들이다. 이러한 경우 의장은 이러한 문제를 해결해 주도록 요청 받는 것이지 평결을 요청 받는 것이 아니다.

구체적인 예를 들자면 회의실의 온도에 문제가 있거나 통역에 문제가 있을 때 불만을 제기하기 위해 사용될 수 있다. 더불어 공식문건에 문제가 있다든지 마이크 등에 문제가 있을 경우에도 「point of order」의 제기를 통해 불만을 제기할 수 있다. 이러한 경우 의장의 평결은 필요하지 않다. 회의장의 안전문제와 관련하여서도 제기할 수 있는데 예를 들면 다음과 같다. 시리아 대표가 「point of order」을 제기하자 의장은 「I call on the representative of the Syrian Arab Republic on a point of order」라는 발언을 통해 시리아 대표에게 발언권을 부여한다. 이에 대해 시리아 대표가 「My delegation has asked to speak on a point of order to request appropriate security conditions in this Hall so that draft resolutions can be adopted with safety. It is not acceptable for the work of the General Assembly to be interrupted when it is in the

---

16) Courtney B. Smith, *Politics and Process at the United Nations: The Global Dance* (Boulder and London: Lynne Rienner Publishers, 2006), p. 197.

process of approving draft resolutions of the Second Committee, as happened today. My delegation would like to express its consternation and anger in the light of the events that occurred here today. How is it possible that these people could penetrate into the Hall of the General Assembly, and that they were allowed to threaten the safety of the delegations present here? I would like that the Security Service be questioned on this issue」라고 발언을 했고 이에 대해 의장이 「I will take note of the remark made by the representative of the Syrian Arab Republic」라고 발언한 바 있다.

### 6) 논의 중인 결의안에 대한 수정안의 발의를 위한 발언권의 획득

「point of order」는 결의안에 대해 토의 중에 수정안을 문건이나 구두로 제시할 때도 사용된다. 예를 들어보면, 의장이 「point of order」를 제기한 이란 대표에게 「I now call on the representative of the Islamic Republic of Iran, who wishes to speak on a point of order」라는 발언을 통해 발언권을 준다. 이에 이란 대표가 「My delegation would like to present two oral amendments to draft resolution A/C.3/63/L.25」라고 발언한 바 있다.

물론 수정안에 대한 수정안 즉 재수정안을 발의할 때도 「point of order」가 사용된다. 예컨대 「point of order」를 통해 발언권을 얻은 후 「My delegation would like to introduce some oral amendments to the amendment the representative of the Republic of Korea just proposed on this resolution」와 같은 발언이 가능하다.

## (10) 발언과 발언자명부Speakers' List

**본회의 관련 조항 (제68조)**
**위원회 관련 조항 (제109조)**
어떤 대표도 사전에 의장의 허가를 얻지 않고서는 총회(위원회)에서 연설할 수 없다. 의장은 발언의사를 밝힌 순서에 따라 발언자에게 발언하도록 요청한다. 의장은 그의 발언이 토의 중에 있는 주제에 적합하지 않으면 발언자에게 발언을 중단하도록 요청할 수 있다.

**본회의 관련 조항 (제73조)**
**위원회 관련 조항 (제115조)**
토론이 진행되고 있는 중에 의장은 발언자명부를 공표하고 총회(위원회)의 동의를

얻어 명부의 마감을 선언할 수 있다. 그러나 그는 명부를 마감한 후 행하여진 발언 때문에 반박 발언이 필요하게 된 경우에는 어느 회원국에게든 반박발언권을 부여해야 한다.

## 해 설

발언은 다른 대표단을 향해 하지 않고 의장을 향해 하며 어떤 대표도 사전에 의장의 허가 없이 회의에서 발언할 수 없다. 대표단의 발언은 토의하고 있는 주제와 관련이 있어야 하며 대표단의 발언이 주제와 관련에 없다고 판단하면 의장은 발언의 중단을 요청할 수 있다. 의장은 이렇게 발언 내용이 의제항목과 관련이 없을 때뿐만 아니라 필요 없이 반복적일 때와 다른 대표단에게 독설을 할 때 발언을 중지시킬 수 있다.

의장은 토론이 시작되기 전에 발언신청을 받아 발언자명부(speaker's list)를 작성하고 이렇게 작성된 발언자명부에 기재된 순서에 따라 발언하도록 대표단에게 요청한다. 토론이 시작되기 전에 대표단과 옵서버는 서면이나 전화로 본회의나 위원회의 간사(secretaries of the Plenary and of a Main Committee)를 접촉하여 발언자명부에 등록을 한다. 토론 중일 경우에는 회원국 대표단은 의장단석 옆에 착석해 있는 사무국 소속의 본회의 혹은 위원회 간사에게 다가가서 명부에 국명을 올린다.

공식회의에서의 발언순서는 우선 방문 중인 국가원수나 정부의 수반 혹은 정부각료가 있을 경우 가장 먼저 하게 된다. 그런 다음 77그룹(G-77 and China)이나 비동맹그룹(NAM) 등 그룹을 대표하는 국가와 유럽연합(EU)이 뒤를 잇는다. 그 다음은 회원국 대표단인데 특별한 순서 없이 먼저 발언자명부에 올라 있는 대표단 순으로 하게 된다. 국가들 사이에 상호 동의하여 발언순서를 바꾸는 것은 물론 가능한데 사전에 본회의나 위원회의 간사에게 알려야 한다. 회원국에 이어 옵서버가 발언을 하게 되는데 유럽연합(EU)의 경우는 옵서버(정부간기구 옵서버)임에도 불구하고 다른 옵서버와는 달리 77그룹이나 비동맹그룹을 대표하는 국가들에 이어 발언을 한다.[17)]

국가들마다 발언자명부상에서 가장 좋은 발언순서를 확보하기 위해 노력을 하는데 가장 선호하는 차례는 두 번째이다. 첫 번째 순서를 꺼리는 이유는 대표단들이 늦장을 부려 제시간에 회의장에 나타나지 않아 회의장의 좌석들이 부분적으로만 채워지는 경우가 빈번하기 때문이다.

의장이 발언자명부에 따라 발언을 요청하는 경우 이는 대표단(delegation)에 대한 것이지 대표단을 구성하고 있는 대표 개개인(representative)에 대한 것이 아니다. 따라서 동일한 대표단에 속하는 대표일 경우 복수의 대표가 발언하는 것이 무방하다. 의장은 결

---

17) The Permanent Mission of Switzerland to the United Nations, *The PGA Handbook: A Practical Guide to the United Nations General Assembly* (New York, 2011), p. 47.

의안의 작성자를 발언자명부의 처음이나 끝에 놓을 수 있다. 대표단은 자신의 발언차례가 도래하기 전에 발언자명부로부터 자신의 이름을 철회할 수 있다.

사전에 작성된 발언자명부에 기재된 발언자의 발언이 모두 끝난 후 의장은 회의장 내에서 직접 발언신청을 받아 발언자명부를 새롭게 열 수 있으며 이렇게 작성된 명부에 기재된 순서에 따라 발언을 요청할 수 있다. 발언자명부가 닫히고 그 명부의 발언자가 모두 발언을 마친 후 의장은 추가로 발언을 원하는 대표단이 있는가를 묻는데, 이때 어떠한 국가도 발언하기를 원하지 않으면 토론은 자동적으로 끝나고 즉각적으로 투표가 행해진다.[18]

의장은 의제에 대한 직접적인 토의와는 다른 토의를 필요로 하는 발의를 위해 별도의 다른 발언자명부를 열 수 있다. 그러나 실질문제에 대한 토의를 위해 작성된 발언자명부는 회의의 절차와 관련하여 제기되는 절차발의(procedural motions)가 있거나 결의안이나 수정안이 도입되는 경우를 제외하고는 지켜져야 한다.

대표단은 어느 때고 실질발의(substantive motion)를 위한 발언자명부를 닫거나 다시 열 것을 발의할 수 있다. 발언자명부를 닫자는 발의가 통과되면 의장에 의해 명부의 마감이 선언되고 더 이상의 발언자가 추가될 수 없다. 발언자명부를 다시 열자는 발의(motion for reopening the speakers' list)가 통과되면 기존 명부에 다른 대표단의 이름들이 추가될 수 있다.

발언자명부에 따라 행해진 발언에 대해 반박발언권 행사의 요청이 있는 경우, 비록 발언자명부가 닫혔다고 해도 반론 발언을 신청한 국가의 반박발언권을 인정해야 한다.

## (11) 발언의 제한Limit on Speeches

### 본회의 관련 조항 (제72조)
### 위원회 관련 조항 (제114조)

총회(위원회)는 개개 발언자에게 허용되는 발언시간과 각국 대표가 어떠한 문제에 대해서든 발언할 수 있는 횟수를 제한할 수 있다. 그러한 제한을 가하자는 제의에 대해 결정이 채택되기 전에 찬성 2명, 반대 2명이 발언할 수 있다. 토론이 제한되고 어느 한 대표가 배정된 시간을 넘어 발언할 경우, 의장은 지체 없이 그의 발언을 중단시킨다.

---

18) 발언자명부가 닫히면 토론이 종료되며 또한 토론의 종료(closure of debate)를 위한 발의가 통과될 경우도 역시 토론이 종료된다. 발언자명부를 닫자는 발의는 토론종료 발의와 더불어 표결절차로의 이행을 의미한다.

### 해 설

총회의 본회의와 위원회는 어떠한 문제에 대해서든 대표단의 제안에 의해 발언시간과 발언횟수를 제한할 수 있다. 이러한 제한을 가하자는 발의에 대해 투표가 행해지기 전에 찬성측 2명과 반대측 2명이 발언할 수 있다. 발의가 통과되기 위해 단순 과반수의 찬성을 필요로 한다. 제한하자는 안이 통과된 경우 의장은 이러한 제한을 초과할 때 지체 없이 발언을 중단시킬 수 있다.

의장 자신도 발언의 제한을 제안할 수 있다. 구체적으로 의장은 회의를 마쳐야 할 시간과 발언자명부에 발언을 신청한 국가의 수를 계산하여 이들에게 발언시간을 예컨대 3분 혹은 5분 등으로 제한하여 발언해 줄 것을 요청할 수 있다. 뒤에서 살펴볼 반박발언권(right of reply)을 행사할 경우 사용할 수 있는 시간도 제한의 대상이 된다.

발언시간과 관련하여 의사규칙은 본회의나 위원회 모두 발언시간과 발언횟수에 대한 제한을 가할 수 있다고 규정하고 있지만 실제에 있어서 본회의의 경우 이러한 규칙이 관행적으로 거의 적용되지 않고 있다. 물론 회의의 막바지에 시간이 부족하고 할 일이 많은 경우에는 예외이다. 이러한 것은 안전보장이사회(Security Council)의 경우도 유사하다. 발언횟수의 제한과 관련하여서도 유엔총회 본회의의 경우 이러한 규칙이 거의 적용되지 않고 있는데 이는 개개 국가가 일회만 발언하는 것을 관례로 하고 있기 때문이다.

## (12) 반박발언권Right of Reply[19]

### 본회의 관련 조항 (제73조)
### 위원회 관련 조항 (제115조)

토론이 진행되고 있는 중에 의장은 발언자명부를 공표하고 총회(위원회)의 동의를 얻어 명부의 마감을 선언할 수 있다. 그러나 그는 명부를 마감한 후 행하여진 발언 때문에 반박 발언이 필요하게 된 경우에는 어느 회원국에게든 반박발언권을 부여해야 한다.

### 해 설

총회의 의사규칙에 구체적으로 무엇이 반박발언권이고 언제 주어지는 것인가와 같은 조건에 대한 언급이 전혀 없다. 그래서 오용의 여지가 많은 것이 사실인데 일반적으로 특정 국가나 정부 혹은 정부의 정책에 대해 다른 국가의 대표단이 일반토론 발언(기조연

---

19) 「right of reply」를 「right of rebuttal」이라고도 한다. 이를 간단히 줄여 영어로 「ROR」이라고 부른다. 반박발언권은 때때로 「반론권」 혹은 「답변권」이라는 말로 대체되어 사용되기도 한다.

설)이나 의제항목별 발언을 통해 거친 언사(rude remarks)로 비난이나 공격을 가한 경우에 이러한 비난이나 공격의 대상이 된 국가는 의장에게 반박발언권을 신청할 수 있다. 또한 타국에 의해 자국의 발언이 잘못 이해되었을 경우에도 반박발언권 신청이 가능하다. 그러나 특정 국가의 정책에 대한 단순한 비판은 반박발언권의 대상이 되지 않는다는 점을 주의해야 한다.

반박발언권의 신청은 의장석으로 나아가 서면으로 하며 서면에 국명과 반론의 대상이 된 진술(objectionable statement)을 포함시킨다. 반박발언권을 행사하겠다는 요구가 접수되면 의장은 반박발언권을 부여할 것인가 말 것인가를 결정할 수 있다. 즉 반박발언권의 부여 여부는 의장에 주어진 특권이다. 그러나 재결요청(appeal)의 대상이 될 수 있으며 재결요청 시 참석하고 투표한 국가의 과반의 찬성이 있을 경우 의장의 결정은 번복된다. 실제에 있어서 대표단이 반박발언권을 요청하면 의장은 거의 언제나 이를 수용하여 반론의 기회를 부여하는 것이 관행으로 되어 있다. 즉 반박발언권은 대개 자동적으로 의장에 의해 주어진다.

의장은 반박발언권 행사 요청이 접수된 직후에 반론을 허용하는 것이 아니라 그 날의 발언자명부의 마지막 국가가 발언을 마친 후에 발언의 기회를 부여한다. 동일한 의제항목에 대한 논의가 오전과 오후의 회의에서 다루어질 경우 통상적으로 오후 회의의 마지막에 반박발언권이 주어진다. 반박발언권을 얻은 대표단은 즉각 발언할 수 있다.[20]

총회 본회의 일반토론 발언(기조연설)의 경우 대부분 국가원수들(heads of a state)이 발언을 한다. 이들의 발언에 대해서도 반박발언권이 주어지나 이때 반박발언권은 발언을 통해 행사되지 않고 유엔의 공식문건을 통해 행사된다는 점에 주의해야 한다. 이러한 문건의 예로서 2011년 제66차 유엔총회에서 작성된 문건 「A/66/385」를 들 수 있다. 이 문건은 아르헨티나 대통령의 일반토론 발언(기조연설)에 대해 영국이 반박발언권을 행사하기 위해 작성한 문건으로서 영국의 유엔대표부 대사가 총회의장에게 보낸 서신의 형태를 취하고 있으며 반론의 내용이 담겨져 있다. 이 문건은 두 부분으로 구성되는데 전반부는 총회 본회의 의장에게 당 문건을 총회의 공식문건으로서 회람해줄 것을 요청하는 내용이고 후반부는 반론의 구체적인 내용이 담겨져 있다.

대부분의 국제기구들은 반박발언권을 행사할 수 있는 횟수, 반박발언권을 행사할 수 있는 시간, 반박발언권을 행사할 수 있는 시점(보통 회의의 끝)을 언급하고 있다. 유엔총회의 의사규칙은 반박발언권을 행사할 수 있는 횟수에 대한 규정을 두고 있지 않으나 관행상 2회까지 허용하고 있다.

총회의 의사규칙은 또한 반박발언권 행사를 위한 시간제한에 대하여 규정을 두고 있지 않지만 앞서 언급했듯이 의장은 반박발언권 행사를 위한 발언시간을 제한할 수 있다. 유엔총회의 운영위원회(General Committee)가 본회의와 위원회에 권고하고 있는 것에

---

20) 유엔이 창설된 초기에는 발언자명부가 여전히 열려 있어 발언할 국가들이 남아 있는데도 불구하고 즉각적인 반박발언권을 요구하고 이에 대해 반박발언권의 대상이 된 국가도 즉시 반박발언권을 요구하곤 했다.

따르면 1차 반론을 위한 발언은 10분, 2차 반론을 위한 발언은 5분으로 제한되고 있다.

반박발언권을 행사한 실제의 예를 들면 다음과 같다. 2000년 6월 15일 남북정상회담이 열리기 전까지 남북한은 유엔에서 반박발언권을 서로 행사하는 것이 연례행사처럼 되어 있었다. 예컨대 제53차 유엔총회 본회의에서 한국대표는 북한의 핵문제와 관련하여 일반토론 발언(기조연설)을 통해 북한의 안전조치협정 불이행과 과거 핵정보 보전을 위한 협조결여에 우려를 표명하고 북한이 국제원자력기구(IAEA)와 협조할 것을 촉구한 바 있다.

이에 북한은 1차 반박발언권을 행사하여 남한은 외국 핵무기를 한반도에 도입토록 구걸한 민족의 반역자(traitor of the nation)로서 남한이 한반도의 핵문제를 거론하는 것은 적반하장이라는 내용의 발언을 했다. 이에 한국은 1차 반박발언권을 신청하여 북한대표가 유엔의 진지한 토의장에서 최소한의 예양을 갖추지 못한 언어를 사용하고 있어 유감이며 국제사회의 호소를 경청치 않는 태도를 보이고 있어 매우 실망스럽다고 발언했다. 북한은 2차 반박발언권을 신청하여 논제를 벗어나 한반도의 핵우산을 구걸하고 있는 반역자의 발언은 가소로우며 남한은 북한을 고립시키고자 미국과의 대규모 군사연습을 통해 동족에 대한 공격준비를 하고 있다는 발언을 했다. 한국은 마지막 반박발언권 즉 제2차 반박발언권을 행사하여 북한대표의 거듭된 적절치 못한 언어사용을 거부하고 북한측은 한국측이 북한을 고립시키려 한다고 주장하고 있으나 한국은 신정부와 더불어 햇볕정책을 통해 북한이 책임 있는 국제사회의 일원으로 동참하기를 바라고 있다는 요지의 발언을 했다.[21]

2001년 4월 제네바에서 개최된 유엔 인권위원회에서 일본의 불충분한 역사인식과 과거사 청산책임을 둘러싸고 한국과 일본 사이에 그리고 북한과 일본 사이에 2차례에 걸쳐 치열한 반박발언권을 행사한 바 있는데 이를 또 다른 예로서 소개하면 다음과 같다.[22]

일반토론 발언(기조연설)에 나선 한국대표는 최근 검정을 통과한 일본의 일부 역사교과서가 군대위안부 문제에 대한 기술을 과거보다 오히려 후퇴시키거나 삭제하는 등 과거의 잘못을 의도적으로 은폐축소한 데 대해 분노를 금할 수 없다고 강력한 유감을 표명했다. 이어 한국은 이와 같은 역사의 호도와 왜곡은 1998년 한일 동반자관계 공동선언 당시 일본이 과거사에 대해 사죄한 것과는 배치되는 것이라며 역사왜곡을 근본적으로 방지하기 위한 대책을 강구할 것을 강력히 촉구한다고 밝혔다.

이어서 인원위원회의 위원국이 아닌 북한대표는 옵서버 자격으로서 발언을 통해 일본은 오키나와 주둔 미군이 14세 일본 소녀를 성적으로 학대한 것에 대해서는 민감하게 대응하면서도 다른 국가 여성들에게 저지른 반인륜 범죄에 대한 책임은 회피하고 있다고 언급하면서 일본은 유엔 안전보장이사회의 상임이사국이 될 자격이 전혀 없다고 성토했다.

일본대표는 반박발언권을 통해 일본교과서 검정제도 하에서는 교과서 집필가가 역사

교과서 내용을 선택하는 자유가 있다며 일본 정부에 책임이 없음을 강조했다. 일본대표는 또한 일본정부가 이미 군대위안부에 대해 진지하고 깊은 반성과 사과를 표명했으며 도덕적 책임을 감안해 아시아여성기금의 활동을 전폭 지지하고 있다고 언급했다.

이에 대해 한국측은 1차 반박발언권 행사에 나서 유엔인권위 특별보고관(special rapporteur)이 보고서를 통해 군대위안부 문제에 대해 일본정부가 법적 책임을 인정하고 배상할 것을 권고했음을 상기시킨다고 반박했다. 나아가 일본은 겸허하고 솔직한 자세로 잘못된 과거역사에 대해 책임을 인정해야 한다며 이러한 반인륜적 범죄가 되풀이되지 않도록 정부차원에서 필요한 모든 조치를 취할 의무를 외면해서는 안 될 것임을 강조했다.

일본은 2차 반박발언권을 얻어 일본정부의 보상의무는 한국정부를 포함한 다른 국가들과의 양자 또는 국제협정을 통해 모두 완전히 해결됐다고 해명했다. 한국측은 2차 반박발언권을 행사하여 아시아여성기금은 위로금의 성격으로서 일본정부가 제2차세계대전 중 저지른 범죄에 대한 법적 책임을 인정하지 않는 것을 의도하고 있기 때문에 일본의 공식적이고 법적인 보상의무를 충족시키지 못한다고 일본측 주장을 재반박했다. 이에 앞서 북한의 서기관도 반박발언권을 행사하여 일본측을 비난한 바 있다.

## (13) 토론의 연기|Adjournment of Debate[23]

**본회의 관련 조항 (제74조)**

**위원회 관련 조항 (제116조)**

어떠한 문제가 토의 중에 있다 하더라도, 어느 한 회원국 대표는 토의 중에 있는 의제항목에 대한 토론의 연기를 발의할 수 있다. 그러한 발의를 제안한 대표 외에도, 그 발의에 대해 찬성하는 대표 2명, 반대하는 대표 2명이 발언할 수 있다. 그 후 그 발의는 즉시 투표에 회부된다. 의장은 본 규정에 따라 발언자에게 허용될 시간을 제한할 수 있다.

**해 설**

문제를 토의하는 중 대표단은 논의하고 있는 의제항목(agenda item)이나 결의안에 대한 토론의 연기를 발의할 수 있다. 토론의 연기는 현재 논의 중인 의제항목으로부터 의제에 있는 다른 의제항목으로의 이동을 의미하거나 현재 논의 중인 결의안으로부터 다른 결의안으로의 이동을 의미하게 된다.

이러한 토론의 연기에는 기한부 연기와 무기한 연기의 두 종류가 있는데 이 중에서

---

23) 영어로 「Postponement of Debate」라고도 부른다.

무기한 연기는 논의되고 있던 것의 사실상의 사문화를 의미한다. 토론이 연기되면 논의되던 의제항목이나 결의안은 토의를 재개하기로 결정하지 않는 한 동일한 회기(session) 내에 다시 논의되지 않는다.

유엔은 「토론의 연기」라는 절차발의 이외에 결의안이나 수정안과 같은 제안에 대해 아무런 조치도 취하지 말자는 「불처리 발의(no-action motion)」라는 절차발의를 인정해오고 있다. 그러나 의사규칙에 이러한 불처리 발의를 명시적으로 규정하고 있는 경제사회이사회(ECOSOC)와는 달리, 총회는 이에 대한 직접적인 규정을 두지 않은 채 이러한 불처리 발의를 관행상 인정해 오고 있다. 불처리 발의의 효과가 토론의 연기(그중에서도 토론의 무기한 연기)의 효과와 동일한 관계로 유엔총회는 불처리 발의의 근거로서 토론의 연기를 규정하고 있는 총회 의사규칙 제74조와 제116조를 인용하고 있다. 이러한 불처리 발의에 대해서는 뒤에 별도로 자세히 언급하고 있다.

토론의 연기에 대한 절차발의는 토론의 대상이 된다. 구체적으로 발의자 외에도, 이 발의에 대해 찬성하는 대표 2명과 반대하는 대표 2명이 발언할 수 있다. 이때 의장은 본 규정에 따라 발언자에게 허용될 시간을 제한할 수 있다. 발언이 끝나면 즉시 투표에 회부되며 투표에 부쳐진 토론의 연기 발의는 통과를 위해 단순 과반수의 찬성을 필요로 한다.

다음에 살펴볼 토론종료의 발의는 토론을 종료한 후 채택절차에 들어갈 것을 요청하는 발의인데 반해, 토론의 연기 발의는 토론을 종료하고 채택절차에 들어가자는 것이 아니라 토론뿐만 아니라 채택절차를 그만두자는 발의이다.

## (14) 토론의 종료Closure of Debate

**본회의 관련 조항 (제75조)**
**위원회 관련 조항 (제117조)**

회원국 대표는 어느 시점에서든, 여타 회원국 대표가 발언할 의사를 표명했는지에 여부에 관계없이 토의 중에 있는 의제항목에 대해 토론의 종료를 제의할 수 있다. 토론 종료에 대한 발언 허가는 토론종료를 반대하는 대표 2명에게만 주어진다. 그후 그 발의는 즉시 투표에 회부된다. 만일 총회(위원회)가 토론종료를 찬성하면 의장은 토론종료를 선언해야 한다. 본 규정에 따라 의장은 발언자에게 허용될 시간을 제한할 수 있다.

**해 설**

회원국 대표는 어느 시점에서든, 여타 회원국 대표가 발언할 의사를 표명했는지에 여부에 관계없이 토의 중에 있는 의제항목(절차적인 문제나 본질적인 문제)에 대한 토론의

종료를 발의할 수 있다. 토론의 연기(adjournment of debate)와는 달리, 토론의 종료에 대한 발의가 통과되면 토론되던 것이 종료되고 발언자명부의 상태와는 관계없이 투표에 회부된다. 통상적으로 토론의 종료는 논의되고 있는 결의안이나 수정안에 찬성하는 다수 국가의 대표단들이 표결을 통해 신속하게 이들을 통과시킬 의도로 발의된다,

토론종료에 대한 발의 역시 토론의 연기와 마찬가지로 논쟁이 허용되는 발의이다. 이 발의가 통과될 경우 다른 대표단의 토론의 권한이 제약을 받게 되는 중요한 발의이기 때문이다. 하지만 토론의 연기와는 달리 토론종료에 대한 발언의 기회는 토론종료를 반대하는 대표 2명에게만 주어진다. 두 명의 반대토론에 이어 토론종료에 대한 발의는 즉시 투표에 회부되며, 통과를 위해 단순 과반수를 필요로 한다. 이 발의가 표결로 통과되면 의장은 토론종료를 선언해야 한다. 본 규정에 의거하여 의장은 발언자에게 허용될 시간을 제한할 수 있다.

결의안의 수정안에 대한 토론 시 토론종료를 발의한 경우 대표단은 이러한 발의가 수정안에 대한 것인지 아니면 수정안이 나오게 된 모체인 결의안에 대한 것인지를 밝혀야 한다. 수정안에 대한 것일 경우 수정안은 곧 바로 투표에 부쳐진다. 결의안에 대한 것일 경우 우선 현재 논의되고 있는 수정안에 대해 투표가 행해지고 이어서 결의안에 대한 투표가 행해진다.

반박발언권을 이미 요청한 국가가 있을 경우, 토론종료가 발의되어 통과된 후에도 반박발언권이 주어진다. 토론종료 발의가 통과된 후에 곧 이어 결의안이나 수정안 등에 대하여 표결 혹은 합의에 의한 채택절차에 들어가게 되는데, 이러한 채택절차의 직전에 투표설명(explanation of vote)의 기회 역시 주어진다. 물론 채택절차가 끝난 후에도 투표설명의 기회가 주어진다. 이와 관련하여 토론종료 후 채택절차 직전에 주어지는 투표설명은 토론을 종료하자고 해놓고 토론을 다시 하는 측면이 있음을 이유로 적절하지 않아 채택절차 후의 투표설명의 기회만이 주어져야 한다는 지적도 있다. 그러나 총회의 의사규칙 제88조에 따라 투표설명의 기회는 채택절차 전과 후에 모두 주어진다. 이러한 투표설명에 대해서는 뒤에서 별도로 언급하고 있다.

## (15) 회의의 잠정중지Suspension of the Meeting

**본회의 관련 조항 (제76조)**
**위원회 관련 조항 (제118조)**
어떠한 문제가 토의 중에 있든 간에 회원국 대표는 회의의 잠정중지 또는 연기를 제의할 수 있다. 그러한 제의는 토론되지 않고 즉시 투표에 회부된다. 의장은 회의의 잠정중지 또는 연기를 제의하는 발언자에게 허용되는 시간을 제한할 수 있다.

**해 설**

「회의의 잠정중지」란 원어에 충실한 번역이고 우리말로는 통상적으로 「정회」라고 부른다. 어떤 문제가 토의되고 있든 간에 대표단은 회의를 잠정적으로 중지할 것을 발의할수 있다. 회의의 잠정중지를 발의할 때 회의의 잠정중지를 얼마 동안 가질 것인가를 구체적으로 언급해야 한다. 회의의 잠정중지는 주로 협의체 내의 협의나 협의체 간의 협의를 위해 요청되는데, 의장은 이때 회의의 잠정중지를 얼마 동안 허용할 것인가의 시간을 제한할 수 있다.

회의의 잠정중지를 요구하는 발의는 논쟁의 대상이 되지 않고 즉각적으로 투표에 부쳐지며, 통과를 위해 단순 과반수를 필요로 한다. 회의의 잠정중지에 대한 발의가 통과되면 회의는 정해진 시간동안 멈추게 되며 회의가 재개되면 하던 일이 재개된다.

## (16) 회의의 연기Adjournment of the Meeting

**본회의 관련 조항 (제76조)**
**위원회 관련 조항 (제118조)**
어떠한 문제가 토의 중에 있든 간에 회원국 대표는 회의의 잠정중지 또는 연기를 제의할 수 있다. 그러한 제의는 토론되지 않고 즉시 투표에 회부된다. 의장은 회의의잠정중지 또는 연기를 제의하는 발언자에게 허용되는 시간을 제한할 수 있다.

**해 설**

「회의의 연기」란 원어에 충실한 번역이고 우리말로는 통상적으로 「휴회」라고 부른다. 대표단은 회의의 연기를 발의할 수 있는데 이때 회의의 연기에 대한 발의는 논쟁의 대상이 되지 않고 즉시 투표에 부쳐진다. 통과를 위해 단순 과반수의 찬성을 필요로 한다. 회의의 잠정중지와 회의의 연기의 차이를 잘 이해하기 위해서는 앞서 구별한 바 있는 회기(session)와 회의(meeting)의 차이를 잘 이해하는 것이 필요하다.

회의의 잠정중지란 하나의 회의(meeting) 내에서의 일시적인 중지를 의미하나, 회의의 연기란 현재 진행 중인 회의를 종료하고 다음으로 예정되어 있는 회의(the next regularly scheduled meeting) 때까지 회의를 갖지 않는 것을 말한다. 예컨대 유엔회의의 경우 오전회의가 아침 10시에 시작하여 오후 1시에 끝나고 오후회의가 오후 3시에 시작하여 6시에 끝나는데 오전회의 도중에 회의의 연기가 발의될 경우 오전회의의 남은 시간에 관계없이 오전회의가 종료되고 예정되어 있는 오후회의에서 회의를 다시 갖게 된다.

때때로 회의의 연기란 현재의 회의를 종료하고 통상적으로 다음 해에 예정되어 있는

정기회기(the next regularly scheduled session) 때까지 회의를 갖지 않는 것 즉 회기의 종료를 의미하기도 한다. 회기의 종료를 의미하는 회의의 연기는 통상적으로 동일한 회기 내의 마지막 회의에서 발의된다.

## (17) 절차발의의 순위 Order of Procedural Motions

> **본회의 관련 조항 (제77조)**
> **위원회 관련 조항 (제119조)**
> 71조(113조) 규정에 따를 것을 조건으로, 다음 발의는 그 순서에 따라, 회의에 제기된 모든 제의나 발의에 앞서 우선적으로 취급된다.
> (a) 회의의 잠정중지
> (b) 회의의 연기
> (c) 토의 중에 있는 의제항목에 대한 토론의 연기
> (d) 토의 중에 있는 의제항목에 대한 토론의 종료

### 해 설

유엔총회 본회의와 위원회 의사규칙은 절차발의의 우선순위를 정해놓고 있는데, 이는 다른 절차발의들이 경합적으로 제기되었을 때 제기된 순서에 관계없이 의장이 인정해야 할 순서를 의미한다.

구체적으로 회의의 잠정중지(suspension of the meeting)가 가장 우선하고, 회의의 연기(adjournment of the meeting)가 그 다음으로 우선하며, 토론의 연기(adjournment of debate)가 이들을 뒤따르고 가장 마지막으로 토론의 종료(closure of debate)가 뒤를 잇는다. 이들 이외의 절차발의는 제기된 순서에 따라 의장이 인정한다.

자체 내에 우선순위가 존재하는 이러한 4개의 절차발의 모두는 이들을 제외한 다른 종류의 모든 절차발의나 실질발의에 우선한다. 즉 이러한 절차발의가 제기된 경우 의장은 다른 모든 제안이나 발의에 앞서 이들을 우선적으로 취급하여야 한다. 그렇지만 이들 4개의 절차발의도 다른 절차발의와 마찬가지로 앞서 언급한 의사규칙 위반지적(point of order)보다는 우선순위 면에서 낮다.

이러한 절차발의의 순위가 구체적으로 어떻게 적용되는가를 가상적인 예를 들어 살펴보고자 한다. 국가 A의 대표단이 토론의 종료를 발의하였다고 가정하자. 이에 대응하여 국가 B의 대표단이 토론의 연기를 발의하고, 국가 C가 20분간의 회의의 잠정중지를 발의했으며 이어서 국가 D가 10분간의 회의의 잠정중지를 발의했다고 가정하자.

이 경우 절차발의가 제기된 시기와 관계없이 즉 어느 절차발의가 먼저 제기되었는가

에 관계없이 절차발의의 우선순위에 따라 회의의 잠정중지가 가장 먼저 논의되고 이어서 토론의 연기와 토론의 종료가 각각 그 뒤를 잇게 된다. 회의의 잠정중지를 요청하는 발의가 두 개 있는데, 이들은 같은 순위에 속하는 발의로서 이 경우 어느 잠정중지 발의가 먼저 제기되었는가의 기준에 따라 먼저 제기된 20분간의 회의의 잠정중지가 우선적으로 논의되게 되고 이어서 10분간의 회의의 잠정중지 발의가 논의되게 된다.

이때 우선순위에 있어서 먼저 논의의 대상이 된 절차발의가 채택이 되게 되면 뒤에 남아 있는 절차발의나 절차발의들은 자동적으로 폐기되게 된다. 그러나 순서상 먼저 논의의 대상이 된 절차발의가 부결될 경우 우선순위에서 뒤에 놓여 있는 절차발의들이 차례로 논의의 대상이 된다.

## (18) 제안과 수정의 제출

**본회의 관련 조항 (제78조)**
**위원회 관련 조항 (제120조)**

제안(proposal)과 수정(amendment)은 통상적으로(normally) 문건으로 사무총장에게 제출되며, 사무총장은 그 사본을 대표단에게 배포한다. 일반적 규칙으로서(as a general rule) 어떠한 제안도 그 사본이 적어도 회의 전일까지 모든 대표단에 배포되지 아니하는 한 총회(위원회)의 어떤 회의에서도 토의되거나 투표에 회부되어서는 안 된다. 그러나 의장은 수정이나 절차에 관한 발의에 대해서는 그 수정이나 발의가 배포되지 않았거나 회의 당일 배포되었다 하더라도 그에 대한 토의(discussion)와 심의(consideration)를 허용할 수 있다.

### 해 설

앞서 언급했듯이 유엔총회의 의사규칙은 제안과 수정을 구분하고 있으며 제안은 수정이 가해지기 전의 안을 의미한다. 이러한 제안과 수정이 공식적으로 논의의 대상이 되기 위해서는 문건으로서 사무총장에게 제출되어야 하고 사무국은 이것을 복사하여 모든 대표단들에게 배포해야 한다. 제안이나 수정이 공식회의 이전에 배포되어야만 하는 이유는 이들 문건들이 토의의 출발점이 되는 관계로 대표단들이 사전에 검토할 시간적 여유를 가질 필요가 있기 때문이다.

제안의 경우 회의 전날까지 모든 대표단들에게 배포되어야 토의나 표결의 대상이 된다는 것을 유엔에서 「the 24-hour rule」라고 칭하는데, 이는 대표단에게 제안을 검토할 시간을 주어 원활한 토의가 가능하도록 하려는 것이다. 수정이나 절차에 관한 발의의 경우 제안의 경우와는 달리 배포가 되지 않았거나 당일에 배포되었다 해도 의장은 이에 대

한 토의와 심의(discussion and consideration)를 허용할 수 있도록 하고 있다.

제안과 수정이 통상적으로 사무총장에게 문건으로서 제출되어야 하고 제출된 제안과 수정의 사본이 배포되어야 한다는 규정에 「통상적(normally)」이라는 말이 첨가되어 있고, 제안이 토의되고 표결에 들어가기 위해서는 일반적 규칙으로서 회의 전날까지 배포되어야 한다는 규정에 「일반적 규칙으로서(as a general rule)」라는 말이 첨가되어 있어 합의가 있을 경우 예외적이기는 하나 적용되지 않을 수 있음을 시사하고 있다.

실제에 있어 결의안과 수정안이 회의 전날에 배포되지 않고도 표결에 회부되는 경우가 적지 않다. 유엔총회의 위원회에서 특히 결의안에 대한 토의 중 즉석에서 구두로 수정안이 제안되어 표결에 부쳐지는 경우가 적지 않으며 이때 수정안의 내용이 공식적인 문건이 아닌 간단하게 수기로 작성되어 의장에게 전달되기도 한다.

이처럼 구두로 수정안을 제안할 경우 수정이 가해질 부분이 어느 부분인지를 분명하게 해야 한다. 그런 다음 자신이 제안하고 있는 수정이 결의안에 반영될 경우 어떤 문장이 될 것인지를 통상적인 속도로 읽어준다. 그 다음에 처음과는 달리 매우 천천히 어느 부분이 생략, 첨가 혹은 대체되는지와 같은 것을 언급하면서 그 부분을 다시 읽어준다. 이는 다른 대표단이 기존의 결의안에 수정의 내용을 착오 없이 적을 수 있는 시간을 주기 위한 것이다. 이때 많은 대표단은 검정색으로 인쇄된 원안의 글자색과 구별하기 위해 빨간색 펜을 사용하여 표시하는 것이 회의장에서 눈에 띄곤 한다. 그런 다음에 수정안의 제안자는 손으로 쓴 수정안을 위원회 간사에게 가져다준다.

다음 발언문은 의장이 공식적으로 결의안이 토의나 채택의 대상이 되려면 하루 전에 배포되어야 한다는 원칙을 유보하고 채택절차에 들어가기 위해 대표단의 동의를 구하는 내용의 것이다.

We have heard the last speaker in the debate on agenda item 75 and its sub-items (a) and (b). Before we proceed further, I should like to consult the Assembly with a view to proceeding with the consideration of draft resolutions A/60/L.22 and A/60/L.23 today. Since the draft resolutions have been circulated only today, it would be necessary to waive the relevant provision of rule 78 of the rules of procedure. The relevant provision of rule 78 reads as follows:

"As a general rule, no proposal shall be discussed or put to the vote at any meeting of the General Assembly unless copies of it have been circulated to all delegations not later than the day preceding the meeting." Unless I hear any objection, I shall take it that the Assembly agrees with this proposal. (pause) As I see no objection, it is so decided.

## (19) 권능에 대한 결정Decision on Competence

> **본회의 관련 조항 (제79조)**
> **위원회 관련 조항 (제121조)**
>
> 제77조(제119조) 규정에 따를 것을 조건으로, 총회(위원회)가 그에게 회부된 제안을 채택할 권한이 있는지에 대한 결정을 요구하는 발의는, 해당 제안에 대해 투표가 행하여지기 전에 먼저 투표에 회부된다.

### 해 설

결의안이나 수정안이 제안되었지만 아직 표결이 행해지기 전이라면 총회나 위원회가 이러한 결의안이나 수정안을 논의할 권능(competence)을 가지고 있는가에 대해 의문을 제기하는 발의를 할 수 있다. 이러한 발의는 결의안이나 수정안에 대한 표결에 선행하여 먼저 표결에 회부된다. 표결에 회부되어 과반수의 찬성이 있는 경우 통과될 수 있다.

그러나 유엔총회 의사규칙 제77조와 119조가 우선순위를 정해놓고 있는 절차발의들(회의의 잠정중지, 회의의 연기, 토론의 연기, 토론의 종료)은 다른 절차발의에 앞서는 것으로서 권능을 의심하는 발의가 이보다 우선할 수는 없다.

## (20) 발의의 철회Withdrawal of Motions

> **본회의 관련 조항 (제80조)**
> **위원회 관련 조항 (제122조)**
>
> 발의는 수정된 바가 없으면 투표가 행하여지기 전에 제안자에 의해 철회될 수 있다. 철회된 바 있는 발의는 타 회원국에 의해 다시 소개될 수 있다.

### 해 설

발의가 제기되고 이러한 발의에 대해 수정안이 제기되지 않았다면 발의에 대해 표결이 시작되기 전 어느 때고 관계없이 발의한 대표단에 의해 해당 발의가 철회될 수 있다. 또한 발의가 제기되고 이에 대해 수정안이 제기되었다 하더라도 아직 이러한 수정안이 공식적으로 채택이 되지 않았다면 이러한 발의는 철회될 수 있다. 철회된 발의는 다른 대표단에 의해 다시 제기될 수 있다.

앞서 의사규칙에 대한 개관 부분에서 언급했듯이 엄격한 의미로서 발의(motion)란 절차적인 문제에 대해 안을 내놓는 것을 의미하지만 이 조항에서 언급하고 있는 발의(motion)란 절차적인 문제뿐 아니라 실질적인 문제에 대한 안을 의미하는 결의안이나 수정안을 내놓는 것을 의미하는 제안(proposal)의 의미도 포함하고 있다. 따라서 여기에서 말하는 발의의 철회에는 결의안뿐만 아니라 수정안의 철회도 포함된다.

이러한 결의안이나 수정안이 철회되기 위해서는 해당 결의안의 공동제안국(co-sponsor) 모두의 합의가 필요하다. 이러한 철회는 공식회의 동안에 이루어질 수 있다. 결의안이 이미 수정이 완료되었을 경우 결의안을 제안한 국가에 의한 철회는 불가능하지만 대안으로서 할 수 있는 발의로는 뒤에서 살펴볼 불처리 발의(no-action motion)가 있다.

## (21) 제안의 재심의Reconsideration of Proposals

**본회의 관련 조항 (제81조)**
**위원회 관련 조항 (제123조)**

어느 한 제안이 채택되거나 부결된 바 있으면, 총회(위원회)가 참석하고 투표한 회원국의 2/3 다수결에 의해 재심의하기로 결정하지 아니하는 한 동일 회기에서 재심의될 수 없다. 재심의 제의에 대해 발언 허가는 그 제의를 반대하는 대표 2명에게만 주어지며, 곧 바로 투표에 회부된다.

### 해 설

일사부재리(영어로 「double jeopardy」, 라틴어로 「*ne bis in idem*」의 원칙에 반하여 최종적인 표결에 부쳐져 통과되거나 통과되지 못한 결의안이나 수정안에 대해 다시 토의할 것을 발의할 수 있는데 이를 「제안의 재심의(Reconsideration of Proposals)」라고 부른다.

이 발의는 논쟁의 대상이 되고 이때 재심의 제의에 대해 발언허가는 그 제의를 반대하는 대표 2명에게만 주어지며 곧 바로 투표에 회부된다. 이러한 발의가 통과되기 위해서는 참석하고 투표한 회원국 2/3의 찬성을 요한다. 발의가 통과되면 결의안이나 수정안이 다시 토의의 대상이 되며 투표에 부쳐진다.

이러한 재심의를 위한 발의는 특정 결의안에 있어 단 1회에 한해 이루어질 수 있으며 이러한 발의는 결의안의 제안국(들)에 의해서는 제기될 수 없다. 제안의 재심의 대상은 결의안이나 수정안 전체가 대상이 될 뿐 아니라 이들의 일부분도 대상이 된다. 즉 이미 채택된 결의안이나 수정안의 일부 조항도 재심의의 대상이 될 수 있다.

## (22) 투표권Voting Rights

**본회의 관련 조항 (제82조)**

**위원회 관련 조항 (제124조)**

총회(위원회) 각 회원국은 1표의 투표권을 갖는다.

### 해 설

각 회원국은 유엔총회의 본회의와 위원회에서 일국일표주의(principle of one-nation, one-vote)의 원칙에 따라 1표의 투표권만을 가진다. 이러한 일국일표제도는 표결력 (voting power)의 한 형태로서 지분의 비율 등에 따라 한 국가가 여러 표를 행사할 수 있는 가중표결제도(weighted voting system)와 대조를 이루는 것이다.

## (23) 가결필요표수

**본회의 관련 조항**

**제83조**

중요한 문제에 대한 총회의 결정은 참석하고 투표한 회원국의 2/3 다수결에 의해 채택된다. 중요한 문제는 다음과 같다: 국제평화와 안보의 유지에 관한 권고, 안전보장이사회 비상임이사국의 선거, 경제사회이사회의 이사국의 선거, 헌장 86조 1항 C에 의한 신탁통치이사회 이사국 선거, 유엔 신회원국 가입, 회원국의 권리와 특권의 정지, 회원국 축출, 신탁통치 제도의 운영에 관한 문제, 예산 문제.

**제85조**

83조에서 정하고 있는 문제 이외에 2/3 다수결에 의해 결정될 문제의 범주를 결정하는 것을 포함하여 모든 문제의 결정은 참석하고 투표한 회원국의 과반수의 찬성에 의해 채택된다.

**제86조**

본 규정의 목적 상, "참석하고 투표한 회원국"이란 말의 의미는 찬성이나 반대투표를 행한 회원국들 뜻한다. 투표에서 기권한 회원국은 투표를 하지 않은 것으로 간주된다.

## 위원회 관련 조항

**제125조**

위원회의 결정은 참석하고 투표한 회원국의 과반수 찬성에 의해 채택한다.

**제126조**

본 규정의 목적 상, "참석하고 투표한 회원국"이란 말의 의미는 찬성이나 반대투표를 행한 회원국들 뜻한다. 투표에서 기권한 회원국은 투표를 하지 않은 것으로 간주된다.

### 해 설

의사결정 「정족수(quorum)」가 채워질 경우 의사결정에 들어가게 된다. 이때 결정이 채택되기 위해 얼마나 많은 수의 표를 필요로 하는가를 의미하는 「가결필요표수(number of votes needed for a motion/draft resolution/draft amendment to pass)」를 국제기구들은 정해 가지고 있다.[24] 그런데 이러한 가결필요표수를 정족수와 구별하지 못하는 사람들이 종종 있다. 예컨대 「총회에서 참석하고 투표한 회원국의 과반수에 의해 결의안이 통과된다」고 할 경우 과반수란 가결필요표수를 의미하는데 이를 정족수로 혼동하는 경우가 있다.

가결필요표수로서 흔히 적용되는 것이 「단순 다수결(simple majority)」과 「특별 다수결(qualified majority)」이다. 단순 다수결이란 가결되기 위해 1/2이상을 요구하는 다수결을 의미하고 특별 다수결이란 가결되기 위해 2/3나 3/4와 같이 1/2보다 많은 수의 찬성을 필요로 하는 다수결을 의미한다.[25]

총회의 본회의의 경우 국제평화와 안보의 유지에 관한 권고, 안전보장이사회 비상임이사국의 선거, 경제사회이사회의 이사국의 선거, 신탁통치이사회 이사국 선거, 유엔 신회원국 가입, 회원국의 권리와 특권의 정지, 회원국 축출, 신탁통치 제도의 운영에 관한 문제, 예산 문제와 같은 「중요문제(important questions)」에 대한 결정은 참석하고 투표한 회원국의 2/3 다수결(즉 특별 다수결)에 의해 채택된다. 이러한 문제를 제외하고 2/3 다수결에 의해 결정될 문제의 범주를 결정하는 것을 포함하여 모든 문제의 결정은 참석하고 투표한 회원국 과반수의 찬성(즉 단순 다수결)에 의해 채택된다. 위원회의 경우는 본회의와는 달리 문제에 대한 구별 없이 참석하고 투표한 회원국의 과반수 찬성에 의해 채택한다.

이때 주의할 것은 계산의 기준이 총회의 본회의나 위원회의 경우 모두 「참석하고 투표한 회원국의 수」라는 점이다. 「참석하고 투표한 회원국」이란 「members present and

---

24) 「가결필요표수」는 영어로 간단히 「number of votes needed to win」라고도 표기할 수 있다.

25) 「특별 다수결」은 「조건부 다수결」이라고도 칭하기도 한다.

voting」를 번역한 구절로서 회의에 실제로 참석하여 찬성이나 반대의 투표를 한 회원국을 의미한다. 따라서 투표 자체에의 불참(non-participation)과 참석한 가운데 취한 기권(abstention)은 투표를 하지 않은 것 즉 무투표(no-voting)로 간주되어 계산되지 않는다. 극단적으로 유엔 회원국 193개 국가 가운데 190개 국가가 기권을 하고 2개 국가가 찬성하고 1개 국가가 반대를 했다고 가상해보자. 이 경우 참석하여 투표한 국가의 수는 3개 국가인데 이들 3개 국가 가운데 2개 국가가 찬성을 했기 때문에 2/3의 찬성으로 가결이 된다.

## (24) 표결방식Methods of Voting

### 본회의 관련 조항 (제87조)
### 위원회 관련 조항 (제127조)

(a) 총회(위원회)는 보통 거수 또는 기립에 의해 투표한다. 그러나 회원국은 호명투표를 요구할 수 있다. 호명투표는 의장이 주재한 제비뽑기에 의해 그의 이름이 뽑힌 회원국부터 시작하여 영어 알파벳순으로 행하여진다. 호명투표에서는 각 회원국의 이름이 호명되며, 대표 중 한사람이 "예" 또는 "아니요" 또는 "기권"으로 대답한다. 투표결과는 영어 알파벳순 회원국명에 따라 보고서에 기록된다.

(b) 총회(위원회)가 기계로 투표하는 경우, 비기록투표(non-recorded vote)는 거수나 기립투표를 대체하며 기록투표(recorded vote)는 호명투표를 대체한다. 어느 회원국이든 기록투표(recorded vote)를 요구할 수 있다. 기록투표의 경우, 총회(위원회)는 회원국들이 달리 요구하지 아니하는 한, 회원국의 이름을 소리 내어 호명하는 절차를 생략할 수 있다. 그러나 투표의 결과는 호명투표 시와 똑같은 방법으로 기록에 삽입된다.

## 해 설

표결방식에는 손을 들어 표결하는 「거수에 의한 투표(vote by a show of hands)」, 「명패를 들어 보이는 투표(vote by a show of placards)」, 「기립에 의한 투표(vote by rising)」 등 여러 방식이 있다. 이 경우 본회의 간사나 위원회의 간사(Secretary of the Committee or Secretary of the Plenary)가 찬성, 반대, 기권한 국가의 수를 센다.

유엔을 비롯한 각종 국제기구들의 대표단 좌석에는 찬성, 반대, 그리고 기권을 나타내는 전자버튼이 설치되어 있다. 대표단들이 이들 버튼 가운데 하나를 누르면 전체의 표결 상황이 큰 전광판에 나타나는데 이러한 방식을 「기계투표(vote by machine)」 방식이라고 하며 각종 국제기구에서 이러한 방식이 가장 빈번하게 사용된다.[26]

이러한 전자식 투표장치가 설치되어 있는 유엔총회 본회의나 위원회 회의장에서 국가들은 표결 직전에 표결방식으로서 「기록투표(recorded vote)」를 흔히 요청하곤 한다. 비기록투표가 단순히 찬성, 반대, 기권한 국가의 수를 기록하는 것과 달리 기록투표는 국가별로 찬성, 반대, 기권 가운데 어느 선택을 했는가를 기록에 남기는 투표를 의미한다. 이러한 기록투표의 요청에 대응하여 의장은 「A recorded vote has been requested」라는 말과 더불어 대표단들에게 원하는 버튼을 누르라고 요청한다. 이러한 전자식 투표장치 때문에 기록투표와 비기록투표 모두 좀 더 빠르고 정확하게 할 수 있게 되었다.

또 다른 표결방식으로 「호명투표(vote by a roll-call)」가 있다. 이는 국제기구에 있어 특이한 표결방식으로서 회의를 주재하는 의장이 대표를 호명하면 찬성, 반대, 기권 등의 대답을 함으로써 투표하는 방식이다. 이 제도의 취지는 각 대표단의 입장을 명확하게 파악하기 위한 것으로서 각 대표단의 투표내용이 공식적으로 기록된다.[27] 이를 통해 찬성, 반대, 기권한 국가의 수뿐만 아니라 찬성, 반대, 기권한 국가의 국명이 기록된다는 점에서 호명투표는 위에서 언급한 기록투표(recorded vote)의 한 형태로 볼 수 있다.

구체적으로 결의안에 대한 토의가 종결된 후 대표단은 호명투표를 요청할 수 있다. 이때 의장은 반대가 없는가를 우선 묻고 반대가 없으면 호명투표를 실시한다. 만약에 이러한 발의에 대해 반대가 있는 경우 표결을 하게 되는데 유엔총회 의사규칙에 따르면 이러한 발의는 토론을 허용하지 않는 발의로서 토론 없이 곧바로 표결에 들어가게 된다. 이러한 발의가 통과되기 위해서는 단순 다수결의 찬성을 요한다. 이처럼 의사규칙에는 대표단이 호명투표를 요구할 경우 반대가 있으면 표결을 통해 수용 여부를 결정하게 되어 있으나 이러한 절차를 거치지 않고 이러한 요구를 수용하는 것이 관행으로 수립되어 있다. 호명투표는 의장에 의해 주재되는 제비뽑기에 의해 뽑힌 회원국으로부터 시작하여 국명의 영어 알파벳순으로 행한다.

---

26) 버튼은 색깔로 구분이 되는데 가장 위의 버튼은 초록색으로서 찬성을 의미하고 중간에 빨간색 버튼은 반대를 의미하며 제일 하단의 노란색 버튼은 기권을 나타낸다. 각국 대표단이 버튼을 누르면 전광판의 국가 이름 옆에 찬성, 반대, 기권의 표시가 들어오고 동시에 전체 찬성한 국가의 수, 반대한 국가의 수, 그리고 기권한 국가의 수가 나타난다. 이때 착오에 대비하여 사무국 직원이 대표단에게 자신이 누른 버튼대로 전광판에 불이 들어왔는가를 확인하라고 한다. 이러한 투표의 결과는 잠시 후 한 장의 종이에 프린트되어 배포된다.

27) 어떤 국가의 대표단이 주제안국이 되어 특정 결의안을 통과시키고자 할 때 혹은 어떤 국가의 대표단이 다른 대표단에 의해 제안된 결의안의 통과를 주도적으로 막으려고 할 때 이들은 많은 국가들의 대표단을 찾아다니며 동조해 줄 것을 요청하는 일이 많다. 이때 부탁을 받은 타국의 외교관들은 실제로 동조를 하고 싶지 않아도 동조하겠다고 하든지 아니면 외교 관례상 명백한 거절을 하지 않고 「신중한 심의(careful consideration)를 하겠다」는 식의 애매한 표현으로 대신하는 경우가 많다. 이러한 경우 동조를 요청한 국가는 이들 국가들에게 심리적인 압박을 가하고 이들 국가들이 실질적으로 어떻게 투표를 했는가를 알기 위해 「호명투표」를 발의할 수 있다. 2001년 5월 유엔 경제사회이사회에서 보조기관인 인권위원회 위원국 선출이 있었는데 미국은 경제사회이사회 이사국들 중 여러 국가로부터 구두 혹은 문건으로 미국을 위원국으로 선출하는 데 표를 던지겠다는 약속을 받았는데도 불구하고 이들이 표를 달리 행사하는 바람에 위원국으로부터 탈락하는 수모를 당한 바 있다. 임원 선출을 하는 경우는 비밀투표를 하기 때문에 이 경우 호명투표는 허용되지 않는다.

호명투표 시 의장이 대표단의 국명을 호명하면 대표단은 「찬성(yes)」 혹은 「반대(no)」라고 대답을 하고, 투표를 원하지 않을 경우에는 「기권(abstain)」이라고 대답한다. 호명투표에 응할 준비가 되어 있지 않을 경우 「통과(pass)」라고 대답한다. 모든 대표단이 호명투표를 한 후 의장은 「통과(pass)」라고 대답한 대표단(들)만을 호명하여 투표할 기회를 다시 부여한다.

이러한 호명투표에도 다음에 자세히 살펴볼 투표 전과 후에 주어지는 「투표설명(explanation of vote, EOV)」이 허용된다. 이에 따라 호명투표를 「투표 전 투표설명이 주어지는 호명투표」와 「투표 후 투표설명이 주어지는 호명투표」로 나누어 설명하고자 한다.

투표 전에 투표설명이 주어지는 호명투표의 경우 투표설명을 원하지 않는 대표단은 의장의 국명 호명에 「찬성(yes)」, 「반대(no)」, 「기권(abstention)」 중에서 선택하여 대답한다. 투표설명을 원할 경우 투표설명을 한 후에 찬성, 반대, 기권 중에서 선택하여 대답한다. 대답할 준비가 되어 있지 않은 대표단은 「통과(pass)」라고 대답하면 된다. 이러한 「통과(Pass)」는 단 한 번만 허용되며 의장은 모든 대표단의 호명투표가 끝난 후 1차 호명 시에 「통과」를 선언한 국가에게 투표할 것을 요청한다. 1차 호명 시에 「통과」를 선언한 대표단은 2차 호명 시에 기권을 할 수 없고 투표설명을 할 기회를 가지지 못한다. 투표의 결과는 국명의 영문 알파벳순으로 보고서에 기록된다.

투표 후에 투표설명이 주어지는 호명투표에서 투표설명을 원하지 않는 대표단은 의장의 국명 호명에 「찬성」, 「반대」, 「기권」 혹은 「통과」 중에서 골라서 대답을 한다. 투표설명을 원하는 대표단은 「찬성」, 「반대」, 「기권」 중에서 하나를 골라서 대답을 함과 동시에 투표설명을 요청한다. 개개 대표단이 투표설명을 요청하자마자 이들 대표단에게 즉시 개별적으로 투표설명의 기회가 주어지는 것이 아니라 대표단 모두의 호명투표가 끝난 후에 앞서 투표설명을 요청한 국가들에게 일률적으로 주어진다.

이러한 호명투표는 절차적인 문제가 아닌 실질적인 문제에 대한 표결에만 적용된다. 즉 실질발의(substantive motions)에 대한 표결방식과는 달리 절차발의(procedural motions)에는 호명투표가 적용되지 않는다. 절차발의에 대한 표결이 행해질 경우에는 일반적으로 명패를 들어 보이는 방식을 택한다.

이러한 호명투표는 어느 국가가 어떻게 투표를 했는가에 대한 명백한 기록을 제공함으로써 다른 국가들이 어떻게 투표했는가를 알려줄 뿐 아니라 자국의 대표들이 특정 의제항목에 대해 어떻게 투표했는가를 알려주는 장점이 있다. 다른 한편 호명투표는 상당한 시간을 소요하게 된다는 문제가 있지만 결의안에 대한 표결을 할 때 주제안국(main sponsor)이나 공동제안국(co-sponsor)의 관점에서 찬성과 반대의 분포가 아주 근접하다고 판단될 경우 매력적인 선택이 된다. 왜냐하면 비공식 접촉을 통해 지지를 약속한 국가들이 약속대로 표를 던졌는가가 백일하에 드러나기 때문이다. 호명투표는 공개투표 방식이기 때문에 개인이나 국가를 특정 직위에 선출할 경우에는 사용되지 못하고 대신에 비밀투표(secret ballot)가 행해진다.

## (25) 투표 중의 행위Conduct During Voting

**본회의 관련 조항 (제88조)**
**위원회 관련 조항 (제128조)**

의장이 투표개시를 선언한 후에는 어떤 대표도 투표의 실질 진행과 관련된 의사규칙 위반 지적을 제외하고는 투표를 중단시킬 수 없다. 의장은 투표가 비밀투표 용지에 의해 실시되는 경우를 제외하고는 회원국이 투표 전 또는 후에 투표를 설명할 수 있도록 허용할 수 있다. 의장은 그러한 설명을 위해 허용되는 시간을 제한할 수 있다. 의장은 제안 또는 수정의 제안자에게 자신의 제안 또는 수정에 대해 투표설명을 허용해서는 안 된다.

### 해 설

의장이 투표의 개시를 선언한 후에는 투표행위와 관련한 의사규칙 위반지적(point of order)을 제외하고는 어떠한 대표단도 투표를 중단시킬 수 없다. 투표 중 회의장의 문은 닫혀야 하며 어느 누구도 투표가 끝날 때까지 회의장을 드나들어서는 안 된다.

의장에 의해 투표개시가 선언된 이후에 제기할 수 있는 발의에는 앞서 언급한 의사규칙 위반지적(point of order) 이외에 의사규칙 위반지적에 대한 의장의 평결에 대해 재결을 요청하는 발의, 분리투표를 요청하는 발의, 호명투표를 포함한 기록투표를 요청하는 발의, 합의로 채택할 것을 요청하는 발의가 포함된다.

## (26) 투표설명Explanation of Vote[28]

**본회의 관련 조항 (제88조)**
**위원회 관련 조항 (제128조)**

의장이 투표개시를 선언한 후에는 어떤 대표도 투표의 실질 진행과 관련된 의사규칙 위반 지적을 제외하고는 투표를 중단시킬 수 없다. 의장은 투표가 비밀투표 용지에 의해 실시되는 경우를 제외하고는 회원국이 투표 전 또는 후에 투표를 설명할 수 있도록 허용할 수 있다. 의장은 그러한 설명을 위해 허용되는 시간을 제한할 수 있다. 의장은 제안 또는 수정의 제안자에게 자신의 제안 또는 수정에 대해 투표설명을 허

---

28) 이를 간단히 줄여 영어로 「EOV」라고 칭한다. 의장이 대표단에게 투표설명의 기회를 줄 때 「Explanation of vote」라는 말 대신에 가끔 「Explanation of Position」이라는 말을 쓰기도 한다.

용해서는 안 된다.

## 해 설

　투표설명이란 말 그대로 투표에 대한 설명을 의미한다. 투표설명은 투표가 있기 전과 있은 후에 주어지는데 이들을 각각 「투표 전 투표설명(explanation of vote before the voting)」과 「투표 후 투표설명(explanation of vote after the voting)」이라고 칭한다. 전자의 경우는 투표에 앞서 자국이 할 투표에 대해 설명하는 것이고 후자의 경우는 이미 한 투표에 대해 설명을 가하는 것을 의미한다. 결의안과 수정안이 채택절차를 밟을 때 표결이 아닌 합의로 채택되는 경우가 상당히 많은데 이 경우에도 투표설명이 기회가 합의의 전과 후에 주어진다. 엄밀하게 말하면 「합의 전 합의설명」과 「합의 후 합의설명」이라고 칭하여야 하나 이 역시 「투표 전 투표설명」과 「투표 후 투표설명」으로 부른다.

　유엔총회 의사규칙은 의장이 비밀투표 이외의 투표에 있어서 투표 전과 투표 후에 대표단에게 자신들이 할 투표나 이미 한 투표에 대해 설명을 허용할 수 있다고 규정하고 있어 투표설명이 마치 의장이 자의적으로 거부할 수도 있는 권리처럼 비친다. 하지만 관행상 투표설명은 대표단의 권리로서 인정된다. 즉 대표단에 의한 투표설명의 요청은 대개 의장이 수용할 것인가의 여부에 달려 있지만 관행상 이러한 요청은 거의 언제나 수용된다.

　앞서 언급했듯이 투표설명의 기회는 결의안이나 수정안에 관계없이 이들의 채택여부를 결정하기 위한 투표가 있기 전과 후에 주어지는데 이들 중 특히 투표 전 투표설명은 토론이 종료되고 투표가 있기 직전에 행해져 토론이 종료되었음에도 불구하고 토론을 연장하는 결과를 가져오게 된다. 왜냐 하면 투표 전에 투표설명을 하고자 하는 국가는 통상적으로 타국을 설득하는 발언을 병행하기 때문이다. 이러한 것은 투표설명이 의도하는 바가 아니기 때문에 투표 전 투표설명이든 투표 후 투표설명이든 투표설명은 장황하게 해서는 안 되며, 이를 통해 토론을 재개해서도 안 된다.

　투표 전 투표설명의 과정에 대하여 보다 상세히 살펴보면 다음과 같다. 우선 결의안에 대한 투표에 들어가기 직전에 의장은 투표설명을 할 국가가 있느냐고 묻고 즉석에서 발언자명부를 작성하여 이에 따라 발언권을 부여한다. 이때 투표 전 투표설명을 하고자 하는 대표단은 구체적으로 「어떤 이유로 결의안에 반대투표를 하겠으니 많은 국가들이 동조하기 바란다」 혹은 「이런 저런 이유로 결의안에 찬성하려 하니 다른 국가들도 찬성표를 던지기를 촉구한다」와 같은 식으로 발언을 한다. 기권을 하고자 하는 경우 「이런 저런 이유로 기권을 하겠다」는 투표설명도 물론 가능하다.

　투표 전 투표설명의 마지막 발언자가 발언을 마치고 나면 통상적으로 결의안의 채택절차에 들어가게 되는데, 이러한 채택절차가 있기 직전에 분리투표를 발의할 수 있다. 실제의 유엔회의를 보면 투표설명을 하면서 더불어 분리투표 발의하는 경우도 종종 있다.

이 경우 분리투표 발의의 수용여부를 결정한 뒤 분리투표 발의가 채택되면 분리투표를 실시한 후에 결의안의 채택절차를 밟게 된다.

투표 후 투표설명의 과정에 대해 보다 상세히 살펴보면 다음과 같다. 의장은 투표가 행해진 이후 결의안의 통과 여부를 선언하고 투표설명을 할 국가가 있느냐고 묻고 즉석에서 발언자명부를 작성한다. 이때 투표 후 투표설명을 하는 대표단은 「결의안에 찬성했다. 결의안이 통과되어 다행스럽다」거나 「결의안에 반대했다. 결의안이 통과되어 유감이다」는 것을 핵심 내용으로 하는 투표설명을 하게 된다. 물론 투표 전의 투표설명과 마찬가지로 투표 후의 설명 역시 결의안의 표결에 찬성을 한 국가와 반대를 한 국가에 의해 이루어질 뿐 아니라 기권을 한 국가에 의해서도 행해진다. 때때로 투표가 이미 끝난 뒤 뒤늦게 회의에 참가한 국가의 대표단들은 투표 후 설명의 기회를 가져 늦게 와서 투표를 못했지만 찬성한다거나 반대한다는 것과 같은 내용의 발언을 하기도 한다.[29]

거수에 의한 투표, 명패를 들어 보이는 방식에 의한 투표, 전자버튼에 의한 투표에서는 물론 호명에 의한 투표(roll-call vote)의 경우에도 대표단은 투표 전이나 후에 투표를 설명할 권한을 요청할 수 있다. 이때 의장은 투표설명에 소요되는 시간을 제한할 수 있다.

투표설명에 모든 국가의 대표단이 참여하는 것은 아니다. 그렇다면 어떤 경우에 대표단은 투표설명의 기회를 갖고자 하는가를 살펴볼 필요가 있다. 첫째, 앞서 언급했듯이 대표단들은 통상적으로 투표설명을 통해 어떤 이유로 어떤 표를 던졌거나 던질 것이라는 것을 설명하고자 투표설명의 기회를 갖고자 한다. 투표설명은 찬성이나 반대에 대한 설명뿐 아니라 기권에 대한 설명도 물론 포함한다. 즉 투표설명은 왜 기권을 할 수밖에 없었는지를 설명하는 기회로도 사용된다. 한국이 행한 투표설명의 예를 통해 이러한 경우를 살펴보도록 하자. 1998년 제53차 유엔총회 제3위원회에서 결의안에 대한 토의 중에 발전권(right to development) 선언의 국제권리장전에의 포함 여부와 발전권 협약의 제정 여부와 관련이 있는 일부 조항들을 둘러싸고 비동맹 그룹측을 일방으로 하고 유럽연합측과 미국을 또다른 일방으로 하여 공방이 거듭되고 있었다. 한국의 경우 발전권이 인권의 주요한 부분이라는 인식이 증대되고 있다는 것을 인정은 하나 국제권리장전의 내용을 변경시킬 만큼 중요한 상황의 변경이 초래되고 있다고는 보지는 않았다. 한국은 아울러 개도국의 개발을 위한 지원을 적극적으로 해 온 국가의 하나로서 동 결의안의 기본적인 취지에 반대하는 입장을 노골적으로 표명하는 것도 곤란하다는 인식이 있었다. 동 결의안은 합의의 구축이 어려워 결국 표결을 하게 되었고 한국은 위에서 언급한 입장 때문에 표결에서 기권을 하지 않을 수 없었다. 표결이 끝난 후 한국은 투표설명의 기회를 얻어 「결의안 전체의 내용이 대체로 한국의 입장을 반영하고는 있으나 발전권 관련 협약제정 추진 등 일부 조항이 수용될 수 없어 표결에서 기권했다」는 설명을 한 바 있다.

---

29) 투표가 이미 끝난 후 투표설명을 통해 찬성의사를 밝힌다고 해도 투표 결과에는 변화를 가져오지 않으나 투표설명의 내용은 기록으로 남게 된다.

둘째, 결의안이나 수정안을 제안한 국가가 결의안이나 수정안이 통과된 것에 대해 감사의 뜻을 전하거나 결의안이나 수정안에 반대한 국가가 결의안이나 수정안이 통과된 것에 유감의 뜻을 전하기 위해서 투표설명의 기회를 갖기도 한다. 물론 제안한 국가가 부결된 것에 대해 유감을 표명하거나 반대한 국가가 부결된 것에 감사의 뜻을 표하기 위해서도 투표설명의 기회가 활용될 수 있다.

셋째, 대표단이 본부의 훈령에 따라 갑작스레 토의 중 표시했던 입장과 다른 방향으로 투표할 때, 착오에 의해 본부의 훈령과 달리 투표를 했을 때, 토의 중에 입장을 명백히 표시하지 않았거나 전혀 발언을 하지 않은 대표단이 입장을 설명하고자 할 때도 투표설명의 기회를 갖고자 한다.

넷째, 결의안이나 수정안에 찬성할 수 없는 특정 문안이나 단락 등이 있을 경우 결의안 전체에 대해 찬성을 하는 한편 해당 문안이나 단락만큼은 수용하지 않는다는 유보의 의사를 표시하기 위해서도 투표설명이 활용된다. 이러한 경우에 실제적으로 결의안 전체에 대해 반대를 했지만 이는 수용할 수 없는 특정 문안이나 단락이 있어서 그런 것이지 결의안 전체를 모두 반대해서 그런 것은 아니라는 투표설명을 제시할 수도 있다. 다시 말해 타 국가에 의해 제안된 결의안이나 수정안의 거의 모든 부분을 찬성하고 단지 자국의 이익과 관련하여 아주 제한된 어떤 특정 부분에만 불만을 가진 대표단의 경우 투표설명과 관련하여 두 가지 입장을 취할 수 있다. 우선 결의안에 대한 표결에서 찬성표를 던진 후 투표설명에서 비록 결의안에 찬성을 했지만 결의안 내용 중 어떤 부분까지도 수용한 것은 아니라는 투표설명을 할 수 있다. 또한 결의안에 반대하고 나서 투표설명에서 결의안의 대체적인 내용에 찬성을 하나 어떤 부분 때문에 반대하지 않을 수 없었다는 식의 설명을 가할 수도 있다. 다음은 이집트 대표단이 제60차 유엔총회 제42차 본회의에서 결의안 A/60/ L.12가 채택된 후 투표 후 투표설명을 한 내용인데, 특정 단락과 관련하여 유보를 제기하고 있다.

Having joined the consensus to adopt the resolution without a vote, my delegation would like to express its reservations with regard to operative paragraphs 2 and 6, as well as to some of the procedural aspects surrounding its adoption.

다섯째, 투표설명은 결의안이나 수정안의 특정 부분의 해석과 관련하여 문제를 제기하기 위해서도 활용된다. 다음은 제61차 유엔총회 제2위원회 제33차 회의에서 핀란드가 유럽연합을 대표하여 한 투표설명의 일부분인데, 특정 단락과 관련한 해석의 문제를 제기하고 있다.

The European Union has been pleased to join the consensus. However, operative paragraph 1 of draft resolution A/C.2/61/L.57 should not be interpreted as a directive to the UN-Habitat Governing Council and therefore

do not limit the prerogative of the Council to set its own agenda or to consider the various agenda items as it deemed appropriate.

투표설명과 관련하여 주의하여야 할 사항들이 있다. 첫째, 결의안이나 수정안의 제안자(주제안자와 공동제안자 모두)는 이러한 투표에 대한 설명을 할 수 없게 되어 있다. 따라서 결의안이나 수정안의 제안자가 투표설명을 하게 되면 의사규칙 위반지적(point of order)의 대상이 되며 이러한 일이 이따금 유엔에서도 발생한다. 그러나 결의안이 상정된 후 수정이 되었다면 원결의안의 제안국들은 투표설명을 할 수 있다.

둘째, 투표설명은 결의안이나 수정안에 대하여 투표로서 채택여부를 결정할 때만 주어지는 것이 아니라 합의(consensus)라는 표결에 의하지 않는 방식에 의한 의사결정 때도 주어진다는 것을 유념할 필요가 있다. 합의에 의한 의사결정의 경우에도 합의에 대한 설명의 기회가 주어지는데, 이때 「합의설명」이라는 말을 사용하지 않고 「투표설명」이라는 용어를 그대로 사용한다. 합의로 의사결정을 하는 경우 모든 국가가 적극적으로 찬성을 하는 것은 아니다. 즉 특정 국가의 경우 결의안이나 수정안의 일부 조항의 내용으로 인해 적극적으로 찬성을 할 수도 없고 그렇다고 공식적인 반대의사를 표시하여 합의가 아닌 표결로 의사결정에 이르도록 하는 것에도 부담을 느끼는 경우가 있다. 이 경우 합의로 의사결정이 이르도록 공식적인 반대의사를 표시하지 않지만, 투표설명의 기회를 통해 채택된 결의안의 특정 내용과 관련한 자국의 해석이나 유보를 설명하기 위해 투표설명의 기회를 갖기도 한다. 예컨대 일본은 제50차 총회에 이어 제52차 총회에 상정된 결의안이 합의에 의해 통과되자 투표의 설명을 통해 결의안의 내용 중 사무국 직원의 채용과 승진 시에 유엔의 6개 공식언어 사용자를 우대한다는 3번째 실행단락(OP-3)을 수용할 수 없었기 때문에 제50차 총회의 표결에서 반대 입장을 취한 바 있고 제52차 총회의 결의안에도 마지못해(reluctantly) 합의에 참여했다고 밝히면서 유엔의 6개 공식언어를 모국어로 하지 않는 사무국 직원들도 공평한 대우를 받아야 한다고 언급함으로써 동 결의안에 대한 강한 유보적 입장을 표명한 바 있다.

셋째, 유엔총회 본회의나 위원회에서 투표설명을 하고자 하는 국가의 대표단은 투표 전 투표설명이나 투표 후 투표설명 중 한 군데만을 골라 투표설명을 해야 한다. 유엔총회 결의안 34/401의 내용의 하나로서 동일한 결의안이 위원회와 총회 본회의에서 다루어질 때 본회의에서의 입장이 위원회에서의 입장과 다르지 않다면 특정 대표단은 가능한 한 위원회나 본회의 둘 중 어느 한 군데에서만 투표설명을 하여야 한다.

## (27) 제안과 수정의 분리투표Separate Voting[30]

> **본회의 관련 조항 (제89조)**
> **위원회 관련 조항 (제129조)**
> 회원국 대표는 제안 또는 수정에 있어서 각 부분이 개별적으로 투표될 것을 발의할 수 있다. 분리투표 요구에 대해 반대가 제기되면, 분리요구 발의는 투표에 회부된다. 분리투표 발의에 대한 발언 허가는 찬성 2명, 반대 2명에게만 허용된다. 만일 분리투표 발의가 채택되면, 제안이나 수정에 있어서 채택된 부분은 나중에 전체로서 다시 투표에 회부되어야 한다. 제안이나 수정의 모든 실행부분이 부결되면, 그 제안이나 수정은 그 전체가 부결된 것으로 간주된다.

### 해 설

결의안이나 수정안에 대한 토론이 종료된 후 대표단은 이들에 대해 분리하여 투표할 것을 발의할 수 있다. 결의안이나 수정안을 여러 부분으로 분리하여 부분적으로 투표하자는 이러한 분리투표 발의가 없는 한 결의안이나 수정안은 전체에 대해 투표가 행해진다.

분리를 위한 발의(motion for division)를 한 대표는 우선 결의안이나 수정안을 어떻게 분리할 것인가에 대해 구체적으로 밝혀야 한다. 이러한 분리를 위한 발의는 결의안의 전문부분(preambulatory parts)과 실행부분(operative parts) 모두에 대해 가능하며, 이러한 분리는 분리된 개개의 부분들이 단독으로 의미를 가지며 결의안이나 수정안이 의도하는 바가 바뀌지 않을 때에만 가능하다.[31] 즉 결의안이나 수정안의 제안 자체를 의미없게 하는 분리투표는 허용되지 않는다.

1997년 제52차 유엔총회 제1위원회의 경우 총 45건의 결의문(resolution) 및 결정(decision)이 채택되었는데 그 중 23건이 합의로 채택되었고 22건이 표결로 채택되었다. 표결로 채택된 22건 중 7건에 대해 분리투표가 실시된 바 있는데, 여기에서 알 수 있듯이 분리를 위한 발의도 비교적 자주 사용되는 의사규칙임을 알 수 있다.

대표단들이 어떤 경우에 분리투표를 발의하는가를 살펴보면 다음과 같다. 우선 대표단들은 자신이 수용하기 힘든 단어나 어구를 결의안으로부터 삭제하고자 하나 수정안을 제출하여도 채택될 가능성이 없다는 판단 아래 아예 수정안을 제출하지 않고 분리투표를 발의하는 경우이다. 둘째, 결의안 내용의 일부에 대한 불만이 있어 이 부분을 최종 결의안의 내용으로부터 삭제하기 위해 수정안을 제출하였으나 결과적으로 성공하지 못해 분

---

30) 분리투표는 영어로 「Separate Voting」이외에 「Split Voting」이라는 표현을 사용하기도 한다.
31) 전문부분과 실행부분이 무엇을 의미하는지는 문건작성 요령편을 참고하기 바란다.

리투표를 발의하는 경우이다. 실제에 있어서 삭제를 의도한 수정안이 부결된 후 분리투표를 요구하는 경우가 많다. 셋째, 선진국들 특히 미국은 결의안의 특정 조항(들)이 구체적으로 집행되기 위해 예산상의 추가부담을 필요로 할 경우, 이러한 조항(들)을 결의안으로부터 제거하기 위해 다른 조항들과 분리하여 투표할 것을 종종 주장한다.

어떠한 동기로 분리투표를 발의하였던 간에 실질적으로 분리투표를 통해 성공적으로 문제가 되는 부분이 삭제되는 경우는 극히 드문 것이 사실이다. 이러한 것을 고려하면 분리투표에 대한 요구는 대개 문제가 되는 부분에 대해 표결을 할 때 반대를 하거나 기권을 함으로써 불만을 표시하기 위한 수단으로 이용된다고 볼 수 있다.

이러한 분리투표에 대한 발의는 논쟁을 허용하는 발의이다. 따라서 이러한 발의에 대해 반대가 제기되는 경우 발의에 찬성하는 두 발언자와 반대하는 두 발언자에게 토론이 허용된다. 이들의 발언이 있은 후에 투표에 부쳐진다. 이러한 발의가 통과되기 위해 과반수의 찬성을 필요로 한다.

분리투표를 위한 발의가 제기될 경우 유엔총회 의사규칙 제89조와 제129조에 따라 본회의나 위원회에서 토론이 허용되지만 토론이 허용되는 또다른 발의인 토론의 연기(유엔총회 의사규칙 제74조와 제116조)와 비교하여 주의할 부분이 있다. 총회 의사규칙 제74조는 토론의 연기를 제안한 사람 이외에 찬성 2인과 반대 2인에게 토론의 기회를 준다고 되어 있다. 총회 의사규칙 제89조와 제129조는 이와는 달리 분리투표를 발의한 사람을 제외한다는 말이 없고, 단순히 분리투표 발의에 대한 발언은 찬성 2명과 반대 2명에게만 허용된다고 규정하고 있다. 이처럼 규정이 애매하나 유엔은 분리투표를 발의한 사람을 찬성측 2인에 포함시키는 것을 관행으로 하고 있다.

이러한 분리투표를 위한 발의가 통과되면 결의안의 분리된 부분 하나하나에 대해 최종 결의안에 포함시킬 것인가의 여부를 결정하기 위해 토론을 하게 되며 이때 합의(consensus)가 이루어지지 않을 경우 표결을 하면서 단락을 하나하나 확정지어 나간다. 이러한 과정을 통해 단락별 채택절차가 끝나면 이러한 결과가 반영된 결의안 전체에 대해 채택 절차를 다시 밟게 된다. 즉 분리투표를 위한 발의가 제안하고 있는 분리방법에 따라 분리된 부분 하나하나에 대해 표결이 행해진다. 이러한 절차를 통해 통과된 부분들이 최종적인 결의안에 재결합하게 되고, 이러한 결의안 전체에 대해 최종적으로 투표를 하게 된다.

만약 분리된 부분 모두가 거부되었을 경우 이 결의안은 전체로서 거부된 것으로 간주된다. 전문부분과 실행부분으로 나누어 분리투표가 행해져 전문부분만 채택될 경우에도 결의안 전체가 부결된 것으로 간주된다. 복수의 분리투표 발의가 있는 경우에 결의안을 가장 많은 부분으로 분리하여 표결에 부치고자 하는 안을 가장 먼저 표결에 부친다.

1998년 제53차 유엔총회 제3위원회에서 국제인권협약의 효과적 이행을 위한 방안을 모색하기 위한 결의안을 채택하는 과정에서 분리투표가 사용된 구체적인 예를 살펴볼 수 있다. 동 결의안 26번째 실행단락(OP-26)은 국제인권협약의 효과적인 이행의 수단으로서 인권협약 기구와 여타의 인권 메커니즘(특별보좌관, 인권위원회 실무작업반, 인권소위원회 등)과의 협력증진을 촉진하는 내용을 담고 있었다. 본 조항과 관련하여 인도, 쿠바,

이집트 등의 대표들은 동 조항이 인권문제를 정치화할 수 있고 인권협약기구의 독립성을 침해할 수 있다고 보고, 동 조항이 결의안의 일부로서 포함되는 것을 반대하여 분리투표에 회부할 것을 주장했다. 분리투표를 할 것인가 말 것인가의 여부가 표결에 부쳐져 통과됨으로써 동 조항만 별도의 투표에 회부되었다. 그 결과 찬성 104표, 반대 7표, 기권 44표로 동 조항이 채택되었다. 이어서 전체 결의안은 표결이 아닌 합의(consensus)에 의해 통과된 바 있다.

총회 의사규칙 제89조와 제129조는 만일 분리투표 발의가 채택되면, 제안이나 수정에 있어서 채택된 부분은 나중에 전체로서 다시 투표에 회부되어야 한다고 규정하고 있는데 이 규정의 적용을 둘러싸고 해석상의 마찰이 간혹 있어 왔다. 구체적으로 분리투표가 이루어지더라도 전체 결의안을 채택할 때 회의의 효율적 운영을 위해 표결 요청이 없는 한 합의로 채택해온 관행을 유지하여야 한다는 주장을 제기하는 국가들과 이러한 관행을 부인하고 의사규칙을 있는 그대로 엄격하게 적용하여 표결을 통한 채택을 당연한 것으로 받아들이려는 국가들 사이에 갈등이 존재해 오고 있다.

## (28) 수정에 대한 투표Voting on amendments

**본회의 관련 조항 (제90조)**
**위원회 관련 조항 (제130조)**

어느 한 제안에 수정이 제의되면, 그 수정이 먼저 투표에 회부된다. 어느 한 제안에 두 개 또는 그 이상의 수정이 제의되면 총회(위원회)는 실질내용에 있어서 원 제안으로부터 가장 거리가 먼 수정에 대해 먼저 투표하고 그 다음 거리가 먼 수정에 대해 투표하며, 그런 방식으로 모든 수정이 투표에 회부될 때까지 투표한다. 그러나 하나의 수정 채택이 다른 수정의 부결을 의미할 때는 후자 수정은 투표에 회부되지 않는다. 하나 또는 그 이상의 수정이 채택되게 되면, 수정된 제안은 다시 투표에 회부된다. 발의가 제안의 일부분을 첨가하거나 삭제하거나 또는 일부분을 개정할 때에만 그 발의는 하나의 제안에 대한 수정으로 간주된다.

### 해 설

결의안이 상정되어 토의가 진행되는 과정에서 결의안에 대한 수정안이 제기될 수 있다. 수정안은 결의안이 변경될 수 있는 수단으로서 결의안이 좀 더 많은 국가들이나 모든 국가들에 의해 받아들여질 수 있는 가능성을 높이기 위해 제안된다. 즉 수정안은 통상적으로 결의안에 대한 합의(consensus)를 향해 움직이기 위해 필요하다.

수정안에 대한 투표의 이해에 앞서 구체적으로 수정안이 무엇을 의미하는가를 정확히

파악하는 것이 필요하다. 총회 의사규칙은 「발의가 단지 제안의 일부분을 첨가하거나 삭제하거나 또는 일부분을 개정할 때에만 그 발의는 하나의 제안에 대한 수정으로 간주된다(A motion is considered an amendment to a proposal if it merely adds to, deletes from or revises part of the proposal)」고 규정하고 있다.

이러한 규정에 따르면 수정(amendment)은 원결의안에 새로운 문구의 추가 (addition), 기존 문구의 삭제(deletion) 혹은 특정 문구를 다른 문구로의 개정(revision) 을 의미한다.[32] 여기에 좀 더 설명을 보태자면 수정의 한 형태인 개정(revision)을 통해 복수의 단락(paragraph)의 통합과 단일 단락의 복수 단락으로의 분리 등이 이루어진다. 수정에는 또한 편집상의 수정(editorial amendment)도 포함되는데 이는 결의안의 의미, 의도, 효과 혹은 총체적인 내용을 바꾸지 않는 범위 내에서 명확하게 할 필요성에 의해 편집상의 수정이 가해지는 것을 의미한다.

이처럼 수정이란 원안의 일부를 추가, 삭제 혹은 개정하는 것에 그쳐야 하고 원결의안 의 본질적인 내용에 손을 대서는 안 된다. 이는 원결의안의 본질적인 내용에 대한 수정 은 결의안을 무의미하게 만드는 또다른 결의안과 다름이 없기 때문이다. 실제에 있어서 상대방의 결의안을 무산시키기 위한 수단으로서 형식상으로 수정안의 형태를 띠고 있지 만 실질적으로는 결의안의 본질적인 내용을 파괴하고자 하는 수정안이 제기되곤 하는데, 이를 일컬어 「파괴수정안(killer amendment)」이라고 한다. 즉 파괴수정안이란 만약에 채택된다면 원래의 문건의 의미를 바꾸어 원래의 문건을 의미 없는 것으로 만드는 수정 안을 지칭한다.

1970년대 이전에는 유엔총회뿐 아니라 안전보장이사회에서 경합하는 결의안이 복수 로 상정되면 자신들의 결의안에 대한 지지를 확보하기 위하거나 상대방의 결의안을 무산 시키기 위한 수단으로서 수정안이 광범위하게 사용되었다. 후자의 경우가 바로 결의안의 본질적인 내용을 파괴하고자 하는 파괴수정안이다. 그러나 이후에 유엔총회와 안전보장 이사회에서 합의(consensus)에 의한 의사결정이 대폭적으로 증가하면서 이에 상응하여 공식적으로 상정된 결의안에 대한 수정 노력이 감소하게 되었다. 대신에 결의안의 제안 국(들)과 수정안을 제안하려는 국가들이 비공식적으로 만나서 타협적인 해결책을 찾는 경향이 증대하여 결의안이 공식회의에 상정된 이후 별다른 토의 없이 채택되는 경우가 많아졌다.

제안된 수정안이라고 하는 것이 과연 결의안의 일부분을 단순히 첨가하거나 삭제하거 나 개정하는 본래 의미의 수정안인지 아니면 수정안의 형태를 띤 사실상의 또다른 결의 안인지의 여부가 논쟁의 대상이 되는 경우가 있다. 이때 이를 결정하는 것은 전형적으로 의장에 맡겨져 있으며 따라서 의장은 결정의 이유를 제시할 필요가 없다. 종종 한 제안 의 지위(status)를 둘러싸고 심대한 이견이 존재할 경우 대표단 전체가 절차발의 속에서 이 문제를 결정한다.

---

32) 원결의안의 일부를 「개정한다(revise)」는 말 대신에 일부를 「대체한다(replace)」는 말을 종종 쓴다.

수정안은 원결의안을 제안한 국가(들)의 수용 가능성 여부에 따라 「우호적 수정안 (friendly amendment)」과 「비우호적 수정안(unfriendly amendment)」으로 분류된다. 결의안의 제안한 제안국(주제안국과 공동제안국) 자신들이 제출한 수정안은 호의적인 수 정안으로서 표결을 거치지 않고 자동적으로 원안의 일부로서 통합이 된다. 수정안이 이 들이 아닌 타 대표단에 의해 제안되었으나 원제안국(들) 모두의 동의를 얻을 경우 이 역 시 우호적인 수정안으로서 표결에 회부되지 않고 결의안의 일부가 된다.[33] 통상적으로 우호적인 수정안은 문안을 명료하게 만들기 위해 만들어져서 제출된다. 이와는 달리 비 우호적인 수정안은 결의안의 원제안국(들)에 의해 수용되지 못하는 수정 내용을 담고 있 는 것으로서 표결과정을 통해 채택여부(즉 원결의안으로의 통합 여부)가 결정된다.

수정안이 구체적으로 어떤 과정을 통해 제안되고 채택되는가를 살펴보면 다음과 같다. 수정안은 통상적으로 결의안에 대한 본질적인 토론이 끝나기 전에 의장에게 서면으로 제 출되며 승인을 받아 문건번호를 획득한 후에 공식적인 문건으로서 배포된다. 예컨대 제1 위원회에서 문건번호 「A/C.1/55/L.34」인 결의안이 상정된 후 이에 대한 수정안이 제안 되었을 경우 당 수정안은 「A/C.1/55/L.35」과 같은 문건번호를 부여받고 회람이 된다.

다음으로 공식회의가 열려 수정안을 제안할 국가가 발언권을 얻어 수정안을 상정하고 제안설명을 하게 된다. 이와 함께 이제까지의 결의안에 대한 토론이 중단되고 수정안에 대한 토론에 들어가게 된다. 이러한 수정안에 대한 토론을 위해 발언자명부(speaker's list)가 찬성발언과 반대발언을 위해 열리게 된다.

수정안에 대한 토론에 이어 토론의 종료(closure of debate)에 대한 발의가 있게 되 면, 수정안이 표결에 회부되어 채택 혹은 부결되게 된다. 수정안에 대한 표결이 끝나면 원결의안을 토론할 때 열려있던 발언자명부로 되돌아가 그 순서에 따라 발언자명부가 재 개되고 결의안에 대한 토론이 지속된다. 수정안에 대한 거센 반대에 직면하여 표결을 통 해 채택될 가능성이 없다고 판단할 경우 마지막 단계에서 수정안을 제안한 국가나 국가 들이 수정안을 철회하는 경우도 있다.

수정안은 실제에 있어서 서면이 아닌 구두로 제안되는 경우가 빈번하다. 짧은 수정안 은 구두로 상정될 수 있지만 서면으로 제시된 수정안이 항상 선호된다. 서면이 아닌 구 두로 제안을 하고자 할 경우 어떻게 수정하고자 하는지를 명백히 해야 한다. 예컨대 특 정 문구를 첨가하는 수정안을 제기할 경우 몇 번째 단락, 몇 번째 줄, 어느 단어의 앞 또 는 뒤에 위치하고자 하는지를 명백하게 해주어야 하며 이와 더불어 이러한 수정이 가져 올 효과가 무엇인가를 언급해주는 것이 바람직하다. 삭제의 경우와 개정의 경우도 마찬 가지인데 어떤 부분을 삭제하거나 개정할 것인가를 분명하게 해야 한다.

하나의 결의안에 대해 경합적인 수정안이 두 개 이상 제안되었을 어떠한 순서로 언제 까지 표결이 행해져야 하는가는 중요한 사항이다. 우선 어떤 순서로 채택과정을 밟아야

---

33) 앞서 언급했듯이 수정안에는 편집상의 수정안(editorial amendment)도 있는데 이 역시 원결의안의 제안국이 수용할 경우 투표 없이 즉각 원결의안의 일부가 된다.

하는가와 관련하여 복수의 수정안이 제기된 경우 수정안의 실질적인 내용이 원결의안의 내용과 가장 먼 수정안부터 투표에 회부된다. 내용상 가장 먼 수정안이 부결되면 그 다음 거리가 먼 수정안이 투표에 회부되고 이 역시 부결될 경우 그 다음 거리가 먼 수정안으로 옮겨간다.

그러나 수정안이 여러 개 있을 때 어느 수정안이 원결의안의 내용과 거리가 먼가를 판단하는 것이 그리 명쾌하지 않은 경우가 적지 않다. 한 예로 단락(paragraph)을 삭제하자는 수정안과 개정하자는 수정안이 제기되었을 경우인데 일반적으로 삭제하자는 수정안이 거리가 더 먼 것으로 본다. 표결을 통해 통과된 수정안은 자동적으로 결의안의 일부가 되며, 이미 승인된 수정안을 또 다른 수정안을 제안하여 바꿀 수 없다.

다음으로 복수의 경합하는 수정안이 존재할 때 언제까지 표결이 행해져야 하는가를 살펴보아야 한다. 복수의 경합하는 수정안 가운데 하나의 수정안이 먼저 채택되고 다른 경합적인 수정안이 여전히 남아 있을 경우 남은 수정안이 어떻게 처리되어야 하는가가 중요한 문제가 된다. 이러한 경우 경합하는 수정안 가운데 하나의 채택은 다른 수정안의 부결을 의미하기 때문에 남아 있는 다른 수정안은 투표에 회부되지 않는다. 즉 수정안 A와 B가 경합적인 수정안으로서 원결의안 제안자들에 의해 거부된 비우호적인 수정안일 경우, 수정안 B가 원안으로부터 거리가 멀 경우 B안이 먼저 투표에 부쳐지며 표결의 결과 B안이 통과되면 A안은 표결에 부쳐지지 않는다. 물론 B안이 부결되면 A안이 표결에 회부된다. 경합적인 수정안이 하나씩 순차적으로 표결에 부쳐졌으나 모두 부결되는 경우도 있을 수 있다.

수정안이 토의되는 과정에서 이 수정안에 부분적인 어구의 수정을 하고 싶은 경우 재수정안이 제안될 수 있다.[34] 이 경우 수정안을 제안한 제안자가 재수정안을 수락하지 않으면 우선적으로 재수정안부터 투표에 회부된다. 투표를 통해 재수정안이 통과되면 재수정안의 내용이 수정안의 내용의 일부가 되며, 이어서 재수정안이 포함된 수정안 전체에 대한 투표가 행해진다. 재수정안에 대한 수정안은 허용되지 않는다.

수정안의 발의와 재수정안의 발의는 모두 절차발의가 아닌 실질발의라는 점을 기억해야 한다. 우호적인 수정안이 원결의안의 일부가 되었든 비우호적인 수정안이 표결 결과 원결의안(original draft resolution)은 수정이 되어 수정된 결의안(amended draft resolution)이 된다. 이렇게 수정된 결의안은 여느 결의안과 마찬가지로 채택여부를 결정하게 되며 합의에 의해 채택되기도 하고 합의가 부재할 시 표결에 부쳐지기도 한다.

여기에서는 수정안에 대한 재수정안이 상정되는 등 원결의안의 수정과 관련하여 간단하지 않은 상황이 전개되었을 경우 어떻게 처리가 되는가를 북한의 인권과 관련한 결의

---

34) 원래의 제안에 대한 수정안을 때때로 「primary amendment」라고 부르고 이러한 수정안에 대한 수정안을 「sub-amendment」 또는 「amendment to an amendment」 또는 「secondary amendment」라고 부른다.

안과 이에 대한 수정안과 재수정안을 통해 살펴보고자 한다.

북한의 인권문제가 국제사회의 중요한 관심사로 부각되면서 북한의 인권사항을 우려하면서 이를 개선하기 위한 권고를 포함한 결의안이 가장 최근에 통과된 2014년의 결의안을 포함하여 10년째 연속적으로 유엔총회 제3위원회와 본회의에 상정되어 채택되고있다. 상황을 간단하게 하기 위해 결의안의 지극히 일부에 대한 수정과 재수정으로 국한하고자 한다.

우선 원결의안은 북한의 심각한 인권훼손에 대한 우려와 더불어 이러한 상황에 대한 표현으로서 「regret(유감이다)」라는 동사를 사용했다. 원결의안의 이 부분에 대해 수정안 A가 제기되었던 바, 그 내용은 「regret」보다는 좀 더 강한 표현인 「deplore(개탄한다)」로 대체하자는 수정안이다. 수정안 A에 이어 수정안 B가 수정안 A에 대한 경합적인수정안으로서 제안되었는데, 원결의안의 동사인 「regret」를 「deplore」보다 강한 의미의「condemn(비난한다)」으로 대체하여야 한다는 내용이다. 이때 또 다른 수정안인 수정안C가 제안되었는데, 이 수정안은 원결의안의 동사인 「regret」를 그대로 둔 채로 「deeply(심히)」라는 부사를 뒤에 추가하자는 내용을 담고 있었다. 그런데 수정안 3개는 제안과동시에 각각 원결의안 제안 국가(들)에 의해 적대적인 수정안으로 간주되어 거부됨으로써 채택 여부는 결국 표결에 의하게 되었다.

이렇게 원결의안에 대해 3개의 수정안이 제안되는가 싶었는데 또다른 수정안이 발의되었다. 이 수정안은 원결의안의 동사 「regret」를 「condemn」으로 대체하고 한 수정안 B를 수용한 채 「condemn」이라는 동사 앞에 「solemnly(단호하게)」라는 부사를 추가할 것을 제안했다. 이는 수정안 B를 수정하고자 한 것이므로 재수정안이 된다.

이렇게 수정안들과 이러한 수정안에 대한 재수정안이 제기되었을 때 물론 재수정안부터논의의 대상이 된다. 이때 수정안 B를 제안한 국가나 국가들이 재수정안을 우호적인 수정안으로서 수용할 경우 재수정안은 즉시 수정안의 일부가 되어 수정안 B는 「solemnly condemn」이 된다. 만약 재수정안이 거부될 경우 표결에 회부되게 된다. 재수정안의 채택여부에 따라 수정안 B는 단순히 「condemn」이거나 「solemnly condemn」이 될 것이다.

재수정안에 대한 처리가 끝난 후 수정안에 대한 처리가 이루어진다. 이 경우 수정안 3개 중 어느 것이 우선적으로 처리되어야 하는가가 문제가 된다. 이때 기준은 앞서 언급한 바대로 원결의안으로부터 어느 것이 거리가 먼 것인가가 된다. 이 경우 「condemn」이 「regret」에서 가장 거리가 먼 것이기 때문에 수정안 B가 제일 먼저 처리의 대상이 된다 (그 다음으로 「deplore」라는 동사를 포함한 수정안 A가 처리 대상이 되고 원결의안의 동사인 「regret」에 단순히 부사인 「deeply」만을 첨가하자고 한 수정안 C는 원결의안과 가장 가까운 수정안으로서 가장 나중에 처리가 되게 된다).

수정안 B가 표결에 부쳐져 채택되었을 경우 경합적인 수정안 A와 C는 표결에 회부도되지 않은 채 자동적으로 부결되게 되며 그 결과 원결의안의 동사 「regret」는 「condemn」으로 바뀌게 된다. 만약에 수정안 B가 표결에서 부결되게 되면 그 다음으로 원결의안과의 거리 면에서 먼 수정안 A가 표결의 대상이 된다. 수정안 A가 채택되면 수정안 C는

경합적인 수정안이기 때문에 표결의 기회조차 갖지 못한 채 폐기된다. 만약에 수정안 A
가 표결에서 부결될 경우 마지막으로 수정안 C가 처리된다. 만약에 이 수정안이 채택되
면 원결의안은 「regret deeply」로 대체될 것이고 만약에 부결될 경우에는 원결의안은
동사 「regret」를 그대로 유지하게 된다.

## (29) 제안에 대한 투표Voting on Proposals

### 본회의 관련 조항 (제91조)
### 위원회 관련 조항 (제131조)

만일 두 개 또는 그 이상의 제안이 동일한 문제에 관련이 되어 있으면, 총회(위원회)
는 그 자신이 달리 결정하지 아니하는 한 그 제안들이 제출된 순서에 따라 투표한다.
총회(위원회)는 하나의 제안에 대해 투표한 후 다음 제안에 대해 투표할 것인지를
결정할 수 있다.

### 해 설

결의안의 채택과 관련하여 하나의 의제항목에 대해 복수의 결의안이 상정되었을 때
어느 것부터 표결의 대상이 되어야 할 것인가의 문제를 살펴보아야 한다. 이러한 순서가
중요한 것은 이들이 경합적인 결의안(rival draft resolution)일 경우 이들 가운데 하나
의 채택은 나머지 결의안(들)의 폐기를 의미할 가능성이 높기 때문이다.

언제 제출되었는가의 순서에 관계없이 원결의안으로부터 먼 수정안부터 채택의 대상
이 되는 수정안과는 달리 결의안의 경우는 총회나 위원회가 별도로 표결 순서를 결정하
지 않는 한 채택절차는 사무국에 제출된 순서에 따라 밟게 된다. 따라서 결의안의 배포
시점이나 상정 시점은 고려의 대상이 되지 않는다. 복수의 결의안 중 처음에 채택된 결
의안이 나머지 결의안의 폐기를 의미할 수 있기 때문에 결의안을 제출하고자 하는 국가
들은 그들의 결의안을 가장 먼저 제출하여 우선적인 표결의 대상이 되기를 원하는 성향
을 보인다.

의사규칙은 또한 총회나 위원회가 하나의 결의안에 대해 투표한 후 다음 결의안에 대
해 투표할 것인지를 결정할 수 있다고 규정하고 있어 복수의 결의안 중에서 하나의 채택
이 반드시 나머지 결의안의 폐기를 의미하지 않을 수도 있다는 여지를 두고 있다. 그러
나 이는 동일한 의제항목을 다루는 경합적인 결의안을 염두에 둔 것이라고 볼 수 없다.
대신에 동일한 의제항목을 다루고 있지만 의제항목의 상이한 측면의 문제를 다루고 있어
상호 간에 경합적이라고 볼 수 없는 복수의 결의안이 있을 수 있다는 것을 고려한 규정
이라고 볼 수 있을 것이다.

이러한 조항이 악용되어 실제로 하나의 결의안이 통과된 이후 경합적인 다른 결의안 역시 표결에 회부되어 통과되는 경우가 간혹 있어 왔다. 1975년에 개최된 제30차 유엔총회에서 한국에 있는 유엔군사령부의 해체를 둘러싸고 한국측 입장을 옹호하는 결의안과 북한측 입장을 옹호하는 상반된 결의안이 상정되어 두 결의안 모두 통과된 경우를 그 예로 들 수 있다.[35]

이처럼 하나의 결의안을 통과시킨 상태에서 경합적인 성격의 결의안 역시 통과시킨다는 것은 유엔총회 의사규칙상으로 볼 때 앞서 살펴본 바 있는 「제안의 재심의(reconsideration of proposal)」에 해당된다고 볼 수 있다. 이를 보다 구체적으로 살펴보면 다음과 같다.

하나의 위원회에서 명백하게 상이한 의제항목을 다루는 결의안이 복수로 상정되는 경우 이들 모두는 당연히 하나하나 표결에 부쳐져야 한다. 그러나 동일한 의제항목을 다루는 대립적인 결의안이 복수로 상정된 경우는 이와는 크게 다르다. 이때 상정된 순서에 따라 먼저 상정된 결의안이 먼저 표결에 들어가게 되는데, 처음에 표결에 부쳐진 결의안이 채택되는 경우 이는 동일한 의제항목을 다루는 있는 남아 있는 결의안의 부결을 의미하기 때문에 남아 있는 결의안은 표결에 부쳐지지도 못한 채 철회되는 것이 원칙이다.

그러나 남아 있는 경합적인 결의안을 제안한 국가와 이를 지지하는 국가들은 사실과는 달리 자신들의 결의안이 앞서 통과된 결의안과는 다른 측면의 문제를 다루고 있는 별개의 결의안이기 때문에 별도의 표결의 기회가 주어져야 한다고 주장하는 경우가 적지 않다. 이러한 주장이 제기되어 논란이 야기되는 경우 이러한 결의안들이 정말로 다른 문제를 다루고 있는 별도의 결의안인지의 여부를 결정하게 되며 이러한 것은 절차사항으로서 표결을 통해 결정을 하게 된다. 이러한 결정은 총회나 위원회는 하나의 제안에 대해 투표한 후 다음 제안에 대해 투표할 것인지를 결정할 수 있다는 유엔총회 의사규칙 제91조와 제131조의 규정에 근거를 두고 이루어진다.

표결을 실시할 때 별도의 결의안이기 때문에 별도의 채택절차를 밟아야 한다는 주장에 반대해 줄 것 같은 국가들이 기권을 함으로써 이러한 주장의 통과를 도와주게 되는 경우가 있다. 어쨌든 이러한 절차사항에 대한 표결을 통해 별도의 문제를 다룬 결의안이

---

35) 제30차 유엔총회에 제출된 북한측 안의 핵심내용은 전년도와 마찬가지로 조건 없는 즉각적인 외국 군의 철수와 유엔사의 해체를 요구하는 것이었다. 한국측 안은 여전히 휴전협정 대안마련을 전제한 유엔사의 해체였다. 정치위원회에서 한국측 안이 59 : 51 (기권 29)로 그리고 북한측 안이 51 : 38 (기권 50)로 채택되었으며 총회의 전체회의에서는 한국측 안이 59 : 51 (기권 29)로 그리고 북한측 안이 54 : 43 (기권 42)으로 채택되었다. 두 개의 결의안에 대한 제3세계 국가들만의 투표 행태를 보았을 때 북한측 결의안은 44개 국가가 찬성하고 24개 국가가 반대하여 거의 2 : 1의 비율로 북한의 압도적 승리를 기록했으며 한국측에 유리한 결의안은 제3세계 국가 가운데 36개국이 찬성표를 던진 반면 41개국이 반대한 것으로 나타났다. 이와 같은 상충하는 결의안의 통과는 분쟁의 해결을 촉진하는 순기능을 담당하도록 의도된 유엔이 경우에 따라서는 분쟁을 좀 더 악화 내지 교착시킬 수도 있다는 것을 보여 준 경우였고 나아가 유엔 밖의 국제정치 현실 그 이상의 결정을 내릴 수 없다는 한계를 극명하게 드러내는 것으로서 한국측으로 하여금 한국문제를 유엔에서 고려하지 않는 탈유엔 정책을 펴도록 했다.

라는 주장이 통과되면 이들 결의안 역시 표결에 부쳐지게 되며, 그 결과 동일한 문제를 다루고 있으면서 서로 상충하고 모순되는 결의가 동시에 통과되는 아이러니가 발생하게 된다.36)

이와는 성격이 좀 다르지만 다음과 같은 경우도 발생한다. 제55차 유엔총회 제3위원회에서 네덜란드가 여성에 대한 「명예범죄(honor crime)」를 철폐하여야 한다는 결의안을 상정하자, 이슬람 국가들이 특정 문명과 종교(이슬람교)에 대한 공격으로 간주하고 강하게 반발하였다. 그럼에도 불구하고 표결을 통해 당 결의안이 채택되자, 이슬람 국가들은 당 결의안에 대한 보복적인 결의안으로서 여성에 대한 폭력과 범죄의 철폐를 다루는 결의안을 상정하기에 이르렀다. 이 결의안은 일견 여성에 대한 폭력과 범죄를 철폐한다는 취지를 가지고 있는 듯 보이나 실은 앞서 통과된 결의안을 철폐하고자 하는 동기를 지니는 결의안으로서 여성에 대한 폭력은 도외시하고 매춘이나 포르노와 같은 서구사회에 만연한 특정 형태의 폭력에만 집중하는 편파적인 성격의 것이었다. 결국 이 결의안은 먼저 결의안과는 다른 형태의 폭력을 다룬다는 명분을 가지고 채택되었는데, 이 결의안은 앞서 통과된 결의안과 마찬가지로 여성에 대한 폭력의 철폐를 다루고 있다는 점에서 먼저의 결의안에 대한 보복의 성격을 가진다고 볼 수 있다.

## (30) 불처리 발의No-Action Motion37)

### 유엔 경제사회이사회(ECOSOC)의 의사규칙

**제67조 2항**

특정의 제안에 어떠한 결정도 취하지 않을 것을 요구하는 발의는 그 해당 제안에 앞서 다루어진다.

### 해 설

유엔총회는 의사규칙에 명시적인 언급이 없는데도 불구하고, 제안에 대해 어떠한 행동도 취하지 말자는 불처리 발의를 관행상 인정해 오고 있다. 이러한 관행은 유엔 경제사회이사회(ECOSOC)의 의사규칙에서 유래된 것이다.

이러한 불처리 발의는 유엔총회 의사규칙 제74조와 제116조가 규정하고 있는 「토론의 연기(adjournment of debate)」 가운데 제안의 사실상의 사문화를 의미하는 「토론의 무

---

36) 유엔총회 제1위원회의 경우는 동일한 의제항목 하에 제출되어 상정된 결의안 모두를 별도의 측면을 다루는 결의안으로 보아 하나하나 별도의 채택절차를 거친다.

37) 「no action motion」은 「motion of no action」 또는 「non-action motion」이라는 영어 표현이 쓰이기도 한다. 우리말로 「불처리 발의」라는 말 대신에 「비조치 발의」라는 말이 쓰이기도 한다.

기한 연기」를 의미한다. 이러한 의미에서 유엔총회의 불처리 발의는 의사규칙 제74조와 제116조에 근거를 두고 제기하는 것으로 간주되고 있다.

따라서 불처리 발의는 의사규칙 제74조와 제116조에 근거하여 토론을 허용하며 이에 따라 찬성측 2명과 반대측 2명의 토론이 있은 후 표결을 통해 채택여부를 결정하게 된다. 불처리 발의는 상정된 결의안의 저지를 목적으로 제안되는 경우도 있지만, 통상적으로 적대적인 수정안을 저지하고자 취해진다. 불처리 발의가 제기되었으나 표결과정에서 부결된 경우, 불처리 발의를 제기한 국가는 불만이 있었던 조항에 대하여 수정안을 제출하기도 한다.

결의안에 대해 제안된 불처리 발의의 예를 들면 다음과 같다. 미국은 인권이사회의 전신인 인권위원회에서 매년 중국의 인권상황을 비난하는 결의안을 상정하곤 했다. 이때마다 중국은 미국측 결의안에 대해 처리하지 말자는 불처리 발의를 제기하였으며, 이러한 불처리 발의가 표결에 부쳐져 통과됨으로써 미국이 내놓은 결의안의 채택을 원천적으로 봉쇄하는 데 성공하곤 했다. 2001년에도 미국은 중국의 인권탄압을 비난하고 인권개선을 촉구하는 결의안을 상정했다. 이에 대응하여 중국은 불처리 발의를 제기했고 불처리 발의가 표결에 부쳐진 결과 인권위원회 53개 위원국 중 찬성 23개국, 반대 17개국, 기권 12개국, 불참 1개국으로 통과되었다. 그 결과 미국이 제안한 결의안은 채택되는 데 실패했다.[38]

상정된 결의안에 대한 불처리 발의는 위의 예를 포함하여 인권문제를 다루는 유엔총회 제3위원회에서 국별 인권결의안이 상정되었을 때 흔하게 제기되곤 했다. 인권이사회가 모든 유엔 회원국의 인권문제를 매 4년마다 검토하는 보편적정례인권검토(UPR) 제도를 시행하고 있는데 굳이 인권이사회와 총회 제3위원회가 국별 인건결의안을 채택할 필요성이 있는가의 문제를 둘러싸고 서방국가들과 일부 강경한 비동맹그룹 국가들 사이에 논쟁이 지속되어 오고 있다. 이들 일부 강경한 비동맹그룹 국가들은 UPR 제도가 있음에도 불구하고 특정 국가를 대상으로 인권결의안을 채택하는 것은 정치적 의도가 있는 것이라고 강하게 비난하면서 폐지를 요구해 오고 있다. 이에 대해 서방측은 UPR의 경우 매 4년마다 하는 것이기 때문에 특정 국가에서 심각한 인권침해가 발생할 경우 즉각적으로 대응하지 못하고 여러 해를 기다릴 수도 있어 총회의 국별 인권결의안의 채택이 필요하다고 주장하면서 UPR과 특정 국가의 인권문제를 논하고 결의안을 채택하는 것은 상호 보완적임을 강조해 오고 있다. 이러한 논쟁 속에서 국별 인권결의안이 상정되면 이를 무력화시키기 위해 일부 강경한 비동맹그룹 국가들이 불처리 발의를 제기하여 성공을 하기도 했다.

그러나 위의 예와는 달리 불처리 발의가 종종 부결되기도 한다. 예컨대 2008년 제63차 유엔총회 제3위원회에서 이란과 미얀마를 대상으로 하는 국별 인권결의안에 대해 불처리 발의가 제기되었으나 예년에 비해 큰 표 차이로 부결되었다. 그 결과 미얀마는 본회의에서 제3위원회에서와는 달리 불처리 발의를 제기하지 않은 바 있다. 2009년 제64차

---

38) 동아일보(인터넷), 2001년 4월 19일.

유엔총회 제3위원회의 경우는 북한, 이란, 미얀마에 대한 국별 인권결의안이 상정되었음에도 불구하고 불처리 발의가 하나도 없었는데 이는 비동맹그룹 국가들의 인권에 대한 태도에 있어서의 변화로 읽혔다. 2010년 제65차 유엔총회 제3위원회에서 이란은 자국을 대상으로 한 인권결의안에 대하 불처리 발의를 제기하였으나 40표차라는 아주 큰 표 차이로 부결되었다. 2011년 제66차 유엔총회 제3위원회에서 이란은 불처리 발의를 제기하지 않았으나 본회의에서는 불처리 발의를 제기하였는데 65표차라는 역대 최대의 표차이로 부결되었다.[39]

결의안에 대한 불처리 발의보다 빈번하게 사용되는 적대적인 수정안에 대한 불처리 발의의 예를 들면 다음과 같다. 수정안이 만들어지면 수정안에 대한 제안설명에 이어 대표들의 토론이 뒤따르는데, 이러한 수정안에 대한 표결이 있기 직전에 불처리 발의가 제기되곤 한다. 여기서 불처리 발의란 수정안에 대해 어떠한 행동도 취하지 말자는 제안인데, 이러한 제안은 표결에 부쳐져 불처리 여부가 결정된다. 이러한 수정안에 대한 불처리 제안은 구체적으로 다음과 같은 경우에 제기된다.

결의안이 상정된 후 이에 대응하는 상반된 결의안이 원안과 연관은 되어 있지만 원안의 내용을 확 바꾸어 수정안의 형태로 차후에 제안되는 경우가 있다. 의사규칙상 수정안이 먼저 표결에 들어가기 때문에 사실상에 있어서 수정안이 아닌 별도의 결의안이 자칫 통과되기 쉽다. 이러한 가능성을 봉쇄하기 위해 그러한 수정안에 대해 어떠한 행동도 취하지 말자는 발의가 제기되고 표결로서 확정짓는다. 불처리 발의 대상이 된 수정안으로서 실제로 불처리될 가능성이 많은 수정안은 표결 전에 제안한 측에 의해 자진하여 철회되는 경우가 많다. 1998년 제53차 유엔총회 제1위원회에서의 핵실험과 관련한 결의안을 채택하는 과정을 통해 실례를 들어보고자 한다.

호주, 캐나다, 뉴질랜드 3국은 인도와 파키스탄의 핵실험을 염두에 두고 이들 서남아시아 국가들의 핵실험에 심각한 우려를 표명하는 동시에 강도 높은 비난을 제기하고 나아가 이들 인도와 파키스탄에게 포괄적핵실험금지조약(CTBT)에의 서명과 비준을 촉구하는 내용의 결의안을 상정했다. 인도와 파키스탄은 이에 대응하여 6개의 수정안을 제출했다. 이에 호주, 캐나다, 뉴질랜드 3국은 인도와 파키스탄이 제출한 수정안이라고 하는 것이 자신들이 상정한 결의안의 초점을 흐리게 하는 소위 「파괴 수정안(killer amendment)」이라고 판단하고 문안교섭 등의 타협점을 찾기 위한 노력을 하지 않고 곧바로 불처리 발의를 제기했다. 인도와 파키스탄이 제출한 그들 나름의 수정안이라고 주장되는 것들에 대한 불처리 발의가 표결에 들어가, 모두 근소한 표 차이로 통과되거나 수정안들이 이들

---

39) 국별 결의안을 채택하는 것에 대한 일부 강경한 비동맹그룹 국가들의 강력한 반대의사가 존재한다. 그럼에도 불구하고 이들에 의한 국별 결의안에 대한 불처리 발의의 제기여부에 상관없이 국별 결의안이 압도적인 표차이로 채택되곤 한다. 이는 이들 다수의 비동맹그룹 국가들이 결의안에 찬성을 하거나 기권을 하기 때문이다. 이는 비동맹그룹 국가들 사이에 인권문제를 둘러싸고 입장의 차이가 적지 않게 존재하고 있다는 것을 보여주는 것이다.

두 국가에 의해 자진 철회되었다. 그 결과 호주, 캐나다, 뉴질랜드 3국이 상정한 결의안은 수정되지 않고 찬성 98표, 반대 6표, 기권 31표로 채택되었다.

위의 경우는 수정안에 대한 불처리 발의가 표결에 부쳐져 통과된 경우인데 불처리 발의가 부결되는 경우도 역시 존재한다. 불처리 발의에 대해 표결이 행해져 부결되는 경우, 곧바로 수정안에 대한 표결에 들어가게 되고 수정안이 표결을 통해 채택되면 결의안의 내용의 일부가 된다. 이렇게 수정된 결의안(amended draft resolution)은 합의에 의해 채택되기도 하고 합의가 부재할 경우 표결에 부쳐지기도 한다.

수정안의 형태를 띠고 있으나 사실상에 있어서의 새로운 결의안이라고 판단되는 경우 이러한 수정안의 통과를 막기 위해 이 수정안이 근거하고 있는 결의안 자체에 아무런 조치를 취하지 말자는 발의를 제기하여 이 발의를 통과시킴으로써 수정안 역시 표결에 회부되지 않도록 하는 경우도 있다. 예컨대 어떤 결의안이 상정되고 이에 대해 수정안(들)이 제안되어 있을 경우, 수정안(들)에 대한 표결이 개시되기 전에 결의안 자체에 대해 불처리 발의가 제기되면 수정안(들)에 앞서 불처리 발의가 먼저 표결에 부쳐지며 이 발의가 통과되면 수정안(들)은 자동으로 폐기된다.

## (31) 가부동수 Equally Divided Votes

### 본회의 관련 조항

**제95조**

만일 선거 이외의 문제에 대해 찬·반이 동일한 숫자일 때, 1차 투표이후 48시간 이내에 개최되는 차기 회의에서 2차 투표가 행하여진다. 해당 의제항목에 대해 2차 투표가 행하여질 예정임을 의사일정에 명백히 언급하여야 한다. 만일 2차 투표도 찬성과 반대가 동일한 수일 경우 그 제안은 부결된 것으로 간주된다.

### 위원회 관련조항

**제133조**

만일 선거 이외에 문제에 대해 투표의 찬반 수가 동일할 때, 그 제안은 부결된 것으로 간주된다.

### 해 설

유엔총회의 본회의에서 처음 투표한 결과가 가부동수일 경우, 1차 투표 후 48시간 이내에 개최되는 차기 회의에서 2차 투표를 하고 이때도 가부동수일 경우 부결된 것으로 한다. 이와는 달리 유엔총회의 주요위원회에서는 1차 투표에서 가부동수일 경우 그 제안은 부결

된 것으로 간주한다. 이 점이 가부동수일 경우 일반적으로 의장의 최종 결정권(casting vote)을 인정하는 국내회의와 다른 점이다.

## (32) 경비가 포함된 결의안의 처리

### 제153조

위원회는 사무총장이 작성한 경비산정서를 수반하지 않는 한 경비를 포함하고 있는 결의를 총회 승인을 위해 권고할 수 없다. 그 소요경비를 사무총장이 산정해 준 결의는 행정·예산위원회(제5위원회)가 그 제안이 유엔 예산산정에 미치는 영향에 대해 기술할 기회를 갖기 전에는 총회에 의해 투표되지 않는다.

### 제154조

유엔 사무총장은 위원회가 총회 승인을 위해 권고한 모든 결의의 상세한 산정 경비에 대해 모든 위원회에게 알린다.

### 해 설

유엔은 위원회가 유엔의 재정을 고려하지 않은 채 경비를 수반하는 결의안을 무분별하게 통과시키는 것을 방지할 필요를 가진다. 따라서 유엔총회 의사규칙 제153조는 이를 위한 규정을 두고 있다. 이 규정에 따라 유엔총회 주요위원회가 경비를 동반하는 결의안을 채택하려고 할 때(좀 더 구체적으로 유엔으로부터 새로운 예산을 필요로 하거나 예산 내에서의 자원의 이전이 필요한 경우에) 사무총장은 「사업예산함의서(statement of programme budget implications)」를 제출하여야 한다.[40] 결의안에 사업예산의 함의가 있는 경우, 주요위원회에서 결의안의 채택절차를 밟기 직전에 위원회 간사가 사업예산함의서를 읽어준다.

결의안을 채택한 후 주요위원회는 결의안이 유엔예산 산정에 미치는 영향을 유엔총회 본회의에 통보할 의무를 지닌 행정예산자문위원회(Advisory Committee On Administrative and Budgetary Questions, ACABQ)를 통해 사업예산함의서를 예산과 행정을 다루는 유엔총회 제5위원회에 제출하여야 한다. 제5위원회가 사업예산함의에 관한 결정을 내린 후에야 유엔총회 본회의는 제5위원회의 권고를 고려하여 주요위원회의 결의안에 대한 결정을 내린다.

---

40) 「사업예산함의(programme budget implications)」를 통상적으로 「PBI」라는 약어로 부른다.

## 주요 의사규칙(ROP) 요약표

| 번호 | 발의 | 토론<br>(찬성:반대) | 표결 | 참고사항 |
|---|---|---|---|---|
| 1 | 발언자명부의<br>열기와 닫기 | N/A | $\frac{1}{2}$ | 발언자명부 닫기는 토론의 종료와 동일하여 결의안 등의 채택절차로 이어진다. |
| 2 | 발언시간과 발언<br>횟수의 제한 | 2:2 | $\frac{1}{2}$ | 대표단과 더불어 의장도 발의가 가능하다. |
| 3 | 반박발언권(ROR) | N/A | $\frac{1}{2}$ | 반박발언권 부여 여부는 의장의 특권이지만 재결의 대상이 된다. 그러나 관행상 반박발언권은 의장에 의해 대개 자동적으로 부여된다. |
| 4 | 의사규칙위반지적<br>(point of order) | N/A | $\frac{1}{2}$ | 의장의 평결에 재결요청 가능하며 재결요청은 즉시 투표에 회부되며 참석하고 투표한 회원국의 과반수 찬성에 의해 번복되지 않는 한 유효하다. |
| 5 | 회의의 잠정중지<br>(정회) | N/A | $\frac{1}{2}$ | 요청할 때 정회이유와 정회시간을 언급해야 한다. |
| 6 | 회의의 연기<br>(휴회) | N/A | $\frac{1}{2}$ | 현재의 회의를 끝내고 다음 예정된 회의까지 연기한다. |
| 7 | 토론의 연기<br>(Adjournment of<br>Debate) | 2:2 | $\frac{1}{2}$ | 다른 의제항목으로의 이동으로 기한부 연기와 사실상의 사문화를 의미하는 무기한부 연기가 있다. |
| 8 | 토론의 종료<br>(Closure of<br>Debate) | 0:2 | $\frac{1}{2}$ | 토론의 종료 발의가 채택되면 토론을 끝내고 채택절차로 들어간다. |
| 9 | 의제 논의순서의<br>변경 | N/A | $\frac{1}{2}$ | 논의할 의제의 순서를 변경한다. |
| 10 | 본회의에서 위원회<br>보고서의 토론<br>요구 | N/A | $\frac{1}{3}$ | 본회의에서 주요위원회의 보고서를 있는 그대로 채택하지 않고 토론을 요구할 수 있다. |
| 11 | 본회의나 위원회의<br>권능에 관한 결정 | N/A | $\frac{1}{2}$ | 수정안·결의안의 표결 전에 본회의나 위원회가 논의할 권능이 있는가의 여부를 결정한다. |
| 12 | 결의안과 수정안의<br>분리투표 | 2:2 | $\frac{1}{2}$ | 1) 수정안과 결의안에 대한 토론 종료 후 발의할 수 있다.<br>2) 찬성측 2인에는 발의자가 포함된다. |
| 13 | 결의안과 수정안의<br>재심의 | 0:2 | $\frac{2}{3}$ | 1) 최종 표결에 부쳐져 통과되거나 통과되지 못한 결의안이나 수정안이 대상이 된다.<br>2) 1회만 허용된다.<br>3) 결의안·수정안의 제안국은 발의할 수 없다. |

| 번호 | 발의 | 토론<br>(찬성:반대) | 표결 | 참고사항 |
|---|---|---|---|---|
| 14 | 투표방식<br>(호명투표 요구) | N/A | $\frac{1}{2}$ | 1) 투표 전에 투표방식을 결정한다.<br>2) 호명투표 순서는 제비뽑기를 한 후 알파벳<br> 순서로 한다. |
| 15 | 불처리 발의 | 2 : 2 | $\frac{1}{2}$ | 수정안·결의안에 대해 아무런 조치도 취하지<br>말자는 발의이다. |
| 16 | 의제항목의<br>의제에의 포함 | 3 : 3 | $\frac{1}{2}$ | 총회 운영위원회의 의제채택에 관한 권고에<br>이의가 있을 때 제기할 수 있다. |

# 제 6 장
# 유엔회의 구성원과 역할

앞서 제4장에서 유엔의 의사결정을 총체적으로 살펴보았고 제5장에서는 유엔총회 본회의와 위원회의 의사규칙을 살펴보았다. 제6장에서 본회의와 위원회의 회의과정을 본격적으로 살펴보기에 앞서 회의의 구성원과 그 역할을 살펴보고자 한다. 구체적으로 회원국 대표단 이외의 회의참가 주체, 의장단의 구성과 역할, 운영위원회의 구성과 역할, 사무국 소속의 본회의와 위원회 간사의 역할, 의장에 의해 임명되는 사회자의 역할 등을 살펴보고자 한다.

## 1. 회원국 대표단 이외의 회의참가 주체

회원국 대표단 이외에 어떠한 형태로든 유엔총회의 본회의나 위원회에 참가할 수 있는 주체에는 옵서버, 유엔단체, 비정부기구NGO가 있다. 이러한 옵서버 지위는 법률문제를 다루는 유엔총회 제6위원회가 유엔총회 옵서버 지위 취득을 요청하는 결의안을 채택하고 연후에 유엔총회 본회의가 동 결의안을 최종적으로 결의문으로 채택함으로써 주어진다.

### (1) 옵서버observer

옵서버의 정식명칭은 「상설옵서버permanent observer」이며 이러한 지위는 대부분의 경우 비회원국가non-member state와 정부간기구intergovernmental organization에게 주어진다. 옵서버 지위와 관련하여 유엔헌장은 전혀 규정을 두고 있지 않은 관계로 구체적인 옵서버 지위는 관행과 선례에 기반을 두고 유엔총회 본회의의 결의문resolution에 의해 부여된다.

이러한 옵서버 지위를 부여하는 이유는 직접적인 이해관계를 가지고 있는 행위자들로 하여금 관심사항에 대해 의사표시를 할 수 있는 기회를 제공하고, 이들로

하여금 토의의 결과물에 대한 존중을 이끌어내기 위한 것이다.[1)]

옵서버는 유엔의 정회원국의 권리와 특권의 일부를 가진다.[2)] 뒤에서 살펴보겠지만 옵서버가 가지는 구체적인 권리와 특권은 옵서버가 어떤 부류category에 속하는가에 따라 달라질 뿐 아니라 부류가 같다고 해도 결의문이 구체적으로 어떠한 권리와 특권을 부여하는가에 따라 다르기 때문에 일률적으로 논할 수 없다. 그러나 일반적으로 옵서버 조직은 표결권이 부여되지 않는다는 공통점을 지닌다. 유엔에서 옵서버는 이제까지 다음과 같이 4부류로 구분되어 왔다.

### 1) 비회원국 옵서버

첫째 부류의 옵서버는 비회원국 옵서버non-member state observer이다. 비회원 국가가 이러한 옵서버의 지위를 가지려면 최소한 하나 이상의 전문기구의 회원국으로서의 지위를 가지고 있어야 한다. 과거 한국을 비롯한 여러 국가가 유엔에 정회원국으로 가입하기 전에 이러한 지위를 보유하고 있었다. 구체적으로 한국은 1949년부터 1991년 가입 때까지 42년 동안 이 지위를 보유했고, 스위스의 경우는 2002년 유엔에 가입하기 전까지 1946년부터 56년간 이러한 지위를 유지하고 있었다. 현재 이 부류에 속하는 옵서버로는 바티칸The Holy See과 팔레스타인Palestein이 있다.

바티칸은 1964년에 옵서버 지위를 획득했으며 2004년에 통과된 결의문A/RES/58/314를 통해 권리가 확대되었다. 확대된 권리란 구체적으로 유엔총회 본회의 일반토론general debate에 참가할 수 있는 권리(이전에는 본회의에서 발언을 하려면 5개 지역그룹의 동의를 필요로 했다), 유엔총회의 의제항목에 대한 토론에 참가하여 발언할 수 있는 권리(단 유엔총회의 회기가 시작될 때 의장이 바티칸의 참가를 허용하는 근거가 되는 결의문을 한 차례 언명하여야만 한다), 회원국이 갖는 우선권을 해하지 않는다는 전제 아래 모든 유엔총회 본회의에서 의제항목에 대한 발언자명부의 작성 시 국가들 다음에 발언순서를 가질 수 있는 권리, 반박발언권, 유엔총회의 회의 및 업무와 관련이 있는 문건communication: proposal and position paper을 발간하여 유엔총회의 공식문건으로서 중간자intermediary 없이 직접적으로 회람할 수 있는 권리 (이전에는 바티칸 자신의 문건을 회람하는 것이 허용되지 않았다), 유엔총회의 후원 아

---

1) 유엔의 모든 옵서버의 리스트는 다음 사이트에서 볼 수 있다: http://www.un.org/en/members/intergovorg.shtml.
2) 국제기구마다 옵서버에게 부여하는 지위에 있어서 차이를 보일 수 있다.

래 개최된 모든 국제회의international conference의 회의 및 업무와 관련이 있는 문건 communication: proposal and position paper을 발간하여 국제회의의 공식문건으로서 중간자 없이 직접적으로 회람할 수 있는 권리, 의장의 결정에 대해 도전할 수 있는 권리를 포함하지 않는다는 조건 아래 바티칸을 포함하는 모든 절차proceeding에 관하여 의사규칙 위반지적을 할 수 있는 권리, 바티칸을 언급하는 결의안이나 결정 decision에 공동제안국co-sponsor이 될 수 있는 권리(단 이러한 결의안이나 결정은 회원국의 요청에 의해서만 표결에 부쳐질 수 있다), 총회장에서 6개의 좌석(앞줄에 3석 뒷줄에 3석)이 제공되며 이러한 좌석들이 회원국 자리 바로 다음이고 다른 부류의 옵서버의 자리 바로 전에 위치할 권리를 의미한다. 그러나 표결권과 유엔총회에서 후보를 낼 수 있는 권리는 갖지 않는다.

팔레스타인은 2012년 11월 29일 이전까지는 옵서버의 또다른 부류인 「단체와 국제적인 조직entities and international organization」에 속했다. 역사적으로 볼 때 팔레스타인해방기구PLO는 1974년 유엔총회 결의문 A/RES/3236(XXIX)을 통해 자결권을 인정받았고 또다른 결의문 A/RES/3237(XXIX)을 통해 「옵서버 단체observer entity」의 자격을 획득하여 유엔총회뿐 아니라 유엔총회의 후원 아래 개최되는 국제회의의 회의와 업무에 참가할 것을 요청받았다. 또한 유엔의 다른 기관의 후원 아래 개최되는 국제회의의 회의와 업무에 옵서버로서 참가할 자격을 고려할 것을 언급했다.

1988년에 결의문 A/RES/43/160을 통해 중간자 없이 문건을 회람할 수 있는 권리를 획득했다. 구체적으로 당 결의문은 유엔총회와 유엔총회의 후원 아래 개최되는 모든 국제회의의 회의 및 업무와 관련 있는 문건을 중간자 없이 직접적으로 유엔총회의 공식문건으로 발간하여 회람할 수 있는 권리를 부여했고 사무국으로 하여금 팔레스타인해방기구가 중간자 없이 직접 제출한 문건을 유엔의 공식문건으로 발간하여 회람하도록 결정했다. 이어서 같은 해인 1988년에 결의문 A/RES/43/177을 통해 유엔은 「팔레스타인해방기구PLO」라는 명칭 대신에 「팔레스타인Palestine」으로 부르도록 했다.

1998년에는 결의문 A/RES/52/250을 통해 다음과 같은 권리와 특권이 부여되었다. 유엔총회의 일반토론에 참가할 권리, 회원국의 우선권을 해하지 않는다는 전제 아래 유엔총회의 모든 본회의에서 팔레스타인과 중동문제가 아닌 다른 의제항목의 토론을 위한 발언자명부를 작성할 때 마지막 순서의 국가 이후에 발언순서를

가질 수 있는 권리, 반박발언권, 의장의 결정에 대해 도전할 수 있는 권리를 포함하지 않는다는 조건 아래 팔레스타인과 중동문제에 관한 절차proceeding에 관하여 의사규칙 위반지적을 할 수 있는 권리(팔레스타인은 의장의 평결에 대해 이의를 제기할 수는 없으며 토론의 연기, 토론의 종료, 회의의 잠정중지, 회의의 연기를 포함한 절차 발의를 제기할 수 있는 권리를 가지지 않는다), 팔레스타인과 중동문제에 관한 의제항목을 다루는 결의안·결정안·수정안에 대해 공동제안을 할 수 있는 권리(이러한 결의안·결정안·수성안은 오로지 회원국이 요청에 의해서만 표결에 부쳐질 수 있으며 팔레스타인은 이러한 결의안·결정안·수정안의 단일 제안국이 될 수 없다), 유엔총회의 의제항목에 대한 토론에 참가하여 발언할 수 있는 권리(단 유엔총회의 회기가 시작될 때 의장이 팔레스타인의 참가를 허용하는 근거가 되는 결의안을 한 차례 언명해야 한다), 팔레스타인에게 6개의 좌석(앞줄에 3석 뒷줄에 3석)을 할당하고 좌석은 비회원국 옵서버 바로 다음에 그리고 기타 옵서버의 전에 위치한다. 그러나 팔레스타인은 표결권과 후보를 낼 권리를 소지하지 않는다. 옵서버 단체observer entity로서 팔레스타인이 1998년 결의안을 통해 부여받은 권리와 특권을 옵서버 국가observer state로 취급되는 바티칸이 2004년 결의안을 통해 부여받은 것과 비교할 경우 차이를 발견하기 쉽지 않다.

　　팔레스타인은 2011년에 유엔 안전보장이사회에 정회원 가입을 신청했지만 미국과 영국의 반대로 무산되자 2011년 10월 전문기구의 하나인 유엔교육과학문화기구UNESCO의 정회원국이 됨으로써 비회원국 옵서버의 자격조건을 갖추게 되었다. 이를 바탕으로 팔레스타인은 2012년에 총회에서 회원국 2/3의 찬성을 얻으면 되는 (정회원보다 더 낮은 수준의 지위인) 비회원국 옵서버로의 격상을 추구하는 안을 제출했다. 즉 팔레스타인은 자신들의 지위를 「비회원국 옵서버 조직entity」에서 「비회원국 옵서버 국가」로 격상시켜 달라고 요청했다. 이에 유엔총회는 2012년 11월 29일에 결의문A/RES/67/19을 193개 회원국 중 138개 국가의 찬성으로 통과시켜 팔레스타인을 「비회원국 옵서버 국가」로 인정했다.[3] 이로써 팔레스타인은 유엔의 정회원국은 아니지만 「옵서버 국가state」로 지위가 격상되었다.[4] 팔레스타인의

---

3) 반대는 9표에 불과했고 기권이 41표였다.

4) 비회원 옵서버 국가의 지위를 얻게 되면 유엔 산하 기구와 국제형사재판소(ICC)에 회원국으로 가입할 수 있다. 이럴 경우 팔레스타인이 이스라엘을 국제형사재판소(ICC)에 제소하는 것도 가능하다. 국제사회가 팔레스타인을 국가로 간접 승인한다는 의미를 내포하고 있는 것이 사실이다. 이후로 유엔의 공식문건에서 사무국은 팔레스타인을 「State of Palestine」으로 부르게 된다. 팔레스타인은 이러한 지위의 변화와 더불어 처음으로 2013년 제68차 유엔총회에서 일반토론 발언(기조연설)을

이러한 지위의 변화를 두고 언론들은 「유엔 옵서버UN observer」로부터 「투표를 하지 않는 회원국non-voting member state」으로의 격상이라고 칭한다. 팔레스타인 자치정부 수반은 2013년 1월에 팔레스타인의 공식명칭을 팔레스타인 자치정부Palestinian Authority로부터 「팔레스타인국State of Palestine」으로 변경하여 사용하도록 했다.

당 결의안은 지위의 격상과 관련하여 추가적인 권리와 특권에 대해 전혀 언급하고 있지 않지만 팔레스타인은 옵서버 국가가 됨으로써 바티칸처럼 간접적으로 국가 지위를 인정받게 되었다. 따라서 유엔총회 참석은 물론 국제협약의 체결뿐 아니라 유엔 산하의 각종 기구 및 국제형사재판소ICC와 같은 다른 국제기구에의 가입 등이 가능해진다.[5] 그러나 옵서버 조직과 마찬가지로 옵서버 국가 역시 표결권을 가지지 않는 것은 동일하다. 그러나 여기에서 말하는 표결권이란 결의안 표결 등을 말하는 것으로서 이를 제외한 회원국 권한을 유엔 총회에서 행사할 수 있다. 이로써 팔레스타인은 유엔 옵서버 국가 자격을 얻은 이래 처음으로 2013년 11월에 유엔 총회에 참석하여 구 유고슬라비아 국제형사재판소ICTY 재판관 선출에 투표권을 행사했다.

팔레스타인은 미국의 중재로 2013년 7월에 이스라엘과의 평화협상을 재개하면서 협상 기간에는 국제기구 가입을 추진하지 않겠다고 약속한 바 있다. 그러나 이스라엘이 평화협상을 위해 약속한 죄수 석방에 나서지 않자 팔레스타인 자치정부 수반은 2014년 4월에 15개 유엔기구와 국제협약에 독자 가입한다는 신청서에 서명하고 즉각 신청절차에 착수하겠다고 밝혔다. 즉 이스라엘이 죄수 석방에 나서지 않으면 유엔 「비회원 옵서버 국가」 자격으로 할 수 있는 나머지 국제기구 가입도 추진하겠다는 것이다. 팔레스타인의 이러한 조치는 국가로서의 국제적인 지위를 강화하기 위한 일환으로 보인다. 팔레스타인이 가입을 추진하는 기구와 협약은 구체적으로 알려지지 않았지만 전시 부상자, 포로, 민간인 등의 보호를 주요 내용으로 하는 제네바협약과 여성과 아동 관련한 국제기구 등이 포함됐다고 알려졌다. 그러나 이스라엘을 전쟁범죄로 고소하기 위한 국제형사재판소ICC나 국제사법재판소

---

한 바 있다. 교황청 역시 유엔의 정회원국이 아닌 비회원 지위를 가지고 있지만 원하는 경우 유엔 총회에서 연설을 해왔다.

5) 이스라엘은 팔레스타인의 국제형사재판소(ICC) 가입을 두려워하고 있다. 왜냐 하면 팔레스타인이 이스라엘로부터 점령당한 영토를 반환받기 위해 ICC를 통한 법적 행동에 나설 수 있으며 2008-2009년 가자전쟁의 전범 혐의로 이스라엘을 제소할 수도 있기 때문이다. 팔레스타인은 ICC의 설립조약인 로마조약의 당사국총회에서 옵서버 회원 지위 획득을 추진하고 있다.

ICJ는 제외된 것으로 전해졌다.[6] 그러나 이스라엘과의 관계 여하에 따라 이들 국제기구에의 가입도 추진될 수 있을 것으로 보인다.

### 2) 단체와 국제조직

두 번째 부류의 옵서버는 단체와 국제조직entities and international organization이다. 이 부류에 속했던 유일한 조직이었던 팔레스타인이 2012년에 앞서 언급한 비회원국 옵시비의 지위를 획득함으로써 현재 이 부류에 속하는 조직은 하나도 없다.

### 3) 정부간기구

세 번째 부류의 옵서버는 정부간기구intergovernmental organization이다. 여기서 정부간기구는 우리가 흔히 국제기구라고 부르는 국제조직이다. 유엔은 1994년에 결의안을 통과시켜 옵서버 지위를 부여함에 있어서 제한을 가하고자 했다. 구체적으로 옵서버 지위가 너무 많이 부여되고 있다는 인식 아래 향후 옵서버의 지위는 국가와 유엔총회가 관심을 가지는 활동을 수행하는 정부간기구에 국한한다는 내용이다. 2013년 12월 현재 이 부류에 속하는 70개의 정부간기구는 다음과 같이 2가지 하위부류도 또다시 구별된다.

(가) 첫 번째 하위부류

첫 번째 하위부류는 유엔총회의 회의와 업무에 옵서버로서 상시적 참가초청을 받으며 유엔본부에 상설대표부를 유지할 수 있는 정부간기구이다. 이 하위부류에는 아프리카연합AU, 유럽연합EU, 국제형사재판소ICC 등이 속해 있다.[7]

이 하위부류에 속하는 옵서버 중에서도 유럽연합EU은 특별한 지위를 누린다.

---

6) 연합뉴스(인터넷), 2014년 4월 2일.

7) 여기에 속하는 대표적인 정부간기구로서 African Union(AU), Caribbean Community (CARICOM), European Union(EU), International Criminal Court(ICC), International Criminal Police Organization (INTERPOL), International Organization for Migration(IOM), International Seabed Authority(ISA), International Union for the Conservation of Nature and Natural Resources(IUCN), League of Arab States(LAS), Organization of the Islamic Cooperation (OIC) 등이 있다. 이들 가운데 특이한 기구로서 IUCN을 살펴볼 필요가 있다. 이 기구는 정부, 정부기관, 그리고 비정부기구로 구성된다. 구체적으로 IUCN은 현재 미국을 위시한 74개국 정부와 105개의 미국의 환경보호국(US Environmental Protection Agency)과 같은 정부기관(government agencies) 그리고 지구의 친구들(Friends of the Earth)과 같은 700개의 NGO로 구성되어 있다. 이처럼 정부적 요소와 비정부적 요소로서 구성되어 있기 때문에 IUCN을 정부간기구로 보기도 하고 비정부기구로 보기도 하며 이도저도 아닌 복합형 국제기구(hybrid international organization)로 분류하기도 한다. 그러나 유엔 옵서버와 관련하여서는 IUCN이 정부간기구로 분류되어 있음을 알 수 있다.

EU는 1974년에 옵서버의 지위를 획득하였는데 2011년에 결의안을 통해 추가적인 권리를 부여받음으로써 유엔의 정회원국이 누리는 권리의 거의 대부분을 향유하게 되었다.

일반적으로 옵서버들은 유엔총회에서 연설을 할 수 있고 토의의 대상이 되고 있는 의제항목에 대해 의견을 개진할 수 있다. 또한 절차적인 표결procedural votes에 참여할 수 있으며 결의안의 공동제안국이 되고 서명을 할 수 있는 권한을 보유한다. 그러나 옵서버는 결의안이나 수정안을 제출할 수 없고 결의안이라든가 다른 본질적인 문제substantive matters에 대해서는 표결에 참여할 수 없으며 임원피선과 같은 권리를 향유하지 못한다.

옵서버 가운데 가장 많은 권리와 특권이 주어지는 비회원국 옵서버인 바티칸과 팔레스타인을 살펴보면 이들은 유엔총회의 모든 회의와 업무에 참가하는 것이 가능하다. 이들은 결의안의 공동제안국이 될 수 있고 반박발언권을 가진다. 의사규칙 위반지적 발의권과 관련하여서는 바티칸은 바티칸 이슈와 관련한 것일 경우, 팔레스타인은 팔레스타인과 중동이슈에 관한 것일 경우 주어진다. 이들은 비공개 유엔총회에도 참가한다. 그러나 결의안이나 수정안을 제출할 수 없고 결의안이라든가 다른 실질문제substantive matters에 대해서는 표결에 참여할 수 없으며 후보를 낼 수 있는 권리를 향유하지 못한다.

그러나 유럽연합의 경우는 예외적으로 2011년도의 결의안을 통해 추가적인 권리와 특권을 부여받아 유엔 회원국이 누리는 권리와 특권 거의 대부분을 향유하게 되었다. 구체적으로 추가적인 권리와 특권이란 토론에서 발언할 권리right to speak in debate, 결의안과 수정안을 제출할 권리right to submit proposals and amendments, 반박발언권right of reply, 의사규칙 위반지적 발의권right to raise points of order, 문건 회람권right to circulate documents을 의미한다. 이와 더불어 유엔총회 본회의에서 국가원수나 정부수반들이 행하는 일반토론general debate과 고위급 회의를 개최할 때 발언자명부에서 앞쪽에 놓이도록 했다. 이러한 권리와 특권은 국가의 대표가 지니는 권리와 크게 다르지 않아 이러한 권리가 수반된 옵서버 지위를 「super-observer status」라고 부른다. 이 때문에 유럽연합은 동일한 부류에 속하는 옵서버인 아프리카연합AU을 비롯한 다른 지역기구들regional organizations의 불만의 대상이 되고 있다. 그러나 유럽연합은 여전히 표결권은 갖지 못하는 한계를 지닌다.

(나) 두 번째 하위부류

두 번째 하위부류는 유엔총회의 회의와 업무에 옵서버로서 항상 참여초청을 받으나 유엔본부에 상설대표부를 유지할 수 없는 정부간기구이다. 이 하위부류에는 동남아국가연합ASEAN과 경제협력개발기구OECD 등이 속한다.[8] 한국정부가 주도하고 국제사회의 지지를 받아 2012년 국제기구가 된 글로벌녹색성장연구소Global Green Growth Institute, GGGI가 2013년 12월에 이러한 옵서버 지위를 획득하였다.

### 4) 그 밖의 단체

네 번째 부류의 옵서버는 그 밖의 단체other entities이다. 구체적으로 유엔총회의 회의와 업무에 옵서버로서 상시적 참가초청을 받으며 유엔본부에 상설대표부를 유지할 수 있는 NGO들이다.

현재 이러한 하위부류에 속하는 조직에는 국제적십자사위원회ICRC, 국제적십자사연맹IFRC, 국제의원연맹IPU, 국제올림픽위원회IOC, 몰타기사단Sovereign Military Order of Malta만이 존재한다.[9]

### (2) 유엔단체UN entities[10]

앞에서 언급했듯이 유엔United Nations을 구성하고 있는 여러 요소들을 「United Nations Organizations」, 「United Nations Organs」, 「United Nations Bodies」와 더불어 「United Nations Entities」라고도 칭한다.

우선 공식회의의 경우 이 회의가 공개회의라는 전제 하에 유엔총회의 본회의에는 유엔본부의 사무총장Secretary-General과 사무부총장Deputy Secretary-General만이 발언한다. 다른 유엔조직의 수장의 경우는 유엔총회의 결의문resolution이나 결정decision과 같은 특별한 동의special agreement가 필요하다. 본회의가 아닌 위원회의 경우는 다른 유엔 사무국 직원(즉 사무총장이 그의 대리인으로 지명한 사무국 직원)과

---

8) 대표적인 정부간기구로서 African Development Bank(AfDB), Asian Development Bank(ADB), Association of Southeast Asian Nations(ASEAN), Organization for Economic Cooperation and Development(OECD), Organization for Security and Cooperation in Europe(OSCE), Organization of American States(OAS) 등이 이 부류에 속한다.

9) 「Sovereign Military order of Malta」는 우리말로 「몰타기사단」으로 번역되는 단체로서 로마에 본부를 두고 있는 국제구호단체이다. 현재 1만 명에 이르는 남녀 기사(Knights and Dames)를 거느리고 있으며, 전 세계에 걸쳐 수십 개의 병원과 보건클리닉을 운영하고 있다.

10) The Permanent Mission of Switzerland to the United Nations, *The PGA Handbook: A Practical Guide to the United Nations General Assembly* (New York, 2011), p. 31.

몇몇 보조기관subsidiary bodies의 수장이 발언을 요청받을 수 있다.

비공식회의의 경우 이 회의가 공개회의라는 전제 하에 의장은 재량에 따라 유엔단체에게 발언권을 부여할 수 있다. 시간상의 제약으로 인해 통상적으로 아주 소수의 유엔단체에게만 발언의 기회가 주어진다. 의장은 또한 유엔단체를 일반토론 발언자(기조연설자)나 토론자panelist로서 초청할 수도 있다.

### (3) 비정부기구[11)

유엔헌장 제71조의 규정에 근거하여 경제사회이사회ECOSOC는 일정한 조건을 충족한 비정부기구NGO에게 3종류의 협의지위consultative status로서 일반적 협의지위, 특별 협의지위, 명부상의 협의지위를 부여해오고 있다. 일반적 협의지위를 가진 NGO의 경우 특별한 초청이 없어도 경제사회이사회나 경제사회이사회의 보조기관의 회의에 참여하여 구두발언뿐 아니라 서면진술을 할 수 있으며 나아가 의제를 제안할 수 있는 권한까지를 지니고 있다.

이와는 달리 유엔헌장은 NGO의 유엔총회에의 참여와 관련하여 어떠한 규정도 두고 있지 않다. 그럼에도 불구하고 유엔총회는 상당히 제한적이지만 NGO의 참여를 허용해오고 있다. 따라서 다음에서는 지금까지 형성되어 온 관례를 중심으로 NGO의 유엔총회 참여를 정기총회, 특별총회와 글로벌 회의global conference로 구분하여 살펴보고자 한다.

### 1) 정기총회

정기총회는 본회의와 위원회로 구분하여 살펴보아야 한다. 우선 본회의의 경우는 공식회의는 말할 것도 없고 비공식회의 경우에서마저 NGO의 참여가 엄격하게 통제되어 있다. 단 극히 이례적으로 본회의가 공개적인 공식회의일 것을 전제로 하여 유엔총회의 결의문resolution이나 결정decision이 이들의 참여를 명시적으로 인정할 경우에 한해 회의에 참여하여 발언만을 허용할 뿐이다.

위원회의 경우 대단히 제한적이고 부분적이지만 본회의보다는 좀 더 융통성을 가지고 NGO의 참여를 허용해오고 있다. 그러나 본회의의 경우와 비슷한 점이 있다면 위원회 역시 비공식회의에 비해 공식회의에서 NGO의 참여를 훨씬 더 제한

---

11) 박재영, 『유엔과 국제기구』 (서울: 법문사, 2007), pp. 588-604.

한다는 사실이다.

　우선 위원회의 공식회의 경우부터 살펴보면 위원회는 예외적으로 오래전부터 갈등에 관련되어 있는 비국가적 행위자non-state actor로 하여금 제1위원회와 제4위원회에서 관련된 의제에 관한 토의를 돕기 위해 그들의 견해를 제시하는 것을 허용해 왔다. 예컨대 NGO들은 평화유지활동PKO과 같은 특별정치와 탈식민문제를 다루는 제4위원회에 청원자petitioner의 자격으로 연설 등을 하는 것을 허용해 왔다. 이처럼 소수의 위원회의 공식회의의 경우 NGO의 대표는 발언을 하도록 요청을 받은 경우에 한해 발언을 할 수 있다. 다른 위원회가 공식회의에서 NGO의 발언을 허용할 경우 공식회의의 상태가 아니라 일시적인 정회를 하고 발언을 하도록 한 후에 다시 공식회의를 속개함으로써 공식회의에서의 NGO의 참여를 비공식적 참여로 인정하고자 한다.

　위원회의 비공식회의의 경우는 이러한 회의가 공개회의라는 것을 전제로 의장은 재량에 따라 NGO의 대표에게 발언권을 줄 수 있다. 그러나 시간의 제약으로 인해 아주 소수의 NGO만이 발언을 한다. 의장은 또한 NGO의 대표를 기조연설자key-note speaker나 패널리스트panelist로서 초청할 수도 있다.12)

　앞서 옵서버 부분에서 언급했듯이 NGO 중에는 국제적십자사위원회ICRC, 국제적십자사연맹IFRC, 국제의원연맹IPU, 국제올림픽위원회IOC, 몰타기사단Sovereign Military order of Malta처럼 유엔에서 옵서버의 지위를 가지고 있음으로써 좀 더 포괄적인 권한을 가지고 유엔총회에 참여하는 경우가 있다. 그러나 1994년 총회 결의안을 통해 더 이상 비정부기구에게 옵서버 지위를 부여하지 않겠다는 결정을 내림으로써 이러한 방식의 NGO의 참여는 통제되게 되었다.

## 2) 특별총회와 글로벌 회의

　NGO들은 유엔의 정기총회뿐만 아니라 특별총회와 글로벌 회의global conference에도 참여해오고 있다. 이 두 종류의 회의를 묶어서 정회의main conference와 정회의 개최 2~3년 전부터 전개되는 준비회의preparatory conference로 구분하여 살펴보고자 한다.

### (가) 준비회의 과정

　NGO는 특별총회와 글로벌 회의의 준비과정에 참여하여 보고서 준비를 책임

---

12) 패널리스트(panelist)는 토론 참가자를 지칭한다.

맡고 있는 사무국이나 정부대표들에게 조언을 하고 자료를 제공하기도 한다. 다루고 있는 주제가 기술적인 것일 경우 정보나 전문지식을 제공하기도 한다.[13) 참여가 공인된 NGO의 경우 경제사회이사회와의 협의지위 보유 여부에 관계없이 준비위원회에서 간단하게 구두진술을 요청할 수 있다.[14)

준비과정 중에서도 마지막 단계에 이르러서는 NGO들의 참여가 배제되는 경우가 많다. 막바지에 이를수록 준비위원회는 실질적인 문제들에 초점을 맞추게 되며 이견을 조정하기 위해 비공식회의를 많이 개최하게 되는데 정부대표들은 통상적으로 이러한 회의에 NGO를 배제하는 경향을 보인다. 특히 정회의가 열리기 전 마지막 준비위원회에서 정회의에서 채택될 문건들의 초안이 작성되는 것이 통례인데 이러한 과정에서 NGO들은 배제되는 것이 일반적이다.[15) 최종적인 문안작성 회의로부터의 배제는 최종 문건에 대해 NGO들의 영향을 미칠 수 있는 가능성을 제한하기 때문에 커다란 제약점으로 작용한다. 이러한 경우 NGO들은 정부대표들에게 문구 제안서wording proposal를 건네줌으로써 간접적으로 영향을 미칠 수 있을 뿐이다.

(나) 정회의 과정

앞서 언급했듯이 유엔의 정기총회의 경우 NGO의 위원회 참여가 상당히 제한되어 있으며 본회의에의 참여는 더욱 더 제한되어 있다. 특별총회의 경우는 정기총회에 비해 NGO의 참여 허용도가 상대적으로 높은 편이나 글로벌 회의보다는 이들의 참여 허용도가 낮아진다.

특별총회의 정회의의 경우 NGO들은 어느 정도 참여를 허용 받아 왔지만 총회에 의해 개최되는 다른 회의와 마찬가지로 특정의 공식적인 원칙 아래 일관되게 이루어진 것은 아니다. 특별총회에 NGO의 참여를 어느 정도 인정할 것인가는 준

---

13) 많은 경우 유엔 총회와 경제사회이사회(ECOSOC)가 결의안의 통과를 통해 유엔회의의 개최를 결정할 때, 유엔 사무총장과 정부들에게 다루고자 하는 의제와 관련하여 보고서를 준비할 것을 요청한다. 이때 의제 자체가 정부간기구나 정부들에게 있어 새로운 것일 경우, 사무국 직원과 정부 관리들은 이러한 보고서를 작성하는 데 있어서 관련 NGO에게 도움을 요청하지 않을 수 없게 된다. 이러한 요청에 의해 NGO들이 처음부터 보고서 작성에 참여함으로써 의제가 논의되는 방향에 중대한 영향을 미칠 수 있다.

14) NGO가 특별총회나 글로벌 회의(global conference)에 참가하기 위해서는 유엔으로부터 공인(accreditation)을 받아야만 한다.

15) Ann Marie Clark, Elisabeth J. Friedman, and Kathryn Hochstetler, "The Sovereign Limits of Global Civil Society: A Comparison of NGO Participation in UN World Conference on the Environment, Human Rights, and Women," *World Politics,* Vol. 51, No. 1 (October 1998), pp. 17-18.

비회의에서 결정되는 것이 일반적이다. 구체적으로 준비회의에서 NGO의 참여를 불허할 것인가 허용할 것인가, 참가를 허용한다면 어떤 NGO를 어느 수준에서 활동하도록 할 것인가의 문제를 둘러싸고 정부대표들 사이에 격론이 벌어지곤 한다. 그 결과 극단적으로 NGO의 참여가 불허되기도 하고, 때에 따라서는 가장 높은 수준이라고 볼 수 있는 본회의에의 참여까지 허용되기도 한다. NGO의 참여가 허용될 경우 일반적으로 이들에게 구두발언과 서면진술의 기회가 주어진다.

글로벌 회의의 정회의의 경우 유엔은 다른 어떤 회의에 비해 NGO의 참여에 가장 너그러움을 보여 왔다. 특별총회 정회의의 경우 경제사회이사회와 협의지위를 가지고 있는 NGO만이 본회의에서의 구두진술이 허용되나 글로벌 회의의 경우 이들은 경제사회이사회와의 협의지위에 관계없이 의장의 요청과 관련 기구의 동의 하에 본회의에서의 구두진술이 허용된다. 그러나 모든 글로벌 회의가 다 이런 것은 아니다. 특히 인권과 관련된 회의는 NGO의 비판의 대상되고 있는 인권 유린국이나 인권 취약국의 저항에 의해 NGO의 공식회의에의 접근에 대해 소극적이거나 부정적이다.

## 2. 의장단의 구성과 역할

### (1) 의장단의 구성

유엔총회 본회의 경우 의장단Bureau은 의장 1인과 21명의 부의장으로 구성된다. 이와는 달리 위원회의 경우 의장단은 의장 1인과 3인의 부의장과 더불어 1인의 보고관으로 구성된다. 보고관의 주요 임무는 위원회에서의 결정을 상위기관인 본회의에 보고하고 본회의에서의 채택을 권고하는 일이다. 따라서 본회의의 경우는 따로 보고할 상위의 기관을 가지고 있지 않기 때문에 보고관을 두고 있지 않다.

### (2) 의장단의 권능과 역할

#### 1) 의장과 부의장의 권능과 역할

부의장은 의장이 부재할 경우 의장대행으로서 의장과 동일한 권능을 가진다. 따라서 구별하지 않고 의장의 역할과 더불어 살펴보고자 한다. 유엔총회의 본회의의 경우는 의사규칙 제35조에 그리고 위원회의 경우는 제106조에 의장의 권능이

규정되어 있다. 이 두 조항은 다음 2가지 점을 제외하고는 내용상에 있어서 동일하다. 우선 본회의에 적용되는 것이냐 위원회에 적용되는 것이냐의 본질적인 차이가 존재한다. 또다른 차이는 본회의 의장의 경우 본 규정이외의 다른 규정들에 의해 부여된 권능을 추가적으로 가진다.

이 두 규정에 따르면 의장은 다음과 같은 권능을 가지며 이러한 권능은 이미 의사규칙 부분에서 언급한 바 있다: ① 개회정족수가 채워졌는가를 확인하고 개회를 선언하며 회의에서 처리할 일을 공표하고 폐회를 선언할 수 있다. ② 의사규칙을 해석하고 의사규칙이 지켜지도록 해야 한다. ③ 발언자명부를 관리하고 대표단에게 발언권을 주는 등 회의에서 토의를 이끌어 나간다. ④ 의장은 표결이나 합의에 의해 결의안이 채택되기 전과 후에 투표설명을 할 기회를 대표단에게 부여한다. ⑤ 안건을 표결에 회부하고 표결에 의해 결정된 것을 공표한다. ⑥ 의사규칙 위반 지적에 대한 평결ruling을 한다. ⑦ 의제항목을 토론하는 과정에서 발언자에게 할당되는 발언시간의 제한과 발언할 수 있는 횟수의 제한을 제안할 수 있다. ⑧ 발언자명부의 마감을 제안할 수 있다. ⑨ 토론의 종료와 연기closure and adjournment of debate를 제안할 수 있다. ⑩ 회의의 잠정중지와 연기suspension and adjournment of the meeting를 제안할 수 있다.

의장은 이와 같은 총회의 의사규칙에 기반을 둔 권능을 가지는 것 이외에 총회의 활성화를 위한 결의문들에 기반을 둔 권능을 추가적으로 가진다. 이러한 결의문들에 의해 본회의 의장은 주제별 토론thematic debate을 조직하고, 본회의 일반토론을 위한 주제를 제시하며, 차기 본회의 의장을 위한 최적관례와 교훈에 관한 보고서를 준비한다. 또한 사무총장, 안전보장이사회의 의장, 경제사회이사회의 의장을 정기적으로 만나는 등의 권능을 가진다.16)

이러한 규정과 결의문이 규정하고 있지 않지만 의장으로서 본질적으로 요구되는 자질과 회의를 효율적 진행하기 위해 수행하여야 할 역할이 존재한다. 우선 의장은 토의가 질서 있게 이루어지도록 하고 회의가 필요로 하는 결정을 하도록 하는 것 이상의 일을 하는 존재로서 회의의 지도자이다. 이러한 면에서 의장의 자질로서 가장 요구되는 것이 공정성과 중립성을 갖추는 것이다. 의장은 자신이 속해 있는 국가의 입장을 떠나 모든 대표단들을 공정하고 동등하게 대하여야 하며 논쟁

---

16) The Permanent Mission of Switzerland to the United Nations, *The PGA Handbook: A Practical Guide to the United Nations General Assembly* (New York, 2011), p. 16.

적인 문제에서 어느 한쪽에 호의적이거나 편파적인 것처럼 보여서는 안 된다.

의장은 현재 다루고 있는 이슈의 목적, 맥락 그리고 과거 역사에 대해 대표단들이 충분히 이해하도록 돕는 역할을 하고 대표단들에게 그들이 다루고자 하는 일에 어떻게 접근할 것인가에 대해 제안자로서의 역할을 수행할 수 있어야 한다. 의장은 이러한 것들을 통해 토의나 회의의 결과에 영향을 미칠 수 있다.

국가들 사이의 이견으로 합의도출이 어려울 경우 의장의 역할은 더욱 긴요해지는데 이러한 상황을 타개하기 위해 의장은 동원할 수 있는 여러 가지 수단을 적절하게 활용할 수 있어야 한다. 우선 의장은 대표단들에게 비공식협의를 가질 것을 제안할 수 있다. 구체적으로 이때 의장은 스스로 접촉그룹Contact Group이나 의장친구그룹Group of Friends of the Chair을 구성하여 의장의 역할을 수행할 수도 있고 대표단들에게 접촉그룹의 구성을 요청할 수도 있다. 또한 의장은 대표단들 사이의 이견을 해소하기 위해 스스로 중개자broker or intermediary나 촉진자facilitator가 되어 대표단들이 이견을 해소할 수 있는 만족스러운 해결책을 찾는 것을 도울 수 있다. 이러한 역할은 여러 가지 형태로 이루어질 수 있고 동시에 복수의 방식이 사용될 수도 있다. 우선 이견을 보이는 대표단 혹은 협의체 사이에 메시지를 전달하는 역할, 각기 다른 입장에 대한 설명을 제공하는 역할, 이해와 타협의 의지를 촉구하는 역할, 이견을 보이는 당사자들에게 그들의 목표를 진전시키기 위해 어떻게 하여야 하는가와 무엇이 현실적으로 달성 가능한 것인가에 대해 제안을 하는 역할을 수행할 수 있다.

의장은 시간에 맞추어 결의안과 같은 결과문건을 내놓기 위해 더욱 더 적극적인 역할을 할 수 있다. 구체적으로 의장은 협상을 위한 출발점을 제공하기 위해 동의가 이루어진 부분과 아직 이견을 보이고 있는 부분으로 구성된 「의장의 편집문건Chairman's Compilation」을 만들 수 있다. 또한 의장은 대표단들의 생각을 자극하기 위해 익명의 비공식문건을 의미하는 「Non-paper」를 작성하여 회람할 수도 있다.[17] 그리고 여기에서 더 나아가 아예 의장안Chair's text을 제시할 수도 있다. 여기에서 의장안이란 현재 진행 중인 토의와 협상에 비추어 수용될 수 있을 거라는 평가에 기초하여 의장이 제시한 제안을 의미한다.

---

17) 「non-paper」는 익명으로 작성되어 비공식적으로 회람되는 비공식문건으로서 예민한 문제에 나름의 견해를 피력하여 다른 참여자들의 동태를 살핌과 동시에 참여자들에게 논의의 시발점을 제공하여 협상을 진작시키는 것을 목적으로 한다. 「non-paper」가 구체적으로 무엇을 의미하는가에 대한 보다 자세한 설명은 「위원회의 회의과정」 부분을 참고하기 바란다.

의장은 회의진행자로서의 역할을 수행하면서 회의의 매 단계마다 다음과 같은 점에 유념하여야 한다.18) 의장은 우선 개회를 선언하고 이어서 특정 의제항목에 대한 토의를 개시 혹은 재개하겠다는 공표와 더불어 해당 회의가 밟아 나아갈 예정된 절차가 무엇인가를 알려준다. 그와 동시에 과거로 거슬러 올라가 대표단들에게 당 회의에서 가장 최근에 수행한 일에 대해 주지시킨다. 의사결정과 관련하여 의장은 대표단이 발의한 구두 제안이나 절차발의를 반복한다. 의사결정에 앞서 모든 대표단이 이해할 수 있도록 의사결정의 절차적 상황에 대해 설명을 하고 의사결정이 이루어지면 그 결과를 선언한다. 의장은 폐회를 하면서 회의에서 내린 결정 등을 포함하여 무엇을 했는가에 대해 확인하는 설명을 하고 앞으로 무엇을 해야 하는가에 대해서도 설명한다.

의장은 또한 시간관리자로서의 역할을 잘 수행해야 한다. 이러기 위해 회의의 매 단계마다의 일정을 포함한 전반적인 일정을 설정해 가지고 있어야 하며 회의에서 특정한 작업이 언제까지 마쳐야 한다든지 혹은 특정의 작업에 얼마만큼의 시간이 할당된다든지 하는 것을 대표단들에게 알려야 한다. 회의가 진행되면서 의장은 부단히 일정이 잘 지켜지고 있는가를 점검하여야 하며 이를 위해 대표단들에게 회의의 매 단계가 정해진 일정 내에 끝나도록 독려해야 한다. 만약에 일정이 준수되지 않을 경우 시정조치를 취해야 한다.

의장은 회의진행자로서의 역할을 하면서 회의가 진행되면서 점차적으로 합의가 이루어지는 부분들이 등장하는 것에 주목하여야 한다. 이러한 부분에 대해 대표단들에게 주목하도록 하고 이러한 부분들이 회의의 보고서나 결정에 포함되어 회의의 결과로서 축적되도록 해야 한다. 의장은 이러한 작업을 구두로 하거나 의장의 편집문건Chairman's Compilation을 작성하여 어쩌면 실무서Conference Room Paper로서 대표단들에게 배포할 수 있다.

이러한 역할 이외에 의장은 채택절차 전에 채택 대상이 된 결의안에 대한 설명을 하고 추가적인 공동제안국이 있을 경우 이를 공표하는 역할을 한다. 즉 채택 대상이 된 결의안이 언제 제안된 것이며, 결의안이 상정된 후 공식회의와 비공식회의를 통해 수정이 된 것일 경우 원래의 것으로부터 달라진 내용이 무엇인가를 포함

---

18) 다음 내용은 다음 책을 참고하였음: Ronald A. Walker, *Manual for UN Delegates: Conference Process, Procedure and Negotiation* (United Nations Institute for Training and Research(UNITAR), 2011), pp. 152-154, 158-159.

한 최종 결의안의 내용을 설명한다. 채택 대상이 된 결의안에 대한 설명을 한 후 당 결의안에 새롭게 공동제안국co-sponsor이 되기를 원한다고 사전에 통보한 국가가 있을 경우 이들을 공표할 뿐 아니라 그 자리에서 추가적으로 공동제안국이 되기를 원하는 국가가 있는가를 묻고 있을 경우 이들의 국명을 추가적으로 공표한다. 의장은 사무국 소속으로서 의장단석 옆에 앉아 있는 간사에게 발언권을 주어 결의안을 소개하고 추가 공동제안국을 공표하도록 하기도 한다.

본회의 의장은 업무계획programme of work과 본회의 일정schedule of plenary meetings을 내용으로 하면서 「Programme of Work of the General Assembly Schedule of Plenary Meetings」이라는 제목에 「Note by the President of the General Assembly」라는 부제를 단 문건을 작성하여 본회의 개회 후에 배포해야 한다. 본회의 의장은 본회의 개회 후 업무편성, 의제채택, 의제항목 할당을 내용으로 하는 운영위원회General Committee의 보고서를 채택하여야 한다.

위원회의 의장은 위원회의 첫 번째 공식문건인 위원회별 「업무편성Organization of Work」을 사전에 작성하여 첫 번째 위원회 회의에서 논의를 거쳐 채택하도록 하여야 한다. 이 문건은 사무국 주지사항Note by the Secretariat과 날짜와 시간별로 할 일들이 세밀하게 적혀 있는 업무계획안Proposed Programme of Work의 두 부분으로 구성되어 있다. 업무계획안 부분은 사무국 간사와의 면밀한 협력을 통해 의장단에 의해 준비된다.

유엔총회 본회의 의장과 부의장 그리고 위원회 의장은 유엔총회의 운영위원회의 구성요소이며 특히 본회의 의장은 운영위원회의 의장이 된다. 운영위원회의 구성요소로서의 이들의 구체적인 역할은 운영위원회의 역할 부분에서 상세히 언급하고자 한다.

## 2) 보고관의 역할과 권한

보고관 역시 의장이나 부의장과 마찬가지로 대표단 중에서 선출된다. 이러한 보고관의 주된 역할이란 위원회에 주어진 의제항목에 대한 논의과정과 더불어 결과문건인 결의안의 내용을 보고서Report에 담아 상급기관인 본회의에 보고하면서 궁극적으로 여기에 포함된 결의안의 채택을 권고하는 일이다.

이 때문에 보고서가 보고관에 의해 작성될 것이라고 생각하기 쉬운데 실제의 유엔회의에서는 보고서의 작성이 위원회의 간사에게 맡겨지고 보고관이 대표단 전

체를 대표하여 이를 감독하는 책임을 진다. 즉 위원회의 보고서는 보고관의 책임 하에 보고관과의 협의를 통해 사무국 소속의 위원회 간사에 의해 작성된다.

일단 이러한 보고서의 초안이 작성된 후 대표단들에게 회람이 되어 토의와 심의의 기회를 가지게 되는데 이때 보고서의 내용과 관련하여 대표단들 사이에 이견이 있을 경우 이를 해결하기 위한 협의를 수행한다. 이러한 경우에 보고관은 이해관계를 가장 많이 가지고 있는 대표단들과 비공식회의를 소집하기도 한다. 이러한 협의과정을 통해 보고서의 초안이 보고서report로서 확정이 된다.

## 3. 운영위원회의 구성과 역할

유엔총회의 운영위원회General Committee는 본회의 의장 1인과 부의장 21인 그리고 6개 주요위원회의 의장 6인을 합하여 총 28명으로 구성되며 유엔총회 본회의와 위원회의 전반적인 운영에 중요한 역할을 한다.

총회 의사규칙 제40조에 따라 운영위원회는 매 회기 초에 잠정의제 이외에 보충 의제항목supplementary item이나 추가 의제항목additional item이 있을 경우 잠정의제에의 포함여부와 우선순위와 관련하여 본회의에 권고를 할 수 있다. 제43조에 근거하여 운영위원회는 의제에 항목의 포함을 요청한 회원국이 운영위원회에 대표를 가지고 있지 않을 경우 해당 의제항목의 포함여부에 대한 토의에 투표권 없는 참가를 허용해야 한다. 총회 의사규칙 제41조에 따라 운영위원회는 회기의 폐회일자에 대해 총회에 권고할 수 있다.

운영위원회는 이러한 조항 등에 근거하여 새로운 회기가 시작된 다음 날 처음으로 회의를 가져 (보충 의제항목과 추가 의제항목이 있을 경우 이들과 더불어) 잠정의제provisional agenda와 새 회기의 업무편성organization of work에 대해 토의를 한 후 보고서를 작성하여 총회 본회의에 제출한다. 구체적으로 이 보고서는 총회의 업무편성, 의제채택, 의제항목의 배분에 관한 권고를 포함한다. 2012년 제67차 유엔총회의 경우는 「A/67/250」이라는 문건이 이러한 보고서에 해당한다. 문건의 제목은 「Organization of the sixty-seventh regular session of the General Assembly, adoption of the agenda and allocation of items」이고 부제로 「First report of the General Committee」라고 되어 있다.

의사규칙 제41조와 42조에 따라 운영위원회는 의장이 의장의 권한에 속하는 본회의의 전반적인 업무를 수행하는 것을 도울 뿐 아니라 6개 주요위원회의 업무의 진행을 조정하는 것을 돕는다. 운영위원회는 회기 동안에 정기적으로 회합하여 본회의와 위원회의 업무 진척도를 점검하고 업무진척을 촉진시키기 위해 권고를 할 수 있다. 단 운영위원회는 정치적인 문제에 대해서는 결정을 해서는 안 된다.

운영위원회는 본회의에서 채택된 결의문의 형식form을 향상시키기 위해 개정revise을 할 수 있다. 제44조에 의하여 운영위원회는 본회의가 채택한 결의문의 실질내용substance은 변경하지 않으면서 형식만을 바꾸는 수정을 가할 수 있다. 운영위원회는 이러한 수정에 대해 총회의 심의를 위해 보고해야 한다.

운영위원회는 제42조에 따라 의장이 필요하다고 생각하거나 위원회의 여타 위원의 요구가 있으면 회합한다. 대개 합의로 의사결정을 하나 표결을 할 경우 가결 필요표수로서 단순과반수의 다수결이 적용된다.

운영위원회는 총회가 토의하고 있거나 총회의 업무와 관련을 가지고 있는 특정 이슈에 관하여 회원국 모두에게 공개된 비공식회의와 브리핑을 가지는 등 운영위원회의 역할이 지난 몇 회기에 걸쳐 더욱 더 강화되어 오고 있다. 그러나 어떠한 정치적인 문제에 대해서는 어떠한 결정도 내리지 않는다.

## 4. 사무국 소속의 본회의와 위원회 간사의 역할

사무국 소속의 본회의 간사Secretary of the Plenary와 위원회 간사Secretary of the Committee는 각각 본회의와 위원회에서 회의의 진행을 돕는다. 총회의 의사규칙에는 이들 간사들의 역할이 구체적으로 언급되어 있지 않다. 따라서 저자가 이제까지 국제회의에 참석하여 관찰한 것과 국제회의 회의록 등의 기록을 통해 이들의 역할을 찾아내고자 한다.

첫째, 본회의의 의장과 위원회 의장은 매년 다른 사람들이 선출되며 임기가 1년에 불과하기 때문에 유엔회의의 진행과 관련하여 축적된 경험이 많지 않다. 따라서 국제공무원으로서 오랜 기간 동안 동일한 일을 해온 사무국 소속의 간사들의 도움이 필요하다. 간사들은 우선 의장이 회의를 진행함에 있어서 사용할 발언의 내용을 제시하고 있는 시나리오를 준비한다. 이렇게 준비된 것을 의장이 읽는 것이

회의장에서 종종 목격된다. 간사는 또한 절차적 요건과 인용하여야 할 문건에 대해 의장에 조언을 한다.

둘째, 간사들은 의장단과의 협력 하에 업무계획안을 준비한다. 업무계획이란 할 일에 대한 날짜와 시간별 계획으로서 의제항목별로 논의가 시작되는 시점, 발언자 명부 제출 마감시한, 결의안 제출 마감시한, 결의안 채택시기 등이 포함된다. 이러한 업무계획안은 사무국 간사와의 면밀한 협력을 통해 의장단에 의해 준비된다.

셋째, 위원회 간사들은 보고관이 본회의에 보고할 보고서를 보고관의 책임 하에 작성하는 역할을 한다. 보고서에는 채택된 결의안뿐만 아니라 이들 결의안이 채택된 과정과 절차가 서술되기 때문에 회의의 과정을 기록해나가야 한다. 이러한 의미에서 서기로서의 역할을 한다고 볼 수도 있다.

넷째, 간사는 의장으로부터 발언권을 받아 제안된 결의안의 유엔예산함의에 대해 설명을 해준다. 즉 유엔총회 의사규칙 제153조에 따라 결의안이 갖는 사업예산 함의에 대한 진술a statement of programme budget implication을 한다.

다섯째, 회원국 대표단과 옵서버가 토의가 있기 전에 발언자명부에 등록을 하려면 서면이나 전화로 본회의나 위원회의 간사를 접촉하여 등록을 해야 한다. 토의 중일 경우에는 회원국 대표단은 의장단석 옆에 착석해 있는 사무국 소속의 간사에게 다가가 발언자명부에 국명을 올린다. 대표단끼리 발언순서를 바꿀 수 있는데 사전에 간사에게 알려야 한다.

여섯째, 간사는 대표단이 구두로 수정안을 제시한 후 작성한 수정안을 수령하는 역할을 한다. 대표단이 구두로 수정안을 제안할 경우 수정이 가해질 부분이 어느 부분이고 수정이 반영될 경우 어떤 문장이 될 것인지를 일러주어야 한다. 그런 다음에 수정안의 제안자는 손으로 쓴 수정안을 간사에게 가져다준다.

일곱째, 간사는 의장의 요청에 의해 결의안 채택 과정의 일부를 관장하기도 한다. 의장이 결의안에 대해 행동을 취하겠다는 발언과 더불어 간사로 하여금 결의안에 대한 설명 등 채택과정의 일부분을 관장하도록 발언권을 주면 간사는 우선 채택의 대상인 결의안에 대해 간략하게 설명한다. 구체적으로 어떤 제목 하에 어떤 문건번호를 가지고 언제 몇 번째 회의에서 누구에 의해 상정된 결의안임을 밝힌다. 결의안이 상정된 후 공식회의와 비공식회의를 통해 수정이 된 것일 경우 원래의 것으로부터 달라진 내용이 무엇인가를 포함한 최종 결의안의 내용을 설명한다. 예컨대 결의안에 행동을 취하기 직전에 대표단에 의해 제기되어 통과된 구두 수정안

이 있을 경우 이를 명백히 알려준다. 구체적으로 어느 국가가 전문부분 혹은 실행부분의 몇 번째 단락을 어떻게 수정할 것을 발의하여 통과됨으로써 단락이 이렇게 변경되었다고 하면서 변경된 부분을 그대로 읽어준다.

결의안에 대한 간략한 소개 후 간사는 공동제안국의 명단이 결의안 상단에 있음을 주지시킨다. 이 결의안이 상정된 후에 추가로 공동제안국에 합류하고자 하는 국가가 있을 경우 이들의 국명을 불러 공동제안국으로 합류했음을 공표한다. 또한 즉석에서 결의안에 새롭게 공동제안국이 되기를 원하는 국가가 있는가의 여부를 물어 있을 경우 이들을 새로운 공동제안국으로서 공표를 하는데 이 절차는 의장이 한다. 이때 새롭게 공동제안국이 되고 싶은 국가들이 있을 경우 이들의 국명을 모두 적은 후 한 국가씩 국명을 부르면서 확인한다.

간사가 결의안에 대한 설명과 추가 공동제안국에 대한 공표를 한 후에 의장은 대표단에게 당 결의안을 합의로 채택하기를 원하느냐고 물으면서 마지막 절차로서 합의에 의하든 표결에 의하든 채택절차를 밟는다. 이때 의장은 발언을 통해 위원회 간사에게 표결을 관장하게 하겠다고 밝히고 표결과정을 위원회 간사에게 맡기기도 한다.

이에 따라 간사는 전자투표의 경우 표를 던질 시점 등을 대표단들에게 안내하고 전광판에 대표단이 던진 투표가 정확하게 반영되었는지 확인하고 수정할 국가는 수정을 하도록 한다. 일정한 시간이 지난 뒤 기계를 잠가 더 이상의 수정이 불가능하게 한다. 거수에 의한 투표, 명패를 들어 보이는 투표, 기립에 의한 투표 등 여러 방식이 있는데 이 경우 간사가 찬성, 반대, 기권한 국가의 수를 센다.

분리투표가 행해질 경우 분리투표에 들어가기 전에 통상적으로 간사가 간단히 분리투표의 대상이 된 결의안을 설명하고 분리투표할 부분을 읽어준 후에 투표에 들어간다. 예컨대 16번째 실행단락(OP-16)에 대한 분리투표 요구가 있다면, 위원회 간사는 이 단락을 읽어준 뒤 투표를 하도록 한다. 이러한 절차의 관장은 간사의 본연의 업무가 아니다. 따라서 의장으로부터의 요청과 발언권의 부여가 있어야 한다.

## 5. 사회자의 역할

유엔총회 본회의와 위원회에서 의장은 회원국들 사이의 협의를 촉진하여 합의의 구축을 용이하게 하고자 공식회의와 비공식회의에서 영어로 「facilitator」라고 불리는 사회자를 두기도 한다.[19] 우선 비공식회의에서의 이들 사회자의 역할을 살펴보자.

유엔총회의 본회의와 위원회가 전체 비공식회의를 가질 때 의장 자신이 그대로 사회를 보기도 하나 때때로 사회자를 임명하여 이들로 하여금 사회를 보면서 비공식협의를 촉진하도록 한다. 이때 본회의 의장이나 위원회 의장은 통상 논의되고 있는 의제항목에 정통한 대표를 사회자로 임명한다.

이들은 결의안에 대한 비공식적인 협상을 이끌고 합의를 도출하기 위해 노력하는 자발적인 외교관으로서 대표단들 사이의 심각한 이견으로 회의가 교착상태에 빠졌을 때 타협안을 제시하기도 한다. 이들이 작성하여 제시한 안을 영어로 「facilitator's text」라고 부른다. 이러한 안은 대표단들로부터 의견을 청취한 후 기존의 안을 수정하여 작성되거나 기존의 안에 관계없이 새롭게 작성되기도 한다. 종종 이러한 안이 후속적인 협상의 중요한 기초가 된다. 이들은 통상적으로 비공식회의에서의 결정사항을 공식회의에 보고하는 역할을 담당한다.

본회의 의장이나 위원회 의장이 이들을 임명할 때 공평성을 확보하기 위해 2명의 사회자를 공동사회자co-facilitator로 임명하는 경우가 많다. 이슈에 따라 달라질수 있지만 이때 2명 중 1인은 선진국 출신이고 또다른 1인은 개도국 출신인 경우가 일반적이다. 유엔회의와 관련하여 이러한 2인의 공동사회자를 자주 접할 수 있다.

유엔총회 본회의나 위원회는 공식회의에서의 협의를 촉진하기 위해서도 사회자를 둔다. 특히 특별작업반task force이나 실무작업반working group과 같은 특정한 목적의 작업을 위한 그룹이 만들어졌을 때 이들 그룹 내에서 원활한 협의를 통해 합의를 구축하는 것을 용이하게 하려고 사회자를 둔다. 최근의 예를 하나 들어보면 다음과 같다.

---

19) 유엔의 경우 「facilitator」라는 말이 통상적으로 사용되지만 일반적으로는 「moderator」 또는 「coordinator」라는 말과 더불어 사용된다.

2012년 11월에 브라질의 리우데자네이루에서 개최된 유엔지속가능개발회의UNCSD에서 새천년개발목표MDGs를 뒤이어 국제사회를 이끌어 갈 지속가능개발목표SDGs를 수립하기 위해 「고위급정치포럼High-level Political Forum」을 출범시키기로 결정한 바 있다. 이에 근거하여 유엔총회 본회의 의장은 2012년 12월 18일에 이 포럼의 출범을 이끌 실무작업반을 설립하고 이 실무작업반 내에서의 협의를 촉진하기 위해 브라질 대표와 이탈리아 대표를 2인의 공동사회자로서 공표한 바 있다.

이러한 사회자는 새로운 국제회의의 개최를 위한 준비를 위해서도 임명된다. 예컨대 유엔총회 본회의의 의장은 2016년에 개최가 예정된 제3차 인간정주회의Habitat III를 준비하기 위해 2012년 6월 20일에 공동사회자로서 베냉Benin의 대표와 마케도니아Former Yugoslav Republic of Macedonia의 대표를 임명한다고 공표한 바 있다.

# 제 7 장
# 회의에서의 호칭과 발언


유엔총회를 위시한 각종 국제회의에서 강제적이지는 않으나 국가들 사이에 통용되는 기본적인 국제예양international comity이 존재한다. 여기에서는 공식적인 호칭과 발언을 중심으로 이러한 국제예양을 살펴보고자 한다. 더불어 발언내용의 구성과 더불어 발언 시 취해야 할 태도에 대해 살펴보고자 한다.


## 1. 공식적인 호칭

### (1) 의장과 의장에 의해 임명된 사회자에 대한 호칭

회의의 의장을 호칭할 때 이름을 불러서는 안 되고 직함을 불러야 한다. 직함을 어떻게 불러야 할지 모를 때 가장 안전한 방법은 회의문건conference document에 표기된 직함을 따르면 된다. 따라서 문건 상에 직함이 「Chairman」으로 표기되어 있는데도 「Chairperson」이라고 부르거나 「President」라는 표기를 무시하고 「Chairman」으로 하는 것은 기술적으로는 맞을지 모르나 옳다고 볼 수 없다.[1]

유엔총회 본회의 의장과 안전보장이사회 의장을 「President」라고 칭한다. 통상적으로 이들이 남성일 경우에는 「Mr. President」라 부르고 여성의 경우 「Madam President」라고 칭한다. 위원회의 의장은 「President」라고 부르지 않고 성별에 따라 달리하여 「Chairman」 혹은 「Chairwoman」이라고도 부른다. 성별에 따라 구별을 하지 않고 단순히 「Chair」 혹은 「Chairperson」이라고 칭하기도 한다. 일반적으로 많이 쓰이는 호칭은 위원회의 의장이 남성일 경우 「Mr. Chair」 혹은 「Mr.

---

1) Ronald A. Walker, *Manual for UN Delegates: Conference Process, Procedure and Negotiation* (United Nations Institute for Training and Research(UNITAR), 2011), pp. 86-87.

Chairperson」이고 여성일 경우 「Madam Chair」 혹은 「Madam Chairperson」
이다.

의장에 의해 임명된 사회자가 남성일 경우 「Mr. Facilitator」 혹은 「Mr.
Coordinator」라고 호칭하고 여성일 경우는 「Madam Facilitator」 혹은 「Madam
Coordinator」라고 칭한다. 종종 이들은 본회의나 위원회의 의장이 아님에도 불구
하고 남성일 경우 「Mr. Chairman」 혹은 「Mr. Chair」라고 불리고 여성일 경우
「Madam Chairperson」 혹은 「Madam Chair」라고 불리기도 한다.

### (2) 타국 대표나 대표단에 대한 호칭[2]

일국의 대표단이 다른 국가의 대표나 대표단을 호칭하거나 의장이나 의장이 임
명한 사회자가 대표나 대표단을 호칭할 경우가 있는데 두 경우 모두 동일한 호칭
이 적용된다.

다른 국가 대표나 대표단을 지칭할 때 개인적으로 잘 아는 사이라 하더라도 역
시 이름을 불러서는 안 된다. 의장의 경우 대표단의 사람과 친근한 사이라 하더라
도 이름을 불러서는 안 되고 「you」라는 표현을 사용하여서도 안 된다.

공식적인 회의의 토의에서 다른 국가 대표를 호칭할 때 3인칭을 사용하여야 한
다. 이는 상대방을 2인칭으로 부르지 않고 3인칭으로 부르는 서구의 언어적 전통
에 바탕을 둔 것이다. 이러한 언어적 전통은 상대방을 아주 공식적으로 호칭할 경
우에 「Your(His/Her) Majesty」나 「Your(His/Her) Excellency」라는 용어를 사용
하는 것에서도 잘 알 드러난다.

유엔총회처럼 가장 공식적인 회의에서 타국의 대표나 대표단을 지칭할 때는
「존경하는 캐나다 대표단The Distinguished Delegate of Canada」 혹은 「존경하는 캐나
다 대표The Distinguished Representative of Canada」와 같은 표현을 써야 한다. 만약 가
장 공식적인 회의에서 「Distinguished」라는 말을 생략하면 커다란 실례가 되고 의
도적인 경시나 무례로 받아들여지기 쉽다. 덜 공식적인 회의에서는 「Distinguished」
라는 말을 생략한 채 「The Representative of Canada」 혹은 「Our Friend form
Canada」라고 칭해도 관행적으로 괜찮다. 가장 비공식적인 회의에서는 때때로 이
름first name을 부르기도 한다.

---

2) Ronald A. Walker, *Manual for UN Delegates: Conference Process, Procedure and
Negotiation* (United Nations Institute for Training and Research(UNITAR), 2011), p. 88.

타국의 대표에 대한 호칭을 세부적으로 살펴보면 다음과 같은 차이가 발견된다. 「The Distinguished Delegate of Canada」의 경우 캐나다라는 국가를 대표한다는 의미가 포함되어 있다. 「The Distinguished Delegate from Canada」의 경우는 대표의 출신 국가에 방점이 주어지면서 그가 국가를 대표한다는 의미가 빠져있다. 「The Distinguished Canadian Delegate」라는 경우는 대표의 국적에 방점이 주어져 있으나 이 역시 그가 국가를 대표한다는 의미가 빠져있다.

앞에서 이미 구분하여 언급하였지만 대표단 전체가 아닌 대표단 구성원 일인을 지칭하는 표현으로서 「Representative」와 「Delegate」이 있는데 이들은 특별한 차이를 갖고 있지 않아 호환성을 가지고 다 쓰인다. 그러나 복수의 대표들로 구성된 대표단을 지칭할 경우에는 「Delegation」이라는 표현을 사용해야 한다.

### (3) 자신·자국에 대한 호칭

공식회의에서 대표단이 자신을 지칭할 경우에도 상대방을 지칭하는 경우와 마찬가지로 3인칭을 사용한다. 예컨대 캐나다 대표가 발언할 때 「The Delegation of Canada」 혹은 간단히 「Canada」라는 주어를 사용한다. 물론 「The Canadian Delegation」이라는 표현도 가능하다. 여기에서 더 나아가 「My Delegation」 혹은 「Our Delegation」이라는 표현도 자주 쓰인다.

이러한 표현들은 모두 3인칭에 해당한다. 그러나 실제에 있어서 3인칭만 쓰이는 것은 아니다. 1인칭 복수형인 「We」라고 표현하는 경우도 적지 않다. 여기에서 더 나아가 「I」라는 1인칭 주어도 사용하는 것을 자주 볼 수 있다. 다음은 결의안이 채택된 뒤에 아르헨티나가 일단의 국가를 대표하여 투표설명을 할 때 발언한 내용이다.

> I speak on behalf of Brazil, Uruguay and my own country, Argentina. We welcome the endeavours of the Chair of the Special Political and Decolonization Committee(Fourth Committee).

특히 본회의나 위원회에서 처음 발언의 기회를 가지면서 의장에게 의장직을 맡게 된 것에 대한 축하인사를 건넬 때와 같이 축하하고자 할 때, 감사함을 전하고자 할 때, 영광임을 표현하고자 할 때 다음의 예들에서 보듯이 「I」라는 주어를 흔히

사용한다.

> I would like to thank you, Mr. President, for having organized this debate at short notice.

> I would like to convey our special thanks to Finland and Turkey for their skilful efforts, which enabled us to reach agreement on, and succeed in garnering overwhelming support for, this important resolution.

> I have the great honour, on behalf of the Asian Group and in my capacity as Chair of the Group for the month of July, to welcome the adoption of resolution 65/308.

의장의 경우도 자신을 지칭할 때 3인칭을 사용하여 「The President」 혹은 「The Chair」라는 주어를 사용하는 것이 좋다고 하나 실제에 있어서는 유엔총의 본회의 의장이나 위원회 의장 모두 자신을 지칭할 때 거의 예외 없이 「I」라는 주어를 사용한다. 예를 들면 다음과 같다.

> I give the floor to the representative of the Representative of Finland to announce additional sponsors.

> May I take it that the General Assembly accepts the recommendation of the Security Council and adopts draft resolution A/65/L.84 by acclamation?

> Before we proceed, I should like to inform members that draft resolution A/63/L.99 has been withdrawn by the sponsors.

## 2. 발언의 예의

### (1) 발언권 획득 후 발언하기

대표단은 의장으로부터 발언권을 획득한 다음에만 발언을 할 수 있다. 발언 시

현재의 의제항목과 관련된 사항에 대해서만 발언해야 한다. 이와 관련하여 대표단은 발언권을 부여할 수 있는 의장의 권한과 의제항목과 관련 없는 발언을 중단시킬 수 있는 의장의 권한을 존중해야 한다.

의장이 「I call upon the distinguished representative of Canada. You have the floor」 등과 같은 발언을 통해 발언권을 주면, 발언권을 얻은 대표는 의장이 남성일 경우 간단히 「Thank you, Mr. Chairman」 혹은 「Thank you, sir」과 같은 말로 발언을 시작한다. 발언이 다 끝난 뒤에 다시 「Thank you, Mr. Chairman」 혹은 「Thank you, sir」과 같은 말로 발언을 끝낸다.

### (2) 의장을 통해 발언하기

대표단은 의장을 통해서만 의사소통을 한다. 심지어 특정 국가의 발언에 대한 반박발언권right of reply을 행사할 경우에도 특정 국가를 향해 직접적으로 발언하지 않고 의장을 통해 발언한다. 이러한 의장을 통한 발언은 회의가 감정에 치우쳐 과열되고 격앙되는 것을 막는 역할을 한다.

예컨대 특정 국가 A가 이전에 발언한 국가 B의 발언 내용 중 일부에 대해 명백히 해줄 것을 요청하고자 할 경우 국가 A는 직접 국가 B에게 「국가 B가 이 점을 명백히 해 줄 것을 요청한다」고 발언해서는 안 된다. 이때 「의장님, 국가 A는 의장을 통해 국가 B가 이 점을 명백히 해줄 것을 요청합니다」는 식으로 의장을 통해 간접적으로 이러한 요청을 해야 한다. 다음은 멕시코 대표가 의장을 통해 사무국이 결의안 내용의 교정을 해줄 것을 요청하는 발언이다

> The delegation of Mexico would ask the Secretariat through you, Sir, to make the necessary relevant corrections in all other official languages.

다음은 미국 대표가 의장을 통해 사무국에게 채택하고자 하는 결의안이 예산을 필요로 하는 것인지 명백히 해 줄 것을 요청하는 발언이다.

> Through you, I request clarification from the Secretariat as to the programme budget implications of draft resolution.

## (3) 직설적인 표현의 자제

대표단은 직설적인 비난성 발언을 삼가야 한다. 예컨대 「틀렸다」는 의미를 표현하고자 할 때 영어로 「wrong」이라는 말을 사용하는 대신에 우회적인 표현으로서 「incorrect」 혹은 「not correct」라는 표현을 사용하는 것이 좋다. 또한 「대표단 A의 발언이 거짓이다false」는 표현 대신 「대표단 A의 발언이 잘못되었다mistaken고 확신한다」는 식으로 발언하는 것이 좋다.

문화적인 차이가 존재함을 인정하고 자신의 문화에 배경을 둔 언사를 국제적으로 사용해서는 안 된다. 특히 직설적인 표현이 자신의 문화에서 통상적일 수 있으나 다른 문화에서는 타인을 불쾌하게 할 수 있다. 이러한 맥락에서 「No, we can't accept it(아니요, 우리는 그것을 수용할 수 없습니다)」라는 직설적인 표현을 대체할 수 있는 우회적인 성격의 표현을 소개하면 다음과 같다: ① My delegation has some difficulty with the proposed text. ② We would prefer alternative language. ③ It would be easier for my delegation to support if the following changes could be made.[3]

## (4) 특정 국가를 지목하여 직접적으로 비난하지 않기

특정 국가를 비난하고자 할 때는 국명을 지목하는 것을 피하는 것이 좋다. 예컨대 비난의 대상이 되는 국가가 아시아 지역에 속해 있는 국가라면, 국명 대신 「아시아 지역의 국가」와 같은 우회적인 표현을 사용하는 것이 좋다. 이미 발언한 국가의 발언을 비난하고자 할 경우 국명 대신 「이전의 발언자the previous speaker」와 같은 표현을 사용하는 것이 좋다. 이런 식으로 국가를 특정지우지 않아도 다른 국가의 대표단들도 대부분의 경우에 어느 국가를 지칭하는가는 미루어 짐작할 수 있다.[4]

2012년 9월 29일 제67차 유엔총회 본회의 일반토론 발언(기조연설)에서 한국의 외교부 장관이 유엔총회에서 독도와 위안부 문제를 거론하면서 다음과 같이 발언

---

3) Ronald A. Walker, *Manual for UN Delegates: Conference Process, Procedure and Negotiation* (United Nations Institute for Training and Research(UNITAR), 2011), p. 90.
4) 외교관에게는 상대에게 「지옥에나 떨어져라」는 이야기를 할 때도 상대방이 「천국에 가라」고 들리도록 하라는 격언이 있다: 중앙일보 북한네트, "북 내년 노동당 70주년, 4차 핵실험 가능성," http://nk.joins.com/news/view.asp?aid=16147094 (접속일: 2014년 12월 20일).

을 했다: 「한국정부는 유엔의 관련 결의안에 따라 유엔과 회원국들이 무력분쟁 하에서의 여성보호를 위한 조치를 취할 뿐 아니라 피해자들에 대한 효과적인 구제조치와 배상제공, 가해자 처벌을 통해 이러한 잔혹한 행위를 근절하기 위해 최선의 노력을 다해 줄 것을 촉구한다」, 「국가간 평화와 안정을 견고히 구축하기 위해서는 올바른 역사인식과 과거의 잘못에 대한 진심 어린 반성이 필요하다」, 「어두운 역사를 직시하고 과거의 잘못을 시정하려는 진정한 용기를 보여줘야 한다」.

이러한 발언들은 일본을 겨냥한 것이지만 일본이란 명칭을 결코 사용하지 않았다. 또한 위안부에 대해서도 외교적인 고려에 따라 통상적인 영어식 표현인 「comfort woman」이란 표현 대신에 국제사회에서 보편적 인권에 관한 사안의 하나로 간주되고 있는 「sexual violence against women and girls in conflict(무력분쟁 하에서의 여성과 여아에 대한 성폭력)」이라는 표현을 사용했다.

그러나 이러한 표현이 일본군 위안부를 지칭하는 것임을 모르는 유엔 회원국은 없다. 즉 외교적 관례를 고려하여 일본과 위안부라는 단어를 적시하지는 않았을 뿐이지 누가 보더라도 일본을 향해 위안부 문제에 대한 반성과 책임 있는 조치를 촉구한 것임을 알 수 있게 한 것이다. 유엔총회 일반토론 발언(기조연설)에서 순수한 쌍무적인 사안은 제기하지 않는 것 역시 외교적인 관례의 하나로 볼 수 있다.

그러나 예외가 없는 것은 아니다. 일본이 지속적으로 위안부 동원 강제성을 인정하고 사죄한 고노담화까지 수정하려는 움직임을 보이자 한국정부는 이러한 외교적인 관례를 존중하지 않고 강수를 둔 바 있다. 구체적으로 2014년 3월 5일 스위스 제네바에서 열린 제25차 인권이사회 고위급회의 일반토론 발언(기조연설)에서 한국의 외교부장관이 일본이 위안부 피해자 문제에 대한 잘못을 인정하라고 촉구했다. 이러한 내용의 발언을 통해 한국정부는 그동안 국제무대에서 사용해온 「무력분쟁 상황에서의 여성의 인권문제」라는 우회적인 표현 대신에 「강제 성노예 enforced sexual slavery」와 「일본군 위안부」라는 직설적 표현을 사용했고 공식적으로 일본을 가해자로 지목했다. 이는 국제사회의 광범위한 지지가 있는 가운데 설혹 한국정부가 외교적 결례를 범해도 큰 문제가 되지 않을 것이라는 판단에 근거한 것이다. 그러나 이러한 직설적인 표현에도 불구하고 이러한 문제의 구체적인 일본 책임자로서 아베총리 등의 실명을 거론하지 않고 「일부 일본 정치 지도자」라고 칭했지만 국제사회는 누구를 지칭하는 것인가를 모를 리가 없는 것이다.

## (5) 정숙의 유지

대표단은 회의를 방해할지도 모르는 행위를 자제해야 한다. 특히 토의 중 견해를 달리하는 그룹으로부터 예상치 못한 발언에 직면하는 경우, 회의장은 다소 술렁거리게 되고 다른 그룹의 국가들의 움직임이 활발해진다. 이때 다른 그룹의 국가들이 긴 구수회의가 필요하다고 판단하면, 회의의 잠정중지(정회)를 요청하고 회의장 밖에서 이에 대한 대응을 모색하게 된다.

긴 구수회의를 필요로 하지 않을 경우 전체회의가 진행되고 있는 가운데 전체회의를 방해하지 않는 방식으로 즉석 협의회를 가지기도 한다. 이때 대표단 중 1인 정도가 이동하여 회의장의 한 구석에서 대책회의를 갖는 것이 일반적이다. 협의를 위해 회의장 내에서 이동할 경우 허리를 숙이고 조용히 이동하며 협의 시 귓속말을 하는 등 정숙을 유지해야 한다.

## (6) 자리 지키기

일반토론 발언(기조연설)이 진행되고 있다든지 토론이 지속되고 있는 경우, 대표단의 일부가 자리에 남는 등 되도록 자리를 지키도록 한다. 이는 회의의 진행을 따라잡는 데 필요하기도 하기 때문이다.

## (7) 착석 상태에서의 발언과 단상에서의 발언

유엔총회 본회의는 총회장General Assembly Hall에서 개최된다. 본회의 개최 시 이곳에서 의제를 논할 때 일반토론 발언(기조연설), 결의안의 제안설명, 제안설명 후의 토론에서의 찬성과 반대 발언 등은 단상에 나가 연단에 서서 하게 된다. 그러나 이와는 달리 투표설명은 단상에 나가지 않고 자국 대표단의 자리에 착석한 채로 발언을 한다. 모든 절차발의는 제자리에서 앉은 채로 한다.

위원회 회의는 본회의 회의에 비해 덜 공식적이다. 따라서 본회의처럼 단상에 나가 연단에 서서 발언하지 않고 자국 대표단석에 착석한 채로 모든 발언을 한다. 위원회 회의장에는 본회의장과 달리 아예 연단podium or rostrum이 있는 단상이 존재하지 않는다.

## 3. 발언내용의 구성[5]

유엔회의뿐 아니라 어떠한 공식적인 자리에서 의사표시를 하는 경우 훌륭한 발언을 한다는 것은 그다지 쉬운 일이 아니다. 예견치 않은 발언에 대해 반론의 발언을 할 때처럼 미리 작성한 발언문 없이 그때그때 즉흥적으로 발언하는 경우도 없는 것은 아니나 실제의 유엔회의에 있어서 대표단들은 어느 정도 시간적인 여유를 가지고 미리 작성한 발언문pre-written statements을 읽는 경우가 대부분이다. 어떠한 경우든 훌륭한 발언이란 어떠한 구성요소를 갖는지를 이해하고 이에 익숙하도록 노력하는 것이 무엇보다 필요하다.

일반적으로 발언은 도입부분으로서 말하고자 하는 것이 무엇인가에 대해 말하는 것으로부터 시작한다. 이어서 말하려고 의도한 것을 실제로 말하는 본론부분이 이어진다. 마지막으로 결론부분에서 지금까지 말한 것을 요약하고 끝을 맺는다. 이러한 구성요소를 영어로 표현하면 「Say what you want to say, say it, summarise, shut up」이며 이들 모두가 S자로 시작된다고 해서 「SSSS-rule」 혹은 「4S-rule」이라고 부른다. 결의안에서 비현실적이라고 생각되는 특정 실행구절을 바꾸고자 하는 내용의 발언을 하고자 할 경우를 예로 들어보자. 이때 우선 도입부분에서 결의안의 특정 실행구절이 비현실적이라 바꾸어야 한다고 생각하는데 왜 그런지를 설명하겠다는 식으로 발언을 시작한다. 이어서 본론부분에서 왜 비현실적이라고 생각하는가에 대한 구체적인 이유를 조목조목 밝힌다. 그런 다음 결론부분에서 이처럼 특정 실행구절이 실현불가능하기 때문에 다른 식으로 바뀌어야 한다는 식으로 결론짓고 발언을 마친다.

만약 대표단의 발언이 해당 위원회에서 하는 처음 발언일 경우 해당 위원회의 의장에 대해 위원장직에 선출된 것을 축하하고 의장의 사회로 의제가 잘 토의되어 좋은 결실을 맺을 수 있다고 확신한다든가 혹은 좋은 결과 있기를 바란다는 취지의 발언을 발언의 처음 시작부분에서 하는 것이 통례이다.

---

5) 여기의 소개된 내용 중의 일부는 인터넷 사이트 http://users.bart.nl/~imuna/chap7.html에서 적절하다고 생각되는 부분만을 발췌하여 요약한 것이다.

## 4. 발언태도

앞에서 발언은 어떠한 요소로서 구성되는 것이 바람직한가에 대해 설명했다. 그렇다면 이러한 요소로서 구성된 내용의 말을 어떻게 발표하는 것이 좋은가를 살펴볼 차례다. 아무리 주장이 설득력을 가지고 있다고 해도 표현방식에 문제가 있을 경우 다른 대표단의 관심을 끌지 못할 수도 있기 때문이다. 다시 말해 발언의 내용도 물론 중요하지만 어떤 태도를 가지고 발언을 하여 타국의 대표들로 하여금 자국의 입장을 따르도록 할 것인가도 이와 못지않게 중요하다. 바람직한 발언태도를 요약하면 다음과 같다.

우선 발언을 할 때 말은 차분하게 또박또박 조심스럽게 한다. 아무리 좋은 내용의 발언을 한다고 해도 다른 사람들이 제대로 듣지 못할 경우 소용이 없기 때문이다. 특히 차분하고 또박또박하게 발언을 하지 않을 경우 정확한 통역을 보장할 수 없어 더더욱 중요하다. 따라서 발언문을 읽을 경우 너무 빨리 서둘러 읽어서는 안 되며 보통의 속도인 1분당 약 100-120개 영어단어를 말하는 수준을 유지하면 좋다.

둘째, 의연하고 이성적인 발언을 해야 한다. 긴장을 풀고 의연한 모습을 보여야 하며, 겸손하기보다 자신감을 가지고 발언하고, 감정에 쏠리지 말고 이성적으로 발언하는 것이 중요하다. 특히 다른 대표단의 앞에 나가서 발언할 때 특히 주의해야 할 것으로서 불안하여 손과 발을 이쪽저쪽으로 움직인다든가 눈을 지나치게 깜빡거리지 않도록 해야 한다. 자신과 다른 입장에 대한 발언 시(특히 반론권을 행사할 시) 감정적인 대응보다는 이성적이고 논리적인 대응을 통해 상대방을 제압하는 것이 무엇보다 중요하다.

셋째, 단조로운 톤을 피해야 한다. 구체적으로 목소리의 톤tone을 단조롭게 하지 말고 변화시키는 것이 좋다. 어떤 점을 이야기할 때는 조금 천천히 어떤 때는 좀 더 빨리 발언을 하는 등 속도를 조절한다. 그리고 때때로 부드럽게 이야기하다가 좀 더 크게 발언하는 등 강약을 조절하는 것이 좋다.

넷째, 말을 아껴서 해야 한다. 발언에 소극적인 자세를 보이는 것도 하나의 전략일 수 있다. 왜냐하면 명백한 입장을 보일 경우 타국에게 좋은 공격의 구실을 제

공할 수도 있기 때문이다. 이처럼 가급적 말을 아끼되 일단 말을 할 경우 무게 있는 발언을 한다. 구체적으로 말해 결정적인 순간에 중요한 발언을 함으로써 타국가로 하여금 발언에 주목하도록 하고 그 내용에 따르도록 한다.

다섯째, 순발력 있게 발언을 해야 한다. 대개의 경우 대표단은 미리 작성한 발언문을 읽는데 토론debate이 활발하게 진행되고 있는 경우 준비해 온 발언문에 지나치게 집착하지 않고 토론의 흐름에 따른 발언을 할 수 있는 순발력을 가져야 한다. 이러한 순발력에 따른 즉석의 발언의 경우에 있어서도 발언요지의 메모는 필요하다. 예컨대 이미 똑같은 내용의 발언이 다른 국가에 의해 앞서 행해진 경우 겹치는 내용의 지루한 반복을 피할 필요가 있는데 이때 준비해 온 발언문을 현장감 있게 수정하는 기민성을 가질 필요가 있다. 이러한 경우 구체적으로 「앞서 발언한 국가의 발언에 공감하며 이에 하나를 더 추가하겠다」는 식으로 유연한 대응을 한다.

여섯째, 통역에 신경을 써야 한다. 발언 시 마이크 스위치를 켜는 것을 잊은 채 발언하는 경우가 있어 이에 대한 세심한 주의가 요망된다. 또한 통역인interpreter이 자신의 발언에 뒤이어 통역을 하지 못하는 상황이 발생할 수도 있기 때문에 통역인이 자신의 발언에 맞추어 제대로 통역을 하고 있는지 이어폰을 끼고 점검할 필요가 있다.

# 제 8 장
# 회의 시설과 도구의 사용

제8장에서는 회의 시설과 도구의 사용법에 대해 살펴보고자 한다. 좀 더 구체적으로 회의장 내의 좌석배정 방식, 명패의 사용방식, 의사봉의 사용법, 회의와 관련하여 많은 정보를 담고 있는 유엔저널의 구성과 활용법에 대해 살펴보고자 한다.


## 1. 좌석의 위치

### (1) 본회의의 경우

유엔총회 본회의의 경우 의장단은 의장President과 부의장Vice-President으로 구성된다. 의장은 회의장 앞에 마련된 의장단석에 착석을 한다. 그러나 21명의 부의장들은 의장단석에 앉지 않고 평상시에는 자신이 소속한 국가의 대표단석에 착석해 있다가 의장 대신에 회의를 진행할 경우에만 의장단석에 착석한다. 소속 국가의 대표단석에 착석해 있을 때 자신의 자리 앞에 부의장이라는 명패가 놓인다.[1]

사무국 소속으로서 본회의를 돕는 본회의 간사Secretary of the Plenary의 경우는 대표단석에서 바라보아 의장단석의 오른쪽 옆에 착석한다. 이때 본회의의 간사는 유엔 사무국 내의 조직인 총회회의운영국Department for General Assembly and Conference Management 소속의 스텝으로서 총회회의운영국의 가장 높은 직급의 스텝인 사무차장Under-Secretary-General 혹은 더 낮은 직급의 스텝이다. 유엔의 사무총장이나 사무총장이 임명한 대표가 착석할 필요가 있는 경우는 대표단석에서 바라보아 의장의 왼쪽이 그의 자리가 된다.

회원국 대표단석은 매년 총회가 개최되기 전인 7월에 유엔 사무총장이 제비뽑

---

1) 유엔관련 회의에서 2명의 공동의장(Co-Chair)을 두는 경우가 있다. 이 경우에는 공동의장들이 처음부터 의장단석에 같이 착석한다. 그리고 두 의장 모두의 앞에 「Co-Chair」라고 쓰인 명패가 놓인다.

기를 하여 뽑힌 회원국을 회의장 뒤에서 앞의 의장단 좌석을 쳐다보아 가장 앞줄의 왼편 좌석the front-most left seat에 착석하도록 하고 국명의 영문 알파벳순으로 그 다음 국가들이 그의 오른쪽에 줄줄이 착석하게 된다. 첫째 줄이 다 채워지면 두 번째 줄의 가장 오른편 자리로부터 시작하여 국명의 알파벳순으로 가장 왼쪽 끝까지 채운다. 둘째 줄이 다 채워지면 이제는 셋째 줄의 가장 왼편 좌석부터 시작하여 알파벳순으로 오른편으로 옮겨간다. 이러한 방식으로 회원국 모두에게 좌석이 배정되는데 이렇게 정해진 자리는 본회의와 위원회 모두에 그대로 적용되며 다음 회기가 시작되어 바뀌기 전까지 유효하다. 이러한 순서에 따라 한국의 자리 왼쪽에는 카타르Qatar가 착석하고 오른쪽에는 몰도바공화국Republic of Moldova가 착석한다. 개개 회원국 대표단 좌석은 두 줄로 되어 있는데 한 줄에 3개의 자리씩 모두 6개가 할당된다.

2014년 9월에 개최된 제69차 유엔총회에서 북한 대표단 좌석이 유엔총회장에서 맨 앞줄의 정중앙에 앉아 관심을 모은 바 있다. 이는 앞서 언급한 바대로 유엔총회의 좌석배치 규칙에 따른 것으로서 2014년 7월에 있은 제비뽑기에서 쿠바가 뽑혀 맨 앞줄 왼쪽부터 쿠바Cuba, 키프로스Cyprus, 체코Czech Republic, 북한Democratic People's Republic of Korea 순으로 자리가 결정됐다.[2]

회원국 좌석이 알파벳순으로 다 채워진 후에 옵서버들의 좌석이 이어진다. 옵서버 중에서도 비회원국 옵서버 국가가 자리를 먼저 하고 이어서 단체와 국제적인 조직 옵서버, 정부간기구 옵서버, 기타 조직체 옵서버가 이어서 자리를 갖는다.

## (2) 위원회의 경우

위원회의 의장단은 본회의와는 달리 의장과 부의장 그리고 보고관으로 구성된다. 위원회의 경우 대표단의 좌석에서 쳐다볼 때 의장석을 중심으로 왼쪽에 보고관 rapporteur이 착석한다. 그리고 의장의 오른편 옆에 위원회 간사Secretary of the Committee가 자리를 한다. 부의장의 경우는 본회의와 마찬가지로 평상시 의장의 역할을 대행하지 않는 경우에는 의장단석에 앉지 않고 자신의 대표단석에 앉고 그 자리 앞에 부의장이라는 명패를 놓는다. 대표단의 경우뿐 아니라 옵서버의 자리 역시 본회의와 같은 방식으로 자리가 배정된다.

---

2) 아주경제, "북한, 제비뽑기로 유엔총회장에서 맨 앞줄에 앉아," http://www.ajunews.com/view/ 20140925094651589 (검색일: 2014년 9월 25일).

## 2. 명패의 구조와 사용법

유엔총회 의사규칙에는 공식적인 국명이 적혀 있는 명패placard의 사용법에 대해 하등의 언급이 없다. 따라서 관행을 중심으로 명패의 사용법을 설명하고자 한다.

대표단석의 앞에는 국명이 적혀 있는 명패가 놓여 있는데 이러한 명패는 두 부분으로 구성되어 있다. 두 부분이란 구체적으로 공식적인 국명이 적혀 있는 부분nameplate과 이의 받침대 노릇과 감싸는 케이스 노릇을 하는 부분holder을 일컫는다.[3] 케이스 노릇을 하는 부분은 왼쪽 측면과 상부가 개방되어 있어서 국명이 적힌 부분을 옆으로나 위로 빼고 넣고 하는 것이 가능하며 투명하여 국명이 적혀 있는 부분의 글씨가 보인다.

명패는 다음과 같은 경우에 다음과 같은 방식으로 사용된다. 의장이 투표설명을 할 국가를 물을 때, 의장이 토론을 허용하는 절차발의에서 토론에의 참가를 원하는 국가를 물을 때, 의장이 발언자명부를 열면서 발언자명부에 등재되기를 원하는 국가를 물을 때와 같은 경우에는 명패의 국명부분을 대표단 쪽에서 보아 케이스의 왼쪽 끝 부분의 갈라진 틈에 수직으로 세운다.[4] 이와는 달리 의사규칙 위반지적point of order을 제기하고자 할 때는 국명부분을 케이스로부터 빼서 수평으로 horizontally 높이 치켜들어 팔과 국명부분이 영어로 「T」자 모양이 되게 한다.[5] 의장이 인식하지 못할 경우 의장의 주의를 끌기 위해 국명부분을 흔든다. 그래도 의장이 인식하지 못하면 「point of order!」라고 크게 소리친다. 절차발의를 제기할 경우에도 의사규칙 위반지적의 경우와 동일한 방식으로 명패를 사용한다.

명패의 국명부분에는 국가의 공식명칭이 적혀 있는데 각 국가의 공식명칭은 부록에서 별도로 소개하고 있다. 그런데 주의할 부분이 3가지 있다. 첫째, 유엔 공용어가 6개 있지만 국명은 영어만 사용한다. 둘째, 국명은 모두 대문자로만 표기된다. 예컨대 일본의 경우 「Japan」이 아니라 「JAPAN」으로 표기된다. 셋째, 한국의 경

---

3) 「nameplate」를 「stick」이라고도 부르는 경우도 있다.

4) 케이스의 오른쪽에 국명이 적힌 부분을 수직으로 꽂아놓을 경우 앞에 자리하고 있는 대표단의 등에 가릴 우려가 있다. 그러나 공식회의장 구조 자체가 앞자리에서 뒷자리로 가면서 경사가 올라갈 뿐 아니라 명패 자체가 대표단석의 테이블 높이에 있는 것이 아니라 테이블의 앞부분에 한단이 더 높은 선반과 같은 부분에 놓여 있기 때문에 의장단석에서 이러한 방식의 의사표시를 알 수 있다.

5) Ronald A. Walker, *Manual for UN Delegates: Conference Process, Procedure and Negotiation* (United Nations Institute for Training and Research(UNITAR), 2011), p. 71.

우 「REPUBLIC OF KOREA」라고 표기하는데 이란과 같은 경우는 「IRAN (ISLAMIC REPUBLIC OF)」라고 표기한다. 넷째, 직함을 나타내는 경우에 의장은 보통 「CHAIR」로 위원회 간사의 경우는 「SECRETARY」라고 표기하며 보통 대문자를 사용한다.

## 3. 의사봉의 사용법

의장은 대표단과의 소통의 수단의 일환으로서 의사봉gavel을 사용하는데 이러한 의사봉의 사용법에 대해서도 유엔총회 의사규칙은 전혀 언급하고 있지 않다. 따라서 일반적으로 지켜져 오고 있는 관행을 살펴볼 필요가 있다.

일반적으로 「제 말 좀 들으세요Listen to me!」와 같은 의사표시를 하고자 할 때는 몇 번을 두드려야 하는지 정해진 횟수가 없다. 따라서 몇 번이고 쳐도 괜찮다. 회의의 시작을 알리는 경우 의장은 「The Chairman is calling the meeting to order」와 같은 발언을 하면서 의사봉을 1회 두드린다. 의사결정이 이루어졌을 때 의장은 「The decision has been made」라고 발언하면서 의사봉을 1회 두드린다. 「Draft resolution A/C.3/L.33 is adopted」와 같이 결의안이 채택되었음을 알릴 경우에도 의사봉을 1회 두드린다. 실내에서 조용히 해달라고 할 때는 「Silence in the room, please」라고 발언하면서 의사봉을 두 번 빠르게 두드린다.[6] 그러나 실제의 유엔회의에서 이와 다른 경우들도 종종 관찰된다.

## 4. 유엔저널

유엔저널의 정식 영어명칭은 「Journal of the United Nations」인데 「UN Daily Journal」 혹은 단순히 「UN Journal」이라고도 약칭한다. 이 저널은 유엔 사무국의 총회회의운영국의 저널과Journal Unit of the Department for General Assembly and Conference Management: DGACM에 의해 매일 발간된다. 9월에서 12월까지의 회기의 주요 부분 기간 동안에는 모든 공식언어로 발간이 된다. 그리고 나머지 기간

---

6) Ronald A. Walker, *Manual for UN Delegates: Conference Process, Procedure and Negotiation* (United Nations Institute for Training and Research(UNITAR), 2011), p. 153.

인 1월부터 새로운 회기가 시작되기 전날까지는 영어와 불어로만 발간이 된다.

유엔저널의 주요 내용은 당일에 열리기로 예정되어 있는 총회, 안전보장이사회, 경제사회이사회, 기타 유엔기구의 회의에 관한 정보이다. 구체적으로 이들 회의가 언제 어디서 열리고, 어떤 의제항목이 논의되며, 어떤 문건들이 논의의 기초가 되는가에 대한 정보를 제공한다.

총회의 경우 본회의나 위원회의 공식회의는 물론이고 전체 비공식회의formal informal meeting의 일정과 장소 역시 안내된다. 이는 이 회의가 비공식회의지만 공식적인 회의기 때문이다. 전체 비공식회의가 아닌 협의체별 비공식회의의 경우도 유엔저널의 편집자에게 요청을 하면 유엔저널에 안내가 된다. 이처럼 유엔저널은 예정된 회의가 공식회의인지 비공식회의인지와 더불어 공개회의인지 비공개회의인지의 여부도 알려준다.

유엔저널은 당일에 열리기로 예정된 회의에서 어떤 문건들이 논의될 것인가에 대한 정보도 제공한다. 아직 문건이 공식적으로 배포되지 않은 경우라도 당일 발간되어 회의에서 토의되고 채택될 주요 공식문건의 목록을 알려준다. 유엔저널은 인쇄되어 배포될 뿐 아니라 온라인상에서도 인터넷을 통해 접근할 수 있는데 이 경우 공식문건 목록 중에서 원하는 문건을 클릭만 하면 해당 문건에 쉽게 접근할 수 있다.

유엔저널은 전날에 있은 공식회의에서 취해진 행동을 요약하여 알려주는 역할도 하여 회의에 참여하지 못한 대표단들에게 지난 회의에서 어떤 일이 있었는가를 알 수 있게 해준다. 유엔저널은 또한 지역그룹들regional groups의 의장이 누구인가에 대한 정보도 제공하고 있고 사무국의 웹사이트의 목록을 제공하고 있어 클릭을 하여 원하는 사이트에 접속이 가능하다. 이러한 정보를 제공하기 때문에 유엔에서 일하는 직원들과 국가의 대표단들은 통상적으로 아침에 반드시 읽으면서 하루의 일과를 시작한다.

유엔저널의 주요한 항목을 총체적으로 간단하게 살펴보면 다음과 같다. 유엔의 공식회의에 대한 정보를 제공하는 공식회의Official Meetings, 77그룹·비동맹그룹 등과 같은 그룹별 회의에 대한 정보를 제공하는 다른 회의Other Meetings, 기타 활동 Other Activities, 기자회견Press Conference, 향후 공식회의Forthcoming Official Meetings, 향후의 기타 활동Forthcoming Other Activities, 유엔본부와 떨어진 곳에서 개최될 향후의 공식회의Forthcoming Official Meetings Held Away from Headquarters, 공지사항

Announcements, 전날 회의의 요약Summary of Official Meetings, 일반정보General Information, 유엔본부에서 발간된 문건Documents Issued at United Nations Headquarters 이 유엔저널의 주요한 항목들이다.

지난 유엔저널뿐 아니라 오늘 발간된 유엔저널 모두 인터넷을 통해 볼 수 있다.

---

No. 2014/210

Saturday, 1 November 2014

#  Journal
### of the United Nations

**Programme of meetings and agenda**

## Official meetings

**Monday, 3 November 2014**

**General Assembly**
Sixty-ninth session

10:00      37th plenary meeting 🎥◀ [webcast]         General Assembly Hall

Report of the International Atomic Energy Agency [item 86]

(a)   Note by the Secretary-General (A/69/255)

(b)   Draft resolution (A/69/L.7)

---

**General Assembly**

**Second United Nations Conference on Landlocked Developing Countries**

The second United Nations Conference on Landlocked Developing Countries will take place in Vienna, Austria from *Monday, 3* to Wednesday, 5 November 2014. The list of speakers *is open for inscriptions*. Delegations are kindly requested to contact the Secretariat, *in writing*, by e-mail (Ms. Antonina Poliakova (poliakova@un.org)). For additional information, please see page 18. 🎥◀ [webcast]

---

✉   8,448 users have already subscribed to the *Journal*. Take advantage of the eSubscription and receive the *Journal* early morning! www.undocs.org

   The *Journal* has now 22,382 followers on Twitter. Join them and be the first to be notified once the next issue is available! www.twitter.com/Journal_UN_ONU

🅵   7,272 users like the *Journal* on Facebook. Look for our page! Journal of the United Nations

   Scan QR Code (Quick Response Code) at the top right corner to download today's *Journal*.

14-63385E
*Think Green!*                                            Please recycle ♻

유엔저널 표지의 예

그러기 위해서는 유엔 홈페이지인 www.un.org에 접속한 다음 영어로 보려면 「Welcome」이라는 말을 클릭한다. 바뀐 화면의 하단에 있는 「Resources/Services」라는 메뉴에서 「UN Journal」이라는 서브메뉴를 클릭하면 된다. 직접 인터넷 주소란에 www.un.org/en/documents/journal.asp를 쳐넣어 직접 접속해도 된다.

# 제 9 장
# 회의의 기본적인 과정

제10장과 제11장은 각각 본회의 회의과정과 위원회 회의과정을 세밀하게 살펴보고 있다. 제9장에서는 이에 앞서 입문과정으로서 회의의 기본적인 과정을 일별해보고자 한다. 유엔회의뿐 아니라 각종 국제회의에 있어서의 회의의 기본적인 과정은 크게 다르지 않다. 회의의 과정 중에서도 가장 핵심이 되는 부분에 초점을 맞추어 살펴보고자 한다.

## 1. 국제회의 방식의 2종류

국제회의 방식은 크게 두 종류로 구분이 가능하다. 하나는 결의안이 상정되기 이전 단계에서 비공식협의가 본격적으로 진행되는 방식이다. 이 방식은 국가들이 자국의 입장을 1회에 걸쳐 공식적으로 발언하는 공식회의에 이어서 집중적이고 광범위한 비공식협의의 결과 하나의 결의안이 도출되는 비공식회의가 뒤따르고 마지막으로 이러한 결의안을 공식화시키기 위해 상정과 채택이 이루어지는 공식회의가 개최되는 방식이다. 이러한 유형의 회의 방식은 유엔총회 본회의plenary에서 전형적으로 볼 수 있고 대부분의 위원회 회의도 이러한 방식을 따른다.

또다른 방식은 결의안이 상정된 이후에 본격적인 비공식협의가 진행되는 방식이다. 이 방식은 국가들이 자국의 입장을 1회에 걸쳐 공식적으로 발언하는 공식회의에 이어 비공식협의가 없거나 거의 없는 가운데 공식회의가 개최되어 결의안이 상정된 후 하나의 결의안을 도출하기 위해 집중적이고 광범위한 비공식협의가 이어지는 회의 방식이다.[1] 유엔의 경우 이러한 방식의 회의가 그다지 사용되지 않는데 예외적으로 제2위원회가 이러한 방식을 취하고 있다. 여기에서는 이러한 두 가

---

1) The Permanent Mission of Switzerland to the United Nations, *The PGA Handbook: A Practical Guide to the United Nations General Assembly* (New York, 2011), p. 56.

지 방식을 구분하여 이러한 개개 방식에서 회의가 어떤 과정을 밟아나가는가를 순차적으로 살펴보고자 한다. 각 방식에서 일반토론 발언(기조연설)을 하는 공식회의 부분은 모두 생략하고 의제항목별 발언을 하는 공식회의부터 언급하고자 한다.

## 2. 결의안 상정 전에 본격적인 비공식협의가 진행되는 방식

### (1) 의제항목별 발언을 하는 공식회의

의제항목별 연설이 행해지는 공식회의는 국가들로 하여금 다루고자 하는 의제 항목에 대해 자국의 정책과 입장을 제시할 수 있는 기회를 제공하는 것을 주된 목적으로 한다. 공식회의에서 대부분의 대표들은 1회씩만 발언을 한다.[2]

### (2) 비공식회의

의제항목별 발언을 하는 공식회의에 이어 일련의 비공식회의가 개최되어 공식회의에서 드러난 각국 대표단의 입장을 기초로 하여 활발한 협의가 진행되면서 대다수의 국가들이 수용할 수 있는 결과문건outcome document이 만들어진다.

이 과정에서 지역그룹이나 이슈에 따른 그룹들이 자체적인 회의를 가지고 협의를 진행할 뿐 아니라 이들 그룹들 사이의 협의도 진행된다. 또한 필요에 따라 대표단 전체의 비공식협의도 진행된다. 유엔회의에서 회의에 소요되는 시간의 95%가 이러한 비공식회의에서 비공식협의를 위해 쓰인다고 할 정도로 실질적인 논의는 거의 비공식회의에서 이루어진다.

유엔에서는 예외가 없는 것은 아니지만 최종적으로 하나의 결의안만이 상정되는 경우가 대다수이다. 또한 이렇게 상정된 하나의 결의안이 표결이 아닌 합의에 의해 통과되는 경우가 다수를 이룬다. 물론 이러한 하나의 결의안이 상정되기 전에 복수의 잠정적인 결의안들provisional draft resolutions이 회원국 대표단에게 회람이 될 수 있다. 이러한 잠정적 결의안들을 제안하는 주체들은 다양하다. 때로는 단일의 국가가 제안국이 되기도 하고, 일단의 국가들이 공동제안국이 될 수도 있으며, 협의체의 국가들이 공동제안국이 될 수도 있다.

---

2) 공식회의의 토론(debate)에서 대표단은 1회 이상 발언을 하지 않는다. 단 투표설명과 반박발언의 경우는 이러한 횟수에 포함되지 않는다.

이러한 복수의 잠정적인 결의안들은 보다 광범위한 지지를 획득하여 최종적인 결의안이 되기 위해 상호 경합을 벌인다. 이러한 과정에서 잠정적 결의안에 적지 않은 수정들이 가해질 수 있다. 또한 이러한 과정에서 좀 더 많은 지지를 받을 수 있는 내용을 포함하고 있는 잠정적인 결의안이 구심점이 되어 다른 잠정적인 결의안을 통합하기도 한다. 혹은 이 과정에서 기존에 회람되고 있는 잠정적 결의안들의 중요 내용들이 통합되어 별도의 새로운 결의안이 만들어지기도 한다.

앞서 언급했듯이 예외가 존재하나 통상 하나의 결의안이 상정되어 합의로 채택되는 경우가 다수를 점한다. 따라서 결의안이 채택될 준비가 되어 있지 않은 상태에서 상정되는 것은 실제의 유엔회의에서 드문 일이다. 이러한 사실을 「결의안은 토론을 위해 상정되는 것이 아니다」라고도 표현한다. 즉 상정이 되기 전에 대다수의 국가나 모든 국가들이 합의할 수 있는 하나의 결의안이 만들어질 때까지 비공식회의에서 협의가 집중적으로 이루어지기 때문에 다음 단계인 후반부 공식회의에 상정이 된 후 결의안의 내용을 둘러싼 심각한 토론은 거의 전개되지 않는다는 것이다.3) 그러나 하나의 결의안이 상정된다고 해서 모든 국가의 대표단이 다 적극적으로 찬성을 한다는 의미는 아니다.

요약하자면 결의안이 상정되기 전에 개최되는 비공식회의 과정이란 작성된 결의안이 대표단의 일부나 전부에게 비공식적으로 배포되어 의견이 타진되면서 협의를 거쳐 이견을 좁히는 과정이다. 이러한 과정의 결과로서 회원국 대표단 전부나 다수가 동의하는 결의안이 만들어진다. 만들어진 결의안이 사무국에 제출되고 사

---

3) 몇몇 유엔기구에서는 잠정적인 결의안은 파란색 잉크로 인쇄가 되고 최종적인 결의안은 검정색 잉크로 인쇄가 된다. 파란색 잉크로 인쇄가 되는 이유는 공식적으로 상정이 되기 전에 내용을 심의할 수 있는 마지막 기회를 부여하고자 하기 때문이다. 즉 잠정적 결의안에 대한 여러 차례의 비공식협의가 지속된 연후에 협상의 최종 단계에 도달했을 때 이러한 잠정적 결의안이 파란색 잉크로 인쇄가 되는데 이는 공식 상정을 의도한 마지막 버전임을 의미하는 것이다. 그러나 이것이 최종 결의안은 아니다. 따라서 파란색 잉크로 인쇄된 최종적인 잠정적 결의안이 대표단들에게 배포되어도 마지막 수정의 기회를 가질 수 있는 것이다. 그러나 이러한 결의안은 아무런 수정을 거치지 않고 그대로 상정되어 통과되는 경우가 많다. 안전보장이사회에서 한국대표가 「The delegation of the Republic of Korea would like to put the draft resolution in blue」이라고 발언을 했다면, 이는 당 결의안에 대해 채택을 위한 절차를 밟기 위해 제출하기를 원한다는 것과 동일한 의미이다. 대표단의 요청이 있을 시 사무국은 결의안을 파란색 잉크로 인쇄를 한 후 이사국들에게 공식적으로 회람을 한다. 안전보장이사회의 경우 일반적으로 결의안이 표결에 들어가기 24시간 전에 파란색 잉크로 인쇄가 된다. 다른 기구에서와 마찬가지로 파란색 잉크로 인쇄가 되었다는 것은 내용이 완전히 확정되어 전혀 수정이 불가능한 것이라는 의미는 아니고 단지 마지막 버전을 의도한 것임을 보여주는 것이다. 따라서 파란색 잉크로 프린트가 된 결의안은 엄격하게 표현하면 「almost final draft resolution」 혹은 「near final draft resolution」이라고 볼 수 있다.

무국은 이를 공식문건으로서 대표단 전부에게 배포하게 된다. 이후에 개최되는 공식회의는 이러한 비공식회의의 결과물을 공식화하는 과정이라고 볼 수 있다.

### (3) 결의안의 상정 · 토론 · 심의 · 채택을 위한 공식회의

비공식회의에서 협의를 통해 하나의 결의안이 도출되는 경우 이를 상정하고 토론과 심의를 거쳐 채택하기 위해 공식회의기 개최된다. 극단적인 경우 상정을 위한 공식회의, 토론과 심의를 위한 공식회의, 채택을 위한 공식회의가 따로따로 열릴 수도 있지만 비공식회의에서 단일안이 도출될 경우 이 모든 과정이 일회의 공식회의를 통해 짧은 시간 내에 이루어질 수 있다. 이는 이러한 공식회의가 비공식회의에서 도출한 결의안을 공식화하는 의례적인 성격이 강하기 때문이다. 즉 비공식회의에서 동의된 것은 공식적인 것이 아니기 때문에 이것을 공식화할 필요가 있어 열리는 회의로서의 성격이 강하기 때문이다.

이러한 이유로 상정된 결의안에 대해 공식적인 토론과 심의가 거의 없이 채택절차를 밟는 경우가 적지 않다. 즉 결의안을 제안한 국가를 비롯하여 결의안에 대해 깊은 이해관계를 가지고 있는 국가의 대표단이나 협의체의 대변국들이 지지한다는 내용의 코멘트를 의례적으로 표시하는 정도에 그친다. 이러한 과정을 「토론 debate」이라고는 하지만 미리 준비된 발언문을 단조롭게 읽는 것에 불과하여 상대방을 설득하기 위해 벌이는 실질적인 성격의 토론과는 큰 거리가 있는 것이 사실이다. 이처럼 비공식회의에서 협의를 거쳐 최종적인 하나의 결의안이 상정되면 실질적인 토론이 아닌 의례적인 토론과 심의가 이어진다고 하지만 이러한 결의안에 여전히 반대하는 소수의 대표단이 있을 경우 이들로부터 수정의 요구가 제기될 수 있고 이것이 수용될 경우 최종적인 변경이 가해질 수도 있다. 이러한 형식적인 토론과 심의의 과정이 있은 후 투표설명을 할 기회가 부여되고 채택절차가 이어진다. 결의안이 채택된 후에도 물론 투표설명의 기회가 다시 주어진다.

결의안이 상정된 이후에 있는 토론의 강도는 비공식회의에서의 비공식협의의 결과로 도달한 합의의 정도에 반비례한다고 볼 수 있다. 비공식회의에서의 합의가 제대로 이루어지 않은 채 결의안이 상정된 경우에는 토론의 과정이 찬성과 반대로 나누어져 실질적인 토론의 성격을 가지게 되는 것과는 달리 비공식회의에서 모든 대표단이 합의하는 결의안에 도달하는 경우 상정된 결의안에 대한 토론은 매우 의

례적인 것에 그치게 된다.

결의안이 상정되고 토론과 심의에 이어 채택되는 공식회의와 관련하여 다시 강조하고자 하는 점은 유엔에서 유사한 결의안이 동시에 상정되는 일이 결코 없다는 것이다. 또한 일반토론 발언(기조연설)이나 의제항목별 발언을 하는 공식회의와 결의안이 상정되고 토론과 심의에 이어 채택되는 공식회의에서 보듯이 공식회의에서의 토론이란 대개 형식적인 것에 불과하고 다자외교에 있어서 실질적인 협상을 위한 주고받기give-and-take의 대부분은 비공식회의 과정을 통해 이루어진다는 것이다.

결의안이 상정되고 토론과 심의를 거쳐 채택이 이루어지는 공식회의의 과정을 좀 더 세분하면 다음과 같은 과정으로 순차적으로 이루어진다.

1) 결의안 상정Introduction of Resolution: 주제안국이 결의안을 상정하면서 제안설명을 한다.

2) 결의안의 토론Debate on a Draft Resolution: 상정된 결의안을 둘러싸고 협의의 토의나 토론이 진행된다.

3) 투표 전 일반진술과 논평General Statements and Comments before the Vote: 결의안에 대한 토론이 끝난 후 결의안이 채택되기 전에 주어지는 과정 중 하나로서 상정된 결의안에 대해 일반적인 견해나 논평이 제시되는 과정이다. 이러한 일반진술과 논평이 상정 후의 토론과정에서 제시되는 진술과 다른 점이란 일반진술과 논평의 경우 결의안에 대한 토론이 끝나고 결의안이 채택되기 거의 직전에 제시되는 의견으로서 토론에 바탕을 두고 모든 국가 혹은 다수의 국가들에 의해 수용될 결의안을 앞에 두고 이에 대한 종합적인 견해나 평가를 제시한다는 점이다. 이 과정에서 주제안국이라든가 협의체의 대표 국가들 혹은 결의안의 내용의 주요 대상이 된 국가들concerned countries이 주로 발언을 하며 이때 이미 준비해 온 발언문을 장황하게 읽는 국가도 있고 즉석에서 간단하게 발언하는 국가도 있다. 비공식회의에서 많은 논의의 결과로서 합의된 결의안이 상정되는 경우 이들 국가의 대표단들은 결의안에 대한 일반적인 견해를 제시하고 발언의 말미에 결의안이 합의로서 채택되기를 촉구한다는 의례적인 발언을 한다. 합의가 결여된 결의안 하나가 상정되거나 경쟁적인 결의안들이 상정될 경우 이들 대표단들은 결의안에 대한 일반적인 견해를 제시하고 더 나아가 다른 대표단들을 향해 투표에서 반대나 찬성을 할 것을 요청하기도 한다. 그러나 투표설명과는 달리 찬성이나 반대의 의견을 표시하는 것에 그치고 투표를 어떻게 하겠다는 이야기는 하지 않는다. 주제안국은 일반진술과

논평의 기회를 이용하여 결의안이 상정된 후 어떤 국가의 대표단들이 새롭게 공동제안국에 합류했는가를 공지하기도 한다. 또한 결의안에 여전히 불만을 가지고 있는 국가는 이 기회를 통해 결의안에 대한 수정 등을 발의하기도 한다.

4) 투표 전 투표설명Statements in Explanation of Votes before the Vote: 일반적인 진술과 논평에 이어 투표 전 투표설명의 기회가 주어지는데 이 과정은 심의과정의 일부분으로 볼 수 있다. 일반적 진술 및 논평과는 달리 결의안에 대한 견해와 더불어 자국이 어떻게 투표에 임할 것인가에 대한 구체적인 설명을 제시한다.

5) 결의안의 채택Action on a draft resolution: 결의안이 합의나 표결에 의해 채택되고 채택결과에 대한 선언이 뒤따른다.

6) 투표 후 일반진술과 논평General statements and comments after the Vote: 결의안에 대한 채택절차를 밟은 후 대표단에게 결의안에 대한 일반적인 진술과 논평을 제시할 기회가 다시 주어진다. 의장이 이러한 기회를 주지 않을 경우 대표단은 이를 요청할 수 있다.

7) 투표 후 투표설명Explanations of Vote after the Vote: 결의안에 대한 채택절차 이후에 자국이 행한 투표에 대해 설명할 기회가 주어진다.

## 3. 결의안 상정 후에 본격적인 비공식협의가 진행되는 방식

### (1) 의제항목별 발언을 하는 공식회의

결의안 상정 전에 본격적인 비공식협의가 진행되는 방식과 마찬가지로 의제항목별 발언을 하는 공식회의에서 국가들은 다루고자 하는 의제항목에 대해 자국의 정책과 입장을 제시한다. 공식회의에서 대부분의 대표들은 1회씩만 발언을 한다.

### (2) 결의안을 상정하는 공식회의

결의안 상정 후에 본격적인 비공식협의가 진행되는 방식의 경우 의제항목별 발언을 하는 공식회의 이후 비공식회의를 통한 비공식협의가 아주 없거나 거의 없다. 이 경우 공식회의에 결의안이 상정된 이후 본격적인 비공식협의가 진행된다. 앞서 언급했듯이 이러한 회의방식이 사용되는 경우로서 제2위원회의 회의를 예로 들 수 있다.

## (3) 비공식회의

결의안이 상정된 후에 본격적인 비공식협의가 진행된다. 이러한 비공식회의가 만약 본회의 의장이나 위원회 의장에 의해 소집되는 경우 이러한 회의를 「공식적 비공식회의formal informal meeting」라고 부르는데, 이러한 경우 의장은 사회자 facilitator를 대표단 중에서 임명하여 회의를 주재하도록 하기도 한다. 이 경우 비공식회의이지만 공식적인 회의기 때문에 가용할 경우 통역이 주어질 수 있다.[4]

사전에 충분한 비공식협의가 없는 가운데 상정된 결의안이기 때문에 해당 결의안에 대한 이견이 있기 마련이다. 이러한 이견이 비공식협의를 거친 다음에도 여전히 해소되지 않을 경우 원결의안이든 원결의안의 대안이든 표결을 통한 채택절차를 밟을 가능성이 높다. 만약에 비공식협의로 이견이 해소될 경우 합의로 통과될 수 있는데 이러한 합의로의 통과는 다음 4가지 방식 중 하나의 방식을 통해 이루어진다고 볼 수 있다.

첫 번째 방식은 원결의안이 상정되었으나 이견이 존재하는 경우 수정안이 제시되어 원결의안에 수정이 가해진 채 합의로 통과되는 방식이다. 나머지 다른 3가지 방식에 비해 가장 수월한 방식이라고 볼 수 있다.

두 번째 방식은 결의안의 제안자들에 의해 개정된 결의안revised draft resolution이 만들어져 채택되는 경우이다. 즉 제안국이 비공식협의를 통해 합의된 문건을 원결의안에 대한 개정된 결의안으로서 제출하는 경우이다. 1차 개정된 결의안에 여전히 이견이 존재할 경우 2차 개정된 결의안second revised draft resolution이 만들어져 채택되기도 한다. 원결의안 제안국들 사이에 아무런 이견이 없이 개정된 결의안이 상정된 경우 원결의안이 철회될 필요가 없다는 점에 주의해야 한다.

세 번째 방식은 결의안이 상정된 후 타 국가들에 의한 수정이나 제안자에 의한 개정이 아니라 아예 새롭게 합의된 결의안을 상정하여 통과시키는 경우이다. 즉 상정된 원결의안에 대한 이견이 아주 커서 한 국가나 일부 소수 국가가 아닌 아예 모든 국가들이 원결의안의 변경의 주체가 되어 새로운 결의안을 작성하고 상정하여 합의 통과를 시도하는 경우이다. 이 경우 새롭게 만들어진 결의안의 주체가 구체적으로 어느 국가인지가 불분명해지게 된다. 따라서 이런 경우에는 위원회의 부

---

4) The Permanent Mission of Switzerland to the United Nations, *The PGA Handbook: A Practical Guide to the United Nations General Assembly* (New York, 2011), pp. 56, 58.

의장이나 보고관이 새로운 결의안을 제출하고 의장이 상정하는 방식을 택한다. 새로운 결의안이 상정되어 채택된 후 통상적으로 원결의안의 제안국(들)이 원결의안을 철회한다는 점에 주의해야 한다.

네 번째 방식은 세 번째 방식과 유사하게 결의안이 상정된 후 타 국가들에 의한 수정도 아니고 제안자에 의한 개정도 아닌 아예 새롭게 합의된 새로운 결의안을 상정하여 통과시키는 방식이다. 그러나 세 번째 방식과는 다르게 의장이 주도적으로 의장안을 만들어 제시하는 경우이다. 이 경우에도 의장은 의장안을 통과시키기 위해 다양한 의견을 비공식적으로 수렴하게 된다.

앞서 언급했듯이 비공식회의에서의 협의에도 불구하고 합의에 도달하지 못할 경우가 있다. 이러한 경우 제안자는 자신들이 제안한 원결의안에 대한 표결을 요청하든가 아니면 자신들이 개정된 결의안을 제안했을 경우 이러한 개정된 결의안에 대한 표결을 요청할 수 있다. 이렇게 표결에 부쳐질 경우 수정안이 제출될 수 있고 분리투표의 요구가 있을 수 있다.[5]

### (4) 결의안을 상정하는 또 다른 공식회의

앞서 언급했듯이 상정된 원결의안에 대한 비공식협의의 결과로서 개정된 결의안이 작성되었든가 별도의 새로운 결의안이 작성되었을 경우에는 또다른 공식회의가 개최되어 이들 결의안에 대한 상정의 절차와 더불어 간단한 토론이 있은 후 채택절차를 밟게 된다.

---

5) The Permanent Mission of Switzerland to the United Nations, *The PGA Handbook: A Practical Guide to the United Nations General Assembly* (New York, 2011), p. 56.

# 제 10 장
# 본회의 회의과정의 이해

2008년에 개최된 제63차 유엔총회의 경우 총 153개의 의제항목을 다루었다. 이러한 의제항목 중에서 93개가 6개 주요위원회main committee에 배분되어 다루어졌고 60개가 본회의plenary 자체에서 다루어진 것에서 알 수 있듯이 본회의는 적지 않은 의제항목의 중요한 논의의 주체이다. 또한 위원회에서 채택된 결의안daft resolution이 본회의에 회부되어 최종적으로 채택되어야 결의문resolution으로서 확정되는 것에서 알 수 있듯이 본회의는 의제항목의 최종적인 논의의 주체이기도 하다. 여기에서는 이러한 본회의의 주요 업무를 중심으로 유엔총회의 본회의 회의과정이 단계별로 어떠한 역동적인 과정을 거쳐 진행되는가를 살펴보고자 한다.[1]

## 1. 유엔총회의 개혁 노력

유엔총회의 본회의 회의과정을 제대로 이해하려면 유엔총회의 의사규칙rules of procedure을 아는 것만으로는 부족하다. 이와 더불어 유엔총회의 개혁에 따른 회의 운영의 실질적인 변화를 이해해야 한다.

유엔개혁의 일환으로 「총회의 재활성화Revitalization of the work of the General Assembly」라는 이슈가 1991년 제46차 유엔총회의 의제항목의 하나가 되면서 꾸준히 논의가 진행되었다. 코피 아난 전 사무총장은 2005년 3월에 유엔개혁의 중요한 첫걸음이자 디딤돌이 된 「보다 큰 자유: 모든 사람을 위한 개발, 안보 그리고 인권을 향하여In Larger Freedom: Towards Development, Security and Human Rights for All」라는 보고서A/59/565를 발간하면서 유엔개혁의 한 부분으로서 좀 더 강력하고 효과적인 총회를 구축하기 위해 다음과 같은 안을 제시했다.

---

1) 본회의의 내용과 절차에 관한 것은 유엔문건 중 회의기록 문건인 잠정적 구술기록(Provisional Verbatim Records of Meetings)에 잘 나타나 있다.

첫째, 유엔총회 의사결정의 상당한 부분이 표결이 아닌 합의에 의해 이루어지고 있다. 이처럼 표결이 아닌 합의로 의사결정을 하려면 공식적인 반대를 제기하는 국가가 없어야 하므로 광범위하게 상이한 견해들의 최소한의 공통분모만을 포함하게 되고 이 과정에서 소수의 국가들이 그들의 견해를 다른 나머지 국가들에게 강요하게 된다. 그 결과 종종 미약한 결의안이 채택될 수밖에 없다. 따라서 유엔총회의 의사결정 방식으로서 합의제에만 집중해서는 안 된다. 둘째, 많은 결의안들이 통과가 되어도 준수되지 않고 사문화된다. 따라서 총회는 결의안의 집행에 좀 더 많은 주의를 경주하여야 한다. 셋째, 총회가 문제를 다룸에 있어서 본질적이고 실질적인 이슈를 다루기보다는 지나치게 광범위한 의제를 다루는 경향이 있다. 따라서 총회는 의제를 간소화하고 이에 집중해야 한다. 넷째, 총회 본회의 의장의 역할과 권한을 강화해야 한다. 다섯째, 위원회 구조와 절차를 간소화하는 등의 조치를 통해 위원회 체제를 좀 더 효율적으로 만들어야 한다. 여섯째, 총회의 일과 관련하여 시민사회의 역할을 향상시켜 비정부기구NGO를 유엔총회의 협의에 직접적으로 관여시켜야 한다. 일곱째, 재정적 지원이 가능하지 않은 임무unfunded mandates를 최소화하기 위해 위원회의 결정을 심의하기 위한 기제mechanism를 수립해야 한다.

유엔총회는 이 보고서와는 별도로 2005년 9월 12일에 결의문A/59/313을 통해 「유엔총회 업무의 재활성화를 위한 임시실무그룹Ad-hoc Working Group on Revitalization of the work of the General Assembly」을 구성했다. 임시실무그룹은 여러 차례의 회의를 가진 후 2006년에 「총회의 재활성화Revitalization of the work of the General Assembly」라는 제하의 총회의 활성화를 위한 사무총장의 보고서를 내놓았다. 이 보고서에서 3부분으로 구성되어 다음과 같은 내용을 권고하고 있다.

보고서는 첫째 부분에서 가장 중요한 이슈로서 유엔총회의 역할 및 권한과 관련하여 다음과 같은 권고들을 내놓고 있는데 주요한 권고를 선별하여 소개하면 다음과 같다. ① 국제평화와 안보문제에 있어서 안전보장이사회가 일차적인 책임을 가지는 것은 인정하나 배타적인 것은 아니다. 이러한 문제에 있어서 총회의 역할을 다시 확인한다. ② 안전보장이사회가 총회에 제출하는 연례보고서가 좀 더 실질적이고 분석적일 수 있도록 질이 개선되어야 한다. ③ 경제사회이사회가 총회에 제출하는 보고서는 좀 더 간결해야 하며 행동 지향적이어야 한다. 보고서가 행동 지향적이기 위해서는 총회가 행동을 취할 필요가 있는 중요한 분야를 강조하고, 구체적인 권고를 해야 한다. ④ 총회, 안전보장이사회, 경제사회이사회 사이에 업무의

중복을 피하고 협력, 조정, 보완성을 향상시키기 위해 이들 기관 사이의 정기적인 회합을 지속시켜야 하며, 주제별 쌍방향의 토론thematic interactive debate을 조정할 필요가 있다. ⑤ 총회의장의 역할과 직책을 강화하기 위해 의장실Office of the President of the General Assembly에 4개의 전문적인 직책을 추가하고 적절한 회의시설을 확보해야 한다. ⑥ 총회의장은 후임자를 위해 최적사례best practice와 교훈에 관한 보고서를 임기 말에 만들어 제출한다. ⑦ 사무국에게 총회 결의안 내용의 집행 상황을 보여주는 연례도표를 준비할 것을 요청한다. ⑧ 유엔의 정상회의summit와 글로벌 회의global conference에서 채택된 결정의 집행상황을 심의하기 위해 경제사회이사회로 하여금 총회를 지원할 것을 촉구한다. ⑨ 총회의 결의안은 좀 더 간결하고, 초점이 있어야 하며, 행동 지향적이어야 한다. 그리고 결의안의 전문단락Preambular paragraph이 최소화되어야 한다. ⑩ 총회는 민간부문private sector과 비정부기구NGO를 포함한 시민사회(특히 개도국의 이러한 행위자들)와의 상호작용을 향상시켜야 한다. 하지만 유엔의 간정부적인 성격intergovernmental nature을 고려하고 총회의 의사규칙을 따라야 한다.

보고서의 둘째 부분은 사무총장의 선출에 할애하고 있는데 주요한 권고 내용은 다음과 같다. ① 유엔헌장 제97조에 따라 사무총장은 안전보장이사회의 추천에 따라 총회가 임명한다는 점을 상기한다. ② 사무총장의 선출절차는 좀 더 투명해야 한다. ③ 가장 우수한 사무총장 후보를 선별하고 임명하는 과정에서 지역순환제와 성평등gender equality에 적절한 주의를 기울인다. ④ 사무총장 입후보자는 임기가 개시되기 최소한 6개월 전에 입후보하고, 지역그룹 혹은 다른 그룹과의 비공식회의를 가질 것을 촉구한다. ⑤ 후보자의 자질로서 유엔헌장의 원칙에 전념하고, 폭넓은 지도력과 외교적인 경험의 중요성을 강조한다.

보고서의 마지막 부분은 총회의 작업방식을 다루고 있는데, 주요한 권고는 다음과 같다. ① 2년 주기의 논의, 3년 주기의 논의, 유사한 의제를 묶어서 논의하기, 그리고 의제항목의 제거와 같은 방식을 통해 유엔총회의 의제의 수를 줄인다. ② 총회의 의사규칙을 공식언어official languages 모두로 발간한다. ③ 6개의 주요위원회로 하여금 더욱 더 유사한 의제를 묶어서 논의하거나 의제항목을 통합할 것을 고려하고, 특정 의제에 할당된 시간을 재고하도록 요청한다. ④ 제2위원회와 제3위원회로 하여금 상호연관이 있는 의제항목에 대해 공동의 비공식 논의를 지속적으로 고려할 것을 요청한다. ⑤ 운영위원회General Committee는 회기 동안 6개 주요위

원회Main Committees의 의장단과 정기적으로 회의를 가져 총회와 위원회의 업무 진척의 정도를 점검하고 업무의 진척을 촉진하며 업무중첩을 최소화하기 위해 권고한다는 것을 내용으로 하는 유엔총회 의사규칙 제42조의 효과적인 집행의 요청을 반복한다. ⑥ 사무총장으로 하여금 좀 더 간결하고 분석적인 보고서를 제출할 것을 촉구하며, 유엔이 우선적으로 관심을 두고 있는 분야에 있어서의 핵심 정책보고서를 2년마다 제출할 것을 고려하는 것을 환영한다.

총회의 재활성화를 위한 임시 실무작업반은 지속적으로 총회의 재활성화를 위한 노력을 경주해오고 있다. 이러한 총회 재활성화의 노력으로 인하여 총회 본회의뿐만 아니라 위원회의 작업방식working method에 많은 변화가 가해졌다. 이러한 변화는 나아가 본회의와 위원회의 회의과정에도 영향을 미쳐오고 있다. 따라서 이러한 변화를 포함하여 본회의의 회의과정을 살펴보고자 한다.

## 2. 본회의의 개관

유엔총회General Assembly of the United Nations는 산하에 6개의 주요위원회Main Committee를 두고 있다. 여기서 총회란 구체적으로 본회의plenary를 지칭하며 주요위원회는 이러한 본회의의 산하에 존재한다. 이는 마치 한국의 국회에 본회의가 존재하고 산하에 여러 분야에 걸쳐 다양한 위원회가 존재하는 것과 마찬가지이다.

이처럼 총회는 본회의로서 위원회와는 엄연히 구별이 되지만 총회라는 말은 종종 위원회까지 포함하는 의미로도 사용이 되어 주의를 요한다. 실례로 우리가 「2013년에 제68차 유엔총회가 개최되었다」고 할 때 본회의뿐만 아니라 위원회 회의까지 포함하여 개최된 것을 지칭한다. 이 때문에 총회라고 할 때 본회의만을 의미하는 것인지 위원회까지를 포함하는 것인지가 불명료하다. 이 책에서는 이러한 혼란을 피하기 위해 단순히 「유엔총회」라는 말을 사용하는 대신에 「유엔총회 본회의」라는 용어를 가능한 한 사용하고자 한다. 그리고 「유엔총회」라는 말은 본회의와 위원회 모두를 포함하는 용어로 사용하고자 한다.

유엔회의를 제대로 이해하지 못하는 사람들은 유엔총회 본회의가 단순히 회기의 시작을 알리는 개회식과 회기를 마감하는 폐회식만을 갖고 대부분의 회의가 본회의가 아닌 위원회에서 개최되는 것으로 알고 있는 경우가 많다. 더불어 의제항목

이란 대량학살무기의 문제와 같은 실질적 의제항목substantial agenda item만을 의미하는 것으로 알고 있는 경우도 많다.

그러나 실은 2007년 제62차 유엔총회의 경우 모두 122회에 걸쳐 본회의가 개최된 것에서 잘 알 수 있듯이 본회의는 적지 않은 수의 회의를 가진다. 또한 의제항목이라 하면 실질적 의제항목만 있는 것이 아니라 개회선언이나 폐회선언과 같은 절차적 의제항목procedural agenda items도 포함되며 본회의는 이러한 두 종류의 의제항목들을 모두 다룬다.

구체적으로 본회의는 개회선언, 묵념과 묵상, 의제채택, 폐회선언 등과 같은 절차적 의제항목을 다룬다. 이와 더불어 실질적 의제항목들을 토의하고 그 결과 결의문resolution이나 결정decision을 채택한다. 예를 들자면 2012년 제67차 유엔총회 본회의의 경우에서 보듯이 「유엔의 긴급 인도적 지원의 조정의 강화Strengthening of the coordination of emergency humanitarian assistance of the United Nations」와 「유엔과 동남아국가연합의 협력Cooperation between the United Nations and the Association of Southeast Asian Nations」이 각각 의제항목 70(a)와 121(c)로서 논의되어 결의문들이 채택된 바 있다. 실질적 의제항목에는 사무총장의 보고서를 위시하여 총회 이외의 유엔의 기관이 제출한 연례보고서나 특별보고서의 심의, 각 위원회에서 채택된 결의안draft resolution이나 결정안draft decision이 포함된 보고서의 심의, 유엔 기관들의 구성국들을 선출하기 위한 선거 등도 포함된다.

실질적 의제항목들의 경우 일부가 본회의에서도 다루어지지만 상당한 부분은 주요위원회에 배분되어 논의된다. 그러나 때때로 동일한 의제항목이 본회의와 위원회 모두에게 논의가 맡겨지는 경우도 있다. 의제항목을 배분하는 역할은 유엔총회의 절차위원회의 하나인 운영위원회General Committee가 담당하는데 이러한 경우 운영위원회는 의제항목이 다루고자 하는 이슈의 여러 측면 가운데 어떤 측면을 어느 회의가 맡을 것인가를 결정하여 배분하게 된다.[2]

유엔총회의 새로운 회기session는 매년 9월 세 번째 주 화요일에 시작된다. 세 번째 주를 계산하기에 앞서 기준이 되는 첫 번째 주가 언제부터 시작되는가를 알아야 하는데 이때 단 하루라도 평일이 포함되어 있다면 그 평일이 포함된 주를 첫 번째 주로 간주한다.[3] 이렇게 시작한 새로운 회기의 종료일은 운영위원회General

---

2) The Permanent Mission of Switzerland to the United Nations, *The PGA Handbook: A Practical Guide to the United Nations General Assembly* (New York, 2011), p. 38.

Committee의 권고에 따라 매 회기 초에 본회의가 결정하며 통상적으로 12월의 세 번째 주까지 회의가 지속된다. 그러나 이것으로 회기가 다 끝나는 것은 아니다. 다음 해 2월부터 속개회기resumed session가 시작되어 새로운 회기가 시작되기 하루 전날까지 회의가 열리기도 한다. 최근에는 1년 내내 회의를 개최하는 경향을 보이고 있다.

본회의의 마지막 회의는 새로운 회기가 시작되기 직전에 개최되기도 한다. 제 63차 유엔총회 본회의의 1차 회의가 2008년 9월 16일에 개최되었는데, 제62차 유엔총회 본회의의 마지막 회의는 하루 전인 2008년 9월 15일에 개최된 바 있다. 제 61차 유엔총회 본회의의 경우 모두 109차례의 회의를 가진 바 있는데 마지막 회의가 2007년 9월 17일에 있었고, 그 다음 날에 제62차 유엔총회 본회의가 시작된 바 있다.

통상적으로 국제회의가 열릴 때 본회의의 처음 회의에서 회기의 개시선언으로 시작하여 업무편성 · 의제채택 · 의제항목의 배분까지 이루어진다.4) 의제를 공식적으로 채택하기 전까지는 정식의제가 아닌 잠정의제provisional agenda로서의 지위를 가지게 되기 때문에 정식의제가 되기 위해서는 의제의 채택이 반드시 있어야 하며, 이러한 의제의 채택이 있은 연후에라야 다른 일련의 회의를 통해 의제항목들이 공식적으로 다루어질 수 있는 자격을 가지게 되는 것이다.

본회의의 처음 회의에서 있게 되는 개회선언도 의제항목의 하나인데 이러한 의제항목은 공식적인 채택이 아직 안 된 가운데 행해지는 회의과정이다. 의제의 채택이라는 절차가 있기 이전에 행해지는 이러한 회의과정의 근거란 무엇일까? 이러한 회의과정은 어쩔 수 없는 실질적인 필요에 기반을 둔 과정이다. 따라서 이러한 회의과정은 잠정의제로서 취급되며 의제채택이라는 절차와 더불어 소급되어 정식의제가 된다. 의제채택이라는 절차 이후에 있게 되는 의제항목들은 소급될 필요가 없이 그때부터 정식의제가 된다.

유엔총회의 경우 통상적인 국제회의와는 다르게 본회의의 첫 회의가 아닌 두 번째 회의에서야 의제의 채택이 이루어진다.5) 그렇지만 첫 회의에서 있을 회기의

---

3) 2003년 3월에 총회의 결의 57/301에 의해 총회 의사규칙 1조가 개정되어 바뀐 것이다.

4) 구체적으로 첫 번째 의제항목은 개회선언과 개회사이고, 두 번째 의제항목은 의장직 등의 선출이며, 세 번째 의제항목은 의제의 공식적인 채택이다. 그리고 다른 의제항목들이 이들의 뒤를 잇는다.

5) 첫 회의에서는 회기의 개시선언, 묵념 또는 묵상, 의장의 개회사, 유엔경비 분담률, 신임장위원회 위원의 임명이 있다.

United Nations

**General Assembly**

A/68/150

Distr.: General
19 July 2013

Original: English

Sixty-eighth session

**Provisional agenda of the sixty-eighth regular session of the General Assembly***

**To convene at United Nations Headquarters, New York, on Tuesday, 17 September 2013, at 3 p.m.**

1. Opening of the session by the President of the General Assembly (rule 31).

2. Minute of silent prayer or meditation (rule 62).

3. Credentials of representatives to the sixty-eighth session of the General Assembly (rule 28):

   (a) Appointment of the members of the Credentials Committee;

   (b) Report of the Credentials Committee.

4. Election of the President of the General Assembly (rule 30).

5. Election of the officers of the Main Committees (rules 30 and 103).

6. Election of the Vice-Presidents of the General Assembly (rule 30).

7. Organization of work, adoption of the agenda and allocation of items: reports of the General Committee (rule 21).

8. General debate (resolution 57/301).

**A. Promotion of sustained economic growth and sustainable development in accordance with the relevant resolutions of the General Assembly and recent United Nations conferences**

9. Report of the Economic and Social Council (rule 13 (b); General Assembly resolution 3281 (XXIX) and Economic and Social Council decision 1982/112).

10. Implementation of the Declaration of Commitment on HIV/AIDS and the Political Declarations on HIV/AIDS (resolutions S-26/2, 60/262 and 65/277).

* Issued in accordance with rule 12 of the rules of procedure.

13-39165 (E)  170713

Please recycle

유엔 정기총회의 잠정의제 문건의 표지부분

개시선언을 위시한 여러 의제항목들뿐 아니라 후속적인 회의들에서 있을 그 밖의 다른 의제항목들을 잠정의제로서 포함하고 있는 문건이 첫 번째 회의에서 회원국들에게 배포된다. 이 문건은 유엔총회 의사규칙 제12조에 따라 작성되어 배포되는

것이다.6)

예컨대 2013년의 경우 제68차 유엔총회가 시작되면서 본회의 첫 회의에서 앞 페이지의 문건이 보여주듯이 「A/68/150」이라는 문건번호를 가지며 「Provisional agenda of the sixty-eighth regular session of the General Assembly」이라는 제목을 가진 문건이 배포되었다. 이는 잠정의제를 담고 있는 문건으로서 문건번호는 「A/회기/150」이라는 형식을 취하며 회기는 달라져도 회기 다음에 오는 번호는 항상 「150」이다. 이 문건은 유엔이 제68차 총회에서 다룰 의제항목들 모두를 포함하고 있는 문건으로서 유엔총회의 회기가 시작되면서 앞으로 전개될 총회의 전모를 개략적으로 파악하기 위해 우선적으로 살펴보아야 할 중요한 문건이다.

본회의의 시작과 더불어 주목하여야 할 또다른 문건으로서 회기가 개시된 첫째 주부터 회기가 끝나는 마지막 주까지 요일별로 어떤 업무를 다룰 것인가에 대한 구체적인 업무계획programme of work을 담고 있는 문건이 있다. 앞서 언급한 문건이 당 회기에 다루어질 의제들을 알려주는 문건이라면 이 문건은 이러한 의제들을 어떠한 시간계획 아래 다루어나갈 것인가를 알려주는 문건이다. 이러한 문건은 주어진 모든 의제를 회기 내에 다루기 위한 하나의 계획서로서 회의의 진행을 위한 지침이 된다. 그러나 실제에 있어서 회의란 계획표대로 움직여주는 것은 아니기 때문에 실제의 상황을 고려하며 새로운 업무계획서가 후속적으로 나온다. 이러한 본회의의 업무계획에 관한 최초의 안은 총회업무의 재활성화Revitalization of the work of the General Assembly에 관한 사무총장의 보고서의 일부로서 새로운 회기의 개시에 앞서 6월에 발간된다. 이 문건은 제66차 유엔총회의 경우를 예로 들자면 「A/66/861」라는 문건번호와 「Revitalization of the work of the General Assembly」라는 제목과 「Report of the Secretary-General」이라는 부제를 가지고 있다. 이 문건은 서론 부분에 이어 두 번째 부분에 언제 어떤 의제항목들이 다루어질 것인가를 적고 있는 「본회의 업무계획안Draft programme of work of the plenary」을 포함하고 있다.7)

이러한 본회의의 업무계획에 관한 최초의 안에 이어 본회의의 개회가 선언되고

---

6) 유엔총회 의사규칙 제12조는 잠정의제에 관한 규정으로서 「정기회기의 의제는 사무총장이 작성하여 적어도 회기 개최 60일 이전에 회원국에게 통지한다」고 규정하고 있다.

7) 이러한 업무계획안에 따르면 공식회의는 월요일부터 목요일까지만 진행된다. 비공식회의(informal meeting)는 그때그때의 필요에 의해 개최되는 것이기 때문에 업무계획안에 비공식회의의 일정은 포함되지 않는다. 그러나 유엔저널(Journal of the UN)에는 게재될 수 있다.

United Nations

A/INF/67/4

 **General Assembly**

Distr.: General
28 September 2012

Original: English

---

Sixty-seventh session

## Programme of work of the General Assembly

## Schedule of plenary meetings

### Note by the President of the General Assembly

1.　　The present document contains a programme of work and schedule of plenary meetings of the General Assembly during the main part of its sixty-seventh session as from October 2012. Additional scheduling of items or changes in the programme of work will be reflected in revised versions of the present document and the website of the Assembly (http://www.un.org/en/ga/info/meetings/67schedule.shtml) and will be announced in the Journal.

| Date[a] | Agenda item |
|---|---|
| | **[Organizational, administrative and other matters]** |
| Tuesday, 9 October a.m. | Report of the Secretary-General on the work of the Organization [106]: (A/67/1) |
| Thursday, 11 October a.m. | Implementation of the resolutions of the United Nations [115]; Revitalization of the work of the General Assembly [116]: *joint debate* |
| | **[Promotion of justice and international law]** |
| Monday, 15 October a.m. | Report of the International Criminal Tribunal for the Prosecution of Persons Responsible for Genocide and Other Serious Violations of International Humanitarian Law Committed in the Territory of Rwanda and Rwandan Citizens Responsible for Genocide and Other Such Violations Committed in the Territory of Neighbouring States between 1 January |

유엔총회 본회의 업무계획 문건의 표지부분

일반토론general debate을 하는 주에 본회의 의장은 최종적인 업무계획을 포함하고 있는 문건을 회람시킨다. 2012년 제67차 유엔총회의 경우 9월 28일에 배포된 문건 번호가 「A/INF/67/4」이고, 제목이 「Programme of work of the General Assembly Schedule of plenary meetings」이며, 부제가 「Note by the President of the General Assembly」인 문건이 바로 이런 문건에 해당하며 이 문건의 일부분을 앞 페이지에서 볼 수 있다. 이 문건은 말 그대로 업무계획programme of work을 다루고 있는 문건으로서 본회의 일정schedule of plenary meetings을 포함하고 있다. 그러나 이러한 본회의의 업무계획은 주요위원회에서의 업무의 진척, 총회의장의 스케줄, 유엔의 다른 주요기관principal organs의 회의들을 반영하여 부단히 심의되고 변경되며 이렇게 변경된 업무계획은 문건으로서 배포되고 총회의 웹사이트에 게재된다.

다음으로 본회의의 전반적인 과정을 살펴보고자 하는데 여기서 본회의의 전반적인 과정이란 본회의의 모든 과정이 아니고 선별된 중요한 과정들이라는 점에 주의하기 바란다. 또한 본회의가 실제로 진행되는 순서는 위에서 언급한 바 있는 잠정의제를 담고 있는 문건 속의 의제항목들이 열거된 순서와 일치하는 것은 아니라는 점 역시 주의해야 한다.[8]

## 3. 본회의 회의과정

### (1) 회기의 개시선언

본회의 처음 회의는 총회의장에 의한 개회선언으로부터 시작되며 이는 잠정의제 문건에서 가장 앞에 열거되어 있는 첫 번째 의제항목인 「회기의 개시Opening of

---

8) 잠정의제를 담고 있는 문건에서 가장 앞부분을 차지하고 있는 의제항목들을 예로 들어 설명하고자 한다. 가장 앞에 열거된 의제항목 1은 총회의장에 의한 개회(Opening of the session by the President of the General Assembly)이고 그 뒤를 이어 의제항목 2인 묵념 혹은 묵상(Minute of silent prayer or meditation), 의제항목 3인 대표들의 신임장(Credentials of representatives to the sixty-eighth session of the General), 의제항목 4인 총회의장의 선출(Election of the President of the General Assembly), 의제항목 5인 주요위원회 의장단의 선출(Election of the officers of the Main Committees), 의제항목 6인 총회 부의장의 선출(Election of the Vice-Presidents of the General Assembly), 의제항목 7인 업무편성, 의제채택, 의제항목의 배분, 의제항목 8은 일반토론(General debate)이 위치한다. 이들 가운데 의제항목 1, 2, 3, 7, 8은 회기의 초반에 다루어지지만 의제항목 4, 5, 6은 총회 의사규칙 30에 따라 다음 회기가 시작되기 최소한 3개월 전에 하도록 되어 있어 총회의 속개회기인 다음 해에 다루어진다.

the Session」에 따른 과정이다.

2001년까지는 새 회기의 의장President이 본회의 처음 회의에서 공식적으로 선출되는 방식을 택했기 때문에, 새 회기의 의장이 선출되기 전까지 지난 회기 의장국의 대표단장이 임시의장으로서 개회선언을 비롯하여 사회를 보았다. 그러나 총회의 의사규칙이 2002년에 바뀌면서 총회의장이 회기 시작 최소한 3개월 전에 선출되게 되면서 처음부터 새로운 의장이 사회를 보게 되었다.[9]

회기의 개시를 위해 의장은 「I declare open the sixty-seventh session of the General Assembly」와 같은 발언과 더불어 개회를 선언하면서 의사봉gavel을 두드린다. 앞서 언급했듯이 이 때 의사봉을 몇 번 두드려야 하는 것과 관련하여 의사규칙상에 공식적으로 정해진 바는 없지만 통상적으로 1-3회 정도 두드리는 것이 관례이다.

### (2) 묵념 또는 묵상

총회 의사규칙 제62조에 따라 개회선언 직후에 1분간의 묵념silent prayer 또는 묵상meditation을 하며 이는 총회의 잠정의제 가운데 두 번째 의제항목인 「묵념 또는 묵상minute of silent prayer or meditation」에 따른 과정이다. 이때 의장은 「In accordance with rule 62 of the rules of procedure, I invite representatives to stand and observe one minute of silent prayer or meditation」이라고 발언한다.

이러한 발언과 더불어 회의장 내의 모든 사람들이 기립하여 고개를 숙이고 묵념이나 묵상을 하게 된다. 1분이 지난 후 의장이 아무 말 없이 착석하거나 「Thank you」라는 말을 하는 것을 신호로 나머지 사람들이 착석하게 된다.

이러한 묵념이나 묵상을 할 때, 지진과 같은 큰 자연재해나 재난으로 인명의 큰 손실이 있다면 의장은 이들 희생자에 대한 추도의 의미로 묵념이나 묵상을 하도록 하고 회원국의 국가원수나 행정수반이 사망한 경우에도 이들을 기리는 묵념이나 묵상을 하도록 한다. 이외의 경우에는 특정한 대상을 두지 않은 채로 그냥 묵념이나 묵상을 하도록 하는데 2013년 제68차 총회가 이런 경우에 속한다.

2011년 제66차 유엔총회의 경우 유엔사무총장으로서 명성을 떨친 함마슐드Dag

---

9) 총회 의장뿐 아니라 부의장 21인과 주요위원회 의장 6인을 회기 개시 3개월 전에 선출한다.

Hammarskjöld 전 사무총장 서거 50주년을 맞아 본회의 의장은 이에 대한 묵념을 다음과 같이 요청한 바 있다:

> Before calling on representatives to stand and observe one minute of silent prayer or meditation in accordance with rule 62 of the rules of procedure, I propose that as we do so we also pay tribute to the memory of the late Secretary-General Dag Hammarskjöld on the fiftieth anniversary of his death. I now invite representatives to stand and observe one minute of silent prayer or meditation.

### (3) 의장의 개회사

묵념이나 묵상에 이어 의장의 개회사Statement by the President가 있게 된다. 이러한 의장의 개회사는 별도의 독립된 의제항목에 따른 본회의 회의과정이 아니라 회기의 개시선언이라는 의제항목의 일부분으로 행해지는 과정으로 볼 수 있다.

의장은 개회사에서 우선 참가자들 전부에 대해 환영의 발언을 한다. 이어서 전임 의장의 노고를 치하하고 사무총장의 노고에도 치하를 보낸다. 그런 연후에 당회기에서 중점을 두어 다루어야 할 이슈들에 대해 간단하게 언급한다. 끝으로 유엔총회 참여자들에게 이러한 문제의 해결에 열정적으로 참여해 줄 것을 요청한다. 제62차 총회의장의 개회사를 예로 들면 다음과 같다.

> Mr. Secretary-General, Excellencies, distinguished guests, friends: it is my privilege and honour to welcome all of you to the sixty-second session of the General Assembly. I would like to thank you all for your contributions towards the work programme for this session. You have asked me to show leadership, and I will do it.
>
> Before outlining the major priorities for this session, I would first like to congratulate President Al-Khalifa for her energetic and honest leadership during the sixty-first session. I would particularly like to commend her for the thematic debates she convened. I intend to develop that practice and widen our global outreach.
>
> I would also like to thank Secretary-General Ban Ki-moon for his close

support during the transition period. Together we will continue to work with common purpose to renew, modernize and strengthen the Organization so that it can rise to the challenges of the twenty-first century.

More than ever before, global challenges demand multilateral solutions. The United Nations is the appropriate multilateral forum to take action. That is why the revitalization of the General Assembly deserves our greatest attention. To revitalize this House is also to renew our faith in each other, our common values and destiny. True revitalization will only happen if together we address, among other things, the five priority issues that, in consultation with the Member States, I have identified: climate change, financing for development, achieving the Millennium Development Goals, countering terrorism, and the reform agenda to renew the management, effectiveness and coherence of the Organization.

Climate change will be the first of the five priority issues on which the Assembly will focus. The challenges posed by climate change are so far-reaching and their impacts so dramatic and varied that we cannot afford to wait any longer. Science has spoken, and the time to act has come. On 24 September 2007, heads of State will have an opportunity to demonstrate their commitment in this regard here at the United Nations, for the United Nations will be the main stage for debate and action. Only a global forum can meet a global problem.

(skipped)

May I thank you once again for the responsibility and trust that you have placed in me. I can assure you that I stand ready to serve the values and principles of the Organization.

As we take our first steps together at this session, I would like to leave you to consider the wise words of George Bernard Shaw: "I don't believe in circumstances. The people who get on in this world are the people who get up and look for the circumstances they want,

and, if they can't find them, make them." (Mrs. Warren's Profession, Act II)

In the coming months, I will count on your wholehearted support to create the circumstances we need as, together, we chart the course that this Organization must take to build bridges towards a better future.

## (4) 사무총장의 개회발언

총회의장이 개회사를 마치면서 사무총장에게 발언권을 주고 이에 따라 사무총장이 발언을 한다. 이는 대표단들이 일반토론 발언(기조연설)을 할 때 사무총장이 하는 일반토론 발언(기조연설)과는 구별되는 것으로서 이때 사무총장은 총회의 운영과 관련한 내용을 중점적으로 언급한다. 이 과정은 총회의장의 개회사와 마찬가지로 총회의 독립된 잠정의제에 따른 것이 아니라 회기의 개시선언이라는 의제항목의 연장선상에서 행해지는 과정으로 볼 수 있다.

총회의장이 자신의 개회사에 이어 사무총장에게 발언권을 주어 개회발언의 기회를 주는 것은 비교적 최근의 일로서 관례로서 굳어져가고 있는 과정에 있다고 보인다. 다음은 2013년 제68차 유엔총회에서 반기문 사무총장의 개회발언 내용이다.10)

It is a great pleasure to join all present for the opening of a new session of the General Assembly. I wish to take this opportunity to congratulate the President most sincerely once again on his assumption of the high office of the presidency of the General Assembly. As we work together in future in addressing global challenges, I will count on his leadership and global vision in meeting the expectations of billions of people around the world, that is, to realize a life of dignity for all. He can also count on me.

The sense of expectation is clear. We are on the eve of very important work. We will focus on how to accelerate the achievement of the

---

10) United Nations, General Assembly, *Official Records*, A/68/PV.1 (17 September 2013).

Millennium Development Goals (MDGs) as the 2015 deadline approaches. Business, civil society and the philanthropic community will come together to showcase MDG successes.

We will intensify our efforts to define a post-2015 development agenda, including with a single set of goals for sustainable development that we hope will address the complex challenges of this new era and capture the imagination of the peoples of the world, as the MDGs did.

I therefore welcome President Ashe's choice of theme for the general debate: "The Post-2015 Agenda: Setting the Stage". He has also outlined a set of six thematic issues upon which he intends to convene high-level events and thematic debates during the sixty-eighth session; I support his decision to do so.

During the sixty-eighth session, we will also advance preparations for the 2014 International Conference on Small Island Developing States and carry out a range of other important tasks aimed at meeting the expectations of a global public that is looking to us to make decisions and investments that will build a future of prosperity and opportunity.

There will be important high-level meetings of the General Assembly on people with disabilities and on migration. We will focus on a number of urgent peace and security challenges.

I also intend to convene a high-level summit meeting on climate change, and I hope that all members will fully support it and ask their leaders to participate. The exact date will be decided on in close consultation with the President of the General Assembly and the General Committee.

Syria is without a doubt the biggest crisis facing the international community and is likely to figure prominently in the speeches made and meetings held during the general debate segment, and rightfully so. The Assembly has a role and a voice in our efforts to resolve it

and respond to the suffering. I will soon have the opportunity to report to members directly after this meeting is over.

However, we also need to look at the broader picture: global development and regional conflict. Concerning regional conflict and peace-related issues, we will hold a meeting of the oversight mechanism for the peace agreement that the United Nations brokered earlier this year for the Democratic Republic of the Congo and the Great Lakes region.

The Middle East Quartet, consisting of the United Nations, the European Union, Russia and the United States, will meet for the first time in more than a year to support the direct Israeli-Palestinian negotiations that have recently reconvened.

We will discuss how to support the transitions in Yemen and in Myanmar, and how to consolidate stability following the recent elections in Mali.

Finally, we will also mark the twentieth anniversary of the Vienna World Conference on Human Rights, a landmark event that led to the establishment of the Office of the United Nations High Commissioner for Human Rights.

While the Assembly's temporary home may not be as beautiful and evocative as the historic Hall that is now closed for renovation, what matters most is what we do here — the hard work we carry out that will translate what we say from this rostrum into tangible progress for the world's people.

In that spirit, I look forward to the capable leadership and stewardship of President John Ashe during the very important sixty-eighth session. But most of all, I look forward to the dogged determination he has pledged to this work. That is precisely what we need at this crucial time.

As I briefly mentioned with regard to the Capital Master Plan process, during which time the General Assembly Hall has to be closed for renovation, I hope that each and every delegation, particularly the leaders who will be coming, will not be disappointed by the temporary General Assembly Hall. It will last for just one year. I will make sure that, by this time next year, leaders will be able to take the floor in the beautifully renovated General Assembly Hall. I hope that representatives will convey that message.

Let us all work together for success in carrying out our agenda.

## (5) 분담금 연체로 인한 총회 투표권 상실국의 고지

이는 「유엔경비 분담의 평가척도Scale of Assessments for the Apportionment of the Expenses of the United Nations」라는 의제항목에 따른 과정으로서 사무총장의 발언 뒤에 행해진다.

유엔헌장 제19조에 따르면, 유엔에 대한 분담금의 지불을 연체한 유엔 회원국은 그 연체금액이 그때까지의 만 2년 간 그 국가가 지불했어야 할 분담금의 금액과 같거나 초과하는 경우 총회에서 투표권을 가지지 못한다.

사무총장은 이 규정에 의해 총회에서 투표권을 가지지 못하게 된 국가의 이름을 통보하는 서한letter을 문건으로 작성하여 총회의장에게 보내도록 되어 있다. 총회의장은 본회의에서 개회사에 이어 이러한 문건의 내용에 대표단들이 유념할 것인가의 여부를 묻고 이의가 없을 경우 통과시키게 된다.

## (6) 신임장위원회 위원의 임명과 신임장위원회의 보고

이 과정은 총회의 잠정의제 가운데 세 번째 의제항목인 대표단의 신임장Credentials of Representatives이라는 의제항목에 따른 과정이다. 세 번째 의제항목은 구체적으로 (a) 신임장위원회 위원의 임명Appointment of the Members of the Credentials Committee과 (b) 신임장위원회의 보고Report of the Credentials Committee라는 2개의 하부 의제항목으로 구성되어 있다. 이 두 과정은 시차를 두고 시행되는데 구체적으로 살펴보면 다음과 같다.

총회 의사규칙 제27조에 따라 각국 대표단들은 국가원수, 정부수반 또는 외무장관의 신임장과 대표단 구성원의 성명을 가능한 회기 개시 1주일 전에 사무총장에게 제출하도록 되어 있다.[11] 제28조에 따라 이러한 신임장의 적격여부를 심사하기 위해 신임장위원회가 구성되는데, 전통적으로 첫 번째 본회의 회의에서 9명의 위원들이 의장의 제의에 의해 임명됨으로써 신임장위원회가 구성된다. 회기의 개시선언으로부터 시작하여 신임장위원회의 위원임명까지가 본회의 첫 번째 회의에서 이루어지는 회의과정이다. 다음은 본회의 의장이 본회의에서 9명의 신임장위원회의 위원을 임명하면서 하게 되는 발언이다.

> Rule 28 of the rules of procedure provides that, at the beginning of each session, the General Assembly shall appoint, on the proposal of the President, a Credentials Committee consisting of nine members. Accordingly, it is proposed that, for the sixty-eighth session, the Credentials Committee should consist of the following Member States: Belgium, China, Colombia, Gabon, Guyana, the Russian Federation, Singapore, the United Republic of Tanzania and the United States of America. May I take it that the States that I have just mentioned are hereby appointed members of the Credentials Committee? It was so decided.

이들 신임장위원회 의원들은 신임장의 심사업무가 끝나는 즉시 본회의에 각국 대표단들의 신임장을 심사한 결과를 담고 있는 「보고서Report of the Credentials Committee」를 제출하도록 되어 있다. 각국 대표단들이 제출한 신임장을 심사하는 데 적지 않은 시간이 소요되기 때문에 신임장위원회의 임명은 첫 번째 본회의 회의에서 이루어지지만 심사보고서는 여러 날이 경과한 후에야 제출된다.

유엔이 창설되고 초창기에는 신임장위원회가 유엔총회의 회기가 시작되고 한참 후에야 신임장 심사의 보고서를 본회의에 전달하였다. 그러나 중국을 비롯한 여러 국가에 있어서 어느 정부가 국가의 정당한 대표인가의 대표권의 문제가 논란의 심각한 대상이 되면서 일정이 많이 당겨져 대개 10월 중순까지 심사를 끝낸 바 있다.

최근에 이르러서도 대표권을 둘러싸고 별다른 논란이 없는 경우 12월 달에 되

---

11) 이러한 신임장은 국가원수나 행정부의 수반 혹은 외교부장관에 의해 발급된다.

어서야 신임장위원회의 보고서가 총회 본회의에 제출된다. 예컨대 2010년 제65차 유엔총회의 경우 10월 5일에 신임장위원회의 위원들이 임명되었고 11월 18일에 회의를 가지고 심사에 착수해 12월 22일자로 보고서가 작성된 바 있다.

이러한 신임장위원회의 보고서는 신임장위원회의 의장이 제안한 「신임장위원회가 신임장들을 심의한 결과 이들의 신임장을 수용한다」는 내용의 결의안draft resolution을 주된 내용으로 하며, 이 결의안이 채택된 배경과 본회의에서의 채택을 권고한다는 내용을 포함하고 있다. 2010년 제65차 유엔총회의 경우 이 보고서는 12월 23일에 본회의에 신임장위원회의 의장에 의해 상정되어 이 보고서에 포함된 결의안이 토론 없이 채택된 바 있다.

그러나 일국에 있어서 정부의 변화가 있는 경우는 신속하게 신임장심사가 이루어져야만 하고 실제에 있어서도 신속하게 이루어진다. 2011년 제66차 유엔총회의 경우 9월 16일에 개최된 본회의 두 번째 회의에서 신임장위원회의 첫 번째 보고서가 상정되어 보고서 내부에 포함된 결의안이 채택된 바 있다. 결의안의 주요 내용은 신임장위원회가 카다피Kadafi 사후 그의 지지파의 저항이 있는 가운데 새로운 국가 건설을 담당하는 리비아국가과도위원회 의장President of the National Transitional Council of Libya이 임명한 대표단을 리비아의 정당한 대표단으로 인정하기로 결정했다는 것이다. 이 결의안이 채택됨으로써 리비아 대표단이 총회 본회에서 일반토론 발언(기조연설)을 할 수 있게 되었다.

### (7) 업무편성 · 의제채택 · 의제항목의 배분

앞서 언급했듯이 본회의 첫 번째 회의는 회기의 개시선언에서 시작하여 신임장위원회의 위원들에 대한 임명까지를 다룬 후 회의의 연기adjournment of the meeting 즉 휴회를 선언한다.

그런 연후에 두 번째 회의가 개회되어 우선 총회의 보조기관(들)이 정기총회 기간 중에 유엔본부 빌딩 내에서 회의를 갖는 것을 허용할지의 여부에 대해 대표단에게 묻고 반대가 없으면 허용하는 결정을 한다. 이러한 결정을 내린 다음 의장은 운영위원회General Committee가 보고서를 통해 제공하고 있는 업무편성, 의제채택, 의제항목의 배분과 관련한 정보와 권고에 대해 논의를 진행하게 된다.

이러한 운영위원회의 보고서가 작성되는 과정을 살펴볼 필요가 있다. 보고서는

「A/BUR/회기/1」이라는 문건번호를 가지는 「유엔 사무총장의 메모Memorandum of the Secretary-General」에 기초하여 작성되며 사무총장의 이러한 메모에는 회기의 편성에 관한 정보information on the organization of the session, 잠정의제에 관한 정보 information related to the provisional agenda, 의제항목의 본회의나 위원회로의 배분에 대한 권고가 포함되어 있다. 사무총장은 회기가 시작되기 전에 이러한 메모를 작성하여 운영위원회에 제출하고 운영위원회는 통상 회기 개시 후 이틀째 되는 날에 만나 사무총장의 메모를 심의한다. 앞서 언급했듯이 회기의 개시가 선언되는 본회의 첫 번째 회의는 매년 9월 세 번째 주 화요일에 열리고 업무편성·의제채택·의제항목의 배분을 다루는 두 번째 회의는 통상적으로 이틀을 건너뛴 후 금요일에 있게 된다. 이 두 회의의 사이에 끼어 있는 수요일과 목요일에 운영위원회General Committee가 개최되어 사무총장의 메모를 심의하면서 새로운 회기의 모든 조직 관련한 일organizational matters을 논의한다.

운영위원회는 이러한 심의를 거쳐 업무편성, 의제채택, 의제항목의 배분과 관련하여 총회에 정보를 제공하고 권고를 할 목적으로 보고서를 작성하여 본회의에 제출한다. 이 보고서는 운영위원회의 첫 번째 보고서로서 「A/회기/250」이라는 형식의 문건번호를 가진다. 문건번호에서 회기 다음에 오는 번호는 항상 「250」이다. 문건의 제목은 「Organization of the sixty-eighth regular session of the General Assembly, adoption of the agenda and allocation of items」이고 부제로 「First report of the General Committee」라고 되어 있다. 주요 내용은 I. Introduction, II. Organization of the session. III. Adoption of the agenda, IV. Allocation of items이다. 2013년 제68차 유엔총회의 경우 「A/68/250」이라는 문건이 이러한 보고서에 해당하는데 그 문건의 표지부분이 다음 페이지에 있다.

총회의장은 회원국 대표단에게 이러한 보고서에 포함된 정보information에 주목하고 권고recommendation를 승인할 것인가를 묻는 절차를 갖는다. 일반적으로 운영위원회가 제공한 이러한 정보와 권고가 그대로 받아들여지나 간혹 이를 둘러싸고 토의가 전개되기도 한다. 업무편성, 의제채택, 의제항목의 배분을 하나하나 살펴보면 다음과 같다.

United Nations

# General Assembly

A/68/250

Distr.: General
20 September 2013

Original: English

Sixty-eighth session

## Organization of the sixty-eighth regular session of the General Assembly, adoption of the agenda and allocation of items

### First report of the General Committee

Contents

13-47728 (E)    180913

Please recycle

운영위원회 첫 보고서의 표지부분

## 1) 업무편성

운영위원회 보고서의 업무편성Organization of Work 부분은 회기의 마감일closing date of the session, 회의 스케줄schedule of meetings, 일반토론general debate, 회의 강령 conduct of meetings, 발언문의 길이length of statements, 투표설명explanations of vote, 반 박발언권right of reply, 의사규칙 위반지적points of order, 종결 발언concluding statements, 회의의 기록records of meetings, 결의문resolutions, 문건documentation, 프로그램 예산관 련 문제questions relating to the programme budget, 행사와 기념회의observances and commemorative meetings, 특별회의special conferences 등을 주요 내용으로 한다.

운영위원회가 제공한 이들에 관한 정보와 권고는 총회의 본회의뿐만 아니라 위 원회의 운영에 있어서 실질적인 지침guideline으로서의 역할을 한다는 점에서 중요 하다. 이들 주요 내용과 관련하여 유엔총회의 이해를 위해 중요한 사항들은 발췌하 여 소개하면 다음과 같다.

우선 6개 주요위원회로 하여금 본격적인 회의를 본회의의 일반토론general debate 이 끝난 후에 시작하도록 하고 있다. 그리고 제1위원회와 제4위원회는 정기회기 중에 동시에 개최하지 말고 엇갈려 개최하도록 하고 있다.[12] 재정적인 이유로 회 의장 서비스는 본회의와 안전보장이사회의 회의를 제외하고는 6시 이후와 주말에 는 제공되지 않는다. 주중에는 10시부터 6시까지만 회의 서비스가 제공된다. 비공 식회의도 이러한 규칙이 그대로 적용된다.

원래 총회 의사규칙에 따르면 본회의의 경우 회원국의 1/3이상, 위원회의 경우 회원국의 1/4이상이 참가해야 개회를 하고 토론을 할 수 있도록 되어 있으나 관례 에 따라 이러한 규정을 유보한다고 하고 있다. 그러나 회원국의 1/2이상이 참가해 야 의사결정을 한다는 규정은 엄격하게 적용된다.

대표단의 일반토론 발언(기조연설)의 소요시간에 제한을 두지 않으나 15분 내로 마칠 것을 주문하고 있다. 의사규칙 위반지적point of order은 5분으로 제한한다. 투 표설명은 10분으로 제한하며 본회의에서의 투표가 위원회에서의 투표와 다르지 않 는 한 대표단은 위원회나 본회의 둘 중 한 곳에서만 투표설명이 허용된다. 하루에 두 번의 회의meeting가 예정되어 있고 이 두 회의가 같은 의제항목agenda item을 다 룰 경우, 반박발언권right of reply은 마지막 회의에서 주어진다.

---

12) 이는 제4위원회가 특별정치와 탈식민화 문제를 다루는 위원회로서 제1위원회에 의해 다루어지지 않 는 다양한 정치적 주제(political subject)를 다루고 있기 때문이다.

일반토론이나 의제항목별 발언에서 그룹의 의장국들은 그룹을 대표하여 우선적으로 발언을 하고 난 후 그룹에 속해 있는 다른 국가들이 의장국의 발언과 중첩되는 발언을 함으로써 시간이 많이 소요된다고 지적하고, 그룹의 속해 있는 국가의 경우 그룹 의장국의 발언에서 적절하게 다루어지지 않은 추가적인 사항에 초점을 두고 발언할 것을 요구하고 있다. 회기의 마지막 본회의 회의와 마지막 위원회 회의에서 그룹의 의장국들을 선두로 하여 대표단들이 종결발언concluding remarks을 관례적으로 해왔으나 회의의 시간을 절약하기 위해 의장단presiding officers을 제외하고는 하지 말도록 권고하고 있다.

구술기록verbatim record의 경우 총회 본회의와 제1위원회의 경우만 제공된다. 다른 주요위원회와 운영위원회의 경우는 요약기록summary record만이 제공된다.

운영위원회는 총회가 채택하는 결의문resolution의 수를 줄이는 데 큰 관심을 두고 있다. 나아가 결의문의 정치적인 영향력을 높이고자 분량을 줄일 것을 권고하고 있다. 특히 전문부분preambular part을 줄이고 행동지향적인 실행부분operative part에 초점을 두어야 한다고 강조한다. 또한 결의문의 실행을 촉진하는 데 없어서는 안 되거나 결의문이 다루고 있는 문제를 지속적으로 심의하기 위해 없어서는 안 되는 경우를 제외하고, 결의문을 통해 사무총장에게 「사무총장 보고서」를 요청하지 않도록 하고 있다.

총회가 합의로 결의안draft resolution이나 결정안draft decision을 채택하기 위해 가능하면 비공식협의informal consultation에 최대한 많은 회원국이 참가할 것을 권고하고 있다.

총회 본회의와 위원회의 결정decision을 필요로 하지 않는 「사무총장의 보고서」나 「보조기관subsidiary organs의 보고서」에 대하여 본회의와 위원회는 다른 행동을 취하지 않고 단지 주목하는 것에 그치도록 하고 있다. 즉 사무총장이나 보조기관에 의해 구체적으로 요청을 받지 아니하는 한, 이들이 제출한 보고서를 토의하지 않으며 이에 대한 결의문을 채택하지 말아야 한다.

운영위원회는 또한 총회 의사규칙 제153조에 주목할 것을 권고하고 있다. 이 조항에 따르면 위원회는 사무총장이 작성한 경비산정서estimate of expenditure를 동반하지 않는 한 비용을 포함하는 결의안을 총회 본회의의 승인을 위해 권고할 수 없으며 사무총장이 소요경비를 산정해 준 결의안은 행정과 예산문제를 다루는 제5위원회가 그 제안이 유엔의 예산산정에 미치는 영향에 대해 심의할 기회를 갖기

전까지는 총회 본회의에 의해 투표되지 않는다.13)

이와 더불어 1979년에 총회가 통과시킨 결정 34/401에 따라, 어떤 제안에 대한 채택절차를 밟기 전 최소한 48시간의 시간적 여유를 두어 사무총장으로 하여금 결의안이 가지는 사업예산함의서를 준비하고 제출하도록 하여야 한다. 운영위원회는 사무총장이 사업예산함의를 심의하기 위해서는 실제로 48시간 이상이 필요하다는 것에 주의를 환기시키고 있다. 결정 34/401은 또한 주요위원회들로 하여금 사무국이 경비산정서를 준비하고 행정예산문제자문위원회ACABQ와 예산문제를 다루는 제5위원회가 고려하기에 충분한 시간을 허용하여야 한다고 규정하고 있다.

운영위원회가 제시하는 이러한 정보와 권고사항들 대부분은 이미 유엔총회에서 관례로서 수립된 것들이다. 따라서 총회의장은 이러한 정보와 권고들을 하나하나 개별적으로 논하기보다 하나로 묶어 전체로서 수용여부를 묻고 반대가 없을 경우 이를 통과시키고자 한다. 이 경우의 총회의장 발언은 다음과 같다.

> May I take it that it is the wish of the General Assembly to take note of all of the information that the General Committee wishes it to take note of and to approve all the recommendations of the General Committee?

그러나 대표단이 운영위원회가 제시한 정보나 권고와 관련하여 토의를 요구할 경우에 의장은 대표단에게 발언의 기회를 주고 토의를 진행 한 후 수용여부를 결정하게 된다.

### 2) 의제채택

여기에서 의제채택Adoption of the Agenda이란 운영위원회의 보고서에서 의제채택과 관련하여 권고하고 있는 부분을 본회의가 채택하는 과정이다. 이미 언급했듯이 운영위원회가 의제채택과 관련하여 권고하고 있는 것은 사무총장이 메모에서 의제채택과 관련하여 권고하고 있는 것을 심의한 결과이다. 좀 더 구체적으로 의제채택과 관련한 운영위원회 보고서의 권고는 사무총장의 메모가 제안하고 있는 잠정의제를 심의하고 더불어 보충 의제항목과 추가 의제항목이 있을 경우 이들을 잠

---

13) 이 때문에 결의안이 통과되기 전에 예컨대 「Draft resolution A/C.2/61/L.13/ Rev.1 has no programme budget implication」라는 발언을 종종 하곤 한다.

정의제에 포함시킬 것인가의 여부까지도 심의한 결과물이다.

운영위원회의 보고서에 포함된 잠정의제에 관한 권고가 의장에 의해 본회의에 상정된 후 의장은 통상적으로 여러 개의 의제항목들을 그룹으로 묶어서 채택여부를 묻는다. 때때로 의제항목 하나하나에 대해 개별적으로 채택여부를 묻는 경우도 있다. 의장은 이때 예컨대 「We turn(come) to items 4 to 8. May I take it that those items are included in the agenda?」라는 식으로 대표단의 의견을 묻는다. 이때 반대가 없을 경우 이를 통과시킨다. 이때 의장은 「As I see no objection, it is so decided」라고 발언한다. 일반적으로 운영위원회에 보고서에 포함된 잠정의제는 이미 대표단들과의 협의를 거쳐서 제안된 것이기 때문에 별 수정 없이 통과되는 것이 일반적이다.

그러나 본회의에서 새로운 의제항목의 추가가 제안되거나 기존 의제항목의 삭제나 대체가 제안되는 등 의제채택에 관한 운영위원회의 권고가 그대로 수용되지 않는 경우도 존재한다. 이럴 경우에는 토론과 표결 등의 절차를 거쳐 제안의 수용여부를 결정짓게 되는데 이러한 과정을 통해 실제로 추가되거나 삭제되거나 대체되는 의제들이 없지 않다. 물론 이러한 시도들이 실패하는 경우도 있다. 예컨대 2006년 제61차 유엔총회 본회의 2차 회의에서 타이완의 유엔가입 문제를 의제항목으로 포함할 것인가의 여부가 논쟁이 되어 토론이 진행되었으나 중국의 강력한 반대로 끝내 포함되지 못했다.

이처럼 운영위원회의 권고에 이의가 있을 경우 총회 의사규칙 제23조에 따라 토론이 허용되어 찬성하는 측 3인과 반대하는 측 3인에게 발언의 기회가 주어져야 한다. 곧이어 표결에 회부되어 출석하여 투표한 과반수의 찬성이 있으면 통과가 된다. 의장은 이러한 과정을 거쳐 최종적으로 의제의 채택을 선언하게 된다.[14] 이처럼 잠정의제가 채택되어 정식의제가 되면 이들 정식의제가 포함한 문건이 별도로 발간되며 「A/회기/251」이라는 문건번호를 가지게 된다.

---

14) 본 저서는 이슈가 의제로 채택되는 과정을 별도로 다루고 있지는 않으나 중요한 이슈(issue)라고 해서 반드시 공식적인 논의의 대상인 의제(agenda)가 되는 것은 아니다. 때때로 이슈가 논쟁적이어서 이슈를 둘러싸고 이의 의제화를 시도하는 세력과 이를 막고자 하는 세력이 큰 갈등을 보이는 경우가 많으며, 이를 두고 의제정치(agenda politics)라고 부른다. 힘 있는 국가가 다른 국가와 의견을 달리하는 이슈는 의제가 되기 힘들며 G-8의 경우에서 볼 수 있는 것처럼 합의에 이르지 못하고 내부의 불협화음을 노정시킬 가능성이 있는 이슈는 의제가 되지 못한다. 지스카르 데스탱 전 불란서 대통령의 「회의에서 논의되지 않은 것만 조사하라. 그러면 중요한 이슈들은 거기에 다 있다」는 말이 이와 관련하여 자주 인용된다.

### 3) 의제항목의 배분

의장은 의제의 채택에 이어 운영위원회의 보고서가 권고하고 있는 의제항목들의 위원회별 배분에 대해 대표단들의 의견을 묻고 채택여부를 결정하게 된다. 예를 들면 의장은 다음과 같은 발언을 통해 제2위원회로의 의제항목의 배분Allocation of Items에 대한 대표단의 의견을 묻고 반대가 없으면 통과시킨다.

> We turn(come) now to the list of items which the General Committee has recommended for allocation to the Second Committee. May I take it that the General Assembly approves the allocation of items proposed for the Second Committee? (pause) As I see no objection, it is so decided

위원회로의 의제항목들의 배분이 끝난 뒤 의장은 개개 주요위원회들이 할당된 의제항목의 목록을 수령할 것이며 이로써 주요위원회는 의사규칙 제99조에 따라 업무를 시작할 수 있다고 다음과 같이 발언한다.

> Each Main Committee will receive the list of agenda items allocated to it so that it may begin its work in accordance with rule of 99 of the rules of procedure

이러한 과정을 통해 운영위원회의 보고서가 권고하는 의제의 배분에 관한 권고가 본회의 두 번째 회의에서 채택이 되면 의제의 배분에 관한 별도의 문건이 발간되며 「A/회기/252」라는 문건번호를 가지게 된다.

업무편성, 의제채택, 의제항목의 배분에 대한 논의를 마친 후 의장은 유엔총회로부터 이미 옵서버의 지위를 얻은 바 있는 로마교황청The Holy See과 팔레스타인 Palestine이 총회에 참가할 것임을 주지시킨다.

### (8) 사무총장의 일반토론 발언과 회원국의 일반토론 발언

유엔총회 의사규칙 부속사항annex에 따라 유엔총회는 일반토론을 총회의 새 회기가 9월 세 번째 주 화요일에 시작된 후 1주일 뒤인 다음 주 화요일에 시작하여 평일 9일9 working days 동안 지속적으로 가진다. 일반토론은 통상적으로 본회의의

세 번째 회의에서 시작된다. 2012년 제67차 유엔총회의 경우 9월 18일(화요일)에 회기가 시작되었는데 일반토론은 한 주 후인 9월 25일(화요일)부터 시작되어 10월 1일까지 일주일 동안 진행되었다. 일반토론은 실제로 9일이 배정되었지만 보통 7일 정도의 기간 안에 끝난다.

일반토론의 구체적인 순서를 살펴보면 우선 의장은 개회를 선언한다. 그리고 엄밀하게 말해 일반토론의 일부분은 아니지만 사무총장에게 발언권을 주어 연설을 하도록 하는데 우리는 이것을 흔히 사무총장의 일반토론 발언(기조연설)이라고 칭한다.15) 이어서 의장은 각국 대표단에게 일반토론을 위한 발언을 부탁하고 이어서 일반토론에의 참여가 허용된 옵서버observer에게 일반토론을 위한 발언의 기회를 부여한다.

국가 대표단들의 일반토론 발언에는 순서가 있으며 이와 관련하여 일정한 관례가 성립되어 있다. 구체적으로 브라질, 총회의 개최국, 총회의 의장국 그리고 기타 국가들 순서로 진행된다. 이처럼 브라질이 첫 번째로 발언을 하는데, 이는 1947년 당시 브라질 외무장관이 유엔에서 제1차 특별총회와 제2차 정기총회의 사회를 맡은 것이 계기가 되어 이후 제4차 총회부터 일반토론에서 가장 먼저 발언하는 것이 관례로 굳어졌다.16) 미국은 유엔본부 소재지로서 총회 개최국인 관계로 두 번째로 발언을 하고 이어서 총회의 의장국이 발언을 한다. 2012년 제67차 유엔총회의 경우 이러한 관례에 따라 브라질 대통령, 미국 대통령 그리고 그 당시 총회의 의장국인 세르비아 대통령의 순차적으로 일반토론 발언(기조연설)을 했다. 2013년의 경우 이러한 순서에 따라 브라질 대통령과 미국 대통령에 이어 의장국으로 선출된 터키의 대통령이 일반토론에서 발언을 한 바 있다.

이들 세 국가 이외의 국가들은 언제 일반토론 발언을 하고자 하는지를 결정한 후 사무국에 비치한 순번이 표시되어 있는 발언자명부에 국명을 적어 넣고 구체적인 순서가 결정되기를 기다린다. 이때 구체적인 순번은 국가별 희망 날짜와 시간대를 반영하되 선착순 등록원칙, 대륙별 안배원칙, 국가원수·부통령·정부수반·외

---

15) 2012년 제67차 유엔총회의 경우 9월 25일에 일반토론이 시작되었는데 같은 날 반기문 사무총장이 연설을 한 바 있다. 사무총장은 대표단석에서 쳐다보아 의장의 왼쪽에 앉아 있다가 의장으로부터 발언의 기회를 얻으면 의장단석 앞에 놓여 있는 연단으로 내려와 연설을 하게 된다. 국가의 대표단들도 대표단석에서 나와 이 연단에서 일반토론 발언(기조연설)을 하게 된다.

16) 1945년에 유엔이 창설된 이후 총회가 열리면 다른 대표단들은 서로의 얼굴들만을 쳐다보면서 누가 가장 먼저 발언을 할 것인가 눈치만 보고 있었는데 브라질 대표단만이 유일하게 발언할 준비가 항상 되어 있었다. 이 때문에 브라질이 가장 먼저 발언을 할 권리를 가지게 되었다고 한다.

교장관 등의 서열에 따라 순서가 배분된다. 이러한 일반토론을 위한 발언자명부는 공식적으로 5월 말에 개방된다. 2014년 9월에 개최된 제69차 유엔총회의 경우 한국의 박근혜 대통령이 7번째로 연설했고 일본의 아베 신조 총리는 50번째, 북한의 리수용 외무상은 149번째로 연설을 한 바 있다.17)

일반적으로 본회의 일반토론의 발언은 각 국가의 정상이나 외무장관 등과 같은 국가 고위급인사들이 본국으로부터 유엔본부가 있는 뉴욕에 와서 하는 경우가 대부분이다. 한국의 경우 2011년에는 대통령이 발언을 했고 2012년에는 외교부장관이 발언을 한 바 있다.18) 본회의가 아닌 위원회의 일반토론 발언은 보통 자국의 유엔대표부 대사가 하는 것이 통례이다. 본회의든 위원회든 일반토론 발언이 아닌 의제항목별 발언은 통상 대표단의 실무자들이 하는데, 구체적으로 유엔 대표부의 담당 외교관이나 본국 외무부의 실무자가 발언을 한다.

본회의 일반토론은 회원국들 이외에 옵서버에게도 개방이 된다. 그러나 옵서버 모두에게 개방되는 것은 아니고 오직 바티칸The Holy See과 팔레스타인Palestine 그리고 유럽연합EU만이 대상이 된다. 이들 중 누가 먼저 일반토론 발언을 하는가는 대표의 수준level of representation에 따라 달라진다.

전통적으로 본회의의 일반토론에서 각국 대표단은 국제사회 전반의 상황에 대한 견해나 정책 혹은 유엔총회에 맡겨진 의제들에 대한 견해나 정책을 언급한다. 또한 본회의의 의제와 관계없이 자국이 특별히 관심을 두고 있는 사항에 대한 견해와 정책 등을 일반토론에서 언급하기도 한다.19) 이처럼 의제항목 하나하나에 대한 구체적인 입장이나 정책을 피력하는 것이 아니고 국제사회의 이슈 전반이나 유엔총회 의제 전반에 대한 기본 입장을 밝히는 것이기 때문에 일반토론 발언을 「기조연설key-note speech」이라고 칭한다. 일부 주요위원회에서도 일반토론이 행해지나 본회의의 일반토론과는 달리 각 위원회에 맡겨진 좀 더 한정된 주제의 의제들 전반에 대한 발언이 있게 된다.

유엔총회 본회의에서 일반토론 발언을 하고자 하는 국가들로서 발언문을 회원국 대표단, 전문기구, 옵서버observers, 비정부기구NGO, 통역인, 기록 작성자, 언론

---

17) 아주경제, "북한, 제비뽑기로 유엔총회장에서 맨 앞줄에 앉아" http://www.ajunews.com/view/ 20140925094651589 (검색일: 2014년 9월 25일).
18) 한국의 경우 대통령은 2년에 한 번 유엔총회 본회의 일반토론에 참여한다는 원칙을 따르고 있다.
19) 예컨대 한국의 대통령은 2011년 유엔총회 본회의 일반토론에서 북한의 핵 포기와 더불어 북한이 공존공영의 길로 들어설 것을 요구하는 연설을 한 바 있다.

담당자press officer에게 배포하기를 원할 경우 350부를 준비하여 총회장General Assembly Hall 왼편에 있는 문건대documents counter에 가져다 놓아야 한다. 본회의가 아닌 주요위원회main committee의 경우는 350부가 아닌 250부 정도면 된다.

본회의나 위원회에서 이렇게 광범위하게 배포하는 것을 원하지 않을 경우라도 최소한 30부를 준비하여 사무국의 회의 담당자conference officers에게 미리 주어야 회의의 원활한 진행을 도울 수 있다. 이것도 힘들 경우 발언 전에 통역인과 기록 작성자를 위해 6부만이라도 제출할 것을 유엔사무국은 대표단들에게 촉구하고 있다.[20]

총회장에서 자리에 앉아 있는 대표단들에게 일반토론 발언문을 배포하는 일은 유엔의 사무국 직원이 담당하지만, 복사하는 일까지는 개개 국가 유엔대표부의 소관업무이다. 이는 대표단의 일반토론 발언문이 유엔의 문건이 아니기 때문이다. 사무국 직원은 발언을 하고 있는 국가의 발언이 끝날 즈음해서 다음에 발언할 국가의 발언문을 배포한다.

본회의 일반토론 발언은 유엔총회장General Assembly Hall에서 하게 되며 이때 국가대표는 의장단석의 앞에 마련되어 있는 단상podium에 걸어 나가 발언을 하게 된다. 발언을 마친 국가대표는 연단에서 총회의장 및 사무총장과 악수를 한다. 이와는 달리 각 위원회의 일반토론 발언은 자신의 자리에 앉은 채로 한다.

일반토론 발언에 대해 반박발언권을 행사할 수 있는데 이때 발언 내용 등을 서한으로 작성하여 사무총장에게 보내면 사무총장은 이를 모든 회원국들에게 배포한다.[21] 구체적인 반박발언권의 행사는 매일 일반토론이 끝난 다음에 가지게 된다.

본회의의 일반토론에 대해 적지 않은 비판과 개선책이 제기되어 왔다. 우선 일반토론은 유엔총회의 과정 중에서 긴 시간을 소요하면서 지루하기 그지없는 과정으로 인식된다. 왜냐하면 모든 국가가 다 일반토론에 참여하는 것은 아닌데도 불구하고 주말을 뺀 평일로서 9일 정도의 긴 시간 동안 개최되기 때문이다. 운영위원회 General Committee는 개개 국가 대표단에게 15분의 일반토론 시간을 권고하고 있으나 이러한 시간제한을 넘기는 경우가 적지 않으며 시간을 넘긴다고 해도 제지하지 않는 것이 관행이다.[22] 일반토론이 더욱 더 지루하게 느껴지는 것은 각국 대표가

---

20) 이러한 사항은 일반토론 발언문뿐만 아니라 의제항목에 대한 발언문의 경우에도 그대로 적용된다.

21) 위원회의 경우는 반박발언을 구두로 한다.

22) 2009년 제64차 유엔총회에서 리비아의 국가원수인 카다피(Kadafi)는 할당된 15분을 넘겨 96분간 일반토론 발언(기조연설)을 했다. 연설시간 15분은 강제사항이 아닌 총회의 진행을 위한 권고사항

발언을 할 때 이미 제출한 발언문을 있는 그대로 단순히 낭독하는 것이 일반적이기 때문이다.

이와 관련하여 재미있는 일화 한 가지를 소개하고자 한다. 1989년 부탄 대표가 총회에서 다른 국가 대표들이 지루하게 타국의 일반토론 발언을 듣고 있다는 것을 알고 「발언문을 이미 나누어주었는데 어리석게 읽어 줄 필요가 있느냐」라고 말하고 발언문을 읽지 않은 채 단상에서 내려왔다. 그러자 다른 국가 대표단들이 당신이 만약 총회의 의장으로 출마하면 영원히 의장직을 유지할 수 있을 것이라고 농담을 한 적이 있다.[23)]

이렇게 많은 시간을 소요하는 것에 대한 비판과 더불어 「일반토론general debate」이라는 말에 포함되어 있는 「토론debate」이라는 말과는 달리 일방적인 발언으로서 「실질적인 토론actual debate」이 결여되어 있어 「속빈 토론empty debate」라고 칭하기도 한다. 이 때문에 일반토론을 없애야 한다는 과격한 주장과 더불어 시간을 더 줄여야 한다는 보다 온건한 주장이 제기되어 오고 있다.[24)]

이러한 문제의 일부를 해결하기 위한 방편의 하나로서 일반토론이 구심점을 가지도록 최소한 하나의 특정한 주제에 초점이 주어져야 한다는 주장이 제기되어 수용된 바 있다. 그 결과 차기 총회의 의장the President-elect은 회원국, 당시의 총회의장, 사무총장과의 비공식협의를 통해 주제를 정한 후 회원국들에게 서한을 보내 이를 알리게 되어 있다. 이에 따라 2010년 제65차 유엔총회 본회의 주제는 「글로벌 거버넌스에서 유엔의 중심적 역할의 재확인Reaffirming the central role of the United Nations in global governance」이었고 2011년 제66차 유엔총회 본회의 주제는 「분쟁의 해결에 있어서 중재의 역할The role of mediation in the settlement of disputes」이었다. 2012년 제67차 유엔총회의 경우 본회의의 일반토론의 토의주제로서 「평화적 수단에 의한 분쟁이나 상황의 조정 혹은 해결Adjustment or Settlement of International Disputes or Situations by Peaceful Means」이라는 주제가 주어졌다. 하지만 이에 구속을 받지 않고 일반토론이 이루어졌다.

---

으로서 연설시간을 초과한다고 해도 제재조치가 없다. 마이크를 끄는 일도 없다. 1960년 쿠바의 카스트로는 4시간 30분 동안 미국의 제국주의를 비난하는 일반의 연설을 했으며 이 기록은 아직까지 깨지지 않고 있다.

23) Ian Williams, *The U.N. for Beginners* (New York: Writers and Readers Publishing, INC. 1995), p. 17.

24) 뒤에서 언급하겠지만 유엔총회의 위원회의 경우 일부 위원회는 유사한 비판 속에서 일반토론을 생략하기에 이르렀다.

이러한 비판들에도 불구하고 유엔총회의 본회의는 일반토론과 더불어 본격적으로 시작된다고 해도 과언이 아니며 이 때문에 일반토론은 「유엔총회의 꽃」으로 간주된다. 그 이유는 첫째로 일반토론이 유엔 회원국 중 가장 작은 국가에게마저도 공평하게 의견을 피력할 기회를 제공하기 때문이다. 둘째로 대표단은 일반토론 발언을 통해 자국의 입장을 알릴 수 있을 뿐 아니라 타국의 입장을 경청하게 됨으로써 이후에 있을 비공식협의informal consultation를 효율적으로 가질 수 있도록 해주기 때문이다.[25] 셋째로 대표단에게 의제에 포함되어 있지 않은 의제에 대해서도 의견을 개진할 수 있는 기회를 제공하기 때문이다. 마지막으로 일반토론은 세계 최고 그리고 최대의 외교의 장을 제공하는데, 이는 일반토론 기간 중에 각국에서 온 국가의 원수나 정부의 수반 혹은 외무장관들이 일반토론 발언 이외에 막전 막후 양자 접촉을 통해 각국의 이해관계를 절충하고 국가간 친선을 도모할 수 있기 때문이다.

다음에서 일반토론이 구체적으로 어떤 순서와 방식에 의해 진행되는가를 실례를 통해 살펴보고자 한다. 우선 의장은 회원국 대표단의 일반토론을 안내하면서 대표단들의 일반토론 발언에 앞서 서두 발언을 하게 되는데 이러한 발언의 말미에 대표단의 일반토론과 관련하여 시간제약 때문에 발언시간을 15분으로 제한한다는 것과 발언이 끝난 후 총회장에서 축하발언을 삼가달라는 것을 주요 내용으로 하는 주지사항을 다음과 같이 전달한다.

> Before giving the floor to the first speaker for this morning, I should like to remind members that the list of speakers has been created on the basis that statements will have a time limit of 15 minutes per statement to enable all the speakers to be heard at any given meeting. Within this time frame, I should like to appeal to speakers to deliver their statements at a normal speed so that interpretation may be properly provided. I should also like to draw the General Assembly's attention to the decision made by the Assembly at previous sessions, namely, that the practice of expressing congratulations inside the General Assembly Hall after a speech has been delivered are strongly discouraged. May I take it that the General Assembly agrees to

---

25) 유엔회의에서 이러한 과정이 없을 경우 토의할 의제에 대해 개개 국가의 입장을 하나하나 파악한다는 것이 현실적으로 쉽지 않다.

proceed in the same manner during the general debate of the sixty-second session? (pause) As I see no objection, it is so decided.

이렇게 주지사항을 전달한 후 의장은 개개 국가 대표단에게 일반토론의 발언을 부탁한다. 이때 의장은 전형적으로 다음과 같은 발언을 한다.

The Assembly will hear an address by the President of the Federative Republic of Brazil. On behalf of the General Assembly, I have the honour to welcome to the United Nations His Excellency Mr. Luiz Inácio Lula da Silva, President of the Federative Republic of Brazil, and to invite him to address the Assembly.

각국 대표단의 발언이 끝날 때마다 의장은 다음과 같이 발언을 하는데 다음 경우는 브라질 대표단의 일반토론 발언이 끝난 직후의 의장의 발언 내용이다.

On behalf of the General Assembly, I wish to thank the President of the Federal Republic of Brazil for the statement he has just made.

각국 대표단의 일반토론이 모두 끝난 후, 의장은 일반토론의 종료발언concluding remark을 한다. 이러한 종료발언은 다음과 같은 발언으로 시작된다.

We have come to the end of the general debate of the fifty-eighth session of the General Assembly. Before closing this year's general debate, I would like to make a few concluding remarks.

이러한 서두 발언과 더불어 일반토론 발언에 참가한 대표단에게 다음과 같은 감사의 표현을 한다.

As we conclude the annual general debate, I would like to thank all participants for their insightful contributions.

이러한 감사의 발언에 이어 이제까지의 발언들을 종합하여 자신의 의견을 피력한다. 그런 연후에 일반토론에 수고해 준 부의장과 사무국 직원에 대한 감사함을 다음과 같이 표시한다.

Let me conclude by expressing my sincere appreciation to the Vice-Presidents of the General Assembly for their assistance and cooperation in the conduct of the work of the general debate. I wish also to thank the dedicated Secretariat staff, particularly those who have worked with me, and to commend them for their support and cooperation.

최종적으로 의장은 다음과 같은 발언으로 일반토론을 공식적으로 종료한다.

May I take it that it is the wish of the General Assembly to conclude its consideration of agenda item 8? (pause) As I see no objection, it is so decided.

## (9) 유엔기관의 보고서 심의

유엔헌장 제15조는 총회가 안전보장이사회SC로부터 연례보고annual report와 특별보고special report를 받아 심의하고 안전보장이사회 이외의 다른 기관으로부터의 보고를 받아 심의할 수 있는 권한을 포괄적으로 규정하고 있다. 이러한 포괄적 규정과 더불어 유엔헌장 제98조는 사무총장이 유엔기구의 사업에 관하여 총회에 연례보고를 하도록 규정하고 있다. 유엔헌장 제24조 3항은 총회의 심의를 위해 안전보장이사회가 연례보고서와 더불어 필요한 경우 특별보고서를 총회에 제출하도록 규정하고 있다.

이러한 규정들에 근거하여 본회의에서 유엔 사무총장의 유엔 업무에 관한 연례보고와 안전보장이사회의 연례보고가 있게 된다. 이와 더불어 경제사회이사회, 국제사법재판소, 국제원자력기구와 같은 기관들의 연례보고도 있다. 2008년 제63차 총회의 경우 사무총장UNSG, 안전보장이사회SC, 경제사회이사회ECOSOC, 국제사법재판소ICJ, 평화구축위원회PBC, 국제형사재판소ICC, 국제원자력기구IAEA 등으로부터의 보고서에 대한 심의가 있었다.

연례보고의 경우 보고서는 지난 1년간의 활동과 향후 과제에 대한 것을 주된 내용으로 한다. 본회의에서 이들 보고서에 대한 토론을 거쳐 필요한 경우 결의안이 채택되는데, 이때 결의안은 통상적으로 이들 기관의 활동에 대한 평가와 더불어 취

해져야 할 조치에 대해 언급을 한다. 특별히 취하도록 권고할 조치가 없을 경우 결의안의 채택 없이 「총회가 보고서에 주목한다The Assembly takes note of the report」는 것으로 논의를 마치기도 한다. 보고는 이러한 연례보고만 있는 것이 아니라 총회의 특별한 요청에 의해 작성된 특별보고서의 보고도 있다.

A/68/1

**United Nations**

# Report of the Secretary-General on the work of the Organization

**General Assembly**
**Official Records**
**Sixty-eighth Session**
**Supplement No. 1**

Please recycle

사무총장의 연례보고 표지부분 (A/68/1)

앞서 언급했듯이 총회는 유엔의 여러 기관으로부터의 보고를 받고 심의를 하지만 이곳에서는 연례보고의 예로서 사무총장의 연례보고를 살펴보고자 한다. 사무총장의 연례보고에는 두 종류가 있다. 하나는 회원국의 요청에 의해 사무총장이 특정 주제와 관련하여 매년 보고를 하는 경우이고 다른 하나는 사무총장이 유엔기구의 사업 전반에 대해 매년 보고를 하는 경우이다. 후자를 위해 작성되는 보고서는 「Report of the Secretary-General on the work of the Organization」이라는 제목을 가지며 「A/회기/1」이라는 문건번호를 가진다.

사무총장의 연례보고는 통상적으로 의제항목의 배분이 끝난 후 대표단의 일반토론 전에 있게 된다. 2012년의 경우도 일반토론이 있기 직전에 사무총장의 연례보고가 있었다. 그러나 이보다 더 늦게 나중에 행해지기도 한다. 사무총장이 연례보고를 한 후에 이에 대한 대표단들의 토론이 있게 된다. 이러한 토론은 항상 연례보고가 끝나자마자 곧바로 이어지는 것은 아니다. 제58차 유엔총회 본회의의 경우 9월 23일에 개최된 제7차 본회의 회의에서 사무총장의 연례보고가 있었고 이에 대한 대표단의 토론은 10월 6일에 개최된 제23차 회의에서야 시작되었다. 사무총장의 연례보고와 이에 대한 총회의 토론이 행해지는 구체적인 과정을 발언문을 중심으로 살펴보면 다음과 같다. 제일 먼저 의장은 다음과 같은 발언을 통해 사무총장에게 연례보고를 요청한다.

> The General Assembly will hear a presentation by the Secretary-General of his annual report on the work of the Organization, under agenda item 10 of the agenda. I give the floor to the Secretary-General.

이어서 사무총장은 연례보고서에 대한 보고를 하며, 보고가 있은 후 보고서에 대한 각국 대표단의 토론이 이어진다. 대표단의 토론이 다 끝난 후 의장은 이제까지의 토론의 내용을 정리하면서 자신의 의견을 피력한다. 그리고 난 후에 보고서에 주목한다는 것에 대표단들이 뜻을 같이하는지의 여부를 다음과 같이 묻고 연례보고에 대한 토론을 종료한다.

> We have heard the last speaker on the debate on this agenda item. May I take it that the Assembly takes note of the report of the

Secretary-General on the work of the Organization contained in document A/62/152. (pause) As I see no objection, it is so decided. The Assembly has thus concluded this stage of its consideration of agenda item 109.

이처럼 사무총장의 연례보고와 이에 대한 토론을 거친 후 권고할 조치가 없을 경우 총회가 보고서에 주목한다는 내용의 결정을 통과시키는 경우가 많다. 사무총장의 보고서에 대한 대표단의 토론에서 조치를 취할 필요가 있다고 판단될 경우 토론의 결과로서 결의안이 채택될 수도 있다.

사무총장이 총회로부터 과거에 특정 주제에 관한 보고서 작성의 요청을 받았을 경우, 사무총장은 연례보고서 이외에 이러한 보고서(즉 특별보고서)에 대한 보고를 하며 대표단들은 이러한 보고에 대해 토론을 전개한다.

## (10) 위원회 보고서의 토론과 보고서에 포함된 결의안의 채택

본회의의 중요 절차 중 하나는 6개 주요위원회의 보고관rapporteur으로부터 본회의로부터 배분된 의제에 대해 해당 위원회가 어떠한 행동을 취했는가에 대해 보고를 받고 필요한 경우 이러한 내용을 포함하고 있는 보고서report에 대한 토론을 한 후 보고서에 담겨져 있으면서 보고서가 채택을 권고하고 있는 결의안을 채택하는 일이다. 앞서 언급했듯이 이러한 보고서는 주요위원회의 보고관의 책임 아래 사무국 소속의 주요위원회의 간사Committee Secretary에 의해 의제항목별로 작성된다.

본회의에 위원회의 보고서가 보고관에 의해 보고될 때 보고서는 위원회의 문건이 아닌 본회의의 문건으로서 작성된다는 점에 주의해야 한다. 따라서 「A/C.3/55/L.53」과 같은 위원회 문건번호가 아닌, 다음 페이지에서 보는 것과 같이 「A/67/454」와 같은 본회의 문건번호를 지니게 된다.

문건작성 요령에서 좀 더 자세히 언급하겠지만 보고서에는 결의안이 위원회에서 채택되게 된 과정에 대한 서술, 본회의가 결의안을 채택할 것을 권고한다는 단락, 그리고 결의안의 본문이 포함된다. 이 중에서 보고서의 가장 핵심적인 부분은 다름 아닌 결의안이다.

6개 주요위원회가 자신들에게 배분된 의제항목들에 대한 결의안을 채택하고 이러한 결의안이 포함된 보고서를 작성하여 본회의에 제출하게 되면 본회의는 이러

한 보고서에 포함된 결의안들을 다시 심의하고 최종적인 채택절차를 취한다.

 일부 보고서는 회기가 시작되고 얼마 지나지 않은 초반에 본회의에 보고되고 이들 보고서가 채택을 권고하는 결의안이 채택되기도 하지만 적지 않은 보고서들은 본회의의 마지막 날이나 마지막 시간을 얼마 안 남기고서 무더기로 몰아서 보

---

United Nations

**General Assembly**

A/67/454

Distr.: General
3 December 2012

Original: English

---

**Sixty-seventh session**
**Agenda item 66**

### Rights of indigenous peoples

#### Report of the Third Committee

*Rapporteur*: Mr. Suljuk Mustansar Tarar (Pakistan)

## I.  Introduction

1.    At its 2nd plenary meeting, on 21 September 2012, the General Assembly, on the recommendation of the General Committee, decided to include in the agenda of its sixty-seventh session the item entitled:

 "Rights of indigenous peoples:

 "(a)  Rights of indigenous peoples

 "(b)  Second International Decade of the World's Indigenous People"

and to allocate it to the Third Committee.

2.    The Third Committee considered the item at its 18th, 35th and 43rd meetings, on 22 October and 8 and 26 November 2012. An account of the Committee's discussion is contained in the relevant summary records (A/C.3/67/SR.18, 35 and 43).

3.    For its consideration of the item, the Committee had before it the following documents:

 (a)   Report of the Secretary-General on the evaluation of the progress made in the achievement of the goal and objectives of the Second International Decade of the World's Indigenous People (A/67/273);

 (b)   Report of the United Nations High Commissioner for Human Rights on the status of the United Nations Voluntary Fund for Indigenous Populations (A/67/221);

 (c)   Note by the Secretary-General transmitting the report of the Special Rapporteur on the rights of indigenous peoples (A/67/301).

12-62551 (E)   101212

Please recycle

---

제3위원회 보고서의 표지부분

고되고 이들 보고서의 결의안들이 채택되는 것이 일반적이다. 이때 6개 위원회의 보고서들이 같은 날 같은 회의에서 채택되는 것은 아니라 위원회별로 시간차를 두고 채택이 이루어진다. 이는 각 위원회마다 주어진 개개 의제항목들에 대한 모든 결의안의 채택이 모두 끝나는 날이 제각기 다르기 때문이기도 하다.26) 본 회의가 특정 위원회의 보고서들을 채택하는 과정에서도 개개 보고서가 권고하고 있는 결의안 모두를 1회에 동시에 채택하는 것이 아니다. 몇 개의 결의안을 그룹으로 묶어 몇 차례에 걸쳐 채택하기도 한다.

이러한 과정을 통해 주요위원회가 채택한 결의안draft resolution이 본회의에서 채택되어야만 결의문resolution으로 확정이 된다. 예컨대 2012년 11월 27일에 유엔 총회 제3위원회에서 북한의 인권상황을 우려하고 개선을 권고하는 결의안이 합의로 채택되었다. 그런 다음 얼마 안 있어 12월 21일에 유엔총회 본회의에서 다시 합의로 채택되어 최종 결의문이 된 바 있다.27)

아주 드물게 본회의에서 위원회에서와는 다른 입장을 표명하는 국가가 있어 예외가 전혀 없는 것은 아니지만 대다수의 대표단들은 특별한 경우가 아니면 본회의에서도 위원회에서와 같은 입장을 표명하기 마련이다. 따라서 위원회에서 합의로 통과된 결의안이 본회의에서도 합의로 통과되고 위원회에서 표결로 통과된 결의안이 본회의에서도 표결로 통과되는 등 결의안의 채택방식과 통과여부가 위원회와 본회의 모두에 있어서 동일한 것이 일반적이다. 예컨대 위원회에서 표결로 채택된 것이 본회의에서 표결을 통해 부결되거나 위원회에서 표결로 부결된 것이 본회의에서 표결로 채택된다거나 하는 일은 거의 없다.

그러나 표결에 참가한 국가의 수는 본회의의 경우와 위원회의 경우가 다를 수 있다. 이는 위원회에서의 표결과정에 참가하지 못한 국가가 본회의의 표결과정에는 참가할 수도 있고, 거꾸로 위원회의 표결과정에는 참가했으나 본회의의 표결과정에는 참가하지 못하는 국가가 있을 수 있기 때문이다. 표결로 처리된 결의안의 경우 찬성하는 국가, 기권하는 국가, 불참하는 국가의 수가 위원회의 표결과정과 본회의의 표결과정에서 차이가 나는 경우가 많으나 반대하는 국가의 수는 위원회나 본회의에 있어서 거의 동일하다. 이는 소수파에 속하는 국가들이 위원회 회의단

---

26) 주요위원회가 맡겨진 의제항목 모두에 대해 결의안을 채택하고 이를 포함한 보고서 작성을 완료하는 시점은 대략적으로 빠르면 12월 초순, 늦으면 12월 하순이다.

27) 이때 북한 자신을 비롯한 대표적인 인권침해국으로 분류되는 중국, 쿠바, 베네수엘라는 반대를 하지 않은 채 합의에 불참한 바 있다.

계에서부터 본회의에 이르기까지 지속적으로 참가하여 반대표를 던지기 때문이다.[28]

흔한 일은 아니지만 간혹 위원회에서 표결로 통과된 결의안이 본회의에서 문구 등의 수정을 거쳐 합의로 채택되는 경우가 있다. 2008년 제63차 유엔총회 제1위원회의 경우 총 58개의 결의안과 결정안 가운데 31개가 표결로 채택되었는데 본회의에서 표결할 때 이 가운데 2개의 결의안이 합의로 전환되어 채택된 바 있다. 위원회에서 불처리 발의no-action motion의 가결 등으로 채택이 무산된 결의안이 국가들 간의 합의에 의해 다른 국가의 제안 형식으로 본회의에 상정되어 합의로 채택될 수도 있다. 주요위원회가 제출한 보고서가 본회의에서 어떻게 처리되는가를 단계별로 자세히 살펴보도록 하자.

우선 의장은 위원회의 보고서를 심의하겠다고 말한다. 이어서 위원회의 보고관으로 하여금 보고서들을 소개할 것을 요청한다. 의장은 통상적으로 다음과 같이 발언한다.

> The General Assembly will now consider the reports of the First Committee on agenda items 85 to 105 and 116. I request the Rapporteur of the First Committee, Ms. Elvina Jusufaj of Albania, to introduce the reports of the First Committee.

이에 보고관은 단상에 나아가 총회에 보고서들을 보고할 수 있는 기회를 갖게 되어 영광스럽다는 말과 더불어 보고를 시작한다. 통상적으로 다음과 같은 발언과 더불어 보고를 시작한다.

> It is a great honour and privilege for me to introduce to the General Assembly the reports of the Third Committee, submitted under the agenda items allocated to it by the General Assembly, namely, items 27, 28, 62, 64 to 69, 103, 104, 116 and 131. The reports, contained in documents A/67/449 to A/67/461, include the texts of draft resolutions and decisions recommended to the General Assembly for

---

28) 1999년 제54차 유엔총회 제1위원회에서 「외기권 군비경쟁 방지 결의안」이 138-0-2로 통과되었으나 본회의에서는 162-0-2로 통과된 바 있다. 이와는 달리 같은 해 제2위원회에서는 「개도국에 대한 강압의 수단으로서의 일방적 경제조치」라는 결의안이 107-2-47로 통과되었으나 본회의에서는 94-2-43으로 채택된 바 있다.

adoption.

보고서들은 대체적으로 의제항목별로 하나씩 작성되어 있는 관계로 그 수가 적지 않다.29) 따라서 보고할 보고서가 다수 있을 경우 보고관은 의제항목별로 작성된 개개의 보고서를 하나씩 개별적으로 언급하지 않고 전부를 대상으로 하여 논의에 있어서의 특징 같은 것을 개괄적으로 언급한다.

그린 다음에 혹시 보고서에 포함되어 있는 결의안에 오류가 있을 경우 다음과 같은 방식으로 지적한다.

> I wish to bring to the attention of the Assembly a correction, as follows. On page 3, in paragraph 12, of the English version of the report, Rwanda should have been included as a sponsor

오류가 있을 경우 지적을 한 다음에 위원회 의장, 3인의 부의장들, 의제와 관련을 가지고 논의에 참가한 사무국의 고위직 직원에 대해 감사함을 표시한다. 또한 위원회 간사Secretary of the Committee에 대한 감사함을 잊지 않고 언급한다. 발언의 예를 들면 다음과 같다.

> I want to thank my fellow Bureau members, in particular the Chair of the Committee, Ambassador Henry Mac-Donald, and the Vice-Chairs - Mrs. Fatima Alfeine, Ms. Dragana Šćepanović and Mr. Georg Sparber - as well as the Secretary of the Committee, Mr. Otto Gustafik, for their support and friendship in making this session efficient and ensuring its timely conclusion. I also want to thank all my Committee colleagues for their support and trust.

마지막으로 총회가 보고서에 포함되어 있는 당 위원회의 결의안을 채택해 주기를 권고한다는 말과 더불어 보고를 끝낸다.

> I respectfully commend the reports of the Third Committee to the plenary of the General Assembly for its consideration.

---

29) 물론 하나의 보고서가 복수의 결의안을 포함하고 있는 경우가 없는 것이 아니다.

보고관의 보고가 끝난 다음 총회의장은 「I thank the Rapporteur of the First Committee」라고 발언하면서 총회 의사규칙 제66조를 회원국 대표들에게 상기시킨다. 총회 의사규칙 제66조란 위원회에서 올라온 보고서에 대해 토론이 필요하다고 생각하는 대표단이 이를 발의하면 이 발의는 토론 없이 곧 바로 표결에 부쳐지며 이때 참석하여 투표한 회원국 중 1/3 이상이 찬성할 경우 위원회의 보고서는 토론의 대상이 된다는 내용이다. 의장은 이 조항에 의거하여 보고서에 대한 제안이 있는가를 대표단들에게 묻고 어떠한 제안도 없을 경우 의장은 위원회의 보고서를 토론하지 않을 것을 결정한다. 의장이 보고서를 토론하지 않기로 결정할 경우 다음과 같이 발언한다.

> If there is no proposal under rule 66 of the rules of procedure, I shall take it that the General Assembly decides not to discuss the reports of the First Committee which are before the Assembly today. (pause) As I see no objection, it is so decided.

실제로 토론 없이 보고서가 포함하고 있는 결의안을 채택하는 경우가 많으나 때때로 토론이 이루어지기도 한다. 이러한 토론이 진행되면서 수정에 수정을 거치기도 한다. 그리고 정정안이 제기되어 정정이 이루어지기도 한다. 여기에서 정정의 예를 하나 들면 다음과 같다. 이러한 정정을 요구하기 위한 발언권을 얻기 위해 point of order 발의가 이용된다.

*The President*:
I give the floor to the representative of South Africa on a point of order.

*The representative of South Africa*:
I apologize, Mr. President, for interrupting your work, which has been running so smoothly. We need to make a slight correction to operative paragraph 17 of the draft resolution recommended for adoption in paragraph 15 of the report. In the title of the proposed agenda item, the words "the implementation" should be replaced with "and implementation", and the words "outcome of the" should be added, so that it reads "Follow-up to and implementation of the outcome of the

International Conference on Financing for Development".

*The President*:
The Assembly will now take a decision on the draft resolution recommended by the Second Committee in paragraph 15 of its report.

토론이 없는 경우 다음 순서는 보고서들이 개별적으로 채택해 줄 것을 권고하고 있는 결의안들에 대한 하나씩 채택절차에 들어가는 것이다. 이러한 절차에 들어가기 전에 의장은 개개 결의안의 채택절차에 앞서 주어지게 되는 투표설명 explanation of vote과 관련하여 2가지 관련 의사규칙을 대표단들에게 주지시킨다.

관련 의사규칙 중 하나는 총회의 결정사항인 34/401의 7번째 단락Paragraph 7으로서, 한 대표단이 가질 수 있는 투표설명의 기회에 관한 것이다. 구체적으로 이 단락은 동일한 결의안이 위원회와 본회의에서 다루어질 때 본회의에서의 입장이 위원회에서의 입장과 다르지 않다면, 대표단은 가능한 한 위원회 혹은 본회의 둘 중 어느 한 곳에서만 투표설명을 하여야 한다는 내용이다. 또다른 관련 의사규칙 역시 동일한 총회 결정사항에 포함되어 있는 것으로서 투표설명에 할당되는 발언시간이 10분으로 제한된다는 내용의 것이다. 이와 관련하여 의장은 다음과 같이 발언한다.

> May I remind members once again that, in accordance with General Assembly decision 34/401, a delegation should, as far as possible, explain its vote only once - that is, either in the Committee or in plenary meeting, unless that delegation's vote in plenary meeting is different from its vote in the Committee, and that explanations of vote are limited to 10 minutes and should be made by delegations from their seats.30)

투표설명에 관한 주지사항 후에 의장은 대표단들에게 채택방식에 주목하도록 한다. 즉 사전에 달리 통보하지 않는 한 본회의에서 결의안을 채택하는 방식은 위원회에서의 채택방식과 동일하다는 것이다. 만약에 위원회에서 분리투표separate vote나 기록투표recorded vote로 결의안이 채택되었다면 본회의에서도 동일한 방식으

---

30) 투표설명을 할 때 몇몇 대표단은 표결에서 잘못 선택을 했다고 하면서 실수를 설명하기도 한다.

로 채택하게 된다는 것이다. 의장은 이와 관련하여 다음과 같이 발언한다.

> Before we begin to take action on the recommendations contained in the reports of the First Committee, I should like to advise representatives that we are going to proceed to take decisions in the same manner as was done in the Committee, unless notified otherwise in advance. This means that when separate or recorded votes were taken, we will do the same. I hope that we may proceed to adopt without a vote those recommendations that were adopted without a vote in the First Committee.

위원회 회의에서 결의안에 대해 불처리 발의no-action motion가 제기되어 표결에 부쳐진 결과 불처리 발의가 부결되었다. 그 후 당 결의안이 표결에 부쳐져 채택이 되었는데 이 결의안이 본회의에서는 어떻게 처리될까? 이 경우 본회의에서 특정 대표단이 위원회에서와 같이 불처리 발의를 별도로 하지 않는 한, 표결에 의한 채택절차를 밟게 된다. 불처리 발의를 할 경우 위원회에서와 동일한 과정을 밟게 된다. 위원회에서 불처리 발의를 제기하지 않았는데 본회의에서 불차리 발의를 제기하는 경우도 있다. 2011년 제66차 유엔총회 제3위원회에서 이란을 대상으로 국별 결의안이 상정되었으나 이란은 예전과는 달리 불처리 발의를 제기하지 않았고 결의안은 큰 표차이로 통과되었다. 본회의에서 이란은 입장을 바꾸어 불처리 발의를 제기하였으나 역대 최대인 65표 차이로 부결된 바 있다.31)

이러한 주지사항의 전달에 이어 개개 보고서가 권고하고 있는 개개 결의안의 채택절차에 들어간다. 보고관이 보고할 때 보고서들을 하나씩 개별적으로 보고하지 않으나 이들 보고서에 포함되어 있는 결의안(들)의 경우는 하나씩 따로따로 채택절차를 밟아야만 한다.32)

채택절차 직전에 투표 전 투표설명의 기회가 주어진다. 이때 위원회에서 결의안을 채택할 때 채택과정과 내용에 불만을 가졌던 국가는 본회의에서 채택 직전에 주어지는 투표설명의 기회를 통해 유감의 뜻을 표명하기도 하며, 입장이 바뀐 국가는 바뀐 입장을 설명하게 된다. 투표설명 후에 보고서에서 추천하고 있는 결의안에

---

31) 외교통상부, 제66차 유엔총회 결과보고서 (서울: 외교부, 2012), p. 80.
32) 하나의 보고서에 복수의 결의안이 포함되어 있다고 해도 결의안은 하나씩 채택절차를 밟아나가게 된다.

대한 채택절차가 이어진다.

이때 의장은 보고서 몇 번째 단락paragraph에서 위원회가 권고하고 있는 결의안에 대해 행동을 취하겠다고 선언하고 본 결의안이 위원회에서 투표 없이 합의에 의해 채택된 경우 이러한 사실을 언급하고 총회 본회의도 역시 같은 방식으로 채택하는 데 반대가 없느냐고 묻는다.[33] 반대가 없을 경우 결의안이 합의에 의해 채택되었음을 선언한다. 다음은 위원회에서 합의로 통과된 결의안이 본회의에서도 합의로 통과되면서 의장이 행한 발언이다.

> The Assembly has before it a draft resolution recommended by the First Committee in paragraph 7 of its report. We will now take a decision on the draft resolution entitled "Objective information on military matters, including transparency of military expenditures". The First Committee adopted the draft resolution without a vote. May I consider that the Assembly wishes to do likewise(the same)? (pause) The draft resolution is adopted. May I take it that it is the wish of the General Assembly to conclude its consideration of agenda item 85? (pause) As I see no objection, it is so decided.

위원회의 결의안이 본회의에서 최종적으로 채택이 되면 위원회의 결의안draft resolution이 총회의 결의문resolution으로 변화하게 된다. 위원회의 결의안 문건번호가 예컨대 「A/C.3/55/L.3」에서 「A/RES/55/24」와 같은 것으로 변하게 된다.

### (11) 주요기관과 보조기관의 구성국과 구성원의 선출과 임명

총회 본회의 의장 및 부의장 선출과 같은 주요기관의 의장단 선출, 안전보장이사회 비상임이사국 및 경제사회이사회 이사국과 같은 주요기관의 구성국 선출, 국제사법재판소의 재판관의 선출과 같은 주요기관의 구성원 선출, 인권이사회와 같은 보조기관의 구성국의 선출, 신임장위원회 위원의 임명과 같은 보조기관 구성원의 임명, 사무총장에 의해 임명된 유엔개발계획 총재UNDP Administrator나 유엔환경계획 사무총장UNEP Executive Director의 승인과 같은 보조기관의 구성원의 임명에 대한 승인, 유엔가입을 신청한 국가에 대한 심사 등 역시 본회의가 다루는 중요

---

33) 보고서의 한 단락에서 본회의가 보고서의 마지막 부분에 담겨 있는 결의안을 채택할 것을 권고하고 있다.

한 의제항목들 가운데 하나이다.

### (12) 본회의에 맡겨진 실질적 의제항목의 논의

유엔에 맡겨지는 의제항목의 수가 2008년 제63차 유엔총회의 경우 총 153개였다. 이 중에서 60개의 의제항목이 본회의에서 논의가 되었다. 앞서 언급했듯이 이러한 의제항목에는 위에서 살펴본 본회의의 개회, 묵념 혹은 묵상, 유엔경비 분담의 평가척도, 신임장위원회 위원의 임명과 보고, 업무편성·의제채택·의제항목의 배분, 일반토론general debate, 유엔기관의 보고서 심의, 위원회 결의안이 포함된 보고서의 채택 등이 포함된다.

이러한 종류의 의제항목 이외에 실질적인 국제문제의 해결책을 다루는 의제항목들의 일부가 위원회에 맡겨지지 않고 본회의에 의해 다루어진다. 그 결과 이러한 의제항목들에 대한 결의안이 상정되고 채택의 과정을 밟게 된다. 앞서 언급했듯이 본회의의 경우 결의안이 상정될 때 위원회와는 달리 주제안국main sponsor이 단상에 나와 제안설명을 한다. 투표설명을 할 때는 위원회 회의에서와 마찬가지로 단상에 나오지 않고 앉은 자리에서 하게 된다.

위원회의 결의안의 경우 위원회에서 채택이 되었다고 해도 본회의에서 재차 채택절차를 밟아야 공식적인 결의문으로 확정된다. 이와는 달리 본회의 자체에서 직접 논의되고 직접 채택된 결의안은 별도의 또 다른 채택절차 없이 공식적인 결의문이 된다. 예컨대 2011년 제66차 유엔총회 본회의의 경우 「유엔개혁: 조치와 제안United Nations reform: measures and proposals」이라는 제목의 의제항목 124agenda item 124이 본회의에서 직접 다루어졌다. 당 의제항목에 대해 문건번호가 「A/66/L.62」인 결의안이 제출되었고 토론 과정에서 구두 정정이 이루어진 가운데 채택되어 문건번호가 「A/RES/66/295」인 결의문이 되었다.

### (13) 본회의의 공식적인 특별회의

#### 1) 고위급 회의

유엔총회 본회의는 총회의 결의나 결정에 의해 국가의 원수, 행정부의 수반, 정부각료가 참여하여 논의하는 고위급 회의High-Level Meeting, HLM를 개최하여 특별한 이슈와 주제에 관해 논의한다. 이러한 고위급 회의는 「고위급 본회의High-Level

Plenary Meeting」라고도 불린다.

　이러한 고위급 회의는 경우에 따라 다르나 주제를 세분하여 회의를 가질 경우 전체가 참여하는 본회의plenary와 주제별 패널토의thematic panel discussion로 구성된다. 이러한 회의는 또한 공식회의와 비공식회의로 구성되며 짧게는 하루 길게는 7일 동안까지 지속되기도 한다.

　이러한 회의의 개최 적기는 유엔총회가 비교적 덜 바쁜 속개회기resumed part of the session의 기간인 1월부터 9월 중순까지이다. 예컨대 유엔총회는 2011년 6월 8-10일에 에이즈HIV/AIDS에 관한 고위급 회의를 가진 바 있고, 2013년 5월 13일에는 인신매매와 관련한 고위급 회의를 가진 바 있다.

　다른 한편 이러한 고위급 회의는 국가원수를 위시한 고위급의 참가 속에 진행되는 관계로 별도의 시기를 택해 고위급 인사들로 하여금 이 회의만을 위해 참가하도록 하기보다는 고위급 인사들이 어차피 참가하는 총회의 일반토론general debate이 진행 중인 시기나 일반토론의 전후에 개최하는 것이 바람직한 측면도 존재한다. 따라서 유엔총회 자체의 바쁜 스케줄로 인해 쉽지 않은 것이 사실이지만 이 시기에 종종 고위급 회의가 개최되기도 한다. 이처럼 일반토론에 즈음하여 개최된 고위급 회의의 예를 들어보면 다음과 같다. 2012년 제67차 유엔총회의 경우 9월 18일에 회기의 개회 선언이 있었고 9월 25일부터 10월 1일까지 일반토론이 있었다. 일반토론이 개최되기 하루 전인 9월 24일에 「법치에 관한 고위급 회의High-level Meeting on the Rule of Law」와 「모두를 위한 지속가능한 에너지에 관한 고위급 회의 High-level Meeting on sustainable energy for all」가 개최되었다. 일반토론 도중인 9월 27일에 「영양의 확대를 위한 고위급 회의High Level Meeting on Scaling Up Nutrition」, 9월 28일에 「핵테러 억제를 위한 고위급 회의High Level Meeting on Countering Nuclear Terrorism」, 10월 1일에 「화학무기협정의 15년에 관한 고위급 회의High Level Meeting on "Fifteen years of the Chemical Weapons Convention: Celebrating success. Committing to the future"」가 개최된 바 있다.

　이러한 회의들은 단 하루 동안만 개최된 고위급 회의인데 긴 기간 동안 개최되는 회의의 경우는 통상적으로 일반토론이 시작되기 전에 공식적으로 개회하고 일반토론이 끝난 후에 공식적으로 폐회를 하며 일반토론 기간 중에 비공식회의(패널과 원탁회의)를 일반토론과 병행하여 가진다.[34]

---

34) The Permanent Mission of Switzerland to the United Nations, *The PGA Handbook: A*

## 2) 기념회의

유엔총회의 본회의는 기념과 추모를 위한 공식적인 회의를 가지기도 한다. 이러한 회의가 개최되기 위해서는 물론 총회의 결의나 결정이 있어야만 한다.

통상적으로 이러한 기념회의commemorative meeting에서는 회원국 대표단들의 개별적인 연설이나 발언은 없고 총회의장의 연설, 사무총장의 연설, 지역그룹의 의장들의 연설, 유치국host country의 연설이 순차적으로 이어진다. 이러한 회의의 전후에 회원국과 저명한 시민사회 대표의 연설과 영화상영film screening 등의 행사가 있다.35)

예컨대 2012년 제67차 유엔총회의 경우 2013년 3월 25일에 노예무역을 폐지한 지 200주년을 맞아 「노예제와 대서양 노예무역 희생자 국제 추모의 날International Day of Remembrance of the Victims of Slavery and the Transatlantic Slave Trade」을 기념하는 회의를 유엔의 총회장에서 결의문A/RES/66/114에 의거하여 개최한 바 있다. 이 기념회의에서 총회의장, 사무총장, 지역그룹의 대표, 유치국 대표가 연설을 한 바 있다. 이들의 연설에 앞서 전지구문화연구소장Director of the Institute of Global Cultural Studies과 빙햄톤대학 인문학교수Professor in the Humanities, Binghamton University의 기조연설keynote address이 있었다.

## (14) 본회의의 비공식적인 특별회의

### 1) 주제별 토론

유엔총회 본회의는 총회의장이 소집하는 주제별 토론thematic debate이라는 비공식회의를 개최하여 특정 주제에 대해 논의하기도 한다. 이 회의는 「쌍방향 대화interactive dialogue」 혹은 「쌍방향 토론interactive debate」 이라고도 불린다. 보통 하루에 끝나나 며칠 동안 지속되는 경우도 있다.

이러한 주체별 토론은 종종 기조연설자의 기조연설에 이어 패널토의panel discussion가 있고 이어서 기타 참가자로부터의 발언 등의 순서로 진행된다. 이러한 주제별 토론은 의장에게 있어서 전문가의 의견을 듣고, 새로운 주제에 대해 토론을

---

*Practical Guide to the United Nations General Assembly* (New York, 2011), pp. 80-81.
35) The Permanent Mission of Switzerland to the United Nations, *The PGA Handbook: A Practical Guide to the United Nations General Assembly* (New York, 2011), p. 83.

하며, 공식적인 의제의 제약에서 벗어나서 협상의 성과에 대한 압박을 받지 않는 가운데 논쟁적인 이슈를 다룰 수 있는 기회를 창출할 수 있는 도구이다.

이러한 주제별 토론은 주로 의장의 주도에 의해 개최되나 유엔총회의 결의나 결정에 의거하여 개최되기도 한다. 총회의 활성화를 위한 조치를 권고하고 있는 결의문은 총회의장에게 이러한 회의를 지속적으로 갖도록 촉구하고 있다.[36]

주제별 토론은 대부분 속개회기가 시작되는 1월부터 9월 중순 새 회기가 시작되기 전에 개최된다. 2012년에 개최된 이러한 주제별 토론에는 3월 22일에 개최된 물에 관한 회의High-level interactive dialogue to mark the 2013 International Year of Water Cooperation and the 20th anniversary of the proclamation of World Water Day, 4월 10일에 개최된 화해에 있어서 국제형사정의의 역할에 관한 회의Thematic debate on the role of international criminal justice in reconciliation, 4월 15일에 개최된 유엔과 글로벌 경제 거버넌스에 관한 회의Thematic debate on "The UN and Global Economic Governance", 4월 25일에 개최된 아프리카 갈등의 평화적 해결 수단을 점검하기 위한 회의 Thematic debate to examine tools of peaceful resolution of conflicts in Africa, 5월 16일에 개최된 기후변화, 녹색에너지, 물 지속성에 관한 회의Thematic debate on climate change, green energy and water sustainability, 6월 12일에 개최된 문화와 개발에 관한 회의Thematic debate on culture and development, 6월 26일에 개최된 개발을 위한 기업가정신에 관한 회의Thematic debate on entrepreneurship for development, 7월 8일에 개최된 사회 불평등에 관한 회의Thematic debate on social inequality 등이 있다.

## 2) 시민사회 공청회

시민사회 공청회Civil Society Hearing, CSH는 간단하게 「시민사회 대화Civil Society Dialogue」라고도 불린다. 이 회의는 유엔총회의 비공식회의이기 때문에 종종 「비공식 쌍방향 시민사회 공청회informal interactive civil society hearing」라고도 부른다.

이 회의는 시민사회에게 특정 이슈와 관련하여 회원국들과 함께 대화를 나눌 수 있는 기회를 제공한다. 이러한 시민사회 공청회는 유엔총회 본회의 의장의 주도로 독립적으로 개최되기도 하지만 종종 총회의 고위급 회의나 유엔회의UN conference의 준비과정의 일환으로 개최되기도 한다. 후자의 경우는 총회의 결의나 결정에 근

---

36) The Permanent Mission of Switzerland to the United Nations, *The PGA Handbook: A Practical Guide to the United Nations General Assembly* (New York, 2011), pp. 81-82.

거를 두어야 한다. 시민사회 공청회가 고위급 회의나 유엔회의와 같은 정부간회의에 앞서 이러한 회의의 일환으로 개최되는 이유는 동일한 이슈에 대한 시민사회의 견해를 미리 듣고 이러한 견해를 정부간회의에 반영하고자 함이다. 총회의장은 공청회의 결과를 요약하여 총회문건General Assembly document으로 발간하고 이를 총회의 본회의나 고위급 본회의high-level plenary meeting에 제출한다.

시민사회 공청회를 개최함에 있어 의장은 우선 다루고자 하는 이슈를 책임지고 있는 유엔 사무국의 부서 및 비정부기구연락사무소Non-Governmental Liaison Service, NGLS와 협력하여 시민사회 구성원들이 형평성 있고 대표성이 있게 참여할 수 있도록 참여자의 명단을 제안한다.

회의는 보통 의장과 사무총장(혹은 사무총장의 대리)의 개회사, 기조연설자의 기조발언, 패널토의와 참가자들 사이의 의사교환과 같은 쌍방향적인 과정으로 구성된다. 모든 시민사회 참여자들은 발언권을 요청할 수 있는 권한을 갖는다. 관련된 사무국 부서와 비정부기구연락사무소는 웹사이트에 이들의 연설을 게시하여 정부 대표단들이 동일 이슈를 논의할 때 참고하도록 한다. 의장은 시민사회 참여자의 명단과 회의의 양식modality과 관련하여 회원국과 협의를 한다.[37]

고위급 회의나 유엔회의의 일환이 아닌 경우의 예로는 제67차 유엔총회가 2012년 7월 15일에 개최한 「국제이주와 개발에 관한 공청회Informal interactive hearings with NGOs, civil society and private sector on International Migration and Development」를 들 수 있다.

고위급 회의나 유엔회의의 일환으로 개최된 시민사회 공청회의 예를 살펴보면 다음과 같다. 2011년 6월 16일에 향후 9월 19-20일에 열릴 고위급 회의high-level meeting에 시민사회의 의견을 투입하기 위한 과정으로서 유엔총회 결의문A/RES/65/238에 의거하여 유엔본부에서 「비전염성 질환의 예방과 통제에 관한 시민사회 공청회Informal interactive hearing with representatives of nongovernmental organizations, civil society organizations, academia and the private sector, to provide an input to preparatory process of the 2011 High-level Meeting on the Prevention and Control of Non-communicable Diseases」가 개최된 바 있다. 이 회의에는 패널리스트panelist로 참가하거나 청중석으로부터 발언을 한 50명 이상의 개인을 포함한 250명이상의 시민사회 대표가 대거

---

37) The Permanent Mission of Switzerland to the United Nations, *The PGA Handbook: A Practical Guide to the United Nations General Assembly* (New York, 2011), pp. 82-83.

참가했다. 회의는 개회식opening session에 이어 3개의 주제별 원탁회의thematic roundtable가 있었다. 개회식에서는 총회의장의 환영사가 가장 먼저 있었고 뒤이어 유엔 사무부총장Deputy-Secretary-General, 세계보건기구 사무차장보Assistant Director-General, 암재단의 국장The Director-General of the King Hussein Cancer Foundation 등의 연설이 있었다. 원탁회의는 사회자를 두고 진행되었으며 개인 패널리스트panelist의 개회 코멘트opening comment, 지정된 참여자의 코멘트, 모든 참가자들을 포함하는 토론의 순으로 진행되었다. 그리고 폐막식closing session에서는 범미주보건기구의 명예사무총장Director Emeritus of the Pan American Health Organization의 요약발언과 총회의장의 마감발언이 있었다.

2010년 제65차 유엔총회는 결의문A/RES/65/180을 통해 다음 해인 2011년 6월 8-10일에 에이즈HIV/AIDS에 관한 고위급 회의를 갖기로 결정한 바 있다. 이 고위급 회의가 개최되기 2달 전인 4월 8일에 시민사회 공청회가 개최되었다. 이 공청회는 총회의장의 사회로 진행되었으며 회원국 대표, 옵서버 국가와 그 밖의 옵서버, 경제사회이사회ECOSOC와 협의지위를 가지고 있는 비정부기구NGO, 초청을 받은 시민사회조직CSO, 민간부문private sector이 참가했다.38) 회의의 주된 목적은 비정부기구, 시민사회조직, 민간부문이 회원국들과 상호작용을 하는 것이며 회원국들이 가질 회의에 견해를 투입하는 것이다.

2004년 제59차 유엔총회는 결의문A/RES/59/145를 통해 총회의장으로 하여금 2005년 6월에 비정부기구, 시민사회조직, 민간부문과 시민사회 공청회를 갖도록 요청했다. 이 공청회의 목적은 2005년 9월에 개최될 유엔총회의 고위급 회의의 준비과정에 의견을 반영하기 위한 것이다.

당 시민사회 공청회는 간단한 개회본회의opening plenary meeting로부터 시작하여 5개의 주제별 비공식 쌍방향 회의informal interactive meeting를 순차적으로 갖고 폐회식을 가졌다. 5개 회의의 주제는 「결핍으로부터의 자유: 새천년개발목표 1-7Freedom

---

38) 우리들이 흔히 사용하는 용어인 「비정부기구(NGO)」는 자신을 적극적으로 규정하지 않고 정부기구가 아닌 조직이 자신이라고 수동적으로 자신을 규정하는 개념이다. 따라서 유엔은 특히 유엔개발계획(UNDP)을 중심으로 이러한 소극적인 개념 대신에 「시민사회조직(CSO)」이라는 용어를 선호하고 있다. 다른 한편 유엔헌장은 경제사회이사회가 일정한 요건을 충족한 비정부기구(NGO)와 특별협정을 통해 협의지위를 부여할 수 있도록 하는 규정을 두고 있으면서 비정부기구(NGO)라는 말을 사용하고 있다. 따라서 유엔이 NGO와 CSO라는 말을 동시에 구분하여 쓰고 있는 경우에 NGO란 CSO에 속하는 것이지만 경제사회이사회와 협의적 지위를 가지고 있는 CSO라고 이해하면 좋을 것 같다.

from want: Millennium Development Goals 1 to 7」, 「결핍으로부터의 자유: 새천년개발목표 8과 개발재원 이슈Freedom from want: Millennium Development Goal 8 and issues regarding financing for development」, 「공포로부터의 자유Freedom from fear」, 「존엄성을 가지고 살 자유Freedom to live in dignity」, 「유엔강화Strengthening the United Nations」이었다.

당 공청회의 개회본회의에서는 총회의장, 사무총장, 비정부기구·시민사회조직·민간부문을 대표하는 1인이 연설을 했다. 가장 핵심적인 회의인 5개 주제별 회의를 좀 더 상세히 살펴보면 다음과 같다.

이 회의의 사회는 총회의장이 비정부기구 그룹 가운데서 선발된 사회자moderator

**United Nations**　　　　　　　　　　　　　　　　　A/61/187

**General Assembly**　　　　　　　　　Distr.: General
　　　　　　　　　　　　　　　　　　　27 July 2006

　　　　　　　　　　　　　　　　　　　Original: English

**Sixty-first session**
Item 54 (b) of the provisional agenda*
**Globalization and interdependence: international migration and development**

**Summary of informal interactive hearings of the General Assembly with representatives of non-governmental organizations, civil society organizations and the private sector**

**Note by the President of the General Assembly**

　　　The President of the sixtieth session of the General Assembly has the honour, in accordance with paragraph 11 of General Assembly resolution 60/227 of 23 December 2005, to transmit herewith the summary of the informal interactive hearings of the General Assembly with representatives of non-governmental organizations, civil society organizations and the private sector, held on 12 July 2006 at United Nations Headquarters.

**시민사회 공청회의 결과문건인 요약문의 표지부분**

와 보고관rapporteur의 지원을 받아 사회를 보았다. 이 회의의 참가자는 회원국, 유엔총회의 옵서버observer, 경제사회이사회ECOSOC와 협의지위를 가지고 있는 비정부기구의 대표, 시민사회조직의 대표, 민간부문의 대표들이었다. 회의는 경제사회이사회의 협의지위를 지니고 있는 비정부기구와 시민사회조직으로부터 4-6명과 민간부문으로부터의 1-2명의 간략한 발표presentation로 시작되었고 회원국으로부터의 2명의 토론자로부터 간략한 토론이 뒤를 이었다.[39] 마지막으로 회원국과 초청받은 참여자들 사이에 쌍방향의 대화가 전개되었다. 각 회의마다 보고관들이 있어 고위급 회의에의 투입을 위한 회의 결과를 요약했다. 폐회를 위해 다시 본회의가 열려 각 비공식회의의 보고관들이 각 회의의 요약된 결과물을 보고했고 이어서 총회의장의 폐회사가 있었다.

초청을 받은 참가자들은 회의실 밖에서 배포할 수 있는 유인물을 가져올 수 있으며 복사기가 준비되어 있었다. 2005년 4월 15일에 채택된 유엔총회 결의문 A/RES/59/291에 따라 총회의 의장은 공청회의 결과에 대한 요약을 총회문건으로 발간하여 고위급 본회의high-level plenary meeting에 제출한 바 있다.

### (15) 폐회식

본회의는 마지막 회의에서 회기session의 종료를 선언하면서 막을 내리게 된다. 이러한 본회의의 마지막 회의는 새로운 회기가 시작되기 며칠 전 혹은 바로 전날에 개최된다. 여전히 다루어야 할 의제항목이 남아 있는 경우 마지막 회의라도 실질적 의제항목에 대한 논의가 있을 수 있으며 이러한 경우 논의를 마친 후에 회기의 종료절차를 밟게 된다.[40] 마지막 회의의 회기를 종료하기 위한 과정은 다음과 같이 진행된다.

우선 의장의 폐회연설이 있게 된다. 이런 즈음에 유엔 사무총장이 의장단석에 동석하게 된다. 이때 총회장General Assembly Hall의 뒤편에서 보아 가장 왼쪽에 사무총장이 착석하고 중간에 총회의장 그리고 오른쪽에 사무국 소속의 본회의 담당 비서Secretary of the Plenary가 자리를 한다.[41]

---

39) 이들 발표자와 토론자를 보통 영어로 「speakers」와 「respondents」라고 각각 부른다.

40) 위원회의 보고서를 채택한 직후에 본회의의 회기(plenary session)가 종료되는 것은 아니다. 보고서의 채택이 있은 후에도 여러 차례의 회의가 열려 본회의에 맡겨진 의제항목이 남아 있는 경우 이에 대한 논의가 지속된다.

41) 사무국 소속의 본회의 담당 간사(Secretary of the Plenary)는 United Nations Under-

의장은 폐회연설에서 핵심적인 내용으로서 결의안의 채택, 결정decision, 권고 recommendation 등과 같은 회의의 주요한 결과에 대해 가능한 한 자세히 언급하고 이에 대한 평가를 제시한다. 이와 더불어 회원국과 사무국을 향해 이들의 이행을 당부한다. 그런 연후에 의장단, 각국 대표단, 사무국 직원, 통역인interpreters, 번역인 translators에게 성공적인 회의를 위한 그간의 노고를 치하하고 나름의 소회를 피력 하는 내용의 연설을 곁들인다. 폐회연설의 도입부분과 종결부분의 예를 들면 다음 과 같다.

> As the fifty-fifth session of the General Assembly draws to a close, I feel deeply honoured and privileged to have served as its President.[42] 혹은 It has been a distinct privilege for me to preside over the sixty-seventh session of the General Assembly.[43]
>
> I wish to extend my sincerest gratitude to Member States for their constructive and pro-United Nations efforts during my term. Without their support, my agenda would have remained unfulfilled. I am convinced that this Organization remains, in the eyes of the vast majority of Member States, indispensable.
>
> My thanks also go to all of you individually. Both at the professional and at the personal level, I have been privileged to have the support and friendship of some of the finest people in the diplomatic service. I want to express my special thanks to the members of the General Committee, to the Chairpersons of the six Main Committees and to the Vice-Presidents of the Assembly, many of whom have presided over the plenary meetings in my absence. I also wish to give special recognition to the Vice-Chairmen of the open-ended working groups, as well as to my facilitators on various issues, in particular, the revitalization of the General Assembly.
>
> I also wish to extend my thanks to the Secretariat, from top to

---

Secretary-General for General Assembly and Conference Management이다.
42) A/55/PV.112.
43) A/67/PV.99.

bottom. Mr. Secretary-General, you provide us with inspiration and encouragement and give a human face to this Organization. Your Deputy, whose position was created by the previous reform round, Ms. Fréchette, is indispensable to you in running this Organization, and she has shown great leadership even in difficult moments.

Finally, I wish to extend my very best wishes for success to my most esteemed successor, President designate of the fifty-sixth session of the General Assembly, Mr. Han Seung-soo, Minister for Foreign Affairs and Trade of the Republic of Korea. I have no doubt that he will make an excellent President of the Assembly. I wish him well, and I once again thank you all.[44]

의장의 폐회연설이 끝나면 전통적으로 비동맹국가 그룹, 유럽연합 국가 그룹, 아랍국가 그룹 등을 대표하는 국가들이 연단podium에 나와 의장을 비롯한 회의 관련자들의 노고를 치하하고 성공적인 회의 운영에 대한 축하의 발언을 해왔다. 그러나 최근 들어 유엔의 예산 관계상 회의시간을 줄이기 위한 노력의 일환으로서 의장이 발언이 끝난 후 그룹을 대표하는 국가들의 발언이 없이 특정 국가의 대표단이 전체 회원국 대표단을 대표하여 치하의 연설을 하고 끝내는 경향이 자리를 잡고 있다.

대표단의 치하와 축하 발언이 끝난 후 본회의 개회식에서와 마찬가지로 1분간의 묵념 혹은 묵상Minute of silent prayer or meditation에 들어간다. 이때 의장은 앞서 처음 회의에서의 개회식에서와 마찬가지로 「May I invite representatives to stand and observe one minute of silent prayer or meditation?」이라고 발언을 하든가 혹은 「We are now coming to the end of the sixty-seventh session of the General Assembly. I would like to invite representatives to stand and observe one minute of silent prayer or meditation」이라고 발언을 한다. 이에 대표단은 자리에서 일어나 고개 숙여 묵념이나 묵상을 한다. 1분이 경과한 후에 의장은 「Thank you」라고 발언하기도 하고 그냥 자리에 착석하기도 한다.

이어서 의장은 새로 시작되는 회기의 의장으로 선출된 사람을 의장단석podium으로 불러들인다. 이때 의장은 「I would like to invite to the podium the

---

44) A/67/PV.99.

President-elect for the 63rd session of the General Assembly, His Excellency Miguel d'Escoto Brockmann, so that I may hand over the gavel to him」처럼 발언을 한다. 의장은 새롭게 선출된 의장에게 의사봉gavel을 건네면서 의사봉을 함께 높이 치켜든 다음 포옹으로 인사를 한다.

그런 다음 의장은 「I declare closed the 63rd session of the General Assembly」라는 발언과 더불어 총회의 회기가 끝났음을 공식적으로 선언하게 된다. 이때 의장을 비롯한 의장단석의 모든 사람들과 더불어 대표단석의 모든 사람들이 일어나 박수를 치면서 대단원의 막을 내린다.

# 제 11 장
# 위원회 회의과정의 이해

앞서 살펴본 본회의의 회의과정에 이어 위원회의 회의과정을 살펴보고자 한다. 오래전부터 위원회들은 위원회별로 독특한 관례를 수립해오고 있으며 1990년대 이후에 총회의 재활성화의 노력에 부응하여 회의의 과정이 지속적인 변화의 과정에 놓여 있다. 이러한 관례와 재활성화 노력에 따른 변화를 고려하여 위원회의 역동적인 과정을 세세하게 살펴보고자 한다.

## 1. 위원회 회의과정의 개요

유엔총회 위원회의 회의는 공식회의와 비공식회의로 구성된다. 앞서 언급했듯이 위원회의 공식회의는 본회의가 위원회에 의제항목들을 배분한 연후에야 시작된다. 좀 더 구체적으로 위원회별 회의는 본회의의 일반토론general debate이 끝난 후에 시작된다. 통상적으로 제4위원회와 제5위원회만이 속개회기resumed part of the session에도 소집되며 나머지 위원회의 경우는 주요회기main part of the session 내에서만 회의가 진행된다. 제5위원회는 행정문제뿐만 아니라 재정문제를 다루는 위원회로서 다른 위원회가 통과시키고자 하는 결의안이나 결정안이 재정적 사항을 포함할 수 있기 때문에 다른 위원회가 모든 회의를 마칠 때까지 회기를 마치지 않는다.

위원회들은 다루어야 할 의제항목의 수가 적지 않기 때문에 어느 한두 의제항목에 집중할 시간적인 여유가 없다. 따라서 시한 내에 의제항목 모두에 대한 논의를 마치기 위해 회의 벽두에 의제항목별 논의 일정표timetable를 확정하고 이에 준거하여 움직이고자 노력한다.

## 2. 위원회별 회의과정[1]

유엔총회의 경우 6개의 주요위원회main committee가 존재하는데, 위원회의 특성에 따라 회의를 운영해나가는 방식에 있어서 나름의 관례를 수립해오고 있다. 따라서 위원회의 회의를 잘 이해하려면 이러한 개별적인 관례를 잘 이해해야 한다.

다른 한편 유엔총회 위원회들은 총회의 재활성화revitalization of the General Assembly 노력에 발맞추어 회의의 효율성을 높이기 위한 방편으로 이제까지의 작업방식과 관례working methods and practices를 개선하기 위한 노력도 진행해오고 있다.[2] 따라서 다음에서는 위원회들의 수립된 관례와 더불어 이러한 관례상의 변화를 고려하면서 위원회들의 회의과정을 살펴보고자 한다.

### (1) 위원회별 회의과정의 차이

#### 1) 제1위원회

제1위원회의 경우 회의는 대개 10월 말이나 11월 초에 끝낸다. 2011년 제66차 유엔총회 제1위원회의 예를 들자면 회의가 10월 3일에 시작되어 10월 31일에 끝났다. 2013년 제68차 유엔총회 제1위원회의 경우는 10월 7일에 시작하여 11월 5일에 끝났다.

결의안이 도출되기까지 3단계의 과정을 거친다. 구체적으로 1단계에서는 의제항목 하나하나가 아닌 전부를 놓고 하게 되는 일반토론general debate이 있게 되며 약 1주일 정도 지속된다.

2단계는 구체적으로 주제별 토론thematic debate과 더불어 시작되고 이어서 결의안의 상정과 토론이 있게 되는데 이러한 과정에 대략적으로 총 2주 정도의 시간이 소요된다. 여기서 주제별 토론이란 의제항목별 토론이 아니라 의제항목들을 몇 개

---

1) 다음 설명은 저자의 회의참가 경험과 각 위원회의 기론인 요약기록(summary record)에 의존하고 있다. 더불어 다음 책을 참고했다: The Permanent Mission of Switzerland to the United Nations, *The PGA Handbook: A Practical Guide to the United Nations General Assembly* (New York, 2011), pp. 62-68.

2) 총회의 활성화를 위한 구체적인 내용을 보려면 2010년 10월 14일에 유엔총회에서 통과된 결의안 A/RES/64/301을 참고하시오. 결의안의 제목은 「Revitalization of the work of the General Assembly」이다.

의 큰 주제theme별로 묶어서 하는 토론을 의미하는데 제1위원회의 경우는 다양한 의제항목들을 7개의 군락cluster으로 나누고 있다.[3] 이렇게 주제별 토론을 하는 이유는 의제항목 하나하나를 대상으로 하는 토론의 경우 많은 시간이 소요되기 때문이다. 주제별 토론의 마지막 회의는 시민사회조직CSO과의 비공식적인 상호대화 informal interaction를 포함한다. 주제별 토론에 이어 결의안이 상정되고 이렇게 상정된 결의안에 대해 토론하는 과정이 있게 된다.

마지막 단계인 3단계는 상정되어 토론이 이루어진 결의안에 대해 행동을 취하는 단계(즉 결의안을 처리하는 단계)로서 총 1주 정도의 시간을 필요로 한다. 결의안에 대해 행동을 취한다는 것은 채택여부를 결정짓는 것을 일컫는다. 보통 결의안을 놓고 제안국sponsor의 사회로 비공식협의가 진행되고 협의의 결과 채택을 위한 문건이 준비되면 상정이 된다. 이때 모든 결의안을 몰아서 한꺼번에 채택하는 절차를 가진다. 제66차 유엔총회 제1위원회의 경우 47개 결의안draft resolution과 5개의 결정안draft decision이 채택되었으며 이 가운데 33개가 합의로 통과되었다. 이 가운데 신규 결의안은 1개에 불과하고 나머지는 연례적인 결의안이거나 결정안이었다.

2013년 제68차 유엔총회 제1위원회의 경우 일반토론이 10월 7일부터 16일까지 지속되었고, 7개 주제cluster별 토론 및 결의안 협의가 10월 17일부터 29일까지 있었으며, 결의안의 처리가 10월 30일부터 11월 6일까지 있었다.

### 2) 제2위원회

제2위원회의 경우 회의는 통상적으로 10월 첫째 주에 시작하여 11월 마지막 주 혹은 12월 초에 마친다. 2011년 제66차 유엔총회 제2위원회의 경우 10월 3일부터 12월 9일까지 회의가 개최된 바 있다. 제2위원회의 경우도 제1위원회와 마찬가지로 가장 먼저 개별 의제항목이 아닌 모든 의제항목을 두고 일반토론general debate이 시작된다.

일반토론에 이어 주제별 토론을 하는 제1위원회와는 달리 제2위원회는 일반토론에 이어 의제항목별 토론을 하게 되는데 의제항목별 토론에 바로 앞서 보통 패널토의panel discussion의 형식을 취하는 쌍방향적인 부대행사interactive side events를

---

3) 7개의 군락(cluster)이란 구체적으로 핵무기, 기타 대량파괴무기(Other weapons of mass destruction), 외기권(outer space), 재래식 무기, 지역 군축, 기타 군축조치 및 국제안보, 군축기관 이다.

전통적으로 가져오고 있다.

쌍방향적인 부대행사란 대표단들의 의제항목별 토론을 돕기 위한 과정인데, 다루고자 하는 의제항목과 밀접하게 관련된 업무를 관장하고 있는 유엔 사무국의 고위 직원, 유엔무역개발기구UNCTAD와 같은 유엔의 산하기구, 유엔교육과학문화기구UNESCO와 같은 전문기구의 고위급 인사가 의제항목과 관련한 발제를 한다. 이때 논의 중인 의제항목과 관련이 있는 국제기구의 보고서 등이 언급된다. 이어서 대표단들이 이들의 발언에 대해 코멘트와 질의를 하고 이들이 대답을 하는 시간을 가진다. 이러한 과정이 끝난 후 의장의 「I would like to invite the Committee to engage in general discussion on the item」이라는 발언과 더불어 대표단들에 의한 의제항목별 토론이 시작되는데 이를 두고 「일반토의general discussion」라고 칭한다.

의제항목별 토론이 시작될 때, 보통 개별 국가 대표단의 발언에 앞서 그룹의 대표들이 발언의 기회를 갖는다. 대표단들의 발언 이외에 교황청, 국제의원연맹IPU, 유엔공업개발기구UNIDO 등과 같은 옵서버의 발언도 이어진다.4) 이들의 발언이 끝날 때 물론 반박발언권right of reply이 주어진다.

의제항목 하나하나에 대해 하루 정도의 시간을 할당하여 토론을 갖고, 그 다음에 개개 의제항목에 대한 결의안 제출을 마감한다. 이런 방식으로 의제항목별로 토론과 결의안 제출 마감을 하나씩 해나가면서 다른 의제항목에 대해 토론을 해나가는 중간에 이미 제출된 결의안들을 상정시키고 채택하는 절차를 밟는다. 11월 중순 이후에는 이런 과정을 거치면서 미처 채택절차를 밟지 못한 결의안들outstanding resolutions을 몰아서 채택한다.

제2위원회의 경우 전통적으로 77그룹G-77 and China이 모든 결의안 가운데 90% 정도의 결의안을 제출하여 상정하는 책임을 맡고 있으며 이러한 결의안들은 상정이 된 후에 협상이 본격적으로 진행되는 특징을 보인다. 이러한 협상은 비공식 협의를 통해 이루어지는데 이러한 협의는 상정된 결의안이 기초가 된다. 상정된 결의안에 대한 집중적인 협의의 결과로서 새로운 결의안이 도출되는데 이때 통상적으로 보고관이 새로운 결의안의 제출자가 되며 드물게 부의장이 제출자가 되기도 한다. 제2위원회의 의장은 개개 결의안에 대해 사회자facilitator를 임명한다. 결의안

---

4) 옵서버들에게의 발언의 기회가 국가 대표단의 발언이 끝난 후에 주어지는 것은 아니다. 국가 대표단의 발언 중간 중간에 발언의 기회가 주어진다.

은 대부분의 합의로 채택된다. 2011년 제66차 유엔총회제2위원회의 경우 13개 의제항목이 다루어져 총 42개의 결의안이 채택되었는데 이 중에서 4개를 제외하고는 모두 합의로 통과되었다.

제2위원회의 작업방식을 개선하는 노력이 지속되어 왔다. 주된 논의의 핵심은 일반토론과 의제항목별 토론에 있어서의 내용의 중복을 피하기 위해 일반토론general debate을 없애는 문제, 의제항목별 토론debates per agenda items을 바꾸어 주제별로 의제항목을 구분하여 군락cluster으로 나누어 토론하는 문제, 패널토의와 부대행사를 줄이는 문제, 제2위원회와 경제사회이사회ECOSOC 기타 프로세스 간의 토의 중복문제(즉 제2위원회와 ECOSOC의 업무분장을 재검토하는 문제), 결의안의 길이를 줄이는 문제, 결의안 제출 마감시간과 협상의 종료기한을 엄격하게 적용하는 문제, 동일한 의제항목을 매년이 아니라 2년이나 3년을 간격으로 논하거나 불필요한 의제항목을 삭제하는 문제, 모든 결의안의 제출 마감시한을 단일화하는 문제, 특정 그룹인 77그룹이 결의안 대부분을 제출하는 현재의 관행을 변경하는 문제 등이다.

이러한 문제들에 대해 선진국은 전향적인 입장을 취하고 있는데 반해 77그룹은 반대하고 있어 지금까지의 관행에 제대로 손을 대지 못하고 있다. 구체적으로 77그룹은 제2위원회의 절차는 타 위원회와는 상이한 특징에서 오는 것으로서 이로 인한 관행을 변화시키지 않는 범위 내에서 개선의 여지가 있는 부분만을 개선해야 한다고 하면서 기본적으로 소극적인 입장을 보이고 있다. 예컨대 일반토론의 유지, 결의안 제출을 위한 엄격한 기한설정의 반대, 쌍방향적인 부대행사에 기조발제자keynote speaker로서 선후진국 인사의 균형된 초청 등을 언급하고 있다.[5)]

이러한 선진국과 개도국의 입장차이가 있는 가운데 제2위원회 의장은 비공식협의에 기초하여 2010년 12월에 다음과 같은 내용의 결정안draft decision을 제출하여 통과시켰다. 주요 내용을 살펴보면 다음과 같다. 우선 일반토론과 관련하여 ① 일반토론을 유지하되 일반토론과 의제항목별 토론debate on individual agenda items이 중첩되는 것을 피할 필요가 있다. ② 개개 대표단의 일반토론은 7분, 그룹을 대표한 국가의 경우는 10분으로 하되 시간을 엄수한다. ③ 의장이 일반토론의 요약본을 위원회에 제출하는 관행을 지속한다.

의제항목별 토론과 관련해서는 ① 불필요한 중첩을 피하는 것을 전제로 의제항

---

5) 외교통상부, 제65차 유엔총회 결과보고서 (서울: 외교부, 2011), pp. 86-87.

목별 토론을 지속한다. ② 개개 대표단의 의제항목별 토론은 5분, 그룹을 대표한 국가의 경우는 7분으로 하되 시간을 엄수한다. ③ 좀 더 쌍방향적이고 역동적인 토론을 통해 의제항목별 토론을 합리화할 수 있는 가능성을 모색한다.

결의안과 관련하여 ① 의장단이 결의안 제출을 위한 복수의 의무적인 마감시한을 유지하되 이러한 마감시한은 협상의 대상이 되는 결의안의 복잡함이 현실적으로 고려되어야 한다. 위원회는 의장단이 설정한 마감시한을 엄격하게 따르고 시한이 지난 후의 결의안 제출은 받아지지 말아야 한다. 마감시간이 도래하기 전에 마감시간의 연장요청은 케이스별로 고려되어야 한다. ② 결의안은 간결해야 하고 초점이 있어야 하며 행동 지향적이어야 한다. 그리고 결의안의 전문부분은 일반적으로 최소화되어야 한다.

패널토의와 부대행사와 관련하여 ① 비공식적이고 심도 깊은 토론을 진작시키고 다양한 분야의 전문가들을 함께하도록 패널토의와 부대행사를 해온 관행을 유지한다. ② 위원회 업무의 과부하를 피하기 위해 매 회기마다 패널토의와 부대행사를 최대한 6개로 제한한다. ③ 패널토의와 부대행사의 기조연설자keynote speaker와 토론자panelist를 선발함에 있어서 관점의 다양화, 적절한 지리적 배분, 성적 균형을 확보하는 것이 중요하다.

## 3) 제3위원회

제3위원회는 전통적으로 11월 넷째 주 목요일인 추수감사절 이전에 모든 일정을 마친다. 구체적으로 일정을 10월 첫째 주에 시작하여 11월 마지막 주에 끝낸다. 제3위원회는 제1위원회나 제2위원회와는 달리 의제항목들 전체를 두고 하는 일반토론general debate의 과정을 갖지 않고 의제항목별 토론에 직접 들어간다. 이 과정에서 의제항목별 토론이 주를 이루지만 의제항목들에 따라서는 주제별 토론을 갖기도 한다.

제3위원회는 의제항목별 토론이나 주제별 토론을 할 때 제2위원회의 경우와 마찬가지로 회원국들의 토론에 앞서 쌍방향적인 패널토의를 가지는 전통을 가지고 있다. 이는 대표단들이 주어진 의제항목이나 주제와 관련한 토론을 생산적으로 할 수 있도록 돕기 위한 것이다. 쌍방향적인 패널토의 과정을 살펴보면 다음과 같다.

우선 다루고자 하는 주제와 관련이 있는 문제를 다루는 사무국의 고위직원executive heads and senior members of the Secretariat이 보고서를 소개하면서 주제에 대

한 안내를 한다. 이어서 회원국 대표단은 사무국 고위직원, 사무총장이 임명한 대표, 인권이사회의 특별보고관 등과 쌍방향의 토론interactive debate과 질의시간을 갖는다. 물론 이때 대표단들은 질문 이외에 코멘트를 할 수 있다. 이러한 쌍방향의 토론과 질의시간을 가진 다음 「일반토의general discussion」라고 불리는 대표단들에 의한 의제항목별 토론 혹은 주제별 토론이 이어진다. 이러한 과정을 통틀어 「Introductory Statement, Dialogue with Senior Secretariat Officials and General Discussion」이라고 칭한다.

이렇게 의제항목 하나하나 혹은 주제별 토론을 한 후 해당 의제항목에 대한 결의안 제출마감을 하고, 다른 의제항목으로 이동하여 토론을 하고 이에 대한 결의안 제출을 마감한다. 이렇게 의제항목 하나하나를 다루어 가다가 적절한 시기에 한두 차례에 걸쳐 그동안 제출마감을 한 결의안들을 모아 채택하는 절차를 밟는다. 그런 다음에 다른 의제항목들에 대한 토론과 결의안 제출마감을 하고 마지막 몇 차례의 회의에 걸쳐 남은 결의안을 모두 모아서 채택하는 절차를 가진다. 제3위원회의 경우 결의안 가운데 약 70%가 합의로 통과된다.

대부분의 결의안이 77그룹에 의해 제출되고 상정되는 제2위원회와는 달리 제3위원회의 경우 한두 주제안국과 공동제안국에 의해 제출되고 상정되는 결의안이 많다.6) 결의안은 여전히 협의가 이루어지고 있는 가운데 상정이 되기도 한다. 이러한 경우에는 결의안에 대한 협의가 상정이후에도 계속되어 개정된 결의안revised resolution이 상정되고 채택 일정이 잡힐 때까지 지속되기도 한다.

### 4) 제4위원회

제4위원회는 9월 말에 시작하여 11월 중순에 회의를 끝낸다. 앞서 언급했듯이 제1위원회와 제4위원회는 회의를 동시에 가지지 않는다. 제4위원회의 경우는 제3

---

6) 아동인권에 관한 결의안의 경우는 유럽연합(EU) 그룹과 중남미카리브(GRULAC) 그룹이 결의안을 작성하여 나머지 국가들에게 제시하는 책임을 진다. 좀 더 구체적으로 말해 두 그룹이 해마다 번갈아 가면서 결의안의 초안을 작성하는 작업을 시작한다. 예컨대 한 해에 유럽연합(EU) 그룹이 결의안의 초안을 작성한 후 중남미카리브(GRULAC) 그룹과의 협상을 통해 결의안 작성을 마친 다음 나머지 다른 국가들에게 제시하면 다음 해에는 거꾸로 중남미카리브(GRULAC) 그룹이 초안을 작성하는 작업을 한 후에 유럽연합(EU) 그룹과 협상을 통해 결의안 작성을 완료하고 나머지 다른 국가들에게 제시한다. 한 그룹 내에서 결의안의 초안작성을 주도한 국가가 결의안을 상정하고 상대방 그룹의 국가들은 주요 공동제안국(primary co-sponsor)이 된다. 공동제안국을 원하는 다른 국가들도 이 두 그룹이 협상을 통해 합의에 도달한 결의안에 공동제안국이 된다. 두 그룹 중에서 결의안 초안을 작성하는 그룹이 결의안의 모양새를 결정짓는 데 좀 더 많은 힘과 영향력을 가지게 된다.

위원회의 경우와 마찬가지로 의제항목 전체를 대상으로 하여 하는 토론을 의미하는 일반토론을 가지지 않는다.

그 대신 유관한 의제항목들을 군락cluster별로 묶어서 하면서「합동 일반토론 joint general debate」혹은「군락별 토론clustered debate」이라고 불리는 토론과 이러한 군락에 들어가지 않는 의제항목들 하나하나에 대한「개별토론individual debate」이라는 두 가지 형태의 토의가 진행된다. 제4위원회가 의제항목들을 군락별로 묶어 가지는 토론은 다른 위원회의「주제별 토론thematic debate」에 해당한다고 볼 수 있다.

제4위원회는 회의의 쌍방향적 성격을 진작시키기 위해 다양한 의제항목에 대해 대표단들이 합동 일반토론(군락별 토론)이나 개별토론을 가지기 전에 사무국의 고위급 대표와 쌍방향적 대화인 패널토의를 갖는다. 최근 들어 예컨대「외기권의 평화적 이용에 관한 국제협력International cooperation in the peaceful uses of outer space」이라는 의제항목의 경우 패널토의를 가져오고 있다.

여전히 토론할 의제항목들이 남아 있는 가운데 이미 토론이 진행된 의제항목들에 대해 결의안의 채택절차가 회의 전체 과정에 걸쳐 한두 차례 이루어진다. 남은 의제항목들에 대한 토론이 진행되고 회의의 막바지에 이러한 의제항목들에 대한 결의안들이 몰아서 채택된다.

유관한 의제항목들을 군락별로 묶어 토론한다고 해도 개개 의제항목별로 별도의 결의안이 제출되고 채택된다. 예컨대 의제항목들 가운데 탈식민화에 관한 모든 의제항목들은 군락cluster으로 묶어서 토론하지만 이들 의제항목 하나하나 아래 별도로 결의안들이 제출되어 채택된다. 그러나 이러한 결의안들은 동일한 회의에서 채택이 되는데 이를 두고 공동의 채택절차를 밟는다고 한다.

중동문제와 관련이 있는 모든 결의안과 탈식민화와 관련한 몇몇 결의안은 대개 표결로 채택되지만 중동문제와 관련이 없는 문제들은 대부분이 합의로 채택된다. 결의안은 상정되기 전에 먼저 비공식협의를 가지며 그 후에 상정된다.

제4위원회의 특별한 관행은 비자치 영토에 관해 청원자(개인 혹은 조직의 대표)의 발언을 듣는 것인데 이러한 청원자로 하여금 회기의 초반에 발언을 하도록 한다.

### 5) 제5위원회

제5위원회는 행정과 예산문제를 다루는 위원회로서 예산을 필요로 하는 모든 결의안의 경우 유엔총회 본회의에서 채택되기 전에 제5위원회의 심의를 받아야만

한다. 따라서 유엔총회 주요위원회 가운데 시기적으로 가장 늦게 업무가 끝난다.

제5위원회의 경우 업무방식이 다른 위원회들과 확연히 구분된다. 다루는 이슈의 성격상 의제항목 전부를 대상으로 하여 하는 일반토론 과정이 없고 직접 의제항목별 토론을 가진다. 의제항목별 토론이 이루어지는 과정을 구체적으로 살펴보면 다음과 같다.

우선 공식회의가 개최되어 의제항목과 관련이 있는 보고서가 상정되고 뒤이어 「일반토의general discussion」라고 불리는 대표단의 토론과정이 이어진다. 해당 의제항목에 대한 공식회의에서의 이러한 토론이 끝난 후에 의장단에 의해 임명된 사회자coordinator의 주재 아래 전체 비공식회의formal informal meeting를 가진다. 이러한 전체 비공식회의에서의 비공식협의는 대개 사무국이나 관련된 유엔기구의 직원이 참석한 가운데 대표단과 이들과의 질의와 응답으로 시작된다. 그 다음에 사회자는 (대개 제5위원회의 업무를 관장하는 위원회 사무국committee secretariat이 작성한) 결의안 초안skeleton draft resolution을 대표단에게 배포하고 마감일까지 기초 결의안에 포함할 내용을 제시할 것을 요청한다. 이어서 위원회는 대표단들이 결의안 초안에 대해 제시한 모든 내용들을 고려하여 사회자가 준비한 결의안에 대해 비공식협의를 가진다. 의제항목에 따라서는 장시간의 협상을 필요로 하며 경우에 따라 비공식-비공식회의informal-informal meeting을 가지기도 한다. 이러한 과정을 통해 합의에 도달하게 되면 일단 비공식회의에서 채택이 된다. 그런 연후에 당 결의안은 「L-문건 L-Document」으로 인쇄가 되어 공식회의에 상정이 되어 채택되게 된다.[7]

제5위원회에 맡겨진 의제항목 모두에 대한 토론이 다 끝나기 전에 이미 토론이 끝난 의제항목들에 대한 결의안의 채택이 도중에 있고, 나머지 의제항목들에 대한 결의안 채택이 마지막에 한꺼번에 이루어진다.

## 6) 제6위원회

법률문제를 다루는 제6위원회의 경우 역시 다루는 이슈의 성격상 의제항목 전부를 대상으로 하는 일반토론 과정이 없고 의제항목 하나하나에 대한 토론이 있다. 의제항목 하나하나에 대한 토론이 있은 후 결의안은 마지막 단계에서 몰아서 한꺼

---

7) 「L-문건(L-Document)」이란 구성원 전체에게 배포되는 문건이 아니고 제한적으로 배포되는 문건이라는 의미이다. 여기에서 「L」은 나중에 문건번호를 다루는 부분에서 상세히 설명하겠지만 「Limited」를 의미하는 축어로서 「제한적 배포의 문건부호(Limited distribution symbol)」이다.

번에 채택한다.

대부분의 결의안은 회원국에 의해 작성되어 상정된다. 소수의 결의안이나 결정은 유엔사무국의 법률실Office of Legal Affairs, OLA에 의해 준비되고 위원회의 의장단에 의해 상정된다. 대개 결의안은 비공식협의를 거친 후에 상정이 되며 합의로 채택된다.

### (2) 위원회별 회의과정의 공통점

이처럼 위원회에 따라 의제항목을 다루는 방식에 있어서 차이가 존재한다. 그러나 공통적인 것은 위원회가 다수의 의제항목을 다루는 데 있어서 하나의 의제항목을 토론하고 결의안까지 채택한 다음 다른 의제항목으로 하나씩 옮겨가 토론하고 결의안을 채택하는 방식으로 운영되지 않는다는 점이다.

앞서 보았듯이 의제항목들을 토론하면서 토론이 끝난 의제항목들에 대해 결의안을 제출하도록 한 후 일정한 시점에서 이때까지 제출된 결의안들을 모아서 상정하도록 하고 채택하는 절차를 밟으며 남아 있는 의제항목들에 대해서도 이러한 방식으로 결의안을 채택하는 과정을 밟기도 한다. 이와는 좀 달리 의제항목들에 대한 토론을 하나하나 해나가다가 말미에 몰아서 한꺼번에 상정하여 채택하는 방식을 택하기도 한다.

## 3. 위원회 회의과정

위에서 살펴보았듯이 위원회별로 의제항목들을 다루어나가는 과정과 방법이 동일하지 않다. 때문에 어느 한 위원회의 회의과정과 절차에 집중하여 설명할 경우 이와는 다른 방식으로 회의를 운영하는 위원회의 설명이 미진하게 된다. 따라서 여기에서 위원회의 회의과정과 절차를 설명함에 있어서 위원회별 과정의 공통분모인 교집합이 아니라 제각기 다른 과정들 모두를 포괄하는 합집합을 설명하고자 한다.

의제항목을 다루어나가는 과정은 공식회의 과정과 비공식회의 과정으로 크게 구분할 수 있다. 공식회의 과정은 일반적으로 ① 일반토론 과정, ② 의제항목별 토론 과정, ③ 결의안 상정 및 토론 과정, ④ 결의안 채택 과정으로 구분될 수 있다. 비공식회의는 통상적으로 의제별 토론이 있은 후 결의안이 상정되기 전 사이에 그

리고 결의안이 상정되고 토론이 이루어진 후 결의안의 채택절차를 밟기 전 사이에
있게 된다.

　위원회별로 첫 번째 회의는 본회의에서 잠정의제가 공식의제로 채택이 되고 채
택된 공식의제가 위원회별로 공식적으로 배분이 된 후에라야 개최될 수 있다. 이러

---

United Nations　　　　　　　　　　　　　　　　　　　A/C.3/68/1

 **General Assembly**

Distr.: General
20 September 2013

Original: English

---

**Sixty-eighth session**
**Third Committee**

### Allocation of agenda items to the Third Committee

**Letter dated 20 September 2013 from the President of the**
**General Assembly to the Chair of the Third Committee**

　　I have the honour to inform you of the decisions taken by the General
Assembly at the 2nd plenary meeting of its sixty-eighth session on 20 September
2013, pertaining to the allocation of items to the Third Committee (see annex).

　　I wish to draw your attention to the relevant parts of sections III and IV of the
report of the General Committee (A/68/250) concerning the agenda of the Main
Committees.

　　I also draw your attention to the recommendations on the organization of the
session contained in section II of the same report. Those recommendations were also
approved by the General Assembly at its 2nd plenary meeting.

　　　　　　　　　　　　　　　　　　　　　(*Signed*) John W. Ashe

13-48323 (E)　240913

Please recycle ♻

---

위원회로의 의제항목의 할당통보 문건

한 일련의 과정은 운영위원회General Committee가 작성한 첫 번째 보고서(앞서 본회의 회의과정에서 언급했듯이 2013년의 경우는 「A/68/250」이라는 문건이 이러한 문건에 해당한다)의 권고사항을 본회의가 채택하는 결정을 내림으로써 확정된다.

본회의에서 이처럼 의제항목들이 위원회에 배분이 확정되면 본회의 의장은 위원회 의장에게 공식문건화가 된 서한letter을 통해 이러한 사실을 통보한다. 2013년 제68차 유엔총회 본회의가 제3위원회에 보낸 앞 페이지의 문건을 예로 들어 설명하면 다음과 같다.

문건번호는 「A/C.3/68/1」이고 문건의 제목은 「Allocation of agenda items to the Third Committee」이고 부제는 「Letter dated 20 September 2013 from the President of the General Assembly to the Chair of the Third Committee」이다. 이 문건에는 본회의 의장이 우선 본회의에서 의제항목의 배분에 대한 결정이 취해진 것을 통보한다는 내용과 더불어 본회의에서 채택된 운영위원회의 보고서인 「A/68/250」의 내용에 주목할 것을 요청하는 내용이 담겨 있다. 그리고 부록annex에 위원회에 배분된 의제항목들이 열거되어 있다. 다음으로 위원회 회의과정을 하나하나 순차적으로 살펴보고자 한다.

### (1) 의장의 발언

위원회의 첫 공식회의는 의장의 발언Statement by the Chairperson으로부터 시작된다. 의장의 발언은 대체적으로 대표단들에 대한 환영, 의장으로 선출된 것에 대한 감사, 대표단과 의장단(의장 본인을 제외한 3인의 부의장과 보고관)에 대한 협력의 요청, 사무국의 협력과 지원의 요청, 사무국 소속의 위원회 간사Secretary of the Committee의 협력과 지원의 요청을 주요 내용으로 한다. 제61차 제1위원회 첫 회의에서의 의장의 발언을 예로 들면 다음과 같다.

> Allow me to extend a warm welcome to all delegations participating in the deliberations of the First Committee at the sixty-first session of the General Assembly. I look forward to working with all members of the Committee during the next few weeks. We will have much to do, but I am certain that we will be able to conduct our work in a cooperative and efficient manner.

It is indeed a great honour and privilege for my country and for me to have been elected as Chair of this important body. I deeply appreciate the confidence the Committee has placed in me. With the Committee's full support, I hope to guide its work to a successful conclusion at the end of this month. It goes without saying that I will rely greatly upon members' spirit of cooperation and flexibility.

I will also depend very much upon my colleagues in the Bureau, whom the Committee has already elected, namely, our three Vice-Chairpersons - Mr. Andy Rachmianto of Indonesia, Mr. Boštjan Malovrh of Slovenia and Mr. Federico Perazza of Uruguay - and our Rapporteur, Mr. Abdelhamid Gharbi of Tunisia. I am certain that the Committee will be able to benefit from their collective wisdom and expertise in disarmament issues.

I am also confident that the Committee will again receive the full support of the Department for Disarmament Affairs and the Department for General Assembly and Conference Management, headed by Mr. Nobuaki Tanaka and Mr. Chen Jian, respectively. Last but not least, the Committee will benefit greatly from the presence of our former colleague, Mr. Jarmo Sareva, the new Secretary of the First Committee, and his experienced team in the First Committee secretariat.

과거 2001년까지만 해도 위원회의 첫 번째 회의는 본회의에서 이미 선출된 위원회의 의장의 주재로 부의장과 보고관을 선출하는 일과 더불어 시작되었다. 그러나 2002년에 위원회의 의장은 물론 부의장과 보고관까지 유엔총회 시작 최소한 3개월 전에 선출하도록 총회의 의사규칙을 개정함으로써 첫 회의에서 위원회의 의장단(의장과 3인의 부의장 그리고 1인의 보고관) 선출은 더 이상 없게 되었다.

## (2) 업무편성의 승인

본회의의 과정에서도 있었듯이 각 위원회 역시 의제항목에 대한 본격적인 논의에 앞서 해당 위원회에 배분된 의제항목들을 어떤 방식으로 어떤 시간계획을 가지

고 다루어갈 것인가에 대한 논의부터 시작한다.

이러한 논의를 위해 위원회들은 「업무편성Organization of work」이라는 제목의 공식문건을 발간한다. 이 문건은 통상 새로운 회기가 시작되면서 위원회가 내놓는 문건 중 가장 처음의 L-문건L-Document이 된다. 예컨대 2013년 제68차 유엔총회 제3위원회의 경우 이러한 문건은 다음 페이지에서 보듯이 「A/C.3/68/L.1」과 같은 문건번호와 「Organization of work of the Second Committee」라는 제목을 가졌다.[8]

이러한 문건은 위원회에 따라 다소 다를 수 있으나 통상적으로 다음과 같은 두 부분으로 구성된다. 첫째 부분은 사무국이 각 위원회에게 알리는 공지사항을 의미하는 「사무국 주지사항Note by the Secretariat」이라는 제목하의 부분이다.

이 부분은 다시 여러 부분으로 나누어지는데 대체적으로 의제항목의 배분Allocation of items, 업무계획Programme of work, 문건목록List of documents, 관례와 작업방식Practices and working methods, 발언의 길이Length of statements, 회의시설과 회의방식Conference facilities and meetings arrangements, 비공식협의Informal consultations, 위원회 업무의 종료Conclusion of the work of the committee 등에 대한 고지사항 등을 포함한다.

이러한 주지사항은 사무국이 전달하고자 하는 것이기 때문에 위원회가 달라도 대체로 동일한 내용이 대부분이다.[9] 그러나 위원회별로 유지해온 독특한 관례 등이 있기 때문에 상이한 사항들도 존재한다. 의제항목별 발언시간을 살펴보면, 위원회에 따라 약간 상이하나 7분으로 제한하는 위원회가 있고 10분으로 제한하는 위원회가 있다. 단 그룹의 의장국 등이 그룹을 대표하여 의제항목별 발언을 할 경우 좀 더 긴 시간인 15분이 주어진다.

의제항목별 발언과는 달리 일반토론의 경우 통상적으로 긴 발언시간이 주어지는데, 의제항목별 발언시간을 7분으로 제한하는 위원회의 경우라도 일반토론에는 10분의 시간을 허용한다. 의제항목별 발언시간을 10분 허용하는 위원회의 경우 일반토론에 15분을 허용한다.

의장이 가장 관심을 가지는 부분의 하나로서 정해진 시한 내에 회의 전체를 마

---

8) 제1위원회의 경우는 이와는 달리 「Proposed programme of work and timetable of the First Committee」라는 제목을 갖는 문건을 발간하며 「A/C.1/63/CRP.1」과 같은 문건번호를 갖는다.

9) 이러한 주지사항의 많은 부분은 운영위원회(General Committee)의 첫 보고서에 포함된 권고에 기초해 유엔총회 본회의에 의해 취해진 결정이다.

치기 위해 발언시간의 준수를 부탁하는 부분도 있다. 본회의에서 발언시간의 준수를 확보하기 위해 시간의 경과를 알리는 녹색, 노란색, 빨간색 불이 들어오는 교통신호등traffic lights과 같은 것을 운용하고 있는데, 위원회에 따라 이를 사용하는 위원회가 있고 사용하지 않는 위원회가 있다.

---

United Nations

 **General Assembly**

A/C.3/68/L.1

Distr.: Limited
1 August 2013

Original: English

---

**Sixty-eighth session**
**Third Committee**

### Organization of the work of the Third Committee

**Note by the Secretariat**

**Allocation of items**

1.  The agenda items allocated by the General Assembly to the Third Committee will be issued in document A/C.3/68/1. Background information on those items may be found in the annotations to the agenda (see A/68/100).

**Programme of work**

2.  The draft programme of work (see annex) has been prepared bearing in mind paragraph (b) of rule 99 of the rules of procedure of the General Assembly, Assembly decision 67/541 on the programme of work of the Third Committee for the sixty-eighth session, the provisional agenda of the sixty-eighth session (A/68/150), relevant resolutions and decisions adopted by the Assembly on the rationalization of its work and that of the Third Committee, as well as past experience in the utilization of conference services.

**Question time and interactive dialogues**

3.  In accordance with the established practice of the Committee and pursuant to paragraphs 3 (c) and (d) of the annex to General Assembly resolution 58/316 on further measures for the revitalization of the work of the General Assembly, immediately following the introduction of reports by executive heads and senior members of the Secretariat at the beginning of each debate, interactive dialogues and "question time" will be held with heads of departments and offices, representatives of the Secretary-General, special rapporteurs and other special mechanisms as part of the formal proceedings of the Committee. Delegations are invited to participate actively in these dialogues with questions and unscripted comments. The general discussion of each agenda item or cluster of agenda items is to follow the question time.

13-41541 (E)   060813

Please recycle

---

위원회 업무편성 문건의 표지

　　발언시간의 준수와 더불어 결의안의 제출, 결의안의 상정, 결의안의 채택이 정시에 이루어져야 한다는 점이 강조된다. 공식적인 비공식회의formal informal의 경우에는 의장단의 추천에 따라 일정이 잡혀야 한다는 것도 언급된다. 총회 결의안 50/277에 따라 결의안은 간결하고 행동 지향적이어야 함이 강조된다. 오전 회의와 오후 회의를 각각 10시와 3시 정시에 시작하겠다는 말과 더불어 회의시간을 준수해줄 것을 부탁한다. 만약 발언자가 제때 나타나지 않을 경우 자동적으로 발언자명 부상에 가장 뒤로 밀릴 것이라는 주의사항도 포함되어 있다.

　　업무편성의 두 번째 부분은 날짜와 시간별로 할 일들을 구체적으로 세밀하게 적어 놓고 있는 부분이다. 제3위원회의 경우를 예로 들자면 이 부분은 다음 페이지에서 보듯이 「제3위원회 업무계획안Proposed Programme of Work of the Third Committee」이라는 제목을 갖는다.10) 좀 더 구체적으로 의제항목별로 논의가 시작되는 시점, 발언자명부 제출 마감시한, 결의안 제출 마감시한, 결의안 채택시기 등이 상세히 적혀 있다. 이러한 업무계획안은 위원회의 의장단이 사무국 소속의 위원회 간사와의 면밀한 협력을 통해 준비하는 것인데 여기에 언급된 계획이 제대로 지켜지는 경우가 거의 없기 때문에 「이론적인 문건theoretical document」에 지나지 않는다고 평가되곤 한다.

　　이러한 두 부분의 내용들이 담긴 업무편성Organization of work이 위원회 회의에서 통과되어야 한다. 이러한 업무편성과 관련하여 논란의 여지가 있는 경우 토론을 진행하면서 의사결정을 해나간다. 그 결과 원래의 업무편성에 수정이 가해지기도 한다. 대체적으로 사무국의 주지사항에 대해 대표단들 사이에 별 이견이 없으나 업무계획Programme of Work을 둘러싸고는 이견이 노출되기도 한다. 이 경우 토론과 더불어 수정이 가해진다. 다음 경우는 원래의 업무편성에 구두로 수정이 가해진 경우로서 의장은 다음과 같은 발언과 더불어 업무편성을 확정짓는다.

> May I take it that the Committee wishes to approve the programme of work contained in documents A/C.3/62/L.1, as orally amended subsequent to the vote taken? (pause) As I see no objection, it is so decided.

---

10) 앞서 본회의 부분에서 이미 언급하였듯이 위원회의 공식회의의 일정을 담고 있는 업무계획안 (Proposed Programme of Work)은 회기 초반에 총회 본회의에 의해 결정되며 위원회 회의가 시작되면서 사무국의 정보통지문(Information Note)으로서 발간된다.

A/C.3/68/L.1

## Annex
## Draft programme of work of the Third Committee

| Date/time | Item/programme[a] |
|---|---|

**Week of 7-11 October**

**Monday, 7 October**

| 10 a.m. | | Election of officers |
| | | Organizational matters |
| | Item 137 | **Programme planning** |
| | | Introductory statements, interactive dialogue and general discussion of: |
| | Item 27 | **Social development** |
| | | (a) **Implementation of the outcome of the World Summit for Social Development and of the twenty-fourth special session of the General Assembly** |
| | | (b) **Social development, including questions relating to the world social situation and to youth, ageing, disabled persons and the family** |
| | | (c) **Follow-up to the International Year of Older Persons: Second World Assembly on Ageing** |
| | | (d) **United Nations Literacy Decade: education for all** |
| 1 p.m. | | Closure of the list of speakers on item 27 |
| 3 p.m. | Item 27 | General discussion (*continued*) |

**Tuesday, 8 October**

| 10 a.m. and 3 p.m. | Item 27 | General discussion (*concluded*) |
| 6 p.m. | | Deadline for submission of proposals on item 27 |

**Wednesday, 9 October**

| 10 a.m. | | Introductory statements, dialogue with senior Secretariat officials and general discussion of: |
| | Item 108 | **Crime prevention and criminal justice** |
| | Item 109 | **International drug control** |
| 1 p.m. | | Closure of the list of speakers on items 108 and 109 |
| 3 p.m. | Items 108 and 109 | General discussion (*continued*) |

위원회 업무계획안(업무편성 문건의 일부분)

## (3) 일반토론

업무편성에 이어 각국 대표단들에 의한 일반토론General Debate 발언(즉 기조연설)이 있게 된다. 앞서 살펴보았듯이 제1위원회와 제2위원회만이 모든 의제항목들

을 대상으로 하는 일반토론의 과정을 가진다. 기타 위원회가 일반토론을 가지지 않는 이유 중의 하나는 일반토론에 시간이 많이 소요될 뿐 아니라 뒤이어 있게 되는 의제항목별 토론과 내용상 반복과 중첩이 많기 때문이다.

본회의의 일반토론이 유엔이 다루고자 하는 이슈들 전반에 걸쳐 자국이 가지고 있는 인식과 정책을 발표하는 것인데 반해, 위원회의 일반토론의 연설 내용은 해당 위원회가 다루려고 하는 의제항목들에 한정된다.

해당 위원회가 하나의 의제항목agenda item만을 다루는 것이 아니라 여러 의제항목들을 다룬다. 따라서 일반토론을 허용하는 위원회의 경우, 대표단들은 일반토론에서 해당 위원회가 다룰 여러 의제항목들에 걸쳐 자국의 입장을 포괄적으로 제시하게 된다. 국가들에 따라서는 여러 의제항목 중 자국이 특히 관심을 가지고 있는 의제항목을 선별적으로 강조하여 일반토론에서 다룰 수도 있다.

본회의의 일반토론 발언문(기조연설문)과 마찬가지로 각국 대표단은 위원회 일반토론 발언문을 자체적으로 준비하여야 하며, 일반토론 발언을 할 때 배포는 사무국에서 하게 된다. 통상적으로 위원회의 일반토론 발언은 15분으로 제한된다. 각 대표단은 일반토론을 위한 발언자명부를 통해 발언을 신청하고 신청한 순서에 따라 발언한다.

### (4) 의제항목별 토론

위원회가 다룰 의제항목들 전반에 걸쳐 포괄적인 입장을 밝히는 일반토론general debate에 이어 개개 의제항목agenda item에 대해 기본입장을 밝히는 의제항목별 토론individual debate이라는 절차가 진행된다. 앞서 살펴보았듯이 논의의 효율성을 위해 의제항목 하나하나에 대해 별도의 토론을 하지 않고 유관한 주제를 가지는 의제항목들을 몇 개의 그룹cluster으로 묶어서 주제별 토론thematic debate을 진행하기도 한다.

제1위원회의 경우 주제별 토론을 하며 제3위원회와 제4위원회의 경우는 의제항목별 토론과 주제별 토론을 병행한다. 앞서 몇 차례 언급했듯이 주제별 토론이라는 절차를 가지고 있다고 해서 결의안이 주제별로 나오는 것은 아니며 의제항목별로 나온다는 점을 주의하여야 한다.

각 대표단은 의제항목별 토론이 시작되기 전에 사무국에 발언을 신청하고 신청

한 순서에 따라 발언한다. 구체적으로 발언 신청은 발언자명부에 기재하는 방식으로 하게 된다. 발언자명부는 회의실 입구 안쪽에 놓여 있으며 발언자명부가 닫히기 전에 각국 대표단들이 와서 자국의 국명을 추가하기도 하고 필요에 따라 자국의 이름을 명부에서 지우기도 한다.

일반토론 발언을 위한 발언자명부의 경우 일반토론 발언(기조연설)이 시작되기 전에 발언자명부가 닫히지 않는다. 마찬가지로 의제항목별 토론이 시작되기 전에 발언자명부가 닫히는 것은 아니고 토론이 시작되고도 정해진 일정한 기간 동안 발언자명부가 열려 있어 계속하여 발언자명부에의 기재를 통해 발언을 신청할 수 있다. 일반토론 때도 마찬가지지만 모든 대표단들이 반드시 다 발언하는 것은 물론 아니며, 주요 그룹을 대표하는 국가들과 의제에 관심이 있는 국가들이 주로 발언을 한다.

발언자명부에 그룹의 대표국가들은 국명과 더불어 그들이 대표하는 그룹의 이름을 기재한다. 2000년 유엔 정기총회의 제2위원회의 발언자명부 중 어느 한 명부에는 5번째에 「United Rep. of Tanzania (on behalf of SADC)」라고 적혀 있었고 7번째에는 「Surinam (on behalf of CARICOM)」이라고 적혀 있었다.

본회의와 위원회의 일반토론 발언문의 경우와 마찬가지로, 의제항목별 발언문의 배포를 원하는 대표단은 발언문을 자체적으로 준비하여 사무국에게 제출한다. 대표단의 의제항목별 발언이 시작되기 직전에 해당 대표단의 발언문이 사무국 직원 여러 명에 의해 배포되기 시작한다. 의제항목별 발언을 하고자 하는 국가 모두가 발언문을 작성하여 사무국으로 하여금 배포하도록 하는 것은 아니다. 대표단 가운데 일부 국가만이 이러한 것을 준비해 오고, 많은 국가들은 발언문의 배포 없이 발언만 한다. 일반토론 발언(기조연설)에 15분이라는 시간이 배정된 것과는 달리 의제항목에 대한 발언은 7분으로 제한되는 것이 일반적이다.

## (5) 비공식회의를 통한 실무서/zero draft resolution/non-paper의 비공식협의

의제항목별 토론을 위한 공식회의가 끝나고 나면 결의안 상정을 위한 공식회의가 기다리고 있다. 이러한 결의안 상정을 위한 공식회의에 앞서 결의안 초안에 대한 비공식협의를 통해 결의안을 작성한다. 즉 결의안이 위원회의 공식회의에 상정

되어 공식적인 논의의 대상이 되기 전, 결의안을 주도하는 국가나 일단의 국가들은 다른 많은 국가들의 지지를 확보하기 위한 노력을 적극적으로 경주한다. 이러한 노력의 일환으로 결의안의 초안이 작성되어 비공식적으로 회람되면서 국가들의 의견을 수렴해 나간다. 이러한 결의안 초안이 적성되기 전에 결의안 초안의 작성을 위한 초안으로서 「실무서」나 「zero draft resolution」 혹은 「non-paper」가 작성되어 논의의 출발점을 제공하기도 한다.11) 여기에서는 실무서, zero draft resolution, non-paper 순으로 하나씩 살펴보고자 한다.

## 1) 실무서의 비공식 논의

실무서working paper란 특정 의제항목과 관련하여 그 배경과 함께 실질적인 정보substantive information를 포함하는 등 잠정적인 아이디어들을 담고 있는 비공식 문건이다. 통상적으로 결의안 초안의 작성에 앞서 결의안 초안으로 발전시킬 것을 의도하여 작성된다. 이러한 실무서는 비공식 모임이나 비공식회의를 통해 특정 대표단이나 전체 대표단에 회람되어 다양한 의견이 타진되고 이러한 의견들이 종합된다. 종종 이러한 과정을 거친 후 그 결과로서 결의안 초안이 작성된다.

이러한 실무서가 결의안 초안과 다른 점은 결의안 초안이 결의안으로서의 특별한 형식을 가지고 있어 이러한 형식에 따라 작성되나, 실무서의 경우는 특정의 정해진 형식을 가지고 있지 않다는 것이다.12) 이러한 실무서는 주로 사무국이나 회원국의 대표단(들)에 의해 작성된다. 간혹 의장에 의해 작성되기도 한다. 사무국과 대표단에 의해 작성되는 두 경우를 나누어 살펴보면 다음과 같다.

(가) 사무국에 의해 작성된 실무서의 비공식협의

사무국은 회의의 원활한 진행을 위해 회의가 개최되기 전에 각 의제항목별로 문제의 현황보고서를 작성하여 회람한다. 이러한 사무국의 보고서는 문제의 현황과 함께 권고를 담고 있어 회원국들의 토의를 거쳐 결의안으로 발전하는 경우가 많다. 사무국은 이러한 보고서 이외에 특정 의제항목과 관련하여 지식의 교환을 촉진하고 토론을 자극할 목적으로 실무서를 작성하여 회람하거나 인터넷의 웹사이트

---

11) 실무서(working paper), zero draft resolution, non-paper와 유사한 기능을 하면서 자주 사용되는 것으로서 「conference room paper(CRP)」라는 것이 있다. 이는 협상이 전개되고 있는 회의실에 있는 사람들이 접근할 수 있는 비공식 문건으로서 현재 논의되고 있는 의제항목과 관련한 제안에 대한 대표단의 수정안이나 현재 논의되고 있는 주제와 관련된 추가적인 보고 또는 정보를 포함한다. 이 문건은 일반적으로 회의 동안에 만들어지며 문건번호에 「/CRP」라는 말이 들어간다.

12) 실무서에 관한 자세한 것은 문건작성 요령 편을 참고하기 바란다.

에 게재한다. 이러한 실무서에 표명된 견해는 사무국의 공식적인 입장을 반드시 반영하는 것은 아니다.

사무국은 때때로 각 국가의 입장들을 분류하여 정리한 실무서를 토의자료로서 발행하여 배포하기도 한다. 이러한 실무서는 공식회의가 시작되기 전에 개최된 비공식회의 등을 통해 알려진 각국의 입장 등 여러 관련 자료에 기초하여 사무국에 의해 작성되어 각국 대표단에게 배포된다. 이러한 실무서는 가 의제항목에 있어서 각국의 입장을 모아 유사한 입장과 대립되는 입장으로 분류하여 각 사안별로 정리를 해놓고 있어 다른 국가 혹은 다른 그룹의 입장을 잘 알 수 있다. 따라서 각국 대표단은 이러한 실무서에 분류되고 정리된 사안을 토대로 하여 보다 체계적인 토의를 진행할 수 있게 된다.

이와 같이 다양한 입장과 견해를 분류하여 소개하는 실무서는 우선 토론의 보조 자료로서의 역할을 수행함으로써 궁극적으로 특정 국가나 특정 그룹의 국가들이 그들 나름의 결의안을 만들어가는 것을 간접적으로 돕는 보조적인 역할을 수행한다. 여기에서 더 나아가 이러한 실무서의 내용 자체가 단락paragraph별로 토론의 직접적인 대상이 되어 문안이 추가, 삭제, 개정(대체)되면서 결의안으로 이어지기도 한다.

후자의 경우 대표단들은 실무서의 내용을 단락별로 토론하면서 한 단락 한 단락 합의나 투표를 통해 확정지어 가다가, 모든 단락에 대한 토론이 끝나면 전체에 대한 토론을 한 번 더 진행시킨 후 합의나 투표로 실무서를 최종적으로 의결한다. 그런 다음 이 실무서는 사무국에 의해 정식 결의안의 형태로 작성되어 공식회의에 제출되어 채택의 절차를 밟는다.

이러한 과정에서 각 국가 또는 국가그룹은 실무서에 포함되어 있는 다양한 입장 가운데 자국의 입장을 관철시키기 위해 다른 국가 대표들을 설득하거나 옹호하고 반박하기도 하며, 서로 비슷한 입장을 가진 국가들끼리 공동전선을 펴기도 한다.

사무국에서 작성된 실무서는 하나의 결의안으로 발전될 수도 있고 경우에 따라서는 이러한 실무서로부터 복수의 결의안이 도출되는 경우도 있다. 이러한 실무서는 토의를 진작시키기 위한 도구의 역할을 하는 것으로서 사무국이 꼭 이를 작성해야만 하는 의무적인 것은 결코 아니다.

(나) 대표단(들)에 의해 작성된 실무서의 비공식협의

특정 의제항목에 대해 결의안을 제안하고자 하는 대표단이나 대표단들이 회의

에서 토의를 진작시키고 나아가 결의안의 형성을 돕기 위해 이러한 실무서를 작성하기도 한다. 협상 당사자에게 있어서 실무서란 자신의 생각을 글로 적도록 함으로써 자신이 원하는 것이 무엇인가를 명백하게 기술할 수 있는 기회를 가지도록 하며 이를 바탕으로 다른 대표단들로부터 지지를 획득하는 것을 용이하게 한다.

대표단(들)에 의해 작성되는 이러한 실무서는 궁극적으로 결의안으로 발전시킬

---

**Full and Effective Implementation of the Programme of Action to Prevent, Combat and Eradicate the Illicit Trade in Small Arms and Light Weapons in All Its Aspects: Enhancing International Cooperation and Assistance**

**Working Paper submitted by Indonesia on behalf of member States of the Non-Aligned Movement**

1.　　Member States of the Non-Aligned Movement (NAM) are deeply concerned over the illicit manufacture, transfer, and circulation of Small Arms and Light Weapons (SALW) and their excessive accumulation and uncontrolled spread in many regions of the world with its wide range of humanitarian and socio-economic consequences, as well as the close link between terrorism, organized crime, trafficking in drugs and precious minerals and the illicit trade in small arms and light weapons. Accordingly, the Movement stresses the urgency of international efforts and cooperation aimed at combating this illicit trade and in this context, reaffirms the total validity and vital importance and the need for full and effective implementation of the Programme of Action to Prevent, Combat and Eradicate the Illicit Trade in Small Arms and Light Weapons in All Its Aspects (PoA), as the main international framework to prevent, combat and eradicate the illicit trade in SALW.

2.　　In the context of the effective implementation of the Programme of Action, NAM urges all States to respect the international law and the purposes and principles enshrined in the Charter of the United Nations, including the sovereign equality of States, territorial integrity, the peaceful resolution of international disputes, non-intervention and non-interference in the internal affairs of States. NAM further reaffirms the right of each State to manufacture, import and retain small arms and light weapons for its self-defence and security needs, in exercising its inherent right to individual or collective self-defence in accordance with Article 51 of the Charter of the United Nations.

3.　　NAM emphasizes that Governments bear the primary responsibility for preventing, combating and eradicating the illicit trade in small arms and light weapons in all its aspects and, accordingly, should intensify their efforts to define the problems associated with such trade and find ways of resolving them. In this context, the Movement stresses in particular the importance of international efforts and cooperation aimed at combating this illicit trade simultaneously from both a supply and demand perspective.

**대표단에 의해 제출된 실무서의 예**

[source: http://www.poa-iss.org/RevCon2/documents/NAMWorkingPaper.pdf]

것을 의도하여 작성되며 특정 문제에 대한 잠정적인 해결책 등을 포함하고 있다.[13] 사무국이 작성한 실무서는 공정성을 위해 모든 국가의 입장을 포괄적으로 소개하고 있는 것인데 반해, 대표단이 작성한 실무서는 어느 한 국가의 입장 또는 뜻을 같이 하는 국가들의 공통된 입장이 표현되어 있다.

이렇게 작성된 실무서는 일차적으로 특정 대표단이나 전체 대표단에 비공식적으로 배포되어 이들의 의견이 타진된다. 실무서를 작성한 대표단이나 대표단들은 실무서에 포함된 아이디어나 내용을 설명하는 등 이들로부터 지지를 이끌어내기 위한 노력을 경주한다. 이 과정에서 배포된 실무서가 이들의 의견을 반영하여 수정되기도 하고 아예 다수의 의견을 반영하는 새로운 실무서가 작성되기도 한다. 처음부터 여러 대표단에 의해 여러 개의 각기 다른 실무서가 작성되어 배포되면서 지지를 획득하기 위한 경합이 전개되기도 한다. 이러한 과정에서 두 개 이상의 실무서가 종종 하나로 통합되기도 하고, 특별한 구절이 바뀌거나 추가 또는 삭제되면서 실무서는 정리가 되어 간다. 실무서는 때때로 결의안의 모양을 간단하게 따를 수도 있다.

대표단(들)은 위원회 의장의 승인을 받아 이러한 실무서를 공식문건으로 배포할 수도 있다. 의장의 승인을 받은 실무서는 사무국에 의해 복사되어 제안국에게 보내지고, 제안국이 이들 실무서의 사본을 직접 배포한다. 의장의 승인을 받아 공식문건이 된 실무서의 사본이 배포된 이후에도 실무서에 포함된 아이디어에 대한 토의와 자신들의 제안에 대한 지지를 획득하기 위한 노력은 지속된다. 실무서는 회의에 공식적으로 상정될 수 없기 때문에 공식적으로 수정되거나 이에 대한 표결이 행해질 수 없다. 일단 의장의 승인을 얻어 실무서가 배포된 경우, 실무서는 이때부터 대표단들에 의해 위원회 공식회의에서 발언 중에 언급이 될 수 있을 뿐이다.

실무서의 작성요령을 살펴보면 우선 모든 문건이 다 그렇듯이 너무 길어서는 안 된다. 따라서 만약에 4쪽보다 길 경우에는 요약문executive summary을 적은 겉표지를 별도로 마련하는 것이 좋다. 명백하고 단순한 언어로 작성되어야 하며 포함하는 범위와 관련하여 하나의 구체적인 의제항목에 한정되어야 한다. 발표와 나중에 있을 토론에서 특정 부분을 거론할 때 다른 대표단들도 실무서의 어느 부분인가를 잘 알 수 있도록 단락들paragraphs에 일련번호를 부여하는 것이 필요하다. 실무서에

---

13) 사무국은 통상적으로 회의가 개최되기 전에 의제항목에 관한 문제의 현황을 담고 있는 사무국보고서(secretariat report)를 비롯한 토의자료를 배포한다.

는 이를 작성한 대표단의 생각과 주장에 대한 이유가 제시되어야 하며 취해져야 할 행동이 무엇인가에 대한 명확한 결론으로 끝을 맺어야 한다.

실무서는 회의가 시작되기 오래 전에 작성되어야 한다. 그 이유는 회의의 여러 공영어로 번역되기 위해 시간이 필요할 뿐 아니라 다른 대표단들이 면밀하게 살펴보고 내부적으로 토론을 할 수 있는 충분한 시간이 필요하기 때문이다. 이렇게 함으로써 회의가 시작되기 전에 이미 자신의 생각에 대한 지지를 획득할 수 있다. 너무 일찍 실무서를 배포하게 되면 반대하는 측으로부터 당 실무서에 대해 대응할 수 있는 시간을 제공한다는 부정적인 주장도 있지만, 너무 늦게 배포할 경우 토론을 연기하자는 구실을 줄 수도 있다.[14)

### 2) zero draft resolution의 비공식 논의

「zero draft」란 일반적으로 연구주제나 질문 등과 관련하여 생각들을 처음으로 정리해 본 것을 의미한다. 연구주제 등에 관해 궁리하면서 머리에 떠오르는 것을 적은 체계적이지 못한 글을 의미한다. 유엔과 같은 국제회의의 경우 정식의 결의안 draft resolution이 제출되기 이전 아주 초기단계에 「zero draft resolution」이라는 이름으로 작성된 문건이 작성되어 비공식협의를 위해 회람된다. 이를 「결의안을 위한 초안」이라고 부를 수 있을 것이다. 때때로 이러한 「zero draft resolution」에 앞서 「pre-zero draft resolution」이라는 이름 하의 문건이 작성되어 회람되기도 하는데, 이를 「결의안의 초안을 위한 초안이라고 부를 수 있을 것이다. 「pre-zero draft resolution」이 비공식협의를 위한 기초로서 작성이 된 경우, 이를 바탕으로 비공식협의를 가진 후에 「zero draft resolution」이 작성되어 좀 더 진전된 비공식협의를 위한 기초가 되도록 한다.

---

14) Ittigen André Auer and Therwil Jérôme Racine, "Multilateral Negotiations: From Strategic Considerations to Tactical Recommendations" http://www.iew.unibe.ch/unibe/rechtswissenschaft/dwr/iew/content/e3870/e3985/e4148/e4199/addor_multilateral-negotiations_ger.pdf (검색일: 2014년 4월 11일).

8 July 2014

---

## Zero draft resolution to be adopted by the General Assembly on 22 September 2014

### 69/.  Declaration of the High-level meeting of the General Assembly: The World Conference on Indigenous Peoples

*The General Assembly*

*Adopts this Outcome Document of the High-level Plenary Meeting of the General Assembly, known as the World Conference on Indigenous Peoples.*

### Declaration of the High-level Meeting of the General Assembly: The World Conference on Indigenous Peoples

We, the Heads of State and Government, Ministers and representatives of Member States, in a spirit of cooperation with the Indigenous Peoples of the world, assembled at United Nations Headquarters in New York on 22 and 23 September 2014, on the occasion of the World Conference on Indigenous Peoples, to reiterate the important and continuing role of the United Nations in promoting and protecting the rights of Indigenous peoples. We welcome the contribution of indigenous peoples to the World Conference in terms of articulating the issues of greatest importance to them, as set out in the Alta Outcome Document[1] emanating from the Global Indigenous Preparatory Conference for the World Conference on Indigenous Peoples held in Alta, Norway in June 2013. (Annex 1). We also note the inclusive preparatory process for this High-level Plenary meeting, including the comprehensive engagement of the representatives of indigenous peoples in all consultations.

1.  Reaffirm our solemn commitment to promote and advance the rights of indigenous peoples already established in universally agreed international human rights norms and standards, including the United Nations Declaration on the Rights of Indigenous Peoples[2], which sets the minimum standards for the survival, dignity, and well-being of the Indigenous Peoples of the world.

2.  Recall other major achievements of the past two decades in building an international framework for the advancement of the rights and aspirations of the world's indigenous peoples, including the establishment of the Permanent Forum on

---

[1] A/67/994.
[2] A/RES/61/295.

**Zero Draft의 예**

[source: http://www.un.org/en/ga/president/68/pdf/wcip/782014WCIP%20-%20Zero%20Draft%20of%20Conference%20Outcome%20Document.pdf]

## 3) non-paper의 비공식 논의

「non-paper」는 특정 이슈에 대한 협상을 진작시키기 위해 국제기구 자체, 의

장, 대표단(주로 대표단)에 의해 작성되는 비공식문건으로서 논의되고 있는 의제항목과 관련한 제안과 수정을 포함한다. 이 문건은 작성자와 지지자를 명백히 밝히지는 않지만 누가 작성하고 지지하고 있다는 것을 아는 것이 그다지 어렵지 않다. 익명으로 작성하여 회람하는 목적은 논의하고 있는 이슈가 아주 예민한 것이어서 자신이 어떤 특정의 확고한 입장을 취하는 것이 정치적으로 부담스러워 나중에 부인

---

### President's Non-Paper, 22 March 2013

United Nations Final Conference on the Arms Trade Treaty

New York, 18-28 March 2013

**Draft of the Arms Trade Treaty**

**Submitted by the President of the Conference**

*The States Parties to this Treaty,*

*Guided* by the purposes and principles of the Charter of the United Nations,

*Recalling* Article 26 of the Charter of the United Nations which seeks to promote the establishment and maintenance of international peace and security with the least diversion for armaments of the world's human and economic resources,

*Underlining* the need to prevent and eradicate the illicit trade in conventional arms and to prevent their diversion to the illicit market or for unauthorized end use, including to individuals or groups who would commit terrorist acts,

*Recognizing* the legitimate political, security, economic and commercial interests of States in the international trade in conventional arms,

*Reaffirming* the sovereign right of any State to regulate and control conventional arms exclusively within its territory, pursuant to its own legal or constitutional systems,

*Acknowledging* that peace and security, development, and human rights, are pillars of the United Nations system and foundations for collective security and recognizing that development, peace and security and human rights are interlinked and mutually reinforcing,

*Recalling* the United Nations Disarmament Commission Guidelines for international arms transfers in the context of General Assembly resolution 46/36H of 6 December 1991,

---

의장이 작성한 non-paper의 예

[source: http://www.un.org/disarmament/ATT/docs/Presidents_Non_Paper_of_22_
March_2013_(ATT_Final_Conference).pdf]

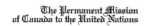 

The Permanent Mission
of Canada to the United Nations

La Mission permanente du
Canada auprès des Nations Unies

### Canadian Non-Paper
### on the Process for the
### Selection of the Next Secretary-General

## Introduction

The existing selection process for the post of Secretary-General of the United Nations has produced several distinguished Secretaries-General. But the lack of transparency and inclusiveness of the exercise has become increasingly noticeable, and the UN process compares poorly with the practices of some other international organizations.

The Charter of the United Nations (art.97) specifies that "the Secretary-General shall be appointed by the General Assembly upon the recommendation of the Security Council". In practice, the Security Council nominates a single candidate who is then endorsed by the General Assembly. No list of qualifications is agreed, no formal screening takes place, and the GA membership is asked to declare itself on the nominated candidate without the benefit of relevant information or even informal consultations. The candidate's vision for the UN's future and programme of action for the UN Secretariat remain unexamined, and there is no established way for the member states to develop a sense of the candidate's skills in key areas like communication and political leadership.

At a time when member states are discussing the reform and renewal of so many aspects of the UN, it seems entirely appropriate that we should critically examine the way in which we choose the person who will serve as the organisation's leader. This non-paper offers preliminary suggestions for a more transparent and open selection process aimed at ensuring that individuals with the right temperament, talents and judgment are identified and submitted to the General Assembly for consideration.

Efforts to propose a more open and rigorous approach to the selection of the Secretary-General can draw inspiration from similarly evolving processes within the OECD and the WTO. Both organizations have established selection mechanisms that are consultative, transparent and merit-based—aimed at ensuring that the most qualified and suitable person is selected for the job. In both cases, the position is advertised, a series of consultations with member states is held, the results are made public and are then used to narrow the field of candidates.

Given the acute political sensitivities that exist within the UN, it is clear that the changes to the selection process envisioned in this non-paper would need to be phased-in over time. Only modest steps are proposed for the coming months, for the process of selecting Kofi Annan's successor. The hope would be that such experiences could then be consolidated and broadened, in advance of the next selection process in 5-10 years' time.

대표단이 작성한 non-paper의 예

[source: http://www.unelections.org/files/Canada_non-paper_SG_selection.pdf]

할 수 있는 여지를 남기는 가운데 다른 대표단들의 견해를 떠보는 등 동태를 파악하기 위한 것이다. 그러나 「non-paper」는 여기에서 더 나아가 예민한 문제에 대한 나름의 견해를 피력함으로써 논의의 시발점을 제공한다는 중요한 의미를 가진다. 이는 불어의 「Aide-mémoire」와 유사한 것이다. 익명으로 하지 않는 경우도 종종 존재한다.

### (6) 비공식회의를 통한 결의안 초안의 비공식협의

결의안이 공식적으로 논의되기 위해서는 작성된 결의안이 사무국에 제출되어 회원국들에게 배포가 이루어지고 공식회의에 상정이 되어야 한다. 이러한 결의안의 공식적인 제출에 앞서 결의안을 주도하고자 하는 국가나 국가들은 우선 결의안 초안을 작성한다. 이때 결의안 초안의 작성자는 의제항목이 포함하고 있는 이슈의 배경과 해결책을 제시하기 위해 사무국에 의해 사전에 작성되어 배포된 사무국 보고서secretariat report, 사무국이나 대표단 혹은 의장에 의해 작성된 실무서working paper, 일반토론general debate이나 의제항목별 토론individual debate에서 대표단들의 발언 등을 참고하게 된다.

결의안 초안의 작성에 주도력을 발휘하는 국가는 주로 논의의 대상이 되고 있는 의제항목 자체를 제안한 국가인 경우가 많다. 누가 어떤 생각을 가지고 이러한 결의안 초안의 작성에 주도적인 역할을 하였는가는 중요한 문제이다. 왜냐하면 이러한 주도적인 역할을 하는 대표단이 결의안의 강도 등에 직간접적으로 영향을 미치기 때문이다.

결의안 초안을 작성할 때 지지를 최대한 확보하기 위해 다른 국가들의 견해를 많이 반영하는 것도 중요하지만 결의안의 내용의 구체적인 집행자 역할을 하게 될 사무국의 의견 역시 많이 반영하는 것이 매우 중요하다. 좀 더 구체적으로 결의안 초안을 제안하는 국가나 국가들은 사무국을 다음과 같은 이유로 접촉하여야 한다.

우선 제안국(들)은 사무국과의 접촉을 통해 유사하거나 동일한 제안이 과거에 있었는지 혹은 현재 진행되고 있는 것이 있는지를 사무국을 통해 알아보아 중첩을 피할 필요가 있기 때문이다. 둘째, 이러한 제안이 실현되기 위해 재정적인 자원이 필요한 경우 사무국을 통해 이러한 자원이 가용한가를 사전에 알아보아야 할 필요가 있기 때문이다. 이러한 사전점검 없이 결의안을 제출한 경우 과거의 것과 중첩

이 된다든지 재정적인 자원을 확보하기 어려워 통과가 어렵게 되기 때문이다.[15]

일단 결의안 초안이 작성이 되면 결의안 초안에 관심을 가지고 있는 대표단에게 우선적으로 회람을 한다. 이때 결의안 초안을 제안하게 된 배경과 결의안 초안의 필요성을 설득하여야 하는데 이러한 내용을 결의안에 포함시키지 않고 설명노트explanatory note를 별도로 마련하여 배포하는 것이 좋다.

이러한 개별적인 접촉들을 통해 어느 정도 가다듬어진 결의안 초안은 회람의 범위를 확대하여 그룹별 비공식회의나 회원국 전체를 대상으로 하는 비공식회의에서 비공식적으로 배포하여 뜻을 같이하고자 하는 특정 그룹의 국가들이나 전체 회원국의 의견을 타진한다. 이러한 과정이 필요한 이유는 결의안을 통과시키기에 충분한 수의 공동제안국co-sponsor을 확보하거나 회원국 전체의 합의를 도출하기 위해서이다.[16]

공동제안국들을 확보하기 위한 노력을 전개하는 과정에서 많은 국가의 의사가 반영되어 결의안 초안이 가다듬어지면서 비공식적으로 배포된 결의안의 내용이 일부 달라지기도 한다. 합의가 아닌 표결의 경우라도 통과시키기 위해 필요한 수의 지지국을 확보한다는 것은 물론 중요하지만 이 경우 결의안의 내용이 원래의 의도를 벗어난 변경을 가져올 수 있기 때문에 이러한 점을 고려하여 공동제안국의 수를 필요에 따라 일정한 정도 제한할 수도 있다.

비공식적으로 배포되는 결의안 초안은 공식적으로 제출될 결의안과 형식면에서 다름이 없으나 하나의 국가에 의해 제안될 경우 「Draft resolution proposed (or submitted) by the delegation of Republic of Korea」 혹은 「Text suggested by the delegation of Republic of Korea」와 같은 표제가 붙는 것이 다르다. 아직 공식문건이 아니기 때문에 공식 문건번호가 부여되지는 않는다는 점도 또 다른 점이다.

이러한 결의안 초안은 하나의 국가에 의해서 작성되기도 하고 복수의 국가들에 의해 공동으로 작성되기도 한다. 결의안 초안이 작성될 때부터 공동제안국이 될 수도 있지만 채택이 되기 전이라면 언제든지 추가적으로 공동제안국이 될 수 있다.[17] 공동제안국이 있을 경우 이들의 국명이 결의안 초안에 명기된다. 결의안 초

---

15) 각종 유엔회의의 결의안 심의과정에서 미국은 일상적으로 결의안의 내용이 실행되기 위해 소요될 예산에 관심을 두고 결의안에 대한 반대의견이나 코멘트를 내어 놓는다. 이는 미국이 유엔 정규예산의 약 1/4을 담당하고 있기 때문이기도 하다.

16) 「co-sponsor」를 때때로 「co-author」라고 칭하기도 한다.

안은 회원국에 의해선만 작성되는 것은 아니다. 때때로 의장에 의해 작성되기도 하며 이를 영어로 「의장문건Chair's Text」이라고 부른다. 이러한 결의안 초안은 종종 국가간 이견으로 교착상태에 빠졌을 때 의장이 이를 타개하기 위해 작성한다. 이때 의장은 자신의 권위를 동원하여 자신이 제시한 결의안 초안을 큰 수정 없이 수용하도록 대표단들을 설득한다.

결의안 초안의 비공식협의 과정에서 합의를 구축하기 위한 수단으로서 앞에서 살펴본 바 있는 협상그룹negotiation group/contact group이나 의장친구그룹Group of Friends of the Chair, GFC이 구성되기도 하며 편집문건compilation text이 사용될 수 있다. 대다수의 국가가 지지하는 결의안 초안의 경우 공식적으로 상정되기 이전 단계에서 문안협상까지 이루어지는 경우도 많다. 문안협상까지 원만하게 이루어진 경우 결의안이 공식적으로 제출되어 상정되면 별 다른 토론과정이 없이 합의로 통과된다.18)

유엔회의에서 하나의 결의안이 비공식협의를 통해 회원국 모두 혹은 대부분의 동의를 얻어 문안협상까지 끝낸 후 제출되고 상정되는 경우가 일반적이다. 이러한 경향이 생기게 된 배경을 살펴보면 다음과 같다. 미국과 소련이 이념을 중심으로 유엔을 비롯한 국제무대에서 치열한 경쟁을 하던 1950년대와 1960년대에 양진영은 합의도출을 위한 비공식협의를 거의 가지지 않은 채 경합적인 결의안들을 동시에 상정하여 치열한 찬반토론을 거쳐 어느 한 진영(주로 서구진영)의 결의안을 채택하곤 했다. 그러나 1960년대 개도국들이 국제사회에 대거 등장하면서 세력결집을 위한 비공식협의체를 중심으로 한 국제정치가 촉발되었다. 나아가 비공식협의체 간에 세력의 차이가 거의 없어지면서 경합적인 결의안들이 동시에 통과되는 모순을 경험하게 되었다. 더불어 개도국들은 결의안의 이행에 필요한 자원을 보유하고 있는 선진국의 입장을 거슬러 수적인 우위를 바탕으로 결의안을 통과시킨다는 것이 별 의미가 없다는 것을 인식하게 되었다. 이러한 일련의 변화가 1970년대부터

---

17) 공동제안국이 된다는 것이 반드시 이 결의안에 대한 지지를 의미하는 것은 아니다. 단순히 그 결의안이 논의되는 것을 원한다는 의사표시일 수도 있다. 같은 맥락에서 공동제안국은 결의안에 대한 투표가 시작되기 전 어느 때나 지지를 철회할 수도 있다. 국가간의 협상을 통해 결의안이 변경될 수 있는데 이때 모든 공동제안국들에게 이에 대한 정보가 제공되어야 하며 모든 공동제안국들이 이러한 변경에 동의를 해야 한다. 이런 변경에 동의하지 않을 경우 공동제안국으로부터 철회를 할 수 있다.

18) 초기 비공식협의 과정에서부터 협의그룹 사이에 현격한 입장차이가 드러날 경우 수적으로 우세한 협의그룹이 추가 문안협상을 중단하고 원안을 그대로 상정하여 표결을 통과시키는 경우도 종종 발생한다.

경쟁적인 결의안의 상정과 공식회의에서의 격렬한 토론을 자제하도록 했고 대신에 비공식회의에서의 토론을 통한 타협적인 결의안 하나를 도출하는 데 집중하도록 했다.

그렇다고 해서 비공식협의를 통해 이견이 다 해소된 하나의 결의안만이 제출되어 상정되는 것은 물론 아니다. 많은 경우는 아니지만 제출 이전 단계의 비공식협의에서 논란을 해소하지 못한 결과 합의에 도달하지 못한 논쟁적인 결의안이 하나 제출되기도 하고 복수의 결의안이 동시에 경합적으로 제출되는 경우도 있다.

앞서 언급했듯이 냉전시대에 회원국들이 이념적으로 양진영으로 나누어져 비슷한 세력판도를 구성하면서 경합하는 복수의 결의안들이 상정되어 심각한 표 대결을 벌인 적이 많았지만 현재 유엔회의에서 동일한 의제항목을 둘러싸고 복수의 경합하는 결의안이 제출되는 경우는 드문 일이다. 이는 대표단들 스스로가 경합하는 결의안을 제출하기보다는 상대방에 의해 상정된 결의안의 채택을 표결로써 저지하려 하거나 적대적인 수정안의 제안을 통해 대응하려는 경향이 보다 일반적이기 때문이다.

### (7) 공식 결의안의 제출과 배포

결의안이 공식회의에 상정되어 토론의 대상이 되기 위해서는 사무국에 제출되어 대표단들에게 배포되어야 한다. 좀 더 구체적으로 말해 결의안은 공동제안국이 있을 경우 서명이 된 공동제안국 리스트와 함께 해당 위원회의 사무국에 전자장치를 통해electronically 제출하든가 아니면 사무국의 해당 의제의 담당자에게 전자우편 e-mail으로 보내야 한다.[19] 전자우편으로 보낼 경우 결의안은 제안국의 대표부로부터의 구두통첩note verbale의 표지와 더불어 공식적으로 제출되어야 하며 마이크로소프트의 WORD로 작성되어 있어야 한다. 결의안의 전자본을 보낼 경우 결의안의 서명된 프린트본 1부가 사무국에 제출되어야 한다. 이처럼 결의안이 공식적으로 사무국에 제출되면 사무국에 의해 편집과 번역이 이루어진다.

---

19) 이미 발간된 결의안에 대한 수정사항을 사무국에 제출할 경우, 바꾸고자 하는 내용이 이미 발간된 결의안의 가장 최근 판의 프린트본(hard copy version)이거나 전자본(electronic version)에 명백하게 표기가 되어 있어야 한다. 이때 바뀌는 문안이나 새롭게 첨부될 문안의 경우는 보통 활자체보다 선이 굵은 활자체(bold typeface)로 표기하고 지울 부분은 줄을 그어 지우는 방식(strikethrough)으로 표기해야 한다.

공동제안국(들)이 있을 경우 이들 국가(들)의 이름이 이러한 결의안에 기재가 되는데 결의안에 공동제안국으로서 기재를 원하는 대표단은 결의안이 사무국에 제출되기 전에 주제안국이 소지하고 있거나 사무국이 가지고 있는 공동제안국 서식 form에 서명을 해야 한다. 결의안에는 당 결의안이 사무국에 제출되기 전에 이러한 서식에 서명을 한 국가들의 국명들만을 열거된다.

만약에 공동제안국이 결의안의 배포가 끝난 후 공식회의에 상정되기 전에 공동 제안국으로 합류하겠다는 의사를 표시하게 되면 주제안국이 상정과정에서 제안설 명을 할 때 추가적으로 이러한 국가들이 추가되었음을 알린다. 결의안이 상정된 이 후라도 결의안이 채택되기 전이라면 언제든지 공동제안국이 될 수 있으나 일단 결 의안이 채택되고 나면 더 이상 공동제안국으로 합류하는 것이 불가능하다. 결의안 에는 주제안국들을 포함한 제안국들의 국명이 열거되나 본회의에서 채택되어 결의 문이 되게 되면 제안국들의 이름이 포함되지 않는다.

유엔총회의 경우 결의안 제출에 관한 유일한 제한으로서 결의안 제출 마감일을 정하고 있는데, 이에 따르면 결의안은 사무총장에게 서면으로 제출되어 승인을 받 은 후 회의 전날까지 모든 대표단에게 사본이 배포되어어야만 토의 또는 투표에 회 부될 수 있게 되어 있다. 그러나 앞서 언급했듯이 하루 전날 배포되어야 토의의 대 상이 된다는 규정은 통상적으로 유보되고 회의가 열리는 당일에 배포되는 경우가 적지 않다. 이러한 규정은 회원국들의 구두결정oral decision에 의해 유보될 수 있다.

결의안이 제출되면 사무국에 의해 문건번호가 부여된다. 문건번호 편에서 보다 자세히 언급하겠지만 유엔총회 제3위원회의 경우 「A/C.3/63/L.27」과 같은 형식의 번호가 붙는다. 동일한 의제항목에 대해 경합적인 결의안이 사무국에 제출되면, 예 컨대 「A/C.3/63/L.28」과 같은 문건번호를 가지게 된다. 이러한 문건번호의 부여 와 더불어, 제출된 결의안이 공식적인 회의문건이 된다. 이러한 결의안은 회의의 공식문건이기 때문에 복사와 사본의 배포는 사무국에 의해 이루어진다. 본회의에 서 실질문제를 다루는 의제항목이 논의될 경우에도 결의안이 공식회의에 상정되기 전에 사무국에 제출되고 배포되게 되는데 본회의의 결의안일 경우 「A/63/L.25」와 같은 형식의 문건번호가 붙는다. 본회의든 위원회든 결의안의 경우 문건번호의 끝 에 「L.25」와 같은 것이 붙는데, 이러한 문건을 간단하게 「L-문건L-document」이라 고 칭한다.

결의안이 사무국에 제출되어 예컨대 「A/C.1/66/L.21」과 같은 문건번호를 획득

하더라도 상정하기 전에 제안국에 의해 철회되는 경우도 있다. 이는 결의안이 문건 번호를 배정받아 회원국들에게 배포까지 이루어졌음에도 불구하고 상정 이전의 단계에서 반대 의견이 많아 채택의 가능성이 희박하다고 판단되기 때문이다. 2011년 제66차 유엔총회 제1위원회에서 오스트리아가 다자군축기구의 활성화를 위한 결의안A/C.1/66/L.21을 배포했으나 캐나다가 제출한 핵물질생산금지조약FMCT 결의안A/C.1/66/L.40과 중복적인 내용을 가지는 등 논란이 일자 오스트리아가 결의안을 상정하지 않기로 결정하고 철회한 바 있다.

　앞서 언급하였듯이 옵서버의 경우 가장 포괄적인 권리와 특권을 누리는 비회원국 옵서버의 경우에도 공동제안국이 될 수 있는 권한은 부여되어 있지만 결의안을 제출할 수 있는 권한은 부여되어 있지 않다.

## (8) 결의안의 상정과 토론

　결의안이 공식적으로 배포되고 난 후 결의안의 상정과 상정된 결의안에 대한 토론이 뒤따른다. 결의안의 상정과 결의안의 토론Introduction and Debate of Draft Resolutions을 나누어 살펴보면 다음과 같다.

### 1) 결의안의 상정

　결의안의 상정은 결의안이 공식적인 논의의 대상이 되도록 공론의 장에 올려놓는 행위로서 제안설명introductory statement과 더불어 이루어진다. 이러한 결의안 상정을 영어로 「introduction of draft resolution」 혹은 「tabling of draft resolution」이라고 칭한다.

　결의안의 구체적인 상정과정을 살펴보면 다음과 같다. 우선 위원회의 간사는 결의안의 제안국 대표단과 접촉하여 결의안 상정 시점에 대해 협의를 한다. 이는 상정 전에 결의안이 모든 유엔 공식언어로서 발간이 되어야 하기 때문이다. 결의안이 여러 국가를 공동제안국으로 두고 있는 경우 공동제안국들은 논의를 통해 어느 국가가 제안설명을 할 것인가를 정한다. 일반적으로 처음 결의안을 제안한 국가가 주제안국main sponsor이 되어 제안설명을 구두로 하게 된다. 그러나 결의안을 처음 제안한 국가가 정치적으로 민감한 존재일 경우 다른 국가에게 제안설명을 부탁하고 뒷전에 물러나 있을 수도 있다. 제안설명을 할 때 유엔총회 위원회의 경우 본회의의 경우와는 달리 단상으로 나가 서서하지 않고 제자리에 앉아서 한다.[20]

의장이 제안설명을 할 국가를 물을 수도 있으나 의장에게 어떤 국가가 제안설명을 할 것인가를 사전에 미리 알려주어 의장은 이에 따라 특정 국가를 지목하여 제안설명을 요청하는 것이 일반적이다. 동일한 의제항목에 대해 2개 이상의 결의안이 상정되었을 경우 제안설명은 결의안이 사무국에 제출된 순서에 따라 행해진다.[21)]

제안설명을 어떻게 구성하여야 하는가에 대해 살펴보고자 하는데 문건작성 요령 부분에서 보다 자세하게 설명하고 있어 여기에서는 간단하게 설명하고자 한다. 제안설명을 하는 국가는 다른 국가들을 대표할 경우 「무슨 그룹 혹은 어느 공동제안국들을 대신하여 결의안을 소개하게 되어 영광이다」는 말과 더불어 제안설명을 시작한다. 제안설명을 할 때 결의안을 제안하게 된 배경과 목적을 설명하고 필요할 경우 결의안의 중요한 부분을 간략하게 소개한다. 이때 결의안의 문안을 하나하나 읽어주거나 내용 하나하나를 세밀하게 언급하지 않는다. 만약 결의안의 내용 중에 오해의 여지가 있는 부분에 대해서는 명백하게 하기도 하고 오자가 있거나 다른 실수가 있을 경우 이를 지적하여 정정한다. 이러한 정정에서 더 나아가 주제안국과 공동제안국들 모두가 합의한 내용상의 변경 즉 개정revision이 있을 경우 이를 주지시킨다. 만약에 결의안이 배포된 다음에 공동제안국에 합류하기를 희망하는 바람에 결의안에 공동제안국으로서 열거되어 있지 않은 국가가 있을 경우 이들을 추가적인 공동제안국으로 소개하고 이들 공동제안국으로 참여한 국가들에게 감사하다는 발언을 한다.[22)] 주제안국은 자신들이 제안한 결의안이 합의consensus에 의해 채택되기를 기대한다는 말로 제안설명을 끝맺는다.

제안설명이 끝난 후에도 대표단은 발언권을 얻어 공동제안국의 명단에 자신들의 국가를 추가해줄 것을 요청할 수 있다. 이때 통상적으로 의장단석에 있는 사무국 소속의 간사Secretary of the Committee가 추가로 공동제안국이 된 국가의 국명을 기록한 뒤 확인 차원에서 국명을 하나하나 불러준다.

---

20) 다른 공동제안국들은 지지발언(supporting statement)을 할 수 있으며, 이들 역시 자신의 자리에서 앉은 채로 한다.

21) 한 위원회가 여러 개의 의제항목(agenda items)을 다루는 경우 각기 다른 의제항목에 대해 각기 다른 결의안이 작성된다. 이 경우 하나의 결의안에 대한 제안설명을 하고 채택절차를 밟고 또 다른 결의안으로 옮겨가 제안설명을 듣고 채택절차를 밟는 것이 아니라 일단 모든 의제항목에 대한 결의안들에 대한 제안설명을 들은 후 채택에 대한 절차로 들어간다.

22) 추가될 공동제안국의 명단은 결의안을 상정하는 국가뿐 아니라 의장이나 위원회 간사(Secretary of the Committee)가 알려줄 수도 있다.

## 2) 결의안의 토론

제안설명이 있은 직후에 이러한 토론에 들어갈 수 있지만 결의안이 전날에 배포되지 않고 공식회의에 임박하여 배포가 된 경우는 토론에 앞서 검토할 시간을 필요로 한다. 따라서 이러한 경우에는 의장의 제안으로 해당 의제항목의 토론을 미루고 다른 의제항목의 토론에 들어갈 수 있다.

앞서 언급했듯이 실제의 유엔회의의 경우 비공식회의에서의 협의를 통해 회원국 모두나 대부분이 동의하에 문안협상까지 끝낸 결의안 하나가 공식회의에 상정되는 경우가 다수를 점하기 때문에 공식회의에서의 토론은 이러한 비공식적인 결과물을 공식화하는 요식행위로서의 성격이 강하다. 그래서 토론과정이 생략되거나 이러한 과정이 있다고 해도 실질적인 논쟁이 오가는 과정이라기보다 의례적인 발언이 행해지는 간략한 과정이다. 이 때 통상적으로 주제안국의 제안설명에 이어 결의안을 지지하는 국가들의 지지발언이 있은 후 결의안은 합의로 통과된다. 경우에 따라서는 제안설명에 이어 문구의 수정이나 잘못된 문구의 정정과 같이 비교적 큰 갈등을 동반하지 않는 작업을 위해 토론이 잠시 있을 수 있다.

그러나 모든 경우에 결의안이 상정되기 전에 비공식협의를 통해 이견이 다 해소된 하나의 결의안만이 상정되는 것은 아니다. 많은 경우는 아니지만 상정 전 비공식협의에서 논란을 해소하지 못한 결과 논쟁적인 결의안 하나가 공식회의에 상정되거나 복수의 결의안이 동시에 경합적으로 상정되는 경우도 있다. 이처럼 합일점을 찾지 못한 하나의 결의안이 상정되거나 경합하는 결의안이 복수로 상정된 경우 이들 결의안을 둘러싸고 찬성하는 국가군과 반대하는 국가군 사이에 찬반토론이 치열하게 진행된다.

특히 소수의 국가들이 다수의 지지국을 확보하지 않은 채 결의안을 상정했을 경우 다음 예에서 보듯이 토론과정에서 다수 국가의 강력한 반대에 직면하며 상정한 결의안이 철회되는 경우도 있다. 1999년 제54차 유엔총회 제3위원회에서 인권협약의 효율적 이행이라는 의제항목을 다루면서 유럽연합EU 국가들이 사형제도를 폐지해야 한다는 내용의 결의안을 많은 반대에도 불구하고 상정했다. 이 결의안에 대해 2일 간에 걸쳐 약 37개국 대표들이 결의안에 대한 토론에 참가했다. 유럽연합의 의장국인 핀란드를 위시한 유럽 국가들은 유럽연합의 결의안을 지지하는 발언을 했고 미국을 위시한 다른 국가들은 사형제도 유지를 지지하는 발언을 했다.

사형제도 유지를 주장하는 국가 중 특히 싱가포르를 필두로 중동, 아프리카, 아시아, 중남미의 비동맹국들은 유럽연합의 결의안이 일국의 주권을 침해하는 내정간섭 행위라고 강하게 비난하면서 유럽연합이 상정한 결의안의 철회를 촉구했다. 이러한 강력한 반대에 직면한 유럽연합 국가들은 제3위원회 의장을 통해 동 결의안을 추진하지 않겠다고 공표함으로써 사실상 결의안을 철회한 적이 있다.

하나의 논쟁적인 결의안이나 복수의 경합적인 결의안이 상정된 경우 토론과정에서 결의안의 내용과 문안을 그대로 유치한 채 지지발언과 반대발언만이 오갈 수 있지만 합의로 결의안을 채택하는 데 관심을 가지는 대표단(들)이나 의장에 의해 돌파구를 찾는 시도들이 있을 수도 있다. 이러한 시도들을 구분하면 ① 논쟁적인 결의안이지만 내용과 문안을 그대로 유지한 채 설득작업을 통해 합의를 도출하고자 하는 경우, ② 결의안의 제안국이 아닌 국가의 대표단(들)이 결의안에 대한 수정안을 제시하고자 하는 경우, ③ 결의안을 제안한 국가 대표단(들)이 자신들이 상정한 결의안에 대한 이견들을 수용하여 개정안을 제시하고자 하는 경우, ④ 의장이 상이한 의견들을 절충하여 수정안이나 개정안이 아닌 새로운 결의안을 제안하고자 하는 경우, ⑤ 대표단 전체가 상이한 의견들을 절충하여 수정안이나 개정안이 아닌 새로운 결의안을 제안하고자 하는 경우 등이 있을 수 있다.

이러한 움직임의 일단이 결의안 상정 후의 토론과정에서 드러나는 경우 후속적으로 비공식회의가 개최되어 합의구축을 위한 마지막 시도를 하게 된다. 이러한 시도가 구체적으로 진행되는 비공식회의를 다음에서 살펴보고자 한다.

## (9) 결의안의 협상을 위한 비공식회의

결의안이 상정되고 이에 대한 토론이 끝나고 나면 남은 공식 일정은 결의안을 심의하고 채택하는 일이다. 결의안이 상정되기 전에 이미 합의에 이르렀거나 상정된 이후에 토론과정을 통해 합의에 이를 경우에는 토론이 끝나고 난 후 다른 절차 없이 곧 바로 심의와 채택절차에 들어가 결의안은 합의로 채택된다.

그러나 결의안 상정 후 공식적인 토론과정에서도 최종적인 합의에 이르지 못할 경우 합의가 아닌 표결을 통해 결의안의 채택절차를 밟거나 위에서 이미 언급한 바대로 비공식회의를 개최하여 합의를 위한 마지막 시도를 할 수도 있다. 결의안 상정 후 합의구축을 위한 마지막 시도들이 비공식회의에서 어떻게 전개되는가에

대해 살펴보고자 한다.

결의안이 상정된 후 합의에 이르지 못해 추가적인 협상을 필요로 하는 경우 의장은 주제안국에게 결의안에 이해관계를 강하게 갖고 있는 대표단(들)과 비공식 회합을 갖고 비공식회합의 결과로서 타결이 된 문안을 가져올 것을 요청하기도 한다. 결의안 상정 이후의 협상과정에서 이루어진 모든 변경은 추적변경track change의 방식을 통해 변경이 가해지기 전의 원문에 반영이 되어야 한다.23) 의장은 새롭게 협상이 된 결의안을 언제 재심의reconsideration를 할 것인가를 결정하며 새롭게 협상이 된 문안이 상당한 변경을 동반한 경우 의장은 개정된 결의안revised draft resolution의 작성을 결정할 수 있다. 이 경우 다시 편집과 번역을 위해 사무국에 보내지고 새롭게 상정이 되어야 한다. 미미한 변경이 있을 경우에는 개정된 결의안과 같은 별도의 새로운 결의안을 만들지 않고 원결의안을 그대로 채택하면서 채택 시에 위원회 간사가 이러한 변경된 것을 읽어주는 것으로 한다. 그러나 이러한 변화는 본회의에서의 채택을 위해 만들어지는 위원회의 보고서report에는 반영되어야 한다. 다음에서는 결의안 상정 후 다양하게 전개되는 합의구축을 위한 마지막 시도들을 구분하여 살펴보고자 한다.

### 1) 다양한 합의구축 시도

다양한 합의구축 시도를 원안을 고수한 가운데 설득을 통한 합의구축, 수정된 결의안amended draft resolution의 논의, 개정된 결의안revised draft resolution의 논의, 대표단 전체에 의한 새로운 결의안의 작성과 논의, 의장에 의한 새로운 결의안의 작성과 논의로 구분하여 살펴보고자 한다.

(가) 원안을 고수한 가운데 설득을 통한 합의구축

결의안을 제안한 국가들이 상정 후의 토의과정에서 원래의 결의안을 고수한 가운데 합의를 도출하기 위해 적극적인 설득작업을 시작하고 비공식회의로까지 이어가 합의를 도출할 수도 있다. 이러한 예를 하나 들면 다음과 같다. 1999년 제54차 유엔총회 제2위원회는 「세계화와 상호의존」이라는 의제항목을 다루고 있었다. 이와 관련하여 선진국들은 아프리카의 개발을 위한 환경조성의 요소로서 「선정good governance」을 제시하는 내용을 담고 있는 결의안을 상정했다. 그러나 선진국과 개

---

23) 추적변경(track change)이란 원래의 문건에 가해진 변경을 추적할 수 있도록 기록하는 방식을 의미하며 나중에 이를 통해 이러한 변경을 택할 것인지 택하지 않을 것인지를 선택할 수 있다.

도국 사이에 「선정」이라는 용어를 둘러싸고 결의안 상정 후의 공식회의 토의에서 논쟁이 격화되었다. 77그룹Group of 77 and China 국가들은 이러한 선정이 공적개발원조ODA와 개도국의 선진국 시장으로의 접근 등에 이행조건conditionality으로 작용할 우려가 있음을 지적하여 「선정」이라는 용어 자체를 반대하는 입장을 보였다. 이로 인해 동 결의안에 대한 비공식협의가 일주일 동안이나 지속되었으나 여의치 않아 표결에 의한 결의안 채택까지 고려되었다. 그러나 최종 순간에 합의문안이 작성되어 합의에 의해 결의안이 채택된 바 있다.

(나) 수정된 결의안의 논의

결의안이 상정된 후 공식적인 찬반토론에서 수정안이 제기되곤 한다. 논란이 비교적 크지 않을 경우에는 비공식회의를 거치지 않고 공식회의에서 수정안이 다루어지기도 한다. 공식회의에서 구체적으로 수정안이 공식문건으로서 배포된 후 수정안에 대한 제안설명과 찬반토론을 거친 후 표결을 하거나 합의로 채택절차를 밟는다. 그러나 시간에 쫓기는 경우가 다반사이기 때문에 공식적인 문건으로서의 수정안을 제출하지 못하고 구두로 수정을 한 후 채택 절차를 밟는 경우가 아주 흔하다. 이 때문에 「The Committee adopted the draft, as orally amended」 혹은 「The Committee adopted the orally amended draft resolution without a vote」와 같은 의장의 발언을 종종 들을 수 있다. 구두로 제안된 수정안이 표결에 부쳐질 경우 기록투표recorded vote 요구에 의해 기록투표가 행해지는 경우도 종종 있다.

이러한 수정을 둘러싸고 논란이 클 경우 합의점을 찾기 위해 여러 차례의 비공식회의를 개최하여 수정안이 논의된다. 즉 이견이 많은 수정의 경우 일반적으로 비공식회의가 개최되어 이를 둘러싼 실질적인 토의가 활발하게 전개된다. 물론 비공식회의에서 수정에 대한 합의를 위해 노력한 결과 합의에 도달할 수도 있고 실패할 수도 있다.

비공식회의에서 수정에 대한 합의가 있어도 이러한 합의가 확정되는 것은 아니다. 이러한 합의가 확정되기 위해서는 비공식회의에서의 결과를 추인하는 공식회의의 절차를 반드시 거쳐야 한다. 이때 공식회의에는 비공식회의에서의 수정 내용을 구두로 말하고 채택하는 절차를 밟는다.

수정안이 채택되었다고 해서 원결의안이 수정되어 채택되는 것이 아니다. 수정안이 반영된 결의안을 채택하기 위해서는 수정안 채택 후에 수정안이 반영된 원결

의안에 대한 채택절차를 별도로 가져야 한다. 이처럼 수정안이 채택된 다음 수정안이 반영된 원결의안이 채택됨으로써 원결의안이 수정된다.

이때 수정된 결의안amended draft resolution이 원결의안original draft resolution과 구별되어 별도의 문건번호를 갖는 새로운 결의안이 되는 것이 아니라, 문건번호를 그대로 유지하면서 원결의안의 내용이 수정안을 반영하여 바뀌게 된다. 원결의안에 수정이 가해진 후 수정이 반영된 결의안은 본회의에 보고할 보고서report에 실리게 된다.

뒤에서 살펴볼 개정된 결의안revised draft resolution의 경우는 원결의안에 수정이 가해진 것이라는 점에서는 수정된 결의안과 동일하지만 별도의 문건번호를 갖는 별도의 문건이 된다는 점에서 차이를 가진다.

원결의안의 문건번호가 「A/C.3/63/L.25」라고 가정하자. 이 원결의안에 대해 수정안이 문건으로서 제출된 경우에 수정안은 예컨대 「A/C.3/63/L.30」과 같은 문건번호를 갖는다. 이러한 수정안이 채택되고 이러한 수정안이 반영된 원결의안이 채택되면 원결의안과는 구별되는 새로운 문건번호를 가지는 새로운 문건이 탄생하는 것이 아니라 「A/C.3/63/L.25」이라는 문건번호를 그대로 유지하면서 내용상으로만 수정된 부분을 포함하게 된다. 좀 더 정확하게 말하자면 수정된 사실이 포함되어 「A/C.3/63/L.25 as amended」가 된다. 통상적으로 수정안이 제시한 수정사항(들)이 실질적으로 반영되어 문안이 바뀐 결의안을 프린트한 다음에 이 결의안에 앞에 두고 채택절차를 밟지 않고 원결의안이 수정안대로 바뀌었을 것을 가상해서 채택절차를 밟는다.

이와는 달리 개정된 결의안은 수정안의 통과로 인해 바뀐 원결의안이 아니라 원결의안에 변경이 가해져 새롭게 제안된 결의안을 지칭한다. 따라서 개정된 결의안의 경우 원결의안의 문건번호의 뒤에 개정을 의미하는 「Revision」이라는 말을 줄인 「Rev」라는 용어가 추가된다. 따라서 「A/C.3/63/L.25/Rev.1」과 같은 문건번호를 가지게 된다.

(다) 개정된 결의안의 논의

원결의안에 상정되고 나면 공식회의에서 이에 대한 찬반토론이 행해지면서 다양한 이견이 노출될 수 있다. 이러한 이견이란 원결의안의 본질적인 내용을 해치지 않는 가운데 일부분의 첨가, 삭제, 대체를 의미하는 수정의 의견일 수도 있고 수정의 범위를 넘어서 내용상 본질적인 부분의 변경까지도 요구하는 의견일 수도 있다.

이러한 이견에 직면하여 합의로 결의안을 통과시키기 위한 수단으로서 수정안의 제출과 이의 통과를 통한 이견의 해소방식을 택할 수 있다. 이 방식이 위에서 언급한 수정된 결의안의 채택방식이다. 또 다른 방식은 상이한 의견을 반영하여 합의 도출이 가능하도록 원결의안의 제안자나 제안자들이 원결의안에 변경을 가한 결의안을 새롭게 상정하여 통과시키는 방식이다. 이러한 의도로 만들어진 결의안이 수정된 결의안과 구별되는 「개정된 결의안revised draft resolution」이다.

이러한 개정된 결의안은 원결의안의 제안국들이 자신들이 제안한 원결의안에 연연하지 않고 다양한 요구를 반영한 변경된 결의안을 제시함으로써 여전히 해당 결의안에 대한 주도적인 역할을 할 의도를 가질 때 만들어진다. 이 경우 원결의안의 제안국(들)이 스스로의 판단에 의해 개정된 결의안을 만들기도 하지만 때때로 원결의안의 제안국(들)이 의장의 요청을 수용하여 작성하기도 한다. 이러한 개정된 결의안의 공식회의에서의 상정은 원제안국이나 원제안국들 중 주제안국main sponsor이

---

United Nations                                    A/C.2/65/L.30/Rev.1

**General Assembly**                              Distr.: Limited
                                                  24 November 2010

                                                  Original: English

---

**Sixty-fifth session**
**Second Committee**
Agenda item 20 (i)
**Sustainable development: Harmony with Nature**

   Bolivia (Plurinational State of), Chile, Cuba, Dominican Republic, Ecuador,
   El Salvador, Gabon, Georgia, Nepal, Nicaragua, Paraguay, Saint Vincent and
   the Grenadines, Seychelles, Syrian Arab Republic and Venezuela (Bolivarian
   Republic of): revised draft resolution

   **Harmony with Nature**

      *The General Assembly,*

      *Reaffirming* the Rio Declaration on Environment and Development,[1] Agenda
   21[2] and the Programme for the Further Implementation of Agenda 21,[3] the
   Johannesburg Declaration on Sustainable Development[4] and the Plan of
   Implementation of the World Summit on Sustainable Development ("Johannesburg
   Plan of Implementation"),[5]

**개정된 결의안 머리 부분 (A/C.2/65/L.30/Rev.1)**

하게 된다.

유엔총회의 의사규칙에 자신(들)이 제출한 결의안에 대해 수정을 가한 이러한 개정된 결의안을 제출할 수 있는 권한이 명시적으로 규정되어 있지 않지만 이러한 권한이 관행적으로 인정되어 오고 있다. 그러나 원결의안이 일단 원제안자가 아닌 다른 국가들에 의해 수정이 이루어지면 더 이상 원제안자의 결의안이 아니게 되며, 그 결과 원제안자에 의해 철회는 물론 개정이 될 수도 없다.

개정된 결의안은 공식회의에서 상정이 되어야 한다. 이때 싱정의 주체인 주제안국major sponsor은 원결의안이 배포된 후 몇 번의 회의가 있었고, 어떤 국가들이 공동제안국으로 추가되었으며, 개정된 결의안이 원결의안으로부터 무엇이 달라졌는가를 중점적으로 소개해야 한다.

개정된 결의안이 채택되면 일반적으로 즉시 먼저 상정된 원결의안이 별도의 조치없이 자동적으로 철회된다. 그러나 원결의안을 제안한 공동제안국 중 일부가 나머지의 반대에도 불구하고 개정된 결의안의 작성에 참여하여 이를 상정할 경우 원결의안과 개정된 결의안 두 개가 동시에 존재하게 된다. 이 경우 먼저 제안된 원결의안이 채택절차를 먼저 밟게 된다. 유엔총회 주요위원회 중에서 제2위원회의 경우 개정된 결의안이 최종 결의안으로 채택되는 경우가 적지 않다.

개정된 결의안이 더 이상의 변경이 가해지지 않고 그대로 채택되는 경우도 있다. 그러나 적지 않은 경우 그대로 통과되지 않는데 이때 두 경우가 존재한다. 첫 번째 경우는 개정된 결의안이 수정안을 통해 수정이 가해져 통과되는 경우이다. 이때 수정안이 개정된 결의안의 제안국에 의해 제출될 수도 있고 제안국이 아닌 다른 국가일 수도 있다. 두 번째 경우는 개정된 결의안이 아닌 또 다른 새로운 개정된 결의안(즉 두 번째 개정된 결의안)이 작성되어 다시금 상정되어 통과되는 경우이다. 물론 두 번째 개정된 결의안마저 수정의 대상이 되기도 한다.

우선 전자인 1차 개정된 결의안에 대해 수정이 가해져서 통과된 예를 살펴보고자 한다. 네덜란드는 2000년 제55차 유엔총회 제3위원회의 공식회의에서 다수의 공동제안국을 대신하여 「A/C.3/55/L.11」이라는 문건번호를 갖는 결의안을 상정했다. 이견으로 인해 채택이 어렵게 되자 며칠 후 개최된 공식회의에서 네덜란드는 원래 제출했던 결의안에 변경을 가한 개정된 결의안인 「A/C.3/55/L.11/Rev.1」을 공식회의에 상정하면서 제안설명을 했고 이어서 많은 국가들이 추가적으로 공동제안국으로 합류했다. 그러나 개정된 결의안은 여전히 이견이 존재하는 가운데 채택

절차가 뒤로 미루어졌다.

며칠 후 개최된 또 다른 공식회의에서 채택절차를 밟기에 앞서 네덜란드는 이미 상정된 개정된 결의안에 대한 이견을 해소하기 위해 비공식협의를 통한 다른 국가들의 의견을 크게 반영하여 구두로 개정된 결의안에 대한 수정을 제시하였다. 뒤이어 요르단이 3개 부분에 걸쳐 수정안을 구두로 제안했고 네덜란드를 비롯한 원결의안 제안자들이 이를 수용하지 않자 적대적인 결의안으로서 표결에 의한 채택절차를 밟지 않을 수 없게 되었다.

요르단의 수정안에 대한 찬반토의가 진행된 후 투표 전 투표설명의 기회가 주어졌고 이어서 요르단의 수정안이 표결에 부쳐진 결과 부결되었다. 이어서 투표 후 투표설명이 주어진 후 네덜란드에 의해 수정이 제안된 개정된 결의안 「A/C.3/55/L.11/Rev.1 as orally revised」가 채택절차에 들어갔다. 따라서 투표 전에 일반진술과 논평general statements and comments의 기회가 주어지고 이어서 투표설명의 기회가 주어진 후 투표가 행해져 통과가 되었으며 이어서 투표 후 투표설명의 기회가 부여되었다.

개정된 결의안revised draft resolution이 수정되어 채택된 보다 복잡한 예를 들어보면 다음과 같다. 결의안 「A/C.2/55/L.209」가 상정되었고 결의안에 대한 토의과정에서 결의안의 내용을 둘러싸고 여러 국가에 의해 수정안들이 구두로 제기되었다. 의장은 구두 수정을 제안한 국가들에게 이러한 수정안을 문건으로 제출할 것을 요청했다. 이러한 요청에 따라 다음 번 공식회의에서 수정안 「A/C.2/55/L.210」과 「A/C.2/55/L.211」이 여러 공동제안국의 지지 속에서 각각 따로 상정되었다.

이러한 수정안들에 직면하여 원결의안의 주제안국인 이집트 대표가 이제까지 제기된 수정안들을 고려하여 원결의안의 공동제안국들이 개정된 결의안을 상정하고자 한다는 의사표시를 했고, 그 결과 원결의안의 개정된 결의안인 「A/C.2/55/L.209/Rev.1」이 상정되었다.

그러나 이 개정된 결의안에 대해서도 합의가 쉽지 않자 이 개정된 결의안에 대한 논의가 실무작업반working group에 넘겨졌다. 논의의 결과 개정된 결의안에 대하여 일정한 수정이 가해졌다. 이러한 개정된 결의안에 대한 수정의 결과 원결의안에 대한 수정안의 하나인 「A/C.2/55/L.210」의 내용이 일정한 정도 반영되었다고 판단되어 수정안 제안국들이 당 수정안을 철회하기로 했다. 또 다른 수정안인 「A/C.2/55/L.211」의 내용 역시 개정된 결의안의 수정에 반영되었다고 판단되어 동 수

정안 역시 철회하기로 했다.

그러나 실무작업반이 개정된 결의안에 수정을 가한 결과 원래의 개정된 결의안과 거리를 가지지 않을 수 없게 되었고 이 때문에 일부 국가의 불만으로 합의가 여의치 않았다. 그 결과 실무작업반이 「A/C.2/55/L.212」라는 문건번호를 갖는 새로운 결의안을 작성하여 공식회의에 상정되어 표결을 통해 채택된 바 있다.

위에서 개정된 결의안에 대해 수정이 가해진 경우를 살펴보았다. 이번에는 개정된 결의안이 합의로 통과가 되기 쉽지 않자 또다른 개정된 결의안(즉 2차 개정된 결의안)이 상정되어 통과를 시도한 경우를 살펴보고자 한다. 즉 개정된 결의안이 한 차례 이상 작성되어 상정되는 경우이다. 구체적인 예를 들면 다음과 같다.

2000년에 개최된 유엔총회 제1위원회 공식회의에서 중동에서의 핵확산의 위험 The risk of nuclear proliferation in the Middle East이라는 의제항목과 관련하여 이집트가 아랍연맹 국가들을 대신하여 「A/C.1/55/L.29」라는 문건번호를 갖는 결의안 draft resolution을 상정했지만 이에 대한 이견으로 합의에 의한 채택이 어려웠다. 그러자 이집트는 며칠 후 개최된 또 다른 공식회의에서 원결의안의 제안국들과 새롭게 공동제안국으로 참여한 아프가니스탄을 대신하여 새로운 실행단락OP 하나를 추가하고 기존의 문구를 일부 수정한 「A/C.1/55/L.29/Rev.1」이라는 문건번호의 개정된 결의안을 공식 상정했다. 상정된 개정안에 대해서도 이견이 존재하자 이집트는 며칠 후 개최된 또 다른 공식회의에서 아랍연맹 국가의 일부와 아프가니스탄을 대신하여 「A/C.1/55/L.29/Rev.2」라는 문건번호를 갖는 두 번째 개정안을 상정했다. 이것은 1차 개정안의 6번째 전문단락PP의 자구들을 수정한 것이었다. 그러자 바뀐 6번째에 대해 분리투표를 하자는 안이 제기되고 기록투표를 하자는 안이 발의된 결과 수정된 6번째 단락은 그대로 통과가 되었다. 후속적으로 「A/C.1/55/L.29/Rev.2」가 전체로서 표결에 회부되어 최종적으로 통과가 되었다.

(라) 대표단 전체에 의한 새로운 결의안의 작성과 논의

위에서 살펴본 수정된 결의안과 개정된 결의안은 그 차이에도 불구하고 원결의안을 바탕으로 하고 있다는 점에서 공통적이다. 그러나 상정된 원결의안에 대한 이견이 아주 커서 한 국가나 일부 소수 국가가 아닌 아예 모든 국가들이 원결의안의 변경의 주체가 되어 집중적인 비공식협의를 가진 결과로서 결의안을 새롭게 만들어 상정하여 합의로 통과를 시도하는 경우이다. 예컨대 유럽연합EU 국가들의 결의안, 77그룹G-77 and China의 결의안, 그리고 때때로 개별적인 국가들의 결의안이 상

정된 후 위원회의 전체 비공식회의에서의 협의를 통해 상이한 입장들이 조정되어 새로운 결의안이 작성되기도 한다.24)

---

United Nations

 **General Assembly**

A/C.2/61/L.34

Distr.: Limited
7 November 2006

Original: English

---

**Sixty-first session**
**Second Committee**
Agenda item 52
**Follow-up to and implementation of the outcome of the**
**International Conference on Financing for Development**

Draft resolution submitted by the Vice-Chairman of the Committee,
Ms. Vanessa Gomes (Portugal), on the basis of informal consultations
held on draft resolution A/C.2/61/L.5

**Follow-up to and implementation of the outcome of the**
**International Conference on Financing for Development**

*The General Assembly,*

*Recalling* the International Conference on Financing for Development, held in Monterrey, Mexico, from 18 to 22 March 2002, and its resolutions 56/210 B of 9 July 2002, 57/250 of 20 December 2002, 57/270 B of 23 June 2003, 57/272 and 57/273 of 20 December 2002, 58/230 of 23 December 2003, 59/225 of 22 December 2004 and 60/188 of 22 December 2005 as well as Economic and Social Council resolutions 2002/34 of 26 July 2002, 2003/47 of 24 July 2003, 2004/64 of 16 September 2004 and 2006/45 of 28 July 2006,

**결의안 상정 후 비공식협의에 기초하여 새롭게 작성되어 부의장에 의해 제출된 결의안**

이 경우 새로운 결의안의 주체가 구체적으로 어느 국가인지가 불분명해지게 된다. 따라서 이럴 경우 위원회의 부의장이나 보고관이 새로운 결의안을 제출하고 의장이 상정하는 방식을 택한다. 즉 회원국들에 의해 의견수렴이 이루어진 사안들을 종합하여 특정 국가(들)의 제안이 아닌 의장의 제안으로 하여 회람함으로써 결의안 채택 등 구체적인 의사결정을 적극적으로 유도하기도 한다.

---

24) 결의안이 복수로 상정된 경우 가장 포괄적인 결의안이 중심이 되어 이 결의안에 나머지 결의안들의 내용 가운데 수용될 수 있는 부분들이 합쳐지어 새로운 문건번호를 갖는 새로운 결의안으로 작성되기도 한다.
유사한 내용의 결의안이 철회되고 이들의 내용이 하나의 결의안에 통합되기도 한다.

이렇게 새롭게 만들어진 결의안의 경우 통상적인 결의안의 경우 제안국 혹은 공동제안국의 국명이 적혀야 할 부분이 「Draft resolution submitted by the Vice-Chairman of the Committee, Ms. Vanessa Gomes (Portugal), on the basis of informal consultations held on draft resolution A/C.2/61/L.5」 혹은 「Draft resolution submitted by the Rapporteur of the Committee, Vanessa Gomes (Portugal), on the basis of informal consultations held on draft resolution A/C.2/61/L.3」와 같은 부분으로 대체된다.

---

United Nations                  A/C.2/61/L.41

 **General Assembly**

Distr.: Limited
15 November 2006

Original: English

---

**Sixty-first session**
**Second Committee**
Agenda item 51 (b)
**Macroeconomic policy questions: international financial system and development**

**Draft resolution submitted by the Rapporteur of the Committee, Vanessa Gomes (Portugal), on the basis of informal consultations held on draft resolution A/C.2/61/L.3**

**International financial system and development**

*The General Assembly,*

*Recalling* its resolutions 55/186 of 20 December 2000 and 56/181 of 21 December 2001, both entitled "Towards a strengthened and stable international financial architecture responsive to the priorities of growth and development, especially in developing countries, and to the promotion of economic and social equity", as well as its resolutions 57/241 of 20 December 2002, 58/202 of 23 December 2003, 59/222 of 22 December 2004 and 60/186 of 22 December 2005,

**결의안 상정 후 비공식협의에 기초하여 새롭게 작성되어 보고관에 의해 제출된 결의안**

(마) 의장에 의한 새로운 결의안의 작성과 논의

결의안 상정 후에 개최된 비공식회의에서의 비공식협의가 대표단이 제안한 결

의안이 아닌 의장이 제안한 의장안이 중심이 되어 전개되기도 한다. 하나의 결의안이 상정되었으나 이견으로 인해 합의에 이르지 못하고 있거나, 하나의 결의안이 상정되고 이를 무력화시키기 위한 수정안이 제안되어 있다든가, 경합하는 결의안들이 상정되어 국가들 간에 협의가 교착상태에 빠져 있을 때 상충하는 견해나 상충하는 결의안들을 절충하여 의장이 중재안으로서 「의장문건Chairman's Text」을 내놓아 이것을 기초로 토의를 진행하고자 하는 경우이다.[25] 특히 유엔총회 제3위원회와 제5위원회에서는 의장안을 가지고 비공식회의를 하는 경우가 많다.[26]

이러한 의장안은 통상적으로 의제와 관련하여 이해관계를 가지고 있는 주요 국가(군)들의 상이한 입장을 고려하여 타협점을 포함하고 있어 그대로 상정이 되어 채택되기도 하지만 이에 대해 수정안이 제시되고 이에 대한 반대제안counter proposal이 나오기도 한다.

결의안의 초안이 작성되어 여러 국가의 의견을 물은 뒤 공식회의에 결의안으로서 상정되는 것처럼, 의장은 먼저 의장안의 초안을 작성하여 비공식회의에서 대표단들의 의견을 물은 뒤 반응이 괜찮은 경우 공식적인 의장안으로 내놓는다. 의장안이 비공식회의에서 논의되거나 공식적으로 상정될 경우에 일반적으로 기존의 결의안이나 이에 대한 수정안들은 철회되는 것이 일반적이다.

공식적으로 상정된 의장안에 대한 토의과정에서 자국의 입장을 반영하는 것이 불가능한 것은 아니다. 그러나 이러한 의장안 초안이 의장안으로서 공식적으로 상정되기 이전 과정에서 자국의 입장을 반영하도록 노력하는 것이 중요하다. 보다 더

---

25) 국가들 간에 견해 차이가 커 교착상태에 빠져 있을 때 이처럼 의장이 중재안을 제시하여 돌파구를 열어주는 경우도 있고, 접촉그룹(contact group)이나 실무작업반(working group)이 구성되어 타협점을 만들어 내기 위한 노력을 하는 경우도 있다.

26) 합의 도출을 위한 의장의 노력은 유엔회의의 여러 과정에서 찾아볼 수 있다. 1998년 제53차 유엔총회에서 안전보장이사회 개편을 둘러싸고 채택된 결의인 「안전보장이사회 개편의 의사결정 정족수에 관한 결의」의 채택과정을 예의 하나로 살펴보고자 한다. 한국, 이탈리아, 파키스탄, 캐나다, 스페인, 멕시코 등 중견국가 중심으로 하여 40여 개 국가들이 참가하는 「커피그룹(Coffee Club)」의 국가들은 안전보장이사회 개편 결정을 위한 가결필요표수는 전체 유엔 회원국가의 2/3 이상이 되어야 한다는 결의안을 상정한 바 있다. 이는 안전보장이사회 개편을 위한 결정은 헌장개정을 위한 가결필요표수를 그대로 적용해야 한다는 것을 지적하고 있는 것이다. 이러한 커피그룹의 결의안 상정에 대해 일본과 독일 등 새롭게 상임이사국이 되고자 하는 국가들과 이들을 지지하는 국가들을 통칭하여 일컫는 「Aspirants Group」은 수정안을 제출함으로써 그룹간의 대립이 야기되었다. 이러한 그룹간의 입장차이로 인한 첨예한 대치 속에서 한국은 이 두 그룹간의 막후타협을 위한 교량의 역할을 훌륭하게 수행하여 합의를 도출하는 데 큰 역할을 한 바 있다. 이러한 한국의 역할과 더불어 총회의장의 막후 절충을 위한 중재노력도 합의의 도출에 중요한 역할을 한 바 있다. 이러한 결과로 커피그룹의 원칙적인 입장이 반영된 「안전보장이사회 개편과 관련한 어떠한 결의문(resolution) 또는 결정(decision)도 회원국 2/3 이상의 찬성 없이는 채택하지 않을 것」을 결정했다.

중요한 것은 가능하다면 의장안의 초안이 만들어지는 과정에 참여하는 것이 가장 바람직하다고 할 수 있다.

의장안의 경우, 통상적인 결의안에서 제안국의 국명이 적히는 부분이 「Draft resolution submitted by the Chair on the basis of informal consultations」 라는 부분으로 대체된다.

---

United Nations  General Assembly

A/C.3/65/L.55

Distr.: Limited
2 November 2010

Original: English

---

**Sixty-fifth session**
**Third Committee**
Agenda item 28 (b)
**Advancement of women: implementation of the outcome of the Fourth World Conference on Women and of the twenty-third special session of the General Assembly**

Draft resolution submitted by the Chair on the basis of informal consultations

**Follow-up to the Fourth World Conference on Women and full implementation of the Beijing Declaration and Platform for Action and the outcome of the twenty-third special session of the General Assembly**

*The General Assembly,*

*Recalling* its previous resolutions on the question, including resolution 64/141 of 18 December 2009,

*Deeply convinced* that the Beijing Declaration and Platform for Action[1] and the outcome of the twenty-third special session of the General Assembly entitled "Women 2000: gender equality, development and peace for the twenty-first century"[2] are important contributions to the achievement of gender equality and the empowerment of women, and must be translated into effective action by all States, the United Nations system and other organizations concerned,

---

**의장에 의해 제출된 결의안의 머리부분 (A/C.3/65/L.55)**

## 2) 비공식협의의 마무리 단계의 과정

앞서 언급했듯이 논쟁적인 결의안이 하나 상정되거나 경합하는 복수의 결의안이 상정된 후 토의과정을 거치는 과정에서 하나의 결의안을 도출하기 위한 노력이 성과를 거두지 못했을 때 통상적으로 표결에 의한 채택절차를 밟게 된다. 그러나

어떤 경우든 결의안의 유효성을 확보하기 위해 가능한 한 하나의 결의안을 합의로 채택할 필요가 있기 때문에 합의의 여지가 조금이라도 존재한다고 판단되는 경우 적절한 시점에 공식회의를 잠정중지하거나 휴회를 하고 위원회 전체의 비공식회의에 들어간다.27)

전체 비공식회의의 경우 각 위원회의 의장이 사회를 보는데 의장이 필요하다고 판단하면 사회자facilitator를 임명하여 그를 대신하여 회의를 주재하도록 한다. 사회자를 임명할 때 의장은 누구에게 사회자의 역할을 맡기고자 하는데 반대가 있느냐고 묻는 절차를 가진다. 여기에서는 설명의 편의상 의장이 사회를 본다고 가정하고 비공식협의가 진전되어 마무리 단계에 이른 하나의 결의안(원결의안, 수정된 결의안, 개정된 결의안, 새로운 결의안)이 어떻게 논의되는가를 설명하고자 한다.

비공식협의에 참가하는 각국 대표단들은 모두 관련 결의안의 사본들을 소지하고 있다. 비공식협의에서 발언을 원하는 국가의 대표단은 발언자명부에 따라 발언하는 공식회의와는 달리 그때그때 손을 들어 발언권을 얻어 발언을 하게 된다.

우선 회원국 전체의 비공식협의를 주재하는 의장은 우선 관련 결의안에 대해 총괄적 코멘트general comment를 할 국가가 있는가를 묻는다. 이때 주제안국을 포함한 몇몇 국가 대표단들이 발언을 하는데 통상적으로 각 그룹(예컨대 77그룹 혹은 EU그룹)을 대표하는 국가들이 발언을 많이 하고 그 밖에 결의안에 관심을 많이 두고 있는 국가들 역시 발언을 한다. 이때 대부분의 국가들은 즉석에서 구두진술을 하나 공식회의가 아님에도 불구하고 준비된 발언문을 낭독하는 국가들도 더러 있다. 발언 내용은 예컨대 「14번째 실행단락(OP-14)을 제외하고 본국 대표단은 호의적인 입장을 가지고 있다」라든가 혹은 「이 결의안이 의도하고 있는 국제회의의 개최에 미국은 재정적인 부담을 할 수 없다」와 같은 것이다.

이러한 일반적인 코멘트에 이어 구체적인 협의에 들어가게 되는데, 의장은 구체적인 협의에 들어가기 전에 어떤 방식으로 협의를 진행해 나갈 것인가에 대해 의견을 묻는다. 다양한 방식이 있겠지만 논의의 대상인 결의안을 단락paragraph별로 협의해 나가면서 내용을 확정지어 가는 방식을 택하는 것이 일반적이다.

구체적으로 의장은 통상 「첫 번째 전문단락(PP-1), 두 번째 전문단락(PP-2),

---

27) 이때도 물론 결의안의 상정 이전에 가지는 비공식회의에서와 마찬가지로 합의에 도달하기 위해 거래(bargaining), 타협(compromise), 중재(mediation), 일괄거래(package deal) 등의 협상방식이 동원된다.

……」하는 식으로 순차적으로 단락을 불러가며 단락마다 발언할 국가가 있을 경우 그때그때마다 발언의 기회를 준다. 전문단락(PP) 부분이 다 끝나고 나면 실행단락 (OP) 부분으로 옮겨가서 의장은 「첫 번째 실행단락(OP-1), 두 번째 실행단락 (OP-2), ……」하는 식으로 부르고 발언할 국가들을 묻는다. 이때도 역시 그룹을 대표하는 국가들이 주로 발언을 많이 한다.

이때 주로 새로운 문구를 삽입하자, 기존의 문구를 삭제하자 혹은 특정 단락의 문구를 바꾸자는 수정안이 제기된다. 이처럼 기존 문구를 수정하고자 할 때 수정을 제안한 국가는 바뀔 문구를 하나하나 또박또박 불러주며 이렇게 불러준 내용을 문건으로 나중에 회람할 것을 약속한다. 이렇게 결의안에 대해 수정이 가해지는 동안 참석한 국가 대표단들은 자신들이 가지고 있는 결의안 사본에 수정된 내용들을 하나씩 받아 적어 내려간다. 국가들에 따라서는 최종안이 확정되기 전에 수정안 amendments을 제출하겠다는 발언을 하기도 한다. 수정안이 제기되면 의장은 결의안을 주도한 그룹의 대표국가에게 이에 어떻게 대응하겠냐고 묻는다. 물론 참가자 전체에게 「이러한 제안에 대해 반대가 없느냐」 혹은 「코멘트 할 것이 없느냐」를 묻기도 한다. 이러한 수정 요구에 대해 대표단들은 지지발언을 하기도 한다. 제안된 수정안이 결의안 제안국들에 의해 수용되지 않을 경우 의장은 이들에게 비공식-비공식회의를 가져 합의점을 찾을 것을 요청한다. 이러한 비공식-비공식회의에서 합의된 사항들은 전체 비공식회의에 보고되어야 한다.

대표단들은 이러한 수정에 대해서만 발언하는 것은 아니고 특정 단락의 의미가 불명확할 경우 의미를 명백히 해줄 것을 요청하기도 한다. 이때 의장은 주제안국 대표단에게 이러한 요구에 응해줄 것을 요청한다.

전문단락에 이어 마지막 실행단락(OP)까지 국가들의 의견을 물은 뒤 모든 것이 다 끝나는 것이 아니다. 합의에 이르지 못한 단락(들)만을 대상으로 모두가 합의할 수 있거나 최소한 반대투표를 하지는 않도록 합의점을 찾기 위한 마지막 시도로서 비공식-비공식회의를 개최하기도 한다. 이때 의장은 언제 어디에서 비공식-비공식회의를 가질 것인가에 대한 안내와 더불어 누구에게 사회자facilitator의 역할을 맡기고자 하는데 반대가 있느냐고 묻는다. 그리고 이러한 비공식-비공식회의에 참여하지는 못하지만 의견을 제시하고 싶은 국가는 언제까지 의견서를 제출하도록 요청한다. 마지막으로 의장은 언제 이러한 수정이 반영된 결의안이 배포될 것인가에 대한 안내도 하게 된다.

비공식-비공식회의는 합의구축을 위한 마지막 시도로서 개최되기도 하지만 비공식회의에서 제안된 내용들을 최종적인 문구로서 확정짓는 문안협상을 위해서도 개최된다. 효율적인 문안작성을 위해 문안협상은 통상적으로 핵심적인 이해관계를 가지고 있는 소수의 문안작성그룹drafting group에 의해 이루어진다.

## (10) 결의안의 심의와 채택Consideration of and Action on Draft Resolutions

결의안에 대한 토론이 끝나고 나면 심의와 채택절차가 있게 된다. 앞서 언급한 바와 마찬가지로 토론은 찬반논쟁을 하는 것을 의미하며 심의는 이러한 토론의 결과를 바탕으로 결정을 내리거나 행동을 취하기 위해 심사숙고하여 판단하는 과정을 의미한다. 이러한 심사숙고의 판단과 더불어 결의안의 채택이라는 행동을 취하게 된다.

앞서 언급했듯이 결의안이 상정되고 제안설명이 있은 후 결의안에 대한 국가들의 이견 여부와 이견의 정도에 따라 토론이 없을 수도 있고 경우에 따라 긴 토론이 지속될 수도 혹은 간단한 토론이 뒤따를 수도 있다. 필요할 경우 공식회의에서의 토론에 뒤이어 한 차례 혹은 여러 차례의 비공식회의가 열려 의견 차이를 좁히는 작업을 하게 된다.28)

이러한 과정을 거친 후 결의안은 채택이 되든가 아니면 채택이 되지 않든가 최종적인 논의의 결말의 과정을 겪게 된다. 상정된 결의안에는 이렇게 어떠한 식으로든 행동이 취해지게 되는데, 지극히 예외적이기는 하나 표결직전에 「불처리 발의no-action motion」가 제안되고 이 발의가 표결에 부쳐져 통과될 경우 이 결의안에는 어떠한 행동도 취해지지 않는다. 이는 토론의 연기adjournment of debate의 하나인 무기한 연기와 다름없는 것으로서 결의안의 사실상의 사문화를 가져온다.

채택의 대상이 된 결의안은 처음 상정된 그대로의 원결의안일 수도 있으며, 원결의안에 수정이 가해진 수정된 결의안, 제안자들에 의해 변경이 가해진 개정된 결의안, 대표단 전체나 의장에 의해 새롭게 만들어진 결의안일 수도 있다.29)

원결의안의 경우는 다시 상정될 필요가 없지만 개정된 결의안과 더불어 대표단

---

28) 그러나 다수결이 아닌 합의라는 방식에 의한 결의안 채택의 경우가 크게 증가하면서 결의안은 공식회의에 상정이 되기 전에 비공식협의를 통해 의견의 차이를 대부분 좁힘으로써 실제로 공식회의에 상정이 된 후에 실질적인 토의가 활발하게 전개되는 경우는 실로 많지 않다.

29) 비공식회의에서 원결의안에 대한 수정이 제안되어 수용되었다고 해도 공식회의에서 다시 승인되는 절차와 더불어 수정이 반영된 결의안에 대한 채택절차를 밟아야 한다.

전체나 의장에 의해 새롭게 작성된 결의안은 공식회의에서 새롭게 상정이 되어야 한다. 결의안이 새롭게 상정되는 경우 비록 결의안 제출마감 시한이 오래전에 지나 갔어도 대표단들의 합의가 있으면 문제가 되지 않는다.

### 1) 결의안 채택의 통상적인 과정

결의안의 채택은 통상적으로 다음과 같은 절차와 과정을 통해 이루어진다. 결의안이 상정된 후 토론에서 더 이상 빌인을 원하는 대표단이 없거나 토론의 종료 closure of debate 발의가 있고 이에 대해 반대가 없을 경우에 결의안의 심의와 채택 여부를 결정하는 행동에 들어가게 된다.

만약에 토론의 종료를 요청하는 발의에 대해 반대가 있을 경우에 토론을 허용 하여야 하며 이때 토론의 종료를 반대하는 대표 2명에게만 발언의 기회가 주어진 다. 이러한 발언에 이어 표결을 통해 토론을 종료할 것인가를 결정하게 된다. 이처 럼 발언할 대표단이 더 이상 없거나 토론의 종료 발의가 통과되면 결의안의 심의 와 채택절차에 들어가게 된다.

경합하는 결의안이 복수로 상정된 후 비공식협의를 포함한 토의과정에서 하나 의 결의안으로 의견의 접점을 찾지 못할 경우, 복수의 결의안들이 상정되어 투표를 통해 채택여부를 결정하게 된다. 이때 표결을 할 결의안의 순서를 바꾸자는 결정이 없는 한, 결의안들은 사무국에 접수된 순서로 토의가 이루어지고 투표를 하게 된 다. 구체적으로 결의안에 대한 토론이 종료되거나 일국의 대표가 표결을 제의하면 의장은 투표를 실시하며, 그 투표의 결과에 의해 결의안의 채택 여부가 결정된다. 투표의 결과 가장 먼저 표결에 부쳐진 결의안이 거부되면 상정되어 있는 나머지 다른 결의안에 대한 토의가 계속되고 표결을 하게 된다. 그러나 투표에 가장 먼저 부쳐진 결의안이 통과된 경우 남아 있는 다른 결의안을 계속 표결에 회부할 것인 가의 여부를 결정한다.[30] 결의안에 대한 행동은 합의방식에 의해 취해지기도 하고, 표결방식에 의해 취해지기도 한다. 이들을 구분하여 살펴보면 다음과 같다.

(가) 합의에 의한 채택

결의안이 처음 상정될 때부터 합의가 존재했거나 상정 이후의 공식회의나 비공

---

30) 유엔총회 의사규칙 제91조와 131조는 각기 유엔총회 본회의와 위원회에서 만일 두 개 또는 그 이상 의 제안이 동일한 문제에 관련이 되어 있으면 그 자신이 달리 결정하지 아니하는 한 그 제안들이 제출된 순서에 따라 투표하며 하나의 제안에 대해 투표한 후 다음 제안에 대해 투표할 것인지를 결 정할 수 있다고 규정하고 있다.

식회의에서의 토론과정에서 하나의 결의안에 대한 합의가 도출이 되면, 어느 대표단이든 토론이 종료된 이후 어느 때고 합의에 의한 결의안의 통과를 제안할 수 있다. 통상적으로 결의안의 제안국들이 합의에 의한 통과 의사를 표시한다.

합의에 의한 결의안 채택과정을 구체적으로 살펴보면 우선 의장은 의제항목에 대한 토론이 끝났음을 알리고 결의안의 심의에 들어가겠다고 하면서 「Does any delegation wish to make a (general) statement (in connection with the draft resolution)?」과 같은 발언을 통해 대표단에게 일반진술과 논평general statements and comments을 할 기회를 부여한다.

일반진술과 논평의 기회를 준 다음 의장은 투표 전 투표설명의 기회를 주기 위해 원하는 국가에게 발언권을 부여한다. 투표에 의한 의사결정이 아닌 합의에 의한 의사결정이지만 편의상 「투표설명」이라는 표현을 그대로 사용한다. 의장이 투표설명을 하고자 하는 대표단이 있는가를 물을 때, 투표설명을 원하는 대표단은 명패 케이스에서 국명이 적힌 부분을 빼내어 케이스의 가장 왼쪽에 세로로 세운다. 모양이 한글의 「니은(ㄴ)」자가 되게 한다. 의장은 이들 대표단의 국명을 발언자명부에 모두 적은 뒤 다음과 같은 발언을 통해 한 국가 한 국가씩 발언의 기회를 제공한다. 의장은 다음과 같이 발언을 하게 된다.

> We have heard the last speaker in the debate on agenda item 45. The Committee will now consider draft resolution A/C.1/62/L.38/ Rev.1. I shall now give the floor to the representative who wishes to speak in explanation of vote before the voting. May I remind delegations that explanations of vote are limited to 10 minutes and should be made by delegations from their seats. I give the floor to the representative of the Bolivarian Republic of Venezuela.31)

이때 합의로의 통과를 앞두고 있기 때문에 발언을 원하는 국가의 수는 상대적으로 적거나 없을 수도 있다. 어떤 국가는 불만스럽기는 하나 찬성표를 던지겠다는 발언을 하는 국가도 있다. 대표단들은 투표 전 투표설명의 기회를 통해 새롭게 공동제안국에 합류하겠다는 요청을 하는 국가들도 있다.

---

31) 이때 의장은 유엔총회 의사규칙 128조를 언급하면서 결의안의 제안국(들)은 투표설명을 할 수 없음을 주지시키기도 한다.

대표단의 투표 전 투표설명이 끝난 다음 의장은 다음과 같이 투표 전 투표설명이 끝났음을 알리고 결의안에 대해 행동을 취하겠다는 발언을 하면서 결의안이 상정된 이후에 추가적인 공동제안국이 있을 경우 이를 공지한다.[32]

We have heard the last speaker in explanation of vote before the vote. The Committee will now take action on daft resolution A/C.1/ 62/L.38/Rev.1 (or The Committee will now take a decision on draft resolution A/C.1/62/L.38/Rev.1). Before we do so, I should like to announce that the following additional countries have become sponsors of the draft resolution: Austria, Azerbaijan and the United States of America.

다음에 의장은 다음과 같이 결의안에 대해 행동을 취하겠다는 발언과 더불어 발언권을 위원회 간사에게 주어 채택의 대상이 된 결의안에 대한 설명을 하도록 한다.[33]

The Committee will now proceed to take action on draft resolution A/C.1/62/L.38/Rev.1. I now give the floor to the Secretary of the Committee.

발언권을 부여받은 위원회 간사는 채택하고자 하는 결의안에 대해 간략하게 소개하고 새로운 공동제안국이 있을 경우 이들의 명단을 불러준다. 그리고 결의안에 행동을 취하기 전에 대표단에 의해 제기된 구두 수정안이 있을 경우 이를 명백히 알려준다. 이러한 내용과 관련하여 위원회 간사는 다음과 같이 발언한다.

Draft resolution A/C.1/62/L.38/Rev.1, entitled "Prevention of the illicit transfer and unauthorized access to and use of man-portable air defence systems", was introduced by the representative of Australia at the 21st meeting on 30 October 2007. The sponsors of the draft

---

32) 이와 동시에 의장은 새롭게 공동제안국에 합류할 국가가 있는가의 여부를 「Does any other delegation wish to co-sponsor draft resolution A/C.1/62/L.38/Rev.1?」와 같이 묻고 위원회 간사에게 발언권을 주어 현장에서 추가된 공동제안국의 이름을 호명하며 확인하도록 한다.

33) 원결의안에 별다른 수정이 가해지지 않는 등 원결의안에 큰 변경이 가해지지 않은 경우 의장 스스로 채택 대상이 된 결의안에 대해 간단히 소개하고 결의안 상정 이후 공동제안국을 희망한 국가를 언급함과 동시에 마지막으로 공공제안국을 희망하는 국가가 있는가를 묻고 이들을 명단을 추가한다.

resolution are listed in documents A/C.1/62/L.38/Rev.1, A/C.1/62/ CRP.3 and its addenda 1, 2, 3, 4 and 5. As we have heard, the representative of Australia has just introduced an oral revision to the tenth preambular paragraph, by which the words "including through airport vulnerability assessments" would be deleted. The revised paragraph would read: "Welcoming the ongoing efforts of, and noting declarations by, various international and regional forums to enhance transport security and to strengthen management of man-portable air defence systems stockpiles in order to prevent the illicit transfer and unauthorized access to and use of such weapons."

위원회 간사로부터 채택의 대상이 된 결의안에 대한 설명과 더불어 의장은 당 결의안이 채택되기 전에 예산과의 관련사항을 언급한다. 이때 의장은 위원회 간사 에게 발언권을 주어 언급하게도 한다. 이와 관련하여 의장이 직접 언급하는 경우 다음과 같이 발언한다.

I have been advised that the draft resolution contains no programme budget implications(PBIs).

그런 다음에 의장은 다음과 같이 합의로의 채택이 요청되었다는 것을 밝히고 반대가 없는 것이 확인되면 합의에 의해 결의안이 채택되었음을 선언한다.

The sponsors of the draft resolution have expressed the wish that the Committee adopt it by consensus. If I hear no objection, I will take it that the Committee wishes to act accordingly. (pause) As I hear no objection, draft resolution A/C.1/62/L.38/Rev.1 is adopted.

의장은 결의안의 채택선언에 이어 「Does any delegation wish to make a (general) statement (after the adoption of the draft resolution)?」와 같은 발 언을 통해 대표단들에게 일반진술general statement을 할 수 있는 기회를 부여한다.

이러한 발언이 끝난 다음 이어서 투표 후 투표설명explanation of vote after the vote의 기회를 부여한다. 이 때 의장은 간단히 「Does any delegation wish to make a statement in explanation of its vote before the vote?」라고 발언할 수 있는데 좀 더 공식적인 발언은 다음과 같다.

I shall now give the floor to speakers wishing to explain their votes on the draft resolutions just adopted. Before calling on the representative of the Russian Federation, I remind delegations that explanations of vote are limited to 10 minutes and should be made by delegations from their seats.

이러한 투표 후 투표설명이 끝나고 나면 의장은 의제항목에 논의를 최종저으로 종료해도 되겠느냐고 묻고 반대가 없을 경우 종료를 선언한다. 이 때 의장은 다음과 같은 발언을 한다.

We have heard the last speaker in explanation of vote after the vote. May I thus take it that it is the wish of the Committee to conclude its consideration of agenda item 45? It was so decided.

(나) 표결에 의한 채택

결의안이 상정된 후 이에 대한 토론과정에서 합의에 이르지 못하고 나아가 비공식협의를 가졌는데도 끝내 합의에 실패할 경우 결국 결의안에 대한 표결을 하게 된다. 표결로서 결의안을 채택하는 경우 기록투표recorded vote가 요청되는 경우가 적지 않은데 이 부분은 나중에 별도로 살펴보고자 한다. 결의안에 대한 토론이 끝난 후 합의에 의한 채택과 마찬가지로 의장은 표결에 앞서 다음과 같은 발언을 통해 「투표 전 투표설명explanation of vote before the vote」의 기회를 준다.

I now give the floor to the representatives who wish to speak in explanation of vote before the voting.

이때 투표 전 투표설명을 하고자 하는 국가들은 결의안에 대한 찬성과 더불어 타 대표단들의 동조를 호소하는 발언을 하기도 하고, 결의안에 대한 반대의사와 더불어 다른 국가 대표단도 역시 반대 대열에 동참하기를 호소하기도 한다. 어떤 국가는 기권하겠다는 내용의 발언을 하기도 하며, 불만스럽기는 하나 찬성표를 던지겠다는 발언을 하는 국가도 있다. 대표단들은 투표 전 투표설명의 기회를 통해 새롭게 공동제안국에 합류하겠다는 요청을 하는 국가들도 있다. 이와는 대조적으로 투표 전 투표설명의 기회를 통해 공동제안국으로부터 철회하는 경우도 간혹 있다.

투표 전 투표설명 후에 채택절차에 들어가게 되는데 이때 의장은 보통 위원회 간사에게 발언권을 부여하여 채택절차를 관장하도록 한다. 이때 의장은 다음과 같은 발언을 전형적으로 한다.

> There are no further speakers wishing to explain their votes before the voting. The Committee will now take a decision on draft resolution A/C.1/62/L.19/Rev.1. I give the floor to the Secretary of the Committee to conduct the voting.

위원회 간사가 의장으로부터 발언권을 얻어 구체적인 행동의 대상이 된 결의안이 언제 제안된 것이며, 결의안이 상정된 후 공식회의와 비공식회의를 통해 수정이 된 것일 경우 원래의 것으로부터 달라진 내용이 무엇인가를 포함한 최종 결의안의 내용을 설명한다. 또한 결의안이 상정된 이후 추가된 공동제안국의 명단을 불러주고 결의안에 새롭게 공동제안국이 되기를 원하는 국가가 있는가의 여부를 묻는다. 이때 새롭게 공동제안국이 되고 싶은 국가들은 투표설명을 원할 때와 마찬가지로 명패 케이스의 오른쪽에 국명이 적힌 부분을 수직으로 세워놓아 공공 제안국으로의 참여의사를 표시한다. 이때 위원회 간사는 이들의 국명을 모두 기재한 후 한 국가씩 국명을 부르면서 확인한다. 발언권을 받은 위원회 간사는 다음과 같은 방식으로 발언을 한다.

> Draft resolution A/C.1/62/L.19/Rev.1, entitled "Treaty on the South-East Asia Nuclear-Weapon-Free Zone Treaty", was introduced by the representative of Indonesia at the 11th meeting, on 18 October 2007. The sponsors of the draft resolution are listed in documents A/C.1/62/L.19/Rev.1 and A/C.1/62/CRP.3 and Add.1, Add.4 and Add.5. In addition, Egypt and Mongolia have become sponsors of the draft resolution.

위원회에서 대부분의 표결이 전자투표를 통해 이루어지는데 이때 의장은 찬성, 반대, 기권의 의사표시를 하도록 다음과 같이 발언한다.[34]

---

34) 위원회 간사가 구체적으로 표를 던질 시점 등을 대표단들에게 안내하기도 한다.

Those in favour of draft resolution A/C.3/63/L.33, please signify. Those voting against. Those wishing to abstain.[35]

위원회 간사가 표결과정을 도와주면서 어떤 결의안에 대해 표결과정이 진행되고 있는가를 알린다. 더불어 전광판에 대표단이 던진 투표가 정확하게 반영되었는지 확인하고 수정할 국가는 수정을 하도록 한다. 일정한 시간이 지난 뒤 기계를 잠가서 더 이상의 수정이 불가능하게 한다. 위원회 간사의 발언은 다음과 같다.

Committee is now voting on draft resolution A/C.3/63/L.33 entitled "Working towards the elimination of crimes against women committed in the name of honor". All delegations, please confirm(make sure) that the votes are accurately(correctly) reflected on the board(screen). The voting has been completed. Please lock the (voting) machine.

의장은 표결의 결과를 다음과 같이 공표한다. 구체적으로 찬성표, 반대표, 기권표의 수를 알리고 결의안의 채택여부를 알리게 된다.

The result of the vote is as follows: 106 votes are in favour. 8 votes are against. 57 abstentions (or In favour, 106. Against, 8. Abstention, 57). Draft resolution A/C.3/L.33 is adopted.

합의에 의한 채택과정에서 살펴본 것과 마찬가지로 표결에 의한 채택의 경우도 결의안의 채택선언에 이어 결의안 채택 후의 일반진술general statement after the adoption of the resolution의 기회와 투표 후 투표설명explanation of vote after the vote의 기회가 부여된다. 투표 후 투표설명이 끝나고 나면 마찬가지로 의장은 의제항목에 논의를 최종적으로 종료해도 되겠느냐고 묻고 반대가 없을 경우 종료를 선언한다.

## 2) 결의안 채택과정에서 추가적일 수 있는 과정

### (가) 결의안의 정정
결의안은 종종 잘못된 것error에 대한 정정이 이루어진 가운데 채택되기도 한다.

---

35) 이러한 경우에 「Delegations wishing to vote in favour should press 'yes'」 혹은 「Delegations voting against should press the 'no' button」과 같은 방식으로 자세히 설명하기도 한다.

이러한 정정은 회의 중에 구두로 제기되는 경우가 많다. 대표단이 투표 전 투표설명을 위한 발언권을 얻은 후에 원래의 목적인 투표설명에 앞서 결의안에서 잘못된 부분의 정정을 구두로 요청할 수 있다.[36] 이때가 아니고 결의안의 채택절차에 들어가지 직전이라도 만약에 결의안에 정정할 부분이 있다면 발언권을 얻어 어떤 부분을 어떻게 정정해야 하는가를 구두로 제시할 수 있다. 예를 하나 살펴보고자 한다.

채택 직전의 경우 대표단은 구두 정정을 위한 발언권을 Point of Order 발의를 통해 얻는다. 의장이 대표에게 Point of Order를 위한 발언권을 다음과 같은 방식으로 부여한다.

> I give the floor to the representative of Mexico, who wishes to speak on a point of order.

발언권을 얻는 대표는 구두 수정안을 다음과 같이 제시한다.

> The delegation of Mexico would like to make a statement in order to rectify some errors. In the last preambular paragraph, the words "Advisory Opinion" should be capitalized. In operative paragraph 6, the word "States" should be followed by the word "parties". To make the Secretariat's work easier, the delegation of Mexico will ensure that the relevant wording is forwarded.

이에 대해 의장이 다음과 같이 발언을 통해 구두로 정정된 결의안을 통과시키고자 대표단들에게 의사를 묻는다.

> I take note of the corrections just made. The Secretariat will reflect the changes in the final version of the document. The Committee will now take action on draft resolution A/C.3/66/L.62, as orally corrected. May I take it that the Committee decides(or wishes) to adopt draft resolution A/C.3/66/L.62, as orally corrected (by the representative of Mexico) by consensus? Draft resolution A/66/L.62, as orally corrected,

---

36) 대표단은 투표 후 투표설명을 위한 발언권을 얻은 후 투표설명에 앞서 결의안에서 잘못된 부분의 정정을 구두로 요청할 수도 있다.

was  adopted.

(나) 분리투표

결의안에 대한 행동이 취해질 경우 결의안 전체에 대한 채택여부를 결정하는
것이 일반적이지만 불만스러운 부분에 대해 반대의사를 표시하기 위해 특정 부분
에 대한 분리투표를 요구하는 경우도 종종 있다.

결의안에 대한 토론이 끝난 후 결의안에 대한 행동이 취해지는데, 이러한 행동
이 취해지기 직전에 절차발의의 하나로서 분리투표의 발의가 가능하다. 이러한 분
리투표의 발의는 통상적으로 투표 전 투표설명explanation of vote before the vote이 있
고 난 후에 있게 된다.

분리투표는 전문단락(PP)과 실행단락(OP) 모두에 대해 가능하다. 분리투표는
이처럼 단락paragraph을 단위로 할 수도 있으나 특정 단락 내의 문안에 대해서도
가능하다. 예컨대 3번째 실행단락(OP-3)의 마지막 3개 단어인 「and South Asia」
와 같은 문안에 대해서도 가능하다.

분리투표의 발의는 토론을 허용하는 발의이다. 따라서 분리투표 요구가 제기되
고 이에 대해 반대가 제기되면, 분리요구 발의는 토론을 거쳐 투표에 회부된다. 분
리투표 발의에 대한 토론은 찬성 2인, 반대 2인에게만 허용된다. 분리투표에 들어
가기 전에 통상적으로 위원회 간사가 간단히 분리투표의 대상이 된 결의안을 설명
하고 분리투표 할 부분을 읽어준 후에 투표에 들어간다. 예컨대 16번째 실행단락
(OP-16)에 대한 분리투표 요구가 있다면, 위원회 간사는 이 단락을 읽어준 뒤 투표
를 하도록 한다. 분리투표 후에는 분리투표의 결과를 반영한 결의안 전체resolution
as a whole에 대한 투표가 행해져야 한다. 결의안에 대한 이러한 행동이 취해진 후
에 물론 투표 후 투표설명explanation of vote after the vote의 기회가 주어진다.

분리투표가 많이 행해지는 유엔총회 위원회는 제1위원회이다. 참고로 1999년
제54차 유엔총회 제1위원회에서 총 48개 결의안draft resolution과 4개의 결정안draft
decision이 채택되었는데, 그 중 30개가 합의로 통과되고 표결로 통과된 것은 22개
이다. 표결로 통과된 22개 중 7개가 분리투표를 거쳤다. 분리투표의 실례를 2개 들
어보면 다음과 같다.

1999년 제54차 유엔총회 제3위원회는 이라크의 인권상황에 대한 의제를 다루
고 있었는데, 이때 유럽연합EU의 주도로 이라크의 인권상황에 대한 결의안이 제출

되었다. 그러나 유엔 관련기관들이 이라크에 대한 제재가 특히 아동에게 고통을 초래한다는 것을 인정한다는 내용의 수정안을 러시아가 제의하자 유럽연합측은 이를 수용할 수 없다는 입장을 견지했다.

이에 러시아는 동 수정안을 철회하는 대신 제재관련 조항인 OP-2(a), OP-3 (g), OP-3(i), OP-3(j)에 대해 일괄 분리투표를 요청하였다. 러시아의 분리투표 요청을 받아들일 것인가의 여부를 표결에 회부한 결과, 받아들여져 해당 부분에 대한 분리투표가 행해졌다. 투표결과 찬성 91, 반대 1, 기권 54로 해당부분이 분리되지 않고 원결의안대로 채택되었다.

1999년 제54차 유엔총회 제3위원회는 의제 중의 하나로서 발전권right to development의 문제를 다루고 있었다. 이 문제와 관련하여 남아프리카공화국이 주도가 되어 비동맹그룹NAM이 결의안을 상정했다. 회의 종료일 저녁까지 유럽연합측과 비동맹그룹 측이 협상을 계속했지만 유럽연합 측이 결의안의 내용 중 제재 sanction의 부정적 영향, 국가주권과 영토적 통일성 존중, 발전권의 협약문제 관련 사항 등에 이견을 표시함으로써 합의의 도출에 실패했다.

그러자 유럽연합측은 문제가 많다고 보는 PP-8, PP-13, OP-3(c), OP-3(e), OP-13, OP-21, OP-22에 대해 일괄 분리투표를 요청했다. 이에 대해 러시아는 동 조항들에 대한 일괄 분리투표 대신 각 조항별 분리투표를 요청하였고 그 결과 동 7개항에 대한 개별적인 분리투표가 실시되었다. 분리투표 결과 모든 조항이 원안대로 채택되었고 이들이 모두 포함된 결의안 본안에 대한 표결 결과 찬성 98, 반대 10, 기권 32로 채택되었다.

(다) 기록투표

유엔총회 의사규칙은 어느 회원국이든 기록투표recorded vote를 요구할 수 있다고 규정하고 있다. 유엔의 관례를 보면 이러한 요청이 있을 경우 예외 없이 수용된다. 이러한 기록투표는 표결이 행해지기 전에 요청되어야 하는데 대개의 경우 표결이 행해지기 직전에 요청된다.

합의가 아닌 표결로서 결의안을 채택하는 경우 기록투표가 요청되는 경우가 적지 않다. 또한 구두로 제안된 수정안이 표결에 부쳐질 경우와 분리투표 발의에 의해 분리투표가 행해질 때도 종종 기록투표를 하자는 발의가 제기된다.

이러한 기록투표의 요청이 있을 경우 의장은 「A recorded vote has been requested」라는 발언과 더불어 대표단들에게 원하는 전자버튼(찬성, 반대, 기권)을

누르라고 요청한다. 기록투표가 행해진 후에 의장은 찬성표를 던진 국가명, 반대표를 던진 국가명, 기권한 국가명을 불러주고 다음과 같이 투표결과를 알려준다.

Draft resolution A/67/L.21 was adopted by 125 votes to 1, with 4 abstentions

### (11) 보고서의 작성

유엔의 경우 위원회에서 일단 결의안이 채택이 되면 이러한 결의안이 채택되기까지의 과정과 절차, 본회의에 채택을 권고하는 단락, 위원회에서 채택된 결의안draft resolution이 포함된 보고서안draft report이 작성된다.

앞서 언급했듯이 이러한 보고서안이 작성된 후 회람이 되는데 이때 보고서의 내용과 관련하여 대표단들 사이에 이견이 있을 경우 이를 해결하기 위한 협의가 행해진다. 이때 보고관은 이견을 해소하기 위해 가장 이해관계를 가지고 있는 대표단들과 비공식회의를 소집하기도 한다. 이러한 협의과정을 통해서 보고서안이 위원회의 보고서report가 된다.

구체적으로 위원회의 보고서안을 둘러싸고 종종 다음과 같은 이견이 제기되어 논쟁의 대상이 되곤 한다.[37] 우선 대표단의 견해가 얼마나 자세하게 보고서에 담겨야 하는가의 문제가 논쟁이 된다. 광범위하게 수용되는 관례에 따르면 결의안과 같은 문건에 견해가 충분히 반영되지 않은 대표단의 견해가 충분히 반영된 대표단의 견해보다 좀 더 자세하게 반영되어야 한다.

둘째로 개개 대표단이나 국명이 명기되어야 하는가의 여부 역시 논쟁거리가 된다. 채택된 최종 문건에 대해 비판적인 것처럼 보일 수 있는 경우 대표단은 자신의 국명이 언급되는 것을 원하지 않을 수 있고 최종 문건에 대해 긍정적인 견해를 가진 국가의 경우 국명이 생략되는 것을 원하지 않을 수 있기 때문이다.

셋째로 어떤 제안을 둘러싸고 지지의 정도를 어떻게 기록할 것인가도 논쟁의 대상이 된다. 구체적으로 어떤 주장을 제기한 국가의 수와 관련하여 이를 「Some」으로 기록할 것인가 아니면 「Many」로 기록할 것인가와 같은 것이 문제가 된다.

---

37) Ronald A. Walker, *Manual for UN Delegates: Conference Process, Procedure and Negotiation* (United Nations Institute for Training and Research(UNITAR), 2011), pp. 68-69.

이러한 경우에 최종 보고서안의 승인을 위해 대표단들 사이에 긴 협상이 요구된다.

위원회에서 이견이 해소되어 최종적으로 작성된 보고서는 위원회의 보고관에 의해 본회의에 보고가 되며 본회의는 이러한 보고서에 포함된 결의안의 채택절차를 다시 밟음으로써 위원회의 결의안은 공식적인 유엔총회의 결의문이 된다.

적지 않은 국제기구의 회의에서 결의안의 채택에 뒤이어 공식회의를 통해 결의안의 내용이 포함된 보고서를 채택하는 절차를 별도로 가진다. 그러나 유엔총회의 위원회의 경우는 이러한 보고서의 채택절차를 별도로 가지지 않는다.

### (12) 회기 주요업무의 종료

일정표 상에 그 해에 예정되어 있던 의제항목들에 대한 절차가 종결되고 나면 위원회의 주요 업무가 종료Completion of the main part of the Committee's work하게 된다. 물론 다음 해에 새로운 회기의 의장단 선출을 마지막 의제항목으로 남겨두고 있지만 일단 대단원의 막을 내리게 된다.

그 해의 마지막에 다룬 의제항목에 대하여 결의안을 통과시키고 통과된 결의안에 대한 투표 후 투표설명이 끝난 후 의장은 의장단, 대표단, 사무국 직원, 통역인interpreter에게 그간의 노고를 치하하고 나름의 소회를 피력하는 종결연설closing remark을 한다.

이어서 비동맹국가NAM 그룹, 유럽연합EU 국가 그룹, 아랍국가 그룹 등 결의안 성안작업에 주도적으로 참여했던 그룹들을 대표하는 국가들이나 개별 국가들이 의장을 비롯한 회의 관련자들의 노고를 치하하는 발언을 한다. 이러한 발언을 끝으로 의장이 위원회의 주요업무가 끝났음을 선포하고 박수로써 대단원의 막을 내린다.

### (13) 다음 회기의 의장단 선출

회기의 마지막 회의에서 하는 일은 다음 회기의 의장단을 선출하는 일이다. 유엔총회의 의사규칙이 개정되어 본회의 의장단과 마찬가지로 위원회의 의장단도 새로운 회기가 시작되기 최소한 3개월 전에 선출하도록 하고 있기 때문이다.

이 때문에 위원회의 마지막 회의는 새로운 회기가 시작되기 3개월 전에 개최된다. 위에서 살펴본 위원회의 회의과정은 9월에 시작되고 나서 12월까지 전개된 과정이나 위원회의 마지막 회의는 해를 넘겨 다음해 5월이나 6월에 개최된다.

2006년 제61차 유엔총회 제2위원회의 경우 2006년 12월 8일에 그 해의 마지막 회의인 제34차 회의를 가져 제61차 회기의 주요한 업무를 종결지은 바 있다. 그 다음 해인 2007년 5월 24일에 제35차 회의를 가져 새로운 회기의 위원회 의장을 선출하고, 마지막 회의인 제36차 회의에서 부의장과 보고관을 선출한 바 있다.

# 제 12 장
# 문건작성 요령

유엔총회의 본회의와 위원회 회의과정에서 살펴보았듯이 회의과정에서 많은 공식문건과 비공식 문건들이 작성된다. 공식문건의 경우 정해져 있는 양식이 존재하며, 비공식 문건의 경우 특정의 정해진 양식이 존재하는 것은 아니나 대체적으로 따르는 양식이 없는 것은 아니다. 여기에서는 회의과정에서 꼭 필요한 문건들의 작성요령을 하나하나 살펴보고자 한다. 훌륭한 문건의 작성요령을 이해한다는 것은 기존에 이미 작성되어 있는 문건을 잘 이해하는 지름길이 되기도 한다.

## 1. 결의안

### (1) 결의안의 정의

결의안draft resolution이란 문제를 해결하고자 하는 대표단에 의해 제출된 제안proposal을 의미한다. 결의안은 대개 유엔이 취할 정책policy을 기술하지만, 때때로 조약treaty이나 의정서convention 혹은 선언declaration의 형태를 띨 수도 있다는 점을 염두에 두어야 한다.

이러한 결의안은 문제 전반에 대한 일반적인 접근방식을 택할 수도 있고, 문제의 부분들에 대해 구체적인 행동을 제안할 수도 있다. 결의안이란 문제에 대한 이러한 해결책과 더불어 이러한 해결책이 왜 국제기구의 정책으로서 채택하는 것이 옳은 것인가에 대한 이유가 제시되어야만 한다.

### (2) 결의안의 구성

결의안은 일반적으로 머리부분heading part, 주어부분subject part, 어떤 문제에 대한 조치action나 권고recommendation가 필요한 이유를 기술하는 「전문부분preambulatory

part」, 그리고 조치 또는 권고내용을 기술하는 「실행부분operative parts or activating parts」으로 이루어진다.

결의안은 처음에 주어subject가 있고, 중간에 쉼표들(,)과 세미콜론들(;)이 있으며, 마지막에 하나의 마침표(.)를 지니고 있는 하나의 긴 문장이다. 전문부분에 있는 단락들paragraphs 하나하나는 쉼표(,)로서 끝나고, 실행부분에 있는 단락들은 마침표로 끝나는 제일 마지막의 것을 제외하고는 세미콜론(;)으로 끝난다. 개개의 실행단락은 별도의 번호가 매겨져야 하고 띄어쓰기indent가 되어야 한다.

이러한 여러 부분 중에서 결의안의 핵심 부분은 최소한 하나 이상의 전문단락preambulatory paragraph로 구성된 전문부분과 최소한 하나 이상의 실행단락operative paragraph으로 구성된 실행부분이다. 상세한 것을 하나하나 살펴보기 전에 전반적인 것에 대한 이해를 돕기 위해 개략적인 설명을 하고자 한다.

전문부분은 결의안의 목적을 설명하는 것으로 시작된다. 전문부분에서는 문제가 되고 있는 이슈의 간략한 역사history, 특정의 행동이 취해져야만 하는 이유, 그리고 제안된 해결책의 선례 등이 기술된다. 해결책의 선례로서 유엔헌장과 유엔이 과거에 취한 행동이나 과거에 채택한 결의 그리고 국제조약 등을 인용한다.

실행부분은 어떤 행동이나 입장이 취해져야 하는가에 대한 서술로 구성된다. 제안된 행동은 건설적이어야 하고 국제기구의 역할과 일치해야 한다. 실행부분은 문제가 존재한다는 것을 단순히 인정하는 것이어서는 안 되고 본질적이어야 하며 문제를 해결하기 위한 시도이어야 한다. 여기에서는 결의안의 구성요소를 머리부분, 주어부분, 전문부분, 실행부분으로 나누어 살펴보고자 한다.

## 1) 머리부분

결의안이 사무국에 제출되면 공식문건의 모습을 띠게 된다. 결의안의 첫 페이지 가장 상단의 좌측에는 유엔을 나타내는 「United Nations」 표시가 오고 우측에는 「문건번호(예컨대 A/C.3/67/L.24)」가 온다. 이들 밑에 줄이 하나 그어져 있고, 그 밑의 좌측에 「유엔의 엠블럼emblem」과 「결의안의 최종 제출기관 명(예컨대 General Assembly)」이 위치한다. 우측에 「배포양식(예컨대 Distr.: Limited)」, 「날짜(예컨대 22 October 2012)」, 「원문에 사용된 언어(예컨대 Original: English)」가 위치한다.[1] 그리고 밑으로 내려와 비교적 굵은 선이 가로로 길게 그어져 있는데

이 부분까지를 통상적으로 선박 돛대의 꼭대기를 의미하는 「Masthead」라고 부른다.

| United Nations | A/C.3/67/L.24 |
|---|---|
| **General Assembly** | Distr.: Limited<br>22 October 2012<br><br>Original: English |

유엔문건의 Masthead (A/C.3/67/L.24)

Masthead의 밑줄 하단의 좌측 맨 위에 「회기(예컨대 Sixth-seventh session)」, 두 번째 줄에 「위원회(예컨대 Third Committee)」,[2] 세 번째 줄에 「의제항목 번호(예컨대 Agenda item 66 (b))」, 그리고 마지막 줄에 「의제항목 명(예컨대 Rights of indigenous peoples: Second International Decade of the World's Indigenous People)」이 온다.

이들 밑에는 「공동제안국의 국명(예컨대 Bolivia (Plurinational State of) and Ecuador」이 알파벳순으로 기록되고 마지막 국명 뒤에 「콜론(:)」이 위치한다. 그 뒤에 결의안인지 개정된 결의안인지를 밝히는 말(예컨대 draft resolution 혹은 revised draft resolution)이 뒤따른다. 경우에 따라서는 「Nigeria:* draft resolution」처럼 제안국 국명과 콜론 뒤에 「*」와 같은 표식이 있는 경우가 있는데, 이는 이 국가가 특정 그룹의 국가들을 대표한 제안국이라는 표식으로서 결의안 첫 페이지의 하단 각주를 적는 부분에 구체적으로 어떤 그룹의 국가들을 대표하는가에 대한 설명이 따라온다.[3]

그리고 줄을 뗀 다음에 「의제항목 명(예컨대 Rights of indigenous peoples)」이 온다. 의제항목 명이 이미 위에서 표기되었지만 이곳에서 반복이 된다. 위에 위

---

1) 여기에 적혀 있는 날짜는 결의안이 유엔 사무국의 문건담당 부서(Documents Management Section)에 제출된 날짜를 의미한다.
2) 유엔총회의 위원회가 아니고 본회의일 경우에는 이 부분이 생략된다.
3) 구체적으로 각주에는 「* On behalf of the States Members of the United Nations that are members of the Group of 77 and China」라고 표시된다.

치한 의제항목 명은 아무리 길어도 원래의 의제항목 명을 그대로 다 기재하여야 하나, 밑에 위치한 의제항목 명의 경우는 중요한 일부분을 발췌하는 등 줄여서 기재할 수 있어 차이를 가질 수 있다.

자세한 것은 부록편의 실제문건을 참고하면 되나 주의할 것은 이들 중 결의안의 최종 제출기관 명, 회기, 위원회, 의제항목 명, 제안국(들) 국명과 결의안임을 표시하는 영어는 볼드체로 하여 눈에 띄게 한다는 점이다.

---

United Nations  A/C.3/67/L.24

**General Assembly**

Distr.: Limited
22 October 2012

Original: English

---

**Sixty-seventh session**
**Third Committee**
Agenda item 66 (b)
**Rights of indigenous peoples: Second International
Decade of the World's Indigenous People**

**Bolivia (Plurinational State of) and Ecuador: draft resolution**

**Rights of indigenous peoples**

---

결의안 머리부분 전체의 예 (A/C.3/67/L.24)

## 2) 주어부분

앞서 결의안은 하나의 긴 문장으로 구성되어 있다고 했는데, 주어부분이란 구체적으로 바로 이 문장의 주어에 해당하는 부분이다. 이 주어부분에는 결의안이 궁극적으로 제출될 국제기구의 기관의 이름을 적는다. 유엔의 경우는 주로 총회, 안전보장이사회, 또는 경제사회이사회와 같은 주요기관major organ의 이름이 온다.

결의안이 처음에 주요기관 산하의 위원회에 제출된다고 해도 궁극적으로 주요기관에 제출된다면, 주어부분에는 주요기관의 이름이 와야 한다. 유엔총회의 경우

를 예로 들자면, 제3위원회에서 채택한 결의안이라고 해도 결의안의 주어는 「*The General Assembly*」이어야 한다. 왜냐하면 위원회에서 통과된 결의안이라고 해도 궁극적으로 총회의 본회의에 제출되어 그곳에서 통과되어야 정식의 결의문이 되기 때문이다. 이러한 기관의 이름은 강조한다는 의미로서 이탤릭체로 쓰며, 주요기관 명 뒤에 쉼표(,)가 온다.4) 유엔총회가 주요기관일 경우 다음과 같은 형식을 취하면 된다.

---

*The General Assembly*,

---

**결의안 주어의 예 (A/C.3/67/L.24)**

총회 이외에 유엔의 또 다른 주요기관인 안전보장이사회Security Council와 경제 사회이사회Economic and Social Council의 경우는 이곳에서 채택된 결의안이 최종적 이기 때문에 결의안의 주어는 물론 각각 「*The Security Council*」과 「*The Economic and Social Council*」이다.

### 3) 전문부분

(가) 주요 내용

전문은 해결되어야 할 문제가 있다는 것을 보여주고, 실행부분에 기술된 행동 이 왜 취해져야 하는가를 설명하는 부분이다. 구체적으로 전문은 다루고자 하는 문 제와 관련한 사태situations와 사건incidents을 언급함으로써 현재 무엇이 문제가 되고 있는가를 지적한다.

전문은 또한 취할 행동의 정당성을 확보하기 위해 유엔헌장UN Charter의 적절 한 부분을 언급하거나, 다루고 있는 문제와 관련하여 유엔이 과거에 취한 행동 action이 있을 경우 이러한 행동을 인용하거나, 관련된 이전의 결의문resolution이나 선언declaration 혹은 사무국의 보고서나 연구물secretariat reports or studies 등을 인용 한다.

다시 말해 전문에서는 우선 결의안이 다루고자 하는 문제의 역사적 배경이나

---

4) 요즈음은 컴퓨터의 Word Processing Program이 정자체로 쓴 글자들은 손쉽게 이탤릭체로 바꾸 어 준다. 그러나 과거 타자기에 의존해 있던 시절에는 글자 밑에 밑줄을 그어 인쇄할 때 가능하면 이탤릭체로 바꾸어 줄 것을 요청하곤 했다. 지금도 유엔의 결의문(resolution) 가운데 일부는 이탤 릭체가 아닌 글자 밑에 밑줄을 긋고 있는 것을 발견할 수 있다.

철학적인 사유가 언급된다. 더불어 결의안이 다루고 있는 문제나 이와 연관이 있는 문제에 대해 유엔, 유엔의 산하기구, 유엔 밖의 다른 국제기구가 과거에 취한 바 있는 행동과 결의문, 선언문, 보고서 등과 같은 관련 문건들을 언급하면서 이들을 상기시킨다. 또한 결의안이 다루고자 하는 문제와 연관이 있는 국제회의international conference나 다른 활동이 있을 경우 이들을 언급한다.

(나) 전문의 도입구

다음으로 가장 흔히 쓰이는 결의안 전문의 「도입구introductory phrases or initiating phrases」를 살펴보고자 한다. 「도입구」는 「전문구preambulatory phrases」라고도 불리며 통상적으로 하나의 결의안 내에 여러 개의 도입구가 포함된다. 이러한 도입구는 위에서 살펴본 주어부분처럼 강조의 의미로서 이탤릭체로 써야 하나 다음과 같이 몇 가지 주의할 사항들이 있다. ① 「*Bearing in mind*」와 같이 동사구verb-phrase에 속하는 단어는 모두 이탤릭체로 표기한다. ② 「*Convinced* of」, 「*Desirous* of」, 「*Taking note* of」, 「*Deeply concerned* at」에서처럼 「of」나 「at」과 같은 전치사는 이탤릭체로 하지 않고 정자체로 한다. ③ 「*Noting with concern*」와 「*Noting with regret*」 등에서 보듯이 감정을 표현하는 문구인 「*with concern*」 및 「*with regret*」와 같은 경우에는 이탤릭체로 한다. ④ 「*Recalling further*」과 「*Reaf-*

---

**Bolivia (Plurinational State of) and Ecuador: draft resolution**

**Rights of indigenous peoples**

*The General Assembly,*

    *Recalling* all relevant resolutions of the General Assembly, the Human Rights Council and the Economic and Social Council relating to the rights of indigenous peoples,

    *Reaffirming* its resolutions 65/198 of 21 December 2010 and 66/142 of 19 December 2011, as well as its resolution 66/296 of 17 September 2012 on the organization of the high-level plenary meeting of the General Assembly, to be known as the World Conference on Indigenous Peoples, to be held on 22 and 23 September 2014, and noting its inclusive preparatory process, as well as the participation of indigenous peoples in the Conference,

    *Recalling* its resolution 59/174 of 20 December 2004 on the Second International Decade of the World's Indigenous People (2005-2014),

    *Recalling also* the 2007 United Nations Declaration on the Rights of Indigenous Peoples,[1] which addresses their individual and collective rights,

결의안 전문부분의 도입구 예 (A/C.3/67/L.24)

*firming also*」 등에서 보는 것처럼 현재분사 다음에 오는 「*further*」이나 「*also*」와 같은 부사도 이탤릭체로 표기한다.

다음에 살펴볼 실행부분의 경우 단락paragraph별로 일련번호가 기수cardinal number로 매겨지나 전문부분의 단락의 경우는 번호를 두지 않는다. 이처럼 단락마다 일련번호가 없는 관계로 전문부분의 첫 번째 단락을 「first preambular paragraph」, 두 번째 단락을 「second preambular paragraph」와 같이 서수 ordinal number로 부른다.5)

전문부분의 단락 하부에 여러 사항들이 열거될 필요에 의해 하위단락들 subparagraphs을 둘 경우 일련번호로서 영어 알파벳 소문자인 「(a)」, 「(b)」, 「(c)」 등이 오고 하위단락 하부에 단락들sub-subparagraph을 둘 경우 로마자인 「(i)」, 「(ii)」, 「(iii)」 등이 온다. 이때 단락과 단락, 하위단락과 하위단락 등을 연결한다는 의미로 「and」를 두지 않는다.

전문의 도입구는 현재분사나 과거분사가 오는 분사구문으로서 때때로 부사나 부사구가 분사의 앞 또는 뒤에 온다. 주절의 시제보다 앞서는 경우 완료의 시제가 온다는 것에 주의해야 한다. 「*Aware*」처럼 형용사가 직접 오거나 「*Alarmed*」처럼 과거분사가 오는 경우가 있는데, 이 경우 현재분사인 「*Being*」이라는 단어가 앞에 생략된 것이다. 전문의 도입구 단어의 첫 알파벳은 대문자여야 한다.

국가들 간에 전문부분의 문구를 확정하면서 적절한 문구를 둘러싸고 논쟁을 거듭하는 경우가 빈번하다. 예컨대 「*endorsing*(승인하고)」라는 말이 갖는 의미를 약화시키기 위해 이 말 대신에 「*acknowledging*(인정하고)」이란 말을 사용하자는 주장 등이 행해진다.6) 가장 흔히 사용되는 도입구의 표현은 다음과 같다.

**A**

*Acknowledging* <인정하고>
*Affirming* <확신하고>

---

5) Commission on Narcotic Drugs and Commission on Crime Prevention and Criminal Justice, "General information on draft resolutions and draft decisions," https://www.unodc.org/documents/commissions/CCPCJ_session23/CCPCJ_General_Information_on_draft_resolutions_and_draft_decisions.pdf (검색일: 2014년 5월 10일).

6) 「*Endorsing*」이라는 표현은 결의안의 전문에 흔히 등장하는 도입단어로서 결의안이 현재 다루고 있는 문제에 대한 사무국의 보고서나 연구물(secretariat reports or studies) 등을 승인한다는 의미로 사용된다.

*Alarming* <경고를 발하고>

*Alarmed* by (*Fully alarmed* by) <경악하고>

*Anxious* <갈구하고>

*Appalled* <경악하고>

*Appreciating* <평가하고>

*Approving* (*Having approved*) <승인하고>

*Assured* of <확신하고>

*Aware* of (*Fully aware* of) <인식하고 (충분히 인식하고)>[7]

**B**

*Bearing in mind* (*Fully bearing in mind*) <유념하고>

*Believing* (*Fully believing*) <믿고>

*Believing in mind* <마음으로 믿고>

**C**

*Cognizant* of <인식하고>

*Commending* <찬사를 표하고>

*Concerned* (*Deeply, Gravely*, or *Profoundly concerned*) <우려하고>

*Confident* of <확신하고>

*Conscious* (*Deeply conscious*) of <인식하고>

*Considering* <고려하고>

*Contemplating* <심사숙고하고>

*Convinced* (*Deeply convinced, Firmly convinced*) <확신하고>

**D**

*Declaring* <선언하고>

*Disturbed* (*Deeply disturbed/Gravely disturbed*) <우려하고>

*Deploring* <개탄하고>

---

7) 「*Aware*」나 「*Convinced*」 뒤에 that으로 유도되는, 주어와 동사가 있는 절이 올 경우에는 「*Convinced* that」이나 「*Aware* that」에서 보듯이 「*Convinced*」와 「*Aware*」만 이탤릭체로 하고 「that」은 정자체로 한다.

*Desiring* <바라고>

*Desirous* of <바라고>

*Determined* <단단히 결심하고>

**E**

*Emphasizing* <강조하고>

*Encouraging* <고무하고>

*Encouraged* <고무되고

*Endorsing* <승인하고>

*Examining* <검토하고>

*Expecting* <기대하고>

*Expressing* (*its*) (*deep*) *appreciation* <감사를 표명하고>

*Expressing* (*its*) (*deep*) *concern* <우려를 표명하고>

*Expressing* (*its*) *satisfaction* <만족을 표명하고>

**F**

*Fulfilling* <이행하고>

**G**

*Grieved* by <몹시 슬퍼하고>

*Guided* by <이끌리고>

**H**

*Having adopted* <채택했고>

*Having considered* <고려했고>

*Having decided* <결정했고>

*Having devoted attention* <주의를 기울였고>

*Having examined* <검토했고>

*Having heard* <들었고>

*Having noted* <주목했고>

*Having received* <받았고>

*Having regard* for <존중하고>
*Having reviewed* <검토했고>
*Having studied* <연구했고>

**K**

*Keeping in mind* <명심하고>

**M**

*Mindful of* <주의를 기울이고>[8]

**N**

*Noting* <유념하고>
*Noting with concern* <우려와 더불어 유념하고>
*Noting with (deep) concern* <(깊은) 우려와 더불어 유념하고>
*Noting with (grave) concern* <(깊은) 우려와 더불어 유념하고>
*Noting with regret* <유감스럽게 유념하고>
*Noting with satisfaction* <만족스럽게 유념하고>

**O**

*Observing* <주시하고>

**P**

*Praising* <찬사를 보내고>

**R**

*Reaffirming* <재확인하고>
*Reaffirming its commitment* <약속을 재확인하고>[9]
*Realizing* <깨닫고>

---

8) 「Mindful」의 경우 뒤에 전치사 「of」가 오고 「of」 뒤에 명사나 동명사가 올 수 있다. 때로는 「Mindful」 뒤에 접속사 「that」이 오고 뒤에 명사절이 올 수 있다. 이때 「of」나 「that」 모두 정자체로 쓴다.
9) 「*Reaffirming its commitment*」 다음에 「to strengthening the role of the United Nations」와 같은 문구가 온다.

*Recalling* <상기하고>[10]

*Recognizing* <인정하고>

*Referring* <언급하고>

*Regretting* (Deeply regretting) <유감으로 생각하고>

*Reiterating* <반복하고>

*Reminded* <상기하고>

*Reviewing* <재검토하고>

**S**

*Seeking* <추구하고>

*Stressing* <강조하고>

**T**

*Taking into account* <고려하고>

*Taking into consideration* <고려하고>

*Taking note* of <유념하고>

**U**

*Underlying* <강조하고>

**V**

*Viewing with appreciation* <감사하게 생각하고>

**W**

*Welcoming* <환영하고>

*Welcoming with appreciation* <감사와 더불어 환영하고>

---

10) 「Recalling」이라는 표현은 결의안의 전문에 흔히 등장하는 도입단어로서 결의안이 현재 다루고 있는 문제와 관련이 있는 이전의 결의문(resolution)이나 선언(declaration) 등을 상기시키고자 할 때 사용된다.

(다) 전문부분 작성 시 주의사항

결의안에 있어서의 가장 핵심적인 부분은 실행부분이기 때문에 실행부분의 서문에 해당하는 전문이 지나치게 길거나 장황해서 실행부분에 주어지는 초점이 흐려져서는 안 된다. 유엔총회 산하의 운영위원회General Committee는 유엔총회 본회의와 위원회에게 회의의 운영과 관련하여 권고를 해오고 있다. 무엇보다도 우선 결의문resolution의 수를 줄일 것을 권고하고 있다. 또한 결의문의 정치적인 영향력을 강화하기 위해 장황함을 피하는 등 분량을 줄일 것을 권고하고 있다. 특히 전문부분preambular part을 줄이고 행동지향적인 실행부분operative part에 초점을 두어야 함을 강력하게 강조해 오고 있다. 따라서 이러한 권고들을 회원국들은 따라야 할 필요가 있다. 결의안의 심의 시 전문은 실행부분에 대한 심의가 끝난 후 최종 단계에서 심의되는 것이 일반적이다. 왜냐하면 실행부분에 있어서의 수정이 전문부분의 수정을 필요로 하는 경우가 많기 때문이다.[11]

결의안의 전문부분에서 유관한 과거의 결의문을 인용할 때 주의할 사항이 있다. 유엔총회의 결의문은 「A/RES/67/150」과 같은 방식의 문건번호를 갖고 있으며 이는 2012년에 개최된 제67차 유엔총회에서 채택된 150이라는 번호를 가진 결의문임을 의미한다. 이러한 과거의 총회 결의문을 새로운 총회 결의안에 인용하고자 할 때 표기 방식이 달라져 「resolution 67/150」이라고 표기해야 한다.

안전보장이사회의 결의문의 경우는 「S/2000/1325」와 같은 방식으로 표기되는데 이는 2000년도에 채택된 번호 1325의 결의문임을 의미한다. 안전보장이사회가 결의안에서 이와 같은 과거의 결의문을 인용할 경우 표기방식이 변경되어 「resolution 1325(2000)」이라고 표기된다.

경제사회이사회의 결의문은 「E/2007/5」와 같은 방식으로 표기되는데 이는 2007년에 채택된 5라는 번호를 가진 결의문을 의미한다. 이러한 과거의 결의문이 동일한 기관인 경제사회이사회의 새로운 결의안에 인용될 경우 「resolution 2007/5」로 표기된다.

이러한 특정 기관의 과거의 결의문이 다른 기관에 의해 인용될 경우에는 이러한 변경된 표기방식 앞에 기관의 이름이 명기되어야 한다. 예컨대 앞서 언급한 유엔총회의 결의문이 안전보장이사회에서 인용된다고 할 경우 「General Assembly

---

11) 외무부, 『국제회의 참가와 협상』 (서울: 외무부, 1982), p. 234.

resolution 67/150」이 된다. 마찬가지로 안전보장이사회의 과거의 결의문이 유엔총회에 인용될 경우 「Security Council resolution 1325(2000)」가 된다.

이렇게 과거의 결의문resolution이나 결정decision을 언급할 때 따라야 할 원칙을 살펴보면 다음과 같다. 우선 이러한 결의문이나 결정의 문건번호 뒤에 결의안이 채택된 날짜가 기재되어야 한다. 만약 하나의 결의안 내에서 동일한 과거의 결의문이나 결정이 두 번 이상 언급이 될 경우 첫 번째 언급될 경우에만 결의안 번호 뒤에 날짜를 두고 나머지의 경우에는 이를 생략한다. 제일 먼저 유엔총회의 결의문을 언급하고 유엔총회의 결정은 그 다음에 언급한다. 그 다음에 유엔총회가 아닌 다른 기관(예컨대 안전보장이사회)의 결의문이 언급되고 결정은 그 다음에 언급된다. 이처럼 결의문과 결정이 언급될 경우 이들이 채택된 순서에 따라 언급이 되는데 먼저 채택된 것이 먼저 언급된다.[12]

---

> *Recalling* its resolution 67/190 of 20 December 2012 and other relevant General Assembly resolutions on trafficking in persons and other contemporary forms of slavery,[1]
>
> *Recalling also* Economic and Social Council resolution 2013/41 of 25 July 2013 on the implementation of the United Nations Global Plan of Action to Combat Trafficking in Persons and previous Council resolution on trafficking in persons,

**동일 기관/다른 기관의 과거 결의안을 언급할 경우 (A/C.3/68/L.17)**

---

보고서를 인용할 경우는 보고서를 발간한 기관을 의미하는 약어(즉 유엔총회의 경우는 A, 안전보장이사회의 경우는 S, 경제사회이사회의 경우는 E)가 가장 먼저 오고 이어서 회기나 개최년도(유엔총회의 경우는 회기, 안전보장이사회와 경제사회이사회는 개최년도)가 뒤이어 오고, 마지막으로 보고서 번호가 뒤따른다. 예컨대 유엔총회의 경우 「A/62/12」, 안전보장이사회의 경우 「S/2000/2」, 경제사회이사회의 경우는 「E/2007/70」이다.[13]

---

12) Commission on Narcotic Drugs and Commission on Crime Prevention and Criminal Justice, "General information on draft resolutions and draft decisions," https://www.unodc.org/documents/commissions/CCPCJ_session23/CCPCJ_General_Information_on_draft_resolutions_and_draft_decisions.pdf (검색일: 2014년 5월 10일).

13) 다음 글을 참고하였음: Dr. Michael McBride and Aaron Holtz, *Model United Nations of the Far West: Tips for Drafting More Effective Resolutions* (http://www.munfw.org/images/MUNFW%20Effective%20Resolutions.pdf).

전문부분에서 전문구로서 동일한 동사가 계속하여 사용될 경우 두 번째의 경우 「*also*」라는 부사를 사용하고 세 번째의 경우는 「*further*」라는 부사를 사용한다. 네 번째도 동일한 동사를 사용하고자 할 경우에는 첫 번째 경우와 마찬가지로 부사를 두지 않고 동사만을 둔다. 다섯 번째도 여섯 번째도 동일한 동사를 사용한다면 두 번째와 세 번째의 경우처럼 「*also*」와 「*further*」을 둔다.

---

*Recalling* its resolution 59/174 of 20 December 2004 on the Second International Decade of the World's Indigenous People (2005-2014),

*Recalling also* the 2007 United Nations Declaration on the Rights of Indigenous Peoples,[1] which addresses their individual and collective rights,

*Recalling further* the United Nations Millennium Declaration,[2] the 2005 World Summit Outcome[3] and the outcome document of the high-level plenary meeting of the General Assembly on the Millennium Development Goals,[4]

*Recalling* the outcome document entitled "The future we want" of the United Nations Conference on Sustainable Development,[5] held in Rio de Janeiro, Brazil, from 20 to 22 June 2012,

---

**전문구에 동일한 동사를 연달아 사용하는 경우 (A/C.3/67/L.24)**

전문구의 현재분사를 구성하는 동사를 선택할 때 다음과 같은 사항에 주의해야 한다. 결의안에 포함하고자 하는 사항이 이미 이전에 합의된 바가 있는 사항일 경우 「*Welcoming*」이라는 단어를 사용하지 않고 「*Reaffirming*」이라는 단어를 사용하여야 한다. 당 결의안에 처음으로 도입되는 사항일 경우 「*Noting*」이라는 단어 대신 「*Welcoming*」이라는 단어를 사용하여야 한다.

전문구 가운데 「*Taking note* of」와 「*Noting*」을 구별하여 사용하여야 한다. 이 둘은 모두 「유념한다」는 의미를 가지나 대상을 달리한다는 점에서 차이가 존재한다. 「*Taking note* of」의 경우는 진술statement, 다른 기구에 의해 취해진 결정 decision, 개인이나 기구의 보고서report를 대상으로 한다. 이와는 달리 「*Noting*」의 경우는 그 대상이 사실fact이거나 사건event일 때 사용된다.[14] 「*Taking note* of the report of the Eleventh United Nations Congress on Crime Prevention and Criminal Justice」와 「*Noting* that countries emerging from conflict are particularly vulnerable to crime, in particular organized crime and

---

14) 이들 전문구는 실행구에도 사용되는데 그 경우에도 가리키는 대상에 따라 달리 사용되어야 한다.

corruption」을 예로 들 수 있다.15)

### 4) 실행부분16)

(가) 주요 내용

실행부분은 결의안에 있어서 정책policy을 진술하는 부분이다. 즉 실행부분은 전문부분에서 언급된 문제를 해결하기 위해 취해야 할 조치가 무엇인가를 기술하는 부분이다. 결의안에 있어서 이러한 조치들은 일련번호가 매겨진 실행단락 operative paragraphs에 담긴다. 구체적으로 이러한 실행단락은 특정의 행동action을 권고하거나, 촉구하거나, 규탄하거나, 고무하거나, 요청하는 등의 의견을 제시한다. 실행단락의 내용은 비난과 같은 구체성이 없는 것일 수도 있고 특정 사업에 대한 재정적인 지원을 요청하는 것처럼 구체적일 수도 있다.

실행부분은 특정 조치를 포함하는 부분으로서 결의안에 있어서 가장 중심이 되는 부분이자 가장 논란이 많은 부분이기도 하다. 결의안은 어떤 조치를 요청함에 있어서 조치의 주체로서 모든 유엔 회원국, 특정의 제한된 국가(군), 유엔 사무국, 결의안이 취해지고 있는 유엔의 기관이 아닌 유엔의 다른 기관, 전문기구 등이 될 수 있다. 예컨대 결의안의 실행부분은 조치의 일환으로서 사무총장이나 보조기관으로 하여금 특정한 시기까지 보고서를 준비하도록 요청할 수 있다. 결의안의 실행부분은 또한 사무총장으로 하여금 총회의 보조기관 등이 임무를 수행하는 데 필요한 지원을 제공할 것을 요청할 수도 있다.

결의안이 사무총장이 제출한 보고서에 대한 심의를 의제항목으로 하는 경우 실행부분에는 이러한 보고서를 「환영한다Welcomes」 혹은 「유념한다Takes note of」는 내용이 들어갈 수 있다. 이와 더불어 결의안의 실행부분은 다른 국제기구 등이 취한 결의안, 결정, 선언 등에 「유념한다Takes note of」는 내용을 가질 수도 있다.

결의안은 실행부분에서 자신이 다루고 있는 의제항목이 앞으로 있을 회기 session에 어떠한 시간적인 간격을 가지고 지속적으로 논의되어야만 한다는 것을 결정할 수 있다. 이렇게 할 경우 해당 의제는 논란의 여지가 없이 자동적으로 미래의

---

15) Commission on Narcotic Drugs and Commission on Crime Prevention and Criminal Justice, "General information on draft resolutions and draft decisions," https://www.unodc.org/documents/commissions/CCPCJ_session23/CCPCJ_General_Information_on_draft_resolutions_and_draft_decisions.pdf (검색일: 2014년 5월 10일).

16) 실행부분은 「본문」이라고도 불린다.

결의안의 의제항목이 될 수 있다. 결의안들은 하나의 만병통치적인 해결책을 제시하는 것이 아주 쉽지 않다. 때문에 결의안에서 제시된 해결책들은 일반적으로 해결책을 찾아가는 과정 속의 하나하나의 연결된 단계에 불과한 경우가 많다. 따라서 대표단들은 몇 개의 단계에 따른 상이한 대안적인 해결책을 고려하여야 한다.

(나) 실행부분의 도입구

다음은 결의안의 실행부분의 도입부분에 자주 쓰이는 「실행구operative phrases」이다. 이러한 실행구를 실행부분의 「도입구introductory phrases or initiating phrases」라고도 부른다. 전문의 도입구를 이탤릭체로 한 것과 마찬가지로 실행부분의 도입구도 강조의 의미로서 이탤릭체로 써야 한다. 그러나 이와 관련하여 주의할 사항이 몇 가지 있다. ① 「*Notes with interest*」처럼 동사 다음에 오는 「*with interest*」와 같은 감정을 나타내는 부사구도 이탤릭체로 한다. ② 「*Strongly urges*」나 「*Also commends*」처럼 「*strongly*」나 「*also*」 등의 부사들도 모두 이탤릭체로 한다. ③ 「*Calls upon*」에서 「*upon*」과 같은 전치사가 「*calls*」라는 동사와 함께 불가분의 동사구를 이루는 경우 전치사도 함께 이탤릭체로 해야 한다. ④ 「*Expresses its very deep concern* at the precarious humanitarian situation」에서 보듯이 「concern」 다음에 오는 「at」과 같은 전치사는 이탤릭체로 하지 않는다. ⑤ 「*Decides* to proclaim 2009 the International Year of Reconciliation」에서처럼 「*Decides*」 다음에 오는 to-부정사의 「to」는 이탤릭체로 하지 않는다. ⑥ 실행부분의 한 단락 내에 실행구가 복수로 있을 경우 첫 번째 실행구만 도입구로서 이탤릭체로 한다. 예를 들자면 「*Expresses the hope* that ..., and requests that the Secretary-General to report on the question at the ... session.」에서 보

---

1.    *Welcomes* the activities of the United Nations Human Rights Training and Documentation Centre for South-West Asia and the Arab Region;

2.    *Notes* the support provided for the establishment of the Centre by the host country;

3.    *Also notes* that the Centre has conducted a number of training activities and regional consultations on United Nations human rights mechanisms, human trafficking, media and human rights education;

4.    *Further notes* that the Centre is receiving an increasing number of requests for training and documentation, including in the Arabic language, which require additional resources and the reinforcement of its activities;

결의안 실행부분의 예 (A/C.3/67/L.27)

듯이 「*Express the hope*」는 이탤릭체로 했지만 「request」는 이탤릭체로 하지 않는다.[17]

실행부분의 단락paragraph에는 전문부분의 단락과는 달리 단락들에 아라비아 숫자인 「1.」, 「2.」, 「3.」 등의 일련번호를 붙인다. 단락 하부에 여러 사항들이 열거될 필요에 의해 하위단락들subparagraphs을 둘 경우 일련번호로서 영어 알파벳 소문자인 「(a)」, 「(b)」, 「(c)」 등이 오고 또 다시 하위단락 하부에 단락들sub-subparagraph을 둘 필요가 있을 경우에 로마자인 「(i)」, 「(ii)」, 「(iii)」 등이 온다.

단락이 끝나고 하위단락이 아닌 동등한 수준의 다른 단락이 시작될 경우 먼저 단락의 끝에 「세미콜론(;)」을 둔다. 그런데 단락 밑에 하위단락들을 둘 경우 단락의 끝에 세미콜론을 두지 않고 「콜론(:)」을 두며 하위단락들 사이에는 「세미콜론(;)」을 둔다는 점을 조심해야 한다.

단락과 단락, 하위단락과 하위단락 등을 연결한다는 의미로 「and」를 두지 않는다. 만약에 실행부분에 단락이 하나만 있을 경우에는 번호를 붙이지 않는다. 이러한 단락과 단락, 하위 단락과 하위 단락을 연결하는 의미로 「and」와 같은 단어는

---

3.    *Also decides* that the organizational arrangements for the high-level dialogue shall be as follows:

(a)    The overall theme of the high-level dialogue on international migration and development will be "Identifying concrete measures to strengthen coherence and cooperation at all levels, with a view to enhancing the benefits of international migration for migrants and countries alike and its important links to development, while reducing its negative implications";

(b)    The high-level dialogue will consist of four plenary meetings and four interactive multi-stakeholder round tables:

(i)    Round tables 1 and 2 will be held in the morning and afternoon of the first day of the high-level dialogue;

(ii)    Round tables 3 and 4 will be held in the morning and afternoon of the second day of the high-level dialogue;

(iii) Summaries of the deliberations of the four round-table sessions will be presented orally by the Chairs of the round-table sessions during the concluding plenary meeting of the high-level dialogue;

---

**실행부분의 단락 밑에 하위 단락들을 둘 경우 (A/C.2/67/L.15/Rev.1)**

---

17) United Nations, "United Nations Editorial Manual Online," http://69.94.137.26/editorialcontrol/ ed-guidelines/types_documents/res_dec_draft_edit.htm (검색일: 2014년 5월 11일).

사용하지 않는다.

전문부분의 경우 위에서 언급했듯이 단락에 번호가 매겨져 있지 않지만 「첫 번째 전문단락first preambular paragraph」, 「두 번째 전문단락second preambular paragraph」과 같이 부르는데 실행부분의 단락의 경우는 「단락 1paragraph 1」, 「단락 2paragraph 2」와 같은 방식으로 부른다.

전문 부분이 현재분사나 과거분사와 같은 분사로 시작되는 것과는 달리 실행부분은 3인칭 단수형 동사가 온다. 이렇게 3인칭 단수형 동사가 오는 이유는 이러한 문장의 주어가 「*The General Assembly*」처럼 결의안이 최종적으로 제출되는 국제기구의 기관이기 때문이다.

결의안의 실행부분을 심의하는 단계에서 어떤 내용을 담을 것인가를 둘러싸고 국가들 간에 많은 논쟁이 오가지만, 개략적으로 합의가 된 내용을 둘러싸고도 구체적으로 어떤 단어를 사용할 것인가를 둘러싸고도 논란이 심하게 전개된다.

결의안에 실행구에 자주 등장하는 「요청한다」는 의미의 영어표현을 예로 들어 보자. 이런 의미를 지닌 영어 단어는 여러 개 있지만, 이들 모두 미세한 차이점을 가지고 있어 사용하는 데 있어 주의가 요구된다. 이들 가운데 「*Invite*」가 가장 완곡한 요청을 의미하며, 「*Call upon*」이 보통 정도의 요청, 「*Request*」가 약간 강한 요청, 「*Urge*」가 강한 요청, 그리고 「*Demand*」가 가장 적극적인 요청을 의미한다.18) 2012년 4월에 안전보장이사회에서 시리아 문제에 대한 결의안을 도출하는 과정에서 시리아에 동정적인 러시아가 미국 주도의 결의안에 대응하여 별도의 결의안을 만들어 회람한 바 있다. 이 결의안은 미국을 중심으로 한 국가들이 시리아에게 감시를 위한 접근의 자유를 제공할 것을 요청한다는 문장에 「*Demands*」를 사용한 것을 「*Calls upon*」으로 대체하고자 했다.

이러한 미세한 뉘앙스의 차이를 넘어서 전혀 다른 단어를 사용하여 강도를 높이기도 한다. 결의안의 문구에 위에서 언급한 「요청한다」는 표현 대신에 「결정한다*Decides*」와 같은 강제성을 띤 표현을 사용하는 것이 이러한 예에 속한다.

「비난한다」는 말 역시 결의안의 실행구에 자주 등장하는데 구체적으로 이를 의미하는 영어 단어를 어떤 것을 사용하는가에 따라 의미의 강도가 달라진다. 「*Condemn*」이라는 단어가 「규탄한다」는 뜻으로서 가장 강한 의미를 지닌다.

---

18) 외무부, 『국제회의 참가와 협상』(1992), p. 237.

「*Deplore*」의 경우 「개탄한다」는 의미로서 전자보다는 조금 약한 의미를 가진다. 「*Regret*」가 「유감으로 여긴다」는 의미로서 이들 가운데 가장 약한 의미로 사용된다.

이처럼 결의안의 강도를 조절하는 데 있어서 가장 핵심적인 것은 뉘앙스nuance를 달리하는 동사를 선별적으로 사용하는 것이다. 강도를 조절하는 데 있어서 이러한 동사만이 대상이 되는 것은 아니고 형용사, 부사, 명사 역시 선별적으로 사용된다. 예를 들어 「violation」라는 명사 앞에 형용사 「serious」를 첨가하여 강도를 강화하고, 「condemn」이라는 동사 뒤에 「strongly」와 같은 부사를 두어 강도를 강화한다.[19] 그리고 위반이라는 의미의 우리말 표현에 「contravention」이라는 명사가 쓰이는 경우가 있고 「violation」이라는 명사가 쓰이는 경우가 있는데, 「contravention」은 법적인 위반을 의미하는 용어인 「violation」보다 다소 약한 의미의 차이를 가지고 있다.

유엔 안전보장이사회가 2013년 3월 8일에 채택한 대북제재 결의문 2094호의 예를 들어보자. 당 결의문은 북한이 추가로 미사일 발사나 핵실험을 할 경우 그에 상응하는 「추가적인 중대조치further significant measure」를 취하겠다고 명시했다. 이 조항은 소위 「트리거 조항trigger clause」으로 불리는 조항인데 시간이 지나면서 강도를 달리하는 표현이 사용되어 왔다. 2012년 4월에 채택된 안전보장이사회 의장성명에서는 「상응하는 조치」라는 표현을 사용했다가 2013년 1월 결의문에는 「중대한 조치」라는 표현을 사용하여 강도를 높였다. 이번에는 「추가적인 중대한 조치」로 강도가 더욱 세졌다. 조치의 영문 표현도 기존의 「action」에서 더 구체적인 「measure」로 바뀌었다.[20]

실행부분의 경우 통상적으로 하나의 실행구가 아닌 여러 개의 실행구로 구성되게 된다. 이때 가장 중요한 내용을 포함하고 있는 실행구가 가장 먼저 오도록 하는 것이 일반적이다. 다음은 실행부분에서 가장 흔하게 사용되는 전형적인 도입구이다.

**A**

*Accepts* ＜수용하다＞

*Adopts* ＜채택하다＞

---

19) 통상적으로 *Urge*라는 동사의 경우 *strongly*라는 부사를 뒤에 둔다.
20) DongA.com (2013년 3월 9일).

*Affirms* (*Solemnly affirms*) <확신하다>

*Agrees* <동의하다>

*Appeals* <호소하다>

*Appreciates* <평가하다>

*Approves* <승인하다>

*Assures* <확신하다>

*Authorizes* <권한을 부여하다>

## B

*Bears in mind* <유념하다>

## C

*Calls for* <요구하다>

*Calls upon* <요청하다>

*Commends* <찬양하다>

*Concurs* <동의하다>

*Condemns* (*Solemnly condemn*) <규탄하다>

*Confirms* <확실히 하다>

*Congratulates* <축하하다>

*Considers* <고려하다>

## D

*Decides* <결정하다>

*Declares* (*Declares accordingly*) <선언하다>

*Demand* <요구하다>

*Deplores* <개탄하다>

*Designates* <지명하다>

*Determines* <결정하다>

*Directs* <명령하다>

*Draws the attention* <주의를 끌다>

**E**

*Emphasizes* <강조하다>

*Encourages* <고무하다>

*Endorses* <승인하다>

*Expresses conviction* <확신을 표명하다>

*Expresses its appreciation* <감사를 표시하다>

*Expresses its concern* <우려를 표명하다>

*Expresses its hope* <희망을 표명하다>

*Expresses its regret* <유감을 표명하다>

*Expresses its very serious concern* <대단히 심각한 우려를 표명하다>

*Expresses satisfaction with* <만족을 표명하다>

*Expresses sympathy* <동정을 표명하다>

*Expresses thanks* <감사를 표명하다>

*Expresses the belief* <믿음을 표명하다>

*Expresses the hope* <희망을 표명하다>

**I**

*Insists* <주장하다>

*Instructs* <지시하다>

*Invites* <요청하다>

**L**

*Looks forward to* <고대하다>

**N**

*Notes* <유념하다>

*Notes with approval* <승인하면서 유념하다>

*Notes with interest* <관심을 가지고 유념하다>

*Notes with satisfaction* <만족스럽게 유념하다>

**P**

*Proclaims* <선언하다>

*Proposes* <제안하다>

**R**

*Reaffirms* <재확인히다>

*Recalls* <상기하다>

*Recognizes* <인정하다>

*Recommends* <권고하다>

*Regrets* <유감으로 생각하다>

*Reiterates* <반복하다>

*Reminds* <다짐하여 말하다>

*Renews* <재개하다>

*Renews its appeal* <호소를 반복하다>

*Repeats* <반복하다>

*Requests* <요청하다>

*Resolves* <결심하다>

**S**

*Stresses* <강조하다>

*Suggests* <제안하다>

*Supports* <지지하다>

**T**

*Takes into account* <고려하다>

*Takes note* of <유념하다>

*Transmits* <전하다>

*Trusts* <신뢰하다>

**U**

*Urges* <촉구하다>

*Underscores* <강조한다>

*Underscores its very serious concern* <대단히 심각한 우려를 강조한다>

**W**

*Welcomes* <환영하다>


(다) 실행부분 작성 시 주의사항

실행부분을 작성하는 데 있어서 가장 주의를 요하는 것은 실행부분은 단순한 진술에 그쳐서는 안 되고 문제를 해결하기 위해 필요한 조치를 포함하여야 한다는 점이다.

실행부분은 결의안을 작성하는 국가(들)의 개인적인 관점에서 쓰여서는 안 되고 국제적인 관점이나 국제기구의 관점을 고려한 개개 국가의 측면에서 작성되어야 한다. 실행부분을 작성할 때 자국이 현재 논의하고 있는 문제를 다루는 데 있어서 모범적인 국가이므로 자국이 취하고 있는 조치를 동일하게 취해야 한다는 주장을 할 수가 있으나 개개 국가들의 환경이 상이하기 때문에 이러한 주장을 전개할 때 매우 신중해야 한다.

문제의 해결을 위해 더 이상의 토의가 필요한 경우에는 이러한 문제의 토의를 적절한 현존하는 기구로 넘긴다는 내용을 포함하여야 한다, 예컨대 위원회commission or committee나 실무작업반working group과 같은 조직을 신설하여 더 이상의 토의를 하도록 맡길 수도 있다.21) 결의안이 구체적인 조치에 관한 논의를 뒤로 미루면서 사무총장에게 이러한 논의를 위한 기초자료로서 보고서를 제출할 것을 요청할 수도 있다.22)

실행부분을 작성할 때 현재의 유엔의 재정적인 어려움을 염두에 두어야 한다. 즉 결의안에서 문제의 해결책으로서 특정 조치를 취하려고 하는 경우 가능한 한

---

21) 결의안이 다루고자 하는 문제의 성격상 전문가들에 의한 많은 연구와 심의가 필요하다고 판단되는 경우, 결의안은 그 내용의 일부로서 전문가로서 구성되는 실무그룹의 설립을 결의하고 이들로 하여금 보고서를 작성하여 유엔 사무총장에게 제출하도록 하는 의무를 지우는 경우도 빈번하다. 차후에 이러한 보고서의 내용을 기초로 하여 유엔의 결의안이 탄생하는 경우가 많다.

22) 예를 들자면 유엔총회는 1992년에 사무총장에게 「개발을 위한 의제(Agenda for Development)」라는 제하의 보고서를 요청했으며, 사무총장은 1994년에 이에 대한 초안을 총회에 제출한 바 있다. 그 후 실무작업반이 구성되어 3년 동안 사무총장이 제출한 초안을 기초로 하여 협의를 진행했으며, 총회는 실무작업반이 권고한 것을 97년 6월에 최종안으로 채택하여 유엔에 있어서의 개발을 위한 이정표로 삼게 되었다.

비용 면에서 효율적인 조치를 취하도록 하여야 하며 이러한 조치를 위한 재정적 자원을 확보하기 위한 수단을 제시해야 한다.

문제해결을 위해 위원회commission or committee나 실무작업반working group과 같은 조직을 신설할 경우 수반될 수밖에 없는 재정적인 문제를 고려해야 하며, 이를 지속적으로 운영하기 위한 재정적 자원을 확보하기 위한 수단을 제시하여야 한다.[23] 이와 더불어 이러한 조직의 구성요소, 구성요소의 임명이나 선출방식, 회의의 시기 등도 언급되어야 한다.

그러나 보다 근본적으로 조직의 신설에 앞서 신설을 고려하고 있는 조직과 동일하거나 유사한 업무영역을 이미 가지고 있는 기존의 기구가 존재하고 있는지를 확인하여야 한다. 왜냐하면 이런 경우 상당한 재정적 자원을 필요로 하는 조직을 신설할 이유가 없기 때문이다.

앞서 언급한 바대로 결의안의 실행부분은 모든 유엔 회원국, 특정의 제한된 국가(군), 유엔 사무국, 결의안이 작성되고 있는 유엔의 기관 이외의 다른 유엔의 기관, 전문기구 등으로 하여금 특정의 조치를 취할 것을 요청할 수 있다. 이와 관련하여 다음 3가지 점에서 주의를 해야 한다.[24]

첫째, 유엔이 유엔 밖의 조직들에게 특정한 조치를 취할 것을 요청하거나request 촉구하거나urge 고무하거나encourage 할 수는 있지만 이들에게 명령을 내릴 수 없다는 점이다. 예컨대 유엔은 비정부기구NGO나 전문기구에게 특정의 조치를 명령할 수 없다.

둘째, 유엔이 특정의 조직에게 특정의 조치를 명령하거나 요청할 수 있는 권한을 보유하고 있다고 해도 이러한 조직들이 과연 그러한 특정한 조치를 취할 수 있는 권한mandate과 능력을 보유하고 있는가를 살펴야 한다.

셋째, 결의안이 특정 조직에게 특정의 조치를 취할 수 있는 권한을 부여한다는 내용을 포함할 경우 이러한 조치의 주체가 유엔United Nations, 총회General Assembly, 총회 산하의 주요위원회Main Committee이어서는 안 된다. 만약 유엔총회의 제1위원회가 결의안에서 유엔, 총회, 제1위원회가 어떤 행동을 취할 수 있는 권한을 부여

---

23) 1999년 3월 제네바에서 열린 유엔군축회의에서 중국은 우주공간에 무기체제 배치를 금지하는 국제협약을 체결하기 위한 유엔 특별위원회 창설을 제의한 바 있다.

24) 다음 글을 참조하였음: Dr. Michael McBride and Aaron Holtz, "Model United Nations of the Far West: Tips for Drafting More Effective Resolutions," http://www.munfw.org/images/MUNFW%20Effective%20Resolutions.pdf (검색일: 2014년 4월 11일).

한다고 할 때 부여의 주체 자체가 총회나 제1위원회라면 스스로에게 권한을 부여하는 모순이 발생하기 때문이다. 특히 유엔으로 하여금 특정의 조치를 취하도록 하다고 할 때 유엔은 추상적인 개념이기 때문에 유엔을 구성하고 있는 구체적인 요소로서 유엔의 어떤 조직인가를 밝혀야 한다.

또한 실행부분을 작성함에 있어서 같은 의제항목을 다룬 과거의 결의문resolution이 있는가를 잘 살펴야 한다. 이전의 결의문이 존재할 경우 이에 대한 적절한 언급없이 이들 결의문들이 취했던 조치와 동일하거나 유사한 조치를 반복해서는 안 된다. 그러나 새로운 결의안이 제시하고 있는 정책은 유관한 과거의 결의문이 제시한 정책과 합리적인 일관성을 가져야 한다.

하나의 결의안에 있어 전문부분과 실행부분은 일관성을 가져야 하며 결의안에 언급되는 사실은 정확해야 한다. 또한 결의안의 길이를 제한하는 규정은 없지만 결의안의 내용은 간단하고 명료해야 한다. 결의안의 전문부분과 실행부분에서 사용되는 개념 하나하나도 구체적이고 명료해야 한다. 따라서 개념이 모호할 경우 구체적으로 무엇을 의미하는가에 대한 정의를 내린다.

예컨대 결의안이 에이즈에 걸린 아동들에게의 지원assistance을 촉구한다고 할 때 구체적으로 지원의 주체가 누구인지와 더불어 재정적 지원인지 의료적 지원인지 등 구체적으로 어떠한 형태의 지원을 의미하는지 명료해야 한다. 결의안이 국제공동체international community에게 에이즈 감염자에게 관심을 가질 것을 촉구한다고 할 경우 국제공동체라는 개념은 지극히 추상적인 개념으로서 구체적인 조치의 주체가 될 수 없다. 때라서 구체적으로 국제공동체 내의 어떤 행위자를 의미하는지 명료해야 한다. 결의안이 에이즈 감염자의 문제와 관련하여 회원국들에게 유엔에이즈UNAIDS와 같은 국제기구와 협력할 것을 촉구한다고 할 때 이러한 협력이 구체적으로 어떤 종류의 협력을 의미하는가에 대해 구체적이어야 한다.[25]

결의안을 작성하는 데 있어서 주의해야 할 또 하나는 안전보장이사회의 결의안에 제시된 조치는 법적 구속력을 가진 명령command인데 반해 총회와 경제사회이사회의 결의안이 제시하는 조치는 법적 구속력 없는 권고recommendation에 불과하다는 점이다.

---

25) 다음 글을 참조하였음: Dr. Michael McBride and Aaron Holtz, "Model United Nations of the Far West: Tips for Drafting More Effective Resolutions," http://www.munfw.org/images/MUNFW%20Effective%20Resolutions.pdf (검색일: 2014년 4월 11일).

　결의안은 통과될 가능성에 대한 고려 없이 단순히 정치적인 이유만으로 작성되어 제출될 수 있다. 그러나 대부분의 경우에 있어서는 대다수의 국가에 의한 수용과 실행 가능성을 염두에 두고 작성되고 제출된다. 실제로 대부분의 국가들에 의해 수용될 수 있고 나아가 실천에 옮겨질 수 있는 결의안을 작성한다는 것은 쉬운 일은 아니지만 이러한 결의안을 작성하기 위한 노력을 해야 한다.

　결의안을 작성함에 있어서 가능한 한 구체적이어야 한다. 즉 결의안이 언급하고 있는 조치가 어느 주체에 의해, 어떤 권한 아래, 인제까지, 어떠한 방식으로 취해져야 하는가를 구체화하여야 한다. 그러나 이를 구체화하기를 거부하는 국가들이 있어 결의안이 항상 구체적으로 내용으로 일관하는 것은 결코 아니다.

　실행부분의 도입구도 전문부분과 마찬가지로 부사나 부사구를 3인칭 단수형 동사의 앞이나 뒤에 동반하는 경우가 많다. 특히 실행부분의 도입구에 동일한 동사를 사용할 경우 부사를 적절하게 사용하는 것이 필요하다. 예컨대 도입구에 「*Urges*」라는 단어를 쓰고 재차 이 단어를 쓸 경우 「*also*」라는 부사를 동사의 뒤에 첨가해 「*Urges also*」라는 표현을 사용하고, 또 다시 사용하고자 할 경우 「*further*」라는 부사를 첨부하여 「*Urges further*」이라는 표현을 사용하는 것이 일반적이다.[26] 「*Notes*」, 「*Also notes*」, 「*Further notes*」도 같은 맥락이다. 이렇게 동일한 동사를 연달아 쓸 경우 부사를 달리하는데 이와 관련하여 주의할 사항이 있다. 이는 「*Request*」와 「*Appeal*」과 같은 동사를 쓸 경우인데 이들 동사와 더불어 「*Also*」나 「*Further*」이라는 부사가 쓰이는 것은 마찬가지인데 이 두 동사를 연거푸 사용하기 위해서는 그 대상(예컨대 Secretary-General)이 모두 동일해야 한다는 점이다.[27]

　하나의 결의안은 통상 다수의 실행단락을 가지며 각각의 실행단락에 일련번호가 매겨진다. 이때 실행단락의 수가 많으면서 이들 실행단락 중 일부가 공통된 내용을 다루고 있다면 이들을 내용에 따라 구분하여 각기 다른 소제목subtitle을 붙일 수도 있다. 소제목에 의해 실행부분이 여러 부분으로 나누어질 경우라도 소제목에 관계없이 실행단락의 일련번호는 계속된다. 이때 소제목은 볼드체로 하는 것을 잊

---

26) 또 다른 예로서 「*Decides*」, 「*Decides also*」, 「*Decides further*」를 들 수 있다.

27) Commission on Narcotic Drugs and Commission on Crime Prevention and Criminal Justice, "General information on draft resolutions and draft decisions," https://www.unodc.org/documents/commissions/CCPCJ_session23/CCPCJ_General_Information_on_draft_resolutions_and_draft_decisions.pdf (검색일: 2014년 5월 10일).

어서는 안 된다. 다음은 A/RES/65/315의 일부 내용이다.

---

12. *Recognizes* that non-implementation of various General Assembly resolutions, in particular those adopted by consensus, may diminish the role and authority of the Assembly, and underlines the important role and responsibility of Member States in their implementation;

**Working methods**

13. *Welcomes* the substantial discussion undertaken and the decision adopted on 20 December 2010 by the Second Committee of the General Assembly at the sixty-fifth session aimed at rationalizing and streamlining its agenda and improving its working methods;

---

실행부분에 소제목이 들어가면서 일련번호가 매겨지는 경우 (A/RES/65/315)

---

I. **Arrangements regarding participation of Habitat Agenda partners in the special session**

1. *Decides* that representatives of Habitat Agenda[1] partners shall make statements in the Ad Hoc Committee of the Whole of the special session for an overall review and implementation of the outcome of the United Nations Conference on Human Settlements (Habitat II);

2. *Also decides* that given the availability of time, a limited number of Habitat Agenda partners may also make statements in the debate in the plenary of the special session. The President of the General Assembly is requested to present the list of selected Habitat Agenda partners to the Member States in a timely manner for approval. The President of the General Assembly is also requested to ensure that such selection is made on an equal and transparent basis, taking into account the geographical representation and diversity of Habitat Agenda partners;

3. *Further decides* that arrangements concerning the accreditation and participation of Habitat Agenda partners in the special session shall in no way create a precedent for other special sessions of the General Assembly;

II. **Arrangements regarding accreditation of Habitat Agenda partners to the special session**

1. *Decides* that the accreditation to the special session shall be open to:

(a) Those Habitat Agenda partners that were accredited to the United Nations Conference on Human Settlements (Habitat II);

(b) Non-governmental organizations in consultative status with the Economic and Social Council, with the exception of those non-governmental organizations whose application for consultative status with the Council has been rejected or whose consultative status with the Council has been withdrawn or suspended;

---

실행부분에 소제목이 들어가면서 소제목별 일련번호가 매겨지는 경우 (A/C.2/55/L.12)

실행부분의 내용이 상당히 방대할 경우 방금 언급한 것처럼 내용에 따라 실행
부분을 구분하여 별도의 소제목을 붙일 수 있을 뿐 아니라, 나누어진 실행부분마다
별도의 전문을 둘 수도 있다. 이러한 전문은 물론 결의안의 머리 부분의 뒤에 오는
전문에 비해 좀 더 구체적인 내용의 것이 된다. 이때 실행부분을 구분하는 소제목
들에도 일련번호가 매겨질 수 있으며, 모든 실행부분을 관통하는 일련번호를 붙이
지 않고 구분된 실행부분마다 일련번호를 별도로 붙일 수 있다.

## 2. 결의문

결의안draft resolution이 유엔총회 위원회에서 채택된 뒤 본회의에 부쳐져 최종적
으로 채택되게 되면 「안draft」이라는 말이 빠지고 단순히 「결의resolution」로서 지위
가 달라진다. 여기서는 단순히 「결의」라는 말을 사용하는 대신에 「결의문Resolution」
이라는 말을 사용하고자 한다. 이러한 결의문은 우선 내용적으로 결의안과 다를 수
있다. 구체적으로 만약에 결의안의 내용에 수정이 가해진 후 채택이 될 경우 결의
문은 결의안과 내용적으로 차이를 가지게 된다. 그리고 형식면에서도 결의문은 결
의안과 차이를 가진다. 결의문이 결의안과 다른 부분은 머리부분과 마지막 부분이
다. 머리부분과 마지막 부분 사이에는 결의안의 내용과 형식이 그대로 놓이게 된

---

United Nations
 A/RES/63/81

 **General Assembly**
Distr.: General
13 January 2009

---

**Sixty-third session**
**Agenda item 90 (*b*)**

**Resolution adopted by the General Assembly on 2 December 2008**

[*on the report of the First Committee (A/63/390)*]

**63/81.  United Nations Disarmament Information Programme**

*The General Assembly,*

---

위원회에 배분된 의제항목에 대한 결의문의 머리부분 (A/RES/63/81)

다. 차이가 나는 두 부분을 살펴보면 다음과 같다.

결의문은 유엔의 공식문건이기 때문에 다른 공식문건처럼 머리부분이 있기 마련이다. 역시 결의문의 첫 페이지에는 United Nations, 유엔의 엠블럼emblem, 결의안의 최종 제출기관 명(예컨대 General Assembly), 문건번호(예컨대 A/RES/63/ 81), 배포양식(예컨대 Distr.: General), 날짜(예컨대 13 January 2009), 회기(예컨대 Sixty-third session), 의제항목 번호(예컨대 Agenda item 90 (b))가 온다. 여기에서 결의안의 최종 제출기관인 총회를 의미하는 「General Assembly」와 문건번호의 일부인 「A」는 회기를 표시하는 말과 더불어 볼드체로 한다.

주의할 것은 결의안에 표기되어 있던 원문에 사용된 언어(예컨대 Original: English), 위원회(예컨대 First Committee), 의제항목 명(예컨대 United Nations Disarmament Information Programme), (공동)제안국 명과 결의안임을 표시하는 말이 생략되고, 결의안의 문건번호가 총회의 결의문에 사용되는 문건번호로 바뀌어 「A/RES/회기번호/일련번호」의 형태를 취하게 된다. 아울러 문건의 배포양식도 회원국 모두에게 배포된다는 것을 의미하는 「Distr.: General」의 형태를 가지게 된다.

결의문의 표제로서 「Resolution adopted by the General Assembly on 2 December 2008」라는 말이 오는데 여기에서 「2 December 2008」은 결의안이 유엔총회 본회의에서 채택된 날짜를 의미한다. 그 밑에 예컨대 「[on the report of the First Committee (A/63/390)]」처럼 이 결의문이 어느 위원회의 보고서에서 온 것인가를 표시하는 말과 이 보고서의 문건번호가 온다. 그 다음 줄에 예컨대 「63/81.」처럼 결의문 문건번호 중 끝의 두 단위의 번호가 오고 이어서 예컨대 「United Nations Disarmament Information Programme」과 같은 의제항목 명이 뒤따른다. 그리고 다음 줄부터는 「The General Assembly,」로 시작되는 결의문의 본문이 오게 된다. 결의안의 표제부분에서 「Resolution adopted by the General Assembly」이라는 말과 결의안 문건번호 중 끝의 두 단위를 나타내는 말, 의제항목 명을 볼드체로 한다.

결의문이 결의안과 또다른 부분은 결의문의 마지막 부분이다. 이 부분은 결의안에는 없는 부분인데 여기에는 결의문이 본회의를 통과한 것이 몇 번째 회의(예컨대 *61st plenary meeting*)였는가와 언제(예컨대 *2 December 2008*)였는가가 표기되

어 있다. 자세한 것은 부록편의 실제문건을 참고하면 좋다.

---

10. *Decides* to include in the provisional agenda of its sixty-fifth session the item entitled "United Nations Disarmament Information Programme".

*61st plenary meeting*
*2 December 2008*

---

### 결의문의 마지막 부분 (A/RES/63/81)

결의문에는 두 종류가 있다. 하나는 의제항목이 위원회에 배분되어 위원회에서 결의안이 채택되고 다시 본회의에 회부되어 본회의에서 채택되어 결의문이 된 경우이고 따른 하나는 의제항목이 위원회에 배분되지 않고 본회의가 직접 다루면서 본회의가 채택된 결의문이다. 이러한 경우 결의문의 머리 부분이 달라진다. 구체적으로 「Resolution adopted by the General Assembly on 21 December 2012」와 같은 부분의 밑에 위원회가 다룬 의제항목일 경우 「[*without reference to a Main Committee (A/67/L.49 and Add.1)*]」이라는 말이 온다. 이는 위원회가 다룬 의제항목의 경우에 「[*on the report of the First Committee (A/63/390)*]」이라고 하여 몇 위원회의 보고서에 근거하고 있다는 것을 기재하고

---

United Nations                                                          A/RES/67/230

 **General Assembly**

Distr.: General
4 April 2013

---

**Sixty-seventh session**
**Agenda item 16**

### Resolution adopted by the General Assembly on 21 December 2012

[*without reference to a Main Committee (A/67/L.49 and Add.1)*]

**67/230.  The role of the United Nations in promoting a new global human order**

---

**본회의가 직접 다룬 의제항목에 대한 결의문의 머리부분 (A/RES/67/230)**

있는 것과 구분된다. 실제문건은 부록편에서 볼 수 있다.

## 3. 수정안

### (1) 수정안 일반

수정안amendment to draft resolution은 결의안의 일부분을 변경할 수 있는 도구의 역할을 한다. 구체적으로 말해 수정안은 모든 관련 국가들에 의해 결의안이 수용될 수 있도록 결의안의 일부분을 새롭게 추가addition하거나 일부분을 삭제deletion 혹은 대체substitution하는 역할을 하며, 일반적으로 결의안이 표결이 아닌 합의에 의해 채택되기 위해 필요하다.

원래의 결의안의 내용 중 일부가 「Realizing that technology has created new forms of weapons that pose serious and long-term threats to all forms of life on this planet」이라고 가정하자. 이때 「technology」라는 말 앞에 「military」라는 말을 넣자는 수정안이 추가 수정안의 예이고, 「threats」라는 말 앞에 있는 「and long-term」라는 말을 빼자는 수정안은 삭제 수정안의 예이다. 「technology」라는 말 앞에 있는 「military」라는 말을 빼고 그 자리에 「nuclear」라는 말을 넣자는 수정안은 삭제와 추가를 동시에 하고자 하는 수정안의 예이다.[28]

수정안은 이처럼 추가나 삭제 혹은 수정만이 허용된다. 따라서 결의안의 내용을 직접적으로 부정하거나 내용 면에서 결의안과 관계가 없는 수정안은 결의안 자체를 무의미하게 하는 것이므로 허용되지 않는다. 따라서 수정안이 제안된 결의안의 원래 의도를 바꾸는 것일 경우 의장은 이를 받아들이지 않을 수 있다. 위의 예에서 「new」라는 말 앞에 「no」라는 말을 넣자는 것은 결의안을 정면으로 부정하는 예이다. 또한 「pose」라는 말 앞에 「affect world food production」이라는 말을 넣자는 것은 원래의 결의안의 내용과 관련이 없는 경우이다. 따라서 두 경우 모두 수정안으로 받아들여지지 않는다.[29]

---

28) Old Dominion University Model United Nations Society, "Resolution Writing," http://al.odu.edu/mun/conference/resolution_writing_packet.pdf (검색일: 2014년 4월 11일).
29) Old Dominion University Model United Nations Society, "Resolution Writing," http://al.odu.edu/mun/conference/resolution_writing_packet.pdf (검색일: 2014년 4월 11일).

## (2) 수정안의 구성과 예

수정안이 회의 전날 사무국에 제출되어 유엔문건으로서 복사되어 배포된 뒤 공식적으로 제안되어 토론의 대상이 되는 경우가 있는가 하면 결의안에 대한 토의 중에 즉석에서 구두로 제시되는 경우도 많다.

이러한 두 가지 형태의 수정안 제기 방식의 중간 형태라고 할 수 있는 수정안을 정리한 비공식 문건을 회람시키기도 한다. 여기에서는 공식문건으로서의 수정안과 비공식 문건으로서의 수정안을 구분하여 살펴보고자 한다.

### 1) 공식 문건으로서의 수정안

공식문건으로서의 수정안은 결의안과 마찬가지로 일정한 형식을 갖는다. 이러한 수정안을 구성하고 있는 머리 부분과 본문 부분으로 구분하여 살펴보면 다음과 같다.

(가) 머리부분

수정안이 사무국에 제출되면 공식문건의 모습을 띠게 된다. 앞서 살펴본 결의안과 마찬가지로 수정안의 첫 페이지에는 United Nations, 유엔의 엠블럼emblem, 수정하고자 하는 결의안의 최종 제출기관 명(예컨대 General Assembly), 문건번호(예컨대 A/C.1/55/L.53), 배포양식(예컨대 Distr.: Limited), 날짜(예컨대 25 October 2008), 원문에 사용된 언어(예컨대 Original: English), 회기(예컨대 Fifty-fifth session), 위원회(예컨대 First Committee), 의제항목 번호(예컨대 Agenda item 73 (p)), 의제항목 명(예컨대 General and complete disarmament: regional disarmament)이 온다.

수정안의 표제로서 제안국(들) 국명과 수정안임을 표시하는 영어(예컨대 Cameroon: amendment to draft resolution A/C.1/55/L.34)가 오고, 다음 줄에 의제항목 명(예컨대 Regional disarmament)이 온다.

자세한 것은 부록편의 실제문건을 참고하면 되나 주의할 것은 이들 중 수정하고자 하는 결의안의 최종 제출기관 명, 문건번호에서 최종 제출기관 명, 회기, 위원회, 의제항목 명, (공동)제안국 명과 수정안임을 표시하는 영어는 볼드체로 하여 눈에 띄게 한다는 점이다.

United Nations

**General Assembly**

A/C.1/55/L.53

Distr.: Limited
25 October 2000

Original: English

Fifty-fifth session
**First Committee**
Agenda item 73 (p)
General and complete disarmament: regional disarmament

Cameroon: amendment to draft resolution A/C.1/55/L.34

**Regional disarmament**

수정안의 머리부분 (A/C.1/55/L.53)

(나) 본문부분

본문 부분에서 수정이 가해지는 단락paragraph이 어느 단락인지를 표시하는 말
이 가장 먼저 오며, 볼드체로 표시하여 눈에 띄게 한다.

그 다음에 줄을 바꾸어 수정하고자 하는 것이 반영된 새로운 단락을 위치시킨

**Regional disarmament**

New paragraph 6

"*Requests* all States to communicate to the Secretary-General information
on disarmament efforts and initiatives as well as establishment of confidence-
building measures carried out at regional and subregional levels";

New paragraph 7

"*Invites* the Secretary-General to assist the subregional and regional
organizations in the implementation and the strengthening of regional
disarmament initiatives as well as in the establishment of confidence-building
measures";

New paragraph 8

"*Requests* the Secretary-General to report at its fifty-sixth session on the
implementation of the present resolution".

수정안의 본문부분 (A/C.1/55/L.53)

다. 이때 새로운 단락의 가장 앞과 뒤에 따옴표(" ")가 오게 된다. 뒤에 또 다른 단락이 이어질 경우, 앞 단락의 끝에는 세미콜론(;)을 두며 마지막 단락의 경우는 끝에 마침표(.)를 둔다. 예를 하나 들면 다음과 같다.

### 2) 비공식 문건으로서의 수정안

특별한 형식을 가지고 있는 것은 아니나 일정한 정도 포함되어야 하는 사항들이 있다. 구체직으로 수정안의 제안자(공동 제안자 포함), 수정의 대상이 된 결의안의 문건번호, 의제항목 번호와 의제항목 명, 수정이 가해질 단락, 단락의 수정 내용이 포함되어야 한다. 비공식 문건으로서의 예를 하나 들면 다음과 같다.

---

Indonesia
(on behalf of the Group of 77 and China)


Item 108
(Elimination of Racism and Racial Discrimination)


Revisions
on the document A/C.3/53/L.24 and A/C.3/53/L.25


Document A/C.3/53/L.24 should be revised as follows:

OP-8
the word "reservations" in the first line should be "reservation". In the second line, the word "~~such~~" should be deleted. In the third line, the first word "reservations" should also be in singular.

OP-14
Delete the phrase in the fourth line "~~including the establishment of an intergovernmental working group with a mandate to draft guidelines for the ethical use of the Internet and the possible formulation of a code of conduct for the Internet users and service providers~~" and replace with the words "for responsible use of the Internet".

The current OP-14 then should read:

Welcomes the convening, at Geneva from 10 to 14 November 1997, of a seminar on the role of the Internet with regard to the provisions of the International Convention on the Elimination of All Forms of Racial Discrimination, and invites the Commission on the Human Rights to consider its recommendations for responsible use of the Internet.

Document A/C.3/53/L.25 has revision, in PP-7 in the first line, insert the word "also" between the words "can" and "contribute"

## 4. 보고서

결의안에 대해 행동이 취해진 이후 각 위원회의 간사Secretary of the Committee는 보고관rapporteur의 감독 하에 「보고서Report」라는 공식문건을 작성하여 유엔총회 본회의에 보고를 하도록 되어 있다.

이러한 보고서에는 특정 의제항목의 논의과정, 채택과정, 논의의 결과물인 결의안이 담겨 있고 이들과 더불어 해당 결의안이 본회의에서 채택되기를 권고하는 내용이 포함되어 있다. 보고서는 공식문건이기 때문에 특정의 형식을 지니고 있다. 이러한 보고서의 구성을 머리 부분과 본문 부분으로 구분하여 살펴보면 다음과 같다.

### (1) 머리부분

보고서도 다른 공식문건과 비슷하게 첫 페이지에는 United Nations, 유엔의 엠블럼emblem), 결의안의 최종 제출기관 명(예컨대 General Assembly), 문건 번호(예컨대 A/67/454), 배포양식(예컨대 Distr.: Genenal), 날짜(예컨대 3 December 2012), 원문에 사용된 언어(예컨대 Original: English), 회기(예컨대 Sixty-seventh session), 의제항목 번호(예컨대 Agenda item 66)가 온다. 이들 중 결의안의 최종 제출기관 명, 문건번호에서 제출기관을 표시하는 말(예컨대 유엔총회를 의미하는 A),

회기를 표시하는 말은 볼드체로 하여 눈에 띄게 한다. 그리고 United Nations, 결의안의 최종 제출기관 명, 문건번호에서 유엔총회를 의미하는 A와 같은 부분은 본문의 글자 호수보다 큰 호수를 사용한다.

이어서 보고서의 표제로서 의제항목 명(예컨대 Rights of indigenous peoples), 몇 위원회의 보고서임을 밝히는 말(예컨대 Report of the Third Committee), 보고관 이름과 국적(예컨대 *Rapporteur*: Mr. Suljuk Mustansar Tarar (Pakistan))이 온다. 보고서의 표제에서 의제항목 명과 몇 위원회의 보고서임을 밝히는 말 그리고 보고관 성명의 성last name을 볼드체로 한다. 보고관을 의미하는 「*Rapporteur*」라는 말은 이탤릭체로 한다. 의제항목 명과 몇 위원회의 보고서임을 밝히는 말은 본문의 글자 호수보다 큰 호수를 사용한다.

---

United Nations

 **General Assembly**

A/67/454

Distr.: General
3 December 2012

Original: English

---

**Sixty-seventh session**
Agenda item 66

**Rights of indigenous peoples**

**Report of the Third Committee**

*Rapporteur*: Mr. Suljuk Mustansar **Tarar** (Pakistan)

---

보고서의 머리부분 (A/67/454)

## (2) 본문부분

보고서의 본문부분은 세 부분으로 나누어진다. 구체적으로 처음 부분은 도입부분으로서 「Ⅰ. Introduction」이라고 표기된다. 이 부분은 유엔총회 본회의에서 해당 의제가 채택되어 해당 위원회에 배분된 사실로부터 시작되어 결의안이 상정되기 이전까지의 과정에 대해 언급한다.

두 번째 부분은 결의안의 상정과 토의 그리고 채택을 담는 부분으로서 「II. Consideration of Draft Resolution」이라는 표제를 갖는다.[30] 이 부분은 어느 국가가 어느 국가들을 대표하여 결의안을 상정했고, 이러한 결의안에 대해 수정안이 제안되었다면 어떤 내용의 수정안이 누구에 의해 제안되었고 이러한 수정안에 어떤 행동이 취해졌는지, 그리고 최종적으로 결의안이 어떻게 채택되었는지를 비교적 상세하게 언급한다.

결의안이나 수정안을 상정한 국가의 국명뿐만 아니라 공동제안국들의 국명이 다 열거되어야 하며 새롭게 합류한 공동제안국이 있을 경우 이들의 국명도 반드시 표기된다. 만약에 원결의안이 상정된 후에 원결의안의 제안국들에 의해 개정된 결의안revised resolution이 상정되어 채택된 경우에 원결의안의 본문이 이 부분에 그대로 수록된다. 이때 원결의안의 매 단락paragraph의 처음 말 앞에 「"」가 붙고 결의안의 마지막 부분에 「"」가 붙는다. 표결로 채택이 된 경우 찬성, 반대, 기권한 국가의 수가 언급되며 만약 기록투표에 의한 표결의 경우에는 찬성한 국가 이름, 반대한 국가 이름, 기권한 국가 이름이 열거된다. 수정안이 제기된 경우에는 어느 국가가 어떤 부분을 어떻게 수정하고자 제안했는지를 세세히 언급한다.

결의안이 채택되기 직전과 직후에 일반적인 진술과 코멘트general statements and comments와 투표설명explanation of votes을 한 국가가 있을 경우 이러한 사실을 언급한다. 이때 발언을 했다는 사실만 언급하고 발언의 실제 내용은 언급하지 않는다. 보고서의 두 번째 부분의 마지막은 위원회가 어떤 회의meeting에서 어떤 결의안을 채택하였는가를 기술하는 부분으로 채워진다. 예컨대 「At the 43rd meeting, the Committee adopted draft resolution A/C.3/67/L.24/Rev.1 (see para. 11)」과 같은 문구가 놓인다. 여기에서 「para. 11」이란 보고서의 마지막 단락의 번호를 지칭하며 이 단락은 다음에서 언급하고 있듯이 본회의에게 위원회가 채택한 결의안을 채택하기를 권고하는 내용의 단락이다.

마지막 부분은 해당 위원회가 본회의에 자신들이 채택한 결의안이 채택되기를 권고한다는 내용을 담는 부분으로서 제3위원회의 경우를 예로 들자면 「III. Recommendation of the Third Committee」이라는 표제어를 갖는다. 구체적

---

30) 만약에 위원회에서 채택된 것이 결의안(draft resolution)뿐만 아니라 결정안(draft decision)까지 포함하고 있을 경우 표제어는 「II. Consideration of Draft Resolution」이 아니라 「II. Consideration of proposal」이 된다.

으로 보고서의 이 부분은 해당 위원회가 총회에게 다음과 같은 결의안을 채택해 주기를 권고한다는 내용의 마지막 단락과 위원회에서 채택된 결의안 내용의 전체가 그대로 수록된다. 해당 위원회가 본회의에서의 채택을 권고하는 말은 제3위원회의 보고서의 경우를 예로 들자면 「The Third Committee recommends to the General Assembly the adoption of the following draft resolution:」과 같이 표기된다. 이어서 채택된 결의안이 담기게 되는데 이때 결의안의 머리부분 등은 다 생략이 되고 단지 의제항목 명(예컨대 Rights of indigenous peoples)이 앞머리에 볼드체로 오고 뒤이어 「*The General Assembly,*」라는 말로 시작되는 결의안의 본문이 오게 된다. 보고서의 실제적인 예는 부록을 참고하기 바란다.

## 5. 시민사회 공청회 요약문

시민사회 공청회Civil Society Hearing, CSH의 결과문건outcome document으로서 요약문summary이 작성되어 정부대표들의 논의에 영향을 미치고자 한다. 이러한 요약문은 본회의 의장의 이름으로 작성되는데 이 문건을 머리부분과 본문부분으로 나누어 살펴보면 다음과 같다.

### (1) 머리부분

요약문의 경우도 유엔의 다른 공식문건과 비슷하게 첫 페이지에는 United Nations, 유엔의 엠블럼emblem, 요약문의 제출기관 명칭(General Assembly), 문건번호(예컨대 A/61/187), 배포양식(예컨대 Distr.: General), 날짜(예컨대 27 July 2006), 원문에 사용된 언어(예컨대 Original: English), 회기(예컨대 Sixty-first session), 의제항목 번호(예컨대 Item 54(b) of the provisional agenda*), 의제 명(예컨대 Globalization and interdependence: international migration and development)이 온다. 이들 중 요약문의 제출기관 명, 문건번호에서 제출기관을 표시하는 말(유엔총회를 의미하는 A), 회기를 표시하는 말, 의제 명은 볼드체로 하여 눈에 띄게 한다. 그리고 United Nations, 요약문의 제출기관 명, 문건번호에서 유엔총회를 의미하는 A와 같은 부분은 본문의 글자 호수보다 큰 호수를 사용한다.

이어서 요약문의 표제로서 「Summary of informal interactive hearings

of the General Assembly with representatives of non-governmental organizations, civil society organizations and the private sector」라는 말이 오고 줄을 바꾸어 「Note by the President of the General Assembly」 라는 말이 온다. 이 두 부분은 모두 볼드체로 쓰인다. 「Summary of informal interactive hearings of the General Assembly with representatives of non-governmental organizations, civil society organizations and the private sector」 부분은 본문의 글자 호수보다 큰 호수를 사용한다.

United Nations  **General Assembly**

A/61/187

Distr.: General
27 July 2006

Original: English

Sixty-first session
Item 54 (b) of the provisional agenda*
Globalization and interdependence: international
migration and development

**Summary of informal interactive hearings of the General Assembly with representatives of non-governmental organizations, civil society organizations and the private sector**

**Note by the President of the General Assembly**

The President of the sixtieth session of the General Assembly has the honour, in accordance with paragraph 11 of General Assembly resolution 60/227 of 23 December 2005, to transmit herewith the summary of the informal interactive hearings of the General Assembly with representatives of non-governmental organizations, civil society organizations and the private sector, held on 12 July 2006 at United Nations Headquarters.

시민사회 공청회 요약문의 머리부분

## (2) 본문부분

본문부분은 정해진 규칙이 있는 것이 아니기 때문에 다양한 방식으로 작성된다. 그러나 일반적으로 본문부분은 크게 5부분으로 구성된다고 볼 수 있다. 첫 번째 부분은 도입부분introduction으로서 해당 시민사회 공청회의 개최근거, 개최시기, 개최목적, 구성, 참가자 등에 대한 서술이 있는 부분이다. 두 번째 부분은 개회opening session 부분으로서 개회식에서의 주요 인사의 발언들을 주된 내용으로 한다. 세 번째 부분은 논의주제에 관한 발제자, 토론자, 청중의 주요한 발언내용이 서술되는 부분이다. 네 번째 부분은 폐회closing session 부분으로서 폐회식에서 주요 인사가 행한 이제까지의 토론에 대한 요약과 논평을 주된 내용으로 하며 주요 인사 가운데는 총회 본회의 의장이 반드시 포함된다. 마지막 부분은 결론 부분으로서 시민사회 공청회의 토론을 통해 도출된 주요한 결론들이 열거된다.

2011년에 개최된 「비전염성 질환의 예방과 통제에 관한 고위급 회의High-level Meeting on the Prevention and Control of Non-communicable Diseases」에 앞서 동일한 주제로 개최된 시민사회 공청회의 요약문summary의 구성을 살펴보면 요약문은 다수의 단락paragraph으로 구성되어 일련번호가 매겨져 있으며 Introduction, Opening session, Roundtable 1, Roundtable 2, Roundtable 3, Closing session, Principal conclusion이라는 7개 부분으로 구분되어 있다. 이러한 부분들 가운데 가장 중요한 부분은 물론 주요 결론principal conclusion 부분이다. 실제문건은 유엔의 공식문건인 A/61/187을 다운로드하여 살펴보기 바란다.

## 6. 일반토론 발언문(기조연설문)과 의제항목별 발언문

각 대표단은 회의에서 논의될 의제 전반에 걸친 자국의 정책을 담은 일반토론 발언문(기조연설문)을 작성하며 또한 구체적인 의제항목에 대한 발언문을 작성한다.

총회 본회의에서 각국 대표단은 일반토론 발언(기조연설)을 통해 유엔총회가 다루고자 하는 의제들 전반에 걸친 입장을 피력한다. 위원회에서 각국 대표단들은 먼저 위원회가 다루려고 하는 의제항목들 전반에 걸친 일반토론 발언(기조연설)을 하고 나서 의제항목별 발언을 함으로써 회의에 임하는 개개 국가들의 입장을 피

력한다.

이들은 유엔의 공식문건이 아니기 때문에 특별하게 정해져 있는 일정한 형식이 존재하는 것은 아니나 일반적으로 다음과 같은 형식을 취하고 있다. 여기에서는 총회 본회의가 아닌 위원회의 문건을 중심으로 설명하고자 한다. 따라서 총회 본회의의 문건이 되려면 예컨대 위원회 의장을 부르는 「Chairman」 등이 총회의장을 칭하는 「President」로 바뀌어야 한다.[31]

## (1) 일반토론 발언문(기조연설문)과 의제항목별 발언문의 구성

### 1) 표지 부분

일반적으로 일반토론 발언문(기조연설문)과 의제항목별 발언문은 본문이 시작되는 페이지 앞 장에 표지를 둔다. 통상적으로 표지의 가장 상단에는 국명과 유엔 대표부의 주소 및 전화번호가 위치하고 그 밑 부분에 일반토론 발언문(기조연설문)의 발표자와 소속 국가, 의제항목, 일반토론 발언문(기조연설문)이 낭독될 유엔의 기관, 그리고 발표 날짜가 적힌다. 이러한 표지에는 또한 국기 혹은 국가를 상징하는 문장emblem 등이 인쇄되어 있는 것이 일반적이다.

일반토론 발언문(기조연설문)의 겉표지에는 또한 「Please check against delivery」라는 구절이 예외 없이 쓰여 있다. 이는 배포한 일반토론 발언문(기조연설문)이나 의제항목별 발언문이 실제의 연설이나 발언과 다를 수도 있으니 체크하라는 뜻이다.

국가들이 일반적으로 기조연설이나 발언을 할 때 다른 국가들에게 배포한 연설문이나 발언문의 단어 하나하나를 그대로 읽는 것이 통례이다. 그러나 연설문이나 발언문 자체에 중대한 오류가 나중에 발견되었다든지, 연설이나 발언을 할 당시의 상황이 연설문이나 발언문을 작성할 당시의 상황과 크게 달라졌다든지, 앞서 있었던 다른 국가의 연설이나 발언과 관련하여 추가하거나 삭제하고 싶은 것이 있을 경우 이미 배포된 연설문이나 발언문과 실제로 행한 연설이나 발언이 달라질 수 있기 때문이다.

이러한 구절을 표시 해주는 것은 이러한 연설이나 발언을 듣고 있는 다른 대표단들을 위한 것이기도 하나, 이러한 연설문을 통역하여야 하는 유엔사무국의 통역

---

31) 일반토론 발언문의 실제의 예는 부록편을 참고하면 된다.

인들을 위한 것이기도 한다. 이는 「Read out verbatim」과 대조를 이루는 것으로서 「Read out verbatim」은 통역인에게 실제의 연설이나 발언이 어떻든 연설문이나 발언문에 있는 그대로 통역하라는 것이다.

이처럼 일반토론 발언문(기조연설문)과 의제항목별 발언문은 본문이 시작되는 페이지 앞 장에 표지를 별도로 두는 것이 일반적이다. 그러나 때때로 이러한 연설문과 발언문의 첫 장에 이러한 표지 부분의 내용이 있고 같은 페이지에 연결하여 본문이 시작되는 경우도 있다.

### 2) 본문 부분

일반토론 발언문(기조연설문)이나 발언문은 논의될 문제를 명백히 하고, 이 문제에 대한 국가의 입장을 밝히며, 이러한 입장에 기초하여 해결책을 제시하는 것이어야 한다. 자국의 입장을 밝히는 데 있어서 왜 그러한 입장을 가지고 있는지를 적절하게 설명해야 한다.

다시 말해 일반토론 발언문(기조연설문)이나 발언문에는 문제에 대한 자국의 기본적 인식과 해당 의제항목(들)과 관련하여 쟁점별 자국의 입장이 기술되어야 하며 유엔과 국제사회가 취해야 할 조치를 제안하는 내용이 포함되어야 한다. 이들은 크게 네 부분으로 구성되는데 이들이 각각 어떤 내용을 포함하고 있어야 하는가를 살펴보자.

(가) 의장단 선임 축하와 협력 약속의 말

위원회에서 기조연설이 되었든 의제항목별 발언이 되었든 각국 대표단들의 발언 중 첫 번째로 하는 것은 위원회의 의장으로 선출된 사람과 그 밖의 의장단을 구성하는 사람들에 대한 축하의 말이다.[32]

이런 축하의 말에 이어서 오는 말이 의장의 훌륭한 지도력과 더불어 성공적인 회의를 확신하며 이러한 성공적인 회의를 위해 자국 대표단이 협력을 아끼지 않겠다는 의례적인 말이다. 일반토론 발언문(기조연설문)이나 의제항목별 발언문의 이러한 앞부분의 예를 들면 다음과 같다.

---

[32] 총회 본회의의 기조연설의 경우는 이와는 달리 새로운 의장단에 대한 당선축하 인사말과 더불어 퇴임하는 전회기의 의장단에 대한 노고를 치하하는 말과 사무총장에 대한 평가의 말을 가장 먼저 하게 된다.

Mr. Chairman,

We wish to congratulate you, Sir, on your election to the chairmanship of the First Committee. We are confident that your expertise and wisdom will guarantee the success of our work this year. We are prepared to cooperate fully with you as you carry out your new mandate. I also congratulate the other members of the Bureau on their election.

앞서 많은 국가의 대표단이 축하의 말과 협력을 약속하는 말을 했을 때, 이들과 비슷한 말을 반복하기보다는 다른 대표단의 축하의 말에 동참한다는 식의 발언을 다음과 같이 할 수 있다.

Mr. Chairman,

At the outset, permit me to join other speakers in conveying my delegation's congratulations to you, Sir, on your assumption of the chairmanship and to assure you of my delegation's full cooperation in ensuring the success of your stewardship of the work of this session

(나) 문제의 배경

이 부분은 다루고자 하는 문제의 배경에 관한 부분으로서 문제가 되고 있는 것의 중요한 요소key elements를 지적하여야 한다.

그리고 이러한 문제에 대한 기존의 중요한 입장들을 살펴보아야 하는데, 이때 주요 강국들의 입장과 국가 그룹들의 입장들을 중점으로 살펴본다.

이와 더불어 이 문제에 대해 이제까지 국제기구가 취해 온 행동에 관한 것, 즉 이미 채택된 결의문이나 사무국의 보고서 혹은 연구서 등과 같은 것을 포함한다.

(다) 자국의 입장

이 부분에서는 논의될 의제항목에 대한 자국의 입장을 진술한다. 구체적으로 이 부분에서 자국의 견해나 입장을 지지하는 주된 이유와 반대되는 혹은 대조되는 견해를 반대하는 이유를 기술하고 나아가 자국의 제안들을 기술한다. 만약 동일한 의제항목과 관련하여 자국이 이미 행한 바 있는 발언이나 결의안에 대한 투표 혹

은 결의안의 제안이 있으면 이를 언급한다.

(라) 결론 부분

결론 부분에서는 본문 부분에서 언급한 것 가운데 중요한 것이라고 생각되는 것을 다시 강조한다. 그리고 해당 의제를 다루는 데 있어서 의장과 위원회의 노력에 전적으로 지원을 아끼지 않겠다는 식의 말로써 끝을 맺는다. 예를 들면 다음과 같다.

> In closing, Mr. Chairman,
>
> I wishes to reaffirm the Korean Government's firm commitment to the noble cause of human rights and, in particular, to the realization of the universal ratification and full implementation of human rights instruments. I assure you that you may count on the full support of my delegation as you guide this Committee's consideration of the challenging issues ahead.
>
> Thank you.

## (2) 일반토론 발언문(기조연설문)의 예[33)]

> Mr. Chairman,
>
> First of all, allow me to express the congratulations of my delegation on your assumption of the Chairmanship of the Fourth Committee. We are confident that your able leadership will successfully guide our deliberations to a fruitful result, Our congratulations also to the other members of the Bureau. Furthermore, we wish to express our appreciation to Ambassador Kittikhoun of the Lao People's Democratic Republic, former Chairman of this Committee, for his outstanding performance during the previous session.
>
> My delegation highly commends the United Nations Scientific Committee on the Effects of Atomic Radiation(UNSCEAR) for its efforts, since its

---

33) 다음 예는 1997년 제52차 유엔총회 제4위원회에서 발표된 유엔 한국 대표단의 일반토론 발언문(기조연설문)이다.

inception in 1955, to enhance the awareness and understanding of atomic radiation, its effects, and the risks it entails. We believe that the Scientific Committee has greatly contributed to the improvement of standards that help protect mankind and the environment from atomic radiation's harmful effects.

However, the threat of harmful radiation continues to rise, with the increasing use of nuclear plants and nuclear-related technologies in various fields around the world, illicit trafficking in nuclear materials, the abandonment and dumping at sea of old nuclear submarines, and unsafe disposal of radioactive wastes and substances. My delegation therefore believes that UNSCEAR should continue to serve its vital purpose, and indeed, deserves to be further strengthened.

We welcome the cooperation between the Scientific Committee and other specialized bodies in the UN system, such as the International Atomic Energy Agency, the UN Environment Programme, and the World Health Organization. We regard such inter-agency cooperation as essential to establishing strong global safeguards against atomic radiation, and we hope that it will continue.

As a country which is heavily dependent on nuclear power generation as a source of energy, the Republic of Korea attaches great importance to ensuring safety in its nuclear-related activities. We are pleased to note that in Korea, the reports and studies provided by the Scientific Committee have been highly valuable in helping to enhance standards for radiation protection. They have also helped technicians and managers in my country to lay a scientific basis for formulating new measures to guard against harmful radiation effects.

In this respect, we look forward to the early completion of an extensive assessment of worldwide levels of radiation exposure, as well as a comprehensive review of the biological effects of radiation, which is mentioned in the report on UNSCEAR's 46th session. The Republic of Korea, for its part, will continue providing assistance to this effort through,

among other things, the furnishing of relevant information.

In closing, Mr. Chairman, I assure you that you may count on the full support of my delegation as you guide this Committee's consideration of the challenging issues ahead.

Thank you.

## 7. 실무서

실무서working paper는 사무국이나 대표단에 의해 작성될 수도 있고 둘 모두에 의해 작성되기도 한다. 때로는 회의를 진행하는 의장이나 실무작업반working group 에 의해 작성되기도 한다.34) 어느 경우든 회의에 있어서의 실무서의 역할이란 논의의 대상인 의제항목에 대한 아이디어를 공유하고 의견을 수렴하도록 도와 종국적으로 결의안의 형성을 원활하게 하는 것이다.

이러한 실무서는 두 가지로 분류될 수 있다. 하나는 해당 의제항목의 결과문건이 될 결의안이 되도록 하는 것을 직접적인 목적으로 하여 결의안에 담길 주요한 내용이 전부 혹은 대부분이 포함되어 있는 경우이다. 이 경우 주요한 내용들이 형식적인 측면에서 아직 문안까지 고려하지 않은 가운데 아이디어 수준으로 열거된 수준의 것일 수도 있고 때로는 결의안과 거의 같은 수준의 형식을 취할 수도 있다. 후자의 경우는 영어로 「working draft resolution」이라고 부를 수도 있을 것이다. 또다른 하나는 결의안에 담길 내용의 중요한 기조에 대해 언급하거나 결의안에 담길 내용의 중요한 일부에 대해 다른 국가들을 설득하고 공감을 불러일으키기 위해 작성된 실무서로서 내용과 형식적인 측면에서 결의안과는 아직 많은 거리를 두고 있는 경우이다.

대표단은 실무서를 작성하여 비공식 문건으로 회람하면서 다른 대표단의 의견을 묻는다. 이러한 실무서는 비공식 문건이기 때문에 결의안과는 달리 작성에 있어서 따라야 할 정해진 규칙이 존재하지 않는다. 그러나 만약에 대표단이 원할 경우

---

34) 실무서는 때때로 「Conference Room Paper(CRP)」라고도 불린다.

실무서는 의장의 승인을 받아 공식문건으로 배포될 수 있다. 이때 의장의 승인을 받은 실무서는 사무국에 의해 복사되어 제안국에게 보내지고 제안국이 이들 실무서의 사본을 직접 배포하게 된다. 이렇게 하여 공식문건이 되더라도 결의안과는 달리 공식적으로 상정되어 토의의 대상이 되는 것은 결코 아니다. 공식회의에서 토의 중 언급이 될 수 있을 뿐이다.

실무서가 공식문건이 되어 배포가 되려면 다른 유엔의 공식문건처럼 일정한 양식의 머리부분heading이 있게 된다. 실무서 첫 페이지 가장 상단의 좌측에는 유엔을 나타내는 「United Nations」 표시가 오고 우측에는 「문건번호(예컨대 A/C.105/C.2/L.283)」가 온다. 이들 밑에 줄이 하나 그어져 있고, 그 밑의 좌측에 「유엔의 엠블럼emblem」과 「실무서의 최종 제출기관 명(예컨대 General Assembly)」이 위치한다. 우측에는 「배포양식(예컨대 Distr.: Limited)」, 「날짜(예컨대 9 March 2011)」, 「원문에 사용된 언어(예컨대 Original: English)」가 위치한다.[35] 그리고 밑으로 내려와 비교적 굵은 선이 가로로 길게 그어져 있고 그 선의 하단의 좌측 맨 위에 「위원회(예컨대 Committee on the Peaceful Uses of Outer Space, Legal Subcommittee)」 표시가 온다. 그 밑에 「회기(예컨대 Fiftieth session)」가 오고 그 아래로 장소와 때(예컨대 Vienna, 28 March-8 April 2011), 「의제항목 번호 (예컨대 Item 12 of the provisional agenda), 「의제항목 명(예컨대 Proposals to the Committee on the Peaceful Uses of Outer Space for new items to be considered by the Legal Subcommittee at its fifty-first session)」이 순차적으로 온다.

이들 밑에는 「실무서의 표제(예컨대 Review of the legal aspecs of the Space Debris Mitigation Guidelines of the Committee on the Peaceful Uses of Outer Space, with a view to transforming the Guidelines into a set od principles to be adopted by the General Assembly)」가 오고 그 하단에 「어느 국가에서 제출한 실무서인지를 나타내는 말(예컨대 working paper submitted by the Czech Republic)」이 온다. 그 다음에 실무서의 본격적인 내용이 오게 되는데 단락별로 일련번호를 매기게 된다.

자세한 것은 부록편의 실제문건을 참고하면 되나 주의할 것은 이들 중 실무서

---

35) 여기에 적혀 있는 날짜는 결의안이 유엔 사무국의 문건담당 부서(Documents Management Section)에 제출된 날짜를 의미한다.

의 최종 제출기관 명, 문건번호에서 최종 제출기관의 약칭, 위원회, 회기, 의제항목
명, 실무서의 표제, 어느 국가가 제출한 실무서인지를 나타내는 말은 볼드체로 하
고 실무서의 최종 제출기관 명, 문건번호에서 최종 제출기관의 약칭, 위원회, 실무
서 표제 등의 글자크기는 본문보다 크게 한다.

United Nations

 **General Assembly**

A/AC.105/C.2/L.283

Distr.: Limited
9 March 2011

Original: English

**Committee on the Peaceful
Uses of Outer Space**
**Legal Subcommittee**
**Fiftieth session**
Vienna, 28 March-8 April 2011
Item 12 of the provisional agenda*
Proposals to the Committee on the Peaceful Uses of Outer
Space for new items to be considered by the Legal
Subcommittee at its fifty-first session

**Review of the legal aspects of the Space Debris Mitigation
Guidelines of the Committee on the Peaceful Uses of Outer
Space, with a view to transforming the Guidelines into a set
of principles to be adopted by the General Assembly**

**Working paper submitted by the Czech Republic**

1.    At its forty-ninth session, in 2010, the Legal Subcommittee of the Committee
on the Peaceful Uses of Outer Space noted the proposal of the delegation of the
Czech Republic, made under the Subcommittee's agenda item entitled "Proposals to
the Committee on the Peaceful Uses of Outer Space for new items to be considered

공식문건으로 배포된 실무서의 머리부분

## 8. 결의안 제안설명문

결의안이 공식적인 토론의 대상이 되기 위해서는 공식적인 상정의 절차를 밟아
야 한다. 이러한 상정절차는 주제안국main sponsor의 결의안에 대한 제안설명으로

이루어진다. 이러한 제안설명문이 어떻게 구성되는가를 살펴보고 예를 하나 들어
보고자 한다. 결의안의 제안설명문은 공식적인 결의안이나 수정안과는 달리 모든
국가들에게 배포하여야 하는 것은 아니다.

### (1) 결의안 제안설명문의 구성

결의안의 제안설명문은 일반토론 발언문(기조연설문)이나 의제항목별 발언문과
마찬가지로 유엔의 공식문건이 아니다. 따라서 공식문건으로서 갖추어야 할 특정
의 형식이 존재하는 것은 아니나 일반적으로 다음과 같은 형식을 취한다.

### 1) 표지 부분

결의안의 제안설명문의 표지 부분의 내용은 앞서 살펴본 일반토론 발언문(기조
연설문)이나 의제항목별 발언문의 표지의 내용과 대동소이하다. 이들처럼 본문이
시작되기 전 페이지에 표지를 별도로 두는 것이 일반적이나, 때때로 제안설명문의
첫 페이지에 표지 부분의 내용과 더불어 본문이 시작되는 경우도 있다.

일반토론  발언문(기조연설문)이나  의제항목별  발언문의  경우는  표지에
「Statement  by…」라는  말이  오나  결의안의  제안설명문에는  「Introductory
Statement by…」라는 말이 온다. 또한 「Agenda Item…」이라는 말 대신에 상정
될 결의안의 문건번호가 오는 것이 다르다.

### 2) 본문 부분

본문은 크게 네 부분으로 구성된다고 볼 수 있다. 우선 첫 번째 부분은 인사말
을 하는 부분으로서 「어떤 국가들을 대표하여 결의안의 제안설명을 하게 되어 영
광이다」는 내용의 인사말이 주를 이룬다. 그리고 마지막 부분은 결어 부분으로서
지금까지의 발언 내용을 다시금 요약하여 강조하고 결의안이 (합의에 의해) 통과되
길 바란다는 인사말로 끝을 낸다.

이러한 처음과 마지막 부분이외에 다음과 같은 부분들이 추가된다. 우선 결의
안이 복사되어 회원국들에게 배포되기 위해 사무국에 보내진 이후 결의안에 대한
제안설명이 있기 전까지 추가적으로 공동제안국을 원하는 국가가 있을 경우 이들
국가들의 국명을 소개하는 부분이 있다.

또다른 부분은 결의안을 상정하게 된 배경과 결의안의 내용에 대한 소개 부분

이다. 이 부분에서는 결의안의 내용을 세세하게 소개하는 것이 아니고 핵심적인 내용을 위주로 소개한다. 물론 결의안이 추구하는 주요 목적이 무엇인가에 대해 설명을 곁들일 수 있다.

이러한 부분들과 더불어 복사되어 배포된 결의안에 정정할 사항이 있을 경우에는 정정이 어떻게 이루어져야 할 것인가를 알려주는 부분들이 포함된다.

만약에 제안설명이 원결의안original draft resolution이 아니라 개정된 결의안 revised draft resolution에 대한 것일 경우, 원래의 결의안이 나온 이후 개정된 결의안이 나오기까지의 과정을 간단하게 요약하고 개정된 결의안이 원래의 결의안으로부터 달라진 것이 무엇인가에 대해 설명을 한다.

### (2) 결의안 제안설명문의 예

본 제안설명서는 필자가 제54차 유엔총회 제3위원회에 참가하여 네덜란드 대표로부터 받은 것이다. 본 제안설명문은 내용을 구분짓는 제목이 붙어 있는데 일반적으로 이러한 제목을 붙이지 않는다.[36]

#### 1) 예 1

A. GENERAL

Madam Chair,

It is my pleasure to introduce on behalf of 56 sponsors draft resolution L.11 Rev.1 entitled "Working towards the elimination of crimes against women committed in the name of honor".

The 23rd Special Session of the General Assembly devoted to women's issues in the 21st century was a timely moment to assess what has been achieved for women's human rights, what has changed and how we should now proceed.

In the Beijing Plus Five outcome document we all committed ourselves to continue to eliminate acts of violence against women.

---

36) 실제의 표지가 어떤 형식을 취하고 있는가는 부록편의 실제문건들을 참고하기 바란다.

The Beijing Plus Five outcome document is a historic achievement for women. It is the first globally-accepted instrument which explicitly acknowledges the occurrence of honor crimes.

Our draft resolution builds on the consensus of Beijing Plus Five. The sponsors consider it a fitting moment for the General Assembly to highlight this abhorrent phenomenon.

## B. CONTENTS OF THE RESOLUTION

The draft resolution is a contribution towards the elimination of honor crimes. The perpetrators of such crimes believe that only the woman's death or mutilation can save their honor. What honor? How is it possible that the perpetrators assume that they have any justification at all to committee such horrific crimes against women?

The sponsors of this draft resolution realize that the elimination of honor crimes is a collaborative process. This is clearly expressed in the reformulated title. The elimination of honor crimes requires fundamental changes in societal attitudes and the use of legislative, educational, social and other measures, such as awareness-raising campaigns. What is required of states, is due diligence to prevent, investigate and punish the perpetrators of honor crimes.

Although honor crimes as an issue has only recently emerged on the UN agenda, many efforts are already being undertaken at national and international level towards the elimination of such crimes. The draft resolution welcomes the laudable efforts by governments, the international community and civil society to this effect. We request the Secretary-General to address these good practices in his report in two years' time.

## C. NEGOTIATIONS

Madam Chair,

The negotiations have taken place in full transparency. At an early stage - almost six weeks ago - a text was disseminated to all delegations.

Subsequently, six meetings were held for all interested delegations. These meetings were accompanied by intensive bilateral consultations. I would like to gratefully acknowledge that from all sides delegations have provided us with useful comments and advice. This has facilitated our work considerably. This process of cooperation led to a substantially revised version of L.11, a text which accommodates requests for change. I would like to draw your attention in particular to the revised title and the broadened scope of operative paragraph 1 as well as the deletion of various paragraphs which caused concern to some delegations. The numerous changes demonstrate flexibility on the part of sponsors.

## D. ADDITIONAL SPONSORS

Since the revised draft was tabled, seven more delegations have joined the list of co-sponsors: Botswana, Dominican Republic, Estonia, Grenada, Samoa, the Solomon Islands and Ukraine. Countries from all regions of the world sponsor L.11 Rev.1

## E. CONCLUSIONS

Madam Chair,

It is time to move from eloquent words to firm action to ensure that women's human rights are fully honored throughout the world. Let us not forget that Beijing Plus Five has already demonstrated that no government approves of honor crimes and that there is consensus on the issue. The Beijing Plus Five outcome document is an important step forward in the protection of the human rights of women. We must go forward. We cannot go backward.

Thank you.


### 2) 예 2

I have the honour to introduce, on behalf of the sponsors, including Sweden, which has joined that group very recently, draft resolution

A/62/L.41/Rev.1. The text before us is the result of an extensive process of informal consultations reflecting our willingness to attain broad support for the draft resolution.

The draft resolution primarily focuses on the issues of transparency and accountability in industries, recognizing the important role of the international community, Government and the private sector in that regard. It also takes note of relevant voluntary initiatives implemented in this field, in particular the Extractive Industries Transparency Initiative (EITI), which seeks to further strengthen transparency and accountability in the extractive sector.

Launched in 2003, the Extractive Industries Transparency Initiative is a voluntary initiative open to all countries looking for better standards of transparency and accountability in the extractive sector to the benefit of their peoples. Bringing together Government, the private sector and civil society, the EITI enables more transparent and accountable governance in the extractive sector, while aligning the interests of all stakeholders.

We believe that the adoption of this draft resolution will be another important step for countries to further promote transparency and accountability. We also believe that this kind of recognition should facilitate the exchange of lessons learned and the sharing of knowledge and best practices through South-South and North-South cooperation, which will be important in developing the transparency agenda.

We believe that the United Nations system, through its global reach, country presence and areas of work, will be an important partner for increasing knowledge about transparency and for assisting those countries that want to develop capacities in developing initiatives such as the EITI. Therefore, we invite all member States to adopt the draft resolution by consensus.

In conclusion, I wish to thank all the sponsors of the draft resolution for

their contribution and support, and also to thank those delegations that participated in the harmonization of the text.

## 9. 반박발언권 행사를 위한 발언문

유엔총회의 운영위원회가 총회 본회의와 위원회에 권고하고 있는 것에 따르면, 1차 반론을 위한 발언은 10분, 2차 반론 발언은 5분으로 제한되어 있다. 따라서 반박 발언문의 양도 이에 따라 조정되지 않을 수 없다.

다음은 한국이 제52차 유엔총회 제1위원회에서 1997년 9월 29일 두 차례에 걸쳐 북한의 발언에 대해 행사한 반론 발언문이다. 일반적으로 반박 발언문은 특정 대표단을 대상으로 하는 발언문으로서 다른 대표단에게 회람되지 않는다.

### (1) 1차 반박 발언문

Thank you, Mr. Chairman,

It is certainly most regrettable, while not entirely surprising, that our North Korean colleague has presented another typically unproductive statement against the Republic of Korea. Although he has referred to several issues, I wish to speak mainly about the human rights question for the sake of his own enlightenment and for the reference of other delegations, as my Foreign Minister has already explained in full detail our position on the other issues this morning.

First and foremost, I would like to ask my North Korean colleague if he truly believes North Korea is in any position to call into question human rights anywhere in the world. The concept of human rights is complex and multidimensional, and therefore any debate on this issue tends to be contentious and inconclusive. Discussing North Korea's human rights situation, on the other hand, is irrefutably simple.

Politically, it is a well known fact that North Korea has been sustained by

the totalitarian system, which has now taken the shape of the world's first communist dynasty. Is this a system which encourages or even allows the political participation of its citizens? I seriously doubt it.

Economically, I am equally skeptical that the basic human needs of ordinary North Koreans are being met by their leadership, a leadership that claims it has created a workers' paradise. I wonder how they reconcile this concept of paradise with their current economic situation.

Socially, North Koreans live in the grip of unimaginable control and subjugation. People are restricted from moving freely from province to province within the country, not to mention leaving the country. Indeed, the fundamental freedoms of movement, speech and assembly are totally alien to the people of North Korea.

On the international front, North Korea has shown how woefully out-of-step it is with the rest of the world, by announcing its intention to withdraw from the International Covenant on Civil and Political Rights in response to a resolution adopted at this year's session of the Sub-Commission on the Prevention of Discrimination and Protection of Minorities concerning the human rights situation in North Korea.

If anything remains unclear about the human rights situation in North Korea, one can always refers to Amnesty international's reports, which contain vivid information, among others, about the detention of more than 100,000 political prisoners in large-scale concentration camps throughout North Korea.

All in all, I believe that the description of North Korea in a survey of the Freedom House as "the worst among the most repressive states" provides a quick summary of the human rights situation in North Korea.

Mr. Chairman,

The North Korean delegate also spoke at length about our National

Security Law. What he failed to mention, however, was why that law was enacted. To put it bluntly, we need such a law because North Korea continues to dispatch armed agents to the Republic of Korea, as evidenced by the North Korean submarine infiltration incident last September. In fact, North Korea's Communist Party Charter still stipulates the reunification of the two sides of Korea under Communist rule as a primary objective.

Against that backdrop, my delegation considers it nothing short of preposterous for the North Korean delegation to question the human rights situation of another country, which is tantamount to putting the cart before the horse. If North Korea still insists on discussing human rights, it should, first of all, open its own hermetically sealed society to the world and, especially, to human rights organizations, so that we can all see exactly what is going on inside their borders. In the absence of any objective information or corroborative evidence to the contrary, North Korea's baseless assertion will continue to ring hollow as before.

Thank you, Mr. Chairman.

## (2) 2차 반박 발언문

Thank you, Mr. Chairman,

I am once again rather disappointed that the North Korean delegation has failed to make any meaningful contribution to this debate. This time, however, our response will be short and to the point as we don't wish to involve other delegations in a discussion whose outcome is easily predictable to everyone in this Hall except to one delegation.

As a colleague engaged in the civilized world of diplomacy, I wish to remind my North Korean friends that this august Hall is not some kind of barnyard as described in George Orwell's Animal Farm. Civilized language that accords with the basic decorum of multilateral conference, not invective and name-calling. Only when they use appropriate language in a decent and

logical manner, will they be perceived as diplomats, not as propagandists,

Thank you, Mr. Chairman.

## 10. 투표설명문

유엔총회 본회의와 위원회에서 결의안이나 수정안에 대한 채택절차를 밟기 직전이나 직후에 항상 투표설명explanation of vote의 기회가 주어진다. 일반적으로 투표설명의 시간으로서 10분이 주어진다.

### (1) 투표설명문의 구성

투표설명문은 일반토론 발언문(기조연설문), 의제항목별 발언문, 결의안 제안설명문과 마찬가지로 유엔의 공식문건이 아니다. 따라서 공식문건으로서 갖추어야할 형식이 존재하는 것은 아니다. 그럼에도 불구하고 일반적으로 다음과 같은 구성을 갖는다. 통상적으로 투표설명문은 결의안이나 수정안과는 달리 대표단들에게모두 배포되는 것은 아니다.

#### 1) 표지 부분

투표설명문의 표지 부분의 내용은 앞서 살펴본 일반토론 발언문(기조연설문)이나 의제항목별 발언문 그리고 결의안 제안설명문의 표지의 내용과 대동소이하다. 이들처럼 본문이 시작되기 전 페이지에 표지를 별도로 두는 것이 일반적이나, 때때로 제안설명서의 첫 페이지에 표지 부분의 내용과 더불어 본문이 시작되는 경우도있다.

일반토론 발언문(기조연설문)과 의제항목별 발언문의 표지에는 누구의 발언인지를 알리는 「Statement by...」라는 말이 오고 결의안의 제안설명문에는 이 말 대신에 「Introductory Statement by...」라는 말이 온다. 이와는 달리 투표설명문의 경우는 「Explanation of Vote Before the Vote by...」 혹은 「Explanation of Vote After the Vote by...」라는 말이 온다.

## 2) 본문 부분

투표 전 투표설명explanation of vote before the vote 발언문은 투표에 어떻게 임하겠다는 말부터 시작된다. 이와 더불어 왜 이러한 입장을 택하지 않을 수 없는가에 대한 논리적인 이유들이 뒤따르게 된다. 이때 필요하다면 표결이나 합의의 대상이 될 결의안의 실행부분을 하나하나 언급하면서 타당성 혹은 부당성을 설명하게 된다.

투표 후 투표설명explanation of vote before the vote 발언문은 결의안에 취해진 행동에 대해 환영 혹은 유감의 뜻을 표하는 것으로부터 시작된다. 이어서 결의안에 대해 자국이 취한 입장과 더불어 왜 그러한 입장을 취했는가에 대한 설명이 뒤따른다.

## (2) 투표설명문의 예

앞서 언급했듯이 투표설명문에는 투표 전에 앞으로 할 투표에 대해 설명하는 설명문과 투표 후에 앞서 한 투표에 대해 설명하는 설명문의 두 종류가 있다. 이들을 구분하여 하나씩 예를 들어보면 다음과 같다.

## 1) 투표 전 투표설명문

다음 투표설명문은 저자가 1998년 제53차 유엔총회 제3위원회에 참가하여 이스라엘 대표단으로부터 입수한 것이다. 1998년 11월 16일에 있은 결의안에 대한 표결에 앞서 사전에 장황하게 준비해 온 것이 엿보인다.[37]

Mr. Chairman,

Israel will vote against this draft resolution. This in no way suggests that we do not understand the quest of peoples for self-determination. The State of Israel - and the autonomy now enjoyed by the Palestinians - testify to our belief in the principle of self-rule. Yet it is precisely to preserve the progress we have made in that direction, together with our Palestinian partners, that we must stand firmly against this draft resolution.

---

37) 실제의 표지가 어떤 형식을 취하고 있는가는 부록편의 실제문건들을 참고하기 바란다.

At best, this draft resolution is an outdated relic of a bygone era, ignoring the positive developments on the ground between Israel and the Palestinians. At worst, it threatens the very progress it claims to support.

First, the issue does not belong in this forum. It belongs at the negotiating table. Direct negotiations have been the key to every diplomatic breakthrough in the Middle East, from the Camp David Accords with Egypt to the Treaty of Peace with Jordan. These pacts ended decades of hostility and bloodshed, and brought prosperity to their peoples. But they did so only because the parties worked together, not unilaterally. They knew that coexistence on the ground emanates from cooperation at the negotiating table. Thus it was only direct talks between Israelis and Palestinians that paved the way for the Madrid Conference, and later, for the Oslo Agreements. And it was only through hours of face to face negotiations that the historic Wye Memorandum was hammered out last month, setting the conditions for continuing the peace process.

Second, should it adopt this draft resolution, the Third Committee would be participating in a process that completely undermines Israeli-Palestinian commitments. In both the Oslo and Hebron Accords, as well as in the Wye Memorandum, the two sides expressly committed themselves to direct negotiations - as the only legitimate way to determine their final settlement. As PLO Chairman Yasser Arafat wrote to our late Prime Minister, Yitzhak Rabin, in a letter on 9 September 1993: "The PLO commits itself to the Middle East peace process, and to a peaceful resolution of the conflict between the two sides and declares that all outstanding issues relating to permanent status will be resolved through negotiations."

Moreover, the Wye Memorandum specifically states: Neither side shall initiate or take any step that will change the status of the West Bank and the Gaza Strip"(Wye River Memorandum: V). This language, concerning any change in the legal status of the disputed territory, is taken directly from the Oslo II Interim Agreement(Article XXXI, para. 7). Advancing this draft resolution, here or in any other world forum, thus constitutes a direct

violation of Oslo and the Wye Memorandum, and the cooperative spirit behind them.

Third, the draft resolution is irrelevant. The fact is that 98 percent of Palestinians in the territories today are under the jurisdiction of the Palestinian Authority. They elect their own officials, are administered by Palestinian police and have all the freedom of individuals and communal expression that their leaders will allow. This was achieved only through careful, close cooperation between Israel and the Palestinians, in a delicate, phased process. It is somewhat disingenuous, then, that the Third Committee should now call for self0rule that, for all intents and purposes, the Palestinians already have.

Mr. Chairman,

It would be wise to note that the draft resolution speaks of self-determination "without excluding the option of a state." the draft resolution correctly recognizes that self-determination does not necessarily means statehood, but a plurality of political options.

That is an important distinction. Whether the Palestinians have the right to self-rule is one matter. The establishment of an independent state, which could host military bases threatening Israel, is another matter entirely. That is a security question affecting both Palestinians and Israelis, and so it is for them - and no one else - to determine. Prime Minister Benjamin Netanyahu recently explained that sovereignty must not reach the point where it threatens the lives of others. "That's why I don't use the word 'state,'" he said, "because it implies uncurtailed sovereign powers. And there has to be an abridgment of certain powers, such as the ability to make military pacts with the likes of Iraq or Iran, or the stationing of foreign troops on the soil of the Palestinian entity, or the importation of weapons which could mortally endanger Israel."

As the Prime Minister said in his address to the United Nations General

Assembly, "For such a peace to succeed, the Palestinians should have all the powers to govern their lives and none of the powers to threaten our lives." A lasting peace must "strike a balance between Palestinian self-government and Israeli security."

In the end, it is not the members of this committee but the children of Israelis and Palestinians who will inherit the outcome of the peace process. Using this forum, to prejudge their permanent settlement, threatens the rights of both peoples to decide their own future together.

Thank you, Mr. Chairman.

## 2) 투표 후 투표설명문

다음은 필자가 2000년 제54차 유엔총회 제4위원회에 참가하여 벨라루스 Republic of Belarus 대표단으로부터 얻은 투표 후 투표설명문의 본문 부분이다.

Mr. Chairman,

This year the UN Member States have been witnessing complex but productive debates over the traditionally consensus draft resolution "Effects of atomic radiation". The Republic of Belarus welcomes the completion of the hard work done by all interested parties on this draft to be submitted to the General Assembly.

As we earlier stated, the Republic of Belarus has joined the consensus decision on the revised draft resolution introduced by Sweden under agenda item 82 "Effects of atomic radiation"(A/C.4/55/L.6/Rev.1) proceeding from the fact that a major thrust of the amendments presented by the delegations of Belarus and Ukraine were accommodated in this revised document. At the same time, Mr. Chairman, the Republic of Belarus shall assume that from the perspective of substance the produced amendments should be understood as follows:

1. PP-2 and OP-2 beginning with *"Taking (takes) note with appreciation of the work of the (United Nations) Scientific Committee and the release of its extensive report⋯⋯."* should be seen as related exclusively to the activities of the Committee and not to the contents of its report whose conclusions contained in the chapter devoted to medical effects of atomic radiation on human beings after the Chernobyl disaster(Annex J of UNSCEAR report of 2000) run counter to the real situation as far as factual medical consequences of the catastrophe are concerned.

2. OP 4 ending with *". and invites the Scientific Committee to submit its program of work to the General Assembly"* should envisage a timely presentation by the Committee of its program of work and plans to the UN Member States so that scientists and experts from interested countries should have time sufficient enough to communicate their most recent scientific data and updated research findings to the Scientific Committee for these data and findings to be duly taken into account in the preparation by the Committee of its future scientific reports.

3. OP 9(new) *"Invites the Scientific Committee to continue its consultation with scientists and experts from interested Member States in the process of preparing future scientific reports"* should be viewed as a vital element of the revised draft resolution establishing the feedback mechanism between the UNSCEAR and interested Member States and providing for close and mutually beneficial international cooperation based on the broadest possible involvement of scientists and experts in the field of radiology.

Mr. Chairman,

The delegation of the Republic of Belarus would like to once again thank the delegation of Sweden and all the co-sponsors of the draft resolution "Effects of atomic radiation" for their cooperation and express our hope for the continuation by all interested parties of studying the effects of atomic radiation on human beings and environment.

In this regard, the Republic of Belarus confirms its readiness for the

broadest possible cooperation with the UNSCEAR in future studying of epidemiological and environmental consequences of the Chernobyl disaster and exchange of relevant data and information in this area.

Advantage taken of this opportunity, Mr. Chairman, the Republic of Belarus would like to request the UNSCEAR to include the issue of further studying medical and environmental aftermath of Chernobyl in the immediate plans of the Committee so that an appropriate report on this problem could be submitted to the 57th session of the General Assembly.

I thank you.

## 11. 토론을 허용하는 절차발의에 입장을 피력하는 발언문[38)]

소련 붕괴 이후 조지아 영토의 일부인 남오세티야가 친러 성향의 분리주의자들이 중심이 되어 분리독립 선언을 하자 이를 인정하지 않는 조지아와 내전을 벌여왔다. 2008년 8월 7일 조지아군이 남오세티야에 진군하여 군사작전을 감행하자 러시아가 남오세티야에 있는 러시아 국적의 민간인을 보호한다는 구실 하에 군대를 파병하여 전투가 본격화되었다. 이로 인해 1만 명이 넘는 조지아 사람들이 피난을 가거나 사망하여 2007년에 남오세티야 인구의 25%를 차지했던 조지아 인들이 대폭 줄어들었다. 이에 조지아는 2009년 8월에 유엔총회 본회의에서 남오세티야를 강제적으로 떠나야만 했던 실향민internally displaced person, IDP들의 귀향할 수 있는 권리와 재산권 등을 보호하는 조치를 국제사회가 취해줄 것을 요청하는 결의안 A/63/L.79를 상정했다. 그러자 러시아가 이 결의안에 대해 어떠한 행동도 취하지 말자는 불처리 발의no-action motion를 제기했다. 총회의 의사규칙 제74조에 의해 불처리 발의는 찬성측 2명과 반대측 2명의 토론을 허용하고 그 후에 표결을 통해 채택여부를 결정하도록 되어 있다. 이에 찬성하는 토론에 임한 니카라과와 반대하는 토론을 한 영국의 발언문을 소개하면 다음과 같다. 토론 후 표결에서 불처리 발의는 부결되었다.

---

38) A/63/PV.104.

## (1) 찬성측 발언문

The delegation of Nicaragua supports the motion for no action presented by the Permanent Representative of the Russian Federation with regard to the draft resolution contained in document A/63/L.79. We consider that initiatives on such important issues as assistance to refugees and intcrnally displaced persons should be the subject of broad consensus and the product of an open, transparent and participatory process, particularly among the countries concerned.

As we understand it, the discussions being held in Geneva, which include all parties involved, are at a delicate stage. That is why initiatives such as draft resolution A/63/L.79, which contains biased proposals and represents the views of only one of the parties to the conflict, will not lead to positive and necessary results in this matter or help to create an environment of mutual trust between the parties.

The delegation of Nicaragua therefore supports the motion for no action and urges other delegations to support it as well.

## (2) 반대측 발언문

The United Kingdom strongly urges delegations to vote against this motion. We do so for reasons of principle. A motion to adjourn an item sine die represents an attempt to prevent the consideration of a resolution on procedural grounds. The calling of such a motion aims at denying the States Members of the United Nations their sovereign right to bring before the General Assembly any concern that they themselves deem to merit its attention, and at limiting the agenda of the Assembly. This runs contrary to the good practice of the General Assembly.

No-action motions contradict one of the ideas on which the creation of the United Nations was based, namely, that issues of concern to Member

States shall be addressed and discussed openly. Each proposal presented in the General Assembly deserves consideration on its own merits. So we strongly urge delegations to vote against this no-action motion, regardless of their views and voting intentions on the substance of the draft resolution.

# 제 13 장
# 문건작성 시 주의사항[1]

유엔총회의 본회의와 위원회 회의과정에서 살펴보았듯이 회의과정에서 많은 공식문건과 비공식 문건들이 작성된다. 공식문건의 경우 정해져 있는 양식이 존재하며, 비공식 문건의 경우 특정의 정해진 양식이 존재하는 것은 아니나 대체적으로 따르는 양식이 없는 것은 아니다. 여기에서는 회의과정에서 꼭 필요한 문건들의 작성요령을 하나하나 살펴보고자 한다. 훌륭한 문건의 작성요령을 이해한다는 것은 기존에 이미 작성되어 있는 문건을 잘 이해하는 지름길이 되기도 한다.

## 1. 영국식 영어와 영국식 부호 사용법

총회회의운영국Department for General Assembly and Conference Management에서 발행되는 유엔의 공식문건은 영국식 영어UK English를 사용한다.

### (1) 국제기구의 명칭

국제기구의 이름의 일부로서 영국식 영어가 반드시 사용되어야 하는 경우가 있다. 이는 유엔의 기구 중 프로그램이라는 말이 들어간 기구에 해당된다. 즉 미국식 영어인 「Program」이라는 단어 대신에 「Programme」란 단어를 사용하여야 한다. 예컨대 세계식량계획World Food Programme, WFP, 유엔환경계획United Nations Environmental Programme, UNEP, 유엔개발계획United Nations Development Programme, UNDP 등이 이러한 경우에 속한다.

---

[1] 다음 글을 참고하였으나 실제의 예는 유엔의 각종 문건들에서 발췌했다: Dr. Michael McBride and Aaron Holtz, "Model United Nations of the Far West: Tips for Drafting More Effective Resolutions," http://www.munfw.org/images/MUNFW%20 Effective%20Resolutions.pdf (검색일: 2014년 5월 16일).

## (2) 특정 단어

국제기구 이름 이외에 특정 단어의 경우 미국식 영어가 아닌 영국식 영어를 사용한다. 이러한 경우에 속하는 단어로는 「favour」, 「neighbour」, 「labour」, 「programme」, 「centre」 등이 있다. 이러한 단어는 미국식일 경우 「favor」, 「neighbor」, 「labor」, 「program」, 「center」로 표기한다. 각각 예를 들면 다음과 같다.

Republic of Korea voted in **favour** of the draft resolution on the participation of the European Union in the work of the United Nations/ The resolution is adopted by a recorded vote of 68 in **favour** to 2 against, with 41 abstentions.

We aspire to a South Sudan where all our sons and daughters live in brotherhood and sisterhood and where our nation lives at peace with our **neighbours** and the world.

We are also prepared to offer such mediation capacity-building **programmes** to regional and subregional organizations, as requested in the draft resolution.

## (3) 사무총장의 명칭

사무총장을 표기할 때도 영국식 영어를 사용한다. 즉 미국식인 「Secretary General」을 쓰지 않고 「Secretary-General」이라고 쓴다. 이는 이러한 말이 포함되어 있는 사무부총장Deputy Secretary-General, 사무차장Under-Secretary-General, 사무차장보Assistant Secretary-General에서도 마찬가지이다.

## (4) 영국식 부호 사용법

영국식을 따라서 인용부호quotation mark 밖에 쉼표comma나 마침표period를 둔다. 예를 들면 다음과 같다.

The Assembly will now take action on draft decision A/64/L.71, entitled "Modalities for the High-level Review Meeting on the implementation of the Mauritius Strategy for the Further Implementation of the Programme of Action for the Sustainable Development of Small Island Developing States", as orally corrected.

The Assembly will now take action on draft decision A/64/L.70, entitled "Modalities for the high-level meeting as a contribution to the International Year of Biodiversity".

일련의 것들을 열거할 때 마지막 것 앞에 「and」를 두는데 이때 미국식 영어와는 달리 영국식 영어를 따라 and 앞에 쉼표comma를 사용하지 않는다. 즉 A, B, and C라고 하지 않고 A, B and C라고 쓴다. 예를 들면 다음과 같다.

I would like to inform Member States that the representatives from Pristina are present today in the General Assembly Hall as guests of the delegations of France, Germany, Italy, the United Kingdom and the United States.

## 2. 대문자의 사용

특정 용어의 경우 첫 알파벳을 대문자로 써야 한다. 이러한 경우에 속하는 것으로서 유엔 회원국들을 지칭할 경우 「member states」는 「Member States」로, 「states」는 「States」로, 「governments」는 「Governments」로 적어야 한다. 특정 국가의 정부를 가리킬 경우도 「Government」로 쓴다. 예를 들면 다음과 같다.

We thank all **Member States** for their active participation and flexibility in the negotiations leading to this landmark draft resolution

La Francophonie and the United Nations have worked together closely in the French-speaking community, to the satisfaction of the **States and Governments** concerned.

On behalf of the Korean people and **Government**, I express the warmest congratulations to the Secretary-General on the unanimous decision on his second term.

## 3. State, Nation, Country의 구별

앞서 언급했듯이 유엔 회원국을 지칭할 때는 「Member States」라는 말을 사용하여야 한다. 이때 「States」라는 말 대신에 「Nations」나 「Countries」를 사용하여서는 안 된다. 이 가운데 「countries」라는 단어는 이 말을 한정적으로 제한하는 말이 있을 경우에만 사용이 가능하다. 대표적인 예로는 「affected countries」, 「donor countries」, 「developing countries」, 「countries of origin」, 「countries of the region」 등이 있다. 이때 「countries」는 모두 소문자로 쓴다.

The ultimate aim of Australia's demining assistance is to build local capacity in **affected countries** to implement and sustain demining programmes.

## 4. 유엔의 표기방식

유엔 자체와 유엔의 기구 이름을 표기할 때 「UN」이라고 약어로 써서는 안 된다. 즉 유엔은 「UN」이 아니라 「United Nations」로 반드시 풀어서 써야 한다. 그리고 유엔기구의 이름에 「UN」이 들어간 경우도 전체 이름을 약어로 써서는 안 된다. 예컨대 「UNHCR」이라고 약어를 사용해서는 안 되고 「United Nations High Commissioner for Refugees」로 풀어서 써야 한다. 단 약어가 공식적인 제목의 일부일 경우에는 사용이 가능하다. 예컨대 「The UNHCR 2004 Process」가 이러한 예이다. 다음과 같은 예를 들 수 있다.

Despite all those facts, I would like to reaffirm that, in conformity with Myanmar's foreign policy, we will continue to cooperate with the **United Nations** and the good offices role of the Secretary-General.

We repeat our call for the reopening of the **United Nations Office on Drugs and Crime** in the region so as to reinforce our efforts in the struggle against that hydra-headed phenomenon.

## 5. 조치의 주체로서의 유엔 표기법

결의안 등에서 유엔으로 하여금 무엇인가 조치를 취하도록 요청할 경우 그냥 「United Nation」이라고 해서는 안 되고 구체화되어야 한다. 즉 「United Nations system」, 「United Nations organizations」 혹은 유관한 유엔기구의 구체적인 이름이 언급되어야 한다. 유엔 자체는 무엇인가를 할 수 없고 유엔을 구성하고 있는 구성요소들이 무엇인가를 할 수 있는 주체이기 때문이다. 예를 들면 다음과 같다.

The draft resolution is an important step forward towards developing a comprehensive information and communication technologies strategy for the **United Nations system.**

## 6. 단어의 생략

유엔총회를 언급할 때 「General Assembly」라고 써야 하나 「General」을 생략한 채 단순히 「Assembly」라고 표기하는 경우가 종종 있다.

# 제 14 장
# 문 건 번 호

유엔이 국제 문제들을 어떻게 다루어 왔는가를 잘 이해하기 위해 유엔문건들을 직접 접하는 것이 필요하다. 일반 서적들이 나름의 도서정리 번호Call Number를 가지고 있듯이 유엔의 문건들도 나름의 문건번호document symbol를 가지고 있는데, 문건의 성격을 이해하기 위해 이러한 문건번호를 아는 것이 필수적이다. 문건번호는 여러 요소로 구성되어 있는데 슬래쉬(/)를 써서 문건번호의 각기 다른 구성요소들을 표시한다. 문건 하나가 두 개 이상의 기관에 의해 공동으로 발행될 경우도 종종 있는데, 이 경우 동일한 하나의 문건이 두 개 이상의 다른 문건번호를 가질 수 있다. 여기에서는 문건번호에 대해 가장 기본적인 것을 중심으로 설명하고자 한다.[1]

## 1. 첫 번째 요소

문건번호의 첫 번째 요소로서 다음의 영어 대문자는 유엔의 주요기관main organs 과 보조기관subsidiary organs 그리고 전문기구specialized agencies를 가리킨다.

### (1) 유엔의 주요기관

| | |
|---|---|
| A/- | General Assembly (총회) |
| E/- | Economic and Social Council (경제사회이사회) |
| ICJ/- | International Court of Justice (국제사법재판소) |
| S/- | Security Council (안전보장이사회) |
| ST/- | Secretariat (사무국) |
| T/- | Trusteeship Council (신탁통치이사회) |

---

1) 우리말로 「문건번호」라고 적고 있지만 영어로는 「Document Symbol」이라고 한다.

## (2) 유엔의 보조기관

| | |
|---|---|
| ACC/– | Administrative Committee on Coordination (유엔 행정조정위원회) |
| AT/– | United Nations Administrative Tribuna (유엔행정재판소) |
| CAT/C/CC | Committee Against Torture (고문방지위원회) |
| CEDAW/C/– | Committee on the Elimination of Discrimination Against Women (여성차별철폐위원회) |
| CERD/C/– | Committee on the Elimination of Racial Discrimination (인종차별철폐위원회) |
| CRC/C/– | Committee on the Rights of the Child (아동권리위원회) |
| DC/– | Disarmament Commission (군축위원회) |
| DDPR/– | Human Rights Committee (B규약 인권위원회) |
| DP/– | United Nations Development Program (유엔개발계획) |
| HRC/– | Human Rights Council회) (인권이사회) |
| TD/– | United Nations Conference on Trade and Development (유엔무역개발회의) |
| UNEP/– | United Nations Environment Program (유엔환경계획) |
| WFP/– | World Food Programme (세계식량계획) |

## (3) 전문기구

| | |
|---|---|
| FAO/ | Food and Agriculture Organization (식량농업기구) |
| ID/ | United Nations Industrial Development Organizations (유엔공업개발기구) |

# 2. 두 번째 요소

## (1) 하위기관을 표시하는 경우

문건번호의 두 번째 요소 즉 하나의 슬래쉬( / )2) 다음에 놓이는 다음과 같은

표식은 주요기관main organs의 하위기관sub-body을 가리킨다.

-/AC.···/-    Ad Hoc Committee (임시위원회)

-/C.···/-    Standing · Permanent · Main Committee (상임 · 상설 · 주요 위원회)

-/CN.···/-    Commission (위원회)

-/CONF.···/-    Conference (회의)

-/GC.···/-    Governing Council (이사회)

-/PC.···/-    Preparatory Committee (준비위원회)

-/PCN.···/-    Preparatory Commission (준비위원회)

-/SC.···/-    Sub-Committee (분과위원회)

-/SUB.···/-    Subcommission (분과위원회, 소위원회)

-/WG.···/-    Working Group (실무작업반)

-/WP.···/-    Working Party (특별조사위원회)

이러한 두 번째 요소는 통상 아라비아 숫자와 함께 쓰이는데 이는 주요기관 내에 설치된 하위기관의 설치순서를 가리키는 것이다. 위에서 문자기호 뒤에 「···」 표시가 된 부분에 숫자가 온다. 예컨대 「A/CN.10/」의 경우 「A」는 유엔총회를 의미하고 「CN.10」은 10번째로 설립된 위원회를 가리키는데 구체적으로 군축위원회를 지칭한다. 다음은 이러한 두 번째 요소를 첫 번째 요소와 함께 쓴 경우이다.

A/AC.105/-    Committee On the Peaceful Use of Outer Space (외기권의 평화적 이용위원회)

A/AC.115/-    Special Committee on Apartheid (인종차별특별위원회)

A/AC.121/-    Special Committee on Peacekeeping Operations (평화유지활동 특별위원회)

A/C.1/-    First Committee (제1위원회)

A/C.2/-    Second Committee (제2위원회)

---

2) 「/」를 「slash」 또는 좀 더 자세하게 「forward slash」라고 읽는다. 이와는 달리 「stroke」라고 읽기도 한다.

| | |
|---|---|
| A/C.3/- | Third Committee (제3위원회) |
| A/C.4/- | Fourth Committee (제4위원회) |
| A/C.5/- | Fifth Committee (제5위원회) |
| A/C.6/- | Sixth Committee (제6위원회) |
| A/CN.4/- | International Law Commission (국제법위원회) |
| A/CN.9/- | International Trade Law Commission (국제통상법위원회) |
| A/CONF.62/- | Third UN Conference-Law of Sea (제3차 해양법회의) |
| E/C.7/- | Committee on Natural Resources (천연자원위원회) |
| E/CN.3/- | Statistical Commission (통계위원회) |
| E/CN.4/- | Commission on Human Rights (인권위원회) |
| E/CN.5/- | Commission on Social Development (사회개발위원회) |
| E/CN.6/- | Commission on Status of Women (여성지위위원회) |
| E/CN.7/- | Commission on Narcotic Drugs (마약위원회) |
| E/CN.9/- | Population Commission (인구위원회) |
| S/C.2/- | Committee on the Admission of New Members (안전보장 이사회 신 회원국 위원회) |

위에서 살펴 본 문건번호의 두 번째 요소가 순차적으로 오는 경우도 있다. 예로서 「A/CONF.62/PC/」를 들 수 있는데 이는 「Preparatory Committee of the Third UN Conference‒Law of Sea」를 지칭하는 것으로서 구체적으로 제3차 해양법회의의 준비위원회를 일컫는다. 총회에 의해 개최된 여러 종류의 회의 conference 중에서 62번째로 열린 회의가 제3차 유엔 해양법 회의였다.

지금까지의 경우와는 달리 두 번째 요소에 하위기관을 가리키는 표식과 숫자가 오지 않고 하위기관의 이름이 오는 경우가 있다. 이때 일반적으로 하위기관의 이름이 온다.

| | |
|---|---|
| A/CRE/- | Credential Committee of the General Assembly (유엔총회 신임장위원회) |
| E/ECE/- | Economic Commission for Europe (유럽경제위원회) |
| E/ESCAP/- | Economic and Social Commission for Asia and the Pacific (아시아태평양경제사회위원회) |

## (2) 총회에 있어서 특별총회 혹은 긴급특별총회를 표시하는 경우

문건번호의 첫 번째 요소로서 총회를 나타내는 「A/」 다음에 놓이는 다음과 같은 표식은 총회의 정규회의가 아닌 특별총회 혹은 긴급특별총회를 가리킨다.

A/ES-회기번호/-    Emergency Special Session (총회 긴급특별회기)
A/S-회기번호/-    Special Session (총회 특별회기)

예컨대 「A/ES-9/PV.11」은 1982년 2월 5일에 개최된 바 있는 제9차 긴급특별총회 11번째 본회의의 잠정적 구술기록을 의미하며 「A/S-15/PV.22」는 1988년 6월 25일에 열린 제15차 특별총회의 22차 본회의의 잠정적 구술기록을 지칭한다.

## (3) 문건의 성격을 표시하는 경우[3]

슬래쉬( / ) 뒤에 오는 다음과 같은 문자는 문건의 성격을 지칭한다.

-/BUR.…/    General Committee Documents (운영위원회 문건)[4]
-/CRP.…/-    Conference Room Paper (실무서)
-/DEC.…/    Texts of Decision (결정문)
-/INF.…/-    Information Series (정보 시리즈)[5]
-/MIN.…/    Minutes (의사록)[6]

---

3) 문건의 성격을 나타내는 문자는 문건번호의 두 번째 요소일 수도 있고 세 번째 요소일 수도 있다. 유엔의 주요기관, 유엔의 보조기관, 전문기구의 문건의 성격을 나타낼 때는 문건번호의 두 번째 요소로 오나 유엔의 하부기관의 문건의 성격을 나타낼 경우는 문건번호의 세 번째 요소로 오게 된다.
4) 운영위원회(General Committee)는 회의의 조직을 책임지는 위원회이다.
5) 예컨대 참석자 명단(list of participants) 등을 일컫는다.
6) 의사록은 영어로 「minutes」 혹은 「records」라고 표기한다. 이러한 의사록은 의사진행 상황(proceedings)을 기록한 문건을 일컫는데 이러한 의사록에는 「구술기록(verbatim record)」과 「요약기록(summary record)」이라는 두 종류의 것이 있다. 전자는 발언내용 하나하나가 속기사에 의해 빠짐없이 기록된 것이고 후자는 의사록 요약 작성자 혹은 보고관에 의해 요약하여 기록된 것을 일컫는데 전자가 공식문건이 아닌데 반해 후자는 공식문건이 된다. 어떤 식의 의사록을 택할 것인가는 회의에 따라 달라질 수 있다. 특정 의제를 둘러싸고 과거에 어떠한 논의가 있어 왔는가를 이해하기 위해 유엔 대표부에 근무하는 각국의 외교관들은 이러한 기록을 반드시 읽어보아야 한다. 이러한 의사록은 회의 중에 「잠정 의사록(Provisional Minutes)」의 이름으로 배포되어 정정(correction)과 수정(revision)의 기회를 갖도록 한다. 이러한 절차를 거쳐 변경된 의사록은 회의문

| -/NGO/- | Statements by Non-Governmental Organizations (비정부기구의 진술서) |
| -/PET/-_ | Petitions (청원서) |
| -/PRST/- | Statements by the President of the Security Council (안전보장이사회 의장성명) |
| -/PV.… | Provisional Verbatim Records of Meetings (삼정적 구술기록) |
| -/REP.…/ | Report (보고서)[7] |
| -/RES.…/ | Texts of Adopted Resolutions (결의문) |
| -/RT/ | Records of Testimony (증언 기록문) |
| -/SR.… | Summary Record (요약기록) |
| -/WP.… | Working Paper (실무서) |

이러한 문건의 성격을 나타내는 표식은 통상 아라비아 숫자와 함께 오는데 이역시 몇 번째 것인지를 가리킨다. 이러한 아라비아 숫자는 위에서 문자기호 뒤에「…」로 표시된 부분에 온다.

| -/RES.5/- | Fifth resolution issued within the body (5번째 발간된 결의안) |
| -/MIN.3/- | Minutes of the third meeting (세 번째 회의의 의사록) |
| -/SR.11/- | Summary Record of the 11th meeting (11차 회의의 약식 기록문) |

[구체적인 예]

문건번호 「A/CONF.191/INF.2」는 2001년 5월 벨기에의 브뤼셀에서 개최된 제3차 유엔최저개발국회의의 두 번째 정보시리즈를 지칭하는데 구체적으로 이 문건은 당 회의의 구조와 형태에 관한 정보를 제공하고 있다.

---

건으로서 배포되며 「corrigendum」이라고 불린다.

7) 국제회의에서 앞서 언급한 의사록이 작성되지 않는 경우 통상적으로 보고서(report)가 작성되어 회의에서 승인을 받는다. 의사록이 작성되는 경우에도 이와 별도로 보고서가 작성되기도 한다. 앞서 언급했듯이 보고서는 일반적으로 회의에서의 토의 내용과 토의 결과물을 포함하며 회의 초반에 회의에 참석한 대표들 중에서 선출된 보고관의 책임 하에 작성되어 회의의 승인을 받는다.

## 3. 원문의 수정을 표시하는 요소

슬래쉬(/) 다음에 오는 다음과 같은 표식은 위에서 살펴본 첫 번째 요소와 두 번째 요소 등에 의해 규정된 문건 원문text의 수정을 나타낸다. 이러한 수정에는 다음과 같은 여러 종류가 있다.

-/Add.⋯　　　 Addendum (기존 문건에 추가되는 사항을 담은 문건)

-/Amend.⋯　　Amendment (이미 채택된 문건을 부분적으로 수정하고자 하는 내용을 담고 있는 문건)

-/Corr.⋯　　　 Corrigendum (문건 작성 시 실수로 인해 잘못된 부분을 바로잡는 내용의 문건)[8]

-/Excerpt.⋯　 Excerpt (문건으로부터 필요한 부분만 인용한 발췌문)

-/Rev.⋯　　　 Revision (개정본으로서 기존의 문건을 대체하는 새로운 문건)[9]

-/Summary　　Summarized Version (요약본)

-/*　　　　　　Reissuance of a document for technical reasons (기술적인 이유로 인해 재발간된 문건)

원문의 수정을 나타내는 상기 표식 뒤에는 통상 아라비아 숫자가 따라오는데 이 역시 몇 번째 것인지를 가리킨다. 아라비아 숫자는 위에서 문자기호 뒤에 「⋯」로 표시된 부분에 온다.

-/Add. 3　　　세 번째 추가

-/Amend. 3　　세 번째 부분적인 수정

-/Rev. 1　　　첫 번째 개정본

---

8) 이는 문건상의 타자 혹은 편집상의 착오를 바로잡아 놓은 회의문건을 의미한다.

9) 「Rev.」를 읽을 때 우리말로 「레브」라고 발음한다.

## 4. 문건배포 유형을 나타내는 표시

-/L.··· Limited Distribution (배포제한 문건)

(이 문건기호는 제한적으로 배포되는 문건임을 나타내는 것으로서 내용이 확정되지 않은 잠정적인 깃이라서 일반 공개의 필요성이 없거나 일반 공개가 바람직하지 않은 문건에 주어진다. 통상 확정되지 않은 안을 포함하고 있는 문건draft documents을 지칭한다. 구체적으로 결의안draft resolution, 수정안 draft amendment, 보고서안draft report, 잠정의제안draft provisional agenda 등과 같은 잠정적인 성격의 문건, 예산문제를 포함하고 있어 예산에 의해 뒷받침될 수 있는가를 살펴본 후에라야 확정될 수 있는 문건, NGO 문건 등에 사용된다. 이러한 문건의 배포는 이러한 문건에 관심을 가질 만한 국가들에 한정되어 배포된다)

-/R.··· Restricted Distribution; Restricted Access (기밀문건)

(이 문건기호는 문건의 발간 당시 그 내용이 공개적으로 알려져서는 안 되는 기밀사항을 포함하고 있는 문건이나 기밀을 요하는 회의기록에 사용된다. 이러한 문건의 공개여부는 문건작성 기관에 의해 결정된다)

-/General

(이 문건기호는 일반 공개가 가능한 기본문건이나 최종적인 회의기록에 사용되는 것으로서 관련 기구에 있어서 가장 광범위한 배포를 의미하며 유엔 문건의 대부분이 이에 속한다)

유엔 문건의 제일 앞면(즉 커버)에 문건의 배포양식을 알리는 「Distr.: Limited」와 같은 표기 양식을 사용한다. 여기서 「Distr.」은 배포를 의미하는 Distribution을 의미한다.

## 5. 사용언어

유엔은 공용어로서 영어, 불어, 러시아어, 중국어, 스페인어, 아랍어를 사용하고

있다. 따라서 공식 회의장에서 발언 시 이러한 6개 언어 중 하나의 언어를 선택하여 사용하여야 하며 이때 나머지 5개 언어로 동시통역이 이루어진다.

유엔에서 발간되는 문건도 일반적으로 동일한 내용의 것이 6개 언어로 작성되어 배포된다. 그러나 모든 문건이 항상 6개 언어로 작성되는 것은 아니고 때에 따라 한두 개 언어로만 작성되기도 한다.

유엔문건의 제일 앞면(즉 커버)에는 어떤 언어로 작성된 문건인가를 나타내는 표시가 있고 더불어 어떠한 언어로 작성된 것이 원본인가를 나타내는 표시가 있다. 이때 「A」는 Arabic(아랍어), 「C」는 Chinese(중국어), 「E」는 English(영어), 「F」는 French(불어), 「R」은 Russian(러시아어), 「S」는 Spanish(스페인어)를 나타내나 약어를 쓰지 않고 단어를 그대로 다 쓰는 것이 보통이다. 유엔 문건의 원본이 영어로 작성되었을 때 'Original: English'라는 표기를 문건 제일 앞면에서 발견할 수 있다.

## 6. 기관별 문건번호

### (1) 총회General Assembly

### 1) 본회의 문건

A/총회 회기/일련번호[10]

### 2) 주요위원회 문건

A/C.위원회 번호 혹은 위원회의 약어/총회 회기/일련번호

[구체적인 예]

A/C.2/31/SR.10 (제31차 유엔총회 제2위원회의 10번째 요약기록)

A/C.5/31/L.22 (제31차 유엔총회 제5위원회의 제한적으로 배포된 문건들 중 22번째 문건)

### 3) 총회에 의해 설치된 위원회 및 회의

A/AC.위원회 번호/총회 회기/일련번호

---

10) 유엔헌장은 1945년 10월 24일부터 발효하였으며 1946년 1월 10일에 제1차 총회를 런던에서 개최하였다. 따라서 2001년 9월에 개최되는 유엔총회의 회기는 제56차가 된다.

A/CN.위원회 번호/총회 회기/일련번호

A/CONF.회의 번호/총회 회기/일련번호

### 4) 결의문

A/RES/총회 회기/일련번호

[구체적인 예]

A/RES/55/15 (제55차 유엔총회 본회의가 채택한 15번째 결의문)

### 5) 본회의의 잠정적 구술기록

A/총회 회기/PV.일련번호

[구체적인 예]

A/31/PV.1 (제31차 유엔총회 첫 번째 본회의의 잠정적 구술기록)

A/C.6/52/L.18, A/C.6/52/L.18/Rev.1, A/C.6/52/L.9, A/C.6/52/L.9/Corr.1 등은 제52차 유엔총회 제6위원회에 있어서의 결의안 문건번호의 예들이다. 우리가 주의할 것은 이들 문건들이 마지막 단계로서 위원회로부터 총회 본회의에 상정되며 통과되면 A/RES/52/15 등과 같은 다른 종류의 결의문 문건번호를 취득하게 된다는 점이다.

### (2) **안전보장이사회**Security Council

### 1) 본회의 주요 문건

S/연도[11]/일련번호

### 2) 의장성명

S/PRST/연도/일련번호

### 3) 결의문

S/RES/일련번호/(연도)

### 4) 본회의 잠정적 구술기록

S/PV.일련번호

---

11) 유엔총회의 경우는 회기(session)를 사용하나 안전보장이사회의 경우는 연도(year)를 사용한다. 여기서 조심할 것은 1994년 이전에는 연도를 표시하지 않고 「S/일련번호」만을 사용했다는 점이다.

## (3) 경제사회이사회Economic and Social Council

### 1) 본회의 주요 문건

E/연도12)/일련번호

### 2) 위원회 주요 문건

E/C.위원회 번호/연도/일련번호

E/CN.위원회 번호/연도/일련번호

[구체적인 예]

E/CN.6/1997/1 (경제사회이사회의 보조기관인 여성지위위원회의 1999년도 제41차
회의 문건 중 첫 번째 문건으로서 구체적으로 주석이 붙은 잠정의제
를 가리킨다.)

E/CN.6/1997/L.2 (경제사회이사회 보조기관인 여성지위위원회의 1997년 제41차 회
의 문건 중 배포된 제한적으로 이루어진 두 번째 문건으로서 구체
적으로 위원회의 보고서안(draft report)을 가리킨다.)

E/CN.6/1997/L.18 (경제사회이사회 보조기관인 여성지위위원회의 1997년 제41차 회
의 문건 중 배포된 제한적으로 이루어진 18번째 문건으로서 구체
적으로 의장에 의해 제출된 결의안을 가리킨다.)

E/CN.6/1997/L.18/Rev.1 (경제사회이사회 보조기관인 여성지위위원회의 1997년 제
41차 회의 문건 중 배포된 제한적으로 이루어진 18번째 문
건의 개정본으로서 구체적으로 의장이 제출한 결의안의 개
정본을 의미한다.)

E/CN.6/1997/NGO/1 (경제사회이사회 보조기관인 여성지위위원회의 1997년 제41차
회의 문건 중 NGO에 의해 제출된 발언문을 가리킨다.)

### 3) 결의문

E/연도/INF/일련번호

---

12) 유엔총회의 경우는 회기(session)를 사용하나 경제사회이사회의 경우는 연도(year)를 사용한다.

4) 본회의의 요약기록

E/연도/SR.일련번호

5) 지역위원회 문건

E/지역위원회의 약어(예컨대 ESCAP)/

**(4) 신탁통치이사회**Trusteeship Council

1) 일반적인 문건

T/

2) 통신communication

T/COM.일련번호

3) 청원petition

T/PET.일련번호

4) 관찰observation

T/OBS.일련번호

5) 본회의 잠정적 구술기록

T/PV.일련번호

**(5) 사무국**Secretariat

1) 각종 통계자료

ST/STAT./SER.-/일련번호
ST/부서명 약자/STAT./SER.-/일련번호

2) 다른 기관의 문제해결을 위한 연구논문 및 보고서

ST/부서명 약자/SER.-/일련번호

### 3) 보조기구 및 관련기구 문건

ST/기구명 약자/일련번호

## (6) 기타 산하단체 및 관련기구 문건 예

### 1) 인종차별철폐위원회

CERD/일련번호

(CERD: UN Committee on the Elimination of Racial Discrimination)

### 2) 공보국

DPI/일련번호

(DPI: UN Department of Public Information)

### 3) 인권센터

HR/일련번호

(HR: UN Center for Human Rights)

### 4) 인간정주센터

HS/일련번호

(HS: UN Center for Human Settlements)

# 7. 보도자료 문건번호[13)

## (1) 보도자료의 문건번호

보도자료Press Release는 정보제공의 목적만을 가진 것으로서 유엔의 공식문건으로 간주되지 않지만 나름의 문건번호symbol를 가진다. 이러한 문건번호는 다음에서 보듯이 영어문자와 숫자로 구성된다. 문건번호의 앞부분에 오는 영어문자는 주제topic나 유엔기구를 지칭한다. 주요한 영어문자에는 다음과 같은 것들이 있다.

---

13) United Nations, "United Nations Research Guides," http://research.un.org/en/docs/pressreleases (검색일: 2014년 5월 16일).

| | |
|---|---|
| BIO/ | Biographies |
| GA/ | General Assembly |
| GA/SM/ | President of the General Assembly: statements and messages |
| GA/DIS/ | 1st Committee of the General Assembly (Disarmament) |
| GA/EF/ | 2nd Committee of the General Assembly (Economic/Financial) |
| GA/SHC/ | 3rd Committee of the General Assembly (Social/Humanitarian/Cultural) |
| GA/SPD/ | 4th Committee of the General Assembly (Special Political/Decolonization) |
| GA/AB/ | 5th Committee of the General Assembly (Administrative/Budgetary) |
| GA/L/ | 6th Committee of the General Assembly (Legal) |
| SC/ | Security Council |
| ECOSOC/ | Economic and Social Council |
| SG/SM/ | Secretary-General: statements and messages |
| DSG/SM/ | Deputy Secretary-General: statements and messages |
| BIO/ | Biographies |
| HR/ | Human Rights |
| HR/CN/ | Commission on Human Rights |
| HR/CT/ | Human Rights Committee |
| L/ | Legal issues |
| ENV/DEV/ | Sustainable Development |

## (2) 보도자료의 유형

보도자료에는 여러 유형이 있는데 다음의 것들이 이들 가운데 주요한 유형들이다.

### 1) 배 경

배경Background 보도자료는 주요 유엔기구들의 회기 전에 발간되며 회의에서 토의될 주제, 기구의 회원membership of the body, 기타 유관한 배경정보와 같은 사항들을 열거한다.

### 2) 회의취재

회의취재Meetings coverage 보도자료는 유엔기구의 회의 직후에 발간된다. 이 보도자료는 해당 유엔기구가 회의록을 가지지 않을 경우에 특별한 관심을 가질 만한 토의의 요약, 회의에서 논의된 문건의 인용, 표결이 행해졌을 경우 비공식 표결기록을 제공한다.

### 3) 종 합

종합Round-up 보도자료는 회기의 종료 직후에 발간되어 모든 회의의 요약 및 회기의 주요 진전과 결과물을 유엔기구의 공식보고서에 앞서 정보를 제공한다.

### 4) 사무총장 성명

사무총장 성명Secretary-General statements 보도자료는 시사문제에 대한 성명과 유엔이 아닌 기관의 문제에 대한 성명 등에 관한 것이다.

### 5) 약 력

약력Biographies 보도자료는 유엔직원으로 임명된 사람과 특정 국가의 유엔대표부가 유엔에 정보를 제공할 경우에 있어서의 회원국 대표에 대한 정보를 제공한다.

## 8. 하나의 의제항목과 관련된 일련의 문건들

2012년 제67차 유엔총회 제3위원회에서 의제항목 66Rights of indigenous peoples 이 논의된 결과 다음과 같은 문건번호document symbol를 갖는 공식문건들이 만들어졌다.

(1) A/C.3/67/L.24 (제3위원회에 상정된 결의안)

(2) A/C.3/67/L.24/Rev.1 (상정된 결의안을 개정한 결의안)

(3) A/C.3/67/L.24/Rev.1 (orally revised) (개정한 결의안에 구두로 수정이 가해진 다음에 최종적으로 채택된 결의안)

(4) A/67/454 (제3위원회에서 채택된 결의안을 본회의에 보고하기 위해 작성된 보고서)

(5) A/RES/67/153 (위원회에 의해 작성된 보고서가 권고한 결의안이 본회의에서 최종적으로 채택되어 만들어진 결의문)

(6) A/C.3/67/SR.48 (의제항목 65(a)가 논의된 제3위원회 회의의 요약기록)

(7) A/67/PV.60 (위원회의 결의안이 포함된 보고서가 본회의에서 채택되는 과정을 담고 있는 본회의의 구술기록)


## 9. 유엔문건 인용하기[14)]

인용을 위한 시스템이 여러 가지가 존재하는데 이 가운데 어떤 것을 사용할 것인가는 출판사나 기관이 어떤 시스템을 요구하는가를 따라야 한다. 대부분의 인용시스템은 유엔문건에 대해 자세하게 언급하고 있지 않는데 법학분야에서 많이 쓰이고 있는 「블루북The Bluebook: A Uniform System of Citation」이라는 책이 유엔문건의 인용에 관한 정보를 자세히 제공하고 있으며 「The Chicago Manual of Style and APA Style」이라는 책 역시 유엔문건의 인용과 관련하여 블루북을 언급하고 있다. 유엔의 함마슐드도서관은 유엔 공식문건의 인용과 관련하여 특정의 인용 시스템을 언급하고 있지 않다. 여기에서는 블루북에 기초하여 유엔문건을 어떻게 인용할 것인가를 소개하고자 한다.

일반적으로 이러한 문건을 인용할 경우 문건의 발행처, 제목title, 발행일, URL uniform resource locator이나 문건번호document symbol를 포함한 고유한 식별자 identifier, 페이지나 단락 번호를 필요로 한다. URL이나 문건번호를 포함한 고유한 식별자에 대해 부언하자면, 고유한 식별자로서 예컨대 「A/RES/67/97」과 같은 문건번호를 제시할 수도 있다. 그러나 인터넷을 통해 문건에 직접 접근하는 것이 가

---

14) United Nations Dag Hammarskjöld Library, "Ask DAG – Ask the Library," http://ask.un.org/a.php?qid=424712 (검색일: 2014년 5월 16일).

능하도록 하려면 문건번호 앞에 URL으로서 「http://undocs.org/」를 두어 「http://undocs.org/A/RES/67/97」라고 적으면 된다. 다음에 다양한 유엔문건을 어떻게 인용할 것인가의 예를 「블루북」과 「United Nations Editorial Manual」에 바탕을 두고 살펴보고자 한다.

### (1) 결의안Resolutions

General Assembly resolution 67/97, The rule of law at the national and international levels, A/RES/67/97 (14 December 2012), available from undocs.org/A/RES/67/97.

### (2) 결의안 이외의 공식문건Official Documents

United Nations, General Assembly, Situation of human rights in the Democratic People's Republic of Korea: report of the Secretary-General, A/63/332 (26 August 2008), available from undocs.org/A/63/332.

### (3) 간행물Publications

United Nations Commission on International Trade Law, UNCITRAL Model Law on International Commercial Arbitration 1985: with amendments as adopted in 2006 (Vienna: United Nations, 2008), available from www.uncitral.org/uncitral/en/uncitral_texts/arbitration/1985Model_arbitration.html.

### (4) 보도자료Press Releases

United Nations, Department of Public Information, Demanding that Lord's Resistance Army End All Attacks, Security Council Calls for Full Implementation of Regional Strategy in Central Africa. SC/11018, 29 May 2013, www.un.org/News/Press/docs/ 2013/sc11018.doc.htm.

# 제 15 장
# 유엔문건의 검색

제14장에서 유엔의 문건번호에 대해 자세히 알아보았다. 이에 기초하여 제15장에서는 유엔문건을 구체적으로 어떠한 방식으로 검색을 하여 원하는 문건에 접근할 수 있는가를 자세히 살펴보고자 한다.

## 1. 유엔의 공식문건 검색의 3체계

유엔의 공식문건은 3가지 검색체계인 「공식문건시스템Official Document System of the United Nations, ODS」, 「유엔문헌정보시스템UN Bibliographic Information System, UNBISnet」, 「유엔정보탐색UN Information Quest, UN-I-QUE」을 통해 접근할 수 있다.[1] ODS와 UNBISnet은 저장매체로서 ODS가 광디스크Optical Disk를 사용하고 UNBISnet가 시디롬CD-ROM을 사용한다는 점에서 차이가 있다.

ODS, UNBISnet, UN-I-QUE를 통한 검색 모두 일단 유엔의 「Document」라는 사이트에 접속이 되어야만 한다. 여기에 접속하기 위해서는 먼저 유엔의 홈페이지www.un.org에 접속이 되어야 한다.

---

[1] 「UNBIS」는 「United Nations Bibliographic Information System(유엔문헌정보시스템)」의 약어이다. UNBISnet의 웹사이트 주소는 「http://unbisnet.un.org」이고 Official Document System (ODS)의 웹사이트 주소는 「http://documents.un.org」이다.

## RESOURCES / SERVICES

Emergency information

UN Journal

Documents

Library

Publications

Bookshop

Maps

Media Accreditation

NGO accreditation at ECOSOC

NGO accreditation at DPI

Visitors' services

Procurement

Employment

Internships

Model UN

UN Archives

### Search

- Official Document System (ODS)
- UN Bibliographic Information System (UNBISnet)
- UN-I-QUE: UN Info Quest
- UN Multilingual Terminology Database (UNTERM)

이곳에 접속이 되면 위에서 보는 것과 같이 「환영한다」는 말이 6개의 유엔 공용어로 표기되어 있는데 영어로 검색을 하려면 「Welcome」이라는 말을 클릭하면 된다. 그러면 화면이 바뀌면서 유엔의 홈페이지 화면에 접속하게 되고 이 화면의 하단에 왼쪽의 그림에서 보듯이 「Resources and Services」라는 제목 하의 여러 개의 메뉴를 만나게 된다. 이 중에서 가장 상단에 있는 「Document」라는 메뉴를 클릭하면 「Document」라는 사이트에 연결이 된다.

「Document」라는 사이트에 연결이 되면 사이트의 중간 부분 왼쪽에 그림에서 보듯이 「Search」라는 메뉴가 나오고 이 메뉴의 하위 메뉴로서 가장 상단에 「ODS」가 있고 그 밑에 「UNBISnet」와 「UN-I-QUE」가 차례로 있다. 따라서 ODS로 가거나 UNBISnet으로 가거나 UN-I-QUE로 가려면 이들을 클릭하면 된다. 이들의 구체적인 사용법을 좀 더 세밀하게 살펴보면 다음과 같다.

### (1) ODS 사용법

ODS를 통해 공식문건을 찾는 법에는 전통적 방식Previous ODS Search과 개선된 방식Enhanced ODS Search의 2가지가 있다. 아직까지 전통적 방식이 사용가능하나 여기에서는 개선된 방식을 중심으로 다루고자 한다.

「Document」의 「Search」 메뉴에서 「ODS」를 클릭하면 새로운 화면이 나타나고 다음 페이지에서 보듯이 「Keyword Search」라는 메뉴가 나오는데 이 메뉴의

「keyword」라는 부분에 문건번호document symbol와 주제subject를 비롯한 다양한 핵심어keyword를 입력하면 된다. 그러면 6개 공용어들로 작성된 관련 문건들이 다수가 나타나는데 여기에서 자신이 접속하고자 하는 문건을 찾아 클릭을 하면 된다. 이때 관련이 있는 문건들이 다수가 나타나기 때문에 이를 좀 더 제한하고자 하면 「Keyword Search」의 오른쪽에 있는 「Advanced Search」라는 메뉴를 택하면 된다.

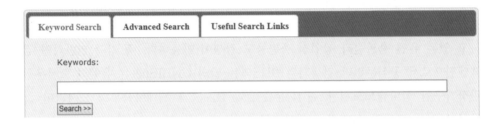

ODS 검색체계는 모든 형식의 유엔 공식문건에 대한 검색을 가능하게 한다. 구체적으로 총회, 안전보장이사회, 경제사회이사회, 신탁통치이사회가 1946년 이후에 통과시킨 결의문resolution에 대한 접근을 가능하게 한다. ODS는 이뿐만이 아니라 이러한 주요기관들의 보조기관의 문건, 유엔이 개최한 글로벌 회의global conference의 문건, 유엔이 권한을 인정한 회의의 문건에도 접근을 가능하게 한다. 현재 결의문을 제외한 문건들은 1993년 이후의 것들만 검색할 수 있으나 그 이전의 문건들도 디지털로 데이터베이스화하고 있기 때문에 시간이 지나면 좀 더 이전의 문건들도 접근할 수 있을 것이다. ODS의 모든 공식문건들은 유엔의 6개 공용어로 기록되어 있다. 그러나 ODS는 다음에 살펴볼 UNBISnet과는 달리 보도자료, 판매용 간행물, 조약문 등은 포함하지 않는 한계를 가진다.

### (2) UNBISnet 사용법

위에서 언급했듯이 UNBISnet을 사용하는 방법 역시 일단 유엔의 「Document」라는 사이트에 접속이 되어야 한다. 여기에서 「Search」라는 메뉴 안의 하위메뉴인 「UN Bibliographic Information SystemUNBISnet」을 클릭하면 된다. 이러한 과정을 거치지 않고 직접 UNBISnet으로 이동할 수도 있는데 그러려면 이곳의 사이트 주소URL 「unbisnet.un.org」를 직접 입력하면 된다.

UNBISnet은 뉴욕에 있는 유엔본부의 도서관과 제네바사무소의 도서관이 소장하고 있는 문건과 간행물에 대한 서지정보를 제공한다. 구체적으로 UNBISnet에서는 3가지 종류의 검색이 가능하다. 구체적으로 결의문 등을 검색할 수 있는 「Bibliographic Records」, 투표기록을 찾아볼 수 있는 「Voting Records」, 대표단의 발언문(연설문)을 접할 수 있는 「Index to Speeches」라는 메뉴가 존재한다.

구체적으로 UNBISnet의 「Bibliographic Records」를 통해 우선 총회, 안전보장이사회, 경제사회이사회에서 통과된 결의문(모두 1946년 이후)을 찾아볼 수 있다. 이러한 유엔문건에 더하여 간행물로서 유엔본부와 제네바사무소의 도서관이 소장하고 있는 유엔 출판물과 상업적 출판물도 검색이 가능하다. 즉 가장 일반적인 검색엔진으로서 공식문건만 검색되는 ODS와는 달리 UNBISnet는 유엔의 도서문헌 관장기구인 함마슐드도서관Dag Hammarskjöld Library과 제네바사무소 도서관이 소장하고 있는 도서와 문헌의 검색이 가능하다.

둘째, 「Voting Records」이라는 메뉴를 통해 표결 없이 합의로 채택된 결의문의 채택기록뿐 아니라 호명투표roll-call vote나 기록투표recorded vote 등 투표로 채택된 결의문의 표결기록(총회와 안전보장이사회의 경우 모두 1946년 이후)의 검색이 가능하다.

셋째, 「Index to Speeches」라는 메뉴를 통해 대표단의 발언문(총회와 안전보장이사회 그리고 경제사회이사회의 발언문은 1983년 이후, 신탁통치이사회서의 발언문은 1982년 이후)을 접할 수 있다. 이러한 세 부류의 문건들을 찾는 방법을 좀 더 구체적으로 살펴보면 다음과 같다.

## 1) 특정 주제의 결의문 찾기

우선 UNBISnet의 「Bibliographic Records」에서 「New Keyword Search」를 클릭한다. 그러면 바뀐 화면에서 「Subject (All)」, 「Title (All)」, 「Title and Notes」, 「Author」이라는 4개의 선택적인 검색필드search field가 포함된 「Search by」가 나타난다.

특정 주제의 결의문을 찾으려면 우선 Subject (All) 검색필드를 채택하여 주제를 입력한다. 이때 결의문이 채택된 기관을 한정하려면 「Subject (All)」이라는 검색필드의 바로 밑에 있는 검색필드인 「Title (All)」로 옮겨가서 이곳의 하위메뉴인 「UN Doc. Symbol/Sales Nos」를 선택한 뒤에 총회의 경우 총회를 상징하는

「A」, 안전보장이사회의 경우 안전보장이사회를 상징하는 「S」, 신탁통치이사회의 경우 신탁통치이사회를 상징하는 「T」, 경제사회이사회의 경우 경제사회이사회를 상징하는 「E」를 입력하면 된다.

「Search by」 밑에 이러한 검색을 한정하기 위해 「Limits」, 「User defined limits」, 「Sorting」이라는 하위메뉴로 구성된 「Refine your search (optional)」이라는 메뉴가 존재한다. 따라서 검색을 한정하고자 하면 이러한 하위메뉴들을 활용한다. 그런 다음에 화살표(●)를 클릭하면 된다.

### 2) 총회나 안전보장이사회 결의문의 투표기록 찾기

우선 UNBISnet의 「Voting Records」에서 「New Keyword Search」를 클릭한다. 그러면 바뀐 화면에서 「UN Resolution Symbol」, 「Keyword, 「Vote Date」, 「Bib No」라는 4개의 선택적인 검색필드search field가 포함된 「Search by」가 나타난다.

총회나 안전보장이사회의 결의문의 투표기록을 찾으려면 우선 「UN Resolution Symbol」 검색필드를 채택하여 결의문 번호를 입력한다. Search by 밑에 이러한 검색을 한정하기 위해 「Limits」, 「User defined limits」, 「Sorting」이라는 하위메뉴로 구성된 「Refine your search (optional)」이라는 메뉴가 존재한다. 따라서 검색을 한정하고자 하면 이러한 하위메뉴들을 활용한다. 그런 다음에 화살표(●)를 클릭한다.

그러면 결의안의 제목Title, 문건번호UN Resolution Symbol, 투표 일자Voting Date, 투표 주지사항Vote Notes, 투표요약Voting Summary, 관련 결의안으로의 연결Link to이라는 정보가 제공된다.

### 3) 대표단의 연설 찾기

UNBISnet의 「Index to Speeches」는 검색하고자 하는 것이 특정 국가의 대표가 특정 이슈에 관하여 한 연설일 경우 사용할 수 있다. 이러한 연설은 1983년 이후 총회, 경제사회이사회, 신탁통치이사회, 안전보장이사회에서 이루어진 연설이어야만 한다. 이러한 주요기관의 보조기관들subsidiary bodies에서 이루어진 대부분의 연설은 가용하지 않다.

연설문을 찾기 위해 우선 UNBISnet의 「Index to Speeches」에서 「New

Keyword Search」를 클릭한다. 그러면 바뀐 화면에서 「Meeting Record Symbol」, 「Speaker, Country/Organization」, 「Topic」이라는 4개의 선택적인 검색필드search field가 포함된 「Search by」가 나타난다.

대표단의 연설은 여러 방식으로 접근이 가능하다. 국가를 한정하려면 「Country/Organization」이라는 검색필드를 채택하여 국명을 입력한다. 주제를 한정하려면 「Topic」이라는 검색필드에 주제를 입력한다. 연설이 행해진 유엔기관을 한정하려면 「Meeting Record Symbol」이라는 검색필드를 택하여 총회를 의미하는 「A」, 안전보장이사회를 의미하는 「S」, 신탁통치이사회를 의미하는 「T」, 경제사회이사회를 의미하는 「E」를 입력한다. 만약에 총회 제1위원회로 한정하려면 「A/C.1」을 입력하면 된다. 발언자를 한정하려면 「Speaker」라는 검색필드에 발언자 이름을 입력하면 된다. 발언한 날짜를 한정하려면 「Speech Date」라는 검색필드에 입력하면 된다.

이러한 검색필드는 동시에 한 개 이상 선택하여 입력을 할 수 있다. 예컨대 한국이 유엔총회 제3위원회에서 인권에 관하여 발언한 발언문을 접하려면 「Country/Organization」이라는 검색필드에 「Republic of Korea」, 「Meeting Record Symbol」에 총회 제3위원회를 의미하는 「A/C.3」, 「Topic」이라는 검색필드에 「Human Rights」를 입력하면 된다.

Search by」 밑에 이러한 검색을 한정하기 위해 「Limits」, 「User defined limits」, 「Sorting」이라는 하위메뉴로 구성된 「Refine your search (optional)」이라는 메뉴가 존재한다. 따라서 검색을 한정하고자 하면 이러한 하위메뉴들을 활용한다. 그런 다음에 화살표(◉)를 클릭한다. 그러면 특정 국가가 특정 주제에 관한 모든 연설문이 나타나고 원하는 연설문에 클릭을 하면 연설문 전체와 연결이 된다.

### (3) UN-I-Quest 사용법

UN-I-QuestUN-I-QUE를 사용하는 방법 역시 일단 유엔의 「Document」라는 사이트에 접속이 되어야 한다, 여기에서 「Search」라는 메뉴 안의 하위메뉴인 「UN-I-QUEUN Info Quest」를 클릭하면 다음 그림과 같은 메뉴를 만나게 된다. 이러한 과정을 거치지 않고 직접 「UN-I-QUE」로 이동할 수도 있는데 그러려면 이

곳의 사이트 주소인 「http://lib-unique.un.org/DPI/DHL/unique. nsf」를 직접 입력하면 된다.

UN-I-QUE는 자주 물어보는 질문에 답하기 위해 함마슐드도서관이 개발한 참조파일ready-reference file 서비스로서 1946년 이후의 유엔문건에 대한 문건번호 document symbol와 판매번호sales number에 빠르게 접근하는 것을 도와줄 목적으로 만들어졌다. UN-I-QUE는 완전한 서지정보를 제공하지 않으며 함마슐드도서관이 제작한 UNBISnet의 서지 데이터베이스를 대체하는 것도 아니다.

UN-I-QUE는 반복되는 성격의 문건이나 출판물에 초점을 맞춘다. 여기서 반복되는 문건이나 간행물이란 구체적으로 위원회의 연례/회기별보고서annual/sessional reports of committees/commissions, 연간출판물annual publications, 정기/부정기 보고서 reports periodically/irregularly issued, 주요 회의의 보고서reports of major conferences, 일반토론 발언문statements in the General Debate 등의 연속자료를 의미한다. 이러한 자료들에 대한 정보는 가장 최근의 것을 찾는 것을 돕기 위해 오래된 자료순이 아니라 최근 자료순으로 정리되어 열거된다.

검색의 일례를 들어보면 다음과 같다. 예컨대 1948년부터 지금까지 유엔총회에 의해 개최된 회의conference의 결과문건을 검색하려면 「A/CONF」를 입력한다. 경제사회이사회에 의해 개최된 회의의 경우는 「E/CONF」를 입력하면 된다. 특정 회의의 결과문건을 검색하려면 회의명conference title 가운데 키워드를 입력하면 된다. 예컨대 재해에 관한 회의의 경우 「conference and disaster」를 입력하면 된다.

유엔총회가 채택한 선언문의 문건번호를 알기 위해서는 「declaration」 혹은 줄여서 「decl」이라는 말과 더불어 키워드(혹은 선언문 명칭 가운데의 키워드)를 입력하면 된다. 예컨대 아동문제에 관한 선언문의 경우는 「decl and child」를 입력하면

1959년에 채택된 「아동권리선언Declaration on the Rights of the Child」이 검색된다.

　회원국 정상의 일반토론 발언문(기조연설문)이나 다른 발언문을 검색하려면 「debate and 총회의 회기session」를 입력한다. 예컨대 66차 유엔총회에서의 국가 정상들의 일반토론 발언문(기조연설문)을 검색하려면 「debate and 66th」를 입력하면 된다. 그러면 66차 유엔총회에 참가한 모든 국가 정상의 일반토론 발언문(기조 연설문)이 실린 유엔의 문건번호들이 모두 나타난다. 특정 국가의 연설문에 접근하려면 「국명 and debate」를 입력한다.

　유엔총회 주요위원회main committee의 보고서의 문건번호를 알려면 「위원회를 지칭하는 서수 and 회기session」를 입력하면 된다. 예컨대 61차 유엔총회 제3위원회의 보고서를 보기 위해서는 「3rd and 61st」를 입력하면 된다.

　UN-I-QUE의 사용과 관련하여 기억하여야 할 사항은 이것이 제공하는 정보는 모든 문건에 대한 정보가 아니라 연속적인 성격의 제한된 문건에 대한 정보에 국한한다는 사실이다. 전형적으로 연례/회기별 혹은 정기적인 보고서와 출판물, 주요 회의의 보고서, 일반토론 발언문(기조연설문)이 여기에 속한다.

## 2. 문건번호를 알고 있을 경우 간단하게 문건에 접근하기

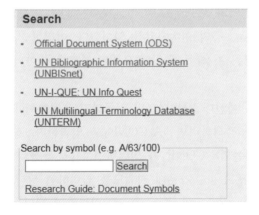

　　문건번호를 알고 있는 경우 여러 단계를 거치지 않고 간단하게 문건에 접근할 수 있는 방법이 있다. 여기에 영어로 접속하려면 「Welcome」이라는 말을 클릭하여 바뀐 화면에서 「Resources and Services」라는 메뉴로 가서 「Document」라는 하위메뉴를 클릭하여 「Document」라는 사이트로 간다. 그 다음에 옆 그림에서

보듯이 「Search」라는 메뉴의 가장 아래에 있는 「Search by symbol」이라는 곳에 문건번호를 입력하면 된다.

　이보다 더 간단한 방법은 「http://undocs.org/」이라는 인터넷주소의 뒤에 문건

번호를 적어 넣으면 된다. 예컨대 제67차 유엔총회 본회의 56번째 회의의 구술기
록에 접속하려면 「http://undocs.org/A/67/PV.56」을 인터넷의 주소창에 쳐서 넣
으면 된다.

## 3. 공식문건의 목록에 접속하기

위에서는 특정 유엔문건을 검색하는 방식에 대해 살펴보았다. 그러나 때때로
문건들을 정리하여 모아놓은 목록list을 찾은 다음 이러한 목록에서 필요한 문건을
찾아볼 필요도 있다. 따라서 다음에서는 공식문건의 이러한 목록에 어떻게 접근할
수 있는가를 살펴보고자 한다.

예컨대 제66차 유엔총회 문건 중에서 본회의에서 최종적으로 채택된 결의문과
그 이력에 관한 목록을 영어로 보려면 유엔 홈페이지www.un.org에서 「Welcome」을
클릭한다. 이때 나타나는 화면 하단의 좌측에 있는 「Main Bodies」라는 메뉴의 하
위메뉴 중에서 「General Assembly」를 클릭한다. 그러면 유엔총회 사이트에 들어
오게 되는데 현재 회기의 문서의 경우는 좌측의 메뉴에서 필요한 메뉴를 클릭하면
되나 지난 회기의 문건의 경우는 상단 가장 오른쪽에서 「Past Session」을 클릭하
여야 한다. 바뀐 화면에는 정기총회, 특별통회, 긴급특별총회라는 세 종류의 회의
가 나타나는데 이 중에서 정기총회를 택하고 그 중에서 원하는 회기session를 택한
다. 그런 다음에 화면 좌측 메뉴 중 「Resolutions」이라는 곳을 클릭하면 동 회기
에 본회의에서 최종적으로 채택된 모든 결의문의 목록이 나타나고 각 결의문마다
결의문 문건번호Resolution Number, 본회의 의제인지 위원회 의제인지 그리고 위원
회의 경우 몇 위원회인가의 구분Plenary or Committee, 의제항목 번호Agenda item
number, 회의기록/날짜/보도자료/채택방식Meeting Records/Date/Press Release/Vote, 최
종 결의문으로 이어지기 전 문건인 결의안의 문건번호Draft, 의제명Topic에 관한 정
보가 나타난다. 여기에서 자신이 원하는 문건을 클릭하면 문건의 원본에 접근할 수
있다.

예컨대 제65차 유엔총회 제3위원회의 영어로 작성된 「결의안에 취해진 행동의
상태Status of draft proposals」에 관한 문건들을 찾아보려면 우선 유엔의 홈페이지에서
「Welcome」을 클릭한다. 이때 나타나는 화면의 좌측 하단에 있는 「Main Bodies」

라는 메뉴에서「General Assembly」를 클릭한다. 화면이 바뀌면 상단의 메뉴 가운데「Main Committees」를 클릭한다. 바뀐 화면의 좌측 혹은 하단 두 곳에 있는 메뉴 가운데 원하는 위원회인 「Third Committee」를 클릭한다. 클릭 후 원하는 문건이 현 회기의 것이라면 좌측 메뉴 가운데「Documents」를 클릭한다. 지난 회기의 문건일 경우 좌측 메뉴에서「Past session」을 선택한다. 바뀐 화면에서 원하는 회기인 「65th(2010)」를 택하고 바뀐 화면의 중앙에 있는 메뉴 가운데「Documents」를 클릭한다.2) 그러면 각종 문건에 접근할 수 있도록 하는 메뉴가 등장하는데 이때 결의안에 대해 취해진 행동의 상태를 파악하기 위해서는「Status of draft proposals」을 택한다. 그러면 결의안의 문건번호, 의제항목 번호, 의제항목의 제목, 주제안국 국명, 결의안을 상정한 날짜와 국명, 사업예산함의Programme Budget Implications, PBIs, 채택날짜가 적혀 있는 정보에 접근할 수 있다.

　　모든 이전 회기의 총회 결의문 목록을 보려면 사이트 주소인「http://www.un.org/documents/resga.htm」을 직접 입력하면 된다.

---

2) 이때 주의할 것은 좌측에 있는 메뉴 속의「Documents」를 택해서는 안 된다.

# 제 16 장
# 유엔회의 시청과 유엔방송 청취

많은 사람들이 실제 유엔회의가 어떻게 진행되는가를 보고 싶어 한다. 이를 위해 실제의 유엔회의를 찍은 아날로그 비디오라든가 디지털 비디오를 보고자 한다. 이러한 자료들이 없는 것은 아니지만 회의과정의 극히 일부분만을 보여주는 것이 대부분이기 때문에 회의의 전반적인 과정과 절차 등을 이해하고자 하는 사람에게는 거의 도움이 되지 않는다. 가장 좋은 방법은 실제의 회의를 참관하는 것이지만 참관의 기회를 갖는 것 자체가 쉽지 않을 뿐 아니라 기회가 주어진다고 해도 회의를 한번 참관하는 것만으로는 회의의 전모를 접하는 것은 불가능하다. 이러한 문제를 상당한 부분 해결해주는 것이 집이나 사무실에서 인터넷을 통해 유엔회의를 시청하는 것이다. 유엔에서 내보내는 방송도 인터넷으로 청취하는 것이 가능하다.

## 1. 유엔회의 시청

유엔의 웹사이트에 있는 웹티브이에 접속하게 되면 현재 진행되고 있는 회의를 생방송으로 시청할 수 있을 뿐 아니라 녹화된 회의들 모두를 시청할 수 있다. 이러한 웹티브이를 시청하려면 「webtv.un.org」 혹은 「www.un.org/webcast」에 접속하면 되는데 이곳에 접속이 되면 다음과 같은 화면이 나오게 된다. 이곳에 접속하려면 직접 웹사이트 주소를 쳐넣어도 되고 메뉴를 통해 접근할 수도 있다. 메뉴를 통해 접근하기 위해서는 유엔 홈페이지에서 「Welcome」을 클릭한 후 바뀐 화

면의 중앙 하단의 「NEWS AND MEDIA」라는 메뉴에서 「Webcast」를 클릭하면 된다.

| MEETINGS & EVENTS |
| --- |
| General Assembly |
| Security Council |
| Economic and Social Council |
| International Court of Justice (ICJ) |
| Human Rights Council |
| Conferences/Summits |
| Other Meetings/Events |

여기에서 생방송을 시청하려면 Live Now라는 메뉴를 택하면 되고 녹화된 지난 회의를 시청하려면 「Meetings & Events」를 클릭하면 된다. Meetings & Events를 택하면 왼쪽에서 보듯이 General Assembly, Security Council, Economic and Social Council, International Court of Justice(ICJ), Human Rights Council, Conferences/Summits, Other Meetings/Events라는 하위메뉴를 접하게 된다. 만약에 유엔총회 본회의나 위원회 회의를 시청하려면 「General Assembly」를 클릭하면 되고 안전보장이사회 회의를 시청하려면 「Security Council」을 클릭하면 된다. 유엔 정기총회, 특별통회, 긴급특별총회가 아닌 회의에 관한 동영상을 시청하려면 「Conferences/Summits」를 클릭하면 된다.

「General Assembly」를 클릭하면 General Debate, Main Committees, Agenda Items이라는 하위메뉴가 등장한다. General Debate는 말 그대로 회원국들의 유엔총회 본회의의 일반토론 발언이 녹화되어 있는 부분이다.

「Main Committee」를 클릭하면 제1위원회부터 제6위원회까지 열거되어 있어서 자신이 원하는 위원회의 회의를 보려면 해당 위원회를 클릭하면 된다. 그러면 제1차 회의first meeting부터 가장 최근의 회의까지 녹화되어 있다.

「Agenda Items」을 클릭하면 의제들이 다음과 같은 부류로 구분되어 있다: International peace and security, Economic growth and sustainable development, Development of Africa, Promotion of Human Rights, Humanitarian and disaster relief assistance, Justice and International Law, Disarmament, Drugs/crime/international terrorism, Organizational and administrative matters. 자신이 관심을 가지고 있는 의제항목agenda item을 클릭하면 해당 의제항목을 다루고 있는 유엔총회 본회의는 물론 각종 위원회 회의가 녹화되어 있는 동영상을 볼 수 있다.

## 2. 유엔방송 청취

유엔은 웹티브이 서비스뿐 아니라 라디오 서비스를 제공한다. 이것에 접속을 하려면 인터넷 주소URL http://www.unmultimedia.org/radio/english/index.html 에 접속하면 된다. 유엔방송을 청취하기 위해 이러한 인터넷 주소를 쳐넣어도 되고 메뉴를 통해 접근할 수도 있다. 메뉴로 접근하려면 유엔 홈페이지(http://www. un.org)에서 「Welcome」을 클릭한 후 옮겨진 화면의 중앙 하단의 「NEWS AND MEDIA」라는 메뉴에서 「Radio」를 클릭하면 된다. 이곳에 접속하면 아래와 같은 화면이 나타나고 TODAY'S NEWS, TODAY'S FEATURES, PROGRAMMES, REGIONS, ABOUT US, YOUR ACCOUNT라는 하위메뉴를 만나게 된다.

「TODAY'S NEWS」를 클릭하면 가장 최근 뉴스를 텍스트로도 볼 수 있고 실시간으로 청취할 수도 있다. 원하면 mp3 파일로 다운로드 하여 저장한 다음 원하는 때에 청취할 수도 있다. 단 다운로드를 하려면 등록registration을 하여야 한다.

# 제 17 장
# 협  상

유엔회의에서 행위자들은 일반적으로 상이하거나 상충하는 이해관계를 가지고 있기 때문에 이들 사이에 이러한 차이를 딛고서 의사결정에 도달하는 것은 쉬운 일이 아니다. 이 때문에 의사결정에 이르기 위해서는 필연적으로 협상이라는 정치적인 과정을 통하지 않을 수 없다. 그러나 협상과 관련하여 「Nothing is agreed until everything is agreed」라는 말이 시사하듯이 협상은 결코 쉬운 일이 아니다. 이러한 맥락에서 제9장에서는 이러한 협상을 어떻게 효율적으로 할 것인가에 대한 논의를 전개하고자 한다.


## 1. 협상의 정의

협상negotiation이란 일반적으로 둘 이상의 행위자들이 부족한 자원scarce resources을 둘러싸고 이를 어떻게 배분할 것인가에 대해 동의하는 의사결정 과정을 의미한다. 협상은 분쟁이나 갈등을 해결하는 수단으로서의 소극적인 의미와 무엇인가 만들어내는 합의의 수단이라는 적극적인 의미를 가지고 있다. 결국 협상은 협상의 당사자들 사이에 이해관계의 쟁점에 대하여 상호 수용할 수 있는 합의에 도달하기 위한 과정 내지 수단이라고 이해할 수 있다.

협상을 이렇게 정의할 때 흔히 시장에서 말하는 「흥정bargaining」은 협상과는 그 뉘앙스의 차이가 있다. 「값을 깎다」에서 유래한 거래 또는 흥정은 자기의 이익을 극대화하기 위해 상대방에게 다양한 수단을 이용해 영향을 미치려는 과정임에 비해 「협상negotiation」은 서로의 이해관계 대립을 해소하고 합의점을 이끌어내는 과정, 즉 이해관계의 공통분모를 찾아내는 일이다. 협상이 갖는 이러한 성격 때문에 협상은 「싸워서 이기고 지는 승패가 있는 씨름」이 아니라 「같이 추는 춤dance」에 비유가 된다. 협상이란 승자의 저주winner's curse가 되지 않도록 일방적인 것이

되어서는 안 되고 주고받기가 가장 중요한 원칙이 되어야 한다.

## 2. 협상방식의 두 가지 유형

협상가들은 협상에 앞서 협상을 어떻게 할 것인가의 방식에 대한 선택을 하여야
한다. 협상에 대해 여러 가지 접근법이 존재하며 학자와 실무가에 의해 여러 유형으
로 분류되곤 한다. 배분적 협상과 통합적 협상distributive and integrative negotiation, 경
합적 협상과 협력적 협상competitive and cooperative negotiation, 가치요구 협상과 가치
창출 협상value claiming and value creating negotiation, 강성협상과 연성협상hard and
soft negotiation, 입장에 기초한 협상과 원칙에 기초한 협상positional and principled
negotiation, 입장에 기반을 둔 협상과 이익에 기반을 둔 협상position-based and interest-
based negotiation 등이 이러한 유형의 일부이다.

여기에서는 이러한 다양한 유형화 작업 가운데 상대적으로 보다 많은 사람들에
의해 사용된다고 판단되는 분류방식인 「입장(요구)에 기반을 둔 협상방식」과 「이
익(입장에 내재해 있는 욕구)에 기반을 둔 협상방식」을 채택하여 협상방식을 조명하
고자 한다. 본격적인 논의에 앞서 주의하여야 할 것은 이 2가지 협상방식 중에서 어
느 것은 옳고 어느 것은 그릇된 것이라고 도덕적인 판단을 미리 해서는 안 된다는
점이다. 두 가지 접근방식을 구체적으로 살펴보기 전에 입장에 기반을 둔 협상방식
에서 「입장position」이란 무엇이고 이익에 기반을 둔 협상방식에서 「이익interests」이
란 무엇을 의미하는가를 알아야 한다.

「입장」이란 이슈가 어떻게 다루어질 수 있거나 해결될 수 있는가에 대한 진술
statement 혹은 이슈가 어떻게 다루어져야 하거나 해결되어야 하는가에 대한 진술을
의미한다. 다시 말해 입장이란 특정한 이슈의 해결을 위한 제안proposal을 의미한
다. 협상의 당사자들은 자신들이 가지고 있는 특정의 이익이나 필요를 충족시켜주
기 때문에 특정의 입장을 택하게 된다.

「이익Interests」이란 협상 당사자 사이의 합의agreement가 만족스러운 것으로 간
주되기 위해 충족되어야만 하는 특정의 필요needs, 조건condition 혹은 이득gain을 지
칭한다. 이러한 이익이라는 것은 구체적으로 재정적 자원이나 재화 등과 같은 실질
적 내용물에 대한 필요를 의미하는 실체적 이익substantive interests, 특정한 유형의

행태나 일이 행해지는 방식에 대한 필요를 의미하는 절차적 이익procedural interests, 느끼는 방식이나 취급되는 방식 혹은 지속적인 관계를 위한 조건을 의미하는 관계적이거나 심리적 이익relationship or psychological interests으로 세분된다.[1]

## 3. 입장에 기반을 둔 협상방식

위에서 이미 언급하였듯이 입장에 기반을 둔 협상은 경합적 협상, 배분적 협상, 강성협상, 가치요구 협상으로도 불리는데, 이들 모두는 입장에 기반을 둔 협상의 특징의 일면들을 잘 보여주고 있다.

입장에 기반을 둔 협상방식은 협상이란 합이 영이 되는 거래zero-sum bargaining라고 전제한다. 즉 협상가들은 협상을 제한되거나 고정된 양의 이익을 둘러싼 경합으로서 일방의 이익은 타방의 손실로 인식한다. 협상가들은 타방의 파이를 빼앗아 자신의 파이의 양을 늘리고자 함으로써 협상에 참가하는 모두가 좀 더 많은 것을 가질 수 있도록 파이 전체의 양을 늘리기 위한 수단으로 협상을 바라보는 관점으로서 다음에 살펴볼 이익에 기반을 둔 협상방식과 크게 대조를 이룬다.

협상의 당사자들은 상대방의 희생을 딛고서라도 자신의 이익을 극대화하고자 다양한 방식을 동원하며 이익을 극대화하고자 하는 목표를 진전시킬 수 있는 경우를 제외하고는 상대방의 이익을 타당한 것으로 보려하지 않는다.

좀 더 구체적으로 협상 테이블의 상대방을 적으로 바라보고 상대의 승리를 자신의 패배로 간주하며 가능한 한 완승을 하는 것을 목표로 한다. 협상 참가자는 종종 상대방에 의해 수용되지 않을 것을 알면서 극단적인 입장extreme position을 취한다. 또한 양보를 한다는 것은 취약함을 드러내는 것이라고 생각하고 항시적으로 공세적인 태도를 취한다. 상대방과의 장기적인 관점에서의 관계에 큰 중요성을 부여하지 않는다. 올바른 해결방안은 존재하기 마련인데, 이러한 해결방안이란 다름 아닌 자신이 제시한 방안이라는 견해를 갖는다. 입장에 기반을 둔 협상방식이 흔히 사용하는 대표적인 전술tactics을 구체적으로 살펴보면 다음과 같다.

---

[1] Christopher W. Moore, "Negotiation," http://www.au.af.mil/au/awc/awcgate/army/usace/negotiation.htm (검색일: 2014년 4월 11일).

## (1) 다양한 전술

### 1) 힘의 사용이나 힘의 사용에 대한 위협 전술bullying tactics

힘power을 실제적으로 사용하거나 사용하겠다는 위협을 가해 상대방으로부터 양보를 이끌어내는 전술을 의미한다. 협상의 상대가 특정의 요구를 수용하지 않으면 어떠한 조치를 취하겠다고 함으로써 상대방을 방어적으로 만들어 유리한 여건에서 협상을 진행하려는 전술이다.

### 2) 벼랑 끝 전술brinkmanship tactics[2]

협상의 일방이 양보하지 않고 고도로 위험한 상황을 극단으로 몰고 갈 의향과 능력이 있다는 인상을 주어 최대한의 이익을 챙기고자 하는 전술을 의미한다. 구체적으로 벼랑 끝 전술은 긴장관계를 고조시켜 나가다가 이러한 긴장관계가 절정에 도달하여 위기가 최고도로 고조된 시점에서 상대방에게 결정적인 양보를 제의하면서 최대한의 보상을 받아내는 전술을 의미한다. 핵협상과 관련하여 북한이 전형적으로 채택해오고 있는 전술이다.

### 3) 일보후퇴, 이보전진 전술rejection-then-retreat tactics

협상 초기 단계에서 자신의 진정한 협상의 목표를 감추고 이보다 더 높은 수준의 요구를 제시한다. 이에 대해 상대방이 분노하여 거부하더라도 이를 무시하고 일단 밀어붙인다. 이로 인해 협상이 교착상태에 빠질 수 있는데, 이때 이제까지의 과도한 요구를 철회하고 좀 더 낮은 요구를 제시한다. 이러한 낮은 수준의 요구는 상대방에게 양보로 비추어지면서 상대방 역시 이에 조응하여 양보를 해야 한다는 심리적인 압박감을 갖도록 한다. 그 결과 상대방이 이러한 요구를 수용함으로써 원래의 숨겨진 목표나 그 이상의 협상목표를 달성하는 전술을 의미한다.[3]

### 4) 살라미 전술salami tactics[4]

살라미란 소금에 절인 이탈리아식 소시지로서 짜기 때문에 일반적으로 조금씩

---

2) 「chicken game」이 이러한 전술의 논리를 설명한다.
3) 협상 일방이 타방에게 양보를 한 경우 상대가 이에 상응하는 대응을 하여야만 한다는 의무감을 느끼게 되는데, 이를 「상호성의 규칙(rule of reciprocity)」이라고 칭한다.
4) 「Salami Tactics」는 때때로 「Salami-Slice Tactics」 혹은 「Piecemeal Tactics」이라고도 불린다.

썰어서 먹는다. 따라서 살라미 전술이란 협상에서 살라미처럼 단계를 잘게 여러 개로 나누어 단계별로 압박을 통해 이득을 극대화하고자 하는 전술을 의미한다. 즉 얻고자 하는 것을 한 번에 관철시키지 않고 여러 개로 나누어 시간을 끌면서 순차적이고 개별적으로 쟁점화 하여 그 하나하나에 대해 개별적인 보상을 취함으로써 총체적으로 이득을 극대화하고자 하는 전술이다. 하나의 카드를 여러 개로 쪼개서 잘게 쪼갠 카드를 하나씩 흔들며 위협 수위를 높이는 전술이다. 마케팅 전술로서도 사용되는데 자동차 제조사나 핸드폰 제조사들이 기술적으로 진전된 제품을 일거에 내놓지 않고 매년 기술적으로 약간씩 진전된 형태의 제품을 내놓음으로써 소비자들로 하여금 중간단계의 제품을 사도록 하는 것도 이러한 전술에 속한다고 볼 수 있다.

이 전술은 큰 목표를 여러 개의 작은 목표들로 나누어 상대방을 단계적으로 압박하는 전술로서 살라미 전술을 구사하는 측이 한 발자국씩 움직여 나가기 때문이 많은 경우 협상의 상대방이 전체의 그림을 알기 어려운 가운데 협상이 진행됨으로써 궁극적인 목표를 달성하는 데 효과적인 전술이다. 이 전술은 급격하게 목표를 관철하고자 할 경우 초래될 수 있는 상대방의 반발을 감소시키면서 이익을 극대화하고자 하는 의도를 가진다. 즉 협상에 임하는 자가 상대방에게 얻어낼 양보를 여러 개의 작은 것으로 잘라서 제시할 경우 상대방은 덜 저항하면서 큰 양보를 하게 된다. 이는 마치 끓는 물에 개구리를 집어넣을 겨우 금방 뛰쳐나오려고 하지만 찬물에 넣고 서서히 조금씩 데울 경우 개구리는 행동을 취하지 않는 것과 같은 논리로서 비유되곤 한다.

북한이 비핵화를 위한 협상 과정에서 이러한 전술을 전형적으로 구사하고 있는데 구체적으로 북한은 핵협상에서 핵 포기 단계를 최대한 여러 단계로 나누어 각 단계마다 국제사회로부터 보상을 요구함으로써 핵을 포기하는 기간은 최대한 연장함과 동시에 보상의 극대화를 시도해오고 있다. 2013년 4월 3일 북한은 개성공단 출경 차단조치를 취한 바 있다. 이는 유엔 안전보장이사회가 대북제재 조치를 취한 것에 반발하는 가운데 취한 조치의 하나로서 한국정부의 반응을 보면서 제2, 제3의 카드를 제시하면서 한국정부에 압박의 강도를 단계적으로 높이려는 전술의 일환이었던 것으로 볼 수 있다. 그 당시 북한은 한국측 인원과 물자가 북한지역으로 이동하는 것을 막는 데 그쳤지만 한국정부의 대응에 따라 차후에 수위를 높여 개성공단 내 한국인의 귀환을 불허하여 인질화하고자 하는 의도가 있었다고 볼 수

있다.

협상의 상대방이 살라미 전술을 구사하고 있다는 것을 인지할 경우 상대방의 최종 목표가 무엇인가를 알아내는 것이 중요하다. 독자적으로 알 수 없을 경우 최종적으로 원하는 것이 무엇인가를 상대방에게 물을 수 있다. 이때 합리적인 최종적인 패키지reasonable final package를 제안하고 이를 수용하든지 말든지 양자택일take it or leave it을 하라는 방식으로 대응할 수 있다.

### 5) 지연전술delaying tactics

협상의 상대가 시간에 쫓기거나 서둘러 협상을 마무리 하려는 기미가 보일 때 시간을 끌어 상대방으로부터 보다 많은 양보를 이끌어내는 것을 목적으로 하는 전술이다. 구체적인 지연방법으로서 자국의 협상 참가자를 교체하여 협상을 처음부터 다시 원점에서부터 시작하게 하거나 동일한 주장을 반복적으로 늘어놓아 상대방을 초조하게 한다.

이러한 요인과 더불어 협상에서 먼저 양보를 하게 되면 상대에게 밀릴 수 있다는 생각으로 인해 협상이 교착상태에 빠져 대체적으로 마지막 10%의 시간에 합의의 90%가 이루어진다고 한다. 즉 협상에서 중요한 이슈들은 대개 협상시한 막바지에 결정된다. 이 때문에 협상가들은 협상이 타결되려면 협상의 시한이 필요하다는 주장과 더불어 협상을 할 때 상대방의 협상 마감시간에 협상을 하라는 권고를 한다. 이러한 것들을 고려할 때 협상에 있어서 중요한 것은 상대방의 협상시한을 아는 것이며 이를 바탕으로 특정 시점을 협상시한으로 정하고 협상을 하는 것이다.

### 6) 과장전술bluffing tactics

일명 「허장과세(허풍) 전술」로서 카드게임에서 자신의 패가 상대방보다 좋지 않음에도 불구하고 상대를 기권시키기 위해 거짓으로 강한 베팅이나 경주를 하는 것으로부터 유래된 전술이다. 협상에서 자신의 능력을 과장함으로써 상대방으로 하여금 겁을 먹도록 하는 전술로서 자신의 속내를 드러내지 않고 상대방을 속이는 전술이다.

이러한 전술이 성공하기 위해서는 상대방이 나의 정보를 몰라야 하며 양치기 소년이 늑대가 나타났다고 처음 말했을 때 효과는 상당했지만 반복했을 때 어느 누구도 곧이들으려고 하지 않았던 것처럼 성공하기 위해서는 1회의 사용에 그쳐야

한다. 미국측과의 자유무역협정FTA을 체결하기 위한 협상에서 한국측 대통령이 「협상조건에 따라 협상이 결렬될 수 있다」는 발언을 했던 것을 이러한 전술의 하나로서 들 수 있다.[5]

### 7) 제 손 묶기 전술tied-in-hand tactics

이는 일명 「오리발 내밀기 전술」로서 국제협상에서 협상 참여자 일방이 자신은 상대방의 협상안을 받아들일 수 있어도 국내적으로 승인을 얻기 힘들다는 것을 내세움으로써 상대방에게 양보를 요구하여 협상의 결과를 유리하게 이끌고자 하는 전술이다. 미국의 무역대표부USTR가 국제무역협상과 관련하여 협상의 상대방에게 흔히 구사하는 전술로서 협상 상대방의 협상안을 수용하고 싶어도 미국의 의회의 강력한 거부의사를 핑계로 수용이 불가능하다는 입장을 택해 자신의 목표를 달성하고자 한다.

이 전술은 국내적인 반대를 국제협상에서 적극적으로 활용하는 전술로서 한미간에 자유무역협정을 둘러싼 협상과정에서 한국측 협상단은 국내에서의 대규모 자유무역협정FTA 반대시위와 정치인들의 단식투쟁을 한국측 주장을 밀고나가는 데 활용했을 것으로 보인다. 다른 한편 미국측은 이러한 전술을 활용하여 한국측이 요구한 전문직 비자쿼터의 허용 등을 피해갈 수 있었다.[6]

### 8) 온건파와 강경파 전술good guy/bad guy tactics

일명 착한 역과 악역 전술이라고도 부른다. 경찰서에서 피의자를 심문하여 자백을 받아 내기 위해 흔히 사용되는 전술이다. 우선 악역을 맡은 형사가 투입되어 피의자를 비인간적으로 무자비하게 겁을 주면서 몰아세운다. 그럼에도 불구하고 피의자가 끝까지 자백을 하지 않을 때 선한 역할을 맡은 형사가 먼저 형사를 대체하여 투입된다. 이 형사는 피의자에게 담배를 권하고 악역을 맡았던 형사를 비난까지 해가면서 피의자의 편에 선 것과 같은 착각을 준다. 선한 역할의 형사는 이어서 자신에게 자백을 하면 조금이라도 피의자에게 유리하도록 하겠다면서 자백을 유도하고 피의자는 이에 조응하여 자신에게 동정적인 것처럼 보이는 이 형사의 제안이

---

5) 조선일보, "협상기술의 백화점 FTA," http://www.chosun.com/site/data/html_dir/2007/04/11/2007041100961.html (검색일: 2014년 4월 11일).

6) 조선일보, "협상기술의 백화점 FTA," http://www.chosun.com/site/data/html_dir/2007/04/11/2007041100961.html (검색일: 2014년 4월 11일).

좋은 제안일 것이라는 착각과 더불어 자백을 하게 된다.

국제협상의 예로서 2003년 미국의 대북 핵 협상을 들 수 있다. 이때 미국의 럼스펠드 국방장관은 강경파로서 북한의 정권교체를 위한 외교압력을 언급했다. 이와는 대조적으로 파월 국무장관은 온건파로서 북한과의 협상의 필요성을 언급하자 북한이 이에 응하면서 미국, 중국, 북한의 3자회담이 성공적으로 성사되었다.

### 9) 이슈의 성격을 미리 규정하는 전술framing tactics

이 전술은 이슈의 성격을 자신에게 유리하도록 미리 규정하여 기정사실화함으로써 상대방을 이러한 틀 속에 가두어 이러한 틀 내부에서 사고하고 선택을 하도록 유도하는 전술을 의미한다. 즉 상대가 문제를 바라보는 방식을 규정하여 자신이 원하는 것을 택하도록 하는 전술로서 상대방의 최상의 대안BATNA에 대한 인식을 규정한다.

이와 관련하여 흔히 드는 예가 있다. 1912년 대통령선거운동이 끝나갈 즈음 최선을 다해온 루즈벨트Theodore Roosevelt는 소도시를 순회하는 선거유세를 계획했다. 열차가 서는 곳마다 군중들에게 근엄한 표지사진과 감동을 자아내는 연설문을 실은 우아한 팸플릿을 배포하여, 이들의 표심을 다질 계획이었다.

그런데 약 300만부를 인쇄한 연후에 팸플릿 표지의 사진 밑에 자그마하게 「시카고 마펫 사진관Moffett Studio, Chicago」이라고 쓰여 있는 것이 선거유세 운동원의 눈에 들어왔다. 마펫이라는 사람이 저작권을 가지고 있는 이 사진을 허락 없이 사용한다면 팸플릿 한 장당 1달러를 물어야 할 판이었다. 이대로 밀고 나아갈 경우 선거에 임박해 사진을 도용했다는 불미스러움에 휘말리고 감당할 수 없는 돈을 책임져야만 했다. 그렇다고 해서 팸플릿을 전혀 사용하지 않는다면 루즈벨트의 선출가능성은 타격을 받지 않을 수 없었다. 팸플릿을 새로 인쇄하는 것을 대안으로 생각해 볼 수 있었으나 그럴 시간적 여유가 없었다.

선거유세 운동원은 재빨리 마펫과 협상을 해야만 한다는 것을 깨달았다. 그러나 시카고 소재의 소식통이 조사한 바는 좋지 않은 소식이었다. 마펫은 사진사로서의 경력을 시작한 초기에 자신의 사진관의 가능성에 사로잡혀 있었지만 그는 거의 인정을 받지 못했다. 그 결과 마펫은 그 당시 재정적으로 어려움에 처해져서 돈에만 몰두한 가운데 쓸쓸하게 일을 접는 쪽으로 나가고 있었다.

의기소침하여 그 선거유세 운동원은 선거유세 매니저인 퍼킨스George Perkins라

는 전직 제이피모건J. P. Morgan의 파트너를 찾아갔다. 퍼킨스는 즉시 속기 타이피스트를 불러 마펫 사진관에 짧은 전보를 보내도록 지시했다. 전보의 내용은 「우리는 표지에 루즈벨트 사진이 들어 있는 팸플릿 수백 만 장을 배포할 계획이다. 우리가 사용할 사진의 판권을 가지고 있는 사진관에 큰 홍보가 될 터인데 이에 대해 얼마를 지불하겠는지 즉시 답을 주기 바라오」였다. 마펫으로부터 곧이어 답장이 왔는데 그 내용은 「이런 일을 해본 적은 없지만 이런 상황이라면 당신들에게 기꺼이 250달러를 내놓겠소」였다. 알려진 바로는 퍼킨스는 더 받으려고 흥정을 하지 않은 채 이를 수락했다고 한다.[7]

### 10) 막판 끼워 넣기 전술nibbling tactics

협상의 마지막 성사단계에서 작은 것을 끼워 얻어내는 전술을 의미한다. 많은 시간과 공을 들여 타결 직전에 도달한 협상이 깨져 원점으로 돌아가는 것을 꺼리는 심리를 이용한 전술이다. 협상이라는 것은 피곤한 과정이다. 타결이 가능한 시점에 가까이 도달하게 될 때 협상의 당사자들은 합의에 이르고자 하는 심리적인 필요를 드러내게 된다.

따라서 숙련된 협상가는 종종 상대가 협상의 최종단계에서 취약해지는 바로 그 마지막 순간까지 그들의 희망사항 리스트wish list에 어떤 요구사항을 지속적으로 간직해 둔다. 이러한 막판 끼워 넣기는 끼워 넣는 대상이 작은 것이고 적절한 심리적인 순간에 요청되었을 때 잘 작동한다. 끼워 넣는 대상은 최종적인 협상결과에 심대하게 영향을 미치지 않는 것이어야 한다. 예컨대 자동차를 구입 계약서에 서명을 하기에 이르렀을 때 구매자가 연료탱크에 휘발유를 별도의 지불 없이 꽉 채워주기를 원할 경우 이를 거절하여 협상을 결렬시키는 것이 어렵기 때문에 판매자는 이를 수락하게 된다.

### (2) 총체적 평가

이러한 입장에 기본을 둔 협상방식은 시간, 재정적 자원, 심리적인 혜택과 같은 협상의 대상이 되고 있는 자원이 제한적일 때, 보상의 합이 고정되어 있는 가운데

---

7) David Lax and James K. Sebenius, *The Manager as Negotiator: Bargaining for Cooperation and Competitive Gain* (New York: Free Press, 1986); James K. Sebenius, "Six Habits of Merely Effective Negotiators," *Harvard Business Review,* vol. 79, no. 4 (April 2001), pp. 92-93.

협상 당사자가 자신의 몫을 최대화하는 것을 원할 때, 당사자들의 이익이 상호의존적이지 않고 상반되거나 상호 배타적일 때, 현재나 미래의 관계에서 오는 이익이 현시적인 실체적 이득보다 우선순위가 낮을 때 종종 사용된다.8)

이러한 입장에 기반을 둔 협상방식을 총체적으로 평가하면 다음과 같다. 이러한 협상 스타일은 상대방의 진정한 이익과 의도가 무엇인가를 찾아내고자 하는 노력을 하기보다는 표면적으로 드러난 입장position에 초점을 둔다는 비판을 받는다. 또한 벼랑 끝 전술과 같은 극도의 모험주의brinkmanship를 부추기고 공동의 이익에 필요한 상호간 신뢰를 저해한다는 비판 역시 받는다.9) 이러한 협상 태도는 완고하게 고정된 입장fixed position에 기초하고 있어 종종 어떠한 합의에도 이르지 않은 채 끝나버리는 경향이 있다.

물론 타협compromise에 이르는 경우도 없지는 않지만 이렇게 도달한 타협이란 협상 당사자들의 진정한 이익을 효율적으로 충족시켜주는 것이 아니라 단순히 두 입장간의 차이의 중간점에 지나지 않는다. 즉 타협이라는 것이 당사자 모두가 승자가 되는 것win-win과 동일한 것이 아니다. 타협이라는 것은 당사자 모두가 동의할 수 있는 결과에 도달하기 위해 원래의 목표로부터의 희생을 포함하기 때문이다. 당사자 모두가 승리한다는 것은 원래 바라던 바에 대한 아무런 희생 없이 애당초 바라던 결과에 도달하는 것을 의미한다.10)

## 4. 이익에 기반을 둔 협상방식

이익에 기반을 둔 협상방식은 일명 협력적 협상cooperative negotiation, 문제 해결적 협상problem-solving negotiation, 당사자 모두가 이기는 협상win-win negotiation, 원칙이 있는 협상principled negotiation이라고도 불린다. 이러한 방식의 협상은 또한 통

---

8) Christopher W. Moore, "Negotiation," http://www.au.af.mil/au/awc/awcgate/army/usace/negotiation.htm (검색일: 2014년 4월 11일).

9) 벼랑 끝 전술은 긴장관계를 고조시켜 나가다가 이러한 긴장관계가 절정에 도달하여 위기가 최고도로 고조된 시점에서 결정적인 양보를 제의하면서 최대한의 보상을 받아내는 전술을 의미한다.

10) 이처럼 타협이란 최선의 해결책은 아니지만 실제의 많은 협상들이 당사자들의 서로 상응하는 양보를 통한 타협으로 타결된다. 이러한 타협이란 당사자들의 협상을 통해 만족시키고자 하는 욕구의 수준이 높지 않은 경우, 시간상의 제약이 있는 경우, 갈등의 지속에 대한 두려움이 있는 경우, 사회적으로 강요된 공평성 개념이 균등한 분배인 경우, 감정적 갈등이 증폭된 결과 당사자가 지친 경우에 발생한다.

합적 협상integrated bargaining이라고도 불리는데, 이 방식이 협력, 공동이익의 충족, 협상대안의 확대를 위한 노력을 강조하기 때문이다.

이러한 협상태도는 협상이란 항상 합이 제로가 되는 게임zero-sum game인 것만은 아니라는 전제로부터 출발한다. 즉 협상에서 당사자 일방의 이익이 필연적으로 타방의 손실로 이어지는 것만은 아니라는 전제로부터 출발한다. 이러한 맥락에서 공동의 이익이 강조되고 공정하고 상호 합의할 수 있는 해결책에 이르는 것을 목표로 한다. 즉 이 협상방식은 당사자들의 이익에 기초하여 상호 이득이 되는 합의에 도달하는 것에 중점을 둔다.

좀 더 구체적으로 이러한 협상방식의 핵심적인 과정을 살펴보면 우선 당사자들은 자신과 상대방의 이익이 무엇인가를 찾아내려는 노력을 경주한다. 이러한 이익이 무엇인지 밝혀지면 하나의 단일한 입장을 주장하기보다는 당사자 모두의 이익을 만족시킬 수 있는 다양한 여러 대안들을 공동으로 찾아내려고 노력을 한다. 그런 연후에 합동으로 찾아낸 여러 대안들 가운데 하나의 해결책을 선택하게 된다.

이익에 바탕을 둔 협상의 장점을 총체적으로 보여주는 전형적인 예로서 흔히 언급이 되는 오렌지 하나를 둘러싼 자매간의 다툼이 해결되는 방식을 소개하고자 한다. 자매가 서로 오렌지 하나를 모두 갖겠다는 입장position을 강력하게 고집하면서 싸우고 있다. 언뜻 보아 이는 합이 영이 되는 상황zero-sum situation으로서 해결의 기미가 보이지 않는다. 이 경우 궁극적으로 도달하는 문제해결 방식은 타협으로서 오렌지를 반으로 갈라 자매가 나누어 갖는 것이다. 그러나 이러한 선택은 두 자매가 원래 희망하던 것과는 거리가 있는 선택임에 틀림이 없다. 즉 이들이 오렌지 하나를 모두 갖고자 한 입장의 이면에 숨어있는 진정한 동기를 살펴보면 이러한 타협책은 최상의 선택이 아니다. 왜냐하면 한 소녀는 오렌지주스를 만들기 위해 오렌지 전체의 과육flesh/meat이 필요했고 또다른 소녀는 과자에 오렌지 향을 내기 위해 오렌지 전체의 껍질rind을 필요로 했기 때문이다. 따라서 드러난 입장 대신에 입장에 내재해 있는 이익의 관점에서 이 문제를 바라보면 이는 합이 영이 되는 상황이 아니라 모두가 승자가 될 수 있는 상황이다. 이들 자매는 결국 서로의 이익을 살펴봄으로써 상대방의 이익을 빼앗지 않은 채 오렌지로부터 애당초 얻고자 하는 것 모두를 가질 수 있다는 것을 발견하게 된다.[11]

---

11) Roger Fisher, William Ury, and Bruce Patton, *Getting to YES: Negotiating Agreement Without Giving In*, 3rd Edition (New York and London: Penguin Books, 2011), pp. 58-59;

이익에 기반을 둔 협상방식을 옹호하는 사람들은 입장에 기반을 둔 협상방식이 당사자들로 하여금 의사결정을 위해 뜻을 끝까지 굽히지 않도록 하거나 일방의 손실을 수용하도록 하는 상황으로 몰아가 협상이 파국을 맞도록 하며 기껏해야 타협적인 결론에 이르게 된다고 본다. 이와는 달리 이익에 기초한 협상은 입장에 내재해 있는 이익을 조화시키고자 하며 당사자들로 하여금 합의에 도달하도록 도움으로써 자신의 이익만을 관철하기 위해 완강하게 끝가지 버티거나 상대방으로 하여금 손실을 일방적으로 수용하도록 하는 협상을 막는 역할을 한다고 본다.

이러한 이익에 기반을 둔 협상이 모든 상황에 다 적합한 것은 아니다. 예컨대 당사자 중 일방이 입장에 기반을 둔 경쟁적인 협상전략을 선택하고 타방의 희생을 딛고서 승리하는 데에 집착할 때 이익에 기반을 둔 협상은 이루어지기 어렵다. 그런 연고로 이러한 협상방식은 협상 당사자들의 이익이 상호의존적이고, 미래의 관계에 우선적인 중요성이 부여되어 있을 경우 선택된다.

이익에 기반을 둔 협상방식은 상호이득이 있는 협상결과에 이르기 위해 서로의 이해관계를 찾아내고 이를 바탕으로 한 선택대안을 창출하고자 많은 시간을 투입하여야 한다는 문제점이 있다. 그럼에도 불구하고 근래에 접어들어 이익에 기반을 둔 협상방식이 광범위하게 수용되고 있다. 이익에 기반을 둔 협상이 성공적으로 실행되기 위한 원칙들을 소개하면 다음과 같다.12)

### (1) 협상방식의 원칙들

#### 1) 사람과 문제의 분리separating the people from the problem

협상의 당사자들이 아무리 일국을 대표하는 외교관들이라고 하더라도 사람임에는 틀림이 없다. 때문에 이들은 그들 나름의 성격과 특징, 국가이익과 일치하지 않을 수 있는 개인적인 야망, 감정 등과 같은 개인적인 요소들을 가지게 마련이다.

이러한 개인적인 요소들을 주요한 협상의 이슈와 구분하여야 한다. 특히 협상의 상대에 대한 감정, 편견, 문화나 언어의 차이에서 유래되는 오해 등을 협상과 분리시키고 이들을 별도로 다루는 것이 이익에 기반을 둔 협상의 가장 우선하는

---

Tanya Alfredson and Azeta Cungu, *Negotiation Theory and Practice: A Review of the Literature* (Rome, Italy: FAO, 2008), p. 19.

12) Roger Fisher, William Ury, and Bruce Patton, *Getting to YES: Negotiating Agreement Without Giving In*, 3rd Edition (New York and London: Penguin Books, 2011).

원칙이 되어야 한다. 감정과 자아가 협상의 문제와 뒤엉키게 되면 상대방의 입장을 명백하게 바라볼 수 있는 자신의 능력에 부정적인 영향을 미칠 수 있고 그 결과 협력적이기보다는 적대적인 상호작용으로 귀결되기 쉽기 때문이다. 예컨대 협상에 있어서 상대방에 대한 분노와 불신 같은 감정은 합의에 이르는 것을 어렵게 만든다.

이처럼 주관적인 인식, 감정, 의사소통의 문제와 같은 것은 이슈를 객관적으로 다루는 것을 방해하기 때문에 협상 참가자들은 관계로부터 유래되는 이러한 이슈들로 인해 서로를 공격하여서는 안 되고 해결을 요하는 문제를 함께 공략하여야 한다. 즉 공략의 대상이 상대방이 아니라 해결하여야 할 이슈여야 한다는 것이다. 이 때문에 인내patience라는 것이 협상에 있어서 가장 중요한 요소가 되어야 한다.

### 2) 입장이 아닌 이익에의 집중focusing on interests, not positions

협상의 당사자들은 다른 상대방의 이익을 제대로 고려하지 않는 경향이 있다. 합의에 이르기 위해서는 상대방이 협상의 테이블로 가져와 표면적으로 드러내는 입장(요구)에 중점을 두는 대신에 상대방이 취하고 있는 입장의 내면에 내재해 있는 이익(욕구)을(를) 포착하여야 한다. 간단히 말해 표면에 드러난 상대방의 생각만 보지 말고 본심이나 관심이 무엇인가를 파악해야 한다. 상대방에 의해 표출된 처음의 입장은 상대방이 진정 원하는 것이 무엇인가를 불명료하게 한다. 이 원칙은 상대방의 요구보다는 이러한 요구 뒤에 숨어 있는 욕구를 읽어내야 한다는 의미이다. 따라서 자신의 이익에 관해 이야기를 하고 상대방의 이익을 알아내기 위해 질문을 던져야 한다.

### 3) 상호이득을 위한 대안의 창출inventing options for mutual gain

상대방이 표면적으로 드러내고 있는 입장 대신에 이익에 초점을 맞춤으로써 하나의 당사국만이 승자가 되지 않고 모두가 승자가 될 수 있는 즉 당사국들 모두에게 상호이득이 있는 대안을 창출해 내도록 노력하여야 한다. 이는 협상 참여자 모두가 협상을 통해 원하는 것을 얻으려는 목적을 가지고 있기 때문이다. 따라서 자신의 이익은 최대한 취하려고 하면서 상대방의 이익을 고려하지 않거나 최소화하려고 할 경우 협상은 진전되기 어렵다.

해결하기 어려운 협상의 경우에도 공동으로 문제를 해결하기 위한 새롭고 창의적이면서 상호 이익이 되는 해결책을 찾아내기 위해 노력한다면 좀 더 용이하게

합의에 이를 수 있다. 이를 구체화하기 위해서 브레인스토밍brainstorming, 대안의 폭을 넓히기, 상호이익을 찾아내기 등이 필요하다. 협상 참가자들의 이익을 찾아내 창의적 대안으로서 협상이 타결된 예를 들면 다음과 같다.

1967년 이스라엘과 아랍연맹 사이에 전쟁이 발발했다. 이를 제3차 중동전쟁이라고 하며 6일 전쟁이라고도 한다. 1964년에 결성된 팔레스타인해방기구PLO가 이스라엘 발살과 팔레스타인 국가건설을 목표로 무장조직을 동원하여 이스라엘에 대한 무차별 테러 공격을 자행했다. 이스라엘은 PLO의 테러에 대한 응징과 아랍국가의 공격 기도에 대한 자위를 명분으로 항공기에 의한 공중 기습공격과 시나이반도에 대한 대공세를 전개하여 이집트로부터 시나이반도를 빼앗는 등 완승을 거두었다.

전쟁 후의 평화협상을 체결하려는 노력은 시나이반도의 반환문제로 지지부진하였다. 이집트는 시나이반도 전체의 반환을 협상의 입장으로 가졌고 이스라엘은 일부의 반환을 입장으로 견지했기 때문이다. 밴스Cyrus Vance 미국 국무장관은 두 국가 사이의 협상을 중재하면서 합의를 도출하기 위해 이익에 기반을 둔 협상방식을 택했다.

우선 그는 이집트와 이스라엘의 표면적인 입장에 내재해 있는 핵심적인 이익을 파악하고자 했다. 그 결과 이집트가 경제적으로는 별 쓸모가 없는데도 반도의 100% 반환에 집착하는 진정한 동기는 영토주권의 문제라는 것을 알게 되었다. 파라오왕 이후로 이집트의 영토였던 시나이반도가 수세기에 걸쳐 그리스, 로마, 터키, 프랑스, 영국의 지배 하에 놓였다가 얼마 전에야 가까스로 주권을 회복했는데 다시 이스라엘의 수중에 들어가게 되자 수용할 수가 없었다. 또한 이스라엘이 일부 반환에 집착하는 진정한 동기는 자국의 안전보장이었으며 이를 위해 완충지역buffer zone을 필요로 한다는 것을 알게 되었다.

이러한 양국의 진정한 이익을 찾아낸 국무장관은 두 국가의 이익을 충족시킬 수 있는 창의적인 대안creative option으로서 시나이반도를 이집트에 100% 반환하면서 이곳의 비무장지대를 확대하여 이스라엘의 안전보장에 대한 우려를 불식시키고자 했다. 이러한 창의적인 대안은 캠프데이비드 협정Camp David Agreement의 체결을 가져왔고 그 결과 이집트와 이스라엘의 지도자가 동시에 노벨평화상을 수상했다.[13]

---

13) Roger Fisher, William Ury, and Bruce Patton, *Getting to YES: Negotiating Agreement Without Giving In*, 3rd Edition (New York and London: Penguin Books, 2011), pp. 43-44, 58.

또다른 예를 제4차 중동전쟁의 예를 통해 살펴보자. 이 전쟁은 일명「욤 키푸르Yom Kippur 전쟁」,「라마단 전쟁」또는「10월 전쟁」이라고 불리는 전쟁으로서 1973년 10월 6일부터 10월 25일까지 일어났던 이스라엘과 아랍 연합군(이집트와 시리아가 주축이 됨) 간의 전쟁이다.

이 전쟁은「욤 키푸르」라는 유대교의 속죄일에 이집트 군과 시리아 군이 시나이 반도와 골란고원을 기습하여 시작되었다. 이곳은 1967년 6일 전쟁 때 이스라엘에 점령된 지역이었다. 아랍측은 기습을 통해 초반에 수에즈 운하의 이스라엘군에게 큰 피해를 입히고 골란고원에서도 우세를 보였지만 곧 이어 이스라엘의 반격으로 이집트와 시리아의 수도가 위협을 받는 상황에 직면하게 되었으며 이때 미국과 소련의 제안으로 휴전에 이르렀다.

그러나 휴전이 이루어지고 나서 이집트 군 일부가 이스라엘 군에 의해 포위되어 있음이 알려지게 되었고 고립된 이들 이집트 군에게 식량과 의약품을 공급할 수 있는 유일한 도로에 대한 통제권을 둘러싸고 분쟁이 발생하였다. 양측 모두 양보하려 하지 않는 대결 상황이 지속되는 가운데 당시 미국의 국무장관인 키신저 Henry Kissinger가 조정자로 나서게 되었다. 키신저는 분쟁상황을 면밀하게 분석한 결과 이스라엘은 이 도로에 대한 실질적인 통제를 원하는 반면 이집트는 외견상 그 도로가 이스라엘의 통제 하에 있지 않다는 것을 보여줌으로써 국내여론을 무마하고 싶어 한다는 사실을 알게 되었다.

이러한 양측의 근원적인 이해를 파악한 키신저는 창의적인 대안으로서 이스라엘 군으로 하여금 도로 주변에 주둔하도록 하고 유엔군 검문소를 그 도로에 설치하도록 했다. 이렇게 함으로써 이스라엘은 도로에 대한 실질적인 통제권을 확보하였으며 이집트는 외견상 그 도로가 국제적인 통제 하에 있다는 모양새를 보여줄 수 있게 되었다.[14]

### 4) 의사결정을 위한 객관적 기준의 주장Insisting on using objective criteria for decision

의사결정을 위한 객관적인 기준을 고집하는 것이 협상을 위한 또 다른 원칙이다. 여러 가지 대안 가운데 선택을 하려면 이러한 대안들을 평가할 수 있는 상호 합의한 객관적인 기준을 사용할 필요가 있다. 여기서 객관적인 기준이란 구체적으

---

14) 곽노성, 『글로벌 경쟁시대의 국제협상론』 (서울: 경문사, 1999), p. 89.

로 공정한 표준fair standards과 공정한 절차fair procedures 둘 모두를 포함한다. 객관적인 기준이 가용할 경우, 협상에서 이러한 기준을 원용하면 논쟁을 줄이고 협상을 단순화시키며 좀 더 공평한 결과에 도달할 수 있다.

협상 당사자 모두가 동의할 수 있는 창의적인 대안을 창출해내기 위한 노력이 항상 성공만으로 귀결되는 것은 아니다. 협상 당사자들이 이슈를 둘러싸고 서로가 완고한 입장을 고수하여 여러 가지 창의적인 대안들이 제시되었음에도 불구하고 합의에 이르지 못할 경우가 있기 때문이다. 이럴 경우 공평성, 효율성, 과학적 증빙 등과 같은 기준을 불러들이는 것이 필요하다. 구체적으로 이러한 것에는 시장가치, 전례, 과학적 판단, 전문전인 기준, 효율성, 비용, 도덕적 기준, 평등, 전통, 상호성 등이 포함된다.

우선 공정한 기준의 예를 들면 다음과 같다. 개인들이 중고차를 사고 팔 때 가격을 둘러싸고 서로가 완고한 입장을 고수하여 어떠한 창의적인 대안에 대해 합의에 이르지 못하는 경우가 있다. 이때 동일한 차종의 중고차 매매상의 가격을 객관적 기준이 될 수 있는 참고자료로서 사용할 수 있다.

공정한 절차의 예를 들면 다음과 같다. 아이 둘이 케이크를 나누어 먹는 것을 둘러싸고 다투고 있다. 문제의 발단은 아버지가 케이크를 잘라 자기 마음대로 아이들에게 케이크를 배분했기 때문인데 이러한 자의적인 배분 방식은 아이들 누구도 만족시키지 못할 위험을 내포하기 마련이다. 이러한 문제를 해결하기 위한 접근법 중 하나는 공정한 절차를 불러들이는 것이다. 구체적으로 아버지는 이러한 접근법으로서 한 아이에게 케이크를 자르도록 하고 다른 아이에게 누가 어떤 조각을 가질 것인가를 결정하도록 했다. 이 경우 케이크를 자르는 아이는 자기에게 작은 조각이 돌아올 수 있기 때문에 자를 때 같은 크기로 조각을 내도록 노력하지 않을 수가 없을 것이다. 이러한 절차 자체가 정당성을 가지게 됨으로써 아이 어느 누구도 결과의 정당성에 대해 쉽게 이의를 제기할 수 없다.15)

이 원리가 유엔 해양법 협상에서 그대로 사용됐다. 1973년에 시작된 해양법 협상에서 심해저의 광물 채굴권 문제를 둘러싸고 국가별 이해관계가 상충하면서 협상이 난항을 겪고 있었다. 관련한 여러 문제 중 하나는 채굴을 위해 구역을 어떻게

---

15) Roger Fisher, William Ury, and Bruce Patton, *Getting to YES: Negotiating Agreement Without Giving In*, 3rd Edition (New York and London: Penguin Books, 2011), p. 87; Tanya Alfredson and Azeta Cungu, *Negotiation Theory and Practice: A Review of the Literature* (Rome, Italy: FAO, 2008), p. 23.

배정할 것인가의 문제였다. 가까스로 합의한 것은 대상 해역의 절반을 선진국의 민영기업이 나머지 반은 유엔 소유의 채광 산업체가 맡기로 했다. 개도국은 이러한 원칙에는 합의를 했지만 선진국의 민영기업이 심해저 광물 채취를 위한 탐사를 비롯한 관련 전문적 기술을 이용하여 채굴지역 중 노른자 지역을 차지할 것을 두려워했다. 이러한 우려를 불식시키고 협상타결을 위해 제시된 해결책이 선진국의 민영기업으로 하여금 두 개의 채굴 지역을 제안하도록 하고 유엔의 채광 산업체가 우선적으로 이 중 하나를 고르는 권한을 부여하는 것이었다. 이렇게 되면 선진국의 민영기업은 자신들이 어떤 공구를 갖게 될지 모르므로 최대한 공정하게 구역을 나눌 수밖에 없다. 즉 두 공구 모두를 다 좋게 분할해 놓아야 한다. 이런 공정한 절차를 적용하는 창의적 대안을 제시하여 협상이 성공적으로 타결됐다.[16]

### 5) 자신과 상대의 최선의 대안을 알기Know our and partner's BATNA

협상에서 논의되고 있는 거래가 아닐지라도 취할 수 있는 최상의 대안Best Alternative to a Negotiated Agreement, BATNA이 준비되어 있다면 상호이익이 되는 협상결과에 도달하기 쉽다.[17] 이러한 최상의 대안을 가지고 있는 경우 다음과 같은 2가지 이점이 있다.

우선 최상의 대안을 가지고 있는 경우 부실한 협상poor negotiation을 회피할 수 있다. 상대방이 제시한 협상안이 이러한 대안보다 더 나은 제안일 경우 협상을 지속하고 타결하지만, 대안보다 못한 안이 제시될 경우 협상을 결렬시키고 최상의 대안을 선택하면 되기 때문이다. 이처럼 대안을 가지고 있는 경우 협상의 지속이나 결렬 여부를 판단하기 용이하며 나아가 양보를 할 경우 어느 정도까지 양보를 할 것인지에 대한 객관적인 판단의 기준이 된다.

둘째로 이러한 대안을 보유하고 있는 당사자는 협상력을 가지게 된다. 대안을 가지고 있는 당사자는 현재 진행되고 있는 협상이 제대로 타결되지 않아도 현재의 거래에 연연하지 않아도 되기 때문이다. 거꾸로 대안을 가지고 있지 않은 당사자는 협상력이 약화됨으로써 상대방의 협상력을 높여주게 된다. 따라서 대안은 협상에서 약한 당사자가 자신보다 강한 협상 상대를 만날 경우 협상력을 키우는 중요한

---

16) Roger Fisher, William Ury, and Bruce Patton, *Getting to YES: Negotiating Agreement Without Giving In*, 3rd Edition (New York and London: Penguin Books, 2011), p. 87.
17) BATNA는 「협상에 의한 합의가 불가능할 경우 취할 수 있는 최선의 대안」이라고 번역될 수 있다. 즉 「협상이 결렬되었을 경우 취할 수 있는 많은 대안들 중에서 가장 좋은 대안」을 일컫는다.

도구가 된다. 협상에 있어서 당사자 일방이 현재의 거래 이외에 대안을 가지고 있지 않다는 것을 알게 되면 다른 일방은 협상력을 가지고 단호하고 좀 더 신속하게 협상을 전개할 수 있다.

이 때문에 협상에 임하기 전에 합의에 이르지 않을 경우에 대비하여 대안들로 구성된 리스트를 만들고 이들 중 협상안에 대한 최선의 대안이 무엇인지를 명백하게 해두는 것이 필요하다. 그러나 최선의 대안을 고정된 것으로 보지 않고 협상이 진행되고 있는 동안에도 부단히 더 나은 대안을 개발하려는 노력을 기울여야 한다.[18] 상대방에 압박을 가하고 협상력을 높이기 위한 수단으로 협상과정에서 대안을 사용하는 방식과 관련하여 노골적으로 드러내지 않고 암시적으로 사용하는 것이 좋다. 왜냐하면 명시적으로 사용할 경우 상대방의 강한 정서적인 반감으로 인해 협상 자체가 결렬될 수 있기 때문이다. 이때 협상력을 높이기 위해 거짓으로 최선의 대안이 있다고 암시하는 경우도 있으니 대안의 사실여부를 파악하기 위한 노력 역시 필요하다.

대안의 준비와 사용이 일방적으로 이루어질 때 협상의 일방만이 협상의 결과에서 이익을 취할 수 있다. 반면에 협상 참여자 모두가 각기 대안을 준비하고 사용하고자 할 경우 상호이익이 되는 협상결과를 도출하는 것이 불가능하지 않다. 이를 위해 협상 참여자들은 상대방의 대안을 예상하고 이해하는 것으로부터 출발하여 자신과 상대방의 대안 모두를 만족시킬 수 있는 선택을 찾으려는 노력이 필요하다.[19]

유능한 협상가가 되려면 협상의 목표를 상대방의 최선의 대안에 가능한 한 근접하는 것에 둘 뿐 아니라 상대방의 최선의 대안에 영향을 미치려고 노력하여야 한다. 즉 상대방이 가지고 있는 최선의 대안을 만족시키거나 그보다 나은 제안을 할 수 없을 경우 성공적인 협상이 이루어지기가 어려운데 이러한 경우 자신의 최선의 대안을 향상시키거나 가능하다면 상대방의 최선의 대안을 변경시키는 데 주력하여야 한다.

---

18) 여기서 최선의 대안과 협상의 「마지노선(bottom line)」을 개념상 구별할 필요가 있다. 「마지노선」이란 일단 설정이 되면 변하지 않는 경직성을 갖는 데 반해 대안은 유연성을 갖고 변화할 수 있다는 점에서 차이를 갖는다.

19) Roger Fisher, William Ury, and Bruce Patton, *Getting to YES: Negotiating Agreement Without Giving In*, 3rd Edition (New York and London: Penguin Books, 2011), p. 181.

## (2) 협상의 전술

### 1) 내기걸기

미래의 불확실성uncertainty으로 인해 협상이 지지부진하는 경우가 많다. 협상 참여자는 불확실한 미래에 대해 각기 다른 예측을 할 수 있고 이에 기초하여 상이한 입장을 견지하기가 쉽기 때문이다. 이러한 경우에 입장의 차이를 좁히는 데 자주 활용되는 협상방식 중 하나가 내기걸기betting이다.

한국의 프로야구에서 홈런왕까지 하던 선수가 일본진출을 하면서 일본 소속팀과 연봉협상에 들어갔다. 선수는 한국 내에서의 자신의 실적인 홈런 30개를 근거로 3억 엔을 고집하였으나 일본 소속팀은 일본에서는 10개 정도도 치기 힘들다는 예측과 더불어 2억 엔을 고집하는 바람에 협상이 교착상태에 빠졌다. 이때 선수가 계약을 2억 5천만 엔으로 하고 홈런을 30개 이상 치지 못하면 다음 해 연봉협상에서 5000만 엔을 삭감하여 2억 엔을 연봉으로 하고 대신에 30개 이상을 치면 5000만 엔을 추가하여 3억 엔을 줄 것을 요구했다. 일본 소속팀은 손해 볼 일이 없다는 판단 아래 요구를 받아들여 협상이 타결되었다. 협상을 못하는 사람들은 대개 양측이 제시한 가격의 중간 수준에서 대충 타협을 하려고 한다. 하지만 협상의 고수는 불확실한 미래 상황에 대해 내기를 걸어 양측 모두가 만족하는 결과를 얻어낸다.[20]

### 2) 이슈의 추가

경쟁적 협상방식의 경우는 대개 하나의 이슈를 대상으로 협상을 전개하며 복수의 이슈가 있다고 하더라도 한 번에 의제항목 하나씩을 대상으로 협상을 수행한다. 이와는 달리 통합적인 이익에 기반을 둔 협상의 경우 복수의 이슈를 동시에 협상의 대상으로 삼아 상호이익이 있는 결과에 도달하고자 한다.

이슈의 추가adding additional issues란 구체적으로 한 이슈를 둘러싸고 협상이 난관에 봉착했을 때 다른 이슈를 추가하여 협상테이블에 올려놓음으로써 협상을 타결하려는 전략으로서 다음의 예를 통해 살펴보고자 한다.

동료와 점심을 먹으려는데 어느 음식점으로 가느냐를 둘러싸고 합의를 보지 못

---

20) 조선일보, 2009년 11월 28-29일.

하고 있다. 한 사람은 패스트 푸드점에 가서 햄버거를 먹고 싶어 하고 다른 한 사람은 설렁탕집에 가서 설렁탕을 먹고 싶어 하기 때문이다. 이때 새로운 의제항목 agenda item으로서 누가 음식 값을 지불할 것인가를 추가하여 오늘 음식 값을 내가 낼 테니 오늘은 내가 가고 싶은 곳에 가자고 하여 합의를 도출할 수 있다. 혹은 내일 먹을 메뉴를 의제항목으로 추가하여 오늘은 내가 먹고 싶은 것을 먹고 내일은 당신이 먹고 싶은 섯을 먹자는 식으로 합의에 이를 수 있다.[21]

　한국이 미국과 자유무역협정FTA을 체결하는 과정에서도 이러한 협상전술이 원용되었다. 미국은 한국에게 신약의 최저가를 보장할 것을 주문했으나 한국은 이를 수용할 경우 한국의 제약업계가 받을 타격을 우려하여 수용할 수가 없어 협상은 어려운 국면에 빠져들었다.[22] 이때 한국측은 무역구제 비합산조치(반덤핑 조치를 발동하기 위한 산업피해를 판정할 때 한국산은 분리해서 평가하는 조치)를 추가 의제항목으로서 부상시켜 강하게 요구하였다.[23] 이에 대해 미국은 절대로 수용할 수 없다는 입장을 보였다. 이러한 미국의 입장을 이용하여 한국은 무역구제 비합산조치에 대한 미국의 입장을 수용하는 대가로서 미국이 요구한 신약 최저가 보장을 거부했을 뿐 아니라 투자자-국가 간 소송제도에서 부동산과 조세정책까지 제외시킬 수 있었다.[24]

　의제항목을 추가하여 이들을 일괄하여 타결한다는 점에서 이를 「일괄타결 package deal」이라고 부를 수 있다. 상대가 강하게 거부하는 협상안을 집요하게 요구하다가 막판에 양보하는 척하면서 다른 것에서 양보를 얻어내는 전술을 「미끼전술decoy tactics」이라고 부르는데 이러한 점에서 이슈의 추가전술은 「미끼전술」이라

---

21) 조선일보, 2009년 11월 28-29일.
22) 신약의 최저가 보장이란 다국적 제약사의 특허 의약품의 가격을 시장 가격에 기초해 결정하지 않고 미국 시장가격을 국내 약가에 그대로 반영하거나 다른 선진국들에서의 가격을 최저 가격으로서 보장하라는 것이다.
23) 비합산조치(non-conforming measure)란 특정 물품의 수입이 증가하여 국내 산업에 피해가 발생했을 경우 이에 대한 피해 사실을 조사할 때 해당 물품이 여러 국가로부터 수입되었을지라도 그 산업의 피해를 개별 수입국별로 조사하도록 하는 것을 말한다. 즉 미국이 수입으로 인한 산업피해를 추산할 때 덤핑 혐의가 있는 여러 수출국들로 인한 피해를 누적 적용하지 않고 특정 국가의 기업만 떼어내 판정하는 것을 말한다. 예컨대 비합산조치는 덤핑 판정에 의한 산업피해를 평가할 때 중국 등 다른 국가들로부터 수입된 동일 물품으로 인한 피해도 합산해 평가하는 것을 금지하는 조치를 의미한다. 한미 FTA 체결과정에서 한국은 미국측에 산업피해에 대한 비합산조치를 체결하려고 노력하였다. 그러나 미국측은 비합산조치가 법률 개정사항이기 때문에 수용할 수 없다고 주장하여 타결되지 않았다.
24) 조선일보, 2009년 11월 28-29일.

고 부를 수도 있다. 위에서 살펴보았듯이 한미 자유무역협정 협상과정에서 한국은 무역구제 비합산조치를 미끼로 활용하여 신약의 최저 가격 보장 불가를 이끌어냈다. 다른 한편 미국은 한국의 쌀 개방을 미끼로 하여 미국 연안의 승객과 화물 수송은 미국 국적 선박에만 허용한다는 법률인 존스법Jones Act을 지켰다.[25]

미끼전술은 우선 상대방이 수용하기 힘들 것으로 판단되는 미끼가 되는 조건을 제시하는 것으로부터 시작된다. 상대는 예상한 바대로 이에 대해 강력하게 거부를 하고 그 결과 협상은 난관에 봉착하게 된다. 협상이 결렬되기 직전에 이미 제시한 미끼조건을 양보하면서 이에 대한 보상으로서 상대로 하여금 자신의 핵심 의제에 대한 양보를 요구하여 관철하는 단계를 거친다. 따라서 상대가 제시한 다수의 협상안 중에서 무엇이 미끼이고 무엇이 핵심적으로 관철하려고 하는 의제인지 구별하는 것이 필요하다.

이슈의 추가 예로서 남북한 간의 협상을 들어보자. 남북한 관계가 교착상태에 빠져있는 상황에서 북한이 2013년 6월 초에 여러 가지 의제를 제시하면서 당국 간 회담을 제의해 왔다. 여러 가지 의제란 개성공단의 정상화, 금강산관광의 재개, 이산가족의 상봉, 6.15 공동선언의 기념행사를 일컫는데 이러한 북한의 제안은 한국을 회담 테이블로 유도하기 위한 것과 정말로 얻고자 하는 것이 뒤섞여 있었다. 구체적으로 이러한 의제 가운데 이산가족 상봉 의제는 북한이 한국정부를 회담 테이블로 끌어내기 위한 대표적인 유인책이라고 볼 수 있고 금강산 관광 재개 의제는 북한이 대화의 재개를 통해 가장 얻고자 하는 것이라고 한국 정부는 판단했다. 따라서 이러한 북한의 일괄타결 전략에 상응하여 한국도 북한의 금강산관광객 사살 사건, 천안함 폭침, 연평도 포격 도발, 개성공단의 3통(통행, 통신, 통관) 문제를 포괄적으로 다룰 것을 제안할 필요가 있다는 지적이 제시된 바 있다.[26]

### (3) 총체적 평가

통합적 협상방식은 당사자 모두의 요구 속에 내재해 있는 욕구를 조화시키는 방식으로서 모두에게 가장 큰 이익을 제공해 줄 수 있어 최선의 협상방식이다. 통합적 협상방식이 제대로 작동하기 위해서는 다음과 같은 조건이 충족되어야 한다.

---

25) 조선일보, "협상기술의 백화점 FTA," http://www.chosun.com/site/data/html_dir/2007/04/11/2007041100961.html (검색일: 2014년 4월 11일).

26) 조선일보 A4면 (2013년 6월 7일).

① 협상 당사자 모두의 욕구수준이 높아야 한다. 욕구수준이 낮을 경우 쉽게 포기하거나 타협compromise을 하려고 하기 때문이다. 이와는 달리 욕구수준이 높을 경우 양보를 하기 어렵고 이 때문에 합의에 도달하기 위해서는 새로운 창의적인 대안을 찾아내어야만 하기 때문이다. ② 시간적 제약이 적어야 한다. 협상 당사자들의 요구 속에 숨어 있는 욕구를 찾아내어 이들을 조화시킬 수 있는 창의석인 대안을 찾아내는 것은 많은 시간을 요하기 때문이다. ③ 갈등에 대한 두려움이 낮아 갈등은 해결을 위해 존재하는 것이라는 적극적인 사고가 필요하다. ④ 공평성의 기준으로 균등한 분배에 대한 중요성을 과도하게 부여하지 않아야 한다. 지나치게 균등한 분배를 강조할 경우 새로운 대안을 창조하는 대신 타협을 하려고 하기 때문이다.[27)]

## 5. 경쟁적 협상방식과 통합적 협상방식의 종합

협상의 결과는 협상 참여자들이 어떤 협상방식을 택하는가에 전적으로 달려 있다. 때문에 제대로 협상을 하려면 두 협상방식의 차이를 잘 이해하여야 한다.

경쟁적인 협상방식에서 협상 당사자들은 자신들의 목표가 상대방의 목표와 상충하는 것으로 바라본다. 이들은 개개 이슈를 고정된 파이fixed pie라는 관점에서 접근하면서 한 조각이 크면 클수록 다른 조각은 작아진다고 인식한다. 각각은 자신의 파이의 몫을 최대화하는 것을 원한다. 일반적으로 모든 협상 참여자들은 경쟁적 협상을 사용할 준비를 해야만 한다. 왜냐하면 많은 협상 참여자들이 이러한 협상방식을 사용하고 있기 때문이며 또한 일방이 이러한 방식을 사용하게 되면 대개의 경우 상대방 역시 같은 방식을 택하지 않을 수 없게 된다. 다른 당사자에게 승리를 거두거나 모든 비용을 들여서라도 협상결과를 극대화하기를 원하는 협상 참여자는 종종 이러한 경쟁적 협상방식을 택한다.

다른 한편 통합적 협상방식에서 협상 참여자들 모두는 협력정신과 더불어 협상을 시작하며 파이를 키워 상호이득이 있는 대안을 찾기 위한 노력을 한다. 경쟁적 통합방식의 경우 상대방을 양보의 한계점까지 밀어붙일 뿐만 아니라 가능하다면 이러한 한계치 자체를 낮추고자 하며 상대에게 자신이 불리한 입장에 처해 있다는

---

27) 곽노성, 『글로벌 경쟁시대의 국제협상론』 (서울: 경문사, 1999), pp. 82-83.

것을 깨닫도록 하는 심리전도 불사한다. 이와는 대조적으로 통합적 협상방식은 드러난 입장position보다는 입장 속에 내재해 있는 이익interest에 중점을 두고 타결 가능성을 높이기 위해 상호 이익이 되는 대안들을 창출하는 것에 집중하고자 한다.

이 두 협상방식의 차이를 좀 더 세부적이고 체계적으로 살펴보자. ① 협상의 대상의 되고 있는 이슈의 수의 관련하여 경쟁적 협상방식은 하나의 이슈를 대상으로 하며 여러 개의 이슈라 할지라도 1회에 하나의 이슈를 대상으로 한다. 통합적인 협상방식은 몇 개의 이슈를 동시에 협상의 대상으로 한다. ② 협상의 구체적인 테크닉과 관련하여 경쟁적 협상방식은 승자와 패자라는 이분법적 관점을 갖는 데 반해 통합적 협상방식은 모두가 승자가 되는 관점을 갖는다. ③ 일반적인 전략으로서 경쟁적 협상방식은 고정된 파이에서 자신의 몫을 최대화하는 전략을 가지는 데 반해 통합적 협상방식은 가치를 창출하고 자신의 몫을 주장하는 파이 키우기 전략을 갖는다. ④ 당사자들 사이의 관계란 경쟁적 협상방식에 있어서는 단지 일회적인 것인 데 반해 통합적 협상방식에 있어서는 장기적이고 지속적인 것이다. ⑤ 이해관계interests와 관련하여 경쟁적 협상방식은 이러한 이해관계를 숨기나 통합적 협상방식은 상대방과 이해관계를 공유하고자 한다. ⑥ 가능한 선택대안option과 관련하여 경쟁적 협상방식은 개개 이슈 당 하나의 표출된 선택대안expressed option을 가지는 데 반해 통합적 협상방식은 다수의 선택대안을 가지며 최대한의 상호이익을 위해 새로운 선택대안을 창출하고자 한다. ⑦ 정보information와 관련하여 경쟁적 협상방식은 정보를 숨기나 통합적 협상방식은 상대와 정보를 공유하고자 한다.[28]

협상방식에 있어서의 이러한 차이에 기초하여 우리가 물어야 할 마지막 질문은 어떤 상황에서 어떤 협상방식을 사용하여야 하는가이다. 경쟁적 협상방식과 통합적 협상방식은 각기 특정한 맥락에서 유용하기 때문에 목표하는 것이 무엇인가에 따라 협상 참여자는 둘 중 어느 하나의 협상방식을 택할 수 있다.

어떤 협상방식을 택할 것인가의 기준 가운데 하나는 상대적인 협상력bargaining power의 정도이다. 경쟁적 협상방식은 자신이 상대방에 비해 협상력이 있을 때 가장 잘 사용될 수 있다. 이와는 달리 통합적인 협상방식은 자신의 협상력이 상대방에 비해 강하지 않은 가운데 협상을 통해 무엇인가를 얻고자 하는 상황에서 가장 도움이 되는 협상방식이다. 이 때문에 일반적으로 강대국들은 협상의 유형 중에서

---

28) Chapter 4: Integrative Bargaining, http://www.prenhall.com/behindthebook/0131868667/pdf/ CarrellCh04final.pdf (검색일: 2014년 4월 11일).

경쟁적인 협상방식을 취하며 약소국들은 통합적인 협상방식을 취한다.

협상방식을 택할 때 사용할 수 있는 또다른 기준은 협상의 대상이 되고 있는 자원resources이 제한적인 것인가의 여부이다. 만약이 자원이 제한적인 것일 경우 자신은 당연히 좀 더 큰 몫의 파이를 원하게 될 것이고 이 경우 경쟁적인 협상방식을 택하는 것이 이익이 된다.

장기직인 관점에서 협상의 상대와 우호적인 관계를 갖기를 원하는지 아니면 경쟁적인 관계를 가지기를 원하는지에 따라 협상방식은 또한 달라진다. 한 번의 협상으로 끝날 것이고 미래에 상대로부터 어떠한 도움도 필요로 하지 않을 것이라고 판단이 될 경우 경쟁적 협상방식이 올바른 선택이 될 수 있다. 협상 참여자들 사이에 장기적으로 의존적인 측면이 있다면 통합적인 협상이 안전한 선택이 될 것이다.

## 6. 바람직한 다자협상

국제사회의 많은 국가들은 자국의 이익을 앞세우면서 국제사회 전체의 이익을 도외시하는 경향을 보인다. 이런 국가들이 많을 경우 국제사회 전체의 공익을 위한 의사결정이 이루어지는 것이 쉽지 않다. 지구온난화를 둘러싼 협상에서 미국과 같은 국가들이 이러한 행태를 적나라하게 보여주는 대표적인 경우라고 할 수 있다.

또다른 한편 국가들에 따라서는 단기적인 관점에서 당장의 국익이 손상된다고 해도 장기적으로 국익에 도움이 될 것이라는 판단을 가지고 국제사회의 공익을 자국의 단기적인 이익에 우선시 하는 국가들이 있다. 그러나 이러한 국가들을 국제사회에서 찾아보기 어렵고 특히 국가의 생존과 관련이 있는 안보문제 등을 둘러싼 협상의 경우 이러한 예는 더욱 더 드물다.

국제사회에서 가장 바람직한 의사결정에 이를 수 있는 현실적인 협상의 요체는 개개 국가들이 자국의 이익이나 공익에만 전적으로 집착하지 않고 자국의 국가이익과 국제사회 전체의 공익과의 조화를 도모하고자 노력하는 것이다. 즉 국가이익과 국제사회 전체의 이익을 대립적인 것으로 보지 않고 조화의 대상으로 바라보는 자세가 필요하다. 이러한 태도가 국제사회에서 진정한 다자주의genuine multilateralism를 실현하는 전제조건인 것이다.

## 7. 협상력과 협상전략

### (1) 협상력에 영향을 미치는 요인들

「협상력bargaining power」이란 협상에서 자신이 원하는 조건으로 합의를 얻어낼 수 있는 힘을 의미하며 다양한 요인들에 의해 영향을 받는다. 이러한 협상력에 영향을 미치는 요인들은 아주 다양하며 어떠한 관점을 지니는가에 따라 강조하는 요인들을 달리한다.

국제정치학의 현실주의 관점은 협상력이란 국가가 소지한 능력에 달려 있다고 본다. 구체적으로 경제력과 군사력 등을 포함한 일국의 총체적인 힘을 협상력의 중요한 요인으로 본다. 이처럼 현실주의 관점이 힘을 거의 유일한 협상력의 요인으로 강조하는 것과는 달리 자유주의 관점은 다양한 요인들을 협상력의 중요한 원천으로 파악하고자 한다. 자유주의 관점도 현실주의 관점처럼 힘을 협상력에 영향을 주는 요인의 하나로 간주를 하지만 힘을 관계적인 측면에서 상대적인 것으로 파악하지 않는 현실주의와는 달리 상대에 대한 의존에 있어서의 차이를 의미하는 비대칭적인 상호의존asymmetric interdependence으로부터 기인하는 것으로 파악하고자 한다.[29]

자유주의 관점은 이에 더하여 갈등을 야기하고 있는 이슈에 국가가 부여하는 상대적인 중요성relative salience의 정도, 협상에서 정부가 양보할 수 있는 능력에 대한 국내적인 제약의 유무와 제약의 정도,[30] 협상 당사자가 합의에 도달하지 않는 선택을 수용할 수 있는 정도,[31] 시간의 제약이 가져오는 압박의 정도,[32] 협상이 결

---

29) 협상 상대방에 대한 의존성이 클수록 협상력이 떨어진다고 본다.

30) 국내적인 제약의 유무와 정도란 구체적으로 협상의 예상되는 결과에 대한 국내의 이해관계자(stakeholder)의 반발의 여부와 반발의 정도가 협상력과 밀접한 관련을 가진다는 의미이다. 퍼트남(Robert Putnam)의 의하면 이러한 반발이 크면 클수록 두 수준 게임이론(two-level game theory)에서 언급하는 윈셋(win-set)이 작아지면서 상대방에 대한 협상력이 증가한다. 미국과의 자유무역협정(FTA) 협상이 진행되는 가운데 전개된 대규모 반대시위와 정치인의 단식투쟁 등은 협상자로 하여금 물러설 수 있는 여지를 좁혀 협상력을 고양시킴으로써 상대방인 미국측에 강한 압박을 가했다. 이는 앞에서 살펴본 바 있는 손발 묶기 전술(tied-in-hand tactics)로 활용된다.

31) 즉 협상의 일방이 이번에 반드시 협상을 타결해야만 한다고 매달리게 되면 협상력이 약화되고, 그 결과 더 많은 양보를 하지 않을 수 없게 된다. 이러한 현상을 「협상탈출의 실패」라고 칭하기도 하는데 과거 미국과의 통상협상에서 상대적으로 약한 협상력을 지녔던 한국정부가 흔히 빠졌던 함정이다 (김현종, 『김현종, 한미 FTA를 말하다』, 홍성사, 2010).

32) 협상 참여자가 시간에 쫓길수록 협상력은 약해지고 마감시간(deadline)에 가까울수록 협상자의 양

렬되었을 경우 취할 수 있는 대안의 존재여부 등과 같은 구조적인 요인들도 협상력의 요인으로 간주한다.

자유주의 관점은 이러한 구조적인 요인들 이외에 공정성fairness, 규범norm, 정의justice 등에 바탕을 둔 정당성legitimacy에의 호소, 논리적인 설득, 외부세력의 동원, 협상과정에의 조직적인 참여 등과 같은 행태적인 요인들 역시 협상력에 영향을 미치는 요인들로 중요시한다.

이러한 요인들 이외에도 상대방의 이해관계를 포함한 상대방의 동향에 대한 정보력, 협상 이슈에 대한 전문적 지식과 경험, 협상 상대와의 인간관계 등이 협상력에 영향을 미치는 추가적인 요인들이다.

### (2) 협상전략

국가들은 협상에서 협상력을 높이기 위한 전략으로서 위에서 살펴본 협상력에 영향을 미치는 요인들을 협상의 중요한 수단으로서 활용하고자 한다. 강대국들은 일반적으로 경쟁적인 협상방식을 택하면서 힘을 주요한 협상수단으로 삼는 경향을 보인다. 이들의 경우 실제적으로 힘을 사용하거나 사용하겠다는 위협이 신뢰를 가질 수 있기 때문이다.

반면에 중소국가들은 힘의 사용이나 위협이 신뢰를 갖기 어려울 뿐 아니라 이러한 협상수단의 사용은 강대국으로부터 보복을 불러올 수 있다는 것을 두려워한다. 따라서 중소국가들은 통합적인 협상방식을 택하면서 힘이 아닌 다른 협상수단을 통한 협상전략을 구사하고자 한다. 협상결과는 대체적으로 힘power에 의해 결정되지만 중소국가들도 일정한 협상수단을 동원할 경우 협상결과에 영향을 미칠 수 있다. 다음은 중소국가들이 협상에서 흔히 동원하는 협상수단들이다.

첫째, 중소국가들은 규범norm과 정의justice에 기초를 둔 정당성legitimacy에 호소하는 것을 중요한 협상수단으로 활용한다. 이 협상수단은 한마디로 도덕적인 압박 moral pressure을 가하는 협상수단이다. 이러한 전략을 구사하고 있는 전형적인 예로서 지구온난화로 인한 기후변화 협상을 하는 가운데 도서국가연합Alliance of Small Island States, AOSIS을 구성하고 있는 국가들의 전략을 들 수 있다.

이들은 기후변화 협상에서 지구의 온난화를 초래하는 데 있어서 가장 기여를

---

보비율(concession rate)이 높아진다.

해오지 않았음에도 불구하고 영토가 물에 잠기는 등 지구온난화로 인해 가장 큰 피해를 입고 있다는 주장을 전개하는 전략을 구사하고 있다.

둘째, 중소국가들은 공동이익common interest에 대한 논리적인 설득이라는 협상수단을 활용하는 전략을 구사하고자 한다. 이는 협상에 임하는 국가(군) A가 상대방 국가(군)인 국가(군) B에게 국가(군) A의 입장을 배려하는 것이 국가(군) B에게도 이익이 된다는 것을 논리적으로 설득하는 것을 일컫는다. 이는 자국의 목표를 타국의 입장과 연결을 지어 공동의 이익을 강조하는 전략이다.

기후변화 협상과 관련하여 살펴보면 선진국들은 개도국들이 지구온난화를 완화하고 적응하는 것을 지원하는 데 소요되는 비용을 부담하는 것에 적지 않은 반감을 가지고 있는 것이 사실이다. 이와 관련하여 추상적인 규범에의 호소만으로는 선진국들을 설득하는 것이 불가능하다.

따라서 이러한 규범에의 호소와 더불어 현재의 시점에서 선진국이 행동을 취하지 않을 경우 예상되는 미래의 높은 비용을 강조하면서 지구온난화의 완화와 적응을 위한 조치를 취하는 것이 결과적으로 선진국의 이익에도 크게 부합됨을 강조하는 전략을 일컫는다.

셋째, 중소국가들은 외부세력의 동원이라는 협상수단을 활용하는 전략을 구사하고자 한다. 이는 말 그대로 협상의 당사자가 아닌 제3자를 동원하는 전략을 의미한다. 구체적으로 미디어와 대중의 지지를 동원하는 것을 포함한다. 또한 비정부기구NGO와 로비그룹을 통해 논의의 대상이 되고 있는 의제와 관련한 유용한 정보를 획득하고 이에 대한 전문성을 제고하는 것을 포함한다.

예컨대 기후변화 협상을 포함한 환경협상에서 협상력을 높이는 중요한 수단 가운데 하나가 과학적인 증거를 제시하는 것이라는 점을 고려할 때 이러한 전략은 그 중요성을 더한다고 할 수 있다. 또한 정보의 불균등information asymmetry이 협상력에 커다란 부정적인 영향을 미친다는 여러 연구결과를 감안할 때 외부세력을 동원한 정보의 획득을 통한 전문성의 확보는 중요한 영향력의 원천이 될 수 있다.

넷째, 중소국가들은 협상과정에의 조직적인 참여라는 협상수단을 활용하는 전략을 구사하고자 한다. 구체적으로 응집력이 있는 연합cohesive coalition을 구축하고 연합의 구성국들과 자원의 공유resources pooling를 추구하는 것이다. 이러한 연합의 목적은 정보를 교환하고 공유하며 때때로 공동의 입장common position을 개발하고 합의하기 위한 것이다.

기후변화 협상의 예를 들면 이 협상에 참여하고 있는 주요 협상그룹에는 유럽연합, 미국·일본·캐나다·호주·뉴질랜드·노르웨이·아이슬란드·러시아·우크라이나 등으로 구성된 우산그룹Umbrella Group, UG, 개도국들로 구성된 77그룹, 기후변화로 인한 해수면 상승에 취약한 43개 군소 도서국가로 구성된 도서국가연합Alliance of Small Island States, AOSIS, 한국·스위스·멕시코·모나코·리히텐슈타인을 구성요소로 하는 환경협력그룹Environmental Integrity Group, EIG이 존재한다.33)

이들 그룹들은 결집력의 정도에 있어서 차이를 보인다. 이 그룹 중에서 27개 국가들로 구성된 유럽연합의 경우 가장 결집력이 높아 공동의 입장을 구체화 하고 거의 예외 없이 한 목소리를 낸다. 우산그룹의 경우 이들을 구성하고 있는 선진국들은 다양한 국가적 상황으로 인해 동질성이 강하지 못해 공동의 관심사에 대한 정보를 공유하는 등의 느슨한 연합으로서의 특징을 지닌다. 77그룹은 기후변화에 고도로 취약한 소국과 원유수출에 강력한 이해관계를 가지고 있는 사우디아라비아를 포함하는 등 상당히 이질적인 구성체임에도 불구하고 단일한 목소리를 내면서 강력한 응집력을 보이고 있다. 한국이 속해 있는 환경협력그룹은 공동의 입장을 가지는 경우 공동으로 협상에 임하나 그렇지 못할 경우 개별적으로 협상에 참가한다.

위에서 간단하게나마 강대국의 협상전략과 중소국가들의 협상전략을 살펴보았다. 이러한 협상전략은 크게 힘power에 기반을 둔 협상전략과 영향력influence에 기반을 둔 협상전략으로 구분할 수 있다. 전자는 주로 경고, 위협, 강요, 물리력 등을 동원하여 상대방을 강제하는 경우를 일컫는다. 후자는 논리적인 주장이나 도덕적인 설득 등을 통해 자발적인 협력을 하도록 상대방을 고양하는 방식을 의미한다. 즉 힘power이란 상대방을 외적으로 강제하는 물리적인 강제력을 의미하는데 반해 영향력influence란 상대방을 생각이나 느낌에의 동조와 같이 내적으로 강제하는 심리적인 강제력을 의미한다.

---

33) 애초에 OECD국가 중 EU에 속하지 않은 선진국들 사이의 정보교류와 토론을 위한 그룹으로서 저스칸즈(JUSSCANNZ) 그룹이 존재했고 미국·일본·캐나다·호주·뉴질랜드·노르웨이·아이슬란드·한국·스위스·멕시코 등이 이 그룹에 속했다. 그러나 이 그룹은 협상그룹이라기보다는 의견교환을 위한 협의체의 성격을 보유하고 있었다. 따라서 기후변화 협상과정에서 협상력을 제고하기 위해 입장을 같이 하는 한국·스위스·멕시코가 이 그룹에서 빠져나와 환경협상 그룹인 환경협력그룹(Environmental Integrity Group)을 결성하여 기후변화 협상에서 주요 그룹들 사이의 이해관계 상충으로 진전이 없는 사안들에 대해 조정자의 역할을 도모하고 있다. 저스칸즈를 구성하고 있는 나머지 국가들에 러시아와 우크라이나가 추가되어 우산그룹(Umbrella Group)이라는 협상그룹을 구성했다. 이로써 저스칸즈는 기후변화 협상과 관련하여 더 이상 존재하지 않는 그룹이 되었다.

### (3) 협상에서 고려하여야 할 사항들[34]

첫째, 국가마다의 협상 스타일의 특징을 사전에 알고 이에 적절하게 대응하는 것이 필요하다. 예컨대 국가들에 따라서는 명분보다는 실리를 중시하기도 하고 실리만큼 명분을 중요시 여기는 국가들이 존재하는데 전자의 대표적인 예에 속하는 국가가 미국이고 후자의 대표적인 예에 속하는 국가가 일본이다.

둘째, 협상을 원만하게 타결지으려면 항상 협상의 상대가 치러야 하는 비용에 대한 고려를 해야 한다. 즉 협상의 결과로서 상대방이 치러야 하는 대가가 감내할 수 있는 수준을 넘지 않도록 배려해야 한다.

셋째, 협상에서 제시하는 자국의 제안의 정당성을 확보할 필요가 있다. 그러기 위해서는 자국의 제안이 객관적인 기준에 근거하고 있고 전례와도 다르지 않음을 보여야 한다. 나아가 이러한 제안이 규범, 정의, 공정성에도 기반을 두고 있음을 보이는 것이 중요하다.

넷째, 상대방의 대안BATNA을 정확하게 파악하고 자신의 대안을 강화하는 것이 필요하다.

---

34) 다음은 주제네바 한국대표부가 2006년 9월에 가진 제1차 국제회의 참가역량 및 협상력 강화방안 토론회의 결과물을 요약한 문건을 참고하여 작성되었다.

# 제 18 장
# 상황에 따른 발언

이제까지 유엔회의가 어떠한 규칙과 절차를 가지고 전개되는가를 설명하면서 곳곳에서 영어로 어떻게 진행하는가를 소개하고자 노력했다. 이곳에서는 이러한 것들을 종합하여 다양한 상황에서 의장, 대표단, 옵서버, 보고관, 사무국 간사가 회의의 진행과 관련하여 어떠한 회의영어를 사용하는가를 살펴보고자 한다. 실제의 유엔회의를 경험하면 거의 모든 발언이 굳어져 있는 표현을 반복하여 사용한다는 것을 잘 알 수 있다. 이와 더불어 이러한 단편적인 발언들이 하나의 복잡한 상황 속에서 어떻게 종합적으로 응용되는지를 살펴보기 위한 예를 들고자 한다.

## 1. 의장의 발언

### ❑ 개회선언

1) The meeting is called to order (의사봉을 한 번 두드린다).

2) The 25th meeting is called to order (의사봉을 한 번 두드린다).

### ❑ 회의의 잠정중지(정회)

회의의 잠정중지(정회)를 제안할 때

1) I propose to suspend the meeting for five minutes.

2) As there are no additional speakers, I propose to suspend the meeting for five minutes.

3) I now suspend the meeting for thirty minutes.

4) In accordance with rule 118 of the rules of procedure, I move that the meeting should be suspended.

## 회의의 잠정중지(정회)를 선언할 때

The meeting is suspended (의사봉을 한 번 두드린다).

### ❏ 회의의 연기(휴회)의 선언

The meeting is adjourned (의사봉을 한 번 두드린다).

### ❏ 토론을 위한 다음 회의의 예고

1) We have heard the last speaker in the debate on these items for this meeting. We shall continue the debate tomorrow at 10 a.m.

2) We have heard the last speaker in the debate on agenda items 11 and 40 for this meeting. We will continue the debate on these items this afternoon at 3 p.m.

### ❏ 회의의 연장의 제안

I propose that our meeting this morning be extended to 1:30 p.m. Unless I hear any objection, I shall consider that the Assembly agrees to this proposal. (pause) As I see no objection, it is so decided.

### ❏ 토론의 연기의 제안

I regret to have to announce that I will have to adjourn the meeting because of a lack of speakers ready to take the floor now.

### ❏ 회의시간의 공지

1) Unless otherwise specified, meetings will be held at 10 a.m. and 3 p.m.

2) Unless otherwise specified, official meetings of the Committee will be held from 10 a.m. to 1 p.m. and from 3 to 6 p.m.

3) Morning meetings will be held from 10 a.m. to 1 p.m and afternoon meetings from 3 p.m. to 6 p.m.

### ❏ 회의 종료일의 공지

The Committee should complete its work by Friday, 7 November 2008.

## ❑ 회의의 재개 선언

The meeting is resumed (의사봉을 두드린다).

## ❑ 회기의 종료 선언

1) I declare closed the sixty-third session of the General Assembly (의사봉을 두드린다).

2) The sixty-third session of the General Assembly is closed (의사봉을 두드린다).

## ❑ 발언권의 부여

### 발언을 희망하는 국가를 물을 때

Does any other delegation wish to take the floor? If not, I take it that the Committee approves the proposed draft programme of work and the timetable contained in document A/C.1/62/CRP.1.

### 국가 대표단에게 발언권 부여

1) I give the floor to the representative of the Republic of Korea.

2) I call upon the distinguished representative of China. You have the floor.

3) I now invite the representative of the Russian Federation to take the floor.

4) I now have the honour of giving the floor to His Excellency Mr. Mamadou Bamba, Minister of State and Minister for Foreign Affairs of the Republic of Côte d'Ivoire.

### 옵서버에게 발언권 부여

1) I give the floor to the observer of Palestine.

2) In accordance with General Assembly resolution 49/2 of 19 October 1994, I now call on the  Observer for the International Federation of Red Cross and Red Crescent Societies.

3) In accordance with General Assembly resolution 54/195 of 17 December 1999, I now call on  the observer for the International Union for the

Conservation of Nature and Natural Resources

4) In accordance with resolution 48/265 of 24 August 1994, I now call on the Observer of the Sovereign Military Order of Malta.

## 그룹을 대표한 국가에게 발언권 부여

1) I now give the floor to the representative of South Africa on behalf of the Non-Aligned Movement.

2) I now call on the representative of the Islamic Republic of Iran to speak on behalf of the Group of Asian States

3) I now give the floor to the representative of Ukraine, who will also speak on behalf of Azerbaijan, Georgia and the Republic of Moldova.

4) I now call on the representative of South Africa, speaking on behalf of the Group of 77 and  China.

## 국제기구 사무국 대표에게 발언권 부여

1) In accordance with General Assembly resolution 51/6, of 24 October 1996, I now call on Mr. Satya Nandan, Secretary-General of the International Seabed Authority.

2) I now give the floor to the representative of the Secretariat.

3) I now give the floor to the secretary of the Committee.

## 지역그룹이나 국가그룹의 대표에게 발언권을 우선적으로 주는 것에 대해 동의를 구할 때

May I take it that the General Assembly wishes, as in the past, to follow the practice of the General Assembly in giving precedence on the list of speakers to representatives of regional groups or groups of States?

## ☐ 반박발언권의 부여

### 반박발언권을 부여하면서 반박발언권과 관련한 주지사항을 고지할 때

1) May I remind members that, in accordance with General Assembly decision 34/401, statements in exercise of the right of reply are limited to 10 minutes for the first intervention and to five minutes for the second and

should be made by delegations from their seats?

2) In accordance with previous discussion of the General Assembly, delegations should exercise their right of reply at the end of the day whenever two meetings have been scheduled for the consideration of the relevant agenda item on that day, or at the conclusion of the consideration of the item, if that is sooner. The first statement should be limited to 5 minutes and the second, if any, to 3 minutes.

## 1차 반박발언권을 부여할 때

1) We have heard the last speaker in the general debate for this meeting. I shall now call on those representatives who wish to speak in exercise of the right of reply.

2) We have heard the last speaker in the general debate for this meeting. Several representatives have requested to be permitted to speak in exercise of their right of reply. I now give the floor to the representative of Japan.

3) We have heard the last speaker in explanation of vote on the draft resolution just adopted. The representative of Japan has asked to speak in exercise of the right of reply.

4) We have heard the last speaker on the list for agenda item 15 at this meeting. One delegation has asked to speak in right of reply. I now give the floor to the observer of Palestine.

5) We have heard the last speaker in the debate for this meeting. A number of representatives have asked to speak in exercise of the right of reply. I shall now call on those representatives who wish to speak in exercise of the right of reply

6) We have heard the last speaker in the general debate for this meeting. However, one representative has requested to exercise the right of reply. I now give the floor to the representative of the Republic of Korea.

7) We have heard the last speaker in the general debate for this meeting. A representative has asked to speak in right of reply. I now give the floor to the representative of Egypt

8) We have heard the last speaker in the debate for this meeting. One

delegation has asked to speak in exercise of the right of reply. I now give the floor to the representative of the Republic of Korea.

9) I shall now call on those representatives who wish to speak in exercise of the right of reply. I call on the representative of Armenia.

10) We have heard the last speaker in the general debate. The representative of the Islamic Republic of Iran has asked for the floor in the exercise of the right of reply. I give him the floor.

11) I now give the floor to the representative of the United Arab Emirates in exercise of the right of reply.

12) I have been informed that Israel has asked for the right of reply. I give the floor to the representative of Israel.

13) I shall now give the floor to those representatives who wish to take the floor in exercise of the right of reply.

### 대표단에게 2번째 반박발언권을 부여할 때

1) I call on the representative of Turkey to exercise the second right of reply, which will be limited to five minutes.

2) I now call on the representative of Israel who wishes to speak a second time in exercise of the right of reply. Such statements should be limited to five minutes and be made by delegations from their seats.

## ❑ 발언자명부

### 발언자명부가 열려 있거나 열릴 것임을 알릴 때

1) I should like to remind members that the list of speakers for items listed in document A/INF/57/3 are open.

2) The list of speakers for the general debate is currently open.

3) The list of speakers for the general debate on agenda items allocated to the Third Committee will be opened on Wednesday, 24 September 2008.

### 발언자명부상에 국명을 올릴 것을 요청할 때

1) I invite delegations to inscribe their names on the list of speakers as

soon as possible.

2) I urge delegations to place their names on the list of speakers before the deadline.

## 발언자명부를 닫겠다고 할 때

1) Before giving the floor to the next speaker, I should like to propose that the list of speakers in the debate on this item be closed now. Unless I hear any objection, I shall take it that the General Assembly agrees to that proposal. (pause) As I see no objection, it is so decided.

2) I should like to propose to close the list of speakers for the general debate on Tuesday, 9 October, at 6 p.m.

3) The speakers' list will close at 6 p.m. tomorrow, and I urge delegations to place their names on the list before the deadline. It is a rolling list, so delegations may be requested to speak earlier than anticipated.

4) Given that delegations have had ample time to inscribe their names on the list of speakers, I should like to propose that the list of speakers for the debate on the New Partnership for Africa's Development be closed this morning at 11.

## 발언자명부상의 마지막 발언자의 발언이 끝났음을 알릴 때

1) We have heard the last speaker in the debate for this meeting. We will hear the remaining speakers this afternoon at 3 o'clock.

2) We have heard the last speaker in the general debate for this meeting.

3) We have heard the last speaker inscribed on the list for the general debate for this meeting

## 발언자명부상에 더 이상의 발언자가 없다고 할 때

There are no further speakers on my list.

## ❏ 발언시간

### 발언시간의 제한에 대해 안내하고 이의 준수를 요청할 때

1) Before giving the floor to the next speaker, I would like to remind all

representatives about the agreed five-minute time limit on statements. I appeal to all speakers to really, genuinely respect it.

2) I recall that the Assembly has agreed to a time limit of five minutes for all statements in this debate, and I appeal to all remaining speakers to respect that time limit

3) Before giving the floor to the next speaker, I must remind all the speakers once again that we had agreed at the beginning of the General Assembly to a time limit of 15 minutes. I strongly appeal to all members to reduce their prepared speeches to correspond to the agreed time limit.

4) I would like to take this opportunity to remind speakers of our time limit for statements in the General Assembly, which is 15 minutes. I appeal to all speakers to respect it.

5) Before giving the floor to the next speaker, May I remind representatives that the limit for statements in this debate is five minutes. I appeal to speakers to keep to the agreed time limit and to pay attention to the light on the speaker's table.

6) Before giving the floor to the next speaker, I should like to express my conviction that even the most important and complex message can be expressed in the agreed 15 minutes; I speak from my own experience. I appeal once again to speakers to conform to the agreed time limit.

7) The Second Committee, in the past, decided to limit statements on all agenda items to 7 minutes and to limit statement during the general debate to 15 minutes. I remind delegations of the need to abide by the time limits.

8) Before I give the floor to the next speaker, let me once again remind members of the agreed time limit of 15 minutes and appeal to them to adhere to it.

9) Once again, I appeal to everybody to limit their statements to the agreed 15 minutes, which also applies to this afternoon's meeting.

10) I would request delegations to limit their statement to a maximum of 10 minutes for those speaking in their national capacity, and 15 minutes for those speaking on behalf of several delegations, in particular the regional

and political groups and others. I appeal to speakers to conform to the agreed time limit.

## 발언을 짧게 해달라고 할 때

I request that speakers be brief, as the list of speakers for this meeting is very long.

## 발언시간을 점검용 신호등에 관해 안내하고 시간 준수를 요청할 때

A light system has been installed at the speaker's rostrum that functions as follows: a green light will be activated at the start of a speaker's statement; an orange light will be activated 30 seconds before the end of the five minutes; and a red light will be activated when the five-minute limit has elapsed. I appeal to speakers to cooperate in observing the five-minute time limit for their statements so that all those inscribed on the list of speakers can be heard within the time allocated to us today.

## ❑ 일반토론

### 위원회에서 일반토론 발언(기조연설)을 시작하고자 할 때

I invite the Committee to engage in the general debate.

### 총회 본회의에서 일반토론 발언(기조연설)을 요청할 때

1) The Assembly will now hear an address by the President of the Swiss Confederation. On behalf of the General Assembly, I have the honour to welcome to the United Nations His Excellency Mr. Joseph Deiss, President of the Swiss Confederation, and to invite him to address the Assembly.

2) The Assembly will hear a statement by the Prime Minister of the Republic of India. I have great pleasure in welcoming His Excellency Mr. Atal Behari Vajpayee, Prime Minister of the Republic of India, and in inviting him to address the General Assembly.

3) I have great pleasure in welcoming His Serene Highness Crown Prince Albert, Crown Prince of the Principality of Monaco, and I invite him to address the General Assembly.

### 본회의 일반토론 발언(기조연설)을 마친 대표에게 감사표시를 할 때

On behalf of the General Assembly, I wish to thank the President of the Swiss Confederation for the statement he has just made.

## ❏ 투표설명

### 대표단 전체에게 투표 전 투표설명의 기회를 준다는 것을 공지할 때

1) (We have heard the last speaker in the debate. We will now proceed to consider draft resolution A/57/L.5) I shall now give the floor to those representatives who wish to speak in explanation of vote before the voting.

2) (We have heard the last speaker in the debate. We shall now proceed to consider draft resolution A/60/L.26) I shall call on those representatives who wish to speak in explanation of vote before action is taken on the draft resolution.

3) (We have heard the last speaker in the debate. We shall now proceed to consider draft resolution A/60/L.26) I shall call on those representatives who wish to explain their vote before action is taken on the draft resolution.

4) (We have heard the last speaker in the debate. We shall now proceed to consider draft resolution A/60/L.26) I shall call on those representatives wishing to speak in explanation of vote before action is taken on the draft resolution.

### 투표설명의 시간제한 등을 알릴 때

1) Before giving the floor to speakers in explanation of vote before the voting, may I remind delegations that explanations of vote are limited to 10 minutes and should be made by delegations from their seats?

2) Before giving the floor to speakers in explanation of vote after the vote, may I remind delegations that explanations of vote are limited to 10 minutes and should be made by delegations from their seats?

### 대표단에게 투표 전 투표설명을 요청할 때

I shall now call on the representative of the Bolivarian Republic of

Venezuela, who wishes to speak in explanation of vote before the voting.

## 투표 전 투표설명 후 결의안을 채택할 때

We have heard the last speaker in explanation of vote before the vote. The Committee will now take a decision on draft resolution A/C.3/63/L.5. (The resolution was put to the vote) Draft resolution A/C.3/63/L.5 is adopted by 173 votes to 3, with 4 abstentions.

## 대표단 전체에게 투표 후 투표설명의 기회를 준다는 것을 공지할 때

1) I shall now call on those representatives who wish to explain their vote after action is taken on the draft resolution.

2) I shall now give the floor to those representatives who wish to speak in explanation of vote on the draft resolutions just adopted.

3) I shall now give the floor to those representatives who wish to speak in explanation of vote after the voting.

4) I now give the floor to the representative of Japan, who wishes to speak in explanation of position following the adoption of the resolution.

5) I shall now give the floor to those delegations wishing to explain their positions on the resolution just adopted.

## 투표 후 투표설명 후 의제항목 논의를 종료할 때

1) We have heard the last speaker in explanation of vote. May I take it that it is the wish of the Assembly to conclude its consideration of agenda item 31? (pause) As I see no objection, it is so decided

2) We have heard the last speaker explain their vote after the vote. May I take it that it is the wish of the General Assembly to conclude its consideration of agenda item 75 and its sub-items (a) and (b)? (pause) As I see no objection, it is so decided.

## ❏ 결의안

### 결의안 제출 마감시한을 알릴 때

The deadline for the submission of draft resolutions will be Wednesday, 17

October, at 6 p.m.

## 의장이 결의안 제출을 서두르라고 재촉할 때

Before proceeding to the next agenda item, I would like to appeal to those Member States intending to submit draft resolutions on the remaining sub-items of agenda item 114 to do so as soon as possible.

## 결의안의 제목을 알려줄 때

Draft resolution A/60/L.22 is entitled "Oceans and the law of the sea".

## 결의안이 하루 전에 배포되어야 한다는 원칙을 유보하고 채택절차에 들어가기 위해 대표단의 동의를 구할 때

1) We have heard the last speaker in the debate on agenda item 75 and its sub-items (a) and (b). Before we proceed further, I should like to consult the Assembly with a view to proceeding with the consideration of draft resolutions A/60/L.22 and A/60/L.23 today. Since the draft resolutions have been circulated only today, it would be necessary to waive the relevant provision of rule 78 of the rules of procedure. The relevant provision of rule 78 reads as follows: "As a general rule, no proposal shall be discussed or put to the vote at any meeting of the General Assembly unless copies of it have been circulated to all delegations not later than the day preceding the meeting." Unless I hear any objection, I shall take it that the Assembly agrees with this proposal. (pause) As I see no objection, it is so decided.

2) We shall now proceed to consider draft resolution A/C.1/62/L.46/Rev.1. As members are aware, that revised draft resolution was distributed to delegations only this morning. I therefore propose to waive rule 120 of the rules of procedure of the General Assembly - concerning the 24-hour rule - in order that the Committee can take a decision on the draft resolution. May I take it that the Committee agrees to waive rule 120 in connection with draft resolution A/C.1/62/L.46/Rev.1? (pause) As I see no objection, it is so decided.

## 결의안 상정을 요청할 때

1) I now give the floor to the representative of Malaysia, who will introduce

draft resolution A/60/L.20 on behalf of the Association of Southeast Asian Nations.

2) I give the floor to the representative of Brazil to introduce draft resolution A/60/L.22.

3) Members will recall that the Committee held the debate on this agenda item at its 35th meeting, on 30 October 2012. I now give the floor to the representative of the Netherlands to introduce draft resolution A/63/C.3/L.19.

### 비공식회의의 사회자에게 감사함을 표시하고 결의안 상정을 부탁할 때

As members will recall, I appointed His Excellency Mr. Valdes of Chile as he facilitator for the informal consultation on the revitalization of the General Assembly and improving the efficiency of the General Assembly. As a result of his able assistance, today the Assembly has before it the draft resolution. I would like to take this opportunity to extent to Mr. Valdes, on behalf of the Assembly, our sincere appreciation for his contributions. I now give the floor to Mr. Gabriel Valdes of Chile to introduce draft resolution A/55/C.93.

### 결의안이 상정되었음을 알릴 때

The resolution entitled "Situation of human rights in the Islamic Republic of Iran" is tabled with the co-sponsorship of Cuba, Ecuador, and Egypt.

### 결의안 상정 후 토의의 시작을 알리는 발언

We shall now proceed to consider draft resolution A/62/L.46.

### 결의안 채택의 있을 것을 공지할 때

1) I should like to draw members' attention to the draft resolution contained in document A/57/L.13/Rev.1, entitled "Open-ended panel of the General Assembly on 'Afghanistan: one year later'", issued under agenda items 21 (d). The General Assembly will take action on that draft resolution on Monday, 11 November, in the afternoon as the second item.

2) I should like to inform members that, immediately following the debate on agenda items 14, "The situation in the Middle East", and 15, "Question of

Palestine", the General Assembly will take action on draft resolutions A/60/L.28 through A/60/L.31.

## 결의안 채택이 연기된 것을 알릴 때

1) I wish to inform members that, at the request of the sponsors of draft resolution A/60/L.26, action on the draft resolution is postponed to a later date, to be announced in the Journal.

2) I understand that consultations are continuing on this draft resolution. I therefore wish to inform Member States that action on draft resolution A/57/L.10 will be taken at a later date.

3) I should like to inform members that action on draft resolution A/57/L.20 will be taken at a later date.

## 결의안의 채택 직전에 사무국의 대표에게 추가로 공동제안국이 된 국가를 발표하도록 발언권을 부여할 때

I give the floor to the representative of the Secretariat to announce additional sponsors.

## 결의안 채택 시 추가된 공동제안국을 알릴 때

1) Before proceeding to take action on the draft resolution, I should like to announce that, since the introduction of the draft resolution, the following countries have joined the sponsors of A/57/L.1: the Bahamas, Brunei Darussalam, Cameroon, Côte d'Ivoire, Grenada, the Islamic Republic of Iran, Liberia, Mali, Mozambique, Namibia, Senegal, Sierra Leone and Suriname.

2) The Assembly will now take a decision on draft resolution A/57/L.9/ Rev.1, entitled "International Decade for a Culture of Peace and Non-Violence for the Children of the World, 2001-2010." Before preceding to take action on the draft resolution, I should like to announce that, since the introduction of the draft resolution, the following countries have become co-sponsors of A/57/L.9/Rev.1: Belarus, Burundi, Dominica, Egypt, Grenada, Honduras and Kuwait.

3) The Assembly will now take a decision on draft resolution A/60/L.12. The following countries are to be added to the list of sponsors: Azerbaijan,

Congo, Mali, Papua New Guinea, Philippines and Saint Kitts and Nevis.

4) The General Assembly will now take a decision on draft resolution A/60/L.27, as orally amended. Since the introduction of draft resolution A/60/L.27, Nepal has become a sponsor of the draft resolution.

5) The Assembly has before it draft resolution A/C.2/63/L.45. We will now take a decision on the draft resolution. The following countries have become sponsors of the draft resolution: Belgium, Croatia, Fiji, Honduras, Saint Lucia, Samoa, Sweden and Uruguay.

6) We have heard the last speaker in the debate on this item. The Assembly will now take a decision on draft resolution A/57/L.15/Rev.1. I must advise the General Assembly that, in addition to the countries listed on the draft resolution, the United States of America has become a sponsor.

7) Since the draft resolution was submitted, we have received the names of a large number of additional sponsors, which I will now read out to the Assembly. The additional sponsors are: Andorra, Argentina, Armenia, Australia, Belarus, Belize, Brazil, Brunei Darussalam, Cameroon, Costa Rica, Cuba, El Salvador, Guatemala, Iceland, Indonesia, Israel, Kyrgyzstan, Malaysia, Maldives, Mexico, Monaco, Morocco, Nepal, Nigeria, Norway, Peru, Qatar, the Russian Federation, Saint Vincent and the Grenadines, San Marino, Singapore, Switzerland, Timor-Leste, the United States of America, the Bolivarian Republic of Venezuela and Viet Nam.

### 상정된 결의안에 대한 토의를 마치고 결의안의 채택 절차를 밟겠다고 발언할 때

We have heard the last speaker in the debate on this agenda item. The Assembly will now take action on draft resolution A/65/L.12, entitled "Sustained, inclusive and equitable economic growth for poverty eradication and achievement of the Millennium Development Goals".

### 투표 전 투표설명을 끝내고 채택절차를 밟고자 할 때의 발언

We have heard the last speaker in explanation of vote before the vote. The Assembly will now take action on daft resolution A/62/L.46 (또는 The Assembly will now take a decision on draft resolution A/62/L.46).

**대표단에게 투표 전 투표설명의 기회를 주었으나 발언을 요청하는 국가가 없어 채택절차를 밟고자 할 때**

Before giving the floor to speakers wishing to speak in explanation of vote before the vote, I remind delegations that explanations of vote are limited to 10 minutes and should be made by delegations from their seats. As I see no requests for the floor, the Assembly will now take a decision on the draft resolution entitled "Revitalization of the General Assembly".

**결의안을 채택해도 되겠느냐고 묻는 발언**

May I take it that the Assembly decides(or wishes) to adopt draft resolution A/62/L.46? Draft resolution A/62/L.46 was adopted.

**대표단에게 결의안의 합의로의 채택 여부를 묻고자 할 때**

1) May I take it that the Assembly decides to adopt the draft resolution without a vote? (pause) As I see no objection, the draft resolution is adopted.

2) May I take it that the Assembly wishes to adopt draft resolution XXI without a vote? (pause) As I see no objection, draft resolution XXI is adopted.

## ❑ 수정안

**결의안에 앞서 수정안의 채택절차를 밟고자 할 때**

In accordance with rule 90 of the rules of procedure, the Assembly will first take decisions on the amendments to the draft resolution, which are contained in documents A/63/L.81 to A/63/L.98.

**수정안 상정을 요청할 때**

I now call on the representative of Azerbaijan to introduce the amendment to draft resolution A/55/L.69, contained in document A/55/L.70.

**결의안에 대한 수정안이 상정되었음을 알릴 때**

Amendments to the draft resolution are tabled with the co-sponsorship of

Belgium, Denmark, Norway, and Sweden.

### 수정안이 철회되었음을 알리고 결의안 채택절차를 밟을 것임을 알릴 때

I understand that the amendments have now been withdrawn. We shall therefore proceed to take action on draft resolution A/63/L.79.

### 구두로 제기된 수정안에 표결절차를 밟을 때

We shall take a vote on the oral amendment to paragraph 6 of draft resolution III. A recorded vote has been requested. (A recorded vote was taken) The oral amendment is rejected by 72 votes to 50, with 50 abstentions.

### 구두로 수정된 결의안을 채택하고 채택을 선언할 때

We will now take a decision on draft resolution A/60/L.27, as orally amended. May I take it that the Assembly decides to adopt the draft resolution, as orally amended? (pause) As I see no objection, draft resolution A/60/L.27, as orally revised, is adopted.

### 구두 수정안이 부결된 후 결의안 채택절차를 밟을 때

Since the oral amendments submitted by the representative of the Islamic Republic of Iran on operative paragraphs 6 and 7 have not been adopted, we shall proceed to take a decision on draft resolution III as a whole. A recorded vote has been requested. (A recorded vote was taken) Draft resolution III is adopted by 69 votes to 54, with 57 abstentions.

## ❑ 정정안

### 대표단의 정정요구를 수용할 때

1) The Assembly takes note of that correction

2) The request shall be honoured. The Secretariat will ensure that the corrections will be reflected in the draft resolutions

3) The corrections will be duly made

4) This is a very important point of order, and certainly this error will be corrected.

5) It will be so noted

## 구두 정정이 제안된 결의안을 채택하고자 할 때

1) We will now take a decision on draft resolution A/60/L.50, as orally corrected. May I take it that the Assembly wishes to adopt the draft resolution as orally corrected? (pause) As I see no objection, draft resolution A/60/L.50, as orally corrected, is adopted.

2) The Third Committee adopted draft resolution XXV without a vote. May I suggest that the General Assembly also adopt draft resolution XXV, as orally corrected by the representative of Mexico, without a vote?

## ❏ 의제항목에 대한 논의를 종결할 때의 발언

May I take it that it is the wish of the Assembly to conclude its consideration of agenda item 45. It was so decided.

## ❏ 절차발의의 처리

### 대표단에 의해 제기된 절차발의(불처리 발의)를 소개할 때

1) The representative of the Islamic Republic of Iran has moved, within the terms of rule 74 of the rules of procedure, that no action be taken on draft resolution A/C.3/63/L.45.

2) The representative of the Russian Federation has, invoking rule 74 of the rules of procedure of the General Assembly, moved that no action be taken on draft resolution A/63/L.79. Let me remind delegations that rule 74 reads as follows: "During the discussion of any matter, a representative may move the adjournment of the debate on the item under discussion. In addition to the proposer of the motion, two representatives may speak in favour of, and two against, the motion, after which the motion shall be immediately put to the vote." I would therefore invite delegations that so wish to speak either for or against the motion. There will be no more than two delegations speaking in favour and no more than two speaking against.

### 토의가 허용된 절차발의에 있어 토의에 참가할 국가에게 발언권을 주고자 할 때

I shall now call on delegations wishing to make statements with respect to

the motion before the Committee.

## 토론이 허용된 절차발의 제기 후 토론이 끝나고 나서 표결에 부치려고 할 때

1) I shall now put to the vote the motion submitted by the representative of the Islamic Republic of Iran that no action be taken on draft resolution A/C.3/63/L.45. A recorded vote on the motion has been requested.

2) In accordance with rule 74 of the rules of procedure of the Assembly, I shall now put to the vote the motion submitted by the representative of the Russian Federation, namely, that no action be taken on draft resolution A/63/L.79.

## 표결에 부쳐진 절차발의의 채택여부를 공표할 때

The motion of no action is rejected by 84 votes to 69, with 25 abstentions.

## ❏ 의사규칙 위반지적을 제기한 국가에게 발언권의 부여

1) I call on the representative of the Republic of Korea on a point of order.

2) I now call on the representative of the Islamic Republic of Iran, who wishes to speak on a point of order.

3) I give the floor to the representative of Canada, who ask for the floor on a point of order.

4) I give the floor to the representative of Algeria, who has asked to speak on a point of order.

5) I give the floor to the representative of Algeria on a point of order.

## ❏ 분리투표 요청을 받았을 때

1) A separate vote has been requested on operative paragraph 4. Is there any objection to that request? (pause) As I see none, I shall now put operative paragraph 4 to the vote. (Operative paragraph 4 was put to the vote) Operative paragraph 4 is retained by 165 votes to 4, with 6 abstentions. I shall now put to the vote draft resolution XVIII as a whole. A recorded vote has been requested. (A recorded vote was taken on the draft resolution) Draft resolution XVIII is adopted by 166 votes to 5, with 7

abstentions.

2) A separate vote has been requested on the tenth preamble paragraph of draft resolution XXII. Is there any objection to this request? (pause) As there is none, I shall first put to the vote the tenth preamble paragraph of draft resolution XXII, on which a separate vote has been requested. A recorded vote has been requested. (A recorded vote was taken on the tenth preamble paragraph) The tenth preamble paragraph of draft resolution XXII is retained by 176 votes to none, with 1 abstention. We will now vote on draft resolution XXII as a whole. A recorded vote has been requested. (A recorded vote was taken on the resolution) Draft resolution XVII is adopted by 166 votes to 5, with 7 abstentions.

3) Separate votes have been requested on operative paragraphs 4 and 13. Are there any objections to those requests? As there are none, I shall first put to the vote operative paragraph 4 of draft resolution XXXIII, on which a separate recorded vote has been requested. (Operative paragraph 4 was put to the vote) Operative paragraph 4 is retained by 177 votes to none, with 2 abstentions. I shall now put to the vote operative paragraph 13 of draft resolution XXXIII, on which a separate recorded vote has been requested. (Operative paragraph 13 was put to the vote) Operative paragraph 13 is retained by 176 votes to 1, with 1 abstention. I shall now put to the vote draft resolution XXXIII as a whole, on which a recorded vote has been requested. (A recorded vote was taken on the resolution) Draft resolution XXXIII is adopted by 181 votes to 1 (resolution 63/72).

## ❏ 투표

### 투표에 회부할 것을 요청할 때

As there is no consensus on our proposal, we request that the issue be put to vote.

### 기록투표가 요청되었다고 할 때

1) A recorded vote has been requested.

2) A recorded vote on the motion has been requested.

## 투표결과를 알릴 때

1) Draft resolution A/60/L.22 is adopted by 141 votes to 1, with 4 abstentions.

2) The motion is rejected by 71 votes to 65, with 13 abstention.

3) The motion of no action is rejected by 84 votes to 69, with 25 abstentions.

4) The motion of no action is not adopted by 84 votes to 69, with 25 abstentions.

5) The motion is adopted by 75 votes to 54, with 1 abstention.

6) Operative paragraph 4 is retained by 158 votes to 2, with 11 abstentions.

7) Draft resolution II as a whole is adopted by 153 votes to 2, with 11 abstentions.

8) The sixth preambular paragraph is retained by 78 votes to 56, with 27 abstentions.

9) Draft resolution XX is adopted by 158 votes to none, with 17 abstentions.

10) The resolution is adopted by a recorded vote of 68 in favour to 2 against, with 41 abstentions.

11) The draft resolution is adopted by a vote of 46 in favour none against and 5 abstentions.

12) In a recorded vote, the Assembly adopted as amended draft resolution A/55/69, with 147 Member States voting in favour and 1 against (Armenia), with no abstentions, and decided to conclude its consideration of the item

13) The proposal is adopted by 76 votes to 54 with 20 abstentions.

## 기록투표의 결과를 알릴 때

A recorded vote has been requested. (A recorded vote was taken). In favour: Albania, Algeria, Andorra, Angola, Antigua and Barbuda, (skipped), and Zambia. Against: Turkey. Abstaining: Colombia, Dominican Republic, El Salvador. Draft resolution A/67/L.21 was adopted by 125 votes to 1, with 3

abstentions.

## ❑ 본회의에서 위원회 보고서의 채택

### 위원회의 보고관에게 보고를 요청할 때

1) I now request Ms. Paulá Parviainen of Finland, Rapporteur of the Special Political and Decolonization Committee (Fourth Committee), to introduce the reports of the Committee in one intervention.

2) The General Assembly will consider the reports of the Second Committee on agenda items 95 to 107 and 12. I request the Rapporteur of the Second Committee, Ms. Jana Simonová of the Czech Republic, to introduce the reports of the Second Committee in one intervention.

### 본회의에서 위원회로부터 상정된 보고서에 포함된 결의안에 대한 채택 결정을 내리고자 할 때

The Assembly will now take a decision on the draft resolution recommended by the Second Committee in paragraph 15 of its report.

### 위원회 보고서에 본회의가 유념한다고 결정하고자 할 때

May I take it that the Assembly wishes to take note of the report of the First Committee contained in document A/63/381? (pause) As I see no objection, it is so decided.

### 위원회 보고서가 권고하는 결정안을 채택하고자 할 때

The Assembly has before it a draft decision recommended by the First Committee in paragraph 7 of its report. We will now take action on the draft decision. The First Committee adopted it without a vote. May I take it that the Assembly wishes to do the same? (pause) As I see no objection, the draft decision is adopted.

## ❑ 반대가 없다면 의사결정을 하겠다고 할 때

1) Unless I hear any objection, I shall take it that the Committee wishes to elect by acclamation Mrs. Gabriela Martinic as our third Vice-Chairperson. (pause) As I see no objection, it is so decided.

2) Unless I hear any objection, I shall take it that the proposed draft programme of work and timetable contained in document A/C.1/60/CRP.1 meets with the approval of the Committee. (pause) As I see no objection, it is so decided.

3) If I hear no objection, I shall take it that the Committee wishes to proceed accordingly. (pause) As I see no objection, it is so decided.

## ❏ 의제항목 등에 유념할 것을 요구할 때

1) I would like to draw your attention to agenda item 5, entitled "Election of the officers of the Main Committees".

2) Before I go any further, I would like to draw the Committee's attention to a small technical change in the conference room paper.

## ❏ 질문과 코멘트를 요청할 때

Are there any further questions or comments? If no delegation wishes to make further comments at this stage, I shall now adjourn meeting. As decided, the Committee will begin its substantive work on Monday, 3 October, at 10 a.m. sharp in Conference Room 4.

## ❏ 비공식회의의 사회자 임명을 알릴 때

In connection with this item, I would like to announce that I have appointed Mr. Enrique Manalo, Deputy Permanent Representative of the Philippines to the United Nations, as facilitator to negotiate a draft resolution on this item.

## ❏ 권고의 승인여부를 물을 때

1) May I take it that the (General) Assembly approves that recommendation? (pause) As I see no objection, it is so decided.

2) May I consider that the (General) Assembly approves that recommendation? (pause) As I see no objection, it is so decided.

## ❏ 제안을 한 후 제안을 채택하고자 할 때

Unless I hear any objection, I shall take it that the General Assembly agrees to that proposal. (pause) As I see no objection, it is so decided.

❏ **결의안이 프로그램을 실행하기 위한 예산문제를 가지고 있지 않다고 말할
때**

1) The draft resolution has no programme budget implications.

2) The draft resolution contains no programme budget implications.

## 2. 보고관의 발언

**보고관이 본회의에서 보고하고자 할 때**

It is a great privilege and honour for me to introduce to the General
Assembly the reports of the Special Political and Decolonization Committee
(Fourth Committee), submitted under agenda items 27 through 37 and 110
and 119. These reports, contained in documents A/63/398 through
A/63/409 and A/63/449, include the texts of draft resolutions and decisions
recommended to the General Assembly for adoption.

## 3. 본회의 간사의 발언

❏ **본회의 간사가 의장의 요청을 받아 결의안 채택절차 직전에 추가적인 공동
제안국을 공표할 때**

I should like to announce that, in addition to the sponsors listed in draft
resolution A/65/L.12 and those announced by the representative of the
Republic of Korea when he introduced the draft resolution, the following
countries have also become sponsors of A/65/L.12: Guyana, Montenegro, the
Republic of Moldova, San Marino and Ukraine.

## 4. 옵서버의 발언

❏ **옵서버가 발언권을 얻었을 때**

Thank you, Sir, for giving me the opportunity to take part in this important

debate on behalf of the International Federation of Red Cross and Red Crescent Societies (IFRC).

## 5. 대표단의 발언

### ❑ 처음 발언 시

의장의 선출을 축하할 경우

1) First of all, as this is the first time we take the floor during this session, the delegation of the Republic of Korea would like to congratulate you on your election as President of the General Assembly at its sixty-third session.

2) Since our delegation is taking the floor for the first time, we take this opportunity to warmly congratulate you on your election as President of the General Assembly at its sixty-third session.

3) Since this is the first time my delegation is taking the floor, allow me to congratulate you on your accession to the presidency of the General Assembly at its sixty-third session.

4) Since my delegation is taking the floor for the first time at the present session, I should like to congratulate you on your assumption of the presidency of the General Assembly at its sixty-third session.

5) First of all, let me warmly congratulate you on your election to the presidency of the General Assembly at its sixty-third session.

6) As I am taking the floor for the first time, allow me to extend my warmest congratulations to you, Sir, on having been elected to your important post. My delegation is confident that your vast diplomatic experience will steer our deliberations successfully.

7) First, allow me to congratulate you, Sir, on your election to the chairmanship of the Committee for this session. We are confident that you will guide it to success.

8) My delegation is pleased to congratulate you, Sir, on your election to preside over the First Committee for this session and looks forward to your efforts to steer it, through your wisdom and experience, towards the

successful attainment of its objectives.

9) First, allow me to express my congratulations to you, Sir, on your assumption of the chairmanship of the First Committee. I am confident that with the benefit of your wealth of diplomatic experience and skill you will be able to steer us smoothly through this session's deliberations.

10) At the outset, permit me to join other speakers in conveying my delegation's congratulations to you, Sir, on your assumption of the chairmanship and to assure you of my delegation's full cooperation in ensuring the success of your stewardship of the work of this session.

## 의장에게 협력을 약속할 경우

1) We assure you of our fullest cooperation in ensuring successful deliberations at this important session.

2) I wish you success and would like to assure you that you can count on the support and cooperation of my delegation.

3) We would like to assure you of our continued cooperation in working with you during your tenure.

4) I wish to express our commitment and support in working constructively with you during your presidency.

5) My delegation has full confidence in your leadership and stands ready to work closely with you and other members of the Bureau.

6) I assure you of my delegation's full support as you carry out this vital task.

7) The Chinese delegation assures you and other delegations of its full cooperation.

## ❑ 대표단이 그룹을 대표하여 발언할 때

1) I have the honour and privilege to speak on behalf of the Non-Aligned Movement.

2) I have the honour to speak on behalf of the European Union(EU).

3) I have the honour to make this statement on behalf of Andorra,

Argentina, Iceland, Liechtenstein, Norway, Palau, the Republic of Korea, San Marino, the former Yugoslav Republic of Macedonia and my own country, Australia.

4) I have the honour of delivering this statement on behalf of the Governments of Sweden and India.

## ❑ 불처리의 발의

1) My delegation would like to invoke rule 74 of the rules of procedure of the General Assembly to move a no-action motion on the draft resolution under consideration, draft resolution III of document A/63/430/Add.3. (skipped) Based on what I have just said, I would like to request that delegations vote in favour of the motion.

2) The draft resolution before the General Assembly in document A/63/L.79 has nothing in common with the lofty humanitarian goals and concerns referred to by its authors. (skipped) In view of the foregoing, the delegation of the Russian Federation, pursuant to rule 74 of the rules of procedure of the General Assembly, moves a no-action motion on the draft resolution and requests that it be put to the vote.

## ❑ 회의의 잠정중지(정회)의 발의

My delegation would like to request a suspension of the meeting under rule 118 of the rules of procedure so that consultations can take place, given the delicate nature of the decision the Committee is being asked to take.

## ❑ 토론을 허용하는 절차발의에서 토론하기

찬성측 토론을 할 경우

1) We requested the floor to support the no-action motion on draft resolution A/C.3/63/L.20, entitled "Situation of human rights in the Islamic Republic of Iran". (skipped) Pakistan fully supports the no-action motion on draft resolution A/C.3/63/L.20 and will vote in favour. We also strongly urge all delegations to support the motion.

2) I support Cuba's proposal that the deadline for the submission of draft resolutions be extended.

## 반대측 토론을 할 경우

We wish to express our deep disappointment that a no-action motion has been presented in the Committee. That is an extraordinary step taken to stifle debate and undermine the jurisdiction and the responsibility of the Committee. (pause) For those reasons, we oppose the use of no-action motions. We call on all others to join us and vote "no" on this no-action motion.

### ❏ 반박발언권의 행사

### 1차 반박발언권을 행사할 때

1) My delegation would like to exercise the right of reply to the allegations made by the Japanese Foreign Minister, who yesterday referred to such issues as missiles, nuclear developments and abductions by the Democratic People's Republic of Korea

2) My delegation would like to exercise its right of reply with regard to the statement made by the Foreign Minister of the Republic of Korea, which referred specifically to the nuclear issue. In order to help the Members present here to gain a correct understanding of this issue, I should like to submit the following.

3) I would like to reply to the statement made today by the representative of Egypt.

4) I would like to respond to the remarks made today by the Minister for Foreign Affairs of Spain about Gibraltar

5) I wish to reply to the statement made this morning by Mr. Abdullah Güll, Deputy Prime Minister and Minister for Foreign Affairs of Turkey

6) My delegation wishes to exercise its right of reply in connection with the statement made by the representative of China regarding atrocities during the Second World War in Asia

7) In response to the statement just made by the representative of the Democratic People's Republic of Korea, I should like to take this opportunity on behalf of the Japanese Government to exercise the right of reply

8) My delegation would like to exercise its right of reply in response to the statement made by the representative of the Democratic People's Republic of Korea. That statement is entirely groundless, and we cannot accept it.

9) I take the floor in exercise of the right of reply in connection with the statement made by the representative of Ethiopia. Ethiopia has made several false and unsubstantiated allegations against Eritrea.

## 2차 반박발언권을 행사할 때

My delegation will again have to exercise its right of reply in response to the statement made by the representative of the Democratic People's Republic of Korea.

## ❏ 투표설명

### 결의안에 대한 투표 전 투표설명을 할 때

1) With regard to the two draft resolutions before us under agenda item 75, Turkey will vote against the draft resolution contained in document A/60/L.22, entitled "Oceans and the law of the sea". The reason for my delegation's negative vote is that some of the elements contained in the United Nations Convention on the Law of the Sea, which have prevented Turkey from approving the Convention, are again retained in this year's draft resolution.

2) My delegation is taking the floor to explain its position before the vote on draft resolution A/57/L.14, which was submitted by the delegation of Cuba. We will vote against draft resolution A/57/L.14.

3) My delegation is joining the consensus on the draft resolution under agenda item 99, despite out reservations regarding the inclusion of military organization among the organizations listed in its 21st preambular paragraph.

4) Viet Nam will join the majority in voting once again in favour of draft resolution A/57/L.5.

5) My delegation will vote in favour of the draft resolution contained in document A/57/L.5.

6) My delegation will support draft resolution A/57/L.5, which is before us, and we urge other peace-loving members to support it also.

## 결의안에 대한 투표 후 투표설명을 할 때

1) Having joined the consensus to adopt the resolution without a vote, my delegation would like to express its reservations with regard to operative paragraphs 2 and 6, as well as to some of the procedural aspects surrounding its adoption.

2) The delegation of Chile has joined the consensus for the adoption of the draft resolution on sustainable fisheries, contained in A/60/L.23, with the following understanding.

3) The delegation of the Bolivarian Republic of Venezuela did not object to the consensus on draft resolution A/60/L.27, as orally amended, because our country fully supports the efforts being made to achieve peace and reconstruction in Afghanistan. Nonetheless, we are deeply concerned about the fragility of the situation within Afghanistan because it works against political stability and the full exercise of the inalienable right of the people to self-determination. The situation is also being used as an argument to justify the presence on Afghan territory of forces of a foreign Power that in one way or another interfere in the internal affairs of that nation and its people.

4) My delegation has just voted in favour of the resolution entitled "Elimination of unilateral extraterritorial coercive economic measures as a means of political and economic compulsion".

5) After careful and lengthy consideration, Canada has decided to support the resolution just adopted as, in our view, it embodies important principles on the issue of extraterritorial application of national law. Nevertheless, we consider that the resolution could still benefit from clarifications to make it fully consistent with the relevant principles of international law. We sought to propose amendments that would have clarified the meaning of the text. We are disappointed that the sponsoring delegation chose not to respond.

6) The United States opposes this resolution. It serves as a direct challenge

to the prerogative of sovereign States to conduct freely their commercial relations. Member States should understand, moreover, that this resolution is aimed at undermining the international community's ability to respond effectively to acts that, by their very nature and enormity, are offensive to international norms. There must be a consequence for such actions. Otherwise, offending States will have no incentive or reason to abandon them.

7) I should like to explain my country's vote on draft resolution A/C.1/63/L.55. My country abstained in the voting on that resolution for the following reasons.

8) Benin voted in favour of draft resolution A/C.1/63/L.55 because the Government of Benin attaches great importance to the fight against landmines in the framework of the implementation of the Convention.

9) My delegation wishes to explain its position on resolution 60/288 on the United Nations Global Counter-Terrorism Strategy.

## 대표단이 그룹을 대표하여 결의안에 대한 투표 후 투표설명을 할 때

I speak on behalf of the countries of the Caribbean Community (CARICOM) to present our understanding of how resolution 65/276, just adopted, should be interpreted.

## 대표단이 수정안에 대한 투표 전 투표설명을 할 때

1) We have asked to take the floor in explanation of vote before the vote to explain why we will be voting against the proposed amendment. We will be doing so for a number of reasons, both procedural and substantive. (skipped) We will thus be voting "no" on the proposed amendment, and we encourage all other delegations to do the same.

2) We are taking the floor to explain the reasons for which we will vote against the proposed amendment. (skipped) That is why we will vote against the proposed amendment and also against the second proposed amendment.

## 대표단이 투표 후 투표설명을 할 때 이전 발언자의 의견에 동조를 표시할 때

I would like to join previous speakers in welcoming the adoption of the

present resolution by consensus.

## ❑ 결의안의 제안설명

### 대표단 중 주제안국이 결의안을 상정할 때

1) I have the honour to introduce draft resolution A/60/L.20, entitled "Strengthening emergency relief, rehabilitation, reconstruction and prevention in the aftermath of the Indian Ocean tsunami disaster" on behalf of the ASEAN member countries - namely Brunei Darussalam, Cambodia, Indonesia, Lao People's Democratic Republic, Myanmar, the Philippines, Singapore, Thailand, Viet Nam, and my own country, Malaysia, and the other sponsors who are listed in the draft itself.

2) On behalf of its sponsors, I have the pleasure today to introduce draft resolution A/60/L.22, entitled "Oceans and the law of the sea". I wish to inform members that since the publication of the draft resolution, the following countries have also become sponsors: Australia, Greece, Italy, Jamaica, Madagascar, Micronesia, the Russian Federation and Tonga.

3) It is an honour, on behalf of the sponsors, to introduce draft resolution A/57/L.10 on the role of the United Nations in promoting a new global human order. (skipped) Finally, I am pleased to announce that, since the publication of the draft resolution, the following countries have joined as sponsors: Pakistan, South Africa, Thailand and Venezuela. We wish to express our sincere appreciation to all sponsors for their valuable support, as well as to all partners for the spirit of flexibility and cooperation shown in consultations on the draft resolution. With those words, I am pleased to commend draft resolution A/57/L.10, on the role of the United Nations in promoting a new global human order, for adoption by the General Assembly.

4) My delegation, in its capacity as Chair of the Economic Cooperation Organization (ECO) group in New York, has the honour to introduce the draft resolution contained in document A/63/L.39, entitled "Cooperation between the United Nations and the Economic Cooperation Organization", sponsored by the 10 States members of the Economic Cooperation Organization: Afghanistan, Azerbaijan, the Islamic Republic of Iran, Kazakhstan, Kyrgyzstan, Pakistan, Tajikistan, Turkey, Turkmenistan and

Uzbekistan. (skipped) In conclusion, I would like to take this opportunity to invite all interested countries to sponsor draft resolution A/63/L.39. We would be grateful for their sponsorship and hope that the draft resolution will be adopted by consensus, as it was at the sixty-second session.

## ❏ 대표단이 결의안 제출 마감시한의 연장을 제안할 때

I propose that the deadline for the submission of draft resolutions should be extended until Friday, 19 October, instead of Wednesday, 17 October.

## ❏ 결의안 통과 후 일반진술을 요청할 때

My delegation has requested the floor in order to make a general statement regarding agenda item 69 following the adoption of the resolution.

## ❏ 수정안의 제안

### 구두로 수정안의 제안

1) I propose that the words "payment of their assessed contributions in full and on time" should be replaced by "payment of their assessed contributions in full, on time and without conditions".

2) My delegation would like to present two oral amendments to draft resolution A/C.3/63/55. The amendments are to delete operative paragraphs 6 and 7 of the draft resolution. (skipped) Therefore, my delegation would request that the Committee proceed with these amendments separately, and we request delegations to vote in favour of them.

3) I propose that operative paragraphs 6 and 7 of the draft resolution should be deleted.

4) I would like to announce the revision of the draft resolution (A/57/L.15/Rev.1) in operative paragraph 7. The paragraph should start with "notes" instead of "also welcomes".

### 구두로 수정안에 대한 수정안의 제안

My country's delegation would like to introduce some oral amendments to the amendments you just proposed on this decision.

## ❑ 수정안의 제안설명의 머리말

1) I have the honour to speak on behalf of the European Union to introduce an amendment to draft resolution A/52/L.53/Rev.1, as orally amended by the representative of Indonesia, entitled "Full participation of Palestine in the work of the United Nations".

2) My delegation is honoured to present its amendment (A/57/L.17) to the draft resolution entitled "Report of the International Atomic Energy Agency" (A/57/L.14)

## ❑ 대표단이 수정안을 읽어달라고 할 때

You mentioned that document A/C.1/61/CRP.1 had been orally amended. Could you kindly read out the amendment?

## ❑ 개정된 결의안의 제안설명을 하면서 원결의안으로부터 달라진 것에 대한 설명

The following revisions have been made to A/C.2/61/L.13: in the ninth preambular paragraph, the word "grave" have been deleted; in the tenth preambular paragraph, the phrase "and the razing of agricultural fields" have been deleted; and in the thirteenth preambular paragraph, the phrase "as it is depriving the Palestinian people of their natural resources and gravely affecting their economic and social conditions" have been revised to read "and of its grave effect on the natural resources and economic and social conditions of the Palestinian people".

## ❑ 구두 정정

1) We propose to correct the last preambular paragraph of the draft resolution to read as follows: "Having examined the report of the Secretary-General on the implementation of resolution 62/18".

2) I should like to inform members of a correction to the English version of draft resolution A/55/L.69. In paragraph 15, fourth line from the bottom, the word "President" should read "Presidents".

3) I just wish to draw the attention of the Assembly to a small correction in

document A/54/592. I refer to paragraph 16 of that report, which contains a draft resolution on globalization. In paragraph 10 of that draft resolution, the phrase "needs of the people with efficient" should read as "needs of the people based on efficient". This change reflects the result of the negotiations in the Second Committee, which has not been correctly reflected in the current text. I just thought I would bring this to the attention of the Assembly.

4) The delegation of Mexico would like to make a statement in its capacity as one of the chief sponsors of this draft resolution on the protection of migrants in order to rectify some errors that we have noted in the Rapporteur's presentation as well as in the English-Spanish- language versions of this document. There are also some errors in the Spanish version. (skipped) The delegation of Mexico would ask the Secretariat through you, Sir, to make the necessary relevant corrections in all other official languages (skipped) To make the Secretariat's work easier, the delegation of Mexico will ensure that the relevant wording is forwarded.

5) I apologize, Mr. President, for interrupting your work, which has been running so smoothly. We need to make a slight correction to operative paragraph 17 of the draft resolution recommended for adoption in paragraph 15 of the report. In the title of the proposed agenda item, the words "the implementation" should be replaced with "and implementation", and the words "outcome of the" should be added, so that it reads "Follow-up to and implementation of the outcome of the International Conference on Financing for Development".

6) I would like to draw the attention of the Assembly to page 9 of document A/55/582/Add.1. In operative paragraph 2 of draft resolution I, the word "review" should be replaced by the word "Summit". The amended paragraph would read "also decides to call the Summit the World Summit on Sustainable Development". That is how the document was adopted in the Second Committee.

## ❏ 다른 국가대표의 발언에 대한 지지

1) The Chinese delegation supports the statement made by the represen-

tative of Antigua and Barbuda on behalf of the Group of 77 and China.

2) First of all, I would like to express our full support for the statement made by the representative of the Russian Federation.

3) I would like to join the other speakers in supporting the statement made by the representative of China.

4) I would like to join my voice to those of Cuba, Nicaragua and Venezuela.

5) My delegation fully subscribe to the statement made by the representative of the Republic of Korea.

6) We subscribe to the statement made by the representative of the Czech Republic on behalf of the European Union.

7) My delegation too would like briefly to echo the statements made by the representative of Antigua and Barbuda on behalf of the Group of 77 and China and the representative of Egypt on behalf of the Non-Aligned Movement.

8) Our delegation would like to associate itself with the statement delivered by the representative of Mexico on behalf of the Rio Group.

9) I would like to align my statement with the statement made by the representative of Swaziland on behalf of the African Group.

10) I align Indonesia's statement with that of Antigua and Barbuda on behalf of the Group of 77 and China.

11) Turkey aligns itself with the statement made by the Permanent Representative of France on behalf of the European Union. However, given the importance we attach to the situation in Afghanistan, I would like to make a few additional remarks in my national capacity.

12) We would like to concur with the statement made by the Permanent Representative of France.

## ❑ 대표단이 추가로 공동제안국이 되고자 할 때

1) I wish to add the name of my country to the list of sponsors of the two draft resolutions introduced by Egypt, A/60/L.32 and A/60/L.33, on the Middle East.

2) I would like it to be noted that my delegation wishes to join the sponsors of resolution 54/133 on traditional or customary practices affecting the health of women and girls.

## ❏ 대표단이 공동제안국 지위를 철회하고자 할 때

I wish to have it noted in the record of the meeting that the Libyan Arab Jamahiriya withdraws its sponsorship of draft resolution VII.

## ❏ 대표단이 발언문을 요약하여 발언하고자 할 때

The text of our complete statement will be available to delegations; I will now deliver a summary of that text.

## ❏ 대표단이 사무총장의 보고서에 감사함을 표시하고자 할 때

The Indonesian delegation would like to express its appreciation to the Secretary-General for his reports on humanitarian assistance, which have made clear the urgent need for change in the approach for dealing with disasters and complex emergencies.

# 제 19 장
# 중요 회의과정의 일련의 발언

앞 장에서 단편적인 상황별로 영어로 어떻게 발언할 것인가를 살펴보았다. 여기에서는 이러한 단편적인 상황이 아니고 일련의 복잡한 연속적인 상황에서 어떻게 영어로 발언을 할 것인가를 집중적으로 살펴보고자 한다.

## 1. 결의안의 채택과정

결의안이 상정된 이후 채택이 되고 해당의제에 대한 논의가 종료되기까지의 과정은 다양하게 전개될 수 있다. 경우에 따라 특정 과정(들)이 생략될 수 있는데 이곳에서는 통상적으로 포함되는 과정들 대부분을 포함하여 살펴보고자 한다.

### (1) 결의안 상정 후 토론이 끝난 후 채택절차에 들어간다는 발언

*President*
We have heard the last speaker in the debate on agenda item 75. The Assembly will now consider draft resolutions A/67/L.21 and A/67/L.22.

### (2) 의장의 투표 전 투표설명에 대한 안내

*President*
I shall now give the floor to the representative who wishes to speak in explanation of vote before the voting. May I remind delegations that explanations of vote are limited to 10 minutes and should be made by delegations from their seats.

### (3) 투표 전 투표설명을 위한 발언권의 부여

*President*

I give the floor to the representatives of Indonesia, South Africa, and Yemen.

### (4) 대표단들의 투표 전 투표설명

*The representatives of Indonesia, South Africa, and Yemen explain their votes before the voting.*

### (5) 결의안 채택절차에 돌입하면서 사무국 간사에게 발언권 부여

*President*

We have heard the last speaker in explanation of vote before the vote. We turn first to draft resolution A/67/L.21, entitled "Oceans and the law of the sea". I now give the floor to the representative of the Secretariat.

### (6) 사무국 간사의 추가 공동제안국 발표

*The representative of the Secretariat*

I would like to announce that, since the submission of the draft resolution, in addition to those delegations listed in document A/67/L.21, the following countries have become sponsors: Argentina, Barbados, Belgium, Cameroon, Chile, Greece, Ecuador, Honduras, Indonesia, Lithuania, Luxembourg, Madagascar, Malaysia, Malta, the Federated States of Micronesia, Montenegro, the Philippines, Portugal, the Republic of Moldova, Romania, Samoa, Slovenia, South Africa, Sweden, Tonga, Ukraine and the United States of America.

### (7) 결의안의 채택

*President*

May I take it that the Assembly decides to adopt draft resolution A/67/L.22? Draft resolution A/67/L.22 was adopted.

### (8) 투표 후 투표설명

*President*
I shall now give the floor to those representatives who wish to speak in explanation of vote. May I remind delegations that explanations of vote are limited to 10 minutes and should be made by delegations from their seats.

### (9) 대표단들의 투표 후 투표설명

*The representatives of Bolivarian Republic of Venezuela, Argentina, and Turkey explain their votes after the voting.*

### (10) 의제논의의 종료

*President*
May I take it that it is the wish of the General Assembly to conclude its consideration of agenda item 75. It was so decided.

## 2. 수정된 결의안의 채택 과정

결의안이 상정된 후 이 결의안에 대해 수정안이 제기되어 채택이 되고, 이러한 수정안이 반영된 결의안이 채택되면서 논의가 종료되는 과정을 자세히 살펴보고자 한다.

### (1) 의장의 결의안 상정 요청

*President*
I call on the representative of Austria to introduce draft resolution A/55/L.69.

### (2) 주제안국에 의한 결의안 상정

*The Representative of Austria introduces draft resolution A/55/L.69.*

## (3) 의장의 수정안 상정 요청

*President*

I now call on the representative of Azerbaijan to introduce the amendment to draft resolution A/55/L.69, contained in document A/55/L.70.

## (4) 대표단에 의한 수정안의 상정

*The Representative of Azerbaijan introduces the amendment to draft resolution A/55/L.69.*

## (5) 수정안의 채택

*President*

The Assembly will now take a decision on draft resolution A/55/ L.69 and on the amendment thereto contained in document A/55/ L.70. In accordance with rule 90 of the rules of procedure, the amendment is voted on first. The Assembly shall therefore take a decision first on the amendment circulated in document A/55/L.70 (A vote was taken on the amendment) The amendment is adopted by 62 votes to 1, with 65 abstentions.

## (6) 수정된 결의안의 채택

*President*

The Assembly will now take a decision on draft resolution A/55/ L.69, as amended (A vote was taken on the draft resolution) Draft resolution A/55/L.69, as amended, is adopted by 147 votes to 1.

## (7) 의장의 투표 후 투표설명 요청

*President*

I shall now call on those representatives who wish to speak in explanation of vote on the resolution just adopted. May I remind delegations that explanations of vote are limited to 10 minutes and

should be made by delegations from their seats.

## (8) 대표단의 투표 후 투표설명

*The representatives of the United States and Egypt explain their votes after the voting.*

## (9) 의장의 의제항목 논의의 종료

*President*

We have heard the last speaker in explanation of vote. May I take it that it is the wish of the General Assembly to conclude its consideration of agenda item 29? (pause) As I see no objection, it is so decided.

## 3. 수정된 결의안의 불처리와 이에 따른 분리투표 발의와 반박 발언권 행사 과정

다음은 유엔총회 2002년 제57차 유엔총회 제46차와 제47차 본회의 내용 중 일부이다. 여기에서 이를 소개하는 이유는 국제원자력기구 사무총장의 보고에 이어 결의안이 상정되고 채택되기까지 아주 다양한 절차발의들이 제안되면서 역동적인 회의의 과정을 보여주기 때문이다. 이러한 과정을 통해 구체적으로 보고서의 보고, 결의안의 상정, 수정안의 제안, 수정안에 대한 불처리 발의, 불처리 발의의 채택, 투표 전 투표설명, 분리투표 발의, 결의안의 채택, 투표 후 투표설명, 반박발언권 행사 등이 실제적으로 어떻게 이루어지는가를 잘 알 수 있을 것이다.

### (1) 의장의 보고서 보고요청

*President*

I hope that we can conclude consideration of the report of the International Atomic Energy Agency today, including an important vote on the draft resolution. I would now like to invite the Director General of the International Atomic Energy Agency, Mr. Mohamed ElBaradei to present the report of the agency for the year 2001.

## (2) 국제원자력기구 사무총장의 보고

*The Director General of the IAEA presents the report of the IAEA for the year 2001.*

## (3) 보고서에 관한 결의안의 상정 요구

*President*

I thank the Director General for his introduction of the report of the International Atomic Energy Agency. I now give the floor to the representative of Kuwait to introduce draft resolution A/57/L.14.

## (4) 대표단에 의한 결의안의 상정

*The representative of Kuwait introduces draft resolution A/57/L.14.*

## (5) 의장이 대표단에게 수정안 상정의 요구

*President*

Now I give the floor to the representative of Iraq to introduce an amendment contained in document A/57/L.17.

## (6) 대표단에 의한 공식문건을 통한 수정안의 상정

*The representative of Iraq introduces an amendment to draft resolution A/57/L.14.*

## (7) 결의안에 대한 토론의 지속

수정안이 공식 상정된 이후 곧바로 수정안에 대한 토론과 수정안의 채택에 들어가지 않고 제출된 결의안에 대한 여러 국가 대표단의 토론이 지속된다. 이러한 토론 도중에 일부 대표단은 결의안에 공동제안국이 되겠다는 의사를 표시하기도 한다.

## (8) Point of Order 발의에 대한 발언권의 부여

*President*

We have heard the last speaker in the debate on agenda item 14. I call on the representative of Kuwait who wishes to speak on a point of order.

## (9) Point of Order 발의를 통한 수정안의 불처리 발의의 제기

*The Representative of Kuwait*

I would like to invoke rule 74 of the rules of procedure of the General Assembly, to call on the Assembly not to take action on the amendment contained in document A/57/L.17. (skipped) We appeal to all Members to support the motion that no action be taken.

## (10) 불처리 발의에 대한 토론 참여국에 발언권의 부여

*President*

The representative of Kuwait has moved, within the terms of rule 74 of the rules of procedure, that no action be taken on the amendment contained in document A/57/L.17. Let me remind members that rule 74 reads: "During the discussion of any matter, a representative may move the adjournment of the debate on the item under discussion. In addition to the proposer of the motion, two representatives may speak in favour of, and two against, the motion, after which the motion shall be immediately put to the vote." Does any representative wish to speak? I give the floor to the representative of Iraq.

## (11) 불처리 발의에 대한 토론 참여국의 발언

*The Representative of Iraq*

My delegation regrets that there has been a request for a motion that no action be taken. This would prevent a Member State from expressing its views in a way that reflects the simple truth, as expressed by the Secretary-General. We also regret that such practices are being tolerated in the General Assembly. The General Assembly

was not founded to rubber stamp to draft resolutions presented to it, but to ensure that Member States can fully exercise their rights, as enshrined in the Charter, thus ensuring the transparency and credibility of this organ. Before action is taken, therefore, I would like to ask delegations to consider the outcome of their vote in setting a precedent on the future role of the Assembly. I kindly request the sponsors to reconsider their position. I would also like to remind Member States that the Charter provided for the right of substantive voting so as to ensure that Member States have the tools to present their positions on matters dealt with in the General Assembly. Taking this into account, I would like to request delegations, regardless of their positions with regard to the amendment that has been introduced, to vote against the motion for no action for the sake of transparency and for the credibility of this organ.

## (12) 불처리 발의의 표결처리

*President*
I shall now put to the vote the motion submitted by the representative of Kuwait that no action be taken on the amendment contained in document A/57/L.17. (a vote was taken) The motion for no action is carried by 86 votes to 11, with 26 abstentions. Since the motion for no action has been adopted, no action will be taken on the amendment contained in document A/57/L.17.

## (13) 의장의 결의안 채택절차로의 진입 공표

*President*
We shall therefore proceed to take a decision on draft resolution A/57/L.14.

## (14) 의장의 투표 전 투표설명 요청

*President*
I shall call on those speakers wishing to speak in explanation of vote before the vote.

### (15) 수정안 채택의 무산으로 투표설명 중 분리투표의 발의

*The representative of Iraq*

With regard to the decision on the recent motion, my delegation has no other choice than to ask for a separate vote on the twelfth preambular paragraph for the following reasons. First, it does not welcome Iraq's decision of September to allow the unconditional return of the inspectors and the agreement with the Director-General of the IAEA on the practical arrangements needed for the inspections. Secondly, it introduced new language that is meant to accommodate political aims that will serve aggressive policies, taking into account that such language was not included in last year's resolution, before Iraq's decision to allow the inspectors to return. Thirdly, it does not refer to Iraq's cooperation since 2000 with the IAEA in carrying out its mandate according to the safeguards agreement. Having said that, I ask delegations to vote against the twelfth preambular paragraph.

### (16) 투표설명 중에 또다른 분리투표의 요구

이라크가 12번째 전문단락preambular paragraph에 대해 분리투표를 요구한 것 이외에 다른 국가들이 3번째 전문단락과 더불어 5번째와 10번째 실행단락에 대해 분리투표를 요구하였다.

### (17) 투표 전 투표설명이 끝난 후 추가 공동제안국 명단의 발표

*President*

We have heard the last speaker in explanation of vote before the vote. Before proceeding, I would like to announce that since the introduction of the draft resolution, the following countries have become cosponsors of draft resolution A/57/L.14: Armenia, Belgium, Costa Rica, Estonia, the Former Yugoslav Republic of Macedonia, Jordan and Switzerland.

## (18) 제기된 분리투표 발의들을 몰아서 채택여부 결정

*President*

A separate vote has been requested on the third preambular paragraph, the twelfth preambular paragraph, operative paragraph 5 and operative paragraph 10 of draft resolution A/57/L.14. Are there any objections to those requests? As there are none, we shall proceed accordingly.

## (19) 분리투표 발의의 채택에 따른 분리투표(기록투표)의 실시

*President*

I now put to the vote the third preambular paragraph of draft resolution A/57/L.14. A recorded vote has been requested. (A recorded vote was taken) The third preambular paragraph of draft resolution A/57/L.14 is adopted by 132 votes to 2, with 3 abstentions. I shall now put to the vote the twelfth preambular paragraph of draft resolution A/57/L.14. A recorded vote has been requested. (A recorded vote was taken) The twelfth preambular paragraph is adopted by 122 votes to none, with 15 abstentions. I shall now put to the vote operative paragraph 5 of draft resolution A/57/L.14. A recorded vote has been requested. (A recorded vote was taken) Operative paragraph 5 of draft resolution A/57/L.14 is retained by 132 votes to none, with 5 abstentions. I now put to the vote operative paragraph 10 of draft resolution A/57/L.14. (A vote was taken) Operative paragraph 10 of draft resolution A/57/L.14 is retained by 134 votes to 2, with 1 abstention.

## (20) 분리투표의 결과가 반영된 결의안 전체에 대한 채택절차

*President*

I now put to the vote draft resolution A/57/L.14 as a whole. (A vote was taken) Draft resolution A/57/L.14 is adopted by 138 votes to 1, with 2 abstentions.

## (21) 의장에 의한 투표 후 투표설명을 위한 발언권의 부여

*President*

I shall now call on those representatives who wish to explain their votes on the resolution just adopted. May I remind representatives that explanations of vote are limited to 10 minutes and should be made by delegations from their seats.

## (22) 대표단들의 투표 후 투표설명 발언

*The Representative of Canada*

Canada voted in favour of resolution 57/9, entitled "Report of the International Atomic Energy Agency". (skipped)

*The Representative of Pakistan*

I have taken the floor to explain Pakistan's position on the draft resolution entitled "Report of the International Atomic Energy Agency" as contained in document A/57/L.14. My delegation has abstained on preambular paragraph 3 and operative paragraph 5. The language of preambular paragraph 3 links the right to nuclear energy for peaceful purposes with the Non-Proliferation Treaty (NPT). We have always maintained that this preambular paragraph on technical assistance should refer to the International Atomic Energy Agency (IAEA) Statute only. Since Pakistan is not a party to the NPT, we cannot accept any commitment on its behalf. Our second concern is the operative paragraph 5, on comprehensive safeguards, which we consider discriminatory and an attempt to keep developing countries from acquiring nuclear technology for peaceful purposes. In our view, the IAEA's role is to facilitate technical safeguards and not indulge in taking political decisions. However, our policy for promoting peaceful uses of nuclear energy has enabled us to vote in favour for the resolution as a whole.

## (23) 투표 후 투표설명이 끝난 후 의장에 의한 반박발언권의 부여

*President*

We have now heard the last speaker in explanation of vote after the vote. A representative has requested to express the right of reply. May I remind Members that statements in the exercise of the right of reply are limited to ten minutes for the first intervention, and five for the second one, and should be made by the delegates from their seats. I now call on the representative of the Democratic People's Republic of Korea.

## (24) 대표단의 반박발언권 행사

*The Representative of the Democratic People's Republic of Korea exercises the right of reply.*

## (25) 반박발언권을 행사한 대표단에 대한 다른 대표단의 반박발언권 부여

*President*

I now give the floor to the representative of the United States.

## (26) 대표단의 반박발언권의 행사

*The Representative of United States exercises the right of reply.*

## (27) 대표단에게 두 번째 반박발언권의 부여

*President*

I understand that the representative of the Democratic People's Republic of Korea has asked for a second intervention in exercise of right of reply. Let me remind the representative that the limit is five minutes.

## (28) 대표단의 두 번째 반박발언권의 행사

*The Representative of the Democratic People's Republic of Korea*

*exercises the right of reply for the second time.*

### (29) 의장에 의한 의제항목의 논의의 종료

*President*
May I take it that it is the wish of the General Assembly to conclude its consideration of agenda item 14? (pause) As I see no objection, it is so decided.

## 4. 구두로 수정된 개정된 결의안의 채택 과정

다음은 유엔총회 본회의plenary에서 원결의안이 상정된 후 이에 대한 개정된 결의안revised draft resolution이 만들어지고, 이 개정된 결의안에 대한 구두 수정이 이루어진 다음에 이의 채택 과정에서 다시 구두 수정안이 제기된 경우이다. 이 경우 회의가 어떻게 전개되는가를 살펴보고자 한다.[1] 이러한 구두로 수정된 결의안이 채택되기 전의 상황을 살펴보면 다음과 같다.

결의안 A/65/L.64가 유럽연합 국가들에 의해 공식회의에 상정된 다음 토론과정에서 이견이 크게 노정되어 합의를 통한 채택이 불가능했다. 그러자 유럽연합 국가 대표단들은 수정을 가하는 정도로는 통과가 쉽지 않다고 판단하여 A/65/L.64/Rev.1이라는 개정된 결의안을 작성하여 회원국들에게 배포를 마쳤다. 공식회의에의 상정에 앞서 유럽연합 대표단들은 개정된 결의안의 통과를 위해 다른 국가 대표단들과 집중적으로 비공식협의를 진행했으나 이 개정된 결의안의 수용에 카리브해 공동체 국가들이 마지막 장애가 되었다. 따라서 이들과의 마지막 비공식협의에서 이들의 수정요구를 수용하면서 돌파구가 마련되어 비공식협의를 마침내 마칠수 있었다. 이제 남은 과정은 수정 요구가 포함된 개정된 결의안을 공식회의에 상정하고 채택하는 일이다.

### (1) 개정된 결의안의 상정을 위한 발언권의 부여

*President*
I now give the floor to the representative of Hungary to introduce

---

1) A/65/PV.88

draft resolution A/65/L.64/Rev.1.

## (2) 구두 수정안이 포함된 개정된 결의안의 제안설명

*The Representative of Hungary*

It is an honour for me to appear before the General Assembly today to introduce, on behalf of the members of the European Union (EU), the draft resolution on the participation of the European Union in the work of the United Nations, contained in document A/65/L.64/Rev.1. (skipped) The process of consultations continued until the last moment, including last night. Today, I have the pleasure to announce that, on the basis of those very extensive consultations with, among others, the Caribbean Community, the members of the European Union wish to introduce an oral revision to the text, which we believe could lead to a decision by consensus on the draft resolution. The changes concern only the annex. In that connection, paragraph 1 (b) of the annex would read as follows: "Invited to participate in the general debate of the General Assembly, in accordance with the order of precedence as established in the practice for participating observers and the level of representation". (skipped) For ease of reference, we have distributed copies of those changes to all delegations in the Hall. The changes I have just described qualify further the capacity for action of the European Union at the United Nations, reflected in the modalities. In no way do they increase this capacity for action. They are fully respectful of the intergovernmental nature of the United Nations. The member States of the European Union are grateful to all those who have engaged with them in the discussions in order to work towards the adoption by consensus of the draft resolution, as orally amended. I would like to confirm here and now that this final text is a product of a joint effort by a very broad spectrum of the United Nations membership. The essence of the draft resolution is to allow the representative of the European Union to intervene on behalf of its 27 member States among representatives of other major groups and to enable them to contribute effectively to the work of the United Nations. The text now before the Assembly, as orally amended, provides assurances that concepts are clear, the language is simple

and it responds to concerns expressed in the course of consultations. Among other things, we have sought to address the following questions. First, the text ensures respect for the intergovernmental nature of the United Nations. As we have agreed from the outset, the United Nations is, and should remain, an organization of States. The European Union will remain an observer in the General Assembly. (skipped) Let me conclude by thanking once again the representatives of all States Members of the United Nations for their constructive engagement in the negotiation of this draft resolution, and I respectfully ask for their support for the adoption by consensus of the draft as revised orally by me.

## (3) 토론과 채택 절차에 앞서 사무국 간사에게 재정적 함의에 대한 발언을 위한 발언권의 부여

*President*
We shall now proceed to consider draft resolution A/65/L.64/Rev.1, as orally amended. I give the floor to the representative of the Secretariat.

## (4) 사무국 간사의 재정적 함의에 대한 발언

*The Representative of the Department for General Assembly and Conference Management*
In connection with draft resolution A/65/L.64/Rev.1, entitled "Participation of the European Union in the work of the United Nations", as orally amended, I wish to put on record the following statements of financial implications on behalf of the Secretary-General, in accordance with rule 153 of the rules of procedure of the General Assembly. (skipped) Accordingly, should the General Assembly adopt draft resolution A/65/L.64/Rev.1, as orally amended, no additional appropriations would be required under the programme budget for the biennium 2010-2011.

## (5) 투표 전 투표설명의 기회의 부여

*President*

Before giving the floor to speakers in explanation of vote before the voting, may I remind delegations that explanations of vote are limited to 10 minutes and should be made by delegations from their seats.

## (6) 투표 전 투표설명과 투표설명 중 구두 수정안의 제기

*The Representative of Zimbabwe*

(skipped) We humbly submit the following oral amendment to sub-paragraph (e) of paragraph 1 of the annex, as orally amended by the European Union (EU). Currently, it reads that they should be allowed to exercise the right of reply regarding positions of the EU as decided by the presiding officer. What we are proposing is that "presiding officer" be struck and replaced by "in accordance with rule of procedure 73". (skipped) My delegation is also very grateful to the European Union for the consultations it conducted in its various representations throughout this process. My delegation cannot and will not minimize the contribution of the European Union to the United Nations system. However, we find it not possible to join the requested consensus in favour of the submitted draft resolution.

## (7) 구두 수정안에 대한 채택절차

*President*

The representative of Zimbabwe has submitted an oral amendment to draft resolution A/65/L.64/Rev.1, as orally amended. In accordance with rule 90 of the rules of procedure, the Assembly shall first take a decision on the oral amendment submitted by the representative of Zimbabwe. May I take it that the Assembly agrees to the adoption of the oral amendment?

## (8) Point of Order 발의에 대한 발언권의 부여

*President*

I call on the representative of Hungary to speak on a point of order.

## (9) Point of Order 발의를 통한 반대의견 제시

*The Representative of Hungary*

(skipped) We thank all Member States and all groups that expressed support for our proposal. Therefore, the European Union Member States will vote against the oral amendment presented by the representative of Zimbabwe and respectfully asks all those delegations that support the European Union's draft resolution to join its members in voting no.

## (10) 구두 수정안에 대한 채택절차

*President*

Since there is no agreement, we shall take a decision on the oral amendment. A recorded vote has been requested. (A recorded vote was taken). (Announcement of the Member States voting for, voting against, abstaining from the oral amendment proposed by he Representative of Zimbabwe) The oral amendment was rejected by 142 votes to 6, with 20 abstentions.

## (11) 구두 수정을 포함한 개정된 결의안의 채택절차

*President*

The Assembly will now take a decision on draft resolution A/65/L.64/ Rev.1, entitled "Participation of the European Union in the work of the United Nations", as orally amended. A recorded vote has been requested. (A recorded vote was taken). (Announcement of the Member States voting for, voting against, abstaining from the oral amendment) Draft resolution A/65/L.64/Rev.1, as orally amended, was adopted by 180 votes to none, with 2 abstentions (resolution 65/276).

## (12) 투표 후 투표설명을 위한 발언권의 부여

*President*

Before giving the floor to speakers in explanation of vote on the resolution just adopted, may I remind delegations that explanations of vote are limited to 10 minutes and should be made by delegations from their seats.

## (13) 대표단의 투표 후 투표설명

*The Representatives of Bahamas, Japan, Cuba, Malaysia, Argentina, Bolivarian Republic of Venezuela explain their votes after the voting.*

## (14) 옵서버에게 투표 후 투표설명을 위한 발언권의 부여

*President*

We have heard the last speaker in explanation of vote. I now give the floor to the Observer of the Holy See.

## (15) 옵서버의 투표 후 투표설명

*The Representative of the Holy See*

(skipped) It is therefore important that, when considering new requests for participation by intergovernmental organizations, due respect is not only given to the General Assembly membership and the United Nations Charter but also, as is done in the resolution just adopted, to the rights accorded to observer States and entities. My delegation therefore welcomes this recognition in the resolution.

## (16) 의제항목의 논의의 종료

*President*

The Assembly has thus concluded this stage of its consideration of agenda item 120. (The meeting rose at 12.25 p.m.)

## 5. 수정안의 성격을 둘러싼 논의 과정

수정안이 상정되면 이를 결의안의 본질적인 내용을 바꾸려는 파괴수정안Killer Amendment이라고 간주하고 이를 처리하지 말자는 불처리 발의no-action motion를 하는 경우가 있다. 이와는 달리 이곳에서 살펴볼 예는 상정된 수정안이 원결의안의 본질적인 내용을 훼손하고자 작성된 또다른 결의안이기 때문에 수정안으로서 먼저 채택여부를 결정하여야 한다는 규칙이 적용되어서는 안 되고 수정안의 대상이 된 결의안이 먼저 상정된 결의안이기 때문에 먼저 채택절차에 회부되어야 한다는 주장을 제기한다. 이와 관련한 과정을 자세히 살펴보면 다음과 같다.[2]

### (1) 구두 수정이 포함된 수정안 상정 요청

*President*
I now call on the representative of Luxembourg to introduce the amendment to draft resolution A/52/L.53/Rev.1, as orally amended by the representative of Indonesia, contained in document A/52/L.59.

### (2) 수정안에 대한 제안설명

*The Representative of Luxembourg*
I have the honour to speak on behalf of the European Union to introduce an amendment to draft resolution A/52/L.53/Rev.1, as orally amended by the representative of Indonesia, entitled "Full participation of Palestine in the work of the United Nations". (skipped)

### (3) Point of Order 발의에의 발언권 부여

*President*
I call upon the representative of Yemen on a point of order

---

2) A/52/PV.68.

## (4) Point of Order 발의를 통해 수정안에 앞서 원결의안이 채택절차의 대상이 되어야 한다는 주장의 제기

*Yemen*

On behalf of the sponsors of draft resolution A/52/L.53/Rev.1, "Full participation of Palestine in the work of the United Nations", in connection with the amendment just introduced by the representative of Luxembourg, I should like to move a motion pertaining to the voting on amendments. (skipped) Therefore, this is a new proposal and not an amendment to which rule 90 would apply. I move therefore that the amendment in document A/52/L.59 be considered a new proposal, in accordance with rule 90. In such a case, I suppose, rule 91 would be applicable, by which the voting would begin with the draft resolution contained in document A/52/L.53/Rev.1.

## (5) 수정안임을 주장하는 발언

*The Representative of Luxembourg*

The European Union cannot share the view expressed by the representative of Yemen with respect to the nature of the text contained in document A/52/L.59, which I had the honour of introducing a few moments ago. Indeed, we consider the text of that document clearly to represent an amendment to draft resolution A/52/L.53/Rev.1, for the following reasons. (skipped)

## (6) 표결에의 회부

*President*

We have heard a motion made by the representative of Yemen and a statement by the representative of Luxembourg. From these two interventions, it appears that the views of Member States on this issue are divided. I therefore propose that the General Assembly take a decision on the proposal by the representative of Yemen that document A/52/L.59 does not constitute an amendment. I therefore now put to the vote the proposal by the representative of Yemen that

document A/52/L.59 does not constitute an amendment. To clarify, a vote in favour will mean that document A/52/L.59 does not constitute an amendment.

### (7) 기록투표의 요청과 표결결과의 발표

*President*

A recorded vote has been requested. (A recorded vote was taken) (skipped) The proposal was rejected by 65 votes to 57, with 32 abstentions.

### (8) Point of Order 발의에의 발언권 부여

*President*

I call on the representative of Egypt on a point of order.

### (9) Point of Order 발의를 통한 정회의 요청

*The Representative of Egypt*

On behalf of the co-sponsors, I would like to request a 15-minute recess so that they can look at the matter at this stage.

### (10) 의장의 정회요청 발의 수락

*President*

I think that this request meets the rules of procedure. I therefore suspend the meeting for 15 minutes. (The meeting was suspended at 5.50 p.m. and resumed at 6.10 p.m.)

## 6. 결의안에 대한 구두 정정안의 채택 과정

개정된 결의안의 상정 후 구두 정정안이 제기되고 이러한 구두 정정안이 반영된 개정된 결의안이 채택되었다. 그 후에 Point of Order 발의를 통해 또 다시 정정이 요청되었다. 이러한 과정을 다음에서 세밀하게 살펴보고자 한다.

## (1) 개정된 결의안 상정 전에 Point of Order 발의에 발언권 부여

*President*

The Assembly has before it a draft resolution issued as document A/54/L.47/Rev.1. I give the floor to the representative of Greece on a point of order.

## (2) Point of Order 발의를 통한 구두 정정의 요청

*The Representative of Greece*

On behalf of the sponsors and as agreed during informal consultations on document A/54/L.47/Rev.1, I would like to make the following oral correction: the fourth preambular paragraph should follow the fifth preambular paragraph, in order to have a consistent chronological order of all relevant conventions mentioned in the text.

## (3) 구두로 정정이 요청된 결의안의 채택

*President*

The Assembly will now take a decision on draft resolution A/54/L.47/Rev.1, as orally corrected. I should like to announce that since the introduction of the draft resolution, the following countries have become sponsors: Albania, Bolivia, Bulgaria, Burundi, Colombia, Croatia, Romania and Ukraine. May I take it that the Assembly decides to adopt draft resolution A/54/L.47/Rev.1, as orally corrected? Draft resolution A/54/L.47/Rev.1, as orally corrected, was adopted.

## (4) Point of order 발의에의 발언권의 부여

*President*

I give the floor to the representative of Algeria, who wishes to speak on a point of order.

### (5) 구두로의 정정 요청 (정정 내용: 공동제안국으로부터의 철회)

*The Representative of Algeria*

I would like to make one correction: Algeria has withdrawn from the list of sponsors of this draft resolution.

### (6) 정정요청의 수락

*President*

The Secretariat takes note of that fact.

## 7. Point of Order 발의와 이에 대한 평결 과정

다음은 2010년 제65차 유엔총회 본회의의 발언 내용으로서 한 대표단이 의사규칙 위반지적을 제기하고 이를 의장에 평결하는 과정을 담고 있다.[3]

### (1) 의장이 Point of Order 발의에의 발언권 부여

*President*

I call on the representative of Armenia on a point of order.

### (2) Point of Order 발의를 통한 의사규칙의 위반 지적

*The Representative of Armenia*

I have requested a point of order since, as you stated, Mr. President, we are in the stage of explanation of vote after the vote. The delegation of Azerbaijan is listed as one of the sponsors of resolution 65/283. I am therefore seeking your ruling as to whether that country may take the floor at this stage. Rule 88 of the rules of procedure of the General Assembly states that the President shall not permit the proposer of a proposal to explain his vote on his own proposal. I would appreciate your clarification.

---

3) A/56/PV.102.

## (3) 의장의 평결

*President*

After verification, I find that the point of order raised by the representative of Armenia is indeed correct. As a sponsor of the resolution, Azerbaijan cannot take the floor in explanation of position. I therefore regret that I must inform the representative of Azerbaijan that he cannot continue with his statement.

제 2 부

# 모의유엔회의

# 제 1 장
# 모의유엔회의 개관

모의유엔회의가 교육의 중요한 수단의 하나로서 여러 곳에서 개최되고 있다. 이러한 양적인 증가 속에서 모의유엔회의를 개최하는 조직이나 참가자들 모두 모의유엔회의의 진정한 목적이 무엇인가를 다시 생각할 때가 되었다. 이를 토대로 모의유엔회의가 나아갈 방향을 새롭게 점검하는 것이 필요하다. 이곳에서는 모의유엔회의의 정의와 목적을 살펴보고 모의유엔회의의 전 과정이 어떻게 구성되는가를 일별해보고자 한다. 특히 모의유엔회의를 위해 참가자들이 어떠한 마음가짐으로 어떠한 준비를 하여야 하는가에 중점을 두고자 한다.


## 1. 모의유엔회의의 정의와 목적

「모의유엔회의Model United Nations Conference」란 말 그대로 실제의 유엔회의를 모방하여 해보는 회의를 말한다. 이 회의에서 참가자들은 자신이 대표하는 국가의 유엔주재 대표부 외교관이 되거나 본국에서 유엔회의에 파견된 외교관이 되어 안보, 개발, 인권, 환경, 난민 등 다양한 국제사회의 문제들을 토의하고 협상과 타협을 거쳐 해결책을 모색하게 된다. 전문가의 지도하에 잘 준비된 모의유엔회의에의 참여를 통해 참가자들은 다음과 같은 것들을 얻을 수 있다.

첫째, 참가자들은 다자외교의 장에서 국가들이 어떠한 논의의 과정을 거쳐 결과물을 내놓는가를 경험함으로써 문제를 다루어 나가는 국제사회의 표준화된 방식을 경험할 수 있다. 특히 유엔총회의 의사규칙과 절차는 대부분의 국제기구의 의사규칙과 절차에 하나의 표준을 제공하고 있기 때문에 이러한 문제해결 방식을 경험할 경우 다른 다자외교 장에서 국제문제를 풀어가는 방식을 이해하는 것이 용이하다.

둘째, 우리는 유엔과 같은 국제기구가 내어놓는 문제해결을 위한 처방에 종종

실망하곤 한다. 많은 경우 법적 구속력이 없을 뿐 아니라 법적 구속력이 있다고 해도 이에 대한 위반에 대해 적절한 제재수단 등이 미비하다. 또한 문제해결을 위한 처방으로서 상호 상충하는 처방이 동시에 언급되기도 한다. 모의유엔회의의 경험은 국가들 간에 상충하는 이해관계의 대립 속에서 이러한 처방에 이를 수밖에 없는 현실에 눈을 뜨게 해준다.

셋째, 참가자들은 이러한 국제사회의 현실에 대한 객관적인 이해를 통해 현실세계의 한계를 극복하기 위한 실현 가능한 대안을 생각할 수 있는 기회를 갖게 된다. 참가자들은 국제문제에 대해 이제까지의 국제사회의 원인 진단과 처방을 살펴보면서, 이러한 처방이 가져온 성과와 한계에 주목하게 된다. 그리고 이러한 한계를 극복하기 위한 현실적으로 가능한 처방에 대해 고민하면서 문제해결을 위한 창의적인 접근의 필요성을 절감하게 된다.

넷째, 자신들이 대표하는 국가에 대한 이해의 폭을 넓히고 깊이를 더할 수 있는 계기가 된다. 특정한 이슈에 대해 자신이 대표하는 국가가 어떤 입장을 가지고 있는가를 제대로 살피기 위해서는 그 국가의 전반적인 배경을 이해하는 것이 필요하다. 특정 국가의 정치, 경제, 사회, 문화 등에 대한 이해가 바탕이 되어 있을 때, 특정 이슈에 관해 특정 국가가 취하고 있는 입장을 근본적으로 이해하게 된다. 제대로 된 국제적인 모의유엔회의의 경우 이 때문에 참가자에게 국가를 배정할 때 참가자 자신의 국가가 아닌 다른 국가를 맡도록 하는데 이는 이러한 모의유엔회의를 다른 국가를 이해하는 기회로 삼으라는 의도인 것이다.

다섯째, 일반적으로 국제사회에서 수적으로 열세인 선진국들은 자신이 보유하고 있는 군사력이나 경제력과 같은 국력에 기초한 협상력을 갖는데 반해, 이러한 국력을 갖추고 있지 못한 개도국들은 수적인 우위와 더불어 국제사회의 정의justice와 규범norm에 호소하고 논리적으로 설득을 하는 등의 방식을 통해 협상력을 갖고자 한다. 모의유엔회의를 통해 참가자들은 다자외교를 경험하면서 국가(들)의 협상력은 어디에서 오며, 협상력을 높이기 위해 어떠한 노력이 필요한가에 대해 생각할 수 있는 기회를 가지게 된다.

여섯째, 모의유엔회의의 참가자가 사무국 소속의 일원으로서 활동할 경우는 물론이고 정부대표로서 참가할 경우에 있어서도 사무국이 유엔회의와 관련하여 어떠한 역할을 하는가를 경험하게 된다. 회의의 운영을 돕는 역할을 비롯하여 정부대표들의 논의의 기초가 되는 보고서의 작성과 사무국 대표의 회의 참가를 통한 발언

등 국제사회의 문제를 풀어나가는 데 있어서 사무국의 역할에 주목하게 되는 계기가 된다. 이를 통해 국제기구 사무국에서 일하는 국제공무원으로서의 길에 관심을 가지는 계기가 될 수 있다.

일곱째, 모의유엔회의의 참가자는 다수의 이질적인 상대가 존재하는 다자외교를 경험함으로써 자국의 이익만을 고집할 수 없는 현실에 직면하게 된다. 이를 통해 자국의 이익을 타국의 이익 나아가 국제사회 전체의 공익과 어떻게 조화시킬 것인가의 문제가 다자외교의 핵심이라는 것을 깨우치게 된다.

## 2. 모의유엔회의의 단계별 과정

여기에서는 모의유엔회의가 어떠한 단계를 거치는가를 2014년 현재 20년째 지속되어 온 전국대학생모의유엔회의를 중심으로 설명하고자 한다. 모의유엔회의에 따라 다소 차이가 있을 수 있지만 대체적으로 다음과 같은 절차를 밟게 된다.

### (1) 개최기관의 결정

전국대학생모의유엔회의는 한국유엔협회가 주최하고 외교부가 후원하며 대학교를 비롯한 고등 교육기관의 주관으로 매년 개최된다. 개최시기는 매년 여름방학이 시작되고 1-2주 이내인 6월 말 내지 7월 초이고 개최기간은 보통 3박 4일이다. 개최기관은 보통 전년도 모의유엔회의에서 다음 해에 모의유엔회의를 개최할 기관이 개최의사를 표명함으로써 결정된다. 이처럼 매년 개최기관을 달리하면서 개최되는데 제19회 모의유엔회의가 삼군사관학교에서 개최되었고 제21회 모의유엔회의가 공군사관학교에서 개최하기로 되어 있는 것에서 알 수 있듯이 개최기관이 통상적인 대학교에 국한되지 않는다. 개최 의사가 있는 기관은 전년도 모의유엔회의에 대표단 이외에 개최에 필요한 실무자들을 파견하여 모의유엔회의의 이모저모를 미리 꼼꼼하게 살피는 것이 필요하다.

### (2) 의제항목의 선정과 위원회로의 배정

모의유엔회의가 개최되려면 개최기관과 더불어 다루어질 의제가 선정되어야 한다. 의제는 되도록 시의성을 가지고 있으면서 한국에 함의가 큰 것들이 선정되는

것이 바람직하기 때문에 유엔 현장에서 이러한 의제를 실질적으로 다루고 있는 외교부에게 의제를 의뢰하곤 한다. 이러한 요청을 받은 외교부는 통상적으로 국제기구국(유엔과, 군축비확산과, 인권사회과, 국제안보과)과 개발협력국(개발정책과, 개발협력과, 다자협력·인도지원과)을 통해 의제를 선정하여 제시하면 모의유엔회의 집행위원회Executive Committee가 최종적으로 이들 의제 가운데 적절한 것을 선택한다.1)

실제의 유엔총회의 경우 하나의 위원회는 다수의 의제항목agenda item을 다루나 모의유엔회의의 경우는 시간적 제약 때문에 단 하나의 의제항목만을 다룬다. 그러나 의제항목은 통상 논의를 요하는 여러 측면dimension을 지니고 있어 하나의 의제항목을 다룬다고 해도 짧은 모의유엔회의 기간 동안 이러한 측면 모두를 통합적으로 논의한다는 것은 불가능하다. 따라서 모의유엔회의를 위한 의제항목을 선정할 때 의제항목 자체의 선정도 중요하지만 선택된 의제항목에서 어떠한 측면들에 중점을 두고 논의할 것인가를 확정지어야 한다. 그렇지 않을 경우 개개의 참가자들이 같은 의제항목을 두고 서로 다른 측면에 중점을 둠으로써 수렴된 의사결정이 어렵게 된다.

선정된 의제항목들은 유엔총회와 마찬가지로 의제항목의 성격에 따라 해당 위원회에 배정되게 된다. 통상적으로 전국대학생모의유엔회의는 4개의 위원회committee를 열어오고 있는데 향후 이러한 위원회 회의뿐만 아니라 본회의plenary도 더불어 개최할 예정이다.

## (3) 개최공고와 참가학생 및 의장단 선발

각 위원회가 다룰 의제항목이 결정되면 전국대학생모의유엔회의 집행위원회는 선정된 의제항목을 비롯하여 회의개최 일정과 장소 등에 관한 안내문, 참가신청서, 신임장credentials 서식 등을 포스터와 더불어 각 대학교의 정치외교학과나 국제관계학과 혹은 이와 유사한 학과에서 유엔을 위시한 국제기구를 가르치고 있거나 국제기구에 관심을 가지고 있는 교수들에게 발송한다.2) 이러한 교수들이 각 대학의 모

---

1) 전국대학생모의유엔회의의 집행위원회는 통상 유엔한국협회 회장단(회장, 부회장, 사무총장), 외교부 유엔과 모의유엔회의 담당관, 모의유엔회의를 주관할 대학의 지도교수, 유엔한국협회의 자문교수로 구성되며 필요에 따라 전년도 주관대학의 지도교수가 참여하여 개최경험을 전달하기도 한다.

2) 모의유엔회의 초기에는 특정 교수를 지정하지 않고 대학본부 쪽으로 공문을 보내 학교 본부 측으로 하여금 이러한 공문을 적절한 학과나 학부로 보내 줄 것을 기대했으나 본부에서 사장되거나 적절하지 않은 학과나 학부로 보내 저조한 반응을 보인 바 있다. 따라서 이러한 문제를 해결하기 위해 최

의유엔회의 팀의 지도교수가 되어 학생들을 선발하고 지도하게 된다.

전국대학생모의유엔회의는 통상적으로 4개의 위원회로 구성되며 이 중에서 2 개 위원회는 영어로만 진행되고 나머지 2개 위원회는 우리말로 진행되나 일반토론 발언(기조연설)만큼은 모든 위원회에서 영어를 사용하도록 하고 있다. 참가 대학교 는 하나의 위원회에 학생 2명을 팀으로 보내게 되는데 주관기관의 숙박시설과 식 당의 수용능력에 따라 4개 위원회 모두에의 참가가 허용되기도 하고 3개의 위원회 로 제한되기도 한다.

4개 위원회에서 국가를 대표할 이들 정식대표들 이외에 회의의 참관을 목적으 로 하는 학생들에게도 모의유엔회의가 개방되는데 이들을 편의상 「옵서버observer」 라고 불러왔다. 이들은 유엔의 옵서버와는 달리 단지 회의의 참관만이 허용되어 왔 다. 그러나 2013년부터는 유엔총회가 정부대표들의 회의에 시민사회의 견해를 전 달할 목적으로 개최해오고 있는 「시민사회공청회Civil Society Hearing, CSH」를 열어 이들에게도 회의에 대한 직접적인 경험의 기회를 제공해오고 있다. 따라서 정식대 표 이외의 학생들은 비정부기구NGO의 대표자로서 참가해 오고 있으며 모의유엔 회의 개최 이튿날 정도에 시민사회공청회를 마치고 나머지 기간에는 정식대표들의 회의를 참관하게 된다. 정식대표의 경우 모의유엔회의에의 참가는 1회에 한해 허 용되나 비정부기구 대표들은 정식대표로 참가할 기회가 한 번 주어진다.

정식대표들을 선발하는 방식은 학교에 따라 다르다. 어떤 학교는 전공에 관계 없이 학생들 모두를 대상으로 공고과정과 공개경쟁을 거쳐 대표를 선발하기도 하 고 어떤 대학은 특정 학과 학생들만을 대상으로 선발하기도 한다. 선발기준도 학교 에 따라 다양하나 일반적으로 국제문제에 관심을 많이 가지고 있고 다른 많은 사 람들과 더불어 이러한 문제들을 해결해 나갈 수 있는 지도력과 친화력을 보유하고 있는지의 여부가 가장 중요한 기준이 된다. 이러한 기준과 더불어 영어능력이 또 다른 중요한 기준의 하나가 된다. 이는 모의유엔회의에서 다루고자 하는 의제에 관 한 자료들 대부분이 영문으로 작성되어 있고 영문으로 일반토론 발언(기조연설)을 해야 하기 때문이다. 비정부기구 대표들의 경우는 다음 해에 정식대표로 참가하여 좋은 성적을 거둘 목적으로 참가시키는 경우가 많은데 이 경우도 역시 정식대표의 선발기준과 크게 다르지 않으나 보통 저학년 학생들을 대상으로 한다.

---

근에는 모의유엔회의에 관심을 가질 만한 교수를 지정하여 이러한 공문들을 보내고 있다.

　　참가학생들의 선발이 끝나면 지도교수나 각 대학 대표단의 단장으로 선발된 참가자가 위원회별 참가자의 명단과 연락처 등을 주관기관에 통보하게 된다. 이때 소정의 참가비도 함께 송금을 하여야 한다. 오래전에는 주관기관이 대부분의 경비를 부담한 관계로 참가비가 저렴하였으나 재정적인 부담으로 개최를 희망하는 기관이 줄어들면서 안정적이고 지속적인 개최가 위협을 받게 되었다. 이 때문에 실비의 많은 부분을 학생들이 부담하는 방식으로 바뀌어 현재 15만원 이내의 참가비를 받고 있다.

　　이렇게 대학마다 참가학생을 선발하는 가운데 집행위원회에서 주관기관과 유엔협회가 중심이 되어 의장단을 구성하게 된다. 모의유엔회의가 출범한 초창기에는 오리엔테이션에 모인 학생들이 직접 의장단을 뽑았다. 그러다 보니 의장단의 구성원이 여러 지방의 여러 대학에 걸치면서 이들에 대한 교육이 큰 문제가 되었다. 모의유엔회의의 성패는 상당부분 의장단의 원활한 회의진행에 달려 있기 때문에 이들에 대한 교육이 회의 전까지 지속적으로 이루어져야 한다. 그러나 이들이 전국에 걸쳐 분포될 경우 방학이 아닌 학기 중에 한 자리에 자주 모이게 한다는 것이 재정적인 이유를 포함해 여러 가지 이유로 실질적으로 어렵다. 이 때문에 1999년부터 집행위원회에서 주관기관과 유엔협회가 협력하여 의장단을 구성하도록 하고 있다. 이때 통상적으로 주관기관이 우수한 인적 자원을 보유하고 있는 경우 이들에게 우선권이 주어진다. 그러나 이들만으로 의장단의 구성이 어려울 경우 전년도에서 우수한 성적을 거둔 참가자 등을 의장단에 포함시키기도 한다. 의장단의 구성이 완료되면 의장단들에 대한 교육이 여러 차례 개최된다.

### (4) 오리엔테이션

　　선발된 학생들은 회의의 개최에 앞서 개최기관에서 오리엔테이션을 받게 된다. 오래전에는 1박 2일로 숙식을 하면서 오리엔테이션을 가진 적도 있었지만 경비문제 등으로 인해 1회만 하고 그것도 5시간 정도밖에 시간이 할당되지 않아 아쉬운 점이 많다. 이로 인한 부족한 점들은 인터넷상의 전국대학생모의유엔회의 홈페이지(보통 싸이월드에 그룹으로 개설됨)를 통해 다양한 회의 관련 자료들을 제공함으로써 보완해가고 있다.

　　오리엔테이션에서 가장 먼저 하는 일이 참가자 전원이 한 곳에 모여 모의유엔

회의의 개요, 의사규칙과 절차, 협상에 대한 강의를 듣는 것이다. 이와 더불어 학생들이 가장 궁금해 하는 것 가운데 하나인 심사기준에 대해 이야기를 듣는다. 그런 다음에 참가자들은 위원회별로 별도의 방으로 이동하게 된다. 각 위원회에서 참가자들은 제일 먼저 위원회의 회의를 이끌어 갈 의장단(의장/부의장/보고관)과 상견례를 가진다. 상견례에 이어 참가자들은 추첨을 통해 자신들이 대표할 국가를 선정하게 된다. 이와 더불어 자리 배정을 위한 추첨을 하게 된다.

국가 선정에 이어 각 위원회가 다룰 의제항목에 대한 국제적인 논의동향을 포함한 의제항목 전반에 관한 설명을 외교부의 해당 이슈의 전문가로부터 듣게 된다. 이때 참가자들에게 의제와 관련된 기본적인 자료들이 제공되는데 이러한 자료들은 외교부의 외무관들이 실무에 바탕을 두고 심혈을 기울여 준비한 자료들로서 의제항목을 이해하는 데 상당한 가치를 지닌다. 이와 더불어 추가적인 자료들의 출처를 알려주어 참가자들에게 훌륭한 참고자료가 되고 있다.

이러한 오리엔테이션과는 별도로 모의유엔회의가 시작되는 첫날 등록절차가 끝난 후에 두 번째 오리엔테이션을 갖기도 한다. 이때는 첫 번째 오리엔테이션이 있은 후 의제에 대한 이해가 적절하게 이루어졌는가와 의사규칙의 숙지여부를 점검하고 그동안 모의유엔회의를 준비하면서 생긴 의문사항에 대해 질문을 하고 답변을 듣는 것을 주된 활동으로 한다.

외국의 경우 모의유엔회의 개최 이전에 오리엔테이션을 위한 별도의 모임을 갖지 않고 인터넷 공간을 최대한 활용하여 모의유엔회의와 관련한 사항들을 소통한 후 모의유엔회의가 시작되는 첫날에 간단한 오리엔테이션을 갖는 것이 전부인 경우가 보통이다. 이제 전국대학생모의유엔회의도 오리엔테이션 때문에 전국에서 학생들이 이동하는 일이 없도록 간소화되어야 할 필요가 있으나 국가 선정을 위한 추첨 등의 문제가 있어 오리엔테이션을 완전히 배제하는 것은 쉬운 일이 아니다.

### (5) 조사와 연구

오리엔테이션이 끝나고 모의유엔회의가 열릴 때까지 참가자들은 모의유엔회의에서 다룰 의제항목들에 대해 깊이 있는 조사와 연구를 통해 의제항목 전반에 대한 이해와 더불어 자신이 대표할 국가의 입장을 파악하고자 노력을 한다. 이러한 의제라는 소프트웨어에 대한 이해와 더불어 의제항목이 논의되고 있는 하드웨어로

서 유엔의 조직과 권한을 비롯하여 의사규칙과 회의절차 등에 익숙해지도록 노력한다. 조사와 연구과정을 좀 더 세분하여 살펴보면 다음과 같다.

### 1) 의제항목의 논의 동향과 국가입장의 파악

모의유엔회의에 참가하기 전에 준비해야 하는 것들 가운데 중요한 것은 의제항목에 대한 국제사회의 논의동향을 포괄적으로 이해하는 일이다. 즉 문제의 원인에 대한 진단과 처방에 있어서 국가군과 국가들 사이에 존재하는 견해 차이 등을 이해하는 것이 중요하다. 이러한 논의동향에 대한 전반적인 이해와 더불어 자신이 대표할 국가의 입장과 이를 관철할 수 있는 전략을 세우는 것이 필요하다.

### 2) 유엔의 조직과 권한에 대한 이해

모의유엔회의에의 참가자들은 의제항목에 대한 이해와 더불어 의제항목이 다루고자 하는 문제의 해결주체의 하나인 유엔기구를 연구하여야 한다. 특히 의제항목과 관련하여 현실적인 대안을 제안하기 위해서는 유엔기구가 가지고 있는 조직이나 권한의 특징과 한계 등을 이해하는 것이 필요하다.

이러한 유엔기구에 대한 이해가 결여되어 있는 경우, 이미 유사한 기능을 하고 있는 조직이 존재함에도 불구하고 이러한 사실을 모른 채 이러한 조직을 새롭게 설립하자는 안을 제시하기도 한다. 유엔기구가 현재 겪고 있는 재정적인 어려움에도 불구하고 이러한 상황을 이해하지 못한 대표단은 재정을 어떻게 조달할 것인가에 대한 생각 없이 상당한 예산을 필요로 하는 프로그램을 운영하자는 비현실적인 제안을 하기도 한다.

### 3) 의사규칙과 회의절차에 대한 이해

참가학생들은 의사규칙과 회의절차를 제대로 이해하여야 한다. 이들을 이해하지 못할 경우 회의에 참석하여 자신이 대표하고 있는 국가의 입장을 최종 결과문건outcome document에 반영하는 것이 어렵다. 이는 의제항목에 대해 잘 알고 유엔조직의 조직과 권한을 잘 이해했다 하더라도 의사규칙과 회의절차라는 국가들 간의 약속을 잘 모르면 자국의 입장을 표현할 길이 없기 때문이다.

의장단의 경우는 이러한 규칙과 절차에 대해 더욱 정통하여야 한다. 참가하는 학생들 대다수가 의제항목의 이해에 집중함으로써 의사규칙과 회의절차에 대한 이

해가 많이 부족한 상태로 참가하는 관계로 의장단이 이러한 부분을 메워야 하기 때문이다.

### (6) 목표와 전략의 수립

의제항목 전반에 대한 논의동향과 자신이 대표할 국가의 입장을 잘 파악하고 유엔조직의 논의의 구조와 과정을 제대로 이해한 후 대표단들이 해야 할 일은 회의에서 추구할 목표와 전략을 결정하는 것이다. 앞서 언급했듯이 모의유엔회의의 목적 가운데 하나는 국가들 사이에 이해관계가 상충하고 국력에 있어서 큰 차이를 보이는 현실 속에서 어떤 협상전략을 가지고 어떤 협상목표를 추구함으로써 자국의 이익을 협상의 결과에 최대한 반영할 수 있을 것인가에 대한 이해를 촉진하는 것이다. 특히 개도국의 경우 힘의 열세를 극복하기 위한 협상목표와 전략이 필요하고 힘의 우세를 가지고 있는 선진국들의 경우도 자국의 이익과 국제사회의 공익을 조화시켜 장기적인 관점에서 국가이익을 극대화할 수 있는 협상목표와 전략이 필요하다. 이 때문에 모의유엔회의 오리엔테이션의 강의 중에서 협상이 하나의 중요한 주제가 되고 있는 것이다.

이러한 목표와 전략을 수립함에 있어서 우선적으로 주의해야 할 점은 실현 가능한 목표와 사용 가능한 전략을 세워야 한다는 사실이다. 이러한 목표와 전략의 설정은 국제사회에서의 자국의 위상을 잘 파악하는 일로부터 출발하여야 하며 자국이 할 수 있는 것과 할 수 없는 것에 대한 정확한 인식에 기초를 두어야 한다.

대표단들은 의제항목에 대한 해결책을 찾아 나가는 과정에서 많은 협상과 타협을 하게 된다. 경우에 따라서는 협상과 타협의 과정에서 자국이 관심을 가지고 있는 특정 입장을 버려야 하는 경우도 생길 수 있다. 이 때문에 협상의 목표를 설정함에 있어서 대표단은 국익의 관점에서 어떠한 것을 가장 중요한 것으로서 얻어내거나 끝까지 지켜야 하고 어떠한 것은 양보할 수 있는지에 대한 결정을 우선적으로 해야 한다. 목표를 수립한 후 이러한 목표를 달성하기 위한 구체적인 전략을 수립하여야 한다. 이러한 전략을 수립하는 데 있어서 우선 대표단들은 자국이 어떠한 종류의 역할을 수행할 것인가를 결정해야 한다.

대표단은 적극적인 제안자initiator로서의 역할, 거부권자vetoer로서의 역할, 중개자go-between로서의 역할, 특별한 입장을 유보한 채 이득이 주어지는 쪽으로 언제든

움직일 수 있는 행위자의 역할 등 여러 가지 역할 중에서 어떠한 역할을 수행할 것인가를 정해야 한다. 또한 이러한 역할을 수행함에 있어서 어떤 국가의 대표단이 협력의 상대가 될 수 있고 어떤 국가의 대표단이 자국의 목표와 관련하여 적대적 인가를 알아내야 한다.

전략이 수립되고 나면 결의안의 초안작성 이전 단계부터 자국과 입장이 같거나 유사한 국가들과 긴밀한 유대를 결성하고 이를 바탕으로 상이하거나 상반된 입장을 가지고 있는 국가들과 입장의 차이를 조율하는 한편 상정될 결의안 초안에 자국의 입장을 미리 반영하기 위한 사전적인 노력을 최대한 경주하여야 한다.

### (7) 발언문의 작성

참가자들은 위에서 언급한 연구와 조사 그리고 목표와 전략의 수립에 기초하여 회의 벽두에 발표할 일반토론 발언문(기조연설문)을 위시한 다양한 발언문들을 미리 준비하여야 한다.[3] 모의유엔회의의 경우는 실제의 유엔회의와는 달리 일반토론 발언문(기조연설문)을 모의유엔회의가 시작하기 전에 미리 제출받아 책자로 엮어 한꺼번에 배포하기 때문에 모의유엔회의가 개최되기 최소한 10일 정도 이전까지 제출하여야 한다. 모의유엔회의에서 결의안의 주제안국main sponsor이 되고자 하는 대표는 이러한 발언문뿐만 아니라 실무서working paper 정도 수준의 비공식 문건을 작성해 가지고 와서 비공식회의 등에서의 논의의 출발점으로 삼을 수 있다.

### (8) 비공식협의의 진행

오리엔테이션이 끝난 후 참가자들은 의제에 대한 심화학습을 포함하여 모의유엔회의에 대한 본격적인 준비를 하는 한편 같은 위원회 소속의 참가자들과의 전체 모임 혹은 지역별 모임 등을 2-3차례 가진다. 이를 통해 의제와 관련한 기본적인 정보를 공유하기도 하고 타 참가자들의 동향을 파악하기도 한다. 이러한 과정을 통해 협의체caucusing group가 자연스럽게 등장하기도 한다.

---

3) 모의유엔회의의 경우 하나의 의제항목만을 다루기 때문에 일반토론 발언문이 아닌 의제항목별 발언문이 작성되어야 한다. 그러나 이제까지 이러한 의제항목별 발언문을 「일반토론 발언문(기조연설문)」이라고 불러왔다. 향후 이러한 점이 시정되어야 한다.

### (9) 공식 모의유엔회의의 진행

회의는 참가자 모두가 숙식을 같이하면서 3박 4일 정도의 기간 동안 지속되며 신임장의 제출과 더불어 있게 되는 대표단의 등록으로부터 시작된다.[4] 공식적으로 모의유엔회의 개최에 앞서 개최기관장의 환영사와 유엔한국협회장의 축사 등 의례적인 행사가 진행된다. 이러한 행사 직후에 제1차 본회의가 열려 본회의 의장이 개회를 선언하면서 참가자들은 모의유엔회의에 공식적으로 돌입하게 된다.

1차 본회의에 이어 4개의 위원회 회의가 시작된다. 위원회에서 참가자들은 여러 차례의 공식회의formal meeting와 비공식회의informal meetings를 반복하면서 열띤 토의를 가진다. 이 과정에서 국가들 간에 타협이 원만하게 이루어질 경우 표결을 거치지 않고 합의로by consensus 결의안이 채택된다. 국가들 간에 이견으로 인해 타협이 힘들 경우, 표결에 의해 결의가 채택되기도 한다. 위원회가 결의안을 채택한 후 보고서가 작성된다.

회의 마지막 날에 제2차 본회의가 개최되어 보고관들이 이러한 보고서들을 본회의에 보고하고 본회의가 이를 최종적으로 채택하는 절차를 가짐으로써 공식적인 결의문resolution이 탄생하게 된다. 이어서 본회의 의장의 폐회선언이 있게 되며 이를 끝으로 공식적인 모의유엔회의는 막을 내리게 된다.

### (10) 회의의 평가와 시상

회의가 끝나고 나면 회의 전반에 걸친 평가와 더불어 참가자들에 대한 평가를 통해 우수한 성적을 거둔 참가자에게 상을 수여한다. 회의 전반에 걸쳐 대표단에 대한 평가가 주도면밀하게 이루어지는데 이러한 평가는 통상적으로 실제의 유엔회의에의 참여 경험이 많아 의사규칙과 절차에 익숙하며 관련 의제에 정통한 외교부의 전문가, 국립외교원의 교수, 민간 전문가 등에 의해 공정하게 이루어진다. 우수한 성적을 거둔 학생들에게는 표창장과 더불어 부상이 주어진다. 위원회마다 가장 우수한 상을 수상한 팀에게는 외교부장관상과 더불어 뉴욕의 유엔본부나 제네바의

---

4) 신임장은 국가원수라든가 외무부장관 등 권한을 가지고 있는 국가기관이 신임장을 소지한 자가 자국을 정당하게 대표하도록 임명된 사람이라는 것을 증명하는 문건이다. 통상 신임장은 대통령이 서명하고 국무총리 및 외무장관이 부서를 하는데 때로는 외무장관이 서명할 수도 있다. 모의유엔회의에서는 참가자의 소속대학 총장이나 학장 등이 신임장에 서명하도록 되어 있다.

유엔사무소를 견학할 수 있는 특전이 부상으로 주어진다.

참가자들에 대한 평가의 기준은 여러 부분으로 구성되어 있다. 우선 참가자들은 자신들이 대표하도록 선정된 국가의 입장을 얼마나 잘 이해하여 대변하고 있는가의 관점에서 평가된다. 이러한 자국입장 숙지와 대변능력에 대한 평가와 더불어 대표단의 교섭능력이 평가된다. 여기서 교섭능력이란 입장이 상이한 다른 대표단들과 교섭을 통하여 바람직한 결과를 도출하기 위해 설득하고 타협하는 등 상이한 입장들을 수렴해 나가는 능력을 일컫는다. 또한 대표단의 목표 달성도도 평가의 대상이 되는데, 이는 구체적으로 회의 결과에 자국이 추구하는 목표와 입장을 어느 정도 반영시켰는가를 측정하는 것이다. 이들과 더불어 참가자의 발언 내용이 얼마나 논리적으로 구성되었고 설득력을 가지고 있는가를 논리적 설득력이라는 항목으로 평가하게 된다. 이와 동시에 국제회의 발언으로서 갖추어야 할 형식과 적합성, 회의진행에 대한 기여, 의사규칙의 숙지와 활용 등을 국제회의 발언으로서의 충실도라는 항목으로 평가한다. 마지막으로 국제회의의 대표로서 발언할 때 적합한 발언태도를 지니고 있었는가와 회의의 예절을 잘 준수했는가를 평가하게 된다. 좀 더 구체적인 것은 제5장을 참고하면 된다.

### (11) 실제 유엔회의 결과물과의 비교

전국대학생모의유엔회의에서 논하는 의제항목들은 당해 연도의 유엔회의에서 실질적으로 논의될 가능성이 높은 의제들의 일부이다. 따라서 모의유엔회의에 있어서 가장 의미가 있으면서 흥미로운 부분은 학생들이 내어 놓은 모의유엔회의의 결과물과 실제의 유엔회의가 시간적으로 나중에 내어 놓을 결과물을 차후에 비교할 수 있다는 점이다. 이러한 비교를 통해 실제의 유엔회의의 현실이 모의유엔회의에 얼마나 반영되었는가를 살펴볼 수 있다.

### (12) 회의의 최종 결과물의 송부

실제의 유엔회의가 그렇듯이 자신들이 통과시켜 결의문resolution이 된 문건은 마지막 회의장에서 배포가 되는 것이 아니라 회의가 종료된 후 일정한 시일이 흘러야만 대표단들에게 전달이 된다. 운영위원회General Committee가 마지막 점검을 하는 등 시간이 필요하기 때문이다. 모의유엔회의에서도 마찬가지로 운영위원회의

마지막 손질을 거친 결의문을 회의가 끝나고 일정한 시일이 지난 후에 참가자들에게 보내주어 좋은 기념품이 되도록 하고 있다.

# 제 2 장
# 모의유엔회의 의제와 국가입장의 이해

모의유엔회의 참가자들이 준비해야 하는 것들 가운데 가장 중요한 것은 논의될 의제항목에 대해 자신들이 대표할 국가가 어떠한 입장을 가지고 있는가를 잘 파악하는 일이다. 그러나 이러한 일국의 입장 파악은 국제사회 전체가 특정의 의제항목에 관해 어떠한 논의를 해오고 있는가의 거시적인 동향파악 속에서 이루어져야 한다. 왜냐하면 다자외교란 상대방이 있는 것이기 때문이다. 한마디로 다른 국가들이 어떤 이유로 어떠한 특정의 입장을 견지하려고 하고 자신이 대표하고자 하는 국가가 어떤 이유로 어떠한 특정의 입장을 견지하려 하는가를 이해하는 것이 필요하다. 협상과정에서 원래의 입장을 끝까지 관철하는 것이 어려운 경우가 적지 않기 때문에 어떤 입장을 최상의 대안적인 입장으로 가져야 하는가에 대한 연구가 필요하다. 주어진 의제항목이 긴 논의의 역사를 가지고 있는 경우가 대부분이기 때문에 이제까지의 문제해결을 위한 국제사회의 처방을 제대로 평가하여 성과와 한계를 파악하고 이러한 한계를 타파하기 위한 창의적이면서 실현가능한 대안을 생각하는 것도 필요하다.

## 1. 의제에 관한 전반적인 논의 동향의 이해

다자외교란 상대방이 있는 것이기 때문에 다른 국가들의 입장을 포함한 국제사회 전체의 논의의 동향을 파악하는 것이 필수적이다. 구체적으로 어떤 국가들이 어떤 이유로 어떤 입장을 견지하려고 하는가를 파악하는 것이 우선되어야 한다. 대부분의 의제항목이 당해 연도에 새롭게 제기된 것이 아니고 논의의 역사를 가지고 있다. 따라서 특정 의제항목에 대한 전반적인 논의의 동향을 제대로 이해하기 위해서는 이러한 의제항목에 대한 역사적인 접근이 필요하다.

앞서 언급했듯이 외교부의 전문가들이 오리엔테이션에서 의제항목에 관한 국제사회의 논의동향을 설명해주고 관련된 자료들을 제공하거나 핵심적인 자료의 출

처를 알려준다. 그러나 이러한 자료만으로 충분하지 않을 수 있다. 따라서 이러한 부족함을 메우기 위한 나름의 노력이 필요한데 다음과 같은 참고자료들을 활용하는 것이 큰 도움이 된다.

유엔미국협회UNA-USA는 매년 9월에 「A Global Agenda: Issues before the General Assembly of the United Nations」라는 책을 발간한다. 이 책은 최근에 유엔에서 논의되고 있는 각종 의제agenda들에 대한 포괄적이고 심도 깊은 설명과 분석을 제공한다. 이 때문에 다자외교의 일선에 있는 외교관들에게도 유엔 이슈들에 대한 필독서로서의 역할을 오래전부터 해 오고 있다. 그러나 국내에서 이 원서를 수입하여 판매하는 곳이 없어 관심 있는 사람은 온라인을 통해 해외서점에 주문을 해야 한다. 2011년에 발간된 원서가 한국에서 「유엔의 글로벌 어젠다」라는 제목으로 번역되어 출간된 적이 있으나 아쉽게도 일회성에 그쳤다.

2011-2012년도 판에 포함된 주요한 이슈들을 살펴보면 다음과 같다: 중동에서의 대중봉기, 의심 가는 이란의 핵무기 추구, 소말리아에서의 테러리스트의 자금조달 방지 노력, 식량부족 개도국에 있어서의 국제원조 프로그램, 위기로 분열된 국가에 있어서의 자유롭고 공정한 대통령선거를 치르기 위한 국제적 노력, 20개 국가에 있어서 소아마비가 다시 기승을 부리도록 돕는 나이지리아에 있어서의 종교가 부추기는 공포캠페인, 일반적인 글로벌 보건이슈, 글로벌 인구성장, 유엔 사무총장의 입장에 관한 의견.

한국의 외교부는 유엔한국대표부로부터 자료들을 건네받아 전년도 유엔활동을 총괄하는 「유엔총회 결과보고서」라는 제목의 책자를 매년 3월쯤에 발간한다. 본 책자는 총회의 본회의와 6개의 주요위원회에서 논의된 주요 의제에 대한 토의결과와 결의안 채택현황 등에 관한 정보를 제공한다. 특히 토의과정과 결의안 채택과정에 대한 설명이 비교적 상세하게 소개되고 있어 주요 국가(군)의 의제에 대한 입장을 파악하는 데 도움이 된다. 특히 각 위원회에 있어서의 한국 대표단의 활동이 소개되고 있어 한국이 유엔 내에서 어떤 활동을 하고 있는가를 알게 해준다.

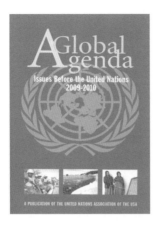 

위에서 언급한 책은 유엔에 초점을 맞추어 글로벌이슈를 살펴본 책이라는 특징을 지닌다. 이와는 달리 논의의 장소로서 유엔에 국한하지 않고 좀 더 포괄적으로 글로벌이슈를 다루는 좋은 참고서들이 많다. 첫 번째로 소개할 책은 화이트Brian White, 리틀Richard Little, 스미스Michael Smith라는 세 학자가 공동으로 편집한 책인 「Issues in World Politics」이다.[1] 이 책은 급속하게 변화하고 있는 21세기 국제관계가 직면하고 있는 주요한 도전적 이슈들을 글로벌 관점에서 다루고 있다. 2005년에 발간된 제3판은 구체적으로 이슈 하나하나를 다루기 전의 도입부분인 1장과 2장에서 세계정치상의 이슈들 전반과 주권국가의 위상에 대해 살펴보고 있다. 이어서 3장은 무역·금융·시장 문제, 4장은 지역과 지역주의 문제, 5장은 개발과 불평등 문제, 6장은 무기와 무기통제 문제, 7장은 평화유지와 인도주의적 개입 문제, 8장은 민족주의와 인종갈등 문제, 9장은 종교 문제, 10장은 이주와 난민 문제, 11장은 환경 문제, 12장은 미디어와 통신기술 문제, 13장은 초국가적 범죄와 부패 문제, 14장은 테러문제를 다루고 있다. 그러나 이 책은 2005년도에 제3판을 내어놓은 후에 업데이트가 되지 않은 문제가 있다.

두 번째 책은 비손Mark Beeson과 비스리Nick Bisley가 공동으로 집필한 「Issues in 21st Century World Politics」이라는 책이다.[2] 이 책은 주요 장에서 다음과 같은 이슈들을 다루고 있다. 구체적으로 이 책은 서론에 이어 부상하는 강대국과

---

1) Brian White, Richard Little, Michael Smith, eds., *Issues in World Politics*, 3rd edition (London: Palgrave Macmillan, 2005).
2) Mark Beeson and Nick Bisley, *Issues in 21st Century World Politics*, 2nd edition (London: Palgrave Macmillan, 2013).

변화하는 글로벌 상황, 지구화와 국가의 위상, 다자경제제도, 세계정치에 있어서의 지역과 지역주의, 글로벌 재정위기, 21세기의 전쟁방식, 평화유지활동과 인도주의적 개입, 초국적 테러, 새로운 형태의 안보와 인간안보를 위한 도전, 불평등과 저개발, 인구이동과 세계정치에 미치는 영향, 기후변화와 글로벌 환경정치, 에너지 안보와 세계정치, 민족주의와 민족성ethnicity, 21세기에 있어서의 세계정치의 젠더화, 민주주의와 민주적 변화, 국제법·정의·세계정치, 미디어와 세계정치 등을 다루고 있다.

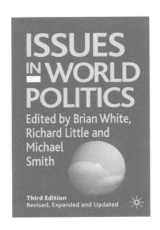 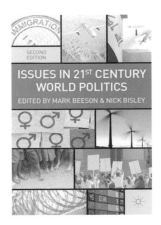

세이츠John L. Seitz와 하이트Kristen A. Hite가 공동으로 저술한 「Global Issues: An Introduction」이라는 책도 있다.[3] 이 책은 가장 중요한 환경, 경제, 사회, 정치와 관련된 이슈들을 다루고 있다. 구체적으로 인구문제, 부와 빈곤의 문제, 식량문제, 에너지문제, 환경문제, 기술문제 등을 큰 주제로 하고 이러한 큰 주제에 속하는 하위주제들을 이슈들로서 비교적 상세하게 다루고 있다. 예컨대 환경문제라는 큰 주제 하에 산성비, 오존층 고갈, 기후변화, 물, 유해폐기물, 산림파괴 등의 문제들을 골고루 다루고 있다.

페인Richard J. Payne이 쓴 「Global Issues: Politics, Economics, and Culture」이라는 제하의 책 역시 많은 독자를 확보하고 있다.[4] 이 책은 국경을 넘어 국제체

---

3) John L. Seitz and Kristen A. Hite, *Global Issues: An Introduction*, 4th Edition (London: Wiley-Blackwell, 2012).

4) Richard J. Payne, *Global Issues: Politics, Economics, and Culture*, 4th edition (Boston: Pearson Education, Inc., 2013).

제에 도전하고 있는 글로벌 이슈를 다루고 있다. 이 책의 특징은 이슈와 관련하여 학생들이 토의하고 토론할 수 있도록 정보와 분석을 제공할 뿐 아니라 질문을 던지고 있다. 구체적으로 서론부분인 1, 2장에 이어 인권(3장), 민주주의 촉진(4장), 글로벌 테러(5장), 무기 확산(6장), 글로벌 재정위기(7장), 글로벌 무역(8장), 글로벌 불평등과 빈곤(9장), 환경문제(10장), 인구와 이주(11장), 글로벌 범죄(12장), 질병의 글로벌화(13장), 문명충돌과 갈등해결(14장) 등의 문제들을 다루고 있다. 이 책은 한국에서 「글로벌 이슈: 정치 · 경제 · 문화」라는 제목으로 번역이 되어 있다.5)

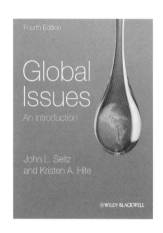

스나 부부Michael T. Snarr and D. Neil Snarr가 쓴 「Introducing Global Issues」 이라는 책도 있다.6) 이 책은 갈등과 안보문제로부터 경제와 경제개발 나아가 환경 문제까지 거의 모든 글로벌 이슈들을 광범위하게 다루고 있다. 이 책의 특징 가운데 하나는 다루고 있는 이슈에 대해 사전 지식을 거의 혹은 전혀 가지고 있지 않은 독자들에게도 중요한 입문이 되도록 쓰였다는 점이다. 각 장은 이슈에 대한 개요를 분석하여 소개하고, 핵심적인 역할을 하는 행위자와 관점을 밝히며, 문제해결에 있어서 이제까지의 있었던 진전사항과 미래의 전망에 대해 요약을 하고 있다. 이슈의 복잡성에 대한 독자들의 이해를 높이기 위해 토론할 문제를 제시하고 있고 나아가 다루고 있는 이슈에 대해 좀 더 심화된 학습을 위한 읽을거리를 제시하고

---

5) Richard J. Payne, 『글로벌 이슈: 정치 · 경제 · 문화』, 조한승 · 고영일 (역) (시그마프레스, 2013).

6) Michael T. Snarr and D. Neil Snarr, eds., *Introducing Global Issues,* 5th edition (Boulder, CO: Lynne Rienner, 2012).

있다. 이 책은 지구화와 글로벌 이슈에 대한 소개로부터 시작하여 무기 확산과 갈등, 민족주의, 변화하는 세계 속에서의 인권, 글로벌 안보, 자유무역 대 보호주의, 개발의 정치경제, 글로벌 경제에 있어서의 빈곤과 불평등, 인구와 이주, 여성과 개발, 아동, 보건, 지속가능한 개발, 대기라는 공유자산의 규제, 자연자원을 둘러싼 갈등과 협력 등이 이슈들로 구성되어 있다. 이 책은 「세계화와 글로벌 이슈」라는 제하의 책으로 번역되어 있다.7)

 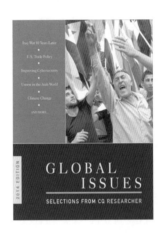

마지막으로 소개할 책은 CQ Researcher Editors가 편집한 책인 「Global Issues 2014 Edition」이다.8) 이 책은 전문 연구가들이 오늘날 국제사회가 직면하고 있는 시급한 다양한 이슈들을 깊이 있게 연구한 결과물을 담고 있다. 2014년도 판의 경우 북극의 미래, 이라크전쟁 10년 후, 유로 위기, 사이버 안보의 개선, 화학과 생물 무기, 이슬람 종파주의 등의 이슈들을 다루고 있다. 개개 이슈를 다룸에 있어서 주요한 행위자를 찾아내고, 무엇이 핵심적인 쟁점인가를 밝혀내고 있으며, 문제를 둘러싼 과거와 현재의 처방이 미래에 어떻게 영향을 미치는가를 이해하기에 필요한 배경과 분석을 제공하고 있다. 이 책의 구성을 좀 더 자세히 살펴보면 갈등·안보·테러, 국제정치경제, 종교와 인권, 환경이라는 4개의 큰 주제 하에 다양한 이슈들이 다루어지고 있다. 구체적으로 갈등·안보·테러라는 주제 하에 화

---

7) Michael T. Snarr and D. Neil Snarr, 『세계화와 글로벌 이슈』, 김계동 외 (역) (명인문화사, 2014).
8) CQ Researcher Editors, *Global Issues 2014 Edition* (CQ Press, 2015).

학생물무기(1장), 이스라엘과 팔레스타인 갈등(2장), 이라크전쟁 10년 후(3장), 국경안보(4장), 사이버안보의 개선(5장), 아랍세계의 동요(6장)라는 이슈가 속해 있다. 국제정치경제라는 주제에는 미국의 무역정책(7장), 새천년개발목표(8장), 급속히 발전하는 아프리카(9장), 유로위기(10장), 중남미에 있어서의 중국(11장), 국가자본주의(12장)라는 이슈가 담겨 있다. 위험에 처해 있는 언론의 자유(13장)와 이슬람교의 종파주의(14장)가 종교와 인권이라는 큰 주제에 포함되어 있다. 북극의 미래(15장)와 기후변화(16장)가 환경문제라는 주제 하에 속해 있다.

유엔의 인터넷 홈페이지는 유엔이 다루는 이슈들을 경제성장과 지속가능한 개발Economic Growth and Sustainable Development, 국제평화와 안보International Peace and Security, 아프리카의 개발Development of Africa, 인권Human Rights, 인도적 지원Humanitarian Assistance, 정의와 국제법Justice and International Law, 핵·화학·재래식무기 감축Nuclear·Chemical and Conventional Weapons Disarmament, 마약통제·범죄예방·반테러Drug Control·Crime Prevention and Anti-terrorism 등으로 구분하여 다양한 자료와 설명을 제공하고 있다. 이 사이트에 접속하려면 유엔 홈페이지(http://www.un.org/)에서 「Welcome」을 클릭을 하고 바뀐 화면의 중간 쯤에 있는 「Key Issues」라는 메뉴를 찾아가면 된다.

유엔은 이와는 별도로 「Global Issues」라는 제목의 사이트를 운영하고 있다. 이곳에 접속하려면 사이트 주소인 「http://www.un.org/en/globalissues」를 쳐넣어도 되고 유엔 홈페이지(www.un.org)에서 「Welcome」을 클릭한 후 바뀐 화면의 하단 우측에 있는 「ISSUES/CAMPAIGNS」에서 「Global issues」을 클릭하면 된다. 여기에서 특정 주제의 글로벌 이슈global issues에 관한 자료들을 찾아볼 수 있는데 여기에 포함되어 있는 글로벌 이슈에는 아프리카Africa, 노령화Ageing, 농업Agriculture, 에이즈AIDS, 원자력에너지Atomic Energy, 아동Children, 기후변화Climate Change, 탈식민화Decolonization, 지뢰제거Demining, 민주주의Democracy, 개발Development, 군축Disarmament, 환경Environment, 가족Family, 식량Food, 거버넌스Governance, 보건Health, 인권Human Rights, 인간정주Human Settlements, 인도적 지원Humanitarian Assistance, 국제법International Law, 해양/해양법Oceans/Law of the Sea, 평화와 안보Peace and Security, 장애인Persons with Disabilities, 인구Population, 난민Refugees, 테러Terrorism, 자원활동Volunteerism, 물Water, 여성Women 등이 있다.

이러한 이슈들을 클릭하면 이슈들에 대한 총체적인 설명Overview이 나오고

「Related Links」와 「Resources for Speakers」 등의 메뉴가 나온다. 「Related Links」를 클릭하면 유엔과 유엔관련 기구들UN and Related Bodies의 목록, 관련된 과거의 정상회의와 일반회의Past Summits and Conferences의 목록, 관련된 협약과 문건Conventions and Documents의 목록 등이 나와 이들을 클릭하면 더욱 풍성한 자료들을 접할 수 있다.

다양한 글로벌 이슈에 관한 분석적인 글들은 「Global Issues: Social, Political, Economic and Environmental Issues That Affect Us All」이라는 제목을 가진 인터넷 웹사이트에서도 찾아볼 수 있다.9) 이 사이트의 글들은 말 그대로 우리들 모두에게 영향을 미치는 사회・정치・경제・환경 등의 문제를 골고루 다루고 있다. 이 사이트는 글로벌 이슈에 관심을 가지고 있는 한 개인에 의해 주도적으로 운영되는 곳으로서 그에 의해 작성된 550편 이상의 분석적인 글들이 게재되어 있다. 이러한 글들과 더불어 이러한 글들과 밀접하게 연관되어 있는 외부 논문, 웹사이트, 보고서에 접근할 수 있도록 7,000개가 넘는 연결고리link를 제공하고 있다. 이 사이트의 가장 큰 특징이라면 글로벌 이슈들을 다루면서 이러한 이슈들이 상호 어떻게 연관되어 있는가에 중점을 두고 있다는 점이다.

「Global Policy Forum」이라고 이름이 붙은 인터넷 사이트에서도 글로벌 이슈에 관한 글들을 찾아볼 수 있다. 유엔에서 이루어지는 글로벌 의사결정을 감시하고, 글로벌 의사결정의 책임성을 촉진하며, 지구시민의 참여를 위한 교육과 동원을 하고, 국제평화와 안보문제에 대해 비판과 제언을 하는 것을 주된 목적으로 하는 사이트이다.10) 이곳에 들어가면 안전보장이사회Security Council, 지구화Globalization, 사회경제정책Social and Economic Policy, 국가Nations and States, 비정부기구NGO, 유엔재정UN Finance, 국제정의International Justice, 유엔개혁UN Reform 등에 관한 글들을 다양하게 접할 수 있다. 특히 수준 높은 논문들이 제공되는 것이 이 사이트가 주는 매력 가운데 하나이다.

인터넷에서 국제문제를 전문적으로 다루는 가상 도서관Virtual Library을 둘러보는 것도 크게 도움이 된다. 가상 도서관의 정식 명칭은 「The WWW Virtual Library: International Affairs Resources」인데 「Resources」라는 말이 암시하듯이 이 가상 도서관은 국제문제에 관한 글들을 직접 올려놓고 있지 않고 이러한

---

9) 이곳의 웹사이트 주소는 「http://www.globalissues.org」이다.
10) 이곳의 웹사이트 주소는 「http://www.globalpolicy.org」이다.

문제들을 다루고 있는 여러 사이트들을 분류하여 연결시켜 놓고 있어 원하는 곳으로의 접속을 가능하게 하고 있다.[11] 열거되어 있는 여러 이슈 중에서 대표적인 것으로서 국제개발International Development, 지구환경Global Environment, 인권과 인도주의 업무Human Rights and Humanitarian Affairs, 평화와 갈등의 해결 및 국제안보Peace, Conflict Resolution, and International Security 등이 있다.

한국의 외교부 홈페이지도 이슈별 자료실이라는 이름하에 글로벌 이슈에 관한 자료를 일부 제공한다.[12] 이 사이트는 구체적으로 한반도 평화, 지역별 이슈, 유엔, 영토·해양관련 이슈, 군축·비확산 및 국제안보, 인권·사회, 조약과 국제법, 녹색성장·기후변화, 공공외교·문화외교, 개발협력, 에너지·자원협력, 지역협력체, 주요 20개국G20, 경제협력개발기구OECD, 아시아·태평양경제협력체APEC, 의전, 경제정보, 주요 발간물, 세계무역기구WTO 등과 같은 주제에 관한 자료를 제공하고 있다.

이러한 의제에 대한 배경적인 지식과 더불어 이러한 의제와 관련되어 이미 통과된 바 있는 과거의 결의문resolution 등을 살펴보는 것이 중요하다. 결의문을 포함한 유엔총회 본회의와 주요위원회의 기록은 유엔의 「유엔문헌정보시스템UNBISnet」과 「유엔공식문건시스템ODS」를 통해 접근할 수 있다.[13] 전자는 저장매체로서 시디롬CD-ROM을 사용하며 1979년 이후의 문건들을 저장하고 있다. 후자는 저장매체로서 광디스크Optical Disk를 사용하며 1993년 이후의 자료들을 저장하고 있다. 그 이전의 문건들은 현재 계속하여 저장 중에 있다. 총회의 문건뿐 아니라 안전보장이사회와 경제사회이사회 문건들도 상당한 부분이 이미 저장이 완료되었고 일부는 여전히 저장 중에 있다. 유엔회의와 관련된 문건들을 어떻게 찾을 것인가에 대한 자세한 안내는 이 책의 제1부에서 유엔문건의 검색법을 소개하고 있는 제15장을 참고하면 된다.

---

11) 이곳의 웹사이트 주소는 「http://www2.etown.edu/vl」이다.

12) 이곳의 웹사이트 주소는 「http://www.mofa.go.kr/」이다.

13) 「UNBIS」는 「United Nations Bibliographic Information System」의 약어이다. UNBISnet의 웹사이트 주소는 「http://unbisnet.un.org」이고 「ODS」는 「Official Document System」의 약어이다. ODS의 웹사이트 주소는 「http://documents.un.org」이다.

## 2. 의제에 대한 특정 국가(군)의 입장 파악

의제에 관한 포괄적인 논의동향을 파악하는 가운데 자신이 대표하고자 하는 특정 국가의 입장이 거시적인 맥락에서 어떤 부분을 차지하고 있는지를 개략적으로 알게 된다. 그러나 이러한 개략적인 입장에 대한 이해만으로 모의유엔회의의 심층적인 토의에서 자신이 대표하는 국가의 입장을 일관된 틀 속에서 대변하기는 어렵다.

모의유엔회의에 참여하는 학생들 가운데 일부는 이러한 문제에 주목하지 않은 채 자신이 대표할 국가에 대한 심층적인 연구 없이 적당히 미루어 짐작해서 대변하고자 한다. 그 결과 실제에 있어서 취해서는 안 될 입장을 취하거나 동조해서는 안 될 그룹의 입장에 공동제안국이 된다든가 하는 일이 종종 발생한다.

특정 국가가 특정 의제항목에 대하여 어떠한 입장을 취하고 있는가를 심층적으로 이해하기 위해서는 우선 해당 국가에 대한 배경연구country background study를 하여야 한다. 배경연구란 그 국가의 구체적인 정책에 정치·경제·사회·문화와 같은 국내요인들이 영향을 미칠 수 있다는 전제 하에 행해지는 심도 있는 연구를 의미한다. 때때로 이러한 배경연구의 일환으로서 국가에 관한 전반적인 통계에 접하는 것이 중요하다. 간편하게 스마트폰이나 태블릿 PCTablet PC를 통해 국가별 통계를 접할 수도 있다. 아이폰과 아이패드용으로 제공되는 「UN CountryStats」라는 무료 어플을 다운로드하여 사용하면 된다. 그러나 유감스럽게도 이 어플은 안드로이드 기반의 기기에서는 제공되지 않는다.

미국의 중앙정보국CIA은 「The World Factbook」이라는 이름하에 국가들에 대한 통계를 인터넷을 통해 제공한다.[14] 이 사이트는 통계자료들을 지리Geography, 사람과 사회People and Society, 정부Government, 경제Economy, 에너지Energy, 커뮤니케이션Communications, 교통Transportation, 군대Military, 초국적 이슈Transnational Issues라는 카테고리로 크게 분류하고 각 카테고리마다 세부 카테고리를 다시 두어 소상한 자료들을 제공하고 있다.

유엔의 인터넷 웹사이트가 유엔 회원국들에 관한 이러한 통계를 체계적으로 제공하고 있어 이의 활용을 권한다. 구체적으로 「http://www.un.org/en/members/」

---

14) 인터넷 주소는 다음과 같다: https://www.cia.gov/library/publications/the-world-factbook/docs/profileguide.html.

에 접속하면 다양한 정보를 획득할 수 있다. 이 사이트에는 유엔 회원국들Member States of the United Nations의 국명이 알파벳 순서로 나열되어 있는데 개개 국명을 클릭하면 그 국가의 유엔대표부의 홈페이지 URL, 대표부의 주소, 대표부의 전화번호, UNdata라는 항목이 나타난다. 이들 가운데 유엔대표부 홈페이지 부분을 클릭하면 각국 대표부의 홈페이지로 연결이 된다. 북한을 비롯한 지극히 일부 국가의 경우 이러한 홈페이지를 두고 있지 않다.

UNdata라는 부분을 클릭하면 유엔통계부서인 「United Nations Statistics Division」에서 만든 「세계통계포켓북World Statistics Pocketbook」의 자료들이 게재되어 있다. 이곳에는 해당 국가의 지도, 요약통계Summary Statistics, 경제지표Economic Indicator, 사회지표Social Indicator, 환경Environment, 무역개요Trade Profile라는 메뉴가 존재한다.

요약통계Summary Statistics에는 지역Region, 통화Currency, 면적Surface area, 인구Population, 인구밀도Population density, 수도와 인구Capital City and Population, 유엔가입일United Nations Membership Date에 관한 자료들이 열거되어 있다. 경제지표Economic Indicator에는 국내총생산GDP: Gross Domestic Product, 국내총생산성장률GDP: Growth Rate, 일인당 국내총생산GDP Per Capita, 국민총수입GNI: Gross National Income Per Capita, 총고정자본형성Gross Fixed Capital Formation, 환율Exchange Rates, 국제수지Balance of Payments, 소비자가격지수CPI, 농업생산지수Agricultural Production Index, 식량생산지수Food Production Index, 실업Unemployment, 경제활동 참여Labour Force Participation, 관광객 유입Tourist Arrivals at National Border, 에너지생산Energy Production, 휴대폰 가입자Mobile-Cellular Subscribers, 인터넷 사용자Individuals Using the Internet, 수출Exports, 수입Imports, 무역수지Balance, 주요 무역상대국Major Trading Partners의 통계가 열거되어 있다.

사회지표Social Indicator에는 인구 성장률Population Growth Rate, 도시인구 성장률Urban Population Growth Rate, 농촌인구 성장률Rural Population Growth Rate, 도시인구Urban Population, 0-14세 인구Population Aged 0-14 Years, 60세 이상 인구Population Aged 60+ Years, 성비율Sex Ratio, 기대수명Life Expectancy At Birth, 유아사망률Infant Mortality Rate, 출산율Fertility Rate, 피임약 보급Contraceptive Prevalence, 국제이주자 규모International Migrant Stock, 난민과 기타 유엔난민최고대표사무소의 관심사Refugees and Others of Concern to UNHCR, 교육에의 정부지출Education: Government

Expenditure, 초중등교육 총등록률Education: Primary-secondary Gross Enrolment Ratio, 고등교육 여학생Education: Female Third-level Students, 고의적 살인Intentional Homicides, 여성 국회의원수Seats Held by Women in National Parliaments에 관한 통계가 있다.

환경Environment에는 멸종위기종Threatened Species, 삼림지Forested Area, 이산화탄소 배출추정치$CO_2$ Emission Estimates, 일인당 에너지소비Energy Consumption Per Capita, 수도의 강수량Precipitation in the Capital City, 수도의 기온Temperature in the Capital City의 통계가 있다.

무역개요Trade Profile에는 총수출입과 무역수지Total imports, exports and trade balance, 새천년개발목표 지역별 무역수지Trade Balance by MDG Regions, 무역상대국의 집중Partner concentration of trade, 표준국제무역분류의 부문별 수출Exports by SITC sections, 표준국제무역분류의 부문별 수입Imports by SITC sections, 주요 10개 수출품Top 10 export commodities, 주요 국가와 표준국제무역분류의 부문별 수출Exports by principal countries and SITC sections, 주요 10개 수입품Top 10 import commodities의 통계가 있다.

특정 국가에 대한 배경 지식과 더불어 주어진 의제항목에 대한 국가의 입장을 알아내야 하는데 이를 위한 가장 좋은 방법은 자신이 대변하고자 하는 국가의 유엔대표부permanent mission to the United nations를 접촉하는 일이다. 2014년 12월 말 현재 유엔 회원국 193개 국가 중 거의 대부분의 국가의 유엔대표부가 인터넷에 웹사이트를 개설해 가지고 있으며 전자우편 주소는 모두 가지고 있다. 뉴욕에 있는 각국의 유엔 대표부의 인터넷 웹사이트 주소와 전자우편 주소가 이 책의 부록에 게재되어 있으니 많은 참고를 바란다.

이들 유엔대표부 웹사이트에는 각종 유용한 정보들이 올라와 있다. 국가마다 나름의 특징을 지니고 있으나 일반적으로 환영사, 자국에 대한 간단한 소개, 자국과 유엔과의 관계, 대표부를 구성하고 있는 자국 외교사절에 대한 소개, 자국이 유엔에서 행한 발언문, 보도자료press releases 등을 게재하고 있다. 자국인의 유엔진출에 관심을 많이 두고 있는 유엔대표부는 웹사이트에 유엔에 있어서의 공석공고 vacancy announcement를 게재하기도 한다.

유엔에서 활발한 활동을 전개하고 있는 국가들은 유엔에서 다루고 있는 각종 이슈들을 별개의 항목으로 분리하여 관련된 자료들을 올려놓고 있다. 예컨대 미국의 웹사이트 경우는 정치와 안보문제political and security Affairs, 유엔의 행정과 예산

문제UN administration and budget, 경제와 사회문제economic and social affairs, 군사참모위원회Military Staff Committee, 유치국 업무host country affairs, 국제법international law, 언론과 대중외교press and public diplomacy 등에 관한 코너를 별도로 두고 있다.

일본의 경우는 지구적 이슈들을 평화구축peacebuilding, 개발development, 기후변화climate change, 인권과 인도주의 문제human rights and humanitarian affairs, 유엔의 경영UN management, 안전보장이사회 개혁security Council Reform, 자원resources으로 구분하여 자국과 관련한 각종 정보를 제공하고 있다. 유엔의 활동 중 평화유지활동 PKO에 적극적인 국가들은 웹사이트에 평화유지활동에 관한 별도의 코너를 두기도 한다.

유엔대표부의 웹사이트 자료 중 해당 국가의 유엔 발언문을 보면 특정 이슈에 대한 그 국가의 입장을 가장 잘 알 수 있다. 일본 대표부의 웹사이트에 들어가면 발언문Statements이라는 코너를 두고 있는데 이곳에 들어가면 발언문들이 일반토론general debate, 테러와 글로벌 안보terrorism and global security, 군축과 비확산disarmament and non-proliferation, 평화유지peacekeeping, 평화구축peacebuilding, 인도주의와 복구문제 humanitarian and reconstruction issues, 개발문제development issues, 지역문제regional issues, 환경과 지속가능한 개발environment and sustainable Development, 인권human rights, 유엔개혁UN reform, 유엔예산UN budget 등의 주제로 분리되어 있다.

해당 국가의 유엔대표부 웹사이트에서 특정 의제에 관한 발언문과 같은 그 국가의 입장을 알 수 있는 자료를 찾을 수 없을 때 전자우편E-mail을 통해 질문을 던질 수 있다. 많은 국가들이 관련된 자료를 가지고 있는 경우 전자우편으로 보내 주는 경우도 많다. 인터넷 웹사이트를 가지고 있지 않은 대표부도 전자우편은 모두 가지고 있으므로 이를 활용할 수 있다. 이때 전자우편을 받아 볼 사람으로 해당 국가 유엔대표부의 「Public Information Officer」를 지정하는 것이 좋다. 전자우편을 보낼 경우 당해 외교관들이 다른 일에 매여 있을 수 있기 때문에 충분한 시간적인 여유(약 4-6주)를 가지고 일찍 보내는 것이 좋으며 자신에 대한 정확한 소개와 맡게 된 역할 그리고 다루게 될 이슈와 요청하는 자료가 무엇인지를 명확하게 밝히는 것이 중요하다. 비용이 들고 또 시간대가 달라 오는 불편함이 적지 않지만 전자우편 대신에 전화를 걸거나 Fax를 이용하여 자료를 요청할 수도 있다. Fax를 보낼 경우와 편지를 직접 써서 우편으로 부칠 경우 모두 가능하면 소속 학교의 엠블럼emblem 같은 것이 인쇄되어 있는 편지지를 사용하는 것이 공신력을 높여 주어

답장을 보다 쉽게 유도할 수 있다.

유엔대표부를 통해 자료를 구할 수 없을 때 해당 국가의 외교부를 접촉하는 방법을 택할 수도 있다. 각국의 유엔대표부는 본국의 외교부의 훈령에 의해 움직이기 때문에 본국 외교부를 적절하게 접촉할 경우 유엔대표부를 접촉하는 것과 비슷한 효과를 가질 수도 있기 때문이다. 요즈음에는 개개 국가의 외교부마다 인터넷 웹사이트와 전자우편 주소들을 가지고 있어 이를 활용하면 좋다. 개개 국가의 유엔대표부의 웹사이트에 들어가면 그들 국가의 외교부를 비롯한 주요기관의 인터넷 웹사이트를 연결시켜 놓고 있어 이곳을 통해 해당 국가의 외교부에 쉽게 접속할 수 있다. 한국을 예로 들자면, 외교부 내에 국제기구국이 있고 산하에 유엔과, 인권사회과, 군축비확산과, 국제안보과와 같은 조직들을 두어 유엔이 다루는 이슈들을 전문 영역별로 나누어 분담시키고 있다. 따라서 국가마다 외교부의 편제가 다르다는 것을 염두에 두고, 특정 국가 외교부의 어떠한 부서를 접촉해야 할 것인가를 잘 고려해야 할 것이다.

특정 국가의 특정 이슈에 대한 입장을 해당 국가의 한국 주재 공관을 접촉함으로써 알 수도 있다. 그러나 이들 공관들은 한국과 관련된 업무를 주로 다루기 때문에 이들로부터 자국의 대유엔 정책에 대한 충실한 자료를 기대한다는 것은 무리이다. 그러나 친절한 공관일 경우 본국의 외교부나 유엔대표부 등을 통해 자료를 입수하여 전달해 주는 경우도 간혹 있으니 한번 시도는 해보는 것이 좋다. 주한 외국 공관을 접촉하고 싶을 때 한국 외교부의 인터넷 웹사이트http://www.mofa.go.kr에 들어가면 주한 외국 공관 이름이 열거되어 있어 이곳을 클릭하면 원하는 공관에 자동으로 연결된다.

특정 이슈에 관한 특정 국가의 입장을 해당 국가의 유엔대표부나 외교부 등을 통해 알아낼 수 없을 경우 대안으로서 유엔의 공식문건을 통해 소기의 성과를 거둘 수 있다. 특정 의제항목이 유엔총회 위원회에서 논의된 경우 국가들의 발언내용의 요지가 해당 위원회의 요약기록summary record에 언급되기 마련이고 특정 의제항목이 유엔총회 본회의에서 논의가 된 경우 발언내용 전부가 본회의의 구술기록verbatim record에 실리기 마련이기 때문이다. 이러한 요약기록과 구술기록은 「유엔문헌정보시스템UNBISnet」과 「유엔공식문건시스템ODS」을 통해 접근할 수 있다. 특히 UNBISnet의 경우 연설문speech에 색인작업이 되어 있어 발언자, 국가, 기구, 주제에 의해 검색이 가능하다. 예컨대 「Republic of Korea」라는 국명으로 검색을

하면 한국 대표단의 연설문이 포함되어 있는 문건들이 모두 나타난다.

본회의나 위원회에서의 발언문과 더불어 의제에 대해 해당 국가가 행한 투표에 대한 기록을 찾아보는 것도 특정 이슈에 대한 해당 국가의 입장을 알 수 있는 또 다른 길이다. 이때 다른 국가들의 투표기록voting records도 동시에 살펴보는 것도 다른 국가들 입장을 파악하는 데 도움이 된다. UNBISnet은 제한적이기는 하지만 결의문에 대한 투표기록voting record 정보도 제공한다. 구체적으로 UNBISnet은 결의안이 합의로 통과되었는가의 여부를 알려주고 합의가 아닌 표결이 이루어진 경우 호명투표roll-call vote와 같은 기록투표의 요청이 있었던 경우에 한해 표결현황을 알려준다.

지금까지 특정 국가의 입장을 어떻게 파악할 것인가에 대해 설명했지만 대개의 경우 국가들은 개별적으로 입장을 정하기보다 협의체caucusing group의 일원으로서 공동의 입장을 취하는 것이 일반적이다. 따라서 이들이 속해 있는 협의체의 공동의 입장을 파악하는 것도 중요하다. 예컨대 77그룹G-77 and China의 경우 인터넷에 웹사이트를 개설하고 있어 접속하여 많은 정보를 구할 수 있다.15) 77그룹 웹사이트의 중요 부분을 살펴보면 다음과 같다.

우선 중요문건Major documents편에서는 77그룹에 의해 채택된 주요 선언과 행동계획 그리고 유엔개혁에 관한 각종 문건들이 열거되어 있다. 77그룹의 의장 발언문Statements by the Chair of the Group of 77 편에서는 연도와 월별로 그룹 의장이 그룹을 대표하여 발표한 발언문 모두가 다 열거되어 있다.

---

15) 참고로 77그룹의 홈페이지 주소는 http://www.g77.org이고 E-mail 주소는 g77_office@together. org이다.

# 제 3 장
# 유엔의 조직과 권한 등에 대한 이해

모의유엔회의에서 문제해결을 위한 현실적인 제안을 하기 위해서는 이슈에 대한 이해와 더불어 유엔의 조직과 권한 등에 대한 깊은 이해가 바탕이 되어야 한다. 이러한 이해가 전제되지 않을 경우 유엔의 권한을 뛰어넘는 제안을 한다든가 유엔으로서 재정적으로 감당하기 힘든 제안을 하기 쉽다. 제3장에서는 이러한 유엔의 조직과 권한에 대한 이해를 돕는 서적과 인터넷 사이트를 소개하고자 한다.

## 1. 유엔의 조직과 권한에 관한 서적

유엔의 조직과 권한 등을 비롯하여 유엔체제UN System가 어떻게 작동하고 있는가를 가장 잘 보여주는 자료로서 「United Nations Handbook」이라는 책이 있다. 이 책은 뉴질랜드의 외무부에 의해 매년 발간되어 유엔 연구 학자들뿐만 아니라 유엔을 중심으로 한 다자외교 실무자들의 필독서로서 오랜 기간 동안 사랑을 받아오고 있다. 이 책은 유엔의 주요기관인 총회·안전보장이사회·경제사회이사회·신탁통치이사회·국제사법재판소·사무국, 이들 주요기관의 각종 보조기관들, 17개의 전문기구, 전문기구가 아니면서 유엔과 특별한 관계를 맺고 있는 세계무역기구WTO와 국제원자력기구IAEA를 구조, 목적, 활동상황, 운영 프로그램, 회원국가 등의 측면에서 소상하게 설명하고 있다.

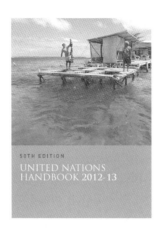 

과거에 United Nations Handbook은 한국에서 구매하기 어려운 책이었지만 다행스럽게도 주한 뉴질랜드대사관에서 판매를 해서 방문하여 구매하곤 했다. 그 런데 스마트폰과 태블릿 PC가 보편화되면서 뉴질랜드 외무부는 이 책을 PDF 파 일로 무료로 인터넷을 통해 보급하고 있다. 애플 시스템이나 안드로이드 시스템에 관계없이 다운로드할 수 있어 대단히 편리하다. 물론 컴퓨터로도 볼 수 있고 다운 로드도 가능하다.

비슷한 편제를 가지고 있는 것으로서 한국의 외교통상부에서 발간하는 「유엔개 황」이라는 책자가 있다. 과거에 뉴질랜드 외무부가 「United Nations Handbook」 을 매년 발간하여 변화를 신속하게 반영했던 것과는 달리 한국의 외교부는 「유엔 개황」을 예산 등의 이유로 내부 참고용 정도의 수준에서 간헐적으로 발간했었다. 그러다가 2013년 1월에 제대로 된 서적의 모습을 갖춘 「유엔개황」 2103년판을 새 롭게 발간했고 2014년 10월에 또 다시 2014년판을 발간했다. 외교부 홈페이지의 유엔자료실에서 PDF 파일로 다운로드 할 수 있다.

유엔의 조직과 권한 등에 관한 정보를 담고 있는 또다른 유용한 자료는 유엔 자체가 발간하는 「Basic Facts about the United Nations」이라는 제목의 서적 이다. 이 책은 유엔의 구조, 작동방식, 유엔이 다루는 이슈들, 그리고 유엔의 중요 성 등을 일반인들에게 설명하기 위해 제작된 책이다. 유엔의 주요기관 및 관련 기 구들이 수행하는 다양한 기능들과 더불어 국제평화와 안보, 경제와 사회개발, 인권, 인도주의적 행동, 국제법과 탈식민화 등에 대한 유엔의 기여를 언급하고 있다. 부 록에서는 어떤 국가들이 회원국인가에 관한 데이터, 평화유지활동, 유엔정보센터를

비롯한 유엔에 관한 정보를 제공하는 기관들에 접촉하기 위한 정보를 포함하고 있다. 이 밖에 대학생들을 위한 교재로서 발간된 박재영 저 「유엔과 국제기구(법문사, 2007년)」와 같은 저서들이 유엔을 이해하는 데 좋은 길잡이가 된다.

## 2. 유엔의 조직과 권한에 관한 인터넷 사이트

유엔 홈페이지도 「The UN in Brief」라는 이름하에 유엔에 대한 간략한 소개를 담고 있다.[1] 구체적인 소개 내용을 살펴보면 다음과 같다: ① 유엔의 작동방식 How the UN Works이라는 카테고리 아래 총회General Assembly, 안전보장이사회Security Council, 경제사회이사회Economic and Social Council, 신탁통치이사회Trusteeship Council, 국제사법재판소International Court of Justice, 사무국Secretariat, 유엔체제UN System라는 하위 카테고리를 두고 있다. ② 평화를 위한 유엔의 업무What the UN does for Peace라는 카테고리 아래 군축Disarmament, 평화조성Peacemaking, 평화구축 Peacebuilding, 평화유지Peacekeeping라는 하위 카테고리를 두고 있다. ③ 정의, 인권, 국제법을 위한 유엔의 업무What the UN does for Justice, Human Rights and International Law라는 카테고리 아래 인권Human Rights, 국제법International Law, 불처벌의 종식Ending Impunity, 기타 정의를 위한 행동Other actions for Justice이라는 하위 카테

---

[1] 인터넷 주소는 다음과 같다: http://www.un.org/Overview/uninbrief/index.shtml.

고리를 두고 있다. ④ 인도적 지원을 위한 유엔의 업무What the UN does for Humanitarian Assistance라는 카테고리 아래 긴급지원Emergency Assistance, 인도적 대응Humanitarian Response, 팔레스타인 난민Palestine Refugees이라는 하위 카테고리를 두고 있다. ⑤ 개발을 위한 유엔의 업무What the UN does for Development라는 카테고리 아래 의제설정Setting the Agenda, 개발지원Assistance for Development, 자원의 공동관리Pooling Resources라는 하위 카테고리를 두고 있다. ⑥ 전문기구The Specialized Agencies라는 카테고리 아래 17개의 전문기구들을 하위 카테고리로 두고 있다.

# 제 4 장
# 모의유엔회의 과정과 의사규칙의 이해

모의유엔회의도 의사규칙을 포함하여 운영방식에 있어서 가능하다면 실제의 유엔회의와 다름이 없어야 한다. 그러나 모의유엔회의가 면하고 있는 상황과 실제 유엔회의가 면하고 있는 상황이 달라 완전히 동일한 방식으로 모의유엔회의를 진행한다는 것은 불가능한 일이다. 따라서 이곳에서는 이제까지 살펴본 실제의 유엔회의에 관한 지식을 바탕으로 모의유엔회의에서 어떤 것이 실제의 유엔회의와 불가피하게 다를 수밖에 없는가를 살펴보고 다름을 최소화할 수 있는 대안이 무엇인가를 살펴보고자 한다.

## 1. 모의유엔회의의 현 위상과 표준화의 필요성

모의유엔회의도 의사규칙과 의사절차 면에서 불가피한 경우를 제외하고는 실제 유엔총회의 규칙과 절차를 그대로 따르는 것을 원칙으로 해야 한다. 전국대학생모의유엔회의 경우 처음 출발 때부터 불가피한 경우를 제외하고는 최대로 유엔과 동일한 규칙, 절차, 관례를 사용하여야 한다는 원칙을 지속적으로 유지해 오고 있다. 그러나 한국은 물론 전 세계적으로 확산되고 있는 모의유엔회의의 대부분이 회의의 운영에 있어서 실제 유엔회의로부터 크게 벗어나고 있는 것이 현실이다. 이러한 이탈은 대부분 실제의 유엔회의에 대한 충분한 이해의 부족에서 기인한다. 이는 행사를 이끌고 있는 사람들 대부분이 실제 유엔회의 경험이 없기 때문이기도 하다.

일전에 아시아·태평양모의유엔회의라는 큰 행사가 한국의 인천시에서 개최된 적이 있었다. 그런데 이 회의를 조직한 사람들 가운데 어느 누구도 실제의 유엔회의를 경험한 적이 없는 가운데 회의 운영이 모의유엔회의 참가 경험이 전부인 학생들에 전적으로 의존하여 이루어졌다. 그 결과 유엔회의에 참가해오고 있는 현직

외교관인 태국 심사위원으로부터 이 회의는 실제의 회의에 15%도 접근하지 못한 엉터리 회의라는 평가를 들어야만 했다. 많은 학생들은 미국이나 유럽의 국가들에서 개최되는 모의유엔회의에 대해 큰 신뢰를 하고 있는 것이 사실이다. 그러나 실제에 있어서는 상당히 권위 있는 기관이 주최하는 해외의 모의유엔회의마저 실제 유엔회의로부터 크게 이탈하고 있는 것이 사실이다. 이러한 사실을 유엔 자체가 심각하게 인식하기 시작한 것은 얼마 전의 일이다.

　반기문 사무총장이 취임하고 한국측의 건의 등을 받아들여 유엔은 공보국DPI을 실무조직으로 하여 세계모의유엔회의Global Model United Nations, GMUN를 직접 조직하여 개최하기 시작했다. 이를 위해 유엔은 회의전문가를 투입하여 실제 유엔회의를 기본으로 하면서 모의유엔회의가 가지는 특수성을 감안하여 의사규칙ROP을 새로 만들었다. 그런데 이 의사규칙은 단 몇 가지를 제외하고는 실제의 유엔회의와 대동소이했다. 유엔은 이러한 의사규칙을 가지고 세계모의유엔회의를 한국을 포함한 3개국에서 3차례 치렀다.[1] 이러한 행사를 치르는 과정에서 유엔은 세계모의유엔회의 참가자 상당수가 이미 모의유엔에 참가한 경험이 있는 학생들임에도 불구하고 실제의 유엔회의와는 상당한 괴리가 있는 의사규칙을 사용하고 있을 뿐 아니라 이러한 의사규칙마저도 통일성이 없다는 것을 직접적으로 인식하게 되었다.

　예를 들자면 실제 유엔회의는 「Point of Order」만 허용하는데 반해 대부분의 모의유엔회의의 경우 「Point of Information」, 「Point of Inquiry(Point of Parliamentary Procedure)」, 「Point of Personal Privilege」를 별도로 사용하도록 한다.[2] 또한 실제의 유엔회의와는 달리 대표단이 자신에게 주어진 발언시간의 남은 부분을 다른 대표단에게 양도하는 것도 많은 모의유엔회의들이 즐겨 쓰는 규칙 가운데 하나이다. 이러한 것들이 실제 유엔회의에서는 사용되지 않는다는 것을 알면서 교육의 목적상 허용할 필요가 있다는 주장이 있으나 이러한 변경을 불가피한 선택이라고 보기 어렵다. 이렇게 변경된 의사규칙을 사용하는 것이 가져오는 문제점 가운데 하나는 많은 참가자들이 이러한 규칙을 실제 유엔회의의 규칙으로 인식하고 있다는 점이다.[3]

---

1) 제1회가 2009년에 스위스, 제2회가 2010년에 말레이시아, 제3회가 2011년에 한국에서 개최되었다
2) 「Point of Information」은 앞서 발언한 대표단에게 질문을 하고 싶을 때 사용하고, 「Point of Inquiry(Point of Parliamentary Procedure)」는 의장에게 질문을 하거나 명료하게 해줄 것을 요청할 때 사용하며, 「Point of Personal Privilege」는 마이크 소리가 크다든가 너무 작다든가 등 불편함을 제기할 때 사용하도록 하고 있다.

이러한 인식의 결과 유엔은 이러한 행사를 더 이상 개최하지 않고 대신에 전 세계의 모의유엔회의를 조직하는 사람들을 모아놓고 실제 유엔회의를 이해시켜 불가피한 경우를 제외하고 실제 유엔회의의 방식을 따르도록 하는 것이 보다 중요하다고 생각하게 되었다. 이러한 맥락에서 유엔은 2012년 8월 말에 3박 4일 동안 약 20명 정도의 실제 유엔회의 담당자와 전문가들이 강의를 통해 경험을 전달하고 질의와 응답을 하는 워크숍을 개최하였다. 저자 자신도 이 워크숍에 참가하였는데 전국대학생모의유엔회의에서 우리가 하고 있는 회의방식이 유엔이 강조하는 방식과 다름이 없다는 것을 재삼 확인할 수 있었다.

저자는 이를 계기로 냉전이 종식된 이후 세계 곳곳에서 개최되는 모의유엔회의뿐 아니라 국내에서 개최되는 모의유엔회의들이 적용하고 있는 의사규칙과 절차가 제각기 차이를 보이면서도 실제 유엔회의의 것으로부터 크게 벗어나 있어 표준화가 시급하다는 인식을 더욱 강하게 가지게 되었다. 한국의 경우 1991년에 유엔에 가입한 이후 특히 한국인이 유엔의 사무총장으로 진출한 이후 국내에서 모의유엔회의가 하나의 유행이 되었다. 그러나 유감스럽게도 대부분의 국내 모의유엔회의가 전문가의 참여 없이 개최되면서 회의의 규칙과 관행뿐 아니라 절차 면에서 실제의 유엔회의와 상당한 거리가 있어 「유엔회의」가 아닌 「토론대회」에 그치는 경우가 적지 않다. 그래서 2013년 초에 표준화를 위한 노력의 첫걸음으로 한국유엔협회가 주축이 되어 국내에서 모의유엔회의를 조직하고 있거나 하고자 하는 사람들을 대상으로 한 워크숍을 시작했다.

## 2. 모의유엔회의의 원칙과 표준

모의유엔회의가 제대로 되려면 불가피한 경우를 제외하고는 유엔의 규칙과 관례를 존중하고자 최대한 노력을 경주한다는 원칙을 가지고 있어야 한다. 또한 불가피하게 실제의 유엔회의와 달리할 경우에도 실제의 유엔회의의 경우를 설명하고 어떤 이유로 달리하고 있는지를 설명하여 실제의 유엔회의에 대한 오해를 하지 않도록 최대한의 노력을 하여야 한다. 이러한 것들이 가능하려면 모의유엔회의가 실

---

3) 의사규칙 일반을 이해하기 위해 많이 참고하는 서적이 「Robert's Rules of Order」이다. 그러나 이 책에서 언급하고 있는 의사규칙들이 실제의 유엔회의의 경우와는 매우 다름에도 불구하고 이를 그대로 적용해야 한다고 생각하는 사람들이 적지 않다.

제 유엔회의에 대한 경험과 지식을 두루 갖춘 전문가의 직접적인 지도하에 조직되고 운영되거나 최소한 이들의 자문 속에 조직되고 운영되어야 한다.

유엔이 세계모의유엔회의GMUN를 개최하면서 만든 모의유엔회의 의사규칙은 운영위원회General Committee를 구성하여 운영하고 유엔저널Journal of the United Nations를 발간하며 본회의의 처음 회의와 마지막 회의에서 묵념이나 명상silent prayer or meditation을 하는 등 실제의 유엔회의와 다르지 않았다. 실제의 유엔회의보다 앞서가는 점들도 있었다. 의장단(의장, 부의장, 보고관)을 구성할 때 성별의 비율을 균등하게 하여야 한다는 원칙principle of gender balance을 명시하고 있다는 점을 이러한 예의 하나로 들 수 있다.

차이가 있는 부분이란 불가피한 것으로서 유엔의 공용어인 6개 언어가 다 사용되지는 않는다는 점, 시간 제약으로 인해 유엔과는 달리 결의안과 수정안이 공식회의에서 토의되기 위해서는 모든 대표단에게 24시간 전이 아닌 12시간 전에 배포되는 것을 원칙으로 한다는 점, 모의유엔회의 조직과 관련한 의사결정의 주체로서 집행위원회Executive Committee를 둔다는 점 등을 들 수 있다.

## 3. 실제 유엔회의와 모의유엔회의의 차이

### (1) 차이를 가져올 수밖에 없는 이유

여기에서는 모의유엔회의가 불가피하게 실제 유엔회의와 다를 수밖에 없는 것을 보다 체계적으로 살펴보고자 한다. 그 이전에 어떤 요인들이 이러한 차이를 가져올 수밖에 없도록 하는가를 살펴보는 것이 필요하다. 우선 실제의 유엔회의에는 193개 국가가 참가하는 데 반해 모의유엔회의는 대략적으로 많아야 55~60개 팀이 참가하여 국가 수가 실제보다 훨씬 적다는 점이 차이를 가져오는 중요한 요인 가운데 하나이다. 실제보다 적은 수의 국가들로 구성될 경우 선진국과 개도국의 비율과 같은 실제의 구성비를 갖지 않을 경우 표결로 의사결정을 하게 되면 실제와는 다른 결과가 도출될 수 있다.

둘째, 실제 유엔회의가 3개월이 넘게 지속되는데 반해 모의유엔회의는 아주 길게 하는 경우에도 기껏해야 3박 4일만이 주어지는 시간상의 제약이 존재한다는 점이다. 이러한 시간 제약으로 인해 유엔총회의 본회의와 각 위원회가 다수의 의제항

목을 다루는데 반해 모의유엔회의는 하나의 의제항목만을 다루게 되고 하나의 의제항목도 여러 측면들dimensions을 광범위하게 다루지 못하고 2~3 측면에 집중해야만 한다.

셋째, 모의유엔회의의 경우 우수한 대표단들을 선정하기 위해 심사를 해야 하고 심사에 앞서 참가자에게 기회가 균등하게 주어져야 한다. 이러한 점 때문에 어쩔 수 없는 차이가 발생한다. 실제의 유엔회의 경우 협의그룹을 대표하는 국가가 일반토의 발언 등을 먼저 하면서 그룹 전체의 의견을 내변하고 협상에 앞장 서는 등 주도적인 역할을 수행한다. 그러나 모의유엔회의의 경우 특정 대표단에게 그룹을 대표하는 역할을 부여하는 경우 발언의 기회서부터 여러 가지 불평등이 발생하게 되면서 심사에 양향을 미치게 된다.

### (2) 불가피한 차이점

모의유엔회의는 위에서 살펴본 요인들로 인해 불가피하게 실제의 유엔회의와 다르게 할 수밖에 없는 경우들이 발생한다. 여기에서는 이러한 요인들로 인해 구체적으로 어떠한 차이를 가질 수밖에 없는가를 살펴보고자 한다. 이와 관련하여 전국 대학생모의유엔회의가 지켜온 원칙 가운데 하나는 실제의 유엔회의와 달리 할 경우 참가자들에게 실제는 어떻고 어떤 이유로 어떻게 변형하여 하는가를 반드시 설명해오고 있다는 점이다. 이러한 것을 통해 학생들이 모의유엔회의에서 하는 것이 항상 실제에도 그대로 적용되는 것이라는 오해를 하지 않도록 한다.

### 1) 대표단의 구성

실제의 유엔총회의 경우 회원국의 대표단은 5명 이내의 대표와 5명 이내의 교체대표 그리고 대표단이 필요로 하는 수만큼의 자문관, 기술자문관, 전문가 그리고 유사한 지위의 사람들로 구성된다. 특정 국가의 대표단은 당연히 본회의든 위원회든 관계없이 동일한 국가를 대표하게 된다.

모의유엔회의의 경우 통상적으로 대표단은 2명의 같은 대학 소속 학생들로 구성된다. 그러나 실제의 유엔과는 달리 동일한 대학 소속 학생들이 본회의와 모든 위원회에서 동일한 국가를 대표하지 않고 위원회별로 추첨을 통해 각기 다른 국가들을 대표하도록 하고 있다. 예컨대 특정 대학 소속의 대표단이 어떤 위원회에서는 미국을 대표하지만 동일한 대학 소속임에도 불구하고 다른 위원회들에서는 미국이

아닌 다른 국가를 대표하게 된다는 의미이다. 이는 참가자에게 형평성을 주기 위한 방책의 하나이다.

모의유엔회의에서 가장 문제가 되는 것 가운데 하나는 학생들이 가장 민감하게 반응하는 국가선정 문제이다. 전국대학생모의유엔회의의 역사상 대학별 추첨을 통해 동일한 대학의 참가자들이 비록 각기 다른 위원회에서 활동하더라도 모두 동일한 국가를 대표하도록 하기도 했고 때로는 위원회별로 추첨을 하여 같은 학교로부터 참가한 학생이라도 어떤 위원회에 소속되었는가에 따라 다른 국가를 대표하도록 하기도 했다. 전자의 경우의 장점은 한 학교의 학생들이 같은 국가를 대표하기 때문에 국가에 대한 조사와 연구에 좀 더 깊이를 더할 수 있으며 이로부터 얻은 정보를 모두가 공유할 수 있고 나아가 대표할 국가의 입장을 알기 위해 접촉할 국가의 유엔대표부 등이 하나로 한정된다는 점이다. 그러나 유엔에서 영향력은 고사하고 다루는 의제들에 대해 관심조차 가지고 있지 않은 국가가 선정되었을 경우 지극히 수동적이고 한정적인 역할을 하나의 위원회가 아닌 모든 위원회에서 떠맡아야만 하는 불공평의 문제가 발생한다. 이러한 단점을 극복하기 위해 모의유엔회의의 집행위원회는 외교부로부터 특정 위원회에서 논할 의제를 선정 받을 때 그 의제에 대해 전통적으로 많은 관심을 가지고 토의에 활발하게 참가해 온 국가들이 중심이 된 명단을 받은 후 이러한 국가들을 놓고 추첨을 하여 한 대학교가 위원회별로 각기 다른 국가를 대표하도록 했다. 이 경우 문제는 동일한 대학 소속임에도 불구하고 여러 국가를 대표해야 하기 때문에 국가입장을 알기 위해 하나의 국가가 아닌 여러 국가에 대한 조사와 연구를 해야 한다는 번거로움이 있으나 모든 학교의 대표단이 모든 이슈에 비교적 적극적인 참여가 가능하다는 점에서 전자의 경우보다 나은 방법이다.

## 2) 좌석 배정

실제의 유엔총회의 경우 회원국 대표단석은 매년 총회가 개최되기 전인 7월에 유엔 사무총장이 제비뽑기를 하여 뽑힌 회원국을 회의장 뒤에서 앞의 의장단 좌석을 쳐다보아 가장 앞줄의 왼편 좌석the front-most left seat에 착석하도록 하고 국명의 영문 알파벳순으로 그 다음 국가들이 그의 오른쪽에 착석하게 된다. 첫줄이 다 차게 되면 두 번째 줄 가장 오른쪽 좌석부터 시작하여 왼쪽으로 그리고 두 번째 줄이 다 차면 세 번째 줄 가장 왼쪽 좌석부터 오른쪽으로 이동하는 방식으로 좌석을

배정하게 된다. 이렇게 정해진 좌석은 본회의뿐만 아니라 모든 위원회에도 동일하게 적용된다.

모의유엔회의의 경우 앞서 언급했듯이 동일한 대학 소속의 대표단이 모든 위원회에서 동일한 국가를 대표하지 않는다. 따라서 위원회별로 자리를 배정하기 위한 제비뽑기를 따로 해야 한다. 유엔의 경우 사무총장이 총회 개최 2개월 정도를 앞두고 제비뽑기를 하지만 모의유엔회의의 경우는 오리엔테이션을 하는 날 각 위원회의 의장이 하도록 하고 있다.

### 3) 의장단과 운영위원회의 구성

실제의 유엔총회의 경우 본회의의 의장단은 의장 1인과 부의장 21인으로 구성된다. 위원회의 의장단은 의장 1인, 부의장 2인, 보고관 1인으로 구성된다. 운영위원회General Committee는 본회의 의장 1인, 본회의 부의장 21인, 6개 위원회의 의장 6인을 포함하여 총 28인으로 구성된다.

모의유엔회의는 의장단을 구성함에 있어서 본회의의 경우 통상적으로 부의장을 두지 않고 의장 1인만을 둔다. 위원회의 경우 실제 유엔회의와는 달리 부의장을 1인만 두어 의장 1인, 부의장 1인, 보고관 1인으로 구성한다. 운영위원회의 경우 통상적으로 본회의 의장과 위원회 의장뿐 아니라 위원회 부의장까지 포함한다. 이렇게 모의유엔회의가 실제 유엔회의와는 달리 위원회의 부의장을 운영위원회에 포함시키는 이유는 의장과 거의 동등한 자격으로 회의 운영을 분할하여 번갈아 맡도록 하고 있기 때문이다.[4]

### 4) 일반토론

실제 유엔총회 본회의의 경우 흔히 「기조연설」이라고 불리며 「본회의의 꽃」으로 간주되는 일반토론general debate이 1주일 정도 계속된다. 위원회의 경우 일반토론의 내용과 의제항목별 발언의 내용과 중첩되는 경우가 많기 때문에 회의의 효율적인 운영을 위해 일반토론을 생략하는 추세에 있어 위원회에 따라 일반토론을 하

---

4) 이전에는 실제의 유엔회의와는 달리 위원회의 부의장도 항상 의장단석에 앉도록 했다. 이는 부의장에 선출된 참가자의 존재를 남들에게 알리고자 하는 의도가 있었다. 그러나 최근 들어 이러한 전례를 바꾸어 의장을 대신하여 사회를 보지 않을 경우에는 자신이 소속되어 있는 국가의 대표단석에 앉도록 했다. 자칫 의장이 모든 회의의 사회를 독점하는 것을 우려하여 의무적으로 부의장이 최소한 전체 회의의 1/3정도를 사회를 보도록 했다.

지 않는다. 일반토론을 하는 위원회의 경우 통상적으로 10분간의 발언시간이 주어
진다. 일반토론 발언문은 사전에 배포되지 않고 앞서 일반토론 발언(기조연설)을
하고 있는 국가의 발언이 끝날 즈음해서 배포되기 시작한다.

　　모의유엔회의의 경우 시간 관계상 본회의의 일반토론은 생략한다. 위원회의 경
우 일반토론을 해오고 있지만 실제 유엔회의와는 성격을 달리한다. 위원회의 일반
토론이라는 것은 의제항목별 토론을 하기에 앞서 위원회에 맡겨진 30~50개의 의
제항목들agenda items 전체를 대상으로 하여 위원회에 임하는 기본적 입장을 언명하
는 것이다. 모의유엔회의의 경우는 하나의 의제항목만이 맡겨지기 때문에 「일반토
론general debate」이 아니라 「의제항목별 토론individual debate」을 해야 한다. 개개 의
제항목은 논의를 필요로 하는 복수의 쟁점들을 지니게 마련이다. 따라서 모의유엔
회의에서는 이러한 쟁점들 하나하나를 마치 주어진 의제항목의 하부 의제항목
sub-agenda item으로 간주하여 이들 하부 의제항목들 하나하나에 대해 의제항목별
발언을 하도록 하고 이에 앞서 하부 의제항목들을 포괄하는 의제항목에 대해 일반
토론을 하도록 하고 있다.[5]

　　모의유엔회의의 경우 시간 제약으로 인해 개개 대표단에게 일반토론 발언을 위
한 시간으로 2분 내외를 준다. 대표단에게 2분 동안 발언할 분량의 일반토론 발언
문(기조연설문)을 작성하도록 할 경우 전달할 내용을 충분히 담기 어려워 심사위원
들의 평가가 용이하지 않다. 따라서 모의유엔회의에서는 발언문을 A4 용지로 2~
3장 정도의 분량으로 작성하도록 하되 발표는 요약하거나 중요한 부분 위주로 하
여 2분 동안만 하도록 하고 있다. 심사위원은 발언할 때의 내용과 태도뿐 아니라
발언문의 내용을 심사의 중요한 기준으로 삼는다. 모의유엔회의의 경우 일반토론
발언문은 시간 제약으로 인해 모의유엔회의가 시작되기 전에 제출받아 책으로 엮
어 일시에 배포한다.

### 5) 협의그룹의 의장국 혹은 대변국의 지위

　　실제의 유엔회의 경우 협의그룹caucusing group의 의장국이나 대변국은 통상적으
로 우선적으로 발언의 기회를 얻어 자신이 속해 있는 협의그룹의 합의된 의견을

---

　5) 의제항목(agenda item)은 통상적으로 복수의 쟁점을 지니고 있다. 따라서 실제의 유엔회의의 경우
　　 이러한 복수의 쟁점들이 두루 논의의 대상이 된다. 그러나 모의유엔회의의 경우 시간 관계상 의제
　　 항목의 쟁점을 사전에 2~3개 정도로 제한하고 이러한 쟁점들을 하부 의제항목들(sub-agenda
　　 items)로 간주한다.

제시할 책임을 진다. 이들 국가들은 비공식회의에서의 다른 그룹과의 교섭과 협상에 있어서도 주도적인 역할을 한다. 그룹 내의 의장국이나 대변국이 아닌 국가들이 동일한 의제항목과 관련하여 발언하고자 하는 경우 의장국의 발언을 인용하고 자국의 입장이 그룹의 입장과 다를 경우 어떻게 다른가에 대해 언급한다.

모의유엔회의의 경우 협의그룹의 의장국이나 대변국의 역할을 인정할 경우 다른 국가 대표단에 비해 발언의 기회를 많이 가지는 등 주도적인 역할을 할 수밖에 없어 심사와 관련하여 형평성의 문제를 피하기 어렵다. 이 때문에 모의유엔회의는 이들의 역할을 인정하지 않는다. 보다 근본적으로 참가자들 모두가 의장국이 되려는 열망이 있어 모두에 의해 수용될 수 있는 대표를 선출하는 것도 어렵고 그룹을 형성하여 일관적인 정책을 취할 시간적인 여유가 없기도 하다.

### 6) 비공식회의와 정회[6]

실제 유엔총회 본회의나 위원회 모두 회의에 소요되는 시간의 95% 이상이 비공식협의에 소요된다. 이러한 비공식협의에서 대표단들은 모여 의제항목에 대해 논의하고 차이점을 줄여가며 타협 등을 통해 문제를 해결하기 위한 잠정적인 안을 만들면서 합의에 도달하기 위한 시도를 한다. 이러한 비공식협의를 위한 비공식회의는 통상적으로 공식회의가 있기 전이나 후 혹은 공식회의와 공식회의 사이에 유엔에 의해 비공식회의를 위해 제공된 비공식회의장 혹은 복도, 로비, 카페, 파티장 등과 같은 장소에서 벌어진다. 특정의 의제항목과 관련하여 이러한 비공식협의는 몇 주 혹은 몇 달에 걸쳐 전개되기도 한다. 이러한 비공식협의는 협의그룹 내에서 일치된 의견을 도출하기 위해 전개되기도 하고 전체의 합의를 도출하기 위해서 협의그룹 간에 전개되기도 한다. 이러한 비공식회의는 비공식회의, 비공식-비공식회의, 비공식-비공식-비공식회의 등 다양한 형태로 진행된다. 그러나 실제의 유엔회의에서 이러한 비공식협의를 가지기 위해 공식회의 도중에 정회를 요청하는 일은 극히 드문 일이다.

이처럼 실제의 유엔회의의 경우 비공식협의는 공식회의 도중이 아니라 공식회의의 전과 후에 하게 된다. 그러나 모의유엔회의의 경우 공식회의 도중에 정회라는

---

6) Brian Endless, "Some Differences Between the United Nations and Model United Nations Conferences," http://www.amun.org/some-differences-between-the-united-nations-and-model-united-nations-conferences/ (검색일: 2015년 1월 21일).

절차발의를 통해 비공식협의를 빈번하게 갖는 경향이 있다. 이는 공식회의를 가지기 전에 그룹 내 혹은 그룹 간 비공식협의를 할 수 있는 충분한 시간적 여유가 없었기 때문에 불가피한 측면이 없는 것은 아니다. 그러나 이는 보다 근본적으로는 공식회의가 무엇을 하는 회의인가에 대한 이해가 부재한 가운데 비공식회의에서 할 일들을 공식회의에서 하기 때문에 벌어지는 일이다. 공식회의는 전형적으로 일반토론을 할 때, 의제항목별 발언을 할 때, 결의안을 상정하고 채택할 때 개최되며 이때 국가들은 대부분의 경우 한 번씩만 발언을 하며 실질적인 토론이나 협상은 이루어지지 않는다. 이러한 실질적인 토론이나 협상은 비공식회의를 통해 이루어진다. 이러한 실제의 유엔회의 방식을 따른다면 비공식협의를 위한 정회를 요청하여 공식회의의 흐름을 끊을 필요가 없다. 비공식회의를 위한 잦은 정회를 막기 위한 방편의 하나로서 일부 대표단이 공식회의 도중에 다른 대표단들에게 방해가 되지 않는 범위 내에서 회의장 내에서의 일시적인 자리의 이동이나 회의장 밖으로의 일시적인 이동을 허용한다.

### 7) 공식회의에서의 발언

실제 유엔회의의 경우 앞서 언급했듯이 공식회의에서 실질적인 토론이나 협상이 전개되는 경우는 거의 없다. 공식회의에서 대표단들은 준비된 발언을 1회에 걸쳐 하는 것으로 그치고 추가적인 발언은 반박발언권의 행사를 통해서만 한다. 실질적인 토론을 비롯하여 견해 차이를 줄이기 위한 협상 등은 비공식회의를 통해 하게 된다.

모의유엔회의의 경우 참가자들은 공식회의와 비공식회의의 차이점을 인식하지 못하고 공식회의에서 토론과 협상을 하려는 경향을 강하게 보이며 1회의 발언이 끝난 다음에도 발언자명부를 다시 열어 발언의 기회를 여러 번 갖고자 한다. 이러한 문제는 교육을 통해 일소하고자 노력을 하나 참가자들이 이러한 행태를 보일 가능성을 완전히 차단하기는 어려워 보인다.

### 8) 복수의 결의안 상정과 표결에 의한 채택7)

실제의 유엔회의의 경우 최종적인 결의안final draft resolution이 공식적으로 상정

---

7) Brian Endless, "Some Differences Between the United Nations and Model United Nations Conferences," http://www.amun.org/some-differences-between-the-united-nations-and-model-united-nations-conferences/ (검색일: 2015년 1월 21일).

되기 전에 복수의 잠정적인 결의안들provisional draft resolutions이 비공식적으로 배포된다. 그런 다음 여러 차례의 비공식협의를 통해 하나의 합의된 결의안을 도출하기 위한 노력이 행해진다. 이 과정에서 보다 포괄적인 잠정적 결의안이 중심이 되어 나머지 다른 잠정적 결의안들이 통합되기도 하고 기존의 잠정적 결의안들이 통합되어 새로운 별도의 결의안이 만들어지기도 한다. 물론 이 과정에서 단순한 통합만이 아니라 수정도 이루어진다. 그 결과 실제의 유엔회의에서는 제1위원회와 제2위원회의 경우를 예외로 하고 합의로 통과될 준비가 되어 있지 않은 채 결의안이 상정되는 것은 대단히 이례적인 경우이다.[8] 더군다나 유엔에서는 복수의 유사한 결의안이 동시에 상정되어 표 대결을 벌인다는 것은 상상하기 힘든 일이다.[9]

대부분의 모의유엔회의에서 합의로 통과되어야 할 성격의 의제항목임에도 불구하고 복수의 결의안이 동시에 상정되어 표결로서 채택절차를 밟는 경우가 적지 않다. 더욱이 이러한 복수의 결의안이 통합과 수정 등의 절차를 거침에도 불구하고 매우 유사한 경우들이 많다. 이러한 현상은 의제항목의 성격을 제대로 이해하지 못한 소치이기도 하지만 합의를 도출하기에 필요한 시간이 주어지지 않기 때문이기도 한다.

### 9) 결의안의 강조부분의 표기

실제의 유엔회의의 경우 주어부분, 전문부분의 도입구, 실행부분의 도입구가 강조의 의미로서 이탤릭체로 표기된다. 이탤릭체로 하는 것이 불가능할 경우, 밑줄을 긋곤 했다. 모의유엔회의의 경우 영어로 진행하는 위원회는 결의안을 영어로 작성하기 때문에 실제의 유엔 방식을 그대로 따른다. 우리말로 진행하는 위원회의 경우 문제가 되는데 한글의 경우 강조를 요하는 부분을 이탤릭체로 하면 매우 부자연스러워 보인다. 따라서 한글로 결의안을 작성할 경우 외관상 밑줄을 긋도록 하고 있다. 이는 컴퓨터에 의한 워드 프로세싱이 보편화되기 전, 강조의 의미로서 이탤릭체를 사용하는 것이 어려웠던 시기에 실제의 유엔문건들도 강조의 의미로서 강조

---

8) 구체적으로 제1위원회의 경우는 관례적으로 동일한 의제항목을 둘러싸고 복수의 결의안이 상정되어 통과되는 경우가 잦다. 또한 제2위원회의 경우는 관례적으로 77그룹(G-77 and China)이 일방적으로 결의안을 상정하고 상정한 이후에야 선진국들과 협의와 협상을 벌인다.

9) 물론 위원회별로 차이가 있고 동일한 위원회 내에서도 의제항목별로 차이가 존재하는 것이 사실이나 전체 평균으로 보아 유엔총회 의제의 약 75%이상이 합의로 통과된다. 유엔총회 위원회의 경우 냉전종식 이후 더욱 많이 사용되어 2013년 현재 평균적으로 79% 정도의 결의안이 합의로 통과된 바 있다.

할 부분에 밑줄을 그었다는 점을 고려한 것이다.

### 10) 결의안의 상정 마감시한

실제의 유엔회의는 원칙상 결의안이 공식회의에 상정되어 논의의 대상이 되기 위해서는 회원국들에게 배포되어 심의할 시간적 여유를 주기 위해 회의 전날까지 배포가 되어야 한다. 모의유엔회의는 짧은 기간 내에 회의를 마쳐야 하기 때문에 이러한 원칙을 적용하는 것이 불가능하다. 따라서 회의 시작 전 1시간 전으로 결의안 제출 마감시한을 정하는 것이 합리적이라고 본다.

### 11) 표결 시 가부동수인 경우

실제의 유엔총회 본회의의 경우 처음 투표한 결과가 가부동수일 경우, 1차 투표 후 48시간 이내에 개최되는 차기 회의에서 2차 투표를 하고 이때도 가부동수일 경우 부결된 것으로 한다. 이와는 달리 유엔총회의 주요위원회에서는 1차 투표에서 가부동수일 경우 그 제안은 부결된 것으로 간주한다.

모의유엔회의 주요위원회의 경우는 실제의 유엔회의의 의사규칙을 그대로 따르나 본회의의 경우는 시간제약상 실제 유엔과 달리한다. 구체적으로 2차 투표를 할 것인가의 여부를 결정할 수 있고 그 결과 2차 투표를 가지지 않기로 결정할 경우 부결된 것으로 간주한다. 2차 투표를 가지기로 결정하면 즉시 투표에 들어가 여전히 가부동수일 경우는 부결된 것으로 간주한다.

### 12) 왜곡된 표결결과

실제의 유엔회의의 경우 유엔 회원국은 약 30개 정도의 선진국과 나머지 개도국으로 구성된다. 이들 국가들이 개도국과 선진국으로 크게 나누어 입장을 달리하는 의제항목을 논하다가 합의가 아닌 표결에 의해 의사결정을 할 때 개도국들은 수적인 우위를 가지게 마련이다. 그러나 모의유엔회의의 경우 배정된 선진국과 개도국의 수적 분포가 실제의 분포를 반영하지 않아 통과되지 않아야 할 결의안이 통과되기도 하고 통과되어야 할 결의안이 통과되지 않기도 하는 경우가 발생할 수 있다.

### 13) 문건번호

실제의 유엔회의는 문건번호Document Symbol로서 유엔이 정한 문건번호 체계를

따르고 있다. 모의유엔의 문건에 문건번호를 어떻게 매겨야 할지가 문제가 된다. 여러 가지 방안이 있을 수 있으나 가장 간단하고 명쾌한 것은 실제의 유엔 문건의 번호를 부여하되 문건번호의 첫 번째 요소로서 가장 먼저 모의유엔회의Model United Nations의 약칭인 「MUN」이라는 말이 오도록 하는 것이다. 회기session의 경우 제1회 전국대학생모의유엔회의가 시작된 1995년을 기점으로 하여 회기를 산정하고 있다. 2015년에 개최되는 모의유엔회의의 경우는 제21차 회기21th session가 된다.

### 14) 명패의 구조와 사용법

실제 유엔회의에서 사용하는 명패placard는 공식적인 국명이 적혀 있는 부분 nameplate과 이의 받침대 노릇과 감싸는 케이스 노릇을 하는 부분holder으로 구성되어 있다. 케이스 노릇을 하는 부분은 왼쪽 측면과 상부가 개방되어 있어서 국명이 적힌 부분을 옆으로나 위로 빼고 넣고 하는 것이 가능하며 투명하여 국명이 적혀 있는 부분의 글씨가 보인다. 의장이 투표설명을 할 국가를 물을 때, 의장이 토론을 허용하는 절차발의에서 토론에의 참가를 원하는 국가를 물을 때, 의장이 발언자명부를 열면서 발언자명부에 등재되기를 원하는 국가를 물을 때, 거수로 표결을 할 때와 같은 경우에는 명패의 국명부분을 대표단 쪽에서 보아 케이스의 왼쪽 끝 부분의 갈라진 틈에 수직으로 세운다. 이와는 달리 절차발의를 하거나 의사규칙 위반지적point of order을 제기하고자 할 때는 국명부분을 케이스로부터 빼서 수평으로 horizontally 높이 치켜들어 팔과 국명부분이 영어로 「T」자 모양이 되게 한다.

모의유엔회의의 경우 사용하고 있는 명패가 국명부분과 케이스 부분이 분리되지 않는다. 따라서 통상적인 경우 명패를 수직으로 들고, 절차발의와 의사규칙 위반지적point of order의 경우는 수평으로 들어 팔과 명패가 「T」자 모양이 되게 한다. 모의유엔회의에서 사용하는 명패의 구조를 실제 유엔의 것과 동일하게 만들어 국명부분을 케이스의 왼쪽 끝 부분의 갈라진 틈에 수직으로 세운다고 해도 문제가 발생한다. 왜냐하면 이렇게 할 경우 앞 사람의 등에 명패가 가려져 보이지 않기 때문이다. 실제의 유엔의 경우 회의장이 뒤쪽으로 가면서 약간씩 높아지는 경사가 져 있을 뿐 아니라 명패를 놓은 자리 자체가 대표단석의 책상보다 높은 곳에 있기 때문에 국명부분을 케이스 부분에 수직으로 세워도 의장단석에서 보인다.

### 15) 의사규칙 위반지적point of order의 과도한 사용

실제 유엔의 경우 회의를 진행하는 의장이나 부의장뿐만 아니라 대표단들도 의사규칙을 잘 숙지하고 있기 때문에 의사규칙의 위반지적이 빈번하지 않으며 사실상 거의 없다. 그러나 모의유엔회의의 경우 이들과는 달리 대표단의 구성원들이 의사규칙에 관해 충분히 숙지가 되어 있지 않은 채 참가하는 경향이 있어 의사규칙 위반을 지적하는 경우가 적지 않다.

의장이나 부의장의 경우 대표단들보다 의사규칙의 아주 세부적인 것까지를 잘 알고 있어 대표단들 사이에 의사규칙을 둘러싸고 논쟁이 있을 경우 교통정리를 해주어야 하는데 이들마저 의사규칙을 잘 모르고 있는 경우 의사규칙을 둘러싼 논쟁으로 인해 의제항목에 대한 논의가 중단되는 경우가 종종 발생한다. 이러한 일이 발생하는 이유는 통상적으로 의장이나 부의장으로 선출된 학생들은 대표단들과는 별도로 의사규칙에 관한 교육을 2~3차례 받기 때문에 대표단들에 비해 의사규칙에 익숙해야만 하는데 이따금 교육에 충실히 임하지 않는 경우가 있기 때문이다.

이러한 문제의 개선책으로 2015년 제21회 전국대학생모의유엔회의부터 회의가 시작되는 첫날 의사규칙에 관한 5~10개의 문제로 구성된 시험을 치러 그 결과를 심사의 중요한 일부분으로 반영하게 되었다.

### 16) 위원회 보고서 작성의 주체

위원회에서 결의안이 채택되면 이러한 결의안이 포함된 보고서가 작성되어 본회의에 보고가 된다. 이 때 실제의 유엔회의에서는 보고서의 작성은 보고관의 책임 하에 사무국 간사가 하고 본회의 보고는 보고관이 한다. 모의유엔회의의 경우 보고관에게 주어진 다른 특별한 역할이 없기 때문에 보고관이 직접 보고서를 작성하도록 하고 있다.

# 제 5 장
# 심사기준과 심사위원 유의사항

모의유엔회의에서 대상의 경우 본상으로서 외교부장관상이 수여되고, 부상으로 뉴욕이나 제네바와 같은 국제기구 현장학습의 기회가 주어지며, 국제기구 초급전문가JPO에 지원할 때 가산점이 주어진다. 이 때문에 참가자들은 모의유엔회의를 즐기기보다는 지나치게 상을 의식하게 되고 그 결과 이들 사이의 경쟁이 과열되어 심사위원의 심사에 지나칠 정도로 예민하게 반응한다. 여기에서는 이러한 점을 고려하여 심사할 때 어떠한 점을 주의하여야 할 것인가를 살펴보고자 한다. 구체적인 주의사항에 앞서 심사의 기준에 대해 언급하고자 한다.

## 1. 모의유엔회의 심사

### (1) 배점과 동점자 처리

모의유엔회의 참가자에 대한 심사는 크게 일반토론(기조연설), 공식회의, 비공식회의라는 3분야로 나누어 하게 되며 각각 20점, 30점, 50점으로 하여 100점을 만점으로 한다. 일반토론과 달리 공식회의와 비공식회의의 경우 위원회별로 1회가 아닌 여러 차례에 걸쳐 개최되기 때문에 매회마다 채점한 것을 종합하여 총점을 공식회의는 30점 만점으로 조정하고 비공식 회의는 50점 만점으로 조정하여 계산한다. 비공식회의의 점수를 가장 높이 책정한 이유는 참가자들이 모의유엔회의에 부여된 시간의 대부분을 비공식회의에서의 비공식협의에 보내기 때문이다. 1회에 그치는 일반토론에 비교적 높은 점수를 배정한 이유는 의제항목과 관련하여 사전에 공부한 부분이 집약되어 있기 때문이다. 합산점수가 높은 순서대로 대상, 최우수상, 우수상, 장려상을 시상한다. 합산점수가 동점일 경우에 대비하여 다음과 같은 기준을 설정하고 있다.

합산한 점수가 같을 경우 비공식회의 점수가 높은 팀을 우선적으로 시상자로

결정하며, 비공식회의 점수도 동점인 경우 공식회의에서 높은 점수를 받은 팀을 선정한다. 공식회의 점수도 역시 같을 경우 당연히 일반토론(기조연설) 점수도 동점이 되는데 이러한 경우는 팀을 구성하고 있는 2인 모두가 발언 등의 회의과정에 적극적으로 참여했는가의 여부를 기준으로 한다. 이러한 기준을 적용하는 이유는 팀에 따라서는 2인 가운데 1인만이 적극적으로 참여하고 나머지 1인은 별다른 역할을 하지 않는 경우들이 종종 있기 때문이다.

### (2) 심사기준

### 1) 일반토론

일반토론의 총점은 20점인데 일반토론 발언문의 구성과 표현, 자국입장 충실도, 창의적이고 현실적인 대안제시 능력, 발표능력과 태도라는 4분야로 나누어 각각 3점, 5점, 9점, 3점을 배정한다. 여기에서 창의적이고 실현 가능한 대안제시 능력에 가장 높은 배점이 주어진 것에 주목하여야 한다. 분야별 세부 기준을 살펴보면 다음과 같다.

① 일반토론 발언문의 구성과 표현이라는 분야에서는 발언문이 논리적이고 체계적으로 구성되었는가와 전문적인 용어 등의 사용을 통해 전달하고자 하는 의미가 명료하게 표현되었는가를 평가하게 된다.

② 자국입장 충실도와 관련해서는 자신이 대표하고 있는 국가의 입장을 얼마나 충실하게 반영하고 있는가를 평가한다. 여기에서 충실하게 반영한다고 하는 것은 참가자가 대표하고 있는 국가가 이제까지 국제사회에 표명해온 것과 정확히 동일한 입장을 표명해야만 한다는 것을 의미하는 것이 아니라 다소 융통성을 두어 동일한 입장이 아니어도 좋다는 의미이다. 단 그러한 입장이 그 국가가 면하고 있는 여러 여건에 견주어 큰 틀에서 크게 벗어나서는 안 된다는 의미이다. 이는 다음에 언급하고 있는 창의적이고 현실적인 대안제시 능력과 밀접하게 관련되어 있다.

③ 창의적이고 현실적인 대안제시 능력은 배정된 점수에서 보듯이 일반토론의 평가에 있어서 가장 중요한 요소이다. 이를 통해 참가자들이 이제까지 국제사회에서 제시된 대안의 한계를 일정한 정도 뛰어넘는 작은 진전을 이루면서 동시에 실현이 가능한 대안을 제시하는 능력을 평가하고자 한다.

④ 발표능력과 태도에서는 일반토론 발언 시 언어의 구사능력과 더불어 다른

대표단의 주의를 끌게 만들면서 예양을 지키는 발표태도를 보려고 한다.

### 2) 공식회의

공식회의 심사에 주어진 총점은 30점인데 자국입장의 숙지도, 논리적 설득력, 교섭능력과 목표달성도, 의사규칙과 절차에 대한 이해와 활용, 참여태도와 예의의 다섯 분야로 세분되어 평가되며 10점이 배정되는 교섭능력과 목표달성도를 제외한 나머지에는 모두 5점씩이 배정된다.

① 자국입장의 숙지도란 대표하는 국가의 입장을 얼마나 잘 알고 있는가의 정도를 의미하는데 근본적으로 일반토론에서 밝힌 기본입장과 합치하여야만 한다. 일부 참가자의 경우 일반토론에서 표명한 기본입장과 크게 다르거나 심지어 상치되는 입장을 드러내는 경우가 있는데 이러한 경우 참가자의 자질에 대한 근본적인 회의를 불러일으키게 된다.

② 논리적 설득력이란 말 그대로 자국의 입장에 기초하여 전개하는 발언내용이 얼마나 논리적으로 설득력을 가지는가를 말한다. 특히 개도국의 협상력이 국제적인 정의나 도덕에 대한 호소와 더불어 논리적인 설득에 기반을 둔다는 점을 고려할 때 개도국 대표단이 더욱 관심을 두어야 할 요소이다.

③ 교섭능력과 목표달성도란 공식회의의 평가요소 중 가장 중요한 요소로서 자국의 입장을 자국이 속해 있는 그룹을 비롯하여 회의가 최종적으로 채택한 결과문건에 포함시키는 능력을 의미한다. 이 중에서 목표달성이란 국가들이 다자회의에서 교섭을 통해 궁극적으로 확보하려는 국익으로서 다른 능력들은 이러한 목표달성을 위한 수단으로서의 의미를 가진다. 교섭능력으로서 상이한 입장을 조정하여 합의도출에 기여하는 능력과 더불어 결의안 등의 문안작성에의 기여도도 중요한 평가요소이다. 이와 관련하여 보다 더 포괄적인 실무서working paper나 결의안이 존재함에도 불구하고 이를 배척하면서 자신의 실무서나 결의안만을 고집하여 합의도출을 어렵게 하는 경우 중요한 감점의 대상이 된다.

④ 의사규칙과 절차에 대한 이해와 활용도란 의사규칙과 회의가 진행되어 나가는 절차에 대한 숙지와 더불어 회의에서 이를 실제로 적용하는 능력의 정도를 의미한다. 여기에는 물론 회의의 원활한 진행을 위해 협조하는 능력 역시 포함된다. 따라서 의사규칙 활용능력을 과시하기 위한 목적으로 원만한 회의의 진행을 막는 경우는 감점의 대상이 된다.

⑤ 참여태도와 예의란 부분에서는 자국의 목표를 달성하기 위해 적절한 의사규칙과 절차에 기초한 가운데 논리적인 설득력과 교섭능력을 발휘하여 자국의 입장을 표명하고 관철시켜 나가는 과정에서 얼마나 적극적인 자세와 예의를 갖추고 있는가를 평가하고자 한다. 여기에는 물론 회의에의 참여의 정도도 포함되며 특히 한 팀의 구성원 2인 모두가 발언 등의 회의과정에 함께 참여하는지 여부도 중요한 평가의 대상이 된다. 참가자들은 의장단뿐 아니라 타국 대표단의 입장을 존중하는 등의 예의를 갖추어야 한다.

### 3) 비공식회의

비공식회의의 중요성을 고려하여 비공식회의의 총점은 공식회의의 총점보다 많은 50점이 배정된다. 심사기준은 비공식회의의 경우 의사규칙이 엄격하게 적용되지 않기 때문에 공식회의의 심사기준의 하나인 의사규칙과 절차에 대한 이해와 활용이 제외된다고 하는 점을 빼고는 동일하다. 단 참여태도와 예의와 관련하여 비공식회의에서는 타국 대표단과의 상호협력 능력, 회의에서의 지도력 발휘여부, 타 대표단에 대한 존중과 같은 예의를 집중적으로 평가하고자 한다. 배점은 가장 중요한 부분인 교섭능력과 목표달성도만을 20점으로 하고 자국입장의 숙지도, 논리적 설득력, 참여태도와 예의 부분은 모두 10점씩으로 한다.

## 2. 심사위원의 유의사항

(1) 부족한 준비시간으로 인해 참가자들이 의제에 대해 충분히 공부를 하지 못한 결과 의제의 논의가 엉뚱한 방향으로 전개되는 경우가 간혹 있다. 이럴 경우 심사위원들은 즉각적인 개입여부를 둘러싸고 고민하게 된다. 이때 논의가 제자리를 찾아올 수도 있어 일정한 시간 기다려주는 것이 필요하다. 그러나 집단지성이 제대로 발휘되지 못한 채 논의의 방향이 제자리를 찾아오지 못할 경우 최소한의 개입이라도 하는 것이 필요하다. 이는 모의유엔회의의 궁극적인 목적이 심사가 아니라 교육에 있기 때문이다.

(2) 학생들은 부족한 준비시간으로 인해 회의의 절차와 규칙에 대해서도 공부가 덜 된 상황에서 참가하는 경우가 많다. 따라서 어떠한 절차를 통해 다음 단계로

나아가야 하는가에 대해 모른 채 교착상태에 빠져 제자리걸음을 하는 경우가 종종 있다. 또한 공부의 부족으로 의사규칙을 둘러싸고 제각기 다른 해석을 내리는 경우가 종종 발생한다. 심사위원들은 이러한 경우 누군가에 의해 바로 잡힐 수 있는 가능성을 열어두고 일정한 시간 지켜보아야 한다. 그래도 여전히 절차와 규칙이 제대로 적용되지 않을 경우 개입을 하여 바로잡아주는 것이 필요하다.

**(3)** 학생들의 명찰name tag에는 소속 위원회명과 참가자의 성명이 명기되어 있지만 소속 대학명은 명기되어 있지 않다. 심사위원들의 채점표에도 소속 대학명은 명기되어 있지 않다. 이는 심사위원들로 하여금 선입견을 가지지 않고 심사의 공정성을 기하기 위한 것이다. 따라서 심사위원들은 회의와 회의 사이의 휴식시간 등에서도 참가자들과 대화를 할 때 참가자에게 어느 대학 소속인가를 물어서는 안 되며 참가자들은 오리엔테이션 등을 통해 심사위원들에게 자신의 소속 대학을 알려서는 안 된다는 교육을 받는다.

**(4)** 참가자 중에는 대상을 수상할 경우 외교부장관 표창뿐 아니라 부상으로 유엔과 같은 국제기구로의 방문학습 기회를 제공받기 때문에 상에 집착하여 회의 자체를 왜곡시키는 학생들이 제법 있다. 전형적으로 이들은 자신의 실무서working paper만이 논의의 기초가 되어야 하고, 다른 사람이 아닌 자신만이 결의안draft resolution의 주제안국main sponsor이 되어야 하다는 생각 하에 자신보다 더 포괄적인 내용을 담고 있는 실무서나 결의안에 동조를 하지 않고 비타협적이고 배타적인 태도를 보이는 경우가 빈번하다. 따라서 이 점을 유념하고 심사할 때 이러한 참가자에게 커다란 불이익을 주어야 한다.

**(5)** 전체가 하는 비공식회의(일명 formal informal meeting)의 경우 한 장소에서 모두가 모여 회의를 하기 때문에 심사에 큰 문제가 없으나 협의그룹caucusing group별로 나누어져 각기 다른 장소에서 비공식회의들을 가질 경우 심사의 어려움이 크다. 심사위원이 동시에 전개되는 이러한 비공식회의들을 모두 찾아다니며 동시에 평가한다는 것은 사실상 불가능하다. 따라서 전체 비공식회의를 하다가 그룹별 비공식회의로 전환이 되거나 공식회의 직후에 협의체별 비공식회의가 개최될 경우 비록 협의체별 회의실이 마련되어 있지만 심사의 편의상 이러한 협의체별 비공식

회의를 전체 비공식회의나 공식회의가 개최되고 있던 큰 회의장의 구석구석에 그룹별로 모여서 하도록 유도하는 것이 필요하다. 그러나 이를 강요해서는 안 된다.

**(6)** 실제로 유엔에서 비공식회의와 공식회의 비중은 95 : 5라고 할 정도로 비공식회의의 비중이 높고 중요한 협상과 타협은 이러한 비공식회의에서 이루어진다. 이 때문에 심사위원들은 비공식회의에서의 대표단들의 역할과 능력에 주목하여 평가를 해야만 한다. 그러나 문제는 이러한 비공식회의가 종종 저녁식사 시간이후 때때로 자정을 넘기면서까지 개최된다는 사실이다. 참가자들에게 심사위원들은 원칙적으로 저녁식사 전까지만 심사를 할 것이라고 공표하지만 사정이 허락한다면 저녁식사 이후라도 심사를 연장하기를 권한다. 아주 늦게 개최되는 관계로 심사가 이루어지지 않은 전체 비공식회의의 경우 평가의 일부로서 회의에 참가한 의장단의 견해를 일정한 정도 참고할 필요가 있다. 각 위원회의 부의장들에게 심사위원들의 심사가 불가능한 비공식회의에서 이루어진 중요한 발언의 내용과 발언자에 대한 요약기록summary record을 요청할 예정이다.

**(7)** 전국대학생모의유엔회의는 의제에 대한 깊이 있는 이해라는 측면과 회의의 과정과 절차 및 의사규칙의 이해라는 측면 모두에 중요성을 두고 있다. 따라서 심사할 때 이 두 측면 모두에 관심을 가지고 지나치게 이슈에만 치우친 평가가 되지 않도록 하여야 한다. 학생들이 정당하게 절차적인 문제를 제기할 경우 회의를 고의적으로 방해하고자 하는 의도가 없는 경우 교육의 차원에서 수용해 주어야 한다.

**(8)** 「Point of Order」를 유엔의 관행에 따라 의사규칙 위반지적 이외의 다음과 같은 경우에도 사용하도록 하고 있다: ① 회의의 잠정중지(정회)를 비롯한 절차 발의를 위한 발언권의 획득, ② 호명투표roll-call vote를 포함한 기록투표 recorded vote의 요청, 수정되지 않은 원결의안의 철회 요청, 결의안 채택 이전에 공동제안국 지위의 철회 요청, 결의안 채택 이전에 공동제안국 지위의 획득 요청, 잘못된 문안이나 번역 등 다양한 오류의 정정 요청을 위한 발언권의 획득, ③ 정보와 해명의 요청을 위한 발언권의 획득, ④ 실내온도와 마이크 문제 등을 포함한 회의 서비스상의 문제제기를 위한 발언권의 획득, ⑤ 논의 중인 결의안에 대한 수정안의 발의를 위한 발언권의 획득 등

(9) 유엔총회 의사규칙에는 대표단이 호명투표(기록투표)를 요구할 경우 반대가 있으면 표결을 통해 호명투표(기록투표)의 여부를 결정하도록 되어 있다. 그러나 수립된 관행에 따르면 요구가 있을 경우 이러한 절차를 거치지 않고 그대로 수용한다. 본 모의유엔회의도 이러한 관행을 그대로 따르고자 한다.

(10) 위원회에 참가하는 개개 대표단은 2명의 대표들로 구성되어 있다. 일부 대표단의 경우 2명의 대표 중 오직 1인만이 발언을 하는 경우가 있다. 1인만 발언하는 대표단을 포착하는 것은 그리 쉬운 일이 아니지만 심사위원은 평가할 때 이러한 대표단을 2인 모두 활발하게 발언하는 대표단과 차등화할 수 있도록 노력해야 한다.

(11) 영어가 아닌 우리말로 진행하는 위원회의 경우에도 일반토론 발언(기조연설)은 영어로 하게 되어 있다. 모든 위원회의 회의 운영 전체를 영어로 하라는 외교부의 요구를 최소한이나마 반영하기 위한 상징적인 조치의 일환이다. 따라서 우리말 위원회의 일반토의 발언을 심사할 때 심사위원들은 영어에 방점을 과도하게 두어서는 안 되고 내용과 태도 등에 보다 많은 비중을 두어야 한다.

(12) 유엔은 재정의 부족을 부단히 경험해오고 있어 결의안을 제안할 때 대표단은 의무적으로 사무국에 소요예산을 감당할 수 있는가의 여부를 사전에 타진하여야 한다. 결의안이 예산을 필요로 하는가의 여부를 「사업예산함의Programme Budget Implication: PBI」라고 부른다. 모의유엔회의에서는 이러한 절차를 그대로 따르는 것이 가능하지 않다. 이러한 점을 고려하면서 심사위원들은 결의안의 적절성을 판단할 때 예산의 소요문제를 반드시 염두에 두어야 한다. 절차적인 대안으로서 결의안을 채택하고자 할 때 의장들로 하여금 해당 결의안이 PBI가 있는가의 여부에 대해 주목하고 이에 관한 발언을 하도록 하고 있다.

(13) 회의장의 구조의 경우 실제 대부분의 유엔의 회의장conference room은 자리가 뒤쪽으로 갈수록 경사가 높아져 앞자리에서 보아 어느 국가의 대표단이 발언권을 요청하고 어느 국가의 대표단이 발언을 하고 있는지 포착하기가 상대적으로

어렵지 않다. 그러나 모의유엔회의의 경우 통상적으로 경사가 아주 없거나 거의 없는 평면인 회의장에서 이루어지기 때문에 어느 국가의 대표단이 발언권을 요청하거나 실제로 발언을 하고 있는지 알기 어렵다. 따라서 이러한 문제를 다소나마 완화시키기 위해 사무국으로 하여금 어느 대표단이 어느 좌석에 앉아 있는지를 알려주는 좌석배정표를 심사위원들에게 배포하도록 하고 있다.

**(14)** 대표단들이 위원회에서 결의안을 통과시킨 후에 보고관은 이 결의안을 포함한 보고서를 작성하여 본회의에서 보고를 하게 된다. 참가자들은 결의안 채택으로 위원회의 모든 일이 끝난 것으로 생각하는 경향이 있기 때문에 심사위원들은 마지막 단계인 보고서 작성이 적절하게 이루어지도록 지도해 주어야 한다.

**(15)** 결의안을 합의로 채택한다는 큰 방향에 대해 모든 대표단이 동의한 가운데 최종적으로 결의안을 단락paragraph별로 확정지어 가는 방식을 택하는 경우가 많다. 단락별로 논의하는 가운데 대표단들 사이에 견해차이가 발생할 경우 의장단은 표결로서 채택여부를 결정하려는 경우가 많이 발생하곤 한다. 이는 결의안 전체를 합의로 채택하겠다는 기조와 모순되는 것으로서 단락별 논의의 경우에도 역시 합의로 채택되도록 하여야 한다.

**(16)** 모의유엔회의 진행과정에서 참가자들이 제일 취약함을 보이는 경우가 공식회의에서의 결의안 상정에 앞서 복수의 잠정적 결의안provisional draft resolution이 경합하는 경우이다. 이러한 경우 참가자들은 어떻게 해야 할지에 대해 방향을 제대로 잡지 못한 가운데 자신이 주도한 결의안이 최종적인 결의안으로서 공식회의에 상정되는 것에 집착하는 경우가 많다. 이럴 경우 심사위원은 문제해결 방식으로서 다음을 제시할 것을 권한다: ① 가장 많은 대표단의 지지를 얻고 있는 잠정적인 결의안으로 다른 잠정적 결의안들이 흡수된다. ② 서로 팽팽한 대립을 보여 이러한 것이 불가능한 경우 대표단 전체가 복수의 결의안들을 통합한 새로운 결의안을 제안할 수 있다. ③ 대표단들 사이에 이러한 노력이 전개되지 않을 경우 의장이 기존의 대립하는 잠정적 결의안들을 통합하여 자신의 안을 작성하여 합의를 유도할 수 있다.

(17) 상정된 결의안에 대해 많은 이견이 제기되어 통상적인 수준이 간단한 수정만으로는 이러한 이견들을 수용하여 합의를 도출하는 것이 어렵다고 판단한 경우 이러한 결의안을 제안한 국가들이 「개정된 결의안revised draft resolution」이라고 불리는 새로운 결의안을 만들어 다시 상정하는 경우가 유엔회의에서 종종 있다. 대표단들은 이러한 개정된 결의안에 대한 이해가 부족하여 이제까지 20년 정도의 전국대학생모의유엔회의 역사를 통해 이러한 개정된 결의안을 참가자 스스로 제안한 경우가 없었다. 심사위원들은 대표단들에게 이러한 가능성을 적절한 시점에 알려줄 필요가 있다.

(18) 대표단에 대한 평가를 할 때 이들의 발언내용이 평가의 중요한 부분이 되어야 하지만 대표들이 외교관으로서의 소양과 태도를 견지하고 있는가의 여부도 역시 중요한 평가의 대상이 되어야 한다. 상대방 대표단에 대한 태도와 의장단에 대한 태도가 직설적이고 공격적이어서는 안 된다. 회의에 있어서 상대방이 적이 아니라 해결하여야 할 이슈가 공동의 적이 되어야 한다는 말을 염두에 두고 심사가 이루어져야 한다.

(19) 참가자들은 결의안이 상정된 이후에 수정안을 제기할 경우 주어진 시간이 충분한지 여부에 상관없이 거의 전적으로 구두 수정안을 제안한다. 그러나 만약에 시간적인 여유가 있을 경우에는 구두 수정안이 아닌 공식문건으로서 작성된 수정안을 제안하도록 지도하는 것이 필요하다.

(20) 실제 유엔회의에서 공식회의는 통상적으로 일반토론을 할 때, 의제항목별 발언을 할 때, 결의안을 상정하고 채택할 때에 개최되며 이때 국가들은 여러 번의 발언 기회를 얻어 토론에 임하는 것이 아니라 한 번씩 발언을 하고 실질적인 토론을 하지 않는다. 실질적인 토론과 협상 등은 전체 회의에 주어진 시간의 95%를 차지하는 비공식회의에서 이루어진다. 적지 않은 대표들이 공식회의와 비공식회의의 차이를 제대로 인식하지 못해 어느 때 공식회의를 하고 어느 때 비공식회의를 해야 하는가를 제대로 알지 못한 채 모의유엔회의에 참가한다. 따라서 적절한 시점에 심사위원들은 이러한 것을 대표단들에게 지도할 필요가 있다.

(21) 참가자들은 공식회의 도중에 다른 대표단(들)과의 협의를 위해 회의의 잠정중지(정회)를 빈번하게 요청하여 회의의 흐름을 자주 끊어놓곤 한다. 따라서 이를 방지하기 위해 특정 대표단이 다른 대표단 일부와 긴급한 협의를 필요로 할 때 나머지 대표단들을 방해하지 않는 가운데 회의장 내에서 다른 대표단 자리로의 이동을 허용하고 있다.

# 제 6 장
## 참가자들의 유의사항

모의유엔회의의 참가자들이 유의해야 할 사항이 무엇인가에 대해 언급하기 전에 심사기준과 심사위원들의 유의사항에 대해 언급한 바 있다. 따라서 참가자들은 이러한 심사기준을 통해 좋은 평가를 받기 위해 어떻게 해야 할 것인가를 알 수 있었을 것이다. 따라서 여기에서는 위에서 언급한 심사기준 이외의 요소들과 관련하여 유의할 것이 무엇인가를 살펴보고자 한다. 구체적인 유의사항에 앞서 참가자의 기본자세에 대해 살펴보고자 한다.

## 1. 참가자의 기본자세

수상자에게 주어지는 본상과 부상이 작지 않은 편이다 보니 많은 참가자들이 상을 크게 의식하고 모의유엔회의에 임하는 경향이 강하다. 이는 당연한 현상이기는 하나 정도가 지나쳐 본인이 모든 과정을 주도해야 한다는 생각 하에 회의의 진행을 어렵게 하거나 전체 회의 과정을 왜곡시키는 경우까지 발생하는 것이 문제이다. 지나친 경쟁으로 인한 과열을 막기 위해 외국에서 개최되는 일부 모의유엔회의의 경우 시상 자체를 하지 않거나 하더라도 대상, 최우수상, 우수상, 장려상 등의 등급으로 나누지 않고 분야를 리더십, 협상력, 창의성 등으로 나누어 시상을 하기도 한다.

참가자들은 모의유엔회의를 여유롭게 즐기면서 유엔을 비롯한 다자외교의 장에서 글로벌 이슈들이 어떻게 다루어지는가를 경험하고 배우는 기회로 삼겠다는 마음가짐을 가지고 회의에 임하는 것이 필요하다. 국내외에서 개최되는 모의유엔회의를 오랫동안 심사해 본 경험에 따르면 이러한 기본철학을 가지고 모의유엔회의에 의연한 자세로 참가하는 학생들은 심사위원들의 눈에 확연히 들어오며 예외 없이 좋은 평가를 받는다.

## 2. 유의사항

(1) 실제의 유엔회의의 경우 의장단이나 회원국들이 의사규칙을 잘 숙지하고 있기 때문에 의사규칙 위반에 대한 지적은 거의 없다. 그러나 의장단이나 각국 대표로 참가하는 학생들이 의사규칙을 세밀하게 숙지하지 못한 까닭에 의사규칙 위반에 대한 지적이 자주 제기되어 회의의 흐름을 자주 끊어 놓곤 한다. 따라서 의사규칙의 문제로 회의의 원활한 진행이 방해를 받는 일이 없도록 의사규칙에 대한 충분한 이해가 필요하다.

(2) 모의유엔회의에서 공식회의가 진행되고 있는 가운데 협의그룹 내 혹은 협의그룹 간의 대화를 위해 빈번하게 회의의 잠정중지(정회)를 요청하는 발의를 제기하는 대표들이 많다. 실제의 유엔회의와 반드시 같아야 한다는 주장을 하는 것은 아니나 실제 유엔회의의 공식회의 경우 협의그룹 내 혹은 협의그룹 간의 협의를 위해 회의를 중지하는 일은 거의 없다. 실제로 공식회의 중에 다른 대표단(들)과 급작스럽게 대화를 가질 필요가 있을 경우 회의장 내에서 다른 대표단들에게 방해가 되지 않는 범위 내에서 자리를 이동하여 작은 소리로 의견을 간단하게 나누는 것이 크게 문제가 되지 않는다. 따라서 회의의 잠정중지(정회) 발의를 통해 공식회의를 자주 중단시키지 말고 이러한 방식을 활용하는 것이 필요하다. 그러나 이러한 것마저도 회의의 진행을 방해하지 않는 가운데 극히 제한적으로 이루어져야 한다.

(3) 의장이 발언권을 주었을 때 참가자들은 항상 앵무새처럼 「존경하는 의장님, 발언의 기회를 주셔서 감사합니다」라는 말을 사용한다. 그러나 의장을 칭할 때 「존경하는」이라는 말을 빼고 써도 예의에 어긋나는 것이 아니다. 실제의 유엔회의의 경우 발언권을 얻은 경우 의장이 남자면 「Thank you, Mr. Chair(man)」이라고 흔히 발언하고 간혹 「Thank you, Sir」이라고 발언하는 대표단도 있다. 따라서 「존경하는」이라는 말을 습관적으로 사용하는 것을 삼가기 바란다.

(4) 참가자 가운데 일부는 좀 더 나은 평가를 받을 수 있을 것이라는 계산 하에 발언을 할 때 내용을 암기하여 아무것도 보지 않고 발언하는 경우가 종종 있다.

특히 이러한 경향은 참가자가 일반토론 발언(기조연설)을 할 때 종종 나타나곤 한다. 그러나 주의할 것은 암기를 하여 발언했다는 이유만으로 더 나은 평가가 주어지는 것은 아니라는 점이다. 따라서 장문의 발언문 전부를 굳이 암기하여 발언할 필요가 없다. 실제의 유엔회의에서 대표단들이 즉석에서 발언을 해야 하는 상황이 전혀 없는 것은 아니지만 사전에 신중하게 작성된 발언문을 가져와 읽는 것이 일반적이기 때문이다.[1] 실제의 유엔회의와 달리 모의유엔회의는 시간적인 여유 없이 회의가 진행되기 때문에 사전에 발언문을 작성하여 발언한다는 것이 사실상 어렵다. 그럼에도 불구하고 잘 구성된 논리적인 발언을 하기 위해서 완전한 발언문은 아닐지라도 메모라도 작성하여 발언하려는 자세가 필요하다.

**(5)** 모의유엔회의에 참여하는 대표단 가운데 일부는 공식회의와 비공식회의에서 의제에 대해 토론이나 협의를 할 때, 일반토론 발언문(기조연설문)에서 밝힌 입장과 전혀 다른 입장을 표출하곤 한다. 이는 자국의 기본적인 입장에 대한 이해의 부족을 드러내는 것으로서 피해야 한다. 일반토론 발언문(기조연설문)은 논의할 의제에 대한 자국의 기본적인 입장을 포괄적으로 밝힌 것이기 때문에 구체적인 발언은 이러한 기본적인 틀 내에서 일관성 있게 이루어져야 하기 때문이다.

**(6)** 모의유엔회의에서 심사를 하는 외교부의 전문가들이 매년 지적하는 사항은 참가자들이 일반토론 발언(기조연설)에 지나치게 큰 비중을 두고 있는데 반해, 의제를 둘러싼 토의 과정이 빈약하고 그 결과 토의의 결과물인 결의안의 내용 역시 빈약하다는 것이다. 이것은 자기가 대표하는 국가의 의제항목에 관한 입장뿐 아니라 다른 국가들의 입장을 충분히 파악하지 못한 결과인 경우가 많다. 따라서 대표단들은 토의과정에 좀 더 집중할 필요가 있다.

**(7)** 참가자들은 발언을 얼마나 자주 했는가와 같은 발언의 양적인 측면을 중요한 평가의 기준으로 생각하고 발언의 기회를 되도록 많이 가지려고 노력한다. 이처

---

1) 사전에 작성된 발언문을 읽는다고 해서 또박또박 읽는 것으로 그치는 것은 아니며 상황에 따라 발언의 양상이 달라진다. 예컨대 본회의에서 일반토론 발언(기조연설)을 하는 경우, 발언자는 단상으로 나아가 다른 대표단들을 바라보면서 발언을 하기 때문에 청중에게 골고루 시선을 주면서 자신이 말하고자 하는 내용을 분명하고 확신 있게 말하는 태도가 필요하다. 위원회에서 일반토론 발언(기조연설)을 할 경우 대표단석에서 앉은 채로 하기 때문에 청중의 눈을 맞출 필요가 없지만 또박또박 읽는 것에 그치지 않고 연설적인 요소를 일정한 정도 갖추는 것이 필요하다.

럼 발언의 기회를 많이 가지는 것이 중요한 것은 사실이지만 보다 더 중요한 평가의 기준은 얼마나 의제항목과 관련하여 충실한 발언을 했는가의 질적인 측면이다. 따라서 적절한 횟수의 발언기회를 가지는 동시에 논점을 정확하게 인식한 가운데 설득력 있고 창의적이면서 실현가능한 내용의 발언을 하는 것이 중요하다.

(8) 일부 참가자들은 자신들이 주제안국main sponsor이 되어 결의안이나 수정안을 제안하고 나아가 이들을 통과시키게 되면 좋은 평가를 받을 것이라는 생각 하에 다른 대표단들이 결의안이나 수정안을 주도하는 것을 꺼린다. 나아가 이들은 다른 대표단들이 보다 합리적인 결의안이나 수정안을 제안했음에도 불구하고 이들을 수용하려고 하지 않는다. 극단적인 경우 어떤 대표단은 모의유엔회의가 시작되기 오래전에 다른 대표단들과의 접촉을 통해 자신이 주도하려는 결의안을 지지하도록 담합을 유도하고 다른 대표단들이 제안하는 결의안의 경우 내용에 관계없이 거부하도록 하는 등의 배타적인 태도를 보이는 경우도 있다. 이러한 일련의 행위들은 활발한 논의를 봉쇄하는 등 회의의 원만한 진행을 크게 방해하고 회의의 결과물을 왜곡시키기 때문에 절대 삼가야 한다. 다른 참가자들에 의해 수용될 수 있는 포괄적인 결의안이나 수정안을 주도적으로 제안하고 나아가 이를 통과시키는 것이 물론 좋은 평가의 대상이 되지 않는 것은 아니다. 따라서 학생들은 해당 의제항목과 관련하여 광범위하게 수용될 수 있는 결의안이나 수정안을 주도적으로 제안하고 이를 통과시키기 위한 노력을 적극적으로 경주하여야 한다. 그러나 이러한 주도적인 리더십을 발휘하는 것도 중요하지만 보다 중요한 것이 2가지가 있다. 그 중 하나는 의제항목이 다루는 이슈의 가장 바람직한 해결을 위해서라면 기꺼이 협상하고 타협하며 때때로 자신이 선호하는 입장을 버리기까지 하는 열린 마음자세를 가져야 한다는 것이다. 또다른 하나는 자신이 대표하는 국가의 이익을 위해 어떻게 해서든지 결의안에 포함시켜야만 한다고 생각되는 한두 개의 조항을 만들어 가지고 와서 이를 최종 결의안에 반영시키기 위해 부단히 노력하여야 한다는 것이다. 필자는 국내 모의유엔회의나 국제 모의유엔회의에서 심사를 할 때 거시적으로 결의안의 주제안국이 되어 결의안을 상정하는 등의 눈에 띄는 역할을 하는 참가자보다는 다소 미시적이기는 하지만 국익과 관련된 1~2개 조항을 결의안에 삽입하기 위해 조용히 그러나 치밀하게 물밑에서 노력하는 참가자를 높이 평가하곤 한다. 따라서 모의유엔회의의 참가자들은 결의안에 꼭 반영하겠다고 생각하는 국익과 밀접

한 관련을 가지는 1~2개 조항을 가져오거나 여기에서 더 나아가 토의의 기초가 되어 공동제안국들을 확보하기 위한 실무서working paper 정도를 만들어 오는 것이 바람직하다. 이를 바탕으로 하여 적절한 견해를 추가하고 많은 국가들이 원하지 않는 것을 빼면서 다수가 받아들일 수 있는 쪽으로 진전되도록 하여야 한다.

(9) 본회의의 의장단에 속하는 의장과 부의장 그리고 위원회 의장단에 속하는 위원회의 의장, 부의장, 보고관도 다른 대표단과 마찬가지로 대표할 국가가 배정되어야 한다. 이는 모의유엔회의를 주최하는 조직에서 신경을 써야 할 부분 중 하나인데 많은 경우 이를 잊곤 한다. 이들은 유엔회원국 대표단 가운데에서 선출되는 사람들이기 때문이다. 특히 보고관의 경우 위원회에서 채택된 결의안이 포함된 보고서를 본회의에 보고하도록 되어 있는데 이때 보고서에 자신이 대표하는 국가의 이름이 적히도록 되어 있다.

(10) 의장이나 부의장이 주의하여야 할 부분 가운데 하나는 의제항목과 관련하여 어떤 쟁점 혹은 쟁점들에 초점을 맞추어 논의를 전개해 나갈 것인가를 명확히 해야 한다는 점이다. 하나의 의제항목이라고 해도 복수의 쟁점사항을 가지게 마련이며 이로 인해 대표단에 따라 다른 쟁점에 중점을 둘 경우 논의의 초점을 잃게 되기 때문이다. 이는 근본적으로 제한된 시간 내에 의제항목이 지니고 있는 모든 쟁점을 다 논의하기 어렵기 때문이다. 예컨대 「유엔 안전보장이사회의 개혁」이라는 의제항목은 상임이사국이나 비상임이사국의 수를 어떻게 할 것인가와 같은 구조의 개혁을 둘러싼 쟁점과 인도적인 문제와 관련해서 거부권 행사를 하지 않도록 할 것인가와 같은 효율적인 운영을 위한 개혁을 둘러싼 쟁점이라는 커다란 2가지의 쟁점을 가지고 있다. 따라서 이 2가지 큰 쟁점을 모두 다룰 것인지 아니면 제한된 시간을 감안하여 어느 한 쟁점을 다루고자 한다면 어느 쟁점에 집중할 것인가를 명확히 해야 한다. 전국학생모의유엔회의의 경우 의제항목을 제시하고 이렇게 제시된 의제항목에 대한 설명을 제공하며 심사를 하는 역할을 외교부의 외무관들이 한다. 이 때문에 유엔협회는 외교부에 의제항목의 선정과 의제에 대한 설명을 의뢰할 때 모의유엔회의에 부여된 제한된 시간을 고려하여 가장 우선적으로 논의가 필요한 쟁점(들)이 무엇인가를 명확히 해줄 것을 요청하곤 한다. 모의유엔회의 참가자들은 오리엔테이션에서 외무관이 의제에 대한 설명을 할 때 의제 전반에 걸

친 설명과 더불어 모의유엔회의에서 제한된 시간 내에 집중할 쟁점(들)이 무엇인가를 확실히 해두어야 한다.

**(11)** 특정 의제항목과 관련하여 모의유엔회의에서 집중적으로 다룰 쟁점(들)이 확정되면 참가자들은 일반토론 발언문(기조연설문)을 작성할 때 이러한 쟁점별로 자국의 입장을 일목요연하게 드러내는 것이 필요하다. 이렇게 함으로써 국가들이 쟁점별로 입장을 어떻게 달리하는가를 잘 알 수 있게 되어 추후 합의를 도출하는 데 크게 도움이 된다.

**(12)** 참가자들은 모의유엔회의가 시작되기 10여일 전쯤에 일반토론 발언문(기조연설문)의 제출을 요청받는다. 이는 실제 유엔회의와 달리 모든 대표단들의 발언문들을 하나의 책자로 엮어 일괄적으로 배포하기 위한 것이다. 필자가 문제를 제기하기 전까지 이러한 발언문은 위원회별로 개설된 인터넷 사이트에 업로드를 하도록 되어 있었다. 이 때문에 먼저 업로드가 된 발언문을 다른 대표단이 볼 수 있었고 그 결과 특정 대표단이 논의의 대상이 된 의제항목과 관련하여 제시한 좋은 아이디어가 다른 대표단에 의해 차용될 수 있는 소지가 다분했다. 일반토론 발언문(기조연설문)을 공식적인 문건으로 잘못 알고 있는 사람들이 많은데 이는 대표단의 사적인 문건으로서 작성은 물론 배포여부도 대표단에 달려있다. 따라서 사무국과 의장단은 일반토론 발언문(기조연설문)의 관리에 주의를 기울여야 한다.

**(13)** 모의유엔회의에서 국가선정의 문제가 상당히 예민한 문제이기 때문에 특정 참가 대표단에게 특정 국가를 임의로 배정하는 것은 불가능하다. 이로 인해 형평성의 문제는 제기되지 않지만 때때로 부정적인 결과를 초래하기도 한다. 특히 특정 의제항목의 논의와 관련하여 가장 영향력을 발휘하는 국가들(일반적으로 강대국들)을 배정받은 대표단들이 기대되는 역할을 제대로 수행하지 못할 경우 논의가 활기를 잃고 논의의 결과가 왜곡되는 일이 종종 있다. 따라서 이러한 국가의 역할을 떠맡은 국가들은 이 점에 유의하여 다른 대표단들보다 준비에 만전을 기하여야 한다.

**(14)** 2차 본회의에서 보고서와 더불어 채택된 위원회의 결의안draft resolution은

결의문resolution이 된다. 그러나 실제의 유엔회의도 그렇듯이 결의안을 결의문의 형식으로 바꾸는 데 시간이 필요하며 통과된 결의문을 최종적으로 손을 볼 필요가 있는 경우들이 있어 본회의를 마침과 동시에 결의문을 대표단들에게 배포하는 것이 어렵다. 실제의 유엔회의와 마찬가지로 모의유엔회의에서도 운영위원회가 총회가 채택한 결의문에 대해 실질적인 내용을 변경하지 않는 가운데 고칠 부분을 고쳐서 모의유엔회의가 끝난 다음 일정한 기간 내에 참가한 대표단에게 전달하는 것이 필요하다. 며칠 밤을 새면서 만들어 낸 결과물이기에 참가자들에게 아주 소중한 것이 될 수 있기 때문이다.

(15) 실제의 유엔회의에서 사무총장이나 그가 대리인으로 지명한 사무국 직원은 본회의나 위원회에 참가하여 발언을 하거나 문건을 회람할 수 있는 권한을 가지고 있다. 따라서 모의유엔회의에서도 사무총장의 역할을 맡은 참가자도 이러한 권한을 행사할 필요가 있다. 모의유엔회의의 사무총장은 회의의 효율적인 운영을 위해 사무국 요원들을 통솔하는 것을 주된 역할로 한다. 공식석상에서 주어지는 역할이란 1차 본회의 때 본회의 의장의 연설에 이어 연설을 하는 일이 고작이다. 때문에 전국대학생모의유엔회의가 개최될 때마다 필자는 사무총장의 역할을 맡은 참가자에게 본인이 관심을 가지고 있는 이슈를 다루고 있는 위원회에 참가하여 서면이나 구두로 해당 의제항목에 대한 의견을 피력함으로써 공식적인 역할을 확대할 것을 권하곤 했다. 그러나 실제로 행동으로 옮긴 적이 아직 한 번도 없어 아쉽다. 사무총장의 보다 더 적극적인 역할이 필요하다.

# 제 7 장
# 모의유엔회의의 필수 절차와 준비 문건

모의유엔회의이라고 해서 실제 유엔회의의 모든 절차를 따르고 모든 문건을 준비할 수는 없다. 따라서 이곳에서는 반드시 포함되어야 할 절차는 무엇이고 반드시 준비해야 할 문건은 무엇인가에 대해 간단하게 살펴보고자 한다. 문건번호에서 회기를 표시하는 부분에서 「21」이라고 한 것은 2015년에 개최되는 전국대학생모의유엔회의가 21회이기 때문이다.

## 1. 본회의

### (1) 1차 본회의

### 1) 회의에서 배포되어야 할 문건

(가) MUN/A/21/150 (Provisional Agenda of the 21st regular session of the General Assembly): 사무총장에 의해 작성된 잠정의제 문건

(나) MUN/A/INF/21/1 (Programme of work of the General Assembly Schedule of Plenary meetings: Note by the President of the General Assembly): 본회의 의장에 의해 작성된 본회의 일정을 담은 업무계획서 문건

(다) MUN/A/21/250 (Organization of the 21st regular session of the General Assembly, adoption of the agenda and allocation of items: First report of the General Committee): 운영위원회에 의해 작성된 업무편성, 의제채택, 의제항목의 배분과 관련한 권고사항 문건

### 2) 회의의 절차와 과정

(가) Opening of the Session (의장의 개회선언)

(나) Minutes of Silent Prayer or Mediation (1분간의 묵념이나 묵상)

(다) Statement by the President (의장의 개회사)

(라) Statement by the Secretary-General (사무총장의 개회 연설)[1]

(마) Scale of Assessment for the Apportionment of the Expenses of the United Nation (유엔경비 분담의 평가척도): 이 과정은 생략 가능

(바) Credentials of Representatives to the Sixty-ninth Session of the General Assembly (a) Appointment of the Members of the Credentials Committee (신임장위원회의 위원 임명): 이 과정은 생략 가능

(사) Organization of work, adoption of the Agenda and Allocation of Items (업무편성, 의제채택, 의제항목 배분): 토의와 채택은 업무편성, 의제채택, 의제항목 배분의 순서로 하며 이 때 문건 MUN/A/20/250 (Organization of the 20th regular session of the General Assembly, adoption of the agenda and allocation of items: First report of the General Committee) 을 보면서 진행

(아) Report of the Secretary-General on the work of the Organization: presentation by the Secretary-General of his annual report (사무총장의 연례보고): 이 과정은 생략 가능

(자) Opening of the General Debate (일반토론의 시작): 이 과정은 생략 가능

### (2) 2차 본회의

### 1) 회의에서 배포되어야 할 문건

(가) MUN/A/21/1 (Report of the First Committee): 1위원회 보고서

(나) MUN/A/21/2 (Report of the Second Committee): 2위원회 보고서

(다) MUN/A/21/3 (Report of the Third Committee): 3위원회 보고서

(라) MUN/A/21/4 (Report of the Fourth Committee): 4위원회 보고서

### 2) 회의의 절차와 과정

(가) 위원회의 결의안이 포함된 보고서의 채택

(나) 폐회식 (사무총장 동석)

---

1) 사무총장은 개회 연설뿐 아니라 대표단들이 일반토론(General Debate)을 할 때 이들에 앞서 연설을 한다.

가) Statement by the President (의장의 연설)

나) 그룹을 대표하는 국가들의 치하와 축하발언[2)]

다) Minute of silent prayer or meditation (1분간의 묵념이나 묵상)

라) 새 회기 의장에게 의사봉 전달: 이 과정은 생략 가능

마) 회기의 종료 선언

## 2. 위원회 회의

### (1) 회의에서 배포되어야 할 문건

#### 1) 1위원회

(가) MUN/A/C.1/21/1 (Allocation of Agenda Items to the First Committee): 본회의 의장이 작성한 서한으로 본회의에서 특정 의제가 위원회에 할당되었음을 알리는 문건

(나) MUN/A/C.1/21/L.1 (Organization of work of the First Committee): 위원회 의장이 사전에 대표단과 상의하여 작성한 업무편성 문건

#### 2) 2위원회

(가) MUN/A/C.2/21/1 (Allocation of Agenda Items to the First Committee): 본회의 의장이 작성한 서한으로 본회의에서 특정 의제가 위원회에 할당되었음을 알리는 문건

(나) MUN/A/C.2/21/L.1 (Organization of work of the First Committee): 위원회 의장이 사전에 대표단과 상의하여 작성한 업무편성 문건

#### 3) 3위원회

(가) MUN/A/C.3/21/1 (Allocation of Agenda Items to the First Committee): 본회의 의장이 작성한 서한으로 본회의에서 특정 의제가 위원회에 할당되었음을 알리는 문건

(나) MUN/A/C.3/21/L.1 (Organization of work of the First Committee): 위원회 의장이 사전에 대표단과 상의하여 작성한 업무편성 문건

---

2) 실제에 있어서는 전체 회원국을 대표한 특정국가가 단독으로 발언을 한다.

### 4) 4위원회

(가) MUN/A/C.4/21/1 (Allocation of Agenda Items to the First Committee): 본회의 의장이 작성한 서한으로 본회의에서 특정 의제가 위원회에 할당되었음을 알리는 문건

(나) MUN/A/C.4/21/L.1 (Organization of work of the First Committee): 위원회 의장이 사전에 대표단과 상의하여 작성한 업무편성 문건

## (2) 회의의 절차와 과정

### 1) Statement by the Chair(person) (위원회 의장의 연설)

### 2) Adoption of Organization of Work (업무편성의 채택): 위원회별로 의장과 대표단이 MUN/A/C.1/21/L.1, MUN/A/C.2/21/L.1, MUN/A/C.3/21/L.1, MUN/A/C.4/21/L.1이라는 문건을 보면서 진행

### 3) General Debate (일반토론)

### 4) Individual Debate (의제항목별 토론)

### 5) 비공식회의를 통한 실무서와 결의안 초안의 비공식협의

### 6) 공식 결의안의 제출과 배포

### 7) 결의안의 상정과 토론

비공식회의에서 문안까지 합의가 된 경우 상정과 더불어 소수 국가의 발언이 있은 후 곧바로 채택절차를 밟는다. 그렇지 못할 경우 수정안이 제기되거나 수정 정도로 안 될 경우 또다른 비공식회의가 열려 새로운 결의안 작성에 들어갈 수 있다.

### 8) 결의안 협상을 위한 비공식회의

결의안이 상정된 후 이견이 있어 마지막 의견 수렴을 위한 비공식회의가 개최될 수 있다. 이 과정에서 개정된 결의안revised draft resolution이 원결의안의 제안국

들에 의해 작성될 수 있고 간혹 의장안이 제출되기도 하며 원결의안 제안국들의 견해와 더불어 다른 견해들을 통합한 제3의 결의안이 대표단들에 의해 제출될 수도 있다.

### 9) 새로운 결의안의 상정과 토론

새로운 결의안이 만들어진 경우 또다른 공식회의를 열어 결의안을 상정하여야 한다.

### 10) 결의안의 채택

결의안 채택 직전의 회의과정에서 제기할 수 있는 절차발의에는 point of order, 일반진술과 논평general statements and comments, 기록투표/호명투표 발의, 공동제안국으로의 합류, 수정안의 발의, 불처리 발의, 분리투표 발의, 투표 전 투표설명이 있다. 결의안 채택 후의 과정으로서는 일반진술과 논평 및 투표 후 투표설명이 있다.

### 11) 보고서의 작성

보고관이 보고서안draft report을 작성하여 대표단에게 회람하고 토의를 통해 내용을 확정한다.

### 12) 회기 주요업무의 종료

(가) 의장의 종결연설
(나) 그룹 대표들의 연설
(다) 회의업무의 종료 선언

### 13) 다음 회기의 의장단 선출: 이 과정은 생략 가능

# 제 3 부

# 부 록

## 유엔의 실제 문건의 예

**공식국명과 대표부 연락처**

**유엔총회 의사규칙**

THE REPUBLIC OF

K**REA

PERMANENT MISSION TO THE UNITED NATIONS

335 East 45th Street, New York, N.Y. 10017
Tel. (212) 439-4000, Fax (212) 986-1083

<u>Check against delivery</u>

Address

by

**H.E. Mr. Lee Myung-bak**

**President of the Republic of Korea**

at

**the 66th Session of the General Assembly**

**of the United Nations**

(**21 September 2011, New York**)

Mr. President, Secretary-General,
Distinguished Delegates,

I would like to begin by extending my sincere congratulations to you, Ambassador Al-Nasser, on your assumption of the Presidency of the 66th Session of the UN General Assembly. I have every confidence that under your able leadership this session shall indeed be guided to a fruitful conclusion.

May I also take this opportunity to extend my warmest congratulations to you, Secretary-General Ban Ki-moon, on your re-election as Secretary-General of the United Nations with unanimous support from the Member States. I thank you, Mr. Secretary-General for the great commitment and devotion you have demonstrated over the last five years to achieve the vision of a "responsible UN". I have no doubt that in your second term you shall contribute even further to creating a "Stronger UN for a Better World."

Mr. President,

This year marks the 20th anniversary of the Republic of Korea's accession to the UN.

It would be no exaggeration to say that the Republic of Korea came into the world with the UN and grew up together with the Organization.

It is under the auspices of the UN that the democratic government of the Republic of Korea was established in 1948. Through a UN General Assembly Resolution, the Government of the Republic of Korea gained international recognition as the only lawful government on the Korean Peninsula. When the Korean War broke out two years later, the UN forces played a decisive role in defending the country. In the aftermath of the war and during the years of national reconstruction, the UN provided us with generous economic assistance and the idea of universal human rights, and thus promoted progress both on the economic and democratic fronts.

Despite such special historic ties between the UN and the Republic of Korea, it was only in 1991, more than forty years later with the end of the Cold War, that the Republic of Korea's admission to the UN was achieved.

For the past twenty years, the Republic of Korea has exerted every effort to realize the causes and values of the UN. We have been playing an active role in various areas of international cooperation,

including the global fight against poverty, sustainable development, the promotion of human rights and democracy, and the maintenance of international peace.

The Republic of Korea began its journey as one of the poorest countries in the world engulfed in war and poverty, and managed to achieve remarkable success both on the economic and democratic fronts. It may therefore be said that the Republic of Korea is an exemplary success story in the international community that fully embraces and reflects the values espoused by the UN, be it democracy, human rights or development.

Now the Republic of Korea wants to give back to the international community even more than what it has ever received. The Republic of Korea stands ready to extend a helping hand to those who are in need, providing them with appropriate support and care. We are keen to closely cooperate with the UN and to play a constructive role in combating various challenges the international community faces.

Mr. President,

Maintaining international peace and security is the fundamental responsibility of the UN. For the past sixty years, the UN has made every effort to prevent war and armed conflicts in the international arena. Furthermore, the UN has provided various and creative means to maintain sustainable peace in dangerous parts of the world, from preventive diplomacy and peacekeeping to post-conflict peacebuilding.

The most striking example may be the advancement of the UN Peacekeeping Operations. There has been an increase in demand for UN PKO activities since the end of the Cold War. As a result, not only has there been an increase in the number of personnel but the work of the operations have also become more diverse and multifaceted, extending beyond the monitoring of cease-fires to assisting nation-building.

The UN Peacekeeping Operations offer great hope for millions of those who suffer in the midst of war and natural disasters. The Republic of Korea is proud to participate in ten UN PKO missions including in Haiti and Lebanon.

Today, while still struggling with conventional security threats, the international community faces new types of security threat such as the spread of weapons of mass destruction (WMD) and the threat of terrorism.

The international community must strengthen its non-proliferation regime in order to prevent the proliferation of nuclear, biological and chemical weapons and long range missiles.

Furthermore, the threat of transnational terrorism has emerged as a serious security issue that requires concerted efforts from the international community, in particular since the 9/11 attacks. The Republic of Korea stands firm against and condemns all forms and manifestations of terrorism. Terrorism, a vicious means to achieve political objectives by taking innocent civilian lives, cannot be justified under any circumstances. The international community must reaffirm its determination to eradicate terrorism and step up its collective counter-terrorism efforts.

The greatest threat of all perhaps emanates from nuclear terrorism. International cooperation is now needed more than ever to prevent nuclear terrorism. Following the First Nuclear Security Summit in Washington last year, the Second Nuclear Security Summit will be held in Seoul in March next year. The Republic of Korea is making every effort to ensure that the summit will constitute a valuable opportunity for the international community to build a more solid system of international cooperation necessary to prevent nuclear terrorism.

Mr. President,

This year, the international community has witnessed a wave of dramatic changes sweeping across North Africa and the Middle East. The democratic movement that began in Tunisia which then swiftly spread to Egypt and Libya has proved that democracy is a universal value of humanity that transcends region and culture. Right now, even at this very moment, the people of Syria and Yemen are undertaking great risks to hold aloft the torch of freedom and democracy.

Democracy is a vehicle that holds together the basic values of humanity such as freedom and equality, human rights and the rule of law. The people's demand for democracy is their legitimate right, and the international community and the UN must do all they can to protect these people from persecution and human rights abuses.

The UN's efforts have played a great role in the recent democratic progress in Africa. The UN facilitated the birth of the Republic of South Sudan through peaceful referendum, and played a crucial role in the progress of democracy in Cote d'Ivoire by realizing the transfer of power.

Nevertheless, as history has only too clearly shown, building democracy is no easy task. It is important that fledgling democracies in many parts of the world become sustainable and robust. Above all, it is essential that these nations form stable governments through elections and achieve economic development. And the UN must be there for them.

Democracy constitutes a foundation for sustainable national development. For the Republic of Korea, economic growth and democratization have been achieved in a mutually reinforcing manner. Our economic growth expedited the process of democratization, and democratization in turn promoted our economic growth.

In the 21st century, in this age of globalization and communication revolution, the tide of democratization is unstoppable regardless of a nation's economic standing.

I believe a vibrant democracy will push forward economic growth in all corners of the world. To assist the developing nations to pursue both democracy and economic growth is indeed the role of the UN.

Mr. President,

The market economy and democracy enabled humankind to fulfil the desire for a better life along with the values of freedom and individual happiness. However, the growing gap between the rich and the poor that unfortunately accompanies today's highly developed market economy calls for a self-reflection of the capitalist system and greater public responsibility.

The growing development gap between the developed and developing countries should not only be addressed as a poverty issue, but also be understood as a potential destabilizing element to international peace. Furthermore, this inequality stands against the global vision of achieving common prosperity for all humankind.

It is only when members of the international community share each other's burden and work together in a mutually complementary manner towards the common good that an "eco-systemic development" of the world can be achieved.

Developed nations must help developing countries to maximize their capacity so that they can achieve economic growth and development on their own. To this end, it is important to foster a global

atmosphere that is conducive to supporting the development of trade, investment, finance and human resources in developing countries.

International aid must focus and provide support in areas that form the basis of economic development in developing countries, such as infrastructure and trade-related capacity building. At the same time, efforts must be made to strengthen the roles of multilateral organizations including the IMF and the World Bank for development assistance. These efforts should be grounded in our sincere belief that the growth of developing countries will provide a valuable growth engine for all, including the developed countries, by expanding global demand as a whole.

Through the global financial crisis in 2008, we have come to realize once again that we live in a highly interconnected world. A financial crisis that started in one place became a global one in an instant. No country was spared from the bitter sting of economic crisis. In the face of the crisis, the G20, a mechanism bringing together both developed and developing nations, was created. Such a crisis can only be addressed effectively by a collective response on a global scale, rather than national or regional efforts.

The 「Seoul Development Consensus for Shared Growth」 which was adopted last November at the G20 Seoul Summit and the 「G20 Multi-Year Action Plan」 outline specific measures to realize growth that embraces developing countries as partners. As a member of the G20, the Republic of Korea will faithfully and actively implement these measures.

The Millennium Development Goals (MDGs) championed by the UN constitute another important agenda that pursues shared growth between developed and developing nations.

The Government of the Republic of Korea will be an active participant in the international development cooperation as pursued by the MDGs. We will faithfully implement our plan to double our current level of ODA by 2015, and drawing wisdom from our past experiences, will assist developing countries in ways that may enable them to build capacity to achieve genuine growth on their own.

I hope that the Fourth High-Level Forum on Aid Effectiveness to be held in Busan in November this year will provide a valuable opportunity for a new paradigm and partnership for global cooperation to emerge that can effectively address new changes and challenges in international development cooperation.

Mr. President,

The cost of reckless economic growth that ignores environmental warnings is beyond imagination. The rise in the earth's temperature due to greenhouse emissions caused abnormal climatic phenomena. Destruction in the ecosystem brought about by the greenhouse effect is incurring enormous economic damage in various parts of the world.

To protect our environment and promote growth at the same time, we must use less fossil fuel and more renewable energy, while promoting the use of safer nuclear energy. The green technology devoted to meet these goals will create more jobs for people and enable us to attain sustainable economic growth for decades to come.

Having designated "Green Growth" as a national growth paradigm in 2008, the Republic of Korea has been actively pursuing this goal. The Republic of Korea was the first country in the world to introduce the 'Framework Act on Low Carbon, Green Growth.' We are also investing 2% of our national GDP in green sectors every year.

Another important development has been the launch of the Global Green Growth Institute (GGGI) which was founded by the Republic of Korea along with like-minded countries. The aim of the Institute is to share cutting-edge green technology and experience with developing countries. In so doing, developing countries can join in the global green growth movement and attain economic growth and environmental protection together as one global family.

The UN shall have a more important role than ever to play in restoring the equilibrium in the global ecosystem and promoting shared growth in the international community. In this regard, I welcome the inclusion of 'Green economy in the context of sustainable development and poverty eradication' as a main agenda item for the 2012 UN Rio+20 Conference. I look forward to the conference producing a solid vision and action plan towards economically, socially and environmentally sustainable development.

Mr. President,

The North Korean nuclear threat poses significant challenges to peace on the Korean Peninsula, Northeast Asia and beyond. The Republic of Korea has consistently exerted diplomatic efforts in cooperation with the international community for the last twenty years to achieve the denuclearization of the Korean Peninsula, and will continue to do so.

In the 21st century, we must first work together if we wish to attain peace and prosperity. This is a historical trend and the DPRK must take part.

It is my hope to see the DPRK enjoy peace and prosperity by becoming a responsible member of the international community. When the DPRK chooses the path to mutual benefit and common prosperity, we will be ready to help in this endeavour along with the international community. I sincerely hope that this will transform the Korean Peninsula from a place of conflict and strife into a bedrock of peace in Northeast Asia and the world.

Mr. President,

Today humanity faces a range of transnational challenges previously unknown. These challenges require close international cooperation than ever before. At this historic moment, the UN shall have a greater responsibility and role to play.

Over the past sixty years since the establishment of the UN, the dynamics of international relations have gone through fundamental and structural transformation. To meet the new demands of the times and address the diverse challenges of the future, the UN should constantly strive to renew and reinvent itself.

In particular, the UN Security Council should be reformed to become more democratic and accountable, so that it can fully fulfill its mandate of maintaining international peace and security. The Republic of Korea has been actively participating in discussions on Security Council reform. We will continue to contribute constructively to the discussions in the future.

With the spirit of the UN Charter always in our hearts, the Republic of Korea will continue to actively cooperate with the UN so as to create a greater UN in times of change.

Thank you. (www.un.org)

THE REPUBLIC OF
# K●REA

PERMANENT MISSION TO THE UNITED NATIONS

335 East 45th Street, New York, N.Y. 10017
Tel. (212) 439-4000, Fax (212) 986-1083

Check against delivery

**Statement by H.E. Mr. Sun, Joun-yung**
**Permanent Representative**
**of the Permanent Mission of the Republic of Korea**
**to the United Nations**

at

**the 55ᵗʰ Session of the General Assembly**

on

**Review of the problem of human immunodeficiency**
**virus/aquired immunodeficiency syndrome in all its aspects**
**(Agenda Item 179)**

**2 November 2000**
**New York**

Mr. President,

At the outset, I would like to thank the delegate of Ukraine and the other co-sponsoring countries for submitting the draft resolution A/55/L.13. Sharing with the letter and spirit of the draft, the Republic of Korea has decided to join the other co-sponsors of the draft resolution.

The accelerating spread of the human immunodeficiency virus(HIV) and the consequent increase in the cases of acquired immunodeficiency syndrome (AIDS) has become an unprecedented epidemic of global proportions. Statistics show that nearly 36 million people are living with HIV/AIDS worldwide. It is noteworthy that 95% of the AIDS-infected are living in developing countries, particularly in the Sub-Saharan region, which alone accounts for 23 million infected people. Attention should also be given to the view that the accelerated pace of globalization can contribute to an uncontrolled spread of the disease.

HIV/AIDS has been reaching far beyond the realm of health to produce enormous human, social, development and security ramifications. AIDS has become a disease associated with poverty, ignorance and gender discrimination, with deplorable effects on poor children and women. It is distressing how HIV/AIDS has developed into threatening social security, exacerbating inequalities and undermining sustainable development, particularly in developing countries.

Mr. President,

In addressing such problems, we need to overcome two major challenges, namely a scientific challenge and a financial one. The world is in desperate need of a vaccine against HIV. However, it is the fact that an absolute majority of the resources has been diverted to the research on the treatment of AIDS, rather than on creating a vaccine. On the other hand, according to the UNAIDS(the Joint UN Programme on HIV/AIDS) report to the Security Council last July, beating back the epidemic in Africa alone would cost $3 billion and the contributions from donors are far below the levels to cover the cost.

I firmly believe that the multifaceted challenges will only be properly tackled with a genuine partnership between the developed and developing countries as well as between the public and private sectors. Among others, the Global Alliance for Vaccine and Immunization (GAVI), formed in 1999, has been recognized as a successful example of public and private cooperation in finding a global solution to global problems. The Framework Action of the International Partnership against AIDS in Africa (IPAA) is another example of such collaboration and I am confident that it will provide a solid basis to move forward with the global endeavor. Furthermore, it is encouraging to note that a number of world-renowned pharmaceutical companies are moving to cut the prices of AIDS drugs for States affected by the diseases.

Yet, partnerships cannot be strengthened without strong public support. The fear of stigma around HIV/AIDS has often created a silence for various reasons. The vicious circle of silence around the disease must, however, be broken if we are to overcome one of the worst human tragedies of our time. It is vital that accurate information on HIV and. AIDS be widely spread around. In this regard, I find it extremely timely that "Breaking the Silence on HIV/AIDS" was chosen for the theme of UNDP's fourth annual race against poverty. The change of the WHO's slogan from the "World Without HIV/AIDS" to the "World Living with HIV/AIDS" can be understood in the same vein.

Mr. President,

HIV/AIDS has now become a top priority in the agenda of the United Nations system. This is not surprising, given the role to play by the United Nations in formulating and coordinating a comprehensive strategy for action. It was quite appropriate that the Millennium Declaration set a target to halt and to reverse the spread of HIV/AIDS by the year 2015 in the context of development and poverty eradication. Final documents adopted by recent Special Sessions respectively relating to population, women and social development served as a basis for the governments and international community to take specific actions against HIV/AIDS.

I appreciate that the United Nations has taken the lead in combating the scourge of the AIDS pandemic by, among other things, raising public awareness and addressing its socio-economic and development implications. In particular, UNAIDS has made a commendable job in coordinating and supporting efforts to address HIV/AIDS in all relevant fora. It is my sincere hope that UNAIDS will continue to strengthen its role of coordinating international undertakings with close collaboration with governmental and non-governmental partners.

I also welcome the report of the "ad-hoc working group on the causes of conflict and the promotion of durable peace and sustainable development in Africa," which recommended the General Assembly to take necessary steps for addressing the HIV/AIDS-related problems.

Mr. President,

Before closing, I would like to briefly touch upon the current situation surrounding HIV/AIDS in my country. Despite relatively small number of infected people currently, we are concerned about the trend of rising figure. Faced with this challenge, my Government has taken steps primarily to focus on enhancing education and awareness on HIV/AIDS, to promote voluntary counseling, and to work with civil society and volunteers. The Republic of Korea has also provided assistance to developing countries by sharing its experiences in addressing problems associated with HIV/AIDS and, more broadly, in the promotion of reproductive health care, and will continue to do so in the future.

Through the Millennium Declaration, we are resolved to meet the time-bound target to halt and reverse the spread of HIV/AIDS by the year 2015.   I am confident that the Special Session to be held next year will provide an important platform for achieving our common goal.   Considering the time constraints, we must carry out the preparatory process in the most efficient manner.   The Republic of Korea will do its share to ensure the success of the Special Session.

Thank you.

United Nations

# General Assembly

A/67/L.49

Distr.: Limited
18 December 2012

Original: English

**Sixty-seventh session**
Agenda item 16
**The role of the United Nations in promoting a new global
human order**

> **Antigua and Barbuda, Bahamas, Bangladesh, Barbados, Belize, Brazil, Burkina
> Faso, Cambodia, Chile, Costa Rica, Dominica, Dominican Republic, El Salvador,
> Eritrea, Georgia, Grenada, Guatemala, Guinea, Guyana, Haiti, Jamaica, Jordan,
> Madagascar, Mauritius, Morocco, Nicaragua, Saint Lucia, Saint Vincent and the
> Grenadines, Solomon Islands, Suriname, Trinidad and Tobago and Uruguay:
> draft resolution**

## The role of the United Nations in promoting a new global human order

*The General Assembly*,

*Recalling* its resolutions 55/48 of 29 November 2000, 57/12 of 14 November 2002, 62/213 of 21 December 2007 and 65/120 of 10 December 2010,

*Recalling also* the United Nations Conference on Sustainable Development and its outcome document, entitled "The future we want",[1]

*Acknowledging* that peace and security, development and human rights are the pillars of the United Nations system and the foundations for collective security and well-being and that development, peace and security and human rights are interlinked and mutually reinforcing,

*Reaffirming* that development is a central goal by itself and that sustainable development in its economic, social and environmental aspects constitutes a key element of the overarching framework of United Nations activities,

*Recognizing* that the well-being of people and the full development of their potential is pivotal to sustainable development, and convinced of the urgency of international cooperation towards that end,

*Deeply concerned* about persistent and considerable disparities between rich and poor, both within and among countries, and about the adverse implications of these disparities for the promotion of human development throughout the world,

---

[1] Resolution 66/288, annex.

12-65480 (E)   201212

Please recycle

A/67/L.49

*Taking account* of the significance of inequality in the global development agenda and the importance of continued efforts to strive for inclusive and equitable development approaches to overcome poverty and inequality,

*Taking note* of the work of the United Nations system and other actors in taking better account of inequality,

*Stressing* the multidimensional nature of inequality and unequal access to social and economic opportunities and their complex interrelationship with efforts to eradicate poverty, and promote sustained, inclusive and equitable growth and sustainable development, and the full enjoyment of human rights, especially for those people living in situations of vulnerability,

*Concerned* by the prevalence of gender inequality in various forms worldwide, which is often expressed in poorer outcomes for women relative to men on many social development indicators,

*Considering* that inequality continues to pose major barriers to attaining the Millennium Development Goals and that efforts to achieve the internationally agreed development goals, including the Millennium Development Goals, often take inadequate account of the relationship and impact of inequality on economic and social development,

*Reaffirming* the need to achieve sustainable development by, inter alia, promoting sustained, inclusive and equitable economic growth, creating greater opportunities for all, reducing inequalities, fostering equitable social development and inclusion,[2] and promoting integrated and sustainable management of natural resources and ecosystems,

*Recognizing* the need to encourage coherent and complementary policies to reduce inequality, their mainstreaming into the activities of United Nations organizations and programmes, and more effective integration of the three dimensions of sustainable development,[3]

*Recognizing also* the action already under way by all Member States, the United Nations system and other international, regional and national forums and organizations and the progress made to implement the internationally agreed development goals, including the Millennium Development Goals,

1.  *Takes note* of the report of the Secretary-General;[4]

2.  *Underlines* the continued relevance of the outcomes of all major United Nations conferences and summits in the economic, social and related fields and the commitments set out therein, including the Millennium Development Goals, which have raised awareness and continue to generate real and important development gains, have played a vital role in shaping a broad development vision and constitute the overarching framework for the development activities of the United Nations, and strongly reiterates its determination to ensure the timely and full implementation of those outcomes and commitments;

3.  *Recognizes* that the increased pace of globalization and growing interdependence have heightened the importance of international cooperation and

---

[2] Ibid., para. 4.
[3] See A/67/394, para. 60.
[4] A/67/394.

A/67/L.49

multilateralism in meeting global challenges and solving common problems, including those that have arisen from the uneven impact of globalization on development and human well-being;

4.   *Emphasizes* the need to promote human well-being and the full realization of human potential;

5.   *Reaffirms* that national ownership and leadership are indispensable in the development process and that there is no one-size-fits-all approach, and reiterates that each country has primary responsibility for its own economic and social development and that the role of national policies, domestic resources and development strategies cannot be overemphasized; domestic economies are now interwoven with the global economic system and therefore the effective use of trade and investment opportunities can help countries to fight poverty, and development efforts at the national level need to be supported by an enabling national and international environment that complements national actions and strategies;

6.   *Also reaffirms* the commitment to sound policies, good governance at all levels and the rule of law, to mobilizing domestic resources, fostering international financial flows, assuring long-term investment in human capital and infrastructure, promoting international trade as an engine for economic growth and development and increasing international financial and technical cooperation for development, sustainable debt financing and external debt relief, and to enhancing the coherence and consistency of the international monetary, financial and trading systems;

7.   *Recognizes* that inequality within and among countries is a concern for all countries regardless of their level of development and that it represents a growing challenge with multiple implications for the realization of economic and social potential and the achievement of the internationally agreed development goals, including the Millennium Development Goals;

8.   *Also recognizes* the need to continue and intensify efforts to enhance the coherence and consistency of the international monetary, financial and trading systems and reiterates the importance of ensuring their openness, fairness and inclusiveness in order to complement national development efforts to ensure sustained, inclusive and equitable economic growth and the achievement of the internationally agreed development goals, including the Millennium Development Goals;

9.   *Further recognizes* that attention must be focused on the particular needs of the people in developing countries and on the large and increasing economic and social inequality that exists, and further recognizes that disparities both within and among countries, including between developed and developing countries and inequality between the rich and the poor and between rural and urban populations, inter alia, remain persistent and significant and need to be addressed;

10.   *Recognizes* that the eradication of poverty is one of the greatest global challenges facing the world today, particularly in Africa, in the least developed countries, and in some middle-income countries, and underlines the importance of accelerating sustainable, inclusive and equitable economic growth, including full, productive employment generation and decent work for all;

11.   *Emphasizes* the importance of efforts to address all aspects and dimensions of inequality;

A/67/L.49

12. *Stresses* the critical need for the expansion of and access to education and training, and encourages programmes to promote universal access to secondary education and to expand access to quality higher education, which is relevant to the needs of the labour market, in accordance with each country's specific realities and development challenges;

13. *Invites* Member States to adopt a multisectoral approach and to work on determinants of health within sectors including, as appropriate, through the health in all policies approach, while taking into consideration the social, environmental and economic determinants of health, with a view to reducing health inequities and enabling sustainable development, and stresses the urgent need to act on social determinants for the final push towards the achievement of the Millennium Development Goals;

14. *Encourages* Member States, in collaboration with other stakeholders where applicable, to plan or pursue the transition of their health systems towards universal coverage, while continuing to invest in and strengthen health-delivery systems to increase and safeguard the range and quality of services and to adequately meet the health needs of the population;

15. *Calls upon* Member States to pursue ambitious efforts to address inequality;

16. *Recognizes* the efforts of many countries in addressing inequality, and acknowledges the need for strengthened international efforts to complement national efforts in this area;

17. *Encourages* Member States in their efforts to address inequality and in partnership with relevant stakeholders to consider, as appropriate, inter alia, programmes to promote the participation and empowerment of all members of society, implementing social protection floors or extending the scope of existing social protection programmes;

18. *Urges* Governments, with the cooperation of relevant entities, to develop systems of social protection that support labour-market participation and address and reduce inequality and social exclusion and to extend or broaden, as appropriate, their effectiveness and coverage, including for workers in the informal economy, invites the International Labour Organization to strengthen its social protection strategies and policies on extending social security coverage, and urges Governments, while taking account of national circumstances, to focus on the needs of those living in, or vulnerable to, poverty and give particular consideration to universal access to basic social security systems, including the implementation of social protection floors which can provide a systemic base for addressing poverty and vulnerability, and in this regard, takes note of the Social Protection Floors Recommendation, adopted by the General Conference of the International Labour Organization at its one hundred and first session on 14 June 2012;

19. *Encourages* greater consideration of the impact of social and economic inequality in development, including in the design and implementation of development strategies, and in this regard also encourages further analytical and empirical research, in particular by the relevant institutions of the United Nations system, as well as the regional commissions and other national and international organizations;

12-65480

A/67/L.49

20. *Also encourages* giving appropriate consideration to the need to reduce inequality in the elaboration of the post-2015 development agenda;

21. *Recognizes* that regional, subregional and interregional cooperation can facilitate the exchange of knowledge and experience and promote the most effective use of resources aimed at achieving human development and reducing inequality;

22. *Requests* the President of the General Assembly to convene, within existing resources, and in consultation with all relevant stakeholders, an informal thematic debate to address the issue of inequality in 2013;

23. *Requests* the Secretary-General to submit to the General Assembly, at its sixty-ninth session, a report on the implementation of the present resolution;

24. *Decides* to include in the provisional agenda of its sixty-ninth session the item entitled "The role of the United Nations in promoting a new global human order".

———————

United Nations

A/RES/67/230

**General Assembly**

Distr.: General
4 April 2013

**Sixty-seventh session**
Agenda item 16

# Resolution adopted by the General Assembly on 21 December 2012

[*without reference to a Main Committee (A/67/L.49 and Add.1)*]

### 67/230. The role of the United Nations in promoting a new global human order

*The General Assembly*,

*Recalling* its resolutions 55/48 of 29 November 2000, 57/12 of 14 November 2002, 62/213 of 21 December 2007 and 65/120 of 10 December 2010,

*Recalling also* the United Nations Conference on Sustainable Development and its outcome document, entitled "The future we want",[1]

*Acknowledging* that peace and security, development and human rights are the pillars of the United Nations system and the foundations for collective security and well-being and that development, peace and security and human rights are interlinked and mutually reinforcing,

*Reaffirming* that development is a central goal by itself and that sustainable development in its economic, social and environmental aspects constitutes a key element of the overarching framework of United Nations activities,

*Recognizing* that the well-being of people and the full development of their potential is pivotal to sustainable development, and convinced of the urgency of international cooperation towards that end,

*Deeply concerned* about persistent and considerable disparities between rich and poor, both within and among countries, and about the adverse implications of these disparities for the promotion of human development throughout the world,

*Taking account* of the significance of inequality in the global development agenda and the importance of continued efforts to strive for inclusive and equitable development approaches to overcome poverty and inequality,

*Taking note* of the work of the United Nations system and other actors in taking better account of inequality,

---

[1] Resolution 66/288, annex.

12-49240

Please recycle

*Stressing* the multidimensional nature of inequality and unequal access to social and economic opportunities and their complex interrelationship with efforts to eradicate poverty and promote sustained, inclusive and equitable growth and sustainable development and the full enjoyment of human rights, especially for those people living in situations of vulnerability,

*Concerned* by the prevalence of gender inequality in various forms worldwide, which is often expressed in poorer outcomes for women relative to men on many social development indicators,

*Considering* that inequality continues to pose major barriers to attaining the Millennium Development Goals and that efforts to achieve the internationally agreed development goals, including the Millennium Development Goals, often take inadequate account of the relationship and impact of inequality on economic and social development,

*Reaffirming* the need to achieve sustainable development by, inter alia, promoting sustained, inclusive and equitable economic growth, creating greater opportunities for all, reducing inequalities, fostering equitable social development and inclusion and promoting integrated and sustainable management of natural resources and ecosystems,

*Recognizing* the need to encourage coherent and complementary policies to reduce inequality, to mainstream them into the activities of United Nations organizations and programmes and more effectively to integrate the three dimensions of sustainable development,

*Recognizing also* the action already under way by all Member States, the United Nations system and other international, regional and national forums and organizations and the progress made to implement the internationally agreed development goals, including the Millennium Development Goals,

1.    *Takes note* of the report of the Secretary-General;[2]

2.    *Underlines* the continued relevance of the outcomes of all major United Nations conferences and summits in the economic, social and related fields and the commitments set out therein, including the Millennium Development Goals, which have raised awareness and continue to generate real and important development gains, have played a vital role in shaping a broad development vision and constitute the overarching framework for the development activities of the United Nations, and strongly reiterates its determination to ensure the timely and full implementation of those outcomes and commitments;

3.    *Recognizes* that the increased pace of globalization and growing interdependence have heightened the importance of international cooperation and multilateralism in meeting global challenges and solving common problems, including those that have arisen from the uneven impact of globalization on development and human well-being;

4.    *Emphasizes* the need to promote human well-being and the full realization of human potential;

5.    *Reaffirms* that national ownership and leadership are indispensable in the development process and that there is no one-size-fits-all approach, and reiterates

---

[2] A/67/394.

that each country has primary responsibility for its own economic and social development and that the role of national policies, domestic resources and development strategies cannot be overemphasized; domestic economies are now interwoven with the global economic system and therefore the effective use of trade and investment opportunities can help countries to fight poverty, and development efforts at the national level need to be supported by an enabling national and international environment that complements national actions and strategies;

6.　*Also reaffirms* the commitment to sound policies, good governance at all levels and the rule of law, to mobilizing domestic resources, fostering international financial flows, assuring long-term investment in human capital and infrastructure, promoting international trade as an engine for economic growth and development and increasing international financial and technical cooperation for development, sustainable debt financing and external debt relief, and to enhancing the coherence and consistency of the international monetary, financial and trading systems;

7.　*Recognizes* that inequality within and among countries is a concern for all countries regardless of their level of development and that it represents a growing challenge with multiple implications for the realization of economic and social potential and the achievement of the internationally agreed development goals, including the Millennium Development Goals;

8.　*Also recognizes* the need to continue and intensify efforts to enhance the coherence and consistency of the international monetary, financial and trading systems, and reiterates the importance of ensuring their openness, fairness and inclusiveness in order to complement national development efforts to ensure sustained, inclusive and equitable economic growth and the achievement of the internationally agreed development goals, including the Millennium Development Goals;

9.　*Further recognizes* that attention must be focused on the particular needs of the people in developing countries and on the large and increasing economic and social inequality that exists, and further recognizes that disparities both within and among countries, including between developed and developing countries, and inequality between the rich and the poor and between rural and urban populations, inter alia, remain persistent and significant and need to be addressed;

10.　*Recognizes* that the eradication of poverty is one of the greatest global challenges facing the world today, particularly in Africa, in the least developed countries and in some middle-income countries, and underlines the importance of accelerating sustainable, inclusive and equitable economic growth, including full, productive employment generation and decent work for all;

11.　*Emphasizes* the importance of efforts to address all aspects and dimensions of inequality;

12.　*Stresses* the critical need for the expansion of and access to education and training, and encourages programmes to promote universal access to secondary education and to expand access to quality higher education, which is relevant to the needs of the labour market, in accordance with each country's specific realities and development challenges;

13.　*Invites* Member States to adopt a multisectoral approach and to work on determinants of health within sectors including, as appropriate, through the health-in-all-policies approach, while taking into consideration the social, environmental and economic determinants of health, with a view to reducing health inequities and enabling sustainable development, and stresses the urgent need to act on social

determinants for the final push towards the achievement of the Millennium Development Goals;

14. *Encourages* Member States, in collaboration with other stakeholders where applicable, to plan or pursue the transition of their health systems towards universal coverage, while continuing to invest in and strengthen health-delivery systems to increase and safeguard the range and quality of services and to adequately meet the health needs of the population;

15. *Calls upon* Member States to pursue ambitious efforts to address inequality;

16. *Recognizes* the efforts of many countries in addressing inequality, and acknowledges the need for strengthened international efforts to complement national efforts in this area;

17. *Encourages* Member States in their efforts to address inequality and in partnership with relevant stakeholders to consider as appropriate, inter alia, programmes to promote the participation and empowerment of all members of society, implementing social protection floors or extending the scope of existing social protection programmes;

18. *Urges* Governments, with the cooperation of relevant entities, to develop systems of social protection that support labour-market participation and address and reduce inequality and social exclusion, and to extend or broaden, as appropriate, their effectiveness and coverage, including for workers in the informal economy, invites the International Labour Organization to strengthen its social protection strategies and policies on extending social security coverage, and urges Governments, while taking account of national circumstances, to focus on the needs of those living in or vulnerable to poverty and to give particular consideration to universal access to basic social security systems, including the implementation of social protection floors which can provide a systemic base for addressing poverty and vulnerability, and in this regard takes note of Recommendation No. 202 concerning national floors of social protection, adopted by the International Labour Conference at its 101st session, on 14 June 2012;

19. *Encourages* greater consideration of the impact of social and economic inequality in development, including in the design and implementation of development strategies, and in this regard also encourages further analytical and empirical research, in particular by the relevant institutions of the United Nations system, as well as the regional commissions and other national and international organizations;

20. *Also encourages* giving appropriate consideration to the need to reduce inequality in the elaboration of the post-2015 development agenda;

21. *Recognizes* that regional, subregional and interregional cooperation can facilitate the exchange of knowledge and experience and promote the most effective use of resources aimed at achieving human development and reducing inequality;

22. *Requests* the President of the General Assembly to convene, within existing resources, and in consultation with all relevant stakeholders, an informal thematic debate in 2013 to address the issue of inequality;

23. *Requests* the Secretary-General to submit to the General Assembly at its sixty-ninth session a report on the implementation of the present resolution;

24. *Decides* to include in the provisional agenda of its sixty-ninth session the item entitled "The role of the United Nations in promoting a new global human order".

*61st plenary meeting*
*21 December 2012*

United Nations

# General Assembly

A/C.3/67/1

Distr.: General
24 September 2012

Original: English

**Sixty-seventh session**
**Third Committee**

## Allocation of agenda items to the Third Committee

### Letter dated 21 September 2012 from the President of the General Assembly to the Chair of the Third Committee

I have the honour to inform you of the decisions taken by the General Assembly at the 2nd plenary meeting of its sixty-seventh session, on 21 September 2012, pertaining to the allocation of items to the Third Committee (see annex).

I wish to draw your attention to the relevant parts of sections III and IV of the report of the General Committee (A/67/250) concerning the agenda of the Main Committees.

I also draw your attention to the recommendations on the organization of the session contained in section II of the same report. Those recommendations were also approved by the General Assembly at its 2nd plenary meeting.

(*Signed*) Vuk **Jeremić**

12-51937 (E)    250912

Please recycle

## Annex

## Allocation of items to the Third Committee

1. Election of the officers of the Main Committees [item 5].

### A. Promotion of sustained economic growth and sustainable development in accordance with the relevant resolutions of the General Assembly and recent United Nations conferences

2. Social development [item 27]:

   (a) Implementation of the outcome of the World Summit for Social Development and of the twenty-fourth special session of the General Assembly;

   (b) Social development, including questions relating to the world social situation and to youth, ageing, disabled persons and the family;

   (c) Follow-up to the International Year of Older Persons: Second World Assembly on Ageing.

3. Advancement of women [item 28]:

   (a) Advancement of women;

   (b) Implementation of the outcome of the Fourth World Conference on Women and of the twenty-third special session of the General Assembly.

### B. Maintenance of international peace and security

4. Report of the United Nations High Commissioner for Refugees, questions relating to refugees, returnees and displaced persons and humanitarian questions [item 62].

### D. Promotion of human rights

5. Report of the Human Rights Council [item 64].

6. Promotion and protection of the rights of children [item 65]:

   (a) Promotion and protection of the rights of children;

   (b) Follow-up to the outcome of the special session on children.

7. Rights of indigenous peoples [item 66]:

   (a) Rights of indigenous peoples;

   (b) Second International Decade of the World's Indigenous People.

8. Elimination of racism, racial discrimination, xenophobia and related intolerance [item 67]:

A/C.3/67/1

    (a)   Elimination of racism, racial discrimination, xenophobia and related intolerance;

    (b)   Comprehensive implementation of and follow-up to the Durban Declaration and Programme of Action.

9.   Right of peoples to self-determination [item 68].

10.  Promotion and protection of human rights [item 69]:

    (a)   Implementation of human rights instruments;

    (b)   Human rights questions, including alternative approaches for improving the effective enjoyment of human rights and fundamental freedoms;

    (c)   Human rights situations and reports of special rapporteurs and representatives;

    (d)   Comprehensive implementation of and follow-up to the Vienna Declaration and Programme of Action.

## H.  Drug control, crime prevention and combating international terrorism in all its forms and manifestations

11.  Crime prevention and criminal justice [item 103].

12.  International drug control [item 104].

## I.  Organizational, administrative and other matters

13.  Revitalization of the work of the General Assembly [item 116].

14.  Programme planning [item 131].

---

# OPENING REMARKS

## BY

## H.E. Mr. George Wilfred TALBOT
## PERMANENT REPRESENTATIVE
## of the Republic of Guyana
## to the United Nations

## CHAIRPERSON OF THE SECOND COMMITTEE
## SIXTY-SEVENTH SESSION OF THE
## UN GENERAL ASSEMBLY

## 08 OCTOBER 2012

## NEW YORK

Excellencies, Distinguished Delegates, Ladies and Gentlemen,

It is a distinct honour for my country, Guyana – a small country from the CARICOM sub-region, and for me to serve as Chair of the Second Committee during the sixty-seventh session of the General Assembly. I am pleased that you have elected a highly competent Bureau of talented individuals and I wish to pay special tribute to my fellow Bureau members, Mr. Tauhedul Islam (of Bangladesh), Mr. Stefano Stefanile (of Italy),Mr. Modest Jonathan Mero (of the United Republic of Tanzania) and Ms. Aida Hodžić (of Bosnia and Herzegovina) and I thank them all for their cooperation and support.

In discharging its mandate on behalf of the General Assembly to treat with economic and financial issues, the Second Committee provides a singular platform to deliberate on global development matters in which all Member States can play an active part.

As we commence the substantive work of the Second Committee of the 67th session, on behalf of the Bureau, I would like to assure you of our commitment to a productive Session: one that will build upon the important accomplishments of the Committee in recent years. In that regard, I wish to pay tribute to the remarkable work done by my predecessor, His Excellency Mr. Abulkalam Abdul Momen, in tackling last year's ambitious programme of work and to recognize the significant progress made by the Committee under his leadership. I intend with your cooperation, to build on the legacy that he has left and during this session to strive for efficient and substantive work.

Distinguished Delegates, we enter this session faced with a number of formidable challenges. We have a full agenda as the global economic and financial system remains in a precarious state of uncertainty as a consequence of, among other things, subdued growth prospects, a jobs crisis, a debt crisis facing some countries, including from my own CARICOM sub-region, and a food security crisis that is adversely affecting one-seventh of the world's population.

Our session provides an opportunity for the international community to discuss policies and provide ideas to confront global economic, social and environmental challenges. The Second Committee must show leadership in the design of coherent and coordinated approaches, at the national and international levels, to address the vicious cycle of low growth, rising unemployment, and financial sector fragility. We must provide ideas for the redesign of policies to strengthen the impact on poverty and in employment, and on the promotion of structural change for a more sustainable future for all.

The multiple crises we have been exposed to in recent years have shown that we are travelling on an unsustainable development path. A successful route to more sustainable development should balance economic concerns with environmental and social needs. Sustained economic growth is only possible if we protect and enhance the environmental and human resources that underpin it. The recent United Nations Conference on Sustainable Development has secured renewed political commitment for advancing sustainable development.

Moving towards this goal requires the mobilization of significant financial resources. Rio+20 recognized the crucial importance of enhancing financial support for the efforts of all countries, and in particular of developing countries. The key policy challenge is to create the necessary domestic and international conditions to unlock substantial amounts of new and additional financing to buttress our collective efforts. Moreover, it remains important to implement major international commitments regarding financial flows to developing countries. Our session provides an opportunity to discuss these and other burning issues.

Distinguished delegates,

Accelerating progress towards the achievement of the Millennium Development Goals (MDGs) and for investments in sustainable and resilient growth, especially for the groups of countries in special situations and those which have particular development challenges, is a high priority for this session. In addition to the follow-up that will be given to relevant outcomes, our Committee will launch preparations for the third international conference on small island developing states, as agreed in Rio. Although the proportion of official aid in overall financing flows to developing countries is diminishing, ODA remains critical for many countries. Our focus on the QCPR will address these and other related issues.

Expanding aid for trade is also fundamental. A speedy completion of a development-oriented Doha Round of trade negotiations would enhance global trade prospects and create important new market access opportunities for developing countries. The inconclusive Doha round hinders trade as an engine of growth.

The session will also provide the opportunity to make concrete proposals for the establishment of an effective international regulatory framework for the financial sector. We need to devise better mechanisms to mitigate the impact of volatile commodity prices and capital inflows and to provide incentives to make the international financial system work for development.

The Rio+20 Conference also mandated the development of goals for pursuing focused and coherent action on sustainable development. World leaders resolved to establish an inclusive and transparent intergovernmental process on sustainable

development goals that is open to all stakeholders. We strongly support the view that the intergovernmental process of identifying sustainable development goals should be coordinated with and consistent with the process of defining the post-2015 development agenda. The Committee must, therefore, show leadership in establishing ways to move forward these important aspects of the international development agenda.

Finally, I wish to emphasize the need to focus global political and policy attention on the plight of the more than one billion of the world's citizens that struggle with acute hunger and malnutrition. It is imperative that the global response to this crisis be scaled up as a matter of urgency. In this regard, I would like to encourage ministerial level participation in the Committee's debate on agriculture and food security and in the joint meeting of the Second Committee and ECOSOC on the subject of food security and nutrition to be held on November 1.

Distinguished Delegates,

As we engage in our work during the current session, I encourage you to bring innovative approaches to the challenges we currently face. I invite you to share your experiences on what has worked and what has not, in our common quest for development. I have attempted to outline for you some of the challenging issues that our Committee must address. It is my intention to work tirelessly to ensure the desired success and impact of our efforts.

I invite you to join me in this important endeavour.

I thank you.

United Nations

A/C.3/67/L.1

 **General Assembly**

Distr.: Limited
9 August 2012

Original: English

**Sixty-seventh session**
**Third Committee**

## Organization of the work of the Third Committee

### Note by the Secretariat

#### Allocation of items

1.    The agenda items allocated by the General Assembly to the Third Committee will be issued in document A/C.3/67/1. Background information on those items may be found in the annotations to the agenda (see A/67/100 and Add.1).

#### Programme of work

2.    The draft programme of work (see annex) has been prepared bearing in mind paragraph (b) of rule 99 of the rules of procedure of the General Assembly, Assembly decision 66/540 on the programme of work of the Third Committee for the sixty-seventh session, the provisional agenda of the sixty-seventh session (A/67/150), relevant resolutions and decisions adopted by the Assembly on the rationalization of its work and that of the Third Committee, as well as past experience in the utilization of conference services.

#### Question time and interactive dialogues

3.    In accordance with the established practice of the Committee and pursuant to paragraphs 3 (c) and (d) of the annex to General Assembly resolution 58/316 on further measures for the revitalization of the work of the General Assembly, immediately following the introduction of reports by executive heads and senior members of the Secretariat at the beginning of each debate, interactive dialogues and "question time" will be held with heads of departments and offices, representatives of the Secretary-General, special rapporteurs and other special mechanisms as part of the formal proceedings of the Committee. Delegations are invited to participate actively in these dialogues with questions and unscripted comments. The general discussion of each agenda item or cluster of agenda items is to follow the question time.

12-45766 (E)    100812

**Statements**

4.    The list of speakers for the general discussion on agenda items allocated to the Third Committee will be opened on Monday, 1 October 2012.

5.    In accordance with the established practice of the Committee, statements made during the general discussion under each agenda item or cluster of agenda items will be limited to 7 minutes for individual delegations and to 15 minutes for statements made on behalf of a group of delegations.

6.    Under item 70 of the provisional agenda, "Promotion and protection of human rights", delegations may make one statement under sub-item (a) and one statement under sub-item (d), which are to be discussed sequentially. Under sub-items (b) and (c), which are to be considered jointly, delegations may make two separate statements (one under sub-item (b) and one under sub-item (c)). In the interest of time, however, delegations are encouraged to make only one statement under sub-items (a) and (d), and one statement under sub-items (b) and (c), within the established time limit.

7.    Under item 68, "Elimination of racism, racial discrimination, xenophobia and related intolerance", and 69, "Right of peoples to self-determination", which are to be discussed jointly, delegations may also make two separate statements. Similarly, in the interest of time, delegations are again encouraged to make only one statement within the established time limit.

8.    In accordance with previous decisions of the General Assembly, delegations should exercise their right of reply at the end of the day whenever two meetings have been scheduled for the consideration of the relevant agenda item on that day, or at the conclusion of the consideration of the item, if that is sooner. The first statement should be limited to five minutes and the second, if any, to three minutes.

**List of documents**

9.    Attention is drawn to the addendum to the present note (to be issued as A/C.3/67/L.1/Add.1), which will list the documentation submitted under each agenda item expected to be allocated to the Third Committee.

**Conference facilities and meeting arrangements**

10.    Unless otherwise specified, official meetings of the Committee will be held from 10 a.m. to 1 p.m. and from 3 to 6 p.m. in Conference Room 4 (North Lawn Building). The General Assembly has stressed that a punctual start of meetings is critical to the efficient utilization of services allocated to the intergovernmental bodies of the United Nations. In accordance with past practice, it is proposed that rule 108 of the Committee's rules of procedure be waived with respect to the quorum needed to declare a meeting open.

**Report of the Economic and Social Council**

11.    In paragraph 4 (c) of the annex to General Assembly resolution 58/316, the Assembly decided that the item entitled "Report of the Economic and Social Council" should be considered in its entirety in plenary meeting. Subsequently, it was clarified that, in implementing that decision, the relevant parts of chapter I of the report of the Economic and Social Council that related to agenda items allocated

A/C.3/67/L.1

to the Main Committees would be considered by the Committee concerned, for final action by the Assembly (see document A/59/250/Add.1, paragraph 4).

**Report of the Human Rights Council**

12. In its resolution 65/281, entitled "Review of the Human Rights Council", the General Assembly decided to continue its practice of allocating the agenda item entitled "Report of the Human Rights Council" to the plenary of the Assembly and to the Third Committee, in accordance with its decision 65/503 A, with the additional understanding that the President of the Council will present the report in her or his capacity as President to the plenary of the Assembly and to the Third Committee and that the Third Committee will hold an interactive dialogue with the President of the Council following the presentation of the report of the Council to the Third Committee.

**Conclusion of the work of the Committee**

13. Bearing in mind the number of meetings allocated to the Third Committee, a target date of 28 November has been set for the conclusion of its work. The Committee will, however, endeavour to conclude its work earlier, if possible.

A/C.3/67/L.1

# Annex

## Draft programme of work of the Third Committee

| *Date/time* | *Item/programme*[a] | |
| --- | --- | --- |

**Week of 8-12 October**

**Monday, 8 October**

| 10 a.m. | | Election of officers |
| | | Organizational matters |
| | Item 131 | **Programme planning** |
| | | Introductory statements, interactive dialogue and general discussion of: |
| | Item 27 | **Social development** |
| | | (a) **Implementation of the outcome of the World Summit for Social Development and of the twenty-fourth special session of the General Assembly** |
| | | (b) **Social development, including questions relating to the world social situation and to youth, ageing, disabled persons and the family** |
| | | (c) **Follow-up to the International Year of Older Persons: Second World Assembly on Ageing** |
| 1 p.m. | | Closure of the list of speakers on item 27 |
| 3 p.m. | Item 27 | General discussion (*continued*) |

**Tuesday, 9 October**

| 10 a.m. and 3 p.m. | Item 27 | General discussion (*concluded*) |
| 6 p.m. | | Deadline for submission of proposals on item 27 |

**Wednesday, 10 October**

| 10 a.m. | | Introductory statements, dialogue with senior Secretariat officials and general discussion of: |
| | Item 104 | **Crime prevention and criminal justice** |
| | Item 105 | **International drug control** |
| 1 p.m. | | Closure of the list of speakers on items 104 and 105 |
| 3 p.m. | **Items 104 and 105** | General discussion (*continued*) |

A/C.3/67/L.1

| Date/time | Item/programme[a] | |
|---|---|---|
| **Thursday, 11 October** | | |
| 10 a.m. | **Items 104 and 105** | General discussion (*concluded*) |
| 1 p.m. | | Deadline for submission of proposals on items 104 and 105 |
| **Week of 15-19 October** | | |
| **Monday, 15 October** | | |
| 10 a.m. | | Introductory statements, interactive dialogue and general discussion of: |
| | **Item 28** | **Advancement of women** |
| | | **(a) Advancement of women** |
| | | **(b) Implementation of the outcome of the Fourth World Conference on Women and of the twenty-third special session of the General Assembly** |
| 1 p.m. | | Closure of the list of speakers on item 28 |
| 3 p.m. | **Item 28** | General discussion (*continued*) |
| **Tuesday, 16 October** | | |
| 10 a.m. and 3 p.m. | **Item 28** | General discussion (*continued*) |
| **Wednesday, 17 October** | | |
| 10 a.m. | **Item 28** | General discussion (*concluded*) |
| 1 p.m. | | Deadline for submission of proposals on item 28 |
| 3 p.m. | | Introductory statements, interactive dialogue and general discussion of: |
| | **Item 66** | **Promotion and protection of the rights of children** |
| | | **(a) Promotion and protection of the rights of children** |
| | | **(b) Follow-up to the outcome of the special session on children** |
| 6 p.m. | | Closure of the list of speakers on item 66 |
| **Thursday, 18 October** | | |
| 10 a.m. | **Item 66** | General discussion (*continued*) |
| 3 p.m. | | Action on proposals |
| | **Item 66** | General discussion (*continued*) |

A/C.3/67/L.1

| Date/time | Item/programme[a] | |
|---|---|---|
| **Friday, 19 October** | | |
| 10 a.m. and 3 p.m. | **Item 66** | General discussion (*concluded*) |
| 6 p.m. | | Deadline for submission of proposals on item 66 |
| **Week of 22-26 October** | | |
| **Monday, 22 October** | | |
| 10 a.m. | | Introductory statements, interactive dialogue and general discussion of: |
| | **Item 67** | **Rights of indigenous peoples** |
| | | **(a) Rights of indigenous peoples** |
| | | **(b) Second International Decade of the World's Indigenous People** |
| 1 p.m. | | Closure of the list of speakers on item 67 |
| 3 p.m. | **Item 67** | General discussion (*concluded*) |
| 6 p.m. | | Deadline for submission of proposals on item 67 |
| **Tuesday, 23 October** | | |
| 10 a.m. | | Introductory statements, interactive dialogue and general discussion of: |
| | **Item 70** | **Promotion and protection of human rights** |
| | | **(a) Implementation of human rights instruments** |
| | | Followed by introductory statements, interactive dialogue and general discussion of: |
| | **Item 70** | **(d) Comprehensive implementation of and follow-up to the Vienna Declaration and Programme of Action** |
| 1 p.m. | | Closure of the list of speakers on items 70 (a) and (d) |
| 3 p.m. | **Item 70 (d)** | General discussion (*concluded*) |
| 6 p.m. | | Deadline for submission of proposals on items 70 (a) and (d) |
| **Wednesday, 24 October** | | |
| 10 a.m. | | Introductory statements, interactive dialogue and general discussion of: |
| | **Item 70** | **Promotion and protection of human rights** |

12-45766

A/C.3/67/L.1

| Date/time | Item/programme[a] | |
|---|---|---|
| | | (b) **Human rights questions, including alternative approaches for improving the effective enjoyment of human rights and fundamental freedoms** |
| | | (c) **Human rights situations and reports of special rapporteurs and representatives** |
| 1 p.m. | | Closure of the list of speakers on items 70 (b) and (c) |
| 3 p.m. | **Items 70 (b) and (c)** | Dialogue with special rapporteurs, special representatives and independent experts |
| **Thursday, 25 October** | | |
| 10 a.m. | **Items 70 (b) and (c)** | Dialogue with special rapporteurs, special representatives and independent experts (*continued*) |
| 3 p.m. | | Action on proposals, followed by dialogue with special rapporteurs, special representatives and independent experts (*continued*) |
| **Week of 29 October- 2 November** | | |
| **Monday, 29 October** | | |
| 10 a.m. and 3 p.m. | **Items 70 (b) and (c)** | Dialogue with special rapporteurs, special representatives and independent experts (*continued*) |
| **Tuesday, 30 October** | | |
| 10 a.m. and 3 p.m. | **Items 70 (b) and (c)** | Dialogue with special rapporteurs, special representatives and independent experts (*continued*) |
| **Wednesday, 31 October** | | |
| 10 a.m. | **Items 70 (b) and (c)** | Dialogue with special rapporteurs, special representatives and independent experts (*concluded*), followed by general discussion |
| 3 p.m. | **Items 70 (b) and (c)** | General discussion (*continued*) |
| **Thursday, 1 November** | | |
| 10 a.m. | **Items 70 (b) and (c)** | General discussion (*continued*) |
| 3 p.m. | | Action on proposals, followed by general discussion (*continued*) |

A/C.3/67/L.1

| Date/time | Item/programme[a] | |
|-----------|-------------------|---|

**Friday, 2 November**

| 10 a.m. and 3 p.m. | Items 70 (b) and (c) | General discussion (*concluded*) |
| 6 p.m. | | Deadline for submission of proposals on items 70 (b) and (c) |

**Week of 5-9 November**

**Monday, 5 November**

| 10 a.m. | | Introductory statements, interactive dialogue and general discussion of: |
| | **Item 68** | **Elimination of racism, racial discrimination, xenophobia and related intolerance** |
| | | (a) **Elimination of racism, racial discrimination, xenophobia and related intolerance** |
| | | (b) **Comprehensive implementation of and follow-up to the Durban Declaration and Programme of Action** |
| | **Item 69** | **Right of peoples to self-determination** |
| 1 p.m. | | Closure of the list of speakers on items 68 and 69 |
| 3 p.m. | **Items 68 and 69** | General discussion (*continued*) |

**Tuesday, 6 November**

| 10 a.m. | **Items 68 and 69** | General discussion (*concluded*) |
| 1 p.m. | | Deadline for submission of proposals on items 68 and 69 |

**Wednesday, 7 November**

| 10 a.m. | | Introductory statements, dialogue with senior Secretariat officials and general discussion of: |
| | **Item 63** | **Report of the United Nations High Commissioner for Refugees, questions relating to refugees, returnees and displaced persons and humanitarian questions** |
| 1 p.m. | | Closure of the list of speakers on item 63 |
| 3 p.m. | **Item 63** | General discussion (*continued*) |

**Thursday, 8 November**

| 10 a.m. | **Item 63** | General discussion (*concluded*), followed by action on proposals |

A/C.3/67/L.1

| Date/time | Item/programme[a] | |
|-----------|------------------|---|
| 1 p.m. | | Deadline for submission of proposals on item 63 |
| **Week of 12-16 November** | | |
| **Tuesday, 13 November** | | |
| 10 a.m. and 3 p.m. | | Action on proposals |
| **Wednesday, 14 November** | | |
| 3 p.m. | | Introductory statement by the President of the Human Rights Council, followed by an interactive dialogue and general discussion of: |
| | **Item 65** | **Report of the Human Rights Council** |
| **Thursday, 15 November** | | |
| 10 a.m. and 3 p.m. | | Action on proposals |
| **Week of 19-23 November** | | |
| **Tuesday, 20 November** | | |
| 10 a.m. and 3 p.m. | | Action on proposals |
| **Wednesday, 21 November** | | |
| 1 p.m. | | Deadline for submission of all outstanding draft proposals |
| **Week of 26-30 November** | | |
| **Tuesday, 27 November** | | |
| 10 a.m. and 3 p.m. | | Action on proposals |
| **Wednesday, 28 November** | | |
| 10 a.m. | **Item 117** | **Revitalization of the work of the General Assembly**[b] |
| | | Action on outstanding proposals |
| | | Conclusion of the work of the Third Committee |

[a] Item of the provisional agenda (A/67/150).
[b] The agenda item is to be allocated to the Third Committee for the sole purpose of considering and taking action on the tentative programme of work of the Committee for the sixty-eighth session of the General Assembly.

---

# BRAZIL

## Second Committee
## General Debate

**Statement by Mr. Sergio Rodrigues dos Santos**
**Minister Plenipontentiary**

**9 October 2012**

*(Check against delivery)*

Mr. Chairman,

Our delegation aligns itself with the statements delivered by Algeria on behalf of the Group of 77 and China as well as by Chile on behalf of CELAC and would like to add the following comments in its national capacity.

The global economy still faces daunting challenges. Despite some signs of recovery, the prospects of continued recession have increased in the wake of the sovereign debt crises affecting developed countries, particularly in the eurozone. Growth estimates worldwide have been lowered and the global jobs crisis has not receded, mostly affecting young populations and vulnerable groups.

It is important that developed countries find the appropriate mix of fiscal adjustment and stimulus measures. In any event, they should be aware of the negative impacts of expansionary monetary policies on the economies of developing countries. Those measures distort international trade, contribute to high volatility in capital flows and commodity prices and further deepen the global recession. In this context, some developing countries, Brazil among them, have had to resort to legitimate trade defense initiatives, which are in full compliance with their WTO obligations.

In order for economic growth to be sustained, inclusive and equitable, the adoption of sound macroeconomic and fiscal policies must be complemented and reinforced by strong social protection programs with a view to ensuring income distribution, job creation and universal access to basic public services such as health and education. Social policies must be advanced not only for their intrinsic value, but also as an essential tool for reactivating demand and growth.

Mr. Chairman,

The global crisis has already eroded years of development gains, particularly in the poorer countries. We must not allow the continued economic instability to negatively affect international commitments to reduce inequality and eradicate poverty.

At this juncture, it is essential to keep our focus on the achievement of the Millenium Development Goals. As we enter the final sprint to 2015, we need to step up our efforts towards meeting as many targets as possible as well as reversing the setbacks caused by the crisis.

To that effect, we consider it necessary for the international community to mobilize significant additional financial resources for development, in a stable and predictable manner, particularly to the poorest countries among us. At a time when official development assistance should be expanding strongly to compensate for uncertain private flows, it is disappointing to note the reduction in the level of ODA in 2011.

South-South and Triangular Cooperation also has the potential to contribute significantly towards the global partnership for development, but as a complement - never as a substitute - to official development assistance. In addition, innovative sources of financing can play an important role supplementing traditional sources of financing, notably ODA.

Our collective endeavor in the fight against poverty and inequality cannot be seen in isolation from the urgent need to reform global economic governance structures. The United Nations has a central role to play in this process.

We must ensure that the multilateral financial institutions become more accountable and responsive to the legitimate needs of the developing world. In that regard, we note with concern the slow pace of implementation of the 2010 IMF Governance and Quota Reform as well as the comprehensive review of the quota formula to better reflect the current global economic realities and enhance the voice and representation of developing countries.

At the same time, we should renew our commitment to conclude an ambitious and development-oriented outcome to the WTO Doha Round, thus providing much needed impetus to world growth.

Mr. Chairman,

Rio+20 was a very important step forward in our collective action to eradicate poverty and achieve sustainable development. The document we adopted - "The Future We Want" - is a solid and important landmark for the international community in mapping the path towards sustainable development. In this process we must be prepared to fulfill our commitments and live up to the measure of the challenges ahead.

Rio reaffirmed the centrality of poverty eradication to sustainable development while recognizing the interlinkages between the three pillars of sustainable development. It recognized the need to further mainstream sustainable development at all levels, and to change unsustainable and promote sustainable patterns of consumption and production. The Outcome Document also reaffirms all the Principles of the Rio Declaration, with a special emphasis on the principle of common but differentiated responsibilities.

The Rio outcome document contains several mandates for furthering sustainable development and we must work to implement our commitments in an integrated and coherent manner. The process for establishing a working group on sustainable development goals is currently underway. Given the importance of the SDGs for the post-2015 development agenda, we emphasize the need for a timely constitution of the open working group.

Other areas which require increased effort are the establishment of the High Level Political Forum, the intergovernmental process on options for an effective sustainable development financing strategy, and the facilitation mechanism for the promotion, development, transfer and dissemination of clean and environmentally sound technologies, among the other important outcomes of Rio.

Strategies to achieve the goals set forth in the document will need to be solidly anchored in international cooperation and the mobilization of the agencies, funds and programs of the United Nations to support our efforts at the international, regional and national level. Hence the importance of the recommendations on the need for strengthened institutional frameworks at all levels.

We also reiterate the call contained in the Outcome Document on the General Assembly to further integrate sustainable development as a key element of the overarching framework for United Nations activities.

Mr. Chairman,

In order to achieve these goals, and in the face of continued global economic crisis, we will need a more coherent, effective and responsive United Nations development system. This means providing the operational activities of the Organization with the necessary tools to better support developing countries in their pursuit of sustainable development and the well-being of their societies.

This year's Quadrennial Comprehensive Policy Review (QCPR) of the General Assembly of UN operational activities for development provides the General Assembly with a timely and much needed opportunity to address head-on the challenges of the current international development cooperation landscape. In so doing, we need to take concrete action to achieve a healthy balance between core and non-core resources.

The continued relevance of the United Nations operational activities for development largely depends on their capacity to be present where their assistance is needed; flexible, so as to better adapt to the specific conditions of each and every developing country; and accountable, so that their actions are coherent with the mandates granted by Member States.

In this context, we highlight the need for reforms in the governance of the United Nations funds and programmes, so as the ensure that programme countries assume leadership and ownership not only over projects but, most importantly, over the management of the United Nations development system.

Brazil is ready to contribute with all UN members with a view to addressing these pressing issues and finding common ground for advancing our common interests.

Thank you.

———————

## Permanent Mission of the United Republic of Tanzania to the United Nations

### CHECK AGAINST DELIVERY

### STATEMENT BY

**AMBASSADOR TUVAKO N. MANONGI, PERMANENT REPRESENTATIVE OF THE PERMANENT MISSION OF THE UNITED REPUBLIC OF TANZANIA TO THE UNITED NATIONS,**

**ON AGENDA ITEM 25: OPERATIONAL ACTIVITIES FOR DEVELOPMENT, SUB ITE (A) AND (B) IN THE SECOND COMMITTEE OF THE UNITED NATIONS GENERAL ASSEMBLY**

### SECOND COMMITTEE

### NEW YORK, MONDAY, OCTOBER 15, 2012.

**Mr. Chairman,**

Let me join other delegations in commending the Secretary General for the comprehensive report on the report on Quadrennial Comprehensive Policy Review of the Operational Activities for development of the United Nation System contained in document A/67/93.

Tanzania delegation aligns itself with the statements made by Algeria on behalf of Group 77 and China; and Benin on behalf of the LDCs.

**Mr. Chairman,**

Much has been stated already by delegations on QCPR in today's debate. At this juncture allow me to share my delegation's perspectives on the landscape upon which the QCPR will be negotiated.

The 2012 QCPR is being negotiated at a time of global economic turmoil and increasing poverty. As a result we are witnessing a gradual decline of development assistance to developing countries. It is thus important that our negotiations should reflect the reality on the ground rather than the bargaining positions of Member States.

**Mr. Chairman**

I wish to underscore the importance of UN programming. UN programming at the country level is a complex phenomenon involving several approaches, as defined by the programme countries themselves. All these approaches are meant to help us navigate through our own development challenges. The Government of Tanzania in collaboration with UN System launched the United Nations Development Assistance Plan (UNDAP) in June 2011. This Plan defines our cooperation with 20 UN agencies, funds and programmes in areas of economic growth and poverty reduction; improvement of quality of life and social well-being; and governance, emergencies and disaster responses as well as protection of refugees.

**Mr. Chairman,**

My delegation is glad that the 2012 QCPR coincides with the culmination of the Delivering as One Pilot Phase. We are hopeful that the findings of the Independent Evaluation of the DaO will continue to inform the review process. One thing is clear from the findings that the DaO countries would like to maintain the DaO model. Likewise, since the commencement of the pilot in 2007, other countries have embraced this approach. It would be unfortunate if the QCPR would not take their choice into account.

2

It is crucial that, the gains registered at national level are replicated at Headquarters level. It is also important to strengthen and support the United Nations Resident Coordinator System, which is critical in moving this model forward effectively. National ownership and leadership was an important pillar in the pilot phase, and would need to be strengthened in the future.

**Mr. Chairman,**

Funding of the operational activities for development is an area of serious consideration. We believe that fundamental characteristics of the funding for operational activities for development of the United Nations system should be, inter alia, their universal, voluntary and grant nature, their neutrality and their multilateralism. From our experience, we had consultations at country level funding taking into account our national policy framework under UNDAF. The results were good enough. We believe that these ideals will continue.

However, we wish to stress the importance of accountability, transparency and a results-based approach to the efforts to increase the quality and quantity of funding for operational activities and to make it more predictable, effective and efficient; more focus on core resources, because of their untied nature in order to achieve its balance with non-core funding.

**Mr. Chairman,**

With respect to harmonization of business practices, Tanzania believes that the country led and independent evaluation of Delivering as One has provided successful cases of harmonization of business practices and thus we believe that countries have opportunity to apply available best practices. We also believe that the concept of one leader in the meaning of Resident Coordinator would need further articulation during the negotiation in order to put in place effective mechanisms of their functions across the UN system at the country level.

**Mr. Chairman,**

Among the challenges facing the UN programming countries is one of working methods. Country led evaluation and independent evaluation reports on Delivering as One demonstrated that working methods under this model needs to be improved. My delegation calls on the Governing Bodies of all funds, agencies and programmes in a spirit of DaO to review their respective working methods with a view to enhance coordination and cooperation as well as to reduce transaction costs.

3

We also wish to emphasizes that the principle of voluntary adoption of "Delivering as One" and "No-one-size-fits-all" approach should be maintained, so that the United Nations system can tailor its approach to partnership with individual programme countries in a way that most suits their national needs, realities, priorities and planning modalities as well as the achievement of the MDGs, other internationally-agreed development goals and the post-2015 agenda, in a framework of a holistic and comprehensive concept of development.

**I thank you.**

4

United Nations

# General Assembly

A/AC.105/C.2/L.283

Distr.: Limited
9 March 2011

Original: English

**Committee on the Peaceful**
**Uses of Outer Space**
Legal Subcommittee
**Fiftieth session**
Vienna, 28 March-8 April 2011
Item 12 of the provisional agenda*
**Proposals to the Committee on the Peaceful Uses of Outer**
**Space for new items to be considered by the Legal**
**Subcommittee at its fifty-first session**

## Review of the legal aspects of the Space Debris Mitigation Guidelines of the Committee on the Peaceful Uses of Outer Space, with a view to transforming the Guidelines into a set of principles to be adopted by the General Assembly

### Working paper submitted by the Czech Republic

1.    At its forty-ninth session, in 2010, the Legal Subcommittee of the Committee on the Peaceful Uses of Outer Space noted the proposal of the delegation of the Czech Republic, made under the Subcommittee's agenda item entitled "Proposals to the Committee on the Peaceful Uses of Outer Space for new items to be considered by the Legal Subcommittee at its fiftieth session", that the Subcommittee should include on its agenda a new item to review the legal aspects of the Space Debris Mitigation Guidelines of the Committee on the Peaceful Uses of Outer Space, with a view to transforming the Guidelines into a set of principles on space debris, and that those principles should be elaborated by the Legal Subcommittee and adopted by the General Assembly. The Legal Subcommittee noted that the sponsors of that proposal intended to retain it for possible discussion at subsequent sessions of the Subcommittee (A/AC.105/942, paras. 169 and 170 (b)).

2.    As is generally known, during the past several decades, man-made space debris has become one of the most discussed issues relating to the further development of outer space activities. Effective protection of astronauts, functional space objects and the space and Earth environment against the proliferation of space

---

* A/AC.105/C.2/L.280.

V.11-81145 (E)

 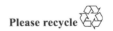

debris has become one of the recognized objectives of the world space community. For this reason, the General Assembly, in its resolution 48/39, endorsed the recommendation of the Committee to add a new item entitled "Space debris" to the agenda of the Scientific and Technical Subcommittee, which started to consider the item at its thirty-first session, in 1994 (see A/AC.105/571, paras. 63-74). For a detailed consideration of that issue, the Scientific and Technical Subcommittee adopted a multi-year workplan for the period from 1996 to 1998 and established a working group under this item. The *Technical Report on Space Debris* (A/AC.105/720) resulted from those discussions and was made available to the Third United Nations Conference on the Exploration and Peaceful Uses of Outer Space (UNISPACE III) in 1999. The Committee then agreed that, owing to the complexity of the space debris issue, discussions should continue in order to ensure further progress in developing an understanding of the issue (A/54/20 and Corr.1, para. 43).

3.    At its thirty-eighth session, in 2001, the Scientific and Technical Subcommittee agreed on a new workplan for the period from 2002 to 2005 (A/AC.105/761, para.130) with the goal of elaborating voluntary debris mitigation measures. Another new element was also introduced in further proceedings on space debris by the involvement of the Inter-Agency Space Debris Coordination Committee (IADC), an international forum of governmental bodies for the coordination of activities related to these issues. In 2003, IADC presented its proposals on space debris mitigation, based on consensus among its members (A/AC.105/C.1/L.260). That document served as a basis for further negotiations in the Subcommittee and its Working Group on Space Debris during the period from 2005 to 2007, which led to the preparation of the Space Debris Mitigation Guidelines, adopted by the Scientific and Technical Subcommittee (see A/AC.105/890, para. 99 and annex IV) and endorsed by the Committee (see A/62/20, para. 118 and annex). By its resolution 62/217, the General Assembly endorsed the Guidelines, agreed that they "reflect the existing practices as developed by a number of national and international organizations" and invited Member States to implement those guidelines through relevant national mechanisms.

4.    The Guidelines are generally conceived as a list of specific measures "that curtail the generation of potentially harmful space debris in the near term" and "that limit their generation over the longer term" (see the sections of the Guidelines entitled "Background" and "Rationale"). The Guidelines do not mention the protection of the environment as one of their aims.

5.    Nevertheless, the protection of the space and Earth environment against pollution by space debris became a subject of concern of the world space law community at the non-governmental level. In addition to some monographs and many papers presented at different international meetings, it was the International Law Association in particular which directed its interest to that issue. As an important international non-governmental organization which has been initiating the progressive development of international law and its codification for many years, the Association, through its Space Law Committee, worked out a draft International Instrument on the Protection of the Environment from Damage Caused by Space Debris, which was adopted at the sixty-sixth Conference, held in Buenos Aires

A/AC.105/C.2/L.283

in August 1994.[1] The legal definition of space debris, to which the Instrument should apply, was in harmony with the results of scientific and technical studies on that issue. The terms "environment", which should include both outer space and Earth environments within or beyond national jurisdiction, and "damage" were also defined. The Instrument then brought forth a set of substantive principles covering the essential building blocks of the proposed regulation, including the principles of responsibility and liability for damage caused by space debris. The Instrument also proposed a system for the settlement of disputes, which combined the methods of amicable settlement with arbitration and adjudication.

6.    Several delegations to the Committee and its Legal Subcommittee were also aware of the need to explore the legal aspects relating to space debris. They suggested, both before and after the adoption of the technical report by the Scientific and Technical Subcommittee, appropriate items relating to space debris for possible inclusion in the agenda of the Legal Subcommittee. The Czech Republic was one of the member States of the Committee that drew the attention of the Legal Subcommittee to those problems in a background note on the review of existing norms of international law applicable to space debris as an initial step in the consideration of the legal aspects of space debris. That proposal was later co-sponsored by Greece. Another suggestion, made by the delegation of the Czech Republic at the thirty-fifth session of the Legal Subcommittee, in 1996, for a new item to be included on the agenda of the Subcommittee was conceived with a wider focus and was called "Legal aspects of space debris" (see A/AC.105/639, para. 54 (d) and annex III, sect. E).

7.    Discussions of the item on space debris in the Legal Subcommittee were given a new impetus in 2002, when the observer for the European Space Agency, acting on behalf of the member States of that organization and States cooperating with it, presented an analysis of the legal aspects of space debris carried out by the Agency. On that occasion, some delegations, while fully supporting the work carried out by the Scientific and Technical Subcommittee and IADC, emphasized the desirability of a declaration of principles relating to the prevention of space debris, to be drafted and adopted as soon as possible (A/AC.105/787, paras. 49-50).

8.    A consensus on those initiatives was not reached within the Committee and its Legal Subcommittee at that time, however.

9.    The progress in the consideration of the issue of space debris in the Scientific and Technical Subcommittee, particularly the adoption of the Space Debris Mitigation Guidelines, as well as some events in outer space activities, have again raised the question of whether the time is ripe for the Legal Subcommittee to join the efforts of the Scientific and Technical Subcommittee with respect to introducing universally accepted and effective measures for space debris mitigation and thus also against the pollution of the environment by space debris. It must be taken into consideration that the application of the present Space Debris Mitigation Guidelines, notwithstanding their significance, remains voluntary and that the Guidelines are to be implemented by States and international organizations through their own space debris mitigation practices as decided by themselves. It is explicitly

---

[1] See James Crawford and Maureen Williams, eds., *Report of the Sixty-sixth Conference of the International Law Association* (London, 1994), chap. I.

stated in the second paragraph of section 3 of the Guidelines that they are not legally binding under international law. Therefore, they cannot give rise to a feeling of duty to comply with them, and any international sense of responsibility and liability for their violation will not emerge. In addition, their unilateral application on a voluntary basis may result in inconsistencies at the international level.

10.    Until now, it has been conceded to include in the agenda of the Legal Subcommittee "General exchange of information on national mechanisms relating to space debris mitigation measures" as a single issue/item for discussion. During the discussion on that topic, the delegations of the most active spacefaring countries brought to the attention of the Subcommittee the results of their efforts with respect to establishing national policies on space debris and national mitigation standards. Other delegations also made contributions, and some of them even suggested that the Scientific and Technical Subcommittee and the Legal Subcommittee should cooperate with the aim of developing legally binding rules relating to space debris. The consideration of the item in the Legal Subcommittee has been extended for another year (see A/AC.105/942, para. 163). It must be noted, however, that the mandate of the Subcommittee does not include the consideration of the substantive legal problems of space debris or a detailed analysis of the legal content and effectiveness of the Space Debris Mitigation Guidelines.

11.    For these reasons, the delegation of the Czech Republic and some other member States of the Committee proposed at the fifty-third session of the Committee, in 2010, the inclusion of the above-mentioned new item in the agenda of the Legal Subcommittee (see A/65/20, para. 221). Its consideration under a workplan should result in the elaboration of a set of principles based on the Guidelines of the Committee to be enacted in a special resolution of the General Assembly. Such principles would belong to the series of United Nations principles relating to outer space activities that were adopted during the 1980s and 1990s.

12.    In its preamble, in addition to other possible paragraphs, the draft resolution could include three important ideas expressed in the latest General Assembly resolution on international cooperation in the peaceful uses of outer space (resolution 65/97), namely the importance of international cooperation in developing the rule of law, including the relevant norms of space law and their important role in international cooperation for the exploration and use of outer space for peaceful purposes; recognition that space debris is an issue of concern to all nations; and acknowledgement of the importance of further developing the legal framework to strengthen international cooperation in this field.

13.    The operative part of the draft resolution should be based on those sections of the text of the Guidelines of the Committee which have a normative character, i.e. on the first paragraphs of each of the Guidelines. It would not be necessary, however, to incorporate in the principles the explanatory paragraphs of the Guidelines; they could remain only in the Guidelines, keeping their significance as a supplementary means for interpretation of the principles.

14.    In addition to the provisions based on the text of the Guidelines, the principles, as a legal document, should establish some definitions, in particular the definition of "space debris", and fix the conditions for when a space object, as defined in the Convention on International Liability for Damage Caused by Space Objects and the

A/AC.105/C.2/L.283

Convention on Registration of Objects Launched into Outer Space, becomes a non-functional, useless and even harmful piece of space debris.

15.   The principles should also declare the responsibility of States for national space activities in the sense of article VI of the Treaty on Principles Governing the Activities of States in the Exploration and Use of Outer Space, including the Moon and Other Celestial Bodies, with special regard to space debris and the principle of liability for damage caused by space debris. Similar responsibility and liability would also apply to the space activities carried out by international organizations. In drafting these provisions, the examples of other United Nations principles, particularly the Principles Relating to Remote Sensing of the Earth from Outer Space and the Principles Relevant to the Use of Nuclear Power Sources in Outer Space, could be used.

16.   It might be also considered whether to recognize the right of any State or international organization to intervene, in cooperation with other States concerned, with regard to dangerous pieces of space debris, particularly in the most exposed parts of space. Such intervention has been known and regulated in the law of the sea for the protection of the marine environment.

17.   Finally, a system for the peaceful settlement of disputes, which would arise from the interpretation and application of the principles, should not be left out. In this respect, a solution of this problem similar to the solution in the Instrument adopted by the International Law Association could be considered.

18.   In the light of the long-time practice of the United Nations, a set of principles developed by the Legal Subcommittee in close cooperation with the Scientific and Technical Subcommittee, endorsed by the Committee and adopted by the General Assembly in a resolution, would be a satisfactory form of an international instrument on space debris for the present time and the near future. In such a resolution, the agreement among Member States of the world organization could be enshrined and a certain degree of rule of law would be ensured by a "soft law" instrument. A set of United Nations principles having a recommendatory weight would create a basis for legally binding rules to be negotiated at some time in the future. The compliance of States and international organizations with such principles, and the supervision of the activities of non-governmental entities by relevant States, would lead to a unified practice in this field and to the creation of a conviction among all legal persons involved that it is necessary to fully honour such principles.

19.   The work on the set of United Nations principles relevant to space debris could become a new core item on the agenda of the Legal Subcommittee to be considered during the coming years under a workplan. A positive outcome would have the potential to contribute to "broad international cooperation in the scientific as well as the legal aspects of the exploration and use of outer space for peaceful purposes" (fourth preambular paragraph of the Outer Space Treaty). If adopted by consensus, such principles would enrich the current body of law governing outer space activities.

**Full and Effective Implementation of the Programme of Action to Prevent, Combat and Eradicate the Illicit Trade in Small Arms and Light Weapons in All Its Aspects: Enhancing International Cooperation and Assistance**

**Working Paper submitted by Indonesia on behalf of member States of the Non-Aligned Movement**

1.     Member States of the Non-Aligned Movement (NAM) are deeply concerned over the illicit manufacture, transfer, and circulation of Small Arms and Light Weapons (SALW) and their excessive accumulation and uncontrolled spread in many regions of the world with its wide range of humanitarian and socio-economic consequences, as well as the close link between terrorism, organized crime, trafficking in drugs and precious minerals and the illicit trade in small arms and light weapons. Accordingly, the Movement stresses the urgency of international efforts and cooperation aimed at combating this illicit trade and in this context, reaffirms the total validity and vital importance and the need for full and effective implementation of the Programme of Action to Prevent, Combat and Eradicate the Illicit Trade in Small Arms and Light Weapons in All Its Aspects (PoA), as the main international framework to prevent, combat and eradicate the illicit trade in SALW.

2.     In the context of the effective implementation of the Programme of Action, NAM urges all States to respect the international law and the purposes and principles enshrined in the Charter of the United Nations, including the sovereign equality of States, territorial integrity, the peaceful resolution of international disputes, non-intervention and non-interference in the internal affairs of States. NAM further reaffirms the right of each State to manufacture, import and retain small arms and light weapons for its self-defence and security needs, in exercising its inherent right to individual or collective self-defence in accordance with Article 51 of the Charter of the United Nations.

3.     NAM emphasizes that Governments bear the primary responsibility for preventing, combating and eradicating the illicit trade in small arms and light weapons in all its aspects and, accordingly, should intensify their efforts to define the problems associated with such trade and find ways of resolving them. In this context, the Movement stresses in particular the importance of international efforts and cooperation aimed at combating this illicit trade simultaneously from both a supply and demand perspective.

4.     The Movement recognizes the need to establish and maintain controls over private ownership of small arms. The NAM Member States call on all States, in particular major producing States, to ensure that the supply of small arms and light weapons is limited only to Governments or to entities duly authorized by Governments and also to take all necessary measures at the national level for preventing, combating and eradicating the illicit trade of small arms and light weapons in all its aspects.

5.     The Movement reaffirms the vital importance of the Programme of Action as a robust international document which is essential in mobilizing the political will at the

1

international level to address the multi-faceted challenges of the illicit trade in small arms and light weapons. Against this background, the Movement stresses that international assistance and cooperation is critical for proper implementation of the Programme of Action and encourages all initiatives by States to mobilize resources and expertise as well as to provide assistance to strengthen the full implementation of the PoA. Accordingly, NAM underlines the importance of rendering actual and continued unconditional and non-discriminatory assistance to developing countries, upon their request, to promote their capacity to effectively implement the provisions of the Programme of Action.

6. NAM calls for the full implementation of the International Instrument to Enable States to Identify and Trace, in a Timely and Reliable Manner, Illicit Small Arms and Light Weapons the purpose of which, inter alia, is to promote and facilitate international cooperation and assistance in marking and tracing and to enhance the effectiveness of, and complement, existing bilateral, regional and international agreements to prevent, combat and eradicate the illicit trade in small arms and light weapons in all its aspects.

7. The Movement is of the view that the availability of international assistance to support the implementation of the Programme of Action is still not sufficient and not commensurate with the needs of the affected countries, taking into account the growing magnitude of the illicit trade in small arms and light weapons in all its aspects and the danger it continues to pose. An equally important and related issue concerns how the scale and effectiveness of such international assistance can be improved. Hence, there is a need for indicators to evaluate whether the assistance provided upon request was adequate.

8. International cooperation and assistance is an essential aspect in the full implementation of the Programme of Action. The Programme of Action provides a wide range of commitments to assist Member States to implement its provisions. As stipulated in the Programme of Action, States, international and regional organizations in a position to do so are encouraged to seriously consider rendering cooperation and assistance, including technical and financial assistance to developing countries upon their request.

9. In this regard, the Non-Aligned Movement would like to propose the following recommendations for the consideration of the Preparatory Committee and its incorporation in the outcome document of the 2012 United Nations Conference to Review Progress Made in the Implementation of the Programme of Action to Prevent, Combat and Eradicate the Illicit Trade in Small Arms and Light Weapons in All Its Aspects:

    a. Developed States and international and regional organizations should, upon request of the developing countries, render cooperation and assistance, particularly technical and financial assistance, without conditionalities, in the following areas relating to the implementation of the PoA: (i) weapons collection/destruction; (ii) disarmament, demobilization and reintegration, including the effective collection, control, storage and destruction of weapons, particularly in post-conflict situations; (iii) stockpile management, marking,

tracing and record-keeping; (iv) transborder customs cooperation and networks for information-sharing among the customs, law enforcement, and border control agencies; (v) cooperation in maritime border surveillance in conformity with international law; (vi) capacity-building, public awareness, education and confidence-building programmes; (vii) legislation; (viii) national coordination; (ix) transparency; (x) and preparation of national reports;

b. States, in particular developed countries, should increase the channeling to developing countries, upon their request, of capacity-building, training and equipments such as mobile X-ray gates, body scanners, advanced radar systems for border control and protective means like bullet-proof jackets, to law enforcement agencies, cross-border cooperation and operation, mutual legal assistance and information-sharing and exchange;

c. States, in cooperation with appropriate international and regional organizations, including the three UN Regional Centres for Peace and Disarmament, should consider establishing and improving mechanisms, such as trust fund arrangements, under the auspices of the United Nations, for the mobilization of reliable assistance to developing countries upon their request for the implementation of programmes to prevent, combat and eradicate the illicit trade in small arms and light weapons in all its aspects;

d. Major arms exporting countries and States in a position to do so should provide to developing countries, upon their request, the necessary technology, equipment and requisite training to improve marking, tracing, record-keeping and destruction of small arms and light weapons for the effective implementation of the Programme of Action and the International Tracing Instrument;

e. The United Nations Institute for Disarmament Research, in collaboration with the relevant United Nations agencies, should be requested to continue carrying out studies on i) the financial and technical needs of developing countries for full implementation of the Programme of Action; ii) the quantum of financial and technical assistance provided since 2001 and its impact on the capacities of States to implement the PoA, and to submit them for consideration and further action by Member States;

f. Establish a mechanism within the United Nations that provides online access for developing countries to the technical studies and academic research related to small arms and light weapons in addition to those that are already available;

g. There should be reports by those developed States on their PoA-implementation specific financial and technical assistance, including the provision of relevant equipment, provided to developing countries. Such assistance should not be based on reallocation of resources devoted to economic and social development programmes. The UNODA is requested to

3

compile these reports annually, subject to deliberation and evaluation by Member States, especially beneficiaries, during the Biennial Meeting of States.

DRAFT – COMPILATION TEXT

January 2009

**Draft Resolution on Agenda Item 116 "Follow-up to the outcome of the Millennium Summit"**

**[Strengthening the environmental activities in the United Nations system –G77: TO BRACKET]**

*The General Assembly,*

**PP1**    *Recalling* the 2005 World Summit Outcome[1],

**PP2**    *Taking into account* Agenda 21[2], the Rio Declaration on Environment and Development[3], [the Nairobi Declaration on the role and mandate of the United Nations Environment Programme[4], - EU: DELETE] and the Plan of Implementation of the World Summit on Sustainable Development ("Johannesburg Plan of Implementation")[5],

**G77: NEW pp2bis:** Reaffirming that eradicating poverty is the greatest global challenge facing the world today and indispensable requirement for sustainable development, in particular for developing countries;

**PP3**    *Reaffirming* the need for more efficient environmental activities in the United Nations system, with enhanced coordination, improved policy advice and guidance, strengthened scientific knowledge, assessment and cooperation, better treaty compliance, while respecting the legal autonomy of the treaties, and better integration of environmental activities in the broader sustainable development framework at the operational level, including through capacity-building, [and technology transfer, and in this context recalling its decision to explore the possibility of a more coherent institutional framework to address this need, including a more integrated structure, building on existing institutions and internationally agreed instruments, as well as the treaty bodies and the specialized agencies; - G77 ADD]

---

[1] See resolution A/60/1.
[2] *Report of the United Nations Conference on Environment and Development, Rio de Janeiro, 3-14 June 1992, vol. I, Resolution adopted by the Conference* (United Nations publication, Sales No. E.93.I.8 and corrigendum), resolution 1, annex II.
[3] Ibid., vol. I: *Resolutions Adopted by the Conference*, resolution 1, annex I.
[4] *Official Records of the General Assembly, Fifty-second Session, Supplement No. 25* (A/52/25), annex, decision 19/1, annex.
[5] *Report of the World Summit on Sustainable Development, Johannesburg, South Africa, 26 August-4 September 2002* (United Nations publication, Sales No. E.03.II.A.1 and corrigendum), chap. I, resolution 2, annex.

DRAFT – COMPILATION TEXT

January 2009

**US: NEW PP3Bis**: Noting also the need to strengthen environmental activities within the UN system in order to avoid duplication, leverage resources and expertise and increase capabilities and efficiency while maintaining effective and flexible environmental governance;

[**PP4** *Recalling* paragraph 169 of the World Summit Outcome Document and in this context its decision to explore the possibility of a more coherent institutional framework to address this need, including a more integrated structure, building on existing institutions and internationally agreed instruments, as well as the treaty bodies and the specialized agencies, - G77, US: DELETE]

**PP5** *Emphasizing* that the United Nations Environment Programme has been and [must – US: DELETE][should – US: REPLACE] continue to be the principal United Nations body in the field of environment and that its role is to be the leading global environmental authority [through its Governing council / global ministerial forum, - G77: ADD] that sets the global environmental agenda, that promotes the coherent implementation of the environmental dimension of sustainable development within the United Nations system and that serves as an authoritative advocate for the global environment,

**G77: NEW PP5bis**: Recalling General Assembly resolution 2997/XXVII which established the functions of the UNEP as the intergovernmental body responsible, inter alia, to provide general policy guidance for the direction and coordination of environmental programmes within the UN system;

**PP6** *Recalling* the mandate of the United Nations Environment Programme [as elaborated by the Nairobi Declaration – US: ADD] [to advance the implementation of agreed international norms and policies, to monitor and foster compliance with environmental principles and international agreements and stimulate cooperative action to respond to emerging environmental challenges – US: DELETE],

**G77: NEW PP6bis**: Recalling the United Nations Environment Programme's Governing Council Decision SS/7/1 on international environmental governance, adopted in Cartagena, as well as the Bali Strategic Plan for Technology Support and Capacity-building, as an important components for strengthen environmental activities in the UN system,

[**PP7** *Stressing* in this regard the need for an efficient, [and effective approach – US: ADD] [effective and equitable – US: DELETE] international environmental governance as a contribution to achieving the Millennium Development Goals and addressing negative impacts of environmental degradation on the poor [and contributing to a better integration of environmental activities into development programmes – EU: ADD], - G77: DELETE, ]

2

DRAFT – COMPILATION TEXT

DRAFT – COMPILATION TEXT

January 2009

**G77: NEW PP7-Alt**: *Stressing* the need for efficient, effective and equitable international environmental governance to address the negative impacts of environmental degradation,

**PP8** [*Recognizing* – G77: DELETE][*Stressing* – G77: REPLACE] that action on the strengthening of international environmental governance should be [undertaken – G77: DELETE] in the context of the three pillars of sustainable development, in accordance with the principles identified in [Agenda 21 – EU, AU: DELETE][the Rio Declaration on Environment and Development – AU: REPLACE], [including [, inter-alia, - EU: ADD] [, in particular – G77: ADD] the principle of common but differentiated responsibilities, [and that environmental activities should be mainstreamed in other policy areas, - G77: DELETE] – US, AU: DELETE]

[**PP9** *Stressing* the importance of strengthening environmental governance at national, regional and global level and of improving the implementation of [agreed norms and policies – US: DELETE] [international agreed goals and commitments – US: ADD] through enhanced compliance and capacity building, - G77: DELETE]

**PP10** *Stressing also* the necessity of sufficient[, timely [and – CANADA: ADD], predictable – US: DELETE] [resources – US, CANADA: ADD], [new and additional resources – EU, CANADA, AU, JP, US: DELETE; G77: RETAIN] [adequate funding – EU: ADD], [as well as the responsibility to the efficient use of resources, – G77: DELETE] [and prioritization of activities – EU: ADD] [and transfer of technology to developing countries as to enhance its capacity building – G77: ADD],

[**PP11** *Recognizing* that [there is an urgent need to speed up – EU: ADD] the strengthening of international environmental governance [is a [long-term – US: DELETE][ongoing – US: REPLACE] process, evolutionary in nature – EU: DELETE], which needs continued [and intensified – EU: ADD] discussion in order to reflect [emerging – EU: DELETE] [global – EU: ADD] challenges [, such as the negative impacts of climate change, - EU: ADD] and adapt the system to the needs of the international community, - G77: TO BRACKET]

**EU: NEW PP11bis**: *Stressing* the need in that regard to build upon the progress made in the Nairobi Declaration on the role and mandate of the United Nations Environment Programme, the Malmö Ministerial Declaration, the decision SS.VII/1 on international environmental governance adopted by the Governing Council of the United Nations Environment Programme in Cartagena, and decision SS.X/3 on the Medium Term Strategy 2010-2013 adopted by the UNEP Governing Council in Monaco,

DRAFT – COMPILATION TEXT

January 2009

**Scientific Assessment, monitoring and early warning capacity**

**OP1** *Reiterates* that [a core element of the mandate of – AU: ADD] the United Nations Environment[al – CANADA, JP: DELETE] Programme is [to analyse – AU: ADD] [the leading agency within the United Nations system for the analysis of – AU: DELETE] the state of the global environment and the assessment of global and regional environmental trends, as well as [to provide – AU: ADD] [for the provision of – AU: DELETE] [authoritative – G77: DELETE] policy advice and early warning information on environmental threats to Member States by catalysing and promoting international cooperation and action, based on the best [scientific and technical capabilities – G77: DELETE][technical knowledge – G77: REPLACE] available;

**US: NEW OP1alt:** *Reiterates* that a core element of the focused mandate of UNEP is to analyze the state of the global environment and assess global and regional environmental trends, provide policy advise, early warning information on environmental threats, and to catalyze and promote international cooperation and action, based on the best scientific and technical capabilities available; - AU SUPPORTS

**OP2** *Stresses* the importance of strengthening the capacity of the United Nations Environment Programme to [[, inter-alia, - G77: ADD] promote research [, monitoring and scientific assessment – MX: ADD] and – US: DELETE] interact with existing scientific bodies in all geographic regions in a systematic and coordinated manner, including with academic institutions and centres of excellence and relevant [scientific – G77: ADD] non-governmental organisations, [taking into [account – MX: DELETE][consideration – MX: REPLACE] the role – EU: DELETE] and the scientific competence of specialized agencies [, such as UNESCO, - JP: ADD] as well as scientific subsidiary bodies of multilateral environmental agreements; to strengthen the exchange between environmental and developmental scientific communities; to present [and diffuse – MX: DELETE] [, diffuse and monitor – MX: ADD] scientific findings in a user friendly way and to offer [authoritative – G77: DELETE] advice to United Nations Member States[ to build capacities at national level with the support from existing organizations and with the appropriate resources to enable national assessments and monitoring processes – MX: ADD];

[**OP3** *Invites* the Governing Council of United Nations Environmental Programme to further strengthen scientific activities and [to consider – EU: DELETE][welcomes – EU: REPLACE] the creation, within the Programme, of a Chief Scientific Capacity[, responsible for convening leading scientists from within and outside the United Nations system, for facilitating independent and authoritative knowledge and for managing and overseeing the scientific assessment, monitoring and early warning work of the United Nations Environmental Programme, and to [provide the – US: DELETE] [facilitate the provision of – US: ADD] necessary [voluntary – JP ADD] additional resources thereto – EU: DELETE]; - AU, G77: DELETE]

DRAFT – COMPILATION TEXT

January 2009

[OP4 *Requests* the Executive Director of the United Nations Environmental Programme, in cooperation with all relevant actors, [including cooperation between public and private sector, – MX: ADD] to establish [, within existing resources, – JP: ADD] on a biannual basis a consolidated overview of research activities in order to identify gaps and duplications and to assist Member States in their effort for adequate policy response [and invites Conferences of relevant Multilateral Environmental Agreements [and the specialized agencies, such as UNESCO and WMO – JP: ADD] to request their scientific bodies to contribute as appropriate to this task – EU: ADD]; - G77, US, AU: DELETE]

**AU: NEW OP4alt**: *Requests* the Executive Director of the United Nations Environment Programme, to present to the United Nations membership a consolidated overview of research activities on a biannual basis in order to identify gaps and duplications and to assist Member States in their effort for adequate policy response, and invites Conferences of the Parties of Multilateral Environmental Agreements to collaborate with the Executive Director of the United Nations Environment Programme to provide UNEP with the information for this task;

**Coordination and cooperation at the level of agencies**

**OP5** *Emphasizes* the need to strengthen the capacities of the United Nations Environmental Programme, including through the Environment Management Group, [managed by the Executive Director of UNEP, - JP: ADD] to cooperate and coordinate with [all parts of the United Nations system – AU: DELETE] [all relevant parts of the United Nations system on environmental issues, where appropriate, –AU: ADD] [and relevant Multilateral Environmental Agreements – AU: DELETE] [, and World Bank – US: ADD] on environmental [and human settlements – US: ADD] issues, while enhancing the capacities within the United Nations system to integrate environmental objectives into related areas;

[**OP6** *Decides* to place the Environment Management Group, managed by the Executive Director of the United Nations Environment Programme, under the direct authority, responsibility and leadership of the Secretary General and encourages the integration of the Environment Management Group within the framework of the Chief Executives Board in order to ensure a coordinated approach of the United Nations system to sustainable development; G77, US, EU: DELETE]

**EU: NEW OP6Alt** *Decides* to place the Environment Management Group, managed by the Executive Director of the United Nations Environment Programme, under the direct authority, responsibility and leadership of the Secretary General;

5

DRAFT – COMPILATION TEXT

January 2009

**EU: NEW OP6Alt-bis** *Encourages* the integration of the Environment Management Group within the framework of the Chief Executives Board in order to ensure a coordinated approach of the United Nations system to sustainable development, while bearing in mind the need to avoid duplications of work among its different components;

[**OP7** *Recommends* the Environment Management Group to structure its work around key environmental areas in an integrated and better coordinated manner and to associate further institutions from within and outside the United Nations system; - US, G77: DELETE]

**OP8** *Calls upon* the Executive Director of the United Nations Environment Programme and the Administrator of the United Nations Development Programme to pursue through appropriate measures their cooperation in the implementation of the Bali Strategic Plan for Technology Support and Capacity-building [including at the country level – G77: ADD][, deepen it at country level and consolidate the two Programmes' interaction with the International Financial Institutions and Multilateral Environmental Agreements in that regard, including by amending the existing Memorandum of Understanding between the United Nations Development Programme and the United Nations Environment Programme accordingly, in order to clarify their respective roles and tasks [and reminds that this activity is crucial to strengthen the national and regional information systems – MX: ADD] – G77, US: DELETE];

**US: NEW OP8alt**: Calls upon the Executive Director of UNEP and the Administrator of UNDP within their respective mandates to consider appropriate actions regarding their cooperation in the implementation of the Bali Strategic Plan for Technology Support and Capacity-building, including country level interactions with the International Financial Institutions and Multilateral Environmental Agreements;

[**OP9** *Requests* the Executive Director of the United Nations Environment Programme, building on existing efforts, to [present – EU: DELETE][consider presenting – EU: REPLACE] to the United Nations membership an annual consolidated [appeal – AU: DELETE][overview – AU: REPLACE] containing needs, planned activities and estimated funding levels for all environmental capacity building activities in the United Nations system, including for the implementation of the Bali Strategic Plan for Technology Support and Capacity-building and for Multilateral Environmental Agreements and invites Secretariats of Multilateral Environmental Agreements to collaborate with the Executive Director of the United Nations Environment Programme in this task; - G77: DELETE]

[**OP10** *Stresses* the importance of strengthened cooperation between the United Nations Environment Programme and international economic, trade and financial organizations both within and outside the United Nations system [and [*recommends* – AU: DELETE][encourages –

January 2009

AU: REPLACE] that the United Nations Environment Programme and the Multilateral Environmental Agreements [ask for formal inclusion as observers on all relevant Committees of the World Trade Organization – AU: DELETE][to continue enhancing the mutually supportive relationship with the World Trade Organization including as observers on relevant Committees – AU ADD] – US: DELETE]; G77: TO BRACKET]

## Multilateral Environmental Agreements

**OP11** *Recognizes* the increased importance of enhancing cooperation and coordination amongst Multilateral Environmental Agreements[[, promoting working in clusters, - G77: DELETE] and rationalising secretariat activities, - US, AU: DELETE][, as determined by the Parties of the individual MEAs, collaborative work and leveraging the capabilities and expertise, as approved by the MEA governing bodies and when appropriate – US: ADD] while [maintaining – EU: DELETE][recognizing – EU: REPLACE] the legal autonomy of those Agreements;

**[OP12** [*Emphasizes* the need for – AU: DELETE][*Invites* – AU: REPLACE] Conferences of the Parties of Multilateral Environmental Agreements to continue to explore [, where appropriate, - G77: ADD] the potential for [cluster-wise – AU: DELETE] cooperation among the Agreements [, where appropriate, - AU: ADD] including by setting up and intensifying the collaboration in thematic, programmatic, scientific and administrative areas [, and to seek guidance from the United Nations Environment Programme for better coherence between the Agreements, - EU: ADD] [and *invites* the United Nations Environment Programme to identify [and promote – EU: ADD], in collaboration with Multilateral Environmental Agreements clusters for strengthened cooperation and coordination between the Multilateral Environmental Agreements and advise Conference of the Parties accordingly – G77, AU: DELETE]; - US: DELETE]

**OP13** [*Welcomes* – US: DELETE][*Notes* – US: REPLACE] progress achieved towards improved collaboration by the Ad Hoc Joint Working Group on enhancing cooperation and coordination among the Basel, Rotterdam and Stockholm Conventions and *encourages* the Joint Liaison Group of the Rio Conventions and the Ramsar Convention on Wetlands to [continue efforts to identify complementarities and synergies in their activities as appropriate and taking into account their respective mandates; - US: ADD] [intensify efforts to develop complementarities and synergies in their activities on issues of mutual concern[, and to invite the United Nations Environment Programme to join the Group – AU: DELETE]; - US, EU: DELETE]

**EU: NEW OP13alt:** *Welcomes* progress achieved towards improved collaboration by the Ad Hoc Joint Working Group on enhancing cooperation and coordination among the Basel,

7

DRAFT – COMPILATION TEXT

January 2009

Rotterdam and Stockholm Conventions based on a participatory approach and notes the decision IX/10 taken by the Conference of Parties of the Basel Convention to this effect;

**EU: NEW OP13alt-bis** *Encourages* the Joint Liaison Group of the Rio Conventions and the Ramsar Convention on Wetlands to intensify efforts to develop complementarities and synergies in their activities on issues of mutual concern, and to invite the United Nations Environment Programme to join the Group;

[OP14 *Recognizes* the importance of enhanced efforts at national level to implement Multilateral Environmental Agreements, and *stresses* that implementation efforts should be in accordance with the priorities of the recipient countries [and consistent with the objectives of the Bali Strategic Plan for Technology Support and Capacity-building – AU: DELETE]; - G77, EU: DELETE]

**G77: NEW OP14alt:** *Recognizes* the importance of greater international support to the enhancement of efforts at the national level to implement Multilateral Environmental Agreements and stresses that such support should be in accordance with the national priorities and consistent with the objectives of the Bali Strategic Plan for Technology Support and Capacity-building;

**EU: NEW OP14Alt.2:** *Recognizes* the importance of enhanced efforts at national level to implement Multilateral Environmental Agreements, and *calls upon* Parties of Multilateral Environmental Agreements to implement their respective Agreements in close cooperation with the United Nations Environment Programme, the United Nations Development Programme, the World Bank, the Food and Agriculture Organization and the Global Environment Facility, and *stresses* that implementation efforts should be in accordance with the priorities of the recipient countries and consistent with the objectives of the Bali Strategic Plan for Technology Support and Capacity-building; (US could support)

[OP15 *Encourages* the Parties of Multilateral Environmental Agreements to implement their respective Agreements and *calls upon* the United Nations Environment Programme, the United Nations Development Programme, the World Bank, and the Global Environment Facility to closely cooperate with them [, as requested, - AU: ADD] in the implementation of their Agreements; - EU: DELETE; US, G77: TO BRACKET]

[OP16 [*Invites* – EU: DELETE][Calls upon Secretariats of – EU: ADD][Conferences of the Parties of – G77: ADD] Multilateral Environmental Agreements to explore the potential for working in flexible, issue-based and result oriented cooperative arrangements with relevant implementing agencies; - US: DELETE]

DRAFT – COMPILATION TEXT

January 2009

**OP17** *Requests* the Executive Director of the United Nations Environment Programme to administer Secretariats of [the – G77: DELETE][those – G77: REPLACE] Conventions under his authority in the most cost-effective manner [and to take a proactive role in promoting synergies among the Convention Secretariats [channelling, as appropriate, – EU: ADD][, ensuring that any – EU: DELETE] savings resulting from improved coordination and cooperation of Multilateral Environmental Agreements [will be used to – EU: DELETE] [towards – EU: ADD] increase implementation activities – US: DELETE];

**Regional presence and activities at the regional level**

**OP18** *Underscores* the importance of the regional offices of the United Nations Environment Programme as entry points for scientific activities, including environmental assessments and monitoring, capacity-building and technology support, taking into account the specificities of the regional contexts [and taking into account decisions 22/21 and 22/13 of the XXII meeting of the Governing Council – MX: ADD];

**OP19** [*Calls upon* –US: DELETE][*Encourages* – US: ADD] the Governing Council of the United Nations Environment Programme to strengthen the regional offices of the Programme to facilitate effective support for the implementation of the Bali Strategic Plan for Technology Support and Capacity-building at its national, subregional and regional levels[ by working closely with other United Nations agencies, in particular the United Nations Development Programme – AU: ADD];

**OP20** *Calls upon* the Governing Council of the United Nations Environment Programme to strengthen the strategic presence of the Programme in the regions [and – EU: DELETE][through – EU: REPLACE] the cooperation of its regional offices with all relevant regional actors, including with the United Nations Regional [Economic – EU: ADD] Commissions, agencies, funds, programmes and other relevant entities directly related to environmental activities or dealing with broader sustainable development issues;

**[Capacity Building and Technology Support – G77: DELETE]**
[Capacity building, technology transfer and the Bali Strategic Plan – G77: REPLACE]

**OP21** *Stresses* the need to [deepen and broaden – US: DELETE][increase, as appropriate, - US: ADD] capacity-building and technology support for developing countries, as well as of countries

9

## DRAFT – COMPILATION TEXT

with economies in transition[, throughout the international environment governance, at all levels – G77: DELETE];

**OP22** *Urges* the [full implementation of – AU: DELETE][United Nations Environment Programme to fully implement – AU: ADD] the Bali Strategic Plan for Technology Support and Capacity-building, as a [major – G77: ADD] component for strengthening the international environmental governance;

**[OP23** *Emphasizes* that Chapter 34 of the Agenda 21 and the Bali Strategic Plan for Technology Support and Capacity-building should serve as [one of – EU: ADD] the overarching guiding framework for [operational [environmental – EU: ADD] activities of United Nations agencies – G77: DELETE] [technology support and capacity building in the environmental related activities of the United Nations agencies – G77: ADD], Multilateral Environmental Agreements and the International Financial Institutions at country level; - AU: DELETE]

**US: NEW OP23alt**: Emphasizes that the Bali Strategic Plan for Technology Support and Capacity-building should serve as the overarching framework for operational activities of the UN environment programme, which should pursue synergies with multilateral environmental agreements and the international financial institutions at the country level, as appropriate;

**[OP24** *Welcomes* the efforts of the United Nations Development Group to approve activities to implement policies and procedures related to environmental sustainability [and to appropriately integrate them into the Guidelines for United Nations Country Teams on preparing Common Country Assessments and United Nations Development Assistance Frameworks – US: DELETE ONLY THIS AS COMPROMISE]; - US: DELETE]

**G77: NEW OP24bis**: *Underscores* the role of the UN system in facilitating technology transfer and access to environmentally sound, clean and affordable technology for developing countries;

**OP25** [*Urges* – US: DELETE][*Encourages* – US: ADD]Resident Coordinators and United Nations Country Teams to make full use of the capacities of the United Nations system, particularly those of the United Nations Environment Programme, to respond to the needs of developing countries and countries with economies in transition with regard to the strengthening of the[ir – G77: ADD] capacities [of governments – G77: DELETE] in order to achieve the objectives of the Bali Strategic Plan for Technology Support and Capacity-building;

DRAFT – COMPILATION TEXT

January 2009

**Information technologies [and – G77: ADD] [, - G77: DELETE] partnerships [and advocacy –G77: DELETE]**

**OP26** *Stresses also* the importance to strengthen[ing – US: ADD] key support functions relating to international environmental governance, through, inter-alia, the use of information technologies [and expanded activities – G77: ADD] [, expanded partnerships and advocacy activities – G77: DELETE];

**[OP27** *Urges* the Secretary General, in improving Information Technologies throughout the United Nations system, to make available as a matter of priority information technology to entities dealing with environmental issues in order to enhance cooperation, resource management and knowledge sharing between different parts of the United Nations system, taking into account the special needs of the United Nations Office in Nairobi in order to fulfil its mandate; - US: DELETE]

**US NEW: OP27alt**: *Encourages* UNEP and relevant UN bodies to make use of state of the art information technology in order to enhance cooperation, resource management and knowledge sharing between different parts of that UN system as available and appropriate within budgetary constrains and taking into account the special needs of the UN office in Nairobi in order to fulfil its mandate;

**Financing**

**NORWAY: NEW OP27 BIS:** *Underscores* the urgency of improving financing for the international environmental governance system and for environmental activities through timely and adequate funding;

**[OP28** *Requests* the Secretary General to task the United Nations Environment Programme [to consider – EU: ADD] [with – EU: DELETE] the creation and maintenance of a Global Environmental Financial Tracking System, [where appropriate, – JP: ADD] [taking due consideration of existing tracking mechanisms, – UE, AU, NORWAY: ADD] a web-based database relying on voluntary self-reporting by donors and recipients and providing in a user friendly and easily accessible manner transparent and up to date information on the type, amount and direction of multilateral and bilateral financial flows for environmental activities flowing through the United Nations system; -US: TO BRACKET; G77: MOVE IT AS OP33BIS WITH AMENDMENTS ]

DRAFT – COMPILATION TEXT

January 2009

**[OP29** *[Encourages* – RUSSIA: DELETE][Takes note of – RUSSIA: REPLACE] the United Nations Environment Programme to continue to apply a voluntary indicative scale of contributions; US, NORWAY, AU : DELETE]

**[OP30** *Calls upon* the Governing Council of United Nations Environment Programme to [provide – G77: DELETE] [allocate – G77: REPLACE] as a matter of urgency the resources needed for the implementation of measures related to the United Nations Environment Programme activities, [as set out in this resolution – G77: DELETE][in particular the implementation of the Bali Strategic Plan – G77: ADD]; - EU, CANADA, US: DELETE]

**MEXICO: NEW OP30-Bis** *Emphasizes* the need to ensure a link between the adoption of decisions on strategic goals and the allocation of resources to promote the PNUMA projects.

**MEXICO: NEW OP30-Ter** *Recognizes* the importance to ensure an integrated and intersectorial environment finance and investment to support national and local projects and authorities

**[OP31** *Asks* the Secretary-General to submit recommendations for ensuring new and additional resources [, where appropriate, - JP: ADD], including innovative sources of financing [for the implementation of environmental activities – G77: ADD], in his report on the implementation of this resolution; - EU, AU, JP: DELETE]

**[OP32** *[Requests* the Secretary General to double the contributions from – JP: DELETE][*Invites* the Secretary General to reassess the internal allocation within – JP REPLACE] the regular United Nations budget to the [respective – G77: DELETE] budget of the United Nations Environment Programme; - RUSSIA, EU, MX, US, AU: DELETE]

**EU: NEW OP32Alt** *Request* the Secretary-General to assess, before the end of the 63$^{rd}$ session, in close coordination with the UNEP, the financial implications associated with the full implementation of the concrete decisions adopted on this resolution, and to submit recommendations for providing adequate funding to face these implications;

**MEXICO: NEW OP32Alt-2**: *Request* the Secretary-General to search for options to reallocate resources within the regular budget to the UNEP, in order to double the current contributions to the Programme;

**[OP33** *[Invites* – G77: DELETE][*Urges* – G77: REPLACE] donor countries to [substantially increase resources for the – G77: ADD] [achieve a substantially increased – G77: DELETE] fifth replenishment of the Global Environment Facility Trust Fund [to enable it to adequately fulfil its role to respond to the environmental challenges in the context of sustainable development – G77:

12

DRAFT – COMPILATION TEXT

DRAFT – COMPILATION TEXT

January 2009

ADD] [commensurate with its strengthened function – AU: DELETE] [that recognizes the increasing environmental challenges – AU: REPLACE]; - EU: DELETE]

**EU, AU: NEW OP33-Alt:** *Notes* the importance of continuing to improve the effectiveness and effectiveness of the GEF trust fund commensurate with the central role that it plays in the financing of environmental activities of the UN system, and invites donors to achieve an adequate and successful fifth replenishment;

**G77: NEW OP33Bis** *Requests* the Secretary General to task the United Nations Environment Programme with the creation and maintenance of a Global Environmental Financial Tracking System, [a web-based database relying on voluntary self-reporting by donors and recipients and providing in a user friendly and easily accessible manner transparent and – G77: DELETE] [providing - G77: ADD] up to date information on the type, amount and direction of multilateral and bilateral financial flows for environmental activities flowing through the United Nations system;

**G77: NEW OP33Ter:** *Calls upon* all relevant financing institutions, in particular the GEF, to simplify procedures and reduce administrative requirements, in order that development countries may access funds available;

**G77: NEW OP33Quad:** *Stresses* also the necessity of adequate, timely, predictable, new and additional financial resources and transfer of technology to development countries so as to enhance their capacity building;

**[Further consultations to explore the possibility of a more coherent institutional framework of the international environmental governance - NORWAY, EU, G77: DELETE]**

**NORWAY, EU: NEW SUBTITLE – Alt-1: Broader transformation of the international environmental governance**

**G77: NEW SUBTITLE – Alt-2: Follow-up**

**OP34** *Takes note* of the opinions expressed on the issue of a more coherent institutional framework[[, including a more integrated structure – RUSSIA: DELETE] of the – AU: DELETE][ on – AU: ADD] international environmental governance - US, DELETE], and in this regard, *decides* to continue the examination of this issue, taking into consideration the achievements of the present resolution and the results of the informal consultative process of the

13

DRAFT – COMPILATION TEXT

DRAFT – COMPILATION TEXT

January 2009

General Assembly on the Institutional Framework of the United Nations' environmental activities[; and with a view to assess progress achieved at its sixty-fourth session in a formal setting; - G77 : ADD]

**[OP35** *Decides* to continue informal consultations on the international environmental governance, including the roles and mandates of and interaction among the different intergovernmental bodies during its sixty-third session with a view to assess progress achieved at its sixty-[fourth – US, AU, RUSSIA: DELETE][fifth – US, RUSSIA: REPLACE] [sixth – AU, RUSSIA: REPLACE] session in a formal setting; - G77: DELETE]

**EU: NEW OP35alt**: *Decides* to establish an open-ended working group on further strengthening of the environmental international governance and on possibilities on a broader transformation on the system, including the roles and mandates of and interaction among the different intergovernmental bodies during the 63$^{rd}$ session, contributing to the preparation of the SG reports referred to in OP36 and taking into consideration its analysis and recommendations;

**[Follow-up – G77: Delete]**

**OP36** *Requests* the Secretary-General to submit to the General Assembly at its sixty-[fourth – US, AU: DELETE][fifth – US: REPLACE][sixth – AU: REPLACE] session a comprehensive report on the implementation of the present resolution, including an analysis of challenges faced by the United Nations international environmental governance architecture and recommendations on further measures to strengthen it[, and decides to consider this issue under the item "Follow-up to the outcome of the Millennium Summit" – G77: DELETE].

DRAFT – COMPILATION TEXT

# ROMANIA
## PERMANENT MISSION TO THE UNITED NATIONS
573-577 THIRD AVENUE, NEW YORK, NY 10016 · TEL (212) 682-3274 · 818-1491 · FAX (212) 682-9746

Introductory Statement by

H.E. Ambassador SORIN DUCARU,

Permanent Representative of Romania to the United Nations

on the Draft Resolution A/C.2/55/L.16

*"Cooperation between the United Nations and the Black Sea Economic Cooperation*

*Organization".*

Second Committee, 30th meeting

55th Session of the General Assembly

New York, October 31, 2000

Mr. Chairman,

On behalf of 24 co-sponsors, I have the honour and privilege to introduce the draft resolution A/C.2/55/L. *"Cooperation between the United Nations and the Black Sea Economic Cooperation Organization".*

We appreciate also the willingness and support of 4 countries, which join the co-sponsors group after the draft was submitted to the Secretariat of the Second Committee, namely: Canada, Czech Republic, Republic of the Fiji Islands and Thailand.

The Black Sea Economic Cooperation (BSEC) came into existence in 1992 as an intergovernmental mechanism aiming at establishing a network of economic cooperation among its eleven founding member-states: Albania, Armenia, Azerbaijan, Bulgaria, Georgia, Greece, Republic of Moldova, Romania, Russian Federation, Turkey and Ukraine. The BSEC functioned effectively, in its initial form as an intergovernmental forum, until the 1st of May 1999, when it

was transformed into a regional organization under the name "The Black Sea Economic Cooperation Organization (BSECO)". Nine states (Austria, Egypt, France, Germany, Israel, Italy, Poland, Slovakia and Tunisia) have already acquired observer status to BSECO, and many others countries have applied for such status. BSECO has as main objectives the efficient use of the advantages following from geographical proximity and the complementarities of the national economies of member states and the speeding-up of economic and social development of the countries enrolled in the integration process into European Union, through intensified regional cooperation.

**Mr. Chairman**,

The observer status in the General Assembly granted to BSECO, through the adoption of the resolution A/54/5, has opened the way for the next step on the relation with the UN, which is the presentation of a draft resolution aiming to explicitly statue the cooperation between UN and BSECO. The draft introduced today within Second Committee framework takes note of the Istanbul Summit Declaration of the Heads of State or Government of the Member States of the BSECO in which the wish of the Organization to strengthen the cooperation with UN is expressed. It also invites to concrete actions through consultations and programmes among the UN system, its specialized agencies and development programmes on the one hand, and BSECO on the other hand, in the attainment of their objectives. Finally, the draft requests to include in the provisional agenda of the fifty-seventh session a new item entitled "Cooperation between the United Nations and the Black Sea Economic Cooperation Organization".

The today's endeavour on the cooperation between UN and BSECO represents an important stage in increasing the role on visibility of this regional economic Organization within the multilateral framework of economic and political international cooperation.

I wish to express the hope that the General Assembly of the UN will adopt by consensus the resolution presented to you today in the Second Committee.

**I thank you, Mr. Chairman**.

PERMANENT MISSION OF
# THE KINGDOM OF THE NETHERLANDS
TO THE UNITED NATIONS

235 East 45th Street, New York, NY 10017

**Check against delivery**

## STATEMENT BY

## H.E. AMBASSADOR A. PETER VAN WALSUM

## PERMANENT REPRESENTATIVE OF THE KINGDOM OF THE NETHERLANDS

## 55TH SESSION OF THE GENERAL ASSEMBLY
## THIRD COMMITTEE

## AGENDA ITEM 107
## ADVANCEMENT OF WOMEN

## INTRODUCTION TO L.11 REV.1:
## "WORKING TOWARDS THE ELIMINATION OF CRIMES AGAINST WOMEN COMMITTED IN THE NAME OF HONOR"

## NEW YORK, 1 NOVEMBER 2000

# Introduction to L.11 Rev.1

## "Working towards the elimination of crimes against women committed in the name of honor"

## A   GENERAL

Madam Chair,

It is my pleasure to introduce on behalf of 56 sponsors draft resolution L.11 Rev.1 entitled "Working towards the elimination of crimes against women committed in the name of honor".

The 23rd Special Session of the General Assembly devoted to women's issues in the 21st century was a timely moment to assess what has been achieved for women's human rights, what has changed and how we should now proceed.

In the Beijing Plus Five outcome document we all committed ourselves to continue to eliminate acts of violence against women.

The Beijing Plus Five outcome document is a historic achievement for women. It is the first globally-accepted instrument which explicitly acknowledges the occurrence of honor crimes.

Our draft resolution builds on the consensus of Beijing Plus Five. The sponsors consider it a fitting moment for the General Assembly to highlight this abhorrent phenomenon.

## B   CONTENTS OF THE RESOLUTION

The draft resolution is a contribution towards the elimination of honor crimes. The perpetrators of such crimes believe that only the woman's death or mutilation can save their honor. What honor? How is it possible that the perpetrators assume that they have any justification at all to commit such horrific crimes against women?

The sponsors of this draft resolution realize that the elimination of honor crimes is a collaborative process. This is clearly expressed in the reformulated title. The elimination of honor crimes requires fundamental changes in societal attitudes and the use of legislative, educational, social and other measures, such as awareness-raising campaigns. What is required of states, is due diligence to prevent, investigate and punish the perpetrators of honor crimes.

Although honor crimes as an issue has only recently emerged on the UN agenda, many efforts are already being undertaken at national and international level towards the elimination of such crimes. The draft resolution welcomes the laudable efforts by governments, the international community and civil society to this effect. We request the Secretary-General to address these good practices in his report in two years' time.

## C    NEGOTIATIONS

Madam Chair,

The negotiations have taken place in full transparency. At an early stage - almost six weeks ago - a text was disseminated to all delegations. Subsequently, six meetings were held for all interested delegations. These meetings were accompanied by intensive bilateral consultations. I would like to gratefully acknowledge that from all sides delegations have provided us with useful comments and advice. This has facilitated our work considerably. This process of cooperation led to a substantially revised version of L.11, a text which accommodates requests for change. I would like to draw your attention in particular to the revised title and the broadened scope of operative paragraph 1 as well as the deletion of various paragraphs which caused concern to some delegations. The numerous changes demonstrate flexibility on the part of sponsors.

## D    ADDITIONAL SPONSORS

Since the revised draft was tabled, seven more delegations have joined the list of co-sponsors: Botswana, Dominican Republic, Estonia, Grenada, Samoa, the Solomon Islands and Ukraine. Countries from all regions of the world sponsor L.11 Rev.1.

## E    CONCLUSION

Madam Chair,

It is time to move from eloquent words to firm action to ensure that women's human rights are fully honored throughout the world. Let us not forget that Beijing Plus Five has already demonstrated that no government approves of honor crimes and that there is consensus on the issue. The Beijing Plus Five outcome document is an important step forward in the protection of the human rights of women. We must go forward. We cannot go backward.

Thank you.

United Nations

# General Assembly

A/C.3/67/L.24

Distr.: Limited
22 October 2012

Original: English

**Sixty-seventh session**
**Third Committee**
Agenda item 66 (b)
**Rights of indigenous peoples: Second International**
**Decade of the World's Indigenous People**

**Bolivia (Plurinational State of) and Ecuador: draft resolution**

## Rights of indigenous peoples

*The General Assembly,*

*Recalling* all relevant resolutions of the General Assembly, the Human Rights Council and the Economic and Social Council relating to the rights of indigenous peoples,

*Reaffirming* its resolutions 65/198 of 21 December 2010 and 66/142 of 19 December 2011, as well as its resolution 66/296 of 17 September 2012 on the organization of the high-level plenary meeting of the General Assembly, to be known as the World Conference on Indigenous Peoples, to be held on 22 and 23 September 2014, and noting its inclusive preparatory process, as well as the participation of indigenous peoples in the Conference,

*Recalling* its resolution 59/174 of 20 December 2004 on the Second International Decade of the World's Indigenous People (2005-2014),

*Recalling also* the 2007 United Nations Declaration on the Rights of Indigenous Peoples,[1] which addresses their individual and collective rights,

*Recalling further* the United Nations Millennium Declaration,[2] the 2005 World Summit Outcome[3] and the outcome document of the high-level plenary meeting of the General Assembly on the Millennium Development Goals,[4]

*Recalling* the outcome document entitled "The future we want" of the United Nations Conference on Sustainable Development,[5] held in Rio de Janeiro, Brazil, from 20 to 22 June 2012,

---

[1] Resolution 61/295, annex.
[2] Resolution 55/2.
[3] Resolution 60/1.
[4] Resolution 65/1.
[5] Resolution 66/288, annex.

12-56541 (E)   251012

Please recycle

*Recalling* Human Rights Council resolution 21/24 of 28 September 2012 on human rights and indigenous peoples,

*Recalling also* Commission on the Status of Women resolutions 49/7, entitled "Indigenous women: beyond the ten-year review of the Beijing Declaration and Programme of Action",[6] and 56/4, entitled "Indigenous women: key actors in poverty and hunger eradication",[7]

*Recalling further* the first Peoples' World Conference on Climate Change and the Rights of Mother Earth,[8] hosted by the Plurinational State of Bolivia in Cochabamba from 20 to 22 April 2010,

*Stressing* the importance of promoting and pursuing the objectives of the United Nations Declaration on the Rights of Indigenous Peoples also through international cooperation to support national and regional efforts to achieve the ends of the Declaration, including the right to maintain and strengthen the distinct political, legal, economic, social and cultural institutions of indigenous peoples and the right to participate fully, if they so choose, in the political, economic, social and cultural life of the State,

*Recognizing* the value and the diversity of the cultures and the form of the social organization of indigenous peoples and their holistic traditional scientific knowledge of their lands, natural resources and environment,

*Concerned* about the extreme disadvantages that indigenous peoples have typically faced across a range of social and economic indicators and about the impediments to their full enjoyment of their rights,

*Recalling* its resolution 65/198, by which it decided to expand the mandate of the United Nations Voluntary Fund for Indigenous Populations so that it could assist representatives of indigenous peoples' organizations and communities to participate in sessions of the Human Rights Council and of human rights treaty bodies, on the basis of diverse and renewed participation and in accordance with relevant rules and regulations, including Economic and Social Council resolution 1996/31 of 25 July 1996, and urged States to contribute to the Fund,

*Recalling also* its decision in its resolution 66/296 to expand the mandate of the United Nations Voluntary Fund for Indigenous Populations so that it can assist, in an equitable manner, representatives of indigenous peoples, organizations, institutions and communities to participate in the World Conference, including in the preparatory process, in accordance with relevant rules and regulations,

1.    *Welcomes* the work of the Expert Mechanism on the Rights of Indigenous Peoples and of the Special Rapporteur on the rights of indigenous peoples, takes note with appreciation of his report on the rights of indigenous peoples,[9] and encourages all Governments to respond favourably to his requests for visits;

---

[6] *Official Records of the Economic and Social Council, 2005, Supplement No. 7* (E/2005/27), chap. I.D.

[7] Ibid., *2012, Supplement No. 7* (E/2012/27), chap. I.D.

[8] See A/64/777, annexes I and II.

[9] See A/66/288.

2. *Takes note with appreciation* of the report of the Secretary-General on the evaluation of the progress made in the achievement of the goals and objectives of the Second International Decade of the World's Indigenous People;[10]

3. *Also takes note with appreciation* of the report of the Secretary-General on the ways and means of promoting participation at the United Nations of indigenous peoples' representatives on issues affecting them;[11]

4. *Welcomes* the report of the United Nations High Commissioner for Human Rights on the status of the United Nations Voluntary Fund for Indigenous Populations;[12]

5. *Urges* Governments and intergovernmental and non-governmental organizations to continue to contribute to the United Nations Voluntary Fund for Indigenous Populations and the Trust Fund for the Second International Decade of the World's Indigenous People, and invites indigenous organizations and private institutions and individuals to do likewise;

6. *Encourages* those States that have not yet ratified or acceded to the International Labour Organization Indigenous and Tribal Peoples Convention, 1989 (No. 169)[13] to consider doing so and to consider supporting the United Nations Declaration on the Rights of Indigenous Peoples,[1] and welcomes the increased support by States for the Declaration;

7. *Encourages* States, in consultation and cooperation with indigenous peoples, to take the appropriate measures, including legislative measures, to achieve the ends of the Declaration;

8. *Encourages* all interested parties, in particular indigenous peoples, to disseminate and consider good practices at different levels as a practical guide on how to attain the goals of the Declaration;

9. *Welcomes* the celebration of the high-level event, to commemorate the fifth anniversary of the United Nations Declaration on the Rights of Indigenous Peoples, held on 17 May 2012 during the eleventh session of the United Nations Permanent Forum on Indigenous Issues with the participation of Member States and representatives of indigenous peoples' organizations, as part of the preparations for the high-level plenary meeting of the General Assembly, known as the World Conference on Indigenous Peoples, to be held in 2014;

10. *Also welcomes* the proclamation by the General Assembly of the year 2013 as the International Year of Quinoa[14] and the global launch of the Year on 29 October 2012, and encourages all Member States, the organizations of the United Nations and all other relevant stakeholders, to take advantage of the International Year of Quinoa as a way of promoting the Andean indigenous peoples' traditional knowledge, contributing to the achievement of food security, nutrition and poverty eradication and raising awareness of their contribution to social, economic and environmental development, and to share good practices on the implementation of activities during the Year;

---

[10] A/67/273.
[11] A/HRC/21/24.
[12] A/67/221.
[13] United Nations, *Treaty Series*, vol. 1650, No. 28383.
[14] Resolution 66/221.

A/C.3/67/L.24

11. *Requests* the Human Rights Council to establish, as a matter of priority and within the existing resources, an appropriate way forward for considering the ways and means of promoting participation at the United Nations of representatives of indigenous peoples on issues affecting them, taking into account the report of the Secretary-General,[11] established practice for accreditation of representatives of indigenous peoples at the United Nations, existing United Nations procedural rules regulating such participation and the objectives of the United Nations Declaration on the Rights of Indigenous People (2005-2014), and to submit its conclusions and recommendations to the General Assembly, well in advance of the high-level plenary meeting of the General Assembly, to be known as the World Conference on Indigenous Peoples, in September 2014;

12. *Requests* the Secretary-General, in collaboration with Member States, the Office of the United Nations High Commissioner for Human Rights, the Special Rapporteur on the rights of indigenous peoples, relevant United Nations treaty bodies, the International Labour Organization, the United Nations Development Programme, the United Nations Entity for Gender Equality and the Empowerment of Women and other relevant funds, programmes and specialized agencies of the United Nations system, to prepare a comprehensive final report on the achievement of the goals and objectives of the Second International Decade of the World's Indigenous Peoples, and its impact on the Millennium Development Goals and the United Nations development agenda beyond 2015, to be submitted no later than May 2014, which shall serve as an input to the preparatory process for the World Conference on Indigenous Peoples and the United Nations development agenda beyond 2015;

13. *Decides* to continue consideration of the question at its sixty-eighth session, under the item entitled "Rights of indigenous peoples".

---

12-56541

United Nations

A/C.3/67/L.24/Rev.1

# General Assembly

Distr.: Limited
21 November 2012

Original: English

---

**Sixty-seventh session**
**Third Committee**
Agenda item 66 (b)
**Rights of indigenous peoples: Second International Decade**
**of the World's Indigenous People**

> **Argentina, Australia, Bolivia (Plurinational State of), Chile, Costa Rica,**
> **Denmark, Dominican Republic, Ecuador, Estonia, Finland, Germany,**
> **Guatemala, Honduras, Hungary, Iceland, Italy, Lithuania, Luxembourg, Mexico,**
> **New Zealand, Nicaragua, Norway, Peru, Poland, Spain, Uruguay and Venezuela**
> **(Bolivarian Republic of): revised draft resolution**

## Rights of indigenous peoples

*The General Assembly,*

*Recalling* all relevant resolutions of the General Assembly, the Human Rights Council and the Economic and Social Council relating to the rights of indigenous peoples,

*Reaffirming* its resolutions 65/198 of 21 December 2010 and 66/142 of 19 December 2011, as well as its resolution 66/296 of 17 September 2012 on the organization of the high-level plenary meeting of the General Assembly, to be known as the World Conference on Indigenous Peoples, to be held on 22 and 23 September 2014, and noting its inclusive preparatory process, as well as the participation of indigenous peoples in the Conference,

*Inviting* Governments and indigenous peoples to organize international or regional conferences and other thematic events to contribute to the preparations for the Conference, and encouraging the participation of the three United Nations mechanisms on indigenous peoples[1] at these events,

*Recalling* its resolution 59/174 of 20 December 2004 on the Second International Decade of the World's Indigenous People (2005-2014) and its resolution 60/142 of 16 December 2005 on the Programme of Action for the Second International Decade of the World's Indigenous People, in which it adopted "Partnership for action and dignity" as the theme for the Second Decade,

---

[1] Permanent Forum on Indigenous Issues, Expert Mechanism on the Rights of Indigenous Peoples and Special Rapporteur on the rights of indigenous peoples.

12-60248 (E) 231112

Please recycle

A/C.3/67/L.24/Rev.1

*Recalling also* the 2007 United Nations Declaration on the Rights of Indigenous Peoples,[2] which addresses their individual and collective rights,

*Recalling further* the United Nations Millennium Declaration,[3] the 2005 World Summit Outcome[4] and the outcome document of the high-level plenary meeting of the General Assembly on the Millennium Development Goals,[5]

*Recalling* the outcome document entitled "The future we want" of the United Nations Conference on Sustainable Development,[6] held in Rio de Janeiro, Brazil, from 20 to 22 June 2012,

*Recalling* Human Rights Council resolution 21/24 of 28 September 2012 on human rights and indigenous peoples,

*Recalling also* Commission on the Status of Women resolutions 49/7, entitled "Indigenous women: beyond the ten-year review of the Beijing Declaration and Programme of Action",[7] and 56/4, entitled "Indigenous women: key actors in poverty and hunger eradication",[8]

*Recalling further* the first Peoples' World Conference on Climate Change and the Rights of Mother Earth,[9] hosted by the Plurinational State of Bolivia in Cochabamba from 20 to 22 April 2010,

*Stressing* the importance of promoting and pursuing the objectives of the United Nations Declaration on the Rights of Indigenous Peoples also through international cooperation to support national and regional efforts to achieve the ends of the Declaration, including the right to maintain and strengthen the distinct political, legal, economic, social and cultural institutions of indigenous peoples and the right to participate fully, if they so choose, in the political, economic, social and cultural life of the State,

*Recognizing* the value and the diversity of the cultures and the form of the social organization of indigenous peoples and their holistic traditional scientific knowledge of their lands, natural resources and environment,

*Concerned* about the extreme disadvantages that indigenous peoples have typically faced across a range of social and economic indicators and about the impediments to their full enjoyment of their rights,

*Recalling* its resolution 65/198, by which it decided to expand the mandate of the United Nations Voluntary Fund for Indigenous Populations so that it could assist representatives of indigenous peoples' organizations and communities to participate in sessions of the Human Rights Council and of human rights treaty bodies, on the basis of diverse and renewed participation and in accordance with relevant rules and regulations, including Economic and Social Council resolution 1996/31 of 25 July 1996, and urged States to contribute to the Fund,

---

[2] Resolution 61/295, annex.

[3] Resolution 55/2.

[4] Resolution 60/1.

[5] Resolution 65/1.

[6] Resolution 66/288, annex.

[7] *Official Records of the Economic and Social Council, 2005, Supplement No. 7* (E/2005/27), chap. I.D.

[8] Ibid., *2012, Supplement No. 7* (E/2012/27), chap. I.D.

[9] See A/64/777, annexes I and II.

A/C.3/67/L.24/Rev.1

*Recalling also* its decision in its resolution 66/296 to expand the mandate of the United Nations Voluntary Fund for Indigenous Populations so that it can assist, in an equitable manner, representatives of indigenous peoples, organizations, institutions and communities to participate in the World Conference on Indigenous Peoples, including in the preparatory process, in accordance with relevant rules and regulations,

1.    *Welcomes* the work of the Expert Mechanism on the Rights of Indigenous Peoples and of the Special Rapporteur on the rights of indigenous peoples, takes note with appreciation of his report on the rights of indigenous peoples,[10] and encourages all Governments to respond favourably to his requests for visits;

2.    *Takes note with appreciation* of the report of the Secretary-General on the evaluation of the progress made in the achievement of the goals and objectives of the Second International Decade of the World's Indigenous People;[11]

3.    *Also takes note with appreciation* of the report of the Secretary-General on the ways and means of promoting participation at the United Nations of indigenous peoples' representatives on issues affecting them;[12]

4.    *Further takes note with appreciation* of the report of the United Nations High Commissioner for Human Rights on the status of the United Nations Voluntary Fund for Indigenous Populations;[13]

5.    *Urges* Governments and intergovernmental and non-governmental organizations to continue to contribute to the United Nations Voluntary Fund for Indigenous Populations and the Trust Fund for the Second International Decade of the World's Indigenous People, and invites indigenous organizations and private institutions and individuals to do likewise;

6.    *Encourages* those States that have not yet ratified or acceded to the International Labour Organization Indigenous and Tribal Peoples Convention, 1989 (No. 169)[14] to consider doing so and to consider supporting the United Nations Declaration on the Rights of Indigenous Peoples,[1] and welcomes the increased support by States for the Declaration;

7.    *Encourages* States, in consultation and cooperation with indigenous peoples, to take the appropriate measures, including legislative measures, to achieve the ends of the Declaration;

8.    *Encourages* all interested parties, in particular indigenous peoples, to disseminate and consider good practices at different levels as a practical guide on how to attain the goals of the Declaration;

9.    *Welcomes* the celebration of the high-level event, to commemorate the fifth anniversary of the United Nations Declaration on the Rights of Indigenous Peoples, held on 17 May 2012 during the eleventh session of the United Nations Permanent Forum on Indigenous Issues with the participation of Member States and representatives of indigenous peoples' organizations, as part of the preparations for

---

[10] See A/66/288.

[11] A/67/273.

[12] A/HRC/21/24.

[13] A/67/221.

[14] United Nations, *Treaty Series*, vol. 1650, No. 28383.

the high-level plenary meeting of the General Assembly, known as the World Conference on Indigenous Peoples, to be held in 2014;

10. *Also welcomes* the proclamation by the General Assembly of the year 2013 as the International Year of Quinoa[15] and the global launch of the Year to be held on 31 January 2013, and encourages all Member States, the organizations of the United Nations and all other relevant stakeholders, to take advantage of the International Year of Quinoa as a way of promoting the Andean indigenous peoples' traditional knowledge, contributing to the achievement of food security, nutrition and poverty eradication and raising awareness of their contribution to social, economic and environmental development, and to share good practices on the implementation of activities during the Year;[16]

11. *Decides* to continue, at its sixty-ninth session, its consideration of the ways and means of promoting the participation of representatives of indigenous peoples at meetings of relevant United Nations bodies and other relevant United Nations meetings and processes on issues affecting indigenous peoples, on the basis of the rules of procedure of such bodies and existing United Nations procedural rules and regulations, taking into account the report of the Secretary-General,[12] existing practices for the accreditation of representatives of indigenous peoples at the United Nations and the objectives of the United Nations Declaration on the Rights of Indigenous Peoples;

12. *Encourages* Member States to respond fully and promptly to the questionnaire on the implementation of the Programme of Action for the Second International Decade of the World's Indigenous People;

13. *Requests* the Secretary-General, in collaboration with Member States, the Office of the United Nations High Commissioner for Human Rights, the Special Rapporteur on the rights of indigenous peoples, the International Labour Organization, the United Nations Development Programme, the United Nations Entity for Gender Equality and the Empowerment of Women and other relevant funds, programmes and specialized agencies of the United Nations system, to prepare a comprehensive last report on the achievement of the goals and objectives of the Second International Decade of the World's Indigenous Peoples, and its impact on the Millennium Development Goals, to be submitted no later than May 2014, which shall serve as an input to the preparatory process for the World Conference on Indigenous Peoples and to the discussion on the United Nations development agenda beyond 2015;

14. *Decides* to continue consideration of the question at its sixty-eighth session, under the item entitled "Rights of indigenous peoples".

---

[15] Resolution 66/221.
[16] See A/67/553, appendix.

Indonesia
(on behalf of the Group of 77 and China)

**Item 108**
**(Elimination of Racism and**
**Racial Discrimination)**

## Revisions
### on the documents A/C3/53/L.24 and A/C.3/53/L.25

Document **A/C.3/53/L.24** should be revised as follows :

**OP-8**      the word **"reservations"** in the first line should be "reservation". In the second line, the word **"such"** should be deleted. In the third line, the first word **"reservations"** should also be in singular.

**OP-14**     Delete the phrase in the fourth line "including the establishment of an intergovernmental working group with a mandate to draft guidelines for the ethical use of the Internet and the possible formulation of a code of conduct for the Internet users and service providers" and replace with the words **"for responsible use of the Internet".**

The current OP-14 then should read :

Welcomes the convening, at Geneva from 10 to 14 November 1997, of a seminar on the role of the Internet with regard to the provisions of the International Convention on the Elimination of All Forms of Racial Discrimination, and invites the Commission on Human Rights to consider its recommendations for responsible use of the Internet.

Document **A/C.3/53/L.25** has revision, in **PP-7** in the first line, insert the word **"also"** between the words "can" and "contribute"

United Nations

A/C.1/55/L.53

 **General Assembly**

Distr.: Limited
25 October 2000

Original: English

**Fifty-fifth session**
**First Committee**
Agenda item 73 (p)
**General and complete disarmament: regional disarmament**

**Cameroon: amendment to draft resolution A/C.1/55/L.34**

**Regional disarmament**

**New paragraph 6**

"*Requests* all States to communicate to the Secretary-General information on disarmament efforts and initiatives as well as establishment of confidence-building measures carried out at regional and subregional levels";

**New paragraph 7**

"*Invites* the Secretary-General to assist the subregional and regional organizations in the implementation and the strengthening of regional disarmament initiatives as well as in the establishment of confidence-building measures";

**New paragraph 8**

"*Requests* the Secretary-General to report at its fifty-sixth session on the implementation of the present resolution".

00-71019 (E)    251000

# ISRAEL

CHECK AGAINST DELIVERY

Explanation of Vote Before the Vote by

## AMBASSADOR DORE GOLD
### Permanent Representative of
### Israel to the United Nations

on

Agenda Item 109

The Third Committee
53rd Session of the United Nations General Assembly
16 November 1998

Mr. Chairman,

Israel will vote against this draft resolution. This in no way suggests that we do not understand the quest of peoples for self-determination. The State of Israel -- and the autonomy now enjoyed by the Palestinians -- testify to our belief in the principle of self-rule. Yet it is precisely to preserve the progress we have made in that direction, together with our Palestinian partners, that we must stand firmly against this draft resolution.

At best, this draft resolution is an outdated relic of a bygone era, ignoring the positive developments on the ground between Israel and the Palestinians. At worst, it threatens the very progress it claims to support.

First, the issue does not belong in this forum. It belongs at the negotiating table. Direct negotiations have been the key to every diplomatic breakthrough in the Middle East, from the Camp David Accords with Egypt to the Treaty of Peace with Jordan. These pacts ended decades of hostility and bloodshed, and brought prosperity to their peoples. But they did so only because the parties worked together, not unilaterally. They knew that coexistence on the ground emanates from cooperation at the negotiating table. Thus it was only direct talks between Israelis and Palestinians that paved the way for the Madrid Conference, and later, for the Oslo Agreements. And it was only through hours of face to face negotiations that the historic Wye Memorandum was hammered out last month, setting the conditions for continuing the peace process.

Second, should it adopt this draft resolution, the Third Committee would be participating in a process that completely undermines Israeli-Palestinian commitments. In both the Oslo and Hebron Accords, as well as in the Wye Memorandum, the two sides expressly committed themselves to direct negotiations -- as the only legitimate way to determine their final settlement. As PLO Chairman Yasser Arafat wrote to our late Prime Minster, Yitzhak Rabin, in a letter on 9 September 1993: "The PLO commits itself to the Middle East peace process, and to a peaceful resolution of the conflict between the two sides and declares that all outstanding issues relating to permanent status will be resolved through negotiations."

Moreover, the Wye Memorandum specifically states: "Neither side shall initiate or take any step that will change the status of the West Bank and the Gaza Strip" (Wye River Memorandum: V.). This language, concerning any change in the legal status of the disputed territory, is taken directly from the Oslo II Interim Agreement (Article XXXI, Para. 7). Advancing this draft resolution, here or in any other world forum, thus constitutes a direct violation of Oslo and the Wye Memorandum, and the cooperative spirit behind them.

Third, the draft resolution is irrelevant. The fact is that 98 percent of the Palestinians in the territories today are under the jurisdiction of the Palestinian Authority. They elect their own officials, are administered by Palestinian police and have all the freedom of individual and communal expression that their leaders will allow. This was achieved only

2

through careful, close cooperation between Israel and the Palestinians, in a delicate, phased process. It is somewhat disingenuous, then, that the Third Committee should now call for self-rule that, for all intents and purposes, the Palestinians already have.

Mr. Chairman,

It would be wise to note that the draft resolution speaks of self-determination "without excluding the option of a state." The draft resolution correctly recognizes that self-determination does not necessarily mean statehood, but a plurality of political options.

That is an important distinction. Whether the Palestinians have the right to self-rule is one matter. The establishment of an independent state, which could host military bases threatening Israel, is another matter entirely. That is a security question affecting both Palestinians and Israelis, and so it is for them -- and no one else -- to determine. Prime Minister Benjamin Netanyahu recently explained that sovereignty must not reach the point where it threatens the lives of others. "That's why I don't use the word 'state,'" he said, "because it implies uncurtailed sovereign powers. And there has to be an abridgment of certain powers, such as the ability to make military pacts with the likes of Iraq or Iran, or the stationing of foreign troops on the soil of the Palestinian entity, or the importation of weapons which could mortally endanger Israel."

As the Prime Minister said in his address to the United Nations General Assembly, "For such a peace to succeed, the Palestinians should have all the powers to govern their lives and none of the powers to threaten our lives." A lasting peace must "strike a balance between Palestinian self-government and Israeli security."

In the end, it is not the members of this committee but the children of Israelis and Palestinians who will inherit the outcome of the peace process. Using this forum, to prejudge their permanent settlement, threatens the rights of both peoples to decide their own future together.

Thank you Mr. Chairman.

# REPUBLIC OF BELARUS

PERMANENT MISSION TO THE UNITED NATIONS

136 EAST 67th STREET, NEW YORK, N.Y. 10021
(212) 535-3420

PRESS RELEASE

Check against delivery

55<sup>th</sup> session
of the UN General Assembly
(Fourth Committee)

## STATEMENT
## BY
## H.E. MR. SERGEI LING
## AMBASSADOR, PERMANENT REPRESENTATIVE
## OF THE REPUBLIC OF BELARUS
## TO THE UNITED NATIONS

following the action on the draft resolution A/C.4/55/L.6/Rev.1
submitted under agenda item 82
«Effects of atomic radiation»

New York
October 30, 2000

Mr. Chairman,

This year the UN Member States have been witnessing complex but productive debates over the traditionally consensus draft resolution "Effects of atomic radiation". The Republic of Belarus welcomes the completion of the hard work done by all interested parties on this draft to be submitted to the General Assembly.

As we earlier stated, the Republic of Belarus has joined the consensus decision on the revised draft resolution introduced by Sweden under agenda item 82 "Effects of atomic radiation" (A/C.4/55/L.6/Rev.1) proceeding from the fact that a major thrust of the amendments presented by the delegations of Belarus and Ukraine were accommodated in this revised document. At the same time, Mr. Chairman, the Republic of Belarus shall assume that from the perspective of substance the produced amendments should be understood as follows:

1. PP 2 and OP 2 beginning with *"Taking (takes) note with appreciation of the work of the (United Nations) Scientific Committee and the release of its extensive report... "* should be seen as related **exclusively** to the activities of the Committee and not to the contents of its report whose conclusions contained in the chapter devoted to medical effects of atomic radiation on human beings after the Chernobyl disaster (Annex J of the UNSCEAR report of 2000) run counter to the real situation as far as factual medical consequences of the catastrophe are concerned.

2. OP 4 ending with *"... and invites the Scientific Committee to submit its program of work to the General Assembly"* should envisage a timely presentation by the Committee of its program of work and plans to the UN Member States so that scientists and experts from interested countries should have time **sufficient enough** to communicate their most recent scientific data and updated research findings to the Scientific Committee for these data and findings to be duly taken into account in the preparation by the Committee of its future scientific reports.

3. OP 9 (new) *"Invites the Scientific Committee to continue its consultations with scientists and experts from interested Member States in the process of preparing future scientific reports"* should be viewed as a vital element of the revised draft resolution establishing the feedback mechanism between the UNSCEAR and interested Member States and providing for close and mutually beneficial international cooperation based on the broadest possible involvement of scientists and experts in the field of radiology.

Mr. Chairman,

The delegation of the Republic of Belarus would like to once again thank the delegation of Sweden and all the co-sponsors of the draft resolution "Effects of atomic radiation" for their cooperation and express our hope for the continuation by

2

all interested parties of studying the effects of atomic radiation on human beings and environment.

In this regard, the Republic of Belarus confirms its readiness for the broadest possible cooperation with the UNSCEAR in future studying of epidemiological and environmental consequences of the Chernobyl disaster and exchange of relevant data and information in this area.

Advantage taken of this opportunity, Mr. Chairman, the Republic of Belarus would like to request the UNSCEAR to include the issue of further studying medical and environmental aftermath of Chernobyl in the immediate plans of the Committee so that an appropriate report on this problem could be submitted to the 57th session of the UN General Assembly.

I thank you.

United Nations

**A**/67/454

# General Assembly

Distr.: General
3 December 2012

Original: English

**Sixty-seventh session**
Agenda item 66

## Rights of indigenous peoples

### Report of the Third Committee

*Rapporteur*: Mr. Suljuk Mustansar **Tarar** (Pakistan)

## I.  Introduction

1.   At its 2nd plenary meeting, on 21 September 2012, the General Assembly, on the recommendation of the General Committee, decided to include in the agenda of its sixty-seventh session the item entitled:

"Rights of indigenous peoples:

"(a)  Rights of indigenous peoples

"(b)  Second International Decade of the World's Indigenous People"

and to allocate it to the Third Committee.

2.   The Third Committee considered the item at its 18th, 35th and 43rd meetings, on 22 October and 8 and 26 November 2012. An account of the Committee's discussion is contained in the relevant summary records (A/C.3/67/SR.18, 35 and 43).

3.   For its consideration of the item, the Committee had before it the following documents:

(a)  Report of the Secretary-General on the evaluation of the progress made in the achievement of the goal and objectives of the Second International Decade of the World's Indigenous People (A/67/273);

(b)  Report of the United Nations High Commissioner for Human Rights on the status of the United Nations Voluntary Fund for Indigenous Populations (A/67/221);

(c)  Note by the Secretary-General transmitting the report of the Special Rapporteur on the rights of indigenous peoples (A/67/301).

12-62551 (E)   101212

4. At its 18th meeting, on 22 October, the Committee heard a statement by the Assistant Secretary-General for Economic Development, Department of Economic and Social Affairs (see A/C.3/67/SR.18).

5. At the same meeting, the Special Rapporteur on the rights of indigenous peoples made an introductory statement and engaged in an interactive dialogue with the representatives of Peru, the European Union, El Salvador, the United States of America, Costa Rica and Chile (see A/C.3/67/SR.18).

## II. Consideration of proposals

### A. Draft resolutions A/C.3/67/L.24 and Rev.1

6. At the 35th meeting, on 8 November, the representative of Bolivia (Plurinational State of), also on behalf of Denmark, Ecuador, Guatemala, Mexico, New Zealand, Norway, Peru and Venezuela (Bolivarian Republic of), introduced a draft resolution entitled "Rights of indigenous peoples" (A/C.3/67/L.24), which read:

"*The General Assembly*,

"*Recalling* all relevant resolutions of the General Assembly, the Human Rights Council and the Economic and Social Council relating to the rights of indigenous peoples,

"*Reaffirming* its resolutions 65/198 of 21 December 2010 and 66/142 of 19 December 2011, as well as its resolution 66/296 of 17 September 2012 on the organization of the high-level plenary meeting of the General Assembly, to be known as the World Conference on Indigenous Peoples, to be held on 22 and 23 September 2014, and noting its inclusive preparatory process, as well as the participation of indigenous peoples in the Conference,

"*Recalling* its resolution 59/174 of 20 December 2004 on the Second International Decade of the World's Indigenous People (2005-2014),

"*Recalling also* the 2007 United Nations Declaration on the Rights of Indigenous Peoples, which addresses their individual and collective rights,

"*Recalling further* the United Nations Millennium Declaration, the 2005 World Summit Outcome and the outcome document of the high-level plenary meeting of the General Assembly on the Millennium Development Goals,

"*Recalling* the outcome document entitled 'The future we want' of the United Nations Conference on Sustainable Development, held in Rio de Janeiro, Brazil, from 20 to 22 June 2012,

"*Recalling* Human Rights Council resolution 21/24 of 28 September 2012 on human rights and indigenous peoples,

"*Recalling also* Commission on the Status of Women resolutions 49/7, entitled 'Indigenous women: beyond the ten-year review of the Beijing Declaration and Programme of Action', and 56/4, entitled 'Indigenous women: key actors in poverty and hunger eradication',

A/67/454

"*Recalling further* the first Peoples' World Conference on Climate Change and the Rights of Mother Earth, hosted by the Plurinational State of Bolivia in Cochabamba from 20 to 22 April 2010,

"*Stressing* the importance of promoting and pursuing the objectives of the United Nations Declaration on the Rights of Indigenous Peoples also through international cooperation to support national and regional efforts to achieve the ends of the Declaration, including the right to maintain and strengthen the distinct political, legal, economic, social and cultural institutions of indigenous peoples and the right to participate fully, if they so choose, in the political, economic, social and cultural life of the State,

"*Recognizing* the value and the diversity of the cultures and the form of the social organization of indigenous peoples and their holistic traditional scientific knowledge of their lands, natural resources and environment,

"*Concerned* about the extreme disadvantages that indigenous peoples have typically faced across a range of social and economic indicators and about the impediments to their full enjoyment of their rights,

"*Recalling* its resolution 65/198, by which it decided to expand the mandate of the United Nations Voluntary Fund for Indigenous Populations so that it could assist representatives of indigenous peoples' organizations and communities to participate in sessions of the Human Rights Council and of human rights treaty bodies, on the basis of diverse and renewed participation and in accordance with relevant rules and regulations, including Economic and Social Council resolution 1996/31 of 25 July 1996, and urged States to contribute to the Fund,

"*Recalling also* its decision in its resolution 66/296 to expand the mandate of the United Nations Voluntary Fund for Indigenous Populations so that it can assist, in an equitable manner, representatives of indigenous peoples, organizations, institutions and communities to participate in the World Conference, including in the preparatory process, in accordance with relevant rules and regulations,

"1. *Welcomes* the work of the Expert Mechanism on the Rights of Indigenous Peoples and of the Special Rapporteur on the rights of indigenous peoples, takes note with appreciation of his report on the rights of indigenous peoples, and encourages all Governments to respond favourably to his requests for visits;

"2. *Takes note with appreciation* of the report of the Secretary-General on the evaluation of the progress made in the achievement of the goals and objectives of the Second International Decade of the World's Indigenous People;

"3. *Also takes note with appreciation* of the report of the Secretary-General on the ways and means of promoting participation at the United Nations of indigenous peoples' representatives on issues affecting them;

"4. *Welcomes* the report of the United Nations High Commissioner for Human Rights on the status of the United Nations Voluntary Fund for Indigenous Populations;

A/67/454

"5. *Urges* Governments and intergovernmental and non-governmental organizations to continue to contribute to the United Nations Voluntary Fund for Indigenous Populations and the Trust Fund for the Second International Decade of the World's Indigenous People, and invites indigenous organizations and private institutions and individuals to do likewise;

"6. *Encourages* those States that have not yet ratified or acceded to the International Labour Organization Indigenous and Tribal Peoples Convention, 1989 (No. 169) to consider doing so and to consider supporting the United Nations Declaration on the Rights of Indigenous Peoples, and welcomes the increased support by States for the Declaration;

"7. *Encourages* States, in consultation and cooperation with indigenous peoples, to take the appropriate measures, including legislative measures, to achieve the ends of the Declaration;

"8. *Encourages* all interested parties, in particular indigenous peoples, to disseminate and consider good practices at different levels as a practical guide on how to attain the goals of the Declaration;

"9. *Welcomes* the celebration of the high-level event, to commemorate the fifth anniversary of the United Nations Declaration on the Rights of Indigenous Peoples, held on 17 May 2012 during the eleventh session of the United Nations Permanent Forum on Indigenous Issues with the participation of Member States and representatives of indigenous peoples' organizations, as part of the preparations for the high-level plenary meeting of the General Assembly, known as the World Conference on Indigenous Peoples, to be held in 2014;

"10. *Also welcomes* the proclamation by the General Assembly of the year 2013 as the International Year of Quinoa and the global launch of the Year on 29 October 2012, and encourages all Member States, the organizations of the United Nations and all other relevant stakeholders to take advantage of the International Year of Quinoa as a way of promoting the Andean indigenous peoples' traditional knowledge, contributing to the achievement of food security, nutrition and poverty eradication and raising awareness of their contribution to social, economic and environmental development, and to share good practices on the implementation of activities during the Year;

"11. *Requests* the Human Rights Council to establish, as a matter of priority and within the existing resources, an appropriate way forward for considering the ways and means of promoting participation at the United Nations of representatives of indigenous peoples on issues affecting them, taking into account the report of the Secretary-General, established practice for accreditation of representatives of indigenous peoples at the United Nations, existing United Nations procedural rules regulating such participation and the objectives of the United Nations Declaration on the Rights of Indigenous Peoples (2005-2014), and to submit its conclusions and recommendations to the General Assembly, well in advance of the high-level plenary meeting of the General Assembly, to be known as the World Conference on Indigenous Peoples, in September 2014;

"12. *Requests* the Secretary-General, in collaboration with Member States, the Office of the United Nations High Commissioner for Human

A/67/454

Rights, the Special Rapporteur on the rights of indigenous peoples, relevant United Nations treaty bodies, the International Labour Organization, the United Nations Development Programme, the United Nations Entity for Gender Equality and the Empowerment of Women and other relevant funds, programmes and specialized agencies of the United Nations system, to prepare a comprehensive final report on the achievement of the goals and objectives of the Second International Decade of the World's Indigenous People, and its impact on the Millennium Development Goals and the United Nations development agenda beyond 2015, to be submitted no later than May 2014, which shall serve as an input to the preparatory process for the World Conference on Indigenous Peoples and the United Nations development agenda beyond 2015;

"13. *Decides* to continue consideration of the question at its sixty-eighth session, under the item entitled 'Rights of indigenous peoples'."

7.    At its 43rd meeting, on 26 November, the Committee had before it a revised draft resolution entitled "Rights of indigenous peoples" (A/C.3/67/L.24/Rev.1), submitted by Argentina, Australia, Bolivia (Plurinational State of), Chile, Costa Rica, Denmark, the Dominican Republic, Ecuador, Estonia, Finland, Germany, Guatemala, Honduras, Hungary, Iceland, Italy, Lithuania, Luxembourg, Mexico, New Zealand, Nicaragua, Norway, Peru, Poland, Spain, Uruguay and Venezuela (Bolivarian Republic of), joined by Austria, Belarus, Benin, Brazil, the Congo, Côte d'Ivoire, Cuba, Greece, Guyana, Haiti, Papua New Guinea, Paraguay and Slovenia.

8.    At the same meeting, statements were made by the representatives of Canada, the United States of America and the United Kingdom of Great Britain and Northern Ireland (see A/C.3/67/SR.43).

9.    Also at the 43rd meeting, the Committee adopted draft resolution A/C.3/67/L.24/Rev.1 (see para. 11).

## B.    Draft decision proposed by the Chair

10.    At its 43rd meeting, on 26 November, on the proposal of the Chair, the Committee decided to recommend to the General Assembly that it take note of document A/67/301 (see para. 12).

## III. Recommendations of the Third Committee

11. The Third Committee recommends to the General Assembly the adoption of the following draft resolution:

### Rights of indigenous peoples

*The General Assembly*,

*Recalling* all relevant resolutions of the General Assembly, the Human Rights Council and the Economic and Social Council relating to the rights of indigenous peoples,

*Reaffirming* its resolutions 65/198 of 21 December 2010 and 66/142 of 19 December 2011, as well as its resolution 66/296 of 17 September 2012 on the organization of the high-level plenary meeting of the General Assembly, to be known as the World Conference on Indigenous Peoples, to be held on 22 and 23 September 2014, and noting its inclusive preparatory process, as well as the participation of indigenous peoples in the Conference,

*Inviting* Governments and indigenous peoples to organize international or regional conferences and other thematic events to contribute to the preparations for the Conference, and encouraging the participation of the three United Nations mechanisms on indigenous peoples[1] at these events,

*Recalling* its resolution 59/174 of 20 December 2004 on the Second International Decade of the World's Indigenous People (2005-2014) and its resolution 60/142 of 16 December 2005 on the Programme of Action for the Second International Decade of the World's Indigenous People, in which it adopted "Partnership for action and dignity" as the theme for the Second Decade,

*Recalling also* the United Nations Declaration on the Rights of Indigenous Peoples,[2] which addresses their individual and collective rights,

*Recalling further* the United Nations Millennium Declaration,[3] the 2005 World Summit Outcome[4] and the outcome document of the high-level plenary meeting of the General Assembly on the Millennium Development Goals,[5]

*Recalling* the outcome document entitled "The future we want" of the United Nations Conference on Sustainable Development,[6] held in Rio de Janeiro, Brazil, from 20 to 22 June 2012,

*Recalling also* Human Rights Council resolution 21/24 of 28 September 2012 on human rights and indigenous peoples,

*Recalling further* Commission on the Status of Women resolutions 49/7 of 11 March 2005, entitled "Indigenous women: beyond the ten-year review of the

---

[1] Permanent Forum on Indigenous Issues, Expert Mechanism on the Rights of Indigenous Peoples and Special Rapporteur on the rights of indigenous peoples.
[2] Resolution 61/295, annex.
[3] Resolution 55/2.
[4] Resolution 60/1.
[5] Resolution 65/1.
[6] Resolution 66/288, annex.

A/67/454

Beijing Declaration and Programme of Action",[7] and 56/4 of 9 March 2012, entitled "Indigenous women: key actors in poverty and hunger eradication",[8]

*Recalling* the first Peoples' World Conference on Climate Change and the Rights of Mother Earth,[9] hosted by the Plurinational State of Bolivia in Cochabamba from 20 to 22 April 2010,

*Stressing* the importance of promoting and pursuing the objectives of the United Nations Declaration on the Rights of Indigenous Peoples also through international cooperation to support national and regional efforts to achieve the ends of the Declaration, including the right to maintain and strengthen the distinct political, legal, economic, social and cultural institutions of indigenous peoples and the right to participate fully, if they so choose, in the political, economic, social and cultural life of the State,

*Recognizing* the value and the diversity of the cultures and the form of the social organization of indigenous peoples and their holistic traditional scientific knowledge of their lands, natural resources and environment,

*Concerned* about the extreme disadvantages that indigenous peoples have typically faced across a range of social and economic indicators and about the impediments to their full enjoyment of their rights,

*Recalling* its resolution 65/198, by which it decided to expand the mandate of the United Nations Voluntary Fund for Indigenous Populations so that it could assist representatives of indigenous peoples' organizations and communities to participate in sessions of the Human Rights Council and of human rights treaty bodies, on the basis of diverse and renewed participation and in accordance with relevant rules and regulations, including Economic and Social Council resolution 1996/31 of 25 July 1996, and urged States to contribute to the Fund,

*Recalling also* its decision in its resolution 66/296 to expand the mandate of the United Nations Voluntary Fund for Indigenous Populations so that it can assist, in an equitable manner, representatives of indigenous peoples, organizations, institutions and communities to participate in the World Conference on Indigenous Peoples, including in the preparatory process, in accordance with relevant rules and regulations,

1.  *Welcomes* the work of the Expert Mechanism on the Rights of Indigenous Peoples and of the Special Rapporteur on the rights of indigenous peoples, takes note with appreciation of his report on the rights of indigenous peoples,[10] and encourages all Governments to respond favourably to his requests for visits;

2.  *Takes note with appreciation* of the report of the Secretary-General on the evaluation of the progress made in the achievement of the goal and objectives of the Second International Decade of the World's Indigenous People;[11]

---

[7] *Official Records of the Economic and Social Council, 2005, Supplement No. 7* and corrigendum (E/2005/27 and Corr.1), chap. I.D.

[8] Ibid., *2012, Supplement No. 7* and corrigendum (E/2012/27 and Corr.1), chap. I.D.

[9] See A/64/777, annexes I and II.

[10] See A/66/288.

[11] A/67/273.

3.    *Also takes note with appreciation* of the report of the Secretary-General on the ways and means of promoting participation at the United Nations of indigenous peoples' representatives on issues affecting them;[12]

4.    *Further takes note with appreciation* of the report of the United Nations High Commissioner for Human Rights on the status of the United Nations Voluntary Fund for Indigenous Populations;[13]

5.    *Urges* Governments and intergovernmental and non-governmental organizations to continue to contribute to the United Nations Voluntary Fund for Indigenous Populations and the Trust Fund for the Second International Decade of the World's Indigenous People, and invites indigenous organizations and private institutions and individuals to do likewise;

6.    *Encourages* those States that have not yet ratified or acceded to the International Labour Organization Indigenous and Tribal Peoples Convention, 1989 (No. 169)[14] to consider doing so and to consider supporting the United Nations Declaration on the Rights of Indigenous Peoples, and welcomes the increased support by States for the Declaration;

7.    *Encourages* States, in consultation and cooperation with indigenous peoples, to take the appropriate measures, including legislative measures, to achieve the ends of the Declaration;

8.    *Encourages* all interested parties, in particular indigenous peoples, to disseminate and consider good practices at different levels as a practical guide on how to attain the goals of the Declaration;

9.    *Welcomes* the celebration of the high-level event to commemorate the fifth anniversary of the United Nations Declaration on the Rights of Indigenous Peoples, held on 17 May 2012 during the eleventh session of the United Nations Permanent Forum on Indigenous Issues with the participation of Member States and representatives of indigenous peoples' organizations, as part of the preparations for the high-level plenary meeting of the General Assembly, known as the World Conference on Indigenous Peoples, to be held in 2014;

10.    *Also welcomes* the proclamation by the General Assembly of the year 2013 as the International Year of Quinoa[15] and the global launch of the Year to be held on 31 January 2013, and encourages all Member States, the organizations of the United Nations and all other relevant stakeholders to take advantage of the International Year of Quinoa as a way of promoting the traditional knowledge of the Andean indigenous peoples, contributing to the achievement of food security, nutrition and poverty eradication and raising awareness of their contribution to social, economic and environmental development, and to share good practices on the implementation of activities during the Year;[16]

11.    *Decides* to continue, at its sixty-ninth session, its consideration of the ways and means of promoting the participation of representatives of indigenous peoples at meetings of relevant United Nations bodies and other relevant United

---

[12] A/HRC/21/24.
[13] A/67/221.
[14] United Nations, *Treaty Series*, vol. 1650, No. 28383.
[15] Resolution 66/221.
[16] See A/67/553, appendix.

A/67/454

Nations meetings and processes on issues affecting indigenous peoples, on the basis of the rules of procedure of such bodies and existing United Nations procedural rules and regulations, taking into account the report of the Secretary-General,[12] existing practices for the accreditation of representatives of indigenous peoples at the United Nations and the objectives of the United Nations Declaration on the Rights of Indigenous Peoples;

12. *Encourages* Member States to respond fully and promptly to the questionnaire on the implementation of the Programme of Action for the Second International Decade of the World's Indigenous People;

13. *Requests* the Secretary-General, in collaboration with Member States, the Office of the United Nations High Commissioner for Human Rights, the Special Rapporteur on the rights of indigenous peoples, the International Labour Organization, the United Nations Development Programme, the United Nations Entity for Gender Equality and the Empowerment of Women and other relevant funds, programmes and specialized agencies of the United Nations system, to prepare a comprehensive last report on the achievement of the goal and objectives of the Second International Decade of the World's Indigenous Peoples, and its impact on the Millennium Development Goals, to be submitted no later than May 2014, which shall serve as an input to the preparatory process for the World Conference on Indigenous Peoples and to the discussion on the United Nations development agenda beyond 2015;

14. *Decides* to continue consideration of the question at its sixty-eighth session, under the item entitled "Rights of indigenous peoples".

12.   The Third Committee also recommends to the General Assembly the adoption of the following draft decision:

## Document considered by the General Assembly in connection with the question of the rights of indigenous peoples

The General Assembly takes note of the report of the Special Rapporteur on the rights of indigenous peoples. [1]

---

[1] A/67/301.

United Nations                                                           A/RES/63/81

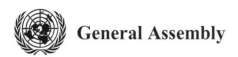 **General Assembly**

Distr.: General
13 January 2009

---

**Sixty-third session**
Agenda item 90 (*b*)

## Resolution adopted by the General Assembly on 2 December 2008

[*on the report of the First Committee (A/63/390)*]

### 63/81.  United Nations Disarmament Information Programme

*The General Assembly,*

*Recalling* its decision taken in 1982 at its twelfth special session, the second special session devoted to disarmament, by which the World Disarmament Campaign was launched,[1]

*Bearing in mind* its resolution 47/53 D of 9 December 1992, in which it decided, inter alia, that the World Disarmament Campaign should be known thereafter as the "United Nations Disarmament Information Programme" and the World Disarmament Campaign Voluntary Trust Fund as the "Voluntary Trust Fund for the United Nations Disarmament Information Programme",

*Recalling* its resolutions 51/46 A of 10 December 1996, 53/78 E of 4 December 1998, 55/34 A of 20 November 2000, 57/90 of 22 November 2002, 59/103 of 3 December 2004 and 61/95 of 6 December 2006,

*Welcoming* the report of the Secretary-General,[2]

1.    *Welcomes* the launch of the new United Nations Office for Disarmament Affairs website,[3] and invites Member States and other users to make use of its expanded content and specialization;

2.    *Commends* the Secretary-General for his efforts to make effective use of the limited resources available to him in disseminating as widely as possible, including by electronic means, information on arms control and disarmament to Governments, the media, non-governmental organizations, educational communities and research institutes, and in carrying out a seminar and conference programme;

3.    *Stresses* the importance of the United Nations Disarmament Information Programme as a significant instrument in enabling all Member States to participate fully in the deliberations and negotiations on disarmament in the various United

---

[1] See *Official Records of the General Assembly, Twelfth Special Session, Plenary Meetings,* 1st meeting, paras. 110 and 111.

[2] A/63/162.

[3] http://www.un.org/disarmament.

Nations bodies, in assisting them in complying with treaties, as required, and in contributing to agreed mechanisms for transparency;

4. *Commends with satisfaction* the launch of *The United Nations Disarmament Yearbook* for 2007, with new format and content, as well as its online edition, by the United Nations Office for Disarmament Affairs;

5. *Notes with appreciation* the cooperation of the Department of Public Information of the Secretariat and its information centres in pursuit of the objectives of the Programme;

6. *Recommends* that the Programme continue to inform, educate and generate public understanding of the importance of multilateral action and support for it, including action by the United Nations and the Conference on Disarmament, in the field of arms control and disarmament, in a factual, balanced and objective manner, and that it focus its efforts:

(*a*) To continue to publish in all official languages *The United Nations Disarmament Yearbook*, the flagship publication of the United Nations Office for Disarmament Affairs;

(*b*) To continue to maintain the disarmament website as a part of the United Nations website and to produce versions of the site in as many official languages as feasible;

(*c*) To continue to intensify United Nations interaction with the public, principally non-governmental organizations and research institutes, to help further an informed debate on topical issues of arms limitation, disarmament and security;

(*d*) To continue to organize discussions on topics of interest in the field of arms limitation and disarmament with a view to broadening understanding and facilitating an exchange of views and information among Member States and civil society;

7. *Recognizes* the importance of all support extended to the Voluntary Trust Fund for the United Nations Disarmament Information Programme, and invites once again all Member States to make further contributions to the Fund with a view to sustaining a strong outreach programme;

8. *Takes note* of the recommendations contained in the report of the Secretary-General,[4] which reviews the implementation of the recommendations made in the 2002 study on disarmament and non-proliferation education;[5]

9. *Requests* the Secretary-General to submit to the General Assembly at its sixty-fifth session a report covering both the implementation of the activities of the Programme by the United Nations system during the previous two years and the activities of the Programme contemplated by the system for the following two years;

10. *Decides* to include in the provisional agenda of its sixty-fifth session the item entitled "United Nations Disarmament Information Programme".

*61st plenary meeting*
*2 December 2008*

---

[4] A/63/158 and Add.1.
[5] A/57/124.

# UNITED NATIONS  NATIONS UNIES

**Remarks at the close of the Second Committee deliberations**
**by**
**H.E. Mr. George Wilfred Talbot**
**Permanent Representative of Guyana,**
**Chairperson of the Second Committee of the 67th General Assembly**

**13 December 2012**

Excellencies,
Distinguished Delegates,
Ladies and Gentlemen,

We have now come to the end of a session of the Second Committee that has been, as in previous years, challenging yet productive and successful. I wish to thank all of you for your hard work, carried out in an atmosphere of constructive collaboration and with a desire to move the international development agenda forward.

I would like to extend a special thank you to the vice-chairpersons for their dedication, cooperation and support. I commend each of them: Ms. Aida Hodžić of Bosnia and Herzegovina, who has served as our Rapporteur; Mr. Tauhedul Islam of Bangladesh, Mr. Stefano Stefanile of Italy, and Mr. Modest Jonathan Mero of the United Republic of Tanzania.

My special thanks to the facilitators of the consultations on the many resolutions, all of whom have worked tirelessly to ensure that the Committee would deliver on its expected substantive outcomes. The path for our deliberations has been made less cumbersome by the hard work of the Secretariat and other staff of the United Nations system. I am grateful to all of them.

Excellencies,

The work of this Committee is of fundamental importance for advancing the United Nations development agenda. During this session, there were 38 resolutions considered by the Committee. Appreciation is extended to all Member States for your flexibility and spirit of cooperation in coming to agreement on the vast majority of the resolutions which were adopted by consensus.

The Second Committee held its deliberations on the heels of the United Nations Conference on Sustainable Development, Rio+20, with our work focus in no small measure on the follow-up to the agreements established in "The Future We Want." The issues discussed in the sustainable development cluster included implementation of the environmental pillar in the context of resolution 66/288, representing in a most fundamental manner the path that the global community should pursue for a balanced development in the interest of present and future generations.

Harmony with nature, sustainable development of the Caribbean sea, implementation of the Mauritius Strategy, protection of global climate, promotion of new and renewable sources of energy, and promotion of ecotourism, are only some of the important themes addressed in our deliberations this year.

At the front and centre of our discussion was the resolution on the quadrennial comprehensive policy review (QCPR) [which we have just adopted]. The Committee faced difficult negotiations but was able to reach agreement on ways to better assess the effectiveness, efficiency, coherence and impact of the United Nations operational activities. This is of great importance for the work of the UN system, and for a vast majority of Member States whose development options require this impartial support. The backdrop of a prevailing difficult global economic and financial context has imposed its own layer of complexity in these deliberations.

Global market uncertainties are confounded by threats of a double dip recession, fiscal cliffs, slow recovery of many developed economies, and slowing down of developing economies. Issues that have been relevant in recent years, such as the pace of economic recovery, jobless growth, commodity price volatility, and fears of a sovereign debt crisis were writ large in our deliberations.

Despite these difficulties, delegations were able to negotiate important resolutions that aim to provide policy direction for the macroeconomic and trade actions of the international community. It is my hope that our resolutions will help put the current economic context in perspective and inform policies to address the challenges it presents.

We know that countries in special situations – including SIDS, LDCs, LLDCs and post-conflict countries – are hit hardest by global economic uncertainty. Because of this, the international community must stay fully engaged in support of these groups of States. During this session, the Committee has taken a significant step to follow up on the Istanbul commitments, including by adopting resolutions on smooth transition for countries graduating from the list of LDCs, and the follow up to the fourth UN Conference on LDCs.

In the midst of grappling with current challenges, we must keep at the forefront existing threats of food and nutrition security, climate change impacts and above all, the continued struggle to combat poverty and deprivation in all forms. The Committee has also reaffirmed the importance of South-South cooperation, and strengthened multilateralism in addressing development requirements challenges.

**Distinguished Delegates,**

This year the Second Committee co-hosted two high-level joint events. The first was with the Economic and Social Council on the global economic outlook, held in conjunction with an expert group meeting of Project LINK and the Department of Economic and Social Affairs. For the second high-level joint event, a new trail was set with the Third Committee, with our focus on the theme of ICTs for development.

I am convinced that this type of collaboration between the Second Committee, ECOSOC, and other United Nations bodies represent a form of cooperation and

synergy essential to ensuring that the UN system responds coherently to global priorities. The active participation of delegations in these special events was greatly appreciated, and I thank Member States for the resulting constructive dialogues.

Furthermore, the Second Committee benefited from its usual special events that brought together experts from both external institutions and from the UN system. Our special events this year focused on: sustainable development goals; sovereign debt crisis; entrepreneurship; migration; and science, technology and innovation. The events were highly successful in providing alternative views on relevant issues, stimulating discussion and informing our work.

**Dear Colleagues,**

I wish to recall to you the special efforts made to adhere to decision 65/530 on the methods of work of the Committee, aimed at increasing the effectiveness and efficiency of our work. To advance this further, we must continue to be proactive and be conscious of several actions we can take: observing deadlines for the submission of draft resolutions; drafting of resolutions in accordance with recommendations contained in pertinent GA resolutions, and; adhering to timeframes for completion of informal consultations. These actions will undoubtedly translate into the Committee being more productive and will enable completion of the session on time.

In addition, further discussion should take place on streamlining the work of the Committee with the work of ECOSOC and other UN bodies, and reorganizing the agenda items and resolutions of the Committee. Member States should anticipate that the methods of work of the Committee will also be addressed in the context of the GA review of resolution 61/16 next year.

**Ladies and Gentlemen,**

The Second Committee is one of the few forums in which all Member States sit at the same table to discuss economic and financial challenges. The ideas that emerge in our sessions and that are refined during negotiations, represent the voice of the international community on ways to advance development. The work of our session is of particular importance since it happens in the midst of a shift in development paradigms. We are transitioning from the traditional view of economic development to one of sustainable development in which economic, social, and environmental issues should be addressed jointly. Our work is helping pave the way in which development is viewed and understood. It is also shaping the way in which international cooperation is pursued to address current and future challenges. It is for this reason that the work of this Committee is of utmost importance. I congratulate you on your hard work!

While the Second Committee concludes today, our work on development will continue, particularly in our efforts to achieve the MDGs and in preparations for the post-2015 development agenda.

Let me extend, once more, my thanks and best wishes to all of you.

Thank you.

3

LSFOR179

GENERAL ASSEMBLY - ASSEMBLÉE GÉNÉRALE - ASAMBLEA GENERAL

**LIST OF SPEAKERS**
**LISTE DES ORATEURS**
**LISTA DE ORADORES**

<u>51st</u>    plenary meeting
séance plénière
sesión plenaria                                                   <u>Friday, 3 November 2000</u> a.m.

Agenda item    **179**
Point de l'ordre du jour
Tema del programa

**Review of the problem of human immunodeficiency virus/
acquired immunodeficiency syndrome in all its aspects**:
**(a) Report of the Fifth Committee (A/55/529);**
**(b) Draft resolution (A/55/L.13)**

| DEBATE<br>DÉBAT<br>DEBATE | | EXPLANATIONS OF VOTE *<br>EXPLICATIONS DE VOTE *<br>EXPLICACIONES DE VOTO* | | RIGHT OF REPLY<br>DROIT DE RÉPONSE<br>DERECHO A<br>CONTESTAR |
|---|---|---|---|---|
| **ETHIOPIA** | 10' | **BEFORE** the vote<br>**AVANT** le vote<br>**ANTES** de la votación | **AFTER** the vote<br>**APRÈS** le vote<br>**DESPUES** de la votación | |
| **JAPAN** | 10' | _____ | _____ | |
| **MONACO** | 8' | | | |
| **MALAYSIA** | 8' | | | |
| **BOTSWANA** | 10' | | | |
| **REPUBLIC OF KOREA** | 7' | | | |
| **PAPUA NEW GUINEA** | 5' | | | |
| **CHINA** | 4' | | | |
| **SAINT KITTS AND NEVIS<br>(on behalf of the Caribbean<br>Community)** | 5' | | | |
| **HAITI** | 5' | | | |
| **FIJI** | 5' | | | POINTS OF ORDER<br>MOTIONS D'ORDRE<br>CUESTIONES DE ORDEN |
| **COTE D'IVOIRE** | 8' | | | _____ |
| **INTERNATIONAL FEDERATION OF<br>RED CROSS AND RED<br>CRESCENT SOCIETIES** | 8-10' | | | |

\*    Rule 88 of the rules of procedure provides:  "... The President shall not permit the proposer of a proposal or of an amendment to
explain his vote on his own proposal or amendment."
L'article 88 du règlement intérieur stipule:  "... Le Président ne peut pas autoriser l'auteur d'une proposition ou d'un amendement
à expliquer son vote sur sa proposition ou sur son amendement."
El artículo 88 del reglamento dispone:  "... El Presidente no permitirá que el autor de una propuesta o de una enmienda explique
su voto sobre su propia propuesta o enmienda."

# 공식국명과 대표부 연락처 [1]

## (Short name/Official Name)

**Afghanistan**
**Islamic Republic of Afghanistan (the)**
아프가니스탄
633 Third Avenue, 27th FloorNew York, NY
10017
Tel: (212) 972-1212
Fax: (212) 972-1216
E-mail:: info@afghanistan-un.org
Website:
www.afghanistan-un.orgwww.afghanistan-un.org/

**Albania**
**Republic of Albania (the)**
알바니아
320 East 79th Street, New York, NY 10021
Tel: (212) 249-2059/5654/5631/0842
Fax: (212) 535-2917
E-mail: albania@un.int
Website: http://www.albania-un.org/un/

**Algeria**
**People's Democratic Republic of Algeria
(the)**
알제리
326 East 48th Street, New York, NY 10017
Tel: (212) 750-1960/1962/1965/1966
Fax: (212) 759-9538/5274
E-mail: mission@algeria-un.org
Website: www.algeria-un.org/default.asp

**Andorra**
**Principality of Andorra (the)**
안도라 공국
Two United Nations Plaza Unit 17, 27th Floor,
New York, NY 10017
Tel: (212) 750-8064/8065
Fax: (212) 750-6630
E-mail: andorra@un.int
Website: Not Available

**Angola**
**Republic of Angola (the)**
앙골라
820 Second Avenue, 12th floor, New York, NY
10017
Tel: (212) 861-5656/5787/5789
Fax: (212) 861-9295
E-mail: themission@angolaun.org
Website: www.un.int/wcm/content/site/angola/

**Antigua and Barbuda**
**Antigua and Barbuda**
엔티가 바부다
3 Dag Condominiums, 305 East 47th Street, 6th
Floor New York, NY 10017
Tel: (212) 541-4117
Fax: (212) 757-1607
E-mail: antigua@un.int
Website: www.un.int/antigua/

---

1) 여기에 게재된 각 국가의 공식명칭은 UNITED NATIONS GROUP OF EXPERTS ON GEO-
GRAPHICAL NAMES가 2011년 5월에 작성한 UNGEGN list of country names이라는 제목을
가진 Working Paper No.4에 실려 있는 것이다. 유엔대표부에 관한 정보는 2014년 3월에 발간된
문건인 ST/PLS/SER.A/304(Protocol and Liaison Service: Permanent Missions to the
United Nations)에 의거한 것이다. 국명은 우리말이 아닌 영문의 알파벳 순서에 따라 아프가니스
탄을 시작으로 하여 짐바브웨로 끝난다. 국명은 두 가지로 적혀 있는데 상단의 국명은 약칭이고 하
단의 국명은 공식명칭이다. 대표단의 명패와 결의안의 공동제안국의 국명은 약칭을 사용한다는 점
에 주의해야 한다.

**Argentina**
**Argentine Republic (the)**
아르헨티나
One United Nations Plaza, 25th FloorNew York,
NY 10017
Tel: (212) 688-6300
Fax: (212) 980-8395
E-mail: enaun@mrecic.gov.ar
Website: http://enaun.mrecic.gov.ar/en

**Armenia**
**Republic of Armenia (the)**
아르메니아
119 East 36th Street, New York, NY 10016
Tel: (212) 686-9079
Fax: (212) 686-3934
E-mail: armmissionun@mfa.am
Website: http://www.un.mfa.am/en/

**Australia**
**Australia**
오스트레일리아
150 East 42nd Street, 33rd FloorNew York, NY
10017-5612
Tel: (212) 351-6600
Fax: (212) 351-6610
E-mail: australia@un.int
Website: https://australia-unsc.gov.au/australian-
permanent-mission-to-the-united-nations/

**Austria**
**Republic of Austria**
오스트리아
600 Third Avenue, 31st Floor, New York, NY 10016
Tel: (917) 542-8400
Fax: (212) 949-1840
E-mail: new-york-ov@bmeia.gv.at
Website: www.bmeia.gv.at/index.php?id=67169&L=1

**Azerbaijan**
**Republic of Azerbaijan (the)**
아제르바이잔
866 United Nations Plaza, Suite 560New York,
NY 10017
Tel: (212) 371-2559/2832
Fax: (212) 371-2784
E-mail: azerbaijan@un.int (for general issues)
Website: www.un.int/azerbaijanBahamas

**Bahamas**
**Commonwealth of the Bahamas (the)**
바하마
231 East 46th Street, New York, NY 10017
Tel: (212) 421-6925/6926/6929
Fax: (212) 759-2135
E-mail: mission@bahamasny.com
Website: N/A

**Bahrain**
**Kingdom of Bahrain (the)**
바레인
866 Second Avenue, 14th &15th Floors, New York,
NY 10017
Tel: (212) 223-6200
Fax: (212) 319-0687, 223-6206
E-mail: bahrain1@un.int
Website: www.un.int/wcm/content/site/bahrain

**Bangladesh**
**People's Republic of Bangladesh (the)**
방글라데시
820 Second Avenue, 4th Floor, Diplomat Centre,
Between 43rd and 44th Streets, New York, NY
10017
Tel: (212) 867-3434/3437
Fax: (212) 972-4038
E-mail: bangladesh@un.int
Website: www.un.int/bangladesh

**Barbados**
**Barbados**
바베이도스
820 Second Avenue, 9th FloorNew York, NY 10017
Tel: (212) 551-4300
Fax: (212) 986-1030
E-mail: prun@foreign.gov.bb
Website: Not Available

**Belarus**
**Republic of Belarus (the)**
벨라루스
136 East 67th Street, 4th Floor, New York, NY
10065
Tel: (212) 535-3420
Fax: (212) 734-4810
E-mail: belmission.contact@gmail.com
Website: www.belembassy.org/un/

**Belgium**
**Kingdom of Belgium (the)**
벨기에
One Dag Hammarskjöld Plaza885 Second Avenue,
41st Floor New York, NY 10017
Tel: (212) 378-6300
Fax: (212) 681-7618/7619
E-mail: newyorkun@diplobel.fed.be
Website: http://diplomatie.belgium.be

**Belize**
**Belize**
벨리즈
675 Third Avenue, Suite 1911New York, NY l00l7
Tel: (212) 986-1240
Fax: (212) 593-0932
E-mail: blzun@belizemission.com
Website: www.belizemission.com

**Benin**
**Republic of Benin (the)**
베냉
125 East 38th Street, New York, NY 10016
Tel: (212) 684-1339
Fax: (212) 684-2058, 684-1977
E-mail: beninewyork@gmail.com
Website: www.un.int/wcm/content/site/benin/

**Bhutan**
**Kingdom of Bhutan (the)**
부탄
343 East 43rd Street, New York, NY 10017
Tel: (212) 682-2268
Fax: (212) 661-0551
E-mail: bhutan@un.int
Website: www.un.int/wcm/content/site/bhutan

**Bolivia**
**Plurinational State of Bolivia (the)**
볼리비아
801 Second Ave, 4th Floor, Room 402New York,
NY 10017
Tel: (212) 682-8132/8133/4113
Fax: (212) 687-4642
E-mail: bolivia@un.int
Website: www.bolivia-un.org

**Bosnia and Herzegovina**
**Bosnia and Herzegovina**
보스니아 헤르체고비나
420 Lexington Avenue, Suites 607 &608, New
York, NY 10170
Tel: (212) 751-9015
Fax: (212) 751-9019
E-mail: bihun@mfa.gov.ba
Website: www.bhmisijaun.org/bosnia-and-herzegovi
na-and-the-united-nations.html

**Botswana**
**Republic of Botswana (the)**
보츠와나
154 East 46th Street, New York, NY 10017
Tel: (212) 889-2277/2331/2491/2772
Fax: (212) 725-5061
E-mail: botswana@un.int
Website: www.un.int/botswana/

**Brazil**
**Federative Republic of Brazil (the)**
브라질
747 Third Avenue, 9th Floor, New York, NY 10017-
2803
Tel: (212) 372-2600, 832-6868
Fax: (212) 371-5716
E-mail: delbrasonu@delbrasonu.org
Website: www.un.int/brazil

**Brunei Darussalam**
**Brunei Darussalam**
브루나이
771 United Nations Plaza, New York, NY 10017
Tel: (212) 697-3465
Fax: (212) 697-9889
E-mail: info@bruneimission-ny.org
Website: www.un.int/wcm/content/site/brunei

**Bulgaria**
**Republic of Bulgaria (the)**
불가리아
11 East 84th Street New York, NY 10028
Tel: (212) 737-4790/4791, 327-4180/4181
Fax: (212) 472-9865
E-mail: Mission.NewYpork@mfa.bg
Website: www.mfa.bg/embassies/usapr/en

**Burkina Faso**
**Burkina Faso**
부르키나파소
866 United Nations Plaza, Suite 326New York,
NY 10017
Tel: (212) 308-4720/4721
Fax: (212) 308-4690
Email: bfapm@un.net
Website: http://www.burkina-onu.org

**Burundi**
**Republic of Brundi (the)**
부룬디
336 East 45th Street, 12th Floor, New York, NY
10017
Tel: (212) 499-0001/0002
Fax: (212) 499-0006
E-mail: burundi@un.int
Website: http://www.burundi-un.org/

**Cambodia**
**Kingdom of Cambodia**
캄보디아
327 East 58th Street, New York, NY 10022
Tel: (212)336-0777, (212)759-7129
Fax: (212) 759-7672
E-mail: cambodia@un.int
Website: http://www.cambodiaun.org

**Cameroon**
**Republic of Cameroon (the)**
카메룬
22 East 73rd Street, New York, NY 10021
Tel: (212) 794-2295/2296/2297/2298/2299
Fax: (212) 249-0533
E-mail: cameroon.mission@yahoo.com
Website: http://www.delecam.us

## Canada
### Canada
캐나다
One Dag Hammarskjöld Plaza885 Second Avenue,
14th Floor New York, NY 10017
Tel: (212) 848-1100
Fax: (212) 848-1195
E-mail: canada.un@international.gc.ca
Website:http://www.canadainternational.gc.ca/prmny-mponu/index.aspx

## Cabo Verde
### Republic of Cabo Verde (the)
카보베르데
27 East 69th Street, New York, NY 10021
Tel: (212) 472-0333
Fax: (212) 794-1398
E-mail: capeverde@un.int
Website: www.un.int/wcm/content/site/capeverde

## Central African Republic
### Central African Republic (the)
중앙아프리카 공화국
51 Clifton Avenue, Suite 2008, Newark, NJ 07104
Tel: (973) 482-9161
Fax: (973) 482-9161
E-mail: caf@un.int
Website: www.pmcar.org

## Chad
### Republic of Chad (the)
차드
211 East 43rd Street, Suite 1703, New York, NY
10017
Tel: (212) 986-0980/0262
Fax: (212) 986-0152
E-mail: chadmission@gmail.com
Website: Not Available

## Chile
### Republic of Chile (the)
칠레
One Dag Hammarskjöld Plaza 885 Second Avenue,
40th Floor, New York, NY 10017
Tel: (917) 322-6800
Fax: (917) 322-6890
E-mail: chile.un@minrel.gov.c
IWebsite: http://chileabroad.gov.cl/onu/

## China
### People's Republic of China (the)
중국
350 East 35th Street, New York, NY 10016
Tel: (212) 655-6100
Fax: (212) 634-7626
Email: chinamission_un@mfa.gov.cn
Website: www.china-un.org/eng/

## Colombia
### Republic of Colombia (the)
콜롬비아
140 East 57th Street, 5th FloorNew York, NY
10022
Tel: (212) 355-7776
Fax: (212) 371-2813
E-mail: colombia@colombiaun.org
Website: www.colombiaun.org/English/Home.html

## Comoros
### Union of the Comoros
코모로
866 United Nations Plaza, Suite 418, New York,
NY 10017
Tel: (212) 750-1637
Fax: (212) 750-1657
E-mail: comoros@un.int
Website: www.un.int/wcm/content/site/comoros

## Congo
### Republic of the Congo (the)
콩고
14 East, 65 Street, New York, NY 10065
Tel: (212) 744-7840/ 744-7841
Fax: (212) 832-6558
E-mail: congo@un.int
Website: www.un.int/wcm/content/site/congo

## Costa Rica
### Republic of Costa Rica (the)
코스타리카
211 East 43rd Street, Room 903New York, NY
10017
Tel: (212) 986-6373 (Ext. 11)
Fax: (212) 986-6842
E-mail: costarica@un.int
Website:http://www.un.int/wcm/content/site/costarica

## Côte d'Ivoire
### Republic of Côte d'Ivoire (the)
코트디부아르
800 2nd Ave., 5th Floor, New York, NY 10017
Tel: (646) 649-5061/ 5986/9572/9823
Fax: (646) 781-9974
E-mail: cotedivoiremission@yahoo.com
Website: http://civonu.org

## Croatia
### Republic of Croatia (the)
크로아티아
820 Second Avenue, 19th Floor, New York, NY
10017
Tel: (212) 986-1585
Fax: (212) 986-2011
E-mail: cromiss.un@mvp.hr
Website: http://un.mfa.hr

**Cuba**
**Republic of Cuba (the)**
쿠바
315 Lexington Avenue, New York, NY 10016
Tel: (212) 689-7215/7216/7217
Fax: (212) 689-9073
Email: cuba_onu@cubanmission.com
Website: http://www.cubadiplomatica.cu/onu/EN/Mis
  sion.aspx

**Cyprus**
**Republic of Cyprus (the)**
사이프러스
13 East 40th Street, New York, NY 10016
Tel: (212) 481-6023/6024/6025
Fax: (212) 685-7316
E-mail: pmccyprus.un@verizon.net
Website: http://www.cyprusun.org

**Czech Republic**
**Czech Republic (the)**
체코
420 Lexington Ave., suite 240, New York, NY 10170
Tel: (646) 786-763
Fax: (646) 695-4932
E-mail: un.newyork@embassy.mzv.cz
Website: www.mzv.cz/un.newyork

**Democratic People's Republic of Korea**
**Democratic People's Republic of Korea (the)**
조선민주주의인민공화국
335 East 45th Street, New York, NY 10017
Tel: (212) 439-4000
Fax: (212) 986-1083
E-mail: dpr.korea@verizon.net
Website: Not Available

**Democratic Republic of the Congo**
**Democratic Republic of the Congo (the)**
콩고민주공화국
866 United Nations Plaza, Suite 511, New York,
NY 10017
Tel: (212) 319-806
Fax: (212) 319-8232
E-mail: acpresse@gmail.com
Website: http://www.un.int/drcongo/

**Denmark**
**Jingdom of Denmark (the)**
덴마크
One Dag Hammarskjöld Plaza885 Second Avenue,
18th Floor New York, NY 10017-2201
Tel: (212) 308-7009
Fax: (212) 308-3384
E-mail: nycmis@um.dk
Website: http://fnnewyork.um.dk/en

**Djibouti**
**Republic of Djibouti (the)**
지부티
866 United Nations Plaza, Suite 4011, New York,
NY 10017
Tel: (212) 753-3163
Fax: (212) 223-1276
E-mail: djibouti@nyct.net
Website;http://www.un.int/wcm/content/site/djibouti

**Dominica**
**Commonwealth of Dominica (the)**
도미니카 연방
800 Second Avenue, Suite 400H
New York, NY 10017
Tel: (212) 599-8478
Fax: (212) 808-49754975, 661-0979
E-mail: domun@onecommonwealth.org
Website: www.un.int/wcm/content/site/dominica/

**Dominican Republic**
**Dominican Republic (the)**
도미니카 공화국
144 East 44th Street, 4th Floor, New York, NY
10017
Tel: (212) 867-0833/0834, 661-2432
Fax: (212) 986-4694
E-mail: drun@un.int
Website: http://www.un.int/wcm/content/site/dominic
  anrepublic

**Ecuador**
**Republic of Ecuador (the)**
에콰도르
866 United Nations Plaza, Room 516, New York,
NY 10017
Tel: (212) 935-1680/1681
Fax: (212) 935-1835
E-mail: missionecuador@nyct.net
Website: www.un.int/wcm/content/site/ecuador/

**Egypt**
**Arab republic of Egypt**
이집트
304 East 44th Street, New York, NY 10017
Tel: (212) 503-0300
Fax: (212) 949-5999
E-mail: egypt@un.int
Website: www.egyptembassy.net/showmission.cfm?i
  d=28

**El Salvador**
**Republic of El Salvador (the)**
엘살바도르
46 Park Avenue New York, NY 10016
Tel: (212) 679-1616/1617
Fax: (212) 725-3467
E-mail: elsalvador@un.int
Website: www.un.int/wcm/content/site/elsalvador

**Equatorial Guinea**
**Republic of Equatorial Guinea (the)**
적도기니
242 East 51st Street, New York, NY 10022
Tel: (212) 223-2324/2325/2348
Fax: (212) 223-2366
E-mail: equatorialguineamission@yahoo.com
Website: www.un.int/wcm/content/site/equatorialguin
ea

**Eritrea**
**Eritrea**
에리티레아
800 Second Avenue, 18th Floor, New York, NY
10017
Tel: (212) 687-3390
Fax: (212) 687-3138
E-mail: mission@eritrea-un.org
Website: http://www.eritrea-unmission.org

**Estonia**
**Republic of Estonia (the)**
에스토니아
3 Dag Hammarskjold Plaza, 305 East 47th Street,
6th Floor New York, NY 10017
Tel: (212) 883-0640
Fax: (212) 883-0648
E-mail: mission.newyork@mfa.ee
Website: www.un.estemb.org/

**Ethiopia**
**Federal Democratic Republic of Ethiopia**
**(the)**
에티오피아
866 Second Avenue, Third Floor
New York, NY 10017
Tel: (212) 421-1830
Fax: (212) 754-0360
E-mail: ethiopia@un.int
Website: www.un.int/wcm/content/site/ethiopia

**Fiji**
**Republic of the Fijil (the)**
피지
801 Second Avenue, 10th Floor
New York, NY 10017
Tel: (212) 687-4130
Fax: (212) 687-3963E-mail: fiji@un.int
Website: www.fijiprun.org/

**Finland**
**Republic of Finland (the)**
핀란드
866 United Nations Plaza, Suite 222 New York,
NY 10017
Tel: (212) 355-2100
Fax: (212) 759-6156
E-mail: sanomat.yke@formin.fi
Website: www.finlandun.org/Public/Default.aspx

**France**
**French Republic (the)**
프랑스
One Dag Hammarskjöld Plaza245 East 47th
Street, 44th
Floor, New York, NY 10017
Tel: 212-702-4900
Fax: (212) 421-6889
E-mail: france@franceonu.org
Website: www.franceonu.org

**Gabon**
**Gabonese Republic (the)**
가봉
18 East 41st Street, 9th Floor, New York, NY
10017
Tel: (212) 686-9720
Fax: (212) 689-5769
Email: dsatsia@gabon-un.org
Website: www.un.int/gabon/

**Gambia**
**Republic of the Gambia (the)**
잠비아
800 Second Avenue, Suite 400FNew York, NY
10017
Tel: (212) 949-6640
Fax: (212) 856-9820
Email: gambia_un@hotmail.com
Website: www.un.int/wcm/content/site/gambia/

**Georgia**
**Georgia**
조지아
One United Nations Plaza, 26th Floor, New York,
NY 10017
Tel: (212) 759-1949
Fax: (212) 759-1832
Email: geomission.un@mfa.gov.ge
Website: embassy.mfa.gov.ge/index.php?...

**Germany**
**Federal Republic of Germany**
독일
871 United Nations Plaza, New York, NY 10017
Tel: (212) 940-0400
Fax: (212) 940-0402
E-mail: info@new-york-un.diplo.de
Website: http://www.new-york-un.diplo.de

**Ghana**
**Republic of Ghana**
가나
19 East 47th Street, New York, NY 10017
Tel: (212) 832-1300
Fax: (212) 751-6743
E-mail: ghanaperm@aol.com
Website: www.un.int/ghana/

## Greece
### Hellenic Republic (the)
그리스
866 Second Avenue, 13th Floor, New York, NY 10017-2905
Tel: (212) 888-6900, 479-1300
Fax: (212) 888-4440
E-mail: mission@greeceun.org
Website: www.greeceun.org

## Grenada
### Grenada
그레나다
800 Second Avenue, Suite 400K, New York, NY 10017
Tel: (212) 599-0301/0302
Fax: (212) 599-1540
E-mail: grenada@un.int
Website: www.un.int/wcm/content/site/grenada

## Guatemala
### Republic of Guatemala
과테말라
57 Park Avenue, New York, NY 10016
Tel: (212) 679-4760
Fax: (212) 685-8741
E-mail: guatemala@un.int
Website: www.un.int/guatemala

## Guinea
### Republic of Guinea (the)
기니
140 East 39th Street, New York, NY 10016
Tel: (212) 687-8115
Fax: (212) 687-8248
E-mail: missionofguinea@aol.com
Website: www.un.int/guinea/

## Guinea-Bissau
### Republic of Guinea-Bissau (the)
기니비사우
800 Second Avenue, Suite 400F, New York, NY 10017
Tel: (917) 770-5598
Fax: (212) 856-9820
E-mail: gnbun@undp.org
Website: Not Available

## Guyana
### Republic of Guyana (the)
구아나
801 Second Avenue, 5th Floor, New York, NY 10017
Tel: (212) 573-5828/5829
Fax: (212) 573-6225
E-mail: guyana@un.int
Website: www.un.int/wcm/content/site/guyana/

## Haiti
### Republic of Haiti (the)
아이티
801 Second Avenue, Room 600, New York, NY 10017
Tel: (212) 370-4840
Fax: (212) 661-8698
E-mail: haiti@un.int
Website: www.un.int/wcm/content/site/haiti/

## Honduras
### Republic of Honduras (the)
온두라스
866 United Nations Plaza, Suite 417New York, NY 10017
Tel: (212) 752-3370/3371
Fax: (212) 223-0498
E-mail: honduras_un@hotmail.com, honduras@un.int
website: www.un.int/honduras

## Hungary
### Republic of Hungary (the)
헝가리
227 East 52nd Street, New York, NY 10022-6301
Tel: (212) 752-0209
Fax: (212) 755-5395
E-mail: hungary@un.int
Website: www.humisny.org/

## Iceland
### Republic of Iceland (the)
아이슬란드
800 Third Avenue, 36th FloorNew York, NY 10022
Tel: (212) 593-2700
Fax: (212) 593-6269
E-mail: unmission@mfa.is
Website: www.iceland.org/un/nyc/

## India
### Republic of India (the)
인도
235 East 43rd Street, New York, NY 10017
Tel: (212) 490-9660/9661
Fax: (212) 490-9656/9658
E-mail: india@un.int, indian@prodigy.net
Website: www.un.int/india/

## Indonesia
### Republic of Indonesia (the)
인도네시아
325 East 38th Street, New York, NY 10016
Tel: (212) 972-8333
Fax: (212) 972-9780
E-mail: ptri@indonesiamission-ny.org
Website: www.indonesiamission-ny.org/

Iran (Islamic Republic of)
Islamic Republic of Iran (the)
이란
622 Third Avenue, 34th Floor, New York, NY
10017
Tel: (212) 687-2020
Fax: (212) 867-7086
E-mail: iran@un.int
Website: http://iran-un.org/en/

Iraq
Republic of Iraq (the)
이라크
14 East 79th Street, New York, NY 10075
Tel: (212) 737-4433
Fax: (212) 772-1794/ 737-6265
E-mail: iraqny@un.int
Website: http://www.mofamission.gov.iq/usan

Ireland
Ireland
아일랜드
One Dag Hammarskjöld Plaza, 885 Second
Avenue, 19th Floor New York, NY 10017
Tel: (212) 421-6934
Fax: (212) 752-4726
E-mail: newyorkpmun@dfa.ie
Website: www.irelandunnewyork.org/

Israel
State of Israel (the)
이스라엘
800 Second Avenue, New York, NY 10017
Tel: (212) 499-5510
Fax: (212) 499-5515
E-mail: Info-un@newyork.mfa.gov.il
Website: www.israel-un.org

Italy
Republic of Italy (the)
이탈리아
885 Second Avenue, 49th FloorNew York, NY
10017
Tel: (212) 486-9191, (646) 840-5300
Fax: (212) 486-1036
E-mail: info.italyun@esteri.it
        archives.italyun@esteri.it
Website: www.italyun.esteri.it

Jamaica
Jamaica
자마이카
767 Third Avenue, 9th FloorNew York, NY 10017
Tel: (212) 935-7509
Fax: (212) 935-7607
E-mail: jamaica@un.int
Website: www.un.int/jamaica

Japan
Japan
일본
866 United Nations Plaza, Suite 230, 2nd Floor,
New York, NY 10017
Tel: (212) 223-4300
Fax: (212) 751-1966
Email: p-m-j@dn.mofa.go.jp
Website: www.un.emb-japan.go.jp/index.htm

Jordan
Hashemite Kingdom of Jordan (the)
요르단
866 Second Avenue, 4th Floor, New York, NY
10017
Tel: (212) 832-9553
Fax: (212) 832-5346
E-mail: missionun@jordanmissionun.com
Website: www.un.int/wcm/content/site/jordan

Kazakhstan
Republic of Kazakhstan (the)
카자흐스탄
3 Dag Hammarskjöld Plaza, 305 East 47th Street,
3rd Floor New York, N.Y. 10017
Tel: (212) 230-1900
Fax: (212) 230-1172/446-6782
E-mail: kazakhstan@un.int
Website: www.kazakhstanun.org/

Kenya
Republic of Kenya (the)
케냐
866 United Nations Plaza, Room 304, New York,
NY 10017
Tel: (212) 421-4740/4744
Fax: (212) 486-1985
E-mail: info@kenyaun.org
Website: www.kenyaun.org/

Kiribati
Republic of Kiribati (the)
키리바시
800 Second Avenue, Suite 400ANew York, N.Y.
10017
Tel: (212) 867-3310
Fax: (212) 867-3320
E-mail: Not Available
Website: Not Available

Kuwait
State of Kuwait (the)
쿠웨이트
321 East 44th Street, New York, NY 10017
Tel: (212) 973-4300
Fax: (212) 370-1733
E-mail: contact@kuwaitmission.org
Website: www.kuwaitmission.com

## Kyrgyzstan
**Kyrgyz Republic (the)**
키르기스스탄
866 United Nations Plaza, Suite 477, New York,
NY 10017
Tel: (212) 486-4214/4654
Fax: (212) 486-5259
Email: www.un.int/kyrgzstan
Website: http://www.un.int/kyrgyzstan/

## Lao People's Democratic Republic
**Lao People's Democratic Republic (the)**
라오스
317 East 51st Street, New York, NY 10022
Tel: (212) 832-2734/0095
Fax: (212) 750-0039
E-mail: lao@un.int
Website: www.un.int/lao/

## Latvia
**Republic of Latvia (the)**
라트비아
333 East 50th Street, New York, NY 10022
Tel: (212) 838-8877
Fax: (212) 838-8920
E-mail: mission.un-ny@mfa.gov.lv
Website: www.un.int/wcm/content/site/latvia

## Lebanon
**Lebanese Republic (the)**
레바논
866 United Nations Plaza, Room 531-533, New
York, NY 10017
Tel: (212) 355-5460
Fax: (212) 838-2819/6756
E-mail: contact@lebanonun.org
Website: http://www.un.int/lebanon\

## Lesotho
**Kingdom of Lesotho (the)**
레소토
204 East 39th Street, New York, NY 10016
Tel: (212) 661-1690/1691/1692
Fax: (212) 682-4388
E-mail: lesotho@un.int
Website: www.un.int/lesotho/

## Liberia
**Republic of Liberia (the)**
라이베리아
866 United Nations Plaza Suite 480, New York,
NY 10017
Tel: (212) 687-1033/1034
Fax:: (212) 687-1846/1035
Email: liberia@un.int
Website: www.liberia.un.org

## Libya
**State of Libya (the)**
리비아
309-315 East 48th Street, New York, NY 10017
Tel: (212) 752-5775
Fax: (212) 593-4787
E-mail: info@libyanmission-un.org
Website: www.libyanmission-un.org/

## Liechtenstein
**Principality of Liechtenstein**
리히텐슈타인
633 Third Avenue, 27th Floor, New York, NY 10017
Tel: (212) 599-0220
Fax: (212) 599-0064
E-mail: mission@nyc.rep.llv.li
Website: Not Available

## Lithuania
**Republic of Lithuania (the)**
리투아니아
708 Third Avenue, 10th Floor, New York, NY 10017
Tel: (212) 983-9474
Fax: (212) 983-9473
E-mail: Lithuania@un.it
Website: http://mission-un-ny.mfa.lt/

## Luxembourg
**Grand Duchy of Luxembourg (the)**
룩셈부르크
17 Beekman Place, New York, NY 10022
Tel: (212) 935-3589
Fax: (212) 935-5896
E-mail: newyork.rp@mae.etat.lu
Website: www.un.it/luxembourg

## Madagascar
**Republic of Madagascar (the)**
마다가스카르
820 Second Avenue, Suite 800, New York, NY
10017
Tel: (212) 986-9491/9492/2827
Fax: (212) 986-6271
E-mail: repermad@verizon.net
Website: www.un.int/wcm/content/site/madagascar/

## Malawi
**Republic of Malawi (the)**
말라위
866 United Nations Plaza, Suite 486, New York,
NY 10017
Tel: (212) 317-8738/8718
Fax: (212) 317-8729
Email: malawinewyork@aol.com
Website: www.un.int/wcm/content/site/malawi\

## Malaysia
### Malaysia
말레이시아
313 East 43rd Street, New York, NY 10017
Tel: (212) 986-6310
Fax: (212) 490-8576
E-mail: malnyun@kln.gov.my
Website: www.un.int/malaysia/www.kln.gov.my/web/
usa_un_new_york/home

## Maldives
### Republic of Maldives (the)
몰디브
800 Second Avenue, Suite 400E, New York, NY
10017
Tel: (212) 599-6194/6195
Fax: (212) 661-6405
E-mail: info@maldivesmission.com
Website: www.maldivesmission.com

## Mali
### Republic of Mali (the)
말리
111 East 69th Street, New York, NY 10021
Tel: (212) 737-4150, 794-1311
Fax: (212) 472-3778
E-mail: malionu@aol.com
Website: www.un.int/mali/

## Malta
### Republic of Malta (the)
몰타
249 East 35th Street, New York, NY 10016
Tel: (212) 725-2345
Fax: (212) 779-7097
E-mail: malta-un.newyork@gov.mt
Website: Not Available

## Marshall Islands
### Republic of the Marshall Islands (the)
마샬제도
800 Second Avenue, 18th Floor, New York, NY
10017
Tel: (212) 983-3040
Fax: (212) 983-3202
E-mail: marshallislands@un.int
Website: www.un.int/marshallislands

## Mauritania
### Islamic Republic of Mauritania (the)
모리타니
116 East 38th Street, New York, NY 10016
Tel: (212) 252-0113/0141
Fax: (212) 252-0175
E-mail: mauritaniamission@gmail.com
Website: www.un.int/wcm/content/site/mauritania

## Mauritius
### Republic of Mauritius (the)
모리셔스
211 East 43rd Street, 15th Floor Suite 1502, New
York, NY 10017
Tel: (212) 949-0190/0191
Fax: (212) 697-3829
E-mail: mauritius@un.int
Website: http://newyork.mauritius.gov.mu

## Mexico
### United Mexican States (the)
멕시코
Two United Nations Plaza, 28th Floor, New York,
NY 10017
Tel: (212) 752-0220
Fax: (212) 688-8862/ (212) 752-0634
E-mail: onuusrl@sre.gob.mx
Website: http://mision.sre.gob.mx/onu/

## Micronesia (Federated States of)
### Federated States of Micronesia (the)
미크로네시아
300 Wast 42nd Street, Suite 1600, New York, NY
10017
Tel: (212) 697-8370
Fax: (212) 697-8295
E-mail: fsmun@fsmgov.org
Website: www.fsmgov.org/fsmun

## Monaco
### Principality of Monaco (the)
모나코
866 United Nations Plaza, Suite 520, New York,
NY 10017
Tel: (212) 832-0721
Fax: (212) 832-5358
E-mail: monaco.un@gmail.com
Website: http://www.monaco-un.org/

## Mongolia
### Mongolia
몽골
6 East 77th Street, New York, NY 10075
Tel: (212) 861-9460, 737-3874
Fax: (212) 861-9464
E-mail: mongolia@un.int
Website: www.un.int/mongolia/

## Montenegro
### Republic of Montenegro (the)
몬테네그로
801 Second Avenue, 7th floor, New York, NY 10017
Tel: (212) 661-3700
Fax: (212) 661-3755
Email: UN.NewYork@mfa.gov.me
Website: Not Available

## Morocco
### Kingdom of Morocco (the)
모로코
866 Second Avenue, 6th and 7th Floor, New York, NY 10017
Tel: (212) 421-1580
Fax: (212) 980-1512, 421-7826
E-mail: info@morocco-un.org
Website: www.morocco-un.org/

## Mozambique
### Republic of Mozambique (the)
모잠비크
420 East 50th Street, New York, NY 10022
Tel: (212) 644-6800/5965
Fax: (212) 644-5972/0528
E-mail: mozambique@un.int
Website: www.un.int/mozambique/moz_pgs/fx4.htm

## Myanmar
### Union of Myanmar (the)
미얀마
10 East 77th Street, New York, NY 10075
Tel: (212) 744-1271/1275/1279
Fax: (212) 744-1290
E-mail: myanmarmission@verizon.net
Website: www.un.int/wcm/content/site/myanmar

## Namibia
### Republic of Namibia (the)
나미비아
360 Lexington Avenue, Suite 1502, New York, NY 10017
Tel: (212) 685-2003
Fax: (212) 685-1561
E-mail: namibia@un.int
Website: www.un.int/namibia

## Nauru
### Republic of Nauru (the)
나우루
800 Second Avenue, Suite 400D, New York, NY 10017
Tel: (212) 937-0074
Fax: (212) 937-0079
E-mail: nauru@un.int
Website: www.un.int/nauru

## Nepal
### Federal Democratic Republic of Nepal (the)
네팔
820 Second Avenue, Suite 17B (17th floor), New York, NY 10017
Tel: (212) 370-3988/3989
Fax: (212) 953-2038
E-mail: nepal@un.int
Website: www.un.int/wcm/content/site/nepal/

## Netherlands
### Kingdom of the Netherlands (the)
네덜란드
666 Third Avenue, 19th Floor, New York, NY 10017
Tel: (212) 519-9500
Fax: (212) 370-1954
E-mail: nyv@minbuza.nl
Website: http://www.netherlandsmission.org/

## New Zealand
### New Zealand
뉴질랜드
600 Third Ave. 14th Floor, New York, NY 10016
Tel: (212) 826-1960
Fax: (212) 758-0827
E-mail: nzpmun@gmail.com
Website: http://www.nzembassy.com/united-nations

## Nicaragua
### Republic of Nicaragua (the)
니카라과
820 Second Avenue, 8th Floor, New York, NY 10017
Tel: (212) 490-7997
Fax: (212) 286-0815
E-mail: nicaragua@un.int
Website: www.un.int/wcm/content/site/nicaragua/

## Niger
### Republic of the Niger (the)
니제르
417 East 50th Street
New York, NY 10022
Tel: (212) 421-3260/3261/3286
Fax: (212) 753-6931
E-mail: nigermission@gmail.com
Website: www.un.int/niger/

## Nigeria
### Federal Republic of Nigeria (the)
나이지리아
828 Second Avenue, New York, NY 10017
Tel: (212) 953-9130
Fax: (212) 697-1970
Email: permny@nigeriaunmission.org
Website: www.un.int/nigeria/

## Norway
### Kingdom of Norway (the)
노르웨이
825 Third Avenue, 38th FloorNew York, NY 10022
Tel: (646) 430-7510
Fax: (646) 430-7591
E-mail: delun@mfa.no
Website: www.norway-un.org/

**Oman**
**Sultanate of Oman (the)**
오만
305 East 47th street, 12th floor, New York, NY 10017
Tel: (212) 355-3505/3506/3507
Fax: (212) 644-0070
E-mail: oman@un.int
Website: www.un.int/wcm/content/site/oman

**Pakistan**
**Islamic Republic of Pakistan (the)**
파키스탄
Pakistan House, 8 East 65th Street, New York, NY 10021
Tel: (212) 879-8600/8603/8025/8028/8031/8033
Fax: (212) 744-7348
E-mail: pakistan@un.int
Website: www.pakun.org

**Palau**
**Republic of Palau (the)**
팔라우
866 United Nations Plaza, Suite 575, New York, NY 10017
Tel: (212) 813-0310
Fax: (212) 813-0317
E-mail: mission@palauun.org
Website: www.palauun.org

**Panama**
**Republic of Panama (the)**
파나마
866 United Nations Plaza, Suite 4030New York, NY 10017
Tel: (212) 421-5420/5421
Fax: (212) 421-2694
E-mail: emb@panama-un.org
Website: www.panama-un.org/

**Papua New Guinea**
**Papua New Guinea**
파푸아 뉴기니
201 East 42nd Street, Suite 2411, New York, NY 10017
Tel: (212) 557-5001
Fax: (212) 557-5009
E-mail: pngmission@pngun.org
Website: Not Available

**Paraguay**
**Republic of Paraguay (the)**
파라과이
801 Second Ave. Suite 702, New York, NY 10017
Tel: (212) 687-3490/3491
Fax: (212) 818-1282
E-mail: paraguay@un.int
Website: www.un.int/paraguay/

**Peru**
**Republic of Peru (the)**
페루
820 Second Avenue, Suite 1600New York, NY 10017
Tel: (212) 687-3336
Fax: (212) 972-6975
E-mail: onuper@unperu.org
Website: www.un.int/peru

**Philippines**
**Republic of the Philippines (the)**
필리핀
556 Fifth Avenue, 5th floor, New York, NY 10036
Tel: (212) 764-1300
Fax: (212) 840-8602
E-mail: newyorkpm@gmail.com
Website: www.un.int/philippines

**Poland**
**Republic of Poland (the)**
폴란드
750 3rd Ave, New York, NY 10017
Tel: (212) 744-2506
Fax: (212) 517-6771
E-mail: nowyjork.onz.sekretariat@msz.gov.pl
Website: www.nowyjorkonz.msz.gov.pl

**Portugal**
**Portugguese Republic (the)**
포르투갈
866 Second Avenue, 9th Floor, New York, NY 10017
Tel: (212) 759-9444/9445/9446/9447
Fax: (212) 355-1124
E-mail: portugal@un.int
Website: www.un.int/portugal

**Qatar**
**State of Qatar (the)**
카타르
809 United Nations Plaza, 4th Floor, New York, NY 10017
Tel: (212) 486-9335/9336
Fax: (212) 758-4952
E-mail: pmun@mofa.gov.qa
Website: Not Available

**Republic of Korea**
**Republic of Korea (the)**
대한민국
335 East 45th Street, New York, NY 10017
Tel: (212) 439-4000
Fax: (212) 986-1083
E-mail: korea.un@mofa.go.kr
Website: http://un.mofat.go.kr/english/am/un/main/index.jsp

**Republic of Moldova**
**Republic of Moldova (the)**
몰도바
35 East 29th Street, New York, NY 10016
Tel: (212) 447-1867
Fax: (212) 447-4067
E-mail: unmoldova@aol.com
Website: www.onu.mfa.md

**Romania**
**Romania**
루마니아
573-577 Third Avenue, New York, NY 10016
Tel: (212) 682-3273/3274, 818-1491/1496
Fax: (212) 682-9746
E-mail: romania@un.int misiune@romaniaun.org
Website: http://mpnewyork.mae.ro/

**Russian Federation**
**Russian Federation (the)**
러시아
136 East 67th Street, New York, NY 10065
Tel: (212) 861-4900/4901
Fax: (212) 628-0252/517-7427
E-mail: press@russiaun.ru
Website: http://www.russiaun.ru

**Rwanda**
**Republic of Rwanda (the)**
르완다
370 Lexington Ave, Suite 401
New York, NY 10017
Tel: (212) 679-9010/9023/9024
Fax: (212) 679-9133
Email: ambanewyork@minaffet.gov.rw
Website: www.un.int/wcm/content/site/rwanda/

**Saint Kitts and Nevis**
**Saint Kitts and Nevis**
세인트키츠 네비스
414 East 75th Street, 5th Floor, New York, NY
10021
Tel: (212) 535-1234
Fax: (212) 535-6854
E-mail: sknmission@aol.com
Website: www.stkittsnevis.org/

**Saint Lucia**
**Saint Lucia (the)**
세인트루시아
800 Second Avenue, 9th FloorNew York, NY
10017
Tel: (212) 697-9360/9361
Fax: (212) 697-4993
Email: info@stluciamission.org
Website: www.un.int/stlucia/

**Saint Vincent and the Grenadines**
**Saint Vincent and the Grenadines**
세인트빈센트 그레나딘
800 Second Avenue, Suite 400G, New York, NY
10017
Tel: (212) 599-0950/0955
Fax: (212) 599-1020
E-mail: mission@svg-un.org/svgmission@gmail.com
Website: www.svg-un.org/

**Samoa**
**Independent State of Samoa (the)**
사모아
800 Second Avenue, Suite 400J, New York, NY
10017
Tel: (212) 599-6196/6197
Fax: (212) 599-0797
E-mail: samoa@un.int
Website: www.samoa.un.int

**San Marino**
**Republic of San Marino (the)**
산마리노
327 East 50th Street, New York, NY 10022
Tel: (212) 751-1234
Fax: (212) 751-1436
E-mail: sanmarinoun@hotmail.com
Website: Not Available

**São Tomé and Principe**
**Democratic Republic of São Tomé and**
**Principe (the)**
상투메 프린시페
675 Third Ave, Suite 1807, New York, NY 10022
Tel: (212) 651-8116
Fax: (212) 651-8117
E-mail: sao-tome-principe@un.int
Website: Not Available

**Saudi Arabia**
Kingdom of Saudi Arabia (the)
사우디아라비아
809 United Nations Plaza, 10th and 11th Floors,
New York, NY 10017
Tel: (212) 557-1525
Fax: (212) 983-4895
E-mail: saudi-mission@un.int
Website: www.saudimission.org

**Senegal**
**Republic of Senegal (the)**
세네갈
238 East 68th Street, New York, NY 10065
Tel: (212) 517-9030/9031/9032
Fax: (212) 517-3032
E-mail: senegal.mission@yahoo.fr
Website: www.un.int/wcm/content/site/senegal

## Serbia
### Republic of Serbia (the)
세르비아
854 Fifth Avenue, New York, NY 10065
Tel: (212) 879-8700
Fax: (212) 879-8705
E-mail: info@serbiamissionun.org
Website: www.un.int/serbia

## Seychelles
### Republic of Seychelles (the)
세이셸
800 Second Avenue, Suite 400C, New York, NY
10017
Tel: (212) 972-1785
Fax: (212) 972-1786
E-mail: seychelles@un.int
Website: www.un.int/wcm/content/site/seychelles

## Sierra Leone
### Republic of Sierra Leone (the)
시에라리온
245 East 49th Street, New York, NY 10017
Tel: (212) 688-1656/6748
Fax: (212) 688-4924
E-mail: sierraleone@un.int
Website: www.un.int/sierraleone

## Singapore
### Republic of Singapore (the)
싱가포르
231 East 51st Street, New York, NY 10022
Tel: (212) 826-0840/0841/0842/0843/0844
Fax: (212) 838-9453
E-mail: singapore@un.int
Website: www.mfa.gov.sg/newyork

## Slovakia
### Slovak Republic (the)
슬로바키아
801 Second Avenue, 12th Floor, New York, NY
10017
Tel: (212) 286-8880
Fax: (212) 286-8419
E-mail: mission@newyork.mfa.sk
Website: www.unnewyork.mfa.sk/App/WCM/ZU/...

## Slovenia
### Republic of Slovenia (the)
슬로베니아
600 Third Avenue, 24th Floor, New York, NY
10016
Tel: (212) 370-3007
Fax: (212) 370-1824
E-mail: slovenia@un.int
Website: www.un.int/slovenia/

## Solomon Islands
### Solomon Islands
솔로몬 제도
800 Second Avenue, Suite 400L, New York, NY
10017-4709
Tel: (212) 599-6192/6193
Fax: (212) 661-8925
E-mail: simun@foreignaffairs-solomons.org
Website: www.un.int/wcm/content/site/solomonislands

## Somalia
### Somali Republic (the)
소말리아
425 East 61st Street, Suite 702, New York, NY
10021
Tel: (212) 688-9410/5046
Fax: (212) 759-0651
E-mail: somalia@un.int
Website: www.un.int/wcm/content/site/somalia/

## South Africa
### Republic of South Africa (the)
남아프리카공화국
333 East 38th Street, 9th Floor, New York, NY
10016
Tel: (212) 213-5583
Fax: (212) 692-2498
E-mail: pmun.newyork@foreign.gov.za
Website: www.southafrica-newyork.net/

## South Sudan
### Republic of South Sudan (the)
남수단
336 East 45th Street, 5th Floor, New York, N.Y.
10017
Tel: (212) 937-7977
Fax: (212) 867-9242
Email: info@rssun-nyc.org
Website: Not Available

## Spain
### Kingdom of Spain (the)
스페인
One Dag Hammarskjöld Plaza, 245 East 47th
Street, 36th Floor, New York, NY 10017
Tel: (212) 661-1050
Fax: (212) 949-7247
E-mail: comunicacion@spainun.org
Website: www.spainun.org

## Sri Lanka
### Democratic Socialist Republic of Sri Lanka (the)
스리랑카
630 Third Avenue, 20th Floor, New York, NY
10017
Tel: (212) 986-7040/7041/7042/7043
Fax: (212) 986-1838
E-mail: mail@slmission.com
Website: www.slmission.com/

Sudan
**Republic of the Sudan (the)**
수단
305 East 47th Street, 3 Dag Hammarskjöld Plaza,
4th Floor, New York, NY 10017
Tel: (212) 573-6033
Fax: (212) 573-6160
E-mail: sudan@sudanmission.org
Website: www.un.int/wcm/content/site/sudan

Suriname
**Republic of Suriname (the)**
수리남
866 United Nations Plaza, Suite 320, New York,
NY 10017-1822
Tel: (212) 826-0660/0661/0662/0663
Fax: (212) 980-7029
E-mail: suriname@un.int
Website: www.un.int/wcm/content/site/suriname

Swaziland
**Kingdom of Swaziland (the)**
스와질란드
408 East 50th Street, New York, NY 10022
Tel: (212) 371-8910/8911/8775
Fax: (212) 754-2755
E-mail: swaziland@un.int
Website: http://www.un.int/wcm/content/site/swaziland

Sweden
**Kingdom of Sweden (the)**
스웨덴
One Dag Hammarskjöld Plaza885 Second Avenue,
46th Floor, New York, NY 10017-2201
Tel: (212) 583-2500
Fax: (212) 583-2549
E-mail: sweden@un.int
Website: www.swedenabroad.com/un

Switzerland
**Swiss Confederation (the)**
스위스
633 Third Avenue, 29th Floor, New York, NY
10017
Tel: (212) 286-1540
Fax: (212) 286-1555
E-mail: nyc.vertretung0-un@eda.admin.ch
Website: www.eda.admin.ch/missny

Syrian Arab Republic
**Syrian Arab Republic (the)**
시리아
820 Second Avenue, 15th Floor, New York, NY
10017
Tel: (212) 661-1313
Fax: (212) 983-4439
E-mail: syrianmission@verizonmail.com
Website: www.un.int/syria/

Tajikistan
**Republic of Tajikistan (the)**
타지기스탄
216 East, 49th Street, 4th floor, New York, NY
10017
Tel: (212) 207-3315
Fax: (212) 207-3855
E-mail: tajikistan@un.int |tajikistanun@verizon.net
Website: www.un.int/wcm/content/site/tajikistan

Thailand
**Kingdom of Thailand (the)**
태국
351 East 52nd Street, New York, NY 10022
Tel: (212) 754-2230
Fax: (212) 688-3029
E-mail: thailand@un.int
Website: www.un.int/wcm/content/site/thailand

The Former Yugoslav Republic of Macedonia
**The former Yugoslav Republic of Macedonia**
마케도니아
866 United Nations Plaza, Suite 517, New York,
NY 10017
Tel: (212) 308-8504/8723
Fax: (212) 308-8724
E-mail: macedonia@nyct.net
Website: Not Available

Timor-Leste
**Democratic Republic of Timor-Leste (the)**
동티모르
2 United Nations Plaza, Suite 441, New York, NY
10017
Tel: (212) 963-8138
Fax: (212) 759-4196
E-mail: timor-leste@un.int
Website: www.timor-leste-un.org/

Togo
**Togolese Republic (the)**
토고
112 East 40th Street, New York, NY 10016
Tel: (212) 490-3455/3456(646) 502-8654
Fax: (212) 983-6684
E-mail: contact@untogo.org
Website: http://www.untogo.org

Tonga
**Kingdom of Tonga (the)**
통가
250 East 51st Street, New York, NY 10022
Tel: (917) 369-1025
Fax: (917) 369-1024
E-mail: tongaunmission@aol.com
Website: www.un.int/tonga/

## Trinidad and Tobago
### Republic of Trinidad and Tobago (the)
트리니다드 토바고
633 3rd Avenue, 12th Floor, New York, NY 10017
Tel: (212) 697-7620/7621/7622/7623
Fax: (212) 682-3580
E-mail: tto@un.int
Website: www.un.int/wcm/content/site/trinidadandtob
ago

## Tunisia
### Republic of Tunisia (the)
튀니지
31 Beekman Place, New York, NY 10022
Tel: (212) 751-7503/7534/5069
Fax: (212) 751-0569
E-mail: tunisnyc@nyc.rr.com
Website: Not Available

## Turkey
### Republic of Turkey (the)
터키
885 United Nations Plaza, 10th Floor, New York,
NY 10017
Tel: (212) 949-0150
Fax: (212) 949-0086
E-mail: turkey@un.int
Website:http://turkuno.dt.mfa.gov.tr/Default.aspx

## Turkmenistan
### Turkmenistan
투르크메니스탄
866 United Nations Plaza, Suite 424 New York,
NY 10017
Tel: (212) 486-8908
Fax: (212) 486-2521
E-mail: turkmenistan@un.int
Website: http://www.turkmenistanun.org

## Tuvalu
### Tuvalu
투발루
800 Second Avenue, Suite 400D New York, NY
10017
Tel: (212) 490-0534
Fax: (212) 808-4975, 810-4435
E-mail: tuvalu@un.int
Website: www.un.int/wcm/content/site/tuvalu

## Uganda
### Republic of Uganda (the)
우간다
Uganda House, 336 East 45th Street, New York,
NY 10017
Tel: (212) 949-0110/0111/0112/0113
Fax: (212) 687-451
E-mail: ugandaunny@un.int
Website: www.ugandamissionunny.net

## Ukraine
### Ukraine
우크라이나
220 East 51st Street, New York, NY 10022
Tel: (212) 759-7003
Fax: (212) 355-9455
E-mail: uno_us@mfa.gov.ua
Website: http://un.mfa.gov.ua

## United Arab Emirates
### United Arab Emirates
아랍에미리트
3 Dag Hammarskjöld Plaza, 305 East 47th Street,
7th Floor, New York, NY 10017
Tel: (212) 371-0480
Fax: (212) 371-4923
Email: newyork@mofa.gov.ae
Website: www.un.int/uae/

## United Kingdom of Great Britain and Northern Ireland
### United Kingdom of Great Britain and Northern Ireland (the)
영국
One Dag Hammarskjöld Plaza, 885 Second Avenue,
New York, NY 10017
Tel: (212) 745-9200
Fax: (212) 745-9316
E-mail: uk@un.int
Website: www.ukun.fco.gov.uk/en/

## United Republic of Tanzania
### United Republic of Tanzania (the)
탄자니아
307 East 53rd Street, 4th Floor New York, NY
10022
Tel: (212) 697-3612
Fax: (212) 682-5232
E-mail: tzrepny@aol.com
Website: www.tanzania-un.org

## United States of America
### United States of America
미국
799 United Nations Plaza, New York, NY 10017
Tel: (212) 415- 4062 (Comment and Opinion)
Fax: (212) 415-4053
E-mail: usa@un.int
Website: www.usunnewyork.usmission.gov/

## Uruguay
### Eastern Republic of Uruguay (the)
우루과이
866 United Nations Plaza, Suite 322New York,
NY 10017
Tel: (212) 752-8240
Fax: (212) 593-0935
E-mail: uruguay@urudeleg.org
Website: www.un.int/uruguay

**Uzbekistan**
**Republic of Uzbekistan (the)**
우즈베키스탄
801 Second Avenue, 20th Floor, New York, NY 10017
Tel: (212) 486-4242
Fax: (212) 486-7998
Email: uzbekistan@un.int
Website: www.un.int/wcm/content/site/uzbekistan

**Vanuatu**
**Republic of Vanuatu (the)**
바누아투
800 Second Avenue, Suite 400B, New York, NY 10017
Tel: (212) 661-4303
Fax: (212) 661-5544/3427
E-mail: vanunmis@aol.com
Website: www.un.int/wcm/content/site/vanuatu

**Venezuela (Bolivarian Republic of)**
**Bolivarian Republic of Venezuela (the)**
베네수엘라
335 East 46th Street, New York, NY 10017
Tel: (212) 557-2055
Fax: (212) 557-3528
E-mail: venezuela@venezuelaonu.gob.be,
         venezuela@un.int
Website: www.venezuelaonu.gob.ve/

**Viet Nam**
**Socialist Republic of Viet Nam (the)**
베트남
866 United Nations Plaza, Suite 435, New York, NY 10017
Tel: (212) 644-0594/0831/1564
Fax: (212) 644-5732
E-mail: vietnamun@vnmission.com
Website: www.vietnam-un.org/en/index.php

**Yemen**
**Republic of Yemen (the)**
예멘
413 East 51st Street, New York, NY 10022
Tel: (212) 355-1730/1731
Fax: (212) 750-9613
E-mail: yemen@un.int
Website: www.un.int/wcm/content/site/yemen

**Zambia**
**Republic of Zambia (the)**
잠비아
237 East 52nd Street, New York, NY 10022
Tel: (212) 888-5770
Fax: (212) 888-5213
Email: zambia@un.int
Website: http://www.zambiaun.com

**Zimbabwe**
**Republic of Zimbabwe (the)**
짐바브웨
128 East 56th Street, New York, NY 10022
Tel: (212) 980-9511
Fax: (212) 308-6705
E-mail: Zimbabwe@un.int
Website: www.un.int/wcm/content/site/zimbabwe

# 유엔총회 의사규칙

## I. 회 기

### 정기회기

#### 개최일자

제1조 총회는 매년 9월 셋째 화요일부터 시작되는 정기회기에서 회합한다.

#### 폐회일자

제2조 운영위원회의 권고에 의해, 총회는 회기 초에 회기 폐회일을 정한다.

#### 회의장소

제3조 이전 회기에서 채택된 결정에 따르거나 유엔 회원국 과반수 요구로 다른 곳에서 소집되지 아니하는 한 총회는 유엔본부에서 회합한다.

제4조 유엔 회원국은 정기회기 개최로 확정된 날짜보다 적어도 120일 이전에 회기가 유엔본부 이외의 지역에서 열릴 것을 제의할 수 있다. 사무총장은 이러한 요청을 자기의 권고와 더불어 즉시 유엔 회원국에게 통지한다. 만일 이런 통지를 한 날로부터 30일 이내에 회원국 과반수가 이 요구에 찬성하면, 회기는 본부 이외의 지역에서 열린다.

#### 회기통지

제5조 유엔사무총장은 적어도 60일 이전에 정기회기의 개회를 회원국에게 통지한다.

#### 회기의 잠정연기

제6조 총회는 모든 회기에서 회의의 잠정연기와 후일 속개를 결정할 수 있다.

### 특별회기

#### 총회에 의한 소집

제7조 총회는 특별회기 일자를 정할 수 있다.

#### 안전보장이사회나 회원국의 요구에 의한 소집

제8조

(a) 총회의 특별회기는 사무총장이 안전보장이사회 또는 회원국의 과반수부터의 요구나 또는 제9조에서 규정한 바 회원국의 과반수의 찬성을 접수한 날로부터 15일 이내에 소집된다.

(b) 총회결의문 377A(V)에 따른 회원국의 긴급 특별회기는 사무총장이 안전보장이사회 9개 이사국 찬성에 따른 요구 또는 잠정위원회에서의 투표 또는 다른 방식에 의한 회원국 과반수로부터의 요구 또는 제9조에서 규정한 회원국 과반수 찬성을 접수한 지 24시간 이내에 소집한다.

#### 회원국에 의한 요구

제9조

(a) 유엔 회원국은 사무총장에게 총회의 특별회기를 소집할 것을 요구할 수 있다. 사무총장은 여타 회원국들에게 이 요구를 즉시 통지하고 찬성여부를 묻는다. 사무총장의 통지 일로부터 30일 이내에 과반수 회원국이 그 요구에 찬성하면, 총회 특별회기는 8조 규정에 따라 소집된다.

(b) 이 규정은 총회결의문 377A(V)에 따른

회원국의 긴급 특별회기 소집요청에도 적용된다. 이 경우 사무총장은 가장 신속한 방법으로 여타 회원국에게 통지하여야 한다.

## 회기의 통지

제10조   유엔 사무총장은 안전보장이사회의 요구로 소집되는 특별회기의 경우에는 적어도 개회 14일 전에, 그리고 과반수 회원국의 요구나 또는 어느 한 회원국의 요구에 과반수가 찬성하여 소집되는 회기의 경우에는 적어도 개회 10일 전에 이를 회원국에 통보한다. 8조(2)항에 따라 소집되는 긴급 특별회기의 경우에는 사무총장은 적어도 회기 개회 12시간 이전에 이를 회원국에서 통보한다.

## 정기회기와 특별회기

### 여타 기구에 대한 통지

제11조   총회 소집 통지문 사본은 유엔의 모든 주요기관과 헌장 57조 2항에 언급된 전문기구들에게도 송부된다.

# II. 의 제

## 정기회기

### 잠정의제

제12조   정기회기의 잠정의제는 사무총장이 작성하여 적어도 회기 개최 60일 이전에 회원국에게 통지한다.

제13조   정기회기의 잠정의제는 다음 사항을 포함한다.
(a) 유엔업무에 관한 사무총장의 보고
(b) 안전보장이사회, 경제사회이사회, 신탁통치이사회, 국제사법재판소, 총회산하기구, 전문기구(협정으로 보고서가 요구된 경우)의 보고
(c) 이전 총회에서 그 포함이 명령된 모든 의제항목
(d) 유엔 회원국에 의해 제의된 모든 의제항목
(e) 유엔 주요기관에 의해 제안된 모든 의제항목

(f) 차 회계연도 예산에 관한 모든 의제항목과 전 회계연도 회계에 관한 보고서
(g) 사무총장이 총회에 상정하는 것이 필요하다고 생각하는 모든 의제항목
(h) 유엔헌장 제35조 2항에 의해 유엔 회원국이 아닌 국가에 의해 제의된 모든 의제항목

### 보충 의제항목

제14조   유엔 회원국 또는 유엔 주요기관 또는 유엔 사무총장은 정기회기 개회로 확정된 일자보다 적어도 30일 전에 의제에 보충 의제항목의 포함을 요구할 수 있다. 그런 의제항목은 보충 목록에 기록되며, 이는 적어도 회기 개회 20일 전에 회원국에 통지된다.

### 추가 의제항목

제15조   정기회기 개회 30일 전에 또는 정기회기 기간 동안 의제에 포함시킬 것으로 제안된 중요하고 위급한 성격의 추가 의제항목은, 총회가 참석하고 투표한 회원국의 과반수 찬성으로 그 포함을 결정하면 의제에 포함된다. 총회가 참석하고 투표한 회원국의 2/3 찬성으로 달리 결정하지 않는 한, 그 의제항목이 의제에 포함된 후 7일이 경과하고 관련 위원회가 해당문제에 대해 보고할 때까지는 어떠한 추가 의제항목도 심의되지 않는다.

## 특별회기

### 잠정의제

제16조   안전보장이사회의 요구로 소집된 특별회기의 잠정의제는 적어도 회기 개회 14일 이전에 회원국에 통지된다. 과반수 회원국의 요구로 또는 한 회원국의 요구에 과반수에 찬성으로 소집된 특별회기의 잠정의제는 적어도 회기 개회 10일 전에 회원국에 통지된다. 긴급 특별회기의 잠정의제는 회기소집 통지문과 함께 동시에 회원국에 통지된다.

제17조   특별회기를 위한 잠정의제는 회의개회 요구 시 심의대상으로 제의된 의제항목만으로 구성된다.

## 보충 의제항목

**제18조** 회원국 또는 유엔 주요기관 또는 사무총장은 적어도 특별회기 개회로 확정된 날짜보다 4일전에 의제에 보충 의제항목의 포함을 요구할 수 있다. 그런 의제항목은 보충 목록에 기록되며, 가능한 조속히 회원국에 통지된다.

## 추가 의제항목

**제19조** 특별회기 기간 동안, 보충 목록상의 의제항목과 추가 의제항목은 참석하고 투표한 회원국의 2/3 찬성에 의해 의제에 추가될 수 있다. 긴급 특별회기 기간 동안, 총회결의문 377A(V)에서 다루어진 문제에 관한 추가 의제항목은 참석하고 투표한 회원국에 2/3 찬성으로 의제에 추가될 수 있다.

# 정기 및 특별회기

## 설명각서

**제20조** 의제에 포함시킬 것으로 제의된 의제항목은 설명각서와 가능한 경우 기본문건 또는 결의안이 첨부된다.

## 의제채택

**제21조** 매 회기 시 잠정의제와 보충목록은 그에 대한 운영위원회의 보고서와 함께 회기 개회 후 가능한 조속히 그 채택을 위해 총회에 제출된다.

## 의제항목의 수정과 삭제

**제22조** 의제상의 항목은 참석하고 투표한 회원국의 과반수 찬성 시 총회에 의해 수정 또는 삭제될 수 있다.

## 의제항목의 포함에 대한 토의

**제23조** 의제항목의 포함이 운영위원회에 의해 권고되었을 때, 그의제항목의 의제로의 포함 여부에 대한 토의는 포함을 찬성하는 3명, 반대하는 3명의 발언자로 제한된다. 의장은 본 규정 하에서의 발언자에게 허용될 시간을 제한할 수

도 있다.

## 경비배당 수정

**제24조** 현재 유효한 경비배정 방법에 대해 이를 수정하려는 제안은 적어도 회기 개시 90일 전에 유엔 회원국에 통지되지 아니하는 한 의제에 포함될 수 없다.

# Ⅲ. 대 표 단

## 구성

**제25조** 한 회원국의 대표단은 5명 이내의 대표와 5명 이내의 교체대표 그리고 대표단이 필요로 하는 수만큼의 자문관, 기술자문관, 전문가 그리고 유사한 지위의 사람들로 구성된다.

## 교체대표

**제26조** 교체대표는 대표단장에 의해 지명되면 대표로서 행동할 수 있다.

# Ⅳ. 신 임 장

## 신임장의 제출

**제27조** 대표의 신임장과 대표단원의 성명은 가능한 회기 개시 일주일 전에 사무총장에게 제출된다. 신임장은 국가원수, 정부수반, 또는 외무장관에 의해 발급된다.

## 신임장 위원회

**제28조** 신임장 위원회는 매 회기 초에 임명된다. 총회의장의 제안에 따라 총회가 임명하는 9명으로 구성된다. 신임장위원회는 자체 의장단을 선출한다. 대표의 신임장과 보고서를 지체없이 검토한다.

## 회기 잠정참여

**제29조** 회원국에 의해 입장을 거부당한 대표는 신임장 위원회가 그에 대해 보고하고 총회가 결정을 내리기 전까지는 여타 국 대표와 똑같은 권리를 가지고 잠정적으로 회의에 참석

할 수 있다.

# V. 의장과 부의장

## 선거

제30조　총회가 달리 결정하지 않는 한. 총회는 1명의 의장과 21명의 부의장을 그들이 주재할 회기가 개시하기 최소한 3개월 전에 선출하여야 한다. 이렇게 선출된 의장과 부의장들은 자신들의 회기가 시작되면서야 그들의 기능을 수임하고 그 회기의 폐회 시까지 재직한다. 부의장은 운영위원회의 대표성이 확보되도록 하기 위해 제98조에 언급된 6개의 주요위원회의 의장 선출 후 선출한다.

## 임시의장

제31조　의사규칙 제30조에 따라 그 회기의 의장이 만일 총회의 회기가 개시할 때 아직 선출되지 않았다면, 이전 회기의 의장 혹은 그의 대표단의 장이 새로운 의장을 뽑을 때까지 회의를 주재한다.

## 의장대리

제32조　만일 의장이 한 회의 전 기간 동안 또는 그 일부 기간 동안 자리를 떠야 될 사정이 있으면 그는 부의장 중 한사람을 지명하여 의장직을 대행케 할 수 있다.

제33조　의장을 대리하여 부의장은 의장과 똑같은 권한과 의무를 가진다.

## 의장의 교체

제34조　만일 의장이 그의 기능을 수행할 수 없으면 그의 잔여 임기 동안 직무를 수행할 새로운 의장이 선출된다.

## 의장의 일반적인 권한

제35조　의장은 본 의사규칙에의 다른 곳에서 그에게 부여된 권한을 행사하는 것 외에 회기의 본회의 개회와 폐회를 선언하고, 본회의에서 토의를 이끌어가며, 본 규칙의 준수를 확보하고, 발언권을 부여하며, 안건을 표결에 부치고, 그 결정을 공표한다. 의장은 의사규칙 위반 지적을 평결하고, 본 의사규칙에 따라 어떠한 회의에 있어서도 진행과 질서유지에 대해 완전한 통제력을 가진다. 의장은 특정 의제항목에 대해 토의하는 과정에서 발언자에게 허용될 발언시간에 대한 제한, 각 대표의 발언횟수의 제한, 발언자명부의 닫기 혹은 토론의 종료를 총회에 제의할 수 있다. 의장은 또한 회의의 잠정중지 또는 연기 혹은 토의 중에 있는 의제항목에 대한 토론의 연기를 제의할 수 있다.

제36조　의장은 그의 기능을 수행함에 있어 총회의 감독을 받는다.

## 의장의 무투표

제37조　의장 또는 의장을 대리하는 부의장은 투표를 행하지 않으나, 자기 대표단의 일원을 지명하여 그를 대신하여 투표를 하게 한다.

# VI. 운영위원회

## 구성

제38조　운영위원회는 회의를 주재하는 총회 의장, 21명의 부의장 그리고 6개 주요위원회 의장으로 구성된다. 운영위원회의 위원은 동일한 대표단으로부터 2명이 나와서는 안 되며, 대표성을 확실히 보장하도록 구성되어야 한다. 모든 회원국이 참여할 권리가 있고 또 총회가 회기 동안 회합하도록 설립한 여타 위원회의 의장은, 운영위원회의 모든 회의에 참여할 권리가 있으며 투표권 없이 토론에 참가할 수 있다.

## 운영위원 대체

제39조　만일 어느 총회 부의장이 운영위원회 회의 동안 자리를 떠야 할 사정이 있으면, 그는 자기 대표단의 일원을 지명하여 대신 행동하도록 할 수 있다. 한 주요위원회 의장이 궐석인 경우, 해당 의장은 부의장 중 한 사람을 지명하여 자신을 대신하여 행동하도록 할 수 있다. 그 부의장이 운영위원회의 다른 위원과

동일한 대표단 소속일 경우 그 부의장은 투표권을 가지지 못한다.

## 기능

제40조 운영위원회는 매 회기 초에 보충목록과 더불어 잠정의제를 심의하고, 제안된 각 의제항목에 대해 의제에 포함할 것인지 혹은 포함요구를 거절할 것인지 또는 장래 회기의 잠정의제에 그 의제항목을 포함할 것인지에 대해 총회에 권고할 수 있다. 동일한 방식으로 운영위원회는 추가 의제항목의 의제로의 포함요구를 심의하고 그에 대해 총회에 권고할 수 있다. 총회 의제에 관련된 문제를 심의함에 있어 운영위원회는 그 의제항목의 실질내용에 대해서는 토의해서는 안 된다. 다만 의제항목을 의제에 포함할 것인지 또는 의제항목의 포함요구를 거절할 것인지 또는 장래 회기의 잠정의제에 포함할 것인지 또한 포함이 권고된 의제항목에 대해 어떤 우선순위가 주어져야 할 것인지 등을 권고하는 데 영향을 미칠 때는 그렇지 아니한다.

제41조 운영위원회는 회기의 폐회일자에 대해 총회에 권고한다. 동 위원회는 매 본회의 의제작성, 의제항목의 우선순위 결정, 총회산하 위원회의 진행조정에 대해 의장과 총회를 보좌한다. 동 위원회는 의장이 의장의 권한에 속하는 총회업무를 전반적으로 집행하는 것을 보좌한다. 그러나 동 위원회는 정치적인 문제에 대해서는 결정을 할 수 없다.

제42조 운영위원회는 회기동안 정기적으로 회합하여 총회와 산하위원회의 업무진척을 점검하고 업무진척을 촉진시키기 위해 권고한다. 동 위원회는 의장이 필요하다고 생각하거나 또는 동 위원회의 여타 위원의 요구가 있으면 회합한다.

## 의제에 항목의 포함을 요구한 회원국의 참가

제43조 운영위원회에 대표를 가지고 있지 않으나 의제에 의제항목의 포함을 요청한 총회 회원국은 자신의 요구가 토의되는 운영위원회의 회의에 참석할 수 있으며, 투표권 없이 그 의제항목의 토의에 참가할 수 있다.

## 결의문 형태의 수정

제44조 운영위원회는 총회가 채택한 결의문에 대해 그 형태를 변경하나 실질내용은 변경하지 않는 가운데 개정할 수 있다. 그런 변경은 심의를 위해 총회에 보고하여야 한다.

# Ⅶ. 사 무 국

## 사무총장의 의무

제45조 사무총장은 총회, 위원회 및 소위원회의 모든 회의에 참석하며 사무총장 자격으로 행동한다. 그는 사무국 직원의 한사람을 지명하여 상기 회의에서 그를 대신하여 행동할 수 있도록 할 수 있다.

제46조 사무총장은 총회, 위원회 또는 총회가 설립한 산하기구에 의해 요청되는 인력을 제공하고 그들을 지휘·감독한다.

## 사무국의 의무

제47조 사무국은 총회, 위원회 및 산하기구의 문건, 보고서 및 결의문을 접수, 번역, 인쇄하여 배포한다. 각 회의에서 행한 연설을 통역하고 회기의 기록물들을 준비하고, 인쇄하여 회람한다. 총회의 문건을 문건보존실에 보관 및 보존한다. 총회의 모든 문건을 유엔 회원국에 배포하며 총회가 필요로 하는 여타 업무를 전반적으로 수행한다.

## 기구업무에 대한 사무총장의 보고서

제48조 사무총장은 기구업무에 대한 연례보고서와 요청된 추가보고서를 총회에 제출한다. 사무총장은 적어도 회기 개회 45일 전에 회원국에 연례보고서를 통지한다.

## 헌장 제12조 규정에 의한 통지

제49조 사무총장은 안전보장이사회의 동의를

얻어 매 회기마다 안전보장이사회에 의해 다루어지고 있는 국제평화와 안전유지에 관한 문제에 대해 총회에 통보한다. 그리고 안전보장이사회가 그런 문제를 더 이상 다루지 않으면 즉각적으로 유사한 방법으로 총회 또는 총회가 개회 중에 있지 않을 때는 회원국에 통지한다.

### 사무국에 대한 규정

제50조  총회는 사무국 직원에 대한 규정을 제정한다.

## VIII. 언 어

### 공식 및 실무언어

제51조  아랍어, 중국어, 영어, 프랑스어, 러시아어, 스페인어가 총회, 위원회 및 소위원회 공식 및 실무언어가 된다.

### 통역

제52조  총회의 6개 언어 중 하나로 이루어진 연설은 여타 5개 언어로 통역된다.

제53조  어느 대표든 총회의 공식언어 이외의 언어로 연설할 수 있다. 이 경우, 그는 총회 또는 해당 위원회의 언어 중 하나로 통역을 제공해야 한다. 이때 사무국 통역인에 의한 총회 또는 관련 위원회의 여타 공식언어로의 통역은 첫 번째 공식언어로 주어지는 통역에 근거해서 이루어진다.

### 구술기록 또는 요약기록의 언어

제54조  구술기록 또는 요약기록은 총회의 모든 공식언어로 가능한 조속히 작성된다.

제55조  총회 회기 동안 유엔저널(Journal of the United Nation)은 총회의 모든 공식언어로 간행된다.

### 결의문과 여타 문건의 언어

제56조  모든 결의문과 여타 문건은 총회의 모든 공식언어로 간행된다.

제57조  총회, 위원회 및 소위원회 문건은 총회가 그렇게 하기로 결정하면 총회 또는 관련 위원회의 공식언어 이외의 언어로 간행될 수 있다.

## IX. 기 록

### 회의의 기록과 음성기록

제58조

(a) 총회와 군축·국제안보(제1위원회) 회의의 구술기록은 사무국에 의해 작성되어 회의 주재자의 승인을 거쳐 그들 기관들에 제출된다. 총회는 주요위원회와 필요한 경우 보조기관과 특별회합(special meetings) 및 회의(conferences)의 보고형태에 대해 결정할 수 있다. 총회의 어떤 기관도 구술 기록과 요약기록 모두를 가질 수 는 없다.

(b) 총회와 주요위원회 회의의 음성기록은 사무국이 작성한다. 음성기록은 보조기관과 특별회합 및 회의가 그렇게 하기로 결정할 경우 이들의 회의에 대해서도 작성될 수 있다.

### 결의문

제59조  총회에 의해 채택된 결의문은 사무총장에 의해 회기 폐회 후 15일 이내에 유엔 회원국들에 통지된다.

## X. 총회, 위원회, 소위원회의 공개·비공개 회의

### 일반원칙

제60조  총회와 주요위원회의 회의는 그 해당 기관들이 예외적 상황으로 인해 회의가 비공개로 열려야 한다고 결정하지 않는 한 공개로 열린다. 여타 위원회 및 소위원회 회의도 그 해당기관들이 달리 결정하지 않는 한 공개로 열린다.

## 비공개 회의

**제61조** 비공개 회의에서 내려진 총회의 모든 결정은 총회의 이른 시기의 공개회의에서 공표 되어야 한다. 주요위원회와 여타 위원회 및 소위원회는 매 비공개회의 폐회 시, 의장이 사무총장을 통해 성명서를 발표할 수 있다.

# XI. 묵념 또는 묵상

## 묵념 또는 묵상요청

**제62조** 총회 매 회기 첫 본회의 개회 직후와 폐회 직전에 의장은 대표들에게 1분간 묵념 또는 묵상하도록 요청할 수 있다.

# XII. 본 회 의

## 회의진행

### 긴급 특별회기

**제63조** 여타 규정의 정한 바가 있더라도 총회가 달리 정하지 않는 한, 긴급특별회기의 경우, 총회는 본회의에서만 회합하고 운영위원회나 여타 위원회에 사전 회부 없이 회기 개최 요구에서 심의를 위해 제의된 의제항목에 대해 곧 바로 심의한다. 긴급 특별회기 시 의장과 부의장은 직전 회기 시 의장과 부의장으로 선출된 국가의 대표단장이 각각 맡는다.

### 사무총장 보고

**제64조** 사무총장 보고의 일부를 토의 없이 주요위원회 중 하나에 이송하자는 제의는 운영위원회에 사전 회부하지 않고 총회가 직접 결정한다.

### 위원회 회부

**제65조** 총회는 자신이 달리 결정하지 않는 한 해당 의제항목에 대해 위원회의 보고를 접할 때까지는 그 의제항목에 대해 최종결정을 내려서는 안 된다.

## 주요위원회의 보고 토론

**제66조** 주요위원회의 보고서에 대한 총회 본회의에서의 토론은 그 본회의에 참석하고 투표한 회원국 중 적어도 1/3이 그러한 토론이 필요하다고 생각할 때 실시된다. 그런 취지의 제안은 토의되지 않고 곧 바로 투표에 회부된다.

## 정족수

**제67조** 의장은 적어도 회원국이 1/3이 참석했을 때 회의의 개회를 선언하고 토론의 진행을 허용할 수 있다. 결정이 취해지기 채택되기 위해서는 회원국의 과반수 출석이 요청된다.

## 연설

**제68조** 어떤 대표도 사전에 의장의 허가를 얻지 않고서는 총회에서 연설할 수 없다. 의장은 발언의사를 밝힌 순서에 따라 발언자에게 발언하도록 요청한다. 의장은 그의 발언이 토론 중에 있는 주제에 적합하지 않으면 발언자에게 발언을 중단하도록 요청할 수 있다.

## 우선권

**제69조** 위원회의 의장과 보고관에게는 그 위원회에서 택한 결론에 대해 설명할 목적으로 발언에 있어서 우선권이 주어질 수 있다.

## 사무국 발언

**제70조** 사무총장 또는 사무총장이 그의 대리인으로 지명한 사무국 직원은 총회가 심의하고 있는 문제에 대해 언제든지 구두 또는 문건으로 발언할 수 있다.

## 의사규칙 위반 지적

**제71조** 어떠한 문제가 토의 중에 있든 간에 회원국 대표는 의사규칙 위반지적을 제기할 수 있으며, 그 의사규칙 위반지적은 본 의사규칙에 따라 의장에 의해 즉시 결정되어야 한다. 회원국 대표는 의장의 평결에 재결을 요구할 수 있다. 그 재결요구는 즉시 투표에 회부되

며, 의장의 평결은 참석하고 투표한 회원국의 과반수 찬성에 의해 번복되지 않는 한 유효하다. 의사규칙 위반을 지적한 대표는 토론 중에 있는 문제의 실질내용에 대해서는 발언할 수 없다.

## 발언시간 제한

제72조  총회는 개개 발언자에게 허용되는 발언시간과 각국 대표가 어떠한 문제에 대해서든 발언할 수 있는 횟수를 제한할 수 있다. 결정이 취해지기 전에 그러한 제한을 가하자는 제안에 대해 찬성 2명, 반대 2명이 발언할 수 있다. 토의가 제한되고 어느 한 대표가 배정된 시간을 초과하여 발언할 경우, 의장은 지체 없이 그의 발언을 중단시킬 수 있다.

## 발언자명부 마감, 반박발언권

제73조  의장은 토의과정 중에 발언자명부를 발표하고 총회의 승인은 언어 명부의 마감을 선언할 수 있다. 그러나 의장은 명부를 마감한 후 행하여진 발언 때문에 반박발언이 필요하게 된 경우에는 어느 회원국에게든 반박발언권을 부여해야 한다.

## 토론의 연기

제74조  어떠한 문제가 토의 중에 있든 간에 , 회원국 대표는 토의 중에 있는 의제항목에 대해 토론의 연기를 발의할 수 있다. 그러한 발의를 제안한 대표 외에도, 그 발의에 대해 찬성하는 대표 2명, 반대하는 대표 2명이 발언할 수 있다. 그 후 그 발의는 즉시 투표에 회부된다. 의장은 본 규정에 따라 발언자에게 허용될 시간을 제한할 수 있다.

## 토론의 종료

제75조  회원국 대표는 어느 시점에서든, 여타 회원국 대표가 발언할 의사를 표명했는지의 여부에 관계없이 토의 중에 있는 의제항목에 대해 토론의 종료를 발의할 수 있다. 토론의 종료에 대한 발언의 허가는 토론의 종료를 반대하는 대표 2명에게만 주어진다. 그 후 그 발

의는 즉시 투표에 회부된다. 만일 총회가 토론의 종료를 찬성하면 의장은 토론의 종료를 선언해야 한다. 본 규정에 따라 의장은 발언자에게 허용될 시간을 제한할 수 있다.

## 회의의 잠정중지 또는 연기

제76조  어떠한 문제가 토의 중에 있든 간에 회원국 대표는 회의의 잠정중지 또는 연기를 발의할 수 있다. 그러한 발의는 토의되지 않고 즉시 투표에 회부된다. 의장은 회의의 잠정중지 또는 연기를 발의한 발언자에게 허용되는 발언시간을 제한할 수 있다.

## 절차발의의 순서

제77조  71조 규정에 따를 것을 조건으로, 하기 발의는 그 순서에 따라, 회의에 제기된 모든 제안이나 발의에 앞서 우선적으로 취급된다.
(a) 회의의 잠정중지
(b) 회의의 연기
(c) 토의 중에 있는 의제항목에 대한 토론의 연기
(d) 토의 중에 있는 의제항목에 대한 토론의 종료

## 제안과 수정

제78조  제안과 수정은 통상적으로 문건으로 사무총장에게 제출되며, 사무총장은 그 사본을 대표단에게 배포한다. 일반적 규칙으로서 어떤 제안도 그 사본이 적어도 회의 전일까지 모든 대표단에 배포되지 아니하는 한 그 제안은 총회의 어떤 회의에서도 토의되거나 투표에 회부되어서는 안 된다. 그러나 의장은 수정이나 절차에 관한 발의에 대해서는 그 수정이나 발의가 사전에 배포되지 않았거나 회의 당일 배포되었다 하더라도 그에 대한 토의와 심의를 허용할 수 있다.

## 권능에 관한 결정

제79조  77조 규정에 따를 것을 조건으로, 총회가 그에게 회부된 제안을 채택할 권능이 있는지에 대한 결정을 요청하는 발의는, 해당 제

안에 대해 투표가 행하여지기 전에 먼저 투표
에 회부된다.

## 발의의 철회

**제80조** 발의는 수정된 바가 없으면 투표가
행하여지기 전에 제안자에 의해 철회될 수 있
다. 철회된 바 있는 발의는 타 회원국에 의해
다시 제안될 수 있다.

## 제안의 재심의

**제81조** 어느 한 제안이 채택되거나 부결된
바 있으면, 총회가 참석하고 투표한 회원국의
2/3 다수결에 의해 재심의하기로 결정하지 아
니하는 한 동일 회기에서 재심의가 될 수 없
다. 재심의 발의에 대해 발언의 허가는 그 발
의를 반대하는 대표 2명에게만 주어지며, 곧
바로 투표에 회부된다.

# 투 표

## 투표권

**제82조** 총회 각 회원국은 한 표의 투표권을
갖는다.

## 2/3 다수결

**제83조** 중요문제에 대한 총회의 결정은 참석
하고 투표한 회원국의 2/3 다수결에 의해 채택
된다. 중요문제는 다음과 같다: 국제평화와 안
보의 유지에 관한 권고, 안전보장이사회 이사
국 선거, 헌장 86조 1항 C에 의한 안전보장이
사회 비상임이사국 선거, 경제사회이사회 이사
국 선거, 신탁통치이사회 이사국 선거, 신규 회
원국의 가입, 회원국의 권리와 특권의 정지, 회
원국 축출, 신탁통치 제도의 운영에 관한 문제,
예산 문제.

**제84조** 중요문제에 관한 제안에 대한 수정
또는 그러한 제의의 일부분이 분리투표에 회
부된 경우 이들에 대한 총회의 결정은 참석하
고 투표한 회원국의 2/3 다수결에 의해 채택된
다.

## 단순과반수

**제85조** 2/3 다수결에 의해 결정될 문제의 범
주를 결정하는 것을 포함하여 83조에서 정하
고 있는 문제 이외의 모든 문제에 대한 총회의
결정은 참석하고 투표한 회원국의 과반수의
찬성에 의해 채택된다.

## "참석하고 투표한 회원국" 말의 의미

**제86조** 본 규정의 목적 상, "참석하고 투표한
회원국"이란 말은 찬성이나 반대투표를 던진
회원국을 의미한다. 투표에서 기권한 회원국은
투표를 하지 않은 것으로 간주된다.

## 투표방법

**제87조**

(a) 총회는 보통 거수 또는 기립에 의해 투표
한다. 그러나 회원국은 호명투표를 요구할 수
있다. 호명투표는 의장이 주재한 제비뽑기에
의해 그의 이름이 뽑힌 회원국부터 시작하여
영어 알파벳순으로 행하여진다. 호명투표에서
는 각 회원국의 이름이 호명되며, 대표 중 한
사람이 "예" 또는 "아니오" 또는 "기권"이라고
대답한다. 투표결과는 회원국명의 영어 알파벳
순에 따라 보고서에 기록된다.

(b) 총회가 기계로 투표하는 경우, 비기록투표
는 거수나 기립투표를 대체하며 기록투표는
호명투표를 대체한다. 어느 회원국이든 기록투
표를 요구할 수 있다. 기록투표의 경우, 총회는
회원국들이 달리 요구하지 아니하는 한, 회원
국의 이름을 소리 내어 호명하는 절차를 생략
할 수 있다. 그러나 투표의 결과는 호명투표
시와 똑같은 방법으로 기록에 삽입된다.

## 투표 중 행위

**제88조** 의장이 투표개시를 선언한 후에는 어
떤 대표도 실질적인 투표행위와 관련된 의사
규칙 위반지적을 제외하고는 투표를 중단시킬
수 없다. 의장은 투표가 비밀투표에 의해 실시
되는 경우를 제외하고는 회원국이 투표 전 또
는 후에 투표를 설명할 수 있도록 허용할 수

있다. 의장은 그러한 설명을 위해 허용되는 시간을 제한할 수 있다. 의장은 제안 또는 수정의 제안자에게 자신의 제안 또는 수정에 대해 투표설명을 허용해서는 안 된다.

## 제안과 수정의 분리투표

제89조 회원국 대표는 제안 또는 수정의 부분이 분리되어 투표될 것을 발의할 수 있다. 분리투표 요구에 대해 반대가 제기되면, 분리 요구 발의는 투표에 회부된다. 분리투표 발의에 대한 발언 허가는 찬성 2명, 반대 2명에게만 허용된다. 만일 분리투표 발의가 채택되면, 제안이나 수정에 있어서 채택된 부분은 나중에 전체로서 다시 투표에 회부되어야 한다. 제안이나 수정의 실행부분이 모두 부결되면, 그 제안이나 수정은 그 전체가 부결된 것으로 간주된다.

## 수정에 대한 투표

제90조 어느 한 제안에 수정이 제의되면, 그 수정이 먼저 투표에 회부된다. 어느 한 제안에 두개 또는 그 이상의 수정이 제의되면 총회는 실질 내용에 있어서 원 제안으로부터 가장 거리가 먼 수정에 대해 먼저 투표하고 그 다음 거리가 먼 수정에 대해 투표하며 그런 방식으로 모든 수정이 다 투표에 회부될 때까지 투표한다. 그러나 하나의 수정 채택이 다른 수정의 부결을 의미할 때는 후자 수정은 투표에 회부되지 않는다. 만일 하나 또는 그 이상의 수정이 채택되면, 수정된 제안은 다시 투표에 회부된다. 발의가 제안의 일부분을 첨가하거나 삭제하거나 또는 일부분을 개정할 때에만 그 발의는 하나의 제안에 대한 수정으로 간주된다.

## 제안에 대한 투표

제91조 만일 두 개 또는 그 이상의 제안이 동일한 문제에 관련이 되어 있으면, 총회는 그 자신이 달리 결정하지 아니하는 한 그 제안들이 제출된 순서에 따라 투표한다. 총회는 하나의 제안에 대해 투표한 후 다음 제안에 대해 투표할 것인지를 결정할 수 있다.

## 선거

제92조 모든 선거는 비밀투표에 의해 실시된다. 후보추천도 행하여지지 않는다.

제93조 오로지 한 개인이아 한 회원국만이 선출되어야 하는데 어떤 후보도 1차 투표에서 당선에 필요한 득표수를 얻지 못하면 2차 투표가 행하여진다. 2차 투표는 가장 많은 표를 획득한 2명의 후보에만 한정된다. 만일 2차 투표에서 득표수가 똑같고 당선에 필요한 득표수가 과반수이면, 의장은 두 후보 간 제비뽑기로 결정한다. 만일 2/3 다수결이 당선에 필요한 득표수이면 한 후보가 투표수의 2/3 다수결을 확보할 때까지 투표가 계속된다. 단 3번째의 투표에도 불구하고 결말이 나지 않으면, 그 후부터 자격이 있는 개인이나 회원국이면 누구든 투표의 대상이 될 수 있다. 그러한 무제한 투표가 3회 실시되었는데도 결말이 나지 않으면, 그 다음 3회의 투표는 직전 3번째 무제한 투표에서 최다득표를 한 2명의 후보에 한정된다. 그러한 3회의 제한 투표에도 불구하고 또 결말이 안 나면, 그 다음 3회의 투표는 또 무제한 투표가 되면서 한 개인이나 한 국가가 당선될 때까지 같은 절차를 반복하면서 투표가 계속된다. 이 규정은 제 143, 144, 146, 148조 적용에 영향을 주지 아니한다.

제94조 두개 또는 그 이상의 선거 직이 동일한 조건 하에서 한 번에 채워져야 한다면 1차 투표에서 당선에 필요한 표를 얻은 후보가 당선된다. 만일 당선에 필요한 득표를 한 후보의 숫자가 선출되어야 할 개인이나 회원국의 숫자에 미치지 못하면 잔여 직을 채울 추가투표가 실시되며, 그 추가투표는 직전 투표에서 최다 득표를 한 후보에 한정하되 그 후보의 수는 채워야 할 잔여 직의 2배를 넘지 않아야 한다. 만일 3회의 투표를 실시했는데 결말이 나지 않으면 그 후부터 자격이 있는 개인이나 회원국이면 누구든 투표의 대상이 될 수 있다. 그러한 무제한 투표가 3회 실시되었는데도 결말이

나지 않으면, 그 다음 3회의 투표는 직전 3번째 무제한 투표에서 최다득표를 한 후보에 한정하되 그 후보 수는 채워야 할 잔여 직의 2배를 넘어서는 안 된다. 그러한 3회의 제한 투표에도 불구하고 또 결말이 안 나면, 그 다음 3회의 투표는 또 무제한 투표로 행하여지며, 모든 직이 다 채워질 때까지 동일한 절차를 반복하며 투표는 계속된다. 이 규정은 제 143, 144, 146, 148조의 적용에 영향을 미치지 못한다.

## 찬 · 반수가 동일할 때

제95조  만일 선거 이외의 문제에 대해 찬 · 반이 동일한 숫자일 때, 1차 투표이후 48시간 이내에 개최되는 차기 회의에서 2차 투표가 행하여진다. 해당 안건에 대해 2차 투표가 행하여 질 예정이라는 것이 의제에 명백히 언급되어야 한다. 만일 2차 투표도 찬 · 반이 동일한 수가 되면, 그 제안은 부결된 것으로 간주된다.

# XIII. 위 원 회

## 설립, 임원, 업무편성

## 위원회 설립

제96조  총회는 그의 기능 수행을 위해 필요하다고 판단될 때 위원회를 설립할 수 있다.

## 주제 분류

제97조  동일한 범주의 주제에 관련된 의제항목들은 그 범주의 주제를 다루는 위원회에 회부된다. 위원회는 자신의 주도로 새로운 의제항목들을 도입할 수 없다.

## 주요위원회

제98조  총회의 주요위원회는 다음과 같다.
(a) 군축 · 국제안보위원회 (제1위원회)
(b) 특별정치 · 탈식민위원회 (제4위원회)
(c) 경제 · 재정위원회 (제2위원회)
(d) 사회 · 인도 · 문화위원회 (제3위원회)
(e) 행정 · 예산위원회 (제5위원회)
(f) 법률위원회 (제6위원회)

## 업무편성

제99조
(a) 모든 주요위원회는 회기가 개시되기 최소한 3개월 전에 의장을 선출한다. 의사규칙 제103조에 규정된 다른 임원의 선거는 늦어도 회기 첫 주말까지 실시되어야 한다.
(b) 각 주요위원회는 운영위원회의 권고로 총회가 정한 폐회일을 유념하면서 자신의 우선순위를 채택하며, 자신에게 회부된 의제항목들의 심의를 모두 마치기에 필요한 만큼 회합한다. 주요위원회는 회기 초에 자신의 업무종료목표일, 의제항목 심의를 위한 개략적인 날짜들, 각 의제항목에 배정될 회의의 수를 알려주는 업무계획을 채택한다.

## 회원국의 대표권

제100조  각 회원국은 각 주요위원회와 모든 회원국이 참여할 권리가 있는 여타 위원회에 대표 1명씩을 파견할 수 있다. 각 회원국은 이 위원회에 자문관, 기술자문관, 전문가 또는 이와 유사한 지위의 인사를 배정할 수 있다.

제101조  대표단장에 의해 지명되면 자문관, 기술자문관, 전문가 또는 이와 유사한 지위의 인사들은 위원회 위원으로 행동할 수 있다. 그러나 이런 지위의 사람들은 교체대표로 지명되지 않는 한 위원회의 의장, 부의장 또는 보고관으로 선출될 수 없으며 총회에서 임원이 될 수 없다.

## 소위원회

제102조  각 위원회는 소위원회를 설치할 수 있으며, 그 소위원회는 자신의 임원을 선출한다.

## 임원선거

제103조  각 주요위원회는 1명의 의장, 3명의 부의장 그리고 1명의 보고관을 선출한다. 여타 위원회의 경우, 각 위원회는 1명의 의장, 1명 또는 그 이상의 부의장 그리고 1명의 보고관을 선출한다. 이 임원들은 공평한 지리적 배분, 경

험과 개인적인 능력을 고려하여 선출한다. 오
직 1명만이 입후보한 선거도 위원회가 달리 결
정하지 않는 한 비밀투표에 의해 실시된다. 각
후보의 지명은 1명의 발언자에 한정되며, 그
후 위원회는 즉시 선거에 들어간다.

## 위원회 의장의 투표권 부재

제104조　주요위원회 의장은 투표하지 아니한
다. 그러나 대표단의 다른 구성원이 그를 대신
하여 투표할 수 있다.

## 임원의 이석

제105조　만일 의장이 회의 전 기간 동안 또
는 회의의 일부 기간 동안 자리를 떠야 할 사
정이 있을 때 그는 부의장 중 1명을 지명하여
그의 직무를 대행하게 할 수 있다. 의장을 대
리하는 부의장은 의장과 동일한 권한과 의무
를 가진다. 만일 위원회의 어떤 임원이든 그의
직무를 수행할 수 없으면, 잔여 임기를 위해
새로운 임원이 선출된다.

## 의장의 기능

제106조　의장은 위원회의 매 회의의 개회와
폐회를 선언하고, 토의를 이끌어가며, 본 규칙
의 준수를 확보하고, 발언권을 부여하며, 안건
을 표결에 부치고, 그 결과를 공표 한다. 의장
은 의사규칙 위반지적을 평결하고, 본 의사규
칙에 따라 어떠한 회의에 있어서도 그 진행과
질서유지에 대해 완전한 통제력을 가진다. 의
장은 특정 의제항목에 대해 토의하는 과정에
서 발언자에게 허용될 발언시간에 대한 제한,
각 대표의 발언횟수의 제한, 발언자명부의 닫
기 또는 토론의 종료를 위원회에 제안할 수 있
다. 의장은 또한 회의의 잠정중지 또는 연기
혹은 토의 중에 있는 의제항목에 대한 토론의
연기를 제안할 수 있다.

제107조　의장은 그의 기능을 수행함에 있어
위원회의 감독을 받는다.

# 업 무

## 정족수

제108조　의장은 적어도 위원회 회원국의 1/4
이 참석했을 때 회의의 개회를 선언하고 토론
진행을 허용할 수 있다. 결정이 채택되기 위해
서는 회원국의 과반수 출석이 요청된다.

## 연설

제109조　어떤 대표도 사전에 의장의 허가를
얻지 않고서는 위원회에서 연설할 수 없다. 의
장은 발언의사를 밝힌 순서에 따라 발언자에
게 발언하도록 허용한다. 의장은 발언이 토의
중에 있는 주제와 관련이 없으면 발언자에게
발언을 중단하도록 요청할 수 있다.

## 축하

제110조　주요위원회 임원에 대한 축하는 모
든 임원이 선출된 후에는 표시되지 않는다. 다
만 직전 회기의 의장 또는 그가 불참일 때는
그의 대표단의 구성원은 축하를 표시할 수 있
다.

## 우선권

제111조　위원회나 소위원회의 의장과 보고관
에게는 그 위원회나 소위원회에서 택한 결론
에 대해 설명할 목적으로 발언에 있어서 우선
권이 주어질 수 있다.

## 사무국 발언

제112조　사무총장 또는 사무총장이 그의 대
리인으로 지명한 사무국 직원은 위원회 또는
소위원회가 심의하고 있는 문제에 대해 언제
든지 구두 또는 문건으로 위원회 또는 소위원
회에서 발언할 수 있다.

## 의사규칙 위반지적

제113조　어떠한 문제가 토의 중에 있든 간에
회원국 대표는 의사규칙 위반지적을 제기할
수 있으며, 그 의사규칙 위반지적은 본 의사규

칙에 따라 의장에 의해 즉시 평결되어야 한다. 회원국 대표는 의장의 평결에 재결을 요구할 수 있다. 그 재결요구는 즉시 투표에 회부되며, 의장의 평결은 참석하고 투표한 회원국의 과반수 찬성에 의해 번복되지 않는 한 유효하다. 의사규칙 위반을 지적한 대표는 토의 중에 있는 문제의 실질내용에 대해서는 발언할 수 없다.

## 발언시간 제한

제114조  위원회는 개개 발언자에게 허용되는 발언시간과 각국 대표가 어떠한 문제에 대해서든 발언할 수 있는 횟수를 제한할 수 있다. 그러한 제한을 가하자는 제안에 대해 결정이 채택되기 전에 찬성 2명, 반대 2명이 발언할 수 있다. 토론이 제한되고 어느 한 대표가 배정된 시간을 초과할 경우, 의장은 지체 없이 그의 발언을 중단시킬 수 있다.

## 발언자명부 마감, 반박발언권

제115조  토의가 진행되고 있는 중에 의장은 발언자명부를 공표하고 위원회의 동의를 얻어 명부의 마감을 선언할 수 있다. 그러나 그는 명부를 마감한 후 행하여진 발언 때문에 반박발언이 필요하게 된 경우에는 어느 회원국에게든 반박발언권을 부여해야 한다.

## 토론의 연기

제116조  어떠한 문제가 토론 중에 있다 하더라도, 회원국 대표는 토의 중에 있는 의제항목에 대한 토론의 연기를 발의할 수 있다. 그러한 발의를 제안한 대표 외에 그 발의에 대해 찬성하는 대표 2명, 반대하는 대표 2명이 발언할 수 있다. 그 후 그 발의는 즉시 투표에 회부된다. 의장은 본 규정에 따라 발언자에게 허용될 시간을 제한 할 수 있다.

## 토론의 종료

제117조  회원국 대표는 어느 시점에서든, 여타 회원국 대표가 발언할 의사를 표명했는지의 여부에 관계없이 토의 중에 있는 의제항목에 대해 토론의 종료를 발의할 수 있다. 토론의 종료에 대한 발언 허가는 토론의 종료를 반대하는 대표 2명에게만 주어진다. 그 후 그 발의는 즉시 투표에 회부된다. 만일 위원회가 토론의 종료를 찬성하면 의장은 토론의 종료를 선언해야 한다. 본 규정에 따라 의장은 발언자에게 허용될 시간을 제한할 수 있다.

## 회의의 잠정중지 또는 연기

제118조  어떠한 문제가 토의 중에 있든 간에 회원국 대표는 회의의 잠정중지 또는 연기를 발의할 수 있다. 그러한 발의는 토의되지 않고 즉시 투표에 회부된다. 의장은 회의의 잠정중지 또는 연기를 발의하는 발언자에게 발언시간을 제한할 수 있다.

## 절차발의의 순서

제119조  113조 규정에 따를 것을 조건으로, 하기 발의는 그 순서에 따라, 회의에 제기된 모든 제안이나 발의에 앞서 우선적으로 취급된다.

(a) 회의의 잠정중지

(b) 회의의 연기

(c) 토의 중에 있는 의제항목에 대한 토론의 연기

(d) 토의 중에 있는 의제항목에 대한 토론의 종료

## 제안과 수정

제120조  제안과 수정은 통상적으로 문건으로 사무총장에게 제출되며, 사무총장은 그 사본을 대표단에게 배포한다. 원칙적으로 어떤 제안이든 그 사본이 적어도 회의 전날까지 모든 대표단에 배포되지 아니하는 한 위원회의 어떤 회의에서도 토의되거나 투표에 회부되어서는 안 된다. 그러나 의장은 수정이나 절차에 관한 발의에 대해서는 그 수정이나 발의가 배포되지 않았거나 회의 당일 배포되었다 하더라도 그에 대한 토의와 심의를 허용할 수 있다.

## 권능에 관한 결정

제121조  제119조 규정에 따를 것을 조건으로, 총회나 위원회가 그에게 회부된 제안을 채택할 권한이 있는 지에 대한 결정을 요구하는 발의는, 해당 제안에 대해 투표가 행하여지기 전에 먼저 투표에 회부된다.

## 발의의 철회

제122조  발의는 수정된 바가 없으면 투표가 행하여지기 전에 제안자에 의해 철회될 수 있다. 철회된 바 있는 발의는 타 회원국에 의해 다시 소개될 수 있다.

## 제안의 재심의

제123조  제안이 채택되거나 부결되었을 때, 위원회가 참석하고 투표한 회원국의 2/3 다수결에 의해 재심의하기로 결정하지 않는 한 동일 회기에서 재심의가 될 수 없다. 재심의 발의에 대한 발언허가는 그 발의를 반대하는 대표 2명에게만 주어지며, 곧 바로 투표에 회부된다.

## 투 표

### 투표권

제124조  위원회의 각 회원국은 한 표의 투표권을 갖는다.

### 과반수

제125조  위원회의 결정은 참석하고 투표한 회원국의 과반수 찬성에 의해 채택된다.

### "참석하고 투표한 회원국"이란 말의 의미

제126조  관련 규정의 목적상, "참석하고 투표한 회원국"이란 말의 의미는 찬성이나 반대투표를 행한 회원국을 뜻한다. 투표에서 기권한 회원국은 투표를 하지 않은 것으로 간주된다.

### 투표방법

제127조

(a) 위원회는 보통 거수 또는 기립에 의해 투표한다. 그러나 회원국은 호명투표를 요구할 수 있다. 호명투표는 의장이 주재한 제비뽑기에 의해 그의 이름이 뽑힌 회원국부터 시작하여 영어 알파벳순으로 행하여진다. 호명투표에서는 각 회원국의 이름이 호명되며, 대표 중 한사람이 "예" 또는 "아니오" 또는 "기권"이라고 대답한다. 투표결과는 회원국명의 영어 알파벳순에 따라 보고서에 기록된다.

(b) 위원회가 기계로 투표하는 경우, 비기록투표는 거수나 기립투표를 대체하며 기록투표는 호명투표를 대체한다. 어느 회원국이든 기록투표를 요구할 수 있다. 기록투표의 경우, 위원회는 회원국들이 달리 요구하지 아니하는 한, 회원국의 이름을 소리 내어 호명하는 절차를 생략할 수 있다. 그러나 투표의 결과는 호명투표 시와 똑같은 방법으로 기록에 삽입된다.

### 투표 중 행위

제128조  의장이 투표개시를 선언한 후에는 어떤 대표도 실질적인 투표행위와 관련된 의사규칙 위반지적을 제외하고는 투표를 중단시킬 수 없다. 의장은 투표가 비밀투표에 의해 실시되는 경우를 제외하고는 회원국이 투표 전 또는 후에 투표를 설명할 수 있도록 허용할 수 있다. 의장은 그러한 설명을 위해 허용되는 시간을 제한할 수 있다. 의장은 제안 또는 수정의 제안자에게 자신의 제안 또는 수정에 대해 투표설명을 허용해서는 안 된다.

### 제안과 수정의 분리투표

제129조  회원국 대표는 제안 또는 수정에 있어서 각 부분이 개별적으로 투표될 것을 발의할 수 있다. 분리투표 요구에 대해 반대가 제기되면, 분리요구 발의는 투표에 회부된다. 분리투표 발의에 대한 발언 허가는 찬성 2명, 반대 2명에게만 허용된다. 만일 분리투표 발의안이 채택되면, 제안이나 수정에 있어서 채택된 부분은 나중에 전체로서 다시 투표에 회부되어야 한다. 제안이나 수정의 실행부분이 모두 부결되며, 그 제안이나 수정은 그 전체가 부결

된 것으로 간주된다.

## 수정에 대한 투표

제130조  어느 한 제안에 수정이 제의되면, 그 수정이 먼저 투표에 회부된다. 어느 한 제안에 두 개 또는 그 이상의 수정이 제의되면 총회는 실질 내용에 있어서 원 제안으로부터 가장 거리가 먼 수정에 대해 먼저 투표하고 그 다음 거리가 먼 수정에 대해 투표하며 그런 방식으로 모든 수정이 다 투표에 회부될 때까지 투표한다. 그러나 하나의 수정 채택이 다른 수정의 부결을 의미할 때는 후자 수정은 투표에 회부되지 않는다. 만일 하나 또는 그 이상의 수정이 채택되면, 수정된 제안은 다시 투표에 회부된다. 발의가 제안의 일부분을 첨가하거나 삭제하거나 또는 일부분을 개정할 때에만 그 발의는 하나의 제안에 대한 수정으로 간주된다.

## 제안에 대한 투표

제131조  만일 두개 또는 그 이상의 제안이 동일한 문제에 관련이 되어 있으면, 위원회는 그 자신이 달리 결정하지 않는 한 그 제안들이 제출된 순서에 따라 투표한다. 위원회는 하나의 제안에 대해 투표한 후 다음 제안에 의해 투표할 것인지를 결정할 수 있다.

## 선거

제132조  오직 한 개인이나 한 회원국이 선출되어야 하고 어떤 후보도 1차 투표에서 당선에 필요한 득표수를 얻지 못하면 2차 투표가 행하여진다. 2차 투표는 가장 많은 표를 획득한 2명의 후보에만 한정된다. 만일 2차 투표에서 득표수가 똑 같고 당선에 필요한 득표수가 과반수이면, 의장은 두 후보 간 제비뽑기로 결정한다.

## 찬·반수가 동일할 때

제133조  만일 선거 이외의 문제에 대해 투표의 찬·반수가 동일할 때, 그 제안은 부결된 것으로 간주된다.

## XIV. 신회원국 가입

### 가입신청

제134조  유엔 회원국이 되기를 원하는 국가는 사무총장에게 가입 신청서를 제출한다. 그 신청서는 헌장상의 의무를 수락한다는 공식문건으로 된 선언을 포함한다.

### 가입신청 통지

제135조  유엔 사무총장은 가입신청서 사본을 총회에 또는 총회가 회기 중에 있지 않을 때에는 유엔 회원국에게 참고로 송부한다.

### 가입신청의 심의와 결정

제136조  만일 안전보장이사회가 가입 신청국을 회원으로 권고하면, 총회는 신청국이 평화를 애호하는 국가인지 그리고 헌장 상 의무를 이행할 능력과 의사가 있는지를 심의하고 회원가입 신청에 대해 참석하고 투표한 회원국의 2/3 찬성으로 결정한다.

제137조  만일 안전보장이사회가 신청국을 회원으로 권고하지 않거나 가입신청의 심의를 연기하면, 총회는 안전보장이사회의 특별보고서를 충분히 심의한 후, 안전보장이사회의 추가심의와 권고 또는 보고를 위해, 총회에서의 모든 토의기록과 더불어 가입신청건을 안전보장이사회에 회송할 수 있다.

### 결정통지와 회원자격 유효일

제138조  사무총장은 가입 신청 국에게 총회의 결정을 통보한다. 만일 가입신청이 승인되면, 총회가 가입 신청에 대해 결정을 채택하는 그날부터 회원자격은 효력을 발생하게 된다.

## XV. 주요기관에 대한 선거

### 일반규정

#### 임기

제139조 제147조 규정을 제외하고는, 각 이사회 이사국의 임기는 총회에 의한 선거 후 1월 1일부터 시작하여 그들의 후임자 선거가 있은 후 12월 31일 끝난다.

#### 보궐선거

제140조 이사국이 임기 종료 전에 더 이상 이사회에 속할 수 없게 되면 총회의 차기 회기에서 그 궐석이 된 이사국의 잔여 임기동안을 위해 보궐선거가 별도로 실시된다.

#### 사무총장의 임명

제141조 안전보장이사회가 사무총장의 임명에 대한 권고를 제출하면, 총회는 그 권고를 심의하고 비공개회의에서 비밀투표로 그 권고에 대해 투표한다.

### 안전보장이사회

#### 연례선거

제142조 총회는 매년 정기총회에서 2년 임기의 5개 안전보장이사회 비상임이사국을 선거한다.

#### 이사국 자격

제143조 안전보장이사회의 비상임이사국 선거에서는 헌장 23조 1항에 따라, 우선 국제 평화와 안보의 유지 및 유엔의 여타 목적에 대한 기여 그리고 공평한 지리적 배분에 특별한 배려가 주어져야 한다.

#### 재선자격

제144조 안전보장이사회의 퇴임국은 연속해서 재선될 수 없다.

### 경제사회이사회

#### 연례선거

제145조 총회는 매년 정기총회에서 3년 임기의 18개 경제사회이사회 이사국을 선거한다.

#### 재선 자격

제146조 경제사회이사회의 퇴임국은 연속해서 재선될 수 있다

### 신탁통치이사회

#### 선거계기

제147조 신탁통치협정이 승인되고 유엔 회원국이 헌장 83조 또는 85조에 따라 신탁통치의 시정국이 되면, 총회는 헌장 86조에 따라 필요한 신탁통치이사회의 이사국을 선출하는 선거나 선거들을 실시한다. 정기총회의 이러한 선거에서 피선된 회원국 또는 회원국들은 피선 즉시 취임하며 선거 후 1월 1일부터 임기를 시작한 것처럼 제139조 규정에 따라 임기를 완료한다.

#### 임기와 재선

제148조 신탁통치 이사회의 비시정국은 3년 임기로 선출되며 연속해서 재선될 수 있다.

#### 결원

제149조 총회는 매 회기에서 헌장 86조에 따라 공석을 메우기 위한 선거를 실시한다.

### 국제사법재판소

#### 선거방법

제150조 국제사법재판소의 재판관 선거는 동 재판소 규정에 따라 실시된다.

제151조 국제사법재판소 재판관 선거를 목적으로 동 재판소 헌장에 따라 열린 총회의 회합은 보충될 자리에 필요한 수만큼의 입후보자들이 한 차례 또는 그 이상의 투표에서 절대 과반수를 얻을 때까지 계속된다.

## XVI. 행정과 예산문제

### 일반규정

#### 재정행정규정

제152조 총회는 유엔의 재정행정을 위한 규정을 제정할 수 있다.

#### 결의문의 재정지출 포함여부

제153조 경비지출을 포함하고 있는 어떠한 결의문도 사무총장이 작성한 경비산정서를 수반하지 않으면 총회 승인을 위해 위원회에 의해 권고될 수 없다. 사무총장이 경비지출을 산정해 준 결의문은 행정·예산위원회(제5위원회)가 그 제안이 유엔 예산산정에 미치는 영향을 기술할 기회를 갖기 전에는 총회에 의해 투표되지 않는다.

제154조 유엔 사무총장은 위원회가 총회의 승인을 위해 권고한 모든 결의문의 자세한 산정 경비에 대해 모든 위원회에게 알린다.

### 행정·예산문제자문위원회

#### 임명

제155조 총회는 인정받고 있는 재정 전문가를 적어도 3명 포함하여 16명의 위원으로 구성되는 행정·예산문제자문위원회를 임명한다.

#### 구성

제156조 행정·예산문제자문위원회의 위원은 같은 국가에서 2명이 나와서는 안 되고, 광범위한 지역 대표성, 개인적인 자질과 경험을 고려하여 선출되며, 3개 역년(曆年)에 상응하는 3년의 기간 동안 재직한다. 3명의 재정 전문가는 동시에 퇴임하지 않는다. 총회는 위원 임기 종료 직전의 정기총회에서 위원을 선출하며, 결원의 경우에는 다음 회기에 선출된다.

#### 기능

제157조 행정·예산문제자문위원회는 유엔의 사업예산의 전문적 검토를 책임지며 행정·예산위원회(제5위원회)를 보좌한다. 자문위원회는 차기 2개년 사업예산안을 심의할 정기회기 초에 총회에 동 차기 2개년 사업예산안에 대해 상세한 보고서를 제출한다. 동 위원회는 유엔 재정규정의 해당 조항에 명시된 시기에 유엔과 사무총장이 행정책임을 지고 있는 모든 유엔 기관의 회계에 관한 보고서를 제출한다. 동 위원회는 총회를 대신하여 전문기구의 행정예산과 동 전문기구들과의 재정·예산 협정 제안을 검토한다. 동 위원회는 유엔재정규정에 따라 동 위원회에 배정된 여타 의무를 수행한다.

### 분담금위원회

#### 임명

제158조 총회는 18개국으로 구성되는 분담금에 관한 전문가위원회를 임명한다.

#### 구성

제159조 분담금위원회 위원은 동일 국가로부터 2명이 나와서는 안 되며 광범위한 지역 대표성, 개인자질과 경험을 고려하여 선출되며, 3개 역년(曆年)에 상응하는 3년 기간 동안 재직한다. 위원은 윤번제로 퇴임하며 재임명이 가능하다. 총회는 분담금위원회 위원을 위원 임기 종료 직전 정기회의에서 선출하며, 결원의 경우에는 차 회기에서 선출한다.

#### 기능

제160조 분담금위원회는, 헌장 제17조 2항 규정하에, 대체로 지불 능력에 따라, 유엔경비의 회원국 간 분담에 대해 총회에 대해 자문한다. 분담률은 총회에 의해 일단 확정되면 상대적 지불능력에 있어서 본질적인 변화가 있게 되었다는 것이 명백하지 않는 한 적어도 3년 동안 전반적인 개정의 대상이 되지 아니한다. 동 위원회는 신 회원국에게 적용될 분담률, 회원국의 분담률 변경요청 그리고 헌장 제19조 적용과 관련하여 취해야 할 조치에 관해 총회

를 자문한다.

## XVII. 총회 보조기관

### 설립과 의사규칙

**제161조** 총회는 그의 기능 수행상 필요시 되는 보조기관을 설립할 수 있다. 총회 위원회의 의사에 관한 규칙은 제45조, 66조와 더불어 총회나 보조기관이 달리 결정하지 아니하는 한 보조기관의 의사진행에 적용된다.

## XVIII. 해석과 수정

### 이탤릭체 제목

**제162조** 본 규정의 이탤릭체로 쓰인 조별 제목은 참고용으로만 삽입된 것이며 규칙 해석에 있어서는 무시된다.

### 수정방법

**제163조** 본 의사규칙은 위원회가 수정안에 대해 보고한 후, 참석하고 투표한 회원의 과반수 찬성에 의한 총회의 결정으로 수정될 수 있다.

# 찾아보기

## 저자약력

■ **박 재 영**

>>> **학력**

한국외국어대학교 정치외교학과(학사)
Northern Illinois University(국제기구 전공: 석사, 박사)

>>> **국제기구 관련 경력**
- 외교부장관 국제기구 분과 자문위원
- 외교부 초급전문가(JPO) 선발 면접위원
- 외교부 유엔논문경연대회 심사위원
- 행정안전부 중앙인사위원회 공무원 국제기구 파견 심사위원
- 유네스코 인간안보 워크숍 한국대표
- 유엔 새천년 NGO 포럼 유엔강화위원회 한국대표
- 국제기구 한국유치 책임 연구원
- 아시아·태평양모의유엔회의(APMUN) 한국대표단 단장 및 심사위원
- 전국대학생모의유엔회의 심사위원

>>> **현재**
- 국립 경상대학교 정치외교학과 교수
- 한국유엔협회 부회장
- 유엔학생협회한국연맹(KFUNSA) 지도교수
- 전국대학생모의유엔회의 자문교수

>>> **국제기구 유관 저서**
- 국제정치패러다임(법문사)
- 국제관계와 NGO(법문사)
- 국제기구정치론(법문사)
- 유엔과 국제기구(법문사)
- 유엔과 사무총장(도서출판 예응)
- 유엔회의의 이해(법문사)
- 모의유엔회의 지침서(유엔한국협회)
- 모의유엔회의 핸드북(법문사)
- 국제기구 진출 어떻게 하나요(법문사)

## 유엔회의 가이드북 - 실제와 모의 -

2014년 12월 24일 초판 인쇄
2014년 12월 31일 초판 1쇄 발행

저 자 박 재 영

발 행 인 배 효 선

발행처 도서
출판 法 文 社

주 소 413-120 경기도 파주시 회동길 37-29
등 록 1957년 12월 12일 / 제2-76호(윤)
전 화 (031)955-6500~6 FAX (031)955-6525
E-mail (영업) bms@bobmunsa.co.kr
(편집) edit66@bobmunsa.co.kr
홈페이지 http://www.bobmunsa.co.kr

조 판 법 문 사 전 산 실

정가 40,000원        ISBN 978-89-18-03188-0